2013

上海工业年鉴

SHANGHAI INDUSTRIAL YEARBOOK

上海市经济和信息化委员会编

上 海 社 会 科 学 院 出 版 社

上海工业年鉴
编纂委员会

编纂说明

由上海市经济和信息化委员会主编的《上海工业年鉴》是一部全面系统反映上海产业发展、经济运行、技术进步和各类所有制工业企业情况的资料性工具书。

2013 年版《上海工业年鉴》反映的是 2012 年上海工业经济发展情况，设置 11 个栏目 ：(1) 特载，刊有市领导及市经济和信息化委领导关于上海产业经济发展的重要讲话和文章 ；(2) 综述，概述了 2012 年上海工业发展的特点 ；(3) 专题，记述了全市工业经济运行、战略性新兴产业发展、电子信息产业、生产性服务业、软件和信息服务业、文化创意产业、都市产业、中小企业、工业投资、技术进步、能源节约、环保治理、对外经济合作、国防科技工业、国资国企改革等方面的发展情况 ；(4) 区县工业，反映了 2012 年各区县工业的发展情况 ；(5) 企业简介，介绍了宝钢集团有限公司、上海汽车集团股份有限公司、上海石油化工股份有限公司等大中型工业企业 2012 年的发展情况 ；(6) 上市股份公司，介绍了 2012 年上海工业类上市股份公司的资产运作、股本结构以及全年主要经济指标 ；(7) 行业协会简介，介绍了 90 多个工业行业协会 2012 年的工作 ；(8) 大事记 ；(9) 经济法规，刊载了 2012 年上海市颁布的有关工业的主要经济法规 ；(10) 统计资料，刊载了 2012 年上海工业经济发展的重要统计数据 ；(11) 企业形象，以彩色版面展示了 180 多户各类企业形象。

《上海工业年鉴》编纂委员会

2013 年 7 月

2012 年中国信息化进程报告会

上海高端装备制造业推进大会

上海产业创新转型系列报告会

全球最大业光伏产业展在上海举行

工博会金奖——上海外高桥造船有限公司（3000 米水深半潜式钻井平台）

工博会银奖——上海 ABB 工程有限公司（ABB 机器人）

工博会铜奖——上海电气核电设备有限公司（第三代非能动百万千瓦核电稳压器及大锻件）

工博会创新金奖——上海汽车集团股份有限公司（荣威 E50 纯电动轿车）

工博会创新奖——上海机床厂有限公司（MK84300超重型精密数控轧辊磨床）

第十四届中国工博会颁奖典礼

上海石化完成改造工程成为全球生产欧V标准汽柴油大型基地

凯士比核电泵阀有限公司制造全球最先进的核电主泵全流量试验台架进入调试阶段

上海电气临港高端机床制造进入市场

远望6号航天远洋测量船

临港海洋工程项目

沪东中华造船公司建造的8888TEU集装箱船，被命名为“东方迈阿密”号

上海信谊药业夯实生物医药研发基础

上海普罗多晶硅炉制造技术国际领先

我国首台 EP 高速单张纸胶印机研制成功

红双喜成为国内外青睐品牌

上海夏普实用性家电生产严把质量关

太平洋纺织机械深受市场欢迎

展讯通讯成为本市通讯产品研发的专业骨干企业

上海市经济和信息化委员会、新华通讯社上海分社联合举办2012上海市智慧城市宣传周

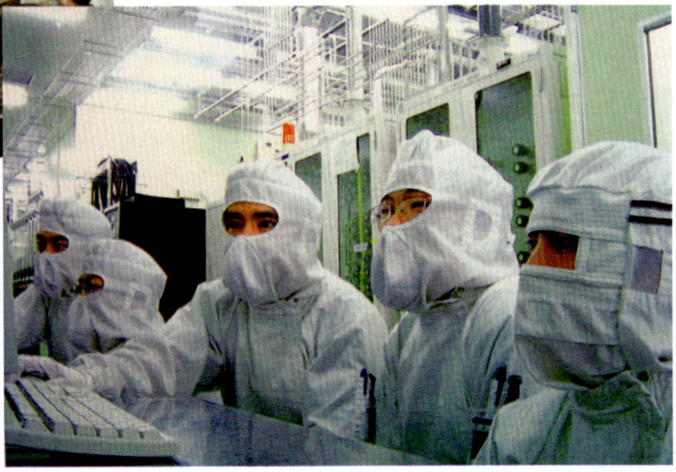

华虹成为信息产业的骨干企业

宝山区青年人成为创意设计队伍骨干

中广国际广告创意产业基地

上海制造业创意促进中心创建交易平台

上海化工区获得2012年“国家生态产业示范园区”

漕河泾现代服务业园区双子座楼宇投入使用

上海青浦工业园区是生态环境建设的绿色产业园区

（本栏图片由蔡钧等提供）

目 录

特 载

综 述

专 题

区县工业

企业简介

上市股份公司

行业协会简介

大事记

经济法规

统计资料

2013·上海工业年鉴

SHANGHAI
INDUSTRIAL
YEARBOOK

加强信用制度建设　全面打造“诚信上海”

俞正声

（2012 年 8 月 29 日）

一、充分认识社会信用体系建设的重要性和紧迫性

完善的社会信用体系，是支撑经济平稳健康发展、社会文明进步的前提和基础。党中央、国务院高度重视诚信和社会信用体系建设工作，明确提出把诚信建设摆在突出位置，对推进社会信用体系建设作出全面部署。

上海社会信用体系建设在全国起步较早，经过十几年的探索与实践，各项工作都取得了重要进展。但是，随着市场经济的快速发展和社会诚信问题的日益突出，加快推进社会信用体系建设，提高全社会诚信度，已经成为推动上海转型发展、促进城市和谐安定的迫切需要。

首先，社会信用是规范市场秩序的坚实基础。市场经济是信用经济，市场交易以信用为前提。目前，国内市场失范现象的大量产生，比如毒奶粉、地沟油等，建筑工程领域也很多，导致信用缺失，大量违反信用的行为出现，动摇了市场基础，使公众对产品不信任，对企业不信任，进而发展到对社会不信任。要看到，一个没有信用的地方，其企业不可能做大，市场不可能兴盛，政府也不可能有公信力。上海作为我国最大的经济中心城市和改革开放的前沿阵地，市场体系完善，各类要素集聚，应该也必须建立完善的社会信用体系，进一步规范市场秩序，这不仅是自身发展的内在要求，也是促进市场经济体制完善，更好地服务全国的率先实践。

其次，社会信用是促进社会和谐的坚实基础。和谐建立在相互信任的基础之上。诚信缺失，人与人之间难以融洽共处，一个城市难以和谐发展。近年来，许多社会问题突发频发，比如“11 · 15”特大火灾事故中的建筑工程质量问题，说到底是违法施工、违法承包，其背后也是诚信缺失问题，尤其是很多市场失序和社会失范行为相互交织影响，有的甚至逾越社会道德底线，既严重影响了人民群众的安居乐业，也大大增加了社会管理成本，造成了社会信任感的普遍缺乏。在食品安全领域，政府加大对一些企业的检查力度，一定程度上也反映了社会对这些企业缺乏信任感。我们要以新一轮社会信用体系建设为契机，通过社会信用制度的建立和完善，着力营造讲诚信、守信用的环境氛围，着力提升城市文明程度和市民文明素质，有力促进社会和谐有序。

再次，社会信用是增强城市综合竞争力的坚实基础。诚信也是一种软实力，更是一种竞争力。重制度、讲规范、守信用，历来是上海的优秀传统，许多外地人之所以喜欢上海、到上海做生意，许多外企之所以投资上海、集聚上海，也正是看重上海的信用环境。当前，上海处在转型发展的关键时期，我们要加快形成服务经济为主的产业结构，特别是加大招商引资力度、吸引集聚国内外企业总部，尤其需要更好的信用体系支撑，进一步优化商务环境；我们要发展创新经济，促进一大批新产业、新业态的蓬勃兴盛，比如电子商务，需要更好的信用体系支撑，加大知识产权保护力度，促进社会创新创业；我们要提升城市能级，建设国际经济、金融、贸易和航运中心，需要建立与国际接轨的信用体系，切实增强上海城市的国际竞争力。

当然，推进社会信用体系建设、倡导并形成诚信价值取向，是一项长期而艰巨的任务，更是一项富有开创性的工作。我们一定要切实增强责任感、紧迫感，充分认识信用体系建设的长期性、艰巨性，扎扎实实做好这项基础工作，力争通过长期不懈的艰苦努力，在一些重点领域取得实质性进展，为全国社会信用体系建设作出应有贡献。

二、关键是要抓好各项工作的落实

这次推进社会信用体系建设，经过了广泛深入的调研，形成了指导意见和行动计划，明确了工作目标和重点任务，要认真抓好落实。

一是要着力形成全市推进合力。目前出台的文件主要是方向性的要求，需要各地区、各部门、各单位结合各自实际，拿出具体的推进方案。要看到，加强社会信用体系建设，对各行各业自身的工作都是一个极大的推动。只有各行各业的信用建设做扎实了，全市社会信用体系建设才会有一个好的基础，才能有一个很大的提升。希望全市各方面都要充分认识这项工作的重要性，全力配合支持这项工作推进。首先，各行各业都要建立一个什么是失信的标准；其次，每个标准应该是行业认可的，可以操作的；再次，失信要惩处，应该有法律法规和制度的依据；最后，每个标准和惩处措施都要纳入日常工作的操作流程，要成为日常工作的一个部分和一种习惯，不能仅靠大检查来解决实际问题。要把社会信用体系建设摆上重要议事日程，特别是主要领导要将这项工作作为一把手工程，亲自抓问题调研，亲自抓工作推动，亲自抓成效检查。要研究细化推进方案，切实把这项工作作为推动本部门工作的重要抓手，结合自身实际，制定具体、可操作的办法和措施，明确工作职责和任务分工，一步一步抓好落实。要强化组织推进机制，市级层面要根据工作需要，完善联席会议机制，抓紧调整充实组成人员，并加强与国家相关部门沟通，争取国家社会信用体系建设部际联席会议各成员单位的支持，力争在一些重点工作、重大领域先行先试。区县层面要建立完善的联席会议制度，推进本地区的社会信用体系建设。要加强督促检查，把这项工作纳入各地区、各部门、各单位的目标责任考核和业绩考核，严格按照分工要求，加强对推进情况的督查，确保这项工作扎实有效推进。

二是要突出应用导向。应用是社会信用体系建设的生命力所在。信用不是天生的，是靠一点一滴潜移默化的影响而形成的。信用制度只有使用了，才能不断完善和强化，才能逐步养成信用习惯。建设社会信用体系，必须坚持以解决问题为导向，在推动信用应用上下功夫。政府部门要带头推动应用，做好信用应用总体安排。比如，食品药品、生产安全等市场监管，要把信用状况作为重要依据，带头使用信用产品。又如，居住证积分制管理、保障房申请等公共政策制定，也要强化信用标准。要鼓励国有企业特别是金融机构创新和使用信用产品，充分发挥信用产品的作用，规避信贷和经营风险。要培育一批有影响的信用服务机构，根据社会发展需求，推动信用产品研发和广泛应用，真正将建设信用体系与解决实际问题结合起来，促进信用体系的不断深化与发展。

三是要强化信息共享。信息共享是社会信用体系建设的前提和基础。目前，大量的信用信息分散在政府部门和公共机构中，难以做到共享。2010 年，在调研信息服务业发展过程中发现了这个问题。我们很多信息的使用，涉及的不是一个部门，比如交通运输车的管理，它的信用系统不是交通部门一个部门能够建立的，涉及公安，还涉及其他方面。如果各部门之间不能信息共享，最后信用信息系统是片面的、不完善的，建不起来的。所以，一定要相互配合、相互支持，坚决打破部门壁垒，把信息共享抓好。要继续加大政府信息公开力度，首先在政府内部充分实现信用信息共享，促进资源的有效整合。要坚持以公开为原则、以不公开为例外，只要不涉及国家机密、商业秘密和个人隐私的政府信息，都要向社会公开。要尽快启动公共信用信息服务平台建设，这是关系社会信用体系建设全局的工作，要抓紧立项，早启动，早建成，为公共信用信息查询提供便捷高效的服务。同时，要高度重视信息安全问题，依法做好信用信息保护工作，建立完善信用信息安全应急处理机制，切实维护信息安全。

三、核心是要加强信用制度建设

制度建设是带有根本性、全局性的大事。诚信问题的最终解决，仅靠道德教化是不够的，根本上还是要靠制度约束。推进社会信用体系建设，必须以守信受益，失信惩戒、诚信自律为导向，以信用制度建设为核心，努力创设讲诚信、守信用的制度安排。

一方面，要加快完善信用制度特别是相关法律法规。与国外相比，我国社会信用体系建设起步较晚，配套法律法规和制度规范还不完善。要密切跟踪国家层面立法进展情况，加大地方信用法规规章制度规范建设，以地方性法规为引领，以政府规章为支撑，以规范性文件为补充，建立健全社会信用制度框架。要适时开展信用地方性法规、规章的研究起草工作，对那些经过实践检验有效的做法要上升为法规制度，对仍然适用的要继续坚持，对不完全适用的要认真修订完善，对基本不适用的要及时加以废止。

另一方面，要充分发挥各项制度的奖惩作用。制度不能形同虚设，必须严格执行，既要重视信用制度的激励作用，积极鼓励全社会守信得益，更要强化信用制度的约束力和震慑力，及时惩处失信行为，增加失信成本。要强化信用管理，形成信用联动奖惩机制，综合运用各种手段，加大对守信者的褒奖和优待，特别是要加大对失信者的惩罚和约束，做到一处失诚信、处处受约束，最终达到褒扬守信、惩戒失信、威慑侥幸的目的。

四、重要的是营造良好的诚信环境

社会信用体系建设本质上是市场行为、社会行为，需要全社会的共同参与。要着力推动全社会增强诚信理念和信用意识，形成诚实、自律、守信、互信的社会氛围，为上海社会信用体系建设营造良好环境。

要强化政府示范引领作用。社会要讲诚信，政府首先要诚信，公务员要带头，切实以政务诚信、司法公信建设引领商务诚信、社会诚信建设。政府带头讲诚信，重点是加强政务公开和承诺，该公开的信息一定要公开，公开的信息一定要真实，公开的承诺一定要兑现，要经得起群众的问责和监督。没兑现的事情，要主动承认，做自我批评，不要遮遮掩掩。公务员带头讲诚信，必须严格要求自己，率先垂范，诚信履职，以实际行动引领群众。希望市有关部门把公务员诚信建设作为一个重大课题，依照公务员法，制定出台一些制度性约束措施，通过加强对公务员的信用管理和监督，使广大公务员特别是党员领导干部以实际行动维护和提高党和政府的公信力。

要抓好社会诚信教育。增强社会诚信理念和信用意识，还要靠不断地教育引导。要在全社会广泛开展诚信教育，特别是要抓住青少年群体，鼓励他们从自己做起，从身边事情做起，从点滴小事做起。要融入各类实践载体，把诚信教育与精神文明创建活动结合起来，与公民道德实践活动结合起来，与创先争优活动结合起来，引导干部群众自觉监督和抵制失信行为，切实增强诚信意识和诚信素质。

要加大新闻宣传力度。大力宣传社会信用体系建设，广泛宣传诚实守信的模范典型，强化典型示范引领。要强化曝光力度，对一些缺乏诚信的不良现象，敢于曝光，敢于追责，推动全社会形成“有信者荣、失信者耻、无信者忧”的风尚和“诚实守信受尊敬不吃亏、欺骗失信受惩处遭唾弃”的良好舆论氛围。

（摘自全市推进社会信用体系建设工作会议上的讲话）

牢记使命 牢记宗旨 奋力开创上海工作新局面

韩 正

（2012 年 12 月 21 日）

党的十八大描绘了全面建成小康社会、加快推进社会主义现代化的宏伟蓝图，对新的历史条件下推进中国特色社会主义事业作出全面部署，为夺取中国特色社会主义新胜利指明了前进方向。对上海来说，深入学习贯彻党的十八大精神，就是要始终高举中国特色社会主义伟大旗帜，以邓小平理论、“三个代表”重要思想、科学发展观为指导，以党的十八大精神统领各项工作，按照习近平同志和中央关于上海要当好全国改革开放排头兵和科学发展先行者的要求，更加奋发有为地推进“四个率先”、加快建设“四个中心”，更加奋发有为地推进党的建设，努力开创上海各项工作新局面。要实现以上目标，关键是要把握两条。

一、牢记使命，坚定不移推进改革开放

改革开放是坚持和发展中国特色社会主义的必由之路。“实践发展永无止境，解放思想永无止境，改革开放也永无止境。”过去 30 多年来，我们国家取得举世瞩目的辉煌成就，靠的是改革开放；浦东开发开放 20 多年来，上海实现前所未有的历史性跨越，靠的是先行先试、改革开放。面向未来，上海要加快推进“四个率先”、加快建设“四个中心”，还要靠率先推进改革开放，用改革的最大红利惠及广大人民群众，以开放的最大优势谋求更大发展空间。

改革开放不进则退。上海已经到了没有改革创新就不能前进的阶段。上海开放度高，转型发展也更早，一些其他地方没有遇到的新情况、新问题，我们往往首先遇到，过去有用的一些老办法不再管用，拿人家的现成办法也不适合，只有先行先试、大胆创新，才能前进。改革创新，说易行难。更高发展起点的改革开放，必然有更大挑战、更多困难，也会遇到更深层次的利益矛盾和体制障碍。这一时期，我们推进改革攻坚，既要有勇气，更要有智慧，没有勇气干不了，没有智慧干不成。要坚决克服改革创新的畏难情绪，防止改革恐惧症、疲劳症滋生蔓延，也要防止急功近利、不求实效、盲目冒进。要以更大智慧，把握时机，坚持先行先试，全力抓好重点领域的改革，坚决突破制约科学发展的体制机制瓶颈。

当前和今后一段时间，上海深入推进改革开放，关键要在“三强化、一调整”上下大功夫。

一是强化改革推动。要始终做到改革开放的思想不僵化，步子不停顿，力度不减弱，工作不放松。要把握好势与度，抓住机遇、聚焦突破。把握势，就是要顺势而为，不逆势而动，有序推进改革。每个时期都既有机遇也有挑战，经济上升期与下行期也各有特点，有的改革措施适合在经济上升期推行，有的改革措施在经济下行期推出反而有利，这就要求我们顺势而为。把握度，就是要加强顶层设计和总体规划，统筹改革的力度、发展的速度和社会可以承受的程度，稳步推进改革。只有把握好势与度，改革才能不错失时机，才能事半功倍，取得实效。要先行先试、大胆探索。把握大势大局，看清方向，想透问题，找准着力点，从小的切口入手，实现重要的政策性制度性先行突破。上海按照国家部署，率先进行交通运输业和部分现代服务业营业税改征增值税试点，就是成功的先行先试突破。今年还要继续深化，力争再向前跨一步，并注重提升与全国营改增扩大的联动效应。

二是强化市场作用。坚持社会主义市场经济的改革方向，要更大程度更广范围发挥市场配置资源的基础性作

用。拥有比较完善的市场体系，是上海的一大优势。中心城市最重要的功能，是配置市场资源的能力。我们抓经济工作一定要进一步强化市场作用。要充分激发市场主体的活力，而不是强化政府的权力；要充分发挥企业、基层、群众的创新创造活力，而不是依靠各部门、各地区的行政包揽包办能力；要充分体现市场开放公平的竞争，而不是固化行政权力、垄断利益对市场的封闭分割。今年改革的重点，要牢牢抓住大市场、依托大市场，加快集聚引进各类功能性机构，包括金融、贸易、航运等产业的各种功能性机构。还要认真深入研究一些具有操作性的办法，突破一些制度性障碍，打破垄断、放宽准入，深化投资领域改革，扩大社会投资。上海应在卸掉“弹簧门”、打破“玻璃门”方面走在全国前面，这是中央要求的，也是发挥市场基础性作用的牛鼻子、突破口。

三是强化创新驱动。创新是上海这座城市的活力所在、希望所在。强化创新驱动，就是要从大规模投资推动和资源性、资本性要素推动，转向由科技创新、管理创新和人力资本提升共同驱动，为经济发展注入新动力。我们要大力推进创新型城市建设，充分发挥张江高新区的创新示范带动作用，增强整个城市的科技创新、管理创新和服务创新能力，特别是企业的自主创新能力，提高科技对经济增长的贡献率，力争在科技创新、产品创新、产业组织创新、商业模式创新等方面出台一些重大举措。

四是调整政府管理和服务方式。深化改革，对政府来说，要加快摆脱习惯于用行政手段管理经济社会发展的思维方式和管理模式，处理好政府与市场、社会的关系，更多依靠经济手段、法律手段和必要的行政手段来管理。我们提出上海要形成以服务经济为主的产业结构、建成“四个中心”，今后发展的重点就是现代服务业、先进制造业和战略性新兴产业。这个战略也是国家战略，这种竞争力就是国际竞争力，这就是为国家的发展战略服务。要实现这个战略，必然对城市的法制环境、创新精神、多元文化、民主决策及社会诚信等提出新要求。如果我们政府的管理和服务模式不作相应调整，不切实转变政府职能，就会越来越制约城市活力，对此我们要有清醒的认识。我们工作总的方向是：凡是市场能够决定的，就交给市场；凡是社会有能力承担的，就放给社会；凡是社会组织和中介机构可以作为的，就依靠其发挥作用；凡是政府能购买服务的，就向社会购买，切实推动政府职能向创造良好发展环境、提供优质公共服务、维护社会公平正义转变，建设人民满意的服务政府、责任政府、法治政府、廉洁政府。

二、牢记宗旨，始终践行党的群众观点群众路线

群众观点历来是我们党的基本观点，群众路线始终是我们党的根本路线。党的几代领导同志都十分强调群众观点，党在革命、建设、改革各个时期取得伟大胜利，靠的也是坚持群众观点。俞正声同志在上海工作时，深情地告诫我们，“群众观点须臾不能忘记”。对群众观点我们也几乎开大会必讲，有些同志可能感到是老生常谈了。但老生常谈还得谈，群众观点还要反复讲。因为我们还有一些干部的群众观点并不牢固，办事情、做工作、定政策等还没有全面彻底地落实群众观点，还没有找到新形势下联系群众、服务群众、做好群众工作的有效途径和方法，甚至群众高兴的一些好事都办不好。中央要求上海当排头兵、做先行者，如果群众观点不强，根本当不了排头兵、做不了先行者。

树立群众观点，不是一句空话，不是靠喊出来的，而是靠干出来、做出来的。群众利益无小事。树立群众观点，首先要正确把握最广大人民的根本利益、现阶段群众的共同利益、不同群体的特殊利益的关系，用科学的机制和办法，统筹兼顾各方面群众的关切，切实解决群众的利益问题。当前，群众关心的很多问题是经济利益问题，有的是过去积累下来的老问题，有的是新形势下出现的新问题，还有的是在转型发展中可能会逐步凸显的问题。只有真正解决这些问题，群众对我们才会满意。新形势下解决群众的利益问题，一要把握群众新期盼。现在，老

百姓生活好了，一些原来不是问题的问题或者不是很突出的问题，逐渐成了群众十分关注的问题，比如收入分配差距问题、环境问题、安全问题、交通问题。对这些问题，如果我们还停留在过去的认识上，工作就会被动，群众就不会满意，必须主动回应群众关切，积极加以解决。比如，现在的分配差距过大是社会关注的重大问题。党的十八大提出，初次分配和再分配都要兼顾效率和公平，再分配更加注重公平；着力解决收入差距较大问题，使发展成果更多更公平惠及全体人民，朝着共同富裕方向稳步前进。二要更加注重公平正义。过去群众关心的是利益给多给少，现在更加关注公平正义，如果不公平，即使自己得到的比以前多，还是不满意的。我们只有更加注重权利公平、机会公平、规则公平，才能更好地为民服务、取信于民。三要更多地靠制度。到了现在这个阶段，落实群众观点，解决民生难题，都不能临时想、随意定，更不能就事论事地出政策，要更多地靠法律、靠规则、靠制度。要有基本规则、基本制度设计，还要有可操作的实施办法，使大家看得懂、群众能明白，遇到具体的事就按制度办。制度有不合理的地方，就各方面一起讨论修改制度。

树立群众观点，还是要密切联系群众。群众观点，老是在办公室里，总是在文山会海中，是不会有的。还是要从群众中来，到群众中去，深入群众，与群众建立血肉联系。同过去相比，现在干部扎到基层蹲点少了，机关里缺乏基层经历的年轻干部多了，干部做经济工作花的时间多了、能力也强了，但与普通群众特别是困难群众打交道的时间少了、能力也弱了。对此，我们不能视而不见、泰然处之。新形势下密切联系群众，一是行之有效的老办法要继承。各级干部特别是领导干部要更多地沉下去，直接面对面与群众交流、听群众意见，把握群众所思所想。要组织干部到困难多、群众意见多、矛盾集中的地方蹲点，为群众解决实际问题。要继续组织市级机关青年干部到基层交流锻炼，与群众直接打交道，磨练和树立群众观点。二是现有的办法要做实。比如，这两年我们建立了领导干部接访下访、党代表和人大代表联系群众等制度，进一步畅通和拓宽群众诉求表达渠道，取得了初步成效。下一步，要在完善、落实制度上下功夫，要在见实效上下功夫，防止搞花架子、流于形式。三是新办法要探索。网络等新媒体在群众中的覆盖面、影响力持续扩大，特别在青年人中影响更大，不能低估，应当成为信息化时代我们密切联系群众的新平台。现在有了政务微博，今后还要坚持探索领导干部广泛直接联系群众的新形式。

树立群众观点，必须倡导共建共享。讲群众观点，既要尽最大努力做到尽力而为，又要不超越可能，量力而行。在这方面，要特别注意防止“三种倾向”：一是防止工作大包大揽，企图包办群众所有的问题；二是防止政策“翻烧饼”，解决了老问题，又带来了更多的新问题；三是防止脱离社会主义初级阶段实际，盲目吊高胃口，喊空口号，开空头支票，这不是真正对群众负责。要尊重群众主体地位。要引导广大群众树立通过勤劳致富改善生活的理念，在制度上做到鼓励劳动、鼓励创造。要发挥群众参与社会管理的基础作用，在城乡社区治理、基层公共事务和公益事业中实行群众自我管理、自我服务、自我教育、自我监督。要引导和服务群众。民生工作不能简单跟在群众后面亦步亦趋，不能做老好人，更不能用公共财力和资源，用片面的方法去博取一时的掌声。要更加自觉地运用法治思维、法治理念来处理社会矛盾和利益问题，坚持依法办事，引导群众依法维权，不断提高社会管理科学化水平，促进社会和谐稳定。

（摘自十届市委三次全会上的讲话）

推进两化深度融合　加快经济转型升级

杨　雄

（2012年6月29日）

“大力推进信息化与工业化融合，促进工业由大变强”，是党中央、国务院作出的重大战略部署，也是上海促进工业转型升级、加快经济发展方式转变的重要战略举措。近年来，我们积极落实国家战略要求，在国家工信部和社会各方的指导支持下，不断探索完善推进两化融合的基本思路和实践路径，并取得了初步成效。

一、两化融合是上海加快经济转型升级的必然选择

上海市委、市政府高度重视两化融合工作，自2010年以来连续三年将两化融合列为全市重点工作，不断深化两化融合实践，这既是全面落实党中央、国务院作出的重大战略部署，也是上海“创新驱动、转型发展”的迫切需要。

国际金融危机以来，回归实体经济、实现“再工业化”正在成为国际上应对金融危机、保持竞争力的共识和长期战略。欧美国家正积极推进物联网、云计算等新兴技术的研制应用，运用新一代信息技术改造传统产业，力图实现工业创新崛起，抢占新一轮产业发展主导权。中央要求上海当好科学发展的先行者，积极参与国际产业竞争。经过近30年的快速持续发展，上海钢铁产能达到2200万吨，炼油产能达到2800万吨，乙烯产量达到200吨，上海环境容量承载能力和工业用地扩展空间极为有限，同时又面临节能减排刚性指标等约束。受国际金融危机的冲击、资源环境承载的约束以及世界产业发展格局调整的影响，上海工业外延式增长面临瓶颈，工业规模稳定增长的传统驱动力量减弱，需要率先转变经济增长方式，加快产业结构转型升级，实现工业内涵提升式发展。

20世纪90年代以来，上海抓住全球信息化发展机遇，始终把信息化作为覆盖现代化建设全局的战略举措切实加以推进。“九五”基础先行，着力推进信息基础设施建设；“十五”重点突破，促进信息产业和信息技术应用加快发展；“十一五”实施信息化领先发展战略，以“推进信息技术创新和深化信息技术应用”为主线全面推进信息化建设。经过三个五年规划的持续推进，使信息化与工业化具备在更大范围内、更深层次上相互促进融合的基础条件。

未来5年是上海推进“四个率先”，建设“四个中心”的关键5年，也是“创新驱动、转型发展”的攻坚阶段。上海必须抓住新一代信息技术革命带来的发展机遇，坚持信息化与工业化融合发展，深化信息技术在产业领域的集成应用，改造提升传统制造业，更大程度地降低对自然资源的消耗和污染物的排放，促进工业由“制造”向“智造”转变，由“生产型”制造向“服务型”制造转变，由粗放型向集约型转变，按照高端化、集约化、服务化的发展方向，推动三二一产业融合发展，加快构建以现代服务业为主体、战略性新兴产业为引领、先进制造业为支撑的新型产业体系。

二、上海推进两化深度融合的总体考虑

在科学发展观指导下，主动适应上海产业转型升级和信息化持续发展的要求，坚持政府引导、企业主体、产学研用相结合，通过聚焦重点产业、骨干企业、关键技术、重大项目、产业基地，大力推进研发设计数字化、制造装备智能化、生产过程自动化、企业管理信息化和商务流通网络化，不断探索完善推进两化融合的基本思路和

实践路径，加快构建战略性新兴产业引领、先进制造业支撑、生产性服务业协同发展的现代工业体系。在推进步骤上，2009–2011年围绕规划布局、着力重点突破，着力落实“1010工程”，促进信息技术在制造业和服务业关键环节、重点领域、产业园区和骨干企业广泛应用，形成社会各方积极参与的工作格局；2012年到“十二五”期末在全面渗透、深度融合上下功夫，结合推进“双倍增一提升”计划，实现信息技术应用在产业各领域的全面渗透，基本确立以两化融合为主要特征的产业发展模式，争取成为全国率先转变工业发展方式的先行先试区、战略性新兴产业的创新引领区、高端生产性服务业的集聚辐射区，为建设成为全球高端智造中心之一奠定基础。在推进原则上，坚持统筹规划与分类推动并进，坚持政府引导与企业主导并举，坚持提升制造业与发展服务业并重。

三、上海推进两化融合促进产业优化升级的主要做法和成效

上海市委、市政府2010年来连续三年将两化融合列为全市重点工作，我们结合落实工业和信息化“十二五”规划，以及智慧城市建设、制造业改造提升行动计划等，不断深化两化融合实践，取得了以下成效：

1. **围绕产业结构优化，推进传统产业信息化改造。**重点聚焦“1010”工程，通过加快嵌入式系统芯片、电子标签、协同设计制造、过程控制系统等信息技术在工业研发设计、生产制造和经营管理中的应用，提高生产自动化、装备智能化水平，提升产品附加值和企业国际竞争力。一是促进了技术改造和自主创新能力提升，通过信息技术促进自主研发制造，提高装备智能化水平，推动科技创新。二是提高了企业生产效率和经营管理水平，以信息化助推企业生产过程的自动化、经营管理的信息化，促进企业竞争力提升。三是推动了产业结构优化和转型发展，以信息技术应用推进电子、钢铁、石化等制造业加快产品升级、结构优化和能级提升，消费品产业向高端化、品牌化方向发展。

2. **围绕服务经济发展，推进服务业信息化升级。**围绕加快建设“四个中心”，以促进信息资源开发利用为主线，以发展生产性服务业为重点，深入推广信息技术在重点服务行业的应用。一是提升城市服务功能和整体服务环境，促进信息流与资金流、物流的整合互动，提高信息、资金、货物等配置效率。二是推动了生产性服务业发展，鼓励有条件的生产型制造企业充分利用信息化手段，拓展优化总集成总承包服务模式。三是助推了新技术、新业态、新模式的创新发展，全市信息服务业营业收入连续多年保持20%以上的年均增速，其中软件业所占比重达到60%左右；全市电子商务交易额超过5500亿元，同比增长29.5%左右。

3. **围绕提高企业综合竞争力，推进企业两化融合实践。**充分发挥企业主体作用，提高企业信息化应用的积极性，提升企业核心竞争力。一是为中小企业营造了良好的信息化应用环境，结合国家和本市促进中小企业发展的有关要求，培育一批面向中小企业提供信息化共性服务的平台，信息化支撑中小企业发展的作用逐步显现。二是提升了骨干企业和龙头企业的信息化水平和核心竞争力，以骨干企业信息化为典范，促进产业链上下游企业信息化应用，带动了产业整体竞争力的提升。

4. **围绕提高资源能源利用效率，推进节能降耗信息技术应用。**结合资源节约型、环境友好型社会建设，通过信息技术支撑传统产业节能减排，优化企业能源管理，减少能源消耗和污染排放，提高工业生产效益，促进产业绿色发展。通过推动节能减排信息技术应用，一是推动企业提升节能管理水平，利用上海能效中心平台推进节能项目建设，鼓励企业建立和改造能源管理中心，利用信息化手段加强能源分配和消耗管理，定期分析能源消费趋势和节能目标完成进度，增强企业持续发展能力。二是提高了能效监测效率，利用物联网、计算机仿真等技术，完善节能减排信息化监测系统，对本市高耗能高污染行业的能耗和污染排放进行实时监控，实现了对全市700家5000吨标煤以上重点用能单位能效水平的监控和管理，建立完善信息化促进节能减排的平台和机制。三是促进了

主要工业产品单耗显著下降，加强工业领域节能减排信息技术的研发应用，结合全市十大节能工程，重点推进冶金、化工、建材等高耗能行业生产设备数字化和智能化，促进工业生产流程的能源优化，推进能源综合利用和企业节能增效（目前上海的发电效率处于全国领先水平，精品钢材、乙烯、整车、大型锻件等产品单耗达到国内外行业先进水平）。

5. **围绕夯实两化融合基础支撑，推进信息基础设施建设和信息产业发展。**两化融合离不开信息基础设施、信息安全等有力支撑；同时也需要通过云计算、物联网等新一代信息技术的研发与产业化，助推两化深度融合。一是完善信息基础设施综合保障能力。加快宽带城市建设，大力推进光纤到户建设，覆盖超过600万户，计划到明年做到城镇地区全覆盖；推动无线城市建设，构建多层次、广覆盖、多热点的无线宽带网络，无线热点超过12000处，三种标准制式的3G网络不断优化，积极推进TD–LTE规模技术试验。努力成为国内通信质量、网络带宽、综合服务最具竞争力的地区之一。二是推动新一代信息技术产业发展。推动实施“电子强市计划”、“软件振兴计划”、“云海计划”、“物联网三年行动方案”和“新兴产业扶持计划”。2011年年底，全市电子信息产业总规模突破1万亿元，形成信息产业与两化融合相互促进、相互带动的效应。三是构建产业信息化科学评估体系。结合上海产业发展特点和信息化现状，在全国率先建立了涵盖企业信息化与城市信息化评价指标的两化融合发展水平评估体系和指数。上海“两化”融合指数从2009年69.4提高到2011年75.2；2010年、2011年连续两年位列国家工信部开展的全国两化融合试验区评估首位。同时，加强对涉及国计民生的重要信息系统和重点企业的信息安全测评和等级保护，提升信息安全综合保障能力。近几年上海未发生重大信息安全事故，信息安全处于总体可控状态，为两化融合提供了信息安全保障支撑。

四、上海推进两化融合工作的认识和主要体会

国家工信部高度重视推进两化融合工作，成立之初就提出要大力推进两化融合。上海被认定为国家级两化融合试验区以来，得到了工信部等国家相关部委的关心指导，去年底在全国两化融合深度行上海站活动期间，工信部对上海两化融合试验区工作进行了总体验收，对上海在规划政策引导、支撑体系建设、促进产业调整升级等方面的经验和做法给予了肯定。通过三年多来的具体工作实践，我们对地方政府推进两化融合工作主要有四点认识和体会。

一是在指导思想上，始终坚持全局着眼、做好顶层设计。两化融合的根本目标在于促进工业转型升级。因此，上海将两化融合与国家产业发展战略部署相衔接，放在全市创新驱动、转型发展的战略大局中考虑，把握住“工业化需求为牵引，信息化技术为驱动”的原则，着力抓好顶层设计，通过制定实施两化融合实施意见、十二五规划、三年行动计划、年度工作计划和项目指南等方式，形成较完整的两化融合工作引导和推进体系，使两化融合成为促进经济发展方式转变、产业结构优化升级和政府职能转变的重要手段，成为构建“以战略性新兴产业引领、先进制造业为支撑、生产性服务业协同发展的现代工业体系”的重要支撑。

二是在推进策略上，始终坚持企业主体、聚焦重点。企业是两化融合的主体，激发企业应用信息化的积极性是两化融合的关键。为此，上海将两化融合的聚焦点放在企业信息化上，政府部门针对不同行业、不同规模、不同发展阶段的企业特点，分类指导和推动企业信息化实践。重点聚焦航空、汽车、生产性服务业等具有优势地位或战略意义的10个产业加以重点推进，树立了一批行业标杆企业和典型示范案例。近三年来通过高新技术产业化、信息化发展、技术改造等专项资金，累计支持200多个企业信息化重大项目建设，带动企业投资逾百亿元。

三是在机制建设上，始终坚持政府引导、凝聚合力。上海注重两化融合合力推进机制建设，最大程度调动社

会资源参与两化融合实践。依托高等院校、骨干企业、研究中心和重点实验室，构建了产学研结合的技术创新机制；通过建立区县实践区，形成了市区两级政府联动机制；在国家工信部的支持指导下，建立了国家两化融合人才培训基地，创建联合培训机构和人才实训点，完善了两化融合人才培训支撑体系；通过制定园区信息化企业联合标准，推动了园区管理方、IT技术提供商、基础设施运营商共同推动园区信息化的格局；加强两化融合宣传普及工作，提高社会各界关注度，营造良好环境。

四是在技术保障上，始终坚持培育新技术、发展新应用。两化深度融合离不开新一代信息技术应用和产业化的有力支撑。上海大力培育发展新一代信息技术产业，聚焦集成电路、通信制造、新型显示、工业软件、嵌入式软件等关键技术的研发与产业化，促进芯片设计、软件技术与整机制造联动。加快建设面向未来的智慧城市，提升信息网络服务能级，积极探索基于物联网、云计算、下一代网络等新兴信息技术的两化融合新应用、新模式和新业态。

（摘自工信部信息化与工业化融合高层研讨会上的讲话）

齐心协力　协调推进　加快上海产业结构调整

艾宝俊

（2012 年 2 月 15 日）

一、充分认识结构调整工作的重要性和艰巨性

2011 年在经济形势错综复杂的背景下，联席会议各成员单位齐心协议，各区县狠抓推进，企业集团顾全大局，坚定不移推进产业结构调整，做出了卓有成效的工作。全年共完成调整项目 751 项、危险化学品企业 88 家，实施启动的 6 个重点区域专项，中石化炼化一体化项目正式启动，宝钢吴淞地区钢铁产业调整取得了积极进展。更重要的是，我们在做好全年工作的同时，还基本保持了社会的稳定，这些都是非常不容易的，是大家共同努力的结果。

2012 年国内外经济形势更加复杂严峻，对结构调整工作提出了新的要求。一是“创新驱动、转型发展”提出的新要求。上海当前处于工业化后期的稳定发展阶段，正向后工业化时期过渡。这期间，转变经济发展方式刻不容缓，产业结构转型升级更为紧迫。要求上海加快培育发展战略性新兴产业，加快调整淘汰劣势产业，进一步优化空间布局，加快形成以服务业为主的产业结构。二是上海城市安全提出的新要求。随着城市化进程加快，部分现状化工业、危化企业对整个城市的安全带来隐患，要通过加快调整淘汰确保城市运行安全。三是能源、资源、环境等要素条件的刚性约束提出的新要求。上海下一步产业发展面临工业用地短缺、环境容量有限、节能减排、资源要素集约等刚性约束，必须要求我们通过产业结构调整盘活存量资源，突破这些瓶颈约束，实现“在发展中调整，以调整促发展”，加快提升产业发展能级和综合竞争力。

同时，“十二五”产业结构调工作也面临着新情况和新变化，调整情况更加复杂、任务更加艰巨、难度越来越大。如依法行政的要求更高，社会稳定的要求更高，舆情控制的压力更大等等。因此，各部门要保持清醒的头脑，统一思想，形成合力，保持工作的坚韧性、持续性和坚定性，把工作做实、做细，全面完成产业结构调整任务。

二、尽早启动落实今年各项重点工作

今年要推进实施产业结构调整项目 600 项、危险化学品企业 120 项，减少能源消费量 40 万吨标准煤，任务仍旧很重，刚才王坚同志对今年的具体任务进行了安排。这里我再强调一下，工作推进中要切实做到“四个更加注重”：一是更加注重调整与发展的结合。进一步推动重点区域、行业专项调整，并为发展腾空间、让资源，确保“以调结构促转型，以促转型稳增长”。二是更加注重引逼手段相结合。抓紧发布本市工业调整淘汰落后产能“十二五”，并以规划为指导有序推进产业结构调整工作。通过补助资金等政策引导、区县能耗总量控制、综合运用法律、行业标准、市场准入、差别电价等手段，加快推进铅酸蓄电池、印染、零星化工及四大工艺等重点行业的调整；三是更加注重城市安全，城市安全是对我们政府执政能力的考验，今年是危化企业调整的收关年，要进一步加大调整力度，全面完成外环线内、工业区外危险化学品生产企业调整工作，目标不能降、任务不能减，各区县政府要按照责任书签订的目标，不折不扣推进危化企业调整，个案问题个案分析，但总的原则和目标不变。四要更加注重处理好调整与稳定的关系。这些年调整工作没有发生大的不稳定事件，但是不能麻痹大意。今年中央要召开党的十八大，更要高度关注社会稳定，“保就业”、“保稳定”的压力将进一步增大。各职能部门、各区县一定

要通力合作，做好推进调整工作中的应急预案，千方百计做好关停企业人员安置和分流工作，妥善处置各类矛盾和问题，确保平稳有序推进调整。

最后，请按照今天会上提出的一些意见，对今年的调整工作方案和《补助办法》再进行完善，提请市政府常务会议审议。

同志们，今年的产业结构调整任务十分艰巨，工作的难度依然很大。在市委、市政府的领导下，各方要形成合力、攻坚克难，稳妥推进产业结构调整工作，确保年度工作任务圆满完成。

（摘自市产业结构调整协调推进联席会议上的讲话）

紧密合作　各尽职责　共创上海中小企业发展新局面

艾宝俊

（2012 年 2 月 23 日）

一、充分认识促进中小企业发展工作的重要意义

促进中小企业发展工作是一项系统性工程，对保持经济社会平稳较快发展具有重要战略意义，特别在当前经济形势具有很大的不确定性的情况下，更需要统筹考虑，对症下药。

1．**思想上要进一步提高对中小企业工作重要性的认识。**据市统计局、市地税局统计，全市约 34 万家中小企业吸纳了 80% 以上的就业，实现了 60% 以上的营业收入，贡献了 50% 以上的税收。其中，小微企业营业收入占全市的 30%，就业超过 52%。当前，受外部经济形势不确定性影响，中小企业发展面临新的困难挑战，如何有效激活中小企业发展活力，直接关系到我们能否战胜困难，关系到整个社会的长治久安。从这个意义上讲，做好中小企业工作绝不单单是经济发展的需要。

2．**方法上要进一步加强对中小企业尤其是小微企业发展困难的调研。**中小企业是市场经济的微观基础，他们最贴近市场、贴近基层、贴近实际，如何渡过难关、加快发展，他们最具有发言权。近期中央多位领导、相关部委都在各省市密集调研，目的也是为了获取第一手资料。没有调查，就没有发言权。

3．**措施上要进一步提高服务中小企业的针对性。**研究制定针对性的政策措施要坚持三项原则：一是要坚持有舍有取的原则。要坚持分类指导、区别对待，对符合产业导向及“专精特新”特点的战略型新兴产业、科技型、成长型、吸纳就业型中小企业，要加大帮扶力度；对于高耗能、高污染的中小企业，要坚决促调整、促转型，但要讲究方式方法，注重处理好调整与稳定的关系。二是要坚持长期政策和短期举措相结合的原则。我们既要帮助中小企业渡过难关，更要立足于增强企业自主创新能力，提高企业核心竞争力。短期举措见效快、看起来力度大，但如果缺乏长远考虑，可能会带来很多的负面效应。三是要坚持资金帮扶和优化软环境并举的原则。一些企业和同志一谈到帮扶企业，开口闭口就是要钱给钱，资金扶持当然重要，但是真正解决问题的是优化软环境。

二、扎实推进促进中小企业发展的各项既定任务

作为创新驱动、转型发展的生力军，在当前上海经济社会转型的关键时期，中小企业工作要服务、服从于上海经济、社会的大局，全面完成各项既定目标任务：

1．**全力落实市委、市政府“十二五”创新驱动、转型发展要求。**李克强同志来上海考察时，再次强调：上海要坚持科学发展，用改革开放的新举措，推动转型发展，依靠创新驱动，加快经济结构战略性调整和产业优化升级，希望上海在创新驱动、转型发展上作出示范、走在前列。创新驱动、转型发展靠什么？很大程度上还要依靠我们广大中小企业！“十二五”期间，我们要按照中央及市委、市政府的部署，紧紧围绕大局，坚持推进技术改造，坚定不移调整结构，促进中小企业为上海经济、社会发展作出更大的贡献。

2．**全面完成“市政府 11 号文”各项目标。**《上海市人民政府贯彻国务院关于进一步促进中小企业发展若干意见的实施意见》中，明确提出了到 2012 年本市中小企业发展的三项量化指标，即力争在各类资本市场上市的中小企业数量达到 100 家，培育的“科技小巨人”企业 200 家，培育的“专精特新”成长型中小企业达到 1000 家。在

各部门、各区县共同努力下，截至2011年年底，本市各类资本市场上市中小企业已超过80家，“科技小巨人”企业也已达到172家，“专精特新”中小企业有800家，从目前情况看，完成这些目标还是大有希望的，但也不可以掉以轻心，要戒骄戒躁，继续做好各项既定目标的“收官”工作。此外，“市政府11号文”及《条例》还提出了专项资金不低于“两个三分之一”等量化要求，市经信委等部门正在抓紧落实。

3. **切实做好2012年促进中小企业发展重点工作。**2012年，在各区县、各部门工作计划的基础上，市促进中小企业发展工作领导小组办公室已经整理形成了2012年度重点工作，集中征求了相关部门的意见。今年的重点工作既有例行重要事项的延续，如服务体系建设、缓解中小企业融资困难、培育“专精特新”企业、鼓励创业创新等，也有热点及难点的突破考虑，如支持小微企业发展、落实“营改增”财税优惠政策、鼓励个体工商户升级为中小企业、优化政府服务等。

三、努力形成促进中小企业发展的工作合力

当前，中小企业发展过程中仍然存在一些反映突出、亟待解决的难点问题，需要加强统筹协调，共同推进，真正突破中小企业发展瓶颈。

1. **进一步改善中小企业发展环境。**从去年情况看，领导小组作为一个整体，形成了合力，有效发挥了作用。当前经济形势下，利用各区县、各部门的力量和资源，努力形成市区联手共同推动发展的工作局面，出台综合性、组合式政策举措，切实改善中小企业发展环境。如针对中小企业长期以来、普遍反映的信息不对称矛盾，领导小组办公室下大决心、花大力气编印月度《信息速递》，考虑到《信息速递》内容上更多反映政府服务和政策信息，不可能离开各部门、各区县的配合支持。此外，配合国家落实好“中小企业服务年”活动。

2. **切实帮助中小企业渡过难关。**针对中小企业发展面临的融资困难、创新能力不足、市场萎缩等问题，各委办局、各区县要继续采取多种举措，帮助中小企业渡过难关，提升竞争能力。一是进一步缓解中小企业“融资难”。发挥政府的政策导向与资金支持功能，继续鼓励各金融机构创新金融产品，支持加大对中小企业，尤其是小微企业的信贷支持。继续拓宽融资渠道，构建多层次中小企业直接融资体系，发挥各类基金的引导作用。继续完善担保体系建设，引导更多开展小微企业担保业务。二是进一步提升中小企业创业创新能力。继续实施新一轮“创业带动就业三年行动计划”，鼓励产学研合作，支持技术改造和产业升级，鼓励发展战略型新兴产业。深化“专精特新”中小企业和“科技小巨人”培育，加大经营管理者培训，加强中小企业品牌培育，加大知识产权保护和服务，提高中小企业质量及标准化水平，加快推进中小企业信息化建设。三是进一步提升中小企业市场拓展能力。继续贯彻落实国家《政府采购促进中小企业发展暂行办法》，鼓励民间投资公平市场准入，推进国企开放性市场化重组，支持中小企业发展电子商务，组织中小企业参加展会和合作交流，研究符合条件的中小企业进超市减免进场费政策，鼓励拓展国内外市场。

3. **做好对小微企业扶持政策的细化落实和瓶颈突破。**小微企业作为最需要扶持的弱势群体，是当前及今后一段时期中小企业工作的重点和难点。国务院两次常务会议专题研究部署支持小微企业健康发展，有关部门陆续出台了支持小微企业发展的政策举措。在领导小组办公室协调下，本市制定了贯彻国务院会议精神支持小微企业发展的工作方案，上海银监局、市地税局、市财政局等部门提出了初步的实施意见。近期，国家层面可能会出台支持小微企业的政策，各有关部门要做好跟踪，进一步完善实施意见，领导小组办公室牵头做好协调工作。此外，针对小微企业减免税、差别化劳动用工服务等，市地税局、市财政局、市人社局、市经信委等有关部门要加强研究，一旦成熟要转化为政策举措，同时要向国家积极争取先行先试的机会。

（摘自上海市促进中小企业发展工作领导小组会议上的讲话）

在更高起点上做大做强上海软件产业

艾宝俊

（2012 年 9 月 17 日）

一、要增强发展软件产业的责任感和紧迫感

软件产业是关系国民经济和社会发展全局的基础性、战略性、先导性产业，对上海经济、社会和文化发展具有重要作用。首先，软件产业是推动上海“创新驱动、转型发展”的重要引擎。软件产业为培育发展高端装备制造、新能源、新材料、节能环保等战略性新兴产业提供了强有力的支撑，并且在各个领域渗透应用的同时也催生出了一批新业态。软件技术的广泛应用推动了传统产业不断实现技术创新和商业模式创新，加快传统产业的结构调整和提升发展。此外，软件产业对现代服务业加速发展具有积极助推作用，软件技术显著提升了商务、金融、物流、旅游等现代服务业的水平。其次，软件产业是上海建设社会主义现代化国际大都市的重要支撑。软件产业为“四个中心”建设提供专业技术支持，建成了一批具有行业影响的数字信息服务平台，并形成经济、金融、航运、贸易软件服务业，是“四个中心”建设的重要支撑。在城市管理和运行方面，通过加快软件技术应用建成了智能水网、智能电网、智能交通、数字教育工程、电子账单等一系列城市智能应用，改善了服务效率和市民体验。最后，软件产业是保持上海经济平衡发展的重要力量。近年来，上海软件产业规模快速增长，实现了从新技术产业到支柱产业的跨越式发展，经营收入保持年均 20% 的增长速度，增加值占全市国内生产总值的比重攀升至 6%，是上海现代服务业中发展速度最快、技术创新最活跃、增值效益较大的产业门类，为上海经济保持平稳发展作出积极贡献。

二、把握发展态势和机遇，抓住产业发展主动权

当前，软件产业链不断完善，发展模式持续创新，进入新一轮发展期。我们要准确把握产业发展的新趋势和新机遇，有的放矢地促进上海软件产业发展。

1. **软件产业新一轮发展趋势日益显现。**一是网络化成为产业提升发展的新方向。软件即服务（SaaS）、平台即服务（PaaS）、基础设施即服务（IaaS）等网络化新模式，以及泛在网、物联网、云计算等网络化新业态不断涌现；软件技术重心逐步由计算机终端向互联网转移（例如谷歌公司，该公司积极布局网络化发展战略，形成了完整的网络化操作体系，力推网络化办公时代的到来）。二是平台化成为产业创新发展的新引擎。软件产业竞争正从单一产品竞争向平台间竞争过渡，各类基础软件、行业应用软件等相互渗透，逐步向一体化软件平台新体系演变；硬件与软件整合集成，更加契合用户灵活部署、协同工作和个性应用的需求。三是服务化成为产业转型发展的新模式。软件应用模式正由传统产品模式向服务模式转变。以用户为中心，通过软件不断升级和提供其他个性化服务，满足用户不断变化的需求，给用户带来的软件服务体验正逐渐成为竞争的决定性因素。

2. **软件产业面临新的发展机遇。**一是对软件服务的需求持续扩大。企业为强化核心竞争力，将 IT 建设、运营服务等从主营业务中单列出来，外包给以技术和信息服务为主的软件企业。更多的企业开始通过软件技术进行组织结构和流程再造，以此降低运营成本，提升工作效率。同时，IT 用户对增值服务的需求也有较大提高。这是市场机遇。二是优惠政策进一步利好产业发展。继 18 号文后，去年国家出台了 4 号文，继续加大支持软件产业发

展的力度。为落实国家4号文，上海今年出台了26号文，从投融资、企业培育、研发、人才、知识产权、进出口以及产业布局和管理等方面，提出了更加优惠的政策。这是政策机遇。三是创新拓展产业发展新空间。随着软件技术的创新进步，软件产业对传统产业的渗透更为广泛深入，孕育出一批新兴业态。商业模式创新成为产业发展中与技术创新同等重要的因素，持续吸引风投资本和证券市场对软件产业的青睐。这是创新机遇。四是民营企业成为产业持续发展的中坚动力。上海近60%的软件企业是民营企业。民营企业依靠灵活的市场调节和人才吸纳机制，在数量和规模上不断发展壮大，成为软件产业创新的源泉和发展的中坚力量。这是产业的基因机遇。

当然，尽管上海软件产业起步较早，产业发展取得了显著成绩，但是和国家要求以及兄弟省市的发展步伐相比，尚有一定差距。一是企业规模偏小，缺少具备国际竞争力的龙头企业；二是产业的融合渗透不够深入，产业和应用的互动效应有待进一步释放；三是政府的管理与产业的发展还不够契合，软件企业在资讯、金融、文化、娱乐等领域的业务发展与行业资质管理等存在诸多不适应。

三、在更高起点上做大做强上海软件产业

按照年初稳增长确定的目标，今年上海软件产业经营收入力争超过3600亿元，比上年同期增加20%左右。到2015年，上海软件产业将力争实现“6363”的总体目标，即经营收入达到6000亿元，年经营收入超亿元企业超过300家，从业人员达到60万人，产业基地30个。上述目标既是上海加快创建中国软件名城的具体要求，也是提升软件产业发展水平，增强软件产业核心竞争力，实现产业“创新驱动、转型发展”的重要体现。为此，大家要坚定目标，奋力而为，着重做好四个方面的工作：

1. 形成上海软件产业持续快速发展的合力。要形成点面结合、市区联动的产业发展保障模式，有力支撑上海软件产业发展。一是要完善政策扶持体系。加快实施上海26号文以及软件设计人员、重点企业核心团队专项奖励办法。继续研究制定鼓励技术创新、企业发展等的配套实施细则。相关专项资金要向软件领域倾斜，优先支持关键核心技术、特色服务产品、公共服务平台、应用示范工程等重点项目的研发和产业化。二是要增强产业发展合力。充分发挥市软件和信息服务业联席会议的作用，形成协同配合的工作机制，对全市软件产业进行整体规划，制定相关政策措施，协调推进重大项目实施，对企业发展给予宽容支持。区县在产业发展中要发挥主推作用，紧密结合自身产业定位，出台有针对性的产业扶持政策，提高产业集聚度，及时关注和支持重点企业和新业态新模式发展。

2. 营造良好的软件产业发展环境。吸引、整合和优化配置优势资源，不断完善上海软件产业发展环境。一是要进一步充实软件人才队伍。加快培养核心软件技术人才和产业领军人才。开展面向特定领域的专业化培训和认证服务。推动软件人才国际合作和人才互认，加大上海国际化软件人才引进力度。二是要不断完善公共服务体系。支持行业协会继续发挥行业自律和行业交流的积极作用。建设一批功能性机构，提供公共技术支撑。以发展潜力较大的领域为切入点，推动组建产业联盟，促进产业链对接合作。三是要加快构建多元化投融资体系。建立健全以政府投入为导向、企业投入为主体、社会投入和外资投入为重要渠道，与市场经济及国际惯例接轨的多元化投融资体系。鼓励民间资本、社会资本和外资投入软件领域。

3. 促进产业、应用和市场的联动发展。加快在产业、应用和市场之间，培育良性的联动发展关系，形成推动上海软件产业健康发展的不竭动力。一是结合智慧城市建设促进软件产业发展。提升信息基础设施服务水平和普遍服务能力，为软件产业发展提供坚实的基础支撑。着力增强新网络综合承载能力、设施资源综合利用能力和信息通信集聚辐射能力。鼓励本市软件企业租用本市运营商带宽、服务器，促进运营商实施优惠服务策略。二是结

合扩大内需发挥软件产业带动效应。鼓励数据服务和行业应用类软件企业向本市中小企业提供数据存储、容灾备份、企业信息化、电子商务等服务。支持平台型软件企业提供面向商品、文化、娱乐等方面的平台服务，有效发挥软件产业对个人消费的提升带动作用。三是结合传统产业转型提升发展软件产业。支持软件企业提高专业软件服务水平，根据传统产业应用需求，开发行业特色鲜明的行业应用软件、解决方案、研发与服务平台，助力传统产业实现设计研发信息化、生产装备数字化、生产过程智能化和经营管理网络化。

4. **培育发展软件产业新业态、新模式。**软件产业不断孕育发展出全新的业态和商业模式，部分新兴领域的增速甚至已赶超传统软件产业的增速。一是要把扶大扶强与培育中小企业发展同时并举。着眼高端、新型、总部，培养一批具有影响力的名牌软件企业和软件品牌，引导产业增长模式从单纯依靠企业数量增长向依靠企业规模和人均产出增长转型。引导中小企业做专做精，向产业链高端发展，避免低水平同质竞争。二是要深入挖掘培育软件产业新业态、新模式。以结构调整有新进展、新兴产业有新态势、创新驱动有新亮点、体制机制有新突破为总体要求，重点加快推动新技术的产业化应用，积极培育新的商业模式，为上海软件产业创造新发展空间和新增长点。三是要加强国内外交流合作。加强与软件产业发达国家和地区的交流合作，支持本市软件企业开拓国内外市场，吸引龙头软件企业集聚上海。组织开展多形式的软件产业交流活动，打造具有行业影响力的产业活动品牌。四是要进一步拓展产业体量空间。完善现有产业基地在企业孵化、产业服务等方面的功能。积极争取国家资源聚焦，建设国家级产业基地和示范区。新建一批体量大、特色鲜明的专业产业基地，比如智慧岛数据产业园、临港软件园等。通过房租补贴等方式，减轻企业入驻成本，提高基地园区的产业集聚度。

（摘自软件名城创建暨上海市软件产业工作会议上的讲话）

集思广益　凝聚共识　全力做好2012年度的各项工作

周国雄

（2012年1月6日）

一、要清醒认识面临的工作形势

2012年是我们党和国家发展当中重要的一年。我们党将召开第十八次全国代表大会，上海在5月份也将召开第十次党代会，中央和市里两级换届，承前启后继往开来。今年又是实施“十二五”规划的第二年，面临的经济形势复杂多变，可以说2012年是面临挑战和考验的一年。

从国际上看，仍然处于比较低迷的状态。经济增长的动力不足，不稳定、不确定因素还很多，发达国家贸易保护的强度在加大，全球大宗商品和金融市场振荡加剧。国际金融危机深层次影响还在显现，美国经济有好转迹象但是复苏的势头还比较缓慢。欧洲国家主权危机蔓延，欧元区经济敏感指数、商业景气指数和制造业PMI指数都在下滑，日本经济受金融危机和大地震影响也基本处于不增长状态。这些都随着经济全球化的延伸对我国产生影响。从国内看，虽然保持一定的发展速度，但放慢的趋势、下行的趋势在显现。发展方式粗放和结构不平衡的矛盾仍然在显现，潜在的危机在加剧，能源环境约束加快，宏观调控将更加两难。把握不好会对我们实体经济产生更大的冲击，物价的涨幅又回落，但是仍然处在高位运行。企业特别是中小企业面临的融资难、成本高的问题还没有有效的解决办法。区域间的重复建设、无序投资而造成的新旧产能过剩将对经济的走势带来新的影响。

国际国内出现的经济问题，对上海产生了不同程度的影响。同时上海还面临着其他城市暂时没有表现出来的一些特征和问题，比如转型有一个长期的艰难过程；又比如上海的生活商务成本较高，会造成人才流失、技术流失和企业生产经营的困难；又如环境制约等问题。从我们自身看，2012年将会遇到不可忽视的困难和挑战，如工业稳增长的难度在加大，新旧产业的转型、转换之间要保持一定幅度的增长已经比较困难，尤其是今年一季度。2011年是前高后低，1月份工业增速是14.9%，1季度是12.6%；2012年1月份和1季度同比肯定下滑。加上上海工业发展面临的严峻形势，结构调整需要一个过程，节能降耗任务繁重，再加上统计口径的变化，一些区县和行业把生产过程中的一些环节，特别是生产性服务业环节统计到服务业去，从而造成工业产值的下降。

增值税的改革对上海产业发展是有好处的，是会促进更多的企业落地发展。但是另一方面，对今后的产能统计也会发生一些变化，这也造成了一些客观影响。又如战略性新兴产业部分领域同质竞争，产能过剩问题已经出现。一些重大项目还处在孵化器阶段，市场需求不足，还有很大的变数，与产业化的要求有很大差距。比如智慧城市建设面临着体制机制制约，面临着建设和稳定的矛盾，政府部门有推动的决心，不断地在推进，而市场导向一些机制还没有真正形成。比如结构调整、节能减排都是硬指标、硬任务、硬约束，必须要完成，但是涉及利益调整，有就业的问题，有社会稳定的压力，还有企业自身的困难。

我们在看到困难的同时，也要看到积极的方面和有利条件。2012年，我们面对一系列种种因素和有利条件，更加有利于产业发展。比如国家对大力发展实体经济有重大利好，在中央经济工作会议上，胡锦涛总书记对发展实体经济作出重要指示，市委、市政府对发展实体经济也提出新的要求。增值税改革试点会对产业发展带来良好的契机。还有优化临港新城和临港产业基地投资环境一些扶持政策等。因此，我们要牢牢坚持稳中求进的总基调，坚持创新驱动、转型发展的总方针，加强对形势的深入分析，辩证分析、动态分析，以此来激励大家做好 2012 年的各项工作，坚定信心，趋利避害，抓住机遇加快发展。

二、要提高能力素质，抓好工作落实

2012 年的形势复杂多变，任务繁重艰巨，做好全年工作需要提高能力素质，也就是要提高“四个力”。

第一，要提高向心力。近年来之所以取得好的成绩，靠的是全委上下同心同德，同心同步，我们要发扬好的传统，不断巩固和提升，提高向心力是做好工作的基本保证。全委上下要形成一股绳，心往一处想，劲往一处使的精神状态。要做到这一点就要讲“三个整体”，即增强整体观念，维护整体形象，发挥整体效能。

第二，要提高执行力。提高执行力，要做到“三个坚”，一是坚定不移，就是对既定的目标要咬住青山不放松，不管发生任何困难和问题，不能涣散我们的斗志，也不强调客观的理由，使各项目标能够如期完成。二是坚韧不拔，面对瓶颈和问题，要勇于突破，遇到问题不绕道走，而是迎难而上，攻坚克难。三是要坚持不懈，全年的工作要天天抓，不是抓一阵子，而是按照时间节点和工作重点，一以贯之，一抓到底，不留缝隙，一环扣一环，使工作目标如期兑现。

第三，要提高亲和力。做到“三个进一步”，一是进一步关心机关干部，还要关心基层干部和群众，事在人为，这项工作要靠全委的同志加以落实，并认真做好。二是进一步服务企业。服务企业稳增长，服务在先，管理在其中，服务于各项工作的流程中，要想企业所想，急企业所急，解企业所需，把市经信委真正建成企业之家。三是进一步营造团队氛围，一个单位，一个部门就是一个团队，要通过弘扬先进典型，形成你追我敢的工作氛围。

第四，要提高免疫力。严格遵守党风廉政建设各项规定，特别是每一位领导干部要对照各项规定，做到“三个律”，一是自律，廉洁要靠自律，要求部属做到的自己首先要做到，要求部属不做的首先自己不做。二是律他，各级领导干部要落实党风廉政建设责任制，一岗双责，一级抓一级，一级对一级负责。队伍建设一定要敢抓严管，严是爱，松是害，尤其对自己分管部门的干部。三是他律，要主动接受来自本人以外的各方面的监督，只有主动接受监督，不断地反省自己的不足，及时整改有关问题，那么领导班子建设和干部队伍建设一定会蒸蒸日上。

（摘自市经济信息化工作党委、市经济信息化委机关工作会议上的讲话）

保持优势 加强创新 勇攀高峰 打造世界级高端装备制造业基地

苏 波

（2012 年 10 月 12 日）

上海推动工业包括高端装备制造业发展的思路清晰、目标明确，措施也非常务实，在整个产业发展和结构调整方面，站得高、看得远、抓得早，在全国行业中具有引领作用。上海在工业发展、结构优化、产业升级等方面，能够抓住牛鼻子，抓住问题的核心，以及问题的关键，来推进产业的结构调整，在推动高端装备制造业发展方面也做了大量工作并取得了明显的成效。

一、高端装备制造业是工业转型升级的主攻方向

高端装备制造业是以高新技术为引领，处于价值链高端产业链的核心环节，决定着整个产业链综合竞争力的战略性新兴产业。大力培育和发展高端装备制造业，是我国核心竞争力的必然要求，是抢占未来经济和科技发展制高点的战略选择，对加快转变经济发展方式，实现由制造大国向强国转变，具有非常重要的战略意义。近期，工信部牵头组织编制发布了高端装备制造业“十二五”规划。在制订这个《规划》当中，课题组密切地与国家发改委、财政部、科技部等有关单位，共同协商、共同组织，最后由国家工信部、发改委、财政部正式发布。从2010 年国务院发布《关于加快培育和发展战略性新兴产业的决定》，正式明确高端装备制造业进入战略性新兴产业以来，各地方政府、行业协会、装备制造业企事业单位，均给予了高度的关注，并加大投资力度、给予宽松的政策，予以积极支持，以推动整个行业的发展。按照《决定》明确的重点领域和方向，在高端装备制造业领域非常宽广的情况下，“十二五”期间，工信部重点推进的是五大领域，即航空装备、卫星及其应用、轨道交通装备、海洋工程装备、智能制造装备。从定性的角度讲，高端装备是指具有技术密集、附加值高、资源能源消耗少、成长空间大、带动作用强等特点的装备领域，包括了所有传统产业转型升级和战略性新兴产业发展所需要的高技术、高附加值的一些装备。比如，数控机床、百万千瓦级超超临界、火箭装备、70 万千瓦级水电装备、三代以上的核电装备、特高压及智能电网装备、全液压挖掘机、盾构机、高档印刷机械、造纸装备，这些都是高端装备，覆盖面很广，这也可以说是传统产业升级所需要的高技术、高附加值装备。另外一些装备，可以归类为战略性新兴产业所需的高技术、高附加值装备，比如，航空发动机和燃气轮机、新兴的节能环保装备、新能源装备、电子装备等。特别是随着数字化、信息化、人工智能技术的发展，智能制造装备将得到极大的发展。其中，代表产品就是工业机器人，而随着大量工业机器人的应用，未来的制造业发展方式将向少人或者无人化的方向发展。还有一项代表产品就是将改造、改变对传统制造业的认识和制造。就是第三次工业革命里讲的 3D 打印，它确实是制造业新兴领域的甚至可以称作是革命性技术。

二、大力支持高端装备制造业产业的发展，国家已经制定了许多政策和措施

1. **加大自主创新研发支持力度，继续推进高档数控机床和基础制造装备。**16 个专项里的零 4 专项、大飞机专项、先进的压水堆和高温气冷堆重大专项的实施；利用高技术船舶、民用飞机、民用卫星等现有的科技专项；

加大海洋工程装备，支线飞机及通用飞机、卫星及其应用装备的支持。这些专项现在好多都在组织实施，比如航空发动机、燃气轮机专项，已经组织了一批院士论证大半年了。上海也有相当雄厚的实力。比如说海洋工程装备，目前迎来一个极好的机遇，由于我国南海和东海的国际纠纷，需要加强对20多万艘海监船、渔政船的升级改造，工信部已组织了调研组，专门来推进这些专项的实施。还有新开发的卫星及其应用的装备、智能制造装备发展的专项，两年来支持了工业机器人、大型控制系统、数字化加工车间、生产线等一批项目。由国家财政资金支持。还有节能与新能源汽车专项也要组织实施，尽快推动以纯电动汽车为主，包括过渡期里混合动力汽车，加大发展这些技术创新能力建设的力度。

2. 扩大重大技术装备进口零部件、原材料免税政策的范围力度，显著地提高国产装备的竞争力。几年来，工信部装备司已做了大量的工作，以推进这项政策的到位，使几百家企业受益，减免了100多亿元税收。

3. 加大高端装备制造业领域的技术改造。下一步，工信部还要组织实施“强基工程”，下决心改变我国工业基础薄弱的局面，提升技术进步对产业发展支持的支撑作用。前段时间，国务院专门开会，温家宝总理主持国务院常务会议听取工信部的汇报，加大对工业企业技术改造支持的力度。在今年已安排160亿元的技改中央财政资金的基础上，决定再增加68亿元来支持工业技术改造。这个项目已经启动48亿元，及时下达给了各省市。通过采取上述政策和措施，两年来，装备工业向高端化方向发展已经取得了不错的成绩。上海在装备制造业高端化发展方面，已走在了全国的前面。例如，填补了快速高效数控全自动冲压机生产线、核电超大锻件、申威1600高性能中央处理器、快速成像测井技术等一批重大装备，有的高端装备填补了空白。其实上海有许多全国第一，都是属于高端装备制造业领域的先进技术和装备，都可称为引领我国工业和装备制造业发展新的亮点。

三、给上海发展高端装备制造业提四点希望

在我国整个工业转型升级和经济转型当中，上海应该走在前面。在此，我提四点希望：

1. 上海打造世界级的高端装备制造业产业基地，一定要领先全国，然后进入世界一流阵营去竞争。上海有这样的实力，也有这样的能力，上海现在总体布局中的许多领域都已经超越了一般的传统制造业的领域，都是未来整个制造业所发展的尖端领域。只是说，现在我们在这些领域里掌握的核心技术还不多，但我们在一些领域已经取得了非常骄人的成绩。因为我们在追赶，在超越，一步一步地前进。

2. 上海要继续推动结构调整和自主创新，促进产业转型升级。上海要继续突破一批核心技术，使我们真正能够在高端装备制造业领域成为强有力的竞争者，进一步体现上海既有高度又有力度。

3. 上海要加快发展战略性新兴产业。战略性新兴产业虽然国务院确定了7个大的领域，但上海的总体布局已有所突破，包括临港产业基地所布局的一些新兴产业。战略性新兴产业就是在未来的长远发展中，不论是它的地位、影响、技术创新的推动力量，和它对未来产业规模、产值以及技术进步的影响都是战略性的、全局性的、长期性的。技术上要求创新点很多，创新能力需要很高，未来技术发展的内涵很丰富，以发挥这个产业对其他产业的带动、引领作用。上海要对已经布局的这些产业，加大支持力度，以推进这些产业的持续发展。

4. 上海要加快高端装备制造业的国家级新兴产业示范基地发展。一个强有力的产业发展，它不是一个独立的个体，它需要社会资源的系统化配置，需要集约化的发展，需要聚集一批能够为这个产业的各个链条来配套的一个系统化的产业集群。历史已经证明，产业园区的发展是资源配置的一种最好的形式，它能够大幅度地提高资源的配置效率、使用效率，也能够最大程度地优化资源配置，而且能够使一批优势企业互相支撑、互相促进、互相引领，不断地推动技术进步，提高生产效率。所以，上海需要通过进一步推动产业园区的发展，来促进上海高端

装备制造业产业示范基地的发展，为它提供必要的服务平台和支撑体系。希望在未来的 5–10 年，上海在制造业方面不仅继续领先全国，而且在高端装备制造业领域里面结出丰硕的成果，能够成为世界级的高端装备制造业基地，甚至成为世界一流的高端装备制造业基地。

（摘自上海高端装备制造业推进大会上的讲话）

加强载体建设　营造良好环境
推进中小企业工作再上新台阶

朱宏任

（2012 年 10 月 2 日）

建立和完善中小企业服务体系，是党中央、国务院促进中小企业发展一揽子政策的重要组成部分。近年来，上海市委、市政府认真贯彻落实国家扶持中小企业发展的一系列政策措施，加强中小企业服务体系建设，取得了丰硕成果，为中小企业健康发展发挥了重要的支撑作用。

一、以贯彻国发 14 号文件为契机，狠抓落实，加大对中小企业的扶持力度

党中央、国务院高度重视中小企业发展，特别是国际金融危机以来，胡锦涛总书记、温家宝总理等国家领导人多次深入企业考察，国务院常务会议先后两次专题研究推动中小企业、小型微型企业健康发展问题，大力支持中小企业发展。继 2009 年 9 月份国务院出台《关于进一步促进中小企业发展的若干意见》（国发〔2009〕36 号）文件之后，今年 4 月，国务院发布了《关于进一步支持小型微型企业健康发展的意见》（国发〔2012〕14 号，以下简称国发 14 号文件），针对当前中小企业特别是小型微型企业发展中出现的经营压力大、成本上升、融资困难和税费偏重等问题，提出了 29 条政策措施。文件突出了支持小型微型企业发展，突出了技术创新和转型升级，突出了建立促进小型微型企业发展的长效机制，突出了发挥领导小组机制的作用，并强调要加强对小型微型企业的公共服务，大力推进服务体系建设。这是新时期促进中小企业健康发展的纲领性文件，也是我们开展中小企业工作的重要指导性文件，更是我们推进中小企业服务体系建设的依据和支撑。

国发 14 号文件印发以来，国务院相关部门围绕文件的贯彻落实，加大了财税、金融、产业、科技、就业、公共服务等方面政策的协同与配合。8 月，国务院办公厅下发了《进一步支持小型微型企业健康发展重点工作分工方案》，涉及 27 个相关部门，75 项具体任务。目前，各部门正在根据分工方案，明确进度安排，抓紧出台相关政策。在资金支持方面，中央预算内扶持中小企业发展的专项资金从 128 亿元增长到 141.7 亿元，并已全部安排，各省级中小企业管理部门掌握的省级中小企业专项资金规模大幅增加；在提高增值税、营业税起征点政策方面，各省都按起征点上限执行；在减轻小型微型企业负担方面，组织实施了全国企业减负专项行动等。同时，各地、各部门采取多种方式，广泛宣传国发 14 号文件精神和政策内容，进一步细化、实化国发 14 号文件分工和配套政策，形成了有利于小型微型企业发展的良好氛围。上海市积极贯彻落实国发 14 号文件，并结合本地实际，在市政府常务会议上审议并通过了《上海市人民政府贯彻〈国务院关于进一步支持小型微型企业健康发展的意见〉的实施意见（送审稿）》，这是上海市中小企业工作的一个重要文件，充分体现了市委、市政府对中小企业工作的重视。我们希望市经信委在市委、市政府的领导下，加强与相关部门的联合和沟通，推动和落实好各项扶持中小企业发展的政策。

下一步，我们将按照中央提出的稳增长、调结构、惠民生、促和谐的总体要求，根据重点工作部门分工方案，从加大宣传贯彻力度、会同有关部门做好有关政策的落实、切实缓解中小企业融资难、推动创业型、创新型和劳

动密集型中小企业发展以及加强中小企业服务体系建设等五个方面，认真做好国发 14 号文件的落实工作，加大对中小企业特别是小型微型企业的扶持力度，促进中小企业健康成长和可持续发展。

二、以建设服务体系为载体，加强服务，促进中小企业健康发展

建立健全中小企业服务体系，是贯彻落实国发 14 号文件的要求，是解决当前中小企业面临困难的重要抓手，是促进中小企业加快转变发展方式，实现持续健康发展的重要措施。

当前，我国国民经济运行正由缓中趋稳到筑底企稳转变，四季度经济企稳温和回升的可能性比较大。但也要看到，今年国内外形势复杂严峻，市场需求持续低迷，经济下行压力大，不稳定、不确定因素较多，保持经济稳定增长的基础还不牢固，小型微型企业面临的困难和问题仍很突出。一是生产经营成本持续上升，用工、原材料、融资和物流成本上升明显。二是市场需求萎缩，订单不足。不少小型微型企业反映，订单下降达 20%–50%。三是融资难、税费负担重等问题仍然突出。四是中小企业结构调整的难度在加大。

从长期来看，我国正处在坚持科学发展，加快经济发展方式转变的重要时期。中小企业能否抓住机遇，不断提高自身素质，真正成为市场经济中最具活力的竞争主体，已经成为转型升级顺利推进的重要标志。在上海市围绕“创新驱动、转型发展”主线，加快产业结构调整的关键时期，更有着十分重要的意义。

中小企业规模小、资金少、创新能力不强、人员素质有待提高，无法依靠自身的力量解决这些问题，迫切需要政府和社会的帮助支持。中小企业服务体系集聚了大量的服务资源，能够为中小企业提供全方位、多层次的培训服务、融资服务、信息服务、技术服务、市场开拓和法律服务，帮助企业顺畅融资渠道、降低用工成本、开拓国内外市场、缓解经营压力，帮助企业提升创新能力、加快转变发展方式、走“专精特新”发展道路。同时，中小企业服务体系上下贯通、左右联结，集聚了大量专业化服务资源，面对量大面广的中小企业，在宣传政策、帮助企业落实政策的方面具有不可替代的作用，是中小企业工作的重要载体。

为加强中小企业服务，我部确定 2012 年为“中小企业服务年”，主旨是“服务企业、助力成长”，以促进中小企业特别是小型微型企业健康发展为重点，集聚服务资源开展政策咨询服务、投融资服务、创业创新服务、转型升级服务、管理提升服务和舆论宣传服务等六项服务活动，为企业送政策、送服务、送温暖。年初，我部下发了《关于印发中小企业服务年活动方案的通知》(工信部企业〔2012〕121 号)，召开了服务年活动电视电话会议，苗部长作了重要讲话，对工作进行了全面部署。各地根据苗部长部署制定了服务年活动方案，成立了活动领导小组，拟定了行动计划，开展了一系列的服务活动。近期，我们将部署各地做好中小企业服务年活动的总结，在各地总结的基础上，我们将召开中小企业服务年活动总结大会，对活动开展得好、成效突出、中小企业满意度高的地区和单位给予表彰。上海市在中小企业服务年活动中做了大量的工作，希望认真总结，出经验、出模式，不断提高为中小企业服务的水平和能力。

三、以培育认定示范平台和平台网络建设为抓手，加快进度，确保服务体系质量和水平

中小企业服务体系建设要重视培育服务队伍，加快服务平台建设，加强专业化服务，创新服务机制。当前，重点要抓好两项工作。

一是继续抓好示范平台的培育和认定工作。中小企业公共服务平台具有集聚服务资源、集成服务手段、互补服务功能，为中小企业提供及时便捷服务的特征，是服务体系的重要组成部分，也是服务中小企业的“窗口”。

为此，我部和发改委等七部门联合印发了《关于促进中小企业公共服务平台建设的指导意见》（工信部联企业〔2010〕175号），从指导思想、基本条件、主要功能、保障措施等方面提出了建设要求。近年来，我们通过加大资金扶持，典型示范带动，初步形成了一批政府引导、社会参与、资源共享、市场化运作、面向产业、服务企业的公共服务示范平台。经各省市认定的服务平台已有1100多个，经我部认定的首批国家中小企业公共服务示范平台99个。

《"十二五"中小企业成长规划》提出，要支持建立和完善4000个中小企业公共服务平台，重点培育认定500个国家示范平台，带动各类服务资源开展中小企业服务。这一任务需要各级中小企业主管部门和有关部门齐心协力，共同完成。目前，我部正在认定第二批国家中小企业公共服务示范平台，并将示范平台纳入中小企业发展专项资金的支持范围。认定的科技类示范平台可根据我部会同财政部、海关总署、国家税务总局联合印发的《关于国家中小企业公共技术服务示范平台适用科技开发用品进口税收政策的通知》（财关税〔2011〕71号）申请进口设备免税资格。目前，全国已有10个平台通过了4部委的审核，获得了免税资格。上海市在中小企业公共服务平台建设方面已有很好的工作基础，认定了市级公共服务示范平台32个，在首批99个国家示范平台中，上海市有4个；在第二批评审中，有6个平台进入公示名单。希望上海市进一步加强中小企业公共服务平台培育和认定工作，把各类资源向平台集聚，以中小企业集聚的区域和行业为重点，建立、充实和完善一批运作规范、支撑力强、业绩突出、信誉良好、公信度高的示范平台，促进服务平台的布局更加合理，服务特色更加突出，服务功能更趋完善，更好地支撑中小企业持续健康发展。

二是做好公共服务平台网络建设工作。中小企业公共服务平台网络是服务体系的骨干架构。2011年，我部启动中小企业公共服务平台网络建设工程，支持10省市开展平台网络建设。今年，我们又批复了15个省市的建设方案。对平台网络建设的总体要求是：以省级公共服务平台为枢纽，以主要城市和重点产业集群公共服务平台为"窗口"，通过互联互通、资源共享、服务协同、供需对接，为中小企业提供找得到、用得起、有保证的服务。

上海市作为首批平台网络建设单位，一年多来，按照批复的建设方案，以"政企结合、点面结合、软硬结合、增量与存量结合、市区结合"为原则，细化建设目标、明确建设重点，积极开展平台网络建设工作，取得了阶段性成果。由于平台网络建设是一项全新的工作，没有可借鉴的经验，需要不断的探索和总结。希望上海市按照"积极探索、勇于创新、因地制宜、加强管理、务求实效"的工作思路，树立"边建设、边服务"的理念，及时总结经验，不断完善方案，加快平台网络建设速度，以中小企业得到快捷有效服务为目标，建成全国一流的反应快、质量高、服务优的中小企业服务平台网络。

（摘自上海市推进中小企业服务体系建设工作会议上的讲话）

精心规划　抓好实施　加快发展高端装备制造业

戴海波

（2012年10月12日）

一、上海高端装备制造业基本情况

上海是我国重要的装备制造业基地之一，作为上海先进制造业的重要组成部分，装备制造业对全市经济发展起到支撑和带动作用。特别是“十五”、“十一五”以来，在工信部的关心和支持下，上海装备制造业紧紧抓住国际产业转移和国内城市化、工业化加快发展的历史机遇，积极应对国际金融危机带来的挑战，实现了持续健康较快发展。“十一五”期间，全市装备制造业（全口径）工业总产值、资产总额、实现利润均实现大幅增长，占据全市工业的半壁江山。高端装备制造业是以高新技术为引领、处于价值链高端和产业链核心环节、决定整个产业链综合竞争力的战略性新兴产业。按照国家重点产业调整振兴规划和培育发展战略性新兴产业的部署，上海装备制造业积极推进高新技术产业化，加快发展高端装备制造业，取得了显著成效。

一是产业规模快速增长，重点产品扩大份额。2011年，高端装备制造业实现工业总产值4620亿元，比2005年增长226%，占全年装备制造业总产值的28%。从重点产品来看，“十一五”末，发电设备年平均产量超过2700万千瓦，是“十五”期间的2.5倍，百万千瓦级超超临界火电机组全国市场占有率近50%，核电装备国内市场占有率达40%；年造船能力达到1200万载重吨，累计造船完工总量达3600万载重吨，是“十五”期间的近3倍；大型港口起重机械全球市场占有率达70%。

二是自主创新力度加大，重大成果不断显现。上海装备制造业坚持以我为主的自主创新，加大研发投入，推进产学研用协同创新，取得了一批国际、国内领先的重大成果。如自主成功研发百万千瓦级核电压力容器、蒸发器、控制棒驱动机构、U型管、大锻件；自主研制填补国内空白的大容量钠硫电池及储能系统；自主设计制造世界上最大的1.65万吨自由锻造油压机，使极端制造能力获得显著提升；全球最大的3200吨履带式起重机交付用户；自主知识产权大直径隧道掘进机走向国际市场；4架ARJ21新支线飞机成功试飞；自主建造了我国第一座3000米深水半潜式钻井平台；打破国外品牌垄断的工程机械液压系统系列产品获得成功；自主知识产权的码垛机器人实现产业化且国内销量第一；运载火箭仓段整体自动钻铆设备、五轴联动数控机床等一批智能制造装备实现突破。

三是开放发展持续推进，全面合作不断深化。上海装备制造业坚持开放式发展道路，发挥优势，整合资源，吸引增量，盘活存量，取得一系列重要突破。上海电气集团成功收购美国高斯国际集团、日本池贝机床；围绕关键瓶颈环节，在民机航电系统、核电反应堆全数字保护系统等领域与国际知名企业开展全面合作；上海临港装备产业基地吸引徐工、三一等工程机械行业龙头建设研发中心及产业化基地；中国北车入股上海轨道交通设备发展有限公司，推动轨道交通装备产业实现突破性发展；深化与中国商飞、中国船舶、中航工业、国家电网等央企的高端装备制造业领域战略合作。

四是关键瓶颈不断攻克，重点领域取得突破。针对关键机械基础件、高端仪表、控制系统等技术薄弱环节实施专项攻关，大型铸锻件、核电特大型叶片、火电核电高端泵阀、工程机械液压系统、自动化控制系统、智能控制器、高性能传感器等产品成功研制，有力支撑整机装备发展。部分重点领域的关键核心制造装备取得重大突破，推进相关产业的自主化发展。如薄膜太阳能电池关键设备LPCVD和PECVD设备实现首台业绩突破，自主研发的等离子体刻蚀设备、封装光刻机等微电子装备成功进入市场，填补了国内空白。同时，国家能源清洁煤燃烧成套设备工程研究中心、海洋工程国家重点实验室、工业过程自动化国家工程研究中心等一批国家级技术平台有力推动了行业共性技术、关键瓶颈环节的攻关。

五是载体建设不断加强，产业能级不断提升。上海重点建设国家级临港装备产业区、民用航空产业基地、长兴岛船舶与海洋工程装备产业基地，发挥产业配套和环境优势，打造高端产业集群，使基地成为发展战略性新兴产业的重要载体和平台。如临港装备产业区初步形成了清洁高效发电和输变电设备、大型船舶关键件、海洋工程装备、航空配套产业等产业集群；民用航空产业基地完善了规划布局，大型客机研发、总装、客服等相继启动建设，商用飞机发动机设计研发中心、航电、发动机总装等项目正加快推进；闵行装备产业基地不断提升能级和水平，大型火电装备、新能源、极端制造等领域形成一批世界级企业。

二、上海高端装备制造业发展总体思路

根据国家培育发展战略性新兴产业的导向，上海将按照“创新驱动、转型发展”的要求，坚持服从服务于国家战略，加快发展高端装备制造业，当前发展的总体思路是“抢占高端、突破瓶颈、打破垄断、国际竞争”。“抢占高端”，就是聚焦七大战略性新兴产业及国民经济重要领域所急需的高端制造装备，研制开发一批技术水平高、附加值高、产业能级高、带动作用强的高端装备产品，形成自主发展的产业体系。“突破瓶颈”，就是针对关键机械基础件、基础工艺、基础材料、高性能传感器、智能仪表、自动化控制、系统解决方案等产业瓶颈环节，通过应用带动、协同创新、平台攻关，突破关键瓶颈环节，实现跨越式发展。“打破垄断”，就是聚焦一批被少数品牌垄断、严重依赖进口、影响产业自主健康发展的高端装备产品、系统及关键部件，支持企业加大创新力度，形成自主的技术研发体系，逐步打破国外品牌对关键技术、部件和产品的垄断。“国际竞争”，就是在若干重点领域，培育一批具备国际竞争力的龙头企业，集聚一批国际一流的人才队伍，代表国家参与国际竞争。

发展目标：推动上海装备制造业实现智能制造、绿色制造和服务型制造，成为世界高端装备制造的重要基地。到2015年，高端装备实现工业总产值7000亿元，占整个装备制造业总产值的35%；努力打造一批具有国际竞争力、处于同行业世界前五位的核心企业，培育上百家发展潜力大的“专精特新”中小企业；打造20家以上国家级研发、测试平台；建设临港装备、长兴岛船舶及海洋工程装备、民用航空等3个世界级高端装备产业基地，形成一批具有专业化特色的产业园区；形成100名领军人才队伍，2000名专业化骨干和高技能人才队伍。

发展重点：现阶段上海高端装备制造业发展的重点主要包括四个领域，一是高端能源装备，包括核电、风电、太阳能发电、清洁高效火电、特（超）高压输变电与智能电网设备等；二是先进交通装备，包括民用航空、高技术船舶、轨道交通、现代电车等；三是智能制造装备，包括机器人、智能仪表、控制系统、自动化、关键基础零部件、高档数控机床、微电子及光电子装备等；四是重大成套装备，包括海洋工程装备、自动化港口机械、智能工程机械、大型冶金化工设备、新型纺织印包机械、高端医疗设备等。

主要任务：

1．实施一批高端装备专项工程

一是积极争取民用航空、核电、高档数控机床与基础制造装备、航空发动机与燃气轮机等国家科技重大专项，以及智能制造装备发展专项等战略性新兴产业专项。二是组织实施本市智能制造装备、民用航空、海洋工程装备、

智能电网、新能源高端装备、卫星导航等一批专项工程，加大聚焦支持力度，突破核心技术。

2. 打造一批高端技术研发及服务平台

一是继续支持相关单位，建设一批国家级工程技术（研究）中心、国家级企业技术中心，打造重点领域的关键技术研发及技术服务平台。二是支持建设一批国家级检验、检测、试验及认证中心或服务平台，发展高端技术服务产业。三是建设区域性信息服务平台，围绕临港、长兴岛、民用航空等国家级产业基地，建设技术服务、信息咨询、产品开发、质量检测等综合性服务平台。

3. 突破一批拥有自主核心技术的高端产品

围绕高端装备制造业优势领域，以战略性新兴产业培育发展和国民经济建设所需的支撑性装备为重点，研制开发第三代百万千瓦级核电装备、航空发动机和重型燃气轮机、大型客机、超大直径隧道掘进机、光刻机、五轴数控机床等一批高端装备产品。“十二五”期间，力争突破100种处于国际先进水平的标志性产品，并实现产业化。

4. 培育壮大一批龙头企业及优势企业

支持企业实施重组整合，坚持走开放式发展道路，培育一批具有国际竞争力的大型企业，同时孵化培育100家基础好、潜力大、带动性强的“专精特新”中小企业，推动其进行专业化研发制造、精益化生产管理、自主化创新、集约化经营、品牌化运作。

5. 加快建设临港装备产业区等国家新型工业化示范基地

继续依托临港装备产业区、民用航空产业基地、长兴岛船舶与海洋工程装备产业基地等国家新型工业化产业示范基地，发挥示范、带动和辐射作用，加大开发建设和招商引资力度。特别是临港装备基地，抓住“双特”政策机遇，加快建立特别机制、实行特殊政策，航空零部件、新能源高端装备、工业机器人、精密制造等重大项目优先在临港地区布局。

三、推进高端装备制造业发展的主要措施

一是加大重点项目支持力度。支持企业积极争取和承担国家科技重大专项、国家战略性新兴产业专项，按照本市规定给予地方资金配套；组织实施本市智能制造装备专项、新能源高端装备专项等战略性新兴产业专项工程，给予研发和产业化投入的财政资金补贴；聚焦高端装备制造重点方向、龙头企业和优势企业，建立战略性新兴产业项目绿色通道，加快项目落地和建设。

二是支持重大装备首台（套）业绩突破。建立企业、政府、社会各方共同争取重大装备示范运行或依托工程项目的协调机制，为企业首台（套）装备示范运行提供必要的支持；实施使用国产首台（套）重大技术装备的风险补偿机制，对本市用户单位首次订购或使用首台（套）重大技术装备，给予首台设备合同金额20%或保费额50%的风险补贴；依托高端装备金融保险服务联盟，引导用户单位、制造企业和保险企业共同开展重大装备首台（套）及产业化的保险机制和创新服务。

三是支持高端技术服务加快发展。重点围绕工业机器人系统和集成应用、五轴数控加工生产线、自动化生产线、数字化车间、人工智能、数字化制造等高端制造领域，大力发展智能制造高端技术服务，加快培育一批拥有自主技术和核心能力的高端装备制造技术服务商和集成商，能够提供整体设计、系统集成和解决方案，带动高端装备制造业加快发展。

四是支持关键基础零部件提升水平。落实工信部“强基工程”要求，支持高端装备制造产业联盟及相关行业

协会发挥作用，组织企业围绕产业链开展协同创新，突破高档液压系统、大型及精密轴承、高精度齿轮传动装置、大型精密模具等关键基础件；支持面向应用的控制系统、智能制造成套装备、自动化生产线集成，带动智能仪表、智能控制器、传感器、伺服驱动等相关产业发展；推进大型铸锻件、特大型叶片、关键泵阀等关键配套产品的研制，突破制约产业发展的瓶颈环节。

五是加快完善人才服务工作机制。积极营造良好的人才发展和生活环境，吸引一批具有国际水平的技术专家和企业带头人；培养和锻炼一批优秀的研发创新人才和工程技术人才；吸引和培养一批紧缺的高级技工等高技能人才；支持企业引进领军人才和技术团队，推荐企业领军人才进入国家和上海“千人计划”，支持“千人计划”创业企业，推动落实本市各项人才政策。

（摘自上海高端装备制造业推进大会上的讲话）

努力建设面向中小企业发展需求的服务体系

戴海波

（2012年11月2日）

一、本市中小企业服务体系建设情况

2011年5月，市人大颁布实施了《上海市促进中小企业发展条例》，要求市和区县人民政府设立中小企业综合服务机构。一年半来，市促进中小企业发展工作领导小组各成员单位、各区县政府，根据市领导要求积极推进本市中小企业服务体系建设，取得了积极成效，已经形成了全市中小企业服务网络，有力推动了本市中小企业平稳健康发展。

1．**建成市区两级联动的中小企业服务网络**。在艾宝俊副市长的亲自关心下，市编办、市财政局等大力支持下，市小企业（生产力促进）服务中心和小企业（贸易发展）服务中心合并成立了“上海市中小企业发展服务中心”；各区县政府按照“新建一批、改建一批、提升一批”相继成立了全额拨款事业单位性质的中小企业服务中心，建成了“1+17”市区两级联动、服务全市中小企业的工作网络。一是坚持社会公益性服务定位。市区两级中小企业服务机构定位于非营利性综合服务机构，承担政策落实、体系建设、诉求反映等职责，为中小企业提供政策咨询、信息传递等公共服务。二是人员、条件、机制全部到位。目前，市区两级中小企业服务中心工作人员达到130名，其中大专及以上学历117个，达90%；办公场地达到3300平方米；服务中心工作经费均已落实到位。宝山、闸北、静安相继成立了领导小组或联系会议制度，浦东新区和松江区明确服务中心为副处级单位。三是服务能力不断提高。市服务中心制订了《诉求受理》、《运行监测》、《专项服务》等工作指引，对区县服务中心开展专题培训。各区县服务中心发挥第一窗口和主渠道的作用，虹口区制定了服务热线接听规范，奉贤区开通了企业服务邮箱和QQ群。

2．**培育发展社会化、市场化服务机构**。坚持政府主导的公益性服务和市场配置的专业性服务双轮驱动，按照“政府引导、市场化运作，面向产业、服务企业、资源共享、注重实效”的原则，做到“三个相结合”，即政府引导与社会广泛参与相结合，非营利服务与市场化服务相结合，社会服务资源开放共享与重点推动相结合，加快社会化、市场化服务机构的发展。一是提高服务意识。市经信委、市科委、市质监局等七部门出台了《关于促进中小企业公共服务平台建设的通知》和《上海市中小企业公共服务平台建设三年行动方案》，引导社会化、市场化的服务机构加强公益服务，提高服务中小企业的意识和主动性。二是加强平台建设。加强专项资金扶持，重点培育一批运作规范、支撑力强、业绩突出、信誉良好、公信度高的示范平台。杨浦科创、钢联股份等4家单位被授予国家级示范性公共服务平台称号；市质量协会、新跃物流、金棕榈公司等32家单位被认定为市级中小企业公共服务示范平台。三是形成社会化服务网络。围绕信息查询、创业辅导、技术创新、质量管理等服务，不断遴选社会化、市场化服务机构，及时完善服务机构数据库，把社会化服务机构纳入中小企业服务体系建设之中。截至目前，已认定浦东软件平台等首批78家专业性服务机构，形成了社会化的服务网络，成为本市中小企业服务体系的重要支撑。

3．**强化各委办局功能性机构协同服务**。在市中小企业发展工作领导小组的统一指导和协调下，市相关部门下属的服务企业的功能性机构，加强工作交流和互相配合，针对中小企业的需求，提供创业指导、成果转化、人力资源、法律援助等公共服务。市经信委下属的市中小企业发展服务中心分别与市科委的科创中心、市商务委的投资促进中心、市教委的科技发展中心、市人保局的就业促进中心、市财政局的财务管理中心及银监局的银行业同业公会、质监局的名牌办、工商局的消保委等专业领域的服务机构建立了合作与联动机制。2011 年“中小企业服务月”期间，上述机构共组织了 80 多项专题活动，有效解决了一大批中小企业的困难和问题。市区两级中小企业服务中心还与经济团体联合会、现代服务业联合会等 60 多个行业协会（商会）建立合作关系，共同开展一系列具有行业特点的服务活动，受到中小企业的普遍欢迎。

二、本市中小企业服务体系工作开展情况

本市中小企业服务工作始终坚持面向基层、面向企业，坚持需求导向、问题导向，建立了诉求受理机制，全面开通了中小企业服务热线，形成了为中小企业答疑解惑、分忧维权的服务体系。目前，本市中小企业服务体系运转正常，服务活动有序开展。市区两级服务热线接听来电 2 万余次，举办各类服务活动 600 余项，处理各类诉求达 300 余项，初步显现了服务企业主渠道的职能。

1．**突破信息不对称瓶颈推动政策落地。**抽样调查显示，只有 15% 的中小企业经营者经常登陆政府网站，了解政策信息。为了打通政策落地的“最后一公里”，中小企业服务机构积极帮助企业及时了解各项优惠政策。一是市区两级中小企业服务中心编制了“政策排片表”，把各级政府的政策信息一一列明，向中小企业“提前预报”。二是向 10 万家中小企业免费派送《中小企业信息速递》，覆盖面超过全市 20% 的中小企业，其中“政策早知道”栏目最受企业欢迎。三是杨浦、闵行、嘉定等区服务中心加大园区、街镇和企业的走访力度，将政策直接送达中小企业。

2．**组织社会机构开展各类服务活动。**2011 年本市开展了中小企业服务月活动，组织活动 150 余场，超过 7500 家中小企业直接参与。今年，本市开展了中小企业服务年活动，已举办各类服务活动约 450 项，服务内容涵盖政策咨询、投资融资、创业创新、管理提升、科技质量、市场拓展、人才培训等方面。比如，市服务中心邀请退休法官、检察官组建中小企业法律服务专家志愿团，为小企业法务制度建设、知识产权保护、防范经营风险等提供专业指导；浦东新区服务中心联手专业管理咨询公司，为区内小企业完善治理结构、优化经营模式，提供“外脑”支持；虹口区服务中心积极推进与高校的战略合作，为企业提供公益性培训；徐汇区服务中心支持“百事通”法律服务平台建设，24 小时全天候为中小企业提供法律咨询。

3．**开展融资服务缓解融资矛盾。**开展融资服务是区县中小企业服务中心的一项重要职能。各区县以服务中心为依托，建设小微企业融资服务平台，开展融资服务实践和探索。长宁区组建了中小企业融资市场，提供融资供需信息集聚服务和银企融资配对服务；金山区创新融资服务方式，推进融资租赁，帮助企业获得设备租赁融资 7500 万元；松江区在开设融资服务中心的同时，整合银行金融新产品，在 33 个经济小区，开展巡回推介与对接；宝山区引导专业金融服务机构提供网上融资信息和服务；奉贤区通过加强与银行、区小企业贷款担保中心等金融机构的合作和协调，积极为企业协调解决融资难题。

4．**推进产学研合作支持技术创新。**一是为切实支持中小企业技术创新。市、区服务中心组织本市 17 所高校的 20 支知识服务团队与本市“专精特新”中小企业对接，达成产学研合作意向 100 多项；二是举办企业与高校面对面交流的专场活动，联合攻关技术和工艺难题；三是推动中小企业与高校共建研发中心、实验室和大学生实习基地，充分发挥高校科研资源的溢出效应，支持企业技术创新、产业升级，走“专精特新”发展道路。

本市中小企业服务体系建设取得一定成绩的同时，我们也清醒地看到，本市中小企业服务工作仍存在一些问题亟待解决。一是中小企业尤其是小微企业的运行监测体系尚未建立。由于统计、登记和监测口径的不同，本市统计、工商、税务等三个部门的企业数量差异较大。对小微企业的运行监测和统计仍然不系统，难以及时准确掌握小微企业群体的需求。二是服务功能和服务范围与中小企业实际需求尚存在差距。中小企业量大面广，仅靠市区两级中小企业服务中心无法满足企业的服务需求，需要进一步完善服务体系、延伸服务网络、充实服务力量、创新服务手段。

三、下一步工作打算

10 月 22 日，市政府常务会议审议通过了《上海市人民政府贯彻＜国务院关于进一步支持小型微型企业健康发展的意见＞的实施意见（送审稿)》，要求各部门、各区县全面贯彻国家 14 号文的精神和本市实施意见，进一步做好中小微企业的服务工作，帮助中小企业平稳健康发展。下阶段，我们将围绕“网格化、多元化、规范化、信息化”的思路，提升服务能力，下沉服务体系，进一步培育社会化服务机构，创新中小企业服务手段，力求本市任何一个企业，在任何时候、任何地方都能找到政策、得到服务。

1．**推进服务体系下沉实现网络全覆盖。**本市部分区县在体系延伸方面已经开展了十分有益的探索，金山区政府率先把服务体系延伸至 11 个街镇和园区，虹口区建立了各个街道的中小企业服务分中心，长宁区在 10 个街镇建立了中小企业服务的分中心，宝山区将服务网络下沉至 33 个经济小区，静安区在 12 个创意产业园建立了联络员制度。我们将总结相关区县的成功经验，按照“1+17+X”的工作布局，推动区县服务中心向街镇、园区和楼宇延伸，通过建立街镇服务中心、服务工作站、服务联络员等方式，真正把服务触角延伸至中小企业身边。2013 年，要基本完成区县服务中心向街镇、园区和楼宇的延伸工作，形成横向到边、纵向到底的中小企业网格化服务体系。

2．**进一步加快培育公共服务机构。**在大力支持区县服务中心发展的同时，进一步推进服务主体多元化，支持社会化服务机构和行业协会、商会等中介组织的发展。坚持“政府支持平台，平台服务企业”的思路，优化专项资金的扶持方式，对公信度高、效果显著的社会化服务机构和中介组织，给予一定的支持，从单纯项目支持向政府购买服务延伸，确保中小企业找得到、用得起的服务。在 78 家中小企业专业性服务机构的基础上，再培育一批服务机构，争取到 2013 年年底达到 200 家左右。

3．**开展业务培训加强能力建设。**按照《上海市中小企业服务中心工作指引》，加强对市、区服务中心的指导和协调，做好服务人员岗位轮训工作，第一批培训 17 个区县服务中心，第二批对重点园区和公共服务机构进行规范性培训。各区县要对服务延伸机构（园区、街镇）进行培训，提高服务中小企业的使命感和责任性。加强市区两级中小企业综合服务机构的内涵建设和能力建设，明确目标任务，健全服务规范，注重服务成效，提高服务水平，把中小企业经营者是否满意、中小企业是否发展作为服务体系建设和服务工作深化的唯一标准。

4．**加快推进“中小企业服务云”建设。**上海已被列入国家首批 10 个“中小企业公共服务平台网络建设”试点省市。市领导高度重视“中小企业服务云”建设，市经信委做了大量工作，从组织架构上完成了全市服务网络建设，从内容支撑上遴选了一批中小企业服务机构，在技术支撑上开展了软件开发的准备工作。“中小企业服务云”既是中小企业服务体系的重要技术支撑，也是服务体系建设的重要组成部分。希望各个区县高度重视、大力支持服务云项目建设。下一步，我们将按照国家工信部的要求，结合上海“云海计划”、“智慧城市”的建设目标，发挥本市信息技术和社会化专业资源的优势，围绕服务资源互联互通、服务机构协同互动的建设要求，统筹规划，加快推进，力争在明年基本建成一个全新的面向全市中小企业的开放式公共服务网络平台。

（摘自上海市推进中小企业服务体系建设工作会议上的讲话）

2013·上海工业年鉴

SHANGHAI
INDUSTRIAL
YEARBOOK

2012年上海工业发展综述

戴海波

一、2012年工业发展情况

2012年，上海产业和信息化系统在市委、市政府的正确领导下，围绕"创新驱动、转型发展"，坚持"稳中求进"，全面落实产业和信息化"十二五"专项规划，积极应对严峻的外部形势，全力以赴稳增长，坚定不移调结构，坚持不懈促转型，加快推进信息化，较好地完成了全年各项任务。

1. **主要指标基本实现预期目标。**工业生产保持增长。全年本市工业增加值比上年增长2.9%。从主要行业来看，汽车、医药和烟草行业可比增长6%以上，电力、石化行业实现增长；轻工业基本持平；机械、纺织、船舶、钢铁、电子行业呈现负增长。战略性新兴产业保持增长，其中新能源汽车、生物医药、软件和信息服务业保持两位数增长。生产性服务业快速发展。全年本市生产性服务业重点领域重点企业营业收入增长16%左右，文化创意产业增加值增长12%左右，信息服务业营业收入增长超过18%，超过全市服务业增速，为全市经济增长提供了重要支撑。工业投资结构继续优化。全年本市工业投资增长1%，六大工业重点行业共完成投资730亿元，同比增长4%，占全市工业投资比重为57%，技改投资占工业投资比例达到56%，战略性新兴产业投资占工业投资比重提高到40%左右。资源能源利用效率进一步提升。规模以上工业企业单位增加值能耗下降5.5%以上，超额完成年度目标。全年完成897项产业结构调整项目，其中危化调整项目122项，共减少能源消费量约190万吨标煤。实施节能技改项目119项，节能量33.5万吨标煤。实施合同能源管理项目128项，节能量6.4万吨标煤。主要产品单耗进一步下降。

2. **全力做好稳增长工作。**围绕重点区县、园区、行业和企业加强跟踪分析，及时发现异动情况。继续发挥"推进政策落实服务企业办公室"的作用，完成"企业呼声直通车"平台升级。组织有关企业与市政重大工程、保障房建设对接，推动工博会、展销会等多个领域的供需对接。会同有关部门制订实施《上海市产业项目行政审批流程优化方案》，加快项目落地。夯实能源协调保障工作基础，确保优先满足重点企业、战略性新兴产业项目、"专精特新"中小企业用能要求。

3. **培育发展战略性新兴产业。**市经信委牵头成立本市战略性新兴产业发展领导小组产业化推进工作小组及办公室，形成市级层面产业化推进机制。经市政府批准先后发布新能源汽车与汽车电子、卫星导航、云计算、物联网等11个专项工程实施方案，同时启动编制新型功能性材料、高端软件等4个专项工程实施方案。会同有关部门启动首批12个重大项目，推进实施51个重点项目。加大产业技术创新力度，制定《关于强化企业主体地位实施产业技术创新工程的意见》，推动5家企业获国家企业技术中心认定，新认定48家市级企业技术中心，4家企业获国家技术创新示范企业授牌，25家企业被评为上海市知识产权优势企业，10家企业被认定为产学研合作创新示范基地。

4. **推动制造业改造提升。**加快推进重点项目开工建设，全市10亿元以上计划新开工项目26个，已开工20个；亿元以上计划新开工项目360个，已开工190个。全市在建10亿元以上重大产业项目27个，完成投资150亿元，占全年计划的85%；在建亿元以上项目265个，已完成投资350亿元，占全年计划的93%。中航民用航空电子产业园等一批市级重大项目进展顺利，金山石化炼油改造工程等一批竣工投产，协调推进和辉光电AM-

OLED、上海通用高档轿车等项目落地。加强企业技术改造，推进实施一批重点技改项目，全年本市共有12个项目列为国家重点产业振兴和技术改造项目，38个项目列为国家工业中小企业技术改造项目，10个项目列为电子信息产业振兴和技术改造项目。推进产业集聚发展，金桥开发区电子信息产业基地、闵行区民用航空产业基地（军民结合）获批国家新型工业化产业示范基地。漕河泾开发区、上海化工区获批国家级生态工业园区。制定《关于支持本市老工业企业和工业区改造升级的若干意见》。建立和完善上海市开发区信息管理服务平台，推进园区精细化管理。

5．加大结构调整和工业节能降耗力度。加快实施结构调整，协调推进宝钢、高桥石化产业结构调整。关停全部18家涉铅企业。继续推进宝山南大地区环境综合整治，完成崇明生态岛专项验收，核准实施松江车墩莘莘学子创业园、永丰街道玉树路西片区专项，加快推进奉贤南桥新城等专项后续工作。大力推进工业节能降耗，组织制定30项工业能效标准，开展5万吨以上重点用能单位能源审计；关停和替代燃煤（重油）锅炉270台以上，基本完成S7系列变压器淘汰替代；备案节能服务机构增至285家，推进253家企业清洁生产审核，带动企业节能减排投入1.94亿元；出台《上海电网节能发电调度工作实施方案（试行）》，完成高效机组替代低效机组发电约20亿千瓦时，节约标煤6万吨以上。

6．加快生产性服务业等重点领域发展。开展首批19家生产性服务业功能区复审。继续开展“双推”工程，三年累计遴选29家电子商务“双推”平台企业，扶植本市中小企业超过1.1万家。完善和优化生产性服务业基础统计；成立本市生产性服务业促进会；推进“两头在沪”企业发展。发布《上海市促进文化创意产业发展财政扶持资金实施办法（试行）》，编制《上海市文化创意产业重点人才开发目录》；开展设计创新示范企业创建工作；推进时尚产业重点项目建设。举办上海设计之都活动周、上海国际室内设计节等重大活动。积极创建中国软件名城，制定实施《关于本市进一步鼓励软件产业和集成电路产业发展的若干政策》、《上海市软件和集成电路企业设计人员专项奖励办法》和《上海市软件和集成电路企业核心团队专项奖励办法》，认定第二批市级信息服务业产业基地，推进智慧岛数据产业园建设。

7．切实做好中小企业等服务。制定本市贯彻《国务院关于进一步支持小型微型企业健康发展的意见》的实施意见。启动并推进“上海市中小企业公共服务平台网络体系”项目建设，集中推出首批78家中小企业公共服务机构。组织开展“中小企业服务年”活动。完成1000家“专精特新”中小企业培育目标。完成中小企业改制上市培训200家，改制并备案企业达到132家。青浦区中小企业集合票据成功发行。推进担保机构营业税减免，提高小微企业担保业务补助比例上限，鼓励担保机构开展小微企业担保业务。加大央企服务力度，继续推进世博园B片区入驻央企土地摘牌与开工建设，启动A片区招商引资前期准备工作，推动市政府与中国北车等央企签订战略合作框架协议。

二、2013年工业发展环境、指导思想和主要目标

（一）发展环境

党的十八大明确了全面建成小康社会的宏伟目标，提出要实现经济持续健康发展，工业化基本实现，信息化水平大幅提升。报告强调要促进工业化、信息化、城镇化、农业现代化同步发展；牢牢把握发展实体经济这一坚实基础，实施创新驱动发展战略；推动战略性新兴产业、先进制造业健康发展，加快传统产业转型升级；节约集约利用资源，推动资源利用方式根本转变；推动信息化和工业化深度融合；支持小微企业特别是科技型小微企业发展。党的十八大的胜利召开，为下阶段产业发展和信息化发展指明了方向。2013年，国际环境充满复杂性和不

确定性，国内经济开始企稳回升，上海产业发展和信息化建设机遇和挑战并存。

从全球看，一方面，国际金融危机的深层次影响还在不断显现，世界经济下行压力和潜在风险加大，经济低迷成为全球经济新常态。同时，全球产业竞争将更趋激烈，发达国家抓住第三次工业革命机遇，加快"再工业化"和"制造业回归"，对我国和上海发展构成较大挑战。另一方面，经济全球化深入发展，生产要素加快流动重组的趋势仍将持续，世界经济重心加速向亚太地区转移，有利于我们更好地利用国际资本、技术和人才等高级生产要素，有利于我国产品和企业加快"走出去"，提高国际竞争力。

从国内看，一方面，随着国家各项稳增长政策落实见效，全国经济运行将趋于平稳，但我国经济发展内部条件发生新的变化，土地、矿产等资源供给日趋紧张，廉价劳动力优势正快速削弱，生态环境约束更加强化，经济潜在增长率趋于下降，工业企稳回升的基础尚不稳固，企业经营困难，提升发展质量和效益的任务紧迫而繁重。另一方面，城镇化将成为带动工业和信息化发展的巨大动力，应用对创新的导向作用明显增强，有利于我国持续扩大国内市场规模，促进需求层次多元化发展，不断增强产业综合配套能力。

从本市看，一方面，外需不足以及国内汽车、家电等消费刺激政策的逐步退出，减少了对本市相关产业的市场需求，同时受本市主动转型，调整、关闭、转移一些落后产能等因素影响，本市产业经济稳增长压力仍然较大。另一方面，当前上海仍处重要的战略发展机遇期，战略性新兴产业产出效应的逐步显现，传统优势产业加速改造提升，以及"营改增"等先行先试政策效应的持续扩大，将为本市产业实现转型发展提供支撑。

（二）指导思想

2013 年是全面深入贯彻落实党的十八大、市第十次党代表会议精神的开局之年，也是实施"十二五"规划承前启后的关键一年。全市经济和信息化系统按照工业和信息化部及市委、市政府对全年工作的部署要求，围绕"创新驱动、转型发展"，坚定不移转变经济发展方式，坚定不移推进经济结构战略性调整，坚持稳中求进，着力提高产业和信息化发展质量效益，努力做到"四个聚焦"、"四个突破"：聚焦战略性新兴产业发展，在专项工程实施上取得突破；聚焦智慧城市建设，在信息化应用上取得突破；聚焦服务企业，在完善企业服务体系上取得突破；聚焦社会信用体系建设，在政府率先示范应用上取得突破，强化措施，狠抓落实，推动产业转型发展和信息化建设取得新成效。

（三）主要目标

规模以上工业企业增加值增长 3% 左右，工业投资规模基本持平；生产性服务业营业收入增长 16%；战略性新兴产业投资占工业投资比重提高 3 个百分点，战略性新兴产业规模增长 5%–6%；工业 R&D 投入占主营业务收入比重提高 0.1 个百分点；规模以上工业企业单位增加值能耗，完成全市目标任务；市级以上开发区单位土地产出 66 亿元／平方公里。

三、2013 年上海工业重点工作任务

（一）以提高经济运行质量效益为核心，保持产业稳定增长

加强运行监测。加强对宏观趋势、产业运行情况的深入分析，及时发现趋势性、苗头性问题。建立稳定运行保障预案，加强对 330 家年产值 10 亿元以上工业企业和 80 家年产值 5 亿元以上民营企业的监测，建立专人联系制度，及时反映行业、企业运行中的共性问题。加强对影响全市工业增长的重点行业和龙头企业跟踪监测和走访调研，及时协调解决企业运行中遇到的困难与问题。

加强协调服务。进一步发挥推进政策落实服务企业办公室、减轻企业负担联席会议办公室的作用，继续深化

"经税"、"经关"、"经检"合作机制，加快建立与工商、规划国土资源、外汇管理等部门的战略合作机制，在企业登记管理、推进项目落地、争取外汇管理政策支持等方面为企业提供高效服务，引导各区县加强服务企业工作。鼓励企业参加工博会、展销会，围绕市政重大工程、保障房建设等，帮助企业发现和拓展本地市场。深化落实企业减负工作。

加强能源供应保障。健全协调沟通机制，进一步完善煤矿、港口、货运和电厂四方会议制度。继续做好电煤运输协调，完善能源应急协调体系。加强要素协调，保障重点企业用电、用煤、用气需求。加强市内发电与市外受电统筹，全力做好电力迎峰度夏（冬）工作，确保本市电网运行安全和电力供需平衡。会同有关部门做好成品油市场整治。继续加强煤炭市场监督管理，做好煤炭经营企业结构调整工作。做好油品标准升级资源供应工作。扩大加油站视频实时监控系统范围，推动重点监控加油站安装视频系统。

（二）以战略性新兴产业为引领，推动先进制造业发展

培育发展战略性新兴产业。把组织实施专项工程作为推进战略性新兴产业发展的工作主线，加强与国家部委对接，发挥市产业化推进小组的平台作用，做好土地、人才、资金、市场等政策配套和产业链对接，组织、实施一批产业投资和示范应用项目。大规模集成电路，推进高端通用芯片、移动通信芯片等集成电路设计业快速发展，加快提升 12 英寸生产线产能，实现 45/40 纳米工艺产业化；深化产业链互动，完善公共服务平台。民用航空，全力争取航空发动机科技重大专项落户上海，加大对民用航空产业发展中核心、高端、关键的重点项目的支持力度，跟踪推进新增项目和在建项目。云计算，突破云计算相关的软件、虚拟化、安全、硬件及服务的核心技术，支持大数据处理技术研发，鼓励电信运营商和第三方企业建设新型云计算基础设施，推进市民信息服务、居民健康、中小企业服务、电子政务、地理信息和食品安全等服务平台建设。物联网，在 MEMS 和智能传感器、高精度图像传感器等领域组织一批重点项目，突破关键技术并实现产业化；加大车联网、城市安全运行、智能交通、数字医疗等领域示范应用；支持物联网共性技术研发测试平台、应用产品和系统检测平台等建设。下一代网络（互联网、通信网、广电网），抓紧实施 TD-LTE 扩大规模试验任务，加快推进行业应用及产业化；加快 NGB 网络建设完成年内覆盖任务；研究开展核心光器件攻关；加快发展智能终端和网络视听等信息服务。新型显示，协调推进 AM-OLED 领域重点项目加快落地和开工建设；发展蓝宝石图形衬底、硅衬底等新型 LED 衬底技术，推进 MOCVD 产业化，提升 TFT-LCD 产品性能，提升光电子设备国产化水平。智能电网，重点支持钠硫电池、全钒液流电池、磷酸铁锂电池等电力储能技术，建设国内领先的百公里级二代高温超导带材生产线，推进带材制造装备、超导电缆、超导限流器、超导电机等走向产业化，以及新能源接入、智能变电站、智能用户端等产品。新能源高端装备，推进薄膜太阳能电池核心装备、高效率低成本的晶硅太阳电池设备等光伏装备发展，支持 AP1000 和 CAP1400 核岛及常规岛设备研制，发展 5-10 兆瓦大型海上风力发电机组，推进燃气轮机等清洁高效发电装备。智能制造装备，聚焦机器人及关键零部件等重点领域和重点企业，促进一批关键技术和项目突破；支持发展五轴联动数控机床、11 米级以上大直径盾构、智能化重型履带式起重机等发展，发展自动化生产线及数字化车间；推进核心智能测控装置与部件发展。新能源汽车与汽车电子，大力推动私人购买新能源汽车试点方案的实施和政策落实，推动荣威等自主品牌电动汽车产业化和投产上市，促进本地电池电机等关键零部件进入主流供应链体系。开展汽车关键传感器研究和产业化配套工作，在商用车领域，继续推进车联网应用。卫星导航，推进闵行卫星导航产业基地和北斗西虹桥基地等关键产业基础设施建设，建设卫星导航与位置服务产品检测检定中心，推进在海事航运、智能交通、城市安全、城市物流、社会服务、车联网等应用示范工程。同时，抓紧编制和发布新型功能性材料、高端软件、节能环保、海洋工程装备等专项工程实施方案。

推进制造业转型升级。推进重点项目落地。对 10 亿元以上重大产业项目特别是新开工重大项目进行重点跟踪，及时协调解决项目建设中存在的问题；确保全年产业用地新增总量规模，会同相关部门加大对绿色通道项目建设审批的支持力度；利用上海市开发区信息管理服务平台，做好绿色通道项目跟踪协调工作。加大技术改造力度。聚焦汽车、钢铁、装备等领域，加大对企业技术改造投资的财政支持力度，促进传统制造业企业提高创新能力、加快转型。完善重点技术改造项目的协调推进机制。推动建立职责明确、科学高效的企业技术改造工作管理机制。推进产业技术创新。围绕实施产业技术创新工程，改进和完善企业技术中心支持政策，争取新增 3–5 家国家级企业技术中心；推动各类研发机构创新成果在沪产业化；组织开展引进技术的吸收与创新计划，支持一批重点领域的产业共性技术和关键工艺攻关；加强产学研协同创新，推进一批产学研合作项目，建设一批产学研合作创新示范基地；发挥产业技术创新专家委员会作用，加强产业技术发展趋势研究。推进产业基地建设，建立 104 个产业区块"有进有出、动态管理"工作机制；继续推进国家新型工业化产业示范基地建设，力争到 2013 年年底创建形成 13 家左右国家新型工业化产业示范基地；加快推进工业区转型升级试点，强化政策支持，推进园区二次开发；推进存量土地盘活利用试点；推进 195、198 区域转型升级，建立"产业区块外重点企业支持目录"，通过目录管理方式推进重点企业改造升级、转型发展，195 区域以研发总部类用地为重点推进生产性服务业发展；推进上海产业发展地理信息系统建设和试运行；推进郊区新城建设中的产城融合，明确杭州湾北岸先进制造业产业集聚带发展战略和规划导向。推进重点行业发展。积极鼓励电子信息制造企业尤其是代工型企业加大研发投入，加快产品升级、提高附加值；推进钢铁新材料产业化，优化产业布局和产品结构；推动石化产业延伸产业链，发展深加工产品，加快形成"基地化、大型化、一体化"的工业布局；推动装备产业突破关键技术瓶颈，加快临港、闵行等产业基地建设；促进汽车产业全面提高自主创新能力，推进自主品牌建设、节能与新能源汽车产业化、汽车产业信息化与服务化等领域发展；推进烟草产业优化产品结构，提高高端产品比重。

推进结构调整和节能降耗。紧紧围绕"强化城市生态文明建设，构建绿色制造新格局"工作主线，加大产业结构调整力度，大力推进工业节能减排，加快发展节能环保产业。结构调整，全年完成调整项目 500 项；平稳推进高桥石化和宝钢上海宝山地区钢铁产业结构调整；加快太湖流域水源保护区、宝山南大和杭州湾北岸等重点区域调整，研究推进桃浦、青浦华新转型升级支持政策，启动吴泾地区调整规划研究；启动砖瓦、石材等整行业调整，继续加大对工业区块外的化工、电镀等四大工艺及不纳管排放的纺织印染等行业的调整力度。节能降耗，试点建设 206 家"万家企业"能耗在线监测平台；推进供电煤耗、精品钢、乙烯、炼油等主要产品单耗进一步下降；实施节能技改项目 150 项，节能量 40 万吨标煤；完成燃煤（重油）锅炉清洁能源替代 300 台以上，推广高效电机 200 万千瓦（含再制造高效电机 60 万千瓦），基本完成工业和信息化部公告的第一批高能耗落后机电设备（产品）淘汰工作；实施合同能源管理项目 200 项，年节能量 10 万吨标煤；创建临港国家再制造产业示范区；推进 200 家企业开展清洁生产审核，拉动企业节能减排投入 2 亿元；大宗固废综合利用率保持在 95% 以上。

（三）以完善服务体系为支撑，提升服务企业水平

加大中小企业服务力度。推动本市相关功能性服务机构纳入本市中小企业公共服务网络，引导支持区县出台服务中小企业相关指导意见，推进形成"1+17+X"中小企业服务中心体系。继续遴选上海市中小企业公共服务机构，争取全年达到 200 家。以列入中小企业公共服务平台网络建设试点省市为契机，加快推进中小企业服务云项目建设。深入推进"专精特新"中小企业培育工程，培育细分行业领先、具有"专精特新"特点的中小企业，力争到 2013 年年底达到 2000 家。继续完善中小企业融资服务体系。

加强央企对接服务。筹备召开市央企服务联席会议，完善央企服务工作联络沟通平台。探索开展央企与本市各种所有制企业的合资合作和产业链上下游联动等对接活动，促进央企与区县、园区发展有效对接。争取一批央企大项目落沪，促成一批央企在上海发展总部经济。

建立服务各类企业工作机制。营造服务外资、民营等各类企业的良好氛围及环境，基本做到重点机构有常态机制、重点企业有沟通机制、重大项目有推进机制。与外国领馆、投资促进机构、协会、商会、中介机构间等建立联系沟通机制，扩展合作渠道，推进外资和优质民企项目落户上海。

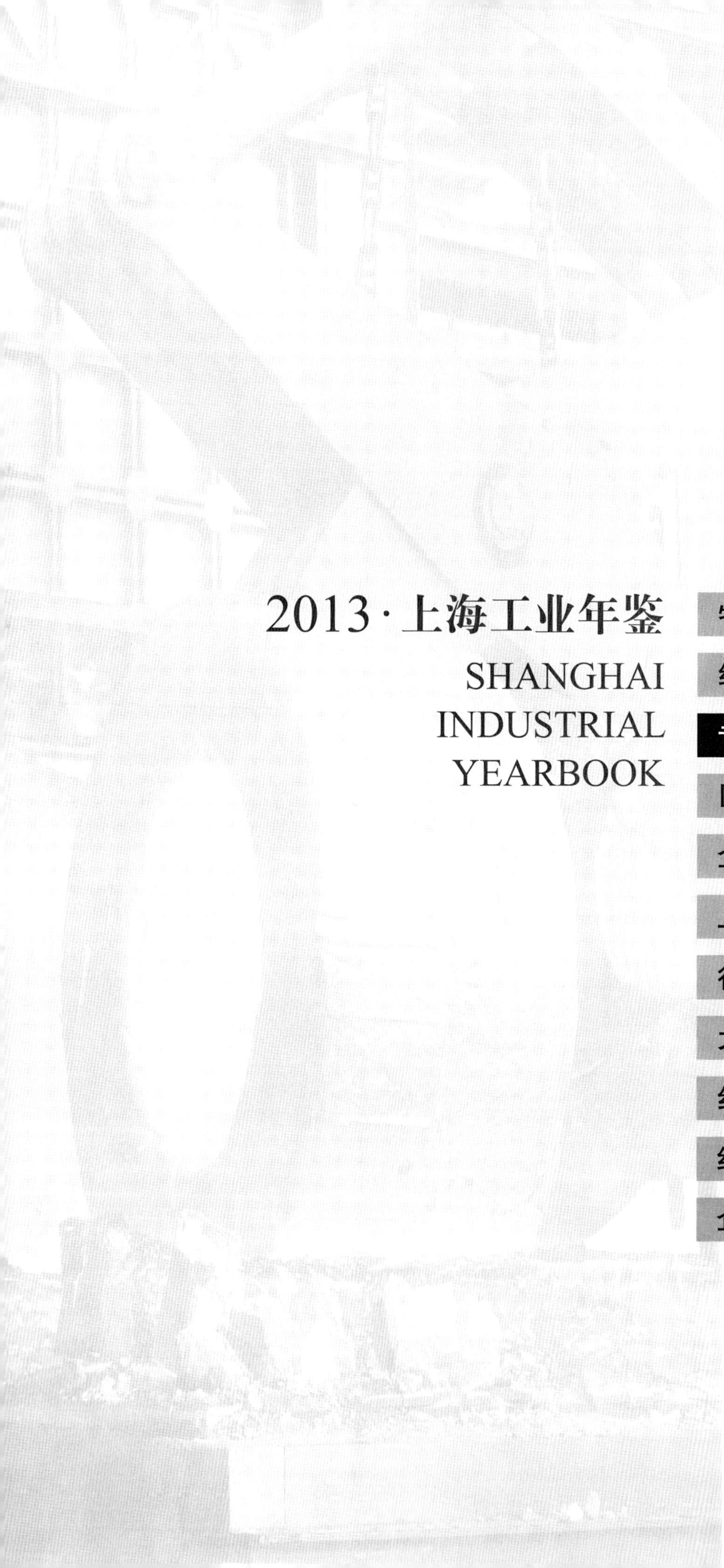

2013·上海工业年鉴

SHANGHAI
INDUSTRIAL
YEARBOOK

产业经济运行情况

2012年，受外需下降和内需低迷影响，本市工业延续2010年下半年以来的回落走势。全市工业系统积极贯彻市委、市政府稳增长的工作要求，加强调研走访，将稳增长工作和服务企业结合起来，9月份以来，工业增速趋稳，全年工业增加值增长2.9%，基本实现工业增长目标，为全市国民经济稳定增长提供了重要支撑。

一、运行基本特点

1. 工业生产增速趋稳。受汽车、烟草等高附加值行业增长拉动，全年实现工业增加值6446亿元，可比增长2.9%；工业总产值31548亿元，可比下降0.4%。工业增加值增速快于产值3.3个百分点。

从轻重工业看，轻工业完成产值6816亿元，增长1.4%；重工业24732亿元，下降0.9%。轻工业增速比重工业快2.3个百分点。

从中央、市属和区县看，市属工业完成产值5641亿元，增长2.9%，高于全市工业平均水平；区县和中央工业分别完成18863亿元和6615亿元，分别下降1.4%和4.0%。

从不同所有制经济看，外商及港澳台投资企业完成产值19397亿元，与上年同期持平；股份制经济完成10177亿元，下降1.0%；国有经济完成1291亿元，增长0.6%。

从主要行业看，医药行业实现两位数增长；烟草、汽车、电力、石化、有色等5个行业实现增长；轻工行业持平，建材、纺织、机械、钢铁、电子、船舶等6个行业出现下降。

从六大重点行业看，共完成工业总产值20970亿元，下降0.3%，具体呈现“三增三降”格局，生物医药、汽车制造、石油化工及精细化工制造业分别增长7.9%、7.0%、2.0%，电子信息、精品钢材、成套设备制造业分别下降3.2%、3.7%、4.7%。

2. 工业转型发展步伐加快。全市工业和信息化系统注重产业结构调整和转型，加快战略性新兴产业发展、加快传统制造业的改造提升、加快落后产能淘汰，转型发展步伐进一步加快。

战略性新兴产业制造业小幅下降，总产出保持增长。全年战略性新兴产业总产出11209.78亿元，按现价计算，比上年增长2.1%。其中，制造业部分实现工业总产值7580.99亿元，下降4.1%；软件和信息服务业部分实现营业收入3628.79亿元，增长18.0%。四季度以来制造业部分产值降幅逐月收窄，全年主要领域“二升五降”，其中新能源汽车和生物两个领域保持快速增长，增速分别为17.3%和10.3%；新材料、节能环保、新一代信息技术、高端装备、新能源等五个领域出现下降，降幅分别为1.1%、2.3%、3.3%、9.8%和19%，拉低增速5.7个百分点。

传统制造业加快转型提升。通过结构调整和节能减排工作的深入推进，钢铁、建材等高载能行业继续下降，全市工业结构进一步优化；受产品转移和结算方式变化的影响，电子行业可比下降5.5%，除去4个高能耗行业和电子行业，全市工业总产值可比增长0.4%。

3. 工业出口下降但降幅收窄。全年完成工业出口交货值7958亿元，同比下降5.5%。四季度以来，受上年基数较低影响，降幅有所收窄，全年降幅比1–9月收窄1.6个百分点。主要行业中，占比较高的电子行业（占比55%）出口下降4.6%，拉低全市出口增速3.7个百分点；医药和烟草行业出口保持两位数增长。

4. 运行质量总体保持较高水平。全年工业利税保持2000亿元以上高位，合计完成4665亿元，同比增长4.4%，比工业增加值增速快1.5个百分点。工业经济效益综合指数为262.77，全员劳动生产率25.03万元／人，产销率99.30%，均保持在较高水平。

工业对全市税收增长贡献率居首。全年税务部门征收的税收收入7366.6亿元，同比增长8.7%，其中工业税收2533亿元，占全市税收总量的1/3强（34.4%），增长11.3%，对全市增长贡献率居首位（贡献率43.4%，高于商业、金融、房地产等其他主要行业）。从市税务局统计的2012年全市纳税前100名企业（纳税百强）情况看，共有27家工业企业进入纳税百强，全市纳税前10名中工业企业有7家。

序号	纳税人名称	全市纳税百强排名
1	上海烟草集团有限责任公司	1
2	上海大众汽车有限公司	2
3	上海通用汽车有限公司	4
4	中国石油化工股份有限公司上海高桥分公司	5
5	中国石化上海石油化工股份有限公司	7
6	上海市电力公司	8
7	上海通用汽车销售有限公司	10

注：全市纳税前十的企业还包括交通银行股份有限公司、上海浦东发展银行股份有限公司、捷豹路虎汽车贸易（上海）有限公司。

工业企业效益略有下滑。全年工业企业利润2131亿元，同比下降2.8%，但主营业务利润率达到6.32%，高于全国工业平均水平0.25个百分点。企业亏损面为22%，同比提高4

个百分点，但较年初有所回落。

5．工业投资实现小幅增长。全年工业投资1293亿元，同比增长1.1%，其中制造业投资增长1.3%。

技改投资力度加大。全年完成技改投资723亿元，占工业投资比重56%，同比提高2个百分点。

重点工业行业投资保持平稳增长。六大重点行业完成投资740亿元，同比增长4.8%。其中，生物医药制造业、石油化工及精细化工制造业、汽车制造业等3个行业保持增长，增速分别为35.7%、28.3%、26.2%；成套设备制造业、精品钢材制造业、电子信息业等3个行业出现下降，降幅分别为0.1%、0.6%、13.3%。

6．工业能耗降幅明显，全市能源供需平稳。预计全年工业用能量同比下降3.1%左右，规模以上工业单位增加值能耗下降5.9%，超额完成单位增加值能耗下降3.4%的年度目标，为全市节能目标完成作出重要贡献。全市煤炭消费量4834万吨，下降9.2%，其中电煤3403万吨，下降12.2%。成品油重点企业销售量653万吨，下降1.8%。用电量1353亿千瓦时，增长1.0%，其中工业用电量786亿千瓦时，下降2.4%。天然气用气量62.4亿立方米，增长15.3%。

二、主要行业生产运行情况

2012年，消费品、原材料行业工业总产值实现增长，增速分别为0.9%、0.2%；装备、电子行业出现下降，降幅分别为0.6%、3.5%。

（一）装备行业

汽车行业：稳定增长

指标	1—12月份		12月份	
	绝对值（亿元）	增幅（%）	绝对值（亿元）	增幅（%）
工业总产值	4174	7.0	311	−9.5
出口交货值	206	5.1	19	8.1

2012年，本市汽车行业保持稳定增长，全市汽车产量为202.4万辆，同比增长2.9%；上汽集团在沪轿车产量达195.4万辆，同比增长4.8%。

机械行业：继续下降，降幅收窄

指标	1—12月份		12月份	
	绝对值（亿元）	增幅（%）	绝对值（亿元）	增幅（%）
工业总产值	5509	−4.8	531	−3.1
出口交货值	1183	−7.9	106	−11.1

2012年，本市机械行业受国内基础设施建设投资放缓和出口下降的影响，延续下降走势，11月份以来，降幅略有收窄。从主要子行业生产看，发电机及发电机组制造受电力投资放缓影响，下降33%；集装箱制造因外向度较高（94%），受出口大幅下降（−31%）影响，生产下降28%。物料搬运系统制造仍然保持逆势增长，增速为11%，主要受益于全国商业地产和保障房建设的继续推进。

船舶行业：继续下降

指标	1—12月份		12月份	
	绝对值（亿元）	增幅（%）	绝对值（亿元）	增幅（%）
工业总产值	566	−10.3	48	10.9
出口交货值	300	−23.4	21	−7.6

2012年，受国际航运市场持续低迷影响，本市船舶行业延续下降走势，短期难以扭转。从波罗的海综合运费指数（BDI）看，2月份创下25年来最低点647点，随后出现回升，接着在9月中旬下探至661点后，四季度略有回升，但仍处于低位，导致新船需求减少，船舶行业新接订单迅速下滑，船舶集团在手订单已低于2000万载重吨。

（二）消费品行业

医药行业：快速增长

指标	1—12月份		12月份	
	绝对值（亿元）	增幅（%）	绝对值（亿元）	增幅（%）
工业总产值	512	10.1	47	−3.8
出口交货值	46	19.6	4	18.7

2012年，本市医药行业受益于国家新医改带来的医药市场扩容，实现快速增长，从主要子行业看，生物药品制造、化学药品制剂制造业、卫生材料及医药用品制造业以两位数快速增长，增速分别为15.9%、13.8%和11.1%；中成药制造、化学药品原药制造保持稳定增长，增速分别为7.9%、1.7%。

烟草行业：稳定增长

指标	1—12月份		12月份	
	绝对值（亿元）	增幅（%）	绝对值（亿元）	增幅（%）
工业总产值	773	8.2	22	−3.7
出口交货值	8.9	14.6	0.8	—

2012年，本市烟草行业继续调整产品结构，提高中华烟占比，实现稳定增长，其中2012年烟草公司中华烟产量113.3万箱，增长12.2%，占全部卷烟产量61.5%，同比提高了5.1个百分点。

轻工行业：持平

指标	1—12月份		12月份	
	绝对值（亿元）	增幅（%）	绝对值（亿元）	增幅（%）
工业总产值	4833	0.0	454	−2.8
出口交货值	958	−3.7	89	−0.5

2012年，本市轻工行业与上年持平。从主要子行业生产看，焙烤食品制造、工艺美术品制造、植物油加工等子行业继续保持较快增长，增速分别为15%、15%和13%。但纺织服装皮革专用设备、饮料制造等行业下降较快，降幅分别为20%和18%。

其他消费品行业中，纺织行业完成产值815亿元，下降4.8%。

（三）原材料行业

石化行业：略有增长

指标	1—12 月份		12 月份	
	绝对值（亿元）	增幅（%）	绝对值（亿元）	增幅（%）
工业总产值	4024	2.3	359	4.6
出口交货值	346	4.9	31	28.4

2012 年，本市石化行业略有增长，其中原油加工量 2208 万吨，增长 3.6%；汽油产量 305 万吨，增长 11.2%；柴油产量 822 万吨，增长 2.9%。从主要子行业生产看，橡胶制品业受益于天然胶原料价格下跌，增长 10.8%。基础化学原料制造、合成材料制造业实现增长，增速分别为 7%、3.4%。

钢铁行业：继续下降，降幅收窄

指标	1—12 月份		12 月份	
	绝对值（亿元）	增幅（%）	绝对值（亿元）	增幅（%）
工业总产值	1621	−4.0	130	2.3
出口交货值	149	−19.8	14	−6.3

2012 年，本市钢铁行业受结构调整、节能减排和市场需求低迷的影响，延续下降走势，其中下半年以来因同期基数较低，降幅有所收窄；尤其是进入四季度后，市场略有回暖，10 月、12 月当月出现增长（11 月因宝钢集团 1 号高炉大修，当月有所下降）。

其他原材料行业中，有色行业完成产值 461 亿元，增长 0.2%。建材行业完成产值 345 亿元，下降 2.3%。

（四）电子行业

指标	1—12 月份		12 月份	
	绝对值（亿元）	增幅（%）	绝对值（亿元）	增幅（%）
工业总产值	5802	−3.5	572	11.6
出口交货值	4403	−4.6	408	16.5

2012 年，本市电子行业受出口下降影响，延续下降走势，进入四季度后，因同期基数较低，降幅收窄，其中 12 月份当月实现增长。从主要子行业生产看，计算机制造业下降 3.4%，拉低电子行业增速 2.1 个百分点。通讯设备制造、电子元件制造等子行业受出口影响，生产分别下降 9.2%、7.6%。电子器件制造子行业仍然保持增长，增速为 7.9%。

此外，电力行业完成产值 1619 亿元，增长 4%。

三、区县工业生产运行情况

规模以上属地口径区县工业主要指标完成情况

指标	1—12 月份		12 月份	
	绝对值（亿元）	增幅（%）	绝对值（亿元）	增幅（%）
工业总产值	18863	−1.4	1787	3.0
出口交货值	6845	−3.8	629	9.1

生产：继续下降，降幅收窄

2012 年，区县工业总产值下降 1.4%，降幅比前三季度收窄了 1 个百分点。9 个郊区县中奉贤、青浦、浦东、嘉定等 4 个区实现增长，金山、闵行、宝山、松江、崇明等 5 个区县下降。

出口：继续下降

2012 年，本市区县工业出口交货值下降 3.8%，延续下降走势，其中浦东新区因昌硕代工苹果手机出口增长较快带动，出口继续快速增长，金山、青浦、嘉定等 3 个区实现增长，闵行、奉贤、崇明、松江、宝山等 5 个区县出现下降。

产销：保持高位

2012 年，本市区县工业产销率为 98.8%，比上年高 0.22 个百分点，其中，闵行、宝山、徐汇、崇明、闸北、静安等 6 个区县的产销率均高于 100%。

（王志佳）

战略性新兴产业发展和推进情况

2012 年，上海战略性新兴产业（制造业部分）完成工业总产值 7580.9 亿元；软件和信息服务业实现营业收入 3628.8 亿元，继续保持比上年增长 18% 以上。由于国际宏观经济形势变化，加上上海产业结构调整力度加大，战略性新兴产业尤其是制造业部分发展速度有所放缓，全年战略性新兴产业总规模达到 11210 亿元。战略性新兴产业投资占制造业投资比重进一步提高，为今后发展打下较好基础。

战略性新兴产业各重点领域加大产业发展推进协调力度，取得了一批重要创新成果。电子信息制造业领域，华力微电子 55nm 工艺通过客户验证并量产投片；上海天马 4.5 代 AM—OLED 中试项目成功推出多款产品；映瑞光电 LED 芯片平均光效超过 130 流明／瓦；完成 NGB 网络郊区整转方案，全市 NGB 网络覆盖达到 380 万户，完成有线电视数字化整体转换 290 万户。软件和信息服务业领域，中国银联、宝信软件、贝尔软件等 6 家企业入围第十一届中国软件业务收入百强；上海云计算展示体验中心正式对外试运营；组建国内首家网络信贷服务业企业联盟；发布国内首个网络游戏行业地方标准《网络游戏行业服务规范》。智能制造装备领域，上海承担电动机和变频器研制任务的首套国产大型电驱压缩机组投运；上海轨道交通设备发展公司完成关键设备转向架基地项目建设；卡斯柯公司轨道交通信号系统具备全套CBTC信号系统的自主研发能力；拓璞数控公司研制开发了整体舱段自动化铆接、重型摩擦焊等一系列填补国内空白的装备。海洋工程装备领域，沪东中华公司的“国家能源LNG海上储运装备重点实验室”成为目前我国在液化天然气海上储运装备领域唯一的国家级重点实验室；外高桥公司建造的“海洋石油981”号3000米深水半潜式钻井平台已经在南海开钻；宝钢顺利实现特厚高强海洋平台用齿条钢的批量生产。民用航空制造领域，商飞公司总部建设顺利启动，三大中心建设取得重要进展；C919大型客机研制工作全面展开；中航商发公司闵行研发基地一期完成建设，CJ-1000A航空发动机验证机研制工作顺利推进；中国航空研究院上海分院已挂牌成立。卫星导航领域，北斗位置信息服务综合平台主体上海北斗导航平台公司正式挂牌成立；加快推进国家上海卫星导航与位置服务产品检测检定中心建设；建立上海市卫星导航产业发展和应用推进联席会议。新能源领域，上海电气实现包括蒸发器、堆内构件、主泵、稳压器等CAP1400核岛主设备关键锻件的国产化；凯士比公司实现核电主泵的制造和国产化。新材料领域，上海石化碳纤维产品经检测已达到T300级水平；首套国产核电用690U形管开始安装；华峰普恩聚氨酯项目二期正式开工建设，将进一步促进新型建筑节能保温材料技术水平提升及推广应用。新能源汽车领域，上汽集团荣威550插电式轿车已小批量投产，荣威E50纯电动轿车已投产上市销售，上海通用Springo纯电动轿车已小批量投产；精进电动的驱动电机批量出口，功率密度达到国际领先水平。节能环保领域，临港产业区获得工信部授予的“国家机电产品再制造产业园”；完成合同能源管理重点项目128项，节能量6.4万吨标煤。

2012年，上海市推进战略性新兴产业在多方面取得重要进展：

在专项工程推进方面，聚焦战略性新兴产业重点领域，实现有取有舍、重点突破的重要举措。市经济信息化委负责推进的新能源汽车与汽车电子、卫星导航、云计算、物联网、下一代网络、集成电路、新型显示、民用航空、新能源高端装备、智能制造、智能电网等11个专项工程实施方案已由市政府办公厅转发，正式向社会发布。启动新型功能性材料、高端软件、节能环保、海洋工程装备等专项工程实施方案的编制。

在项目组织实施方面，组织编制并发布《关于推进战略性新兴产业项目实施的意见》。建立基于云计算的网上项目在线管理信息平台。完成两批战略性新兴产业项目征集评估，对科技攻关和产业化目标明确、建设方案和投资构成合理可行、建设条件成熟的项目，形成资金支持计划。对企业申请调整的项目，进行现场调研，及时完成项目调整工作；对具备后评估条件的项目，及时进行验收。

在综合保障方面，通过加强政策综合配套，确保重大项目顺利推进。开通“上海市战略性新兴产业服务网”，及时反映国内外战略性新兴产业的最新动态。加强基地建设，开展上海市高新技术产业化基地总结和评估工作，为培育战略性新兴产业示范基地打下基础。做好人才工作，开展高新技术产业化推进工作先进集体和先进个人评比和表彰工作，并组织编印《培育与发展——上海市高新技术产业化推进工作先进事迹汇编》，加强对先进企业、人物事迹的舆论宣传。

在政策突破方面，对接国家规划，编制并发布《上海市船舶与海洋工程装备产业“十二五”发展规划》、《上海市民用航空产业“十二五”发展规划》、《上海市新能源产业发展“十二五”发展规划》、《上海市新材料产业“十二五”发展规划》、《上海市节能环保产业“十二五”发展规划》等。会同市有关部门，发布实施《关于本市进一步鼓励软件产业和集成电路产业发展若干政策》（沪府发〔2012〕26号文）、《上海市软件和集成电路设计人员奖励办法》和《上海市软件和集成电路核心团队奖励办法》，落实软件设计人员奖励政策。启动实施私人购买新能源汽车鼓励政策，明确上海地方财政补贴、专用牌照额度和团购补贴等政策。

在市场对接方面，推动LED照明企业与卫生、教育领域对接；推动激光显示、三维显示企业交流和产业对接；促进产学研用合作攻关。召开通信与广电企业专题对接会，促进产业融合发展；指导举办电子书产业沙龙活动，重点促进传统出版商与平台企业对接合作；推动企业对接上海市机动车检测中心，为清洁燃油的公交示范化运营提供保证。

在平台建设方面，上海电科所的国家智能电网用户端产品（系统）质量监督检验中心即将获得国家质检总局的正式授牌；工信部电信研究院华东分院完成一期建设，已开始提供公共检测服务；完成MEMS传感器芯片等三个公共平台建设；推动以上海计量院为依托，联合组建产品检测检定中心。

在示范应用方面，完成虹桥交通枢纽楼宇节能、长宁社区流动人口管理2个市级物联网重点应用示范工程；积极推进奉贤南桥新城、虹桥商务区、杨浦新江湾城、崇明陈家镇等智能电网应用示范基地建设；市电力公司在全市加快推进智能电网技术示范应用，建成国内首个柔性直流输电示范工程；上海电缆研究所二代超导电缆工程示范运行项目加快推进；上海市获批国家私人购买新能源汽车试点政策。

（吴绪成）

智慧城市建设情况

2012年，本市智慧城市建设以提升网络宽带化和应用智能化水平为主线，进一步夯实信息通信基础，着力深化智能应用，不断完善信息安全保障体系，取得了良好效果，上海被中国智慧城市论坛评选为“2012年度智慧城市领军城市”。

一、信息基础设施建设水平进一步提升，信息通信环境不断优化

三年行动计划中大部分信息基础设施建设任务提前一年完成，实现了“五个率先”和“五个第一”，即在国内率先开展大规模的光纤到户建设和改造、率先按统一服务要求推进公共场所无线局域网（WLAN）覆盖、率先开展信息基础设施的集约化建设、率先开展信息基础设施专业规划编制、率先开展各类网络资源综合利用（即三网融合）试点。目前光纤到户覆盖能力和用户规模国内城市第一、WLAN覆盖密度和规模国内城市第一、城域网出口带宽国内第一、高清电视和高清IPTV用户全国第一、三网融合试点业务用户规模全国第一。

1．在宽带城市建设方面，截至年末，全市光纤到户覆盖总量已超过680万户，基本覆盖全市城镇化地区。实际使用光纤上网的家庭用户超过250万户。光纤上网家庭的平均互联网接入带宽超过16M，全市家庭宽带用户的平均互联网接入带宽接近8M。光纤网络覆盖能力和用户规模提前一年完成智慧城市三年行动计划目标，继续走在全国前列。第三方专业维护工作初见成效，已开展三林大型居住社区等约1300万平方米新建住宅通信配套设施的第三方专业维护。下一代广播电视网（NGB）覆盖410万家庭，基本实现中心城市和郊区主要城镇的覆盖，成为国内最大的NGB网络。

2．在无线城市建设方面，第三代移动通信（3G）网络已基本实现全市域覆盖；全市手机用户数超过3300万，其中3G用户数接近750万。无线局域网（WLAN）累计接入18000处，AP超过14万个，接入场所数和AP规模在国内城市中名列前茅；在全市300个主要公共场所开通了i-Shanghai公益上网服务。

3．在通信枢纽及功能设施建设方面，国际互联网出口宽带超过550G，本市城域网出口宽带达到3000G。本市集约化基础信息管线长度超过7000沟公里，接入楼宇超过4800栋。全市IDC机架数已超过18500个。推进运营商集团级运营平台（基地）建设。协调支持中国电信视讯中心、中国移动视频基地、中国联通软件商店等不断扩大业务规模。开展上海超算中心四期建设预研，明确主机规模、选址和建设方案，并根据要求完成立项。

4．在三网融合试点方面，IPTV用户超过178万，手机电视本地月使用用户超过50万，有线电视互联网接入用户超过30万，继续保持这些业务用户规模国内城市最多。高清电视和高清IPTV用户总量超过100万户，开通高清电视频道22个，高清IPTV直播频道已达11路，点播片源超过3万小时，成为国内“高清第一城”。

二、智能应用进一步发展，重点领域信息化建设不断深化

2012年，信息化推进工作围绕“智慧城市”建设，聚焦重点工作和重点项目，注重创新、切实推进，推动智能应用进一步发展，重点领域信息化建设不断深化。重点工作实现预期目标：市政府实事工程超额完成全年目标，共推广使用电子账单164万份；在工信部组织开展的国家区域“两化”融合发展水平评估中，上海以81.06的综合发展指数位居第2，继续保持全国领先水平；开展“两化”深度融合“进区县、进园区、进企业”宣传培训，培训人才1万多人；上海市参加全国“两化融合”成果展取得良好效果。重点项目取得阶段性成果：“12345”市民服务热线开通运行，法人网上统一身份认证系统完成建设，并实现试点应用；积极推动政府信息资源向社会开放，基本建成信息资源服务平台；法人信息共享与应用系统、国际航运中心综合信息平台、建设市场综合管理平台等一批项目启动建设或立项。

1．“数字惠民”工作稳步拓展

（1）市政府实事项目圆满完成。“推广使用100万份电子账单”列入2012年市政府实事项目。3月12日，电子账单公共服务平台正式开通，该项目得到相关公用事业单位的大力支持，已有电力、燃气、供水、通信等公共服务领域的17家公用事业单位接入平台，全年共推广使用电子账单164万份，超额完成全年目标。

（2）以市民电子健康档案工程为重点的卫生信息化建设稳步推进。市民电子健康档案工程完成市级共享交换平台和6个试点区共享交换平台建设，初步实现试点区县平台和市级平台的互联互通，以及跨区县、跨医疗卫生机构的业务协同；各市级医院积极推进移动医疗、临床路径、电子病历建设，并通过建设“一站式付费”系统，方便市民看病就医。

（3）加强信息化服务弱势群体，缩小不同群体和区域间数字差距。依托上海图书馆原有的信息系统和电子化数据资源，建成“无障碍数字图书馆”，为残疾人、老年人免费提供电子书的查询、预览、语音导航、内容跟随朗读等全程无障碍阅读服务。为方便听力障碍人士观看新闻类节目，推进实施公共传媒“字幕工程”建设，通过信息技术手段为部分电视频道的新闻节目加配字幕，方便听力障碍者及时了解新闻信息；继续推动市民政局、静安区开展网站无障碍改造，为残疾人士上网办事和接受政务服务提供便利；农村集体“三资”监管平台完成了九个区县业务平台与市级监管平台的对接，“三资”监管和公开方面的应用全面展开。

（4）“12345”市民服务热线开通运行。全市一号对外的“12345”市民服务热线于10月开通试运行，方便市民咨询、投诉和反映问题，减少市民记不住众多热线号码的烦恼。

2．电子政务和信息资源开发利用工作不断深入

（1）法人网上统一身份认证系统建成并实现试点应用。制定了《关于推进本市法人网上身份统一认证工作的实施意见》。法人一证通服务系统和门户网站（www.shyzt.org）实现上线运行，962600服务热线也已开通，各区县均依托现有的行政服务中心设立了一证通证书受理网点。截至年末，已累计发放一证通数字证书近10.2万张。首批9家应用试点单位中，市建管办于6月底完成招投标系统等4个应用系统的改造，市税务局于8月初完成电子申报、远程抄报等6个应用的改造工作并正式上线运行；市编办的事业单位编制管理登记系统、市社团局的社会组织团体网上办事大厅、市人保局的自助经办平台目前正在改造过程中，将陆续上线运行。

（2）政务信息资源开发利用进一步深化。积极推动政府信息资源向社会开放，基本建成信息资源服务平台，9家试点单位完成425条政府信息资源编注册，上海数据服务门户网站上发布206项数据产品及16项数据应用。

（3）其他重点项目取得阶段性成果。法人信息共享与应用系统（一期）在企业基础信息共享和应用试点的基础上，从企业主体拓展至企业、事业单位、社会组织和其他等四大类共17个主体对象，数据提供单位扩展到8个部门，实现了全市法人主体登记类信息全覆盖，初步建成了覆盖全市法人领域的共享信息库，同时二期项目已启动建设；农村集体“三资”监管平台完成9个区县业务平台与市级监管平台的对接，“三资”监管和公开方面的应用全面展开。

3．“两化”深度融合持续推进

（1）典型示范深入开展，带动作用成效明显。支持推进中国商飞大型客机生产制造能源综合管理系统、沪东重机船用大功率柴油机数字化协同设计平台等典型项目建设；做好工信部“两化”融合示范企业和重点项目推荐工作，上海三菱“基于制造与服务全过程的信息化集成”、上海电科院“新一代智能配电与监控系统开发与产业化”等5个项目获得工信部“两化”融合专项资金支持，推荐上海汽车、华谊集团等27个“两化”融合示范企业；对2011年支持的“两化”融合示范项目进行了跟踪评估和案例挖掘，形成项目建设跟踪报告。

（2）公共平台稳步推进，服务体系不断完善。契合不同行业、不同规模、不同发展阶段的企业信息化应用需求，分类推进骨干企业供应链信息平台服务延伸、行业公共信息服务和园区增值信息服务平台建设。重点协调推进了面向产业园区的企业信息化公共服务平台、中小企业人力资源管理信息化平台—HR快线、多维协同产销一体信息化支撑平台、上海纺织时尚产业信息化综合服务平台等10余个专业性强、特色鲜明的公共信息服务平台建设，服务企业数量1万余家。

（3）新兴信息技术创新应用，实施领域不断深化。跟踪物联网、云计算、智能电网、新一代无线通信等新兴信息技术发展及在工业领域的应用趋势，组织物联网工业应用产业链相关企业进行研讨和项目对接。光明集团农产品安全追溯与监管平台、外高桥造船厂多种电子识别技术在物料全过程动态管理、上海电科院智能电网用户端管理系统等项目通过验收；对接及促进了基于工业物联网的连铸设备维护系统、面向制造业的产品追溯信息服务平台、基于物联网技术的空气压缩机远程监控平台等信息化应用项目建设。

（4）发展环境不断优化，各方合力有效凝聚。以“促进产业智能高端发展”为主题，策划开展包括2012中国（上海）制造业信息化论坛在内的一系列“两化”融合高层论坛活动。组织开展2012上海市“两化”深度融合进区县、进园区、进企业系列宣传培训活动，与会企业中高级管理人员900余人，培训政府、企业、行业协会等“两化”融合人才1万余人。协调修订完善《产业园区建设与管理规范》，并获市质量技监局地方标准立项。组织开展上海市“两化”融合发展水平评估，“两化”融合发展指数达到75。通过《中国电子报》、《解放日报》等媒体开展了“两化”融合宣传报道。

（5）部市衔接协调有力，发展水平国内领先。全力配合工信部全国“两化”融合成果展览会、高层研讨会，做好上海展区布展组展工作。地方展区重点展示上海电气百万千瓦超超临界发电机组、外高桥造船3000米半潜式海洋钻井平台等典型“两化”融合成果；杨雄常务副市长作为唯一地方政府代表在高层研讨会上作“推进两化深度融合，加快经济转型升级”的主题发言。参与接待全国政协来沪“两化”融合专题调研等重要活动。配合工信部做好企业及行业评估体系构建、重点行业评估“两化”融合水平等级认定及区域评估试点工作。

4．重点领域信息化应用不断扩展

（1）“数字城管”有序推进。协调推进重点项目建设。

上海市建设市场管理信息平台、网格化管理系统应用拓展、市区下立交积水监测二期工程、“一镇一站”水情遥测系统升级改造工程等一批项目已经完成立项工作。

（2）航运中心信息化建设不断深化。国际航运中心综合信息平台项目建议书已报市发改委，进入立项评估；基本完成航运金融电子支付基础平台建设；推动一单两报、集装箱RFID全程监控、智能化码头作业调度系统等一批国际航运中心综合信息平台配套项目的投入运营。

三、信息安全保障体系进一步完善，城市信息安全态势总体可控

全年本市未发生重大信息安全事故，城市信息安全态势总体可控。

1．深化信息安全责任制体系。确定了全市199家信息安全重点单位，明确信息安全第一责任人、责任部门和安全员，落实事件报告、预警信息发布等工作机制，夯实信息安全保障工作网络。

2．强化重点领域信息安全管理。督促393个三级以上系统和50个公共信息系统完成安全测评；组织95家单位开展专项检查，妥善处置和整改548处检查中发现的安全隐患，为党的十八大胜利召开营造安全的网络环境，受到国家网安办表扬。

3．探索工控系统信息安全管理。建立1354个重要工控系统的基础数据库，摸清本市重要工控系统基本情况，并建立了责任制、风险提示等制度；在电力、石化、轨道交通等行业率先开展工控系统安全改造和管理试点，本市工控系统安全管理的经验做法得到工信部肯定。

4．完善监测预警体系建设。正式成立全国首个区域性信息安全应急管理中心，印发监测预警体系建设意见，整合现有监测预警资源，推进应急基础平台项目立项。此外还开展金融业信息安全示范性应急联合演练，受到中国人民银行上海总部表彰。

5．完成政府网站安全管理试点。会同市政府办公厅印发指导性文件，在全市66家政府网站完成登记备案和实名认证工作，强化了网站安全管理和技术防护。根据试点前后检测结果分析，总体故障次数和高危漏洞数量分别下降51%和85%，政府网站整体稳定性和安全性进一步提高。

四、第一届智慧城市宣传周成功举办，全社会支持智慧城市建设的良好氛围逐步形成

以“智慧城市开启美好生活”为主题的“2012上海市智慧城市宣传周”于12月4日至14日举办。本次宣传周呈现出活动数量多、社会参与度高、宣传效果好三大特点。宣传周期间，首批9家上海市智慧城市体验中心吸引近万名市民参观；10万册《我身边的智慧城市》宣传册免费向市民发放；同期举办无线城市科普宣传、信息化知识讲座、移动互联网应用培训、“智享生活”应用创意设计大赛等活动，吸引大批市民参与。《解放日报》、《文汇报》、《新民晚报》、人民网等几十家主流媒体进行广泛报道。“智慧城市不再遥远”宣传片在上海电视台播出，“我们身边的智慧城市”微访谈得到广大网友踊跃参与，短短一小时内收到提问363个。

（吴　敏）

国家新型工业化产业示范基地建设情况

2012年，根据工业和信息化部、财政部、国土资源部印发的《关于进一步做好国家新型工业化产业示范基地创建工作的指导意见》的要求，全市积极开展创建（争创）国家新型工业化产业示范基地工作，进一步推进了示范基地产业转型升级，产业集聚、集约和创新发展。

一、创建国家产业示范基地的总体情况

上海获批的11家国家新型工业化产业示范基地分别是：临港装备产业基地、民用航空产业基地、上海化学工业区产业基地、长兴岛船舶与海洋工程装备产业基地、张江高科技园区产业基地、嘉定汽车城产业基地、漕河泾开发区产业基地、金桥开发区产业基地、民用航天（军民结合）产业基地、浦东软件园产业基地、莘庄工业区产业基地。11家示范基地积极推进先进制造业和战略性新兴产业发展，已成为本市推进产业结构转型升级的重要载体。

1．示范基地经济运行情况

2012年，本市11家示范基地实现工业总产值8790.6亿元，占全市工业区的34.2%。平均工业总产值799.2亿元（全国平均工业总产值906.7亿元），产值突破1000亿元的是嘉定汽车城2374.3亿元、金桥开发区1886.8亿元、漕河泾开发区1080.9亿元（全国最高的是北京中关村科技园区，工业产值达6103亿元）；实现销售收入18035亿元，比上年增长61.8%，占全市工业区的35.1%，超过4000亿元以上的分别是金桥开发区4954.5亿元、嘉定国际汽车城4263.5亿元；实现利润1283.3亿元，增长9.3%，占全市工业区的45.2%；上缴税金764.3亿元，增长22.1%，占全市工业区的20.6%。示范基地经济运行基本保持良好的发展势头，已成为引领全市工业发展的重要载体。

2．示范基地主导产业集聚度

11 家示范基地积极引进和培育拥有核心技术和高附加值的先进制造业和战略性新兴产业，2012 年，工业总产值 8790.6 亿元，主导（示范）产业完成工业总产值 6480.2 亿元，增长 19.4%，产业集聚度达 73.7%，占全市工业区的 25.2%，经过几年产业培育，形成了特色鲜明的主导产业。11 家示范基地主导产业发展情况：

——临港装备产业示范基地。以清洁高效发电及输变电设备、大型船舶关键件、海洋工程设备、自主品牌汽车整车及零部件、航空装备产业等为主导产业，主要引进了航空配套、节能环保、新能源、海洋工程、精密机床等领域一批高端装备制造业和战略性新兴产业项目。2012 年，基地完成工业总产值 417.9 亿元，主导（示范）产业产值 372.5 亿元，产业集聚度 89.1%，上海电气临港新能源装备基地工业产值突破 100 亿元，成为基地首个产值超百亿的产业集群，汽车整车及零部件、工程机械及物流装备两大产业集群产值均接近 100 亿元。基地聚集了上海中船三井造船柴油机有限公司、卡哥特科工业（中国）有限公司、上海第一机床厂有限公司、上海电气核电设备有限公司、上海三一重机有限公司等一批龙头企业。

——民用航空产业示范基地。以航空电子制造为主导产业。2012 年，基地完成工业总产值 100.9 亿元，主导（示范）产业产值 100.9 亿元，产业集聚度 100%，积极推进大型客机设计研发中心、总装制造中心、客户服务中心和商用飞机发动机设计研发中心等重大项目。基地现有规模以上航空企业 25 家，其中，重点企业有中国商用飞机有限责任公司、中航商用航空发动机有限责任公司、中航通用民用航电系统有限责任公司、中国航空无线电电子研究所、上海航空测控技术研究所、上海普惠飞机发动机维修有限公司、上海波音航空改装维修工程有限公司等。

——上海化学工业区产业示范基地。形成了以聚氨酯、甲基丙烯酸甲酯、聚碳酸酯和环氧树脂为主导产业的化工产品链。2012 年，基地完成工业总产值 805.8 亿元，主导（示范）产业产值 805.8 亿元，产业集聚度 100%。示范基地聚集了英国 BP 公司和璐彩特公司、德国拜耳公司、巴斯夫公司、美国亨斯迈公司、日本三菱瓦斯化学、三井化学等一批国际化工巨头和中石化、华谊集团等国内主要石化和化工企业。

——长兴岛船舶与海洋工程装备产业示范基地。以船舶制造和海洋装备制造为主导产业。2012 年，基地完成工业总产值 448.7 亿元，主导（示范）产业产值 448.7 亿元，产业集聚度 100%。着力发挥大企业集聚作用和市场资源配置功能，引导特色资源和高端产业向岛屿集中，集聚了中船集团、中海工业、振华重工旗下 6 家大型海洋装备企业。

——张江高科技园区产业示范基地。以生物医药为主导产业。2012 年，基地完成工业总产值 670.9 亿元，主导（示范）产业产值 190.9 亿元，产业集聚度 28.5%。形成了从新药探索、药物筛选、药理评估、中试放大、注册认证到量产上市的完整产业链。2012 年，基地生物医药实现营业收入超过 250 亿元，增长 36%。一大批药企在金融危机冲击下仍保持高速增长，销售过亿核心产品超过 30 个。核心区集聚了上海罗氏制药有限公司、上海葛兰素史克生物制品有限公司等国内外生命科学领域企业、科研院所及配套服务机构 400 多家。

——嘉定汽车城产业示范基地。以新能源汽车制造和研制为主导产业。2012 年，基地完成工业总产值 2374.3 亿元，主导（示范）产业产值 2170.8 亿元，产业集聚度 91.4%。集聚了上海大众汽车有限公司、上海安谊车轮有限公司、上海天合汽车安全系统有限公司、上海天纳排气系统有限公司、上海博泽汽车部件有限公司、上海安莱德汽车零部件有限公司、莱尼电气系统（上海）有限公司等一大批龙头企业。同时还积极推进上海电动汽车国际示范区建设，已引进 4 种国外、3 种国内车型参与长期示范活动，包括沃尔沃 C30、通用沃蓝达、美国 CODA、丰田普锐斯、上汽荣威 E50 在内的国内外 15 个企业的 20 种知名品牌车型参与示范运行。大力推进研发科技港建设，目前已有意大利宾尼法利纳、德国舍弗勒、加拿大凯史乐、瑞士德锂龙、德国 ESG、深圳航盛电子等国内外知名研发企业签约入驻研发科技港。

——漕河泾开发区产业示范基地。以电子信息为主导产业。2012 年，基地完成工业总产值 1080.9 亿元，主导（示范）产业产值 950 亿元，产业集聚度 87.9%。形成了以“一部三中心”，即企业地区总部、研发设计中心、运营结算中心、管理服务中心为特色的产业格局。引进全球第二大制药公司默沙东、美国普莱克斯和 GE 能源电子 3 家世界 500 强；全球行业龙头企业 15 家，如邦纳电子（光电传感器全球行业第一）、尔听美（听力检测仪器全球行业第一）、威伯科（汽车传动系统全球行业第一）、全耐塑料（汽车内饰材料全球行业第一）、ARM（IC 设计全球行业第一）、阿普拉（塑料包装全球行业第一）等，其中地区总部 8 家，占上海同期的 1/5。

——金桥开发区产业示范基地。以电子信息为主导产业。2012 年，基地完成工业总产值 1886.8 亿元，主导（示范）产业产值 551.5 亿元，产业集聚度 29.2%。集聚了大唐移动、联芯科技、上海贝尔、上海华为等我国自主创新 TD 标准的龙头企业。示范基地着力构建电子信息产业链中的应用和服务环节，积极引进移动视讯、动漫游戏和数字内容等产业为代表的网络文化企业。

——民用航天（军民结合）产业示范基地。产业基地的主导产业涉及航天运输器、卫星及应用、新能源、新材料、载人航天和探月工程、深空探测等多个领域。2012年，基地完成工业总产值153.7亿元，主导（示范）产业产值153.7亿元，产业积聚度100%。成功吸引了一批在行业领头企业及产业链上下游关联企业，打造由天基系统、终端芯片、终端设备及应用服务等重大环节所组成的卫星导航应用全产业链，如上海神舟新能源发展有限公司、上海航天电源技术有限公司、上海康巴赛特科技发展有限公司、上海复合材料科技有限公司、上海蒂姆新材料科技有限公司等。

——浦东软件园产业示范基地。以软件和信息服务为主导产业，园区企业涵盖芯片设计、移动互联、文化创意、行业应用、电子商务和服务软件等多个行业细分领域。2012年，基地实现销售收入459亿元，增长34.6%。吸引了飞思卡尔半导体、赛灵思电子等芯片设计国际领先企业，HTC、捷开通讯、锐合通信、茂碧信息、乐蛙科技等移动互联网企业，初步形成了以盛大文学、沪江网等为核心的文化创意产业集群。园区聚集了一批业界领先的软件出口及服务外包企业，为客户提供贯穿ITO、BPO和KPO业务的全方位服务，知名企业包括花旗软件、巴克莱信息、普华永道信息、群硕软件、TATA、萨蒂扬软件、海辉软件等。另外，入驻了一批像SAP、索尼、奥林巴斯、达梦数据库等在各个行业领域具有代表性的国内外龙头企业，为客户提供涉及政府、金融、电信、能源、教育和制造业等多领域的专业解决方案和优质服务。

——莘庄工业区产业示范基地。形成了以清洁高效发电及输变电设备、大型船舶关键件、新能源汽车及零部件、航天装备、电子信息装备五大装备制造为主导的产业体系。2012年，基地完成工业总产值850.8亿元，主导（示范）产业产值735.4亿元，产业集聚度86.4%。集聚了上海电气电站设备有限公司、上海加冷松芝汽车空调股份有限公司、三菱电机上海机电电梯有限公司、大金空调（上海）有限公司、上海太阳能科技有限公司、上海安费诺永亿通讯电子有限公司、奥特斯（中国）有限公司、上海中航光电子有限公司。

二、产业示范基地创新能力建设

注重技术创新在产业发展中的驱动作用，创新投入力度不断加大，据不完全统计，2012年，11家示范基地研发投入总额达481.4亿元，研发投入占销售收入的2.7%，有效发明专利数量达12045个，比上年增加5142个，国内外领先的科技成果不断呈现。示范产业省级以上企业技术中心或研发机构214家，比上年增加103个，其中研发机构最多的是漕河泾开发区。示范基地全部从业人员平均人数86.73万人，比上年的71.73万人增加15万人；研发人员16.9万人，占全部从业人员的19.4%，增加6.5万人。

三、推进集约、绿色、安全的新型工业化产业示范基地发展建设

示范基地积极发挥规模和集聚优势，推进土地节约集约利用。2012年，示范基地工业固定资产投资额414.9亿元，占全市工业区工业固定资产投资额的39.8%；单位土地平均投资强度为92.7万元/公顷；单位土地平均产值123.5亿元/平方公里。示范基地单位土地平均投资强度超过100万元/公顷以上的有3个，主要有漕河泾、张江、化工区等示范基地；单位土地平均产值超过100万元/公顷以上的有4家，主要有漕河泾、金桥、民用航天、汽车城等示范基地。注重工业低碳绿色发展，示范基地加大推进节能降耗和减排工作力度。2012年，示范基地单位工业增加值能耗6.8238吨标煤/万元，单位工业增加值用水量80.47立方米/万元；工业"三废"排放达标率企业数2283家，获国家生态示范基地的主要是金桥开发区、莘庄工业区等，循环经济园区建设取得良好进展。示范基地安全防范意识不断增强，连续三年无一起安全事故。

四、"两化融合"不断深化，信息化技术得到进一步应用

示范基地注重推进信息化与工业化融合发展，积极开展"两化融合"工作。2012年，示范基地大中型企业数983户，其中：使用数字化设计工具企业635户，普及率达64.6%，比上年提高3个百分点，电子商务交易额达138.9亿元。"两化融合"得到进一步落实，主要体现在：一是信息化在产业领域得到应用和渗透。以战略性新兴产业为主，使信息技术在各产业领域得以推广应用；以骨干企业为依托，实现信息化对制造业生产环节的渗透作用；以优化产品功能为着力点，不断提高工业产品信息化含量。二是积极推进信息化在生产性服务业领域的应用推广。围绕信息资源的开发共享为重点，推进生产性服务业发展，深入推广信息技术在重点服务行业的应用，促进信息流与物流、资金流的整合互动，实现制造业与服务业的融合发展。三是积极营造"两化融合"发展环境。以产业园区为载体，以公共服务平台为依托，加强人才保障、基础研究和统计分析等工作，为"两化融合"营造良好环境。

五、依托公共服务平台推进示范基地建设

2012年，11家产业示范基地已投入使用和在建的各类公共服务平台共159个，比上年增加19个，其中国家级服务平台31个，增加14个，主要集中在研发服务、检验检测、企业孵化、技术成果转化、信息服务、电子商务、人力资源、投融资担保、公共工程、管理咨询等类型。这些平台，进一步提升了产业创新能力。示范基地公共服务平台突出了"四个围绕"：

一是围绕推进战略性新兴产业发展建设平台，以加快推进战略性新兴产业和高新基础产业化发展为重点，积极探索形成产业链和产业集群的服务平台建设。如：民用航天（军民结合）示范基地继续紧密依靠航天技术资源优势打造公共技术服务平台，主要是卫星导航应用技术服务平台、航天技术创新服务平台、航天技术成果转化与孵化平台等，其中，航天技术创新服务平台的3个子平台，主要是：(1) 新能源技术研发服务平台、太阳能工程技术研究中心、动力与储能电池系统工程技术研究中心等。(2) 特种装备技术研发服务平台。(3) 卫星导航应用产业技术平台等。

二是围绕高端制造业突出关键技术建设平台，积极探索高端制造业的前沿技术，搭建前期研发和后期应用服务平台，增进科技创新成果的转换和推广，形成开放性知识管理和技术服务的服务模式。如：金桥开发区产业示范基地积极引导搭建以龙头企业为主体的各类技术性研发服务平台，如上海华为公司的云计算示范应用平台、上海浦东新区无线通信测试IT服务平台，联芯科技公司的新一代移动通信无线网络与芯片技术国家工程实验室及无线移动通信国家重点实验室等。同时，示范基地内电子信息企业可共享各种专业的公共服务平台，如通信电子产品电磁辐射及干扰检测专业技术服务平台、新型显示设计制造与系统集成专业技术服务平台、无线通讯终端质量检测服务平台、浦东知识产权公共服务平台等。随着电子信息产业链中的网络文化应用环节的不断完善，2012年示范基地又引入动漫公共技术服务平台等，助推企业加速发展。

三是围绕产业共性技术创新发展服务平台，重点针对共性技术、公共技术和瓶颈技术，营造良好的创新和创业环境，重点搭建公共性专业化服务平台。如：金桥开发区通信电子产品电磁辐射及干扰检测专业技术服务平台、新型显示设计制造与系统集成专业技术服务平台、无线通讯终端质量检测服务平台、浦东知识产权公共服务平台等。上海嘉定国际汽车城，依托同济大学建立新能源汽车工程中心，重点对燃料电池汽车进行技术研究；对三电产业化和新产品进行开发；对汽车、高铁和飞机等风洞技术开展自主研发，为国家战略项目提供支撑性试验，并发明多项专利。

四是围绕基内企业创业需求搭建平台，积极扶持综合性科技企业孵化器，先后搭建以研发与开发、创新与创业、试验与中试三大服务体系，相继建设了技术上服务开发中心、企业孵化器（基地）等，这些平台已成为示范基地技术创新的重要支撑。如：2004年张江高科技园区正式组建的“张江药谷公共服务平台”，建立了生物医药领域的专业孵化器，该平台孵化器面积达8.8万平方米，已成为全国最大的综合性、专业化生物医药孵化中心。5月，张江生物医药基地开发有限公司、张江药谷公共服务平台有限公司和上海申动文化传播有限公司合作搭建“张江药谷新药产业化加速器”并获得国家工信部立项支持。“张江药谷新药产业化加速器”依托公司已建成并运营的“张江药谷公共服务平台”，着力从三个方面进一步完善平台的软硬件支撑条件，提升平台在新药产业化阶段的研发设计服务能力，通过专业团队的服务，在现有孵化平台的服务体系上，进一步打造围绕新药项目共性需求的、覆盖产业发展周期的新药产业化加速器，有效加快一批新药成果的产业化、规模化、国际化发展进程。如：莘庄工业区产业示范基地的莘闵国家高新技术创业服务中心，是以吸纳海外高层次人才回国创业及民营高新技术初创企业孵化为主的综合型科技企业孵化器，承担着区域科技创新体系建设的职能，同时也延伸了政府职能。

（亓书理）

市级以上工业开发区发展情况

2012年，上海工业开发区根据市委、市政府要求，采取各种措施，推进园区发展建设。在市级层面，正式发布了《上海市工业区发展“十二五”规划》，明确了“十二五”期间，工业区要发展成为上海重要的产业发展载体和创新平台，推进新型工业化发展和带动区域经济转型发展的引擎，以及成为培育战略性新兴产业、发展先进制造业、推进二三产业融合发展、促进产业创新的平台。

一、开发区经济能级持续提升

1．经济能级实现三级跳

2012年，本市开发区实现二、三产业营业总收入51039.7亿元，比上年增长11.2%，其中工业企业实现主营业务收入27063.4亿元，下降0.3%；第三产业实现营业收入23976.2亿元，增长27.7%。开发区经济规模从2010年的3万亿元到2011年的4万亿元，再到2012年的5万亿元，实现三连跳，是本市经济发展的最重要区域。

2012年，二、三产业营业总收入超千亿元以上的开发区（产业基地）有11个，其中上海综合保税区超万亿元，国际汽车城超过5000亿元，金桥出口加工区超过4500亿元，为开发区经济规模前三位。漕河泾新兴技术开发区、松江工业区超3000亿元，张江高科技园区、嘉定工业区、康桥工业区、莘庄工业区、宝山钢铁基地和青浦工业园区等超1000亿元。

2．工业生产保持平稳

2012 年，开发区完成工业总产值 25737 亿元，占全市工业总产值的 77.6%，下降 1.6%。其中市级以上开发区完成 17448.6 亿元，下降 0.9%；产业基地完成 6680.5 亿元，产业区块完成 1607.9 亿元。

从各区县分析，浦东新区、嘉定区和松江区是开发区生产规模最大的前三个区县，其中浦东新区开发区完成工业总产值 7302.4 亿元，增长 1.6%。三个区县共完成产值 14765.3 亿元，占全市开发区规模以上企业完成产值的 57.4%。从增长看，青浦区以 12.1% 排名第一，闸北区 10.9% 排名第二，徐汇区 8.6% 排名第三。

从园区规模来看，国际汽车城（含安亭大众）工业产值 2973.1 亿元，松江工业区 2761.9 亿元，两者均超过 2500 亿元，排名前二位。金桥出口加工区 1886.8 亿元，居第三。康桥工业区 1669 亿元，列第四。漕河泾新兴技术开发区、嘉定工业区（试点园区）和宝山钢铁基地产值超 1000 亿元，高桥石化基地等 16 个园区产值超 500 亿元。

3．对外依存度进一步降低

2012 年，开发区规模以上企业出口交货值实现 7053.6 亿元，下降 4.8%，占全市开发区规模以上工业总产值的 30.1%。其中市级以上开发区规模以上企业实现出口交货值 6248.3 亿元，开发区规模以上企业出口交货值占全市开发区规模以上企业工业总产值的 38.2%。本市市级以上开发区出口交货值占比呈现下降趋势，说明开发区工业企业外向依存度逐年下降，更加重视拓展国内市场。

从园区来看，2012 年松江工业区（试点园区）和康桥工业区出口交货值超过 1000 亿元，漕河泾新兴技术开发区超过 700 亿元，三个园区的工业生产的外向度都超过 65%。

二、开发区产业发展进一步优化

1．产业结构更趋合理

2012 年，开发区二、三产营业收入之比为 53：47，三产所占比重比上年提高 8.6 个百分点，产业结构更趋合理。其中，市级以上开发区二、三产营业收入之比为 46.6：53.4，三产比重进一步超过二产，市级以上开发区的产业结构调整取得较好成绩。

2．工业向园区集中度进一步提高

开发区工业总产值占全市工业总产值的比重从 2010 年的 72.9% 提高到 2012 年的 77.6%，提高近 3 个百分点。

全市 12 个区县中，有 7 个区县开发区的工业集中度达到 80% 以上，有 8 个区县的集中度比上年有进一步提高，其中崇明县、金山区、闵行区、闸北区园区的工业集中度提高幅度较大。宝山区由于受宝钢部分粗钢生产外移的影响，集中度下降 9 个百分点。徐汇区由于漕河泾新兴技术开发区产业由二产向三产转移，导致工业集中度进一步下降。

3．行业结构进一步优化

从行业分析，开发区行业结构进一步优化，前五大行业由 2011 年的通信设备、计算机及其他电子设备制造业、交通运输设备制造业、化学原料及化学制品制造业、黑色金属冶炼及压延加工业和石油加工、炼焦及核燃料加工业变成通信设备、计算机及其他电子设备制造业、汽车制造业、化学原料及化学制品制造业、通用设备制造业和电气机械和器材制造业，减少了污染较大的黑色金属冶炼及压延加工业和石油加工、炼焦及核燃料加工业，增加了技术水平高的通用设备制造业和电气机械和器材制造业，开发区工业进一步向以战略性新兴产业为代表的高技术制造业转型发展，促进了开发区产业水平提升。

4．单位土地产出水平小幅提升

开发区工业用地 2012 年平均产出率为 67.9 亿元／平方公里（按纯已经建成工业用地计算）。其中国家级开发区为 142.2 亿元／平方公里，市级开发区为 59.7 亿元／平方公里。各区县分析，浦东新区以 108.9 亿元／平方公里排名第一，上海化学工业经济技术开发区（不含两分区）105.1 亿元／平方公里，排名第二，徐汇区产出超过 100 亿元／平方公里，排名第三；嘉定区以 94.9 亿元／平方公里，排名第四。

三、工业企业效益窄幅波动

1．工业企业销售持续改善

2012 年，开发区规模以上工业企业实现主营业务收入 25370.7 亿元，下降 3.4%。其中市级以上开发区完成 17953 亿元，下降 2.5%。重点园区中，康桥工业区、张江高科技园区、闵行开发区、上海化学工业经济技术开发区等重点园区增长较大。

开发区主营业务收入增速呈现逐月改善，总体波动小。开发区分月增速从 6 月开始呈现向上趋势，12 月出现一定的波动。

2．工业企业利润全年小幅波动

开发区规模以上工业企业利润总额为 1626.2 亿元，占全市规模以上工业企业利润总额的 76.3%，下降 1.5%。其中国家级开发区规模以上工业企业实现利润 616.9 亿元，下降 1.8%。产业基地实现利润 359.4 亿元，增长 7%。

96 个园区中，利润总额下降的园区有 56 个，占 58.3%；利润增长的园区有 37 个，重点园区宝山钢铁基地、张江高科技园区和闵行经济技术开发区增幅都在 15% 以上；而松江工业区、金桥工业区和上海紫竹高新技术产业开发区降幅都在 20% 以上。

开发区 34 个行业中，汽车制造业实现 751.53 亿元，排名第一；黑色金属冶炼和压延加工业利润 134.20 亿元，排名第二；通用设备制造业利润 113.57 亿元，居第三；化学原料和化学制品制造业排名第四。

34个行业中，有12个行业利润实现增长，其中电力、热力生产和供应业利润增长131.2%，成为增长最快的行业；黑色金属冶炼和压延加工业和农副食品加工业利润增长65%以上，排名第二、第三。有22个行业利润负增长，其中石油加工、炼焦及核燃料加工业和金属制品、机械和设备修理业的工业企业的利润总额为负；通信设备、计算机及其他电子设备制造业利润下降16.5%。

3. 工业企业销售利润率基本保持平稳

开发区规模以上工业销售利润率为6.4%。其中市级以上开发区销售收入利润率为6.7%，国家级开发区规模以上工业企业销售利润率为8.9%，市级开发区为5.2%。

开发区34个行业中，销售利润率前5名的是水的生产和供应业、烟草制品业、汽车制造业、家具制造业、医药制造业，销售利润率超过11%；有14个行业的销售利润率超过开发区平均水平。通信设备、计算机及其他电子设备制造业有所提升，为1.67%。

各区县分析，普陀区开发区销售利润率13.1%，排名第一，徐汇区以11.76%排名第二，嘉定区以10.9%排名第三。

四、招商引资实现较快增长，固定资产投资保持增长

1. 引进合同外资形势较好，内资注册资本金基本持平

2012年，开发区累计引进外资项目1475个，增长5.5%，占全市外资项目数的36.5%，其中市级以上开发区累计引进外资项目1255个。开发区累计吸引合同外资金额106.79亿美元，增长19.9%，占全市合同外资金额的47.8%。市级以上开发区吸引合同外资金额99.06亿美元，增长16.4%。陆家嘴金融贸易区、上海综合保税区、上海紫竹高新技术产业开发区、张江高科技园区和上海化学工业经济技术开发区等国家级开发区对外招商形势较好。

开发区落户内资企业注册资金为895.3亿元，增长3.5%。其中市级以上开发区落户内资企业注册资金为764.5亿元，增长1.8%。

2. 全社会固定资产投资实现增长，工业投资占全市80%以上

开发区完成固定资产投资1697.9亿元，增长13.4%；市级以上开发区完成投资1178.1亿元，增长11.3%，其中国家级开发区投资增长9.3%。

开发区累计完成工业固定资产投资1041.5亿元，增长8.5%，占全市工业投资的80.6%。市级以上开发区完成工业固定资产投资金额675.8亿元，增长6%。产业基地工业投资为276.3亿元，增长18.5%。

五、上缴税金增长平稳，第三产业税收大幅增长

开发区上缴税金3855.3亿元，增长10.6%，占全市税收的37.0%。市级以上开发区上缴税收3260.1亿元，增长11.8%。从本市开发区上缴税金组成分析，工业企业上缴税金1430.8亿元，增长0.77%；第三产业上缴税金1777.1亿元，增长58.7%。第三产业对开发区效益提升有较大贡献。

（亓书理）

产业投资情况

2012年，上海市工业投资呈现如下特点：

一、制造业投资规模创新高

1–12月，本市工业投资实现1292.6亿元，比上年增长1.1%，是2009年以来最高增幅。其中先进制造业投资1122.2亿元，同比增长1.3%，总量规模达到历史新高，占工业投资的86.8%；电力、自来水、煤气生产和供应业完成投资170亿元，下降0.1%。虽然2012年不利因素较多，但各级政府积极推进产业项目落地、开工、投产，重视实体经济发展，推动制造业投资在下半年下降后逆势增长，华能石洞口第二电厂二期工程、上海青草沙APL三期子项目等大型电力、自来水项目的建设为制造业发展提供了基础保障（见表1）。

表1 2011、2012年上海工业投资情况

项目名称		2011年数值（亿元）	占比（%）	2012年数值（亿元）	占比（%）
工业投资		1282.9	100	1292.6	100
其中	制造业	1108.8	86.4	1122.2	86.8
	电煤水生产和供应业	173.5	13.5	170	13.2
	采矿业	0.6	0.1	0.4	

二、技术改造质量与带动力明显提高

全年全市技术改造投资达723亿元，占工业投资的56%，同比提高近2个百分点。列入市级以上重点技术改造项目共有144项，涉及总投资168.4亿元；其中，国家重点技改项目和中小企业技术改造项目61个，总投资共计44亿元，中央财政补助资金38292万元；市级重点技改项目83个，总投资124.4亿元，核定补贴资金76290万元。在技术改造补贴资金的有序引导下，企业在技改投资项目的选择上不断瞄准一些投资额大、推动产品升级换代和工艺流程改造的优质项目。全市获得技改补贴的144个项目中，41个项目投资亿元以上，涉及电子信息、汽车、装备、生物医药等先进制

造业，如上海大众汽车有限公司投资27亿元，通过新建发动机车间，新增制造、检测等设备，达到新增年产45万台EA888发动机的能力，大幅提升汽车整车制造水平。上海星科金朋（上海）有限公司总投资6.4亿元，预计达纲后，将形成新增集成电路芯片79万片的生产能力，大大提高其高端产品行业竞争力（见表2）。

表2　2012年上海工业重点技术改造项目分类情况

项目名称		项目数	总投资（亿元）	占比（%）
部分重点行业	汽车	14	40.2	24.3%
	钢铁	1	7.3	4.4%
	装备	37	30.7	18.6%
	电子信息	31	28.2	17.1%
	轻工	16	11.5	7.0%
企业类型	国有企业	19	39.7	24.0%
	中外合资企业	33	62.2	37.6%
	民营企业	86	54.8	33.1%

三、国有经济投资较快增长

上半年，国有经济投资表现活跃，增幅一直处于20%以上，成为推动工业投资的主要力量。下半年，国有经济投资有所放缓，但仍保持较快增长。全年国有经济完成投资376.5亿元，同比增长7.4%，增幅同比上升27个百分点，占工业投资比重达到29.1%，同比上升4个百分点，主要是钢铁、船舶、电力建设等大型国有集团的重点项目完成投资较好。非国有经济投资完成投资916.1亿元，下降5.5%，增幅有所回升，其中股份制经济增长完成投资239.9亿元，下降1.2%；外商投资完成329亿元，增长6.2%，在前8个月下降的基础上实现了恢复性增长；民营经济完成投资276.5亿元，下降7.8%，略有回升。市场敏感度较高的外商、民营投资的回升表明经济和投资环境有所回暖（见表3）。

表3　2012年上海经济体类别投资情况

项目名称		数值（亿元）	同比增长（%）
国有经济投资		376.5	7.4
非国有经济投资		916.1	−1.2
其中	外商投资	329	6.2
	民营投资	276.5	−7.8
	股份制经济	239.9	−5.5

四、资金来源中利用外资、国内贷款增长迅速

全年上海工业投资资金到位1684.7亿元，同比增长7.1%，增幅同比上升8个百分点。资金来源中，自筹资金1152.1亿元，增长2.7%，占全部资金来源的68.4%；利用外资127.9亿元，增长27.4%，增幅同比上升46个百分点；国内贷款投入180亿元，同比增长8.3%，增幅同比上升25个百分点。上海优良的投资环境和积极的产业政策不断吸引外资进入产业领域。2012年下半年国家出台下调存款准备金率等适度放松的货币政策，贷款投入受政策鼓励大幅增长，为工业项目投资的后续增长提供了资金保障（见表4）。

表4　2012年上海工业投资到位建设资金情况

项目名称		数值（亿元）	同比增长（%）	占比（%）
资金来源合计		1684.7	7.1	100
其中	自筹资金	1152.1	2.7	68.4
	国内贷款	180	8.3	10.7
	利用外资	127.9	27.4	7.6

五、重点产业支撑地位显著

六大重点产业投资平稳增长，全年共完成投资740.3亿元，同比增长4.8%，占工业投资比重57.3%，同比提高3个百分点。其中生物医药制造业保持高速增长势头，完成投资65.3亿元，增长35.7%，投资规模已超越钢铁行业；石油化工及精细化工制造业完成投资95.5亿元，增长28.3%；汽车制造业在车市整体低迷的环境下，完成投资134亿元，增长26.2%；成套设备制造业完成投资176.9亿元，下降0.1%；精品钢材制造业完成投资62.2亿元，下降0.6%。电子信息产品制造业完成投资207.3亿元，下降13.3%，但仍然是投资的主力军（见表5）。

表5　2010年、2011年上海工业支柱产业投资情况

产业类别	2011年	2012年	
	投资量（亿元）	投资量（亿元）	同比增长（%）
电子信息	239.1	207.3	−13.3
汽车制造	106.2	134	26.2
石油化工	74.4	95.5	28.3
精品钢材	62.5	62.2	−0.6
成套设备	177.1	176.9	−0.1
生物医药	48.1	65.3	35.7
合计	706.2	740.3	4.8

（陈　敦）

产业科技创新和技术进步情况

2012年，上海市围绕落实全国和本市科技创新大会精神，积极推动以企业为主体的产业技术创新体系建设，进一步完善国家级、市级、区级企业技术中心体系建设，推进产学研合作，聚焦战略性新兴产业重点领域，推进一批重点新产品、新技术取得突破。全市工业企业R&D占主营业务收入比重进一步提高，达到1.1%以上，比上年提高0.1个百分点。

一、加强企业技术中心建设

2012年，中国银联、华虹NEC、迪赛诺、亚明照明、大众汽车等5家企业获得国家认定企业技术中心，累计达到48家；新认定了联芯科技、长丰智能卡、华存数据等48家第十八批上海市企业技术中心，累计达到399家；召开了区县企业技术中心建设工作座谈会，推动加强区级企业技术中心建设，累计达到700家左右，为培育国家级、市级企业技术中心积累了力量储备。

表1 上海市第十八批企业技术中心名单

1	上海长园维安电子线路保护有限公司
2	上海中技桩业股份有限公司
3	上海日用—友捷汽车电气有限公司
4	上海绿地建设（集团）有限公司
5	中国核工业第五建设有限公司
6	上海嘉乐股份有限公司
7	上海台界化工有限公司
8	上海马腾新型材料厂
9	舜元建设（集团）有限公司
10	上海冶金矿山机械厂
11	上海大亚科技有限公司
12	上海拖拉机内燃机有限公司
13	上海沪工焊接集团股份有限公司
14	上海皮尔博格有色零部件有限公司
15	上海宝冶工程技术有限公司
16	上海霍富汽车锁具有限公司
17	上海宝钢磁业有限公司
18	上海建冶科技工程股份有限公司
19	龙道（上海）企业管理有限公司
20	上海维凯化学品有限公司
21	上海中航光电子有限公司
22	上海南华兰陵电气有限公司
23	上海强劲地基工程股份有限公司
24	上海劲嘉建材科技有限公司
25	上海惠亚电子有限公司
26	上海英提尔交运汽车零部件有限公司
27	上海中西制药有限公司
28	震旦（中国）有限公司
29	上海欣民通信技术有限公司
30	上海松下微波炉有限公司
31	上海长丰智能卡有限公司
32	上海万得信息技术股份有限公司
33	上海市高桥电缆厂有限公司
34	上海金陵电子网络股份有限公司
35	霍尼韦尔综合科技（中国）有限公司
36	华存数据信息技术有限公司
37	上海威特力焊接设备制造股份有限公司
38	上海龙阳精密复合铜管有限公司
39	日月光半导体（上海）股份有限公司
40	联芯科技有限公司
41	上海新进半导体制造有限公司
42	3M中国有限公司
43	上海东升新材料有限公司
44	上海市隧道工程轨道交通设计研究院
45	上海人本集团有限公司
46	上海合晶硅材料有限公司
47	飞雕电器集团有限公司
48	上海索谷电缆集团有限公司

二、引进技术的吸收与创新工作

据《上海市鼓励引进技术的吸收与创新规定》，组织实施了2012年引进技术的吸收与创新计划项目，聚焦支持引进技术的消化吸收、产学研／产业联盟两个专题，在219个申报项目中，经过评审筛选列入年度计划74个。项目全部属于战略性新兴产业重点领域，突出了对关键技术攻关的前瞻布局。

三、推进产学研工作

2012年，上海市产业部门加强与教育、科技部门合作，联手推动产学研合作和科技成果转化，在嘉定国际汽车城召开了上海市产学研合作创新工作会。推进一批本市企业与高校、科研院所进行重大技术联合攻关，突破关键工艺和关键材料，本年度重点支持20个项目。聚焦支持中科院上海分院系统及高等研究院、上海紫竹新兴产业技术研究院等新型产业技术研发机构建设，跟踪推进MEMS光通信器件、新一代激光、电动汽车等技术研发和产业化项目。组织评审并命名了宝钢集团、上海重型机器厂等10家第一批上海市产学研合作创新示范基地。

四、推进企业知识产权工作

2012年，围绕“十二五”创建上海市知识产权优势企业工作总体目标，启动2012年度知识产权优势企业评选工作，共有医工院、思源电气等25家企业入选。支持优势企业参与制定战略性新兴产业领域的国际标准、国家标准和行业标准，上海电科所、上海贝尔、展讯科技等在沪企业共承担276项国家、行业标准的制定工作。外高桥第三发电公司、纳铁福等8个项目荣获2012年度上海市“质量标杆”称号。上海机动车检测中心、上海材料研究所、上海电器设备检测所等10家在沪单位核定为第一批国家工业产品质量控制和技术评价实验室。

表2 2012年上海市知识产权优势企业名单

1	上海医药工业研究院
2	上海康德莱企业发展集团股份有限公司
3	上海保隆汽车科技股份有限公司
4	上海电气集团上海电机厂有限公司
5	上海重型机器厂有限公司
6	上海天伟生物制药有限公司
7	思源电气股份有限公司
8	华平信息技术股份有限公司
9	卡斯柯信号有限公司
10	上海三爱富新材料股份有限公司
11	上海梁江通信系统股份有限公司
12	上海氯碱化工股份有限公司
13	上海日之升新技术发展有限公司
14	上海汽车集团股份有限公司
15	中微半导体设备（上海）有限公司
16	上海东方泵业（集团）有限公司
17	上海沪工汽车电器有限公司

18	上海联合滚动轴承有限公司
19	环旭电子股份有限公司
20	联合汽车电子有限公司
21	上海瑞尔实业有限公司
22	上海柯斯软件有限公司
23	上海未来宽带技术及应用工程研究中心有限公司
24	上海勘测设计研究院
25	上海市政工程设计研究总院（集团）有限公司

五、推进专利新产品相关工作

根据《上海市人民政府印发关于进一步加强本市知识产权工作若干意见的通知》（沪府发〔2003〕48号）和《上海市人民政府办公厅转发市经委等三部门制订的关于上海市专利新产品认定实施办法的通知》（沪府办发〔2004〕50号）的要求，经审核，认定“660MW等级超超临界锅炉”等45个产品为上海市专利新产品。

表3 2012年度上海市专利新产品（第一批）认定目录

编号	产品名称	企业名称
SHZX121001	660MW等级超超临界锅炉	上海锅炉厂有限公司
SHZX121002	VS1–24户内高压交流真空断路器	上海德力西集团有限公司
SHZX121003	先进封装步进投影光刻机SB500/20	上海微电子装备有限公司
SHZX121004	ZY–CJW–4000A曲轴专用磁粉探伤机	上海竹阳自动化设备有限公司
SHZX121005	核电站用电气贯穿件	上海发电设备成套设计研究院
SHZX121006	LMG–24型SF6开关柜	上海天灵开关厂有限公司
SHZX121007	FT–CZ2408BZ(150KG)单晶炉	上海汉虹精密机械有限公司
SHZX121008	履带式液压挖掘机(LG6150)	龙工（上海）挖掘机制造有限公司
SHZX121009	RDFK阀门遥控系统	上海融德机电工程设备有限公司
SHZX121010	水质深度净化设备LT1500/K	上海荷塘环保科技有限公司
SHZX121011	环保型智控大管径输送机DG400	上海科大重工集团有限公司
SHZX121012	冶金行业特种在线测温及预处理装置	上海优科环境工程技术有限公司
SHZX121013	SMC–FII系列全自动洗脱机（工业洗衣机）	上海航星机械（集团）有限公司
SHZX121014	YE2系列高效率三相异步电动机（机座号80～355）	上海电机系统节能工程技术研究中心有限公司
SHZX121015	MG1100/2760–GWD型交流电牵引采煤机	上海创力集团股份有限公司
SHZX121016	高可靠性的微机制动控制单元	上海庞丰机电科技有限公司
SHZX121017	3151系列智能压力变送器	上海自动化仪表股份有限公司
SHZX121018	SQN300–670前置增压泵	上海凯士比泵有限公司
SHZX121019	65到45纳米去耦合反应等离子体刻蚀机	中微半导体设备（上海）有限公司
SHZX121020	地面数字电视国标融合解调芯片HD2912	上海高清数字科技产业有限公司
SHZX121021	铁路信号智能化无触点电子执行单元(HJ–EXHLS–2)	上海亨钧科技有限公司
SHZX121022	通信信令网安全保障平台	上海梁江通信系统股份有限公司
SHZX121023	微型射频封装模块	上海长丰智能卡有限公司
SHZX121024	封堵取石导管	上海英诺伟医疗器械有限公司
SHZX121025	二氧化锆全瓷牙	上海上远齿科技术有限公司
SHZX121026	N型半导体硅片	上海申和热磁电子有限公司
SHZX121027	D738耐高温车间底漆	上海暄洋化工材料科技有限公司
SHZX121028	刚柔复合水泥基防水封固剂（Sealent）	上海龙洲新型建材有限公司
SHZX121029	阻燃聚醚及聚氨酯防火保温复合材料	上海克络蒂材料科技发展有限公司
SHZX121030	超大口径消防水带	上海华森消防水带有限公司
SHZX121031	改性S95级矿渣粉	上海海笠新型建材发展有限公司
SHZX121032	HT9661太阳能光伏组件专用密封胶（310ML）	上海回天化工新材料有限公司
SHZX121033	18克高强度低克重压纹流延膜	上海紫华企业有限公司
SHZX121034	亲水性聚四氟乙烯(PTFE)微孔滤膜过滤器材	上海过滤器有限公司
SHZX121035	改进型碳质泥浆	上海盛江特种耐火材料有限公司
SHZX121036	一种易剥离膜	美迪科（上海）包装材料有限公司
SHZX121037	尼桑P32系列仪表	延锋伟世通汽车电子有限公司
SHZX121038	Y4M变速器总成	上海汽车变速器有限公司
SHZX121039	新帕萨特（MODELZ）轿车外部灯	上海小系车灯有限公司
SHZX121040	SH63AMT变速器	上海汽车变速器有限公司
SHZX121041	荣威专用高强钢圈	上海宝钢车轮有限公司
SHZX121042	大面积高效用于生产非晶硅／微晶硅薄膜太阳能电池PECVD设备	理想能源设备（上海）有限公司
SHZX121043	高功率型动力锂电池材料磷酸铁锂	上海驰源新材料科技有限公司
SHZX121044	超临界电站锅炉高温受热面热偏差在线优化装置	上海发电设备成套设计研究院
SHZX121045	GX–II配电网故障选线系统成套装置	思源电气股份有限公司

（吴绪成）

附件1：上海市产业技术创新“十二五”发展规划

“十二五”期间是上海推进“四个率先”、建设“四个中心”的关键5年，也是创新驱动、转型发展的攻坚阶段。加强产业技术创新，是加快转变经济发展方式的重要支撑，是落实科学发展观、建设创新型城市的重要内容，是提升上海产业综合竞争力的核心环节。

为贯彻落实中共中央、国务院《关于深化科技体制改革加快国家创新体系建设的意见》（中发〔2012〕6号）和《国务院办公厅关于进一步支持企业技术创新的通知》（国办发〔2011〕51号）以及工业和信息化部《关于印发〈“十二五”产业技术创新规划〉的通知》（工信部规〔2011〕505号）要求，加快构建以企业为主体、市场为导向、产学研用相结合的产业技术创新体系，促进上海产业结构优化升级，特制定本规划。

一、“十一五”发展回顾

“十一五”期间，上海大力推进高新技术产业化，积极培育战略性新兴产业，努力提升发展先进制造业，积极推动产业技术进步，加快构建和完善产业技术创新体系，取得了一定进展。主要表现在：

1．企业研发投入逐年增加

2010年，规模以上工业企业研究与试验发展（R&D）经费投入为274亿元，是“十五”期末的2.3倍，占全市研发投入的57.1%，研发投入强度（R&D经费占主营业务收入的比重）达到0.85%。其中，六大支柱工业R&D经费投入达233亿元，占全市工业的85%，研发投入强度为1.08%，比全市工业高0.2个百分点。规模以上工业企业R&D人员达10.03万人，比“十一五”末期增加了33%。

2．企业研发能力不断增强

2010年，规模以上工业企业共有研发机构1085个。基本建立了以国家级企业技术中心为引领、市级企业技术中心为骨干、区县级（集团级）企业技术中心为基础的产业技术研发机构体系。累计建成国家认定企业技术中心（及分中心）42家，市认定企业技术中心323家，区县级（集团级）企业技术中心约600家。全市认定高新技术企业近3000家。振华重工、光明乳业、电气电站等3家企业获得国家首批技术创新示范企业授牌。

3．技术创新成果不断涌现

“十一五”期间，特别是2009年本市全面启动推进高新技术产业化以来，产业技术能级逐步提升，创新成果不断涌现。2010年全市登记重大科技成果2318项，其中工业企业为1041项，占全市比重达到45%。近年来，通过承担“核高基”、极大规模集成电路、新一代宽带无线通信、高档数控机床、大型客机等上百个国家重大科技专项任务，提升了产业技术能级。在大力推进高新技术产业化过程中，取得了一批重大自主创新成果，如薄膜太阳能电池关键设备、等离子体刻蚀机、高端SOI材料、取向硅钢、3000米深水钻井平台、7500吨全回转浮吊、大型地铁复合盾构等先后推向市场。“十一五”期间，全市工业新产品产值率一直保持在23%–25%左右，2010年全市工业新产品产值达到5870亿元，新产品产值率为23.2%，高技术产品出口呈逐步上升趋势，2010年占商品出口总额比重达到46.53%。

4．开放式创新取得新突破

“十一五”期间，上海企业加快“走出去”的步伐，上海汽车、上海电气、振华重工、天马微电子等龙头企业先后收购国外技术先进企业或到海外设立研发机构。上海积极吸纳国内外优势企业来沪设立研发机构，集聚了跨国公司研发机构319家，技术和人才的溢出效应逐步显现。根据《上海市引进技术的吸收与创新条例》，“十一五”期间本市“吸收与创新计划”专项累计支持项目700个，投入财政扶持资金超过5亿元。AP1000机组核岛主设备制造技术、MW级光伏建筑一体化（BIPV）并网发电技术、新型钻井平台建造关键技术研究等一批研发成果，为培育发展战略性新兴产业提供了支撑。

5．技术创新平台加速集聚

依托优势企业和研究院所等创新主体，新建了一批国家级创新平台，如数字电视、宽带无线移动通信、核电仪表等国家级研发中心，智能电网终端产品、新能源车辆、工程软件等国家级检测中心。“十一五”末期，上海累计建有国家重点实验室40家、国家工程实验室7家、国家工程技术中心18家、国家工程技术研究中心15家。联合上海交大、复旦等高校和各类科研院所，推进产学研合作，依托市级以上企业技术中心建立了200多家各类产学研合作机构，形成了项目联合攻关、共建研发机构、组建产业创新联盟、建立产业技术研究院、孵化科技型企业等多种模式，积极探索适应不同产业特点的产学研用相融合的发展模式。

6．知识产权和标准化工作持续推进

2010年，企业申请专利4.55万件，占全市的63.9%；授权专利3.42万件，占全市的70.8%。“十一五”期间，累计全市创建了“上海市知识产权示范企业”100家。积极鼓励优势企业积极参与国际、国家标准制定，每年支持20项左右新兴产业和信息化领域的重要标准制定，积极争取国家标委会工作组落户上海。全市现有国际标准化组织（ISO）和国际电工委员会（IEC）下属技术委员会（TC）/ 分技术委员会（SC）秘书处 5 个，全国专业标准化技术委员会 / 分技术委员会秘书处 101 个，地方标准化技术委员会 34 个。

7．创新的外部环境不断改善

认真落实国家关于研发费用税前加计扣除等鼓励自主创新的各项政策，制定了《上海市企业自主创新和高新技术产业发展重大项目专项资金管理办法》、《张江国家自主创新示范区企业股权和分红激励试行办法》等支持新兴产业发展和技术创新的针对性政策，把本市用地、人才等政策资源向战略性新兴产业、创新型企业和研发人员倾斜，加大示范应用、创新产品市场准入等力度，优化完善创新服务体系。

尽管上海产业技术创新工作不断取得进展，但是与实现“创新驱动、转型发展”的要求相比，尚存在一定差距，主要表现在：一是研发投入力度需要进一步加大。企业用于科技活动经费的投入总量，难以支撑超过 3 万亿元产业规模的技术进步需要。上海工业涉及的 29 个中类行业中有 1/3 左右研发投入与全国平均水平相当，优势不够明显。兄弟省市发展步伐加快，在多项创新指标上已形成赶超之势，竞争压力加大。二是重点发展行业与国际先进水平的差距亟待缩小。产业核心关键技术对外依存度较高，拥有自主知识产权的技术和产品数量仍较少。本市重点发展的支柱工业研发投入与国际领先水平差距较大。引进技术之后的消化吸收再创新需进一步加强。三是企业对创新人才的吸引力仍需加强。研发人员占工业从业人员的比例在 3% 左右，与全国平均水平基本相当。企业对技术创新人才的吸引力总体上不如高校和科研院所，企业拥有的技术领军人才较少。相当部分的企业缺乏有效激励自主创新的机制。四是支撑产业技术创新的环境仍需优化。产业链上下游之间的技术创新结合不够紧密，点上的技术突破难以融入产业链之中。鼓励企业技术创新的政策比较分散，缺少聚焦、衔接和统筹。技术创新政策与产业政策、投资政策、消费政策之间的衔接还不够紧密。

二、“十二五”发展环境和趋势

“十二五”时期是上海推进“四个率先”、建设“四个中心”的关键 5 年。国内外产业发展和技术进步的形势正发生着深刻变化，对上海产业技术创新工作提出了新的挑战和机遇。

1．国际经济走势和竞争格局发生重大变化，给产业技术创新既带来挑战又带来机遇

国际金融危机后，世界经济进入相对低速增长期，其影响在一段时期内仍将持续。金融危机催生了新技术革命，全球科技创新及新兴产业发展加速。各主要经济体纷纷调整创新战略，采取多种措施提升创新能力，竞相把争夺技术制高点作为发展战略的核心。美、英等发达国家推出了“再工业化”战略，纷纷在新兴产业和高科技领域的前沿布局，力图抢占高科技和新兴产业发展的制高点，给我国的产业技术创新带来了挑战。与此同时，尽管受出口增速减缓、人民币汇率上升压力增大等影响，中国经济仍然在国际金融危机中平稳着陆，国内经济继续平稳增长，城镇化和居民消费结构升级速度加快，扩大内需的压力增大，迫切希望依靠创新驱动，加快培育发展战略性新兴产业，争创产业发展新优势，为产业技术创新带来了良好的机遇。

2．国家更加注重依靠科技创新、加快产业转型升级，给产业技术创新提出了新要求

《国务院关于加快培育和发展战略性新兴产业的决定》把知识密集度高、引领带动作用强、发展潜力大、综合效益好的节能环保、新一代信息技术、生物产业、高端装备制造、新能源、新材料、新能源汽车等作为现阶段发展的重点加以推进，明确要求把坚持创新驱动、加强技术集成和联合攻关，掌握关键和核心技术作为发展路径。国家工业和信息化部明确提出把产业技术创新作为转变产业发展方式、实现工业转型升级的重要支撑。目前，国内经济运行基本面总体良好，但发展趋势出现波动，内需市场有效启动比较困难，民生诉求更加多样化。加上由于受经济全球化和国际金融危机的双重影响，国际产业转移更加注重东道国市场的需求。中国跨地区产业转移和区域产业一体化进程加快，中西部地区承接国际产业转移和国内东部地区产业转移的能力增强。产业技术创新与经济形势密切相关，外部环境的复杂多变，给转型发展增加了压力，也使产业技术创新更具挑战性。

3．上海建设国际大都市的“创新驱动、转型发展”战略对产业技术创新提出了新任务

国际大都市转型发展的成功经验表明，产业转型升级与城市功能转型升级相辅相成。只有加快产业结构调整和升级，才能推进“四个中心”和国际化大都市的功能建设。在本市土地、能源、劳动力等要素的竞争力不断弱化的同时，必须加大城市发展对新兴产业、技术进步、人才资源、质量品牌的依赖，整合上海的产业、科教、金融、信息等优势，走出一条高端要素支撑发展的创新之路。

总之，“十二五”期间，上海产业技术创新必须立足于建设创新型城市和现代化国际大都市的大背景，立足于实现“创新驱动、转型发展”的总要求，紧紧抓住我国科学发展主题下转方式、调结构、扩内需的机遇，紧紧抓住长三角世界级城市群加快形成、上海改革开放先行先试、国家重大项目落户和后世博的机遇，积极应对各种风险和挑战，提高产业技术创新能力，加强产业创新基础设施建设，不断推进原始创新、集成创新和消化吸收再创新，突破重点发展产业关键核心技术，完善产业技术创新体系，为产业持续发展注入新的动力。

三、"十二五"发展思路和目标

1．"十二五"指导思想

全面贯彻落实科学发展观，把产业技术创新作为实现"创新驱动、转型发展"的重要支撑，紧密对接国家战略任务和规划，放眼国际视野抢抓重大技术创新机遇，以促进上海产业优化升级为主攻方向，以提升企业技术创新能力为核心，充分发挥上海产业、金融、科技、人才等综合优势，将技术创新与充分利用资本、智力、土地、信息等要素资源相结合，推进聚焦创新、协同创新、开放创新，不断完善产业技术创新体系，显著提升原始创新、集成创新、引进消化吸收再创新能力，为上海产业持续健康发展提供主要驱动力。

2．"十二五"发展原则

——战略优先。把产业技术创新作为培育发展战略性新兴产业的内生动力，积极争取承担国家重大创新任务，组织实施本市重点产业关键核心技术攻关和重大专项，通过国家和本市战略任务牵引带动重点行业的技术突破。

——企业主体。强化企业在产业技术创新体系中的主导地位，推动各类创新资源向企业集聚，使企业真正成为技术创新决策的主体、研发投入的主体、研发活动的主体、成果转化和产业化的主体、获取创新效益和承担创新风险的主体。

——市场导向。创造公平开放的市场环境，使各类企业公平获得创新资源。营造良好的创新环境，运用市场机制推进产业技术创新，扩大创新产品的市场应用。充分发挥高校、科研院所在创新和转型中的重要作用，引导鼓励其与企业开展深度合作，完善产业支撑技术体系，为最具创新活力的中小微型企业的发展创造更有利的条件。

——集聚资源。整合全市资源，完善组织体系和配套政策，市区联手、部门联动、条块结合，形成合力，推动资金、土地、人才等各类要素向产业技术创新活动集聚，在政策上最大限度地支持产业技术创新。

——开放合作。放眼全球和全国配置创新要素和资源。支持跨国公司在上海从事研发活动，鼓励创新成果在本地实现产业化。争取包括央企、民企在内各类企业在上海加大创新发展力度。鼓励本市企业实施技术创新"走出去"战略，支持企业开展国际科技交流与合作。加强知识产权保护，推动建设规范的知识产权市场。

——协调发展。坚持发展新兴产业与提升传统产业并重，应用先进适用技术改造提升传统产业；坚持重点突破带动总体提升，加强重大技术创新成果的推广和产业化；加强对不同规模、不同所有制、不同行业企业创新的分类指导。

3．"十二五"发展目标

到2015年，通过实施上海产业技术创新工程，增强骨干企业的技术创新能力，提升重点产业的整体技术水平，逐步完善产业技术创新体系，为上海产业持续健康发展提供强大驱动力。

（1）企业技术创新能力明显增强。推进"十、百、千"发展计划。支持发展10家左右具有国际竞争力的龙头企业，打造百家具有国内领先水平的技术创新示范企业，培育上千家战略性新兴产业的骨干企业，带动一批"专精特新"创新型中小企业发展。

（2）重点产业技术能级显著提升。实施"双百"攻关计划。每年组织重点产业百项技术攻关和百项专利新产品开发。加大产业技术创新投入，力争规模以上工业企业研发投入占主营业务收入比重每年提高0.1个百分点，到2015年达到1.5%左右，大中型工业企业和战略性新兴产业重点领域企业研发投入强度达到1.8%以上。

（3）产业技术创新体系不断完善。突出企业技术中心的核心地位，到2015年，国家级、市级、区县级企业技术中心分别达到60、600、3000家左右。在新兴产业和支柱产业重点领域建设20家左右产学研用融合的产业技术创新平台，争取新增20家左右国家级创新平台和行业重点实验室。

"十二五"产业技术创新主要引导性目标

主要指标			"十一五"末期（2010年）	"十二五"末期（2015年）预期目标
研发投入	规模以上工业企业R&D投入占主营业务收入比重	%	0.85	1.50
	大中型工业企业R&D投入占主营业务收入比重	%	1.00	1.80
	规模以上工业企业技术开发人员占全市科技活动人员比例	%	45	50以上
研发机构	国家认定企业技术中心（含分中心）	个	42（5）	60左右
	市（省）认定企业技术中心	个	323	600左右
	区（县）认定企业技术中心	个	600	3000
创新成果	工业企业开展科技项目数	项	1.6万	3万以上
	新产品产值率	%	23%	30%左右
	全市发明专利申请量		6867	10000

四、"十二五"发展重点

按照落实国家战略要求和本市产业发展实际，"十二五"期间，将以支撑产业升级为主攻方向，围绕培育发展战略性新兴产业、提升先进制造业和促进生产性服务业协同发展，突破一批关键技术、工艺、产品和装备，带动上海产业技术创新整体水平的提升。

1．优先支持战略性新兴产业关键核心技术突破

围绕落实国家和本市战略性新兴产业规划部署，积极培

育发展新一代信息技术、高端装备制造、生物、新能源、新材料、节能环保和新能源汽车等七大领域，推进产业高端化发展。在新一代信息技术领域，重点攻关新一代集成电路设计制造封装测试等关键技术与工艺、有机发光显示器（OLED）产业化关键技术、下一代基础网络（IPv6）技术、微机械系统（MEMS）产品与器件产业化关键技术、高功率半导体照明（LED）芯片与装备制造技术、高端软件和技术软件研发等；在高端装备制造领域，重点攻关智能机器人产业化关键技术、高效高速加工关键技术、高端电子装备关键技术、深海资源钻采设备关键技术、大型客机及商用飞机发动机研发关键支撑技术、卫星导航系统应用关键技术、轨道交通车辆及控制技术、关键基础零部件核心技术、仪器仪表及工业自动化技术等；在新能源领域，重点攻关第三代核电关键设备制造技术、新一代太阳能电池及装备技术、高温超导产业化关键技术、电力储能系统关键技术等；在新材料领域，重点攻关特种合金材料关键技术和工艺、高模量纤维材料及应用关键技术和工艺、功能膜产业化关键技术等；在生物产业领域，重点攻关医学影像国产化核心部件及关键技术、生物制药关键技术等；在新能源汽车领域，重点攻关汽车电子应用芯片及系统关键技术、动力电池及关键材料产业化技术；在节能环保领域，重点攻关高效节能、先进环保和资源综合利用的技术与装备等。

2．持续提升先进制造业的核心竞争力

加大技术创新力度，促进电子信息产品制造业转型升级，提升汽车、成套装备等产业核心竞争力，优化钢铁、石化等产品结构。电子信息产品制造业，鼓励加工制造企业提高本地化产品研发和工业设计能力，重点突破数字电视与数字内容产品与技术、新型智能移动终端产品和技术。成套装备制造业，鼓励装备制造企业向设计与服务产业链两端延伸，重点突破新一代高效清洁火电装备、工程机械以及冶金、化工、煤炭等行业先进成套设备的设计、制造、服务关键技术，加快发展仪器仪表及自动化控制关键技术，促进整机与关键核心部件协同发展。汽车制造业，重点突破自主品牌汽车整车以及发动机、变速器、汽车电子等关键零部件设计制造核心技术，逐步建立完善的自主品牌汽车研发体系。精品钢材制造业，支持优势企业优化产品结构，提高附加值，重点提升宽厚板、高档汽车板、硅钢、电工钢、不锈钢等高端产品的制造工艺水平，积极开发重大工程与重大装备用关键材料。石化和精细化工业，结合行业布局调整，围绕"装置大型化、产品高端化、产业基地化"目标，积极培育化工新材料，支持开发精细化工产品，延伸产业链，提高附加值。同时，围绕时尚、科技、创意、品牌等主题，支持企业开发新技术、新产品，用先进实用技术改造提升都市型工业，促进轻工、纺织、食品等都市型工业优化升级。重点支持家用电器变频技术、家电绿色设计及回收利用技术、多功能纤维产业化技术、绿色食品制造技术等发展。

3．以新技术新模式支撑生产性服务业协同发展

围绕总集成总承包、供应链管理、专业维修、检验检测等生产性服务业重点领域发展，重点支持基于知识工程的信息资源应用技术、服务型制造信息化支撑技术、基于物联网的工业品管控技术、产业链及产业集群发展的支持技术、企业信息化管理与综合集成技术等。

结合贯彻落实国家《"十二五"产业技术创新规划》和《产业关键共性技术发展指南》，定期组织编制并向社会发布本市产业技术创新指南，引导各行业加快技术创新步伐，提高技术能级和水平。

五、"十二五"主要任务

"十二五"期间，要努力形成"企业创新主体地位基本确立、创新支撑条件基本完善、创新外部环境明显优化"的上海产业技术创新体系的基本构架，为上海新兴产业发展和产业转型升级提供支撑。围绕上述目标，重点推进以下工作：

1．加强企业技术创新能力建设

（1）建设技术创新示范企业。鼓励创新能力达到或基本达到国际同行业领先水平，能够在国际上发挥引领作用的企业，争创国家技术创新示范企业；比照国家认定示范企业的要求，开展市级技术创新示范企业创建工作，为进入国家级技术创新示范企业建立后备队。

（2）推进企业技术中心建设。强化企业技术中心在产业技术创新体系中的核心作用，力争各级企业技术中心数量明显增加，高新技术企业和大中型工业企业基本建立企业研发机构，鼓励有条件的企业建立各类高水平的技术中心，支持企业技术中心承担国家和本市研究和试验开发任务，主持或参与重大技术攻关和行业共性技术研发，选择创新方向和技术路线，牵头组织技术研发、产品创新、利用和转化科技成果等产学研用活动。

（3）支持大型企业集团发挥技术引领作用。充实本市与中央企业战略合作内容，发挥中央企业在承担国家重大技术攻关和实施国家战略任务中的龙头作用，为争取各类国家技术创新项目落户上海提供支持条件。发挥地方国有企业的骨干作用。对正在推行的研发投入视同利润考核的实施效果进行总结，进一步改进和完善国有资产管理的考核办法，引导地方国有企业不断加大研发投入。支持地方国有大集团建设中央研究院和集团级研发平台，支持骨干企业建设具有国际水平、国内领先的技术研发机构。鼓励中央企业、上海和国内大型民营企业在沪设立企业研发中心，增强技术创新实力，实施创新成果产业化。

（4）打造中小企业技术创新体系。把激发企业创新活力

与创造公平竞争环境结合起来，注重发挥中小企业的独特作用，形成龙头企业、骨干企业和一大批中小企业融合发展的产业技术创新企业生态链，打造一批适合不同行业特点的技术创新服务平台。支持有条件的区县和园区为有志创业者提供包括物质和生活条件在内的必要的创业创新条件，吸引国内外优秀人才来上海创业。

（5）支持外资企业开展技术创新活动。坚持国际化、开放式创新发展战略，鼓励国际先进企业设立研发机构和高端产业基地，从本地制造向研发设计和品牌管理延伸，引进国际先进技术和经营模式，进一步融入上海技术创新体系，力争2015年跨国公司研发中心达到400家以上，支持外资企业与本土企业的技术交流与合作，促进上海产业转型升级。

2．加强产业技术创新支撑服务体系建设

（1）建设面向重点产业的公共技术创新服务平台。加大公共技术创新服务平台建设力度，支持科技资源开放共享，根据上海产业发展导向，积极争取建设国家重点实验室、国家工程实验室、国家工程技术（研究）中心等创新平台，争取新增一批国家行业重点实验室，建设面向新兴产业和支柱产业的国家级检验检测中心，增强技术服务和辐射能力，充实部市合作、市院合作工作内容。

（2）支持产学研用合作发展。发挥本市产业、科技、教育、人才的综合优势，坚持以企业为主体，支持各种类型的产学研合作模式，每年推进一批产学研示范项目，建设一批产学研合作创新基地，发展一批产学研用相结合的产业技术创新联盟，支持各类产业应用技术研发机构建设，形成适应上海产业特点的产业应用技术研发体系，加强产业共性关键技术研发攻关和推广应用，加速技术成果的工程化、产业化和商品化，推进行业技术水平的整体提升。

（3）实施知识产权和标准化战略。强化知识产权创造、运用、保护和管理作用，推进上海市知识产权优势企业创建工程，争取创建100家左右知识产权优势企业，加大企业知识产权工作的宣传、培训力度，做好重点产业知识产权监测和预警工作。做好年度专利新产品的认定工作，对于拥有自主专利技术、符合国家和本市产业导向、通过新产品技术鉴定、技术达到国际先进或国内领先水平、具有良好的市场前景的新产品给予认定，并给予一定的研发资助。支持优势企业积极参与制定国际、国家及行业标准，每年支持20项左右重要标准制定。支持国际和国家标准化机构落户上海。

（4）组建上海市产业技术专家委员会。由国内外相关产业领域的企业、科研院所、高等院校、专业服务机构的专家组成，负责对本市产业技术领域中带有长远性、全局性和前瞻性的重大问题开展调查研究，提出意见和建议；对全市重要产业规划、产业技术发展方向、产业技术政策的制订工作提供咨询建议等。

3．优化产业技术创新外部环境

（1）促进金融资本与技术创新的结合。探索技术与金融结合的发展渠道，发挥各类金融投资机构作用，引导金融机构综合运用买方信贷、卖方信贷、融资租赁等方式，加大对产业技术创新活动的信贷支持。充分发挥资本市场支持科技型中小企业创新创业的重要作用。加大科技投入力度，创新政府投入方式，鼓励各类天使投资、风险投资和创业基金等集聚发展，促进投贷联动、知识产权质押等科技金融产品创新，搭建本市产业技术创新服务机构与金融机构的信息互动平台，引导社会资本投入技术创新成果的转化和产业化。

（2）引导技术创新人才向企业集聚。进一步完善人才发展机制，加快培育和使用好符合产业技术创新需求的高层次科技人才队伍，增加“千人计划”、“领军人才计划”等各类创新人才计划对企业人才的支持比例。进一步落实对企业科技人员的收入分配和激励机制，加大奖励力度，支持企业吸引和凝聚创新人才。总结和不断扩大张江国家自主创新示范区股权激励政策。加强技能型队伍建设，鼓励企业开展职工群众性技术创新活动。

（3）加大新技术新产品的市场拓展支持力度。发挥需求引导与应用导向作用，落实好重大技术装备首台业绩突破、政府采购优先购买本地创新产品、促进节能环保产品应用、支持中小企业发展等政策措施，进一步扩大政策适用范围。结合当前战略性新兴产业、先进制造业的发展瓶颈和发展急需，组织实施产业重大技术开发，解决制造产业发展中的技术瓶颈，实施一批重大应用示范工程，推进新兴产业发展和新技术新产品的生产使用。

（4）进一步推进产业技术的开放式创新。充分利用上海先行先试、不断拓展、率先发展的优势，立足全球科技资源，积极拓展国内外科技合作渠道，引进国内外先进技术和研发装备。加快国外先进标准向国内转化，开展国际标准对标活动。加强与国外有关科技发展计划的交流与合作，参与和组织产业技术创新的重大国际合作项目，在更大范围、更高水平上积极参与国际科技合作。

（5）建设产业技术创新集聚区。围绕张江国家自主创新示范区、杨浦创新型试点城区建设，鼓励产业技术创新机构集聚发展，培育和发展战略性新兴产业和高新技术企业。围绕本市先进制造业基地的转型升级，支持引入国内外研发机构，建设产业技术创新平台。

六、“十二五”发展政策措施

1．强化推进产业技术创新的统筹协调机制

建立市政府分管产业工作副市长为召集人的市产业技术创新工作联席会议制度，完善促进产业技术创新工作的统筹协调机制，定期研究部署推进本市产业技术创新工作的重大事项。发挥产业、科技、教育、财政等主管部门以及行业协会等在推动产业技术创新中的重要作用，市产业主管部门牵头建立本市产业技术创新工作服务体系，并向区县、开发区延伸，抓好现有政策的贯彻落实，做好对各类市场主体的服务。

2．加强对推进产业技术创新的政策支持

进一步落实研发费用加计扣除、固定资产加速折旧等税收政策的作用。落实本市支持新兴产业的用地、规划、人才等政策。继续争取国家关于技术创新政策试点先行先试，逐步扩大试点范围。加快研究制订促进产业技术创新的新政策，对在产业技术创新和先进制造业优化升级中的重大成果给予奖励，对卓有成效的产业技术创新产品应纳入政府优先采购范畴。

3．加大产业技术创新投入力度

加强统筹协调，调整和优化投入结构，确保市级财力对产业技术创新投入逐年增加。扩大现有上海市企业自主创新专项资金规模，用于支持企业技术中心能力建设、引进先进技术和先进研发设备、新产品新技术攻关、创新技术和产品的首台业绩风险补贴。对本市企业承担国家技术创新任务给予配套支持。鼓励和支持企业加大研发投入，加大技术创新成果产业化的投入力度。对于研发投入达到国际先进或国内领先水平的企业给予奖励。组织实施一批产业技术创新重大投资项目，带动重点领域突破。

4．加快建立多层次的创新人才培养和使用体系

加快培育中青年产业技术创新人才，注重从国家科技重大专项和上海市战略性新兴产业项目实施过程中发现和培养创新型科技人才。支持企业引进和使用好高端紧缺人才，大力发展职业教育，加强专业化人才培养，重视企业员工岗位培训。探索建立和健全技术要素参与分配的机制，健全与岗位责任、工作业绩、实际贡献紧密联系的激励机制，使各类科技创新人才的创造性劳动获得与其价值相称的认可。

附件 2：关于强化企业主体地位实施产业技术创新工程的意见

为了落实《中共上海市委上海市人民政府关于贯彻〈中共中央国务院关于深化科技体制改革加快国家创新体系建设的意见〉的实施意见》，进一步加强科技与经济结合，发挥企业在技术创新决策、研发投入、科研组织和成果转化中的主体作用，全面实施产业技术创新工程，不断提升产业自主创新能力，现提出如下意见：

一、加快完善企业为主体的产业技术创新体系

（一）完善以企业为主体的产业技术创新体系。到 2020 年，基本形成以企业为技术创新主体、产学研用合作为支撑条件、各类要素资源聚焦支持的产业技术创新体系，企业充分发挥技术创新的主导作用，技术创新的资源、投入、人才、成果充分向企业集聚。到 2015 年，基本建立由企业牵头的产业技术创新项目承担机制、由企业主导的产学研合作机制、鼓励技术创新政策资源向企业聚焦的政策落实机制。

（二）明确产业技术创新的主要目标。按照上海率先实现自主创新的要求，坚持培育发展新兴产业与提升优化传统产业相结合，依托行业骨干企业，不断加大企业研发投入，增强产业核心竞争力，推进“上海制造”向“上海设计”、“上海创造”提升。到 2015 年，全市企业研发费用占主营业务收入的比重达到 1.5% 左右，其中大中型企业达到 1.8% 左右。

到 2020 年，企业研发费用占主营业务收入的比重进一步提高，龙头企业研发投入强度达到或接近国际先进水平；重点产业技术创新水平保持全国领先，部分重点行业达到或接近国际先进水平，形成一批具有重大影响的技术创新成果。在精品钢材、民用航空、民用航天、汽车、船舶与海洋工程、能源装备、港口装备、移动通信、信息网络、建筑工程等领域打造 10 个左右具有国际竞争力的企业研发机构；在集成电路、新型显示、生物医药、汽车零部件、成套装备、化工材料、轻工食品等领域集聚 100 家左右具有国内领先水平的企业研发机构；培育发展 1000 家以上在细分领域具有较强创新能力的“专精特新”中小企业。

（三）发挥各种所有制企业的创新主体作用。加强分类指导、引导和支持，推动企业提升创新管理水平。

发挥中央企业的行业龙头作用，充实和丰富本市与央企战略合作的内容，积极争取国家重大技术创新和战略性新兴产业发展任务在上海实施。

支持地方国有企业增强创新动力，推动国有创新型骨干企业不断加大研发投入，完善研发体系，加大国资收益用于创新活动的比例，落实国有企业研发投入视同利润等考核措施。

鼓励和支持民营企业加快提升技术创新能力，支持“专精特新”中小企业发展，完善支撑中小企业创新创业和技术转移的公共服务平台建设。

鼓励外资企业从本地制造向研发设计和品牌管理延伸，引进国际先进技术和经营模式，进一步融入上海技术创新体系，促进上海产业转型升级。

二、支持企业建设高水平研发机构

（四）鼓励本市企业建立各类研发机构。到2015年，本市国家级、市级、区级企业技术中心分别达到60、600、3000家左右。本市高新技术企业、承担战略性新兴产业重点项目的企业、国有及国有控股大中型企业，原则上都要建立企业研发中心。市区联动，鼓励区县推动企业建设研发机构。实施支持技术创新的鼓励政策时，优先选择市级以上企业技术中心进行试点。支持具有市级以上技术中心的企业申报国家技术创新示范企业。

（五）支持市外企业在沪设立研发机构。大力引进跨国公司、中央企业和外地企业来沪设立高水平研发机构，支持其参与本市新兴产业发展，推动其与本地企业、高等院校、科研机构的技术交流合作或共建研发机构，鼓励其在上海实施创新成果产业化，培育发展研发产业。支持区县在机构设置、办公场地、人才招聘、合作对接等方面对市外企业在沪设立研发机构提供便利条件。

（六）鼓励上海企业到海外设立研发机构。支持企业到海外并购重组技术先进型企业及研发机构，设立研发中心，引进优秀技术人才、先进技术和研发装备，推动与国家政策性金融机构建立长期的制度性合作机制，为本市企业实施"走出去"的技术创新活动提供支持。

（七）加强企业研发机构的能力建设。实施企业技术中心能力提升工程，支持企业购买先进技术、研发设备，建设相关研发设施，加强技术创新人才队伍建设，加大知识产权投入。对列入国家企业技术中心能力建设专项的企业给予支持。

三、支持企业加大研发投入

（八）鼓励企业提高研发投入占主营业务收入的比重。加大对企业技术创新活动的支持力度，加强分类指导，制定分行业企业研发投入强度（研发费用占主营业务收入的比重）导向标准，对研发投入超过导向标准的优势企业给予一定鼓励支持。

（九）切实落实企业创新投入的税收支持政策。加强政策宣传力度，指导企业根据规定开展科研立项，合理归集科研经费。加快落实国家扩大研发费用税前加计抵扣范围的政策，争取先行先试，将购买国内外先进技术和研发装备、引进高端人才等纳入抵扣范围，提高单台研发设备加速折旧的限额。

（十）推进上海产业技术创新重大投资项目。滚动实施若干项战略目标明确、产业带动作用强、兼有前瞻性和风险性的产业技术创新重大项目，明确投资和实施的企业主体，加大国有资本和政府专项资金的聚焦支持，争取率先突破核心关键技术，形成产业化。

（十一）加大引进技术的吸收与创新投入力度。按照《上海市鼓励引进技术的吸收与创新规定》要求，鼓励本市企业引进国际先进技术并掌握其设计理论、工艺流程等技术要素，在此基础上开发新技术、新产品并实现产业化，加大对引进技术的吸收与创新活动的支持力度，适当提高项目的支持比例和额度，对产业重大关键技术攻关给予持续支持。

（十二）创新支持优势企业研发投入的方式。支持行业龙头企业制定重点领域的技术发展路线图，设定技术发展目标，对其依据技术发展路线图开展的研发活动给予综合支持，根据阶段性目标完成情况给予支持奖励。

四、鼓励以企业为主导的产学研协同创新

（十三）完善产学研工作推进机制。发挥上海市产学研合作机制的作用，明确工作计划和目标措施，落实人员和经费保障，加强对全市产学研合作工作的协调指导及典型案例的总结宣传，在行业龙头企业或承担本市重大项目的企业设立一批产学研合作创新示范基地。

（十四）鼓励以企业为主导的产学研用合作。充分发挥企业准确把握市场需求和创新方向的优势，鼓励企业牵头整合国内外科技力量，以项目联合攻关、共建研发机构、组建产业创新联盟等形式开展产学研用合作。发挥行业协会等机构在推进产学研用合作中的积极作用。对产学研公共服务平台建设、产学研联合建设实验室和工程中心、企业购买高校和科研院所的技术创新成果、科研机构从事行业共性技术研发和服务等，由产学研合作专项资金给予资助。

（十五）建立以企业需求为导向的产学研公共服务平台。拓展上海研发公共服务平台的功能，推进资源整合，以项目为载体，构筑集企业技术攻关项目需求发布、高校和科研院所科研成果供给、技术成果交易等功能于一体的产学研公共服务平台。

五、支持企业开展多元化技术创新活动

（十六）支持有条件的企业开展超前研发和技术储备。鼓励有条件的企业安排一定力量开展超前研发。鼓励企业集团设立基金，政府提供一定支持，委托权威机构，面向重点领域组织产业链上下游企业、国内外高校、科研院所等开展前沿技术研究，鼓励优势企业承担国家和市级工程技术（研究）中心、实验室等技术创新平台建设，积极参与产业应用技术研究机构建设。

（十七）鼓励企业实施知识产权和标准化战略。鼓励企业开发新技术、新产品，申请国内外发明专利，提高产品质量。争取国家工业企业知识产权创造运用能力培育工程任务，创建一批知识产权优势企业。在新兴产业领域，鼓励新技术、新产品开发与标准制定同步推进，建立专利开发与标准研制紧密结合的工作机制，支持企业以战略性新兴产业为重点主持或参与制（修）订国际标准、国家标准、行业标准。支持优势企业和转制科研院所牵头建立国家级检测平台。

（十八）推进军民高新技术融合发展。支持上海企业积极参与承担国防科技工业项目和配套任务，鼓励具备条件的国防技术成果向民用领域转化，推进军民高新技术双向互动和融合发展。

（十九）鼓励企业开展职工群众性技术革新活动。培育企业技术创新文化，加强技能型人才队伍的培养。充分尊重群众的首创精神，鼓励和支持有条件的企业广泛开展技术革新、技术攻关、技术比武、技术协作及合理化建议等职工群众性技术革新活动。

六、加大对企业技术创新的人才支持

（二十）支持技术创新人才向企业集聚。支持优势企业为实现其技术创新目标在全国乃至全球范围内整合人才资源。支持企业培养、吸引和使用好技术创新人才。在“千人计划”、“领军人才计划”等专项中，配合有关部门加大对企业的倾斜力度，培育一批在国内外同行业具有影响力的企业技术专家。在政府制定产业和技术发展规划过程中，建立征询企业技术专家的工作机制。

（二十一）加大支持创新人才的政策落实力度。配合有关部门和区县进一步完善支持创新人才落户的政策，支持企业技术人才享受本市公租房等优惠政策，支持符合条件的企业建设人才公寓。支持企业制定适当的薪酬待遇标准，在相关政策管理方面给予支持和倾斜。逐步探索对企业研发人员的激励和奖励机制。支持符合条件的企业享受张江国家自主创新示范区鼓励技术创新的股权和分红激励政策。

七、优化支持企业自主创新的外部环境

（二十二）加大技术创新成果的市场支持。进一步扩大专利新产品等支持技术创新成果产业化的政策覆盖面；扩大重大技术及装备首台业绩突破的范围并加大支持力度；进一步落实促进新技术、新产品应用的需求引导政策，通过设立专项对经认定的新技术、新产品首次应用给予用户一定的风险补贴。推进创新产品和技术的示范应用，推进产业链上下游创新产品的相互对接配套，推动创新产品及时进入政府采购目录，逐步提高政府采购资金用于购买自主创新产品的比例。支持技术创新与商业模式创新相结合。

（二十三）支持企业利用金融工具加大创新力度。进一步探索企业技术创新与金融资本结合的发展渠道。发挥各类金融投资机构和投资主体的作用，支持创新型企业利用资本市场进行直接融资和间接融资，搭建本市产业技术创新服务机构与金融机构的信息互动平台，引导社会资本投入技术创新成果的转化和产业化。支持企业应用科技金融产品，鼓励有条件的地区发行集合债券、集合票据，扩大知识产权质押，培育和发展科技担保和保险市场等。

（二十四）加大对企业技术创新活动的财政专项支持力度。推动建立财政资金支持企业技术创新投入稳定增长的机制，扩大企业自主创新专项资金规模和使用范围，增加对企业研发机构建设、新产品新技术开发和市场应用、产学研合作、产业技术创新公共平台建设、研发人员奖励等方面的支持力度。

（二十五）完善服务企业技术创新的工作机制。部门联动，市区联手，加强本市新兴产业服务体系、中小企业服务体系、技术创新服务体系的互动对接，在政策宣传、信息传递、需求反映、问题解决等方面形成工作合力，切实帮助企业解决技术创新和企业发展中遇到的困难和瓶颈问题。

（二十六）加大对企业技术创新的引导和推动。加强对企业技术创新成效的宣传和表彰，加快完善企业技术创新统计体系，深化研究产业技术创新的评价指标体系，为科学评估和决策提供依据。

工业品牌建设情况

2012年，在复杂多变的国内外经济形势下，上海品牌建设取得新的进展，品牌建设对于提升上海产业竞争力、实现“创新驱动、转型发展”的作用进一步凸现。

一、工业品牌发展情况

2012年，有关部门针对本市消费品主要行业408家品牌企业的调查显示，其2011年合计总产值为1155亿元，比上年增长18.6%，高于消费品全行业10.7%的增长率，更高于全市工业总产值9.2%的增长率。这充分说明，以品牌为引领，可以有效带动企业经营管理各方面的系统化提升，促进企业实现转型升级发展。

从微观层面来看，本市不少消费品工业企业在品牌建设方面均有不俗的表现。在财务表现上，不少企业实现快速增长。2012年，老凤祥实现销售收入约250亿元，同比增长近20%，继续领跑国内同行。亚振家具、敦煌等品牌销售收入增长均超过20%。在市场营销上，企业积极采取多种方式扩大品牌影响力。红双喜成功赞助伦敦奥运会，巩固乒乓球运动器材第一品牌地位。恒源祥成为2013–2016年中国奥委会赞助商。敦煌继续打造上海的“国粹民乐演艺基地”，2012年共举行8场敦煌国乐系列讲座和音乐会，形成品牌效应。Prolivon赞助的“我们变小了”大型综艺娱乐节目在上海新娱乐频道始终高居榜首。在渠道拓展上，企业从数量和质量两个角度扩大市场。晨光大力投入渠道建设，全年全国门店数量超过3000家，并着力打造“晨光生活馆”，提升门店形象。佰草集继续开拓国际市场，继进入法国后，又计划将门店开到德国。Woo品牌2012年自有门店发展到35家，市场区域扩大到杭州、沈阳、武汉、成都、重庆、青岛、天津、大连、长春。在研发创新上，企业着力加大投入。古今十分注重研发设计和市场开拓，将研发部提升为研发中心。红富士积极打造“生态家纺第一品牌”，完成家纺和编织特色产业技改项目，开发了有机锗、维生素系列和深度睡眠等科技、生态和安全家纺。

品牌奖项称号方面，2012年，新认定上海市名牌556项，累计为1122项；新认定上海市著名商标405件，累计为1038件；新认定中国驰名商标20件，累计为134件；新注册地理标志商标11件。老字号方面，本市共有180家中华老字号，约占全国的1/6，居各省市之首。

虽然从全国大部分地区来看，上海企业在品牌建设方面领先一步，但与国际品牌企业相比还存在较大差距。存在的问题主要是企业的品牌意识相对不强、能力相对不足，已经制定清晰合理的品牌发展战略并落实独立的品牌责任部门的企业很少，大部分企业仍以产品为导向，对品牌经济的认识不够，企业在品牌建设中的主体作用还需要进一步发挥。

二、品牌建设工作推进情况

2012年，市委、市政府高度重视品牌建设工作。市主要领导多次调研上海品牌企业，指出依靠品牌经营发展，是上海传统制造业转型发展的出路，也是新兴品牌制造业在沪发展壮大的有效途径。8月，本市成立了由19个市有关部门组成的上海市品牌建设工作联席会议（办公室设在市经济信息化委）。联席会议的成立标志着上海正式形成了合力推进品牌建设的工作机制，对于上海品牌发展中遇到的重要推进问题将予以统筹协调解决，上海推进品牌建设有了更大的组织保障。

9月28日，本市召开2012年全市品牌建设工作推进会议，发布《关于本市加强品牌建设的若干意见》（沪府办〔2012〕93号，以下简称《若干意见》）。《若干意见》确立了以“坚持企业主体与政策引导相结合，坚持扩大新兴品牌和振兴老品牌、老字号相结合，坚持面上服务和点上突破相结合”的推进原则，明确了“形成一批国内外知名品牌”和“将上海建设成为国内重要的品牌孵化培育中心、品牌集聚辐射中心和品牌交易运作中心”的发展目标，出台了发挥企业建设品牌主体作用、完善财税扶持政策、营造品牌发展良好环境、加强体制机制创新和产业基础支撑等四个方面共16条政策措施。在财税扶持政策方面，提出在多个市引导扶持专项资金和各区县相关专项资金中，对品牌建设和发展提供支持；建立政府奖励制度，对获得相关国家级和市级称号、奖项的企业给予一次性奖励；品牌企业购买中介服务机构的品牌相关服务，可实施相应的增值税抵扣。在发展环境营造方面，明确支持自主品牌企业以市场化方式竞争入驻商业渠道；鼓励相关金融机构为品牌企业提供融资服务；支持企业创建中高端品牌和对自主品牌进行开放性重组；从公共服务角度为品牌企业提供集中宣传报道；加大对侵害品牌发展的侵权行为打击力度；将品牌建设所需人才类别纳入文化创意人才开发目录，给予相应的落户、培训费补贴等政策。

在《若干意见》指导下，联席会议成员单位积极开展相关工作，包括：制定了《上海市实施商标战略中长期纲要（2011—2020年）》、《上海知识产权战略纲要（2011—2020）》、《关于增强国有企业技术创新能力的意见》；修订发布了《上海市加快自主品牌建设专项资金管理办法》、《上海市著名商标认定和保护办法》、《上海市专利资助办法》等政策文件；通过协会推荐和专家评审，选出了首批23家重点推进的品牌予以重点跟踪和关注，逐步引导企业制定品牌发展战略和开展“一事一议”协调扶持；支持举办了工博会、上海“时装周”、中华老字号博览会等一系列品牌展览展示推广活动；通过相关专项资金对符合条件的一批企业品牌建设和品牌公共服务平台建设项目进行了扶持；继续推进商标监管和知识产权保护；制定了部分行业名牌评价规范；将时尚领域等品牌建设所需人才纳入文化创意人才开发目录；完成了商务流通促进品牌建设等相关课题研究。

（胡晓彬）

工业利用外资情况

2012年，受国际经济复苏进程曲折艰难的影响，国内外贸运行面临复杂和严峻的外部环境，增速大幅低于市场预期。本市出现新批设立制造业外资企业回归的势头，表明上海利用外资的质量和效益不断提升，产业集约化程度提高。全年新批工业外资项目产业分布主要为装备、航空、新材料、节能环保、生物医药等重点领域。

一、利用外资总体情况

1—12月，本市新批外资企业4043家，比上年下降

6.6%；合同利用外资 223.4 美元，增长 11.1%。本市新批工业外资企业 328 家，占全市新批外资企业的 8.1%，下降 19.2%；合同利用外资 41.4 亿美元，占全市合同利用外资的 18.5%，增长 12.8%。

二、产业结构不断优化

2012 年，新批外资企业中，服务业占 91.8%，工业占 8.1%，农业占 0.1%。合同利用外资金额中，服务业占 81.4%、工业占 18.5%、农业占 0.1%。先进制造业实际利用外资 24.5 亿美元，同比增长 16.6%，科技创新推动制造业转型升级，引进项目向高端设备、精细化工、科技研发、节能环保转变。服务经济为主的引资格局继续保持。现代服务业实际利用外资 126.8 亿美元，同比增长 21.6%。其中金融服务业增长超 70%，以总部项目为主的商务服务业增长近 30%，商业贸易、仓储等行业实现两位数增长。

三、总部经济蓬勃发展

全年共新设投资性公司 25 家，认定跨国公司地区总部 50 家，BP、惠普、久保田等世界知名企业纷纷落户上海设立地区总部。截至年末，共吸引公司地区总部 403 家，上海已经成为中国大陆投资性公司和跨国公司地区总部最集中的城市，95% 以上地区总部具有两种以上的总部功能。此外，全年共新设外资研发中心 17 家，研发中心累计数量达 351 家。

四、新批工业外资企业基本情况

在 328 家工业外资项目中，投资 500 万美元以上的项目共计 53 个，占比 16.2%；投资总额 39.3 亿美元，占比 92.4%（见表 1）。

表 1　2012 年上海新批工业外资企业情况

类别	企业户数	投资金额（亿美元）	比例
全市外资	4043	223.4	11.1%（同比）
工业外资	328	41.4	18.5%（占全市外资）
工业外资 500 万美元以上	53	39.3	92.4%（占工业外资）

一是从产业分布来看，53 个项目基本为先进制造业领域，其中，涉及支柱产业的项目 41 个，占 77.4%，投资总额 35.9 亿美元，占 91.4%。产业分布为电子信息、汽车、石油化工、成套设备和生物医药等，主要企业有中航通用电气民用航电系统公司、中石化三井弹性体公司、西萨化工、华电通用轻型燃机设备公司、默克光电材料有限公司等（见表 2）。

表 2　2012 年新批工业外资企业支柱产业情况

类别	企业户数	投资金额（亿美元）	比例
工业外资 500 万美元以上	53	39.3	92.4%（占工业外资）
支柱产业	41	35.9	91.4%（占 500 万美元以上工业外资）
其他产业如食品、家具、箱包等行业	12	3.4	8.6%（占 500 万美元以上工业外资）

二是从投资总额来看，10 亿美元以上项目 1 个，中航通用电气民用航电系统有限责任公司，投资 20 亿美元；1 亿 -10 亿美元项目 5 个，分别为上海中石化三井弹性体有限公司投资 3.0136 亿美元、西萨化工（上海）有限公司投资 2.0647 亿美元、华电通用轻型燃机设备有限公司投资 1 亿美元、默克光电材料有限公司投资 1.06 亿美元等（见表 3）。

表 3　2012 年新批工业外资企业投资及行业情况

类别（美元）	户数（个）	金额（亿美元）	比例	主要行业
10 亿以上	1	20	50.9%	装备（航空）
1–10 亿	5	8.3	21.2%	装备、化工、食品
5000 万 –1 亿美元	7	5.5	13.9%	化工、医疗设备、包装设备、工业设备
1000–5000 万美元	20	4.3	10.9%	工程机械、航空、设备、汽配、
500–1000 万美元	20	1.2	3.1%	化工、各类机械设备、机械加工
小计	53	39.3	100%	

三是从投资的国家与地区来看，主要为美国、日本、香港等国家与地区。其中，美国项目 6 个，占 11.3%，投资额 21.5 亿美元，占 54.8%，主要行业为装备类；日本项目 11 个，占比 20.8%，投资额 6.1 亿美元，占 15.5%，主要行业为化工、食品、设备制造；香港项目 14 个，占 26.4%，投资额占 5.2%，主要行业为装备、医药、轻工设备制造等。其他国家还有法国、德国、荷兰、西班牙、新加坡、台湾等国家与地区（见表 4）。

表 4　2012 年新批工业外资企业投资国别（地区）情况

国家／地区	项目户数	占比	投资金额（亿美元）	占比	主要行业
美国	6	11.3%	21.5	54.8%	装备类
日本	11	20.8%	6.1	15.5%	化工、食品、设备制造
香港	14	26.4%	2.1	5.2%	装备、化工、医药、轻工设备制造
小计	31	58.5%	29.7	75.5%	

四是从项目落户地来看，项目所属行业的分布基本符合产业基地集群发展的原则，如装备、航空项目主要落户临港，航电项目落户闵行，汽配项目落户嘉定，化工项目落户化工区，食品项目落户金山等（见表 5）。

表 5　2012 年新批工业外资项目落户地情况

地区	项目户数	投资金额（亿美元）	占比	主要行业
浦东新区	5	2.5	6.4%	航空、设备、机械
闵行	4	21.4	54.5%	航电、设备、机械
嘉定	5	0.5	1.3%	汽配、机械
宝山	2	0.3	0.8%	机械、医疗设备
奉贤	4	2.9	7.5%	机械、化工、电子器件
松江	9	0.8	1.9%	机械、设备
金山	14	4.7	12.1%	化工、食品、设备、汽配

地区	项目户数	投资金额（亿美元）	占比	主要行业
青浦	6	0.8	2.0%	设备、化工
化工区	2	5.1	13.0%	化工
闸北	1	0.2	0.5%	医疗设备
普陀	1	0.1	0.2%	汽配
小计	53	39.3	100%	

（韩大东）

工业进出口情况

2012年，全市出口2068.1亿美元，比上年下降1.4%；进口2299.5亿美元，增长1%。进出口总额完成4367.6亿美元，下降0.2%；贸易逆差231.4亿美元，扩大52.9亿美元。

一、12月份出口继续回落，进口降幅有所收窄

据上海海关统计，12月，全市出口172亿美元，环比下降5.7%，同比下降6.4%；进口196.1亿美元，环比增长5.2%，同比下降3.2%，降幅比上月收窄2.1个百分点。进出口总额完成368.1亿美元，环比下降0.2%，同比下降4.7%，降幅比上月扩大1.9个百分点。外需市场的持续低迷，使本月的出口回升乏力。自2012年2月以来本市已连续11个月出现贸易逆差，12月份贸易逆差为24.1亿美元，较上月增加20.2亿美元。

二、12月份工业出口降幅有所扩大，进口降幅略有收窄

12月，本市工业出口111.8亿美元，环比下降9.3%，同比下降9.6%，降幅比上月扩大6.7个百分点；进口69.2亿美元，环比增长3.1%，同比下降20.2%，降幅比上月收窄3.4个百分点。进出口总额完成181亿美元，环比下降4.9%，同比下降14%，降幅比上月扩大2.6个百分点。当月贸易顺差42.6亿美元，较上月减少13.5亿美元。

1—12月，全市工业出口1374亿美元，占全市出口总额的66.4%，同比下降6.4%；工业进口876.5亿美元，占全市进口总额的38.1%，下降14.1%。工业进出口总额完成2250.5亿美元，占全市进出口总额的51.5%，下降9.6%。贸易顺差497.5亿美元，同比增加50.3亿美元。

三、区县工业12月进出口环比下降，同比降幅均略有扩大

12月，区县工业出口98.1亿美元，环比下降6.3%，同比下降3.6%，降幅比上月扩大0.5个百分点；进口52.1亿美元，环比下降1.8%，同比下降19.6%，降幅比上月扩大1.1个百分点。完成进出口总额150.2亿美元，环比下降4.8%，同比下降9.8%，降幅比上月扩大0.9个百分点。自6月以来，进口和出口连续7个月均出现同比下降。

12月，进出口总量名列前5位区县的进出口额合计为133.7亿美元，占全市区县的89%。其中，出口完成87.8亿美元，进口完成45.9亿美元。其中，浦东新区进出口总量继续领先，当月完成60亿美元，依次为松江区35.8亿美元、闵行区20.4亿美元、嘉定区9.9亿美元和青浦区7.7亿美元。

1—12月，区县工业出口1152.3亿美元，同比下降5.8%；进口678.1亿美元，同比下降10.9%。进出口总额完成1830.5亿美元，同比下降7.8%，占全市工业进出口总额的81.3%。

四、市属集团公司12月出口呈较大幅度回落，进口同比降幅收窄

12月，市属集团公司出口13.8亿美元，环比下降25.9%，同比下降37.2%，降幅比上月扩大35.3个百分点，当月出口呈较大幅度回落；进口17亿美元，环比增长21.6%，同比下降22%，降幅比上月收窄16.4个百分点，同比已连续7个月呈两位数下降。进出口总额完成30.8亿美元，环比下降5.5%，同比下降29.6%，降幅比上月扩大7.8个百分点。

1—12月，市属集团出口221.7亿美元，同比下降9.4%；进口198.3亿美元，同比下降23.5%。进出口总额完成420亿美元，同比下降16.6%，占全市工业进出口总额的18.7%。

五、多个行业出口呈现企稳迹象，电子行业出口再现低迷

12月，本市工业12个重点行业出口110.4亿美元，同比下降9.5%；进口67.7亿美元，同比下降20.1%。进出口总值178.1亿美元，同比下降13.8%。

1．电子行业出口由增转降，机械行业出口环比增长

12月，电子、机械行业进出口总值分别为95.8亿美元和21.9亿美元，合计为117.7亿美元，占全市工业进出口总量的65.1%。其中，电子行业出口69.2亿美元，环比下降10.9%，同比由上月的增长0.3%转为下降1.6%，进口26.6亿美元，同比下降23.87%，降幅比上月收窄0.9个百分点；机械行业出口14.2亿美元，环比增长6.6%，同比下降17.4%，降幅比上月扩大0.9个百分点，进口7.7亿美元，同比下降30.1%，降幅比上月扩大7.3个百分点。

2. 轻工、纺织出口环比略有增长，同比增速持续下滑

12 月，轻工、纺织行业进出口总值分别为 13.6 亿美元和 9.3 亿美元，合计为 22.9 亿美元，占全市工业进出口总量的 12.6%。其中，轻工行业出口 7.4 亿美元，环比增长 0.1%，同比下降 17.4%，降幅比上月扩大 8.9 个百分点，进口 6.2 亿美元，同比下降 6.9%，降幅比上月收窄 8.8 个百分点；纺织行业出口 7.5 亿美元，环比增长 6.5%，同比下降 9.2%，降幅比上月扩大 3.2 个百分点，进口 1.8 亿美元，同比下降 29.7%，降幅比上月扩大 4.6 个百分点。

由于外需疲弱和国内成本优势逐步弱化的基本态势未能改变，因此轻纺行业出口仍处于低位徘徊，尚难以走出低迷。

3. 汽车行业出口呈现企稳迹象，进口同比降幅收窄

12 月，汽车行业进出口总值 10.4 亿美元，环比增长 18.9%，同比下降 6.7%。其中，出口 2.5 亿美元，环比增长 6.7%，同比下降 0.2%，降幅比上月收窄 13.7 个百分点；进口 7.9 亿美元，环比增长 23.4%，同比下降 8.5%，降幅比上月收窄 23.2%。

汽车行业在出口同比连续两个月出现负增长后，本月出现企稳迹象，而进口的同比增速则在连续 6 个月两位数下降后，本月首次呈个位数下降。本月贸易逆差为 5.4 亿美元，比上月扩大 1.3 亿美元。

4. 钢铁行业进出口同比降幅收窄

12 月，钢铁行业进出口总值 6.9 亿美元，环比增长 39.9%，同比下降 29.6%，降幅比上月收窄 23.7 个百分点。其中，出口 1.7 亿美元，环比增长 9%，同比下降 28.1%，降幅比上月收窄了 9.7 个百分点；进口 5.2 亿美元，环比增长 54.4%，同比下降 30.1%，降幅比上月收窄 28.1 个百分点。

由于每年年底国外主要大型矿山都会增加发货数量，12 月铁矿石进口数量创出历史新高，推动本月钢铁行业出口降幅收窄。

（王志佳）

工业结构调整情况

2012 年，在市委、市政府的正确领导和市产业结构调整协调推进联席会议指导下，全市上下形成合力，按照《上海市工业调整淘汰落后产能“十二五”规划》，聚焦重点行业布局和重点区域调整，继续坚定不移推进产业结构调整。

一、“三高一低”企业调整稳步推进

围绕“高能耗、高污染、高危险、低效益”和布局不符合城市规划的企业，全年共启动实施产业结构调整项目 897 项（其中危化企业调整 122 项），超过目标近 50%。调整涉及产值 270 亿元，职工约 4.4 万人。统计减少能耗量 190 万吨标准煤（其中宝钢罗泾区域的停产减少年实际能耗量近 124 万吨标准煤），减少污染排放量化学需氧量 723 吨、氨氮 43 吨、挥发性有机物 1006 吨、二氧化硫 2074 吨、氮氧化物 701 吨。调整项目有 23 项能耗量超过 5000 吨标煤，比 2011 年增加 64%。

二、危化企业调整取得阶段性成果

全年调整 122 项，核定减少危险化学品生产、使用、储存当量 37.9 万吨，其中剧毒品 0.6 万吨、易燃易爆品 28.3 万吨、其他危险化学品 9 万吨。涉调项目 79% 集中在奉贤、浦东、宝山和嘉定，其中关停 104 项、搬迁外省市 6 项、搬迁远郊工业区 12 项。自 2009 年启动本市危化企业调整以来，截至 2012 年年末，共调整危化生产、储存企业 359 项，有效地消除了城市安全隐患，取得了阶段性调整成果。

三、重点行业调整取得重要突破

钢铁、石化行业调整取得阶段性进展。专项调整的 18 家涉铅企业实施了关停。皮革鞣制行业全面退出。结合城市能源结构调整，华谊集团所属上海焦化公司的 5 号、6 号焦炉提前实施关停；申能集团所属浦东煤气制气公司 14 台机械发生炉平稳退出生产。重点推进了化工、金属加工和四大工艺（锻造、铸造、电镀、热处理）、纺织印染和服装、传统机械、玻璃及塑胶制品、纸品印刷、建材和水泥制品、食品医药、小钢铁等行业企业的调整。

四、重点区域转型调整深入推进

推进实施了多个重点区域专项调整，崇明生态岛的 51 家企业调整完成；奉贤南桥新城区域的 65 家企业实现关停，推进了产城融合；宝山南大地区结合环境综合整治，滚动推进二期 54 家企业专项调整，研究启动三期调整。松江车墩镇莘莘学子创业园的 68 家企业和永丰街道玉树路西片区 74 家企业启动整体调整，区域加快转型提升。

五、国家淘汰落后产能任务提前完成

提前 2 个月完成国家下达淘汰落后产能任务，实际淘汰制革 60 万标张、印染 1800 万米、铅酸蓄电池 13.82 万千伏安时。截至 2012 年年末，上海已完成国家下达本市“十二五”淘汰落后产能目标任务是：制革 90 万标张，超过目标 500%；化纤 0.7 万米，完成目标 100%；铅蓄电池 13.8 万千伏安，超过目标 38%。印染 3980 万米，完成目标 77%。按

照工信部和财政部的要求，按计划关闭注销了12家小企业，并积极争取国家财政支持。

（何海昌）

工业综合节能减排工作情况

2012年是实现“十二五”节能减排目标的关键一年，本市工业和信息化系统提高认识、强化措施、落实责任，将节能工作“做精、做细、做深、做透”，取得积极成效：一是超额完成工业节能年度目标。全年规模以上工业单位增加值能耗下降5.9%左右，超额完成年度目标任务；工业用能量同比减少176万吨标煤。二是能源综合利用效率不断提升。原油加工单位综合能耗大幅下降22.3%至52.64千克标油/吨，电厂火力供电标煤耗下降1.2%至300克标煤/千瓦时，大型锻钢件、芯片制造、吨水泥综合能耗等重点产品单耗进一步下降。三是建成全国首家在线温度监控平台。在夏冬用电高峰阶段对100幢公共建筑采用信息化手段进行实时温度监控，大幅度提高节能专项监察工作效率，为国内第一个采用远程在线监控的平台。四是各项重点工作取得积极进展。实施节能技改项目119项，节能量33.5万吨标煤；备案节能服务机构增至285家，实施合同能源管理项目128项，节能量6.4万吨标煤；关停和替代燃煤（重油）锅炉270台以上，推进253家企业清洁生产审核，带动企业节能减排投入3.48亿元；大宗固废综合利用效率保持97%以上，工业用水重复利用率达到83%。

一、明确目标责任，完善能效监控体系

1．细化分解用能指标。组织开展工业系统2011年度节能目标完成情况和节能措施落实情况评价考核，分解细化全市17个区县和24个工业集团2012年度节能目标。

2．加强重点用能单位能效监控，通过上海市能效监控平台，对600多家年综合能耗5000吨标煤以上重点用能单位按月度开展能效监控，进一步完善全市工业系统节能月度统计、分析、通报制度，发现问题及时研究解决。

3．加快能效标准制订实施，开展了《集中供热蒸汽单位产品能源消耗限额》、《工业气体空分单位产品能源消耗限额》等36项标准立项工作，推进完成14项能效限额标准、22项管理类标准的制订工作，并组织开展8期专题贯标培训。

4．强化节能执法监察，持续做好557家工业重点用能单位能源利用状况报告、节能月报的监查，对47家未按时报送能源利用状况报告的企业签发责令限期整改通知书，能源利用状况报告上报率保持100%。开展106家公共建筑夏季空调温度控制专项监察，推动18幢公共建筑安装终端在线监测系统；实施74项市级产业结构调整企业（项目）核查。

5．开展节能系列宣传，成功举办2012年上海节能宣传周开幕式，举行青少年百米创意绘画。组织开展了262项形式多样的宣传活动。举办能效提升专题研讨会，开展能源利用状况报告、节能月报、节能管理岗位等多期专项培训计1000多人次参加。

二、深化节能技改专项，加快提升工业能效

1．启动燃煤（重油）锅炉清洁能源替代，出台本市燃煤（重油）锅炉清洁能源替代工作方案和资金扶持办法，明确将1300多台在划定的无燃煤区和基本无燃煤区的燃煤（重油）锅炉作为替代对象。全年完成燃煤锅炉淘汰、替代300台以上。

2．继续推动电机系统节能专项，出台本市高效电机推广实施细则，发布本市再制造高效电机目录，搭建高效电机推广技术服务平台，开发高效电机推广网络平台和财政资金申报数据库管理系统，有序推进309家重点用电企业电能平衡工作。与10个区县、13个集团就高效电机推广情况进行专题对接，组织开展8期约400人次的高效电机专项培训。

3．完成高能耗变压器淘汰工作，协调推进市电力公司完成11530台S7及以下系列高能耗变压器替代更新工作，项目投资18.57亿元，年节能量7万吨标煤。

4．组织实施节能技改重点项目，修订了《上海市节能技改项目申报管理指南》，组织实施两批节能技改重点项目119个，项目投资额28.91亿元，预计年节能量33.51万吨标煤。完成170个节能技改项目节能量审核，审核项目节能量49.47万吨标煤。

三、加快推行合同能源管理，推广应用节能环保产品

1．推广应用合同能源管理机制，完善合同能源管理项目受理流程，128个项目经审核给予财政奖励，项目投资额2.28亿元，项目年节能6.4万吨标煤。公告上海市第四批节能服务机构名单（43家），推荐36家企业成为国家第四批备案节能服务公司。目前，本市已有国家备案企业139家，数量位居全国前列。开展“百堂周日课堂”、合同能源管理案例交流等专题活动。

2．启动推进再制造产业发展，推动临港产业区获得国内首家工信部授予的“国家机电产品再制造示范园”，积极洽商沈阳大陆集团、广西玉柴再制造有限公司、康明斯（中国）投资有限公司等一批再制造国内领先企业落沪。

3．推广应用节能环保产品，落实节能节水等专用设备认定退税工作，完成56家企业单位的专用设备认定工作，企业享受退税金额达1.11亿元。完成80个上海市节能与综合利用产品评审工作，年销售额近10亿元。

（张 麒）

工业环保治理情况

2012年是第五轮三年环保行动计划的第一年，全市工业系统通过源头引导、过程控制、末端防治，积极推动工业环保治理工作取得新进展，圆满完成各项任务目标。

一、着力推进工业污染防治

全年推进环保三年行动计划工业污染治理组项目25项，其中工业专项建设类项目12项，其中4项已全面完成并投入运行的项目4项；工业专项管理类项目13项，4项工作已全面完成。重点区域污染源整治方面，金山卫化工石化集中区全年完成3个建设类项目，1个管理类项目，完成3家企业的废气综合治理，完成对现有管网进行全面探伤和3个主要雨水口应急建设，完成率达到50%以上。浦东新区高桥石化地区全年完成1个建设类项目，高桥石化自备电厂锅炉烟气除尘系统优化改造已全部完工并投入运营。宝山南大地区完成了4个建设类项目，关停3家制造、机械、印刷企业，19家皮革、化工、仓储企业，已完成集体土地区域的污染土壤污染信息调查，基本完成16.3公顷土方造型及绿化种植。

二、大力实施清洁生产

全年完成258家企业清洁生产审核和验收，折合节约7万吨标煤，减排二氧化碳17.4万吨，削减烟尘501.5吨，减少二氧化硫1332.6万吨，减少废水排放1.3万吨，节水100.6万吨，节约原材料0.3吨。对火电、钢铁、有色、电镀、造纸、建材、石化、化工、制药、食品、酿造、印染等12个重点行业及工业园区启动企业开展清洁生产。对已通过第一轮清洁生产验收的企业每年开展清洁生产年检工作，跟踪并督促其实施持续清洁生产工作。完成11期“上海市清洁生产内审员培训”工作，培训清洁生产内审员近1000名。开展“国家清洁生产审核师”培训，培训审核咨询师66名。

三、持续推进资源综合利用

全市资源综合利用认定企业达到241家，获得所得税和增值税减免约4亿元，资源综合利用产品产值70余亿元，资源综合利用发电165亿度，综合利用各类废弃物1300余万吨，其中：处置利用冶炼废渣606万吨，粉煤灰462万吨，脱硫石膏112万吨，建筑垃圾200万吨。固体废弃物综合利用率超过98%，折合节约标煤165万吨。再制造各类发动机4400台，变速器280台，打印耗材720万件，各类设备备件3万余件，再制造产值达7.75亿元；临港产业区获得工信部颁发的“国家再制造产业示范园区”称号。

（张 麒）

电力建设和电力供应情况

一、电力建设情况

截至2012年年末，上海电网内共有发电厂39座、总装机容量2147.5万千瓦，单机容量在10万千瓦及以上的容量共计2048.5万千瓦、占装机总容量的95.39%，其中100万千瓦机组4台、90万千瓦机组2台、60万千瓦机组6台、30万千瓦机组（35万千瓦、40万千瓦）机组25台、10–20万千瓦机组17台；接入500千伏的发电容量为700万千瓦（石洞口二厂120万千瓦，外高桥二厂180万千瓦，外高桥三厂200万千瓦，上电漕泾电厂200万千瓦），接入220千伏及以下电网的发电容量为1447.5万千瓦。

上海电网共有500千伏和220千伏变电站131座，变压器320台，总变电容量8287.3万千伏安，其中500千伏变电站13座（不含石洞口二厂、外高桥二厂、外高桥三厂和上电漕泾电厂），500/220千伏联络变压器33台，变电容量为3050万千伏安；220千伏变电站118座，变压器287台，变电容量为5237.3万千伏安。

500千伏线路51条（含汾三5902线/汾林5912线、牌渡5903/5913线、太徐5923/太行5933线），总长度为1140.108千米（含葛南直流线、宜华直流线、复奉直流线以及林枫直流线上海段）；220千伏线路383条，总长度为4052.305千米，其中架空线3582.349千米、电缆469.956千米。

二、电力供应情况

2012年，市政府对本市电力迎峰度夏工作的要求是“三个确保”，即确保城市运行安全、确保电网运行安全和确保居民生活用电正常有序。

在市委、市政府的坚强领导和统一指挥下，上海电力企业坚持厂网协调，科学合理运行，保证市外来电受电安全，加强电网调度运行控制，优化电力资源配置，圆满完成年度电力供应目标，确保电网安全稳定运行。

1．发用电情况

（1）用电情况

全社会用电量完成1353.45亿千瓦时，比上年的1339.62亿千瓦时净增长13.83亿千瓦时，增长1.03%。最高日用电量5.0912亿千瓦时（7月10日），比上年的5.0699亿千瓦时增长0.0213亿千瓦时增长0.42%。全社会用电量按产业分，其中第一产业完成6.85亿千瓦时，增长7.57%；第二产业完成798.49亿千瓦时，下降2.23%；第三产业完成360.73亿千瓦时，增长5.69%；居民生活用电完成187.38亿千瓦时，增长6.94%。

（2）发电情况

2012年，统调发电量完成971.92亿千瓦时，比上年的1025.15亿千瓦时减少53.23亿千瓦时，下降5.19%。全年最高出力达1876.7万千瓦，比上年的1811.1万千瓦净增65.6万千瓦，增长3.62%。最高日发电量达3.6445亿瓦时，比上年的3.6821亿千瓦时下降1.02%。

（3）受电情况

2012年，上海电网总受电量为348.02亿千瓦时，比上年的317.59亿千瓦时增加66.43亿千瓦时，上升20.92%。全年最高受电为941.8万千瓦（8月11日），比上年的938.1万千瓦净增加3.7万千瓦，上升0.39%。最高受电941.8万千瓦由以下市外来电构成：华东统配80.8万千瓦、天荒坪发电50万千瓦、桐柏发电37.5万千瓦、琅琊山发电22万千瓦、响水涧发电11.5万千瓦、秦山二期30.9万千瓦、秦山三期31万千瓦、三峡计划360.8万千瓦、四川水电49.9万千瓦、川电东送21.9万千瓦、皖电机组227.2万千瓦、向家坝送上海18.3万千瓦。

2．夏季电力供需情况

受国内外经济严峻形势和本市经济结构调整，转型发展影响，用电需求出现明显放缓，再加上2012年夏季上海地区副热带高压整体偏弱，高温日虽不少，但最高气温不高，并且受台风“苏拉”、“达维”、“海葵”、“布拉万”和“天秤”等影响，缺少连续性的极端高温天气，致使用电负荷未达到计划预期。

2012年，上海于6月17日入梅，7月14日出梅，梅雨期18天，少于常年平均24天。8月15日，上海电网用电最高负荷达到2591.5万千瓦（最高气温36.2℃），比上年增加42.6万千瓦，增长1.67%，但仍未超过2010年水平（最高负荷2621万千瓦）。8月20日，本市最高发电出力达1876.7万千瓦，创历史新高。

2012年，夏季最高负荷超过2500万千瓦天数共9天，超过2400万千瓦天数共22天。上海电网夏季负荷对气温和高温持续天数相当敏感，日最高气温在30℃以上时，工作日气温每升高1℃，日最高负荷增加大约75万千瓦。

3．冬季电力供需情况

2012年迎峰度冬期间，电力总体供需平稳。冬季最大用电负荷达到2296.7万千瓦，较上年冬峰2135万千瓦增长161.7万千瓦，上升7.04%，创本市冬季用电历史新高。

三、加强制度和能力建设，确保电力供应安全

1．加大负控系统建设和演练，提高有序用电管理水平

2012年，市电力公司大力推广安装电力负荷控制管理终端，夏季高峰前本市新增负荷控制能力60万千瓦以上。同时，积极做好安装电力负荷管理装置电力用户的培训，并选择部分电力用户在夏季开展电力负荷管理系统操作演练，提高了有序用电管理水平，保障了电网安全稳定运行。

2．加强重要电力用户管理，提高供电安全可靠性

根据《上海市重要电力用户供用电安全管理办法》，市电力公司逐步制订分行业细分标准，如制订水务、金融、卫生医疗等系统的重要电力户标准，并对重要电力用户开展认定和排摸工作。同时，对重要电力用户开展安全隐患排查和整改，指导编制重要电力用电负荷的供电保障方案，完成金融行业信息系统基础设施突发事件应急联合演练工作，提高了重要电力用户供电可靠性。

3．推进本市电力节能减排工作

2012年，市经信委联合市发展改革委、华东电监局出台《上海电网节能发电调度工作方案（试行）》，在本市公用燃煤机组中开展由高效低能耗机组替代低效高能耗机组发电，减少资源消耗和污染物排放。同时，市经信委还和市环保局建立燃煤电厂减排定期会商制度，进一步降低发电煤耗和供电煤耗，努力促进燃煤机组脱硫、脱硝系统运行更加稳定和高效。

4．严格考核，提高并网机组运行管理水平

从上海电网的实际情况出发，市经信委联合华东电监局制定发布《上海电网发电厂并网运行考核办法》，要求电力调度机构加强对发电机组的并网运行管理工作，加大考核力度，确保电力供应。在电力迎峰度夏期间，本市发电机组运行安全水平明显好于往年，未发生用电高峰期间机组跳机现象。

5．加强气电联调，确保安全运行

二季度以来，本市天然气阶段性过剩矛盾较为突出，若不采取特殊措施，上海洋山港LNG储气罐将发生胀库的安全问题。电力企业克服各种困难，在6月、8月和9月份均

超常规安排上海电网燃机集中发电消纳天然气，确保了电网和天然气管网安全运行。

6．全面落实应急抢修力量，第一时间恢复供应

2012年8月8日，第11号强台风“海葵”给上海市人民的生产、生活带来严重影响，也给电网安全运行带来较大破坏。按照市委、市政府防汛抗台的总体要求，把确保安全供电放在第一位，市电力公司共组织500多支抢险队伍，累计出动抢险人员2万多人次，顶着狂风暴雨，日夜奋战，投身到防汛抗台的第一线，排险除难，确保了本市电力供应。

7．用心服务，确保居民阶梯电价实施平稳有序

通过电视、电台和报纸广泛宣传阶梯电价的各种政策和实施方案；对“一户多人口”家庭，电力公司实现上门服务全覆盖，为10.4万户“城乡低保户与农村五保户”实现免费用电额度扣减；充分发挥95598服务热线电话在政策咨询和业务服务方面的作用，未出现有关居民阶梯电价政策执行和工作质量的相关投诉。

8．进一步加强电力设施保护工作

配合市人大有关部门做好《上海市保护电力设施和维护用电秩序规定》实施三周年后的立法后评估工作；联合各有关部门建立完善电力设施保护机制、开展联合检查、宣传和隐患治理，努力确保电力线路运行安全。

（陈伟丽）

信息化与工业化深度融合情况

2012年，上海贯彻党的十八大关于走中国特色新型工业化、信息化、城镇化、农业现代化道路的要求，按照国家推进信息化与工业化深度融合战略部署，加快以“两化融合”促进全市“创新驱动、转型发展”的探索实践，聚焦典型示范、平台服务、创新应用和综合环境，推进重点企业、关键产业、优势区域的“两化”深度融合工作，全市“两化融合”发展水平指数达到75.53。

一、典型示范效应不断显现

围绕骨干企业，推进“电梯制造和服务全过程的信息化集成”、“船用大功率柴油机数字化协同设计”、“大型海工装备协同研发与制造”等一批业务协同和集成性信息化项目，推动“多维产销一体化平台”、“人力资源管理信息化平台”、“时尚产业综合信息化服务平台”等一批平台服务类项目。推荐上电科“新一代智能配电与监控系统开发与产业化”等5个项目获得工信部“两化融合”专项支持，上海电气、上汽等13家企业被工信部认定为国家级“两化”深度融合示范企业。

二、园区信息化有序推进

协调修订完善《“智慧园区”建设与管理规范通用规范》，并获得市质量技监局地方标准立项，标准围绕园区信息化规划、建设、运维管理、服务和保障，提出智慧园区建设通用要求。深化园区信息化标准体系试点，在临港产业园区提出智慧园区标准体系框架和标准列表，实现园区管理标准、工作标准和技术标准的全覆盖。推进园区信息化重点项目建设，支持临港松江园区开展数字园区云服务平台建设，推进产业园区企业信息化公共服务平台建设。

三、宣传培训工作取得进展

组织开展“两化”深度融合“进区县、进园区、进企业”系列宣传培训活动，在浦东、松江、宝山、闸北等6个区县，通过开展小型展览、专题讲座、政策宣讲、企业诊断、参观交流、信息化体验等形式，总结推广本市“两化”融合成功经验和做法，完成培训宣传1万人。支持浦东新区举办以“促进产业智能高端发展”为主题的2012中国（上海）制造业信息化论坛，发布本市“两化”融合发展水平评估报告。推进外高桥造船等8家企业参与全国“两化”融合成果展，配合《中国电子报》开展“两化”深度融合“上海模式”系列宣传报道。

四、协同推进机制得到完善

积极争取工信部支持，深化国家级“两化融合”试验区建设，承担并推进工信部《“两化融合”综合推进体系研究》课题研究，完成工信部区域“两化”融合发展水平评估试点。联合中小企业办推进中小企业信息化，开展包括信息化培训、信息化平台服务等内容的小微企业扶持“翔计划”，深化中小企业服务站建设。浦东等5个“两化融合”实践区继续在智慧城市、智慧园区、新兴技术应用推进等方面开展有益探索。复旦等4个“两化融合”研究中心和中国商飞等10个重点实验室产学研协作机制进一步完善，推动了一批项目建设。

（陆　森）

国资国企改革工作情况

2012年，面对复杂严峻的外部经济环境，在市委、市政府的正确领导下，市国资委系统广大干部职工认真贯彻落实党的十八大和市第十次党代会精神，围绕“创新驱动、转型发展”总方针，以“提高发展质量和效益，推进国资国企做强做优做持续”为重点，稳中求进、重在求进，确保国有经济运行平稳健康，国资国企改革发展和党建有序推进，为上海经济社会发展、城市建设、民生保障和科技创新作出了应有贡献。

一、国有经济在本市经济社会中发挥支撑和保障作用

2012年，全系统实现营业收入16146.29亿元，比上年增长10.8%；利润总额949.88亿元，同口径增长3.4%。剔除公益性资产后，净资产收益率达到11.1%，总资产周转率达到0.95次／年，高于中央企业和地方国有企业的平均水平。本市地方国有企业实现生产总值4320亿元，增长7.9%；工业总产值6100亿元，增长6.48%；新增固定资产投资1104亿元，增长3.9%；缴纳各类税金1472.95亿元，增长13.6%，以上四个方面的增速都高于全市平均水平，较好地体现了国有经济对本市经济社会的支撑和保障作用。

上海国资国企在全国的影响力不断扩大。至2012年年底，本市地方国有企业资产总额9.42万亿元。其中，市属8.19万亿元，国资委系统2.84万亿元、委托监管5.30万亿元，区县国资1.23万亿元。据国务院国资委统计，2012年，上海市国资委委管企业资产总额、营业收入分别占全国地方省市自治区及计划单列市国资委委管企业的1/9、1/8，净利润从2011年的1/6提高到近1/4。十余家企业规模或效益继续保持国内同行业前三。其中，上汽集团实现销量全国第一，市场占有率保持在22%以上，产品进入埃及和印度等市场。上港集团货物和集装箱吞吐量均创历史新高，继续保持世界单体港口第一。锦江国际排名全球酒店集团300强第九，亚洲第一。上海建工营业额和新签合同额连续12年保持两位数增长，建筑业产值首次跃上千亿级平台。上汽集团、中国太保、绿地集团进入《财富》世界500强。

企业集团创新发展呈现较多亮点。上海城建隧道股份承建的轨交11号线南段6标圆隧道中隔墙拼装全部完成。中隔墙使用隧道股份自行研制的机械手拼装施工，采用上部预制＋下部现浇，中部通过后浇带连接的中隔墙施工方法，创下每天40块的施工记录，是国内地铁盾构隧道施工的一次创新和飞跃。上海建工基础公司承建的轨道交通11号线北段工程11.H.1标跨线大桥成功实施转体。其间，开发了先进的球铰转动及平衡系统，其中球铰转动时的“双层锅底”间精度达到一毫米之内。这次转体桥就位精度达到3毫米，大大高于10毫米的规范要求。上海通用汽车、泛亚汽车技术中心研发试验中心（广德）建设历时两年半后正式竣工，无论区域面积、试验道路总长、路面种类，还是功能设施、技术水准，都在国内首屈一指，并填补了国内试验道路及设施方面的多项空白。

二、加强战略规划引领，加快改革开放优化国资布局

按照全市经济结构调整、城市建设和民生保障的总体要求，全面落实国资国企改革发展“十二五”规划，22家企业滚动编制实施新一轮三年行动计划。聚焦核心主业、核心企业和核心技术，拨付国资收益41.89亿元作为企业资本金加快发展。“上海医药生物医药产业园”等10个重点项目建设加快推进。到2012年，61%的国资集聚在战略性新兴产业、现代服务业、先进制造业以及功能性保障性领域，92.4%的国资集中在汽车制造、现代装备、商贸服务等前20个行业，比2011年提高2个百分点。按照本市减少“四个依赖”和产业结构调整的要求，加快退出不具发展前景及不适合上海发展要求的产业，行业分布从64个收缩到59个。调整退出非主业企业364户，其中依法破产项目终结24个。新增地产、水产、城建等三家集团将有效管理层级控制在三级以内，至年底，有效管理层级控制在三级以内的集团数量达到18家。联合相关部门共同批复供销社40幅划拨土地划拨土地使用权变更。全年，在审破产项目达到32个，

有序推进国盛集团与长江计算机、东浩集团与兰生集团、地产集团与申江集团等联合重组。完成绿地集团股权结构调整。完成市建交委下属两家企业划转方案，申通集团划转市国资委管理。支持企业“走出去”增强国际国内竞争力。完成光明食品集团收购英国维他麦公司、法国DIVA葡萄酒销售公司以及苏食集团肉类业务，上实集团收购常州康丽等重大资产并购项目，涉及资金100多亿元。机场集团与德国中部机场集团合作开辟货运航线。东方国际在孟加拉国兴建生产基地，实现外贸企业向工贸企业转型。

三、坚持市场价值导向，以国资证券化推动国企市场化

坚持市场化改革，推动企业整体上市或核心资产上市。完成海通证券H股、华虹集团华虹计通创业板，以及上实集团上实环境新加坡主板上市。上柴股份、海立股份、光明乳业等7家上市公司通过非公开发行等方式，融资172.9亿元、注入资产5.71亿元，国资证券化率达到35.24%，其他

多个项目正在积极推进中。基本完成整体上市企业存续资产梳理和处置方案。制发上市公司内幕信息管理办法，规范国有股东及国有控股上市公司行为。

本市71家地方国有控股A股上市公司资产合计49781.56亿元，股东权益（不含少数股东权益）7352.52亿元，其中，国有股权益3271.36亿元。33家上市公司成为上证各类指数股。5家国有控股港股上市公司入选恒生各类指数，占上海国有控股港股上市公司的50%。

四、加快科技创新，助优扶强促进企业可持续发展

贯彻落实全市科技创新大会精神，制发《市国资委关于增强国有企业技术创新能力的意见》，按照“到2015年，大中型工业企业研发投入占主营业务收入的比重高于全市平均水平1个百分点以上，创新型骨干企业研发投入占主营业务收入的比重达到3.5%左右”的目标，每年安排30%以上的国资收益支持企业核心关键技术创新，明确研发投入视作考核利润等政策。制发《关于进一步加强国有企业创新人才激励机制建设的实施意见（试行）》，聚焦创新型骨干企业和重大创新项目，激励作出突出贡献的创新型人才。

“上汽集团小型电动车产业化开发”等10个重点科技创新项目扎实推进。商贸服务、建设交通、科研企业积极开展以信息化为支撑的商业模式创新和管理创新，产业投资平台积极发挥引导杠杆作用，支持战略性新兴产业发展。目前，36个国家级、152个市级实验室和技术研发中心，以及15个由企业牵头的产学研用战略联盟，成为企业科技创新的主要力量。形成由两院院士等百余名专家组成的高端人才库，高技能人才占技能人才总量达到30.1%，高于全市3个百分点。全系统R&D经费支出166亿元，增幅达到40%以上。专利申请3763个，新产品销售收入4192亿元，获省部级以上奖励项目177个。上港集团获第七届国际发明展览会4项金奖，申能集团外高桥第三发电公司获2012年度“全球卓越绩效金奖”。

五、分类监管考核，增强企业改革发展内生动力

按照不同的功能定位、发展阶段、行业类别、产业结构，将50家系统企业分为产业、投资、科研和公益保障4类，在4类企业中选取8家代表性企业，从“股东价值、主业发展和可持续能力”三个维度，一司一策地开展分类考核。开展董事会任期制、契约化管理，突出企业创新能力和核心竞争力，突出转换经营模式和发展新兴业态，明确5家新一届董事会的任期目标责任。探索监事会履职方式创新，监事会对企业重大投资项目开展后评估，得到市领导和相关部门的肯定。

完善企业经营者和管理人员激励机制。整体上市公司实施“基薪+绩效薪+中长期激励”模式。上海仪电、华虹集团下属4家企业进入张江国家自主创新示范区股权和分红激励首批试点范围。目前，全系统已基本形成了7种中长期激励模式，其中，现金模式约占72%，股权模式约占15%，另有部分企业实施了保障性激励。

六、提升管理水平，推动企业实现内涵式发展

以全面预算管理、资金集中管理、财务风险管理以及管理信息化为重点，开展管理提升活动。目前，全系统七成企业开展了全面预算管理，半数以上企业资金集中度达80%以上。创新拓展融资渠道和方式，集团层面发行公司债、企业债、短期融资券、中期票据等350亿元，节约财务成本25亿元。华谊集团、百联集团成立财务公司，拥有财务公司的企业集团达到6家。通过关键环节控制和信息技术应用，提高企业科学决策和管理水平，全系统90%的企业建立集团级门户平台，80%的企业建立集团管控业务系统，70%左右的企业建立首席信息官制度，60%的企业集团办公系统覆盖到二级企业，50%的企业建立集团级的数据和控制中心。对本市8786户地方国有企业开展产权登记，准确反映本市国有资本行业、区域、级次分布以及主业集中度和流向。

建立健全国资经营预算体系，完善资金使用监管和后评估制度。完成9家企业经济责任审计，2011年13家企业经济责任审计揭示的161个问题基本整改完毕。企业内审工作成为推动企业规范管理的有效手段。按照出资人职责，优化国资委行权方式，制定国有独资、国有控股公司章程指引，以及国有控股上市公司国有股东建议条款。制发《市国资委委管企业法制工作三年规划（2012－2014年）》，协调指导企业处理重大法律纠纷案件20个，涉案金额28.75亿元，为企业挽回了损失、化解了风险。修订《上海市资产评估项目核准备案操作手册》，完成75个资产评估项目备案、11家企业集团评估管理工作检查，规范评估管理，防控评估风险。

七、坚持指导协调，完善国资监管全覆盖体系

坚持国资监管全覆盖，构建国资监管大格局。各委托监管单位结合实际，积极推进各自领域国资国企的改革发展。2012年，委托监管企业资产总额同比增长14.8%。市委宣传部积极推动上影集团、世纪出版集团等整合上市，加快东方梦工厂、中华当代艺术宫等项目建设。市金融办制发关于加强金融领域国资监管的指导意见，组建浦银金融租赁公司、东方花旗证券和全国首家专注于科技企业金融服务的浦发硅谷银行。市教委、市机管局、市民政局、市科委、团市委、市政府侨办、市卫生局、申康医院发展中心等积极推动所属企业规范运营，夯实国资基础管理。

区县国资进一步发挥区域经济社会发展中的主力军和骨干作用。2012年，区县监管企业资产总额同比增长11.6%。浦东新区国资委积极推进区域资源与30多家中央企业对接，聚焦战略性新兴产业和现代服务业，项目总投资达1000多亿元。奉贤区国资委整合资源，加强上海与杭州湾经济技术开发合作。闸北区国资委通过市区联手，“市北高新”借壳市属企业“二纺机”成功上市。松江区国资委积极探索建立结构合理、治理完善、主业突出、监管有效的全覆盖体系。

八、履行社会责任，确保社会和谐与队伍稳定

正确处理国有企业经济责任与政治责任、社会责任之间的关系。地产集团、上海城投等积极参与城市大型居住社区及周边设施配套等建设，累计建设各类保障房2400万平方米。临港集团、同盛集团、世博发展集团、申虹集团、东浩集团、申迪集团等在临港工业区、洋山保税港区、世博园区、虹桥商务区、国际旅游度假区等重点项目建设中发挥了骨干作用。

制发国资系统信用体系建设的指导意见，发挥国有企业在建设和谐社会中的示范作用。光明食品集团、良友集团、百联集团、水产集团等做好本市保供稳价工作，积极提供优质产品和服务。上海城投、申能集团、申通集团做好本市水电气煤等供应，以及城市轨道交通的保障工作，确保了城市安全有效运行。久事公司对570余条公交营运线路开展社会监督，在全市行风评议中名列前茅。

树立“大保障、大安全、大稳定”理念，整合系统资源，向调整任务重的企业提供近千个职工分流安置岗位。推进企业建立工资集体协商制度，生产经营正常的产业类、科研类企业工资集体协商签约率达90%以上，预计2012年系统全部职工平均工资7.5万元，同比增长约10%，高于全市增长水平。开展厂房场所出租整治、“打非治违”等专项行动，整治出租厂房场所250万平方米，消除隐患3000余处。坚持领导接访、下访和包案化解矛盾，集体信访的批次、人次同比下降75.4%、82.1%；进京访人次同比下降73.3%，初次信访批次同比下降5.5%，为党的十八大和市第十次党代会胜利召开创造了良好环境。

（曾茂生）

在沪中央企业发展情况

中央企业（以下简称“央企”），是指由中央政府监督管理的国有企业。目前在沪中央企业及以办事处或窗口公司形式设立的分支机构有2703家，资产总额10.09万亿元，其中在沪注册的法人央企有1837家。由国务院国资委监管的在沪央企2096家，资产总额2.48万亿元；由国家金融部门监管的金融央企79家，资产总额7.2万亿元；由其他国家部门监管的在沪央企528家，资产总额0.41万亿元。

2012年，在全球经济形势依然比较严峻、市场需求下跌、成本刚性上升、通胀压力加大、金融市场震荡、信贷政策持续收紧等不利因素影响下，在沪央企更加注重“创新转型、做优做强”，主动“调结构，稳增长，抓改革，严管理”，在规模总量和速度效益等方面总体实现了平稳较快增长，经济总量占全市比重有了新的提升，支撑了上海产业经济平稳健康发展，助推了上海“创新驱动、转型发展”，引领了上海智慧城市建设顺利推进。主要呈现四大特点：

一、经济效益优于规模速度

央企在上海产业发展中继续发挥着重要的导向作用，不片面追求规模总量和速度，更注重经济效益，总体实现了经济效益增长优于规模速度。以工业为例，2012年，本市规模以上（年销售收入在2000万元以上）中央企业共有163家，累计实现工业总产值6615亿元，可比下降4%，占全市规模以上工业总产值的21%；资产总额为7800亿元，同比下降0.6%，占全市规模以上工业企业资产总额的25.4%；主营业务收入为6938亿元，同比下降6.2%，占全市规模以上工业企业主营业务收入的20.6%；利润为341亿元，同比增长3.1%，占全市规模以上工业企业利润总额的16%。

二、创新转型凸显引领作用

2012年是上海“创新驱动、转型发展”的攻坚之年，在沪央企彰显引擎作用，贡献突出。

在创新驱动方面，央企在战略性新兴产业重点领域的重大创新突破项目全面推进。民用航空制造领域，中国商飞公司总部建设顺利启动，三大中心建设取得重要进展；C919大型客机研制工作全面展开；中航商发公司闵行研发基地一期完成建设，CJ-1000A航空发动机验证机研制工作顺利推进；中国航空研究院上海分院挂牌成立。电子信息制造业领域，上海天马微电子4.5代AM-OLED中试项目成功推出多款产品。在先进重大和智能制造装备领域，上海轨道交通设备发展公司完成关键设备转向架基地项目建设；卡斯柯公司轨道交通信号系统具备全套CBTC信号系统的自主研发能力。软件和信息服务业领域，中国银联、宝信软件、贝尔软件等6家企业入围第十一届中国软件业务收入百强。海洋工程装备领域，沪东中华造船（集团）有限公司的“国家能源LNG海上储运装备重点实验室”，成为目前我国在液化天然气海上储运装备领域唯一的国家级重点实验室；外高桥造船有限公司建造的“海洋石油981”号3000米深水半潜式钻井平台已经在南海开钻。新材料领域，宝钢集团的首套国产核电用690U形管开始安装，并顺利实现特厚高强海洋平台用齿条钢的批量生产。

在自主创新方面，2012年，技术中心认定取得新收获，中国银联、华虹NEC等2家央企获得国家认定企业技术中心，占全市新认定企业总数的2/5。中国核工业第五建设有限公司、上海宝冶工程技术有限公司、上海宝钢磁业有限公司、上海中航光电子有限公司和联芯科技有限公司成为新认定的第十八批上海市企业技术中心；创新平台建设取得新进展，工信部电信研究院华东分院完成一期建设，已开始提供公共检测服务；创新示范应用实现新突破，市电力公司在全市加快推进智能电网技术示范应用，建成国内首个柔性直流输电示范工程。联芯科技有限公司的多模LTE基带芯片技术、上海贝岭股份有限公司的物联网应用中间件、上海华虹NEC电子有限公司的超级结高压大功率MOSFET器件工艺技术等项目入围国家"百项技术创新推进计划"，占上海入围项目总数23.08%。

在转型发展方面，在沪央企全年推进实施产业结构调整项目7项，虽然项目数只占全市897项的0.78%，然而调整后统计减少能耗133.5万吨，占全市190万吨标煤的70%（其中宝钢罗泾区域停产年节约标煤124万吨）；减少COD（化学需氧量）304吨，占全市728吨的42%；氨氮33吨，占全市43吨的76%；二氧化硫1780吨，占全市2184吨的80%；氮氧化物434吨，占全市1270吨的34%，央企为上海淘汰落后产能、城市功能提升作出突出贡献。

三、央地合作推动发展"共赢"

2012年，全市工业投资完成1292.6亿元，其中央企完成工业投资323亿元，占全市工业投资总额的25%，央企在全市工业投资的地位日益显现。上海电力、上海石化、上海船舶等央企实现了两位数的增长。一批央企重大产业项目开工建设，如总投资81亿元的中航商用发动机产业基地项目、总投资80亿元的上海烟草浦东科技创新园项目、总投资20亿元的中石化三井40万吨／年苯酚丙酮项目等。

一些央企投资为上海引进的一批外资项目立项并获批，如中航通用电气民用航电系统有限责任公司投资20亿美元；上海中石化三井弹性体有限公司投资3.01亿美元，华电通用轻型燃机设备有限公司投资1亿美元，分别引进了一批先进制造业的中外合资项目等。

央企踊跃参与上海发展总部经济及功能性机构。继世博会首块后续规划利用地块——B片区共吸引13家央企入驻发展总部经济，新增业务板块71个后，2012年又有13家央企看好A片区，有意入驻发展总部经济。近几来，市政府先后与国家电网、国电集团、中航工业、中国电信、中国移动、中国联通、大唐电信、中国普天、国家核电、中国北车集团等央企签订了战略合作框架协议或备忘录；促成了上海市与国家电网加强智能电网建设合作、与国电集团合作发展新能源、与华电集团发展分布式供能、与中国电信联手实施无线宽带城市建设、与中国移动共建"智慧城市"和"中国移动视频产品创新基地"、与中国联通共同打造国际通信枢纽中心和中心城区、郊区3G全覆盖工程、与中国普天合作推进动力电池产业化等一批央企重大战略合作项目落地。

四、造福城市彰显社会责任

作为上海经济社会发展的重要依托、与地方融合发展的重要载体，2012年，央企对上海经济社会发展作出了新贡献。

增强地方财力，税收贡献明显。在市税务局发布的2012年全市纳税"百强"榜上，央企占了"半壁江山"，排名普遍靠前。其中，上海烟草集团有限责任公司名列全市第一，年税收665亿元；交通银行股份有限公司、中国石油化工股份有限公司上海高桥分公司、中国石化上海石油化工股份有限公司和上海市电力公司分列第三、第五、第七和第八名。

保障城市运行和安全。核心作用突出。在成品油供应上，2013年，全市成品油零售量为479万吨，其中，中石化、中石油和中海油三大央企在沪企业成品油零售量为445万吨，销售量占全市总量93%。三大央企在沪企业共为全市提供汽油281万吨，柴油165万吨。中石化上海股份公司、中石化上海高桥股份公司分别生产沪Ⅳ标准成品油134.92万吨和192.24万吨。在电力保障上，2012年，全市总发电量为973.02亿千瓦时，其中华能、华电、中电投发电集团在沪企业发电量达509.36亿千瓦时，占全市发电总量52.35%。上海电力股份和华能集团华东公司，累计占全市发电总量50%以上。上海市电力公司加强智能电网建设，电力光纤用户覆盖35.5万户，推出"互视通"服务，累计接入用户2.1万户。积极服务上海新能源汽车试点城市，建成投运充换电站12座、充电桩1166个。推广应用智能电表490万只。在煤炭保障上，2012年在本市经营煤炭的企业共有281家，销售总量为3.49亿吨，其中，央企有11家，占经营煤炭企业总数3.9%，而累计销售量约占全市总量近1/2，其中上海神华煤炭运销有限公司年销售量达到1.07亿吨，占全市销售总量30.7%，遥遥领先同行其他煤炭经营企业；上海中煤华东有限公司年销售量达到2010.4万吨，占全市销售总量5.7%。

担纲智慧城市建设，支撑作用放大。上海电信、上海移动、上海联通三大电信运营商和上海铁通事实上已成为上海智慧城市建设的绝对主力。截至2012年年末，这4家央企共为上海完成光纤到户（FTTH）覆盖用户680万户、固定宽带接入用户已累计达到541万户。4M以上接入户达到384万户；上海市省际出入口宽带总规模达到2512G，国际出入口宽带总规模约490G，比上年增长42.86%。

集聚区县（园区）发展，辐射作用增强，全市央企总体布局进一步优化：现代服务业在中心城区集聚发展，先进制造业在郊区（园区）集群发展，形成一批由央企领衔的国家高端装备制造产业基地。如国家新型工业化示范基地——长兴岛船舶与海洋工程装备基地，由中船长兴基地（上海江南长兴造船有限责任公司、上海江南长兴重工有限责任公司和江南造船（集团）有限公司三条生产线）、中海长兴修造船基地和振华重工长兴基地构成；临港新城产业区已经或即将入驻中船三井大功率柴油机、中船柴油机配套园和中航商用飞机总装中心等项目；张江高新技术园区入驻大型飞机设计研发中心；闵行区紫竹高新区入驻大型飞机项目部分研发和客服中心等。这些带动了区县发展，形成并凸显了区域产业发展特色，如浦东新区的电子信息制造、民用航空、海洋装备工程、先进重大装备和现代物流，杨浦区的烟草，闵行区的航天航空，金山区的精细化工，宝山区的精品钢材，崇明长兴岛船舶及装备制造、港口运输等。在沪央企已成为上海区县经济发展、扩大就业的重要支柱。

（马　峰）

中小企业发展情况

据市统计局快报数据显示，截至2012年年底，全市共有中小微型法人企业37.96万户，占全市法人企业总数的99.61%；吸纳从业人员867.54万人，占全市法人企业总数的77.3%；实现营业收入7.17万亿元，占全市法人企业总额的56.13%；实收资本总额为4.02万亿元，占全市法人企业总额的77.68%。

一、2012年本市中小微企业发展基本情况

（一）户数

截至2012年年底，全市共有中小微型法人企业37.96万户，其中，中型企业1.02万户，小型企业7.5万户，微型企业29.45万户。

（二）从业人员

2012年年底，全市中小微企业从业人员867.54万人。其中，中型企业从业人员261.71万人，小型企业从业人员349.42万人，微型企业从业人员256.41万人。

（三）营业收入

2012年，全市中小微企业实现营业收入总额7.17万亿元。其中，中型企业实现营业收入3.76万亿元，小型企业实现营业收入2.79万亿元，微型企业实现营业收入0.62万亿元。

（四）实收资本

2012年，全市中小微企业实收资本达4.02万亿元。其中，中型企业实收资本0.86万亿元，小型企业实收资本1.53万亿元，微型企业实收资本1.63万亿元。

二、2012年中小微企业按三次产业分布情况

（一）第一产业

2012年，第一产业中小微企业户数1578户，占全市第一产业企业数量的99.68%；从业人员3.55万人，占93.64%；营业收入60.36亿元，占74.6%；实收资本108.47亿元，占93.09%。

（二）第二产业

2012年，第二产业中小微企业户数10.42万户，占全市第二产业企业数量的99.68%；从业人员433.3万人，占78.72%；营业收入2.2万亿元，占49.13%；实收资本0.75万亿元，占69.96%。

（三）第三产业

2012年，第三产业中小微企业户数27.38万户，占全市第三产业企业数量的99.61%；从业人员430.69万人，占75.81%；营业收入4.97万亿元，占59.89%；实收资本3.26万亿元，占79.64%。

三、2012年中小微企业按注册类型分布情况

（一）中小微企业在全市各注册类型中的地位

截至2012年年底，在全市国有企业、集体企业、私营企业、港澳台及外商投资企业、混合型企业（除国有、集体、私营、港澳台及外商投资企业以外的所有企业，以下同）中，中小微型私营企业和集体企业在数量、从业人员、营业收入、实收资本上占绝对优势，在全市的比重均在9成以上；中小微型国有企业、港澳台及外商投资企业、混合型企业尽管在数量上优势明显，但在营业收入、吸纳就业等方面不够突出，如中小微型国有企业营业收入仅占全市国有企业营业收入的39.11%。

（二）中小微企业注册类型分布情况

2012年年底，中小微企业数量上以私营企业为主，中小微型私营企业占中小微企业总数的78.63%，遥遥领先其他注册类型的中小微企业；在从业人员上，主要集中在中小微型私营企业和港澳台及外商投资企业，分别占53.92%、23.89%；在营业收入上，主要集中在中小微型私营企业和港澳台及外商投资企业，分别占36.01%、29.59%；在实收资本上，中小微型港澳台及外商投资企业、私营企业、混合型企业分别占48.62%、19.59%、18.0%。

（三）各类注册类型中小微企业发展情况

1. 中小微型国有企业

2012 年，本市中小微型国有企业 5632 户，吸纳从业人员 46.23 万人，实现营业收入 0.72 万亿元，累计实收资本 0.51 万亿元。

2. 中小微型集体企业

2012 年，本市中小微型集体企业 1.021 万户，吸纳从业人员 34.1 万人，实现营业收入 0.11 万亿元，累计实收资本 0.04 万亿元。

3. 中小微型私营企业

2012 年，本市中小微型私营企业 29.85 万户，吸纳从业人员 467.78 万人，实现营业收入 2.58 万亿元，累计实收资本 0.79 万亿元。

4. 中小微型港澳台及外商投资企业

2012 年，本市中小微型港澳台及外商投资企业 3.86 万户，吸纳从业人员 198.54 万人，实现营业收入 2.12 万亿元，累计实收资本 1.95 万亿元。

5. 中小微混合型企业

2012 年，本市中小微型混合型企业 2.67 万户，吸纳从业人员 120.89 万人，实现营业收入 1.63 万亿元，累计实收资本 0.72 万亿元。

四、2012 年中小微企业资本来源情况

（一）中小微企业资本来源的总体分布

2012 年，本市中小微企业累计实收资本 4.02 万亿元。其中，国家资本 0.5 万亿元，占全市中小微企业资本投入总额的 12.38%；集体资本 0.09 万亿元，占 2.19%；法人资本 1.05 万亿元，占 26.1%；个人资本 0.65 万亿元，占 16.11%；港澳台商资本 0.38 万亿元，占 9.37%；外商资本 1.36 万亿元，占 33.86%。

（二）中小微企业主要资本来源情况

1. 国家资本

2012 年，中小微企业国家资本为 0.5 万亿元。从三次产业看，国家资本主要投向第三产业，第三产业中小微企业国家资本 0.43 万亿元，占中小微企业国家资本总额的 86.36%；从注册类型上看，国家资本主要投向国有企业，资本总额为 0.34 万亿元，占 67.92%；从行业大类来看，国家资本主要投向商务服务业、房地产业、工业、交通运输业等，3 个行业分别占中小微企业国家资本总额的 46.15%、22.87%、11.53%。

2. 法人资本

2012 年，中小微企业法人资本为 1.05 万亿元。从三次产业看，法人资本投向第三产业的资本总额累计为 0.84 万亿元，占中小微企业法人资本总额的 80.28%，投向第二产业的资本总额累计为 0.2 万亿元，占 19.06%；从注册类型上看，法人资本主要投向混合型企业，资本总额累计为 0.45 万亿元，占 42.86%；从行业大类来看，法人资本主要投向房地产业、商务服务业、工业等，3 个行业分别占中小微企业法人资本总额的 35.1%、22.42%、16.65%。

3. 个人资本

2012 年，中小微企业个人资本为 0.65 万亿元。从三次产业看，个人资本投向第三产业的资本总额累计为 0.45 万亿元，占中小微企业个人资本总额的 70.12%，投向第二产业的资本总额累计为 0.19 万亿元，占 29.61%；从注册类型上看，个人资本主要投向私营企业，资本总额累计为 0.53 万亿元，占 81.24%；从行业大类来看，个人资本主要投向工业、商务服务业、批发业、房地产业、建筑业等，5 个行业分别占中小微企业个人资本总额的 20.08%、19.31%、18.66%、14.06%、9.53%。

4. 外商资本

2012 年，中小微企业外商资本为 1.36 万亿元。从三次产业看，个人资本投向第三产业的资本总额累计为 1.16 万亿元，占中小微企业外商资本总额的 85.27%，投向第二产业的资本总额累计为 0.2 万亿元，占 14.69%；从行业大类来看，外商资本主要投向金融业、仓储业、工业、批发业、商务服务业等，5 个行业分别占中小微企业外商资本总额的 33.79%、24.13%、14.56%、10.07%、7.81%。

（卫丙戌）

电子信息制造业发展情况

2012 年，上海电子信息产业领域按照工信部和市委、市政府统一部署和委总体安排，坚持“聚焦政策、聚焦项目、聚焦服务”，积极对接国家战略，协调推进重大项目，注重加强产业对接，开拓进取，团结协作，努力促进企业提升创新能力，加快电子信息制造业转型发展。

一、电子信息制造业基本情况

2012 年，上海电子信息制造业积极应对复杂多变的外部环境，努力推进产业结构优化升级，全年完成工业总产值 6791 亿元。

1．重点领域优势明显，继续领跑全行业

集成电路产业持续增长，集成电路制造业完成工业总产值358亿元，比上年增长3.2%；集成电路设计业完成销售收入171亿元，增长14.5%；“909”升级改造项目华力微电子55nm工艺通过客户验证开始量产投片；中颖电子在深圳创业版上市；集成电路工艺技术达到40nm，设计能力进入28nm，保持国内领先。

2．转型发展实现新突破

电子信息制造业积极调结构、促转型，电子计算机制造业企业在向内地省市梯度转移的同时主动转型，加大高端产品生产，全行业在销售收入同比下降2%的同时，利润增长10%。

3．公共服务平台推进产业发展

国家数字电视工程中心、集成电路研发中心、硅知识产权交易中心、电信研究院华东分院、物联网中心等一批公共服务平台积极发挥产业发展支撑作用，营造产业发展公共服务环境，推进产业发展。

二、2012年的主要工作

1．集成电路领域

政策方面，会同市有关部门，积极贯彻落实国发〔2011〕4号文精神，推动出台《关于本市进一步鼓励软件和集成电路产业发展的若干政策》（沪府发〔2012〕26号），确定了人才奖励、产业链协同、企业做大做强等方面扶持政策，优化集成电路产业发展环境。组织29家企业1394人申报设计人员奖励，12家企业申报国家及本市规划布局内重点集成电路设计企业。产业方面，产业结构处于明显调整期，设计业增速超过制造业约10个百分点。集成电路工艺技术达到40nm，设计能力进入28nm，保持国内领先。移动通信、数字电视、智能卡芯片等保持优势地位，应用处理器、汽车电子、IGBT领域技术取得进展。中颖电子在深圳创业版上市。项目方面，推进“909”升级改造项目，华力微电子55nm工艺通过客户验证并量产投片，台积电扩产项目实现8万片产能，日月光金桥生产线项目完成一期厂房建设。服务方面，支持集成电路研发中心“高端互连工艺”、上海硅知识产权交易中心“面向特定领域关键IP核库”等内容建设，提高公共服务能力。开展“进一步推动上海市集成电路产业发展研究”课题，为重大项目提供决策支持。

2．新型显示领域

研发方面，上海天马4.5代AM-OLED中试项目成功推出3款产品，率先掌握量产技术，形成5.5代AM-OLED量产项目方案；内嵌式触摸屏技术国内领先，具备量产能力。显恒光电高能电子束激发的激光光源研究取得新进展。项目方面，和辉光电4.5代AM-OLED项目奠基，投资60亿元，是年度投资最大的新开工项目。映瑞光电LED芯片平均光效超过130流明／瓦，月产能超过400KK。博恩世通高亮度LED芯片项目建成5条生产线。协调推进康佳LED背光源、瑞丰LED封装项目落地。服务方面，推动LED照明企业与卫生、教育领域及对接，上海三思灯具成功中标上海11号地铁照明系统改造项目。推动激光显示、三维显示企业交流和产业对接，促进产学研用合作攻关。围绕AM-OLED项目，开展“进一步推动上海新型显示产业发展研究”课题。

3．下一代网络领域

TD-LTE方面，上半年顺利完成TD-LTE规模技术试验，建成110个基站，上海贝尔、展讯、联芯科技、德明通讯等完成TD-LTE技术测试。8月份启动扩大规模试验工作，推动上海移动形成实施方案。产业方面，构建涵盖设备、芯片、终端、测试仪器等的TD-LTE产业链；三星旗舰智能机采用展讯通信TD-SCDMA基带＋射频芯片套片，获得中移动50%以上集采份额。项目方面，完成NGB网络郊区整转方案，全市NGB网络覆盖达到380万户，完成有线电视数字化整体转换290万户；东方有线网络公司申请国家下一代互联网专项。服务方面，工信部电信研究院华东分院完成一期建设，4月起提供公共检测服务。召开通信与广电企业专题对接会，促进产业融合发展。组织15家企业组建TD-LTE专题馆，参加“第十四届中国国际高新技术成果交易会”，获得工信部领导好评。配合组织GSMA移动通信大会。

4．物联网领域

产业方面，初步形成完整的RFID产业链，M2M模块、CMOS图像传感芯片出货量全国领先，华虹计通在深圳创业版成功上市。应用方面，完成虹桥交通枢纽楼宇节能、长宁社区流动人口管理2个市级物联网重点应用示范工程，形成精准农业、医废监管等物联网应用示范工程方案并予以推进。宣传方面，组织了城市管理、民生、产业领域的40多个物联网应用和产业项目，在《人民日报》、《解放日报》、《文汇报》等媒体和微博上进行集中宣传。服务方面，完成MEMS传感器芯片等三个公共平台建设，组织了涉及短距离通信、工业传感网通信等关键技术标准和安全的研讨会。举办远程医疗终端、农业传感器、光纤传感器、化工物联网等领域的对接会，推动物联网中心与相关企业及IMEC对接合作。组织成立物联网行业协会，指导协会及移动支付联盟、电生理联盟开展移动支付、远程医疗等工作。开展先进传感器技术和产业化调研，并形成调研报告。

5．汽车电子领域

产业方面，联盛EPS项目初步实现产业化，标志本市底盘控制领域取得重大突破。组织了遥薇“长途客运汽车监控”等车联网项目，在山东地区成功应用。服务方面，依托行业协会，组织召开2012汽车电子产业发展（上海）国际高峰论坛，提升汽车安全、节能、环保技术创新与应用水平。组织召开汽车电子软硬件产业对接会，继续推广国产汽车电子基础软件的应用。参与组织举办ICCHINA，促进半导体产业行业交流。

（王　雷）

软件和信息服务业发展情况

2012年，在市委、市政府的正确领导下，本市信息服务业以国家、上海相关产业促进政策发布为契机，围绕“软件名城创建”工作，坚持“促进软件产业向高端发展，促进信息服务业能级提升”的发展主线，推动结构调整和产业创新发展。在欧债危机反复恶化、全球经济增长明显放缓和国内经济面临下行压力的情况下，继续保持平稳运行态势，各经济指标运行稳健。

一、总体运行情况

1. 对国民经济的贡献不断增强

2012年，上海信息服务业实现经营收入3628.79亿元，比上年增长18%。实现增加值1233.79亿元，增长17.5%，占第三产业比重达到10.2%，占全市国内生产总值的比重达到6.1%。截至2012年年末，有规模以上信息服务企业近4600家，从业人员达到40.8万人，其中2012年经营收入超亿元企业达到326家（不包括信息传输服务企业）。目前，上海有45家信息服务业企业在海内外上市。

2. 软件产业保持平稳增长

上海软件产业运营呈平稳增长态势，全年实现经营收入2085.76亿元，同比增长18.1%。实现利润总额298.26亿元，增长8.3%，平均营业利润率为14.3%。全年新增认定软件企业490家，登记软件产品3822个；累计认定软件企业3715家，登记软件产品20625个。截至2012年年末，软件产业从业人员达到30.9万人，同比增加3万人。其中，经营收入超亿元软件企业248家，经营收入超10亿元的软件企业24家，超千人软件企业35家，超万人软件企业1家。222家企业获得计算机信息系统集成资质认证，其中一级的12家、二级的40家、三级97家、四级73家。获得计算机信息系统工程监理资质的企业累计19家。计算机信息系统集成项目经理累计2186人。

3. 互联网信息服务业增速趋缓

上海互联网服务业全年实现经营收入642.85亿元，同比增长30.1%。其中，网络游戏收入达到188.1亿元，增长19.8%，增速放缓；网络视听产业收入超过40亿元，增速超过100%。同时，部分视听企业已开始盈利；上海第三方支付收入超过120亿元，增长近40%。随着央行第五批第三方支付企业名单的公布，上海共有51家企业获得51张第三方支付牌照，全国排名第一；盛大、巨人等28家企业被评选为“2012年互联网信息服务收入前百家企业”。

4. 电信传输服务业增速有所提升

上海电信服务业全年实现经营收入662.89亿元，同比增长11.4%。其中移动互联网业务的发展速度超过80%，远高于电信传输服务业增速。几大电信运营商在固网及话音等业务逐步萎缩、移动业务增长乏力的情况下，逐步将市场拓展重点转向增值电信业务。如联通和宝马汽车推出互联驾驶，电信推出IPHONE5套餐，移动研究推动4G网络建设。

二、主要运行特点

1. 产业结构进一步优化

信息服务业在助力其他产业结构调整的同时，其自身构成也在逐步调整中。一是软件产业和互联网信息服务业的比重不断上升，使得产业结构日趋合理。二是软件出口由以往的以软件外包服务为主转变为以出口自行设计开发、拥有自主知识产权的产品为主，向行业价值链高端发展。宝信、华腾、万达等软件企业先后在海外设立分支机构。三是互联网信息服务业由原先的网络游戏一枝独秀转变为网络游戏、第三方支付、信息资讯、贸易信息服务等多种互联网信息服务同步发展的局面。其中网络游戏由原先客户端游戏为主转变为客户端游戏、网页游戏、手机游戏齐头并进的局面。

2. 产业创新能力显著增强

上海软件企业高度重视企业创新能力的提升。一是企业研发投入占营收比重不断上升。全年上海软件企业研发投入近200亿元，占主营业务收入比重近9%。二是软件产品登记量不断增加。全年上海共登记软件产品3822个。其中应用软件3617个，占比94.6%。在应用软件中，行业管理软件971个；嵌入式应用软件310个；信息管理软件553个；控制软件471个；网络应用软件368个。三是新型产品和服务不断涌现。大智慧推出基于大数据技术的金融服务产品；金融期货信息技术有限公司推出基于金融期货的金融软件；汉得、东方有线、华东电脑等企业推出面向制造业、电子政务、企业服务和个人服务领域的云服务平台。

3. 产业布局优化，形成产业发展新格局

上海市信息服务业已形成以国家级产业基地为引领，市级产业基地为骨干，特色基地协调发展格局。目前有一个国家级软件产业基地和11个市级信息服务产业基地。在产业布局方面，浦东软件园、陆家嘴软件园等四个信息服务业产业基地定位发展高端软件。市北高新技术服务产业园和创智天地定位发展云计算产业。易园·徐汇、宏慧·盟智园、金桥由度创新园和博济·智慧园定位推进移动互联网产业集聚发展。其他如E构空间、杨浦科创中心、3131电子商务创新园、智慧岛数据产业园等一大批特色产业基地发展迅猛。上海市已形成聚散合理、分工互补的区域布局，并带动各区县的特色发展。

（杨立哲）

装备产业发展情况

2012年，全年装备产业实现工业总产值超过16000亿元，同比负增长约1个百分点，占全市工业比重约51%。其中，本市汽车制造业把握市场机遇，加大产品结构调整和技术升级，生产销售稳创新高，年产量首次突破200万辆大关，对工业经济的拉动作用进一步增强。高端装备制造业是战略性新兴产业的重要组成部分，它包括电站设备、工程机械、仪器仪表、船舶及海洋工程、民用航空和其他基础制造六大类行业。2012年本市高端装备制造业生产出现较大下滑，收入和利润双双下降。

一、2012年本市汽车制造业发展现状

1．产量稳创新高继续蝉联全国第一

2012年，本市汽车制造业平稳增长，产量已连续3年超过170万辆，并再创历史新高。全年生产汽车202.43万辆，首次突破年产200万辆大关，比上年增长2.9%，占全国总产量的10.5%，继续稳坐全国产量第一把交椅。

从汽车产量分月完成情况看，本市汽车单月生产始终保持较高水平。虽受上年同期基数较高影响，2012年二季度以来产量增速有所回落，但除6月份朗逸停产搬迁，12月份大众和通用设备停产检修影响外，其他各月产量均超过16万辆。其中有6个月的产量超过17万辆，比2011年多了4个月。3月份产量高达19.59万辆，创历史月产量最高记录。

2．产销两旺，生产销售同创新高

2012年，在全市工业经济不振、产值同比下降的情况下，本市汽车制造业积极克服市场需求增速放缓、竞争加剧的挑战，加大产品结构调整和技术创新，提升各款车型在细分市场上的占有率，凭借雪佛兰、新帕萨特、新朗逸、凯越、polo等车型的良好市场表现，共完成工业总产值4173.58亿元，比上年增长7%；完成工业销售产值4197.2亿元，增长4.3%，产销率达到100.57%，成功实现生产销售同创历史新高。

3．龙头效应明显，带动工业增长作用突出

2012年，凭借良好的生产销售表现，本市汽车制造业增长稳定，在本市6个重点发展的工业行业中，增速保持领先。汽车制造业占全市规模以上工业（以下简称工业）总产值的13.2%，比上年提高了0.4个百分点。对全市工业增长的拉动作用居6个重点发展的工业行业之首，全年拉动本市工业增长0.9个百分点，为保持本市工业经济稳定、平稳推进转型发展起到了重要作用（见表1）。

表1 2012年6个重点发展的工业行业总产值增长情况

行业	工业总产值（亿元）	同比增长（%）	拉动全市工业增长（个百分点）
全市规模以上工业合计	31548.41	−0.4	——
6个重点发展的工业行业合计	20970.49	−0.3	−0.2
电子信息产品制造业	6791.14	−3.2	−0.7
汽车制造业	4171.58	7.0	0.9
石油化工及精细化工制造业	3932.38	2.0	0.2
精品钢材制造业	1561.16	−3.7	−0.2
成套设备制造业	3768.58	−4.7	−0.6
生物医药制造业	745.66	7.9	0.2

4．出口持续增长，出口结构发生变化

2012年，受国际部分市场回暖影响，特别是亚洲和其他新兴市场如南美等需求增长，全球汽车产量上升，带动上海汽车制造业出口继续增长。本市汽车制造业完成出口交货值205.72亿元，比上年增长5.1%。

出口结构较2011年有明显变化。改装汽车制造业完成出口交货值5.53亿元，增长49.3%，增速居汽车制造业各行业之首。伴随产业链条逐步完善，本市汽车零部件企业参与国际汽车制造能力进一步提升。特别是上汽集团加大开拓南非、东南亚等市场，建立分公司与组装厂，带动汽车零部件扩大出口。2012年，本市汽车零部件和配件制造业出口继续增长，贡献度仍保持最高，共完成出口交货值191.46亿元，占本市汽车出口交货值的93.1%，比上年增长5.1%，但出口增速较上年放缓10.2个百分点。汽车整车制造业出口比上年下降20.3%，增速排名由上年汽车制造业的第一位下降至2012年的最后一位（见表2）。

表 2 汽车制造业出口变化情况

	2011 年			2012 年		
	出口交货值（亿元）	占比（%）	增速（%）	出口交货值（亿元）	占比（%）	增速（%）
汽车制造业合计	195.76	100	18.9	205.72	100	5.1
汽车整车制造业	8.21	4.2	2.1 倍	6.54	3.2	−20.3
改装汽车制造业	3.71	1.9	36.0	5.53	2.7	49.3
汽车车身、挂车制造	1.50	0.8	71.5	1.98	1.0	32.3
汽车零部件及配件制造	182.18	93.1	15.3	191.46	93.1	5.1

5．效益保持增长，整体盈利能力上升

2012 年，销售和出口旺盛带来本市汽车制造业经济效益的增长。全行业实现主营业务收入 5230.63 亿元，比上年增长 4.2%。实现利润总额 769.61 亿元，增长 5.7%。主营业务收入利润率达到 14.7%，比上年提高 0.2 个百分点。汽车制造业整体盈利能力进一步加强。

从分行业看，汽车整车制造业实现主营业务收入 3165.54 亿元，利润总额 563.3 亿元，主营业务收入利润率达到 17.8%，高于汽车制造业平均水平，比上年增长 0.5 个百分点。由于宏观经济对投资的控制，影响上海改装汽车和挂车、半挂车生产与销售，其行业主营业务收入增速和利润增速均有较大幅度的同比下降。汽车零部件及配件制造业受成本上升影响大，主营业务收入、利润总额虽同比增长，但主营业务收入利润率较 2011 年下降 0.2 个百分点（见表 3）。

表 3 2012 年汽车制造业经济效益一览

行业	主营业务收入（亿元）	增速（%）	利润总额（亿元）	增速（%）
汽车制造业	5230.63	4.2	769.61	5.7
汽车整车制造业	3165.54	3.3	563.30	6.5
改装汽车制造业	31.26	−15.8	−0.53	——
汽车车身、挂车制造	9.79	−7.7	0.27	−48.2
汽车零部件及配件制造	2022.20	6.0	206.62	4.2

6．大企业带动作用明显

2012 年是上海汽车集团股份有限公司（以下简称“上汽集团”）整体上市后正式运行的第一年。上汽集团整合资源，加大创新步伐，全年实现工业总产值 3330.81 亿元，比上年增长 6.8%，占全市汽车制造业总产值的 79.8%。完成出口交货值 63.7 亿元，比上年下降 1.8%，占汽车制造业出口交货值的 31%。在连续两年蝉联全国汽车销售冠军后，上汽集团再创历史新高，实现销售产值 3358.46 亿元，占本市汽车制造业销售产值的 80%。根据工信部发布的数据显示，上汽集团继续领跑全国各汽车集团，国内销售市场占有率达到 23%，比上年提高 2 个百分点。其中，上海通用和上海大众分列全国车企销售排行榜的第一和第三。

二、2012 年高端装备制造业运行总体情况

高端装备制造业是战略性新兴产业的重要组成部分，它包括电站设备、工程机械、仪器仪表、船舶及海洋工程、民用航空和其他基础制造六大类行业。到 2012 年年底，本市高端装备制造业共有 781 家企业（规模以上口径，下同），占全市战略性新兴制造业企业数的 35%；完成工业总产值 2300.98 亿元，占 29.5%。

1．工业生产明显下滑

在国内外经济增长放缓和本市转型发展转折期共同影响下，2012 年本市规模以上工业经济低速增长，高端装备制造业也进入转型发展的调整阶段，全年完成工业总产值 2300.98 亿元，比上年下降 9.8%，呈现较大的下滑态势。

在高端装备制造业中，民用航空制造业是新兴产业，虽然总量规模不大，但生产一枝独秀，比上年增长 40.4%。而电站设备、仪器仪表行业分别下降 6.2%、3.3%，工程机械、船舶及海洋工程、其他基础制造产值分别下降 22.6%、11.1%、10.8%。

2．出口分化明显

本市高端装备制造业外向度达 31.1%，高于规模以上工业 5.7 个百分点，外部经济环境对行业影响较大。2012 年本市高端装备制造业出口情况不乐观，完成出口交货值 718.56 亿元，比上年下降 13.9%，出口下拉作用明显（见表 4）。

表 4 本市高端装备制造业销售产值和出口交货值及增速

（单位：亿元）

	销售产值	增长 (%)	出口交货值	增长 (%)
总计	2310.99	−8.9	718.56	−13.9
船舶及海洋工程	842.61	−10.7	448.23	−18.3
其他基础制造	653.41	−11.0	107.69	−9.1
电站设备	340.28	−3.3	57.92	−18.8
工程机械	236.68	−18.1	35.30	11.3
仪器仪表	137.35	−3.7	39.09	−6.8
民用航空	100.65	35.2	30.33	37.7

其中，电站设备、船舶及海洋工程这两大类企业出口下滑明显，比上年分别下降 18.8%、18.3%，其次是基础制造行业和仪器仪表制造业降幅分别下降 9.1%、6.8%。出口增长的行业中，民用航空制造业增幅达 37.7%，工程机械制造业出口增长为 11.3%，显示出本市高端装备制造业出口“冰火两重天”。

3．收入利润双降

2012 年本市高端装备制造业收入和利润双双下降，全年实现主营业务收入 2337.73 亿元，比上年下降 10.2%，利润总额 64.86 亿元，下降 64.7%。其中盈利企业盈利额 132.46 亿元，比上年下降 24.3%；亏损企业亏损额 12 亿元，比上

年增长1.4倍，亏损面达到20%。由于市场低迷，生产经营困难，本市高端装备制造业应收账款有所上升，达599.63亿元，比上年增长5.9%。企业努力去除库存，2012年年底存货为599.24亿元，比上年下降13.7%（见表5）。

表5 2012年本市高端装备制造业主营业务收入和利润总额情况（单位：亿元）

	主营业务收入	增速%	利润总额	增速%
总计	2337.73	−10.2	64.86	−64.7
船舶及海洋工程	784.89	−14.5	−26.42	−1.6倍
其他基础制造	650.21	−10.8	36.28	−43.4
电站设备	367.02	7.5	25.65	−11.5
工程机械	231.60	−26.8	15.89	−37.7
仪器仪表	142.38	−6.0	9.25	−23.0
民用航空	101.57	36.5	2.35	−20.1

三、2013年新能源产业发展情况

2012年，上海新能源产业取得了积极进展，全年新能源产业完成工业总产值420亿元，比去年同期下降12%，其中核电140亿元，风电90亿元，太阳能190亿元。智能电网完成产值300亿元，同比增长15%。

核电领域实现平稳增长，同比增长7%。太阳能领域产量增长25%到3吉瓦，但因价格大幅度下降，产值同比下降26%。风电领域整机产量略有增长，同样因价格大幅度下降和为国内其他整机企业配套的零部件产量大幅度下降，风电产值同比下降27%。

1．新能源产业十二五规划和新能源高端装备专项工程实施方案发布。发展思路是：按照“抢占高端、突破瓶颈、打破垄断、国际竞争”基本思路，突出高端研发、优先装备制造、鼓励产业集聚、加大政策支持。发展目标是：到2015年，重点领域产业规模争取达到1000亿元。太阳能产业在薄膜太阳能电池和核心装备研发制造等方面达到国内领先、国际先进水平，核电产业市场占有率保持国内第一，风电设计、制造和系统集成能力要争取国内领先，率先在国内建成智能电网功能示范应用基地、关键技术研发基地、核心设备产业基地。

2．新能源产业重点项目加快推进。华锐风电临港风电产业基地建设项目、吉富新能源异质结太阳能电池关键设备等4项列入市战略性新兴产业重大项目，总投资12.9亿元。超日异质结太阳电池中试线等3项列入市战略性新兴产业重点项目，总投资7440万元。同时，沪东重机核安全1E级应急柴油发电机组成套研制、尚德太阳能扩建年产能力240MW高效太阳能电池等32个项目通过验收。

3．自主创新技术取得显著成果。在核电、薄膜太阳能电池设备、智能电网和风电等方面取得了一批技术突破，如异质结太阳能电池产业化技术开发；铜铟镓硒薄膜太阳能电池技术突破；核电主泵国产化研制；钠硫电池加快产业化能力建设。

4．产业化和市场化取得突破。在核电、高效晶硅太阳能电池、大型风电等方面获得一批首台设备应用及重大项目竣工和投产。如太阳能电池核心设备产业化；国内首批CAP1400蒸汽发生器和稳压器批产；CAP1400核岛主设备关键锻件国产化；智能变电站和动态无功补偿等智能电网设备进入规模产业化；高温超导带材研发和产业化能力建设加快推进。

（陈海林）

重化产业发展情况

2012年，上海重化产业完成工业总产值6299.38亿元，占全市规模以上工业总产值的19.97%。其中：石油化工完成工业总产值3932.38亿元，占全市工业的12.46%；钢铁完成工业总产值1561.16亿元，占全市工业的4.95%；有色完成工业总产值460.84亿元，占全市工业的1.46%；建材完成工业总产值345亿元，占全市工业的1.09%。

一、石油化工产业发展情况

2012年，石油和化学工业经济运行基本保持平稳，全行业整体效益下滑。石油化工及精细化工制造业实现工业总产值3932.38亿元，比上年增长2.0%，占全市规模以上工业总产值的12.4%。主营业务收入4045.70亿元，下降0.3%；实现利润84.97元，下降23.1%（全年规模以上工业增加值6446.14亿元，比上年增长2.9%；规模以上工业总产值31548.41亿元，比上年下降0.4%）。

2012年，原油加工量2208万吨，增长3.6%；汽油产量305万吨，增长11.2%；柴油产量822万吨，增长2.9%。8月份以来，聚氨酯市场出现回暖，价格回升，聚氨酯生产企业增长较快。从主要子行业生产看，橡胶制品业受益于天然胶原料价格下跌，增长10.8%。基础化学原料制造、合成材料制造业实现增长，增速分别为7%及3.4%。

（一）上海化学工业区

2012年，上海化工区实现销售收入959.52亿元，同比增长1.3%；实现工业总产值929.48亿元，增长6.7%；招商引资22.5亿美元，增长86.7%；完成固定资产投资41.3亿元，下降29%；上缴税金49.2亿元，增长22.4%；能源消耗总量为819.5万吨标准煤，增长4.9%。截至2012年年底，累计批准项目总投资 203.45 亿美元，累计完成固定资产投资 1014.9 亿元。

1. 推动园区产业能级提升

3 月，上海化工区被国务院批准升级为国家级经济技术开发区。10 月，被国家发改委表彰为“全国循环经济工作先进单位”。11 月，上海化工区创建“国家生态工业示范园区”通过验收。全年完成审批项目 37 个，其中超过 1 亿美元的项目有 7 个。合力推进炼化一体化项目。破解亨斯迈等公司的 24 万吨 MDI 扩建项目审批遇到的瓶颈难题。协调英威达己二胺项目审批程序和鼓励类确认问题，促进项目落地。

2. 营造良好投资环境

漕泾东航道支线航道于 12 月 18 日正式通航，有助于降低企业海运成本，满足园区经济发展需要。积极开展档案业务指导，做好项目档案验收和档案利用工作，荣获“上海市档案工作先进集体”称号。启动化工区电力系统专项规划的修编工作，为园区电力设施的建设计划提供了科学依据。

（二）上海石化

2012 年，上海石化安全环保态势持续向好，保持生产经营稳定运行。公司主要目标完成情况总体良好，大部分指标完成年度目标，全年加工原油 1119.35 万吨，增长 3.01%；生产成品油 587.88 万吨，增长 2.32%；乙烯 91.47 万吨，丙烯 50.44 万吨，分别增长 0.51%、4.71%；对二甲苯 86.62 万吨，下降 6.16%；塑料树脂 108.75 万吨，下降 0.95%；生产合纤单体 101.56 万吨，增长 7.33%；合纤聚合物 63.61 万吨，下降 4.23%；合成纤维 25.16 万吨，增长 0.64%；累计发电 28.75 亿度，下降 6.14%；商品总量 1073.84 万吨，下降 0.19%；实现营业收入 956 亿元，增长 23%；实现利润总额 12.92 亿元，利税总额约 98 亿元。

1. 安全环保工作保持优良业绩

层层落实 HSE 责任制，对 16 套主要生产装置开展 HAZOP 评估应用，安全管理水平明显提高。实施固废综合利用及减量计划，开展减少 VOC（有机挥发物）排放及实施 LDAR 监测，外排废水综合达标率 100%，固体废弃物量下降 18.10%，污水排放量下降 1.53%，二氧化硫排放量下降 6.65%，新鲜水取水量下降 2.40%。完成公司级以上隐患治理项目 35 项。实现安全环保“七个为零”的预期目标，第 10 次蝉联集团公司安全生产先进单位。

2. 生产运行情况总体平稳

制定 81 套生产装置 10 年长周期运行规划，以及打造一流乙烯、芳烃装置各项措施。开展装置安稳长满优专项竞赛，从装置开停车、计划执行率、技术经济指标等 7 个方面，确保装置安稳长满优运行。顺利完成芳烃、炼油、化工装置三条主线 7 套主要装置的停车检修，完善关键机组状态监测系统应用，落实“五位一体”特护工作，关键机组总体运行平稳，设备完好率为 99.86%。大力开展加热炉热效率劳动竞赛，加大对加热炉的日常管理和技术改造，加热炉平均热效率达到 91.89%，比上年提高 0.27 个百分点。公司考核的 53 套主要生产装置，非计划停车次数和时间分别下降 49.12% 和 46.42%。公司监控的 106 项主要技术经济指标，66 项指标好于上年，35 项指标达到集团公司同行先进水平。

3. 挖潜增效成效显著

建立原油优化测算机制，积极实施原油资源结构优化。继续做好乙烯、芳烃原料优化，努力降低原料成本，三烯收率达到 52.32%，提高 1.08 个百分点。优化制氢原料和燃料结构，实施减四线进催化掺炼、重石脑油分储分炼、提高油浆综合利用率、优化制氢原料等措施，全年累计挖潜增效 6.9 亿元。

4. 工程建设与技术进步硕果累累

11 套主要装置于 11 月底全部投料开车一次成功，公司摆脱采购低硫油的历史。1500 吨／年碳纤维装置一阶段项目打通全流程，顺利产出 SCF35S 碳丝，产品性能基本达到日本东丽 T–300 水平。大力推进热收缩膜用高结晶速率聚乙烯专用料、吸湿快干聚酯、超细旦抗起球腈纶等一批新产品的技术开发。努力调整产品结构，增产具有高附加值的三元无规共聚聚丙烯、丙丁无规聚丙烯等产品。高性能 PBO 纤维项目、大型生物流化床处理乙二醇污水工业试验等通过集团公司鉴定。YS–8810 银催化剂工业应用取得显著成效。生产新产品 40.09 万吨，产品总差别化率为 59.26%，申请专利 44 件，获得专利授权 10 件。

（三）高桥石化

2012 年，高桥石化加工原油 1088 万吨，化工产品产量 80 万吨，发电 10 亿度；实现销售收入 748 亿元；累计亏损 7.3 亿元；上缴税费 104 亿元，居上海纳税百强企业第五位。

1. 坚持逆境奋起，稳定安全环保形势

公司积极推动安全生产、清洁生产，尽全力稳定安全环保形势。试行欧萨统计分析，推动安全管理定量化；组织 JHA、HAZOP 培训，增强职工危害识别和风险评价能力；推进危险工艺分级管理，加强工艺过程安全控制。有效推进清洁生产。积极开展异味排查及整治，实施了污水处理场恶臭治理、酸性水罐区恶臭治理等项目，改善了区域大气环境质量。全年二氧化硫、氮氧化物、COD、氨氮排放总量同比分别下降 36.62%、2.58%、23.08% 和 30.22%，固危废委外处置量下降 22.56%，各废气排放重点监控点、废水总排口实现稳定达标排放。

2. 着力挖潜增效，提升运行优化能力

面对成品油价格倒挂和化工市场持续低迷的严峻形势，努力推动挖潜增效各项工作。一是抓住采购源头。密切跟踪国际原油价格走势和高低硫价差趋势，优化品种选择和计价期选择原油采购回归价格位列系统内第9位；把握大宗原材料及物资价格跌宕趋势、合理控制采购节奏，扩大框架协议采购和“零库存”采购规模。二是确保平稳运行，落实精细管理，装置非计划停工与临停同比下降59%，火炬燃放时间下降99%；三是落实结构优化，抓住有利时机，落实增产汽油各项措施，汽油产量同比增长14.4%，占产品总量的比例提高了1.6个百分点，为增产增效奠定了基础。四是把握市场终端。成功向江苏供应97号沪Ⅳ汽油、向浙江供应0号沪Ⅳ柴油、向广东供应98号高标准清洁汽油；加大聚醚、DCP等自销产品市场拓展力度，DCP呈现了满产满销、量价齐升的良好势头。

3．推进规划建设，提高企业发展质量

围绕“建设世界一流能源化工公司”的战略目标，稳步推进各项工作。一是差异化优势不断巩固。油品质量升级项目有序开展，260万吨／年柴油加氢装置4月份开始打桩，为向上海市场供应国Ⅴ标准油品奠定了基础。二是老区运行可靠度不断提高。实施了26项安全环保隐患整改项目，热电锅炉电除尘器改造等项目竣工投用；低温热利用、装置热联合等“短平快”节能项目如期竣工、发挥作用。三是技术进步再结成果。开展了焦化装置运行攻关、2号连续重整质量攻关、2号苯酚技术攻关等20项科研攻关活动，为企业降本增效、装置安稳长满优运行发挥了积极作用。年内，共下达46个科研项目，安排科研经费1033万元、总部拨款1228万元，完成了30项科研项目的鉴定或评审。四是漕泾规划布局有序推进。一体化项目可研报告和申请报告已上报总部，项目环评正式启动。五是合资合作取得新进展。与日本三井合资的中石化三井弹性体公司正式成立，40万吨／年苯酚丙酮项目基础设计获得批复、施工有序推进；与俄罗斯西布尔公司合资的丁腈橡胶、异戊橡胶项目谈判总体顺利。

（四）华谊集团

2012年，华谊集团主要经济指标实现“稳中有进”，完成产值460.4亿元，为预算目标的98%；完成销售收入450.6亿元，为预算目标的104.6%；完成利润总额11.4亿元，为预算目标的138.5%。

1．狠抓责任落实与隐患整治

全年累计安全环保投入5.62亿元，完成预算目标102.6%，完成18家非危化品生产企业的安全标准化达标工作。努力夯实安全环保基础。先后实施了82个HSE整改项目，集团本质安全度得到进一步提高。集团安全环保风险的防范能力和妥善处置突发环境事件的能力得到进一步提升，加大生产现场环保管控，三年来排口合格率明显提高，组织开展危化品泄漏事故应急处置演练。

2．加强战略合作，深化一体化运作

以集团46套核心装置为重点，加强产销衔接，部分核心产品产量稳中有升。其中：甲醇完成85.4万吨，增长37.5%；醋酸完成70.7万吨，增长20%；全钢胎完成662.3万条，增长5.2%；烧碱完成72.7万吨，增长16.4%；液氯完成57.9万吨，增长30.6%；丙烯酸丁酯、辛酯产量分别完成18.9万吨和3.8万吨，分别增长0.3%和19.7%。探索营销变革，目前服务贸易已占集团销售收入19%。成立了集团一体化外贸进出口业务平台“华谊香港贸易分公司”，全年实现销售收入1.24亿美元，集团外贸资源一体化的优势正逐步显现。

3．重点项目建设取得新突破

全年集团完成固定资产投资18.4亿元，为预算目标的104%。化工区华胜三期、安徽无为一期、安徽回力半钢子午胎一期等一批重点项目先后建成投产。集团还参股中国依多科，与亚洲依多科公司共同做大做强汽车配套油漆业务。推动购并重组工作，双钱完成收购泰华公司相关土地，扩大炼胶项目产能；涂料公司瞄准世界同行业先进水平，正在推进与民营企业的股权合作。

4．加快科研成果产业化步伐

集团全年累计科技投入8.9亿元，为年度预算目标的104%，完成专利申请82项，技术秘密认定50项，实现当年新产品产值18亿元，丙烯酸“新型高空速高收率丙烯氧化制丙烯酸催化剂的研制及工业化应用”项目获上海市技术发明一等奖；三爱富“高端有机氟材料技术开发”成功申报国家科技部“863”项目。

二、钢铁产业发展情况

2012年，上海钢铁行业总体呈现调整中回落的态势，通过结构调整和节能减排工作的推进，产业结构得到进一步优化。精品钢材制造业完成工业总产值1561.16亿元，同比下降3.7%；主营业务收入1993.68亿元，下降12.3%，实现利润127.82元，增长110%；钢材产量2341万吨，下降7.6%。

1．产品结构持续升级，精品发展取得显著成效

上海钢铁产业依托宝钢集团，一方面逐步减少碳钢普通热轧板商品材，另一方面大力发展冷轧汽车板、硅钢、宽厚板、能源用管、不锈钢等高端产品，特别是具备了批量生产超高强汽车板、B23R080等当今世界最高级别牌号的取向硅钢、核电用690U型管等世界顶级产品的能力。

2．布局调整成效显著，初步形成市内外协同发展格局

提升宝山精品钢材基地的综合水平。根据城市和产业发展的需要，坚决调整淘汰全市零星小钢铁企业，强化以宝钢集团为核心，以精品钢深加工为主的生产布局。聚焦并提升宝山地区精品钢材基地的综合水平，研究推进布局的进一步优化。

“十一五”时期，宝钢集团二钢基地关闭，并将线材制品生产转移到江苏南通；上海铁合金行业已全行业退出；小

钢铁生产企业关闭了13家。宝钢集团原浦东钢铁基地搬迁至宝山罗泾，建成非高炉炼铁的中厚板基地，基本实现了钢铁产业向宝山区的集中。积极推动钢材现代服务业集聚于宝山区，集中了上海钢材交易量和板材仓储量的绝大部分。

3．产业链不断延伸，钢铁服务业取得长足发展

积极推动上海市钢铁产业链由钢铁制造向上、下游两端延伸，延伸发展与钢铁相关的贸易流通、仓储加工等生产性服务业，初步形成供应链、技术链、资源利用链交织的产业协同和配套能力较强的生产性服务业体系。

宝钢集团

2012年，公司实现销售收入2856亿元，同比下降9.7%；实现利润总额112亿元，下降38.2%；完成铁产量4156万吨，增长3.5%；完成钢产量4374万吨，下降1.2%；完成商品坯材产量4339万吨，下降0.5%；实现销售收入2601亿元，下降4.5%；利润总额34.8亿元，下降64%。多元产业全年实现销售收入977亿元，下降7.9%；利润总额41.3亿元，下降30%。除此之外，集团总部及其他资产性收益36.1亿元。从集团利润总额的构成来看，钢铁业占比31%、多元产业占比37%、集团总部及其他资产性收益占比32%。总体上三类收入各占1/3，多元产业略强。2012年标准普尔、穆迪、惠誉三家评级机构对宝钢集团的评级复审结果显示，宝钢依然保持全球钢铁行业的最高信用评级。2012年，公司位列《财富》世界500强第197位，连续第三年获得中国公益领域最高政府奖——中华慈善大奖。

2012年，宝钢集团实现节能减排项目投资15.22亿元，成功完成宝钢股份1炼钢2# 转炉OG节能改造、八钢本部烧结脱硫改造、宁钢烧结脱硫改造、韶钢燃气锅炉建设等一批重点节能减排项目，进一步增强了节能减排工作后劲。与上年相比，全集团实现节能量48.3万吨标煤，SO2及COD分别减少排放17692吨和889吨，下降率分别达到39%和41%。

入选“中国十大创新型企业”。完成汽车用钢国家重点实验室筹建，积极申报薄带连铸等技术中心，组建“装配式钢结构民用建筑产业技术创新战略联盟”，在行业内形成很好的反响，进一步扩大了宝钢技术在国家层面的技术影响力。

海外钢铁投资项目“目标明确、主动出击”。开展东南亚、澳大利亚、北美、欧洲等地多个钢铁项目前期工作。推进海外加工中心建设，宝钢意大利项目进入商业计划执行阶段，印度、泰国及韩国等海外加工中心建设也在加紧推进。为充分利用海外研发资源，在澳大利亚建立“宝钢—澳大利亚联合研发中心”，这标志着宝钢研发体系国际化对接迈出了实质性的一步。

三、有色金属产业发展情况

1．有色金属生产平稳，产业升级

2012年，上海有色金属行业总体上保持了平稳运行态势，依靠冶炼产量扩张的粗放型发展模式正在发生转变，但是全年的经济运行数据不容乐观。全年完成工业总产值460.84亿元，同比上涨0.2%；主营业务收入456.22亿元，下降12.8%；利润7.45亿元，下降43.9%。在国家实现节能减排目标的推动下，上海有色金属工业未来将面临较大的产业结构调整和节能减排压力。根据上海产业结构调整的总体要求和上海有色金属行业的现状，分步骤、分阶段、分批次坚决推进结构调整。

2．产业新品研发动态

部分企业呈现与现代先进制造业和新兴产业配套，向“专、精、特、异”发展的趋势，并投入巨资，力争在发展中调整产品结构。中铝上海铜业有限公司投资14亿元，开发压延铜箔；上海飞轮实业有限公司和宝钢商谈合作，投资1.5亿元，进行钛管和抗菌不锈钢超长管的开发；五星（上海）铜业有限公司投资1.5亿元，开发新能源用硅材料；海亮集团有限公司、上海桦厦实业有限公司、上海日光铜业有限公司、上海龙阳精密复合铜管有限公司等企业紧贴新能源、大飞机、汽车、电子行业，积极开发钛板、海水淡化白铜管、薄壁内螺纹管等产品。萨帕铝热传输（上海）有限公司、上海萨新汽车热传输材料有限公司和达纳铜铝有限公司等积极开发铝合金复合材料，提高汽车热交换器效果。上海轻合金精密成型国家工程研究中心开发的新型稀土镁合金型材，受到国外著名汽车公司的好评。

四、建材工业发展情况

2012年，上海建材行业完成产值345亿元，同比下降2.3%；利润大幅下降。其中技术含量较高的新型建材产品如技术玻璃行业产值小幅增长，砖瓦、石灰等传统建材行业明显下降。

2012年上海建材生产经营情况

项目		单位	数值	同比(%)
主营收入		亿元	361.7	−9.6
产值		亿元	345.0	−2.3
利润总额		亿元	14.1	−36.0
产品	水泥、石灰、石膏制造	亿元	28.1	3.1
	水泥和石膏制品制造	亿元	164.8	−1.6
	砖瓦、石灰和其他建筑材料	亿元	81.2	−10.3
	平板玻璃制品	亿元	2.0	5.1
	技术玻璃制造	亿元	52.2	4.3
	玻璃纤维增强塑料制品	亿元	16.8	0.6

（李　颉）

都市产业发展情况

2012年，上海轻纺产业在国内外经济形势不景气情况下实现平稳运行。

一、整体情况

工业生产基本平稳。全年轻纺产业3769家规模以上工业企业实现工业总产值5648亿元，可比下降0.8%，占全市工业总产值比重18.2%。其中轻工全年实现工业总产值4833亿元，可比基本持平；主要子行业中，农副食品加工、食品制造、日化产品制造、工艺美术品制造、包装等行业可比分别增长4.1%、4.5%、2.0%、14.9%和约10%，家电行业受家电下乡政策逐步退出和房地产调控等因素影响，可比下降8.1%。纺织实现工业产值815亿元，可比下降4.8%；除家纺行业可比增长5.0%之外，其他子行业出现不同程度下降。

内销增长好于出口。全年轻纺产业实现销售产值5625亿元，同比增长1.0%；实现出口交货值1174亿元，同比下降4.8%，占全市出口比重14.9%；内销同比增长2.7%，情况好于出口。各主要子行业中，食品制造业、饮料制造业出口形势较好，同比分别增长11.2%和7.8%；电池制造、文教体育用品、家用电器出口率最高，分别达到66.1%、57.1%和48.4%。

盈利能力日趋分化。全年轻纺产业整体实现利润378亿元，同比下降1.4%；缴纳税金总额200亿元，同比增长12.9%，轻纺各主要子行业均实现盈利。轻工方面，应原材料价格回落利好，日化产品制造业、农副食品加工业、食品制造业利润增长最快，分别同比增长52.4%、68.7%和23.4%；家具制造业以创意设计提升产品附加值，行业利润率最高，为11.0%；纺织行业在国内外不利形势影响和结构调整中加快转型，行业整体利润下降33.2%。

二、存在问题分析

需求形势不容乐观。一是国际市场需求尚未回暖，据悉广交会采购商数、成交额下降均超10%；国际贸易壁垒层出不穷、花样翻新；纺织行业中低端订单持续向东南亚国家转移，各种因素令上海的出口加工型企业经营困境日益凸显。二是国内市场需求低于预期，房地产调控、家电下乡政策逐步退出等影响到室内装饰、家居、家电等行业需求；食品安全和产品质量事件继续发酵，影响相关行业健康发展，国产品牌婴幼儿奶粉在市场竞争中处于绝对弱势。

成本压力持续存在。一是劳动力成本上涨，并预计将在未来一段时间内保持上涨趋势，上海地区外劳力综合保险统一调整为城镇保险也增加了用人成本。二是营业成本增加，传统商超渠道名目繁多的进场费、促销费、店庆费等和较长的资金占用时间困扰着大部分轻纺企业，电子商务成为企业进一步完善营销渠道的最佳选择，全年轻工和纺织营业费用分别同比上升8.5%和9.2%。三是原材料成本压力整体有所缓解，部分行业原材料成本依然有不同程度上涨，如大豆价格从年初的3980元／吨提高到约4490元／吨；国内外棉花价差最高时近7000元／吨，严重影响棉纺及下游产业链竞争力。

产业核心竞争力有待提高。印刷包装、服装等行业市场化竞争日趋激烈，企业议价能力较低。包装行业中核心、高档设备基本从德国、美国等进口，部分企业停留在传统加工制造模式上；服装行业，消化库存压力成为年内面临的首要问题。贵金属成为投资热门，银行、矿山、百货均开始自营黄金产品，传统黄金珠宝行业竞争激烈。日化行业全年上海本土品牌取得不俗成绩，上海家化增长25%、相宜本草增长30%、伽蓝集团增长27%、百雀羚增长70%以上，但在中高端领域，外资品牌依然处于绝对优势。知识产权保护任重道远，冠生园公司反映每年假冒其品牌的产品价值不低于2亿元，第一铅笔估计每年约有几亿支假冒中华牌铅笔。

三、行业转型发展与重点工作推进

1．加快推进品牌建设工作。深入贯彻落实工信部《关于加快我国工业企业品牌建设的指导意见》，在上海市委、市政府领导高度重视和支持下，加强品牌建设相关调研和工作推进。召开全市推进品牌建设工作会议，印发《关于本市加强品牌建设的若干意见》，明确4个方面、16条政策措施；建立联合推动的组织推进机制，成立上海市品牌建设工作联席会议，由分管副市长作为第一召集人，联席会议办公室设在经济信息化委；修订《上海市加快自主品牌建设专项资金管理办法》，开展2012年度自主品牌建设专项资金申报和项目评审工作，与相关委办形成统分结合的管理机制，聚焦重点扶持项目；推选23个品牌作为上海市首批重点推进的品牌，加大协调服务力度。如老凤祥在品牌战略引领下，积极开展商标海外注册、设备更新、国内外参展、渠道建设等工作，目前已经形成自营银楼、专卖店、经销店等组成的营销网络，2012年实现销售近230亿元。晨光文具统一开展门店形象设计和标准化加盟体系管理，制定2013年将门店增加到4000家、覆盖46个城市的拓展计划。

2．推进设计提升、技术改造等工作。借助上海市推进联合国“创意城市——设计之都”建设契机，推动轻纺企业提高创意设计能力，加大设计研发和技术改造工作力度、推动第三方设计企业和行业中介机构为企业开展服务。如双鹿电器新建研发中心，每年投入销售额的3%进行新产品研发。上海丝绸集团股份有限公司的Lily女装品牌，依靠优秀的设计师团队，2012年保持快速增长，并在东南亚地区拓展取得了不俗业绩，其中在泰国开设了30多家统一设计的品牌门店。在中国国际照明灯具设计大赛中，上海企业设计的LED灯具荣获了一等奖、创意奖等众多奖项。继续推动轻纺产业技术改造工作，重点支持食品产业、印刷包装产业等技术改造项目，继续推进高新技术产业化项目实施，推动轻纺产业两化融合工作。

3．支持产业转移，优化产业布局。一是轻纺企业将生产基地向苏浙皖和中西部省市转移。凤凰自行车将生产全部转移至天津、江苏两地，索伊电器将生产基地迁至中部地区。上海汽车地毯总厂有限公司为宝马汽车生产配套脚垫已实现盈利，埃弛汽车地毯有限公司为奔弛汽车、凯迪拉克新建配套工厂，目前上海汽车地毯产业已在武汉、长春、铁岭、沈阳、芜湖、太仓、仪征等地建成12家生产企业。另一方面是积极促进国内外轻纺品牌企业来沪投资。

4．加强重点行业管理服务工作。食品行业重点推进食品工业企业诚信体系建设，完善工作体系，加强工作指导，加强标准宣贯培训；举办食品工业企业诚信体系建设动员暨培训会议，邀请国家认证认可技术研究所为上海食品企业进行培训；在乳制品行业全面推广诚信体系建设，建立乳制品企业生产动态监测机制；参加上海市食品安全宣传周，开展以乳制品企业为代表的诚信体系建设现场交流会，取得良好成效。工艺美术行业做好国家级工艺美术大师申报推荐工作，新增2名国家级工艺美术大师；完成第一、第二批上海市共69名工艺美术大师复审工作；完成上海市传统工艺美术品种、技艺申报评审工作；开展工艺美术10周年纪念活动和大师精品展。服装家纺行业完成工信部服装家纺自主品牌调查分析工作，三枪、红富士等11个品牌企业列入工信部重点跟踪培育的自主品牌企业名单；承办工信部家纺行业品牌培训工作；完成2012年度印染企业和粘胶纤维企业准入公告申请审核工作。电动自行车行业配合相关委办开展专项整治工作，牵头组织开展上牌目录审核工作；参与上海市《非机动车管理办法》修订工作。

5．做好产业基础工作。根据工信部颁布的相关产业政策，做好产业政策审核工作，把好产业准入关；梳理完成都市产业政策研究与汇编工作；建立重点行业协会季度经济运行例会制度，加强行业统计分析。

（陈建林）

设计之都及文化创意产业发展情况

2012年，在市文创领导小组的领导下，市经济信息化委围绕“创新驱动、转型发展”，坚持“稳中求进”，全面落实文化创意产业“十二五”发展规划，全力参与市文创办工作，聚焦设计之都建设、不断促进创意设计产业发展，提升创意产业集聚区发展内涵。上海文化创意产业逆势飞扬，设计之都建设取得新的突破。全年本市文化创意产业增加值约2100亿元，占全市生产总值的比重约为10.44%。

一、市区联动合力推进，体制机制更趋完善

2012年，本市文化创意产业发展形成“统筹协同、市区联动、各方合力推进”的良好局面。市文创领导小组及办公室体制机制逐步完善。各区县文创领导小组及办公室注重贯彻市文化创意产业工作要求，紧密结合区域经济发展特色，努力加强对区域文化创意产业的谋划布局和统筹协调，取得了显著成效。

二、采取有力措施，产业发展环境持续优化

在金融支持方面，成立上海文化产权股权投资基金，开展创意设计中小企业融资服务试点。在科技支撑方面，发布《上海推进文化和科技融合发展行动计划（2012—2015）》。上海张江国家自主创新示范区被认定为全国首批国家级文化和科技融合示范基地。在贸易拓展方面，39家企业和8个项目被认定为2011—2012年度国家文化出口重点企业和重点项目。完成《国家对外文化贸易基地（上海）发展三年行动计划》编制。在人才政策方面，制定发布《上海市文化创意产业紧缺人才开发目录》。在企业创新方面，开展首批30家上海市设计创新示范企业创建工作，试行文化创意类企业“集中登记”模式。在品牌建设方面，印发《关于本市加强品牌建设的若干意见》，成立上海市品牌建设工作联席会议。在知识产权方面，突出对文化创意产业发展的政策倾斜和支持。在基础统计方面，完成《上海市文化创意产业统计分类目录》修订。

三、成立专项扶持资金，稳步推动税改试点

2012年，本市制定出台《上海市促进文化创意产业发展财政扶持资金实施办法（试行）》并发布2012年度资金申报指南，重点扶持文化创意产业领域的信息、贸易、技术、产权／版权交易、数字出版等公共服务平台的建设和应用推广。根据项目分类，本市新设“创意设计产业发展财政扶持

资金”，并制定了《上海市创意设计产业发展财政扶持资金实施办法》，其他有关项目纳入现代服务业、信息化和文化等专项资金中予以支持。共有122个平台项目和18个课题项目列入扶持范围，市级财政扶持资金总额为2.95亿元。

2012年，本市文化创意产业的部分门类纳入营业税改征增值税试点，试点工作进展平稳有序，运行情况总体良好。1—11月，本市征收增值税的文化创意服务企业共3.97万户，其中一般纳税人1.02万户，小规模纳税人2.95万户，文化创意服务企业户数占全部试点纳税人的比重超1/4，较年初新增1万户，是试点全部7个行业中户数最多的行业。政策试点以来，超过9成的文化创意试点企业税负下降。营改增试点政策的实施，打通了连接二、三产业增值税抵扣的链条，从制度上解决企业多环节经营活动面临的重复征税问题，为本市文化创意试点企业发展创造了更好的税制环境。

四、推进重大项目和园区基地建设，载体建设水平有效提升

本市进一步加强“部市合作、市区联动”，推进一批具有产业引领示范作用的重大项目建设，如中国（上海）网络视听产业基地、上海音乐谷等；加快推进上海“设计之都”特色产业基地建设，如江南智造创意设计、环同济建筑设计、环东华时尚设计、上海国际汽车城汽车研发科技港等。

各区县加快园区载体建设及优质项目的引进。浦东新区积极推进张江国家级文化和科技融合示范基地核心园、上海国际电影城建设和招商引资。静安区重点推进昌平路设计集聚带建设。嘉定区着重建设南翔智地、东方慧谷等10个园区。徐汇区以东方梦工厂为旗舰，规划建设西岸传媒港；筹备国家音乐产业基地。闸北区启动易园·大宁、乐平方等11个老厂房改造。杨浦区推进上海国际时尚中心北块项目和环同济设计创意产业集聚区建设。宝山区加快推进上海动漫衍生产业园、上海国际工业设计中心等园区建设。闵行区加快闵行文化公园、七宝生态商务区项目集群建设。奉贤区积极推进南上海艺术创意产业园建设。崇明县加快推进智慧岛数据产业园、江南三民文化村等重点项目建设。

2012年，89家市创意产业集聚区总建筑面积为336.26万平方米，入驻企业总数9298家，比上年增长10.76%；从业人员数为20.55万人，增长15.32%；总营业收入为1104.25亿元，增长23%；单位面积产出值为3.79万元／平方米，增长13.81%；总税收70.56亿元，增长21.41%；公共服务平台数为235个，增长4.91%。

创意产业集聚区公共服务平台建设和运营效果显著，园区服务水平再上新台阶。如张江创星园建设了企业创办服务平台、知识产权保护平台、设计创新创业投融资平台、政策扶持激励平台、资金宝－项目资金对接平台等11个公共服务平台，平台全年累计为企业申请专利227件，帮助企业申请创业发展资金1.03亿元。承办或组织企业参加各类文化创意活动共计24场，为企业提供工业设计、技术研发试制服务511次；金沙国际3131园区通过人才研训平台的建设和运营，累计为园区企业输送100余名实习生，2013年培训400人次。同时园区还积极与“飞马旅”等企业机构合作创建投融资孵化平台，已有6家企业获得资本投资；上海时尚园通过园区培训和交流平台，极大促进了园区时装设计师尤其是新锐设计师的成长，累计有40名服装设计新锐获得“时尚长宁”全国知名高校时装设计奖学金。有3位设计师获得了“中国十佳优秀设计师”称号；创异工坊积极推进人才实习就业平台和欧洲技术服务交流平台的建设和运营，全年有100余人次应届毕业生在园区企业开展了实习实践。欧洲技术服务交流平台联合欧洲技术服务中心的渠道和服务优势，结合佩卡集团、BLM集团、科倍隆集团等业界知名企业，已吸纳30余家欧洲机床企业进入平台，参加国内外各种展会7场次，全年共举办20余场规模不一的技术交流和商务洽谈会议，促成40笔设备和技术的交易，交易金额达到8000万元；M50创意园积极推进创意设计孵化器的建设，推进青年新锐的培育、设计作品向产品的转化以及创意产品的推广销售，至今已经扶持了100余名创意新锐。

五、开展国际合作，打造品牌活动，产业发展氛围更加浓厚

在国际合作方面，联合国教科文组织“创意城市”（上海）推进工作办公室与意大利佛罗伦萨市政府签订了合作协议，共同建设“上海佛罗伦萨—中意设计交流中心”，已先期启动佛罗伦萨基地建设，将为上海设计企业和人才提供工作室、培训、展示、商务渠道拓展等服务。

在大型活动方面，首次以设计之都名义开展“2012年上海设计之都活动周”，首次推出设计之都年度人物、品牌、场所奖，盘点总结“设计之都”建设成果，首次推出上海设计之都地图，培育设计市场，扩大“设计之都”影响力；邀请创意设计领域相关国际组织和知名学者专家来沪，开展“设计与城市转型”高峰论坛；开展网上虚拟展，形成长效成果展示机制；整合社会资源，以讲堂、论坛、展览、集市、活动和大赛等多种形式，汇聚了16个主题活动。举办了上海国际电影节、电视节、中国国际动漫游戏博览会、中国国际数码互动娱乐展览会、中国上海国际艺术节、艺博会、上海书展、时装周等一批大型活动。

各相关行业协会和社会中介组织也积极打造各类品牌活动。上海市工业经济联合会发起成立上海市制造业创意促进中心；上海现代服务业联合会在2012设计之都活动周期间举办“2012上海创意产业博览会”；上海创意产业协会举办“2012上海创意产业国际论坛”；上海室内装饰行业协会举办“2012上海国际室内设计节”；上海工艺美术行业协会拓展国际合作交流，举办系列专题展览活动；上海工业设计协会举办“2012年中国工业博览会——时尚设计与设计之都”发展论坛等。

与此同时，区县活动蓬勃开展。如黄浦区举办中国广告和品牌大会；长宁区举办环东华时尚周；普陀区举办上海国际电影节手机电影节暨交互动漫影展；虹口区开展“2012虹口创意产业园区文化艺术节”系列活动；金山区举办星尚热波沙滩音乐节；青浦区开展了利用“古文化”和“水文化”的课题调研；松江区成功开展辰山草地交响音乐会。

（罗志伟）

生产性服务业发展情况

一、2012年和“十二五”以来生产性服务业运行特点及推进工作情况

（一）基本情况

2012年，是本市生产性服务业取得新突破的一年。全市生产性服务业重点领域重点企业共实现营业收入5613.9亿元，比上年增长16.4%；实现利润450亿元，增长14.8%。生产性服务业在推动上海产业转型、提升上海产业能级上发挥了积极作用。

按照市委、市政府关于“创新驱动、转型发展”的总体要求，全市加强对生产性服务业有关政策特别是财税政策的研究，加大对生产性服务业企业的扶持、推进力度，明确“十二五”生产性服务业发展重点。生产性服务业发展情况如下：

1．服务功能不断加强

目前，上海集聚了一批提供总集成总承包、研发设计、检验检测、数据处理、品牌运营、咨询培训等一体化解决方案服务的生产性服务企业总部，全年新认定跨国公司地区总部50家、投资性公司25家、研发中心17家，累计分别达到403家、265家和351家，总部机构相加超过千家。

2．电子商务保持快速发展势头

2012年，本市电子商务年交易额达7815亿元，比上年增长41.9%。与此同时，上海金融和物流业的发展更为电子商务突进创造了叠加优势。目前，上海共获得53个非金融机构支付业务许可证；发达的物流服务使电商左右逢源，如易迅网成为国内首家提供晚间配送的B2C公司，保持300%的年增长率。此外，上海还先后建成钢铁、有色金属、二手车交易、农产品等大宗商品交易的B2B电商平台，全市钢铁电子交易额占全国比重的70%~80%。

电子商务“双推”工程将政策扶持与市场选择紧密结合，充分调动电子商务平台企业的积极性，加大社会宣传与推广培训力度，广大中小企业参与踊跃，市场反响较好。2012年“双推”工程自5月底启动，截至10月中旬，根据第三方监测机构的监测审核结果，2012年度11家“双推”平台企业共累计新发展本市中小企业客户2255家。自“双推”工程于2010年试点实施以来，目前已遴选“双推”服务平台29家，累计超过1.1万户本市中小企业通过“双推”工程与电子商务平台企业实现对接，开展了电子商务应用，为促进电子商务与中小企业融合创新发展，营造良好的电子商务市场发展环境起到了积极作用。

3．总集成总承包发展态势良好

各级企业申报总集成总承包工程专项引导资金项目全年总数156个，专项资金累计支持项目24个，扶持项目数占申请项目总数的15%；156个项目投资总额计228亿元，安排专项资金总计2000万元。

4．功能区发展稳中求进

功能区围绕“创新驱动、转型发展”，进一步加快产业转型，同时吸引行业内具有引领作用的企业向功能区集聚，形成特色鲜明、错位竞争的态势，做到立足上海、服务全国、辐射全球。

截至2012年年底，共有重点推进和重点创建的生产性服务业功能区28家，总占地面积为4208.36公顷。

5．政策支持

年初，上海率先在交通运输业和部分现代服务业领域开展“营改增”试点工作，截至年底，上海共有15.9万户企业纳入“营改增”试点范围，其中九成企业税负减轻，上海区域内试点企业和原增值税一般纳税人全年实现结构性减税达166亿元，加上产业链跨省市的增值税延伸抵扣因素，全年减税规模超过270亿元。为确保试点政策的顺利实施，上海采取有针对性的财政扶持政策，通过“企业按月申报，财政滚动拨付”的方式，对税负明显增加的试点企业进行财政补贴。自2012年9月起“营改增”试点地区逐步扩大至北京、天津、江苏、浙江、宁波、安徽、福建、厦门、湖北、广东、深圳等12个省、直辖市、计划单列市，上海为全国范围扩大“营改增”试点积累的宝贵经验已开始向全国延伸。

“营改增”试点打破服务市场分工细化的税制瓶颈，打通制造业和服务业的税收抵扣链，结构性减税效果明显，对降低制造业企业税负，保持“稳增长”起到了重要支撑作用。为加快适应新的税制环境，用好用足试点政策，部分试点企业已在“营改增”试点的触动下，加快调整优化组织结构，转变经营模式，加快市场拓展，“营改增”对促进企业转型和产业发展的积极影响已初步显现。“营改增”对促进第二、第三产业融合发展，加速推动生产性服务业专业化分工、社会化协作具有重要意义。

同时，上海进一步鼓励支持制造业主辅分离，促进生产性服务业加快发展，提升制造业企业的核心竞争力、促进生产性服务业加快发展；总集成总承包工程等专项引导资金项目，进一步推动经济发展方式的转变，促进生产性服务业的大力发展；全面实施2012年度推动电子商务企业创新发展、推动中小企业应用电子商务工作，加以资助资金，助力中小企业电子商务发展。

（二）推进工作情况

1．围绕产业重点，落实营业税改征增值税试点

本市营业税改征增值税试点明确后，围绕生产性服务业推进工作重点，多次召开会议，及时组织行业协会、区县部门、试点企业等开展不同形式的座谈、培训、调研及政策宣贯活动，结合企业实际研究试点政策实施细则，跟踪试点政策的效果并反馈企业诉求，深入分析试点政策对产业发展的影响，做好本市财政扶持政策与试点政策的过渡衔接工作。

2．建立生产性服务业统计制度

根据国家《服务业发展“十二五”规划》和国家工信部要求，按照国家统计局2012年开始实施的《国民经济行业分类》国家标准（GB/T4754-2011），形成生产性服务业重点领域行业分类目录，建立生产性服务业重点领域统计调查制度，以反映上海产业结构转型升级成效，为更好发展生产性服务业奠定决策依据。

3．进一步推动生产性服务业功能区建设

完成2011年上海生产性服务业功能区复审工作，印发《上海市经济信息化委、市发展改革委、市规划国土资源局、市环保局关于2011年生产性服务业功能区复审报告和各区生产性服务业功能区复审情况的通报》（沪经信生[2012]830号）。组织开展2012年生产性服务业功能区复审工作，对2010年批复的重点推进的4家生产性服务业功能区（上海钢铁金融产业园生产性服务业功能区、上海国际钢铁服务业中心〈钢领〉生产性服务业功能区、上海漕河泾开发区松江生产性服务业功能区、上海南郊生产性服务业功能区）开展两年一次的复审工作，全面了解和掌握功能区的建设和推进情况，建立完善“建管并举，提升功能，加强服务，合力推进，优胜劣汰”工作机制，形成用地集约、产业集聚、功能集中、服务集成的发展格局。

4．深入推进总集成总承包领域发展

修订总集成总承包项目申报指南和发布申报通知，通过“总集成总承包专项资金”全年扶持项目24个，有效提升总集成总承包企业的业务能力、扩大服务领域和服务半径，推动总集成总承包模式创新、业务创新和服务创新，推动工业企业转型升级和二三产业融合，促进制造业企业向价值链两端延伸，加速由“生产型制造”向“服务型制造”转变。

5．深化实施电子商务“双推工程”

为促进电子商务与中小企业融合创新发展，深化实施电子商务“双推工程”。支持“双推”平台企业开展多种形式的与中小企业的对接交流及培训宣讲活动，本年度与“双推”平台企业对接成功并获得“双推”资金补贴的本市中小企业达到2255家，“双推”工程降门槛、育品牌、促普及的作用初步显现。

6．成立全国首家生产性服务业社团

12月27日，上海生产性服务业促进会正式召开成立大会。促进会以“创新驱动、转型发展”、大力促进上海生产性服务业为己任，加速推进研发销售“两头在沪”、制造业和生产性服务业的融合发展；以“服务办会”为宗旨，进一步发挥政府和会员间的桥梁纽带作用，全面推进促进会各项工作；紧紧围绕“十二五”生产性服务业发展规划、上海生产性服务业发展的十大重点领域、政府相关部门和会员单位的发展需求，聚焦产业发展重点、聚焦政策宣传推广、聚焦服务企业、聚焦基础工作，积极把握发展机遇与挑战，坚持“与政府同步、与企业同心”，努力营造学习交流、创新发展的工作平台，为推动上海生产性服务业发展发挥积极的作用。

7．开展研发、销售“两头在沪、中间在外”专题研究

加快研发、销售“两头在沪”企业发展是落实国家关于上海加快发展现代服务业和先进制造业建设国际金融中心和国际航运中心的重要内容和有力举措，是上海产业转型、升级的内在要求和发展方向。上海正处在服务业加快发展，制造业提升发展的关键时期，“两头在沪”的发展战略，是减少“四个依赖”的重要举措，是营改增放大效应的延续，是促进专业化分工的重要抓手，为我们延伸产业链、提升价值链，大力发展生产性服务业指明了方向。在此基础上，成立研发、销售“两头在沪”企业发展的对策研究课题组。课题组开展了问卷调研、实地走访等工作，座谈调研了虹口区、闵行区、杨浦区、市北功能区及上海通用汽车等5家具有代表性的区县、功能区和企业，听取了17家企业的情况汇报；发出“两头在沪”课题调研表71份，实际回收57份，参与课题调研企业2183家，调研结果均在课题中反应。课题组还就调研现状作了进一步的分析，并结合国内外先进城市对比、政策梳理结果提出了相应的对策措施。

8．完成制造业与生产性服务业融合发展课题研究

市经信委经济运行处、生产性服务业处会同市统计局工业交通处和社会科技处以及上海生产性服务业联盟联合成立课题小组，采用实地、座谈和课题问卷调研表三种形式开展对上海制造业与生产性服务业融合发展的课题研究，通过对上海制造业与生产性服务业融合发展现状、业务特点、存在问题和发展趋势进行分析，深入准确地了解上海制造业与生产性服务业融合发展态势，并为下一步的发展提出措施和建议。

二、重点制造业企业向生产性服务业延伸情况

目前，上海制造业服务化趋势日益明显，一方面大量生产性服务业企业随着制造业的高度发展不断从传统制造业企业中剥离，制造业支撑了本市生产性服务业较快发展，其占服务业比重不断提升；另一方面制造业高度发展对生产性服务的专业需求也促进了制造业的发展和转型升级。生产性服务业与制造业价值链环节上活动的相互渗透、延伸和重组，是生产性服务业与制造业融合发展的必然反映。

许多大型企业或企业集团内部的制造与生产性服务功能已经融合在一起，生产过程中，企业内部的研发设计、财务、营销、客户管理、公共关系等已逐渐发展成为“嵌入式”生产服务系统或从集团剥离形成独立的生产性服务业企业。作业管理也从制造领域延伸到服务领域，呈现制造服务化趋势，甚至更先进的服务产业化趋势，这些企业的经济活动已由以制造为中心逐步转向服务为中心。

如上海振华重工（集团）股份有限公司，作为世界知名起重机和大型钢结构制造商，全球市场份额超过70%，已从单一制造商成为具有设计、制造、安装、调试、整机运输、售后服务和新产品研发等“嵌入式”生产服务系统的生产性服务业企业，而且是世界上唯一具有自备整机运输船的集团企业，迄今已拥有20多项世界领先的重大核心技术，28项国家重点新产品，16项上海市重点新产品。同时该企业还申请国内专利223项，其中发明专利103项，实用新型专利113项，外观设计专利7项，有效国际专利申请24项，国际授权有效专利10项。如果以正式合同员工数量计算，将近45%的员工是技术研发、工程师、销售及服务人员，生产性服务业比重非常高。

传统钢铁行业正在主动转型，变制造为智造，围绕钢铁供应链、技术链、资源利用链，加大内外部资源的整合力度，提高竞争力，提高行业地位。如宝钢集团近年来明确了采取“一业特强，适度相关多元化”的产业定位，已初步形成包括钢铁主业及相关多元板块的业务结构。在钢铁主业之外，围绕钢铁产业价值链，选择属于钢铁主业优势延伸，或能为钢铁主业提供生产、技术、市场支持，并满足行业吸引力、企业竞争力要求的产业作为相关多元化产业，同时把积极推进主辅分离、辅业改制，优化产业结构作为实现新一轮发展战略目标的重要举措和必然选择。

（张璐璐）

社会信用体系建设情况

2012年，上海社会信用体系建设列入市委、市政府双重点工作。在市领导的直接关心指导下，市经济信息化委牵头会同联席会议各成员单位，大力践行“公正、包容、责任、诚信”的价值取向，以信用制度建设为核心，以信用信息记录、公开、共享、使用为主线，推动全市各部门、各区县、各类主体贯彻落实市委、市政府关于社会信用体系建设的要求，着力构建“诚信上海”。

一、谋划布局上海社会信用体系新一轮发展

1．开展调查研究。落实市委、市政府要求，市经济信息化委牵头会同26个部门开展本市社会信用体系新一轮发展工作调研，围绕总体框架及主要举措、政务诚信建设瓶颈问题和措施、商务诚信建设瓶颈问题与对策等专题开展课题研究，形成总体运行框架总报告和29个子报告。

2．成功召开上海市推进社会信用体系建设工作会议。8月29日，市委、市政府召开“上海市推进社会信用体系建设工作会议”，全面部署新一轮社会信用体系建设工作。市委、市政府、市人大、市政协主要领导，市委、市政府各部委办局、区县党政主要负责人，以及市高级人民法院、市检察院、中央在沪机构、国有企业集团、部分行业协会和信用服务机构主要负责人共300余人参加会议。

3．出台两个纲领性文件。市委、市政府联合印发《关于进一步加强上海市社会信用体系建设的意见》（沪委发〔2012〕13号，以下简称《意见》），市政府印发《上海市社会信用体系建设2013—2015年行动计划》（沪府发〔2012〕75号，以下简称《三年行动计划》）。

二、积极推进地方信用立法和基础制度研究

1．启动地方信用立法前期调研和起草工作，列入2013年市人大立法预备项目。

2．落实全国地方社会信用体系建设牵头部门工作座谈会要求，开展企业失信联动惩戒的研究工作，起草形成企业

失信信息查询和使用办法。

3．启动诚信建设示范区、企业信用管理示范基地、电子商务信用服务示范平台等示范达标项目工作机制研究，完成规范、程序等征求意见稿。

4．编制完成《上海市行政和司法部门企业信用信息公开目录（2012 版）》、《上海市政府部门示范使用信用报告指南（2012 版）》和《上海市行政审批领域应用申请主体信用记录试点工作方案》。

5．启动上海市公共信用信息服务平台项目建议书、配套管理办法和机制研究，筹建上海市公共信用信息服务中心，为提供公共信用信息查询服务、促进社会信用信息资源开发打下基础。

三、协调推动重点领域信用建设取得新进展

《意见》和《三年行动计划》发布后，12 个重点领域的负责部门积极完善推进机制，以制度建设为核心，抓紧实施 13 个试点专项。

1．在建设市场领域，市建设交通委起草了建筑市场信用信息管理办法等 4 个规范性文件，并选择 14 家不同级别、类型的施工企业由信用服务机构开展试评价。

2．在交通运输领域，市交通港口局印发了推进交通运输驾驶员信用体系建设的工作方案，起草了交通运输驾驶员信用评价实施细则，修改完善了交通港航企业质量信誉考核指标。

3．在安全生产领域，市安监局制订了安全生产违法（失信）信息登录管理办法等 3 项制度性规范、安全评价机构不良行为以及危险化学品企业安全生产不良行为的记录标准。

4．在食品安全领域，市食安办起草了食品安全信用体系建设若干意见，在近 2000 家屠宰场、屠宰和配送企业、标准化菜场和超市建立猪肉追溯系统。

5．在药品安全领域，市食品药品监管局印发《上海市食品药品监督管理局药品质量信息报送管理办法》，实现质量不合格药品招标采购“一票否决”，建立高风险注射剂生产领域信用评价标准和信息管理办法，修订“黑名单”管理制度。

6．在质量安全领域，市质量技监局制定发布了《企业质量信用分级评价准则第 1 部分：制造业企业》地方标准，并以此为依据在轻工、纺织、通信等行业开展了 80 家企业的试点评价，形成《企业质量信用报告》格式文本。

7．在工商管理领域，市工商局明确将在 2013 年企业年检工作中实施差别化年检，规范法定代表人“黑名单”解控制度。

8．在环境保护领域，市环保局形成企业环境行为信用记录信息目录和相关工作方案。

9．在民政管理领域，市民政局启动对社会组织不良行为记录标准和信用评价指标体系等的研究草拟工作，初步梳理出 4 方面 26 项 134 小项的不良行为条目。

10．在政府采购领域，市财政局在印发的政府采购评审专家和评审工作管理办法、政府采购供应商登记及诚信管理办法、政府采购协议采购网上供货管理办法等规范性文件中，细化、明确了专家和供应商的信用信息记录和标准。

11．在政府诚信领域，市监察局制订政府信用信息管理办法，形成政府诚信建设调研报告和市政府信用建设工作初步方案。

12．在公务员诚信领域，市公务员局发布《关于加强本市公务员职业道德建设的实施意见》，通过制订针对公务员和领导干部考核的两个意见，将诚信作为考核的重要内容。

四、深化工程建设领域项目信息公开和诚信体系建设

落实中央工程治理领导小组办公室要求，市纪委、市治工办印发了《2012 年本市工程建设领域突出问题专项治理工作安排》（沪纪〔2012〕51 号），明确了“深化项目信息公开、建立综合检索市级平台”的任务和责任。

1．“中国上海”门户网站、12 个市级部门、17 个区县全部完成工程建设领域项目信息和信用信息公开共享专栏建设任务，专栏开通率 100%。全市已公开项目信息和信用信息约 44 万条，其中项目信息约 15.7 万条，信用信息约 28.3 万条，不良行为信息 4500 余条。

2．市项目信息和信用信息综合检索平台初步建成，与国家级平台实现对接并实现目录元数据注册，接受了中国软件评测中心的评测。

3．推动工程建设领域各行业主管部门不断完善信用档案、开展信用评价、健全信用分类监管制度。

五、兼顾培育和规范，推动信用服务行业持续快速发展

发布《上海信用服务行业发展报告（2011）》、《2011 年上海信用服务行业统计报告》。做好信用服务机构备案投诉处理工作。截至目前，全市共有备案信用服务机构 83 家。据统计，2011 年，上海信用服务行业总营业收入约 7.3 亿元，同比增长逾 15%，行业提供专业资信评级报告和商业征信报告近 31 万份，信用管理业务涉及受托管理应收账款额 6.3 亿元，信用评级业务涉及防范金融交易风险的贷款余额逾 1.4 万亿元。

六、普及诚信意识，深入开展长三角区域合作和诚信创建

1．深入推进长三角信用合作。沪、苏、浙、皖三省一市联合召开“信用长三角”第三届高层研讨会，国家发改委副主任和三省一市副省（市）长出席研讨会。三省一市信用主管部门共同签署《长三角地区信用服务机构备案互认协议书》，联合公示长三角信用服务机构备案名单。20 家信用服务机构联合发布了《长三角信用服务机构规范服务倡议书》。

2．宣传信用制度、培育社会信用意识。12 月 17 日召开 2012 年“诚信活动周”启动仪式，各部门与各区县开展广场主题宣传、诚信漫画巡展、诚信知识竞赛和宣讲等各类诚信创建活动 71 项。

3．加强信用教育培训。《上海市企业信用管理培训 2011 版课件》纳入面向全市企业信用管理人员的“上海市工业和信息化继续教育课程”，支持、指导市经济党校和业内信用服务机构广泛开展面向企业、行业协会相关人员的信用管理培训，提高市场主体的诚信意识及防范风险、守信践约能力，积极营造诚实、自律、守信、互信的社会环境，使信用理念深入人心。

七、充分发挥专项资金的引导作用

为鼓励、支持各行业、各领域的信用体系建设，按照《上海市社会诚信体系建设专项资金管理办法》不断完善管理流程，规范组织项目申报和实施。完成 2012 年诚信专项资金项目申报受理、专家评审及复核会审工作，15 个支持项目涉及质量、环保、食品餐饮等公共安全领域、电子商务等现代服务业领域以及金融、中小企业发展等领域。

（张晓莺）

附件：上海市社会信用体系建设 2013—2015 年行动计划

为了加快完善社会信用体系，着力构建“诚信上海”，促进本市经济社会全面发展，根据党中央、国务院和市委、市政府关于社会信用体系建设的要求，编制本行动计划。

一、明确指导思想、发展目标、推进原则和运行框架

（一）指导思想

以邓小平理论和“三个代表”重要思想为指导，深入贯彻落实科学发展观，大力践行“公正、包容、责任、诚信”的价值取向，以守信受益、失信惩戒、诚信自律为导向，以信用信息记录、共享、披露、应用为主线，以信用制度建设为核心，以信用管理为支撑，以市场化运作的征信体系构建为关键，不断完善符合国际惯例、适应中国国情、体现上海特色、覆盖经济社会各个方面的信用体系，促进“诚信上海”建设。

（二）发展目标

到 2015 年，重要领域、重点人群与关键环节的信用奖惩得到强化，失信成本明显增加；政府内部信用信息充分共享，公共信用信息服务平台建成；纳入政府部门信用信息公开指导目录的信息公开率达到 100%；备案信用服务机构年度出具企业信用报告达到 45 万份以上；中国人民银行征信中心在上海地区年度出具企业信用报告达到 400 万份以上、个人信用报告达到 7000 万份以上；资信评级业务涉及主体评级对象贷款余额达到 1.5 万亿元；信用服务产业营业收入年均增长率达到 20%以上，在国内具有较高市场认同度、较大影响力的企业信用服务机构达到 5—8 家，个人信用服务机构新增 1—2 家。

（三）推进原则

1．政府推动，社会参与。政府搞好信用制度总体安排，加强组织协调，带头使用信用产品。社会各方充分发挥作用，主动参与，共同推动社会信用体系建设。

2．完善制度，加强管理。建立完善信用制度标准规范，强化各部门、各领域、各行业信用管理。同时，根据国家和本市有关规定，在信用信息的记录、共享、披露、应用过程中，保障企业和个人信用信息的准确、安全以及正当使用，研究建立个人信用信息应用和保护规范。

3．强化共享，联动奖惩。推动信用信息内部共享与依法披露，促进信用信息有序扩散与充分利用，增加失信成本，强化守信激励。

4．培育市场，发展产业。积极推动信用市场发展，支持信用服务机构开发利用信用信息资源，推广信用产品，促进市场化运作的信用服务产业发展。

（四）运行框架

主要包括以下环节：

1．信用信息与信用产品使用环节。各部门、各领域、各行业根据需要，完善信用信息查询、信用产品使用机制，强化信用奖惩。

2．信用信息加工、存储环节。信用服务机构按照法规与标准，采集信用信息，制作个人、企业信用报告，并做好异议处理工作。

3．信用信息记录、共享、披露环节。各部门、各领域、各行业完善信用档案，规范信息记录，实现内部共享，并依法对外披露。建设公共信用信息服务平台，提供集中查询服务。

4．监管与协调环节。对信用服务机构、信用服务活动加强监管。同时，完善社会信用体系建设组织推进机制，加强统筹规划、协调落实。

二、推动地方信用立法，健全社会信用制度体系

（一）行动目标

以地方性法规为引领，以政府规章为支撑，以规范性文件为补充，以相关目录、标准为配套，建立规范政府、企业和个人等主体的社会信用制度体系。

（二）主要举措

1．完善行政、市场和社会相结合的信用奖惩制度。以守信受益、失信惩戒为导向，建立严格的社会化奖惩制度，创新社会管理手段。推进信用地方立法研究与起草工作。制定政府部门所掌握的行政相对人信用信息开发应用管理办法。定期发布政府部门所掌握的行政相对人信用信息公开指导目录。到“十二五”期末，纳入公开指导目录的信用信息公开率达到100%。完善市场信用管理机制，强化信用分类监管，健全违法违规企业重点监控名单制度。

2．完善经济领域信用制度。围绕“四个中心”建设，建立健全信用管理机制。完善金融、航运、商贸等领域的信用风险防控机制，防范信用风险，规范市场秩序。聚焦战略性新兴产业、先进制造业和现代服务业，引导、支持企业完善信用管理制度，使用信用产品。加大对“专精特新”中小企业的扶持力度，对符合产业发展方向、信用良好的初创企业，加大信用融资扶持力度。加强诚信引导，倡导诚信经营，建立完善将政策优惠、资金扶持等与市场主体信用状况结合的制度。

3．完善民生领域信用制度。将信用制度建设作为改善公共服务环境、提高社会管理效率、化解人民内部矛盾的重要手段，聚焦城市运行、安全生产、食品药品、质量、住房、教育、医疗、人才引进、职业、学术、慈善、社会保险和救济等重点领域，建立健全诚信告知承诺、守信践约制度。

4．完善信用服务市场管理制度。规范信用服务活动，提升信用服务行业公信力。建立健全促进信用服务市场发展和信用产品使用的政策法规制度，形成由基础标准、服务和管理标准、产品规范标准组成的信用标准体系。推动信用服务机构创新研发适应市场需求的信用服务和信用产品。加强信用产品的质量监管，制订质量后评估相关细则。

三、改善社会公共服务，完善市场信用管理机制

（一）行动目标

创新信用管理机制，加强政府公信力建设，提高公共管理效能，改善公共服务环境，保障城市公共安全，加强信用信息系统建设，促进行业信用管理，建立完善以信用管理为基础、与行政执法相结合的市场综合管理模式。

（二）主要举措

1．加强政务诚信建设。加强对政府部门和公务员诚信履职情况的监督，建立健全政务服务和行政承诺考核制度，不断深化政务公开；加强公务员信用管理，强化公务员岗位承诺，广泛开展公务员职业信用教育活动，规范约束公务员行政行为；建立健全政府部门、公务员信用信息记录、管理与使用制度。

2．规范“黑名单”管理。政府部门要围绕城市运行、安全生产、食品药品、产品质量、合同履约、价格管理、政府采购、工程建设、环境保护、海关检疫、知识产权、中介服务、人口管理、社会保障、专项资金分配等重点领域，建立“黑名单”认定、修复和披露制度，将法人失信行为与法定代表人、主要责任人个人信用状况相关联。

3．保障城市公共安全。在建设工程招投标等领域，推动使用信用产品，强化工程建设领域信用管理。健全安全生产信用管理机制，完善诚信激励约束机制。加强食品、药品信用分类监管风险监测评估，加快建立食品生产、流通和餐饮服务等环节严重失信违法者的市场退出与重点监管机制。加强质量安全信用管理，加大惩戒质量失信行为的力度，提高质量安全水平。

4．加强消费价格监管。加强价格诚信监管，积极开展价格诚信建设，加大对价格欺诈、哄抬物价等价格失信行为的监管、惩戒力度。规范美容美发、健身、培训等行业消费预付卡的申请、使用、退出等行为。加大对企业商标侵权、虚假宣传、商业欺诈等失信行为的打击力度，加强电视购物、网络购物尤其是网络团购的信用管理，严厉打击消费欺诈行为。

5．确保分配公平公正。围绕社会救助、社会福利和社会保障，在最低生活保障、养老、低保、慈善等环节，建立健全诚信告知承诺和守信践约制度。完善保障性住房建设、分配、管理、退出等环节的信用管理机制，对弄虚作假、出具虚假证明和违纪违规等失信行为加大惩戒力度。

四、推广信用服务应用，优化要素市场资源配置

（一）行动目标

发挥信用体系优化资源配置的作用，提升上海在金融、航运、商品、人才等要素市场的资源配置能力，推动要素市场信用服务体系发展，加强中小企业信用体系建设。

（二）主要举措

1．重点加强金融市场信用服务能力。完善金融市场信用服务体系，扩大信用产品在金融市场中的应用，健全金融市场客户资信和风险评价机制，推广利率、费率与客户信用状况相结合的浮动机制，营造具有国际竞争力和影响力的金融市场环境。深化信用产品在信贷、信贷转让、票据、股票、债券等市场的使用，试点推广信用产品在期货、基金、非上市公司股权转让、保险交易、信托受益权转让等市场的应用，推动特色信用产品在资产证券化产品、应收账款质押、供应链融资中的试点使用。加强银行、证券、保险、基金等金融机构，担保、典当、融资租赁等非银行金融机构以及从业人员的信用管理。

2．基本形成航运市场信用服务功能。加快建立航运市场信用服务体系，推动信用产品在航运市场的使用，提升航运服务功能，优化航运市场环境。推动航运市场各主体增强运用信用工具防范市场风险的能力，支持在航运定价、航运经纪、船舶金融、船舶交易、船舶拍卖等服务中使用信用产品，促进航运资源要素集聚。

3．大力扩展商品市场信用服务规模。完善商品市场信用服务体系，深化信用产品在商品市场的应用，营造国际一流的商贸发展环境。推动国际国内信用服务合作，提高市场开放程度和贸易便利化水平。发挥信用机制在促进货物与服务贸易市场、生产要素期货与批发市场、商品与服务消费市场、电子商务市场发展中的资源优化配置作用。引导、支持企业使用信用产品，加强应收账款管理，在融资、交易过程中展示自身信用状况，提升防范市场风险的能力。

4．着力完善人才市场诚信流动机制。加快建设人才市场信用服务体系，创建一流的人才市场诚信环境。建立人才诚信信息归集平台，健全用人单位和申请个人失信惩戒机制，推广诚信告知承诺制度，定期向社会公布失信信息。建立完善人才诚信评价机制和人口诚信记录查询与应用制度，把诚信记录作为个人就业、贷款与信用卡申请、户籍管理、人才引进、社会福利保障享受等方面的重要依据。

五、提高信用服务水平，加快信用服务产业集聚

（一）行动目标

完善信用服务市场体系，扶持信用服务机构发展，支持信用产品创新，促进信用信息资源市场化开发，加快信用服务产业集聚。

（二）主要举措

1．支持中国人民银行征信中心发展。充分发挥中国人民银行征信中心落户上海的优势，配合国家金融业统一征信平台建设，逐步扩大金融领域信用信息在地方的共享与应用范围，同时将本市非金融领域信用信息向中国人民银行征信中心企业、个人信用信息基础数据库有序披露。

2．加强信用服务产业集聚。加快发展与上海“四个中心”建设相适应的信用服务产业，加大对资信评级、商业征信等业务的扶持力度，培育拥有一定话语权的信用评级机构民族品牌，提高信用服务行业的整体服务能力。吸引更多的国际、国内知名信用服务机构落户上海。积极引进信用服务人才，保持专业人才队伍优势，将上海发展成为国内信用服务专业人才集聚的高地。

3．促进信用服务能力与国际接轨。引导、支持信用服务机构开发与服务经济相适应的信用产品，加强技术研发和知识创新，力争在技术标准、指标体系、评估方法、评估模型、管理技术等方面与国际接轨。提升从业队伍素质，引导、支持从业人员逐步获得国际、国内认可的信用服务行业从业资质。指导信用服务行业加强自律，提升行业公信力。

4．推动信用服务行业整体实力提升。支持信用服务行业做大做强，力争行业营业收入年均增长率超过 20%。资信评级业务涉及主体评级对象贷款余额达到 1.5 万亿元，培育形成 5–8 家在国内具有较高市场认同度、较大影响力的企业信用服务机构，新增 1–2 家个人信用服务机构。拓展融资渠道，鼓励信用服务机构跨地区、跨所有制兼并重组。推动信用服务行业享受优惠政策，支持信用服务机构争创服务名牌、著名商标。

5．完善信用信息交换共享机制。推进本市法人信息共享和应用系统、实有人口服务和管理信息系统在信用体系建设中的应用，建设公共信用信息查询服务平台。推动信用信息主动公开、依申请公开，对政府部门公开行政相对方信用信息的情况进行评估。建立完善信用信息在政务、司法、公用事业、金融、商业交易等领域的共享和联动机制，积极探索云技术在信息共享中的应用，完善联合征信体系。促进商务信用信息资源利用，支持社会组织、市场主体与信用服务机构合作开发信用信息资源。

六、加强诚信宣传教育，弘扬社会主义诚信文化

（一）行动目标

提高社会诚信意识和守信践约能力，积极营造诚实、自律、守信、互信的社会环境，为上海经济、政治、文化、社会的改革和发展提供良好的道德保障。

（二）主要举措

1．弘扬社会主义诚信文化。加强社会主义核心价值体系建设，坚持社会主义先进文化前进方向，培育、弘扬社会主义诚信文化。加强社会、职业、学术诚信建设，最大限度地把举办世博会带来的诚信品牌资源转化为现实优势，引导诚实守信，倡导敬业诚信，把诚信文化内化为人民群众的自觉追求，形成守信光荣、失信可耻的社会风尚，提升城市文明程度和市民素质。

2．开展诚信创建与区域合作。开展诚信建设与信用管理、电子商务信用服务创新以及企业诚信创建等示范活动。推动政府部门、社会组织、公用事业单位、园区、企业等树立诚信服务形象，开展诚信承诺，践行诚信公约，自觉接受社会监督。充分发挥新闻媒体作用，加强信用奖惩机制宣传，褒扬诚信典型，鞭挞失信行为。加大对社会信用体系建设优秀成果的表彰、宣传力度。推动网络社会信用体系建设，完善网络行为监督机制，规范网络行为，促进诚信上网。推动以“信用长三角”为重点的区域合作，落实《长三角区域社会信用体系合作与发展规划纲要（2010–2020）》，深化重点领域合作，规范信用服务市场，扩大信用信息交换共享范围，完善联动、互惠、共赢的合作机制。

3．加强信用教育培训。面向领导干部、公务员、企业管理人员，深入开展包括学历教育、在职教育、职业培训、岗位培训等多层次的信用管理培训。教育部门和有条件的院校要加强信用学科建设，加强信用管理专业人才培养。面向市民和学生，开展信用知识教育活动。完善助学贷款学生信用管理。鼓励国内外学术机构、信用服务机构、企事业单位等加强合作，开展信用基础性、前瞻性、实用性研究。加强信用专家队伍建设。

七、围绕解决现实紧迫需求，推动重点领域信用体系建设

围绕公共安全领域信用管理与政府公信力建设，通过政府强化信用管理、带头使用信用产品、加强政务诚信建设，推动全社会信用体系建设。

（一）建设市场

以应用需求为导向，强化信用分类监管和信用产品使用。制定《行政处罚裁量标准》、《建设工程企业分类监管办法》，将工商、质量技监、税务、政府采购、检察、监察等部门提供的信用信息纳入联动奖惩范围。以失信信息作为处罚裁量和加强企业监管的依据之一，按照信用情况，对企业在承接项目、资质管理、现场监督方面实行分类管理，制定《建设市场管理“一票否决”行为目录》，对存在目录所列失信行为的企业，规定时限内在资质申请、项目投标、企业评奖、出省承接任务等环节中实行“一票否决”。制定建设工程企业、注册执业人员信用记录标准及管理办法等配套制度，规范信用信息记录、管理和使用。完善建设市场信用管理系统，与法人信息共享和应用系统、实有人口服务和管理信息系统等实现信用信息共享，加大信用信息向社会、向信用服务机构披露的力度。培育建设领域信用服务市场，完善信用服务机构的准入清出和质量监督机制。

（二）交通运输

推进交通港航质量信誉考核体系建设。强化出租汽车、道路客运、危险货运等16类企业的质量信誉考核，完善企业考核机制和相关信息系统，加大排名公布、分级分类监管力度。从规范经营、安全生产、优质服务、社会评价和社会责任等方面，完善考核指标，强化安全与否决指标设置，加大失信惩戒力度。推进行业驾驶员信用体系建设试点。重点选取与城市运行安全密切相关的行业，将出租汽车驾驶员、机动车驾驶培训教练员、道路危险货物运输驾驶员、道路旅客运输驾驶员等4类驾驶员纳入信用评价试点范围。制定《交通运输驾驶员信用评价实施细则》，明确信用信息的构成、评价标准、评价程序、信息采集、信用档案、奖惩措施等内容。建设交通运输驾驶员信用评价信息系统。围绕安全生产、遵守法规、服务质量等情况对驾驶员进行信用评价。

（三）安全生产

探索安全生产领域信用监管，加强安全生产信用体系建设，加大信用联动奖惩力度，与相关部门在市场准入、评比评优、项目审批、资质认定、市场监管等方面建立联动惩戒机制；将危险化学品行政审批、责任事故处理、行政处罚等安全生产信用信息提供给相关部门实施联合监管；将相关部门掌握的涉及危险化学品企业登记、行政许可等方面的信用信息纳入安全生产行政审批和监管体系。制定《安全生产行政处罚依据指引细则》，将安全生产失信记录作为对企业实施分类监管和处罚裁量的重要依据。制定信息公开要点和《安全生产违法（失信）信息登录管理办法》，扩大生产安全责任事故、行政处罚等不良信用信息的公开。

（四）食品安全

依托食品安全追溯系统，以重点产品为导向，建立从田头到餐桌的全过程食品安全信用体系，形成覆盖肉制品、乳制品、蔬菜、粮食、食用油等五大类与人民群众日常生活密切相关的食品生产经营企业的信用管理制度。制定《上海市食品安全信用体系建设若干意见》和《食品安全信用体系建设绩效考核目录》，加强信用信息共享，建立完善跨领域信用联动惩戒机制。依法落实食品行业“禁业”制度，将企业不良信用记录作为许可的必审条件，严控失信人员入行，实行最严的市场准入。完善量化分级监管标准和“黑名单”制度，注重发挥社会惩戒的作用。制定《食品安全领域企业不良行为记录标准》，依据相关法规标准，建立完善信用档案。

（五）药品安全

建立医保药品招投标平台质量信息通报机制，实施质量不合格药品招标采购“一票否决制”。加强药品生产企业信用分类监管，建立失信惩戒联动机制。加大不良信用信息的共享力度，在资质许可、招标采购等环节，对失信企业及人员进行限制。完善药品领域严重违法企业与相关责任人员重点监管及“黑名单”管理制度。制定高风险注射剂药品生产企业及其从业人员不良行为记录标准和信用信息管理办法。强化信用联动惩戒，将吊销注销、安全生产监督、消防、药品生产违法等不良信用信息记录纳入联动惩戒范畴，同时将药品质量信息提供给市药招委办公室使用，将“黑名单”信息提供给企业年检、纳税监督、金融信贷、规划土地等主管部门使用。

（六）产品质量

以加强质量信用分级评价应用为重点，以质量安全信用监管为切入口，推进质量信用体系建设。完善《质量信用信息管理办法》，建立产品质量监管信息抄告制度，建立质量失信“黑名单”管理制度。完善各级政府质量奖励、上海名牌推荐、部分行政许可事项审批和监管环节的信用信息查询方式。制定《推进质量信用评价实施意见》、《质量信用评价管理办法》、《企业质量信用分级评价准则》，建立质量信用服务机构准入退出、评价结果备案、收费标准和委托模式等机制。指导行业协会建立质量信用信息社会化采集机制。建立电梯安全监察企业“黑名单”制度，定期向社会公布电梯维修保养单位监督检查评价结果。开展产品质量监督检查后处理信用监管。

（七）工商管理

以信用分类为手段，推进企业年检创新，扶持守法诚信企业，淘汰违法失信企业。加强“黑名单”管理。建立企业法定代表人的信用制约与监控解控制度。对担任被吊照企业法定代表人的自然人，自吊照之日起 3 年内，依法限制其担任其他企业的法定代表人以及董事、监事、经理。对其他部门提供的限制淘汰落后企业、“三高企业”，加大年检审查力度；对受到行政处罚的企业，加大后续监管力度。深化企业信用分类管理，实施差别化年检方式。加强信用联动惩戒，将质量技监、安监、环保等 41 个部门的相关信息纳入年检审查范围，将年检验照结果、吊销营业执照等 7 项信息提供给相关部门实施联动惩戒。对守法诚信企业，可适用年检申报备案办法。

（八）环境保护

强化重点监管企业环境信用评价体系建设，制定《企业环境信用信息记录办法》、《企业环境信用信息评价标准》。在环境违法“黑名单”基础上，扩大环境信用信息的记录和共享范围。强化环境信用信息的应用，对不履行环评手续、环保行政决定和违反“告知承诺”的企业，与建设、规划土地、工商、财政等 11 个部门实施联动惩戒；对环境信用不良的企业，在信贷、上市环保核查、评奖评优、政府采购、相关手续办理等方面予以制约；对环境信用良好的企业，建立优先安排使用排污费专项资金、政府采购招投标加分等激励机制。强化信用分类监管，修订完善环境监察和监测规范，根据企业环境信用情况，调整执法监察、监测频率。

（九）民政管理

加强民政领域信用体系建设，强化居民收入核对中的信用监管以及社会组织信用体系建设。在居民经济状况核对过程中，查处虚假申报行为，建立完善信用档案，拓展核对渠道和应用范围。做好各类社会保障政策申请人申报行为的诚信记录。加强福利、婚介、社会养老、殡葬等行业的信用管理。探索社会组织信用管理方式，制定《关于加强本市社会组织诚信建设的指导意见》、《社会组织征信管理办法》，建立社会组织及法定代表人不良行为记录标准、信用评价指标体系。在社会组织日常管理中对有不良信用记录的社会组织、企业和个人加强信用约束，建立“一票否决”制度。

（十）政府采购

加强政府采购信用管理，强化联动惩戒。制定针对供应商、评审专家和政府采购代理机构的信用信息记录标准，加大不诚信记录公开力度。在对供应商、评审专家和政府采购代理机构的监督管理中，充分使用其他部门提供的信用信息。依法实行“一票否决”，完善“失信受限”机制。研究制定适用于政府采购领域的信用产品标准，试点使用信用产品并逐步推广。加强对法人信息共享和应用系统、实有人口服务和管理信息系统、行贿犯罪档案查询系统的利用，对有行贿犯罪记录以及在工商、税务等部门存在重大违法行为的供应商，3 年内拒绝其参加政府采购活动；对存在不诚信行为记录的供应商，在评审中给予扣分。在市政府采购中心或部分区县政府采购中心试点，选择部分公开招标项目要求供应商提供信用报告。

（十一）政府诚信

加强对政府部门诚信履职情况的监督，促进政府信用建设。出台《上海市政府部门信用信息记录标准》和《上海市政府信用信息管理办法》，将政府部门政务公开内容不实、服务承诺不兑现等不诚信行为等方面信息纳入政府部门信用信息管理范围。加强政务公开，推动财政性资金使用、公共服务等重点领域的信息公开。建立政府信用信息记录、管理、使用制度。收集审计报告和政务公开、纠风等工作中涉及政府信用的信息，做到按需报送、及时共享。在预防腐败信息系统中建立政府信用信息管理子系统。将政府部门诚信履职情况作为年度绩效评估、领导干部提拔使用重要依据。加强政府部门诚信履职信息记录和管理。

（十二）公务员诚信

加强公务员考录信用管理，强化公务员招录的信用审查；建立公务员信用管理制度，加强公务员日常岗位管理；强化公务员岗位承诺和履职监督，加大公务员信用奖惩力度；建立选任制公务员任期承诺制度，加强干部绩效评估考核公示力度；研究制定《本市公务员信用征信管理办法》，明确公务员职业信用信息的记录范围、类别和标准等；制定《上海市公务员行为规范》，规范约束公务员行政行为；健全信用建设长效机制，逐步形成较完备的公务员信用管理体系。制定《本市公务员职业道德建设实施意见》，实施公务员职业信用全员培训计划，分阶段、分层分类开展全员培训，广泛开展公务员诚信实践活动，大力提升公务员信用能力。

八、完善组织保障，确保任务落实

（一）强化组织推进机制

完善市、区县两级联席会议的统筹规划、协调推进、考核评估机制。联席会议各成员单位将信用体系建设纳入日常管理工作，明确分管领导、责任部门和联络员。强化征信管理部门的指导、协调、考核和监督职能。市、区县考核管理部门将联席会议及其办公室对成员单位的信用体系建设考核情况纳入考核范围。

（二）充分发挥社会组织作用

对社会组织的信用体系建设加强指导和支持。组建上海信用协会，为政府部门、金融机构、社会组织、企事业单位、新闻媒体、科研院所、专家学者和信用服务机构搭建合作交流平台。指导、支持各类诚信创建活动的开展。推动社会组织增强信用管理能力，加强诚信品牌建设，不断提升公信力。

（三）积极发挥资金引导作用

充分发挥市、区县两级财政资金的引导作用，积极支持信用信息公共服务平台建设、信用标准体系建设、信用产品创新研发与推广使用、信用服务机构培育等。鼓励民间资本、社会法人资本、风险投资资本进入信用服务市场，形成多元化的投融资机制。

（四）建设公共信用信息服务平台

建设上海市公共信用信息服务平台，制定信息开发应用管理制度，依法将公共信用信息资源向信息主体和符合条件的信用服务机构提供集中查询、信息发布等服务。

（五）切实推进行动计划实施

搞好本行动计划的衔接与落实，细化分解目标、任务和举措，明确推进落实责任。探索建立科学、易操作的工作评价统计指标体系，对本行动计划的执行情况建立完善跟踪评估制度，增强评估的科学性，并根据需要，适时进行必要的调整。

船舶及海洋工程装备产业发展情况

2012年，在全球经济、贸易增长放缓的大环境下，国际航运市场持续低迷，国际船舶市场受到严重打击，我国船舶工业包括上海船舶工业因此面临巨大挑战。由于散货船、油船等主流运输船舶市场持续低迷，与国内其他地区一样，上海船舶工业也呈现“接单难、交船难”的两难特征。全年船舶及海洋工程装备产业完成工业总产值856.3亿元，比上年下降10.7%；造船完工1045万载重吨，同比下降21.9%。纵观全年，产业发展的亮点在于作为上海战略性新兴产业重点培育的高端船舶和海洋工程装备领域的发展稳中有升，取得了不俗的成绩。

高端船舶领域。上海船舶工业坚持产业结构调整，率先实施产品升级换代，高端船舶和海洋工程装备经济总量占比从2000年的10%提高到2011年的40%，在LNG船、超大型集装箱船等高端制造领域具有一定先发优势。沪东中华造船公司仍然保持国内唯一LNG船厂的地位，已先后交付6艘大型LNG船，手持10艘订单。“穿梭液化天然气船关键技术研究”和“LNG海上转运系统技术研究”课题已获得国家“863”计划立项批复，研究将拓宽海上LNG生产供应链研发和应用范围，为我国大规模开发深水区域和海外区块油气田提供强有力的支持和保障。国家能源局审定的“国家能源LNG海上储运装备重点实验室”在沪东中华揭牌，这是目前我国在LNG海上储运装备领域唯一的国家级重点实验室。

海洋工程装备领域，外高桥造船公司自成功交付“981”半潜式钻井平台后，先后承接国内外自升式钻井平台6座，形成了海洋工程装备的连续生产态势。上海船厂承接的钻井船总包订单和振华重工自制的自升式平台都已开工建造。FPSO、物探船、起重铺管船、海上浮吊等海工装备以及自升式平台抬升机构、大功率推进器、油气处理装置等关键配套设备成功实现产业化目标，初步形成了多点突破的产业格局。

（付春红）

对口支援与国内合作交流工作情况

2012年，本市经济信息化系统围绕“创新驱动、转型发展”，坚持“稳中求进”，以推进战略性新兴产业及“智慧城市”建设等为主题，积极融入长三角区域，与各重点省市、对口支援地区合作与交流，结合复杂多变的国际经济形势与国内经济运行的新变化、新情况对区域经济带来的影响，注重工作的敏感性、主动性和坚韧性，在区域合作交流中以产业发展为重点，共同围绕促进改造和提升传统制造业、加快优化调整产业结构、推动“两化”融合、推进节能减排和淘汰落后产能等开展工作。

一、主动对接，积极稳妥保障对口支援西部地区工作

1．做好新疆喀什来沪挂职干部的管理服务。根据援疆工作计划，新疆喀什地区四县15名干部于3月下旬抵沪开始为期6个月的挂职锻炼。市经信委落实11个工业园区安排挂职干部挂职，并保障挂职干部在沪工作、生活、学习等方面的服务，建立挂职干部在沪的联系、汇报、集中考察与培训等方面的日常管理制度与机制，并在挂职启动和结束时

分别为挂职干部组织举办了入职培训和总结培训。

2．推动落实沪疆工业园区共建工作。落实上海 11 个工业园区与喀什四县 8 个工业园区的共建，在签订《园区共建合作协议》的基础上，围绕上海工业区为新疆喀什工业区制订园区规划、市场调研、项目落地、产业培育、科技创新、人才培训、确定定期互访及商务会议机制等方面进行合作推进。

3．协调落实投资喀什项目。组织并协调上海建材、上海闽龙、上海大山合等相关企业项目落户新疆喀什过程中涉及的规划、基建、投产、专项资金申报等事项，推动落成项目的后续融资、市场、销售等实际问题的解决与协调。

4．组织参加“第二届亚欧博览会”。9 月 2-7 日，市经信委组织上海企业参加在乌鲁木齐举行的“第二届亚欧博览会”，上海展团以特装形式在高新技术展区集中展示、宣传上海七大战略性新兴产业和援疆企业的形象，上汽、电气、闽龙、中标软件等企业参展。温家宝总理亲临上海展区视察，分别就上海产业援疆的主要产品、产业合作方式、高新技术、新能源汽车、维哈柯文教育软件等作了询问，并对上海的产业援疆表示肯定。

5．赠送喀什地区办公设备。为改善喀什地区政府部门办公硬件设施，推进电子政务的开展，市经信委于 5 月集中 70 台电脑赠送喀什地区政府部门，推动了援疆工作，援疆前方指挥部特向我委发送了书面致谢函。

6．建设新疆喀什四县招商引资网站、设计印刷《喀什四县招商引资手册》。为加强新疆喀什地区四县的宣传力度，促进招商引资，应市援疆前方指挥部要求，由市经信委支持开设新疆喀什四县招商引资网站，并综合叶城、泽普、巴楚、莎车四县的社会、经济、产业等内容，设计、制作了《喀什四县招商引资手册》，形成喀什地区统一的招商资料。

7．推动西藏日喀则工信系统的援建工作。9 月，经工信部牵头，通过多次酝酿与商议，市经信委与西藏日喀则工信局签署《关于对口支援西藏工业和信息化工作协议》，双方商定 2013-2015 年间，通过资金、实物或项目等方式，给予日喀则工信系统一定支持，帮助提升业务能力、推动工业发展。

二、深化专题，积极参与推动长三角区域合作

在江、浙、沪、皖三省一市党委、政府主要领导、常务副省市长、各重点合作专题组等层面的会议制度框架下，市经信委参与了信息组、信用组、产业转移组等专题组的具体工作。

1．参与年度重点工作的审议与确定。作为轮值方，浙江省在杭州市组织多次会议，分别讨论并审议了《年度工作报告》、《长三角合作与发展共同促进基金设立方案》、《长三角地区合作与发展指数发布的机制》等重大事项，其中，信息组申报并通过了“长三角区域电动汽车能源供给一体化研究项目”的审核，并于 12 月启动该项目。

2．推动重点专题组的具体工作。市经信委重点专题组已完成公开发布《长三角信息化合作“十二五”规划》、基本完成长三角“两化融合”发展水平评估体系与评估执行方案等主要工作，旨在推动区域信息化应用、拓展长三角地区信息化联动建设的范围和水平、促进电子口岸的资源共享与业务协同、扩展“信用长三角”网络共享平台、制订开发企业债券信用风险管理系统、开展企业信用管理示范创建、四地数据互备工作、高速公路收费系统和交通信息联网建设、推进长三角医疗及社保信息一体化和合作交流信息化平台的建立、推进信用服务机构备案互认等。

3．完成江苏大丰产业联动集聚区建设的前期对接。根据市委主要领导的指示，市经信委于 7 月完成《关于建设上海大丰产业联动集聚区，推进区域产业发展的意见》（讨论稿）的编制，对上海大丰农场的综合开发目标与原则、深化合作共建园区的体制与机制、促进沪苏支持企业发展的政策与意见等作了研究与探讨。市政府两次召开专题工作会议研究《产业发展意见》的完善与相关工作的推进，目前已与江苏方面作了几轮商讨，正在继续对接、完善过程中。

三、互补共赢，有序开展国内重点省市的产业合作活动

1．以产业发展为基础，开展与重点省市合作对接活动。在 2011 年市经信委和福建经贸委在福州举办两次沪闽产业项目对接活动的基础上，2012 年 1 月再次联合举办“沪闽产业对接项目签约大会”，我委与福建省经贸委签署《产业合作框架协议》，并顺利组织企业签约项目 13 个，合同投资资金 50 亿元。5 月，协助福建省在沪举办“福建省南平市（上海）投资推介会”。6 月，支持广东省经信委、佛山市政府在沪举办“上海—佛山产业链对接合作座谈会”。9 月，支持济南市经济信息化委举办“2012 济南（上海）招商推介会”。9 月，支持湖北省宜昌市在沪举办“宜昌市经贸推介会”等系列主题活动。10 月，参与工信部、河南省共同举办的“第三届中国郑州产业转移系列对接活动”。

2．以走出去为目标，组团参加赴外重点展览会。9 月 5-8 日，市经信委组团参加在哈尔滨举办的“2012 中国新材料产业博览会”，该展为市合作交流系统年度重点展会，设立了 500 平方米的“上海馆”，集中展示上海城市形象与新材料产业的亮点，参展企业 47 家、展品 60 余件，累计到上海馆参观人数超过 2 万人次，签订 1200 万元意向订单。经组委会评审，上海新型建材岩棉有限公司等 3 家上海企业的产品获组委会金奖产品称号，市经信委被授予优秀组织奖。9 月 21-25 日，市经信委组织本市 27 家企业赴广西参加第九届中国—东盟博览会，设展并举办相关企业合作洽谈会，与印尼出口商协会达成了进口咖啡豆原料的合作意向。10 月

25—27 日，市经信委联合陕西省工信厅主办的“2012 关中—天水经济区承接产业转移洽谈会暨第三届先进制造业与服务业融合博览会”在西安举行，该展展览面积 30000 平方米，博览会分为综合、科研成果转化项目、先进装备制造业、节能减排及新兴产业等 6 个展区，同期举办“承接产业转移重点项目推介会及签约仪式”等 12 个论坛及相关活动，“承接产业转移重点项目推介会及签约仪式”参会人员约 400 人，30 余个项目签约。

（韩大东）

“十二五”工业发展规划执行落实情况

2012 年，按照“十二五”工业发展规划确定的目标和任务，围绕“发展调整中提升”的主线，积极应对严峻的外部形势，加快构建战略性新兴产业引领、先进制造业支撑、生产性服务业协同发展的现代工业体系。

一是工业生产保持增长。全年实现工业增加值 7159.36 亿元，比上年增长 2.8%。其中，规模以上工业增加值 6446.14 亿元，增长 2.9%，低于“十二五”规划预期目标。在规模以上工业增加值中，轻工业 2078.1 亿元，增长 4.7%；重工业 4368.04 亿元，增长 2%。全年工业总产值 33186.41 亿元，比上年下降 0.3%。其中，规模以上工业总产值 31548.41 亿元，下降 0.4%。

二是工业投资结构继续优化。2012 年，本市工业投资完成 1292.6 亿元，基本达到年均投资 1300 亿元的“十二五”规划目标。其中技改投资达 723 亿元，占固定资产比重增至 56%，已超过“十二五”末 55% 的目标；战略性新兴产业投资达 442.3 亿元，占制造业投资的 39.2%，基本符合战略性新兴产业发展规律，有望“十二五”末达到占比 50%。

三是战略性新兴产业发展逐步深入。由于国际宏观经济形势变化，加上上海产业结构调整力度加大，2012 年战略性新兴产业尤其是制造业部分发展速度较 2011 年有所放缓。全年战略性新兴产业规模比上年增长接近 3%。其中，制造业总产值达到 7581 亿元，比上年略有下降。牵头成立本市战略性新兴产业发展领导小组产业化推进工作小组及办公室，形成市级层面产业化推进机制。经市政府批准先后发布新能源汽车与汽车电子、卫星导航、云计算、物联网等 11 个专项工程实施方案，同时启动编制新型功能性材料、高端软件等 4 个专项工程实施方案。会同有关部门启动了首批 12 个重大项目，推进实施了 51 个重点项目。

四是推动制造业改造提升。中航民用航空电子产业园等一批市级重大项目进展顺利，金山石化炼油改造工程等一批竣工投产，协调推进和辉光电 AM—OLED、上海通用高档轿车等项目落地。加强企业技术改造，推进实施一批重点技改项目，全年本市共有 12 个项目列为国家重点产业振兴和技术改造项目，38 个项目列为国家工业中小企业技术改造项目，10 个项目列为电子信息产业振兴和技术改造项目。推进产业集聚发展，金桥开发区电子信息产业基地、闵行区民用航空产业基地（军民结合）获批国家新型工业化产业示范基地。

五是加大结构调整力度。围绕全年完成产业结构调整 600 项目标，以《上海市工业发展“十二五”规划》和《上海工业调整淘汰落后产能“十二五”规划》为指引，聚焦重点行业和重点区域，推进实施产业结构调整项目 897 项，超过目标近 50%，统计减少能源消费量 190 万吨标煤（其中宝钢罗泾区域停产年节约标煤 124 万吨），共减少 COD（化学需氧量）728 吨、氨氮 43 吨，二氧化硫 2184 吨、氮氧化物 1270 吨，分别占“十二五”年均减排量的 22%、3.2%、31%、8.2%。调整企业涉及产值近 270 亿元，土地约 1 万亩，分流安置职工约 4.4 万人。

六是节能与综合利用推进成效明显。全年规模以上工业单位增加值能耗下降 5.89%，超额完成“规模以上单位工业增加值能耗下降 3.4%”的年度目标。规模以上工业能源消费量同比减少约 176 万吨标煤。一是明确目标责任，完善能效监控体系，会同相关确定了 36 项标准立项工作，推进完成 14 项能效限额标准、22 项管理类标准的制订工作。二是深化节能技改专项，加快提升工业能效，启动燃煤（重油）锅炉清洁能源替代，继续推动电机系统节能专项，完成高能耗变压器淘汰工作，组织实施节能技改重点项目。三是加快推行合同能源管理，培育发展节能环保产业。推广应用合同能源管理机制，推广应用节能环保产品。四是源头引导、末端防治，实现工业节能减排过程控制，大力实施清洁生产，持续推进资源综合利用。

（刘 平）

政策法规建设情况

2012年，围绕经济和信息化重点工作，着重加强经济信息化法制环境建设，推进本市经济和信息化依法行政，全年政策法规工作取得了新的成绩。

一、聚焦重点工作，做好地方性法规起草和规范性文件制定

根据《上海市经济信息化委2012年政策法规工作计划》，围绕“智慧城市”建设、节能减排、产业结构调整、专项资金管理等重点领域，扎实做好经济信息化立法工作。

1．启动《上海市信息化条例》立法调研，为“智慧城市”建设提供立法支持。《上海市信息化条例》立法调研项目被列入市人大常委会2012年度立法计划的预备项目，该项目于2012年4月召开立法调研工作启动会，成立立法调研领导小组和领导小组办公室，并根据市人大要求完成立项论证报告，形成立法草案，并被列入市人大常委会2013年度立法计划正式项目。

2．开展重点地方性法规和政府规章项目前期调研工作，推进工业信息化工作深入开展。围绕经济信息化工作重点，集中解决相关领域的立法难点问题，深入开展地方性法规立法的前期研究工作，启动促进战略性新兴产业发展条例、供用电管理条例、社会信用体系建设条例、技术改造和产业升级办法等多项地方性法规和市政府规章立法储备项目的调研工作，形成初步调研报告和立法草案。

3．严格规范性文件制定流程，加强对政策性文件的法律审查。全年共完成8件信息化领域的规范性文件的审查发布。《上海市重要电力用户供用电安全管理办法（沪经信法〔2012〕94号）于2012年2月20日由市经济信息化委会同国家电监会华东监管局发布，《关于强化企业主体地位实施产业技术创新工程的意见》（沪经信技〔2012〕536号）于2012年8月29日由市经济信息化委发布，《上海市软件和集成电路企业设计人员专项奖励办法》（沪经信法〔2012〕557号）于2012年8月30日由市经济信息化委会同市财政局、市地税局、市发展改革委发布，《上海市软件和集成电路企业核心团队专项奖励办法》（沪经信法〔2012〕572号）于2012年9月14日由市经济信息化委会同市财政局、市发展改革委发布，《上海市加快高效电机推广促进高效电机再制造实施细则》（沪经信法〔2012〕682号）于2012年9月24日由市经济信息化委会同市发展改革委、市财政局发布，《上海市加快自主品牌建设专项资金管理办法》（沪经信法〔2012〕766号）于2012年10月10日由市经济信息化委会同市商务委、市工商局、市质量技监局、市财政局发布，《上海市软件和集成电路产业发展专项资金管理办法》（沪经信法〔2012〕965号）于2012年12月28日由市经济信息化委会同市财政局发布，《上海市知识产权优势企业专项资金管理办法》（沪经信法〔2012〕972号）于2012年12月28日由市经济信息化委会同市财政局发布。全年共完成8件信息化领域规范性及政策性文件的报请市委、市政府发布。《上海市人民政府印发 < 关于本市进一步鼓励软件产业和集成电路产业发展的若干政策 > 的通知》（沪府发〔2012〕26号）于2012年3月15日发布，《中共上海市委上海市人民政府印发 < 关于进一步加强上海市社会信用体系建设的意见 > 的通知》（沪委发〔2012〕13号）于2012年8月29日发布，《上海市人民政府贯彻 < 国务院关于进一步支持小型微型企业健康发展的意见 > 的实施意见》（沪府发〔2012〕98号）于2012年11月20日发布，《上海市人民政府办公厅关于转发市经济信息化委等四部门修订的 < 上海市产业结构调整专项补助办法 > 的通知》（沪府办发〔2012〕18号）于2012年4月5日发布，《上海市人民政府办公厅转发市经济信息化委 < 关于推进本市法人网上身份统一认证工作实施意见 > 的通知》（沪府办发〔2012〕41号）于2012年6月12日发布，《上海市人民政府办公厅转发市经济信息化委 < 关于加快推进本市公共场所无线局域网（WLAN）覆盖工作实施意见 > 的通知》（沪府办发〔2012〕48号）于2012年7月17日发布，《上海市人民政府办公厅转发市经济信息化委 < 关于本市加强品牌建设若干意见 > 的通知》（沪府办〔2012〕93号）于2012年9月17日发布，《上海市人民政府办公厅关于转发市经济信息化委等三部门制订的 < 上海市重点技术改造专项资金管理办法 > 的通知》（沪府办发〔2012〕77号）于2012年12月27日发布。

4．完成“十二五”法治建设规划的编制，开展相关法律基础调研

一是完成《上海市产业和信息化法治建设“十二五”规划》的审查发布。《上海市产业和信息化法治建设“十二五”规划》（沪经信法〔2012〕288号）于2012年5月21日发布。该《规划》明确了“十二五”期间上海产业和信息化法治建设的指导思想、基本原则和目标，提出了发展重点和主要任务以及保障措施。

二是完成工业和信息化领域政策法规汇编的编制。《经济和信息化政策法规汇编》（上、下册）于2012年上半年汇

编成册，该《汇编》收编了国家和本市有关经济和信息化十六大类重点领域现行有效的法律、法规、司法解释、规章、规范性文件以及相关政策性文件401件。

二是开展《经济和信息化政策法律制度探索与实践》、《经济和信息化依法行政工作手册》的编写。《经济和信息化政策法律制度探索与实践》汇总了近年来本市经济和信息化法制领域重要的法制基础性研究、立法课题调研等成果，《经济和信息化依法行政工作手册》对经济信息化依法行政有关规定和程序文件作了收集，为经济信息化立法、执法及依法行政工作提供有益指引和借鉴。

二、加强行政执法，开展对地方性法规实施情况的评估检查

1．进一步加强对电力等领域的行政执法工作的指导和监督。加强了对市电力办行政执法案件的法律审查力度，严格行政执法流程，对成品油市场管理执法中遇到的问题进行协调。对逾期没有执行的案件，通过依法向法院申请强制执行，有效维护了行政处罚工作的权威性。2012全年受理电力执法行政处罚案件20多件，以市经济信息化委名义作出行政处罚决定10件。

2．加强对重点地方性法规贯彻实施情况的评估检查。配合市人大相关委员会，组织制定检查方案，依法开展对《上海市保护电力设施和维护用电秩序规定》执行情况的后评估，掌握了法律政策的执行效果，为下一步修订打好基础。

三、注重实效，做好经济信息化系统法制宣传教育工作

1．认真做好系统法宣办公室的日常工作。继续做好经济信息化系统法制宣传教育年度工作，多次召开经济信息化系统法制宣传工作会议，组织系统单位进行专题普法培训，推进系统单位开展各类法制宣传教育活动。

2．有序开展相关法制宣传教育专项工作。按照市法宣办要求，组织系统单位开展了“12·5”法制宣传周活动。组织各单位进行交流，学习法宣工作经验，拓宽系统单位法宣工作开展思路。

四、开展日常法律事务，稳步推进经济信息化依法行政工作

1．继续推进行政审批改革。根据全市统一部署，完成电力、节能、成品油管理、软件等9个领域32项行政审批事项业务手册和办事指南的编写。提出对《本市建设工程部分建议项目总体设计文件审查告知承诺实施办法》、《上海市产业项目行政审批流程优化方案》、《关于上海市建设工程设计文件审查主要参与部门的申请材料》、《关于完善本市产业项目准入评估工作的若干意见》等行政审批相关制度文件的修改意见。对张江国家技术创新示范区下放审批权限方案提出办理意见，对市经济信息化委及区县经济信息化部门实施的行政审批专项评审评估进行梳理。

2．做好规范性文件有效期管理。根据市政府办公厅和市政府法制办的要求，对涉及市经济信息化委的24件市政府及办公厅规范性文件和57件委规范性文件进行有效期审查时间安排。依法组织业务处室和相关单位开展1件市政府文件和12件委规范性文件的立法评估和修订等流程。

3．有序开展各项法律事务工作。召开经济信息化系统规范性文件培训工作会议，开展经济信息化委“12345”服务热线知识库建设工作，启动产业和信息化领域企业社会责任课题调研，及时完成了征求意见答复、合同审核等法律事务处理。全年共答复或者研提了各种立法、政策征求意见50余件，完成合同审核257件，协助其他部门开展提案答复、行政复议等各类法律事务工作40多件。

（蔡朋朋）

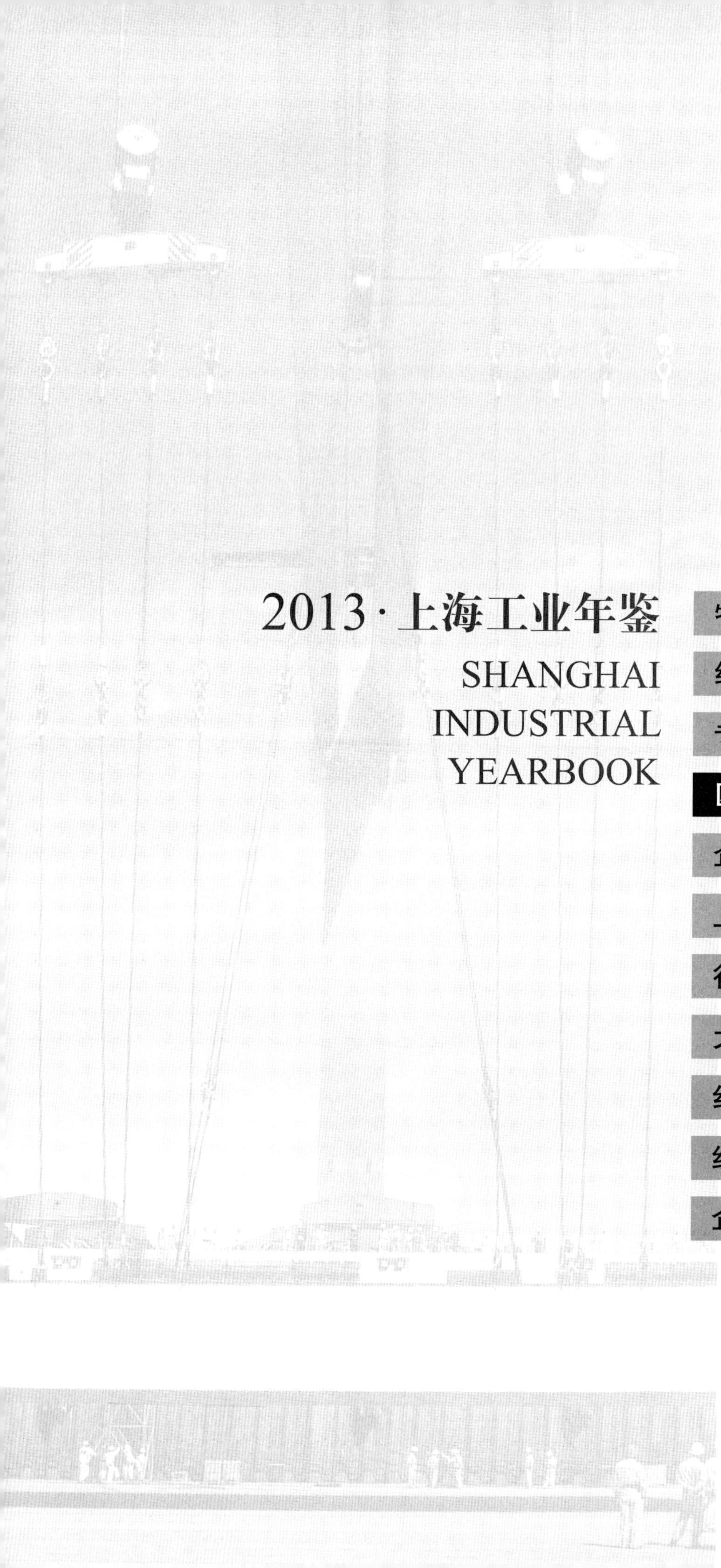

2013·上海工业年鉴

SHANGHAI INDUSTRIAL YEARBOOK

区县工业

浦东新区工业

【概况】

2012年，浦东新区工业努力调整产品结构，积极开拓国内外市场，在保持良好产销衔接的基础上，工业产值小幅下降。全年完成工业总产值9166.14亿元，占全市规模以上工业总量的29.1%，比上年下降0.3%；年销售产值9160.31亿元，增长0.2%；工业产销率99.3%；出口交货值2518.33亿元，增长4.9%，占全市工业的31.6%。

【2012年发展情况】

一、国有和外商独资企业拉动作用明显

从企业登记注册类型看，内资企业产值3408.41亿元，下降0.1%，其中国有企业产值为969.49亿元，增长4.0%，增幅比浦东面上企业高2.9个百分点，对浦东工业新增产值贡献38.70亿元，对浦东工业增长拉动0.7个百分点；集体企业产值增长12.5%，但因其产值仅28.78亿元，撼动不了浦东工业；股份制企业全年产值2349.12亿元，占浦东内资企业总量的68.9%，下降1.7%；股份合作和私营企业产值分别为15.0亿元和618.87亿元，下降5.9%和0.5%。外资工业实现总产值5817.23亿元，增长1.9%。其中，外商独资企业实现工业总产值3413.72，增长8.5%，新增工业产值224.50亿元，拉动浦东工业增长2.9个百分点。

二、重点行业微弱领先

全年“三大三新一优化”产值6647.52亿元，占全部工业72.5%；产值增长1.7%，增幅比浦东工业略高0.6个百分点。由于国内外市场需求复苏力度有限，新区三大产业增幅继续放缓，从各大行业看，“三大”支柱产业实现产值5061.20亿元，占浦东工业总量的55.2%，产值增长1.1%。其中：电子信息制造业产值2689.35，增长7.1%；汽车制造业和成套设备制造业产值分别为1306.30亿元和1065.56亿元，下降3.1%和6.9%。“三新”新兴产业产值为404.49亿元，占浦东工业总量4.4%，产值增长7.3%。其中：生物医药制造业和航空航天制造业产值分别为315.49亿元和7.77亿元，增长9.9%和25.5%；新能源产值为81.24亿元，因受出口和价格影响产值下降3.0%。传统产业石化及精细化工制造业全年产值1266.24亿元，占浦东工业总量的13.8%，产值增长2.3%，增幅下降2.6个百分点。

三、产品出口好于全市工业

浦东工业出口交货值为2518.33亿元，占销售产值27.5%，出口比重较上年提升1.4个百分点；出口交货值增长4.9%，增幅比全市工业高10.4个百分点。从经济类型上看，内资企业出口交货值302.85亿元，下降13.9%；外资工业2215.48亿元，增长8.2%。从产品出口行业结构看，“三大三新一优化”的产品出口交货值为2169.59亿元，增长6.8%。三大产业出口交货值2022.85亿元，增长7.1%，高于平均水平2.2个百分点。其中：电子信息产品制造业产品出口交货值达1547.11亿元，占浦东工业出口总量的61.4%，出口交货值增长13.8%，增幅比浦东面上企业高8.9个百分点；汽车制造业和成套设备制造业出口交货值分别为62.74亿元和413.0亿元，下降4.5%和11.0%。三新产业全年出口交货值为63.49亿元，增长29.2%，生物医药、航空航天和新能源出口交货值分别增长22.3%、61.1%和50.7%，尤其是新能源产品因上年欧债危机出口情况急剧下滑，造成基数很低，今年情况有所好转，增长明显大幅上升。传统行业石化及精细化工产品因国际原油价格不断波动和国际市场需求减少，化工产品价格大幅下挫，造成行业产品出口继续下滑，但降幅较上年明显收窄。

四、重点开发区工业平稳发展

由于企业转型、关闭和国内外市场需求减弱等原因，浦东重点开发区工业生产增长速度继续稳中趋缓。全年实现工业总产值5255.51亿元，占浦东工业总量的57.3%，产值增长1.9%，增幅比浦东面上企业高0.8个百分点。从各开发区看，康桥工业区由于昌硕和宏达两企业的拉动，产值增长高达22.9%，新增产值297.61亿元，对浦东工业产值增长拉动为3.3个百分点。临港新城工业区、国际医药园区、张江高科技园区、外高桥保税区和南汇工业园区产值分别增长8.2%、6.1%、5.6%、2.4%和0.5%。金桥出口加工区由于通用汽车公司经营模式改变、惠普公司部分产品外发加工和松下等离子公司关闭，全年产值减少近355亿元，增速下降12.7%。

五、区属规模工业保持较好增长

浦东新区区属规模以上工业完成总产值5249.98亿元，占浦东工业总量的57.3%，同比提升2.5个百分点；占全市区县工业27.8%，提升1.4个百分点；产值增长3.4%，增幅比浦东工业平均值高2.3个百分点，比全市区县工业高4.8个百分点。但由于原材料价格居高不下，人工成本继续上升，产品价格降多升少，盈利空间继续收窄。区属规模以上企业全年实现利润总额220.09亿元，下降16.8%，下降幅度上升11.4个百分点。

六、"百强"企业五成呈增长态势

浦东新区工业总产值排名前100位企业产值为6776.20亿元，占浦东工业总量的73.9%，产值增长1.8%，增幅比浦东工业平均值高0.7个百分点。在"百强"企业中，呈增长态势的企业53户，实现产值4488.12亿元，占浦东工业总量的48.4%，平均增速为17.3%，比浦东工业平均水平高16.2个百分点；当年新增长产值662.50亿元，拉动浦东工业增长7.1个百分点。"百强"企业中47户企业产值下降，当年产值2288.02亿元，占浦东工业总量的25.0%，全年减少产值540.70亿元，平均下降19.1%，影响浦东工业增长5.9个百分点。

七、产业结构调整和节能降耗成效良好

浦东工业产业结构调整和危化企业关闭共102户企业，合计减少产值20.89亿元，减少能耗4万吨标准煤。浦东工业全年综合能耗252.95万吨标准煤，下降3.7%；万元产值能耗0.047吨／万元，比全市区县水平低0.013个百分点；万元产值能耗下降5.86%，能效水平全市领先。

八、企业经济效益继续下降

由于受国内外市场需求减弱影响，产品生产成本继续上升，产品价格下降，企业经济效益继续下降，但应收账款和产成品存货的增幅均有明显下降。全年主营业务收入10386.28亿元，增长0.7%，增幅下降11.8个百分点；利润总额700.80亿元，下降4.9%，增幅下降7.6个百分点；亏损企业亏损额68.53亿元，增长9.5倍，增幅上升866.1个百分点；税金总额160.48亿元，下降2.9%；应收账款1422.5亿元，增长5.3%，增幅下降10.4个百分点；产成品存货312.78亿元，下降19.4。

九、促进工业发展的主要措施

1．积极推进基地和重点项目建设。以先进制造业为支撑，贯彻落实人大《关于推进浦东新区高新技术产业化若干问题决议》，通过基地化建设，项目化推进，加快高新技术产业化发展，积极培育战略性新兴产业。

2．积极开展战略招商。围绕"7+1"生产力布局，龙头企业以及上下游产业链开展战略性新兴产业招商，积极探索建立招商信息和利益共享机制。同时，进一步加大服务企业和安商稳商的力度，积极支持发展壮大。

3．积极解决土地制约瓶颈。积极探索耕地占补平衡指标的有偿使用，调动土地复垦积极性。积极在开发区试行征转分离试点，争取使用周转指标，提前开展土地储备。加大对高新技术产业化、战略性新兴产业的支持力度。进一步盘活存量，提高土地的利用率。

4．积极优化创业创新环境。进一步完善投融资体系，发挥政府风险投资引导基金的作用，组建高新技术产业化和战略性新兴产业发展投资基金。加大内资招引和扶持中小企业发展力度。

5．积极推进传统产业升级。落实配套资金，积极推进产业结构调整项目，加快淘汰落户产能。积极争取国家、市重点技改项目，鼓励企业提高科技水平。

6．抓中小企业服务，支持中小企业做大做强。一是整合资源，完善中小企业服务体系、服务平台和服务功能。二是加强对已出台的中小企业发展若干意见和实施办法等政策的宣传培训、全力把政策落到实处。三是贯彻市府部署，继续开展战略性新兴产业项目的征集工作。四是加快建立政府信息服务体系，向中小企业提供法律法规、发展规划、登记纳税、融资支持等"一站式"服务。

【2013年发展趋势】

2013年，从国际看，在美国经济复苏缓慢，欧盟深陷债务危机，中日关系紧张的态势下，外需颓势难以扭转，外贸复苏有待时日；从国内看，房控政策延续，国五条出台，新政节约政策对建材、电子产品、汽车等工业行业均有一定负面影响。浦东新区在工业存量方面，大多数企业增长乏力，个别企业在加工产品变化不大的情况下会有较好增长，但增幅较上年下调。又如产品出口形势好转，也有一定增长可能。增量方面，上年浦东有31个工业在建、扩建和技改项目，总投资62.83亿元，项目达产产值185亿元，但在2013年预计新增产值仅25亿元。因此，当年浦东工业各项经济指标不会有很大增长，预计全年工业总产值9400亿元，增长2.0%，区属规模以上企业产值5400亿元，增长3.0%。

（毛　韻）

徐 汇 区 工 业

【概况】

2012年，徐汇区工业积极应对外需下降和内需低迷的不利影响，深入贯彻市委、市政府有关创新驱动、转型发展的工作要求，工业在调整中发展。全年规模以上工业企业完成工业总产值617.9亿元，比上年下降2.3%；工业产销率达到100.1%，上升1.2个百分点；实现工业利润54.8亿元，增长4.6%；完成工业税收39.8亿元，增长6.8%。

【2012年发展情况】

一、高技术产业降幅收窄

全年电子及通信设备制造等高技术产业努力稳定开拓出口市场，实现产值201.5亿元，同比下降17.0%，降幅比1季度收窄6.0个百分点，占全区工业总产值的比重32.6%，比重比1季度回升2.9个百分点。高技术以外的产业中，金饰品制造业依托品牌效应开拓市场收效显著，产值增长29.4%，汽配制造业由于国内车市步入微增长时代，产值增长5.2%，食用油加工业由于产品价格成本倒挂实施限产，产值下降16.0%。

二、漕河泾开发区继续转型

在电子信息、新材料、生物医药等领域一批优势企业的带动下，漕河泾开发区徐汇部分实现产值265.0亿元，占全区工业总产值比重42.9%，对徐汇区工业的发展继续起重要作用。与此同时，开发区内现代服务业集聚区建设继续推进。年末，已入驻中外企业100余户，集聚一批地区总部、研发设计中心、运营结算中心、管理服务中心项目。

三、企业创新能力不断提升

年内，3M中国等4户企业成功申报市级企业技术中心单位，获市财政资助240万元，生物电子等4户企业获国家技术改造项目计划支持，国家资助3014万元，市配套资助1008万元，安普泰科等3户企业获市重点技术改造专项计划支持，市财政资助322万元，华腾软件等3户企业获市引进技术的吸收与创新计划支持，市财政资助250万元，普华软件等5户单位列入国家工信部发布的百项技术创新推进计划。

四、高新技术产业化着力推进

对国家、市重大项目进行配套，对区内高新技术重大化项目和培养项目进行资助，共计投入资金5203万元。其中：对公安三所等12户单位予以高新技术产业化重大项目配套资助，项目配套资助经费总额1193万元，对大唐移动等25户单位予以高新技术产业化重大项目资助，对市激光所等18户单位予以战略性新兴产业培育项目资助，项目资助经费总额4010万元。

五、节能降耗工作扎实开展

召开工作例会和大会，部署节能工作，落实目标责任制。继续加强统计分析，做好节能预警预测。制定并发布产业结构调整专项补助资金管理办法等文件，进一步明确各部门职责，细化专项补助资金管理。联合光盘关闭部分生产线项目，节约1200余吨标煤；贝岭微电子关停全部生产线，预计可节约标煤约5200吨。安排节能降耗专项资金2600万元，实际使用2413.78万元，重点支持企业节能技改、产业结构调整、节能宣传等项目。推动企业实施合同能源管理项目和节能技改项目，33户企事业单位申报节能技改项目共46项，年节约标煤5591.93吨，其中，合同能源管理项目12个，预计节能量731.49吨标煤。徐汇滨江低碳发展实践区实施方案通过市发改委评审，完成配套的低碳开发与建设导则和规划图则初稿编制。根据市政府印发49号文件要求，启动区国家机关办公建筑和大型公共建筑能耗监测系统的建设。根据市政府要求，制定"十二五"区燃煤锅炉清洁能源替代工作方案，完成本区3户单位燃煤锅炉清洁能源替代（4台，12蒸吨）。组织各种形式的执法检查。开展以节能低碳、绿色发展为主题的节能宣传活动，将6月14日定为低碳体验日，联合蓝火焰召开2012徐汇区餐饮厨房燃气节能改造项目推介会，组织开展以低碳环保、和谐生活为主题的2012年龙华中学科技节等校园活动。

【2013年发展趋势】

2013年，徐汇区工业将继续贯彻市委、市政府有关创新驱动、转型发展的工作要求，预计全年实现规模以上工业总产值600亿元。

一、加快推进高新技术产业发展

1．制定战略性新兴产业政策。科学评估之前的高新技术产业政策，总结高新技术产业政策对产业发展的影响及得失，在此基础上制定战略性新兴产业政策。

2．加大招商引资工作力度。充分挖掘区域高新技术产业服务的综合优势，整合区域多种招商引资资源，以有利于产业上下游配套，促进产业集群化发展，壮大产业重点新兴领域为原则，引进经济实力强、代表产业先进发展方向的大企业大集团，以招商带动产业升级，为产业的健康可持续发展创造条件。

3．进一步提高项目的管理水平。规范项目管理运行秩序和责任，建立明确的项目评审、管理和后期验收流程，推进项目管理的制度化、规范化，保证项目管理的公正和公开。另外，多方面、全方位以项目的形式落实各项政策，提高服务企业的质量。积极做好与国家、市级重大项目的衔接配套工作，通过企业走访、项目调研，发现并支持一批潜在的高质量产业化项目。

二、加快提升传统制造业能级

1．鼓励企业加大技术改造投资力度。推动企业以技术改造提升自己的造血功能，实施产品升级换代、工艺流程再造、引进先进技术。

2．推进企业技术创新和品牌建设。继续推荐企业申报国家和市级企业技术中心和创新能力建设项目，推荐企业申报市知识产权示范企业，支持企业创建国家级、市级品牌项目，提升产业能级。

三、加快提高服务企业能力水平

1．加强与重点企业的沟通。关注区内重点企业，通过集中走访、下基层日、召开座谈会等形式，主动了解在当前经济形势下企业可能会遇到的困难和问题。针对企业反映的问题和困难，召开专题会议逐一尽量解决。

2．加快企业服务体系建设。推进中小企业服务中心建设，健全中小微企业服务网络，以企业服务中心为落实中小微企业政策的主渠道，加强综合协调和服务。发挥融资平台和中介组织作用，支持开展各类专项服务，不断改善中小微企业发展的外环境。

四、加快推进节能降耗工作

1．继续完善节能目标责任考核。继续推进各系统领域节能目标责任签约制度，坚持实行“问责制”。逐步发挥节能降耗长效管理平台的作用，通过与区统计局数据联动和目标责任考核联动，进一步推动企业深入开展节能管理工作。

2．深入推进产业结构调整工作。在继续做好关停的贝岭微电子项目后续工作的基础上，对照市产业结构调整“十二五”规划，进一步排摸和挖掘我区工业产业结构调整项目。

3．认真完成市政府下达节能任务。包括年内实现130幢国家机关办公建筑和大型公共建筑分项计量装置的安装及联网，全区200个以上单位的数据上传和监测，完成我区全部7户单位共13台62蒸吨燃煤锅炉的清洁能源替代或拆除工作。

4．继续做好重点用能单位节能管理。开展2013年节能技改项目组织工作，争取5000吨以上节能量。加强第三产业重点用能企业节能管理，出台《招商引资节能评估管理办法》。定期组织重点用能单位参加节能培训，发挥“徐汇区节能服务中心”作用，服务好区域内重点用能企业。

5．进一步推进徐汇“四个绿色”建设。创建“绿色漕开发”，大力推进捷普、先进、康宁热电冷三联供系统的应用。打造徐家汇“绿色商圈”，对商圈大型公共建筑能耗进行实时监控、分析，并推进节能改造。抓好“绿色滨江”的开发，发布徐汇滨江低碳发展实践区低碳开发与建设导则和图则。推进“绿色华泾”建设，强化工业小区调整，发展生产性服务业和现代服务业。

6．条块结合推动系统领域节能工作。进一步明确区各相关单位节能责任，持续推动重点系统领域节能降耗工作开展，形成合力，共同推进全区节能工作。

7．积极开展节能宣传活动倡导全民行动。以“市节能宣传周”等活动为载体，继续组织各系统领域开展以节能为主题的宣传活动。

（罗友山）

长宁区工业

【概况】

2012年，长宁区工业经济稳步发展，全年完成工业总产值69.85亿元，比上年下降1.1%；实现工业销售产值67.53亿元，增长0.6%；工业产品销售率96.7%，增长1.5个百分点。

【2012年发展情况】

一、做好节能减排工作

梳理重点企业能耗情况，分析能耗变动原因，做好能耗情况分析、预测等相关工作。做好迎峰度夏有序用电工作，摸清企业用电情况，对于菜场、宾馆和生产工艺需要连续运行的重要企业给予全力支持，千方百计确保居民生活不受影响和重点企业用电需求。加大节能宣传，通过发放长宁区节能减排宣传册，宣传环保知识和理念，使各企业及广大群众和职工树立节约光荣、浪费可耻的意识，形成节约能源从我做起、从小做起的观念。

二、制订“专精特新”中小企业扶持政策

制订《关于长宁区支持“专精特新”中小企业发展的扶持暂行办法》，内分“专精特新”中小企业涵义、列入区“专精特新”中小企业培育名单的条件、列入区“专精特新”中小企业培育名单的程序、“专精特新”中小企业的管理和扶持标准 5 个部分。旨在鼓励长宁区中小企业加快转型升级，促进“专精特新”中小企业健康发展。

三、推进中小企业改制上市工作

推进区内优质中小企业改制上市工作，经过 1 年多的培育，年内有 2 户企业（华虹计通、中颖电子）经证监会审核委员会批准，在深圳证交所创业板公开上市，分别募集资金 3 亿元和 4 亿元；1 户企业（春秋航空）正在证监会审核中；3 户企业（伊禾农产品、未来宽带、合胜计算机）已经进入上市辅导期。现代中医药、浩德科技、美思凯服装、唯尔福集团已完成股改，地素商贸、农易数字（菜管家）、卓然工程、瀚讯无线和三玖电气正在计划股改中。威达高科技、高罗输送设备、长宁橡胶厂、华澄集团等企业正在积极筹备有关上市工作。

四、成立上海市中小企业质量管理公共服务示范平台

4 月 10 日，上海市中小企业质量管理公共服务示范平台正式成立。该平台是由市经信委认定的市级公共服务平台，主要功能：一是质量宣传，通过《上海质量》杂志等平台宣传质量管理的理念，介绍国际国内先进质量管理信息；二是质量推进，组织中小企业质量管理经验交流学习活动，组织质量专家开展中小企业质量管理免费现场诊断活动，推进中小企业积极开展 QC 小组活动，引导中小企业实施卓越绩效模式；三是教育培训，为中小企业提供全面质量管理知识免费培训，组织开展各类质量管理方法和工具培训；四是调查评价，运用先进管理理论和方法，围绕上海中小企业发展的工作重点，开展企业产品和服务质量第三方顾客满意度测评，帮助中小企业深入了解顾客需求、改进产品和服务；五是体系认证，为各种类型、提供不同产品的中小企业提供包括质量、环境、食品、信息安全、能源管理等体系认证服务。

五、举办第三届中国时尚同盟活动

10 月 24 日，由中国时尚同盟与长宁区政府联合主办的第三届中国时尚产业论坛在长宁区举办。论坛以“变革中的时尚”为主题，国家工信部、纺织工业协会、市经信委及长宁区政府等有关领导出席活动。今年的时尚发布秀发布达 22 场。

六、推进企业技术进步和科技创新

组织区内企业申报市级各类项目 49 个。其中，国家中小企业专项 9 个，战略性新兴产业 7 个，中小企业发展专项资金 16 个，知识产权优势企业 4 个，引进吸收与创新项目 3 个，市级企业技术中心 1 个，区级技术中心 4 个，市电子商务双推平台 5 个。14 户企业通过评审，共可获得中央、市、区扶持资金 998 万元，其中中央 420 万元，市级 232 万元，区级 346 万元。上海瑞华集团和未来宽带共获得国家中小企业专项扶持 40 万元；上海质量教育培训中心、区中小企业服务中心和世贸商城共获得上海市中小企业发展专项扶持 118 万元；利宝科技获得市引进技术的吸收与创新扶持资金 50 万元；舜元建设（集团）有限公司被认定为市级企业技术中心，获得扶持资金 60 万元；中颖电子、未来宽带、精益电器厂、合胜被认定为区级企业技术中心，共获得扶持资金 200 万元；上海万丰文化传播有限公司被评定为电子商务“双推”企业。

七、加强创意园区管理，促进文化创意产业发展

对 13 户市创意产业集聚区开展 2011 年度评估，经评全部通过年审。对全区创意园区开展调研，形成创意园区调整的有关建议报告，编写 2012 年长宁区文化创意产业发展报告。组织上海服装服饰专业服务平台、环东华时尚创意产业服务基地、文化创意企业七大增值服务平台、面向社区家庭的数字出版服务平台、上海市数字出版公共信息服务平台、上海市艺术展公共信息服务平台、面向多屏的大规模智能电视集成服务平台等 7 个项目申报 2012 年上海市文化创意产业发展财政扶持资金，获得市扶持资金共 1400 万元。

八、举办 2012 上海国际服装文化节国际服装论坛暨“环东华时尚周”

4 月 18 日，由长宁区政府和东华大学共同举办的 2012 上海国际服装文化节国际服装论坛暨“环东华时尚周”开幕式在世贸商城隆重举行，市人大副主任蔡达峰、中国纺织工业联合会副会长夏令敏、上海国际服装文化节组委会副秘书长邵峰、市经信委副主任邵志清、东华大学校长徐明稚、长宁区区长李耀新、副区长杲云、宣传部长章卫民、人大副主任王瑾等市和区领导及有关专家、学者出席会议。会上，杲云副区长致辞，李耀新区长和邵志清副主任为世贸商城授牌“上海国际时尚设计服务中心”。首届“环东华时尚周”活动共有两大板块。一是国际服装论坛。邀请法国、英国等著名服装学院院长、国内著名学者、市区有关领导围绕论坛主题“协同创新，共建时尚之都”开展研讨；二是时尚周系列活动。举办了 6 场动态秀和 6 场静态展。

九、举办 2012 上海创意产业博览会

10 月 26 日，2012 上海创意产业博览会开幕式在国展中心举行，上海服务业联合会会长周禹鹏宣布创博会开幕，区长李耀新代表长宁区政府和创博会组委会致辞，副区长杲云、市科委副主任陈鸣波、团市委副书记徐彬等领导出席仪式，并为 2011 年首届创博会获奖设计师颁奖。2012 上海创博会由上海服务业联合会和长宁区政府共同主办，上海天行者文化传播有限公司承办，展会为期 5 天。上海创博会的主题是“创意产品，演绎美好生活”，活动致力于打造设计师与创意新秀共同展示创意作品和交流的盛会，旨在为发现新人、扶持新人搭建平台，推动上海以及长宁区创意产业的发展，也是 2012 上海“设计之都”活动周的重要组成部分。本届博览会展区分为丹麦创意、青年设计、创意电子三大展区，来

自上海艺术高校、企业及文创专业机构集体亮相，包括艺谷文化公司、利奥创意多媒体、魔镜工作室、留墨石刻、复旦大学上海视觉艺术学院等。

【2013 年发展趋势】

2013 年，区商务委将大力推进工业能级提升。积极开发并储备一批产品技术含量高、经济效益好、节能环保的新型工业项目；继续加强节能减排宣传和导向，提高全民节能环保意识；完善中小企业公共服务体系建设，大力培育和扶持“专精特新”中小企业发展；着力推进创意产业集聚区的稳步发展。

（张亦易）

普陀区工业

【概况】

2012 年，普陀区深入贯彻落实科学发展观，围绕建设上海西部新兴商贸科技区的目标和“一河五区”的布局，坚持创新求突破、提升促发展，稳中求进，锐意创新，扎实有效推进各项工作，区域经济社会保持良好发展态势，圆满完成年初确定的主要目标任务，经济平稳较快发展。全年实现地区生产总值 657.58 亿元，比上年增长 9%。因工业产业结构快速调整，产值同比下降。全年完成工业总产值 246.27 亿元，下降 10.4%。其中，规模以上工业企业完成产值 220.52 亿元，下降 9.6%。规模以上通用设备制造业、印刷业、电气机械及器材制造业、化学原料及化学制品制造业和医药制造业分别完成产值 22.38 亿元、30.52 亿元、29.01 亿元、22.72 亿元和 17.51 亿元，占规模以上工业产值的 55.4%。全区工业企业产销率达到 98.1%，下降 1.63 个百分点。全年完成战略性新兴产业制造业产值 53.46 亿元，下降 3.8%。其中，生物医药完成产值 20.35 亿元，增长 5.8%；新一代信息技术完成产值 24.58 亿元，下降 8.7%。全年工业实现区级税收 6.34 亿元，增长 14.2%；占区级税收比重为 10.1%，提高 0.6 个百分点。全年工业实现增加值 84.11 亿元，下降 0.5%。在宏观经济形势及原材料价格、人力成本上涨等一系列因素影响下，全区工业企业经济效益有所下滑。规模以上工业企业全年完成主营业务收入 260.23 亿元，下降 9.8%，实现利润总额 23.91 亿元，下降 20.7%。规模以上工业企业中盈利企业 105 户，亏损企业 32 户，亏损 3.25 亿元，亏损面达到 23.4%。

【2012 年发展情况】

一、企业搬迁造成工业总量下降

年内皮尔伯格、相宜本草等效能较好的企业相继迁出普陀区，对我区工业产值的总量造成一定影响。但从宏观趋势而言，我区工业结构调整是必然的。

二、续存企业分化加剧

施耐德、科尼起重机等大型外企及造币、印钞等央企效益稳定，发展良好。金叶包装、绿新包装、斯瑞聚合体等特色企业发展经历一定波折，但总体发展健康。华明等小企业受到订单和价格因素（劳动力和原材料等）影响发展不佳。两级分化现象凸显，随着产业结构调整的深入，这种分化可能进一步加剧。

三、运行平稳，企业向集约化方向发展

随着技术改造等促进集约化、高效化措施的推进，全区工业在结构调整、总量下降的同时，提升了企业的整体竞争力和发展空间。

【2013 年发展趋势】

2013 年，普陀区工业将继续围绕转型发展中心主题，紧紧抓住机电、印刷等行业主要增长来源，力争做到区属工业销售产值与上年持平；工业产值能耗同比下降 3%。在施耐德工控、科尼起重机、上海造币、上海印钞等传统龙头企业之外，培育出现新的增长点。一是以智能电网为核心的电力自动化产业，总体产值虽然不大，但发展迅速；二是随着城市建设发展，城建物资作为本市的建材供应制造商的优势有所显现，增长可预期；三是随着“全社会现代资源配置产业”平台建设的深入，区工业企业的物流成本将进一步降低、工业市场的配置将进一步优化。目前，桃浦陆交中心建设的“56135”平台已拥有全国 10 万多户会员，每天发布 80 万条有效服务信息，累计撮合 16 万笔物流交易，撮合交易货值达 271 亿元，参与企业的平均物流成本已经降到货值的 8%。

一、继续帮助企业应对夏季供电等瓶颈问题

一方面，上海用电形势一直非常紧张，对突发性限电等情况仍容易呈现出应接不暇的局面，容易造成夏季用电紧张期的工业产值有较大波动。另一方面，随着商务楼、商场等业态发展的推进，工业用电的可调配空间将进一步缩小。针对我区工业一直面临这一问题，继续做好协调帮助工作。

二、继续做好企业服务、宣传、引导工作

针对国内外不佳的经济形势，更加注重企业的服务、宣传和引导工作。在服务企业的同时，注重企业自主提升其生存和竞争的能力，并加强区内工业企业的归属感，号召、引导企业承担其社会责任，融入区域整体发展。

三、引入、推介新管理的手段和管理经验

通过合同能源管理等新管理方式继续从内涵和外延同时推进企业技术改造和清洁生产。通过增强集约化提升工业企业整体生存能力和发展能力，培育我区工业企业的整体竞争优势和企业特色。

四、引进战略合作者，加快规划实施和招商进度

要加强与外部有实力、有影响、有品牌、有信誉的机构合作，加快推进区内工业园区的规划实施和招商引资。在开发建设上，借助社会资本力量，利用信托、基金等新型金融工具进行开发，吸引民营、外资以及社会法人资本参与企业土地置换，促进产业布局调整。在园区管理上，引进专业的园区服务供应商负责园区运营管理；在资源整合上，要加强与政府部门、国内外行业协会、商会及专业招商机构合作。

五、形成各类政策服务体系，发挥政策服务效应

从产业发展、规划土地、财税等方面，形成具有普陀区特色的园区政策体系。在高技术产业化方面，引进新材料、信息服务等高技术产业化项目享受财政补贴、政府投资；在现代服务业方面，园区公共服务平台享受服务业引导资金支持；在规划土地方面，明确工业园区新的产业定位，可适当提高园区规划指标；在财税支持方面，对劣势企业调整搬迁，享受市、区两级财政补贴，新入驻的跨国公司地区总部可享受财政资助和奖励。同时，可在租金、配套服务等方面制定相关配套政策，在此基础上，形成工业完整的政策配套体系。

六、强化服务功能，建立优势工业发展的高效服务平台

及时了解企业需求并快速予以反馈，为企业解决运营过程中遇到的各种难题，在推进工业建设过程中要拓展三大类服务功能。一是指导服务，即区内各职能部门提供的行政性服务；二是社会服务，由各种非营利性机构、事业单位和社会中介组织提供的社会性服务，如组织区内相关产业研讨会、交流会、管理层联谊活动等，增进区内外企业之间的沟通；三是民间服务，由各种企业通过市场化机制和途径提供的多种以盈利为目的的服务。要制定多种鼓励性政策，大力发展和开拓这三大类服务，提高服务效率，加快推进工业转型和发展。

（朱春香）

闸 北 区 工 业

【概况】

2012年，闸北区工业企业克服国际经济不景气的外部环境影响，加快优化工业结构转型步伐，完成工业总产值172.57亿元，比上年增长0.4%；全区规模以上工业总产值增长6.3%；区属工业总产值86.95亿元，增长13.1%。产品销售率95.82%，下降11.7个百分点。出口交货值18.3亿元，下降11.6%。

【2012年发展情况】

一、推进重点产业园区建设

加强生产性服务业功能区建设。重点推动市北高新技术服务业园、多媒体谷、东方环球企业中心和上大科技园软件信息、科技研发、数字出版等产业的集聚发展。市北高新技术服务园区被市经信委、市商务委等部门评为“上海品牌园区”、“上海软件出口创新园区”。鼓励发展以总集成总承包为主要方式的生产性服务业，组织上海鸣啸信息科技发展有限公司、上海亚新冶金设备有限公司、上海欣影电力科技发展有限公司、上海擎天电子科技有限公司、中国铁路通信信号上海工程集团有限公司申报市经信委的“总集成总承包项目”，并做好项目申报的辅导工作。

推进电子商务园区建设。走访重点园区，召开专家研讨会，明确产业定位、业态集聚和未来发展方向。推进“上海电子商务服务园”易园·大宁（彭江路602号）项目建设，完成1期改造工程，建筑面积达23000平方米，已进入招商阶段。拟定闸北区电子商务“十二五”发展构想。组织真旅网、中金钢铁等10户电子商务企业上报储备项目，为申报本市“电子商务与新型贸易现代化”专项的资金补贴作准备。

抓好创意产业园区建设。对上海市创意产业集聚区新立项项目——钻石坊进行评估，对2010年上海市创意产业集聚区——兴中心项目进行验收和专家审核。全区8个创意园区年税收总额9085.21万元，增长45.18%；区级税收3272.47万元，增长36.58%。2012年，都市型工业园区税收总额5.7亿元，增长23.36%，区级税收1.25亿元，增长16.53%。做好园区安全生产工作和促进再就业工作。

二、促进中小企业发展

加快推进中小企业上市。对拟上市资源库中的30户企业，排定计划推进上市企业10户，其中2户企业已进入上市进程后期：鼎捷软件股份有限公司于2012年7月获创业板首发通过，于年底挂牌上市；上海梁江通信系统股份有限公司处于发审阶段，落实反馈意见。组织3期10户企业参加市“中小办”举办的由权威机构开展的针对性培训，辅导企业解决上市审核过程中可能遇到的各类问题。

努力解决中小企业困难。为解决小微企业融资难、融资贵问题，与民生银行合作建立快速融资通道，成立“小微企业合作社”，以满足小微企业轻资产、无抵押、贷款手续简便快捷的融资需求，已有区级“专精特新”60多户企业成为第一批被授信的企业。为17户中小企业申报各类专项资金项目22个。

做好中小企业服务工作。与区相关部门联手完善建设中小企业数据库，在全区约1.36万户的中小企业中遴选4400户企业纳入“数据库”，23户被认定为市级“专精特新”中小企业，建立58户企业纳入区级“专精特新”数据库。开展“营改增政策解读”、“中小企业生产经营活动中问题诊断”、“产业园区入驻小企业租金补贴政策解读”、“证券新三板介绍”和“政银企对接推介会”等“中小企业服务年”各项活动。组织企业高管参加市级领军人才、专业英才及小微企业等培训。

在推进中小企业公共服务平台建设基础上，积极开展中小企业公共服务机构建设。全区建设包括综合服务、创业服务、人才和培训服务、管理服务、法律服务等区内中小企业公共服务机构10户，其中市级4户。

三、推进文化创意产业发展

走访上海动漫衍生产业园、德必易园、法华525创意树林、金沙江3131创意园、1913老洋行等外区优秀创意园区。组织2户企业申报“上海市设计创新示范企业”，经过专家评审，上海博路工业设计有限公司获“2012年上海市设计创新示范企业”。组织12户企业申报上海市文化创意产业专项扶持资金，经过区县初审，11户企业通过初审。推荐上海创图网络科技发展有限公司董事长、钻石小鸟联合总裁申报“2012年上海市青年高端创意人才”。经专家评审，我区推荐的2位人才从全市82名候选人中脱颖而出，进入前20名，其中1位获“2012年上海市十大青年高端创意人才”，另1位获入围奖。

四、加强科技创新工作

开展企业技术中心建设。组织2户企业申报2012年市企业技术中心项目，组织3户企业申报2012年区企业技术中心项目（技术中心牌子已授企业），指导2户企业做好区企业技术中心验收工作。

组织各类项目申报。组织3户企业申报2012年上海专利新产品项目，组织2户企业申报2012年上海专利优势企业项目。对3户“引进技术的吸收与创新项目”企业单位进行验收。截至目前，已完成项目申报37个，总投资11亿元，申请到扶持资金560万元，其他项目正在审核中。

五、做好节能降耗和迎峰度夏工作

市经信委下达区的工业企业节能目标为能源消费总量控制在3.1万吨标煤，万元产值能耗下降3.4%。1—12月，全区工业企业能源消费总量为2.53万吨标煤，万元产值能耗同比下降16.14%，完成市下达目标。做好重点用能企业日常管理，开展日常监督监测工作。针对夏季电力紧缺的情况，会同市北供电公司提前制定有序用电工作预案，协调全区企业用电情况。为了应对用电高峰，采取轮休、错峰、开3停4等紧急限电等措施。计划共涉及企业353户（次），其中轮休220户、错峰16户、开3停4为117户。由于预案充分、应对及时，迎峰度夏工作平稳有序完成。

【2013年发展趋势】

2013年，闸北区将按照党的十八大和十二届全国人大全会精神，以“创新驱动、转型发展”作为核心，加快转变经济发展方式，大力推进全区产业结构调整和产业布局建设，力求在重点领域取得新突破

一、主要目标

2013年，全区工业预期目标是167.8亿元，比上年增长5%；出口交货值18.8亿元，增长3%；销售收入186.8亿元，增长5%。

二、主要措施

1. 进一步加强产业项目招商。围绕闸北区“南高中繁北产业”发展战略，进一步扎实做好二次招商工作。加紧培育总部经济、楼宇经济和涉外经济。

2. 进一步加强产业结构调整。以闸北区国家服务业综合改革试点为引领，大力发展战略性科技产业、文化创意产业和电子商务等生产性服务业和新兴产业。

3. 进一步加强新型产业集聚区建设。一是做大做强“市北高科技产业园区”，二是完善张江园区闸北分区功能建设，三是推进上海多媒体谷和大宁商业板块生产性服务业和生活型服务业融合发展。牵头对未来园区的建设做好规划和产业定位工作。

4. 进一步加强中小企业服务。一是建立公共服务平台。二是建立服务机构网络。三是建立运行分析体系。重点建立“专精特新”与“小微企业”两个模块的监测和数据库。

5. 进一步加强企业自主创新。一是积极实施国家、市技术改造重大项目，支持企业创建市区级企业技术中心。二是引导发展以企业为主体的研发自主专利。三是积极争取市自主创新与高新技术产业发展专项资金和市级创业投资引导基金。

6. 进一步加强推进节能降耗。一是将节能降耗与产业结构调整、淘汰劣势企业结合起来。二是加强重点用能企业管理和目标责任考核，将节能减排目标落实到实处。三是推动节能工程为重点的节能技术改造，继续做好高效照明产品推广工程政府实事项目。四是加大合同能源管理推进力度，在区域企事业单位中推进实施合同能源管理项目。

（曹济南）

虹口区工业

【概况】

2012年，虹口区工业针对中心城区工业梯度转移的现实情况，不断促进产业结构调整、转变经济发展方式、提高科技创新发展，加快建立以企业为主体、市场为导向、“产学研”相结合的创新体系，逐步提升虹口区企业自主创新能力，着力推动传统制造业的升级和转型，营造良好的发展环境和服务平台。

【2012年发展情况】

一、工业经济运行总体保持平稳

全年规模以上属地工业企业完成工业总产值43.59亿元，现价比上年增长4.7%，可比增长3.3%；完成出口交货值6.43亿元，下降9.2%；利润6.32亿元，增长34.2%。按照税收口径，全年税收落地企业共716户，完成三级税收5.5亿元，下降1.7%；区级税收1.34亿元，下降2.9%。全区工业经济运行呈现“总量稳定、效益提升”的态势，即在制造业总产值稳定的基础上，工业利润实现两位数大幅增长，就虹口区制造业而言，逐步实现由“量”的增长转变为“质”的提高阶段，产业转型升级初显成效。

二、企业技术进步能力不断提高

1. 加快科技成果转化应用的实施力度。上海申能能源科技有限公司“百万千瓦超超临界机组系统优化与节能减排关键技术”产业化（一期）项目总投资达1.4亿元，获得国家重大科技成果转化专项资金1600万元支持。

2. 培育一批市级企业技术中心。鼓励企业积极提升技术创新能力，强化市场应用水平。通过各方努力，上海日用友捷汽车电气有限公司等4户企业获得上海市认定企业技术中心，共获得专项支持360万元，有力支撑了企业技术创新体系的完善。

3. 新兴产业蓬勃发展。全年备案战略性新兴产业项目共8个，总投资1.1亿元；区级财政提供340万元，支持上海万方博通石油化工工程有限公司“催化汽油加氢脱硫装置加热炉项目”等6个企业重点项目产业化建设。通过产业政策支持，鼓励全区制造业企业通过自身技术创新与转化应用，提升产业发展能级，为区域经济增长提供了新亮点。

三、节能减排工作呈现新局面

深化产业结构调整，做好落后产能行业的调整和淘汰工作，迁移我区重点用能单位日用友捷。聚焦合同能源管理项目，虹口世纪大酒店、第一人民医院分院、丝绸之路大饭店、天山宾馆等均已进行合同能源管理节能改造，年节能量预计将近2000吨标准煤。与市经信委联合举办“2012上海节能宣传周”开幕式，主办“2012上海节能宣传周”虹口展区“绿色虹口，和谐家园”主题展，上海环境能源交易所、每天节能等13户单位参展，运用实物、图片、视频技术，对优秀节能环保企业的节能新产品、新技术、新理念进行展示。与上海环境能源交易所在区内联合开展碳排放交易试点前期探索工作，目前已基本完成。此次碳交易试点前期探索工作，是国内同领域内的首次尝试，具有重要的标杆意义。与区内重点用能单位和节能环保企业积极沟通，为项目对接搭建平台。推进节能技改项目，粤海大酒店、瑞虹生活广场和一期会所等均已自主投资进行空调、照明等节能改造。

四、创意园区发展体现新活力

虹口创意园区建设逐步形成规模和特色，产生良好的经济和社会效益。至12月底，共有创意产业园区26家，其中市级创意产业集聚区12家，园区总建筑面积44万平方米，入驻企业1260户，整体入驻率达到78%，吸纳就业1.6万人。平均产业集聚度为83.4%，重点聚焦研发设计、节能环保、信息服务、数字媒体、文化时尚等领域。全年园区共实现销售收入250亿元，同比增长78%。花园坊节能环保园、1933老场坊、中图蓝桥等一批特色鲜明的创意园区累计接待参观千余人次。

【2013年发展趋势】

2013年，虹口作为中心城区，在城市土地资源配置和产业结构调整的作用下，越来越多的工业企业进一步实施转型战略。受政策引导，区内制造业不断向战略性新兴产业发展，工业资源将进行新一轮整合利用。

一、制造业转型升级的态势进一步加剧

全区战略性新兴产业继续保持较快增长，2013年销售收入预计突破100亿元，比上年增长30%以上；制造业产值预测45亿元，增长3.2%。

二、战略性新兴产业呈进一步集聚态势

加大对节能环保、新能源、新材料等领域总部型企业及行业重点企业的引进力度，依靠市、区联动机制和功能性机构渠道及中介组织力量，引进包括环境节能、环境投资、绿能高科、久电电力等总部型企业，通过企业引进继续夯实产业基础，将继续加快上、下游产业链的整合速度，增强市场引领带动能力。

三、企业转型重组力度加大

制造业重点企业将继续加快转型步伐，通过企业资产重组、并购以及技术合作开发等途径，由传统制造业升级为战略性新兴产业的趋势将更加明显，抢占未来市场的制高点。

四、产业政策扶持力度保持在较高水平

继续加大为企业服务的力度，虹口区企业预计全年将获得国家级、市级产业专项引导资金保持在2500万元上下。这些扶持资金将改善企业经营状况、提高企业盈利水平，有助于企业培育市场、降低财务风险，提升区域整体产业发展环境，推动技术与市场的深度融合。

五、科技成果转化应用程度加深

大力帮助企业进行技术成果转化，提高技术成果市场应用能力，将对区级企业技术中心进行扩容。重点企业申能科技将加大火电领域的节能改造力度，为社会减排作贡献。扶持企业科技成果转化、技术改造、产学研等项目15项，争取培育1—2项国家项目、6—8项上海市项目，以此推进战略性新兴产业向新的高度发展。

（徐　杰）

杨浦区工业

【概况】

2012年，杨浦区现有规模以上工业企业100户，完成工业总产值987.43亿元，比上年增长1.5%，工业产值总量位列中心城区第一，增幅在全市位列第5。全年杨浦工业实现销售收入997.34亿元，增长3.4%；利润175.21亿元，下降1.7%。工业企业涉及烟草、交通运输设备、通用设备、非金属制造、通用设备及计算机、电气机械、食品制造、专用设备制造、电力生产及供应、金属制品、纺织及纺织复制品、印刷业、仪器仪表等13个行业。

【2012年发展情况】

一、沿江及主要工业企业健康发展

杨浦区现有沿江及主要工业企业30户，实现年产值为960.10亿元，比上年增长4.18%，占规模以上工业企业产值总量的97.23%；实现销售收入967.77亿元，增长5.69%，占规模以上工业销售总收入的97.04%；上缴总税收588.53亿元，增长19.57%。现有30户沿江及主要工业企业产销两旺，呈现发展势头强劲的良好态势。

二、产业能级稳步提升

全区工业企业积极参与国家创新型试点城区建设，为加快技术创新和产业升级的步伐，2012年申报国家和本市各类专项共37项，项目总投资4.07亿元，申请专项资金8330万元。其中，申报国家科技成果转化项目1项，国家重点产业振兴及技术改造1项，国家技术创新示范企业1项，市引进技术的吸收与创新计划4项，市资源综合利用企业1项，市重大技术装备研制专项1项，市战略性新兴产业专项资金7项，市企业技术中心1项，市循环经济发展专项资金1项，鼓励企业购买国际先进研发仪器设备1项，专利新产品项目5项，杨浦区产业发展重点领域智能电网专项4项，等等。全年组织项目竣工验收5项；6月，顺利完成区内中央投资重点产业振兴和技术改造的监督检查工作，经检查，中央投资项目资金使用规范，项目进展顺利，受到上级部门的好评。这些项目的实施，进一步提高了杨浦区产业能级，为杨浦区经济转型和发展起到推动作用。

三、企业创新活力不断增强

为了鼓励企业加大研发投入，促进企业创新活力、创新要素的增长、共享、流动，积极支持引导企业建立技术中心。年内新增市级企业技术中心1个，累计共有国家级企业技术中心4个，市级企业技术中心13个。同时，积极与区财政协调，设立企业技术中心专项资金。在区委、区政府的大力支持下，年内起草《杨浦区级企业技术中心认定鼓励办法》，并经区长办公会议讨论通过。2013年准备认定区级企业技术中心20个，力争新增国家级企业技术中心1个，市级企业技术中心1—2个。2015年争取国家级、市级和区级企业技术中心达到60个。

四、结构调整有序推进

认真贯彻执行科学发展，依靠创新驱动转型发展，坚持淘汰落后产能，加快经济结构战略性调整。为进一步推动“三高一低”企业的结构调整，认真开展区域内零星化工企业的排查工作。完成结构调整项目5项（其中搬迁3项，停产2项），减少能耗922.3吨标煤，腾出厂房面积14674平方米，申请市产业结构调整专项资金23万元，区级配套专项资金23万元。顺利完成市政府下达的考核任务。

【2013年发展趋势】

一、主要目标

2013年，杨浦区工业增长将继续保持平稳有序的态势，预计工业经济增速在3%左右，全年规模以上工业总产值达到1017亿元，销售收入达到1027亿元，增长3%；完成利润180.47亿元，增长3%。

二、主要措施

1. 以创新为驱动，加快转型发展。优先发展以现代设计、科技金融为主导的知识型现代服务业，优先发展以软件和信息服务业为主导的高新技术产业和培育发展战略性新兴产业，努力实现产业转型。坚持把发展电子信息业、云计算、智能电网、物联网、节能环保等战略性新兴产业放到重要位置，努力推进信息化与工业化融合，降低高耗能产业结构比重，提升全区经济整体竞争力。积极推动软件产业、信息服务业等发展大跨越，形成和不断壮大现代服务业产业群。加快服务企业的平台建设，真正以科技主导经济发展，以创新驱动经济发展，加强技术创新，改进生产工艺，提高产品的技术含量和附加值，顺应国内外市场和客户需求，开发适销对路的产品，提升产品品牌价值，提高经济效益。

2. 加强调查研究，进一步加大政策指导和服务力度。加强对各种政策的学习研究，增强指导企业运用政策的能力。建立重点企业联系制度，掌握企业发展状况。对各级各类专项资金的使用情况进行跟踪、调研，建立服务企业数据库。引导和支持创新要素向企业集聚、促进科技成果产业化。推进多层次企业技术中心的建设，加大企业技术研发投入的力度，形成一批拥有自主知识产权的核心技术和主导产品。加强为中小企业的服务，组织中小企业政策信息培训，提高企业规避市场风险的能力；支持传统产业升级改造和新产品、新技术的开发应用；引导并鼓励企业开展技术引进、吸收与创新；重点支持重大技术改造项目和技术创新项目。鼓励和支持优势产业的骨干企业做大、做强、做优。把品牌建设与产业发展紧密结合起来，进一步提升杨浦区产业能级。

（殷亚萍）

黄浦区工业

【概况】

2012年，黄浦区按照稳增长的工作要求，根据区域自身优势及经济发展需要，致力于促进商贸有机结合，强化特色品牌培育，挖掘文化历史内涵，坚持以科技创新促进优势产业发展，工业经济保持健康有序发展，完成年度各项计划指标任务。全年完成工业总产值185.96亿元，比上年增长4.8%；完成销售收入260.82亿元，下降7.4%；完成出口交货值38.47亿元，增长6.7%；完成工业利润8.11亿元，下降9.9%。

【2012年发展情况】

一、工业生产前升后降，黄金珠宝行业前高后平

受主要产品影响，全区属地工业规模略有下降，全年产值累计下降0.4%。但在地统计的中央、市级企业贡献度较大，占据工业生产总额的比重达66%，增长8.6%。年内黄金价格高开低走，年初承接2011年年末的行情，呈现一轮升势，过后逐渐“退烧”，振荡加剧，但从市场层面看，需求虽有抑制，但消费者对黄金投资的意愿仍较强烈，加上有关企业积极拓展市场力度，增设网点，该版块全年仍保持了平稳略升的态势，两大主力企业亚一金厂和老凤祥珠宝首饰有限公司完成工业总产值40亿元，增长4.1%。

二、服装行业降幅明显，工业出口保持增长

服装行业完成工业总产值20.2亿元，下降11%。年内该行业普遍遭遇成本上升、订单不足等问题，除古今内衣公司因试水网上销售，努力扩大市场份额，促进生产，全年生产规模基本保持稳定外，其余企业的生产均有较大幅度的下降。区内的服装出口企业也面临订单下降的情况，两户重要出口企业胜盛纺织和宇宝工贸的出口交货值分别下降25.7%和8.3%。为出口交货值保持增长作出贡献的主要来自于双钱轮胎。另外，江崎格力高公司表现出色，因日本地震、泰国洪水等原因，该公司年内承接大量代生产业务，产值和出口均大幅增长。

三、受宏观调控等影响，工业利润有所下降

利润下降源自于在地统计企业，下降25.2%，降幅最大的是船舶制造和建材水泥行业，主要是受宏观调控和外需下降等因素影响。

四、大力推进技术改造，增强企业市场竞争力

为进一步增强企业发展后劲，积极鼓励扶持企业实施技术改造。全年区内企业共申报各类技改投资项目多达17个，技改投资总额高达93411万元。其中，国家认定企业技术中心能力建设项目1个，上海市重点技术改造项目2个，上海市引进吸收与创新项目5个，上海市战略新兴产业项目2个。

五、高度重视品牌培育，扩大民族品牌影响力

建立并完善包括品牌发展“十二五”规划、3年行动计划、品牌发展专项资金以及品牌系列宣传推介活动（如承办2012年中华老字号博览会、举办中华老字号论坛）的黄浦区品牌工作制度体系。专项资金扶持办法有4个特点：一是结合原二区品牌政策的长处，适当提高重点项目扶持标准，重点突出对国家级品牌的扶持；二是扩大政策覆盖面，现行政策将向全社会各类民族品牌企业开放，充分体现公开、公正、公平原则；三是进一步规范资金申请、审核、监督程序，形成规范管理模式；四是政策操作简便，对号入座，方便企业申报。全年新增中国驰名商标3件，上海市著名商标8件，中华老字号品牌向外拓展商业网点150家，提前超额

完成年度任务指标。

六、加快创意园区建设，提升创意产业贡献度

牢牢把握文化产业大发展机遇，修订和完善黄浦区创意产业发展“十二五”规划，成功举办江南智造“创意发声”讲堂，打造集知识产权转化、教育培训、展示交易、融资等功能于一体的功能性平台。创意产业对区域经济贡献度进一步提升，全年税收增长12.1%，占区级税收比重超过12%。其中，“江南智造”的税收已破亿，8号桥二期、老码头、红双喜的税收增长率均超过110%。

七、加大工业节能力度，超额完成能耗下降率

根据市区年内节能减排工作要求，制定年度工业节能降耗工作要点。通过推动江崎格力高公司照明系统改造、工艺美术品公司土法熔炼炉更新改造和第一铅笔“木屑代煤”项目等工业节能工程建设；同步推进申花工业园区节能减排示范园区以及创意产业低碳园区建设，超额完成工业节能目标。按照年度市府考核黄浦区工业节能目标能耗总量2万吨标准煤，万元工业产值综合能耗下降3.4的要求，实际完成年能耗总量1.82万吨标准煤，万元工业产值综合能耗下降5.4。

【2013年发展趋势】

一、主要目标

2013年，计划完成工业总产值186.88亿元，比上年增长4.9%；完成销售收入265.00亿元，增长1.6%；完成出口交货值39.50亿元，增长2.6%；完成工业利润9.2亿元，增长13.5%。

二、主要措施

1．规划引导。区委、区政府专门出台鼓励行业发展的规划意见，并划定功能区，力争集聚品牌、扩大服务载体，促进行业的发展。

2．政策扶持。认真落实国家、市政府有关对企业技术创新的扶持资助政策，推动区重点行业企业的技术升级。

3．品牌培育。继续实施新黄浦品牌发展“十二五”规划及3年行动计划，修改完善品牌扶持政策，进一步推进自主品牌加快发展。

4．产业联动。以二产为载体，拓展生产性服务业的发展空间，实现产业间的相融互动。

5．载体联动。充分利用闲置厂房、楼宇等资源，宜商则商，宜工则工，发展都市工业，实现资源最大化。

（吴培民）

静安区工业

【概况】

2012年，静安区完成工业总产值32.32亿元，比上年下降15.43%；实现工业销售产值32.37亿元，下降14.97%。文化创意服务业实现税收22.05亿元，增长1.94%；文化创意服务业营业收入为401.56亿元，增长46.2%。至年末，共有创意产业园区14家，建筑总面积151,012平方米，入驻企业数为379户。文化创意产业进入快速发展阶段，逐渐成为支撑区域经济发展的支柱产业之一，对区域经济转型发展的贡献度进一步提高。服务中小企业工作机制不断完善。自主品牌创新能力不断提高。节能减排工作稳步推进。

【2012年发展情况】

一、有效整合区域创意资源，推进文化创意产业发展

1．深入推进区台、区校合作。协调组织“静安区人民政府、上海广播电视台区台战略合作框架协议签约仪式暨静安梅迪亚工场项目三方协议签约仪式”，推进静安区与上海广播电视台建立长期、全面、深度的战略合作关系和区、台联动机制，探索文化产业发展新模式。积极协调静安置业（集团）有限公司、上海东方娱乐传媒集团有限公司、静安区文化创意产业推进领导小组办公室三方达成战略合作意向，推进威海路文化传媒街建设。与上海戏剧学院商议《静安区人民政府与上戏战略合作框架协议》，围绕“文化项目、附中建设、社区共建、人才交流与培养、财政支持”五方面开展合作。

2．加快创意园区载体建设。江宁路511创意园区完成改建装修，引进如恩设计研究室，更名为“如恩设计中心”，主要从事提供国际化的建筑、室内、整体规划、平面以及产品设计服务；诺安1919、武定路881园区完成改建工程，诺安1919完成招商，底楼商铺全部对外营业，武定路881号已完成招商；“延平谷”已开园运行。

3．启动“昌平路静安创意产业集聚带规划”。进一步提升“静安创意产业集聚带”名牌区域的功能，“昌平路静安创意产业集聚带规划”已按照相关要求启动，并举办“昌平路静安创意产业集聚带规划”专家座谈会，邀请上海戏剧学院副院长黄昌勇、上海创意及创新学院院长约翰·霍金斯等业界专家参加。

4．积极支持优质文化和传媒类企业参与区文化创意产业建设。指导并支持企业申报国家、市级文化创意产业资金专项，申报市文创专项扶持资金，鼓励企业和行业协会搭建

为文创领域中小企业提供技术、信息等公共服务平台。

5．提高服务意识，为创意企业排忧解难。积极争取招商政策，主动为企业排忧解难。积极向市、区有关部门推荐优秀企业和人才，向市推荐创新示范企业两户，着力探索推进政府、担保公司、银行三方合作机制，制定轻资产企业融资贷款担保方案，成功解决捷讯传媒等创意企业的融资需求。此外，800秀园区还成功举办2012上海时装周秋冬时装发布会活动。充分发挥协会作用，将部分事务性工作事项以政府购买服务的形式委托给协会办理，完成区创意产业协会的改选工作。

二、围绕搭建融资平台，提升对中小企业的服务水平

1．进一步完善相关扶持政策。进一步完善区域扶持中小企业发展的政策环境，起草《静安区进一步中小企业改制上市若干意见》（讨论稿）、《静安区中小企业改制上市专项资金管理办法》（讨论稿），加大区域中小企业改制上市扶持力度，加速改制上市进程。

2．积极为中小企业融资搭建平台。建立区域中小企业数据库，对全区1万多户中小企业进行排摸，了解企业基本情况，为企业免费邮寄《上海市中小企业信息速递》，让企业在第一时间了解国家、市有关推进中小企业发展的政策；组织企业参加“百家拟上市中小企业培训”等多项培训。关注中小企业融资问题，多次召集中国银行、工商银行等金融机构及融资中介机构召开区域银企对接会，为解决企业融资难问题搭建工作平台，不断改善中小微企业融资环境。与招商银行股份有限公司小企业信贷中心签订《服务中小企业融资产品推介合作协议》，为“专精特新”中小企业提供创新性的金融产品。

3．鼓励支持中小企业创新转型。组织并指导企业申报“2012年第一批上海市中小企业发展专项资金项目”、上海市现代服务业引导资金项目申报等13个市、区扶持项目资金。积极组织企业参加“中小企业国际博览会”等境内外展会，鼓励行业协会发挥组织作用，引导中小企业抱团“走出去”，为企业开拓市场指好路，引好方向。支持中小企业运用各类创新资源开展创新活动，促进信息化与工业化深度融合，提高企业信息化水平。

三、推进商业商务节能减排工作

协调推进经典茂名、九百世纪食品城两户商业楼宇企业开展能源审计工作，落实3户能源审计节能公司承担政府购买服务分散采购工作，并完成能源审计单位与楼宇对接、签约工作。完成恒隆广场、中信泰富、梅龙镇广场、久光百货4户市重点用能单位《2012年节能减排目标任务书》的签约落实。推进落实红宝石食品公司43家门店、中创大厦LED光源产品节能改造项目，开展会德丰广场中央空调控制系统的智能化模块升级改造。

【2013年发展趋势】

一、完成《昌平路文化创意产业集聚带规划》制定

在上海“设计之都”建设的大背景下，以《昌平路文化创意产业集聚带规划》为引领，促进昌平路周边3.22平方公里内创意园区成为高端创意设计人才的集聚地，以创意街区建设为理念，推进静安南部楼宇与北部园区的产业融合，打造“产城结合”的模式，提升集聚带发展能级。

二、深化区台、区校战略合作

深入推进静安区与上海电视台的战略合作，以威海路696号静安梅迪亚工场项目为核心载体，共同打造威海路传媒街，跟踪和指导置业集团梅地亚工场项目的改造，做好园区产业定位，协助管理方开展招商工作。加强与上海戏剧学院的区校战略合作，推进静工集团与上戏“华山创意园”项目的合作建设。完善园区管理，通过政府购买社会组织公共服务方式，发挥创意产业协会的协调与服务作用。

三、利用多方资源推动区域创意产业发展

研究制定《静安区促进文化创意产业发展专项资金管理办法》，主动对接市文创办，做好相关企业文创发展项目的备选入库，指导企业申报国家、市级文化创意产业资金专项，申报市文创专项扶持资金。着力探索推进政府、担保公司、银行三方合作机制，制定创意类企业融资贷款担保方案，进一步完善文化创意类中小企业融资担保机制。发挥区文创办统筹协调的职能，着力营造良好的创意型企业创业和成长环境。承办或组织系列创意活动，举办上海时装周等有影响力的活动。

四、加强创意类人才的开发和培育

以昌平路“海外高层次人才创新创业基地”创建为契机，在发现人才、吸引人才、培育人才等方面进行更深层次的发展和创新。全面开展“静安创意设计年度人物评选”工作，通过年度人物的评选，建立静安区创意设计人才库。定期举办高级人才圆桌会议、头脑风暴、设计师沙龙等活动，为各行业的人才提供相互学习与交流的平台。成立文化创意领军人才工作室，培育一批既有专业特长又能团队合作的复合型高层次人才，并对工作室给予一定资金补贴。

五、提升区域中小企业服务工作水平

研究成立区促进中小企业发展协调领导小组，完善区域中小企业发展指导和协调机构。探索建立静安区促进中小企业上市协调领导小组，推动区域中小企业改制上市，改善中小企业融资环境。探索中小企业服务进街道、进园区、进楼宇的路径，扩大中小企业服务规模。借助各类社会中介服务机构和相关高等院校的专业优势，创新公共服务模式，丰富公共服务形式，为中小企业提供管理咨询等方面服务，开展各类政策宣讲、产学研对接等公益性活动。探索建立中小企业项目第三方评审跟踪机制，规范化项目初审、项目管理和

项目验收。鼓励和指导企业申报国家级和市级项目，建立健全区级的政策扶持体系，充分发挥政策资金的杠杆作用。研究制定《进一步促进中小企业改制上市若干意见》和《促进中小企业上市专项资金管理办法》。

六、推进绿色低碳商业商务区建设

加强与能源审计公司和商业楼宇的协调工作，完成能源审计和诊断工作，并在审计工作的基础上，有重点地开展合同能源管理项目。完成节能减排目标任务。

（王　娟）

宝山区工业

【概况】

2012年，宝山区工业以“创新驱动、转型发展”为动力，以“结构调整、发展提升”和推进“智慧宝山”建设为工作主线，顺利完成年初确定的各项工作目标和任务。全年完成工业销售产值1489亿元，比上年增长11.5%；完成工业固定资产投资38亿元。全年工业综合能耗总量控制在68万吨标煤以内，工业万元产值能耗下降7%。完成市政府下达我区结构调整企业64户。全年获得中央、市级各类产业扶持资金13634万元，荣获2011–2012年度中国管理科学创新杰出成果奖。完成既有住宅光纤到户改造13万户，完成牡丹江路无线覆盖政府实事项目，推进30个支撑“智慧宝山”的信息化应用项目建设。

【2012年发展情况】

一、深化调整，加快推进先进制造业发展

1．优化产业布局。制定《宝山区贯彻落实“沪府办发51号文”加快产业布局调整转型的实施意见》，为优化产业布局奠定良好基础。

2．调整产业结构。全面推进顾村工业园区转型调整为上海机器人产业园，积极推进上海宝昌铸造有限公司等64户落后产能企业结构调整工作，梳理调研轨道交通沿线的集装箱、钢材堆场，为2013年调整工作作好准备。

3．加快项目建设。推进在建项目竣工投产，全年新竣工项目18个，总投资24亿元；推进土地已摘牌项目的开工建设，全年新开工项目14个，总投资17亿元；推进土地农转用批次已批复项目的摘牌，全年新完成土地摘牌的项目18个，总投资近27亿元，用地规模761亩。

4．推进新兴产业发展。积极对接上海促进国家战略性新兴产业发展，制定《宝山区智能制造装备专项实施方案》。全年落实两批6个高新技术产业化项目用地指标400余亩。

5．推进工业园区特色发展。积极开展争创国家新型工业化产业示范基地工作，装备制造（智能装备）基地通过专家评审，上海机器人产业园获得市经信委批准。

6．加强技术进步。全年完成6户市、区两级企业技术中心创建工作，推进10个项目达到国际先进水平或国内领先水平，实施5个引进消化吸收再创新项目，4项国内首台套重大技术装备研制专项项目完成验收，企业技术创新成果显著。

二、突出重点，加快推进生产性服务业发展

1．推进文化创意产业发展。研究编制《宝山区文化创意产业“十二五”发展规划》、《宝山区文化创意产业集聚区认定办法》、《促进宝山文化创意产业发展三年行动计划》，协助举办“制造业创意产业论坛”活动。上海国际工业设计中心等4户单位的“上海工业设计产权交易公共服务平台”4个项目获得首批上海市促进文化创意产业发展财政扶持资金支持。

2．推进轨道交通7号线文化科技旅游产业发展带。充分发挥“国家文化产业示范基地”的示范与辐射作用，制定《关于以国家文化产业示范基地为引领加快文化科技旅游产业带（7号线）发展的实施方案》。

3．推进移动互联网产业基地建设。完成《上海市宝山区移动互联网产业发展研究》，制定移动互联网产业基地建设计划，协助举办2012年北上海首届移动互联网产业高峰论坛，宝山区获得上海市第一批移动互联网产业基地授牌。

4．推进上海动漫衍生产业园做大做强。推动上海动漫衍生产业园与上海工程技术大学加强产学研合作并签订战略合作框架，研究制定《关于加快上海动漫衍生产业园发展的实施方案》。

三、细化管理，加快推进工业节能降耗

1．完善节能工作机制。制定《宝山区2012年工业节能重点工作安排》，确定各单位工作任务和目标。

2．加大推进“节能五色管理法”应用力度。制定《宝山区工业节能考核办法》，举办19期1300多人次参加的节能管理培训班，有序推进节能各项专项。

3．开展节能诊断和高效节能产品推广。完成年耗电500万千瓦时以上26户重点企业电能平衡测试工作，对45个单位实施4万千瓦时高效电机推广替代。

4．积极推进清洁生产和发展循环经济。完成32户高耗能重点用能企业清洁生产试点审核和15户企业审核验收，

45 户资源综合利用企业开展了标准化、产学研、企业现场检查等活动。

5. 加快清洁能源替代和节能改造步伐。举办 93 个燃煤（重油）锅炉单位改造技术和政策培训班，共完成 35 台锅炉 120 吨位替代改造，上海黄海制药有限责任公司等 35 项实现节能工程改造，实现节能量达 2 万吨标煤。

四、强化服务，促进中小企业持续健康发展

1. 完善企业服务网络。建立健全"18+15+33"服务中小企业工作网络，主动开展推送中小微企业服务信息传递活动，全区 4000 多户中小微企业每月可免费获得《上海市中小企业信息速递》杂志。

2. 推进公共服务平台建设。帮助区域内 4 个公共平台申报上海市中小企业公共服务示范平台，其中上海钢联荣获"信息服务"示范平台称号、上海融道网金融信息服务有限公司荣获"融资服务"示范平台称号，区中小企业发展服务中心和上海澄兴动漫产业有限公司荣获"综合服务"示范平台称号。

3. 加大服务央企力度。深化拓展与央企对接合作，建立宝山区央企在沪企业基本信息数据库，加强在宝山的央企服务力度。

4. 扶持培育中小企业发展。建立宝山区"专精特新"中小企业培育企业、小微企业分类数据库，对入库企业实施分类指导和跟踪服务。

5. 拓展中小企业融资渠道。首次组织编写《宝山区中小企业融资服务指南》，协调解决 21 户"专精特新"企业续贷 4.29 亿元存量贷款，举办上海市百家中小企业改制上市培训班和私募债金融产品宣传专场培训班，帮助海隆石油等两户企业申报市中小企业专项扶持资金，帮助三航奔腾建设工程有限公司等 3 户企业发行中期集合票据 2.2 亿元。

五、优化环境，加大政策扶持和招商引资力度

1. 加大招商引资力度。区经委主动作为，积极寻找国家战略性新兴产业项目，确定上海度肯光电科技有限公司大功率 LED 产品制造等 18 项先进制造业、生产性服务业重点引进项目。伊戈尔电气股份有限公司高性能集成硅光子器件研发中心项目、上海度肯光电科技有限公司等 3 个项目成功签约落户宝山。

2. 完善政策扶持办法。完成《宝山区先进制造业专项资金管理办法》政策修订工作，全区 53 户企业 64 个创新项目获得财政扶持资金 1580 万元，3 个项目申报上海市第一批重点技改政策，14 个项目预报上海市第二批重点技改政策，5 个节能技改项目申报市节能专项预计可获扶持资金 235 万元，清洁能源替代、高效电机推广获得市专项资金 1000 万元。

【2013 年发展趋势】

2013 年，宝山区坚持"创新驱动、转型发展"总方针，围绕"两区一体化"总目标，贯彻"五个好"总要求，坚韧不拔抓调整，坚持不懈抓发展，以提高经济增长质量和效益为中心，突出重点，聚焦发展，实现我区工业与信息化工作再上新台阶。

一、主要目标

全年力争工业销售产值达到 1570 亿元，比上年增长 5.4%，工业固定资产投入 30 亿元，力争到达 35 亿元。淘汰落后产能项目 40 个，区域调整盘活存量土地资源 1000 亩。工业规模以上企业综合能耗控制在 65 万吨标煤以内，万元产值能耗下降 5% 左右。信息化投入超过 3000 万元。

二、主要措施

1. 以提高经济增长质量和效益为中心，保持产业稳定增长。加强重点企业的定期动态监测，锁定 100 户亿元以上重点大企业，做好月度、季度产值预测，了解企业生产经营动态信息，增强企业生产销售情况的预判能力，及时把握工业经济发展态势。每月梳理产值降幅最大的 20 户企业，通过召开座谈会、走访等多种方式，了解企业生产销售下降的原因和企业当前存在的困难，为企业解决一些实际困难，争取这些企业稳中有升。全面梳理 2010 年以来竣工未投产项目，摸清未投产原因，协调相关镇、园区和职能部门，指导和帮助竣工企业做好相关手续办理和入统申报，加快新投产企业的产出。

2. 以战略性新兴产业为引领，推动先进制造业发展。一是做强做优工业园区。积极融入市级优势园区，深化园区产业发展定位，推动园区特色化发展，促进工业化和信息化深度融合。完善宝山工业园区功能配套，加快新材料、新能源、智能装备等特色战略性新兴产业基地建设，争取上海市智能装备产业基地挂牌。提升宝山城市工业园区产业能级，重点发展研发、销售"两头在沪"总部型企业，加快向总部型经济、科技研发等综合性产业园发展。推进上海机器人产业园建设，加强与虹桥开发区和闵行开发区的合作，开展存量资源盘活和相关地块调整转型工作，推进机器人平台建设。推动杨行、月浦、罗店等工业园区调整转型。二是推进重点项目建设和落地。对接全市启动推进的一批高新技术产业化重大专项，争取纳入上海张江国家自主创新示范区。加快推动康臣特种材料等 30 个先进制造业项目建设和落地，确保远东阀门等 15 个项目竣工投产。积极争取战略性新兴产业市统筹用地指标，进一步推动项目向园区和产业区块集中。三是推进技术改造。进一步加快高新技术成果产业化，推进 20 个以上技术水平达到国内领先或国际先进的专利新产品产业化，创建市级、区级企业技术中心 5 家以上。四是推进产业结构调整。重点围绕轨道交通沿线的集装箱、钢材堆场，启动结构调整工作。围绕工业园区综合评估报告中 152 户较差企业，制定 2013 年产业布局调整转型工作计划和考核目标，

指导街镇、园区实施调整转型。围绕“195、198”区域，重点推进粘土砖，“4个工艺”等行业、企业的调整。配合推进南大地区、吴淞工业区等重点区域转型调整，做好中央企业征收补偿、环境综合整治、项目引进等相关工作。五是推进工业节能降耗。加大“节能五色管理法”实施力度，加强节能工程投资改造，力争完成节能技改投入1亿元，节能工程20项。加快高效电机推广、燃煤（重油）锅炉清洁能源替代、清洁生产审核等节能专项工作，力争推广高效电机2万千瓦时，锅炉清洁能源替代20台，清洁生产审核企业30户。

3．以机器人、移动互联网、文化创意为重点，大力发展生产性服务业。一是推进上海机器人产业园平台建设。积极引进中国机器人网、中国机器人设计应用中心项目，筹备成立上海机器人行业协会，筹备召开机器人产业大会，加强与高校、研究院所的合作，开展产学研活动，加快推进机器人产业园平台建设。二是推进移动互联网产业基地建设。组建移动互联网产业发展联盟，成立移动互联网产业基地日常营运管理机构，加快推动“一核多园”建设。加强与中国移动互联网产业联盟等相关专业机构合作，搭建产业发展交流平台，加快推进移动互联网基地建设与功能完善。三是推进文化创意产业发展。加快推动上海工业设计产权交易、上海新材料交易中心等重点平台项目建设。加强文化创意产业载体的统一管理，推进上海动漫衍生产业园、上海国际工业设计中心、半岛1919等重点文化创意载体建设及功能提升，培育文化创意骨干企业和品牌，不断提高品牌影响力及区域辐射力，促进园区做大做强，引导文化创意产业集聚发展。四是推进7号线沿线文化科技旅游产业带发展。在重点推进“机器人、移动互联网、文化创意”三大产业发展的同时，加强7号线沿线产业带的组织领导与统筹协调，以规划为引领，加快推进动漫衍生、移动互联网、机器人等五大产业领域载体建设和功能提升，逐步形成7号线沿线重点区域生产性服务业发展亮点。

4．以完善服务体系为支撑，提升服务企业水平。一是加大中小企业服务力度。深化“18+15+33”服务企业机制，将中小企业服务网络延伸至各产业园区和集聚区，形成“18+15+33+X”的格局。充分发挥政府门户网站和政务微博作用，帮助企业加强宣传，进一步提高政府服务企业、基层和市场能力。二是加强央企对接服务。建立定期交流机制，搭建央企交流平台，加强信息、政策、项目对接，鼓励更多的央企积极参与宝山的经济建设。筹备组建宝山区央企服务中心，筹备召开央企、市属企业恳谈会议。三是加强政策扶持。锁定区属50户先进制造业、50户生产性服务业重点企业和科技型中小微企业、“专精特新”企业，建立数据库，聚焦节能技改、技术进步、融资服务、人才引进等“1+9”产业扶持政策，加大对效益提升和贡献突出企业的扶持力度，推动企业做大做强。四是加大招商引资力度。充分发挥产业部门的专业招商优势，在去年成功签约3个项目基础上，继续加大招商引资力度。建立招商引资服务平台，加强产业、人才等政策宣传。跟踪去年确定的18个产业项目，加强服务，争取大数据、超导电缆等更多项目落地，扶持已经签约的上海度肯光电科技有限公司大功率LED产品制造企业、伊戈尔电气股份有限公司高性能集成硅光子器件研发中心等落地项目落地做强。

（王　琳）

闵行区工业

【概况】

2012年，闵行区工业围绕“全面调结构、深度城市化”工作主线，积极应对外部环境不确定性和自身转型发展的挑战，重点实施“项目落地、服务企业、融合发展、政策聚焦”4项“稳中求进”工作措施，重大产业项目加快落地，企业服务水平不断提升，全区经济保持平稳健康发展。全区完成工业总产值3857.27亿元，比上年下降2.7%。其中，规模以上工业企业完成3570.94亿元，下降2.7%；实现利润228.84亿元，下降4.7%。

【2012年发展情况】

一、建立完善重大产业项目推进机制，加快项目落地开工

1．建立完善重大产业项目落地推进机制，全力压缩项目审批时间。区委、区政府高度重视重大产业项目落地工作，区政府主要领导及分管领导多次召开专题会议，具体推进重点项目。如华电GE项目由区长亲自牵头推进，华电二联供项目已具备开工条件。年内全区共梳理亿元以上计划开工产业项目59个，带动项目总投资557亿元，总用地规模为3904亩。

2．建立健全带产业方案出让工业用地“三委两局”评审机制，加快优质项目落地。根据市土地出让政策调整，建立带产业方案出让的工业用地供地新机制，即由区经委、区发改委、区科委、区规土局、区环保局对拟供土地的产业项目进行联合评审，首次将各部门流转审批的部分内容，在“三委两局”平台进行并联初审，压缩项目通过正式审批所

需时间。同时，根据各职能部门职能范围、审核内容，编制项目评分表，根据不同行业特点，着力以统一标准对项目优劣予以评判，以突显评审的公平、公开、公正。实施以来，全区召开“三委两局”项目评审会12次，31个项目通过评审，带动项目总投资100亿元，总用地规模为1498亩，项目预计达纲销售收入500亿元，预计税收45亿元。截至目前，27个项目已完成供地，各项数据均创近年来新高。

二、建立完善企业服务体系，加强针对不同类型企业提供分门别类的有效服务

1．形成服务企业工作机制。下发《关于进一步深化区内企业服务体系建设的实施意见》，并建立“四套班子联席企业”工作机制，与96户重点企业和优质民营中小企业建立1对1的沟通服务机制和标准化问题处理反馈工作流程，涉及土地需求、规划调整、项目审批等方面的需求和问题得到落实和解决，全年共收到诉求问题117项，建议信息25项，其中37项诉求已经解决。

2．着力破解基层发展瓶颈。一是帮助企业扩产扩容。深入调研园区和老工业基地转型发展遇到的瓶颈，坚持“不破法规破常规”，帮助有扩产扩容需求的优质企业（如网讯光缆材料）提高容积率、降低绿化率，实现企业的产能扩大和土地的集约利用。加大对优质存量企业的扶持力度，针对闵开发内部分优质企业的城建税和教育费附加进行政策扶持，为存量企业切实减负。二是推动工业用地转型发展。对闲置和低效利用的工业用地及厂房，在建设用地所有权人不变、用地性质不变、不改变土地批准用途前提下，允许企业对工业用地厂房进行改造，发展生产性服务业和文化创意产业。启动存量工业用地二次开发试点，确保优质产业项目在我区落地发展。

3．完善中小企业融资体系。开展“中小企业大讲堂”系列活动，积极推广私募债、集合票据、新三板等创新融资产品，年内1户企业私募债成功发行，募资额度2500万元。深化百家企业上市计划，积极推动中小企业上市，已有1户企业预披露发行材料，等待发审会最终审核，7户企业向中国证监会申报上市发行材料，14户企业向上海证监局申请辅导备案，上市申报及备案企业总数创历史新高。

4．加强以企业为主体的技术改造和创新体系建设。组织上海南华兰陵电气有限公司等4户企业申报上海市认定企业技术中心、思源电气股份有限公司等11户企业申报上海市知识产权优势企业、上海神开石油仪器有限公司等15个产品申报上海市专利新产品。申报2012年上海市重点技术改造专项资金的第一批入围项目12个，预计补贴的建设投资70003万元。申报2012年上海市总集成总承包工程专项引导资金项目（二批次）11个。完成2011年度第三期和2012年度第一期中小企业国际市场开拓资金的申报受理与审核工作，批复金额998万元。3户企业申报2012年度服务外包专项资金，申请培训费645.2万元。

【2013年发展趋势】

2013年，区工业以“求创新、促改革，调结构、惠民生”为主线，以“求创新、稳增长、大招商、强服务”为重点工作内容，力争地区生产总值比上年增长7.5%，财政总收入增长8%，区级财政收入比上年增长4%。

一、创新驱动，坚持深化产业结构调整，推动经济转型发展

1．继续推动产业链向高端发展。一是聚焦六大高新技术产业，以民机航电产业园、华电GE航改型燃气轮机等重大项目为引领，加快先进重大装备、民用航空航天、新能源产业链建设，引进重点项目、龙头企业和配套企业，推动产业向产业链高端发展。二是大力培育网络视听、移动互联网等新兴行业，加快印孚瑟斯上海软件开发中心、中国（上海）网络试听产业基地、漕开发浦江园区移动互联网基地等项目建设，推动软件产业在紫竹高新区形成集聚。三是坚持传统产业与战略性新兴产业并举，通过新兴技术的应用实现传统产业改造提升，千方百计帮助轻工业的传统行业企业拓展国内外市场，实现“两头在沪、中间在外”转型发展，推动食品、服装等轻工业的品牌化、国际化。

2．引导四大园区产业错位发展，形成园区转型、二三产业结合的可持续发展机制。紫竹高新区建立健全综合服务体系，大力发展战略性新兴产业，积极推动工业化和信息化融合，抢占新一轮发展制高点。莘庄工业区加快推进西区建设，积极打造上海市生产性服务业功能区，致力发展总部经济、研发中心、外包服务等生产性服务业。闵开发要进一步加大产业结构调整力度，积极推进开发区向先进制造业和生产性服务业融合发展的综合性园区转型。漕开发浦江园区加强区区合作，加快二三产融合发展。漕开发科技绿洲进一步聚焦产业高端，选择高附加值的产业，大力引进总部和研发机构。

3．完善高新技术产业扶持政策。开展高新技术产业化政策到期修订工作，进一步提高政策指向的精确度，稳定存量企业的发展，提升对增量企业的精准化服务。

二、稳中求进，坚持大招商和企业服务同步抓，构建区域经济发展格局

1．坚持“大招商”，加快重大项目落地速度。一是发挥区招商服务中心的统筹资源、招商平台作用，深入推进“大招商”工作，为区域经济可持续增长提供新动力。二是继续推进带产业方案出让的工业用地供地新模式，完善区“三委两局”评审机制与促进项目落地相结合，重点加强对项目的产业导向、先进水平、各项指标、建设选址、环境影响等方面论证，确保优质产业项目落地。三是继续梳理亿元以上的重大产业项目，预计将有43个亿元以上工业投资项目和

24个亿元以上服务业项目开工建设，对已明确开工日期的项目，按时间节点积极推进。四是尽快推进项目代办服务机制，主动跨前一步，指导企业按要求正确准备报批材料；加大与各部门协作力度，对报批材料进行并联预审，最大程度压缩审批所需隐性时间。

2. 坚持“重大扶小”，不断提高企业服务精准度。一是深化优质企业服务。进一步深化全区企业服务体系建设，形成稳定运行的优质企业服务体系。研究落实市里新的规划土地政策，推动企业加强研发等生产性服务业功能，充分利用原有土地资源，扩大单位产出效益。二是继续做好中小企业服务。完善多元化融资渠道，深化百家企业上市计划，积极构建服务中小企业发展的融资服务平台。继续开展发行集合票据等创新金融产品推广，更有针对性地推动产业与金融相结合；加强政银企三方合作，鼓励金融机构创新金融产品，引导对我区优质企业加大资金支持力度。三是加快开发构建我区的“企业服务云”专项数据库，充分运用信息化手段来提高政府对企业服务的广度和精准度。

3. 深化区域合作，推动区域经济发展格局。一是加强与虹桥商务区的合作。建立专门对接服务机构，强化沟通服务，深化工作机制，聚焦引进总部型和现代服务业重大项目。二是加强与漕开发的合作。推进园区开发，加快高新技术产业集聚发展和研发销售两头在沪企业发展，实现二三产融合发展，尽快形成区域经济新增长点。三是加强与各大产业园区、上海电气、华谊集团、光明食品等龙头企业和大集团的合作。聚焦重点区域和重大项目，充分发挥产业园区的载体作用和龙头企业的示范引领作用，积极推动制造业能级提升、高端发展。

4. 坚持加大产业结构调整力度。深入推进结构调整，做到点上调整与区块调整相结合，主动调整与被动调整相结合，市场导向调整与规划导向调整相结合，加快淘汰落后生产力。初步设想全区单位增加值综合能耗比上年下降3.5%，其中工业单位产值能耗下降3%。全年完成结构调整项目40项，节约综合能源消费量2万吨标准煤。

（刘文娟）

嘉定区工业

【概况】

2012年，嘉定区工业按照市委、市政府“创新驱动、转型发展”的总体要求，紧紧围绕区“十二五”三大奋斗目标，努力做强先进制造业，加快布局战略性新兴产业，在严峻复杂多变的经济环境下，取得新成效，为“十二五”后续发展奠定基础。全区规模以上工业企业完成工业总产值4168亿元，比上年增长5%；实现利润428.5亿元，增长4.8%；全区工业固定资产投资项目共237个，总投资117亿元，增长6.3%，超额完成年初目标。

【2012年发展情况】

一、制造业发展稳定，企业经济效益明显提升

全区对“调结构、转方式”进一步形成共识，坚持“创新驱动、转型发展”，为企业发展提供了强劲的内生动力。全年企业市场开拓意愿强烈，自主创新步伐加快，企业生产组织平稳有序，工业品市场供给稳定。一是制造业在全市的作用地位进一步凸显。从增速看，规规模以上工业企业实现产值4168亿元，增长5%，快于全市工业经济增长7.5个百分点，为全市保增长工作作出重要贡献，也为全区经济的平稳运行形成重要保障。从规模看，全年在地规模以上工业企业产值占全市工业经济总量的13.8%，同比提高1.2个百分点，稳居郊区县首位，权重影响作用进一步凸显。二是企业盈利能力稳步提升。区属规模以上工业企业共实现利润195.8亿元，增长6.1%，高于上年4.4个百分点，增速列各郊区县之首。企业亏损面逐月下降，从年初的34.8%下降到年底的20.1%；对应亏损企业数由年初470户降为年底的274户，企业经营压力有所释放，工业经济发展质量进一步提升。

二、产业发展引导作用进一步加强，产业发展质量、能级持续提升

1. 千亿级产业集群发展基础稳固，产业竞争能力日益突显。目前，区汽车产业链发展完善，零配件产业涵盖了发动机、变速器、汽车电子、内外饰等几乎所有产品。在上海大众、通用等整车厂生产旺盛的带动下，零部件产业呈现出快速增长态势。全年汽车零部件行业站稳1000亿元大关，实现产值1261.8亿元，增长10.7%，快于全区规模以上工业产值增长9.4个百分点；产业规模、实力进一步稳固，占全区工业经济总量的47.1%，提高5.7个百分点。

2. 十亿级企业发展快速，产业骨干龙头企业逐步显现。区内一批技术实力强、发展潜力大的重点企业规模稳步扩张，如纮华电子和莱尼电气等企业通过新增生产线、拓展业务领域等方式，产能得到进一步释放，年产值增长均在50%以上。至年末，年产值超10亿元的区内企业达到51户，比上年新增4户，累计实现产值1178.2亿元，增长9.5%，占全区工业经济总量的44%，对相关产业的发展起到了明显的

支撑作用。其中，德尔福派克、大众动力总成、采埃孚转向系统等6户企业年产值超50亿元，比上年增加2户。

三、转型方向明确、重点突出，城市内生发展动力明显强化

1. 以汽车为特强产业的高端制造业发展基础进一步夯实。区内拥有完整的汽车及零配件产业链，依托雄厚的产业基础以及产业政策的引导，一批优势企业进一步实现向产品高端化、客户多元化、品牌国际化的方向发展。亚明照明、震旦、劲嘉建材等30户企业相继获得国家、市、区级技术中心认证；全年新增高新技术企业83户，至年末，高新技术企业总量达315户，其中规模以上制造业企业198户，实现年产值1030.2亿元，占全区工业经济总量的38.5%。

2. 以战略性新兴产业为主体的高科技产业进一步推进。依托"十一所一中心二基地"的科研优势，战略性新兴产业发展继续加快推进，产业发展初具成效。战略性新兴产业制造业部分实现年产值472.6亿元，占全区总产值的17.6%，整体发展环境明显优于市其他区县。配套政策扶持有力，重点项目建设推进不断取得新进展。新能源汽车方面，研发、生产、示范运用加快推进，国际示范区与上汽战略合作正式启动、国家新能源机动车产品质量监督检验中心挂牌成立，全年完成两座充换电站和500个充电桩建设。信息技术方面，中国电科软件与信息服务产业园于8月开工奠基，建成后将形成1个完整的信息技术服务产业链。微系统所二期的研发大楼、技术工程中心已经完成结构封顶，将于明年投入使用。物联网方面，菊园物联网孵化器获批成为上海市物联网专业孵化器，目前共有30户余孵化企业。新能源、新材料方面，钠硫电池项目已开始运作，进入小批量生产；激光稀土钕玻璃产业化进入试生产，产品质量良好。

四、节能技术、产品广泛应用，资源利用效率进一步提高

1. 节能技术、产品推广和应用进一步加快。陆续开展节能技改扶持、合同能源管理、锅炉清洁能源替代、高效电机推广、清洁生产、资源综合利用等多项工作，并围绕2012年节能宣传周主题，策划组织区工商业系统节能宣传推广活动，工业能耗和万元产值能耗均呈现下降的喜人态势。全年区规模以上工业企业消耗能源118万吨标煤，同比下降4.4%；万元产值能耗0.055吨标煤，下降3.8%。年内共有天合汽车及尼普洛等5户企业申报市、区级节能技改扶持，预计节约能源2386吨标煤。

2. 劣势企业淘汰取得新进展。推进伟创力向区外转移，虽然该企业年产值高达40多亿元，但其资源消耗大，税收贡献又不明显。因此，诸如此类资源消耗型、劳动密集型的企业仍将大力淘汰。据统计，年内淘汰劣势企业261户，腾出土地3278亩，节约能源3万吨标煤；完成危化企业淘汰两批共14户，为明年"腾笼换鸟"工程赢得扎实基础。

【2013年发展趋势】

一、继续实施大孵化器战略

全面启动大孵化器战略，集中政府和市场资源打造创业环境，开启资本、科技、人才与产业融合的企业孵化新模式。已设立首期5亿元的嘉定创投引导基金，2013年将成立专门部门，加快大孵化器建设，加强企业培育力度。

二、加快实施"千百十亿"工程

继续发挥汽车及零部件行业的优势，推动企业产品升级和品牌建设。同时，加快汽车研发港建设，推动汽车产业链向设计、研发和销售等方向延伸，打造"汽车设计"之都。重点推进大众动力总成三期的投产、联影医疗、迅达电梯以及上汽变速器搬迁项目的顺利开展，加快培育一批知名度高的100亿级龙头企业。通过优化管理、自主创新、改制上市等多种手段，推进一批技术含量高、发展潜力大的企业加快成长为10亿级以上企业。

三、积极培育战略性新兴产业

加快推进中国电科软件与信息服务产业园、微系统所三期产业园等战略性新兴产业基地的建设，尽快产生经济效益。加快推进新能源汽车研发、生产、示范运用，发挥新能源汽车及关键零部件基地、电动汽车国际示范区的作用。依托菊园市级物联网孵化器，加快培育物联网企业。加快钠硫电池、激光稀土钕玻璃、太阳能涂膜材料等一批高新技术项目的产业化。

四、强化服务，注重引导

建立重点企业联络员制度，加强与企业的沟通交流，通过电话、短信以及邮件等多种方式了解企业生产经营中碰到的困难和问题，努力帮助企业解决，并及时向企业宣传国家及市区级政策。积极发挥上市俱乐部、金融俱乐部以及外资企业协会等多种平台，推进银行与企业、企业与企业、企业与政府等多方面的沟通交流合作，促进产业发展。注重人才引进，继续组织申报优秀人才租房和购房补贴政策。

（郑元章）

金山区工业

【概况】

2012年，金山区面对宏观环境严峻、经济下行压力加大和金山自身转型的双重考验，紧紧围绕“稳中求进”的工作总基调，坚持“创新驱动、转型发展”总方针，狠抓运行监测、招商引资、项目推进和企业服务，各项工作推进有力、有序、有效。全区完成工业总产值1339.1亿元，比上年增长3.9%，其中规模以上企业完成产值960亿元，增长3.62%；工业性投入100.5亿元，增长11.4%；合同外资3.52亿美元，增长12.2%，经济小区税收收入61.2亿元。

【2012年发展情况】

一、抓运行监测，促进产业经济健康平稳发展

1．工业生产增速缓中趋稳。从全年尤其是下半年规模以上企业产值增速走势看，工业生产走势缓中企稳。

2．重点产业、重点企业支撑作用显著，创新驱动、转型发展成效进一步显现。5个重点支柱产业实现产值763.98亿元，同比增长4.7%，占规模产值比重达到79.6%；4个战略性新兴产业实现产值239亿元，增长5.5%，占规模产值比重25%；8个产业集群实现产值727.36亿元，占规模产值比重75.76%。全区203户亿元以上产值企业，累计实现产值674.2亿元，占规模产值比重达70%以上。同时，工业进一步向园区集中，全年工业园区产值实现781.13亿元，占全区规模产值的81.35%。

3．投资保持平稳较快增长。在国家一系列促投资、稳增长的政策带动下，工业投资总体保持平稳较快增长。全年工业性投资100.5亿元，增长11.4%。其中，8个产业集群完成投资70.95亿元，占比为70.6%，投资结构进一步优化。

二、抓招商引资，促进产业集聚集群发展

1．内外资签约目标超额完成。加强区级招商引资资源的统筹和协调，建立健全考评和项目评价体系，强化项目用地、项目评估管理，进一步完善招商引资项目资源库和平台。同时，加大“走出去”招商的工作力度，分赴国内外开展招商活动。全年全区内外资签约项目共181个，计划投资总额约230.6亿元，计划产出约438亿元，项目平均投资强度约476万元／亩。

2．外资引进态势良好。全区外资投资总额（含增资）完成84771.31万美元，增长25.62%；合同外资（含增资）完成35211.8万美元，增长12.2%，完成年度目标的106.7%；外资到位资金实现19201万美元，增长24.4%。

3．经济小区规范、健康发展。顺利完成经济小区考核工作，配合税务、财政政策，特别是“营改增”政策调整后，认真做好宣传、培训、指导工作。同时，进一步强化经济小区内部管理，提高招商引资质量。全年综合服务型经济（经济小区）完成税收收入61.2亿元，增长4.5%，完成年度指标的93%。

三、抓项目推进，促进工业投资持续增长

1．加强项目评估工作。着力推动项目和资源向重点区域、重点园区集聚。在项目准入方面，全年工业项目通过预审评估78个，项目投资额累计约137亿元，申请用地4321.39亩。通过预审的项目亩均投资强度达到317万元，比上年增加8.2%；亩均产出密度达到812万元，增加6.8%。预审通过项目中，属于重点发展8个产业项目的有54个，占总数的69.2%，产业集群效应显现。金山工业区、枫泾、金山第二工业区项目共45个，占总数的57.7%，项目向重点园区集中明显。在项目落地方面，经过积极向上级争取，共有19个战略性新兴产业项目获得市统筹指标（获得土地1597亩）。全年13个项目已签土地出让合同，5个已完成农转用等待挂牌。

2．全力推进“三个100”。围绕“新开工项目100个、新竣工项目100个、工业到位资金完成100亿元”的目标和区领导重点跟踪的32个重点产业项目，制订并下发《关于加快推进重点产业项目建设的实施意见》，建立区级层面的项目库，项目推进合力不断增强。新开工项目103个，竣工项目116个。工业项目到位资金完成102.5亿元，完成年度目标的102.5%；工业性投资完成100.5亿元，完成年度目标的105.79%。32个重点产业项目中，开工16个，其中8个已结构封顶。

四、抓自主创新，促进企业走内涵式发展道路

年内，技术改造方面，备案（核准）的技术改造项目51个，总投资136645.59万元；共有30个项目列入国家或市相关技改资助项目，共可获得各类资助17983万元，其中，有4个是国家产业振兴项目，占全市（11个）重点产业振兴项目总数的36.4%，获得国家、市财政资助10272万元。企业技术中心建设方面，16户企业被认定为区级企业技术中心，获得奖励240万元；对获得2011年上海市企业技术中心的3户企业配套奖励60万元；3户企业被认定为上海市企业技术中心，获得市级专项资助180万元。品牌建设方面，完成11户企业300万元品牌奖励的发放。节能减排和产业结构调整方面，全区规模以上工业企业（年销售2000万元以上）能

源消费总量91.7万吨标煤，同比减少5.54%；万元产值能耗率为0.114吨标煤/万元，下降2.04%；有9个项目列入市级重点节能技术改造项目（年节约标煤500吨），总投资7692.2万元，项目竣工后，可节标煤1.51万吨，获得市财政补贴750万元。完成淘汰落后产能49项，削减能源消耗1.92万吨；完成市产业结构调整重点项目3户涉铅企业行业调整工作，制定《金山区燃煤（重油）锅炉清洁能源替代工作方案》和《金山区燃煤（重油）锅炉清洁能源替代扶持办法》；已完成清洁能源替代锅炉（含工业窑炉）21台，合计126.22蒸吨。全面开展清洁生产审核工作，申报了重点行业36户企业开展清洁生产审核工作，目前全区开展清洁审核工作的工业企业共148户；完成15户重点用电企业电能平衡工作。

五、抓企业服务，促进中小企业健康发展

1．加大走访企业力度。通过走访调研、座谈调研和专题研讨等形式，了解企业需求，切实解决企业生产经营和项目推进中所遇到的困难与问题。

2．继续完善服务体系建设。制定《关于加快全区中小企业服务中心建设的指导意见》，通过提升、整合或新建等多种措施，推进基层中小企业服务中心的组建工作。9月，全区9镇1街道和金山工业区企业服务中心同时成立，率先在全市形成覆盖全区的“1+11”中小企业服务体系。通过搭建银企沟通平台等多种途径，年内为71户小微企业获得信用贷款2.1亿元。

3．助推优质企业改制上市。召开区改制上市推进大会。上半年，完成股改的润达和普丽盛两户企业在市、区、镇三级中小企业服务中心的合力推动下，已向证监会申报材料。

【2013年发展趋势】

金山区将按照“聚焦、突破、转型、提升”的工作要求，围绕“创新驱动、转型发展”工作主线，坚持“二三一”产业发展方针，以提高经济增长质量和效益为中心，深入谋划产业结构优化的路线图，努力推动产业转型升级取得新成效。

一、主要目标

规模（2000万以上）工业企业产值，增幅5%-8%；工业固定资产投资110亿元；工业项目到位资金115亿元；外资到位资金1.95亿美元；合同利用外资3.8亿美元；全区规模以上工业企业能源消耗总量控制在99万吨（增幅7%）；万元产值能耗率下降5%；综合服务型经济税收增加10%，内外资签约目标200亿元。

二、主要措施

1．着重抓好招商引资和招商引税。一是强化产业规划。围绕国家和上海市战略性新兴产业发展规划，培育发展科技含量高、产业带动强、发展潜力大的战略性新兴产业，重点培育光电、智能装备等新兴产业发展。根据当前产业发展趋势，修订《金山区工业产业导向及投资指南》。研究出台工业用地“二次开发”实施意见，加快“腾笼换鸟”、标准厂房利用，推动产业用地的“二次开发”。二是加强区域合作和对外开放水平。通过筹划提升改版现有“金山招商网”，加强投资环境宣传推介力度，提高招商信息共享平台功能，推动“大招商”平台建设。加强与上海石化、上海化工区、张江和其他大型国有企业、成熟开发区的交流合作，做到借力借势借智发展。加强与国家、市有关部门的合作，推动“国家绿色印刷创意示范园”、“杭州湾科技园”、“上海日本中小企业产业园”等特色产业园区的发展，推动联合发展。扩大对外合作交流，提高利用外资综合优势和总体效益，加快走出去步伐，增强企业国际化经营能力，全面提高开放型经济水平。三是探索服务型经济发展新途径。针对“营改增”范围的扩大，积极采取应对举措。坚持“量质并举”，更加注重质的提高，探索园区项目与注册型企业联动招商；同时，加强小区的内部管理，引导企业积极打造企业文化和特色服务平台建设，提升从业人员招商、服务及管理水平，促进小区健康持续发展。

2．着重抓好项目推进和重点园区建设。一是抓投资。在重点工业项目预审评估中引入专家评审工作机制，继续严格项目准入，加强项目的全程跟踪、评估，工业投资继续保持较高规模，并确保产业投资质量进一步提高。积极向上争取更多的市点供指标。二是抓落地产出。推进重点项目落地。继续推行3委2局工作协调机制，会同相关部门加大对绿色通道项目建设审批支持力度。加强对区重点项目进行重点跟踪，及时协调解决项目建设中存在的问题。积极加大新经济增长点的培育力度，加快培育发展战略性新兴产业，力争项目早落地、早产出。三是抓重点园区建设。加强重点园区规划，积极申报品牌园区，并做好园区评估工作。资源进一步向重点区域、重点产业、重大项目倾斜。此外，进一步加强工业园区外项目的管理，加快项目向园区内集中。

3．着重抓好企业服务和企业提升。一是搭建好服务平台。加强对宏观趋势、产业运行情况的深入分析，及时发现趋势性、苗头性问题。积极搭建数据综合运用平台，继续加强中小微企业的运行监测和预测预警，完善区镇领导结对联系规模企业制度，努力帮助企业解决实际困难。进一步完善服务企业体系，加强区、镇二级企业服务中心的联动，开展“关注小微企业、发展专精特新”主题服务活动，建立区、镇两级服务中心评价、考核和监督机制，探索服务中心发展模式。进一步整合服务资源，加快推进金山区中小企业服务平台建设，建立中小微企业信用档案。积极搭建政企、银企融资服务等各类平台，加快建设中小微企业融资服务平台，完善小微企业信用贷款推荐机制，出台小微企业融资服务平台建设实施意见，构建多元化、多渠道、专业化融资服务体系。加强中小企业改制上市服务，支持企业借助资本市场发展壮大。进一步引导和鼓励张江高新区金山园内科技型企业在“新三板”挂牌。进一步完善企业改制上市绿色通道制度和综合服务制度，力争年内有两户企业成功向证监会递交上市申报材料。二是加强企业技术改造和科技创新。深入落实国务院文件精神（国发〔2012〕44号），优化技术改造投资结构。出台《金山区关于推进产业技术创新的实施意见》，联合评定金山区企业技术中心，进一步加大科技创新力度；出台《金山区关于加强品牌建设的实施意见》，明确培育方向，建立质量档案，深入实施品牌战略。三是继续抓好节能减排、淘汰落后产能工作。继续完善和落实节能目标责任制，加强年耗1000吨标准煤以上重点耗能企业的管理工作，有效落实劣势企业淘汰计划。年内完成清洁能源替代43台。继续在化工、纺织印染、4个特种行业等重点行业推行清洁生产和淘汰高能耗、重污染行业，启动30户企业开展清洁生产审核工作，实现电能平衡工作19户，年内确保完成调整淘汰项目40项，节约标煤1.5万吨左右。

（徐卫民）

松江区工业

【概况】

2012年，松江工业经济保持持续健康稳定发展，全区共有工业企业4798户，按主管机关分，区属工业企业270户，街镇工业企业4528户；按企业性质分，三资工业企业834户，民营工业企业3964户；共有从业人员40.05万人，完成工业总产值3760.92亿元，比上年下降11%。其中，规模以上企业实现销售收入3502.95亿元，下降12.6%。实现工业增加值507.31亿元，下降11.8%，占全区生产总值的57.2%。实现出口产品总额353.6亿美元，下降15.8%，占全市出口产品总额的17.1%；实现外贸出口拨交值2087.36亿元，下降16.4%。工业产品产销率达97.6%。实现工业利润125.44亿元，下降13.2%。实现工业税收141.07亿元，增长25.1%。

2012年，全区工业企业资产总额2647.09亿元，同比下降1.1%；工业企业所有者权益1099.06亿元，增长8.4%。按工业增加值计算，全员劳动生产率11.4万元／人，下降2.9%。工业企业职工年人均收入5.59万元，增长24.5%。

2012年，吸引工业外资项目169个；项目总投资12.34亿美元，合同外资5.61亿美元。吸引工业内资项目965个，总投资23.61亿元。批准企业技术改造项目国家级11个，市级（第一批）8个，区级6个。完成工业固定资产投资86.09亿元，增长7.5%。其中，主导产业企业项目65个，增长18.2%，共计投资47.27亿元，增长12.9%；在建高新技术企业项目25个，增长13.6%。全年产业项目开工建设103个（总投资260.14亿元），竣工投产30个。其中，工业项目89个（总投资129.66亿元）。

【2012年发展情况】

一、推进审批制度改革，项目落地速度加快

在全市率先推进产业项目行政审批改革。3月2日，区长主持召开松江区工业项目行政审批工作会议，指出要尽可能地缩短行政审批流程，加快工业项目落地，做到行政审批事项目录化、审批操作智能化、审批流程标准化，使行政审批更公开、更透明、更规范。3月22日，区政府印发《松江区工业项目行政审批工作优化方案》，目标将工业项目行政审批时限缩减2/3以上，使我区成为上海建设“行政效率最高、行政透明度最高、行政收费最少的行政区”的示范区之一。7月1日，区政府实施《关于深化产业项目行政审批改革的意见》，对于本区规划工业区块内的产业项目，将分散在50个部门和机构、涉及88个环节的行政审批流程进行全面梳理，将审批的全流程整合为企业设立、土地储备、土地出让、方案审核、文件审查、竣工验收6个主要环节。企业设立审批由内资20个工作日、外资30个工作日的法定时限缩短为内资7个工作日、外资10个工作日。土地储备审批由197个工作日的法定时限缩短为88个工作日。土地出让审批由125个工作日的法定时限缩短为42个工作日。设计方案审核由110个工作日的法定时限缩短为15个工作日。设计文件审查由70个工作日的法定时限缩短为24个工作日。竣工验收由55个工作日的法定时限缩短为17个工作日。对于工业项目准入，规定土地投资原则上不低于每亩50万美元、每亩土地税收原则上不低于50万元、土地出让价格每亩原则上不低于50万元；对不符合产业导向的淘汰生产类、限制生产类项目，可能对环境造成重大影响且无污染物排放总量指标的项目，安全风险高、本质安全度低的项目，与城镇总体规划相冲突以及与产业用地、产业能效均值指标存在较大差异的项目实行一票否决制。

重点项目推进工作制度的建立和审批制度改革对我区工业项目的开工有明显推动作用。自建立重点产业项目推进部门、街镇联动机制和区政府月报制度以来，各单位审批速度加快，报建手续衔接紧密，企业办理时间有效缩短。审批时间从587个工作日减少到186个工作日，减少68.3%，重点产业项目审批时间压缩75%。全年共有135个产业项目开工建设和竣工投产，总投资280亿元。全区2012年工业固定资产投资达86.09亿元，同比增长7.5%。5月，召开20个项目的竣工联合验收会议，分别于8月和12月举行共54个项目的联合开工仪式。上海鹰峰电子科技有限公司当年给指标、当年给土地、当年项目开工，实现松江产业项目落地速度历史性的突破。万达广场从立项到开工仅仅用85个工作日。

二、集中协调工业项目建设推进

2月21日，松江区召开工业项目建设推进会，梳理重点推进的工业项目，集中协调、集中服务，切实解决企业在项目推进过程中遇到的困难和问题。上海星易汽车空调有限公司等12个急于开工重点推进项目的建设单位负责人和所在街及镇主要领导在推进会上反映项目审批、手续办理过程中遇到的困难和问题，区发改委、经委、建交委、规土局、环保局、卫生局、民防办、公安分局消防监督处、企业服务中心等职能部门分别作出回应。区发改委承诺将项目立项和能耗评估两个项目并联审批，由15个工作日缩短到10天完成；区环保局承诺将环评由国家规定的15、30、60个工作日分别压缩到3、7、10个工作日。区企业服务中心于3月举办当年计划开工的66个项目建设审批流程培训班，区公安分局防火监督处承诺邀请市局专家为特殊单体面积的项目召开现场论证会。5月2日，区长组织召开区重点工业项目推进会，要求聚焦全区191个计划供地工业项目，加强跟踪推进，确保项目尽快落地投产。

三、全年推进210个产业项目

区经委、区商旅委、区企业服务中心全年重点跟踪推进210个产业项目，其中工业项目187个，商旅服务业项目23个。187个工业项目中，包括160个供地项目、27个改扩建项目。160个供地项目中，包括63个2004-2011年已供地未开工项目；42个2004-2011年已供地在建项目；39个2009-2011年尚未落地项目；16个2012年计划供地项目。全年实现产业项目开工103个，其中工业项目89个，商旅服务业项目14个；全年实现产业项目竣工32个，其中工业项目29个，商旅服务业项目3个。做好落地项目的后续服务协调和监管工作。对每个建设项目进行从土地供应到项目竣工全程跟踪，重点跟踪监管是否按用地批准文件或出让合同规定的动工期限使用土地；是否按批准的用途、投资强度和其他约定的条件使用土地；是否拖欠土地有关税费，是否少批多占或移址用地；是否将划拨土地使用权擅自改变用途转让、出租或抵押等。

四、松江工业园区升级为国家级经济技术开发区

2013年3月2日，国务院批准上海松江工业园区升级为国家级经济技术开发区，定名为“松江经济技术开发区”，成为继虹桥、闵行、漕河泾、金桥、上海化工区之后上海市第6家国家级经济技术开发区。松江经济技术开发区升级为国家级经济技术开发区，对推进地区经济转型升级、创新发展和产城融合等都将起到积极作用。

五、上海市检验检测公共服务示范基地授牌

6月6日，市经信委、市质监局、松江区政府联合举办“国家能源核电站仪表研发（实验）中心”揭牌暨“上海市检验检测公共服务示范基地”授牌仪式。这是上海国际中小企业城继建立“上海加工贸易边角料交易服务中心”、“松江区中小企业融资服务中心”后搭建的又一新平台。当天上海市检验检测公共服务示范平台网站同时开通。上海市质量监督检验技术研究院、上海市纤维检验所、上海理工大学国家光学仪器质量监督中心、松江区特种设备监督检验所等4家单位签约入驻示范基地。受区政府委托，区经委与市质量监督检验技术研究院签署建立“智能电网分布式电源装备国家级检测中心”的战略合作协议。

六、完善公共服务平台建设

推进成立新能源和智能电网产业发展联盟，着重探索产业集群发展、研发服务平台和产业资本对接平台建设。以产业联盟为载体，吸引上海工程技术大学、申能集团、上海电科所、上海质检院、上海自动化仪表研究院等机构集聚，推进政、产、学、研深度结合。以上海国际中小企业城为载体，重点推进工业设计、检验检测、职业培训等平台建设，加快国家智能电网分布式电源产品检验中心、国家能源核电站仪控设备研发与实验中心的筹建，完善保税边角料交易平台、融资服务平台运行功能，切实深化基地服务，优化发展环境，促进高新技术产业发展。

七、多措并举发展生产性服务业

聚焦重点企业、重点项目和重点园区，坚持由点及面、点面结合，推进全区生产性服务业和文化创意产业发展。一是推进园区载体建设。2010年以来，漕河泾、创异工房、时尚谷、叁零·SHANGHAI等一批园区创建为市级园区，佳豪船舶、奇际广告等高附加值生产性服务业企业入驻，恩梯恩将跨国公司地区总部迁入我区。上海永丰电子商务集聚区获市商务委批准建立。二是推进政策落地实施。10月，召开首批生产性服务业引导资金园区、企业认定工作会议，认定9家园区为“松江区生产性服务业园区”；对4户生产性服务业企业按政策予以财政奖励。三是深化文创产业内涵外延。年内正泰电源、奔腾电器和龙工挖掘机成功创建为上海市首批设计创新示范企业；时尚谷、创异工房公共服务平台建设、运营和发展项目入围2012年上海市促进文化创意产业发展财政扶持资金；正泰电源、诺雅克电气、奔腾电器的4个产品入围国家工信部“2012年中国优秀工业设计奖”产品评选。2012年生产性服务业单位349户，其中规模

以上单位215户，规模以下单位134户，涵盖农业服务、环保服务、物流服务、信息服务、批发服务、租赁服务、商务服务、科技服务和教育服务9个行业门类。实现总产出187.61亿元，比上年增长2.6%。其中，商务服务业产出49.39亿元，占26.33%，下降4.6%；物流服务业产出46.08亿元，占24.56%，增长16.8%；批发服务业产出36.78亿元，占19.60%，下降8.4%；科技服务业产出32.65亿元，占17.4%，增长12.1%；租赁服务业产出12.76亿元，占6.8%，下降3.6%；信息服务业产出4.57亿元，占2.44%，下降3.4%；教育服务业产出2.2亿元，占1.2%，持平；环保服务业产出2.11亿元，占1.12%，同比增长66.8%；农业服务业产出1.05亿元，占0.56%，同比增长1.9%。

八、探索全区生产性服务业统计

与统计局合作，将生产性服务业基础数据纳入常规统计范围。上半年，筛选确定包括147户规模以下生产性服务业企业在内的共349户单位的统计样本库。7月上旬，对各街镇园区相关统计人员进行培训，正式启动全区生产性服务业全面统计试点，每季度对全区生产性服务业进行统计分析。

九、认定首批生产性服务业园区、企业

10月17日，松江区推进生产性服务业发展领导小组召开本区首批生产性服务业引导资金园区、企业认定工作会议，认定9家园区为“松江区生产性服务业园区”，分别是漕河泾开发区松江生产性服务业功能区、上海仓城生产性服务业功能区、上海浦江源生产性服务业功能区、泰晤士创意产业集聚区、时尚谷创意产业集聚区、创异工房创意产业集聚区、上海国际中小企业城、上海仓城影视文化产业园区和叁零 · SHANGHAI文化创意产业园，认定恩梯恩、奇际广告、采埃孚、普茨迈斯特4家企业为“松江区生产性服务业重点企业”，并予以982.38万元资金扶持。

【2013年发展趋势】

一、主要目标

2013年，力争完成工业增加值510亿元，比上年增长2%；完成工业总产值3720亿元，持平；实现工业利润127.5亿元，增长2%；完成工业固定资产投资88亿元，持平；吸收合同外资4.5亿美元；实际到位资金4亿美元；完成出口产品总额340亿美元；新增民营企业8000户，完成民营经济税收130亿元。

二、主要工作

1. 抓好增量，不断增强经济发展后劲。一是加强招商引资力度，不断培育经济增长点。坚持“政府招园区、园区招企业”做法，重点推进漕河泾园区建设进度。围绕电子信息、重大装备、精细化工、新材料、生物科技、新能源、软件与信息服务七大主导产业，编写新版招商指导目录。重点引进能够生产高品质产品、关键核心零部件的高端高档传统产业，进一步强化我区食品业、服装业、小家电等传统产业发展，促进产业平衡发展。二是加快项目建设，提高招商引资效益。对存量资源再招商也要严格项目准入，尤其对利用存量超过一定规模的项目要进行评估，对租用厂房的项目要建立产业控制机制。以行政审批制度改革为契机，加快项目落地速度。围绕历年开工后剩余的产业项目，加大推进力度。加大项目后评估力度。三是发展生产性服务业，培育经济发展新亮点。继续推进生产性服务业相关政策落地。贯彻落实《松江区文化创意产业发展规划暨三年行动方案》，形成新的产业亮点。以建立进出口机电产品展示、销售、结算的平台为重点，推进上海西南综合物流园建设工作，发展高端物流业。

2. 用好存量，不断提升产业发展能级。一是强化规划布局，做好产业结构调整。布局好食品企业、上市企业等产业区块，结合四大产业基地建设推动战略新兴产业集聚发展，持续优化电子信息业、现代装备业、小家电业等优势产业的集群发展。加快实施砖瓦生产企业和水源保护地调整专项；加快推进九亭黄亭小区、车墩莘莘学子园区块、永丰街道玉树路西侧产业区块等已列入市级重点专项和新桥镇庙三路区块、中山街道新城生产性服务业功能区等列入区级重点专项的区块改造项目。实施产业园区分类管理，引导园区向高能级、高品质方向发展。二是积极挖掘潜力，切实盘活存量资源。排摸全区存量资源，建立统一管理平台，通过提高土地闲置成本、限期开工、收回等方式，尽快盘活再利用。对2900余亩调整后尚未利用土地，加强处置力度，2013年争取完成1000—1500亩。对闲置标准厂房，建立租赁企业准入机制，由各街镇成立评估小组，并在区级层面建立备案机制。企业提高容积率，提高土地产出率。加快对894幅15700亩工业历史违法用地的处置工作。三是加强技术创新，不断提高企业竞争力。培育和发展战略性新兴产业。调整和制定相关产业政策，理顺发展战略性新兴产业的组织网络架构。

3. 强化服务，不断优化经济发展环境。一是加快推进中小企业公共服务平台建设，变政策服务为功能服务。上海加工贸易边角料交易中心服务重点由加工贸易产品向全社会一般边角料交易服务领域拓展，力争成立“上海市边角料交易中心”。加快推进检验检测平台建设。推进模具中心、工业设计中心建设。二是加强企业金融服务，缓解企业融资难。推进企业改制上市。加强对小贷公司运行的管理，鼓励小贷公司加大对企业的贷款力度；建立覆盖全区的小微企业融资服务体系。三是进一步加强企业服务，支持企业发展。全面完成街镇（园区）中小企业服务中心建设；建立工业企业数据库，为各类统计分析和领导决策提供依据；发挥工业企业联合会、外商投资企业协会等社会服务机构作用，拓展服务网络，营造支持企业发展的良好环境。

（王　懿）

奉贤区工业

【概况】

2012年，奉贤区工业紧紧围绕“三化两建设”发展要求，牢牢抓住“创新驱动、转型发展”主线，强化经济运行监测预警，加大工业固定资产投入，优化工业经济结构，改善中小企业发展环境，提高外资利用水平。虽然受外需疲软、内需减弱等影响，我区工业企业生产速度比上年有较大幅度放缓；受出厂价格、劳动力成本等各种成本压力继续强化影响，企业经济效益出现了一定幅度的下滑，但经全区积极应对，采取有效措施，确保了全年经济各项指标平稳增长，经济运行质量和效益稳步提升，工业生产总值增幅位居全市前列。全年实现工业增加值377.9亿元，占增加值总量60.5%，比上年增长11.3%；完成工业总产值1831.1亿元，增长6.7%；实现销售产值1773.4亿元，增长5.8%；实现利润总额50.5亿元，下降20.9%；上缴税金94.1亿元，占全区税金总额51.9%，增长16.6%。全年完成工业固定资产投资141.1亿元，增长13.8%。

全区共有年主营业务收入2000万元以上规模工业企业1038户，其中区直属企业36户，开发区所属企业190户，镇属企业812户。全区规模企业拥有员工182911人，其中区直属企业员工8007人，开发区所属企业员工53778人，镇属企业员工121126人。

全区规模以上工业企业完成产值1578.5亿元，增长6.7%，占全区工业总产值的86.2%。工业综合开发区产值位于镇、开发区之首，完成工业产值311.3亿元，增长6.7%。实现工业产值超亿元企业310户，完成产值1283.1亿元，占全区规模企业产值的81.3%。其中，完成产值10亿元−20亿元企业11户，占全区规模企业产值的10.2%；完成20亿元以上的企业10户，占全区规模企业产值的21.5%。

按工业企业注册类型分类，私营企业全年产值606.5亿元，增长1.7%，占全区工业产值的38.4%；“三资”企业完成产值720.9亿元，增长7.6%，占全区工业产值的45.7%。全年工业企业产销率达96.9%，减少0.8%。

【2012年发展情况】

一、坚持预测分析，提升经济驾驭能力

提升预警预测和监控分析水平，提高对国家及市最新产业、金融、税收等宏观政策动态变化的敏感度。加强全区六大战略性新兴产业、八大优势产业和工业产值100强企业的跟踪监测，对经济运行中出现的问题及时提出前瞻性、指导性、可操作性的对策建议，采取积极的应对措施。

二、坚持工业投入，积蓄发展后劲

切实保障“2个100”工程顺利推进。全年开工产业项目112个，用地面积5964亩，计划总投资229亿元；竣工投产项目121个，总投资88亿元。全年工业在建项目439个，竣工投产项目126个，累计完成投资141.15亿元，比上年增长13.83%。

三、坚持创新转型，持续优化工业经济结构

1．注重重点优势行业发展。全区六大战略性新兴产业拥有规模企业163户，完成工业产值435.05亿元，同比增长27.30%，占全区规模企业产值的27.56%。八大优势产业有规模以上企业273户，完成产值568.63亿元，占全区规模企业产值36.02%。

2．注重高新技术产业化推进。全年申报战略性新兴产业项目24户，总投资71亿元，用地面积1423亩。已有9户企业获批。2个高新技术产业化重点项目通过验收，实现产业化预期目标。

3．注重劣势企业优化调整。完成产业结构调整企业94户，其中工业区块外危化企业47户，铅蓄电池生产企业4户，市重点调整企业9户，常规调整企业34户。涉及土地1431亩，建筑面积46.41万平方米，职工4938人，减少危险品当量11.72万吨，减少排污量464.80吨，降低能耗折合标煤3万吨，企业总调整资金约5.90亿元。

4．注重企业核心竞争力提升。今年申报市级企业技术中心4家，受理区级企业技术中心19家。受理上海市重点技术改造项目17个。申报市节能技改项目11个，总投资6071.5万元，预计年节能量可达17000吨标煤。10户企业通过清洁生产审核，18户企业完成电平衡测试，2个项目入围国家产业振兴计划，获中央专项贴补447万元。上报市专利新产品认定项目10项，涉及新材料、新能源、高效节能、电子信息、电力设备等领域。兑现2011年度获得上海市著名商标、上海市名牌产品、中国驰名商标企业的专项奖励588万元。

四、坚持深化服务，逐步改善中小企业发展环境

1．加强平台搭建，助力企业缓解融资、用工难题。共帮助全区500多户小微企业与银行建立对接，企业获贷21.71亿元。总工会携手举办人才招聘会，解决企业招工问题。

2．加强政策扶持，扶持中小企业做大做强。根据政策规定，对符合政策扶持的企业，按照其对区域经济贡献度兑现财政补贴近千万元。引导全区47户中小企业申报上海市“专精特新”企业。深入各镇、开发区和重点企业，采用多

形式加强政策宣传，确保企业可享受政策知晓率。组织区内企业参加“产学研对接”活动，目前有7个项目已经开始与高校合作，6个项目达成初步协议。

3．加强流程再造，提高行政办事效能。经请示区政府同意，将“外资审批”办理时限由20个工作日缩减到6个工作日，进一步提高行政效能。

【2013年发展趋势】

一、主要目标

2013年，全区规模以上工业产值增长8%以上，争取两位数增长；战略性产业产值占规模工业产值比重有所上升；园区集聚度进一步提高；工业固定资产投资完成130亿元以上。其中，技术改造到位资金15亿元；实现合同外资4亿美元以上；外资到位资金3.2亿美元；外贸出口59.3亿美元以上，增长5%，争取8%；社会消费品零售总额379亿元以上，增长13%，争取15%。

二、主要工作

1．突出转型发展。一是着力推动制造业转型。二是着力推动产业园区和开发区建设转型。三是着力推动生产性服务业提速发展。四是着力外资利用水平有新突破。

2．突出创新发展。把提高自主创新能力作为转变工业发展方式的关键环节，加快技术创新、管理创新、体制机制创新，着力打造企业和产品品牌，推动“奉贤制造”向“奉贤创造”转变。着重三强，即“强机制”、“强环境”、“强基础”。

3．突出绿色发展。按照节能降耗要求，积极推行清洁生产，大力发展低碳经济、绿色经济、循环经济，提高资源利用效率。促进形成低消耗、可循环、可持续的产业结构及运行方式和消费模式。

4．突出融合发展。加速信息化和工业化融合，增强信息技术对工业发展的支撑能力；促进制造业与生产性服务业的融合，引导制造业向高附加值服务业领域延伸，着力构建适应现代工业发展的产业服务体系；推进新型工业化与新型城镇化的融合，着力提高新型工业化的带动和新型城镇化的承载力，推动城市与产业同步发展、良性互动。

（沈晓瑜）

青浦区工业

【概况】

2012年，青浦区坚持“创新驱动、转型发展”主线，积极推进“一城两翼”建设，工业经济稳步发展。全年规模以上企业完成工业总产值1485.4亿元，比上年增长5.2%；完成工业固定资产投资69.2亿元，增长17.0%，完成任务目标的101.8%。

【2012年发展情况】

一、完善招商引资体系

2月，成立青浦区招商局，统筹协调全区招商引资工作。一是梳理招商引资政策。梳理招商引资政策，细化完善年度招商引资相关考核细则，落实招商引资相关工作经费和专项资金。二是组织招商推介活动。编印《投资青浦》宣传册，组织“建设新青浦·聚焦西虹桥——北京招商推介会”、“选择青浦·选择未来——北京招商会回访联谊会”等招商推介活动，加强重点区域招商推介。三是搭建招商引资平台。加强源头招商，梳理全区可供开发土地、闲置土地、闲置厂房、工业楼宇等招商资源；积极探索建立招商、规土、地方“三位一体”联动运作模式，协调推进招商项目落地建设；加快推进“青浦区招商网”建设。四是加强招商督查考核。继续每月在《青浦报》公布招商引资进度情况，激发各单位招商引资工作的积极性，加强对全区招商引资工作完成情况的跟踪和分析；组织开展招商引资工作先进集体和招商标兵申报与评选，2户企业获评招商引资特别贡献奖，8户单位获评招商引资工作先进集体，13位个人获评招商标兵。

二、强化服务企业机制

1．健全服务企业体系。3月，成立青浦区服务企业联系会议，制定出台了《青浦区服务企业总体方案》，同时落实服务企业联席会议制度、领导干部联系企业制度、企业问题协调解决制度。建立健全服务企业网络体系，推进联席会议各成员单位设立企业服务办公室，加强服务企业信息收集与报送。

2．扶持中小企业发展。制定《2012年青浦区促进中小企业发展工作重点》。支持企业申报“上海市中小企业国际市场开拓资金”、“农轻纺产品专项资金”、“国家服务外包专项资金”、“2012年上海市特色产业中小企业发展资金”、“2012年上海市中小企业发展专项资金”等扶持资金。3户单位获批“2012年上海市中小企业公共服务机构”。7月，德邦物流股份有限公司和上海万泰汽车零部件有限公司成功发行“上海青浦中小企业2012年度第一期集合票据”，发行额2.33亿元；10月，青浦区上市公司协会正式成立，金汇通等7户企业向国家证监会报送材料并已受理。同时，积极开展各类服务企业活动，组织纳税百强企业表彰会、外商投资企业圣诞音乐会以及园区企业生活类品牌展示特卖会，开展银企对接、外贸等各类政策专题培训。

3．推进企业技术进步。全年完成区级技术改造核准/备案项目合计74个，完成年度计划（40个）的185%，总投资31.88亿元；6户企业获批“2012年度中央投资重点产业振兴和技术改造（中小企业）项目”，总投资1.28亿元、扶持资金1190万元，另外推荐10户企业申报“2013年度中央投资重点产业振兴和技术改造（中小企业）项目”；12户企业获批“2012年第一批上海市重点技术改造专项资金”，另外推荐7户企业申报“2012年第二批上海市重点技术改造专项资金”；上海沪工集团获批“上海市企业技术中心”，累计达11户；14户企业获批“青浦区企业技术中心”，累计达37户；3户企业获批“上海市设计创新示范企业”；2户企业获批“2012年度鼓励企业购买国际先进研发仪器设备项目”；1户企业获批“上海市引进技术创新与吸收计划”。

三、深化产业结构调整

1．推进产业结构调整。6月，成立青浦区产业结构调整协调推进工作领导小组，全力推进全区产业结构调整工作。全年完成产业结构调整项目62个（关闭41个、停产9个、搬迁12个），减少能耗2.96万吨标煤，分别完成年度目标的112.7%、115.2%，其中有10个项目获得市产业结构调整专项资金扶持，市区财政分别补助740万元；10个危化项目获得市危险化学品企业调整专项资金扶持，市区财政分别补助1633万元。加快推进华新镇凤北工业区以及区域石材企业区域调整，涉及土地1007亩、企业95户，其中包括50户石材加工企业。配合市经信委开展104产业区块、195区域和198区域老工业企业改造升级相关政策调研，开展淀山湖新城产城融合发展专题调研。

2．推进工业项目建设。全年在推工业项目317个、总投资373亿元，其中储备项目52个、81.9亿元，用地面积1830.2亩；办理建设手续项目107个、179.3亿元，用地面积3197.8亩，建筑面积280.4万平方米；在建项目82个、55.6亿元，用地面积1841亩，建筑面积158.8万平方米；竣工项目76个、56.6亿元。

3．加强工业园区服务。10月15日，青浦出口加工区获批“上海市争创国家新型工业化产业示范基地（民用航空·青浦）”，向市经信委推荐1园3区整体申报“上海市争创国家新型工业化产业示范基地（新材料·上海青浦）”；推荐e通世界和五天实业申报“上海品牌建设优秀园区”，练塘工业园区申报复评“上海品牌建设优秀园区”，青浦工业园区申报复评“上海品牌园区”；会同市开发区协会定期做好10个工业园区数据的统计与上报，组织园区开展“2012年上海市开发区综合评价”、“2007年市政府批复认定的工业用地前期开发主体开展后评估”以及“开发区产业用地信息更新调查”；推进闲置工业厂房盘活利用，全年完成盘活厂房约8.1万平方米，为全年目标4万平方米的202.5%。

4．推进节能降耗减排。全区规模工业企业万元产值能耗比上年下降5.8%，其中100户2000吨以上重点能耗企业下降7.8%；9月，成立青浦区燃煤（重油）锅炉清洁能源替代推进工作小组，并制定出台《青浦区燃煤（重油）锅炉清洁能源替代工作方案和专项资金扶持办法》，完成清洁能源替代（包含关闭停用）锅炉30台、84.06蒸吨，涉及23户企业，其中有6台锅炉、11蒸吨获得市专项补助资金220万元，区配套资金110万元；2011年确定的19户企业通过电能平衡测试验收，2012年确定的31户企业正式启动电能平衡测试；6月15日，在上海市“节能服务日”开展“节能减排、全民行动”主题宣传活动。

【2013年发展趋势】

青浦区将继续坚持“创新驱动、转型发展”，推动“一城两翼”建设，确保工业经济稳定发展。

一、主要目标

规模以上工业总产值比上年增长3.5%，达到1537亿元；实现工业固定资产投资65亿元；产业结构调整项目60个，清洁能源替代锅炉16台；企业技术改造项目40个，投资6亿元；盘活闲置厂房4.2万平方米。

二、主要工作

1．继续大力推进“四个平台”建设。一是优化招商引资平台。完善招商资源信息档案，实现招商资源信息共享；拓展招商新渠道，构建社会化、专业化、市场化的招商新机制；聚焦重点区域，围绕主导产业和龙头企业，开展主题招商活动。二是健全服务企业平台。进一步完善服务企业工作制度，健全服务企业体系网络；完善重点企业信息库，加强重点企业的跟踪和服务；加强政策宣传培训，切实推进各类政策落地。三是深化产业结构调整平台。加快推进特色园区建设，积极引进和发展新的产业功能平台；规范项目审批流程，狠抓产业项目竣工投产；重点对规划区块外的石材、化工、钢铁、印染和四大工艺等行业企业实施调整，加快推进华新镇凤北工业区和石材企业的调整实施。四是强化产业运行分析平台。落实财税分析会议、经济运行分析会议和服务企业专题会议3个会议制度工作要求，全面掌握产业运行态势，完善产业发展指标体系，加强重点产业运行分析。

2．加强产业政策研究。一是完善产业政策发展体系。研究出台先进制造业、现代服务业和招商引资相关政策实施细则，并加强政策宣传和指导工作。二是加强产业发展规划研究。加快推进十大工业区块及战略性新兴产业发展规划、195区块产业结构调整转型规划编制，进一步推进产业有序发展。三是编制产业目录。根据国家和上海市《战略性新兴产业分类目录》、《2013年上海市产业投资指导目录》，编制青浦区招商产业目录，加强产业专题招商。

（徐 君）

崇明县工业

【概况】

2012年，崇明县努力克服国内外经济形势低迷的影响，以全面推进现代化生态岛建设为主线，坚持“创新驱动、转型发展”，产业结构逐步优化，服务企业力度加大，工业经济运行由下行向缓中趋稳方向发展。至年末，全县纳入统计口径的工业企业有751户，其中2000万元以上规模企业146户，从业人员40431人。全县工业企业完成工业总产值414.8亿元，比上年下降9.4%；实现销售产值417.3亿元，下降7.1%；产销率达100.6%，增加2.5%；出口交货值实现117.1亿元，下降20.4%；其中规模以上工业企业实现产值381.1亿元，下降7.5%。

【2012年发展情况】

一、六大重点行业“一增一平四减”

2012年，六大重点行业生产运行全面下挫，所占比重有所下降，共实现总产值324.6亿元，比上年下降9.4%，占全县总量的78.2%。其中，交通运输设备制造业实现产值233.7亿元，下降8.7%。通用设备制造业实现产值36.9亿元，下降8.9%。金属制品业实现产值20.4亿元，下降6.9%。电气机械及器材制造业实现产值15.8亿元，同比持平。黑色金属冶炼及压延加工业实现产值9.8亿元，下降43.2%。纺织业实现产值7.9亿元，增长14.0%。

二、海洋装备行业持续低迷

由于世界经济增长放缓，国际修造船市场有效需求严重不足，航运运力过剩，金融危机对修造船产业影响的滞后性进一步显现。11户海洋装备企业实现总产值265.9亿元，同比下降10.1%，产值占全县总量的64.1%。

三、乡镇经济增少减多，园区经济总体向好

年内全县18个乡镇实现产值393.4亿元，同比下降10.5%，降幅高于全县1.1个百分点。产值增长的仅有3个单位，增幅第一位是新河镇（增长10.9%），其次是港沿镇（增长5.8%），第三是堡镇（增长2.1%）。三大园区共实现工业总产值20.3亿元，增长18%，占全县总量比由去年的3.7%上升至4.8%。三大园区中比重最大的崇明工业园区实现产值12.7亿元，微跌1.5%。长兴产业基地和富盛开发区由于新增企业的投产，分别实现产值5.4亿元和2.2亿元，增长102.7%和34.0%。

四、服务企业落到实处，企业技术创新得到加强

1. 国家船舶出口基地建设。制定2012年崇明国家船舶出口基地建设工作意见，建立基本统计体系，成立崇明国家船舶出口基地推进工作领导小组并召开工作会议1次。推荐基地内三大央企申报市外贸公共服务平台建设专项资金项目4个，共获市专项扶持资金309万元。

2. 中小企业服务。开展县四套班子领导走访企业专题活动，走访企业34户，直面企业提出诉求91项，已经解决54项，正在解决2项，现行政策条件下无法解决35项。出台新一轮《崇明县促进工业企业发展暂行办法》及其操作细则。审定2011年度县扶持工业企业发展专项资金项目134个，受益企业94户，发放补贴资金1697.7万元。指导帮助27户企业获得国家、市专项扶持资金1556万元。成功举办中小企业银企对接活动，协助企业融资5.8亿元。被市经信委认定“专精特新”培育企业15户。组织29户中小企业72人次参加市各类讲座培训。组织6户企业参加上海高校和企业技术攻关对接会，3户企业参加第七届APEC中小企业技术交流暨展览会。为1515户企业每月免费发放《上海市中小企业信息速递》。

3. 企业技术创新。冠华公司完成2011年度市级企业技术中心后评估抽查验收，并通过市设计创新示范企业创建工作专家评审。德科公司获市软件和集成电路产业发展专项资金200万元。马腾材料被认定为上海市企业技术中心。三民文化村“崇明土布”等2个项目被市经信委认定为市传统工艺美术品种项目。推荐上海帕莱宁城市规划设计有限公司3个项目申报2012年度市文化创意产业专项资金项目，获专项资金300万元。

五、淘汰落后产能和工业节能降耗继续深化

1. 淘汰落后产能。县经委被认定为“十一五”时期上海市节能减排先进集体。全年淘汰落后产能企业14户，降耗折合标煤约4.3万吨，腾出土地约192亩，涉及职工703人，企业停产、资金拨付等调整后续工作基本完成。生态岛重点调整专项内的企业调整工作全部完成。

2. 工业节能降耗。全县规模以上企业工业万元产值能耗为0.1452吨标准煤/万元，比上年下降5.76%。开展清洁生产审核企业18户，通过审核验收6户。7户重点能耗企业完成电能平衡测试工作。莱韵毛纺34台废旧电机成功置换为高效节能电机。2户企业完成固定资产投资项目节能评估。

六、工商投资和盘活存量有序推进

全县完成工业投资35.2亿元，同比增长250.2%。核准、备案工商领域投资项目44个，投资总额16.7亿元。联

席会议通过入驻园区项目7个，会同县规土、环保等部门联合会审通过产业区块外技改项目8个、工业用地带产业项目出让9个。全年乡镇盘活存量土地12块，面积388亩，总投资37210万元。

【2013年发展趋势】

一、主要目标

预计完成工业总产值383亿元。工业投资23亿元。淘汰落后产能项目5个。规模以上工业企业能耗总量控制在18万吨标煤以内。

二、主要工作

1．加强经济运行监控，推动产业平稳发展。一是增强发现问题的及时性。加强对宏观趋势、产业运行情况的分析，及时发现趋势性、苗头性问题，提高预测预警的及时性。二是增强分析问题的针对性。加强对重点行业企业，特别是规模以上企业、“专精特新”中小企业的跟踪监测，把握行业企业运行的态势。三是增强应对问题的有效性。针对行业企业运行中的共性问题，落实应对措施，为企业营造良好的预控环境。

2．做强海洋装备产业，全力推进产业园区建设。一是推进海洋装备制造业发展。以崇明国家船舶出口基地建设为契机，协调基地内企业利用国家和市对出口基地的各项优惠政策，完善企业配套支撑体系，提供主动优质的服务，帮助企业渡过行业低谷。二是加快智慧岛数据产业园建设。发挥产业园推进办作用，协调解决园区建设过程中的规划编制、招商引资、项目落地、园区管理、评估考核和政策落实等问题，并积极争取市经信委在项目引进、资金配套等方面的有力支持。三是引导产业园区提升发展。抓住张江高新区在本县扩园的机会，引导各产业园区重点发展战略性新兴产业和先进制造业，并以各园区的主业为导向，适当发展生产性服务业。举办各种形式的对接和推介活动，努力引进专业化、产业链和引领性项目，吸引国内外优势企业、地区总部和研发机构到崇明发展。

3．推动乡镇发展和产业投资，促进传统工业改造提升。一是加快乡镇产业发展。落实县委县政府《关于统筹乡镇发展的指导意见》，鼓励乡镇发展海洋装备和船舶配套等战略性新兴产业。鼓励企业加大产业升级力度，支持乡镇老企业加快技术改造升级。鼓励乡镇符合条件的存量工业资源向文化创意产业和生产性服务业转型发展。二是加大产业投资力度。集中精力推进晋通光纤、启越生物等一批投资亿元以上新项目的建设进度。全力推动中船二期、灏迪汽车等新建项目早日竣工投产。重点抓好上海船厂、华润大东等老企业的产业升级项目，确保技改项目按时竣工投产。三是提升企业自主创新能力。鼓励有研发能力的企业加快技术创新，筹建县级企业技术中心。支持创建以企业为主体、市场为导向、高等院校和科研院所为技术依托、产业化为目标的“产学研”示范基地。

4．做好中小企业服务，不断增强企业市场竞争力。一是加快服务企业节奏。开展“走企业、送服务”活动，重点加强对初创微小型企业、规模以上重点企业、“专精特新”中小企业的服务频率和质量。二是下沉服务体系。学习兄弟区的成功经验，推动县服务中心向乡镇、园区延伸，真正把服务触角延伸至中小企业身边。三是推动政策落实。引导中小企业积极申报国家、市级专项扶持资金项目。完成2012年度县扶持企业发展专项资金项目的审核和资金拨付工作。四是加强中小企业融资服务。加强政银沟通，开展银企对接活动，全力为有融资需求的企业提供帮助。

5．调整淘汰落后产能，抓好工业节能降耗减排。一是推进调整淘汰落后产能。对黑色（有色）金属冶炼加工及橡胶制品等高污染、高风险行业及部分铸造、砖瓦行业开展调研排摸，征求乡镇意见后确定淘汰企业名单。加强专项资金拨付及验收管理，强化后评估和审计工作。发挥乡镇主体作用，妥善解决好人员分流、土地利用等难点问题，引导企业转型发展。二是加强工业节能降耗减排。配合县发改委制定并分解乡镇、园区节能降耗目标，完善指标考核体系。抓好年用能1000吨标煤以上企业节能降耗工作。推进冠华、中海长兴等重点能耗企业节能技术改造。在6户高能耗企业开展清洁生产审核，8户企业争取通过验收。

（陈　彪）

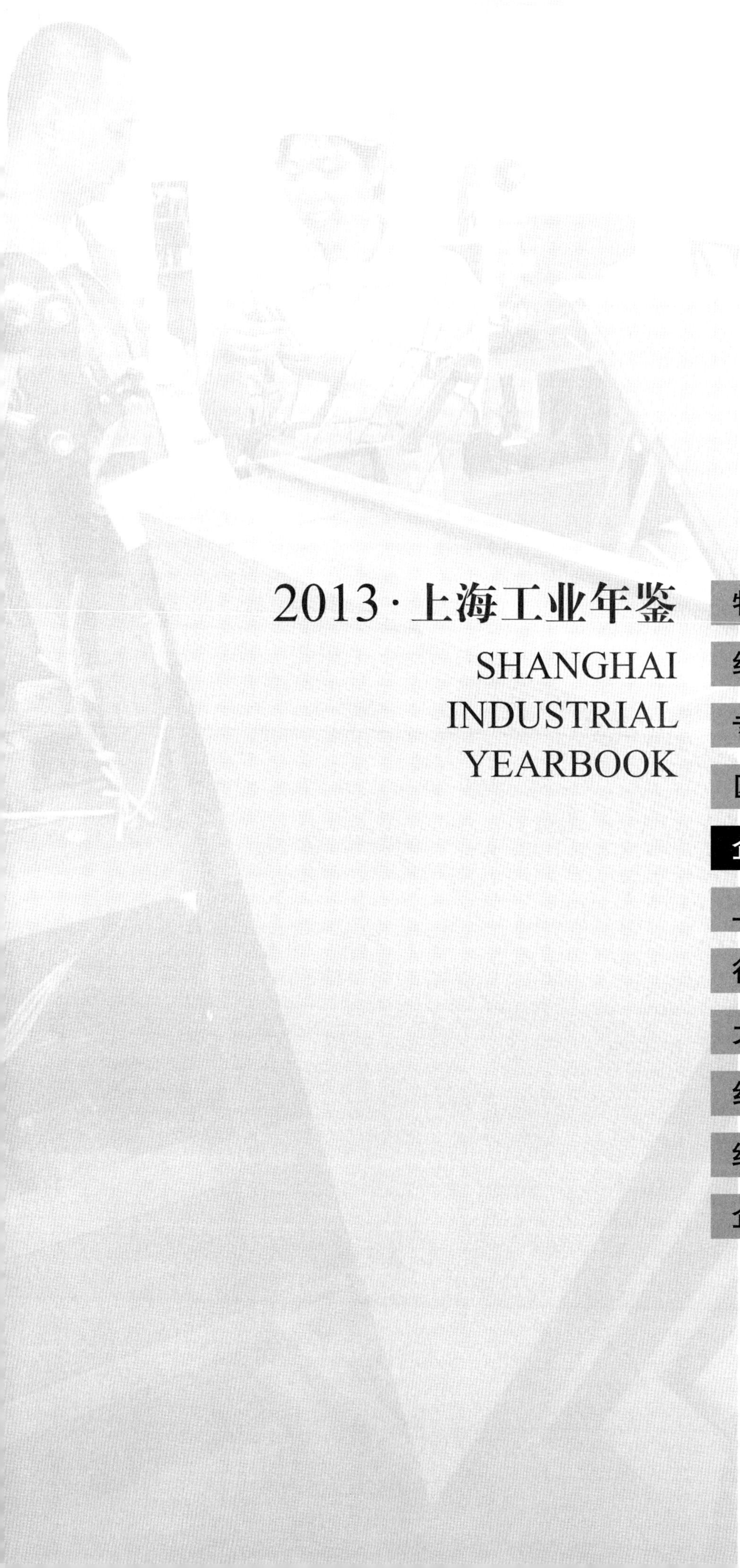

2013·上海工业年鉴

SHANGHAI
INDUSTRIAL
YEARBOOK

宝钢集团有限公司

【概况】

宝钢集团有限公司（简称宝钢或宝钢集团）是全球现代化程度最高、钢材品种规格最齐全的特大型钢铁联合企业之一，是国有独资公司（国务院国资委代表国务院履行出资人职责），注册资本510.83亿元。总部设在上海市浦东新区浦电路370号。截至2012年年末，宝钢员工总数为130401人。

宝钢（1993年前称上海宝山钢铁总厂）始建于1978年12月23日，是中国改革开放的产物。1985年9月15日，由国家投资建设的一期工程建成投产；2000年，由企业自筹资金建设的三期工程全部完成，跻身世界千万吨级特大型现代化钢铁企业行列。1998年11月17日，联合重组上海冶金控股（集团）公司和上海梅山（集团）公司；2007年4月28日，重组新疆八一钢铁有限公司；2009年3月1日，并购宁波钢铁有限公司；2011年4月18日，宝钢湛江钢铁有限公司注册成立，2012年5月31日，宝钢广东湛江钢铁基地项目全面展开建设；2012年4月18日，重组广东韶关钢铁有限公司，4月19日与广州钢铁企业集团有限公司共同出资组建广州薄板有限公司。

宝钢以钢铁为主业，生产高技术含量、高附加值钢铁精品，已形成普碳钢、不锈钢、特钢三大产品系列，广泛应用于汽车、家电、石油化工、机械制造、能源交通、金属制品、航天航空、核电、电子仪表等行业。宝钢还着力发展相关多元产业，重点围绕钢铁供应链、技术链、资源利用链，形成了资源开发及物流、钢材延伸加工、工程技术服务、煤化工、金融投资、生产服务等六大相关产业板块，形成了相关多元产业和钢铁主业协同发展的业务结构。

【2012年经济工作情况】

2012年，宝钢完成工业总值（现行价格）3137.50亿元，工业销售产值3180.01亿元，资产总值4984.38亿元，流动资产1719.36亿元，流动负债1790.47亿元，资产负债率44.40%，流动比率0.96，营业总收入2882.26亿元，营业成本2635.07亿元，销售费用50.72亿元，管理费用155.28亿元，实现利润总额104.15亿元，净资产收益率达到2.82%。全年完成铁产量4134.87万吨，钢产量4383.25万吨，商品坯材产量4413.66万吨。

2012年，在钢铁行业经营环境持续劣化的情况下，宝钢以良好的经营业绩和社会信誉继续保持业内最优地位，利润总额在国内钢企中排名第一，在全球钢铁企业中排名第二。是年，宝钢位列《财富》世界500强第197位，为连续9年上榜的最高排名，并再次当选最受赞赏的中国公司。标准普尔、穆迪、惠誉三家评级机构给予宝钢全球钢铁行业最高信用评级。全年共对外捐赠约6440万元，第四次获得中国公益领域最高政府奖——中华慈善大奖。

2012年，宝钢继续深化变革，钢铁主业产业升级和结构调整取得重大进展。由宝钢集团和广东省国资委共同出资组建的宝钢集团广东韶关钢铁有限公司挂牌，韶钢正式成为宝钢集团的一员；由宝钢和广钢共同出资组建的广州薄板有限公司揭牌成立；湛江钢铁项目开工建设，项目建设规模为年产铁920万吨、钢1000万吨、钢材938万吨；上海地区钢铁产业结构调整工作启动，不锈钢体系统筹策划与特钢竞争力改善逐步推进。

2012年，宝钢海外市场拓展取得突破。宝钢主营产品海外市场占有率较上年有所提升，宝山钢铁股份有限公司钢材产品出口累计签约251万吨，出口比例保持10%以上。海外工厂、海外加工配送中心建设和多元产业海外拓展取得突破。年内，宝钢在韩国的第一个直接投资项目——韩宝剪切加工配送中心开工建设；资源产业进一步完善国际化布局，海外网点达11个；新疆八一钢铁有限公司进口哈萨克斯坦铁矿资源突破300万吨；金属包装业务迈出海外发展的第一步，越南宝钢制罐项目建成投产。

宝钢员工的共同愿景是“成为钢铁技术的领先者、成为绿色产业的驱动者、成为员工与企业共同发展的公司典范”。2012年的实施情况如下：

一、实施钢铁技术领先者计划

宝钢技术创新体系建设取得新突破，宝钢集团中央研究院成立；宝钢汽车用钢国家重点实验室通过国家验收。宝钢的技术创新能力和成就受到国家和社会的普遍认同，被工信部和财政部联合认定为“国家技术创新示范企业”；“低温高磁感取向硅钢制造技术的开发与产业化”获冶金科学技术奖唯一的特等奖；“两片易拉罐用镀锡钢板的开发与应用”获国家科技进步奖二等奖；在第七届国际发明展览会上，宝钢获得29项发明金奖、28项发明银奖、42项发明铜奖。年内，宝钢先进高强钢开发、核电690U形管生产取得重要进展，成功实现第三代高成形性超高强钢——淬火延性钢的工业化生产，成为全球唯一一家实现新一代经济型高成形性超高强钢（第三代超高强钢）批量稳定供货的企业，也是世界上唯一一家同时可以工业化生产第一代、第二代和第三代全系列超高强钢的钢铁企业；由宝钢制造的代表当今国际核电用管顶尖水平的690U形管成功应用于防城港核电机组。全年申请专利2445项、授权专利1689项。

二、实施绿色产业驱动者计划

在实现绿色制造方面，全年实现节能减排项目投资15.22亿元，实现同比节能量48.3万吨标准煤，二氧化硫、化学需氧量（COD）排放分别同比下降39%和41%；在生产绿色产品方面，宝山钢铁股份有限公司生产的环境优良型产品和环境先导型产品，分别占总产品的28%和3%；在发展绿色产业方面，宝钢发展有限公司的资源再生产品销售额达23亿元，钢渣滚筒处理技术装置实现产业化。

三、实施员工与企业共同发展计划

员工薪酬同比增长5.3%，福利及保险投入同比增长10.8%；惠租房试点取得阶段性进展；员工教育培训投入1.41亿元，同比增长4.4%；宝钢人才开发院在实施共同成长计划中为员工创造了良好条件，被国内权威机构评选为中国最佳企业大学第一名。

【2013年发展趋势】

2013年，宝钢生产经营目标是：铁产量4439万吨，钢产量4714万吨，坯材产量4694万吨，营业收入3061亿元，利润总额90亿元。

总体工作思路是：以深化改革和转变作风为工作主线，全力推进战略转型，重点落实技术创新、环境经营和员工发展工作计划，有序实施钢铁主业结构调整和产业升级，支持多元产业健康协调发展，扭转安全管理被动局面，改变部分钢铁单元大幅亏损现状，稳中求进，持续保持业界最优。

（张文良）

上海汽车集团股份有限公司

【概况】

上海汽车集团股份有限公司（简称上汽集团，股票代码600104）是国内A股市场的汽车上市公司，截至2012年年末，上汽集团总股本达到110亿股。目前，上汽集团主要业务包括整车及零部件的研发、生产、销售，物流、车载信息、二手车等汽车服务贸易业务，以及汽车金融业务。

2012年，上汽集团实现国产整车销售449万辆，比上年增长12%，比国内汽车市场平均水平高8个百分点，市场占有率达到22.6%，继续保持国内汽车市场领先优势。其中，乘用车298.3万辆，增长12.5%，比国内乘用车市场平均水平高5.7个百分点；商用车150.7万辆，增长10.8%，比国内商用车市场平均水平高15.3个百分点。同时，上汽集团以2011年度合并销售收入672.5亿美元，第8次跻身《财富》杂志世界500强企业行列，排名第130位，较前一年上升21位。

【2012年经济工作情况】

一、加大整车市场开拓力度

面对2012年仍然增长不快的国内汽车市场，上汽集团根据细分市场的运行节奏，精心安排产销，在激烈的市场竞争中始终掌握发展的主动权。上汽集团所属三家主要合资整车企业上海大众、上海通用、上汽通用五菱年整车销量继续在各自细分市场中保持领先优势。

1．上海大众积极调整产品结构和生产布局，在市场销量和经济效益上实现了新跨越。针对企业产能吃紧的现状，一方面，加强管理创新，提高工作效率，确保强势产品新帕萨特、途观和新朗逸的市场供应；另一方面，积极推进新基地建设，6月份，作为大众在中国的首家标准化工厂，仪征基地正式投产。同时，继续深化主动营销，强化一线执行，促进整车销售。全年上海大众实现整车销售128万辆，增长9.8%。

2．上海通用聚焦重点车型销售，积极推进营销体系变革，继续保持了国产乘用车销量第一的位置。2012年年中，及时调整迈锐宝的市场策略，销量得到快速提升；下半年，昂科拉实现精准定位与成功上市，市场反应良好；同时，凯越、科鲁兹、赛欧等销量基盘车型继续保持稳定的市场表现。此外，别克、雪佛兰两大品牌19个区域营销中心年内全部开业，初步搭建了总部统筹加区域分管的营销业务新体系。全年上海通用实现整车销售139万辆，增长13.1%。

3．上汽通用五菱进一步扩大微车市场领先优势，并全力拓展乘用车和海外业务。面对相当疲弱的微车市场，上汽通用五菱充分发挥自身的产品优势、渠道优势，并对重点产品延续上年的促销政策，收到良好效果。在乘用车方面，积极开发市场空白点，提高网络覆盖率，制定贴近终端的营销策略；在乘用车销售增速加快提升的同时，宝骏品牌美誉度也从刚上市的不到4%，提升到2012年年底的近30%，市场推广与品牌塑造取得明显成效。全年，上汽通用五菱实现整车销售145.8万辆，增长12.1%。

二、全面深化自主创新能力建设

作为建设核心竞争能力的主要平台，上汽集团在加强自主创新能力建设的道路上越走越坚定。上汽集团自主研发的荣威550获得2012年国家科技进步二等奖；此外，上汽集团还总共获得中国汽车工业科学技术进步奖二等奖2项、三等奖5项；全年获得专利授权数量达到964件，同比增长11%。同时，上汽集团在加快乘用车自主品牌、商用车自主品牌建设，合资企业自主研发等方面，取得了积极进展。

1．自主品牌乘用车。2012年，以荣威950投放为标志，上汽集团乘用车公司第二轮产品投放正式拉开序幕。后续产品中，MG6欧洲柴油版、装备DCT360的荣威550改款等产品的准备工作基本就绪。特别是自主品牌的产品开发，已从过去的产品平台，开始上升到架构模块化开发，以全方位降低成本、增加车型变化的灵活性。全年实现销售20万辆。

2．自主品牌商用车。稳步拓展国内外营销网络，并已向马来西亚、澳大利亚等国实现批量出口，年内完成MAXUS大通V80销售5811辆，国内宽体轻客市场占有率为5.5%。同时，上汽集团商用车公司与商用车技术中心一起，不断加大研发力度，完成V80产品基型车、扩展型、特改型车型的开发，全新开发的SV71项目顺利通过G5阀并完成工程样车试制，提升了快速响应市场的变型开发能力。

3．合资品牌自主研发。上海大众成功推出自主开发的新朗逸、新桑塔纳，上海大众技术中心获得“国家认定企业技术中心”称号。上海通用投产赛欧纯电动车，发布Green Drive绿色科技战略。上汽通用五菱在埃及项目中，N300产品成功地向通用埃及公司收取到技术转让费，创造了合资企业向海外输出技术、获取收益的一个范例。

三、加大新能源汽车产业化力度，完成阶段性目标任务

2012年，是上汽完成新能源汽车产业化阶段性目标的收官之年。继前年荣威750中混上市后，11月，荣威E50纯电动车正式上市并开始批量投产，荣威550插电强混轿车2013年初实现小批量定向销售。同时，荣威550插电强混和荣威750燃料电池车，还分别入选国家新能源汽车产业技术创新工程支持项目，获得国家专项研发资金3.75亿元，上汽集团是国内唯一同时有2个项目入围的企业。此外，在新能源大客车方面，上海申沃全年完成超过600辆纯电动、混合动力大客车销售，销量比去年同期增加6倍。

四、零部件业务竞争力不断加强

上汽集团的零部件业务经过20多年发展，已形成门类较齐全、产业链较完整的零部件产业体系，包括发动机、变速箱、动力传动、底盘、内外饰、电子电器等。华域汽车系统股份有限公司（简称“华域汽车”，股票代码为“600741”）是上汽集团所属的零部件上市公司，集中了上汽集团主要的零部件资产和业务，是目前国内产品最多、品种最全、合作发展最好、应用开发能力最强、客户覆盖最广、业务规模最大的汽车零部件供应链体系。主要业务涵盖汽车内外饰件、金属成型与模具、功能件、电子电器件、热加工件、新能源等六大板块。2012年，华域汽车实现汇总销售1085亿元。凭借与近30家世界领先的零部件供应商的战略合作，华域汽车在各大业务板块形成了强大的工程研发、精益制造和客户服务资源，现已在全国各地建立近200个研发、制造和客户服务基地，并在美国、德国、印度、俄罗斯等地建立10余个生产制造基地和海外销售办事处，在“中性化、零级化、国际化”的发展道路上快速前进。

五、探索创新服务贸易业务模式，搭建社会公共平台，提高服务增值能力

上汽集团服务贸易板块围绕“两业联动，生产性服务业做精做强；两端延伸，消费性服务业做实做大”的整体发展战略，不断深化汽车物流、国际商贸、销售服务、创意节能、信息服务、延伸服务等六大板块的发展架构，加速资源布局、完善B2B服务平台，突破业务创新、搭建B2C服务平台。深入推进国内最大的物流公共平台建设，业务范围涉及整车、零部件、口岸、航运等多个领域，2012年整车物流承接640万辆商品车，中国市场占有率达到33%；不断优化物资贸易供应链体系，加大对外业务开拓力度，与钢铁原材料、化工原料等领域的供应商深化合作，并配合上汽集团海外业务发展，搭建全球供应链体系；围绕降低整车制造企业节能减排任务，深入研究和发掘节能服务产业链价值机会，全力开拓光伏发电及节能服务业务；集成优势资源，线上线下融合，为客户提供完整服务体验，满足客户整个用车生命周期内的各类需求，实现上汽集团产业链与客户价值链的无缝对接。

六、努力探索国际经营

2012年，上汽集团进一步加大国际经营拓展力度。从整车出口情况看，销量实现大幅增长。上汽集团整车出口9.6万辆，同比增长58.2%。在做好印度和英国两个海外项目运营工作的同时，上汽集团海外经营的另一项重要工作，是与泰国正大集团合作，在泰国设立合资公司，试水东盟市场。

【2013年发展趋势】

2013年是深入贯彻落实十八大精神的开局之年，上汽集团实施“十二五”规划承前启后的关键之年。上汽集团将深入学习和贯彻落实党的十八大精神，按照中央经济工作会议和十届市委三次全会的部署，围绕“提高创新强实力、提升应变促发展、提增管控防风险”的工作主题，以稳中求进、创新驱动、强化管理为工作主线，不断增强紧迫感和危机感，振奋精神、埋头苦干：稳中求进拓市场，进一步提高经济运行质量和效益；创新驱动提能力，在聚焦自主创新、探索海外经营的大局中，四大业务板块找准重点、创新突破、加强协同、提升能级；强化管理保发展，狠抓基础管理、防范各类风险、建设和谐企业，确保全面完成全年各项目标任务，为加快建设有质量、有效益、可持续发展的企业，为胜利完成“十二五”规划打下具有决定性意义的基础。

（倪立诚）

中国石化上海石油化工股份有限公司

【概况】

中国石化上海石油化工股份有限公司（简称上海石化）位于上海市金山区，占地面积9.40平方公里，是中国最大的炼油化工一体化综合性石油化工企业之一，也是中国第一家股票在上海、香港、纽约三地同时上市的股份制企业。上海石化前身为创建于1972年的上海石油化工总厂，1993年6月改制为上海石油化工股份有限公司，2000年10月更名为现名。上海石化下设炼油部、烯烃部、芳烃部、化工部、腈纶部、涤纶部、塑料部、热电部、物资供应部、销售部、储运部、环保水务部、公用事业部和精细化工部以及质量管理中心、统计中心、保卫部、总务部、培训中心、新闻中心、员工交流安置中心等单位，并由上海石化资本运营部管理对外投资企业。2012年年末，上海石化总资产368.06亿元，在册员工总数15007人。上海石化具有1600万吨／年综合加工原油能力和乙烯84.5万吨／年、有机化工原料440万吨／年、塑料树脂100万吨／年、合纤原料114万吨／年、合纤聚合物59万吨／年、合成纤维34万吨／年的生产能力。上海石化主要生产石油制品、中间化工原料、合成树脂及塑料制品、合纤原料及合成纤维等四大类产品。上海石化“三人”牌工业用丁二烯、“朝阳”牌涤纶工业长丝等被评为上海市用户满意产品；工业用环氧乙烷和腈纶丝束同时被评为全国用户满意产品。

【2012年经济工作情况】

2012年，面对严峻的经营发展环境，上海石化认真贯彻中国石化集团公司和上海市的工作部署，更加突出发展质量和效益，更加突出科技进步，更加突出绿色低碳，更加突出以人为本，以建设“国内领先、世界一流”炼化企业为目标，结合建厂40周年纪念活动，深入开展“创先争优”活动和“比学赶帮超”工作，生产经营情况总体平稳。全年加工原油1119.35万吨，比上年增长3.01%；生产成品油587.88万吨，增长2.32%；乙烯91.47万吨、丙烯50.44万吨，分别增长0.51%、4.71%；对二甲苯86.62万吨，下降6.16%；塑料树脂及共聚物108.75万吨，下降0.95%；合纤单体101.56万吨，增长7.33%；合纤聚合物63.61万吨，下降4.23%；合成纤维25.16万吨，增长0.64%；累计发电28.75亿千瓦时，下降6.14%。完成工业总产值（现价）818.95亿元，下降4.63%；实现营业收入930.72亿元，下降2.65%。

一、安全环保保持优良业绩

上海石化坚持把HSE工作放在更加突出的位置，深化领导干部带班，推行HSE绩效考核、“安全百万人工时”统计等工作，对16套主要生产装置开展HAZOP评估应用，开展减少VOC（有机挥发物）排放及实施LDAR（泄漏检测与修理）检测。全年外排废水综合达标率100%，固体废弃物量下降18.10%，新鲜水取水量下降2.40%。完善生产区域全封闭管理工作，全年厂区道路交通事故由215起，下降到12起。第10次蝉联中国石化集团公司安全生产先进单位，第11次蝉联中国石化集团公司环境保护先进单位。

二、生产运行保持平稳态势

上海石化制定81套生产装置10年长周期运行规划，以及打造一流乙烯、芳烃装置各项措施。顺利完成芳烃、炼油、化工装置三条主线7套主要装置的停车检修。建立原油优化测算机制，积极实施制氢原料和燃料结构优化，实施重石脑油分储分炼、提高油浆综合利用率等措施，取得显著成效。继续强化专业技术管理，大力开展加热炉热效率劳动竞赛，全年加热炉平均热效率为91.89%，比上年提高0.27个百分点。

三、工程建设与技术进步硕果累累

上海石化炼油改造工程投产运行，提升了原油深加工能力，汽、柴油产品将达到国Ⅳ、国Ⅴ标准，产品覆盖从上海扩展至浙江、江苏，提高了成品油市场占有能力；1500吨／年碳纤维装置一阶段项目打通全流程；2号氧化装置系统优化节能降耗改造工程、热电部5/6号炉二次脱硫装置建成投产。全年完成投资38.11亿元。成功开发超细旦抗起球腈纶等新产品，增产具有高新技术水平的三元无规共聚聚丙烯等产品。高性能PBO纤维项目、大型生物流化床处理乙二醇污水工业试验等通过鉴定。YS-8810银催化剂工业应用取得显著成效。全年生产新产品40.09万吨，产品总差别化率为59.26%。重点科研项目计划完成率100%。申请专利44件，获专利授权10件。15项高新技术成果获上海市财政专项扶持资金近2137万元。

四、经营销售和物资管理持续改善

上海石化加强产供销紧密衔接，把握销售节奏，控制量价配合。对阻燃切片、抗起球腈纶等产品开展技术服务。完成提货IC卡系统建设，提高工作效率。完成工业丝专用聚酯切片出口土耳其、NEP聚酯切片出口德国等。全年产品产销率为100.06%，货款回笼率为100.05%。努力提高框架协议覆盖面，全年共签订框架协议504份。优化供应商结构，清理连续两年无交易业绩供应商18家。与75家供应商签订

储备合作协议，实施代储代销、供应商寄售、供应商库存等新型储备模式，完善2–3小时物流供应圈建设，物资储备资金占用额同比下降6.08%。

五、企业管理和信息化工作稳步推进

上海石化在全面梳理业务关系和管理关系基础上，对管理部室和二级单位进行职能定位。组织开展体制改革后评估工作。在公司层面全面建立一体化管理体系，初步实现“一套文本支持多个管理体系”的目标。进一步加强和改进组织绩效考核，更好地发挥绩效考核的导向作用。完成2号焦化等4套装置APC（先进过程控制）建设和投用，完成3套装置流程模拟系统建设，扩大ERP系统的实施和应用范围，实现公司范围内ERP系统全覆盖。深化APC、HR和EM等信息系统的应用，在行业内保持领先水平，连续三年获得“中国石化信息化工作A级企业”称号。

六、积极履行国有企业社会责任

上海石化坚持以“质量永远领先一步”为质量方针，不断强化质量管理。积极开展市场调研和产品升级换代工作，不断开发和推出高技术含量、高品质的产品。努力保证市场供应，尤其是在国际原油价格高位震荡、国内成品油价格受政府调控、企业炼油业务出现亏损的严峻形势下，坚持安排生产和供应，满足市场需求。全年生产成品油587.88万吨，同比增长2.32%。加强与地方政府合作，支持地方教育、卫生、绿化工作，参与各项社会公益活动。在2013年《财富》中国企业社会责任排行榜中，上海石化列第29位。

【2013年发展趋势】

2013年，上海石化将按照中国石化集团公司和上海市的工作部署，继续以建设“国内领先、世界一流”炼化企业为目标，围绕提高发展质量和效益，调整结构，深化改革，强化管理，在基础竞争力、生产经营水准、管理能力、科技实力、员工队伍、发展环境等方面积极开展工作，充分发挥炼油改造及技术进步项目投产的优势，努力追求经济效益的改善，为公司“十二五”发展奠定坚实的基础。

一、加强安全环保管理，推进安全绿色低碳发展

积极贯彻绿色低碳发展战略，进一步提升安全环保管理水平。丰富安全管理手段，积极开展安全竞赛活动，强化施工现场网格化管理，强化直接作业环节HSE监督管理，强化应急管理，强化承包商HSE监督。加大环保治理力度，建立环保治理长效机制，深化和扩大生产现场异味治理工作，继续削减固废总量，加强水源保护、大气污染防治和大气质量改善方面的应急处置，全面开展碳计量准备工作。

二、提升生产运行水平，确保装置安稳长满优运行

引入先进的管理理念，努力提高装置运行管理水平。加强生产运行管理，开好炼油改造工程新建装置，加强重大生产作业组织与协调，继续开展生产系统“安稳长满优”专项竞赛。积极推进节能降耗，完成20套联合装置电平衡测试工作，推行合同能源管理，提高公司能源利用效率。提高设备管理综合能力，落实装置长周期运行规划，加强计划检修管理，将设备安稳长周期运行水平推上更高台阶。

三、加强生产经营优化，挖掘效益潜力

紧盯市场，优化经营，努力发挥炼化一体化优势，提升经营水平。优化原油采购，加强油价趋势分析，提高原油采购集中度，充分发挥装置潜力，提升经济效益。优化中间原料，做好物料平衡优化。优化调整成品油结构，努力提高沪Ⅳ成品油市场占有率，做好沪Ⅴ成品油生产准备工作。落实低库存策略，做好2–3小时物流圈的建设。充分利用炼油改造工程投产和炼油化工系统优化，落实各项降本减费措施，深化全员成本管理，严格控制各项成本费用的支出，建立科学有效的设备维修策略，减少不合理检维修费用的支出，强化资金管理，优化资金运作。

四、推进技术进步和信息化工作，支撑后续发展

继续探索“产学研用”相结合的技术创新体系，加快信息化建设，提高科技实力。深入开展新产品和新技术开发，加快碳纤维新产品的技术攻关，启动千吨级降冰片烯／乙叉降冰片烯和加氢石油树脂的中试项目，推进环保新技术的开发和运用，加大新产品的市场推广力度，做好丙丁无规共聚专用料、阻燃聚酯系列、NEP型聚酯切片、凝胶染色腈纶、原液着色腈纶等新产品市场推介和稳步扩产工作。持续推进信息化工作，开展柴油在线调和、芳烃、常减压、乙二醇等装置APC系统建设，以及3#柴油加氢、丁二烯等装置流程模拟系统建设，全面建成生产经营监控分析系统，提高信息系统的应用水平。

五、加强企业管理，提高科学管理水平

细化各项工作措施，建立对标管理工作机制，规范过程管理，提高专业管理水平。提高一体化管理体系运行水平，促进企业规范运作。建立和完善战略目标导向的绩效考核体系，充分发挥绩效考核的导向和激励作用，完善组织绩效和员工个人绩效的联动机制，提升绩效考核的效力。

六、加强员工队伍建设，营造稳定和谐的发展环境

推进人力资源中长期规划实施，不断完善各类人才成长通道建设，加大人才培养和人力资源优化力度，努力打造一流的员工队伍。进一步提炼和丰富企业文化内涵，积极培育企业核心价值观，关心职工群众生活，推动企业健康、稳定和谐发展，努力打造一流的发展环境。

（耿树岐）

中国石化股份有限公司上海高桥分公司

【概况】

中国石化股份有限公司上海高桥分公司（含中国石化集团资产经营管理有限公司上海高桥分公司，以下合并简称高桥石化）的前身是上海高桥石化公司，成立于1981年11月，是我国第一个跨行业、跨部门的特大型经济联合体，隶属于中国石油化工集团。

公司占地面积420公顷，共有76套生产装置，可生产300余种产品，主要产品有汽油、航空煤油、柴油、润滑油基础油、石蜡、合成橡胶、有机化工原料、合成塑料以及精细化工产品等，公司拥有年原油加工能力1250万吨，年化工产品生产能力100万吨，自备电厂具有装机容量19.5万千瓦。公司现有职工5800余人。

公司加强对外经济合作与交流，先后与世界著名大公司如德国巴斯夫公司、美国加德士公司、日本三井石化株式会社、韩国SK公司等分别成立了合资企业。

【2012年经济工作情况】

2012年，高桥石化完成工业总产值745亿元，比上年增长3.78%；实现销售收入746亿元，增长4.18%；实现利税104亿元，增长35.31%。

一、坚持稳中求进，完成年度经营目标

全年加工原油1094万吨，增长4.29%。汽、煤、柴、润四大类石油产品745.58万吨，增长10.86%，其中汽油增长,1.36%，柴油增长4.61%，航空煤油增长16.40%，润滑油基础油减少2.32%。化工产品总量80.06万吨，减少6.14%。其中，苯酚产量20.88万吨，减少4.53%；丙酮产量13.01万吨，减少4.58%；橡胶产量15.73万吨，减少7.58%；ABS产量14.23万吨，增长4.83%；聚醚产量13.98万吨，减少7.25%；DCP产量2.23万吨，减少3.05%。发电量10.03亿千瓦时，增长5.25%。

二、做到安全生产，安全环保工作达标

高桥石化改进和完善安全教育的形式和方法，改进安全环保奖励方式，累计奖励一线员工发现重大隐患42起；建立生产作业区手机使用管理制度，健全噪声、粉尘、苯防护等劳动防护用品配置，督促职工养成良好的安全行为习惯。开展异味排查及整治，实施污水处理场恶臭治理、酸性水罐区恶臭治理等项目，初步建成全方位、多层次的环境监测系统。各主要废弃物排放总量稳步下降，实现稳定达标排放。

三、落实优化运行各项措施，推动挖潜增效各项工作

严格计量监督，提高管输数量，抓好仓底油回收，原油途耗同比下降4.4%。加强运行控制、落实精细管理，装置非计划停工与临停下降59%，火炬燃放时间下降99%，设备故障率下降47%。把握产品边际贡献"生命线"，动态调整产量计划、品种牌号，对于没有边际贡献的产品，适时采取限产减亏措施。成功实现向江苏、浙江、广东市场供应高标准清洁油品，扩大了无味煤油、白油料、加氢基础油等高附加值产品销量。贯彻"经营一元钱，节约一分钱"的理念，努力降低各类支出。业务招待费、会议费等费用均控制在预算范围内。

四、持续推进经济发展，各项工作有序组织实施

260万吨／年柴油加氢装置4月开始打桩，为向上海市场供应国Ⅴ标准油品奠定了基础。继续加大安全、环保、节能投入力度，实施26项安全环保隐患整改项目。开展20项科研攻关活动，下达46个科研项目，安排科研经费1033万元，完成30项科研项目的鉴定或评审。积极推进合资合作，中石化三井弹性体有限公司正式成立，40万吨／年苯酚丙酮项目基础设计获得批复、施工有序推进。

五、积极开展"比学赶帮超"活动，相关工作迈上新台阶

在180项"比学赶帮超"指标中，29项达到先进值、84项达到努力值、41项达到合格值。持续深化改革，组建土地管理处，挂牌成立工程设备质监中心，分设分析中心和研发中心。

六、坚持加强队伍建设，加大培训培养力度

引入培训积分管理机制，在管理、技术人员中开展"月月有讲座、月月有考试"工作；在技能操作人员中开展"班班有抽考、月月有练兵"工作，增强岗位培训、练兵的针对性和实用性。开展技术人员能力评估工作，落实评估不达标人员结对辅导措施。加大关心关怀力度。完善长期倒班职工奖励方案，形成长效机制；调整对身患特种重病职工的帮困补助标准，全年补充医保基金出资1108.6万元、帮困基金出资251.1万元，为各类困难职工提供帮助。

【2013年发展趋势】

2013年，高桥石化工作的总体要求是：深入贯彻党的十八大精神，全面落实集团公司工作会议决策部署，以安环为基础、以市场为导向、以创新为抓手，坚持推进绿色低碳战略，积极谋取最佳经营业绩，更加突出发展质量效益，不断提升企业管理水平，全面焕发职工队伍活力，为建设世界一流能源化工公司作出新贡献。

按照总体要求，确定主要经营目标是：完成原油加工量1060万吨，力争化工产品总量81万吨，确保发电总量9.5亿度；全面完成其他各项技术经济指标及考核目标。实现利润4.47亿元，力争5.35亿元；上市部分确保完成吨油完全加工费用285.9元、化工吨产品完全加工费用2532元的成本指标，力争完成277.3元/吨和2456元/吨；非上市部分管理、销售、财务等费用确保控制在总部下达指标范围内。实现上报事故为零，人身伤害轻伤事故同比减少50%，OSHA可记录事件率小于0.3，隐患治理项目按时完成率100%；职工职业健康体检率、作业场所职业危害因素检测率100%，无急性职业中毒事故发生；外排工业废水达标率>98%，外排废水COD下降3%，新鲜水用量下降3%，危险废物妥善处置率100%；产品出厂合格率、上级抽检符合率100%，顾客满意度≥85。稳步推进一体化项目和化工调整项目进程；建成柴油加氢及其他油品质量升级项目；安全环保、节能减排治理投入进一步加大；按节点推进40万吨/年苯酚丙酮、7.5万吨/年三元乙丙橡胶装置建设。持续优化管理体制，进一步推进机构重组、业务整合，完善专业化管理；不断优化运行机制，推进实施17项管理提升项目，健全规范内部各项管理机制，提高企业管理水平。

重点抓好以下工作：

一、推进绿色低碳，夯实安环基础

坚持以人为本抓防范，加大对员工的教育、关心力度，培育良好的企业安全文化。要严格标准抓规范，坚持加强制度建设，提高制度的适用性和针对性；严格依照制度实施管理，着力消除各类违章、违规行为。要落实奖惩抓示范，加大对发现隐患、避免事故人员的奖励和宣传力度；严格按照考核标准，落实对事故责任人的考核、处理。要增强环保成本意识。探索建立环保内部收费机制，引导职工通过精细控制，减少污染物排放量。要增强环保守法意识，加强污染源头管理，抓好装置清洁开停工，强化装置环境风险因素识别和措施制定，严格执行环保异常报告制度，杜绝违规排放。要增强环保效益意识。按照发展循环经济的要求，积极推进废弃物减量化、资源化工作。要加大节能管理考核力度。加强日常管理，严格落实对违规用能、能源浪费现象的考核；细化指标管理，加强过程管控，努力提升公司整体用能水平。要按照总部部署，积极参与碳排放交易试点工作。

二、着力运行优化，提高经营质量

把握“稳中求进”的总基调，按照“有质量、有效益、可持续、没水分”的总要求，优化企业生产运行，不断提高经营质量。要坚持以市场为导向。坚持性价比最优原则做好原油采购工作，按照性价比选取原油资源，确保整体效益最大化。抓住上海市实施国Ⅴ标准和全国范围内柴油质量升级的机遇，巩固和扩大高品质清洁燃料市场份额；积极应对产能过剩、竞争加剧的局面，不断巩固市场份额。要坚持以优化为重点。加强分析测算，优化产品结构；加强预算管理，优化经营管控；细化指标分解，优化成本费用。要坚持以平稳为基础。加强生产管理，保障运行稳定；加强预防管理，降低设备故障；加强操作管理，确保装置平稳。要坚持以技术为支撑。重点针对装置运行问题、产品质量问题，积极开展科研攻关、推进工业性试验，消除生产过程“瓶颈”约束，提高运行质量。根据市场需求，积极开发ABS、丁苯橡胶、聚醚新产品、新牌号，增强市场竞争能力。

三、突出质量效益，推动发展转型

面向未来，夯实澧泾发展基础。认真分析我国能源工业、石化产业的走势，敏锐把握新兴产业的发展趋势，不断优化项目方案；树立集约发展、循环发展的理念，强化项目节水、节地、节能、低污染和资源综合利用；紧紧围绕提高投资回报和提升盈利能力核心，细化投资论证，持续优化老区化工调整项目。要立足当前，抓好老区结构调整。加快推进260万吨/年柴油加氢项目建设，不断提高清洁燃料生产能力，满足市场需求；加快安全环保、节能降耗改造步伐，提升老区安全环保可靠度和能源利用水平，夯实持续生存发展的基础。要开放包容，扩大合资合作成果。推进40万吨/年苯酚丙酮、7.5万吨/年三元乙丙橡胶项目建设，加快5万吨/年丁腈橡胶、5万吨/年异戊橡胶谈判进程，推动引资、引技、引智有机结合。

四、加快改革创新，促进管理提升

坚持深化改革，完善管理体制。准确把握时代发展要求和形势变化要求，不懈探索、勇于实践，不断深化企业改革创新，有针对性地落实机构整合、业务重组等改革调整措施，促使组织机构更精简、运行机制更完善、管理关系更顺畅。要优化运行机制，推动管理提升，重点组织实施17个管理提升项目。要积极堵漏建制，规范企业管理。推进“比学赶帮超”机制化、常态化，深入推进“学镇海、学安喜”活动，落实“全区域管理、全流程控制”的理念，加强效能监察、审计监督、内控检查、法律审核等工作，增强风险防控能力，提升企业管理科学化、规范化水平。

五、坚持人本理念，激发队伍活力

坚持以人为本的理念，重视加强“三支”队伍建设，增强凝聚力、发挥主动性。要加强领导班子和干部队伍建设，提升干部队伍的战斗力；要增强培训培养的针对性和有效性，提升队伍整体技术技能水平；要理顺分配关系，发挥分配导向作用，坚持效率和公平兼顾，真正发挥考核评价的激励约束作用；要加强人本关怀，在政策许可的范围内，努力解决职工群众实际困难和具体问题，不断促进企业和谐。

（陈建浩）

申能（集团）有限公司

【概况】

申能（集团）有限公司（以下简称申能集团）是上海市国资委出资监管的国有独资企业，前身为1987年创立的申能电力开发公司，1996年成立集团公司，注册资本60亿元。

目前，申能集团拥有申能股份有限公司（600642SH）、上海燃气集团等9家控股企业，主要投资参股企业15家，基本形成“电气并举、产融结合”的产业发展格局。截至2012年年末，公司总资产逾千亿元，年营业收入约300亿元，连续11年位列中国企业500强。

申能集团作为上海市重大能源基础设施的投资建设主体和主要的电、气能源产品供应商，先后建成外高桥第二发电厂、外高桥第三发电厂、世博中国馆和主题馆太阳能等数十个重点电源项目，其中外高桥第三发电厂成为全国火力发电企业的标杆，截至2012年年底，申能集团权益装机容量达到737万千瓦，控股电厂发电量占到上海市总发电量约1/3。同时，申能集团构建成上海城市“5+1”（西气一线、西气二线、洋山进口LNG、东气、川气和五号沟LNG应急气源）多气源保障体系，形成集燃气生产采购、管网配输、销售供应为一体的完整的城市燃气产业链。2012年，天然气供应量达到62.8亿立方米，占到上海市场份额90%以上。此外，申能集团也是东方证券、太保集团的主要股东。

申能集团承担着保障上海城市能源安全供应和推动全市能源结构调整优化的重任。近年来围绕全市“创新驱动、转型发展”大局，大力推动清洁能源发展和能源产业链拓展，先后涉足风力和太阳能发电、天然气发电、分布式供能、电厂节能科技、能源贸易、新能源创投基金等新业务领域，并通过积极实施电厂脱硫、脱硝改造等举措，在上海城市低碳发展和节能减排方面作出积极贡献。

【2012年经济工作情况】

2012年，面对上海市能源需求增幅下滑、企业成本上升和外来电大幅增加等形势变化，申能集团全力推进各项工作，安全生产、保障供应和制气转型保持平稳，项目建设、业务创新和管理优化均取得进展，净利润和节能减排等指标表现优良。

1．主要经济指标总体完成较好。申能集团全年完成控股发电量295.9亿千瓦时，权益发电量307.9亿千瓦时，天然气供应62.8亿立方米；控股电厂供电煤耗291克／千瓦时，比上年下降5克／千瓦时；天然气购销差率4.7%，下降0.3个百分点。2012年年末，公司总资产1040亿元左右，实现营业收入301亿元左右，归属母公司净利润13.7亿元左右。

2．系统安全生产持续稳定受控。申能集团连续第三年获评全市安全生产优胜单位。系统主要单位安全标准化基本达标，吴泾二发电、外高桥二发电、外高桥三发电、临港燃机发电四家系统电力企业获评国家电监会“电力安全生产标准化一级企业”。燃气方面，完成上海燃气隐患管网改造163公里，超额完成年度目标；燃气应急处置网络进一步完善，初步实现市区30分钟快速响应工作要求。

3．夏冬高峰电、气供应平稳有序。面对2012年夏天用电负荷“高峰不高”的显著变化，系统电厂及时调整工作重点，确保机组低负荷条件下的可靠运行，临港燃机电厂担当全市调峰主力，累计启停408次；申能燃料公司全年煤炭采购量达1075万吨，成为上海地区最大电煤供应商。系统燃气企业克服全市高峰用气屡创新高、低谷LNG胀库压力大等困难，加强与上下游的沟通协调，大力强化气电联调，充分发挥洋山LNG和五号沟应急气源的调峰作用，圆满解决2012年天然气“前紧后松”的供需不平衡矛盾。

4．项目建设取得重要进展。（1）电力项目。临港燃气电厂一季度全面建成投产，获评亚洲电力金奖；崇明燃气电厂12月26日通过核准，1号机组设备进场，年末主厂房结构封顶；淮北平山电厂上报核准，现场开展“三通一平”。内蒙古达茂风电确定电网接入方案，青草沙风电完成16台风机吊装，临港海上风电完成项目可研修编，老港风电完成股权收购。（2）燃气项目。崇明燃气主干网陆域管道工程8月2日取得核准，正式开工建设；石洞口能源储备基地项目投入运行；如东—崇明过江管项目基本明确工程方案，与中石油签署了合资协议；洋山LNG扩建工程取得前期工作“路条”。（3）保障房项目。浦江5号保障房住宅项目竣工验收，祁连山和东沟保障房项目开工建设。

5．电、气市场拓展持续推进。燃气方面，2012年共完成412蒸吨燃煤（油）锅炉替代和27.1万户居民的天然气转换工作，新发展高桥石化及32家工商大用户，实现对申江燃气和金山石化燃气的资产收购和业务交接，上港物流、金山蓝滨石化等非管输天然气应用取得突破，全年天然气供应量同比实现两位数增长。电力方面，尽管发电量指标同比略有下降，但申能集团所属电厂发电利用小时数高于本地机组平均水平，其中外高桥三发电公司发电量居本地机组首位。

6．创新业务稳步有序发展。分布式供能方面，四个医院项目设备安装和单机调试基本完成，具备并网条件；虹桥商务区南北能源站土建安装完工；完成张江新能源注资收购，张江中区项目开工建设。电厂节能科技方面，申能科技公司完成系统电厂11个节能项目改造和系统外三家电厂节能项目诊断。上海石油交易所按国家能源局要求，开展“迎峰度夏”和“迎峰度冬”调峰天然气试点交易，利用中石油西气东输管线完成第一笔准管输贸易，为国内天然气市场化进行了有益探索，年末交易商数量增加到104家，产品定价和行业影响力进一步提升。新能源创投基金完成3个项目的股权投资。

7．科技创新和节能减排成效提升。申能集团科技创新工作取得新进步，“联合循环机组一键启停（APS）研究与应用”等多项科技成果分获国家和上海市科技奖励，“百万千瓦超超临界机组系统优化与节能减排关键技术产业化（一期）”入选国家重大科技成果转化项目，“国家天然气交易市场框架研究”课题获国家能源局科技成果二等奖；“1000MW机组变频总电源技术研究与应用”、“天然气安全输配关键技术研究”等重点科研项目稳步推进；8月，召开两年一度的申能科技创新与节能减排表彰大会。在负荷率大幅降低情况下，申能集团通过节能改造和优化运行方式，全年供电煤耗同比进一步下降，其中外高桥三发电公司继续保持276克／千瓦时的行业领先水平；天然气购销差也好于预期。系统电厂综合脱硫效率稳定在90%以上，外高桥二发电公司6号机组脱硝工程竣工投运。外高桥三发电公司CDM项目完成DOE现场审查，青草沙和内蒙达茂风电一期项目完成CDM注册。

8．管理和改革工作深入推进。申能集团下属燃气企业制气转型转岗方案进一步细化完善，浦煤焦炉生产线12月18日安全关停。积极维护申能股份市场形象，择机进行股份回购。申能财务公司日均存贷款规模同比分别增长20%和33%，集团系统企业资金归集率超过70%。申能集团成功发行两期短融券，完成2013年短融券和中期票据注册申请，有力支撑经营和建设资金需求。根据国资委工作要求，全年完成系统5家非主业企业的调整退出。

【2013年发展趋势】

2013年，申能集团将根据“十二五”规划和国资三年行动规划，突出做好安全保供、创新发展和管理增效等重点工作，实现公司新的发展目标任务。

1．全力保障电、气生产供应平稳可靠。坚持安全第一理念，确保生产运行持续稳定受控。依托政府部门支持，进一步完善气、电联调机制，有效发挥燃气电厂在电力、燃气调峰中的核心作用。根据用电形势和外来电变化，提高长周期稳定运行能力。强化市场研判，积极应对电煤价格并轨。加强与天然气上下游的沟通协调，优化气源供应方式，加强需求侧管理，发挥好洋山LNG和五号沟LNG应急气源的调峰作用，着力实现能源需求趋缓形势下的天然气供应良性增长，推动全市能源结构进一步优化。

2．大力拓展电、气市场。电力市场方面，不断优化机组运行方式，大力推动节能发电调度、跨省电能交易等工作。燃气市场方面，大力拓展天然气市场，加快推进燃煤（重油）锅炉天然气替代；继续拓展非管输气市场和区域市场整合，尤其注重对车用LNG市场的研究和开发。加快推进能源要素市场建设，大力发展交易商，做大交易量，力争石油交易所平台发展有新突破。

3．推进创新业务发展。能源服务领域积极拓展区域供能市场，加强投运项目运营，力争成为国内行业标杆；加强电厂节能改造和技术咨询服务的市场化运作，加快推动电厂脱硫、脱硝环保创新成果转化；新能源创投基金充分发挥申能集团产业链优势，稳步推动项目投资。

4．坚持科技创新和节能减排。科技创新方面，编制三年行动计划，持续推动能源科技创新，做好重点科研项目研究。节能减排方面，继续保持系统电厂供电煤耗等节能指标行业领先；积极推进CDM注册和减排量核证工作，统筹推进碳排放交易试点工作。

5．增强企业竞争力和可持续发展能力。在深入开展生态文明建设和能源消费增长趋缓大背景下，思考申能集团中长期发展战略，多种形式做好“十三五”前期电、气项目储备，探索燃气上下游产业链资源整合研究，继续深化风电、分布式供能业务发展的战略研究。

（于文新）

上海电气（集团）总公司

【概况】

上海电气（集团）总公司是中国最大的综合性装备制造集团之一，其历史可追溯到中国最早的机器电气工业。上海电气集团前身是上海市机电工业管理局，1995年改制为上海机电控股（集团）公司，1996年改制为上海电气（集团）总公司。

上海电气集团与西门子、ABB、阿尔斯通、三菱、施耐德等跨国公司共同投资建立60多家中外合资企业，主营业务涉及电站、输配电、电梯、交通运输设备、冷冻空调、制冷压缩机、工厂节能、建筑节能等产业。

上海电气集团拥有电站、重工、输配电、轨道交通设备、电梯、机床、印刷机械、制冷压缩机、机械基础件、工业自动化等产业，具有设备总成套、工程总承包和提供现代装备综合服务的优势。

上海电气集团核心竞争力不断增强，自主创新能力不断提高，成功制造了中国第一台6000千瓦火电机组、世界第一台双水内冷发电机、中国最大的12000吨水压机、世界第一台镜面磨床、中国第一台30万千瓦核电机组、中国第一根大型船用曲轴、中国第一台百万千瓦超超临界火电机组。

【2012年经济工作情况】

上海电气集团按照保持发展态势，提高经济效益，探索发展新路，提升竞争能力的要求，在外部环境趋紧的情况下保持了良好的发展态势和健康状况。

一、经济运行达到预期目标

全年经济运行呈现三个特点：

1．利润增长快于销售增长。全年实现主营业务收入907亿元，与上年基本持平；实现合并净利润40.12亿元，增长10%；利润增长快于销售增长。

2．部分产业继续保持比较好的增长势头。电梯、核电、燃机、输配电总体增长较好。

3．横向相比总体好于竞争对手。通过对比分析，集团所属主要企业在市场占有率、销售、利润、应收款和存货周转率等方面总体好于竞争对手。

二、结构调整取得新的进展

1．新产业培育初步形成工作机制。集团把新产业作为一项重点工作来抓，成立专门推进机构，围绕工业机器人、节能、高压变频等12个项目，形成按里程碑节点管理新业务的工作模式和推进机制。

2．产业结构优化取得新的效果。一方面坚决退出有所不为的产业，另一方面大力发展主体产业。这几年退出的上柴、轨道交通、金泰、交大泰阳、白猫集团、英雄集团的销售大致占集团2011年销售的7%，但培育起来的电站EPC、输配电EPC、核电、工业机器人、风电、燃气轮机等产业所实现的销售已达到集团2011年销售的28%。

3．历史遗留问题基本解决。前几年近60多亿元的历史遗留问题已经进入财务核销阶段。

三、科研工作进入有序状态

1．科研体系初步建立。形成中央研究院、产业集团技术中心和企业技术中心三层研发架构，中央研究院更加紧贴电站、重工、输配电主体产业。

2．未来15年科技规划总体思路初步确定。初步确定未来15年科技发展规划总体思路，明确4个领域18个重点方向。

3．一批重大科技项目取得新的进展。正在推进的21项高新技术产业化项目和国家级项目，3项完成了验收，10个项目正在验收准备，全年获得政府资助3.5亿元。积极推进CAP1400核电主泵样机研制，参与燃气轮机、高温气冷堆等国家重大专项。集团提供设备的我国首个IGCC示范工程——华能天津IGCC示范工程顺利完成整套运行，在世界清洁煤发电技术领域处于领先水平。世界热效率最高的二次再热技术获得突破，形成较好的市场示范效应，进一步扩大了火电市场份额。

四、管理取得初步成效

1．形成四个阶段企业管理推进办法。针对企业管理水平的差异程度，集团将企业分为理顺基础管理阶段、流程梳理和再造阶段、移植信息化管理阶段、全面信息化管理阶段。针对每个阶段的企业，确定管理提升攀登计划，提高了管理的针对性和有效性。

2．人力资源管理取得较好成绩。加强核心员工管理，推进培训和重点工作相结合。一季度开展商务谈判人员培训，二季度开展产业集团CEO培训，三季度开展新产业带头人培训，四季度开展制造副总培训。在培训过程中，坚持“学习、总结、研讨”相结合，培训工作逐步走向制度化和规范化的轨道。

3．信息化对管理支撑作用更加明显。股份公司信息化三年迈了三大步，KOA、ERP、经济预警系统逐步发挥出新的作用，应收款ARMS系统年内成功上线，响应率达到90%。电站集团一体化信息平台，已逐步从记账系统过渡到计划系统。重工集团ERP系统去年全面启用。

五、国际化水平有新的提高

1．与跨国公司合作深入展开。与阿尔斯通的锅炉合资合作已经进入商业计划阶段。与西门子共同组建的风电合资公司正式运作。与三菱电机组建的菱电公司、与施耐德组建的节能公司、与开利组建的屹创公司开始正式运营。

2．“走出去”步伐加快。电站EPC在占领传统东南亚市场的基础上，将市场网络逐步向中东和南美拓展。上海电气印度公司正式运转。海立在印度建厂工作积极推进。

3．金融支撑开始起步。年内组建金融服务部，增资上海电气香港公司，第一次通过租赁方式承接天富发电厂一期2×600MW级工程总承包合同。与中国银行签署《全球现金管理服务总协议》。

六、改革稳定工作取得新成效

1．一批企业有序退出。全年集团完成企业整合扫尾项目31项，104项产品退出。通过收缩合并，调整出土地资源

340亩，腾出厂房建筑面积13.8万平方米，处置闲置设备668台。

2．稳定工作总体受控。坚持关口前移，信访工作逐步从被动走向主动，积极化解二纺机、海鸥照相机总厂等群体矛盾，在全国“两会”、市党代会、党的十八大等敏感节点时期，没有发生进京上访和影响社会的突发事件。

【2013年发展趋势】

2013年，上海电气集团全面贯彻落实党的十八大和市委十届三次全会精神，将2013年确定为集团的转型年，继续保持发展态势、保持健康状况、提高竞争能力。

1．继续加强管理，提高经济效益。加强以质量管理为重点的现场管理；加强供应链管理；加强以应收账款为重点的现金流管理；加强以小股权管理为重点的投资收益管理。

2．加快新产业培育，保持可持续发展。推进已经进入生产阶段的新产业上规模、出效益。积极拓展新的领域。为新产业发展创造更多条件。人才、政策、资金进一步向新产业聚焦。

3．加强科技创新，提高科研水平。完善15年科技发展规划。推进一批重大科技项目。在有条件企业试点科技创新机制。加强信息化支撑。

4．分类指导，进一步提高经济运行的针对性和有效性。大力支持优势产业可持续发展。促进困难企业扭亏减亏。抓好内部配套工作。

5．突出重点，抓住经营中的突出矛盾和问题。加强市场营销工作，提高市场占有率。加大投资力度。积极降低费用。

6．完善人力资源工作，更好发挥支撑作用。完善核心员工体系，培养专业经理。完善培训体系。加强考核工作。

（肖玉满）

上海华谊（集团）公司

【概况】

上海华谊（集团）公司是由市政府国资委授权，通过资产重组建立的大型企业集团，前身为成立于1957年4月的上海市化学工业局，1995年12月28日改制为上海化工控股（集团）公司，1996年11月重组改制为上海华谊（集团）公司。集团所属全资和控股企业有上海氯碱化工股份有限公司、双钱集团股份有限公司、上海焦化有限公司、上海吴泾化工有限公司、上海三爱富新材料股份有限公司、上海华谊丙烯酸有限公司、上海涂料有限公司、上海天原（集团）有限公司、上海华谊集团投资有限公司等22家二级单位，其中双钱集团和氯碱公司、三爱富公司为上市公司；双钱集团和氯碱公司同时发行A、B股。集团拥有8家设计、研究院所，3家国家级企业技术中心、5家市级企业技术中心，1家上海市工程研究中心，并设有博士后科研工作站。集团总资产490亿元，净资产220亿元。集团二级层面形成业务板块公司、服务平台公司。通过业务板块与服务平台的协同发展，形成“双核驱动”（产业链和服务业）的业务新模式。集团产品涉及基础化学品、清洁能源、轮胎、塑料、涂料、染料和颜料、氟化工、试剂、助剂、化工设备等29个行业。

华谊集团拥有“上焦”、“吴泾”、“申峰”、“双钱”、“飞虎”、“回力”、“眼睛”、“光明”、“牡丹”、“一品”、“白象”等众多的著名品牌。

华谊集团是上海化学工业发展有限公司的主要股东之一。

2012年，集团名列中国企业500强年度排行榜第225位，中国制造业企业500强第114位，上海企业100强第25位，上海制造业企业50强第11位。

集团通过加快产业结构调整，实施“一个华谊，全国业务”的产业布局，实施“走出去”战略，向“有资源、有市场、有效益”的地区拓展，充分发挥集团品牌、技术、管理、人才等优势，在江苏如皋建设了全钢子午胎项目，在重庆双桥建设了全钢载重轮胎及橡胶制品生产基地，在江苏常熟建立了氟化学品生产基地，在安徽无为建立了煤基多联产精细化工生产基地和轮胎制造基地，在内蒙古鄂尔多斯达拉特旗建立了大型资源型化工生产基地。

华谊集团注重吸引外资和加强对外合作，与杜邦、米其林、亨斯迈、卡博特、巴斯夫、拜尔、阿科玛等国际著名化工公司合资建立了中外合资合作企业。还与宝钢、中石化、神华集团等国内著名企业建立了合作关系。

【2012年经济工作情况】

2012年，集团主要经济指标完成情况：产值460.4亿元，与上年基本持平，为预算目标的98%；销售收入450.6亿元，增长7.2%，为预算目标的104.6%；产销率100%；利润总额11.4亿元，为预算目标的138.5%。服务贸易占集团销售收入比重持续提升，占集团销售收入19%。

做好安全环保工作。累计安全环保投入5.62亿元，完成预算目标102.6%。整治“低、老、坏”，提高了全员安全生产风险防范能力。狠抓责任落实与隐患整治，全力控制安全环保风险。

做好科技工作。科技投入 8.9 亿元，为年度预算目标的 104%。完成专利申请 82 项、技术秘密认定 50 项。实现当年新产品产值 18 亿元。

做好资产运作工作。购并重组，双钱集团收购泰华公司扩大炼胶项目产能，努力实现对上游天然橡胶资源的掌控；涂料公司瞄准世界同行业先进水平，正在推进与民营企业的股权合作；焦化公司引入宝钢气体对空分资产实施专业化管理。集团作为上海第一批“营改增”试点单位，累计降低税负 4200 万元，成为国家财政部重点调研总结完善的试点单位。

此外，做好企业清理和稳定工作。

主要措施：

一、狠抓安全责任落实与隐患整治，努力夯实集团安全生产基础

推行“一岗双责”，落实各级 HSE 责任。按照“一岗双责”的要求，集团上下层层分解落实安全生产责任制，并与全集团在岗员工 100% 签订 HSE 责任承诺书。继续推行领导干部现场带班制度，全年集团领导多次参加下基层定点联系班组活动；重点子公司领导广泛开展定点联系一线关键装置和安全检查。严肃事故分析与处置、严格安全考核，对发生重大事故的相关企业负责人警示谈话，并严格按照《生产安全事故责任追究规定》追究责任。对安全问题突出、季度安全考核排名最后两位的子公司党政领导实行安全警示约见谈话，通过警戒谈话和责任追究，进一步夯实集团各级 HSE 责任。与此同时，整治“低、老、坏”，努力提高全员安全生产风险防范能力；认真吸取事故教训，狠抓隐患整改，控制安全环保风险；加大安全环保投入，切实提高本质安全度。全年累计安全环保投入 5.62 亿元，完成预算目标 102.6%。

二、加强战略合作，深化“一体化”运作，经营模式转型取得新进展

战略合作，稳步提升供应链管理水平。双钱集团与海南橡胶签订战略合作协议，华谊集团与淮北矿业签订战略合作协议，华谊集团与中石化签订扩大合作谅解备忘录，增强对产业链上游原料资源的掌控。2012 年，集团召开大客户座谈会，邀请中石化、中化国际、中集集团、宇通客车等 20 多家企业代表参加，提升了核心产品的市场影响力。在采购管理方面，修订完善《集团集采供应商管理细则》，强化对供应商的资质管理，加大通用物资的集中采购力度。

深化“一体化”运作，漕泾（化工区）、吴泾、无为基地协同效应日益增强。吴泾基地，进一步优化焦化公司和吴泾化工公司的联动运营，统筹优化吴泾、漕泾（化工区）、无为基地区域检修方案，提高核心装置运行效率。启动“吴（吴泾）无（无为）联动”，优化生产运营管理，注重发挥上海华谊天原化工物流有限公司和上海华谊集团装备工程有限公司在专业化物流、设备制造及公用工程一体化优势，实施专业化管理，提高了运作效率。

探索营销变革，服务贸易比重持续提升。以甲醇、醋酸、轮胎、烧碱等核心产品为重点，通过对国际国内两个市场营销活动的有效组织，实现以客户为导向，由“产品提供者”向“行业组织者”的转型。推进营销体制变革，“上海华谊新能源化工销售有限公司”和“三爱富新材料销售有限公司”6 月和 8 月相继组建运营；制订颁布集团统一的《上海华谊（集团）公司销售管理规定》，增强市场统筹运作能力。按照“使外贸市场拓展更专业，进口代理成本更具竞争力”的要求，依托华谊集团（香港）有限公司、上海天原国际贸易有限公司和上海华谊集团国际贸易有限公司平台，成立了集团“一体化”外贸进出口业务平台，集团外贸资源一体化的优势正逐步显现。

三、推进与跨国公司、央企产业链合作，重点项目建设和“跨市发展”取得新突破

聚焦主业，编制完成集团《三年行动规划（2012—2014)》。在核心业务产业链行业现状和发展趋势研究方面，先后完成 MTO/MTP、轮胎行业、氯碱行业、中国萤石资源、进口 ABS（丙烯腈－苯乙烯－丁二烯共聚物）流向及下游用户、涂料和化工物流行业等 75 项软课题研究报告，进一步明确各业务板块的发展目标、路径和时间表。在项目论证和审批方面，开展安徽华谊产业园二期产品方案和安庆 68 万吨／年醚前液化气深加工项目可研报告的优化完善工作。审查批复 9 个项目的可行性研究报告；审查批复 7 个项目的初步设计。

重点项目建设取得新成效。吴泾基地，焦化公司 4 号工程 12 月完成中交，进入试生产准备阶段。化工区基地，华胜码头扩建项目、16 万吨／年氯三次循环利用（华胜三期）项目 6 月建成投运。安徽无为基地，醋酸装置 7 月产出合格醋酸乙酯，一期项目全线投运；年产 1500 万条高性能半钢丝子午线轮胎项目一期首批轮胎 3 月成功下线，三大系列 26 个规格的“回力”牌乘用胎 8 月正式上市。安庆新材料基地，完成场地平整，可研报告进入中石化和集团审批程序。

加强施工管理，提高项目管理水平。修订完成集团《固定资产投资项目审批管理规定》，制订颁布集团《工程建设项目中间交接管理规定》，明确中间交接条件、要求、内容和程序；修订完成《建设工程综合检查考核细则》。编制完成具有可操作性的《项目快速后评价表格》，提升项目管理水平。

购并重组工作取得新进展。其中，双钱集团完成收购泰华公司相关土地，扩大炼胶项目产能，努力实现对上游天然橡胶资源的掌控；涂料公司瞄准世界同行业先进水平，正在

推进与民营企业的股权合作。

四、发挥集团科技资源整体合力，加快科研成果产业化步伐，集团可持续发展能力进一步提高

贯彻落实全国科技创新大会和市科技创新大会精神，10月召开集团第五届科技大会，制订集团《技术创新行动计划(2013–1015)》，明确未来三年的重点科研和技术进步、前瞻性项目。

聚焦核心主业，加快科研成果产业化步伐。年初确定的十大重点科研项目进展良好。技术创新成果，进一步支撑集团转型发展。此外，促进生产过程的技术进步，进一步提升核心产品技术能级。

五、推行管理变革，努力打造“双核驱动”业务发展新模式

探索管理变革，构建“双核驱动”业务新模式。以“提升主业盈利能力和增强核心竞争力”为目标，整合提升和管理变革不断深化。在能源化工板块、工程业务板块、物流业务板块以及地产开发业务等方面都提升了业务发展水平。

产融结合平台建设取得明显成效。信息化建设步伐也明显加快。以资金、人力资源、预算为主的“4+1”信息化项目推进有力，完成人力资源信息化推广项目，为集团管理流程再造、提升管控水平提供了支撑。此外，加速企业清理，集团资源进一步向主业集聚。全年完成42户企业的清理，同时完成市政府下达的全年产业结构调整和危化品调整目标。

六、优化集团管控，加强人才队伍建设，培育人力资源管理新优势

优化集团管控架构，完善集团统一的招聘管理体系。结合ERP试点，制订并下发《上海华谊（集团）公司管控体系设计与组织结构优化方案（试行)》，为子公司组织架构标准化打下基础。按照“精简高效”的原则，进一步优化人员结构，制订并下发《集团校园招聘管理规定》。

加强人才队伍建设，提升集团人力资源整体素质。集团召开人才工作会议，明确“加快构建与集团战略转型相一致的组织”的人才工作目标。制订下发青年人才培养“Y”计划，骨干人才培养“H”计划和打造领军人才“A”计划及校园招聘、首席技师选拔和管理、技术专家评选和管理等政策和制度，全面规划和部署今后一段时期集团人才工作。同时按照“1+x+y”的结构要求，完善《子公司高级管理人员业绩考核办法（试行)》，有效激发了组织活力。

加强专项监审，构建集团内控与风险管理体系。按照市审计局对集团经济责任审计报告中提出的四大类13个方面的问题和薄弱环节，抓好80项整改措施。在开展内控与风险管理体系的基础上，形成了集团内控体系建设的目标和总体方案，不断提升集团管控水平。

【2013年发展趋势】

2013年，华谊集团主要经济目标：完成产值469亿元，销售收入475亿元，利润8.2亿元。加大安全环保投入，全年HSE投入6.4亿元。全年核心产品产量目标：甲醇153.7万吨、醋酸104.8万吨、聚氯乙烯18万吨、烧碱80.7万吨、液氯66.2万吨、全钢胎707.5万条、丙烯酸22.7万吨、丙烯酸丁酯19.3万吨、油漆17万吨。全年科技投入9亿元。

2013年，华谊集团将围绕“十二五”规划目标，“双核”驱动，打造产业竞争新优势；多管齐下，着力提升自主创新能力；开放合作，进一步深化与跨国公司、央企的产业链合作；“并购”与“新建”并举，创新主业发展新模式；深化改革，加速转型，努力开创集团发展新局面。具体做好六方面工作：

1. 狠抓各级HSE责任落实，全力推动安全环保水平再上新台阶。

2. 推进营销变革，加强一体化运作，抓好核心产品生产经营。

3. 深化战略合作，“并购”与“新建”并重，创新主业成长模式。

4. 聚焦“技术创新三年行动计划”，多管齐下，努力提升科技创新对集团发展的支撑引领能力。

5. 深化改革，加速转型，打造“双核驱动”产业竞争新优势。

6. 持续推进管理变革，加强人才队伍建设，加快构建与集团战略转型相一致的组织。

（祁崇元）

上海纺织（集团）有限公司

【概况】

上海纺织（集团）有限公司是一家以科技为先导，品牌营销和进出口贸易为支撑，以纺织先进制造业和时尚产业为依托，拥有较完整的纺织服装产业链的集科工贸为一体的企业集团，同时也是上海最大的国际贸易集团。近年来，集团以“成就无限科技梦想、编织多彩时尚生活”为使命，以“致力于成为中国现代纺织的领航者和全球客户信赖的服务商”为愿景，积极探索了一条坚持“科技与时尚”发展理

念，努力推进传统纺织制造业向设计、研发和品牌服务等高端提升，二产向生产性服务业和现代服务业延伸的战略转型之路，逐步形成了以先进制造业与现代服务业相融合、科技与时尚相辉映的高端纺织产业的新格局。现拥有总资产233亿元，员工1.8万人。2012年实现主营业务收入434.4亿元，利润总额7.2亿元，进出口51.7亿美元（出口38.6亿美元，进口13.1亿美元）。2012年名列中国企业500强排名第220位，中国纺织服装行业百强企业第4位，中国进出口500强排名第44位，中国纺织品服装出口排名第1位。

【2012年经济工作情况】

2012年，上海纺织集团坚持"创新驱动、转型发展"，继续发挥集团的整体优势，加快产业转型升级的步伐，提升综合竞争能力，全年实现主营业务收入434.4亿元，比上年增长2.7%；利润总额7.2亿元，减少6.9%；进出口51.7亿美元，减少0.1%（出口38.6亿美元，增加1.3%；进口13.1亿美元，减少3.9%）；应收账款周转天数为15天，与年初持平；存货周转天数为28天，比年初减缓4天。

一、外贸企业转型取得积极成效，业务实现平稳发展

1．总部贸易服务平台优势发挥，确保业务平稳发展。集团进一步深化与中国信保、海关、商检、中外运、UPS、中集运等战略伙伴的合作，为提升集团贸易便利化、加快进出口业务发展起到积极作用。

2．积极推动外贸转型，贸易结构日趋合理。在集团扶持政策的积极引导下，进出口贸易结构趋向合理。

3．发挥集团整体优势，积极推进内外贸联动。如外贸部门利用采购平台优势承接内贸品牌订单，并利用国内外棉价差，主动帮助内贸部门进口棉纱，降低其生产成本；内贸品牌研发中心则利用技术开发优势为外贸部门开发新品种、打样。

4．加强海外平台建设，促进外贸业务发展。申达美国三家公司经营平稳发展；充分发挥香港公司平台作用，开展跨关区保税业务。应对东盟内部价格梯度转移的新趋势，就柬埔寨工厂运营采取相应对策。组建新联纺日本（东京）分公司，为外贸拓展开辟了新的海外渠道。

二、积极应对严峻挑战，制造业整合提升再上新台阶

1．依托科技创新，产业用纺织品业务实现平稳发展。通过科技创新，汽车内饰板块进一步提升产品研发水平，特别是与宝马公司的配套合作渐入佳境，完成宝马新车型内饰产品的设计和研发任务，这是宝马公司首次将设计环节交于内资背景的汽车内饰企业；进一步完善全国生产布局，铁岭、武汉、仪征、沈阳、烟台、常熟一批重大项目相继上马和投产。

2．依托品牌企业优势，带动棉纺企业发展。三枪依托品牌效应和加工订单优势，优先将生产订单转移到业内的棉纺企业，有效带动这些企业的正常生产，为缓解棉纺企业经营困难作出了积极的贡献。

3．依托集团产业链资源，里奥竹、Parster（派丝特）和芳砜纶等三条龙新产品市场拓展取得积极进展。里奥竹大提花软凉席、高端提花素色床品、毛巾产品和针织产品市场反响积极；三枪竹炭派、羊毛派、竹棉派及舒木尔派等四个系列新品销售良好。特安纶与东华大学等单位开展卓有成效的芳砜纶产品和技术合作。

4．德福伦、三带特种以技术创新成为制造业的新亮点。德福伦坚持"专、精、新"的产品发展方向，围绕"环保化、功能化、复合化"产品定位，从规模发展向利润增长和延伸产品服务的方向转型。三带特种加大技术创新力度，精心研制的神舟九号飞船返回舱降落伞带获得中国载人航天工程办公室的嘉奖。

三、以构建时尚产业综合配套服务商为目标，时尚产业建设亮点纷呈

1．上海时装周的影响力日益增强，已成为中国最具知名度的时装周之一。2012年上海时装周已正式升格为国家级商贸文化活动，商业模式日趋清晰，媒体联动效应显著。全年两季时装周共举行78场作品发布，吸引80多位中外服装设计师或品牌参与，40多位明星、700多位模特参加，超过300家媒体给予现场报道，10个赞助商品牌参与，现场观众各达2.5万人次，达到历年之最。

2．上海国际时尚中心成为"百年老工业华丽转身"的典范之作，时尚地标效应进一步得到提升。时尚精品仓B、C两馆基本"满仓"，成为Nike、GAP、Adidas、星巴克等近60个知名品牌的集聚地；有着"亚洲第一秀场"的多功能秀场和高级会所先后举办"华谊-ELLE之夜"等重大活动70余场；与上海戏剧学院签订战略合作协议，成为其学生演出实践基地。

3．加速Prolivon、EY等新服饰品牌培育和发展。高级服装服饰品牌Prolivon成功进入上海和苏州的一流商圈；时尚休闲服饰品牌EY完成重新定位，形象进一步提升。

4．老字号品牌焕发新光彩，电子商务销售取得显著增长。三枪、海螺和民光等一批老品牌通过规范和提升品牌终端视觉形象系统，焕发出新的光彩，三枪品牌国内市场占有率连续15年位居全国第一；电子商务销售收入较上年显著提高。

四、以中央研究院建设为抓手，科技创新水平进一步得到提升

1．以建设一流中央研究院为目标，为集团核心业务发展提供强有力的科技支撑。积极推进以上海市纺织科学研究院为载体的"中央研究院"建设，形成以科研、信息、设计、检测、工程、试验为一体的紧密型科研布局结构；承担

的《国家纺织产业创新支撑平台（上海）》项目建设和大虹桥商务区服装设计基地建设项目按计划进度完成；完成承担的我国载人航天工程研制建设相关协作配套任务，获得中国载人航天工程办公室的嘉奖。

2．认真贯彻中央、上海市科技创新大会精神，召开2012上海纺织科技创新大会，明确今后一段时期科技创新的努力方向和目标。

3．依托技术创新体系，一批科技成果脱颖而出。其中，“年产1000吨生物可降解——Lyocell纤维关键技术及产业化生产项目”获2011年度上海市技术发明二等奖；“高速列车、轿车高档内饰纺织品关键技术及其产品开发”获2011年度上海市科技进步二等奖。

五、努力推进信息化建设，总部职能转型取得新进展

1．加快总部市场化、实体化和集团化运作。通过加强遵循审计、深化考核审计、抓好离任审计、巩固审计整改机制等一系列措施，确保了国资经营安全；进一步加强信息化建设，推进财务信息化、人力资源信息化、物业经营信息化、门户定制平台、统一身份认证平台等项目建设和信息安全测评、IT审计等工作，有效提升了集团的战略管控水平。

2．继续强化运营监管，加大对企业的指导和支持，帮助企业规避经营风险，解决资金难等问题。集团还与中国工商银行上海市分行、中国建设银行上海市分行签订了战略合作协议，获得承诺授信200亿元，为加快后续发展奠定坚实的基础。

3．加强人力资源管理，打造高素质团队。通过修订、完善相关制度和执行新的薪酬绩效方案，提升了对人才队伍的管理和激励水平；完成了第三期青年干部工商管理高级课程研修班、“1+1”培训、外贸纺织自营业务培训、高级人力资源管理师培训等一系列培训。

4．以创建安全生产标准化工作为重点，强化安全生产管理。通过一年半的努力，通过由中国安全生产科学研究院主持的安全生产标准化国家一级企业评审组的评审，集团成为国内纺织业首家安全生产标准化一级达标企业。

【2013年发展趋势】

2013年，上海纺织集团的总体思路：深入贯彻党的十八大精神和中央经济工作会议精神，继续围绕“创新驱动、转型发展”的要求，紧紧把握“提高经济运行质量和效益”这个中心，加快推进业务发展方式的转变，迎难而上，强化管理，继续发挥集团的整体优势和协同作用，进一步提升集团综合竞争力，推进核心业务健康、可持续发展。

1．坚持“六个并重”，继续推进外贸转型。继续拓展进口业务；进一步提升自营业务能力；深化外贸公共服务平台建设；进一步优化外贸供应链。

2．提升品牌影响力，加快终端布局。进一步提升老字号品牌形象，加快终端布局；进一步提升Prolivon、EY和ElsMorr等新品牌的影响力；积极探索无店铺销售新模式，加快电子商务发展；提升门店盈利能力。

3．提高产业配套力，加快资源整合。加快布局，紧跟汽车产业发展；整合资源，形成汽车配套优势；加快新材料业务整合；积极探索产业用纺织品发展新领域。

4．加强产业链协同，加快新型纤维项目建设。聚集营销力量，增强产业链协同；聚焦项目重点，加强产学研合作；认真抓好新型纤维后续重点项目建设。

5．坚持“小生产、大贸易”，加快制造业布局调整。坚持“保留精华、调整结构、集中做优”的原则，走“小生产、大贸易”发展新模式，加快推进制造业布局结构优化升级。

6．强化时尚协同力，加快时尚产业专业能力建设。加强时尚产业运营模式的研究，进一步打通、拓展时尚产业与纺织主业的通道。强化和提升各时尚产业业务单元之间的协同性，继续保持集团在上海时尚产业中的领先地位和引领作用。

7．增强技术创新力，加快中央研究院建设。按照《纺织工业“十二五”科技进步纲要》的要求，继续加快中央研究院建设，继续完善技术创新体系，加强知识产权保护，继续深化产学研用合作机制。

8．增强价值创造力，加快总部建设。以“创造价值”为核心，进一步强化战略管控能力、业务运作能力、资本运作能力和协同创新能力，加强人才队伍建设，努力提升集团战略管控水平。

（詹理敏）

上海医药集团股份有限公司

【概况】

上海医药集团股份有限公司（以下简称公司）（港交所股票代号：02607；上交所股票代号：601607）是一家总部位于上海的全国性医药产业集团。公司主营业务覆盖医药研发与制造、分销与零售全产业链，综合排名位居全国医药行业第二，是中国唯一一家在医药产品和分销市场方面均居领先地位的医药上市公司，2012年营业收入680亿元，位列中国企业500强，入选上证180指数、沪深300指数样本股，

H股入选恒生指数成分股、摩根斯坦利中国指数（MSCI）。

上海医药研发以创新为长期坚持的方向，致力于为重大疾病和慢性病提供安全有效的治疗药物，2012年研发投入占公司制药业务销售收入4.72%。公司建立了以中央研究院为技术核心的集团总院分院研发体系，拥有1个国家级企业技术中心以及10个省市级企业技术中心，入选10余项“重大新药创制”国家科技重大专项。公司采用开放式研究模式，与中国科学院上海药物所建立了创新药物研发战略联盟，与中国药科大学、沈阳药科大学等建立联合实验室，与日本三菱田边制药株式会社、上海复旦张江生物医药等合作开展创新药物研发；同时，还通过项目引进、合作开发等方法开始进入治疗性抗体领域。

上海医药制造覆盖化学和生物药品、现代中药和保健品、医疗器械等领域，产品聚焦心脑血管类、全身性抗感染类、消化系统和免疫代谢类、神经精神类、抗肿瘤类五大治疗领域，生产片剂、胶囊、粉针（含冻干）、小容量注射液、滴眼剂、气雾剂、凝胶剂等20余种剂型，过亿产品20个。公司旗下的信谊、雷氏、龙虎、青春宝、胡庆余堂、苍松、国风、神象等多个品牌为中国驰名商标。公司药品生产严格执行中国新版GMP要求，有多个原料药或制剂通过了WHO、FDA、欧盟以及其他发达国家的质量认证。

上海医药的分销网络以中国经济最发达的华东、华北、华南三大重点区域为中心辐射全国各地，业务规模排名全国第二。公司分销业务以医院纯销为主，并与全球40多家跨国药企开展合作。公司的疫苗、高端耗材、DTP（高值药品直送）及SPD（医药物流管理技术）等新业务发展在国内处于领先地位。公司分销服务正逐步走向以供应链延伸服务和临床支持服务为核心的医院现代服务解决方案，为医院客户提供终端解决方案、专项物流和信息化服务。

上海医药零售拥有华氏、雷允上、余天成、人寿天、雷蒙、科园信海大药房等诸多知名品牌，覆盖全国12个省、直辖市及自治区，门店总数1792家。2012年公司药品零售销售规模居全国药品零售行业前五位，上海华氏大药房为华东地区拥有药房最多的企业。上海医药的零售业务包括连锁药店、合办药房、DTP药房等多种业态，并积极发展电子商务实现网上销售。

公司倡导“创新、诚信、合作、包容、责任”的企业核心价值观，致力于持之以恒，提升民众的健康生活品质，努力打造受人尊敬、具有行业美誉度的领先品牌药制造商和健康领域服务商。

【2012年经济工作情况】

一、全面启动新一轮3年发展规划

2012年，上海医药集团股份有限公司（简称上海医药）全面启动新一轮3年发展规划，确立了“创新、诚信、合作、包容、责任”的核心价值观以及“持之以恒，致力于提升民众的健康生活品质”的企业使命，并确定了业务规模超千亿、核心竞争力得到持续改善和提升、实现企业与员工和股东共同成长的3年发展目标和成为受人尊敬、拥有行业美誉度的领先品牌药制造商和健康领域服务商的发展愿景。全年，上海医药克服了药品降价、医保控量、基药招标、限抗政策、原料涨价等不利因素的影响，完成了年度经营工作目标，取得了较快增长和较好的营运质量。公司工业毛利率稳步提升，毛利率达46.31%，比上年上升1.41个百分点；58个重点产品实现销售收入54.5亿元，增长16.43%，占工业销售比重55%，上升3.5个百分点，平均毛利率65.22%。过亿产品由2011年的17个上升到2012年的20个，过亿规模品种占工业销售的比重达40%，提高近4个百分点。年内，公司主要围绕工业生产布局调整和能级提升项目投资、新版GMP改造、医药物流建设等，25项项目共完成投资7.1亿元。年内，公司完成常州康丽制药有限公司、常州武新制药有限公司、上海中华药业南通有限公司和浙江上药新欣医药有限公司并购，山东睿鹰先锋制药有限公司退出，常州药业股份有限公司增持等一系列重组。公司内部资金池流转超过20亿元，节约财务费用4600万元。

2012年，上海医药集团营业收入680.78亿元，增长24%；经营性营业利润26.68亿元，增长9.64%；扣除特殊损益后的净利润20.53亿元，增长13.5%。

二、医药分销业务保持增长

2012年，上海医药分销业务所覆盖的医疗机构为8038家。公司扩大和丰富产品线，新引进954个品种。上海医药推动业务模式创新，提升分销业务的盈利能力和终端控制力。

1. 疫苗。销售收入15.99亿元，增长73.11%，新增品种8个。公司探索与疫苗厂家开展市场协作推广模式，建立了与六大合资进口疫苗生产厂家的合作关系，扩大直接网络覆盖，新增疾病预防控制中心（CDC）直接覆盖客户78家，总数达到228家。

2. DTP（高值药品直送）。销售收入13.4亿元，增长48%，覆盖医院数760家。公司拓展以高端自费用药的多点直送业务，直接面对终端消费者。

3. 高值耗材业务。销售收入5.49亿元，增长58.2%。上海药药是国内唯一一家同时获得多家跨国公司高值耗材分销代理权的公司。公司加快新产品的引进，从原先聚焦于心脏、骨科、神经产品线，向全产品线延伸，形成冠脉介入领域、起搏器、电生理领域、心血管外周领域、骨科创伤类和脊柱类产品等高值耗材的产品代理和服务。

4. SPD（医院物流管理技术）。公司参与医改，为医院运营管理及供应链服务提供支持；在上海新建的医院的药房供应链外包服务的改革试点中取得了主导地位；在北京等其他部分省市多家三甲医院信息化网络建设、托管药房的项目中取得实质性的进展。

三、医药研发项目进展良好

2012年，上海医药集团股份有限公司在研项目共201项；新增临床批文2个、生产批文12个、新药证书2个，产业化上市8个品种，其中3.1类新药右佐匹克隆、阿折地平片剂与胶囊为国内前3个获得生产批件的项目。年内，公司申请发明专利33件，获得发明专利授权16件。公司创新药物研发按计划进行：1.1类新药雷腾舒1期临床试验完成，正在申报2期临床试验；与上海复旦张江生物医药股份有限公司合作项目仍按照计划开展，TNFα融合蛋白项目仍在等待临床批件，淋巴毒素项目正在进行2期临床，多替泊芬及长春新碱脂质体项目的1期临床研究正在进行中；建立涵盖纯化工艺、制剂研究、质量研究的国内领先的抗体药物研发平台；与韩国东亚制药株式会社合作的ZYDENA项目申报进口注册获得受理。公司申报的《新型抗感染药物的研发及产业化》、《口服避孕药国际化认证、研发与产业化》和《专利到期药物替米沙坦氢氯噻嗪片项目研发及产业化》3个项目入选国家2012年通用名化学药发展专项，获资助资金额度3600万元；承担的“重大新药创制”科技重大专项“十一五”计划第1批项目——《上药集团创新药物研发体系建设》课题正式通过国家验收。“十一五”计划第3批项目——《研发体系产学研技术联盟建设》正常开展，国家专项资助资金已全部到位。

四、医药整合营运机制

2012年，上海医药集团股份有限公司注重发挥资金池的效能，通过资金池的有效运作，公司的资金归集度及内部融资规模继续扩大，直接降低财务费用4623万元，公司短期借款规模由年初56.75亿元下降为49亿元，公司存贷款比例进一步优化。至年末，市内外的全资企业全部上线，部分控股企业纳入资金管理平台。年内，上海医药增持常州药业股份有限公司887.87万股，持股比例由之前的62.69%上升到73.96%。2013年3月12日，公司董事会审议通过，同意出资4.44亿元收购杭州市正大青春宝职工持股会持有的正大青春宝药业有限公司20%股权，完成此项收购后，公司持有正大青春宝药业有限公司的股权比例将由55%提高到75%。2012年，公司推动内部工商两业联动，以重点品种为核心，推进工商业优势互补，工商两业联动完成销售17.72亿元，同比增长8%，占工业销售比重的18%。公司提高了大宗药材集中采购量，对13个大宗药材继续实施集中采购，采购金额8233万元，增长27.58%，年内，公司以中央药物研究院平台为主导核心力量，通过采取重点产业化研发专项契约化管理，统筹重点研发资源，打造共享实验室平台，以上海信谊药厂有限公司、常州制药厂有限公司、上海新亚药业有限公司、上海中西三维药业有限公司、国风药业股份有限公司、上海市药材有限公司6家核心企业研发机构作为分院建制，形成上下联动，提高了全公司研发资源的优化配置和重点研发项目协同推进。

【2013年发展趋势】

2013年，上海医药集团股份有限公司将围绕上海医药新三年发展战略和2013年面临的机遇和挑战，做到“三个更加”：更加积极进取，进一步推进内生和外延双轮驱动，实现不低于行业平均的增长速度，巩固和强化在国内医药产业的领先地位；更加科学稳健，进一步强化技术创新、资源整合、新业务拓展和风险管控，实现持续、稳定、协调增长；更加和谐共享，进一步树立“包容式”发展理念，对内提高凝聚力，对外强化投资者关系，践行社会责任，提升企业形象，营造良好的环境和氛围。

（黄郁波）

上海仪电控股（集团）公司

【概况】

上海仪电控股（集团）公司（简称仪电控股）是经上海市人民政府批准，接受上海市国有资产监督管理委员会授权的国有资产经营公司，是具有独立法人资格的国有独资的控股集团公司。

2012年，仪电控股围绕公司“十二五”规划目标，以“抓质量、优结构、促规模”为工作方针，克服出口订单减少、内销市场下滑、房地产市场政策调控、资本市场持续低位徘徊等不利因素，整体经济运行保持良好态势，主营业务规模和效益实现同比增长，改革、发展、稳定各方面工作取得较好成效。

2012年12月28日，经仪电控股董事会审议，通过公司新修编的发展战略纲要。本次战略修编通过对仪电产业现有重点行业、现有产业资源和能力的综合分析，提出下一步将重点构建以现有的信息服务业和电子制造业相结合、面向以“物联网”和“云计算”为特征的新一代信息技术产业为主体，以商务不动产及非银行金融服务业提供支撑的新产业构架，并明确新三步走的路径和阶段性目标。与发展战略纲要相配套，仪电控股同步编制《关于加快电子制造业战略转型的行动纲要》和《关于加快信息服务业战略布局的行动纲要》，以落实第一阶段的战略转型任务。

【2012 年经济工作情况】

2012 年主要预算指标完成情况：根据财务决算预测口径，控股公司完成合并口径营业收入 101.29 亿元，比上年增长 2.43%；主营业务收入完成 97.40 亿元，增长 4.20%；利润总额完成 12.45 亿元，增长 3.49%；归属母公司净利润完成 5.64 亿元，增长 9.73%；净资产收益率 9.53%。

一、积极推进战略实施，重新修编发展战略

仪电电子集团完成战略规划编制，对各业务板块明确具体战略定位。围绕聚焦发展主业，继续梳理和整合系统内部电子制造业务和资源。完成 3 家电子制造业上市公司的股权划拨工作，完成索广映像、索广电子、上海夏普、松下半导体、乐金广电等 5 家合资公司和仪电分析仪器、仪电物理光学、长丰、南非 SVA 和联威电子等公司的股权受让工作。浦江公司、天美科学仪器、天美贸易及 SMT 相关企业的股权转让工作正加紧实施。研究制定消费电子和特殊电子业务发展方案。积极探索实施在 LED 照明、汽车电子（含传感器）、特殊电子（民用雷达、军工通讯）、智能电子和科学仪器等关注领域的兼并收购工作，先后与国内外多家企业洽谈，积极参与境外企业的并购竞标。

华鑫置业集团完成战略规划及三年行动计划的修订，制定并实施产业集团品牌建设规划。加快推进项目开发建设。完成华鑫物业、鼎鼎房产、国际节能环保园股权受让工作。超额完成全年房产销售目标。完成怡南公司、宜汇公司股权转让和一批零星存量不动产的处置变现，积极推进怡科、君欣房产、广万置业等公司股权转让。完成剑腾公司不动产整体运作方案及招租工作。加强物业规范达标管理、成本预算管控和外包作业方考评。物业出租率、租金价格和收缴率较初期有所增长，继续推进物业拓展和物业清退工作。

华鑫证券结合证券行业发展形势，积极推进公司创新转型工作。加快发展资产管理业务，先后完成两个集合理财产品发售，构建资产管理产品线，资产管理业务规模达到 30 亿元。加快经纪业务转型，加强营销团队建设以及金融产品销售及渠道建设，积极推进离柜业务和网点扩张的准备工作。自营业务稳健开展。期货业务继续快速发展。公司获得融资融券业务资格、沪深 300ETF 一级交易商业务资格，综合化业务架构更加完备。开展内控专项治理，内部控制体系得到进一步完善，形成协同合作机制。

仪电信息集团完成战略规划和三年行动计划的修订。加强创新平台建设，通过产业培育、资源整合和制造业转型，进一步夯实现有业务，初步形成数据中心、智能安防、远程应用三大业务板块。积极推进收购兼并和重点项目建设，通过行业分析、对象甄选，先后启动 4 项并购项目。按计划完成长江西路云计算 IDC 项目一期工程建设。围绕上海食品安全管理项目，利用信息化手段，探索亿人公司业务模式转型。

为加快仪电信息服务板块的培育发展，控股公司通过增资并购具有较好云计算和物联网业务基础的上海金陵时威科技股份公司，并更名为上海仪电物联科技股份有限公司，成为信息服务板块第二个发展平台。

仪电物联完成战略规划和三年行动计划制订，进一步明确战略定位。完成广电电子科技公司的股权收购，并启动实施其他境内外并购项目。广电电子科技公司全面收购信投公司机顶盒业务、市场和研发团队，确保业务的稳定增长。

根据内外部形势和环境的变化，为进一步明晰仪电控股产业发展的方向和定位，从下半年开始，正式启动战略实施的回顾评估和发展战略的重新修编工作，正式提出将以物联网、云计算产业作为仪电控股未来的主业方向，并组织制定《加快信息服务业战略布局的行动纲要》和《加快电子制造业战略转型的行动纲要》。

二、推进全面预算管理和全面风险管理，确保企业健康运行

总结全面预算管理工作实践，对预算编制、预算执行跟踪分析、指标体系等方面继续加以完善，进一步提升全面预算管理工作的质量和水平，基本完成以业务预算、资本预算、财务预算三位一体的全面预算管理框架体系的搭建。结合逐步实现产业集团实体化管理的要求，调整并形成从控股公司到产业集团、产业集团到重点子公司分层管控的预算管理体系。控股公司重点加强对产业集团收入、利润、现金流、人工成本的跟踪分析，关注重点子公司的运行质量。产业集团全面负责对子公司收入、利润、现金流、存货和应收账款、产品毛利率、人工成本预算执行情况的监控分析。

通过月度经营例会、产业集团经济运行分析会等制度的实施，使预算执行和经济运行质量的跟踪分析不断深化细化。6 月、11 月和 12 月，控股公司分别与各产业集团进行三轮预算执行情况对标，督促各产业集团明确工作重点，根据预算进度要求，采取有针对性措施，确保完成全年预算目标。

深化实施财务总监委派管理制度，修订财务总监薪酬考核办法，进一步明确财务总监业绩管理的原则和内容。继续提高财务核算水平，妥善调配系统内财务资源，为战略实施项目提供财务资源配置、税务筹划等可行性财务测算方案，深化重大项目财务方案的专题论证工作机制。

抓准时机发行 15 亿元的第二期中期票据，顺利完成首批中期贷款替换衔接工作，稳定融资结构，将融资成本在较长时期内控制在较低水平。加强银企合作，先后与农行上海

分行、工行上海分行和广发银行上海分行签订战略合作协议。通过与战略合作银行的合作和协调，协助产业集团搭建融资平台，提高融资能力。推进资金集中管理初见成效，通过建立控股公司资金结算中心的资金池平台，定期、持续地归集相关子公司的存量资金，提高存量资金使用效率，降低贷款规模，节约财务费用。

控股公司以财政部等五部委《企业内部控制基本规范》及相关指引为标准，结合国务院国资委《中央企业全面风险管理指引》要求，围绕“战略、财务、审计、法律”四方面管控内容，对现有内控制度的合理性、完整性、操作性、有效性、规范性进行全面评价，通过学习对标，确定了全面风险管理体系建设总体目标和阶段性目标，制定实施《仪电控股全面风险管理体系建设实施方案（2012–2013）》。各产业集团也相应制定方案，启动全面风险管理体系建设工作。

继续推进控股公司和子公司财务风险预警工作，开展发展类风险预警试点，完善财务风险应对措施，提高风险防范能力。进一步完善和统一会计政策，根据内控和系统内企业会计政策一致的要求，修订了应收款项坏账计提标准，对账龄组合的应收款项的坏账计提标准进行统一，设定最低标准，并制定单项重大应收款项的标准。控股公司将相关产业集团和重点子公司的应收账款、存货指标纳入 KPI 考核内容，并加以重点关注，在子公司加强自查的基础上，控股公司相关职能部门加强监控和抽查。

加强审计管控，促进健康发展。全年各级内审机构开展 200 多个审计项目，提出各类建议 100 余条，不断提高审计建议的建设性、针对性和可操作性。按照市国资委有关要求，各级内审机构加强了对审计中介机构的管理工作，评价外部审计质量。

针对商标管理和企业破产清算中的法律问题，召开两次专题法律工作联席会议，先后组织关于加强上市公司规范运作和企业兼并收购方面的法律知识专题培训，继续实施子公司重大诉讼案件定期上报制度，进一步提高各级企业的法律风险防范意识和能力。

三、加强科技创新和人才工作，继续落实配套激励政策

进一步实施以科技创新推动产业转型发展的战略思想，成功召开仪电控股第四届科技大会。通过总结成绩，表彰先进，宣传事迹，交流经验，提出新的工作要求，进一步倡导“科技兴企、人才强企”的理念和鼓励创新、宽容失败的良好氛围。

进一步落实科研预算资金，完善对科技工作的考核激励办法。科技投入比 2011 年增长 23%，预计科技投入率达 3.2% 以上；知识产权申请数比 2011 年增长 20%。实施和推进“2012 年度仪电控股重点研发（新产品）项目”计划，加强科技开发项目过程管理，加大科技创新支持力度，重点支持前瞻性技术、系统内的联合开发项目，对重点企业的 10 项科研（新产品）项目给予专项经费支持。根据新修订的科技奖励政策，全年对符合奖励条件的各类技术开发项目和工作成果实施奖励共计 415 万元。

制定并实施鼓励企业引进外籍专家、关键人才、优秀大学毕业生的三个资助办法，激发企业引进人才的积极性，鼓励企业多引进人才，引进好的人才。全年共有 32 人获得资助，资助金额 228 万元。

继续加强仪电控股技术专家委员会建设，完善工作机制。继汽车电子专业分会后，又相继成立照明电子专业分会、信息服务专业分会、科学仪器专业分会，在重大科技项目和并购项目评审和论证过程中发挥技术专家的专业咨询和指导作用。

积极搭建产业板块实体化科研平台。仪电电子股份在上海、深圳、日本成立消费电子研发中心，飞乐股份整合技术中心资源，加强对汽车电子电器产品开发平台、汽车模具开发平台、汽车线束开发平台建设。

继续探索产学研合作方式。和上海交通大学签约设立“仪电控股奖励基金”，成立“仪电控股 – 上海交通大学联合工程中心”，借助高校优势，为仪电产业发展提供技术支撑和人才支撑。与上海微系统所、中科院上海高等研究院等科研院所建立合作平台，在多领域探讨交流并合作攻关。

积极提升技术创新能力，改善技术创新环境，指导帮助企业获得政府科技政策支持。美多公司有关项目获得国防科技进步奖一等奖，亚明公司获得国家级企业技术中心认定，长丰公司和松下微波炉公司获得上海市级企业技术中心认定。仪电控股与上海研发公共服务平台签约成立上海研发公共服务平台企业集团服务站。全年共有 10 多项重大科研项目获国家和市有关委办立项并获研发经费资助。

四、加强内部产业联动和对外合作，推动商业模式转型

针对上海地区商务成本不断上升的趋势，在跟踪分析预算执行和运行质量的同时，积极引导和鼓励相关产业集团和重点子公司转变营销观念，加快业务转型。特别是从简单的产品销售批发，转为产品销售批发与系统集成、项目承接和服务营销相结合，提高服务性收入比重；善于发挥品牌优势，将低毛利率、低附加值产品转为外发 OEM 加工和销地产，实施产业梯度转移。7 月召开市场营销工作交流会，组织电子制造和信息服务业企业相互学习、借鉴营销思路和经验，进一步转变观念，开拓思路。

控股公司加强与市国资系统大集团的战略合作，继建工集团后，又先后与华谊集团、信投股份签订战略合作协议，建立双方多层面的业务沟通和合作机制。由控股公司牵头，以产业集团和重点子公司为主体，积极争取和推进与市食品安全办公室、城投总公司、世博中心、申通集团、申虹集

团、百联集团、宝钢集团、良友集团的相关合作项目，部分项目已得到落实。在对外合作的同时，有力促进了仪电系统内部的产业联动。

五、积极推进非主业调整工作，确保安全稳定大局

控股公司、各产业集团和重点子公司积极推进非主业调整工作。通过充分摸底、提前启动，做好后备方案；探索实践开放性市场化重组，寻找多渠道退出途径；完善制度、规范操作；积极争取产业结构调整政策支持；制定空壳企业清理计划，规范管理，防范风险；借助中介力量推进企业破产等措施，完成全年计划调整 76 家企业的目标。

仪电资产经营管理集团加快内部功能归并，稳步推进管理平台整合。加大房地产和企业股权资产处置变现力度，确保资金回笼。积极稳妥地实施人员分流安置工作。加强运营监控，促进经营企业的健康发展。积极做好系统内部分非主业企业的股权受让和托管工作。上半年制订三年现金流持平计划，下半年实现内部现金流持平，为确保三年现金流持平目标的实现打下坚实基础。

控股公司继续重视和加强安全生产和环境保护工作。组织各级领导干部和安全管理人员开展《上海市安全生产条例》学习培训。推进企业安全管理标准化工作，年内共有 13 家企业通过安全管理标准化审定。坚持开展安全生产各类专项检查整改工作，确保仪电系统安全生产大局。

仪电系统各级企业高度关注和全力抓好维稳工作，特别关注敏感时期重点群体和重点人员的思想动态，通过扎实细致的工作，确保仪电系统的稳定大局。

六、推进仪电企业文化建设与 INESA 品牌推广工作

制定《仪电控股 2012 － 2015 企业文化建设规划》。组织开展仪电控股核心理念与 INESA 品牌建设操作实务培训，进一步宣传仪电控股核心理念体系，结合 INESA 品牌的推广工作，为各级企业推进企业文化建设和品牌推广工作提供了具体方法和标准。召开推进企业文化建设工作会议，宣传先进事例，积极弘扬仪电控股核心理念。

根据品牌战略实施要求，借助专业品牌传播公司的力量，制订并实施 INESA 品牌宣传推广方案。在 2012 年工博会上全面展示 INESA 品牌形象。根据工作计划，部分重点成员企业完成企业更名，部分科学仪器类产品已开始应用 INESA 品牌标识。完成仪电控股司徽、宣传样本制作和在有控制力的仪电企业中悬挂 INESA 司旗。通过对部分产业集团和重点子公司实施情况的检查调研，形成专题调研报告，明确了下一步的工作重点。

2012 年，控股公司积极组织开展各类群众性节能降耗活动，较好完成了市政府下达的节能减排目标，完成每千个代表产品的能源单耗目标 145 千瓦时，明显低于 163.6 千瓦时的目标。

【2013 年发展趋势】

坚持“创新驱动、转型发展”的总方针，在仪电新战略的指引下，解放思想，积极进取，加大投资和并购力度，加强科技创新和人才工作，加快信息服务业的战略布局和电子制造业的战略转型，积极构建以物联网、云计算为核心主业，商务不动产和非银行金融业为支撑主业的产业架构和管控体系，推进体制机制创新和商业模式转变，提升主业核心竞争力，努力完成主业发展规模和经济效益目标。

2013 年主要预算目标：根据新修编的发展战略和三年行动计划，控股公司合并口径营业收入初步确定为 110.81 亿元，增长 8.38%。主营业务收入 105.02 亿元，增长 7.17%。利润总额 15.5 亿元，增长 21.09%。归属母公司净利润为 6.16 亿元，增长 9.41%。净资产收益率 9.56%，增长 0.21%。

2013 年重点工作安排：

1．学习贯彻新的发展战略，细化实施“两个加快”行动纲要。在征求听取各方面意见的基础上，进一步细化完善新修编的发展战略和“两个加快”行动纲要；根据新的发展战略，完成控股公司“十二五”规划和三年行动计划的修订工作；结合新战略和“两个加快”行动纲要的实施，各级领导干部要特别加强对物联网、云计算等新一代信息技术的学习，通过自学和组织各类专题培训，尽快掌握相关领域必要的业务知识，进一步提升业务管理能力。

2．加大投资并购力度，加快形成物联网、云计算产业布局。加大投资并购力度，在选择并购对象方面，要更多地强调核心技术、市场占有率、行业地位；在寻找并购标的同时，一方面要利用各重点子公司的产业资源，沿着产业链的横向与纵向扩张的方式寻找并购目标；另一方面，要与国内外的各大专业机构开展合作，寻找符合仪电控股发展方向的收购目标。

3．加强科技创新和人才工作，加大重点领域技术研发力度。结合新的发展战略，制订仪电控股科技发展战略；筹建仪电控股中央研究院，重点对信息服务业和先进制造业与物联网相关的前瞻性技术和共性技术进行研究；保持足够的科技创新投入，科技投入费用占销售收入比例不低于 3%，并且要逐年上升；进一步加强与中科院、上科院等科研院所和相关大学的产学研合作，探索在技术研发、人才引进和培养方面的合作机制，重点解决关键技术和瓶颈问题；根据产业发展需要，积极培养和引进各类高层次人才。

4．加强产业联动和业务培育，打造内部产业链，提升支撑主业的综合竞争力。打造物联网、云计算产业链，在眼睛向外、加大兼并收购力度的同时，更需要眼睛向内，加强内部产业联动和业务培育；各产业集团之间要加强产业联动。尤其是信息服务板块和电子制造板块的产业联动，通过软硬

结合，促进制造业企业从产品制造向系统集成和制造业服务业的转型。同时，各产业集团内部也要加强成员企业间的产业联动，通过业务培育，探索打造产业集团内部的产业链。

5．加强全面预算管理和全面风险管理，完善管控体系。进一步明确控股公司与产业集团、重点子公司之间的管理界面，在控股公司董事会对总裁班子授权的框架内，修订完善控股公司对产业集团投资和资产处置的授权规定，明确产业集团的决策管理权限，突出产业集团经营管理的实体地位，强化产业集团按照法人治理结构的要求行使决策职能。根据战略转型的进程，对不同产业集团实施差异化的管控模式。加强和深化全面预算管理，进一步推进全面预算管理的广度和深度，坚持注重实效、持续改进。继续加强财务和资金管理，深化完善财务总监委派制度和财务风险预警体系建设；完善资金集中管理，重点抓好产业集团融资平台搭建，提升融资能力。按照《全面风险管理体系建设实施方案》的要求，基本形成覆盖生产经营管理关键环节的内控体系，切实防范经营风险；进一步发挥内审工作在防范和控制风险中的积极作用。

6．加大开放性市场化重组力度，推进体制机制创新。坚持解放思想，勇于创新，积极探索体制多元化、机制市场化的思路和措施。认真总结和推广广电电子科技公司等单位在体制机制创新方面的新鲜经验。在实施兼并收购过程中，除了完整的全资并购，更要提倡非全资的控股型并购和合作并购；继续鼓励有条件的中小企业实施经营团队持股计划；在引进资本的同时，引进团队、引进技术、引进市场，通过资本结构的多元化促进企业运作机制的转变和优化。

7．加强企业文化和INESA品牌建设，关心爱护广大员工。

（陈　栋）

长江计算机（集团）公司

【概况】

长江计算机（集团）公司面对复杂多变的宏观经济环境和日趋激励的市场竞争，紧紧围绕“凝聚价值，实现突破”的经营主题，按照“做精、做细、做实”工作思路，全体员工积极应对严峻的经济形势，服从上海国资国企改革的大局，稳步推进各项重点工作和资产重组，企业经营取得一定的成效。2012年，预计实现收入52219万元，完成全年预算目标的85.5%，其中：主营业务收入50357万元，完成全年预算目标的85%；实现利润2014万元，完成全年预算目标的101%。

【2012年经济工作情况】

一、积极推进核心业务建设，努力实现可持续发展

（一）注重市场拓展与广泛合作，扩大业务广度与深度

1．数字能源，基于区域战略的加油卡业务保持稳定增长。六省两市运维服务业务稳定发展，与中石化云南石油分公司签订三年期运维服务合同，中标湖北石油公司非油品便利店系统及设备运维服务项目涉及湖北石油公司非油品前台便利店系统各个运维节点；与加油机制造商中意公司签订委托代理上海石油加油机维修业务售后服务协议，该业务涵盖上海150座加油站，成为新的经济增长点。

2．智能交通，ETC产品、轨道交通业务稳步提升。OBU产品全年销量8.7万只，广泛应用于上海、江苏、浙江、北京等地。承接的昆明地铁AFC（自动售检票）和ACC系统（清分中心）已于年中顺利上线，受到客户的好评。与交运集团合作的“面向物流运输全生命周期可视化的车辆信息服务支撑平台”项目取得重要进展，其中，车辆油耗实时监控平台在浦运公司25车队“8–25–42”车辆为试验平台开始安装运行。

3．智能楼宇，承接重大工程有突破。中标1000万元以上规模的工程项目达9项。大连智能楼宇市场开拓取得重大进展，在2011年中标三个设计标的基础上，2012年中标“大连体育中心体育场施工工程”等3个重大工程项目，累计金额超过1亿元；“上海市防汛会商（指挥）中心（信息系统）改造工程”、“中华艺术宫信息系统化集成”、“普陀区中心医院PACS系统项目”等项目的实施和应用，提升了集团的品牌效益。

（二）注重技术研发与整体方案，提升综合竞争优势

1．长江智能交通整体业务逐步完善。完成国家核高基项目—电子控制器在线状态监控支撑软件项目的验收；推进交运集团“面向物流企业的用油管理平台”的整体方案与原型系统研制；整合二产、亚太，拓展5.8G应用技术，初步形成“基于RFID列车定位系统的自动记点方案”；“基于ETC自由流标识技术的高速公路信息平台”技术，弥补国内产品在此领域应用的空白；研发的旁道干扰光幕模式ETC收费系统已成功实施。

2．中石化加油卡提升项目研发有进展。集团如期完成中石化加油卡提升项目六大子系统，即应用网关子系统、卡促销子系统、卡片物流子系统、充值类型及清算调整配合子

系统、自助终端子系统以及增值税发票子系统的研制开发，其实施的范围覆盖中国石化销售公司所属的21个省市公司。

3．提升智能楼宇业务的技术含量。申报两项课题“物联网技术在智能化安防体系中的深层次应用”、“整合通信、存储和计算资源的云计算数据中心运维服务体系”；推进基于云计算的移动办公系统和信息安全的整体技术架构设计和前期预研环境建立，云计算移动办公系统的研发在有序推进中。

4．自主研发有成果。集团及下属企业共有37项技术和产品申请自主知识产权。承接的国家文化部“全国文化市场综合执法系统”研究项目顺利通过验收，其核心软件产品已在北京以及上海7个区推广实施；《基于状态检测及油耗监控的车辆服务支撑管理系统》、《基于云计算的北美幼儿托管信息服务平台》项目获得市级科研项目立项。

（三）注重结构优化与内部资源整合，推动业务持续发展

1．构建研发中心平台。围绕集团发展战略，面向未来，着眼长远，将事业部转型为集团研发中心，明确研发中心定位：以新技术和新产品研发及提供系统整体解决方案的能力为中心，以培养技术团队为重点，逐步成为集团核心业务发展的基石和战略业务的孵化基地。初步完成了事业部向研发中心转型过程的组织机构、职能优化和再造工作。

2．注重资源整合、优势互补。由集团牵头，通过内部联动，发挥整体功能，优势互补，联手承接大项目，“上海市防汛会商（指挥）中心（信息系统）改造工程”、“上海自然博物馆整体规划方案的深化设计”、“中华艺术宫信息系统”等项目的实施，初步形成集团在重大项目方面的协作机制。

3．初步建立了评估机制。根据智能楼宇板块的业务特点，积极探索建立市场、项目、客户的价值评估机制和方法，提升业务和项目的针对性和有效性。

二、不断深化改革调整，进一步优化资产结构

（一）积极推进资产重组，打造产业发展平台

推进亚太与亚泰公司资产重组工作，集团收购复旦控股和徐家汇商城股权的产权交易、章程制定以及工商变更等工作全部完成；集团收购亚泰的部分股权工作已经全面完成；目前，亚太信息为集团全资子公司，亚泰软件为集团控股子公司。以东海二产为主组建智能交通公司的初步方案经过多次修改目前已基本形成，结合国盛重组长江集团的整体方案，初步确定东海二产的运作模式；长江昌鑫股权转让等各项工作全面完成。

（二）加快小企业清理，控制内部潜在风险

根据2012年集团公司企业清理总体方案，制订清理的实施计划和操作方案，确定关闭清算企业8户，股权转让企业6户。预计至2012年年末，可完成长江自动化、长江创域、上计电脑、福歌酒业、长江唯诚、钧华、长中等7户企业的清理工作。

（二）全面梳理不动产，物业管理有序开展

对集团不动产进行全面梳理并拟定调整计划。为提升不动产经营价值，对宁波路不动产用途进行调整，租赁客户清退工作已经完成，对外租赁已通过联交所挂牌，并通过中介机构进行了信息发布；集团生产园区物业经营管理工作有序展开，通过完善物业管理制度，逐步规范管理流程；通过物业管理人员调整和培训，提高服务技能和工作质量，九亭、北桥、漕河泾、凯旋路房产的出租率达100%，东海、九亭园区的物业收入增长指标可圆满完成。

（四）优化集团信贷规模，做好流动资金保障

集团以“集中平台、统一调度、内部融通、安全方便、监管有序”为原则，拓展融资渠道，优化信贷结构和规模。在上年信贷基础上，取得中信、招行等银行1.6亿元综合授信，其中流动资金贷款6500万元（按需支用），非融资性保函、银行承兑等产品8500万元，抵押资产从原15000平方米压缩为5000平方米。长江集团在银行界信用资信得以进一步提升，国有资产抵押价值从原46%提升至140%，直接节约了资金使用成本支出近200万元，初步实现企业财务融资的效益管理。

（五）服从国资改革大局，制定重组战略规划

认真做好与国盛集团资产重组相关工作，完成与国盛集团各项业务的对接，各项工作均按节点顺利推进。同时积极配合国盛集团，参与集团重组方案的制定工作和具体的实施计划编制工作，期间进行不断的修改、完善，做了大量的基础调研工作，经过三个月的努力，全面完成上报国资委的重组方案。

三、完善全面预算管理，提升经济运行质量

（一）注重全面预算目标细化管理

2012年，集团的全面预算管理通过“目标分解、过程管理、评价效用”，强化过程管理有效性，提高经营预算的准确率。通过完善预算目标细化管理，达到分层、分级管理目的。优化并规范了企业预算编制、审定、协调、调整和反馈等管理工作，通过“预案、草案、正式方案”三个阶段，上下充分沟通，最终确定全年主要经营目标。指导企业以月度为单元对主要经营预算指标进行分解，并按企业内部管理模式再进行分层、分级管理，提升了全面预算的准确率。

（二）注重优化KPI管理过程

通过抓五个重点，优化和改进了集团及主要企业的运营模式和管理方法，提升了经营过程的有效性。一是重点分析。集团及合并企业主要核心指标实际完成情况、年度预算执行情况。二是重点突出。核心主体企业经济运行过程分

析，主要经营状况回顾。三是重点关注。重点科技研发项目进展、重大市场拓展项目信息、新业务拓展情况、资产重组、资本投入项目实施情况、企业清理以及计提减值准备后资产处置管理等进展情况。四是重点控制。建立以项目合同收入、采购成本分类支出、可控费用预计、边际毛利率控制等项目收支最基础控制要素为主的概预算管理。对重点业务和项目、主要支出实行严格的目标控制和管理，降低管理成本，提高预期收益。投资运营部、财务部、内审部三部门联合对子公司现金流、应付账款、存货水平实施监控管理，进行重点抽查。五是重点跟踪。企业经营任务书所确定的重点业务目标完成进度，及时反馈信息、分析存在问题、落实改进措施、确保年度目标实现。

（三）注重建立财务预警系统

建立企业预算管理重点“关口”，并将“关口”前移至每月跟踪过程。强化企业总经理对经营活动结果、趋势与预算目标的贴切度的管理，提高财务人员对财务预算目标编制与执行的偏离度的把握，实施企业财务预警评价有效性，实现风险管理与风险监控实时管理。建立实施以企业财务主要年度预算目标为经度，月度预算跟踪预警结果为纬度及“杜邦指标分析”为深度的“预算、预警、杜邦分析”三维管理模型，进一步强化了月度预算目标执行力，提高国资监管效率。

四、着力内控体系建设，加强企业风险防控

（一）积极实施专项审计，规范企业经营行为

1．开展经济责任审计，反映企业领导人员履行经济责任情况。全年通过对亚太、信息两户企业经营者开展企业领导人员经济责任审计，反映企业经营者任期内经济责任履行情况及取得的经营业绩，同时提出两户企业和经营者在薪酬管理、关联企业交易、重大事项报告上存在的问题，并提出审计建议，帮助企业健全内控制度，规范经营行为。

2．开展专项审计，规范企业、经营者从业行为。年内对船用、长自公司开展从业行为规范情况审计，对两户企业在前两年发生的经营者薪酬发放、职务消费、重大决策及资产管理等业务进行合规性审计，通过审计督促企业规范经营从业行为，提高经营、管理水平。

3．开展下属企业财务经理离任审计，保障企业财务工作平稳运行。根据集团“内审牵头、财务为主”的要求，对新成公司原财务经理开展离任经济责任审计并起草审计报告，详实反映新成公司的财务及经营情况，并就加强经营管理和财务管理提出审计建议，保证了新成公司财务工作、会计档案、资料的顺利交接和平稳运行。

4．开展资金管理专项审计回访，做好审计后续管理工作。帮助企业规范资金审批及使用流程，健全资金内部控制和管理。通过开展各类专项审计，实施效能监察，发挥了集团内部审计的增值职能和服务功能。

（二）积极推进内控体系建设，加强企业风险防控

1．明确体系基本架构及工作步骤。根据集团领导突出重点、分步实施、逐步完善的指导意见，制定集团内部控制体系建设工作方案，明确了体系建设的工作目标、工作思路、工作步骤，确定国有土地及不动产集中管理系统、投资项目管理控制系统、融资、担保控制系统、货币资金管理控制系统、经济合同管理控制系统作为集团2012年创建内控体系的主要内容。

2．开展内控系统系统风险评估。按照集团内部控制体系建设工作方案的工作步骤和要求，起草《内控风险评估实施方法》，确定内控风险评估的基本方法，规范内控风险评估的流程，明确风险评估职能分解，为各职能部门有序、规范实施系统风险评估提供了思路与方法。

（三）切实加强组织领导，强化安全生产管控

1．加强组织领导，落实安全责任。集团与所属企业安全生产、治安保卫第一责任人签订《安全生产、治安保卫责任书》，建立“横向到边，纵向到底”全覆盖的安全生产责任主体。结合专项活动的不同要求，全年召开6次安全生产工作会议，明确各时段的工作重点。

2．加强培训教育，提高安全意识和管理能力。集团按计划组织40多名企业主要领导、安全管理人员和特种岗位从业人员参加的各类安全资质培训，提高企业安全管理人员的专业知识、业务水平和整体素质。同时，通过预案的备案和演练，规范应急管理工作的程序，提高应急救援队伍应对能力。

3．有序推进安全生产标准化达标工作。按照“统筹规划、分步实施；突出重点、分类指导；典型引路、全面推进”的原则，集团总部及系统内9家企业通过评审机构评审，达到二级安全生产标准化企业的要求。

4．突出工作重点，抓好隐患整治。根据市有关部门相关要求，集团制订和部署了相应的工作计划和措施，使各项工作有计划、有落实、有检查、有总结。全年集团尚未发生死亡事故和重大安全生产事故，集团安全生产处于平稳、可控状态。

【2013年发展趋势】

2013年是集团“调整年”。全面贯彻落实党的十八大精神，以科学发展观为指导，抓住机遇，坚持把结构调整作为主要抓手，把管理创新作为重要支撑，把提升质量和效益作为主攻方向，把企业和谐稳定作为保障基础，继续做精做细做实，为集团后续发展夯实基础、提升能级。

认真贯彻落实国盛集团的总体工作要求，紧紧围绕集团重组发展战略，围绕“全面调整结构、聚焦重点业务、优化经营质量、稳步发展产业”工作主线，抓调整、优结构，推

动企业转型发展；抓创新、促增长，增强核心竞争力；抓基础、促管理，完善运行体制机制；抓队伍、促和谐，发挥人力资源潜力，抓落实、促实干，提升决策执行力。重点做好以下工作：

1．启动实施集团重组方案，着力调整优化产业布局。

2．大力开展技术创新和市场拓展，增强核心竞争能力。

3．有序推进不动产管理和小企业清理，提升价值和效益。

4．着力优化企业组织机构，为转型发展提供体制机制支撑。

5．继续深化企业内部管理体系建设，促进经营质量提升。

6．完善和建立有效激励机制，加快人才高地建设。

（袁钱英）

上海航天局

【概况】

上海航天局，又称上海航天技术研究院、中国航天科技集团公司第八研究院，创建于1961年8月。主要从事航天型号工程项目的研究、设计、试制、试验和生产，业务领域主要涉及导弹武器系统、宇航系统（运载火箭、人造卫星、载人航天、深空探测）、航天技术应用产业和航天服务业。

上海航天局以本部为运营总部，辖有20多家企事业单位。包括航天型号总体、总装单位6家；制导、控制、电子、动力、电源、技术基础等专业技术研究所6家；航天技术应用企业6家，其中，控股的上海航天汽车机电股份有限公司是A股上市公司（股票代码：600151）；航天服务企业5家。

至2012年年末，上海航天局有从业人员近20304名。

【2012年经济工作情况】

一、经济指标

2012年，上海航天局实现总收入234.8亿元，比上年增长8.7%；实现营业收入201.61亿元，增长22.11%；实现利润10.22亿元。资产总额达到424.2亿元，净资产收益率7.73%。

二、宇航型号

1．长征四号乙遥二十六运载火箭成功发射资源三号01星。1月9日，上海航天局研制的长征四号乙遥二十六运载火箭在太原卫星发射中心成功将资源三号01卫星和搭载的一颗卢森堡小卫星送入预定轨道。

2．风云二号F星成功发射并完成在轨交付。1月13日，上海航天局研制的风云二号F星在西昌卫星发射中心发射升空。1月19日，F星成功向中国气象局CDAS站传送了第一幅可见光云图，图像清晰、纹理清楚、层次丰富。2月4日，成功获取第一幅红外、水汽云图，图像清晰、纹理清楚、层次丰富。经在轨测试表明：F星运行稳定，实现了原始云图获取，展宽云图生成、广播，数据收集和空间环境监测等全部业务功能。8月20日，风云二号F星完成在轨交付。

3．长征二号丁遥十七运载火箭成功发射天绘一号02星。5月6日，上海航天局研制的长征二号丁遥十七运载火箭在酒泉卫星发射中心成功发射，将天绘一号02星送入预定轨道。

4．空间站系统实验舱II总体研制获得总装备部分工定点批复。5月23日，总装备部载人航天工程办公室下达《关于确定载人空间站系统相关分工定点的批复》，明确了八院负责空间站实验舱II总体研制，实现八院在载人航天抓总任务零的突破。

5．长征四号乙遥十二运载火箭成功发射遥感卫星十四号卫星。5月10日，上海航天局研制的长征四号乙遥十二运载火箭在太原卫星发射中心成功发射，将遥感卫星十四号和天拓一号卫星送入预定轨道。

6．长征四号丙遥十运载火箭成功发射遥感卫星十五号卫星。5月29日，长征四号丙遥十运载火箭在太原卫星发射中心成功发射，将遥感卫星十五号送入预定轨道。火箭和卫星均由上海航天局研制。

7．神舟九号载人飞船与天宫一号目标飞行器成功对接。6月16日，上海航天局参与研制的我国神舟九号载人飞船在酒泉卫星发射中心成功发射，飞船准确进入预定轨道，太阳电池翼顺利展开。然后，神舟九号与天宫一号成功实现首次载人自动交会对接，开创中国人太空“开飞船”的历史，标志着我国成为世界上第三个完整掌握空间交会对接技术的国家，并具备以不同对接方式向在轨航天器进行人员输送和物资补给的能力。神舟九号载人飞船经过13空飞行后，返回舱安全返回地面，航天员健康出舱。在执行本次任务期间，产品工作正常，上海航天局出色完成所承担的各项任务。

8．长征二号丁遥十六运载火箭成功发射委内瑞拉遥感卫星。9月29日，上海航天局研制的长征二号丁遥十六运载火箭在酒泉卫星发射中心成功发射，将委内瑞拉遥感卫星送入预定轨道。

9．探月工程三期轨道器力学器主结构静力试验获圆满成功。11 月 20 日，由上海航天局承担研制的探月工程三期轨道器力学器主结构在上海进行静力试验获圆满成功。该静力试验是轨道器构型优化和结构轻量化关键技术攻关工作的一部分。试验的成功，并为后续轨道器力学器开展总装及参加探测器整器振动试验奠定坚实基础。

10. 长征四号丙遥九运载火箭成功发射遥感卫星十六号卫星。11 月 25 日，上海航天局研制的长征四号丙遥九运载火箭在酒泉卫星发射中心成功发射，将遥感卫星十六号送入预定轨道。

11. 新一代小型运载火箭一子级动力系统热试车试验圆满成功。11 月 27 日，由上海航天局抓总研制的新一代小型液体运载火箭一子级在中国航天科技集团公司六院 101 所进行首次动力系统热试车并获圆满成功。试车的成功是火箭研制过程中具有重大里程碑意义的节点，创造了我国新研火箭发动机热试车首试成功的记录。

12. 长征五号运载火箭助推模块顺利转入试样研制阶段。12 月 13 日，由上海航天局承担的长征五号运载火箭助推模块在上海通过初样转试样评审，标志着长征五号运载火箭助推模块顺利转入试样研制阶段。长征五号运用模块化设计，于 2008 年 10 月完成方案设计，2009 年初全面开展初样研制工作，历经 4 年，完成各项研制任务。

13. 长征二号丁遥二十二运载火箭成功发射土耳其 GK-2 卫星。12 月 19 日，上海航天局研制的长征二号丁遥二十二运载火箭在酒泉卫星发射中心成功发射，将土耳其 GK-2 卫星送入预定轨道。该运载火箭的发射成功，对于进一步提高中国航天国际形象，开拓国际发射市场，增进中、土两国外交关系具有重大意义。

三、航天技术应用产业

1. 上海航天局与金川集团签署新能源项目建设战略合作框架协议。3 月 11 日，上海航天局在北京与金川集团签署战略合作框架协议。双方将充分发挥各自优势，在新能源、新能源装备制造、新材料等领域开展研发和产业链合作，推动新技术、新材料和新装备的市场化应用，打造分工明确、上下游协调、共同发展的战略合作联盟，响应国务院打造河西走廊“百万千瓦级太阳能发电基地”号召，在金昌建设甘肃省和西北地区太阳能光伏产业基地。

2. 内蒙古巴彦淖尔 20 兆瓦电站项目奠基。7 月 6 日，内蒙古神舟光伏电力有限公司巴彦淖尔市农垦管理局 20 兆瓦光伏发电农业综合利用项目奠基。上海航天局与巴彦淖尔市签署合作框架协议，计划在巴彦淖尔市打造百兆瓦光伏发电基地。

3. 上海航天局与国家开发银行签订开发性金融合作协议。7 月 10 日，上海航天局与国家开发银行股份有限公司上海市分行签订开发性金融合作协议。双方正式建立全方位深度合作的战略伙伴关系，将在科学研究、基地建设、光伏产业、新能源等领域开展广泛合作。

4. 航天机电完成股票定向增发。8 月 15 日，航天机电完成股票定向增发。航天机电于 2011 年 3 月启动非公开发行工作，2012 年 7 月获得证监会批文，8 月 15 日圆满完成定向增发，募得资金 19.26 亿元。2012 年，航天机电成功开发西部光伏电站项目 180 兆瓦。

5. 上海飞奥燃气调压计量集成站生产线技术改造项目在浦东开工。11 月 22 日，上海航天能源股份有限公司投资控股的上海飞奥燃气设备有限公司燃气调压计量集成站生产线技术改造项目开工，该项目是实现上海飞奥重点规划建设“3+1”企业转型发展目标的重要配套项目。

6. 上海航天浦江机电装备产业基地建成，上有厂、新力厂搬迁入驻。12 月 25 日，上海航天有线电厂、上海新力机器厂举行搬迁入驻上海航天浦江机电装备产业基地仪式。

7. 上海航天局一批民品研发项目获得上海市经信委立项批复。12 月 27 日，上海航天局一批民品研发项目获得上海市经信委立项批复。包括 509 所申报的 2012 年度引进技术吸收与创新计划项目“敏捷卫星遥感卫星中型敏捷平台总体技术”；811 所申报的上海市重大技术装备研制专项“柔性薄膜电池卷对卷激光刻划装备研制”项目；航天电源申报的“兆瓦时级磷酸铁锂储能系统开发与应用”项目；北斗导航公司申报的“北斗卫星导航通信一体化与无限网络自组网关键设备研制及应用示范项目”等。

8. 内蒙古神舟硅业多晶硅生产实现“达产达标”。2012 年年底，上海航天局及航天机电投资控股的内蒙古神舟硅业有限责任公司单月产量达到 390 吨，合格率突破 94%，单日产量突破 20 余吨，成功验证企业的多晶硅生产能力，基本实现“达产达标”。同时，实现 5 万吨／年四氯化硅转化项目全线贯通和 36 对棒节能技术改造项目试车成功。

9. 电池片、电池组件销售突破 300 兆瓦。2012 年，上海神舟新能源有限公司电池片批量生产平均光电转换效率达到行业先进水平，连云港神舟新能源有限公司电池组件生产线项目全部建成并投入使用，上海神舟新能源有限公司、连云港神舟新能源有限公司销售突破 300 兆瓦，增长 59%。

10. 上海神舟电力累计获批“金太阳”电站项目 183 兆瓦。上海航天局积极开展西部电站建设股权投资，全面推进金太阳项目模式，在带动产能释放的同时，提升盈利能力。2012 年，上海神舟电力有限公司 10 个“金太阳”电站项目累计获批 183 兆瓦，名列全国第二。

四、能力建设和调整改革

1. 卫星应用技术联合实验室成立。1 月 11 日，“卫星应用技术联合实验室”在上海交大电信学院举行揭牌仪式。“卫星应用技术联合实验室”由上海航天电子技术研究所、上海交大电信学院、欧比特公司三方合作组建，将以卫星应用的产业发展需求为牵引，以市场为导向，以技术创新为驱动，以产学研联合平台为依托，旨在推动卫星应用技术发展，促进以卫星导航应用为代表的创新科研成果应用研究，促进技术研究、产品开发与市场应用的有机结合，合力打造卫星应用产业化发展的基础。

2．第八设计部入驻闵行航天城。

7月2日，上海航天局所属第八设计部举行闵行航天城二期工程项目落成暨入驻仪式，标志着第八设计部正式入驻闵行航天城。

3．上海航天局将合作开发桂林路地块。7月31日，上海航天局与上海城市地产投资控股有限公司举行桂林路地块开发合作签约仪式。此次签约标志着航天桂林路地块开发合作的前期工作进入实质阶段。

4．上海航天局汶水路地块完成政府收储。8月15日，上海航天局与上海市闸北区政府在市北高新集团公司举行土地收储签约仪式，上航总、804所分别与上海市闸北区土地发展中心签订了土地收储协议。此次汶水路地块收储，不仅有力地推动市北工业园区打造上海产业高端、资源集约、环境优美、配套齐全的现代生产型服务业集聚区，更好地发挥土地使用价值，也为上海航天局科研生产布局优化、专业重组和改革发展提供了有力的支持。

5．上海北斗卫星导航平台有限公司成立。9月11日，由明石投资管理（北京）有限公司和上海航天电子通讯设备研究所联合出资成立的上海北斗卫星导航平台有限公司举行揭牌仪式。同期，上海北斗卫星导航产业的重要基础支撑——北斗（上海）位置综合服务平台和上海北斗导航及位置服务产品检测中心（筹）也正式启动建设。上海北斗卫星导航平台有限公司以“成为全国先行先试的应用示范平台”为目标，旨在打开北斗卫星的定位、导航、授时和短报文等业务功能服务市场，并逐步成为北斗卫星导航产业的标准，推动卫星应用产业的发展。

6．上海航天局成立创新研究院。10月18日，上海航天局举行创新研究院揭牌仪式。创新研究院是上海航天局军品领域系统级的实体性技术创新平台，组建于2012年6月，旨在进一步提升上海航天局的技术创新能力，建立和完善局层面的系统级创新研发机构，支撑总体能力提升。

7．第805研究所入驻闵行航天城。10月26日，上海航天局所属805所举行闵行航天城新所落成暨入驻仪式，标志着805所正式入驻闵行航天城。805所新所集科研、设计、仿真、集成、测试、试验为一体，进一步提升805所航天运输系统总体和空间机构产品研制实力，以及总体牵引和试验验证能力。

8．上海航天局材料与工艺预研6个自主研发项目等通过评估验收。10月30日，上海航天局材料与工艺预研6个自主研发项目通过评估验收，包括800所承担的《热强钛合金复合材料（TiB+TiC）/TC4铸造技术研究》项目，811所承担的《低阻抗锂硼合金制备工艺研究》项目，149厂的《磁控溅射MoS2+Sb2O3防冷焊薄膜的工艺研究》、《精密导电滑环体真空压力浇注成型工艺预先研究》等。

11月21–23日，上海航天局承担的首批8个重大工艺研究项目通过中国航天科技集团公司质量技术部组织的工艺专家组的技术评审验收。

9．上海航天局参加2012年珠海航展。11月13–18日，第九届中国国际航空航天博览会在珠海市航展中心举行。上海航天局参展的包括宇航、武器、航天技术应用产业等相关展品共31件，充分展示上海航天局所取得的最新成就和高科技、国际化的形象，为促成国际合作、开拓国际市场奠定了坚实的基础。期间，中国航天科技集团公司与用户签署航展历史上采购金额最大的合同，其中上海航天局长征二号丁运载火箭等产品分别签署研制采购合同。

10．上海航天工业（集团）有限公司成立。12月6日，上海航天工业（集团）有限公司正式挂牌成立，标志着上海航天工业总公司改制工作圆满完成。

11．上海航天局激光探测技术研发中心揭牌。12月25日，上海航天局激光探测技术研发中心在802所举行揭牌仪式，该研发中心将面向前沿、梳理关键技术，找准方向进行重点突破，抢占国内激光探测技术的制高点，成为国内领先的激光探测技术研发平台。

12．上海航天局完成19家公司的清理，推进军民融合管理。2012年完成新江公司等19家公司的清算、注销及调整工作。

五、获得的荣誉

1．上海航天局张崇峰获航天功勋奖。

2．上海航天局802所、804所荣获全国五一劳动奖状。

3．上海航天局局长朱芝松当选中共十八大代表。

4．上海航天局青年技能人才周清职业技能竞赛夺冠。

5．上海航天921团队被评为“光荣与力量——感动上海年度十大人物”。

6．国家“千人计划”专家潘定海博士获国家及上海市专项奖金。

7．上海航天局5人入选2012年上海领军人才“地方队”培养计划。

8．上海航天设备制造总厂特级技师王曙群获“中华技能大奖”。

六、领导视察

1．1月31日，总装备部政委王洪尧等一行视察了上海航天局。

2．2 月 11 日，全国人大常委会副委员长、民进党中央主席严隽琪一行视察上海航天局。

3．7 月 19 日，最高人民检察院检察长曹建明带领正在上海参加全国检察长座谈会的检察系统干部到上海航天局参观。

4．8 月 13 日，中共中央政治局委员、中共上海市委书记俞正声视察上海航天局 811 所卷对卷柔性硅薄膜太阳电池中试线。

5．10 月 15 日，空军副司令员周来强中将一行视察上海航天局。

【2013 年发展趋势】

2013 年工作的总体要求是：深入学习贯彻党的十八大精神，按照集团公司第五次工作会议要求，以转变发展方式为主线，巩固提升，乘势而上，转型发展，融合提效，为圆满完成全年各项任务、加快推进产业集团建设而努力奋斗。

一、主要工作目标

1．主要经济指标。实现总收入 270 亿元，营业收入 230 亿元，利润 12 亿元，成本费用率 96.5%，全员劳动生产率 23 万元／人。

2．型号任务安排。全年运载型号设立 5 个责任令组完成 9 箭 1 器发射，确保 1 个型号立项，开展 9 个型号的研制、生产、试验任务，组织生产火箭 54 发。载人航天与探月工程设立 3 个型号责任令组 1 船 1 器发射，组织开展 6 个项目的研制、生产、试验、论证任务。

主要飞行试验 32 次，其中：运载型号 9 箭 1 器发射；卫星型号 4 星升空；载人航天与探月工程 1 船 1 器发射。主要立项工作 19 项，其中：运载 1 项；卫星 14 项。研制、生产工作 61 项，其中：运载型号 9 项；卫星型号 23 项；载人航天与探月工程 6 项。

3．民用产业发展目标。民用产业实现总收入 110 亿元，全面完成“十二五”调整改革工作，完成“十二五”规划动态调整，重大产业化项目全部通过验收，上航工业（集团）按照法人治理结构正式运行，大力推进军工资产证券化，建立军民融合发展机制。

4．安全生产和保卫保密工作目标。确保危害科研、生产、经营和要害目标安全的重大事故为零；确保实现全年职工因工死亡事故和重伤事故为零，泄密、间谍、火灾、环保、军运和重大治安事故为零。

二、重点工作和措施

1．深刻领会战略意图，大胆谋划转型发展。

2．优化科研生产管理模式，有效应对高强密度发射。

3．有效防范经营风险，持续推动产业发展。

4．抢抓军工投资建设机遇，快速规范提升能力。

5．持续推动技术创新，储备后续发展实力。

6．持续强化队伍建设，全面提升队伍能力。

7．大力强化财经管理，提升经济运行质量。

8．大力加强技术基础，支撑企业健康发展。

9．持续加强综合管理，积极防范经营风险。

10．强化党群组织作用，确保大局和谐稳定。

（陈嘉芳）

中国商用飞机有限责任公司

【概况】

中国商用飞机有限责任公司（以下简称中国商飞公司）是由国务院国资委、上海市人民政府、中国航空工业集团公司、中国铝业公司、宝钢集团有限公司和中国中化股份有限公司共同出资组建的有限责任公司，注册资本为 190 亿元，公司注册地在上海。中国商飞公司是实施国家大型飞机重大专项中大型客机项目的主体，也是统筹干线飞机和支线飞机发展、实现我国民用飞机产业化的主要载体。

2012 年，中国商飞公司全力推进 C919 大型客机、ARJ21 新支线飞机研制和公司发展建设各项工作。C919 大型客机项目 2012 年全面转入工程发展阶段。ARJ21 新支线飞机试验、试飞工作取得重要进展。“三大平台，六大能力”建设初具规模。

按照“一个总部、五大中心”的整体建设布局，公司总部基地、设计研发中心、总装制造中心、客户服务中心、北京民用飞机技术研究中心、民用飞机试飞中心建设取得重要进展。

大力实施人才强企战略，人才总量快速增加。累计选聘优秀高校毕业生 3800 余名。型号总设计师、副总设计师、主任设计师和副主任设计师共 150 多人。引进海外人才 800 多人，其中长期聘用海外高层次人才 100 名。24 人入选中央“千人计划”。员工数量从组建时的 3800 多人增加到 7700 多人。公司被中组部确定为“首批海外高层次人才创新创业基地”和“全国人才工作联系点”，被国家外国专家局授予“国家引智示范单位”。

中国商飞公司充分发挥大型客机项目带动作用，基本建成“以中国商飞公司为核心，联合中航工业，辐射全国，面向全球”的民机产业体系和“以中国商飞公司为主体，市场为导向，产学研相结合”的民机技术创新体系，全国有22个省市、200多家企业、22所高校参与大型客机项目研制。

【2012年经济工作情况】

一、C919大型客机项目研制情况

C919大型客机项目完成立项论证、可行性论证和预发展三个阶段工作，2012年全面转入工程发展阶段。确定了飞机总体技术方案、制造总方案、工艺总方案和客户服务总方案，完成了三大样机和七大部段研制及试验。全面进入详细设计，完成机体结构生产数据发放，首架机制造工作已经启动。工程模拟机、航电综合试验台等部分系统试验平台投入使用，正在开展航电、飞控等系统的地面试验。材料国产化和标准件研制工作全面推进。开展试飞体系建设，初步确定了试飞总方案，加强试飞队伍建设。中国民航局正式受理了型号合格证申请，适航取证工作全面展开。市场营销成效显著，累计订单达到380架。

二、ARJ21新支线飞机项目研制情况

ARJ21新支线飞机项目试验、试飞工作取得重要进展，成功转入局方审定试飞、预投产阶段和首架交付阶段。2012年2月取得中国民航局（CAAC）和美国联邦航空局（FAA）颁发的型号检查核准书（TIA），全面开展了验证试飞工作。4架飞机累计安全试飞1485个起落、3151个飞行小时。进行2400多次失速试飞，首次按国际标准完成失速试飞重大风险试飞科目。完成颤振试飞、部分性能操稳等局方试飞科目，开展自然结冰、大侧风、溅水试飞。完成85%的地面试验，包括地面应急撤离、短舱防冰、电磁兼容、闪电防护等重大地面试验，达到国际先进水平，进行13000个起落的疲劳试验。编制2000多份符合性验证报告，其中1300份获得CAAC和FAA批准，初步建立与国际接轨的试飞体系和设计保证体系。预投产工作稳步推进，2架飞机进入系统安装，首架交付与客户服务工作全面推进。累计订单252架。

【2013年发展趋势】

2013年，中国商飞公司发展的总体要求：深入学习宣传贯彻党的十八大精神、中央经济工作会议、全国组织部长会议、中央企业负责人会议、上海市党代会精神，落实中央领导指示精神，国务院大型飞机重大专项领导小组、工信部、国资委和上海市对公司工作的总体要求和部署，突出加快型号研制、增强核心能力、提升管理水平三条主线，更加注重科学求实、更加注重创新驱动、更加注重改进作风，有效管控计划、有效配置资源、有效防范风险，统筹推进技术创新体系、COMAC管理体系和民机产业体系建设，完成2013年各项目标任务。主要任务：一是抢抓战略机遇，实施战略规划；二是加大技术攻关，加快产品实现；三是建设能力平台，促进两化融合；四是提升管理水平，构建COMAC管理体系；五是加强顶层设计和团队建设，创新人力资源管理；六是落实合资合作项目，推进产业体系建设；七是实施职工关爱工程，加强企业文化和惩防体系建设。

（殷　瑛、罗继业）

上海建筑材料（集团）总公司

【概况】

上海建筑材料（集团）总公司是国有独资的产业集团，被列为上海100强企业。集团直接投资并列为合并报表范围的企业65户，其中全资企业13户，控股企业52户，另有9个参股公司和3个事业单位，集团全部从业人员为12406名（含外地从业人员2572名）。

集团合并口径资产总额132.7亿元，负债总额64.8亿元，净资产67.9亿元（归属母公司净资产42.89亿元），资产负债率为51.59%。

上海建材集团核心业务主要是玻璃、水泥及以风力机叶片、岩棉为主的新材料。主营业务还涉及复合材料、墙体材料、防水材料、化学管材的生产经营以及建材贸易、装饰装潢施工、仓储物流等。集团下有耀皮玻璃（600819）、棱光实业（600629）两个上市公司。此外，集团与美国欧文斯科宁及德国伊通等世界著名跨国公司合资建立工厂，专业生产驰名全球的玻璃棉制品、加气混凝土等。

【2012年经济工作情况】

一、克服经营困难，较好实现了全年预算目标

2012年，建材行业供大于求的矛盾十分突出，面对十分严峻的经营形势，集团上下千方百计把不利因素减到最低限度，积极采取措施减亏止滑。据统计，集团全年完成销售收入46.05亿元，实现归属母公司净利润比上年增长20%以上。总体来看，较好地完成了经营预算目标。

2012年经营情况出现不平衡，原片玻璃和水泥这两大产品价格始终处于低谷。在困难的情况下，仍然出现一些新亮点，其中耀皮工程玻璃公司抓住向上海中心大厦等项目批量供货的机遇，完成销售收入15.5亿元，实现利润1亿多元；岩棉公司抓住市场机遇，开足马力多产多销，全年实现利润5200万元，再创历史最好水平；百姓装潢公司积极探索焕新装修等经营方式，全年营业收入和利润双双创历史最好水

平；白蝶管业公司积极拓展西北、东北市场，实现利润同比增长20%；装饰市场实现利润近500万元，在建材市场不景气的情况下，仍然取得了逆势而上的业绩。

二、坚持创新转型，企业发展得到稳步推进

2012年，集团上下围绕发展战略，按照“十二五”规划，大力加快项目建设，加强科技创新工作，各项工作得到稳步扎实推进。集团全年完成固定资产投资额9.2亿元。天津耀皮浮法二期项目、上玻院东台叶片生产基地项目已完成建设，常熟防火玻璃项目、大丰岩棉项目及保温管项目、仪征汽玻项目等正在按计划抓紧建设。这些项目将进一步扩大生产规模，提升市场竞争力，增强企业发展后劲，成为集团新的经济增长点。

与此同时，建材资源示范基地项目即白龙港项目取得明显进展，国家环保部正式批准环境影响报告书，市政府部门正式批准控制性详细规划，并作为战略性新兴产业被市经信委列为上海市节能环保产业“十二五”发展规划重点项目，被国家发改委列为全国首批资源综合利用“双百工程”骨干企业。

集团在确立“1+3”的科研管理构架的基础上，成立科技管理委员会和技术专家委员会，并与上海社会科学院、上海产业技术研究院、上海研发公共服务管理中心等建立合作关系。集团重视和加强科技创新基础性工作，召开第三届科技创新大会，完成3个市级技术中心的考评，建立和完善科技奖励办法和知识产权管理办法。集团有4项重点科研项目通过验收，低反射高效遮阳低辐射镀膜玻璃获上海市科技进步三等奖。耀皮公司天津浮法生产线开发生产的汽车级隐私玻璃、岩棉公司开发的A60船用防火岩棉等一批新产品已形成产业化，成为提升效益的新亮点。

三、强化资本运作，资产经营取得明显成效

围绕发展战略和“十二五”规划，集团聚焦核心业务，加大资本运作和资产经营工作力度，实行有进有退，进一步优化资源配置，各项工作取得了明显成效。棱光公司已顺利实施增资控股岩棉公司方案，有效推进了优质资产证券化进程。万安水泥公司通过引入战略合作伙伴，完成了资产重组工作，为企业转变机制、转型发展注入了新的活力。集团还与苏州格瑞特公司合资组建了建洁环境科技有限公司。

为了落实“十二五”规划目标，集团编制资产处置三年行动计划。根据计划，继续推进结构调整工作，制定调整方案，对一些长期亏损企业和非核心业务实现有序退出，展欧公司、索迪斯公司、长兴永强公司等股权已基本退出，年内完成了23户三类企业清理目标任务。

与此同时，集团积极推进不动产集约化管理，加强不动产出租管理，实现效益最大化。集团全年通过资产经营和租赁，共实现收益近1亿元，为集团发展和调整提供了有力保障。

四、加强内部管理，管控工作取得了新突破

集团继续强化各项管理工作，进一步完善制度建设，不断创新监察审计、预算管理、节能管理、安全管理方法，促进企业管理迈上新台阶。集团建立和完善了财务总监管理办法和派出董事、监事议事办法，分别向部分企业委派财务总监，以加强对企业经营情况的有效监控，规范派出董事、监事的行为，维护我方合法权益。集团组建风险管控领导小组，加强对各项投资项目、资金往来、资产转让等重大事项的评估，切实防范可能出现的风险。按照全覆盖的要求，监察审计部门将内控测评扩大到各企业，如实揭示部分企业在采购、销售、财务、资产等方面存在的内控缺陷，并提出整改意见，对防范风险起到了积极的作用。

在上年超指标完成综合能耗考核目标的基础上，2012年，集团继续强化节能减排工作，各企业坚持不懈落实节能责任制，进一步开展技术改造，努力挖潜，尽最大努力确保完成了全年节能降耗指标。集团上下不断强化安全生产管理工作，坚持落实安全责任制，有重点、分专业开展安全大检查工作，对查出的隐患加强跟踪和督查整治。

五、加强队伍建设，和谐企业建设不断深化

集团坚持以人为本，不断加强干部和人才队伍建设，深化精神文明建设，开展企业文化大宣传活动，注重民生工作，努力创造稳定、和谐的内部环境。集团组织开展领导班子和领导干部年度业绩考核工作，对部分企业领导干部进行了调整。进一步完善内部激励机制，根据部分企业快速发展的实际情况，采取按投资者与经营团队共享经营成果的激励方式，体现了科学性、激励性、持续性的要求。为了加快人才队伍建设，开展重点企业的人才调研工作，制订加强人才工作的具体措施和目标。年内完成第三批科技领军人才聘任工作，表彰一批优秀科技人员，评选一批青年科技之星和管理之星。根据集团发展要求以及企业人才现状，进一步改善人才结构，加大了人才引进工作力度，通过校园招聘和定向猎取的方式，共引入各类人才近百名。

集团开展了企业文化理念大宣传活动，举办“建材在心中”职工演讲比赛，通过深化创建文明单位活动，开展“建功十二五、立业在建材”主题立功竞赛和争创“工人先锋号”活动，不断凝聚人心，涌现了一批先进集体和个人。

集团重视民生做好信访稳定工作。建立和完善职工工资协商制度，集团人均职工收入同比增长11.6%。元旦、春节等节日期间，各级组织开展送温暖活动，挨家挨户走访老干部和困难家庭，为劳模献爱心，力所能及为困难职工排忧解难，全年帮困资金支出约137万元，受益3301人次。

【2013年发展趋势】

2013年，集团总体工作思路是：认真贯彻党的十八大精神和中央经济工作会议精神，按照国盛集团要求，积极推进“3+1”发展战略，实现“十二五”规划目标。进一步解放思想，突破思维定势，以积极的态度有步骤地稳妥推进改革调整，加快科技创新和新项目投入产出步伐，以提高主营业务利润为目标强化内部管理，努力提高经济运行质量，促进“三个转型”（建材产业向新材料产业转型，建筑市场向多元市场转型，规模经营向质量经营转型），增强可持续发展能力，为实现“十二五”建成有质量的企业集团目标奠定基础。

2013年，集团董事会确定的主要目标是：主营销售收入和净利润均比上年增长3%。

主要抓好以下10项重点工作：一是抓转型发展，努力形成产业优势；二是抓聚焦调整，进一步优化资产质量；三是抓科技创新，增强企业核心竞争力；四是抓企业对标，努力提升经济运行质量；五是抓市场拓展，进一步创新营销方式；六是抓减员增效，大幅度降低劳动力成本；七是抓盘活存量，为集团可持续发展提供支持；八是抓内部管理，促进企业管理上新台阶；九是抓队伍建设，致力于提高人才素质；十是抓和谐稳定，努力确保一方平安。

（朱宏才）

上海市机械设备成套（集团）有限公司

【概况】

上海市机械设备（成套）集团有限公司的前身是上海市机械设备成套局，成立于1959年。于1999年改制为有限公司。成套集团系国内大型企业，拥有工程总承包、国际国内招标、进出口代理和外经权、甲级国家设备成套、甲级工程咨询等20余种资质。近三年来，成套集团经营规模年均达155亿元，跻身国家物资流通企业综合实力百强行列。

50多年来，成套集团为国家和上海市重点工程、重大技改项目，实施过上万个项目，提供千亿成套设备，积累了丰富的设备集成经验，集聚了宝贵的专业人才。多年来，连续评为上海市合同信用最高等级AAA级企业，多次荣获上海市重点实事立功竞赛优秀公司、全国设备成套系统先进单位称号。

经过多年发展，成套集团的业务范围已从设备成套扩展到工程总承包与设备集成、招标代理、进出口贸易、国内贸易、设备租赁、工程监理、汽车销售与维修、工程咨询、项目管理、典当等领域。

成套集团将充分发挥整体优势，增强核心竞争能力，坚持创新发展，秉承企业经营理念“诚信服务、合作共赢”共创未来。

【2012年经济工作情况】

2012年，面对国内外宏观经济变化的挑战，成套集团积极开拓，不断创新，业务取得了新业绩，各项工作得到持续、稳定、健康、有力地推进。2012年，完成经营收入234.9亿元，利润总额7186.65元。

一、经济效益平稳增长

1．“走出去”战略取得新成效。为谋求企业长远利益和可持续发展，科学、积极、谨慎培育和开拓国外和外省市业务市场，各项业务在开拓中贯彻“走出去”战略，形成亮点。工程总承包承接山东委托管理项目21个，完成微山实验中学、塘湖路旅游码头、湿地公园、访客中心及演艺广场、民政大楼等8个项目。其中部分项目已申报山东省地方优秀项目奖和被评为文明工地，在建的项目正在按进度要求施工，质量和资金控制都得到了微山县政府的好评。同时，行政、文体中心、高楼湿地等后续项目不断延伸。山东省崔煤煤矿工业开发区工程全面施工，昆明地铁、南宁市污水厂、苏州轨道交通、成都地铁等项目，均已进入正常施工阶段。南京地铁6号线（机场线）车辆段集成项目已中标，安吉物流公司武汉项目介入全过程管理服务。江阴污水处理厂运营良好，全年累计处理水量为265万吨，与上年同比增长近50%；为提高日污水处理量的扩容工程完成，并提出了二期改造工程。建造如东沿江化工开放区污水厂已有初步设想。抓住上汽集团产业调整的契机，跟踪项目，先后承接江苏南京、山东烟台等地的业务。吉林长春、湖北武汉、广西南宁等地市场都有新的拓展，体现了“走出去”战略的综合实力，并取得了积极成效。

2．传统业务呈现良好的发展势态。招标业务，规模不断增大。2012年，成套集团累计完成国外招标中标金额10.35亿美元，累计完成国内招标中标金额117.5亿元。招标公司积极拓展海外项目在国内招标业务，同时不断探索更广泛的合作伙伴和领域。上汽、烟草、天然气等行业的传统业务巩固拓展，市政府采购和部分区政府采购招标稳步发展；军工涉密完成了相关设备和办公室的安装和装修，并投入正常使用，相关管理制度正在制定完善之中。

工程承包业务，取得新业绩。2012年，成套集团工程项目累计完成工程量6.73亿元。白龙港污水处理二期工程已完成设备单项调试；崇明岛东风西沙水库及取水泵阀工程（EPC）已进入施工阶段；青草沙取水输水泵阀电器设备完成调试通电工作，工程项目取得圆满成功；上海地铁13号线已完成系统调试；大芦线航道整治一期工程为船舶交通管理系统项目结累了经验。

进出口贸易，受内外环境等诸多因素影响，2012年虽然业务量有所萎缩，但也取得了较好业绩。其中出口合同金额为1.59亿美元，进口合同额为1.63亿美元。太阳能产品出口进入低迷状态。出口返销日本大林组5米盾构机部件拓展了大口径盾构业务，汽车整体进口及煤炭进口业务取得新业绩，代理杭州车铁公司的铁路机车部件出口巴西市场和与美国IAC（国际汽车零部件集团）合作，延伸了服务领域。

国内贸易，完成营业额8.9亿元。汽车4S店营业场所整体调整，新建福特汽车4S店已建成投入试运行，成为远东第一规模的旗舰店。郑州日产4S店已装修完毕，进入新址营业，已正式投入运行，有色金属等大宗商品的销售发展势头良好。

咨询监理，完成工程量16.25亿元。咨询业务，昆明固废处理处置项目完成了调试，已投产运行。武汉上海通用汽车年产30万辆整车项目安吉物流滚装码头配套项目已进入前期服务阶段。监理业务，承接了上海中信国健药业股份有限公司三万升规模抗体药物设备生产线项目已展开。武汉地铁2号线一期工程机电设备系统总监理项目年内已实现通车，这是武汉市第1号实事工程。

3．维护和提升企业经营资质。招标完成机电产品国际招标资格审核、中央投资项目招标代理业务报送；重大机电产品国际招标项目材料报送，完成军工涉密资格申报，并获得国防科工局颁发的涉密资质证书。工程咨询增加市政和房屋两项资质的申请，并做好工程咨询甲级资质的重新审查换证。监理获得1项甲级资格、2项乙级资格升级，从总体上提高了企业的市场竞争力。

4．注重服务质量，彰显成套品牌。成套集团注重打造企业品牌，以优质服务取信于客户，连续4年获得“年度中国招标机构顶级品牌”荣誉称号和“2011年度中国阳光招标奖”、“2011年度中国最具竞争力招标机构百强”、“2011年度中国最具社会责任感招标机构”、“2011年度国际招标项目最具竞争力招标机构第二名”等诸多奖项，并荣获2012年度上海市重大工程立功竞赛优秀公司。2012年监理荣获上海市相宜本草项目上海市白玉兰奖和武汉轨道交通二号线一期工程建设先进单位称号。

二、加强内部管理工作

加强内部管理。继续严格实行财务预算制度，严格控制、规范资金使用的程序和审批，以及使用过程中的监管，注重可控性和计划性，定期监控预算执行情况，加强应收款管理，降低经营风险。

严格履行项目工程专职律师“合同三级审核”管理制度。针对每项工程合同及施工组织设计等文件，从技术条款、合同履约、风险控制、法律责任进行审核，维护企业权益。并按批准流程加盖合同章或公章，及时对合同文件进行催讨，做好归档工作。同时根据工商管理要求，经评估公司审定，成套集团和招标公司都被评为2010–2011年度合同信用评价AAA类企业。

加强人力资源管理。注重人才引进和培训，提升企业素质，增强了对人才培训计划的实施，进一步满足业务发展对人才资源的需求，为成套集团的可持续发展夯实人才基础。

认真落实内部治安责任制，及时做好各项安全保卫、消防工作，健全干部值班制度落实。加强内保工作开展，建立稳定工作预警机制。坚持安全责任制，加强对项目工地的安全管理，集团先后荣获“平安单位”和“治安安全合格单位”称号。

重视企业文化建设。积极营造生动活泼的企业氛围，加强企业品牌和形象的树立，强化成套企业标识的统一使用与管理和企业愿景，经营理念和企业精神的宣传，积极开展“创文明单位”创建活动。

【2013年发展趋势】

2013年，成套集团坚持以科学发展观为指导，紧扣“十二五”发展规划的节点要求，巩固和发展传统业务，进一步实施“走出去”战略，坚持“创新驱动、转型发展”，不断推进结构调整，进一步完善经营者和员工的责任考核及分配机制，逐步引入绩效平衡计分法考核，加强内部管理，进一步完善内控管理制度，提升成套集团管控能力和系统集成能力，加强企业文化建设，以“创建市文明单位建设”为抓手，推动成套集团企业文化建设和各项经济工作可持续发展。

一、经济指标

预计经营收入为155.4亿元，利润总额5403万元。

二、主要任务和目标

1．巩固和发展传统业务，不断开拓业务新领域。

2．促进结构调整，发挥整体优势。

3．注重创新体系建设，促进产业协调发展。

4．建立科学的管理体系，落实各项配套措施

5．加强企业文化建设。

（陈　妍）

上海烟草集团有限责任公司

【概况】

上海烟草集团有限责任公司是一家以卷烟工业为主的多元化、集约化、现代化的大型国有企业。2012年，公司实现税利888.45亿元，其中利润223.68亿元。公司被中央精神文明建设指导委员会办公室评为2011年“全国文明单位”；被上海市企业联合会、企业家协会、经济团体联合会评为2011年度“上海企业100强”第14位、“上海制造业企业50强”第8位；被上海市慈善基金会、上海市精神文明建设委员会办公室评为第五届上海市“慈善之星”；被中国烟草总公司评为“全国烟草行业服务品牌建设先进单位”。公司名列2012年上海市税收收入和企业集团汇总纳税百强企业第一名，连续第二年蝉联榜首。

公司拥有一流水准的卷烟工业企业以及烟草储运、印刷、机械、材料等配套工业企业，并涉足商业、物流产业以及宾馆酒店、金融保险等行业。2003年和2004年，公司先后与北京卷烟厂和天津卷烟厂实现战略性联合重组。

目前，公司出品的主要卷烟品牌有“熊猫”、“中华”、“红双喜”、“中南海”、“牡丹”、“大前门”、“孟菲斯”、“江山”、“恒大”等。多年来，以“中华”卷烟为代表的集团名优品牌以其高知名度和高品质赢得全国卷烟消费市场的推崇，并始终保持畅销不衰。

【2012年经济工作情况】

公司紧紧围绕行业“卷烟上水平”基本方针，坚持“重在持续、重在提升、重在引领”发展要求，面对宏观经济下行压力加大和外部环境复杂多变的形势，抓牢“发展、改革、规范”工作主线，全面提升素质，着力创新驱动，率先转型发展，全面实现“中华”品牌“百万千亿”目标，保持了集团持续健康发展。

一、深化战略研究，制定并实施“创新驱动、转型发展”行动计划，确保集团又好又快发展

公司全面科学分析集团当前和今后一个时期面临的新情况、新矛盾和各种挑战，明确提出“创新驱动、转型发展、素质提升”工作思路，编制完成《上海烟草“创新驱动、转型发展”行动计划（2012—2015年）》，积极寻求“创新亮点、发展空间”，扎实推进营销、技术、管理、文化和体制机制创新五大领域14项重要课题实施，有力促进集团发展方式的进一步转变。认真落实国家局“控总量、调结构、降库存、稳价格”调控方针，通过科学判断形势变化，理性把握市场预期，合理配置各类资源，实现了卷烟产销协调增长，产品结构持续提升，“1+3”品牌加快发展，成本费用有效控制，进一步提高经济运行质量和效益，继续保持集团经济运行良好发展态势。

二、聚焦品牌发展，全面实现“中华”品牌“百万千亿”目标，市场建设水平不断提高

1. 持续推动“1+3”品牌发展。秉承“做中国人自己最好的卷烟”使命，提前两年全面实现“中华”“百万千亿”目标，取得销量增、价格稳、份额挺的良好市场表现，品牌价值持续提升，品牌效应进一步显现。全年累计实现商业销售110.8万箱，商业批发销售收入1186.99亿元；400元/条以上市场份额达到62.4%，继续保持高档烟市场主导地位。“中南海”品牌以“做混合型高端市场的领跑者”为目标，坚持“高端引领、消费转型、持续创新”，不断加快转型发展和结构提升步伐。全年累计商业销售37.19万箱，同比基本持平，其中三类以上占79.56%，8mg以下占81.9%；内销批发单箱销售额达1.81万元，提高11.04%，继续保持国内混合型卷烟第一品牌地位。“红双喜”品牌以“更低焦油、更具价值、更显年轻”为目标，切实加大新品研发力度和培育步伐，稳步推进品牌发展合作，积极拓展合作生产规模，全年实现商业销售97.44万箱，合作生产21.88万箱，同比分别增长4.8%和39.65%。“熊猫”品牌着力加强发展规划研究，挖掘品牌文化内涵，开辟海外免税市场，保持“顶级品牌”地位。

2. 不断提高市场建设水平。聚焦品牌市场表现和客户订单需求，持续深化精准营销，完善“一张表分析、一张纸协同、一条链保障”工作方法，试点实施工商协同网上配货，不断提高市场响应能力；积极探索驱动营销，稳步推进“中华（大中华）”、“红双喜”（星派、尚派）等新品培育工作，初步构建驱动营销运作体系，不断提高市场营销能力。以全国卷烟营销网络建设现场会召开为契机，围绕“一流的服务、一流的手段、一流的管理、一流的素质”目标要求，推进市场导向的现代业务流程，实现深度融合的现代电子商务，建设面向顾客的现代管理体系，打造具有职业精神的现代营销团队，加快建设具有“国际一流”水平的现代卷烟营销网络，推动了网建工作水平的全面提升。加快集团重点品牌“走出去”发展步伐，切实加强市场拓展和营销网络建设；深化对外合作，持续推进“落地生产、落地销售”，全年实现集团卷烟境外销售18.18万箱，增长5.78%；卷烟出口创汇1.7亿美元，继续保持行业领先地位。围绕“网络终

端无假烟”目标，着力构建“政府领导、部门联合、多方参与、密切协作”打私打假体系，初步形成“查处、管理、疏导、服务”四位一体市场综合监管模式，扎实开展“夜鹰”、“猎鹰”系列专项整治行动，打假破网取得新的突破。2012年，全市各级烟草专卖部门共查获非法卷烟59.52万条（其中假冒卷烟20.15万条），总案值4892.5万元；破获部级督办案件5起，符合国家局标准网络案25起；全市卷烟市场净化率为97.9%。协助公安机关抓获涉烟犯罪嫌疑人294人，刑事拘留138人，有96人被依法追究刑事责任。

三、着力创新驱动，加快实施集团科技重大专项，自主创新能力持续增强

1．有序推进重大技改工程建设。浦东科技创新园区建设项目以“高端技术集散地、高端产品孵化器”为目标，规范有序做好设计、规划、筹备等各项工作，按期实现奠基开工，为建设“国际一流”的烟草科技创新基地奠定了坚实基础。“中华专线”项目经过设备调试、生产切换准备等四个阶段的试运行，成功实现正式投产，并荣获中国建设工程“鲁班奖”。北京卷烟厂、天津卷烟厂、营销中心等技改项目按计划有序推进。

2．着力深化集团创新体系建设。初步形成浦东科技创新园区创新体系框架，加快推进技术中心体制机制建设，着力完善产品研发维护机制，探索实施科技项目分类分级管理，有效激发了企业创新活力。不断提高学术研究、论文征评和成果推广应用水平；持续开展以质量改进、QC活动、合理化建议等为载体的群众性创新活动，初步形成职工“现场主动”改善岗位工作的平台和机制。

3．精心组织实施科技项目攻关。积极参与行业重点科技项目和重大专项研究，《中式卷烟风格特征剖析》项目获得行业科技进步一等奖。加大技术创新力度，在选择性减害材料、“中华”专用薄片、高档烟用梗丝、数字化配方技术、增香保润、无烟气烟草等关键技术研究上取得积极进展。全面完成降焦改版工作，卷烟焦油量实测平均值10.92毫克／支，烟气一氧化碳平均值11.89毫克／支，同比分别下降1.08和0.47毫克／支。全年申报各类专利94件，全部获得受理。

4．不断加大产品研发储备力度。按照“销售培育一代，开发维护一代，研究储备一代”的要求，深入推进集团品牌研发工作，“中南海”（领越）、“红双喜”（10mg晶派、晶喜）、“熊猫”（礼盒）、“金鹿”系列等10款新品开发上市，“恒大”（烟魁）等具备上市条件；“红双喜”（3mg）等一批新产品的研发储备工作有序推进。

5．高度重视信息化建设工作。深化工业MES（制造执行系统）系统建设，推进现代电子商务运用，完成企业门户以及人力资源、财务管理等信息系统的集成、应用和推广，加强信息资源分析利用，有效推进了信息化与企业生产经营的深度融合。行业信息系统上海容灾中心全面投入运行。

四、强化风险管控，严格落实“六个严禁、一个严控”要求，企业管理更加民主规范

1．健全完善集团管控模式。着力构建符合现代企业制度要求的企业法人治理结构，切实加强董事会专门委员会建设，修订完善董事会工作制度，推动企业重大决策的科学化、程序化、制度化。探索开展集团管控组织架构设计，完成集团各单位、部门职能调研工作；优化关键业务流程，完成集团ERP（企业资源计划）规划，初步形成上海烟草ERP建设的目标、应用构架和实施策略。

2．继续加大内部监管力度。成立专卖内部管理监督处，推行专卖内管委派制，建立上海烟草专卖内管标准化管理制度，着力构建内部监管体系。严格遵守“六个严禁、一个严控”纪律要求，切实做到令行禁止、政令畅通。深入开展“天价烟”和卷烟过度包装专项治理工作，建立健全长效机制。进一步深化“两项工作”，通过深入推进办事公开、民主管理工作促进工程投资、物资采购、宣传促销工作的规范，切实做到“应招尽招”，保障企业生产经营活动的规范有序运行。集团工程投资、物资采购、宣传促销实施公开招标项目金额占到84.03%，同比提高9个百分点。积极落实全面审计“回头看”等工作，切实发挥内审机构作用，扎实开展经济责任审计、构建工程审计监督体系以及物资采购、宣传促销项目过程审计等工作，努力发挥审计“免疫系统”作用。

3．持续提升精益制造能力。实施烟叶订单生产试点工作，推行数字化配方打叶新工艺，完成“中华”原料采购161.56万担，进一步提升了“中华”原料保障能力；持续深化“烟叶一生管理”，探索推进沪皖烟草农业高科技示范园建设。集团国家级基地单元增至39个。以市场为导向，以质量“零缺陷”为目标，统筹调配资源，柔性安排生产，深入开展“镜面、方正、圆周、同质”四项质量工程，积极探索质量自触发机制，不断深化5S现场管理，扎实推进SPC（统计过程控制）等质量工具的系统集成和推广应用，着力构建集团精益制造体系。全面实施烟用材料入库检验，建立健全供应商质量安全档案；建成上海卷烟厂质量检验三级站，加强集团产品质量安全体系建设，促进集团重点品牌质量监督保障能力的进一步提升。

4．切实提高基层建设水平。深入开展“管理创一流”活动，不断提升集团企业管理整体水平。卷烟工业企业围绕“聚焦重点、管理整合、项目突破”，坚持顾客导向，注重制度建设，突出管理融合，加强流程管理，不断健全QEOM管理体系；积极树标对标，提升管理基准，加强管理规范，突破系统瓶颈，持续深化“一流工厂”创建工作。全市商业企

业以“归核、瘦身、提升、稳定”为目标，深入开展“三管一加强”工作，切实加强经济运行分析，完善定额定员管理，持续提升企业经营管理水平。各配套企业坚持服务主业，不断提高包装印刷、物流配送、滤棒制造、薄片生产等各项工作水平，持续提升对集团发展的贡献度。

5．着力夯实各项管理基础。强化成本基础管理，加强重点费用管控，有效发挥预算管理资源配置作用。强化资金管理关键点的内控建设，建立资金监管规则，确保资金安全受控、高效运行。持续推进安全标准化、信息化和安全文化建设，初步形成全员安全履职机制，切实加强信访维稳工作，积极推动安全管理体系有效运行。集团公司下属6家工业单位成为安全生产标准化一级企业。围绕“两烟一体化、供销一体化、工商一体化”目标，明确工商物流布局，提升物流管理水平，加快推动物联网和清洁仓间建设。健全后勤服务快速响应机制，进一步提升后勤服务保障能力。不断提高服务水平，积极营造三产和谐稳定氛围。着力拓展博物馆展示、收藏、研究三项职能，更加凸现“窗口”宣传、展示作用。不断提高资源配置效率。进一步健全有限公司法人治理工作机制，完善多元化企业法人治理制度与流程；进一步优化集团对外投资结构，加快推进合资企业和多元化经营企业发展。牡丹香精香料公司合资项目顺利完成；北京“王宝和1744”成功开业；中华园整体改造筹备启动。

五、坚持文化引领，深入开展“235”教育实践活动，队伍整体素质全面提升

1．扎实推进“235”教育实践活动。坚持党组中心组联组学习制度，推动各级领导干部围绕集团中心工作，带头攻坚克难、带头创新实践，不断改进作风、增强能力、提升素质，进一步发挥带头表率作用。突出“教育为先、实践为主”，确立“点、线、面”宣贯途径，通过形式多样、各具特色的主题活动，有效推动“235”教育实践活动深入开展。

2．大力加强思想作风建设。深入开展“四好”领导班子创建工作，扎实推进“基层组织建设年”和“双十佳”活动，努力确保创先争优活动常态化、长效化。深化廉政风险管理，严格规范权力运行，强化“三重一大”决策制度，加强管理监督一体化工作，深入推进集团标准化惩防体系建设。全年组织集团186名厂处级干部和900多名科级干部开展专题培训，进一步提升思想政治素质。扎实开展“素质提升”系列活动，有力推动机关“职能转型、作风转变”。

3．持续深化企业文化建设。坚持“品牌化塑造、体系化建设”，着力打造“和搏一流”文化、“1+3”品牌文化、“海烟”服务文化三大品牌，突出抓好企业文化、服务品牌、学习型组织三大体系建设，不断扩大企业文化辐射效应；积极倡导“传承在青年、落地到班组、服务进万家”，有力推进了“文化落地、制度落地”。坚持“诚信、共赢、负责任”，立足“四同”（发展同向、工作同心、服务同步、利益同体）不断提高零售客户满意度，开展“五助”（健康上扶助、心理上辅助、法律上援助、生活上资助、知识上帮助）持续提升员工幸福指数，推动了企业与社会、企业与员工的和谐发展。

4．全面提升员工队伍素质。坚持“德才兼备、以德为先”用人标准，深化人事制度改革，统一素质能力考试，实施10批共18个厂处级岗位和10个机关科级岗位的竞争性选拔工作，开展专业技术、技能职务竞争性选拔聘任工作，组织集团10个单位24人次跨地区、跨专业、跨部门交流实习，进一步拓宽了选人用人视野，完善了择优选贤机制。充分发挥专家人才领军作用，着力构建高层次梯队科技人才队伍。高度重视员工教育培训，扎实推进全员轮训工作，积极探索“全生涯”培训机制。全年实施各类培训项目76个14200余人次，其中安全培训1018人次。集团选手在行业第五届烟叶分级职业技能竞赛中获得第一名、在“双喜杯”烟机修理职业技能竞赛中获得两个第一名和一个第二名的好成绩。

5．不忘“报效国家、回报社会”，营造企业和员工、企业和社会和谐发展的良好局面。2012年，再次向上海市慈善基金会捐款1000万元，向上海市老年基金会捐款800万元；向云贵川等省烟叶基地救灾助学1630万元，捐赠“爱心校车”24辆，进一步树立了负责任的企业形象。

【2013年发展趋势】

2013年，公司认真贯彻党的十八大精神，全面落实行业“卷烟上水平”基本方针和战略任务，始终坚持“三个重在”发展要求，始终坚持“发展、改革、规范”工作主线，始终坚持“创新驱动、转型发展”增长方式，以培育“中华”为核心的“1+3”品牌为重点，以“235”教育实践为主题，以改革创新拓展发展空间、夯实发展基础、促进规范管理，切实增强集团创新能力、支撑能力、保障能力和发展动力，全面提高集团“创新驱动发展”的能力和整体素质，践行“做中国人自己最好的卷烟”企业使命，努力保持集团风清气正、政通人和、健康发展，为建设更加规范、更富效率的中国烟草作出新贡献。

2013年，公司目标简称为“1141”，即突出一个发展重点——着力培育以“中华”为核心的“1+3”品牌；推进一项主题实践——深入推进以“235”教育实践为主题的精神文明建设；切实增强四大发展能力和动力——增强创新能力、支撑能力、保障能力、发展动力；实现一个目标——实现以“中华”品牌“百万千亿”工程为核心的“1+3”品牌新提升，保持集团持续健康和谐发展。主要措施：

一、着力培育以“中华”为核心的“1+3”品牌

更加重视品牌管理，着力加强“1+3”品牌战略研究。

进一步完善品牌管理机制；进一步健全品牌发展规划；进一步拓展卷烟国际市场。更加重视品牌培育，着力增强“1+3”品牌竞争实力。始终保持“中华”品牌良好状态；深入推进“中南海”品牌转型发展；着力彰显“红双喜”品牌特色优势；不断巩固“熊猫”品牌顶级定位。

二、深入推进以“235”教育实践为主题的精神文明建设

认真学习贯彻党的十八大精神，进一步加强党的建设。改进工作作风、密切联系群众，加强学习型、服务型、创新型领导班子建设。深入推进“235”教育实践活动，进一步加强精神文明建设。不断深化“三馆三中心”和“职工之家”建设。坚持“品牌化塑造、体系化建设”思路，进一步加强企业文化建设。扎实开展集团组建20周年系列活动，持续加强“海烟”服务品牌建设。

三、全面提升“创新驱动、转型发展”能力

切实增强创新能力，着力加强集团创新体系建设，加快推进科技重大专项实施，全力确保重点技改项目进度；切实增强支撑能力，不断提升卷烟营销水平，着力完善精益制造体系，有效提供装备信息化支撑，高度重视节能降耗减排工作，扎实推进现代物流建设，深入开展基层创优活动；切实增强保障能力，不断加大市场监管力度，注重提高风险管控水平，着力加强安全维稳工作，继续夯实各项管理基础；切实增强发展动力，积极探索集团管控模式，持续完善干部人事制度，不断健全人才驱动机制。

四、努力实现以“中华”品牌“百万千亿”工程为核心的“1+3”品牌新提升

坚持“控制总量、稍紧平衡”原则，坚持市场需求导向，坚持低焦高端发展方向，全年工商税利继续保持10%左右增长。

（吴敏竹）

中铝上海铜业有限公司

【概况】

中铝上海铜业有限公司是中国铝业公司控股子公司，于2006年8月28日在上海注册成立。公司注册资本122324万元，落户于上海市宝山区泰和路1088号，占地总面积42万平方米，建筑总面积17万平方米。公司由5个股东共同发起设立，分别是中国铝业公司、上海仪电控股（集团）公司、上海有色新材料（集团）有限公司、上海长江有色金属现货市场、上海闵马投资管理有限公司。

公司从事铜加工和有色金属进出口业务等，主要产品为铜及铜合金板、带、箔及复合材。铜材产品牌号全、种类多、规格齐、技术标准水平高，产品被广泛应用于电子信息、电力设施、汽车、船舶、航天航空、国防工业及重大装备等领域。

公司充分利用合作各方在资源、技术、品牌、经营、市场等方面的优势，重点发展有色新材料产业，服务于上海先进制造业和现代服务业，并加快在上海建设精品铜材生产基地。

“十二五”期间，公司将以全方位深度结构调整为动力，确保初步实现“做精板带箔，走高端铜加工之路”的战略转型，呈现一个观念先进、机制创新；研发前瞻、生产精细；经营灵活、风控规范；人才集聚、队伍稳定；组织扁平、管理高效的焕然一新的上海铜业。

【2012年经济工作情况】

2012年是公司“转型发展年”。一年来，全体干部职工坚持控亏增盈攻坚战，全力遏止企业运营下行势头，有序推进运营转型、结构调整、管理改革、新厂新办、创先争优、治庸问责等工作，各项主要技术经济指标基本稳定。

一、应对挑战，生产经营秩序总体稳定

1．应对市场严峻挑战，加快推进产品结构和用户结构调整。公司审时度势，向市场、管理、机制要效益，加快产品结构和用户结构调整，强化市场开拓，推进差异化营销策略，在确保基本销量的基础上，依托新线的装备优势，加大高附加值、高端产品的市场开发及营销力度，遏止订单下滑势头。2012年，公司实现1.46毫米端子用黄铜带、锡黄铜带等产品市场开发零的突破。

2．降本增效，加大“红线指标”考核力度。根据总部降本增效工作安排，6月，公司下达后7个月降本增效指标，要求在年度预算指标基础上生产成本指标再降5%、三项费用指标再降10%，并据此确定保底“红线指标”，通过层层分解，落实相关责任人的责任。公司坚持每月对达标情况进行自查、跟踪、分析和考核，广泛动员，明确目标，落实责任，定期考核，突出重点，正向激励，努力促进保底目标的完成。通过“降本增效”工作，公司生产经营管理、设备管理、后勤保障等工作取得实质性进步，降低了管理费用，提高了资金运转效率。

3．试点推进，运营转型取得实效。公司选择板带一工区进行运营转型试点，在诊断分析基础上，提出提高收益短期目标速赢项目18个，至9月末，运营转型取得阶段性成

果，其中5个项目达到短期目标，9个项目指标得到改善。在试点工作基础上，公司于2012年10月全面启动运营转型工作。

4．精细操作，稳定产品质量。公司积极贯彻“两头严、中间细”管理要求，从严检斤计量工作，完善和严格执行产品进库和发货两头的管理流程。强调中间生产过程的精细化操作，严格落实责任，提高工作质量，确保产品质量稳定和交货期加快，质量退货率基本控制在预算目标内。

5．改善设备管理，向节支要效益。一是通过用电“削峰填谷”措施，合理利用峰谷电价差，降低单位电价，减少电费支出。二是积极推进合同能源管理项目，实施节能技改，降低能源消耗。

6．重点把控，营销风险有效控制。公司进一步完善营销考核办法，推动正向激励，提高营销人员拓展市场积极性。通过强化内外贸联动、期货现货联动、新线老线联动，以机制促进营销管理创新。公司落实原料采购和应收账款管理措施，原料购销价格和应收账款管理继续受控，产成品库存得到大幅度压缩。

公司强化审计效能监察和全面风险管理体系建设，有序推进对外经济业务法人授权委托工作，通过对相关业务人员进行合同法专业培训和授权，规避和控制企业经营风险。

7．加强资金管理，降低财务费用。公司结合宏观调控政策变化，密切关注市场利率变化，积极争取中小银行支持，获取低利率资金，多渠道盘活存量资金，降低财务费用。公司结合“双百亿”工作要求，压缩在线金属、成品库存、备品备件和辅助材料的资金占用，降低存货资金总额，加快资金和物料周转速度，控制财务费用支出。

8．举一反三，加强安全生产管理，推进安全生产标准化建设。公司进一步加强安全生产管理，开展安全教育，同时全面开展安全生产管理培训，新进员工岗前培训率100%，特殊工种持证上岗率100%。公司注重设备本质安全的保证，启动安全生产标准化工作，强化生产作业现场管理。

二、攻坚克难，结构调整工作向纵深推进

1．有序推进实施管棒厂业务转型工作。根据公司全方位深度结构调整要求，一是通过实施企业内退、弹性工作制和培训转岗等措施，使人员安置基本平稳有序。二是结合业务转型要求组建板带三工区，完成产品包装业务对接工作。三是结合区域规划，通过公开招标，择优选取有实力的战略合作企业，如期完成管棒厂厂房及土地招商和出租工作。四是认真做好管棒线产品的应收账款回笼，有计划地进行管棒厂固定资产、在制品及产成品处置。

2．有序推进铜箔厂业务转型。结合新线压延铜箔后处理机列调试，兼顾考虑铜箔厂生产经营状况，公司下半年安排铜箔厂阶段性停产，着手启动铜箔厂业务转型的前期工作。

3．稳步推进二板带厂结构调整前期准备工作。不断完善二板带厂整体搬迁和技术改造方案，并积极争取相关政策支持。

4．稳步推进吴淞西南地块整体盘活工作。

三、新厂新办，新线项目建设呈现新亮点

1．全力支持日本管理团队按合同实施契约化管理。用“六个一流”的先进管理理念推进“新厂新办”，生产运行体系和质量管理体系逐步理顺和完善。

2．薄带生产线和压延铜箔生产线调试工作积极推进。新线项目基本实现年内贯通目标。高度重视工程质量和安全管理，从严控制投资概算，项目竣工验收工作全面展开。

3．新老线联动更加紧密。通过以新线促进老线产品质量提高，以老线的资源带动新线拓展市场，推动公司整体产品质量全面提升。

4．厚带生产线试生产日趋稳定。生产现场实施5S管理，MES信息化管理系统启动运行，现代化企业面貌初步呈现，产品质量指向高端市场，试生产期间技术经济指标逐渐趋好。

5．新品开发取得实质性成效。压延铜箔轧机调试取得成功并轧制出厚度0.007毫米的极限规格压延铜箔，部分规格铜箔已得到客户认可。压延铜箔新材料的开发，受到上海市委、市政府领导以及中铝公司的充分肯定。一些代表行业高品质的产品，如厚度0.15毫米规格的硬态C19400铜带已经小批量生产。

四、深化管理改革，机制转换步伐不断加快

1．推进管理改革，以机制转换促管理创新。供销分公司销售管理改革继续推进，符合市场经济规律的竞聘上岗和薪酬与业绩紧密挂钩的新机制初步形成。通过机制转换使营销人员拓展市场积极性得到初步提高，合同订单有所回升，资金回笼加快，成品库存逐步降低并处于受控状态，应收账款控制在预算范围内。

2．有序推进工区制管理改革。本着“夯实基础、管理下沉”的原则，改进生产调度工作。通过定编定岗，严格总控定员，收入分配向一线和关键岗位倾斜。

3．统筹安排，推进集约化生产进程。按照工艺流程和产品紧密联系的特点，将二工区划归二板带厂管辖，保留建制，实施统一管理。

五、重视科技进步，科研技改工作取得新成绩

公司不断加大企业科技研发和技改工作力度，为企业发展增添动力。2012年，完成中铝公司科技部组织的中铝科技基金项目《FPC用压延铜箔的研究开发》和《高寿命挤压金属陶瓷模的研究》的验收。《铜及铜合金U型管》列入2012年中铝公司产品标准项目，当年年底完成产品标准审定工

作。完成《地下杆式抽油泵用铜合金无缝管》产品标准项目编制工作，该项目经专家评审达到国际先进水平。公司发明专利《超长铜合金管的连续生产技术》获授权，《一种晶须增韧型金属陶瓷材料》进入发明专利实质性审核阶段，三项专利申报获中铝公司专利奖。

高精度铜板带改扩建工程项目中列入老线“填平补齐”项目的5个子项已全部完成调试工作，2012年年末全部交一工区投入使用。

一年来，在资金偏紧情况下，公司不放松老线技术改造，500万元以下资本性项目完成投资445万元，逐步改善了现有生产线的技术装备水平。此外，公司积极推进节能减排工作。

六、融入中心，党群工作活力不断增强

1．以党的十八大精神统一干部群众思想。公司党委中心组坚持每月一期专题学习，提升各级领导干部理论水平和业务能力，通过专题学习、报告会和上铜报等多种形式广泛开展十八大精神的学习宣传，帮助干部职工领会十八大提出的新思想、新观点、新论断。组织中层干部述职述廉述学，对干部队伍进行了适时调整充实，下发《关于青年岗位成才工程实施意见》，评选表彰公司8位青年岗位能手，不断加强干部和人才队伍建设。

2．深入开展基层组织建设年活动。公司党委推荐的两项工作机制被市经信工作党委收入《创先争优长效机制成果集》。公司命名表彰7个“三型”党组织先进党支部，两个基层支部及两名党员分别荣获中铝公司和上海市经信系统的创先争优先进称号。举办党支部书记培训班。选举出席上海市十次党代会代表，启动公司首次党代会筹备工作。

3．不断加强党风廉政建设。惩防体系建设不断细化，干部廉洁档案初步建立，廉洁风险防控体系完成建设。“做纯洁员工，建廉洁岗位”、“廉洁自身硬，全家保平安”等主题宣教活动内容丰富，“治庸问责”工作深入开展，干部作风和效能不断提高。

4．不断深化党群思想文化建设。公司围绕运营转型试点，着力宣传报道干部职工在控亏增盈攻坚战中的先进事迹，提升员工降本增效、控亏增盈的理念和能力。结合“解难事、做好事、办实事，为民服务创先争优”活动，积极开展帮困送温暖工作，坚持领导接待日制度，坚持两年一次员工体检，恢复开放职工洗衣服务，组织开展“安康杯”趣味运动会、“白铜杯”乒乓友谊赛等文体活动，进一步营造企业和谐向上的氛围。

【2013年发展趋势】

2013年是全面深入贯彻党的十八大精神的开局之年，是公司贯彻“调整结构、做精板带，盘活资源、转型发展”方针的关键一年。公司要在充分估计企业面临形势的复杂性、严峻性的基础上，提振做好企业2013年经济工作的信心，既看到经济形势的积极方面和有利因素，进一步增强发展信心，更清醒看到形势的不确定性、复杂性特征，切实增强忧患意识和紧迫感，凝心聚力，克难攻坚，全力以赴争取新的突破和进步，努力完成2013年预算目标。

一、经济工作目标

1．产销总量：45000吨（老线30000吨，新线15000吨）；

2．营业收入：92亿元；

3．利润总额：88万元；

4．销售收入资金回笼率：100%；

5．安全生产：完成中铝公司和上海市下达的安全考核指标，千人负伤率小于1‰，无重大安全生产和环保责任事故；

6．高精度铜板带项目年内全面通过竣工验收。

二、公司三大任务

一是提升主业运营质量，二是发挥新线关键作用，三是加快盘活存量资产。

三、做好六项工作

1．市场化改革要有新思路；

2．运营转型要有新成果；

3．结构调整要有新举措；

4．市场开发要有新突破；

5．盘活资源要有新进展；

6．党群工作要有新局面。

（邱子雄）

上海船舶工业公司

【概况】

上海船舶工业公司是中国船舶工业集团公司（以下简称中船集团）在上海及苏、皖地区的派出机构，主要任务是受中船集团委托，对中船集团在上海及苏、皖地区的企事业单位进行必要的管理、协调、监督、服务等职能。

上海地区集中了中船集团绝大部分骨干船厂，造船产量约占全集团造船总量的80%以上，技术和管理水平在国内处于领先地位，具有较强的国际竞争力，承担着我国机电行业出口创汇和海军装备生产的重要任务。

通过多年的发展，上海船舶工业具备建造吨位大中小型，技术含量高中低档的各类用途水上及水下军民用船舶产品、海洋工程产品和配套设备、产品的开发能力、技术能力、生产能力。产品种类从普通油船、散货船到具有当代国际水平的化学品船、客滚船、大型集装箱船、大型液化气船、大型自卸船、液化天然气船、超大型油轮（VLCC）及海洋工程等各类民用船舶与设施。同时在大型钢结构制作等多方面具有优势。

在做大做强造船主业的同时，积极发展壮大修船业、船用配套以及钢机构等非船业务。能够从事从一般海损坞修到大工程改装修理，建造多型号、多系列的大型船用中低速柴油机，在其他配套产品的开发生产上也取得骄人业绩。积极参与上海和全国各地城市的基础建设，先后承接建造上海南浦、杨浦、徐浦、卢浦大桥，上海东方明珠、上海大剧院、浦东国际机场、八万人体育场等为代表的大型市政工程的钢结构制作和安装以及地铁、隧道盾构的制作和维修，为市政建设作出重大贡献。

上海船舶工业公司将在中船集团领导下，为把中船集团公司建设成为产融一体、最具竞争力的世界一流船舶集团作出新的贡献！

【2012 年经济工作情况】

2012 年，受国际航运市场萧条持续低迷的影响，主要经济指标均有下滑，交船难、接单难和盈利难等问题突出，国际金融危机滞后影响全面显现。上海船舶工业积极应对复杂严峻形势，坚定信心、主动作为、攻坚克难、破冰前进，围绕“十二五”规划和年度目标，努力破解船舶行业的僵局、危局、困局、险局，进一步提升管理能力、推进破局发展，实现了经济运行总体平稳，结构调整步伐加快，管理提升成效明显，努力保持上海船舶工业平稳发展的态势，为进一步发展奠定坚实基础。

一、主要经济指标完成情况

2012 年，上海船舶工业造船完工量继续保持在 1000 万载重吨以上，主要经济指标有所下滑，但承接合同金额和新船订单实现了同比增长。全年完工船舶 96 艘，比上年下降 11.6%；完成造船产量 1044 万吨，下降 21.5%。全年完成工业总产值 548.8 亿元，下降 14.7%；实现销售产值 548.8 亿元，下降 14.7%；完成出口交货值 293 亿元，下降 22%；完成柴油机 174 台，下降 10.8%；功率 221 万千瓦，下降 15%。全年承接各类合同金额 460 亿元，增长 17.7%；其中，签约新船订单 424 万吨，增长 3.6%。

上海主要骨干船厂造船产量过百万吨的有 3 家，其中上海外高桥造船有限公司（以下简称外高桥造船）继续保持国内领头羊的地位，2012 年完工船舶 24 艘 /543 万载重吨。江南造船（集团）有限责任公司（以下简称江南造船）完工船舶 35 艘 /281 万载重吨。沪东中华造船（集团）有限公司（以下简称沪东中华）完工 22 艘 /138 万综合吨。尤为突出的是在市场极度低迷的情况下，各船厂主动出击，千方百计抢订单，在经营承接上取得了重大突破，江南造船承接 76 万载重吨，外高桥造船承接 300 万载重吨，都有较大幅度的增长。

船舶配套企业，尽管困难重重，但全力以赴保履约、抢订单，努力完成各项任务。2012 年，沪东重机有限公司（以下简称沪东重机）共完工交付柴油机 140 台 /144.6 万千瓦；中船三井柴油机有限公司（以下简称中船三井）完工交付柴油机 34 台 /76.2 万千瓦。

完工产品创建一系列好成绩。5 月 2 日，上海船厂船舶有限公司建造的首艘 4600TEU 集装箱船交付，该船是世界首创的宽体中型集装箱船。6 月 13 日，上海外高桥造船有限公司第 130 艘好望角型散货船顺利命名交付，该船使用新一代“E”系列燃油经济型主机，在降低油耗方面效益显著。6 月 6 日，沪东中华造船（集团）有限公司开建我国第一艘出口 LNG 船，该系列 17.2 万立方米 LNG 船是沪东中华汲取首批 LNG 船的建造经验，瞄准世界 LNG 船新兴技术，自主研发设计的新船型，具有良好的经济性和绿色环保性。12 月 25 日，江南造船（集团）有限责任公司建造的第 100 艘“中国江南型”散货船命名并交付，该船属于“中国江南型”散货船的第六代船型，具有结构坚固、性能优异、绿色环保等特点。不仅再次擦亮“中国江南型”散货船品牌，也为上海地区船舶工业企业应对国际金融危机冲击、实现破局发展添上辉煌的一笔。

二、结构调整步伐加快

江南造船全力进军高端市场，顺利承接 6 艘 21000 方 LEG 船；成功获得 6 艘 83000 方 VLGC 订单，实现中国船厂零的突破，并承接 2 艘万吨级海监船，实现进军公务船市场的目标。外高桥造船推出了第五代、第六代好望角型散货船，满足国家能源运输战略需求的 VLCC 新船型，83000 立方全冷式 LPG，14000 箱集装箱船等。沪东中华已完成 12000 立方米 -32000 立方米小型 LNG 和 220000 立方米特大型 LNG 船的设计。708 所加快海洋工程装备开发，在自升式钻井平台、深水钻井平台、半潜运输船等自主研发方面取得了重大突破。船院推出满足未来 5 年内环保要求的典型船型，推出更加贴近船东需求的新船型、精品船型，并组织力量对豪华客船、VLGC 等新船型进行初步研究，为深入开发打下了基础。船舶配套企业也积极适应市场变化，业务结构加快转型。其中，沪东重机主动适应因新技术发展带来的产品结构调整，传统机型和电控机型（仅指低速机）比例已由 2011 年的 8:2 调整为 2012 年的 6:4，2013 年目标将达到 2:8。

三、管理提升成效明显

1．精益管理方面。外高桥造船成立精益管理委员会，确定了以内控体系建设为抓手，以“三定”（定岗、定员、定编）为基础，以质量实名制为重点，以信息化为载体的思路，效果明显。上海船厂加强计划管理，努力扭转生产计划脱期局面；加强生产项目管理，提高管理效率。

2．降本增效方面。沪东中华将可改进的成本管理项目归类为30个课题项目，逐一制定方案实施改进，其中焊材消耗占结构重量比例下降了0.74%，消化利用库存钢板5545吨。上海船厂推出16项措施，明确降本目标，降低成本5000万元。沪东重机通过改善管理和技术水平，提高工作效率来实现降本目标，创造经济效益1318万元。中船第九设计研究院工程有限公司实施集中采购，降低采购成本，一年来工程项目与预算相比节约2000万元，仅公司自用物资采购就节约30多万元，取得了良好的节流效果。

3．质量管理方面。沪东中华近年来持续推行一系列质量提升工程，9月交付的第六艘LNG建造周期同比缩短，质量明显提高，尤其一号液货舱主层殷瓦薄膜安装创造国外成熟船厂都难以企及的“零漏点”记录。外高桥造船引导员工树立“第一次把事情做对”的理念，提高产品质量，经过两岸三地七轮实名制推进工作，在派工管理、目视化管理、考核评价等方面取得了较大进步。上海船舶研究设计院为提高设计质量，成立了“设计质量监察组”，对设计输入评审和质量策划书等进行重点跟踪。

【2013年发展趋势】

2013年，上海船舶工业计划完成工业总产值超600亿元，造船计划完工1100万吨以上。上海船舶工业要树立四方面意识，重点落实六个方面工作。

四方面意识是：一要有勇担责任的决心；二要是要有激情进取的信心；三要有率先破局的雄心；四要有艰苦创业的恒心。

重点落实六个方面工作是：确保全面完成生产经营任务，努力提升企业管理水平，持续增强科研创新能力，加快推进结构优化调整，切实加强人才队伍建设和努力促进企业和谐稳定。

（张水灿）

上海化学工业区

【概况】

上海化学工业区为国家级经济技术开发区，位于杭州湾北岸，规划面积29.4平方公里，是以石油化工及其衍生产品制造为主的现代化产业基地，主要发展石油化工和天然气化工系列产品、精细化工产品、合成新材料和综合性深加工产品。2012年，上海化工区经济平稳运行，招商引资实现大幅增长，工业产值和销售收入稳中有进。全年化工区（包括金山、奉贤分区）共完成工业总产值929.48亿元，销售收入959.52亿元；引进项目投资22.5亿美元，完成固定资产投资41.3亿元；区内注册企业实现利润24.36亿元，实缴税金49.2亿元；产值能耗0.882吨标准煤/万元。截至2012年年末，化工区累计批准项目总投资203.45亿美元，累计完成固定资产投资1014.9亿元。

【2012年经济工作情况】

一、牢牢把握时机，重大项目前期工作取得阶段性成果

化工区坚定不移地把推进炼化一体化项目作为重中之重，牢牢抓住园区升级为国家级经济技术开发区的有利时机，在上海市委、市政府的关心和支持下，各方紧密配合、分工协作，有力推动了该项目的前期工作取得阶段性成果。一是各项前期工作协调推进。管委会、发展公司与高桥石化公司分别成立了炼化一体化项目工作组，三方通过密切联系沟通、经常互访会谈、定期召开会议等方式，及时掌握项目最新进展情况，协调解决工作中遇到的有关问题，保障了各项前期工作有序推进。到年底，项目用地方案基本确定，土地收储计划获得批准；项目环评大纲完成，计划2013年11月完成环评报告送审稿。二是可研报告基本定稿并上报。化工区积极配合中石化上海工程公司，主动提供相关资料，协助做好项目产品、总图布置、基础设施等规划方案，确保了项目可行性研究工作扎实开展。经过多次修改完善，项目可研报告和申请报告已基本定稿并上报中石化，项目总投资约753.93亿元，包括年产2000万吨炼油、100万吨乙烯裂解等装置。三是公用配套服务积极对接。在沟通了解项目配套需求的基础上，发展公司着力支持和帮助下属企业，研究制订一体化公用配套方案，并积极与高化公司商洽合作事宜，为配合进度、确保供应打下基础。年内，中法水务公司启动可提升至30万吨/日供水规模的扩建项目，企发公司也与林德公司签订了工业气体项目的合作意向书。四是关联招商工作初显成效。根据炼化一体化项目产品方案，化工区向关联企业提供化工原料信息，协助有意向的英力士、纳克等公司与高化进行接洽，努力争取引进α－烯烃等中下游延伸项目。同时，全力推动高化提升调整项目进程，促进年产7.5万吨三元乙丙橡胶、40万吨苯酚丙酮等项目获得核准并启动

建设，年产5万吨丁腈橡胶、18万吨顺丁橡胶、40万吨聚醚、3.6万吨DCP、双酚A二期等项目均按计划推进。

二、积极主动出击，项目招商引资呈现良好增长态势

近年来，化工区在做好大量前期筹备工作的基础上，坚持抓住项目报批环节，进一步加大力度做好项目上报前后的跟踪和协调工作，促进获批项目总投资实现大幅增长，超额完成全年招商引资目标。一是狠抓报批，落户项目投资显著增长。年内，拜耳年产50万吨MDI扩产、5万吨HDI扩产、20万吨聚碳酸酯、3万吨IPDI，赢创异佛尔酮，汉高年产29万吨工业胶粘剂和金属表面处理，孚宝二期罐区等项目相继落户，获批项目总投资比2011年翻一番。同时，英威达年产20万吨己二胺、巴斯夫涂料原料、璐彩特年产8.5万吨MMA扩建等项目已上报待批。二是坚持协调，光气项目审批继续推进。化工区与市发改委、市经信委、市安监局等相关政府部门加强联系沟通，坚持不懈地协调推进光气类项目报批，协助开展涉及光气规划项目的风险评价、专家论证等工作，项目风险水平和总量控制方案得到了专家认可，并向国家安监总局上报论证情况。目前，经国家发改委产业协调司原则同意，亨斯迈年产24万吨MDI扩建项目将由各投资方分为三个单体项目上报。三是密切跟踪，后续储备项目细化落实。近期关注跟踪的储备项目投资总额约150亿美元。其中，化工区开发建设15周年集中签约项目已有15个正式落户，涉及投资23.29亿美元；华谊集团已确定投建年产32万吨丙烯酸及酯、1200吨催化剂等项目，上海电力股份公司一揽子项目规划还在进一步细化。此外，巴斯夫尼龙6、涂料、中间体和赢创德固赛聚酰胺等项目已相继启动前期工作，英威达聚合物、汉高三期等意向项目也都在持续跟踪推进之中。四是做好服务，投资软环境进一步优化。园区积极帮助客户解决各类问题，不断提高招商服务水平，营造良好投资软环境，建立巩固与业主的长期合作关系。年内，帮助西萨公司解决项目用地分属金山、奉贤两区的有关问题，帮助巴斯夫公司开展己内酰胺项目配套需求和物流方案的协调工作。

三、多措并举落实，园区本质安全度进一步增强

化工区坚持“安全第一、预防为主、综合治理”的方针，积极推动“安全发展年”各项工作的贯彻落实，园区安全生产总体可控。第一，强化安全生产基层基础。一是制订并下发《化工区深入推进‘安全发展年’活动2012–2013年行动方案》，编制《上海化工区安全管理（2013–2015年）三年行动计划》，探索建立具有石化行业特色、开发区特征和安全运行特点的安全管理新模式。二是组织开展化工区水域化学品泄漏应急救援演习、华谊聚合物ABS装置应急联动综合演练等多个应急演练，提升快速应对能力。三是在安全生产月开展以“关爱生命、拒绝违章”为主题的系列活动，先后开展安全生产宣传手册和书籍“进企业、进班组、进岗位”活动，举办安全生产培训、法律法规系列专题讲座。第二，开展“打非治违”专项行动。按照国务院《关于集中开展安全生产领域“打非治违”专项行动的通知》要求和全国安全生产电视电话会议精神，制订《上海化工区集中开展“打非治违”专项行动实施方案》，将生产安全、消防安全和施工安全三个方面作为重点内容，严厉打击非法违法生产经营建设行为，治理纠正违规违章现象，及时发现和整改安全隐患，确保园区安全运营。全年化工区安委会各成员单位组织专项检查共918次，联合检查17次，抽查9次，排查出安全隐患121项，均已落实整改。第三，构建园区安全生产管理长效机制。通过加强与市安监局、市交港局、市质监局的沟通交流，就加强园区职业卫生安全监管、危险化学品运输安全和特种设备安全形成共识，与市安监局联合出台《关于加强上海化工区职业卫生监督管理工作的若干意见》，制订《上海化工区重大危险源安全管理规定》、《上海化工区作业场所职业卫生健康安全管理规定》，全面推进园区危险化学品企业安全生产标准化达标评审工作，22家企业取得安全生产标准化证书。

四、加强监督管理，循环经济和生态园区建设成效显著

化工区进一步完善环境管理体制，加大环境保护力度，有效提升园区循环经济和生态化建设水平。一是环境管理模式进一步优化。化工区会同市环保局、金山区环保局、奉贤区环保局就园区环境管理体制进行专门研究，并与市环保局联合发文《关于加强上海化工区环境管理工作的通知》，明确园区环境管理模式、区内市区两级环保部门的管理分工。编制完成《上海化工区环境保护和建设（2013–2015年）三年行动计划》，进一步深化环保一体化管理理念，提升园区环境信息化和公众参与水平，构建园区环境保护长效机制。此外，市环保局委托管委会开展环保审批相关事项，明确化工区在项目受理、审批、“环保三同时”执行情况等方面的职责，并在区内设立行政许可受理点，为园区企业的行政审批提供便利。二是环境执法监管能力切实提升。化工区环境监察支队于2012年5月31日揭牌成立，负责对辖区内企业的污染物排放情况实施环境监察，参与环保办牵头组织的环境应急等其他环保监督管理工作，同时与金山和奉贤两区环境监察支队构建联动执法机制，增强对化工区内污染源的监管效果，切实保障园区生产经营的有序运行和环境安全。该站正式运行后，除了监测气象参数、常规大气环境质量因子以外，还对挥发性有机物和无机有毒有害气体等园区特征污染物进行监测，监测数据向市环境监测中心和化工区应急响应中心实施同步实时传输，确保园区环境安全24小时受控。

【2013年发展趋势】

2013年是全面贯彻落实党的十八大精神的开局之年。化

工区要以提高经济增长质量和效益为中心，按照全市“创新驱动、转型发展、稳中求进”的总体要求，充分认识严峻复杂的经济形势，积极应对各种不确定因素，狠抓招商引资、安全生产和环境保护，践行责任关怀，确保全年完成招商引资20亿美元，销售收入1000亿元，工业总产值950亿元，固定资产投资70亿元，能耗总量控制在850万吨标煤，保持园区经济平稳健康发展和社会和谐稳定，为全市经济发展作出贡献。

全年要重点抓好以下工作：

1．全力服务招商引资，以推进项目落地促进园区经济平稳发展。把握全球石化行业看好中国发展、各跨国公司有意依据行业周期进一步把生产基地布局中国的机遇期，积极推进区内企业计划投资项目的进度，同时加快筹备新项目。坚持不懈推动炼化一体化项目进程，协调促进项目可研报告和申请报告尽早上报国家发改委，进入审批程序并取得路条；协同开展项目环评工作，确保环评报告编制完成并上报；继续完善公用工程配套方案，进一步接洽商谈合作事宜；关注跟踪中电投IGCC项目前期工作进展，配合促进两大项目联动建设。全年，化工区招商引资重点推进项目包括英威达公司投资近3亿美元的20万吨己二胺项目，华谊集团投资近6亿美元的丙烯酸及酯的异地新建及配套催化剂生产项目，联恒公司和亨斯迈公司投资7.16亿美元的24万吨MDI及精制和氯化氢催化氧化项目等。积极跟踪落实招商项目的进展情况，加强项目行政审批流程跟踪，协调解决制约项目审批进展的瓶颈难题，推动项目按计划实施。进一步梳理化工区土地现状，优化地域发展空间，合理布局招商项目。

2．落实企业主体责任，以三年行动计划实施促进园区安全环保工作上新台阶。2013年是实施化工区安全管理三年行动计划、环境保护和建设三年行动计划的第一年，化工区安全、环保工作要以计划实施为主线，以强化安全运营、狠抓环境监管为抓手，以落实企业主体责任为载体，构筑园区安全、环保防线，确保园区安全稳定、环境友好。巩固“打非治违”成果，深化安全隐患排查，重点对试生产过程中的不安全因素和设备、管道老化等问题集中进行清理整顿。规范园区职业卫生健康管理工作，集中普查和登记有可能产生职业病危害因素的生产企业。整合环境监察支队、医疗中心及园区企业等各类监测力量，开展环境污染事故应急处置实战演练，提升应急处置能力，完善园区环境应急监测体系建设。启动化工区环境监测网络建设，推动园区物联网建设，开展园区物联网基础资料收集和顶层设计。举办以“生态文明、生态园区”为主题的开放日活动，加强与周边居民的信息沟通，减少居民对化工区环境问题的顾虑。加强园区应急值守管理，开展应急管理指挥系统各项数据维护更新工作，确保园区信息沟通无障碍。

3．践行责任关怀理念，以发展成果共享促进园区与周边地区的和谐发展。按照“政府引导、企业主体、员工参与、社区互动”的原则，推进化工区的责任关怀工作，推动企业树立责任关怀意识，确立以HSE为重点的责任关怀内容，关爱社会、关爱园区、关爱员工，促进责任关怀理念在园区与企业之间、企业与员工之间、企业与企业之间、园区与社区之间层层落实，形成园区、企业、社区、员工融合推进的和谐发展局面。推进化工区与金山区、奉贤区联动发展，落实三区一体化联席会议确立的各项工作抓手，促进区域和谐发展。积极推进“双结对、好邻居”活动第二个三年工作开展，使之成为推动化工区和周边地区和谐发展的助力器。配合做好一公里限制带动迁工作，推进落实舆情沟通机制、信访稳定沟通协调机制和社会稳定风险评估机制等三区联动机制建设，为园区和谐稳定发展创造条件。

（方　敏）

上海市电力公司

【概况】

上海市电力公司是从事上海地区电力输、配、售的特大型企业，统一调度上海电网，参与制定并实施上海电力、电网发展规划和农村电气化等工作，对全市的安全用电、节约用电进行监督和指导。上海市电力公司管辖的上海电网位于长江三角洲的东南前缘，北靠长江，东临东海，与江苏、浙江两省接壤。供电营业区覆盖整个上海市行政区。截至2012年年末，上海市电力公司直接管辖各类电网企业、发电企业、施工、科研、医院、能源服务、培训中心等单位23家，职工1.5万余人，代管单位1家，职工126人。

【2012年经济工作情况】

截至2012年年末，全市发电装机容量为2145.99万千瓦，35–800千伏变电站855座，变电容量13051.9万千伏安，年发电量973.02亿千瓦时，售电量完成1096.39亿千瓦时，比上年增长2.41%。在上海市委、市政府和国家电网公司党组的坚强领导下，公司上下坚持以科学发展观为指导，紧紧围绕“一强三优”现代公司发展战略，迎难而上，开拓创新，在安全供电、优质服务、电网建设、经营管理、依法治企、科技创新以及“三个建设”等方面都取得了长足进步，全面履行企业社会责任，主动服务地方经济发展，完成党的十八大、全国和上海市“两会”供电服务保障、电网“迎峰度夏”、特高压和智能电网建设、配网可靠性提升工程、居民用电服务质量提升工程、居民阶梯电价政策实施等重大任务，首获“全国文明单位”、“全国安全文化建设示范企业”称号，连续第3年获全国供电可靠性金牌企业（A级）第一名。

一、安全供电再上新水平

全面实现全年“大安全”工作目标，未发生人身伤亡事件，未发生六级及以上电网、设备安全事件。强化大电网运行管理，严格涉网电厂运行考核管理；强化安全管理，深入开展了隐患排查整治和现场反违章工作；强化应急体系和应急装备建设，修编各类应急预案3602个；强化配网状态检修、抢修一体化管理，故障报修平均到达、修复时间大幅下降，全面修编配网及工程技术导则；强化需求侧管理，加强高铁、轨道交通等重要用户安全管理，可控负荷持续增长。

二、电网发展迈上新台阶

皖电东送淮南至上海特高压工程全面启动建设；淮南－南京－上海特高压交流工程已上报国家发改委核准；迎峰度夏重点工程首次在迎峰前全部建成投运，新增500千伏新余供电分区，开工建设220千伏即墨站；覆盖全市的配网可靠性提升工程全面完成，惠及用户130余万户，低电压台区数减少41%，配网供电能力和供电质量大幅提升；上海首座绿色智能变电站220千伏泸定变电站完成改造并投运；初步建成了主网坚强、配网可靠的现代城市电网，主网输送能力和安全稳定水平全国领先。500千伏练塘输变电工程、东海风电示范项目获国家优质工程银质奖。

三、优质服务再创新佳绩

坚持“你用电，我用心”，全面完成“保民生、暖民心”居民用电服务质量提升工程和供电区域划分调整，高标准建成青浦优质服务示范区、“十分钟缴费圈”和95598网上营业厅，率先推出智能用电服务，服务承诺兑现率100%；平稳实施居民阶梯电价政策；高标准建成“大营销”管理体系，在国家电网公司系统内率先实现电费集约化管理，率先搭建全公司统一的客户诉求管理平台，投运新的供电服务中心，建成95598热线呼叫大厅，完成95598系统升级，建成电能计量展示厅、柔性电能表自动化检定流水线以及便携式移动检验平台；在全国率先成立城市供用电行业联盟，精心服务各类用户和商飞、上海中心、迪斯尼、老港垃圾电厂等重大项目；制订光伏发电并网服务实施细则，全部消纳全市可再生资源发电，累计总装机容量28.95万千瓦。连续第12年获市政风行风测评第一名；连续第16年获市“夏令热线”市民满意行业称号，首获全国文明单位称号，连续五届获上海市文明行业称号。

四、经营管理取得新实效

全面加强财务资源管控，严格投资管理、成本管理和资金管理，构建资金安全管理制度体系，连续5年获得AAA企业最高资信评级；强化资金统一运作，开展物资集中招标。全部完成多年未决的1万多个项目结算转资。顺利完成闸电燃机无偿接收。提前超额完成国家电网公司下达的土地权属清理任务，集中办理土地权属960宗。与上海电气合作的输配电装备公司年销售额突破80亿元，成为上海最大的输配电产业集团。圆满完成国家电网公司下达的尼日利亚技术咨询服务项目任务，确保人员、资金安全，第二阶段运维咨询服务各项工作有序开展。

五、科技信息工作取得丰硕成果

国家科技支撑计划项目《大容量钠硫电池研制及兆瓦级储能系统开发与示范》通过国家科技部验收，关键技术和示范应用取得重大突破。国家863计划项目《电动汽车智能充放储一体化电站系统及工程示范》关键设备样机成功研制。电力光纤到户关键技术研究等项目通过验收。中共中央办公厅示范试点项目电子文件管理系统率先投入试运行。电力光纤到户商业推广覆盖用户和智能电网电视“互视通”业务接入用户分别突破35万户、2万户。成功开发电动汽车充换电运营管理系统，建成充换电站12座、充电桩1710个。用电信息采集系统累计覆盖居民510万户。公司获国家、省部级科技进步奖22项，其中上海市科技进步奖9项（含一等奖2项），国家电网公司科技进步奖7项（含特等奖1项、一等奖1项），国家能源科技进步奖6项（含一等奖2项）；共获专利授权1009项，其中发明100项。

【2013年发展趋势】

2013年，上海市电力公司工作总的要求是：坚持以科学发展观为指导，坚决贯彻国家电网公司党组和上海市委、市政府决策部署，以“两个转变”为主线，以安全稳定和优质服务为前提，以依法治企和“三个建设”为保障，以改革创新为动力，以质量效益为中心，改进作风，强化管理，提高素质，增强执行力，坚定不移推进坚强智能电网和“三集五大”精品工程建设，积极争当“排头兵”，确保高水平完成全年目标任务，为率先全面建成“一强三优”现代公司而努力奋斗。

一、夯实基础，全力确保安全稳定和优质服务

大力开展电网结构性和站外设备安全隐患排查治理，实施电网安全性评价，细化分解排查计划和职责分工，全面消除各类生产隐患。健全完善应急管理制度和应急预案体系，配强配优应急装备，认真开展应急演练。全面开展安全管理提升活动，统筹做好电网、人身、设备、交通、消防、信息、廉政和集体企业等安全管理。全面开展营业普查，进一

步规范用电管理，健全路灯、交通信号灯等用电管理制度，完成各类基础台账核查并建立专档，加快推进计量装置以及表箱改造工作。优化配置客户经理，为全市重要用户和重大项目提供优质服务。运作好节能服务公司，积极推广应用电锅炉替换燃煤锅炉、冰蓄冷空调、热电冷“三联供”。严格执行政府批准的有序用电方案，有效利用负控手段，优先保证居民生活及重要用户用电。

二、聚焦发展，高水平建设坚强智能电网

优化调整“十二五”电网规划并超前谋划“十三五”，实现电网与城市发展规划的有序衔接和协调发展。推进特高压和重点工程建设，确保皖电东送特高压工程年底上海段线路架通，扎实推进淮南－南京－上海特高压工程建设。加快老旧变电站改造和迎峰度夏工程建设。进一步加大对中心城区、城乡结合部和崇明、长兴老旧配电网的改造力度，优化配电网结构。进一步加强光伏发电等新能源接入合同管理，加强新能源并网、交易、消纳全过程管理，满足客户多元化用电需求。统筹推进智能电网建设，重点推广电力光纤到户、智能集抄、故障自愈诊断等智能电网新技术、智能互动用电新设备应用。积极探索充换电服务网络建设运营商业模式。健全电网建设管理组织体系，进一步提升施工工艺、装备和管理水平。建立基建分包商档案，加强分包管理。统筹推进招标采购、设备监造、大件运输、工程监理等工作，强化工程创优管理和质量关键环节管控，确保全部新建工程达标。

三、持续改进，全面提升经济效益和管理水平

强化经营管理，严格综合计划和全面预算管理，优化投资结构和时序，保证重点领域、急需项目投资。加强投资全过程管控和监督考核，健全转资结算长效机制。巩固经营诊断的长效机制，努力实现盈利水平的跨越式增长。优化融资结构，提升存量资金使用效益；对新划入单位（包括崇明、长兴、闸电燃机）开展全面资产普查。积极支持输配电装备公司发展，力争成为中国输配电行业前5位的销售额超百亿元级企业。加快实现钠硫电池产业化。加强与SMG项目合作。按照国家电网公司统一部署，认真做好尼日利亚电厂项目，确保人员、资产安全和国有资产保值增值。建立覆盖规划设计、招标采购、工程施工、运行检修全过程的资产全寿命周期管理体系和全面质量监督体系，确保年内通过国际标准（PAS55）认证。健全电网发展、经营和人力资源诊断分析的常态机制。完善同业对标指标体系，全面推进公司对标、国内对标和国际对标。

四、改革创新，全面实施科技兴企和人才强企战略

加强重点实验室、攻关团队建设，提高专利质量，发挥专利效益，推进成果实用化。着力推进面向大电网安全控制、钠硫储能系统、微网接入等国家及省部级重大科技创新项目研究。着眼于提高效率和电网安全性，加大机器人巡检及变电站智能化检测等基础性、实用性科技应用力度。以国际一流、国网标准、行业领先为目标，高水平完成ERP系统升级改造任务。加强信息灾备中心运营管理，实现核心数据实时存储、集成共享。做好人才培养规划，建立科学的人才选拔、评价、薪酬激励机制，用舒适的工作环境和有竞争力的薪酬待遇留住人才。加强人才定向培养和人才梯队建设，重点培养国家电网公司领军人才、公司一线技能人才和青年英才，打造一流的人才高地，进一步提高人才当量。整合培训资源，增强师资力量，推进覆盖各电压等级的线路、电缆实训基地建设，着力开展面向特高压、智能电网的一体化培训，分层级、分专业组织员工培训。

国家电网公司党组确立了“一强三优”现代公司的战略目标和“两个一流”的公司愿景，上海加快“四个中心”和国际一流大都市建设，对公司工作提出了更高的要求。同时，公司承担着上海这一特大型国际大城市的供电服务任务，责任特别重大。因此，2013年，上海市电力公司将在上海市委、市政府和国家电网公司党组的正确领导下，全面落实科学发展观，团结一心、扎实工作，凝心聚力，奋勇争先，高水平完成好全年各项任务，坚定不移争当“双排头兵”，为服务上海经济社会更大的发展作出新的更大的贡献！

（汤　泉）

上海漕河泾新兴技术开发区

【概况】

上海漕河泾新兴技术开发区是国务院批准设立的首批经济技术开发区、高新技术产业开发区，也是国家级出口加工区、中国服务外包示范基地和国家新型工业化产业示范基地。

在国家有关部委的关心指导和历届上海市委、市政府的正确领导下，历经20多年发展，漕河泾开发区已成为全国高新技术产业发展最早和集聚度最高、现代服务业发展最快、优化调整产业结构和自主创新的示范基地，发展与效率指标始终位居全国开发区之首。

【2012年经济工作情况】

2012年，上海漕河泾开发区深入贯彻落实科学发展观，

紧紧围绕上海“创新驱动、转型发展”的总要求，进一步推动二、三产融合发展，切实推进自主创新，不断优化投资环境，着力提升管理和服务水平，经济运行总体平稳有序，为稳步实现“十二五”规划目标奠定坚实基础。

一、综合实力和品牌影响力获得新提升

2012年，上海漕河泾开发区努力克服国际市场需求疲软、制造业外移、企业营运成本高及资金紧张等困难，继续“转方式、调结构”，推动三产增长速度持续快于二产，对经济发展的支撑作用日益显著。2012年，开发区除工业增加值、进出口总额略有下降外，其他主要经济指标继续保持平稳增长。全年销售收入2469.3亿元，比上年增长11.3%，其中第三产业收入1330.3亿元，增长33%，占总销售收入比例首次超过50%，接近54%；地区生产总值（GDP）810亿元，增长13%（其中第三产业增加值505.5亿元，增长30.2%）；税收总额86.3亿元，增长18.3%。

在深化转型发展和保持总量增长的同时，开发区品牌效应进一步凸显。年内，获批“国家生态工业示范园区”、“国家知识产权服务业集聚发展试验区”、首批“上海市知识产权示范园区”、首批“上海市知名品牌创建示范区”，通过“上海品牌园区”复评，浦江高科技园也获批“上海市海外高层次人才创新创业基地”。在商务部国家级经济开发区投资环境综合评价体系中，漕河泾开发区总指数位列第八，其中科技创新指数位列第一；同时在全市开发区综合评价中，综合发展指数排名中型园区第一。新一轮与国内5家园区签订友好合作协议，至2012年年末，开发区在国内外的友好园区达到49家；与普陀区政府签署战略合作协议，共建漕河泾桃浦科技智慧城。此外，还冠名上海市首届市民运动会。开发区总公司还荣获“上海市质量金奖”、“上海市质量管理奖”。

二“大招商”联动打造新亮点

开发区继续实施“大招商”方针，统筹本部和各分园区整合资源、实行产业链分工招商，发挥联动效应。在引进国内外著名企业集团“一部三中心”（地区总部、研发设计中心、运营结算中心、管理服务中心）项目，提升项目质量、注册属地化以及推动各分园区互相推介项目等方面打造新的亮点。

2012年，开发区新引进项目293个，其中外资项目50个；新增注册资本达到45.5亿元，其中外资4.48亿美元。其中本部园区引进项目注册资本达到37.4亿元，区域新签出租面积17.3万平方米，企业注册率接近100%；新引进全球第二大制药公司默沙东、美国普莱克斯和GE能源电子3家世界500强；全球行业龙头企业15家，如邦纳电子（光电传感器全球行业第一）、尔听美（听力检测仪器全球行业第一）、威伯科（汽车传动系统全球行业第一）、全耐塑料（汽车内饰材料全球行业第一）、ARM（IC设计全球行业第一）、阿普拉（塑料包装全球行业第一）等，其中地区总部8家，占上海同期的1/5；默沙东还是年内上海最大的租赁项目。

上海漕河泾开发区本部在全年没有新楼宇推出的情况下，一方面通过“腾笼换鸟”腾出约4万平方米房源，新引进56家企业；另一方面，实行代理招商，推动“借笼引凤”，星联科技园、虹华大厦、聚鑫园三项目合计出租率61.2%，共引进14家企业，其中2家为跨国公司地区总部，为区区合作、发展区域经济增添了新亮点。

通过“大招商”平台，各园区间互相推介项目初显成效，共推介项目142个，比前年增长97.2%，其中4个项目已完成签约。

三、自主创新工作取得新成绩

上海漕河泾开发区以建设国际孵化中心为契机，进一步完善创新创业服务体系，推动原创型企业发展，在提升区域自主创新能力方面取得了新的成绩。一是通过举办企业沙龙、创业训练营、创新创业校友汇等系列活动，以及推进高新技术企业复审和认定工作，深入推进企业联络辅导工作。二是举办专利、商标等知识产权申请培训，联合徐汇区举办“知识产权宣传周”活动，筹建区知识产权保护协会，并成功获批“国家知识产权服务业集聚发展试验区”。三是发挥创新驿站作用，完善技术转移项目数据库，延伸科技价值链，促进技术和产业项目对接。四是帮助企业申报各类资金支持，帮助区内90余家（次）企业获得政府资助超过1.5亿元，帮助22家企业申报2011年加速创新计划，帮助创业苗圃8个项目获市专项扶持、9个项目获天使投资。此外，还申报落实大张江专项资金，其中2012年获批资金9923万元。五是创新孵化服务手段，探索服务入股新模式，其中开发区科技创业中心与3家企业达成持股孵化意向。六是扩大科技型中小企业融资平台贷款规模，增至1.8亿元，全年向44家（次）企业发放贷款1.47亿元，帮助中小企业渡过融资难关。

随着创新创业环境的不断优化，原创性经济得到发展。区内上市内资企业达到34家；新认定高新技术企业24家，总数增至265家，占全市6.9%；技术先进型服务企业23家，占全市8%；服务外包企业10家；高新技术成果转化项目34项；新申请专利1693件，其中发明专利911件，占专利总数的53.8%，发明专利授权328件；新增软件著作权登记749件，集成电路布图设计专有权65项，注册商标382个。

在上海市孵化器考评中，上海漕河泾开发区科技创业中心获综合组第一名，浦江双创园获优秀等级。开发区浦江双创园被认定为国家级科技企业孵化器。目前，开发区孵化联盟8家成员单位共有孵化面积43.9万平方米，累计孵化企业1136家，在孵企业400余家。

四、软环境建设呈现新气象

上海漕河泾开发区坚持以客户需求为导向，进一步创新服务模式，提升服务功能，打造服务品牌，完善具有开发区特色的“大服务”体系，推动开发区软环境建设呈现新气象。

在企业服务方面，上线“对客服务协同响应系统”，开通园区服务微博，宣传园区和企业品牌形象；升级区内商业支付“一卡通”系统，安置集付通“园区信息服务一体机”，为员工在区内消费提供便利。在商业配套服务方面，与统一、湘鄂情、麦当劳、乐倍怡等品牌服务商结成战略伙伴关系。

国家海外高层次人才创新创业基地建设加快步伐。开发区新增6人入选国家“千人计划”，总人数增至19名；12人入选上海市“千人计划”，27人入选上海市、区领军人才。积极为区内企业提供招聘、人事代理、人才培训等服务，包括为区内1593家（次）企业提供招聘服务、成功录用8909人，为近250家企业、近万人提供人事代理服务，举办各类培训班148期、参训学员9261人次。

五、建成国家生态工业示范园区

2012年，上海漕河泾开发区“三大园区”建设得到持续推进。在生态园区方面，获批“国家生态工业示范园区”，26项考核指标全面达标，其中12个指标优化提升率大于20%；率先开展综合碳审计和VOC预警监测、减排示范，完成园区水、声环境质量检测且全部达标，推进12家企业通过清洁生产认证；开发区还荣获“上海市节水型工业园区”称号，有力推进了开发区以“高端产业、低碳发展”为主旨的生态文明建设。在智慧园区方面，与三大运营商紧密合作，与移动上海公司签订WLAN室内覆盖协议，对区内多处楼宇（厂区）实施无线信号覆盖或扩容，使区内免费无线公共热点区域达到39处。在国际园区创建方面，重点在孵化器的国际合作方面作了探索，与新西兰冰屋孵化器、台湾5所大学签订共同孵化合作协议，成立“共同孵化”基地；主办“共同孵化的未来之路”国际研讨会。

六、建成楼宇喜获多项殊荣

上海漕河泾开发区本部全年共有5个建设项目，总建筑面积45.6万平方米。新漕河泾国际商务中心、开发区总公司办公楼等3个项目获“白玉兰”奖，其中总部办公楼还获得美国绿色建筑LEED金奖认证。

【2013年发展趋势】

2013年是全面贯彻落实十八大精神的开局之年，是实施“十二五”规划承前启后的关键一年，是国内外经济形势错综复杂、充满变数的一年，也是开发区加快转型发展的重要一年。今年漕河泾开发区工作的总体要求是：深入贯彻落实党的十八大、中央经济工作会议、上海市委十届三次会议精神，继续把握好稳中求进的工作总基调，以提高开发区经济增长质量和效益为中心，以提升品牌综合实力和影响力为抓手，强化创新驱动，提高管理服务水平，推进二三产业融合发展，继续保持经济平稳持续健康发展。

一、深化品牌战略，提升开发区综合实力强品牌

深化品牌战略，提升品牌综合实力，丰富品牌内涵，提高品牌市场影响力，是2013年开发区工作的重中之重。重点做好以下工作：

1．全力以赴确保主要经济指标完成预期目标。新的一年，开发区力争完成销售收入2650亿元，其中第三产业销售收入1450亿元，地区生产总值（GDP）850亿元，税收总额85亿元。

在商务部投资环境综合评价体系和上海市开发区综合评价体系中，力争综合发展指数继续保持领先。

2．丰富品牌内涵。一方面，持续开展质量管理改进活动，并积极申报全球卓越绩效奖；另一方面，做深“标准化”和“走出去”两项工作，包括着手编写管理服务“标准化”手册，继续探索多形式的“走出去”模式，积极推进加工区升级综保区，启动桃浦科技智慧城项目，加强各分园区“科技绿洲”品牌的维护管理，重点推动海宁分区、盐城分区招商引资工作，争取早出形象。

3．强宣传、抓管理，扩大品牌社会知名度。以获批国家生态工业示范园区、国家知识产权服务业集聚发展试验区及上海市质量金奖、质量管理奖为契机，结合上海市知名品牌示范区创建，充分利用展会、报纸、网站、微博等多种形式，加强对外宣传力度，提升对外宣传质量；贯彻国家战略，推进产业转移中心各项工作，推动产业向中西部转移，扩大开发区的对外影响。同时，进一步规范品牌管理，抓好视觉识别系统在各分园区的规范使用。

二、推进“大招商”工作，力促产业优化升级

面对国内外依然严峻的经济形势，要继续推进“大招商”工作，“优二进三”加快二三产融合发展，推动产业优化升级。

1．聚焦重点抓招商。开发区本部要继续将招商引资的重点放在能体现国家战略、上海优势和漕河泾特色的项目，特别是世界500强、行业领军企业以及战略性新兴产业的“一部三中心”（地区总部、研发设计中心、运营结算中心、管理服务中心）项目，同时，制定相关政策，吸引更多的原创型企业入区。

2．调整策略抓招商。针对开发区2013年新增房源较少的情况，一是配合园区产业结构调整，通过“腾笼换鸟”，力争引进新的高品质项目并提升税收落地率；二是通过“借笼引凤”，保持招商势头，服务地方经济，重点完善徐汇区代理招商项目的管理标准和程序，完成已接楼盘收尾；三是

与徐汇区合作，针对区内小业主二次开发的需求，参照“四统一分”的标准，形成可行的合作开发机制；四是除继续做好现有房源续租、力争保持较高的续租率外，及早启动中远期房源预租售工作，以应对未来可能出现的房源集中供应高峰。

3．完善机制抓招商。一是完善区区合作机制，加强与徐汇、闵行两区的沟通，争取进一步政策支持，为招商创造更好的环境；二是完善价格机制，进一步细化开发区价格体系，形成针对不同类型企业和不同区域的租售价格，更好地吸引优质项目入区；三是完善园区范围统筹协调机制，统筹各分园区房源信息，加强人员培训，同时试行本部招商人员直接参与各分园区项目洽谈，加快重大项目在海宁、盐城分区的落地；四是完善中介合作机制，加强与中介机构的沟通合作，进一步拓展招商渠道。

三、打造优质产业载体，助推建设“美丽漕河泾”

丰富“三大园区”建设内涵，全力加快土地储备进度，以“精品化”标准抓好工程建设，为产业发展打造优质载体，助推建设“美丽漕河泾”。

生态园区方面，继续落实两年环保改进行动计划，把高端高新高效、集聚集群集约、绿色循环低碳的导向落实在开发区规划建设、招商引资、项目管理各个环节，推动更多的企业清洁生产、节能降耗，实现绿色发展、循环发展、低碳发展。同时，发挥好本部对各分园区的辐射带动作用，重点做好浦江生态园区的创建。开发区要争创上海市花园单位，坚持“统筹安排，分步实施”，持续改善整体景观环境，更好地营造“春景秋色”。智慧园区方面，继续推进园区3G和4G网络覆盖、新一代“城市光网”及无线覆盖公共热点建设，完善智能监控、智能楼宇、智能引导系统建设。国际园区方面，继续在园区规划、设计、建设、经营、管理、服务等多领域加强国际间的交流与合作，深化与国际姐妹园区的交流，加快孵化器国际化进程。同时，依托区区合作平台，抓好综合配套环境建设；继续发挥企业协会桥梁纽带作用，拓展、延伸服务范围和领域，推动行业产业交流和文化建设。通过努力，打造“高端产业、低碳发展、生态文明、宜业和谐”的“美丽漕河泾”。

四、聚焦“三箭齐发”，完善园区综合服务环境

新的一年，要继续坚持“客户至上追求卓越和谐共生互动发展”理念，围绕园区功能开发，聚焦双创服务、人才服务、区域服务“三箭齐发”，进一步拓展服务功能，提升服务水平，创新运营机制，将服务逐步延伸覆盖至临港集团下属各分园区。

1．完善双创服务体系。在服务方式、科技投资、经营模式等方面力争创新，做到服务覆盖面更广，服务内容更细化，服务水平更专业。(1) 主动对接原创型经济发展，实施“十百千”工程，培养数十名领军人才，培育百家原创型企业，转化千项科技成果。(2) 创新科技金融服务和金融投资思路，放大政策扶持资金功能，做实科技投资；同时，结合企业培育孵化工作，探索开展品牌、服务和资本入股等多种培育企业的新模式。(3) 扩大科技服务外延，深化内涵，积极开展各类政策梳理、收集和研究，引导帮助企业用好政策。(4) 充分利用现有孵化空间，有节奏地“腾笼换鸟”，加大力度引进原创型、科技型小微企业。(5) 以承担临港集团覆盖区域大科技服务为目标，探索做好“顶层设计”，加快“走出去”步伐，扩大品牌辐射效应。(6) 继续做好“大张江”扶持资金的申请、落实、管理和使用，做好国家知识产权服务业集聚发展试验区、知识产权示范园区和国家服务外包示范基地工作，发挥知识产品（上海）集散中心和产业转移促进中心（商务部上海基地）作用，促进科技成果项目转化和产业项目双向转移。

2．打造人才发展高地。创新思路，全力构建人力资源综合服务体系，推进“国家海外高层次人才创新创业基地”建设。(1) 在开发区“人才资源现状与需求调查研究”基础上，制定后三年人才发展规划。(2) 积极协调政府部门，帮助企业解决实际问题，优化人才发展环境。(3) 重点开展标准化、信息化、集约化建设，设定服务标准，形成规范化、可操作的模板，争取将“阳光人事代理”等系统申请软件著作权，在业务不断拓展的同时，注重效率和效益，实现集约化发展。(4) 组织开展经营、管理、技术等各类人才培训，落实政府授权服务功能项目和扶持资金，申请建立“漕河泾高技能人才培养基地”，争取早见成效、早出亮点。(5) 通过创设“人才超市”、开发“人才自助银行”以及合作共建海外人才基地、高校人才基地和外省市人才基地等方式广纳各类人才，对接企业供求。(6) 加快引进和培育符合国家和上海“千人计划”条件的领军人才、海外人才。

3．提高区域服务水平。以顾客满意度体验为导向，以提升园区服务竞争力为基点，为区内企业提供具有漕河泾特色和竞争优势的差异化服务，进一步提升园区服务竞争力。(1) 整合园区内外资源，做好总体设计，建立战略联盟，抓好系统化、标准化、产品化、网络化建设，进一步提升园区服务水平。(2) 重点做好园区商业配套功能规划，针对不同区域楼宇资源进一步调整配套服务业态。(3) 全力完善园区对客服务协同响应平台、公共服务平台、综合信息平台和客户互动交流平台等四大服务平台建设。(4) 搭建网络虚拟平台，建立动态数据库，将线上服务与线下服务相结合，进一步拓展“一卡通”服务范围，探索实现多种线上服务功能。(5) 整合各分园区商务资源，统一规划，统一招商。

（任　朕）

上海三爱富新材料股份有限公司

【概况】

上海三爱富新材料股份有限公司成立于1992年9月9日，注册资本38195万元，是国内规模较大、品种最全、历史悠久的集科研、生产、经营一体化的有机氟化工企业。

三爱富公司是专业从事氟聚合物、氟精细化学品、氟制冷剂等各类含氟化学品的研究、开发、生产和经营的高新技术企业，是中国氟化工最大的研究开发基地，是中国氟化工产业创新战略联盟理事长单位、中国氟硅有机材料工业协会副理事长单位、有机氟专业委员会主任委员单位。

三爱富公司前身是1960年4月16日成立的上海市合成橡胶研究所；1980年5月更名为上海市有机氟材料研究所；1992年8月由上海市有机氟材料研究所相关资产改制成立为股份制上市公司，并于1993年3月16日在上海市证券交易所成功上市。

目前，三爱富公司拥有三大基地：上海吴泾基地、江苏常熟基地、内蒙古基地；还有两家中外合资企业、一个国家级技术中心。公司产品广泛应用于工业、农业、国防、航空、医药、民用等各个领域。

【2012年经济工作情况】

2012年，受国内外经济增速放缓的影响，三爱富公司产品国际国内市场需求明显下降，行业新增产能释放，产品竞争激烈，产品价格较上年同期相比下降幅度较大。2012年，公司累计完成营业收入328833万元，比上年下降28.68%；营业利润28796万元，下降75.29%；利润总额24372万元，下降79.20%；净利润19567万元，下降80.39%。

1．面对严峻的经济和市场形势，采取积极的应对举措。在集团的关心帮助下，三爱富在上海、常熟、内蒙三地采取了积极的应对措施，坚持以市场为导向，以公司成立20周年为契机，保安全，稳运行，促改革，奋力转变发展方式，大力开展“创先争优”活动，全力推进“三基”管理，有力、有效地推进公司“十二五”目标的实现，努力为市场复苏提前做好各项准备工作。

2012年，公司提出“一个标准、覆盖全司、逐个推进”的指导思想，进一步深化基层建设。加强基础工作建设，推进基本功训练，分三个阶段推进“三基”工作，全面夯实公司“三基”工作的建设。通过标准化模版的建立，形成三大特点：一是系统化，将原来比较分散的生产信息通过记录、分析、汇总，作系统性的梳理；二是标准化，将各生产装置的表识作了统一，使各装置之间的工作标准深度一致；三是联动效应，加强公司总部和基础单位之间的联动，如下达预算、计划、报表的审批，计划的调整，台账的及时更新，借助公司总部平台进行分析，及时调整。

2．在生产经营方面，深化落实各项措施，保持装置安全、稳定、长周期生产。上半年装置的生产负荷较低，使得各生产装置面临的节能降耗形势相当严峻。面对市场变化，公司通过技改和自身排查挖潜制订有效的节能措施50余条，并结合市场行情、技术改造与装置运行现状及时调整生产负荷，更新整理工艺流程图12套，修订换版工艺规程、操作规定21个。梳理和修订工艺变更的操作流程和制度，并严格实施，强化相关专业部门的审核，规范变更操作的全过程，下半年公司各生产装置单耗、能耗都得到不同程度的降低，实现降本增效，提高市场竞争力，取得较好效果。

3．项目管理方面，聚焦重大项目建设，为公司发展提供后劲。公司完成常熟新建含氟聚合物项目的报批设计等工作，年初完成与工程公司的EPC合同签订，年中完成项目招投标等工作，完成EPC设计需要的相关配套工作，完成施工图纸的审核等相关工作，对外获得大项目的开工报告，年底土建开工建设。常熟2000t/aPTFE项目建设、试运行，为大项目的建设进行了前期的摸索铺垫。与杜邦共同合作在常熟基地建成全球第一套3000t/aHFO-1234yf生产装置，完成产业化工作，产品质量达标，已进入稳定生产阶段。

4．在销售工作方面，尽管遭遇全球经济低迷，但紧跟市场应对危机。公司贯彻“全身心、全天候、全覆盖”的方针，通过加大走访用户的频率、及时妥善处理客户质量投诉、内外贸共同寻找潜在客户、物资供应全力降低原材料成本等措施，积极应对当前的恶劣环境。同时联合质量保证部、生产管理部、技术中心及相关专家，及时帮助解决客户使用过程中出现的各类问题；在当前市场需求疲软的情况下，保持了较好的市场占有率。

【2013年发展趋势】

2013年，三爱富公司将全面贯彻落实党的“十八大”精神，继续围绕规划目标，坚持创新驱动、转型发展，上海、常熟、内蒙三大基地联动，坚守安全生产生命线，坚持科技创新为本，狠抓产品质量，强抓基础管理，推进公司有序、可持续发展，努力为“十二五”目标的最终实现打下坚实基础。2013年，公司力争实现主营业务收入42亿元，利润总额达到2.5亿元。

1．抓好安全环保，确保“安稳长满优”。提升理念落实区域责任，加强生产过程和检修过程的危险源辨识工作，加强直接作业环节的安全监管力度；检查、整改、通报、考核不间断，推动隐患整改，重点加强低老坏的检查整改力度；夯实管理基础，推行模板化基础管理工作；通过宣传教育，开展多样性安全环保主题活动，提高公司安全环保的整体意识，转变公司安全环保的理念；加强工艺、设备本质安全度，提高企业生产过程风险掌控；做好季节性的安全工作。

加强生产管控，提高装置运行水平。

2．进一步完善、扩充工艺变更管理的内涵和范围，规范公司变更管理，提高变更过程和结果的安全度，降低对生产装置的影响。同时加强工艺、设备、消耗等分析工作，将日常生产运行和成本指标更为细致地对标，及时反应异常情况，通过总结、改进，不断提高生产装置的运行水平。

2012 年我国氟化学产品产能过剩现象持续增强，对氟化工行业整体形成冲击。预计 2013 年将延续今年的状况，氟化工行业将面临新的挑战。面对挑战，公司将充分利用销售公司的平台，做大做强贸易，集中品牌优势，稳固市场占有率，提升新产品市场开拓能力，加强技术支持队伍和营销队伍的建设，加强业务知识的培训。

3．进一步完善发展规划，积极对外合作，促进产业集约发展．加强规划管理工作，及时跟踪公司发展调整。继续加强对国家及各行业出台的“十二五”规划及国家有关氟化工行业政策的研究，做好主要竞争对手发展情况的跟踪和发展热点的调研，为企业的发展提供政策与信息支撑。做好公司“十二五”第二年完成情况的总结，细化完善公司发展规划。完善三大基地功能定位，加快上海“走出去”步伐，加强产业政策、信息研究，做好产学研管理。

4．进一步加强基础工作建设。在 2012 年推行“三基”工作标准化模板的基础上，强化检查，固化取得的成果，同时不断推进工作深度，向精细化迈进。在 2012 年在万豪首先推进管理加科技的手段的基础上，加强生产信息的收集和分析，设定跟踪指标，将“三基”工作列入企业日常工作进行考核。

（温　雷）

上海上电电力运营有限公司

【概况】

上海上电电力运营有限公司（以下简称公司）成立于 2008 年 1 月 18 日，由原南市发电厂改制而成。公司隶属于上海电力股份有限公司（以下简称上海电力），系上海电力的全资子公司，也是上海电力对外服务的重要窗口。公司以承建电力运营服务为主要经营活动，拥有丰富的电厂运行管理经验，形成以百万千瓦机组电厂运行及风电运维管理为核心技术的专业品牌。自成立以来，遵照上海电力“抓发展、增盈利、促和谐”工作方针，通过树立“安全、规范、高效、文明”服务理念，提供优质的电力运行管理服务，并逐渐在激烈竞争的市场中占据一席之地。近年来，在吸收与安置分流及辅业回归大量富余人员的同时，加快电力运营服务业务的开发步伐，拓宽、拓深经营领域，实现立足上海、放眼全国、抢占海外的战略转型。至 2012 年年末，公司在职人数 1219 名，成为上海电力旗下最大的企业之一。

【2012 年经济工作情况】

2012 年，是公司打造新型现代电站服务企业的第一年。作为上海电力“走出去”战略的“先锋”和人员接收主要平台，公司紧紧围绕“抓发展、增盈利、促和谐”工作方针，在项目开拓、管理提升、队伍稳定等方面取得较好成绩，为上海电力“四个转变”作出重要贡献。

一、坚持资源拓展，打响服务品牌，推动企业持续发展

坚持“走出去”战略、拓展新的资源项目，不仅是公司提升效益、“做强做大”的重要举措，而且也为新吸收的富余人员提供了良好的岗位机会。2012 年，除已签订伊拉克华事德一期、山西铝业运行咨询服务、田集二期生产准备等合同外，另有伊拉克华事德一期后续运维业务、山西铝业运行委托、土耳其伊斯肯德伦、长兴岛第二电厂脱硫等项目正处于洽谈阶段。

1．伊拉克项目

伊拉克华事德一期是公司承办的第一个涉外项目。2012 年 1 月，公司以招标分数最高的成绩一举中标。中标后，积极与业主方上海电气就合同细节问题进行沟通；6 月 11 日，正式与上海电气签订伊拉克华事德一期项目合同。7 月 29 日、11 月 6 日、12 月 8 日，总计 52 名员工先后远赴伊拉克工作。12 月 23 日，首台 2 号机组并网一次成功，比原计划提前 2 个多月。伊拉克缺电严重，华事德电厂建成后将占伊拉克全国总电量的 1/4。首台机组的提前并网，大大缓解了伊拉克缺电形势，也得到了伊拉克副总理、电力部等政府要员的高度赞扬，上海电气为此特意发来感谢函。

2．山西铝业项目

山西铝业自备电厂运行咨询工作，涉及山西铝业公司自备电厂一期及二期工程 6 台 25MW 供热机组、1 台高背压

6MW 供热机组及 8 台配套 240T/h 循环流化床锅炉。8 月 1 日 -3 日，进驻山西铝业公司开展现场调研。9 月 5 日，实施运行诊断。经过两个星期实地诊断，形成《山西铝业自备电厂运行管理咨询管理报告》（初稿）。9 月 11 日，正式与山西铝业签订运行管理咨询服务合同。截至年底，山西铝业运行委托工作正在洽谈之中。

3．褐煤提质成型项目

15 万吨褐煤提质成型项目是中国电力投资集团公司重点科研创新项目，该项目于 2011 年底在外高桥发电公司兴建。5 月 26 日，公司开始承接相关运行及管理工作。10 月 17-19 日，完成了连续 72 小时系统运行，从而将工作重心从最初的程控运行、电气拉送电等方面扩展至所有系统的监控、操作、巡检等运行工作上来。在公司的运行管理下，褐煤提质成型项目实现安全投运，为上海电力在澳大利亚建设褐煤煤矿打下扎实技术基础。

二、坚持绩效考评，构筑价值模型，完善企业管理体系

1．推行绩效考核，加强综合管理

2012 年初，首先推行项目部和项目部经理关键绩效指标（KPI）的管理考核，并根据实施情况逐步完善关键绩效考核指标。3 月，组织各职能部门对各项目部第一季度工作按照实际情况进行考核打分，以此作为季度绩效奖的依据。关键绩效考核的引入是公司精细化管理的开始。

4 月初至 10 月底，开始实施管理提升第一阶段工作，从人员接受、安全标准化、班组建设、绩效管理、风险内控、廉洁防控、企业管理等方面给予落实，并重视边查边改。在此基础上，11 月初又开展了管理提升第二阶段工作，主要从人员稳定、全员绩效管理、风险及内控、安全健康环境体系（SHE）、伊拉克项目、十八大精神实际运用、工会组织建设、班组建设、新能源培训等九个方面作为专项提升的主线。

2．开展标准建设，保障安全管理

以电力安全生产标准化建设为平台，进一步规范和完善安全基础管理。为配合管控一体化和关键业绩考核的实施，继 4 月全部完成《安全生产责任制》等 24 项安全方面规章制度修、增订工作后，10 月又完成了《突发事件综合应急预案》等 12 个应急预案及相关现场应急处置方案修、增订工作。各项目部也坚持隐患排查治理机制，明确“查找→评估→报告→治理（控制）→验收→销号”的闭环管理流程，并每月对事故隐患排查治理情况进行统计分析。

8 月 7 日，11 号台风“海葵”正面袭击浙江天台山。天台山风电项目部严格遵照公司防台防汛工作的要求，及时启动应急机制，注重安全措施管理的细节化，经受住了最大风速 44 米 / 秒（风力 14 级）的强力冲击，确保了风电场各项设施的安全和完好。

3．探索环保概念，重视健康管理

安全健康环境体系（SHE）建设是对传统管控模式的一次性系统优化，公司主要从“十个关键环节”，探索推进体系建设。“十个关键环节”分别是加强培训和学习、梳理核心工作、危险源分析评估、应用评估结果、建立体系文件、体系文件应用培训、按标准完成工作、管理流程固化、规范现场作业、评估与改进。

为维护员工健康，建立了岗位职业危害登记表，在员工《安全告知书》的基础上，与接触职业危害员工签订《岗位职业卫生告知书》及对涉及职业危害的相关人员每年给予职业健康检查，并组织员工开展《职业病防治法》等职业健康宣传教育和“安康杯”系列活动。

三、坚持党群建设，维护员工权益，夯实企业维稳基础

1．以服务沪外员工为宗旨，成立员工服务团队

公司目前有安徽田集、浙江天台、新疆乌苏、伊拉克华事得四个沪外项目。为更好为沪外员工服务，3 月 22 日成立了由 35 岁以下青年为主的后方服务队。后方服务队建立了沪外员工家庭档案，共有 116 名服务对象，并明确了每月必须与沪外员工家庭联系人联络一次和不定期上门随访的规定。一年来，后方服务队为沪外员工家属所做的服务，得到了员工及家属的肯定，使在沪外工作的员工更安心。

2．以强化四级网络为渠道，畅通维稳诉求平台

随着分流和辅业人员的到位，公司以民主恳谈会、民主接待日为平台，建立了四级联系网络：一是在公司层面上，成立了以党委为中心的工作领导小组，负责全局的组织、指挥、协调工作；二是在项目部层面上，设立由各项目部党支部、工会人员组成的员工联系组，向下传达精神、向上反馈员工信息；三是在班组层面上，确立了以班组长为核心的联络小组；四是在个人层面上，设立联络信息员，协助收集员工民意，排查不稳定因素，从而形成了以本部为龙头、以各项目部为纽带、以班组为基础、以个人信息员为前哨的诉求和联系网络。

【2013 年发展趋势】

2013 年，公司将积极贯彻“质量效益双增长，改革发展双突破”指导思想，在推动“专业化公司、职业化队伍”的过程中，提升创新发展在企业中的战略地位，多渠道地拓宽资源，尽可能为员工提供更多更优质的岗位。与此同时，在深化精细化管理、团队建设、绩效考核和安全管理的同时，做大运行服务规模，提高企业经济效益，为上海电力成为国际一流综合能源企业作出最大贡献。

主要工作：深化“开拓项目，带好队伍”工作方式，在保持员工队伍稳定的基础上，发扬“三千精神”，克服一切困难，开拓资源项目。今年要重点开拓伊拉克华事德一期后期 4×330MW 燃油（气）发电机组运维管理、土耳其伊斯肯

德伦 2×330MW 热电厂运行管理等项目，在此基础上，充分发挥环保经营的优势，构筑脱硫上（石灰石）、中（运行）、下（石膏）游的产业链，争取使脱硫上、下游销售全年同比增加40%、成本同比下降5%–7%，并进入其他生产经营领域，逐步打造成有特色的新型电站服务企业。

（陈　敏）

上海市市北高新技术服务业园区

【概况】

上海市市北高新技术服务业园区（以下简称市北高新园区）成立于 1992 年 8 月，园区区域界线为：东至泗塘，西通彭越浦河，南达汶水路，北抵走马塘—共和新路—场中路，总规划面积 3.13 平方公里。

市北高新园区是经国务院批复同意建立的全国第三家国家自主创新示范区——张江国家自主创新示范区的重要组成部分，是上海中心城区距离人民广场直线距离最近的国家级高新技术产业开发区。

建园 20 年来，在上海市委、市政府的亲切关怀和闸北区委及区政府的正确领导下，园区面貌、产业能级、经济总量、配套功能、品牌效应等发生了历史性变化。园区综合发展指数在全市 5 平方公里以下小型开发区中排名第一；单位土地利润、单位土地税收产出强度在全市开发区中排名第二。

【2012 年经济工作情况】

2012 年，市北高新园区按照市委、市政府“创新驱动、转型发展”的工作主线和闸北区委、区政府“南高中繁北产业”发展战略，紧紧围绕“加快科技化步伐，打造国际化园区”发展愿景，坚持走内涵式发展之路，实现了又好又快发展。

1．经济指标稳中有进。2012 年，园区完成税收总额 34.53 亿元，上缴区级税收 6.96 亿元，园区企业实现主营业务收入 745 亿元，其中，第三产业主营业务收入 686 亿元。

2．总部经济快速发展。2012 年，园区先后引进德凯达企业管理（上海）有限公司、尚泰投资咨询（上海）有限公司和爱生雅（中国）投资有限公司 3 家跨国公司地区总部，使园区跨国公司地区总部达到 10 家。

3．创新体系建设成效明显。2012 年，园区新认定高新技术企业 6 家，累计达到 46 家；园区申报创新基金项目企业数达 22 家，新增小巨人培育企业 2 家，4 家企业通过上海市著名商标认定。

4．品牌影响力大幅提升。2012 年，园区以建园 20 周年为契机，园区综合发展实力和品牌影响力大幅提升，先后被国家环保部、科技部、商务部三部委批准创建“国家生态工业示范园区”；被国家质监总局批准筹建全国首家“质量服务产业知名品牌创建示范区”；被上海市引进海外高层次人才工作小组、市委组织部授予首批“上海市海外高层次人才创新创业基地”，被市环保局授予“上海市环境教育基地”，被市科技创业中心授予“上海市科技创业苗圃”。

5．南通科技城开发建设加快推进。2012 年，市北高新（南通）科技城市的市政基础设施建设在确保安全、质量的前提下全面开工。截至年底，科技城内所有道路已基本完成，河道水系基本贯通，文化公园已基本成型，科技城景观河区十大景观已严格按照设计要求开始施工。

6．园区运营主体进军资本市场。历经三年努力，2012 年 9 月 20 日，伴随着中共闸北区委副书记、区长翁祖亮敲响上市金锣，上海市北高新股份有限公司成功借壳二纺机，在上海证券交易所正式挂牌上市（A 股简称：市北高新，股票代码 600604；B 股简称：市北 B 股，股票代码 900902），成为闸北区第二家区属国资上市公司。

【2013 年发展趋势】

2013 年是市北高新园区全面贯彻落实党的十八大精神的第一年，也是园区继续实施“十二五”规划、全面推进“一区一城”建设的关键一年。市北高新园区将以此为契机，继续保持创业豪情、创新激情、创造热情，发挥综合优势，营造一流环境，推动产业集群，努力打造“自主创新的核心区、转型发展的示范区、产业集聚的先导区、生态型城市的承载区、体制机制创新的先行区”，使市北高新园区成为上海“创新驱动、转型发展”的示范窗口，成为闸北“南高中繁北产业”发展的闪亮名片。

（周学强）

沪东重机有限公司

【概况】

沪东重机有限公司属于大型企业，注册资本24亿元。公司生产经营范围：船用柴油机及备配件、铸锻件的设计、制造、销售，电站设备、工程机械成套设备、机电设备的设计、制造、安装、维修及相关的技术咨询和技术服务，非标准钢结构制作，从事货物与技术的进出口业务（涉及行政许可的，凭许可证经营）。

沪东重机是我国最早研制大功率船用柴油机的生产企业，并在该领域始终保持国内领先的地位。早在20世纪50年代，公司开始研制国产船用大功率柴油机。1958年研制成功我国首台6ESDZ43/82船用大功率柴油机，1965年中国首台万匹机7ESDZ75/160通过国家鉴定。改革开放后，通过引进中、低速大功率柴油机专利技术，先后制造出MAN、WÄRTSILÄ、S.E.M.T.系列多种机型的专利产品。1989年研制出2700TEU集装箱船的主机7RTA84，2003年研制出30万吨油轮的主机7S80MC，2005年研制出国内首台智能型柴油机，2006–2012年间，研制出国内首台7K90MC–C、6K80ME–C、7RT–flex68B、6S80MC–C、8RT–flex68D、5S60ME–C7、6RT–flex48T–D和6S50ME–B9等柴油机，其中6K80ME–C和6RT–flex48T–D柴油机是世界首台机。

沪东重机获得ISO9001质量管理体系和新时代GJB9001A–2001产品质量体系的认证。2012年，公司被上海市科技委等部门授予“创新型企业”称号。公司是国家级企业技术中心和上海市高新技术企业，并通过了国家最高级别“AAAA级标准化良好行为企业”的验收。

【2012年经济工作情况】

一、市场状况

受金融危机冲击，2012年造船市场出现量价齐跌，新船价格持续走低的局面，船用柴油机市场竞争异常激烈，公司面临接机难、交机难和盈利难的困境。

二、经营业绩

1．全年完成工业总产值274190万元，比上年下降23%；完成出口产值5048万元，下降37%；全年实现营业收入272964万元，下降19%。

2．完成低、中速柴油机产值255638万元，下降22%；完工柴油机140台/144.6万千瓦，功率产量下降7%，其中新开发机型6台/21万千瓦，功率数增加147%。

3．完成非船产值18552万元，下降32%。

三、科技成果

完成6S50ME–B9、6RT–flex58T–D等六种新机型的研制。

沪东重机的科研项目“7RT–flex68B共规智能柴油机研制”获得了中船集团公司科技进步一等奖；“6S80MC–C大功率柴油机研制”获得中船集团公司科技进步二等奖；“船用柴油机管系设计制造协同管理体系构建”获得船舶企业优秀管理成果一等奖；巴氏合金钨极惰性气体保护钎焊方法获第七届国际发明展览会暨国际教学新仪器和新设备展览会银奖；RT–flex58被认定为上海市高新技术成果转化项目。

沪东重机承担的《上海市引进技术的吸收与创新计划》“共轨智能型国内最大缸径7RT–flex68B柴油机研制”、高新技术产业化重点项目“核安全1E级应急柴油发电机组成套研制”，通过了验收。此外，专利申请33项，专利授权20项，软件著作权登记11项。

四、年末从业人数

年末从业人员1338人，其中各类专业技术人员664人，本科以上学历445人，教授级高工17人，高级职称96人，中级职称141人，高级技师4人，技师35人。

【2013年发展趋势】

2013年，沪东重机的主要工作目标是：预定工业总产值30亿元，完工柴油机110台/111万千瓦。主要工作措施有：

1．全力以赴开拓市场抢订单，努力改善业务结构；

2．加强降本增效工作；

3．加强科研能力建设；

4．健全管理，加强风险防控。

（李林林）

上海外高桥造船有限公司

【概况】

上海外高桥造船有限公司成立于1999年，是中国船舶工业集团公司旗下上市公司——中国船舶工业股份有限公司的全资子公司。公司规划占地总面积近500万平方米，岸线总长度超过4公里，拥有上海江南长兴造船有限责任公司、上海外高桥造船海洋工程有限公司两大子公司，加上公司本部共计三大建造基地。通过努力探索建立现代造船管理模式，公司造船总量已连续多年位居国内第一，并跻身世界造船业三强行列。

自成立以来，公司制定“保持经营生产稳定、构建精益管理体系、提升持续发展能力、促进增长方式转变”的经营策略，做到稳健经营，创新管理，使企业始终保持“快速、持续、稳定发展”的良好态势。公司主要产品有好望角型散货船，阿芙拉型成品／原油轮、超级油轮（VLCC）、海上浮式生产储油装置（FPSO）、深水半潜式钻井平台、自升式钻井平台等。

【2012年经济工作情况】

2012年，由于受到国际金融危机的持续影响，造船业经受了极为严峻的考验。公司积极应对市场挑战，坚持科学发展，以“稳定经营生产节奏，提升精益管理水平，转变经济增长方式，增强持续发展能力”为核心，在造船总量和发展质量上取得了新的进步，在逆市中实现了新的发展。2012年，完成工业总产值140亿元，造船完工总量24艘／543.3万载重吨。

公司设计研究院借助国家级技术中心这一平台，以“绿色低炭、节能减排”为主攻方向，在产品研发方面，积极开发引领市场需求的新船型，努力形成“生产一代、开发一代、储备一代”的产品研发梯度。目前，两型18万吨级散货船、30万吨级VLCC原油轮、万箱级集装箱船、15．9万吨级苏伊士型油轮等船型开发、合同设计基本完成并已推向市场。

2012年5月，由公司设计、建造的，被列入国家中长期科技发展规划重点项目、国家“863”高科技发展规划重点项目、国家重大科技专项，有“南海明珠”美誉的世界第六代深水半潜式钻井平台“海洋石油981”，已在南海荔湾区开钻。“海洋石油981”的成功建造，不仅是我国海洋石油工业发展历程中迈出历史性的一大步，也标志着我国海洋石油工业实现了从浅水向深水的历史性跨越。

【2013年发展趋势】

2013年，上海外高桥造船有限公司将加快产品结构调整，深化提升精细化造船，提高生产效率，改进造船模式，推出新的船型。依据“加强品牌建设，加大市场开拓力度；调整产品结构，提升造船产能；推行成本管理，提高经济效益；创新人才机制，建设一流人才队伍；两岸三地一体化，推行精益造船；加快转型发展，抢占海工高地；推动企业高效运转，有效防范各类风险；推进企业文化建设，全面提升员工素质”等举措，在逆境中寻求转型之路。

（陆劭彦）

江南造船（集团）有限责任公司

【概况】

江南造船（集团）有限责任公司创建于清朝同治四年（1865年），创建时名为江南机器制造总局，其后历经江南船坞、海军江南造船所，1953年更名为江南造船厂，1996年改制为江南造船（集团）有限责任公司。她是中国民族工业的发祥地，中国近代工业的起点、中国产业工人的摇篮，我国大型骨干造船企业之一，海军装备建设的中坚力量，现为中国船舶工业集团控股的全资子公司。

【2012年经济工作情况】

2012年是江南造船与长兴重工实现统一管理运行的第一个完整年，也是国际造船与航运市场异常低迷的一年。一年来，面对严峻造船形势，江南造船公司认真贯彻落实中船集团“做强、创新、转型、突破”的指导思想和“稳中求进，破局发展”的工作总思路，围绕全年“保交船，抢订单”的工作重点，攻坚克难、奋发有为，打赢“630”攻坚战，实现保交船任务的胜利；在剧烈的市场竞争中努力“抢订单”，经营承接实现重大历史性突破，产品结构有效调整；认真按照国资委和中船集团的总体部署，积极开展管理提升活动，企业发展的各项基础管理不断夯实。全年完成交船35艘，完成造船吨位304万载重吨，实现工业总产值185亿元，实现营业收入174亿元。公司改革与发展又迈上新台阶。

【2013年发展趋势】

2013年，江南造船公司目标是：交船32艘，完成造船生产204万载重吨。总体工作思路是：加强生产计划管理，确保按期优质完成军民品生产任务；强化市场研究与跟踪，开拓高端产品，积极抢订单，推进产品结构进一步调整转型；深入开展管理提升工作，以质量、成本、安全、技术创新等为重要抓手，努力推动企业创新驱动和转型升级。

（陈桂明）

沪东中华造船（集团）有限公司

【概况】

沪东中华造船（集团）有限公司是中国船舶工业集团公司旗下的核心企业，有着80多年的造船历史，年造船能力超过220万吨。公司始终以创新驱动为企业立身之本，建立了集开发、设计和数字化应用于一体的国家级造船技术中心，设计理念超前，开发力量强大。建立了四大数字造船信息管理系统，自主研发的SPD造船设计系统，在全国200多家企业和科研院所中得以应用。

沪东中华严格按照国际通行的质量标准建造船舶产品，建立并运行了经ABS船级社认证的ISO9001的质量管理体系。公司始终关注客户需求，以“提供有竞争力的船舶产品，持续为客户创造最大价值”为企业使命，产品遍及世界各地。作为中国海军重要的装备生产基地，公司被誉为中国海军护卫舰的摇篮和登陆舰的摇篮。公司的民用船舶产品有五大系列近40种船型。

沪东中华是目前中国唯一有能力并成功建造大型液化天然气船的企业，建造的14.7万立方米大型液化天然气运输船获得了2008年度中国国际工业博览会金奖，2009年度国家能源科技进步一等奖。近两年，公司成功中标埃克森美孚和商船三井的中国LNG造船项目、中海运中石化APLNG运输项目等一系列重大项目，为公司在国内保持LNG船建造的领先优势奠定了基础。

沪东中华是中国建造大型集装箱船的行业领军企业。拥有自主知识产权的世界第六代超大型8888箱集装箱船获得2010年度上海市科技进步一等奖。近年来，承接的45000吨集装箱滚装船是此类大型集装箱滚装船的全球首次建造，为世界领先船型。

沪东中华是中国最早进入海洋工程产品建造领域的造船企业之一。20世纪90年代，公司建造的52000吨浮式储油船被评为“新中国60年十大名船”之一；公司建造的三用工作船深受各国船东青睐。

沪东中华建造的成品油船、原油船、散货船船型多样，74500吨系列巴拿马型散货船在世界航运界享有“中国沪东型”之美誉。公司在特种船舶建造领域拥有世界一流的竞争力。近年来，承接的38000吨特种双相不锈钢化学品船，是世界上建造难度最大的化学品船。

沪东中华在大型钢结构制造领域也声誉卓著。先后承建了京城大厦、证券大厦、东方明珠天线桅杆等超大型钢结构工程，填补了多项建筑业空白，创造了多项中国第一。

【2012年经济工作情况】

2012年面对全球造船业“二次探底”的严峻形势，沪东中华深入贯彻中船集团公司“做强、创新、转型、突破”的指导思想和“稳中求进、破局发展”的总体工作思路，强化管理提升，加快公司发展方式转变和产品结构调整。全年实现交船22艘138.27万吨，完成工业总产值126.6亿元、工业增加值18.6亿元，实现营业收入122.13亿元、利润总额1.0268亿元，完成年度指标。

面对严峻的市场形势，沪东中华以研发为引导、品质为保证，创造需求，经营承接取得重要突破。全年实现合同承接128.85亿元，其中船舶订单20艘49.4万载重吨。承接的45000吨集装箱滚装船是全球首次建造；38000吨特种双相不锈钢化学品船是世界最先进的化学品船；顺利中标APLNG运输项目6艘17.2万立方米LNG船，继续保持在中国LNG造船领域的领军地位。

沪东中华深入推进“成本工程”，落实“一岗双责”，强化成本倒逼机制和考核体系的优化，加强费用指标的检查和控制以及目标成本的跟踪分析，确保了年度成本考核目标的实现。

沪东中华以精度管理和快速搭载技术为重点，坚定不移推进新工艺新技术的研究应用。实现了生产设计按部装拼板工艺流程出图、难点分段四阶段精度专检、总装搭载实行搭载报告书制度和难点分段模拟搭载等一系列项目。

沪东中华加快配套产业基地建设，努力完善投资企业产业发展模式，推进投资企业提升研发能力和明确产品定位，扩大市场份额。在非船业务领域，公司积极开拓LNG岸站、矿山机械、特种钢结构等市场领域，加快多元发展。

沪东中华以5S管理为抓手，推进安全生产标准化工作，将HSE管理向公司各生产区域覆盖，持续改进HSE体系运行，全面夯实企业安全管理基础。公司围绕企业生产经营，深入开展管理提升，努力打造更高运营效率的企业管理环境，培育企业更强的竞争能力。

【2013年发展趋势】

2013年，沪东中华工作指导思想是：以党的十八大精神为指导，以质量工程为核心，坚持“军品第一”方针，提升科技管理水平，研发节能环保船型；突破生产技术准备，攻克高端产品难点；打造LNG专业化基地，做大非船配套业务；推进成本工程建设，降低单位工费成本；深化管理提升活动，促进效益效率提高。强管理、促转型、扩非船、增利润，实现破局发展。

主要工作目标：预计完成工业总产值128.5亿元，营业收入125亿元，完成交船22艘/102.33万吨，利润总额1.2亿元，经营承接150亿元。打赢生产技术准备、工费成本控制、多地造船和资源整合三大攻坚战。

（刘　燕）

上海航海设备有限责任公司

【概况】

上海航海设备有限责任公司（SMEC）是由历史悠久、在船舶行业享有盛名的中国船舶工业集团公司（CSSC）下属的上海航海仪器总厂利用数十年军工技术成果开发成功的主要民品和军民共用产品的经营实体改制组建的现代企业。早在1996年11月公司就通过ISO9001质量认证，公司主营船用设备及机舱自动化系统、液压元件及系统、机电一体化等设备的制造质量在国内堪称一流。

【2012年经济工作情况】

2012年，上海航海设备有限责任公司完成工业总产值5400万元，其中出口产值为98.65万美元；销售收入7800万元，税利总额745万元。完成船用产品142船/套，产值达1920万元；完成非船产值3480万元。2012年公司平均从业人员195人。

2012年，公司继评为上海市高新技术企业和上海市科技小巨人（培育型）企业后，又继续申报6项专利。公司新产品非晶合金带剪切生产线，被列为上海市高新技术成果转换化项目。公司用于船舶驾控台配套的航行灯/信号灯控制系统通过CCS后2012年已实现批量装船。公司研制开发的机舱检测报警系统、桥楼航行值班报警系统产品取得重要进展，即将进行船检。

2012年，公司主导产品二通插装阀控制阀组在用于400T棉花液压打包机的基础上，又进一步开辟新领域——用于废旧汽车处理打包设备的液压控制阀组。船用液压舱盖系统实现装船135套（其中出口配套56套）。除此之外，公司研发的用于船舶舵机、锚绞机等液压控制阀组已被各大船舶辅机厂选用。公司新研制开发的手动比例流量方向复合阀系列已试制成功，即将替代进口批量提供用户。

【2013年发展趋势】

2013年，上海航海设备有限责任公司坚持以科技创新为宗旨，注重新技术、新领域的开拓和发展，利用雄厚的技术力量和先进的管理机制，不断充实、调整产品结构，重点强化液压元件及系统的开发并在相关领域的应用，加强机电一体化产品的开发，加强船舶辅机液压控制系统的开发，加强具有自主知识产权的船舶自动化设备的开发，以“一流的产品，一流的服务”奉献用户，再创辉煌。

（刘国跃）

上海船厂船舶有限公司

【概况】

上海船厂船舶有限公司创建于1862年，至今已有150年的历史，是我国最早的修造船厂之一，现隶属中国船舶工业集团公司，为其旗下的五大造修船基地之一和三大海洋工程生产基地之一。它是一家以造船、海洋工程、修船、钢结构生产为主体，兼有压力容器、机电产品等综合生产能力的国有大型骨干企业，曾多次荣获“上海市优秀企业”、“上海市文明单位”、“上海市高新技术企业”等称号。

公司拥有国家级及上海市认定的企业技术中心。公司已取得中国船级社的ISO9001：2008质量管理体系认证证书以及中国船级社的ISO14001：2004环境体系认证证书、OHSAS18001：1999职业健康安全管理体系认证证书。

【2012年经济工作情况】

2012年，为应对各种危机挑战，在集团公司的坚强领导和支持下，全体干部职工在公司领导班子的带领下，重点围绕“破交船危局、破亏损险局、破接单困局、破结构僵局”中心工作，为打赢“生死保卫战”而努力奋斗。2012年，在册工人数3500人。完成工业总产值49.2亿元，比上年下降26.8%。造船完工15艘，81.8万载重吨、36.1万修正总吨，修正总吨上升17.8%，其中出口船10艘，59.2万载重吨，28.9万修正总吨。在各类船型中，散货轮7艘，41.7万载重吨，11.6万修正总吨；集装箱船8艘，40.1万载重吨，24.5万修正总吨。修船完工艘数85艘，下降15%。在经营接单上，12月31日，公司与华彬集团签订3000英尺钻井船后续选择船Tiger3/4的建造合同。

【2013年发展趋势】

2013年，公司工业总产值目标为65亿元。为了实现上述目标，公司将继续深入学习贯彻落实十八大精神，以集团公司年度工作会精神为指导，继续解放思想，团结拼搏，以踏准生产节奏与提高生产效率、倒逼成本与分解落实成本责任两大工作为中心；以管理提升为抓手、强化质量为保障，确保生产计划执行力；开源与节流并举，成本控制现有效，力争经营订单新突破。

（陆　星）

中海工业有限公司

【概况】

中海工业有限公司按照中国海运（集团）总公司专业化重组的改革进程，1998年6月，中海工业有限公司由在北京的中交船业迁址更名到上海，是中国海运（集团）总公司的一级子公司，是中国船舶工业行业的重要成员。中海工业公司以五大业务板块为主营，即中海修船、中海造船、中海海工、中海船艇和江海联运。分别在长三角和珠三角拥有多家国内外具有声誉的大型船厂和专业公司。完善的现代化管理和专业化服务，使中海工业公司已成为诸多世界著名船运公司的战略合作伙伴。

经过多年的发展，中海修船拥有总坞容量达85万吨，其中，30万吨级船坞1座、20万吨级船坞1座、4–8万吨级船坞4座、4万吨级以下船坞4座。中海造船拥有100万吨级干船坞2座、8万吨级干船坞1座、7万吨级斜船台1座。目前，中海工业公司现有在职员工4500名和分包商2万人，同时拥有一支适应现代修造船发展的管理精英和专业技术团队。

【2012年经济工作情况】

2012年面对修船市场激烈的竞争，中海工业公司进一步调动经营总部和三家修船厂的积极性，继续巩固老市场，着力开拓新市场，全年完成造船产值50亿元，完工21艘，101.95万载重吨。完成修船产值12.26亿元，修船639艘，其中外轮312艘。为应对修船市场的不景气，修船厂着手引进非修船项目，努力做大总量，保持企业均衡生产和队伍的稳定。

【2013年发展趋势】

2013年，中海工业公司总体要求是：坚持改革，增收节支，苦练内功，做优品牌，提高绩效，强化风险防控，完善体制机制，为中海工业平稳发展创造条件。主要措施为进一步推进精细化管理，加强防控提高效率；进一步加强财务管理，防范财务风险；进一步实施创新驱动，促进产业链互补。

（钱　华）

2013·上海工业年鉴

SHANGHAI
INDUSTRIAL
YEARBOOK

上海工商类上市公司行业分类

序号	代码	公司简称	行业
1	002022	科华生物	制造业 - 生物药品制造业
2	002028	思源电气	制造业 - 输配电及控制设备制造业
3	002058	威尔泰	制造业 - 仪器仪表及文化、办公用机械制造业
4	002158	汉钟精机	制造业 - 普通机械制造业
5	002162	斯米克	制造业 - 陶瓷制品业
6	002178	延华智能	科学研究和技术服务业 - 专业技术服务业
7	002184	海得控制	软件和信息技术服务业 - 软件和信息技术服务业
8	002195	海隆软件	软件和信息技术服务业 - 软件和信息技术服务业
9	002252	上海莱士	制造业 - 生物制品业
10	002269	美邦服饰	制造业 - 纺织服装、服饰业务
11	002278	神开股份	制造业 - 石化及其他工业专用设备制造业
12	002324	普利特	制造业 - 塑料零件制造业
13	002328	新朋股份	制造业 - 金属制品业
14	002346	柘中建设	制造业 - 水泥制品和石棉水泥制品业
15	002401	中海科技	信息传输、软件和信息技术服务业 - 软件和信息技术服务业
16	002451	摩恩电气	制造业 - 电器机械及器材制造业
17	002454	松芝股份	制造业 - 交通运输设备制造业
18	002486	嘉麟杰	制造业 - 纺织业
19	002506	*ST 超日	制造业 - 其他电子设备制造业
20	002527	新时达	制造业 - 电器机械及器材制造业
21	002561	徐家汇	制造业 - 日用百货零售业
22	002565	上海绿新	制造业 - 纸制品业
23	002568	百润股份	制造业 - 化学原料及化学制品制造业
24	002605	姚记扑克	制造业 - 文化用品制造业
25	002636	金安国纪	制造业 - 文化用品制造业
26	002669	康达新材	制造业 - 化学原料和化学制品制造业
27	300008	上海佳豪	科学研究和技术服务业 - 专业技术服务业
28	300017	网宿科技	软件和信息技术服务业 - 软件和信息技术服务业
29	300039	上海凯宝	制造业 - 医药制造业
30	300059	东方财富	软件和信息技术服务业 - 互联网和相关服务
31	300061	康耐特	制造业 - 其他制造业、
32	300067	安诺其	制造业 - 化学原料和化学制品制造业
33	300074	华平股份	信息传输、软件和信息技术服务业 - 软件和信息技术服务业
34	300126	锐奇股份	制造业 - 通用设备制造业
35	300129	泰胜风能	制造业 - 电气机械和器材制造业
36	300153	科泰电源	制造业 - 电气机械和器材制造业
37	300168	万达信息	软件和信息技术服务业 - 互联网和相关服务
38	300170	汉得信息	软件和信息技术服务业 - 互联网和相关服务
39	300171	东富龙	制造业 - 专用设备制造业
40	300180	华峰超纤	制造业 - 橡胶和塑料制品业
41	300222	科大智能	制造业 - 电气机械和器材制造业
42	300225	金力泰	制造业 - 化学原料和化学制品制造业
43	300226	上海钢联	软件和信息技术服务业 - 互联网和相关服务
44	300230	永利带业	制造业 - 橡胶和塑料制品业
45	300236	上海新阳	制造业 - 化学原料和化学制品制造业
46	300245	天玑科技	信息传输、软件和信息技术服务业 - 软件和信息技术服务业
47	300253	卫宁软件	信息传输、软件和信息技术服务业 - 软件和信息技术服务业

（续表）

序号	代码	公司简称	行业
48	300262	巴安水务	水利、环境和公共设施管理业 - 生态保护和环境治理业
49	300272	开能环保	制造业 - 专用设备制造业
50	300286	安科瑞	制造业 - 仪器仪表制造业
51	300326	凯利泰	制造业 - 专用设备制造业
52	300327	中颖电子	制造业 - 计算机、通信和其他电子设备制造业
53	300330	华虹计通	信息传输、软件和信息技术服务业 - 软件和信息技术服务业
54	300336	新文化	文化、体育和娱乐业 - 广播、电视、电影和影视录音制作业
55	600019	宝钢股份	制造业 - 黑色金属冶炼及压延加工业
56	600061	中纺投资	制造业 - 化学纤维制造业
57	600072	中船股份	制造业 - 专用设备制造业
58	600073	上海梅林	制造业 - 食品制造业
59	600081	东风科技	制造业 - 交通运输设备制造业
60	600094	大名城	房地产 - 房地产业
61	600104	上海汽车	制造业 - 交通运输设备制造业
62	600149	廊坊发展	制造业 - 普通机械制造业
63	600150	中国船舶	制造业 - 专用设备制造业
64	600151	航天机电	制造业 - 交通运输设备制造业
65	600171	上海贝岭	制造业 - 电子元器件制造业
66	600196	复星医药	制造业 - 医药制造业
67	600210	紫江企业	制造业 - 其他制造业
68	600272	开开实业	制造业 - 服装及其他纤维制品制造业
69	600278	东方创业	批发和零售贸易 - 商业经纪与代理业
70	600315	上海家化	制造业 - 化学原料及化学制品制造业
71	600320	振华重工	制造业 - 专用设备制造业
72	600420	现代制药	制造业 - 医药制造业
73	600490	中科合臣	制造业 - 化学原料及化学制品制造业
74	600500	中化国际	批发和零售贸易 - 商业经纪与代理业
75	600517	置信电气	制造业 - 电器机械及器材制造业
76	600530	交大昂立	制造业 - 生物制品业
77	600555	*ST 九龙	制造业 - 服装及其他纤维制品制造业
78	600597	光明乳业	制造业 - 食品加工业
79	600601	方正科技	信息技术业 - 计算机制造业
80	600602	广电电子	制造业 - 电子元器件制造业
81	600604	市北高新	制造业 - 专用设备制造业
82	600605	汇通能源	制造业 - 普通机械制造业
83	600608	上海科技	制造业 - 黑色金属冶炼和压延加工业
84	600610	S 中纺机	制造业 - 专用设备制造业
85	600612	老凤祥	制造业 - 其他制造业
86	600614	鼎立股份	制造业 - 橡胶制造业
87	600615	丰华股份	制造业 - 食品制造业
88	600616	金枫酒业	批发和零售贸易 - 零售业
89	600617	*ST 联华	制造业 - 化学纤维制造业
90	600618	氯碱化工	制造业 - 化学原料及化学制品制造业
91	600619	海立股份	制造业 - 电器机械及器材制造业
92	600623	双钱股份	制造业 - 橡胶制造业
93	600626	申达股份	制造业 - 纺织业
94	600628	新世界	批发和零售贸易 - 零售业

序号	代码	公司简称	行业
95	600629	棱光实业	制造业 - 非金属矿物制品业
96	600630	龙头股份	制造业 - 纺织业
97	600633	浙报传媒	文化、体育和娱乐业 - 新闻和出版业
98	600636	三爱富	制造业 - 化学原料及化学制品制造业
99	600637	百视通	制造业 - 日用电子器具制造业
100	600645	中源协和	科学研究和技术服务业 - 研究和试验发展
101	600654	飞乐股份	信息技术业 - 通信及相关设备制造业
102	600655	豫园商城	批发和零售贸易 - 零售业
103	600656	ST 博元	批发和零售贸易 - 综合业
104	600676	交运股份	制造业 - 交通运输设备制造业
105	600679	金山开发	制造业 - 交通运输设备制造业
106	600680	上海普天	信息技术业 - 通信及相关设备制造业
107	600688	S 上石化	制造业 - 石油加工及炼焦业
108	600689	上海三毛	制造业 - 服装及其他纤维制品制造业
109	600695	大江股份	制造业 - 食品加工业
110	600757	长江传媒	文化、体育和娱乐业 - 新闻和出版业
111	600781	上海辅仁	制造业 - 纺织业
112	600818	中路股份	制造业 - 交通运输设备制造业
113	600819	耀皮玻璃	制造业 - 非金属矿物制品业
114	600822	上海物贸	批发和零售贸易 - 商业经纪与代理业
115	600824	益民商业	批发和零售贸易 - 零售业
116	600826	兰生股份	批发和零售贸易 - 商业经纪与代理业
117	600827	友谊股份	批发和零售贸易 - 零售业
118	600833	第一医药	批发和零售贸易 - 零售业
119	600835	上海机电	制造业 - 电器机械及器材制造业
120	600836	界龙实业	制造业 - 印刷业
121	600838	上海九百	批发和零售贸易 - 零售业
122	600841	上柴股份	制造业 - 普通机械制造业
123	600843	上工申贝	制造业 - 专用设备制造业
124	600844	丹化科技	制造业 - 化学原料及化学制品制造业
125	600848	自仪股份	制造业 - 仪器仪表及文化、办公用机械制造业
126	600850	华东电脑	信息技术业 - 计算机制造业
127	600851	海欣股份	制造业 - 皮革、毛皮、羽绒及制品制造业
128	601231	环旭电子	制造业 - 计算机、通信和其他电子设备制造业
129	601519	大智慧	信息传输、软件和信息技术服务业 - 软件和信息技术服务业
130	601607	上海医药	制造业 - 医药制造业
131	601727	上海电气	制造业 - 电器机械及器材制造业
132	603003	龙宇燃油	批发和零售业 - 批发业
133	603128	华贸物流	交通运输、仓储和邮政业 - 装卸搬运和运输代理业
134	900935	阳晨 B 股	制造业 - 专用设备制造业
135	900953	凯马 B	制造业 - 交通运输设备制造业

上海工商类上市公司

序号	代码	公司简称	资产总计	股东权益	主营业务收入	利润总额	净利润
1	002022	科华生物	128545.90	102108.26	101368.13	29800.72	23983.00
2	002028	思源电气	434266.79	286406.42	289173.46	34144.34	24829.67
3	002058	威尔泰	24047.52	19244.12	12509.57	699.63	514.67
4	002158	汉钟精机	99911.07	77348.84	70009.44	12540.15	10665.52
5	002162	斯米克	186338.53	51605.60	88454.29	-18615.76	-20692.26
6	002178	延华智能	83128.16	31821.67	60228.40	2817.90	1756.22
7	002184	海得控制	123640.78	71549.74	126925.46	640.86	640.86
8	002195	海隆软件	48581.74	44184.97	41032.49	7536.29	6633.11
9	002252	上海莱士	118168.15	91464.20	66267.69	26456.57	26456.57
10	002269	美邦服饰	700634.02	413188.15	950955.06	17412.19	84958.24
11	002278	神开股份	155531.87	115545.93	74987.87	1067.00	5150.62
12	002324	普利特	153844.87	126736.75	121169.01	18800.05	15862.23
13	002328	新朋股份	299349.61	209514.86	159182.75	5584.07	3284.85
14	002346	柘中建设	299349.61	209514.86	159182.75	5584.07	2092.06
15	002401	中海科技	81024.37	58183.19	50255.36	5355.09	4554.11
16	002451	摩恩电气	105552.27	63405.20	39234.91	794.85	713.28
17	002454	松芝股份	273510.18	189487.66	151452.45	19261.83	14600.38
18	002486	嘉麟杰	110801.93	95608.72	81072.59	4642.78	3966.01
19	002506	*ST 超日	757574.76	111173.15	163796.70	-172141.57	-167583.20
20	002527	新时达	162762.01	139876.11	84047.82	15992.36	13539.40
21	002561	徐家汇	216232.69	165975.02	209458.43	33490.13	24155.70
22	002565	上海绿新	249788.21	162492.90	137137.53	20872.55	16485.13
23	002568	百润股份	65140.43	63813.55	16421.32	8900.74	7698.76
24	002605	姚记扑克	96830.16	79089.90	64548.07	12944.40	9582.36
25	002636	金安国纪	226346.95	131158.39	213598.50	6274.01	4604.07
26	002669	康达新材	60534.62	55313.78	24692.22	3801.46	3247.46
27	300008	上海佳豪	65172.17	52755.89	26653.92	2619.47	2393.30
28	300017	网宿科技	98236.37	87045.10	81479.95	12280.37	10374.57
29	300039	上海凯宝	156108.46	141879.80	110200.49	28617.46	24219.20
30	300059	东方财富	180304.24	171948.51	22270.15	-1489.83	3758.19
31	300061	康耐特	64919.56	37785.60	35412.86	346.47	-84.12
32	300067	安诺其	74644.64	73327.24	26244.98	2699.51	2288.90
33	300074	华平股份	95748.03	91055.81	19944.03	8829.21	8164.49
34	300126	锐奇股份	111690.36	93695.75	53808.22	6511.07	5246.82
35	300129	泰胜风能	194659.51	138308.56	67132.12	6057.51	5836.04
36	300153	科泰电源	102109.73	91930.16	44622.40	1493.25	1332.73
37	300168	万达信息	152212.76	122944.94	88474.43	12575.60	11143.66
38	300170	汉得信息	124254.25	113668.32	70220.30	12907.33	12003.09
39	300171	东富龙	321151.14	219036.63	82185.79	28051.81	23332.89
40	300180	华峰超纤	133526.64	77735.16	61226.58	9931.68	8613.50
41	300222	科大智能	75321.99	60513.50	26373.99	3251.98	2861.30
42	300225	金力泰	81706.00	70670.66	50837.08	6409.69	5545.96
43	300226	上海钢联	64219.35	36171.71	95439.64	4563.67	3526.11
44	300230	永利带业	60495.08	50568.89	30089.04	6391.79	5024.21
45	300236	上海新阳	43303.70	37582.76	14334.63	4400.59	3978.41
46	300245	天玑科技	64194.07	51968.55	31326.07	5939.42	4820.75
47	300253	卫宁软件	62266.23	52883.36	26577.12	5774.38	5284.99

2012年度经营情况之一

单位：万元

序号	代码	公司简称	资产总计	股东权益	主营业务收入	利润总额	净利润
48	300262	巴安水务	72155.48	47078.79	36153.16	5674.00	4486.59
49	300272	开能环保	61237.40	47246.55	24071.74	669.78	4980.18
50	300286	安科瑞	41608.88	39149.25	16236.40	5168.95	4450.37
51	300326	凯利泰	47026.09	44491.96	10169.22	6021.85	5552.38
52	300327	中颖电子	61976.95	57473.05	26428.14	2473.21	2436.01
53	300330	华虹计通	61941.23	42051.21	25895.97	3717.77	3167.43
54	300336	新文化	103122.00	85647.10	38605.71	12085.23	9055.81
55	600019	宝钢股份	21435730.10	11138726.87	19151213.77	1313965.62	1038637.25
56	600061	中纺投资	172844.34	59006.34	325261.07	853.45	509.75
57	600072	中船股份	241496.66	139661.42	104153.73	-9605.07	-7605.18
58	600073	上海梅林	525708.14	187614.29	785887.71	16853.95	14011.10
59	600081	东风科技	185145.14	72074.99	244882.42	17748.48	9689.61
60	600094	大名城	1038549.14	237097.75	167645.01	33962.96	18895.55
61	600104	上海汽车	31720299.90	12233736.74	48097967.17	4015636.50	2075176.33
62	600149	廊坊发展	34303.85	31738.59	2653.63	898.62	620.65
63	600150	中国船舶	4536700.91	1751792.30	2427648.37	23487.73	2687.29
64	600151	航天机电	1114594.75	363464.98	152939.33	-123954.94	-88925.97
65	600171	上海贝岭	207023.49	173542.35	67692.95	4075.54	3339.85
66	600196	复星医药	2550714.05	1355879.26	734078.27	212303.57	156391.64
67	600210	紫江企业	1027963.34	362201.56	805689.38	29057.11	16180.46
68	600272	开开实业	97508.79	34289.02	81801.73	4412.81	6083.73
69	600278	东方创业	523516.08	258466.64	1411425.96	24123.19	15401.64
70	600315	上海家化	364687.06	271005.61	450412.26	72336.86	61463.22
71	600320	振华重工	4677969.63	1421095.26	1825515.21	-117119.05	-104366.58
72	600420	现代制药	246884.08	90364.20	200689.22	18518.64	11594.47
73	600490	中科合臣	417247.35	143260.71	146186.49	34096.64	12780.63
74	600500	中化国际	3018565.17	661259.22	5444816.27	88637.04	58426.06
75	600517	置信电气	216430.68	113248.61	154592.11	23870.50	15219.44
76	600530	交大昂立	185454.42	147052.19	37527.19	10134.28	8315.23
77	600555	*ST 九龙	287630.21	161307.83	13096.82	-19114.77	-18520.16
78	600597	光明乳业	933929.96	401384.55	1377507.25	41907.72	31130.26
79	600601	方正科技	652565.39	429276.12	555503.36	9630.27	8050.39
80	600602	仪电电子	275896.85	239349.07	120572.74	11743.49	10722.19
81	600604	市北高新	157579.75	113497.71	30619.49	17205.87	14657.35
82	600605	汇通能源	86470.53	47513.82	188665.89	1021.01	660.10
83	600608	上海科技	23441.54	516.73	21786.02	2556.94	2624.51
84	600610	S 中纺机	36899.75	12885.01	8365.72	-4042.47	-3955.28
85	600612	老凤祥	888500.85	276148.69	2555339.90	106656.91	61130.77
86	600614	鼎立股份	273535.19	88157.13	106292.86	6785.04	5617.49
87	600615	丰华股份	53288.67	49538.25	2338.38	421.89	410.39
88	600616	金枫酒业	164905.01	124889.25	95118.02	13668.59	10326.91
89	600617	*ST 联华	2032.05	-6898.86	10836.08	-1365.44	-922.24
90	600618	氯碱化工	634013.28	282846.46	634088.36	11494.98	10254.21
91	600619	海立股份	753098.94	236502.13	677296.59	25528.80	14784.61
92	600623	双钱股份	1074509.95	249405.98	1210157.96	411191.31	29215.95
93	600626	申达股份	362434.84	202732.38	681747.12	21747.41	16473.41
94	600628	新世界	519828.89	223430.55	354782.13	32421.98	23681.87

（续表） 单位：万元

序号	代码	公司简称	资产总计	股东权益	主营业务收入	利润总额	净利润
95	600629	棱光实业	166287.49	76214.19	52476.04	3785.95	977.96
96	600630	龙头股份	257152.75	151554.15	472384.49	6371.04	4565.99
97	600633	浙报传媒	263003.64	102863.59	143795.72	28318.04	22132.71
98	600636	三爱富	363827.55	166263.04	328833.38	24045.62	13948.58
99	600637	百视通	388289.77	308476.27	202774.84	58333.63	51646.82
100	600645	中源协和	123342.51	14653.56	30034.27	3797.17	1389.89
101	600654	飞乐股份	216508.75	139911.43	201967.01	12173.50	10487.56
102	600655	豫园商城	1115393.89	582804.42	2029770.41	113472.49	96786.89
103	600656	博元投资	59232.67	6436.91	19122.49	2106.07	1824.18
104	600676	交运股份	660282.38	295784.35	785917.31	39362.89	27637.39
105	600679	金山开发	124271.21	58942.74	79945.77	890.20	408.55
106	600680	上海普天	242408.85	134322.05	126591.70	-7872.00	-7971.04
107	600688	S 上石化	3680579.90	1619041.90	9307225.40	-203297.40	-154846.60
108	600689	上海三毛	118300.36	36255.56	262346.56	-3860.06	-4741.00
109	600695	大江股份	53423.51	29017.29	33310.75	-12945.31	-13697.07
110	600757	长江传媒	451735.13	294779.16	348569.21	33513.48	32656.33
111	600781	上海辅仁	85624.62	25840.51	34728.26	1853.66	1110.94
112	600818	中路股份	74012.43	38602.16	53562.15	2300.10	1647.66
113	600819	耀皮玻璃	646938.12	210370.95	230763.19	5164.29	5788.24
114	600822	上海物贸	1189155.77	97532.73	9527021.44	-54348.85	-59326.30
115	600824	益民集团	236091.63	154905.08	260465.22	20840.88	14955.33
116	600826	兰生股份	278855.59	206614.92	132631.29	5015.01	4962.09
117	600827	友谊股份	3898594.30	1225781.73	4926286.57	213083.42	117037.96
118	600833	第一医药	89226.78	49283.48	135767.04	5312.50	3643.43
119	600835	上海机电	2574367.66	510456.24	1774325.09	167913.84	70348.94
120	600836	界龙实业	350339.38	43135.67	148917.49	2372.07	807.65
121	600838	上海九百	107692.45	68020.96	16639.46	2611.01	2573.64
122	600841	上柴股份	496571.70	317382.98	302996.28	22242.47	20370.97
123	600843	上工申贝	160845.11	72947.33	150612.61	10477.58	4168.63
124	600844	丹化科技	374382.57	100666.75	110216.05	-1087.39	2774.84
125	600848	自仪股份	168556.46	18237.69	104415.87	1059.21	1009.11
126	600850	华东电脑	307820.23	117479.39	496340.99	25163.42	19106.11
127	600851	海欣股份	434911.20	288039.06	131135.52	6491.60	5175.25
128	601231	环旭电子	813602.49	344322.88	1333529.46	76307.48	64733.37
129	601519	大智慧	308251.60	290882.07	47013.84	-25385.32	-26699.88
130	601607	上海医药	5106903.80	2463929.93	6807811.78	308772.68	205287.17
131	601727	上海电气	3156724.37	696129.42	1504433.96	135491.68	272070.70
132	603003	龙宇燃油	168188.47	84219.92	777174.80	8234.77	5833.84
133	603128	华贸物流	274536.32	124096.32	748601.53	10290.95	7618.82
134	900935	阳晨 B 股	203785.95	52921.76	45236.40	8268.66	3521.45
135	900953	凯马 B	401127.85	97662.51	558187.14	4006.20	733.68

上海工商类上市公司2012年度经营情况之二

单位：元、%

序号	代码	公司简称	每股收益	每股净资产	净资产收益率	每股经营现金净流量
1	002022	科华生物	0.4872	2.07	24.79	0.43
2	002028	思源电气	0.56	6.51	9.02	0.31
3	002058	威尔泰	0.04	1.54	2.67	-0.02
4	002158	汉钟精机	0.49	3.55	14.21	0.72
5	002162	斯米克	-0.495	1.2346	-33.30	0.13
6	002178	延华智能	0.13	2.3677	5.67	0.40
7	002184	海得控制	0.01	3.25	0.31	0.19
8	002195	海隆软件	0.5821	3.8772	15.01	0.56
9	002252	上海莱士	0.46	2.05	24.03	0.54
10	002269	美邦服饰	0.85	4.1113	21.00	2.84
11	002278	神开股份	0.2	4.4182	4.49	0.31
12	002324	普利特	0.59	4.694	13.27	-0.24
13	002328	新朋股份	0.07	4.6559	1.57	0.15
14	002346	柘中建设	0.07	4.6559	1.57	0.15
15	002401	中海科技	0.2253	2.8781	8.06	0.20
16	002451	摩恩电气	0.03	2.8873	1.13	-0.33
17	002454	松芝股份	0.47	6.0733	7.71	0.33
18	002486	嘉麟杰	0.19	4.5966	4.15	0.39
19	002506	超日太阳	-1.99	1.318	-150.74	-0.11
20	002527	新时达	0.66	6.7676	10.23	0.62
21	002561	徐家汇	0.581	3.9921	15.36	0.71
22	002565	上海绿新	0.48	4.7546	10.53	0.58
23	002568	百润股份	0.48	3.9883	12.11	0.49
24	002605	姚记扑克	1.02	8.4588	12.47	1.39
25	002636	金安国纪	0.16	4.6842	3.57	0.67
26	002669	康达新材	0.35	5.5314	5.87	0.00
27	300008	上海佳豪	0.11	2.41	4.54	-0.18
28	300017	网宿科技	0.67	5.64	12.69	1.20
29	300039	上海凯宝	0.92	5.3938	17.07	0.93
30	300059	东方财富	0.11	5.1175	2.19	0.06
31	300061	康耐特	-0.0088	3.94	-0.22	0.10
32	300067	安诺其	0.14	4.5687	3.13	0.08
33	300074	华平股份	0.816	9.1056	8.97	-0.39
34	300126	锐奇股份	0.3462	6.18	5.60	0.32
35	300129	泰胜风能	0.18	4.27	4.22	0.21
36	300153	科泰电源	0.08	5.7456	1.45	-0.34
37	300168	万达信息	0.4341	5.1227	9.06	0.25
38	300170	汉得信息	0.71	6.7735	10.56	0.27
39	300171	东富龙	1.12	10.53	10.65	1.67
40	300180	华峰超纤	0.55	7.9	7.08	0.81
41	300222	科大智能	0.26	5.6	4.73	-0.07
42	300225	金力泰	0.55	7.03	7.85	1.22
43	300226	上海钢联	0.44	4.52	9.75	-0.25
44	300230	永利带业	0.311	3.13	9.94	0.35
45	300236	上海新阳	0.47	4.4122	10.59	0.29
46	300245	天玑科技	0.36	3.88	9.28	0.39
47	300253	卫宁软件	0.49	4.9424	9.99	0.26

（续表）

序号	代码	公司简称	每股收益	每股净资产	净资产收益率	每股经营现金净流量
48	300262	巴安水务	0.3363	3.5291	9.53	-1.43
49	300272	开能环保	0.35	3.304	10.54	0.28
50	300286	安科瑞	0.65	5.65	11.37	0.67
51	300326	凯利泰	1.2408	8.6814	12.48	1.01
52	300327	中颖电子	0.218	5.1315	4.24	0.13
53	300330	华虹计通	0.45	5.26	7.53	-0.69
54	300336	新文化	1.1044	8.92	10.57	-0.69
55	600019	宝钢股份	0.6	6.4692	9.38	1.30
56	600061	中纺投资	0.012	1.3752	0.86	0.25
57	600072	中船股份	-0.159	2.7609	-5.76	-0.29
58	600073	上海梅林	0.19	2.5084	7.47	0.05
59	600081	东风科技	0.309	2.2986	13.44	0.99
60	600094	大名城	0.125	1.5686	7.97	-0.73
61	600104	上海汽车	1.882	11.0958	16.96	1.78
62	600149	廊坊发展	0.0163	0.8349	1.96	-0.04
63	600150	中国船舶	0.02	12.7115	0.15	-2.54
64	600151	航天机电	-0.8429	2.9073	-24.47	-0.46
65	600171	上海贝岭	0.05	2.5755	1.92	0.08
66	600196	复星医药	0.8	6.0518	11.53	0.30
67	600210	紫江企业	0.113	2.521	4.47	0.78
68	600272	开开实业	0.25	1.4111	17.74	0.10
69	600278	东方创业	0.29	4.9492	5.96	0.40
70	600315	上海家化	1.41	6.0444	22.68	1.86
71	600320	振华重工	-0.24	3.2369	-7.34	0.70
72	600420	现代制药	0.403	3.1406	12.83	0.67
73	600490	中科合臣	0.24	2.47	8.92	0.35
74	600500	中化国际	0.41	4.6	8.84	0.46
75	600517	置信电气	0.246	1.8304	13.44	0.46
76	600530	交大昂立	0.267	4.7132	5.65	0.06
77	600555	*ST 九龙	-0.14	1.2375	-11.48	-0.06
78	600597	光明乳业	0.28	3.2765	7.76	1.01
79	600601	方正科技	0.0367	1.9558	1.88	-0.07
80	600602	仪电电子	0.09	2.0406	4.48	-0.07
81	600604	市北高新	0.2588	2.0037	12.91	0.01
82	600605	汇通能源	0.0448	3.2247	1.39	0.63
83	600608	上海科技	0.08	0.0157	507.91	-0.05
84	600610	S 中纺机	-0.11	0.3608	-30.70	-0.08
85	600612	老凤祥	1.1686	5.2789	22.14	1.43
86	600614	鼎立股份	0.1	1.5537	6.37	-0.12
87	600615	丰华股份	0.02	2.6347	0.83	-0.05
88	600616	金枫酒业	0.24	2.847	8.27	0.22
89	600617	*ST 联华	-0.06	-0.4126	-0.06	-0.05
90	600618	氯碱化工	0.0887	2.4459	3.63	0.56
91	600619	海立股份	0.23	3.5418	6.25	0.62
92	600623	双钱股份	0.328	2.804	11.71	1.07
93	600626	申达股份	0.2319	2.8544	8.13	0.20
94	600628	新世界	0.45	4.2014	10.60	0.84

单位：元、%

序号	代码	公司简称	每股收益	每股净资产	净资产收益率	每股经营现金净流量
95	600629	棱光实业	0.028	2.1901	1.28	0.31
96	600630	龙头股份	0.11	3.5671	3.01	0.34
97	600633	浙报传媒	0.52	2.3937	21.52	0.79
98	600636	三爱富	0.365	4.353	8.39	0.48
99	600637	百视通	0.46	2.7697	16.74	0.83
100	600645	中源协和	0.04	0.4508	9.48	0.22
101	600654	飞乐股份	0.1389	1.853	7.50	0.06
102	600655	豫园商城	0.673	4.0548	16.61	1.15
103	600656	博元投资	0.0958	0.3382	28.34	-0.07
104	600676	交运股份	0.32	3.4299	9.34	0.67
105	600679	金山开发	0.0116	1.6668	0.69	-0.05
106	600680	上海普天	-0.209	3.5142	-5.93	-0.38
107	600688	S 上石化	-0.215	2.249	-9.56	-0.22
108	600689	上海三毛	-0.24	1.8	-13.08	-0.28
109	600695	大江股份	-0.1989	0.4069	-47.20	-0.16
110	600757	长江传媒	0.31	2.8353	11.08	0.26
111	600781	上海辅仁	0.06	1.46	4.30	0.69
112	600818	中路股份	0.06	1.321	4.27	0.01
113	600819	耀皮玻璃	0.08	2.8769	2.75	0.40
114	600822	上海物贸	-1.2	1.9665	-60.83	-2.53
115	600824	益民集团	0.204	2.1163	9.65	0.08
116	600826	兰生股份	0.118	4.9119	2.40	0.01
117	600827	友谊股份	0.68	7.1163	9.55	0.97
118	600833	第一医药	0.16	2.2092	7.39	0.25
119	600835	上海机电	0.69	4.9911	13.78	3.05
120	600836	界龙实业	0.026	1.3757	1.87	0.41
121	600838	上海九百	0.0642	1.6968	3.70	-0.12
122	600841	上柴股份	0.24	3.6519	6.42	0.45
123	600843	上工申贝	0.0929	1.539	6.03	0.31
124	600844	丹化科技	0.0356	1.2929	2.76	0.45
125	600848	自仪股份	0.025	0.4568	5.53	0.02
126	600850	华东电脑	0.5938	3.6513	16.26	-0.20
127	600851	海欣股份	0.0429	2.3863	1.80	0.03
128	601231	环旭电子	0.65	3.4	18.80	-0.01
129	601519	大智慧	-0.192	2.0927	-9.18	-0.18
130	601607	上海医药	0.7635	9.1633	8.33	0.43
131	601727	上海电气	0.4127	3.25	12.69	1.50
132	603003	龙宇燃油	0.35	4.1693	6.93	-2.72
133	603128	华贸物流	0.21	3.1	6.14	-0.43
134	900935	阳晨 B 股	0.14	2.16	6.65	1.41
135	900953	凯马 B	0.0115	1.526	0.75	0.37

上海工商类上市公司 2012 年度资产总额排序

单位：万元

序号	代码	公司简称	资产总额		序号	代码	公司简称	资产总额	
			2012 年	2011 年				2012 年	2011 年
1	600104	上海汽车	31720299.90	31863318.10	47	002346	柘中建设	299349.61	108070.00
2	600019	宝钢股份	21435730.10	23109974.58	48	600555	*ST 九龙	287630.21	292191.76
3	601607	上海医药	5106903.80	4766782.29	49	600826	兰生股份	278855.59	220442.65
4	600320	振华重工	4677969.63	4405946.56	50	600602	仪电电子	275896.85	277875.35
5	600150	中国船舶	4536700.91	4975047.41	51	603128	华贸物流	274536.32	198712.89
6	600827	友谊股份	3898594.30	3688988.13	52	600614	鼎立股份	273535.19	236852.03
7	600688	S 上石化	3680579.90	3111008.50	53	002454	松芝股份	273510.18	263977.25
8	601727	上海电气	3156724.37	1791042.23	54	600633	浙报传媒	263003.64	161715.28
9	600500	中化国际	3018565.17	2555669.93	55	600630	龙头股份	257152.75	255861.08
10	600835	上海机电	2574367.66	1791042.23	56	002565	上海绿新	249788.21	186253.50
11	600196	复星医药	2550714.05	2229081.82	57	600420	现代制药	246884.08	149232.84
12	600822	上海物贸	1189155.77	902846.58	58	600680	上海普天	242408.85	231853.49
13	600655	豫园商城	1115393.89	1225893.69	59	600072	中船股份	241496.66	239394.64
14	600151	航天机电	1114594.75	998922.36	60	600824	益民集团	236091.63	231359.94
15	600623	双钱股份	1074509.95	892504.06	61	002636	金安国纪	226346.95	214669.07
16	600094	大名城	1038549.14	741529.62	62	600654	飞乐股份	216508.75	215216.93
17	600210	紫江企业	1027963.34	1013034.77	63	600517	置信电气	216430.68	183758.83
18	600597	光明乳业	933929.96	737401.50	64	002561	徐家汇	216232.69	210835.75
19	600612	老凤祥	888500.85	727659.00	65	600171	上海贝岭	207023.49	199975.72
20	601231	环旭电子	813602.49	620226.59	66	900935	阳晨 B 股	203785.95	219076.78
21	002506	*ST 超日	757574.76	668611.60	67	300129	泰胜风能	194659.51	160144.20
22	600619	海立股份	753098.94	711640.41	68	002162	斯米克	186338.53	190676.63
23	002269	美邦服饰	700634.02	888248.90	69	600061	中纺投资	172844.34	135391.02
24	600676	交运股份	660282.38	567367.35	70	600848	自仪股份	168556.46	151587.39
25	600601	方正科技	652565.39	627789.80	71	603003	龙宇燃油	168188.47	106253.14
26	600819	耀皮玻璃	646938.12	655644.44	72	600629	棱光实业	166287.49	118147.30
27	600618	氯碱化工	634013.28	600792.94	73	600616	金枫酒业	164905.01	147125.99
28	600073	上海梅林	525708.14	424979.81	74	002527	新时达	162762.01	135158.17
29	600278	东方创业	523516.08	524788.01	75	600843	上工申贝	160845.11	153001.98
30	600628	新世界	519828.89	556825.33	76	600604	市北高新	157579.75	83622.39
31	600841	上柴股份	496571.70	401085.64	77	300039	上海凯宝	156108.46	145240.38
32	600757	长江传媒	451735.13	398054.46	78	002278	神开股份	155531.87	149121.76
33	600851	海欣股份	434911.20	396630.57	79	002324	普利特	153844.87	132100.35
34	002028	思源电气	434266.79	379192.55	80	300168	万达信息	152212.76	134991.25
35	600490	中科合臣	417247.35	31891.30	81	300180	华峰超纤	133526.64	125456.09
36	900953	凯马 B	401127.85	411731.47	82	002022	科华生物	128545.90	120175.32
37	600637	百视通	388289.77	311621.50	83	600679	金山开发	124271.21	116880.07
38	600844	丹化科技	374382.57	395808.03	84	300170	汉得信息	124254.25	112300.43
39	600315	上海家化	364687.06	254678.34	85	002184	海得控制	123640.78	114939.10
40	600636	三爱富	363827.55	355858.29	86	600645	中源协和	123342.51	84755.51
41	600626	申达股份	362434.84	316527.60	87	600689	上海三毛	118300.36	107125.61
42	600836	界龙实业	350339.38	342295.95	88	002252	上海莱士	118168.15	100953.01
43	300171	东富龙	321151.14	251839.87	89	300126	锐奇股份	111690.36	111374.17
44	601519	大智慧	308251.60	340620.30	90	002486	嘉麟杰	110801.93	115518.46
45	600850	华东电脑	307820.23	95565.33	91	600838	上海九百	107692.45	100687.33
46	002328	新朋股份	299349.61	270090.88	92	002451	摩恩电气	105552.27	92670.70

（续表）　　　　单位：万元

序号	代码	公司简称	资产总额		序号	代码	公司简称	资产总额	
			2012 年	2011 年				2012 年	2011 年
93	300336	新文化	103122.00	43861.48	113	300226	上海钢联	64219.35	57637.96
94	300153	科泰电源	102109.73	115459.13	114	300245	天玑科技	64194.07	55984.94
95	002158	汉钟精机	99911.07	98601.46	115	300253	卫宁软件	62266.23	52122.67
96	300017	网宿科技	98236.37	84003.59	116	300327	中颖电子	61976.95	29000.88
97	600272	开开实业	97508.79	97676.15	117	300330	华虹计通	61941.23	29516.18
98	002605	姚记扑克	96830.16	88850.00	118	300272	开能环保	61237.40	49315.42
99	300074	华平股份	95748.03	85631.09	119	002669	康达新材	60534.62	32221.99
100	600833	第一医药	89226.78	79420.61	120	300230	永利带业	60495.08	54333.31
101	600605	汇通能源	86470.53	80838.23	121	600656	博元投资	59232.67	50537.18
102	600781	上海辅仁	85624.62	71076.38	122	600695	大江股份	53423.51	60964.85
103	002178	延华智能	83128.16	75240.66	123	600615	丰华股份	53288.67	56729.70
104	300225	金力泰	81706.00	76944.18	124	002195	海隆软件	48581.74	42401.84
105	002401	中海科技	81024.37	78653.28	125	300326	凯利泰	47026.09	11681.27
106	300222	科大智能	75321.99	66235.31	126	300236	上海新阳	43303.70	40249.66
107	300067	安诺其	74644.64	76366.01	127	300286	安科瑞	41608.88	16491.61
108	600818	中路股份	74012.43	72461.81	128	600610	S 中纺机	36899.75	36500.74
109	300262	巴安水务	72155.48	49817.21	129	600149	廊坊发展	34303.85	35823.52
110	300008	上海佳豪	65172.17	67080.37	130	002058	威尔泰	24047.52	25495.70
111	002568	百润股份	65140.43	62320.94	131	600608	上海科技	23441.54	37209.50
112	300061	康耐特	64919.56	63565.17	132	600617	*ST 联华	2032.05	1793.36

上海工商类上市公司2012年度总股本排序

单位：万股

序号	代码	公司简称	总股本		序号	代码	公司简称	总股本	
			2012年	2011年				2012年	2011年
1	600019	宝钢股份	1712204.81	1751204.8100	47	300039	上海凯宝	52608.00	52608.00
2	600104	上海汽车	1102556.66	1102556.6600	48	600612	老凤祥	52311.78	43593.1500
3	600320	振华重工	439029.46	439029.4600	49	600278	东方创业	52224.17	40172.4400
4	601607	上海医药	268891.05	268891.05	50	600822	上海物贸	49597.29	49597.2900
5	600196	复星医药	224046.24	190439.2400	51	002022	科华生物	49227.75	49227.7500
6	600601	方正科技	219489.12	219489.1200	52	002252	上海莱士	48960.00	48960.00
7	601727	上海电气	213973.93	102273.9300	53	600072	中船股份	47842.00	47842.9600
8	600827	友谊股份	172249.58	172249.5800	54	002328	新朋股份	45000.00	30000.0000
9	600094	大名城	151155.69	151155.6900	55	002346	柘中建设	45000.00	13500.0000
10	600500	中化国际	143758.96	143758.9600	56	600843	上工申贝	44888.68	44888.6800
11	600655	豫园商城	143732.20	143732.20	57	600315	上海家化	44835.05	42301.1000
12	600210	紫江企业	143673.62	143673.6200	58	002028	思源电气	43968.0000	43968.0000
13	601519	大智慧	139000.00	139000.00	59	600616	金枫酒业	43867.15	43867.1500
14	600150	中国船舶	137811.76	106009.0500	60	600061	中纺投资	42908.29	42908.2900
15	600555	*ST九龙	130350.00	130350.0000	61	600630	龙头股份	42486.16	42486.1600
16	600151	航天机电	125017.99	95747.4700	62	600826	兰生股份	42064.23	42064.2300
17	600597	光明乳业	122459.77	104919.3400	63	002162	斯米克	41800	41800.0000
18	600851	海欣股份	120705.67	120705.6700	64	002486	嘉麟杰	41600.00	20800.0000
19	600602	仪电电子	117294.31	117294.3100	65	002561	徐家汇	41576.30	41576.3
20	600618	氯碱化工	115640.00	115640.0000	66	600838	上海九百	40088.20	40088.2
21	600637	百视通	111373.61	111373.6100	67	603128	华贸物流	40000.00	40000.00
22	600757	长江传媒	103968.44	55217.2200	68	600848	自仪股份	39928.69	39928.6900
23	600835	上海机电	102273.93	102273.9300	69	600680	上海普天	38222.53	38222.5300
24	601231	环旭电子	101172.38	101172.38	70	600636	三爱富	38195.06	34722.7800
25	002269	美邦服饰	100500.00	100500.00	71	600149	廊坊发展	38016.00	38016.0000
26	600623	双钱股份	88946.77	88946.7700	72	600610	S中纺机	35709.15	35709.1500
27	600841	上柴股份	86909.25	48030.9300	73	600679	金山开发	35361.97	35361.9700
28	600676	交运股份	86237.39	73139.5900	74	600629	棱光实业	34799.98	34799.9800
29	002506	*ST超日	84352.00	52720	75	002565	上海绿新	34176.00	21360
30	600844	丹化科技	77862.06	77862.0600	76	300059	东方财富	33600.00	33600.00
31	600654	飞乐股份	75504.32	75504.3200	77	600608	上海科技	32886.14	32886.1400
32	600073	上海梅林	74794.10	49862.7400	78	600645	中源协和	32504.10	32504.1000
33	600824	益民集团	73196.32	73196.3200	79	300129	泰胜风能	32400.00	32400.00
34	600819	耀皮玻璃	73125.01	73125.0100	80	600850	华东电脑	32174.49	17103.1500
35	600688	S上石化	72000.00	720000.0000	81	600836	界龙实业	31356.34	31356.3400
36	600695	大江股份	71320.00	67630.5700	82	600081	东风科技	31356.00	31356.0000
37	600626	申达股份	71024.28	71024.2800	83	002454	松芝股份	31200.00	31200.0000
38	600517	置信电气	69140.13	61870.5000	84	600530	交大昂立	31200.00	31200.0000
39	600171	上海贝岭	67380.78	67380.7800	85	600818	中路股份	29222.54	29222.5400
40	600619	海立股份	66774.41	60274.4100	86	600420	现代制药	28773.34	28773.3400
41	900953	凯马B	64000.00	643000.0000	87	002636	金安国纪	28000.00	28000
42	600633	浙报传媒	59414.38	42973.3700	88	002324	普利特	27000.00	27000.0000
43	600490	中科合臣	58000.00	13200.0000	89	002278	神开股份	26152.33	26152.3300
44	600614	鼎立股份	56740.26	56740.2600	90	900935	阳晨B股	24459.60	24459.6000
45	600604	市北高新	56644.92	56644.9200	91	600272	开开实业	24300.00	24300.0000
46	600628	新世界	53179.93	53179.9300	92	300168	万达信息	24000.00	24000.00

（续表）

单位：万股

序号	代码	公司简称	总股本		序号	代码	公司简称	总股本	
			2012年	2011年				2012年	2011年
93	600833	第一医药	22308.63	22308.6300	115	300126	锐奇股份	15156.00	15156.00
94	002184	海得控制	22000.00	22000.00	116	600605	汇通能源	14734.46	14734.4600
95	002451	摩恩电气	21960.00	14640.0000	117	300272	开能环保	14529.90	14529.90
96	300008	上海佳豪	21848.40	21848.40	118	002178	延华智能	13440.00	13440
97	002158	汉钟精机	21807.45	21807.4500	119	300245	天玑科技	13400.00	13400.00
98	300171	东富龙	20800.00	20800.00	120	300262	巴安水务	13340.00	13340.00
99	002527	新时达	20703.50	20000	121	300327	中颖电子	12800.00	12800.00
100	002401	中海科技	20216.00	20216.00	122	002058	威尔泰	12473.77	12473.7700
101	603003	龙宇燃油	20200.00	20200.00	123	002195	海隆软件	11396.00	11396.00
102	600689	上海三毛	20099.13	20099.1300	124	300222	科大智能	10800.00	10800.00
103	600656	博元投资	19034.37	19034.3700	125	300253	卫宁软件	10700.00	10700.00
104	600615	丰华股份	18802.05	18802.0500	126	300225	金力泰	10050.00	10050.00
105	002605	姚记扑克	18700.00	9350	127	002669	康达新材	10000.00	10000.00
106	600781	上海辅仁	17759.29	17759.2900	128	300074	华平股份	10000.00	10000.00
107	300170	汉得信息	17744.78	17744.78	129	300061	康耐特	9600.00	9600.00
108	600617	*ST联华	16719.48	16719.4800	130	300336	新文化	9600.00	9600.00
109	300230	永利带业	16152.48	16152.48	131	300236	上海新阳	8518.00	8518.00
110	300067	安诺其	16050.00	16050.00	132	300226	上海钢联	8000.00	8000.00
111	002568	百润股份	16000.00	8000	133	300330	华虹计通	8000.00	8000.00
112	300153	科泰电源	16000.00	16000.00	134	300326	凯利泰	7687.50	7687.50
113	300180	华峰超纤	15800.00	15800.00	135	300286	安科瑞	6934.00	6934.00
114	300017	网宿科技	15428.18	15428.18					

上海工商类上市公司2012年度净资产排序

单位：万元

序号	代码	公司简称	净资产		序号	代码	公司简称	净资产	
			2012年	2011年				2012年	2011年
1	600104	上海汽车	12233748.19	10231725.80	47	002561	徐家汇	165976.75	160068.76
2	600019	宝钢股份	11076595.36	10647325.24	48	002565	上海绿新	162493.21	149306.40
3	601607	上海医药	2463929.36	2307085.21	49	600688	S上石化	161928.00	1811520.00
4	600150	中国船舶	1751794.19	1780952.04	50	600555	九龙山	161308.13	179883.00
5	600320	振华重工	1421094.46	1523432.23	51	600824	益民集团	154905.37	144343.14
6	600196	复星医药	1355883.04	976953.30	52	600630	龙头股份	151552.38	146152.39
7	600827	友谊股份	1225779.69	1150627.19	53	600530	交大昂立	147051.84	136156.80
8	601727	上海电气	695415.27	593188.79	54	600490	中科合臣	143260.00	10226.04
9	600500	中化国际	661291.22	629664.24	55	600633	浙报传媒	142220.20	91533.28
10	600655	豫园商城	582805.32	509099.45	56	002527	新时达	140113.01	124200.00
11	600835	上海机电	510459.41	593188.79	57	600654	飞乐股份	139909.50	129112.39
12	600601	方正科技	429276.82	423416.46	58	300129	泰胜风能	138348.00	200232.00
13	002269	美邦服饰	413185.65	413055.00	59	600680	上海普天	134321.61	143334.49
14	600597	光明乳业	401239.44	245511.26	60	600072	中船股份	132086.98	141758.69
15	600151	航天机电	363464.80	263114.05	61	002636	金安国纪	131157.60	126560.00
16	600210	紫江企业	362201.20	375562.84	62	002324	普利特	126738.00	113130.00
17	601231	环旭电子	343986.09	230673.03	63	600517	置信电气	126554.09	122503.59
18	600841	上柴股份	317383.89	218060.42	64	600616	金枫酒业	124889.78	117563.96
19	600637	百视通	308471.49	258386.78	65	300180	华峰超纤	124820.00	118342.00
20	600676	交运股份	295785.62	207716.44	66	603128	华贸物流	124000.00	72232.00
21	600757	长江传媒	294781.72	138595.22	67	300168	万达信息	122944.80	224160.00
22	601519	大智慧	290885.30	649130.00	68	300170	汉得信息	120194.27	111614.67
23	600851	海欣股份	288039.94	252274.85	69	600850	华东电脑	117478.72	28097.05
24	002028	思源电气	286231.68	266446.08	70	002278	神开股份	115546.22	115593.30
25	300039	上海凯宝	283757.03	266722.56	71	600604	市北高新	113499.43	16931.17
26	600618	氯碱化工	282843.88	272621.30	72	002506	超日太阳	111175.94	290487.20
27	600612	老凤祥	276148.66	216854.12	73	002022	科华生物	101901.44	97869.69
28	600315	上海家化	271000.98	175972.58	74	600844	丹化科技	100667.86	97872.61
29	600278	东方创业	258467.86	239829.47	75	002252	上海莱士	100368.00	164505.60
30	600623	双钱股份	249406.74	227170.05	76	900953	凯马B	97664.00	977360.00
31	600602	仪电电子	239350.77	229896.85	77	600822	上海物贸	97533.07	167142.87
32	600094	大名城	237102.82	218268.82	78	300126	锐奇股份	93664.08	95937.48
33	600619	海立股份	236501.61	178412.25	79	300153	科泰电源	91929.60	92960.00
34	600628	新世界	223430.16	206338.13	80	300074	华平股份	91056.00	82900.00
35	300171	东富龙	219024.00	266864.00	81	600420	现代制药	90365.55	81428.55
36	600819	耀皮玻璃	210373.34	206212.53	82	600614	鼎立股份	88157.34	82540.06
37	002328	新朋股份	209515.50	210600.00	83	300017	网宿科技	87014.94	77912.31
38	002346	柘中建设	209515.50	96390.00	84	300336	新文化	85632.00	28416.00
39	600826	兰生股份	206615.29	162367.93	85	603003	龙宇燃油	84219.86	53530.00
40	600626	申达股份	202731.70	193186.04	86	002158	汉钟精机	77416.45	75453.78
41	002486	嘉麟杰	191218.56	94432.00	87	600629	棱光实业	76215.44	78195.56
42	002454	松芝股份	189486.96	184248.48	88	300067	安诺其	73327.64	72706.50
43	600073	上海梅林	187613.52	181001.75	89	600081	东风科技	72074.90	62345.13
44	600171	上海贝岭	173539.20	171214.56	90	002184	海得控制	71500.00	72380.00
45	300059	东方财富	171948.00	272160.00	91	300225	金力泰	70651.50	102610.50
46	600636	三爱富	166263.10	153023.29	92	600843	上工申贝	69083.68	69815.36

（续表） 单位：万元

序号	代码	公司简称	净资产		序号	代码	公司简称	净资产	
			2012年	2011年				2012年	2011年
93	600838	上海九百	68021.66	69581.09	115	300330	华虹计通	42080.00	18240.00
94	300326	凯利泰	66738.26	18911.25	116	300286	安科瑞	39177.10	38483.70
95	300327	中颖电子	65683.20	30848.00	117	600818	中路股份	38602.98	36528.18
96	002568	百润股份	63812.80	60880.00	118	300061	康耐特	37824.00	60672.00
97	002451	摩恩电气	63405.11	62512.80	119	300236	上海新阳	37583.12	35605.24
98	300222	科大智能	60480.00	108108.00	120	600689	上海三毛	36178.43	40801.23
99	600061	中纺投资	59007.48	58355.27	121	300226	上海钢联	36160.00	66080.00
100	600679	金山开发	58941.33	57777.92	122	600272	开开实业	34289.73	34481.70
101	002401	中海科技	58183.67	103916.30	123	002178	延华智能	31821.89	30105.60
102	002669	康达新材	55314.00	34000.00	124	600149	廊坊发展	31739.56	31116.10
103	300253	卫宁软件	52883.68	95658.00	125	600695	大江股份	29020.11	24617.53
104	900935	阳晨B股	52832.74	49652.99	126	600781	上海辅仁	25928.56	24863.01
105	300008	上海佳豪	52654.64	79528.18	127	002058	威尔泰	19209.61	19334.34
106	300245	天玑科技	51992.00	97016.00	128	600848	自仪股份	18239.43	17169.34
107	300230	永利带业	50557.26	84477.47	129	600645	中源协和	14652.85	15601.97
108	600615	丰华股份	49537.76	49073.35	130	600610	S中纺机	12883.86	17497.48
109	600833	第一医药	49284.23	42241.39	131	600656	博元投资	6437.42	4568.25
110	300272	开能环保	48006.79	60153.79	132	600608	上海科技	516.31	-5919.51
111	600605	汇通能源	47514.21	46855.58	133	002162	斯米克	0.00	69362.92
112	300262	巴安水务	47078.19	84842.40	134	002605	姚记扑克	0.00	75641.50
113	002195	海隆软件	44184.57	37378.88	135	600617	*ST联华	-6898.46	-6019.01
114	600836	界龙实业	43136.92	42331.06					

上海工商类上市公司2012年度主营业务收入排序

单位：万元

序号	代码	公司简称	主营业务收入		序号	代码	公司简称	主营业务收入	
			2012年	2011年				2012年	2011年
1	600104	上海汽车	48097967.17	43309548.43	47	600420	现代制药	200689.22	170262.33
2	600019	宝钢股份	19151213.77	22250468.47	48	600605	汇通能源	188665.89	212588.03
3	600822	上海物贸	9527021.44	8057191.55	49	600094	大名城	167645.01	330271.13
4	600688	S上石化	9307225.40	9560124.80	50	002506	超日太阳	163796.70	333258.1
5	601607	上海医药	6807811.78	5489987.25	51	002328	新朋股份	159182.75	140890.08
6	600500	中化国际	5444816.27	5529127.57	52	002346	柘中建设	159182.75	46151.26
7	600827	友谊股份	4926286.57	4701515.76	53	600517	置信电气	154592.11	127946.08
8	600612	老凤祥	2555339.90	2112639.72	54	600151	航天机电	152939.33	238716.50
9	600150	中国船舶	2427648.37	2869937.40	55	002454	松芝股份	151452.45	153613.09
10	600655	豫园商城	2029770.41	1660403.57	56	600843	上工申贝	150612.61	157868.77
11	600320	振华重工	1825515.21	1912925.10	57	600836	界龙实业	148917.49	116219.04
12	600835	上海机电	1774325.09	1450237.90	58	600490	中科合臣	146186.49	29605.22
13	601727	上海电气	1504433.96	1450237.90	59	600633	浙报传媒	143795.72	134227.69
14	600278	东方创业	1411425.96	1565460.70	60	002565	上海绿新	137137.53	107242.8
15	600597	光明乳业	1377507.25	1178877.93	61	600833	第一医药	135767.04	126832.71
16	601231	环旭电子	1333529.46	1270758.98	62	600826	兰生股份	132631.29	129032.23
17	600623	双钱股份	1210157.96	1092663.23	63	600851	海欣股份	131135.52	126243.41
18	002269	美邦服饰	950955.06	263887.7	64	002184	海得控制	126925.46	133103.07
19	600210	紫江企业	805689.38	822775.51	65	600680	上海普天	126591.70	113030.24
20	600676	交运股份	785917.31	654727.29	66	002324	普利特	121169.01	92623.71
21	600073	上海梅林	785887.71	573410.30	67	600602	仪电电子	120572.74	93674.28
22	603003	龙宇燃油	777174.80	457094.07	68	600844	丹化科技	110216.05	55723.38
23	603128	华贸物流	748601.53	342515.19	69	300039	上海凯宝	110200.49	81996.86
24	600196	复星医药	734078.27	648554.08	70	600614	鼎立股份	106292.86	111824.40
25	600626	申达股份	681747.12	664566.57	71	600848	自仪股份	104415.87	102729.38
26	600619	海立股份	677296.59	817777.39	72	600072	中船股份	104153.73	150312.06
27	600618	氯碱化工	634088.36	576252.60	73	002022	科华生物	101368.13	87389.04
28	900953	凯马B	558187.14	583898.34	74	300226	上海钢联	95439.64	35003.69
29	600601	方正科技	555503.36	622183.57	75	600616	金枫酒业	95118.02	104241.36
30	600850	华东电脑	496340.99	185574.37	76	300168	万达信息	88474.43	69482.67
31	600630	龙头股份	472384.49	452778.51	77	002162	斯米克	88454.29	91043.07
32	600315	上海家化	450412.26	357660.76	78	002527	新时达	84047.82	65729.37
33	600628	新世界	354782.13	322276.50	79	300171	东富龙	82185.79	64886.51
34	600757	长江传媒	348569.21	261122.89	80	600272	开开实业	81801.73	79718.95
35	600636	三爱富	328833.38	461044.78	81	300017	网宿科技	81479.95	54214.21
36	600061	中纺投资	325261.07	301371.25	82	002486	嘉麟杰	81072.59	85569.82
37	600841	上柴股份	302996.28	463495.53	83	600679	金山开发	79945.77	102538.64
38	002028	思源电气	289173.46	195985.46	84	002278	神开股份	74987.87	61015.98
39	600689	上海三毛	262346.56	246529.85	85	300170	汉得信息	70220.30	52049.35
40	600824	益民集团	260465.22	218657.53	86	002158	汉钟精机	70009.44	86044.36
41	600081	东风科技	244882.42	258454.49	87	600171	上海贝岭	67692.95	60075.91
42	600819	耀皮玻璃	230763.19	242110.02	88	300129	泰胜风能	67132.12	61566.76
43	002636	金安国纪	213598.50	202828.59	89	002252	上海莱士	66267.69	56738.58
44	002561	徐家汇	209458.43	218756.77	90	002605	姚记扑克	64548.07	65494.58
45	600637	百视通	202774.84	133546.52	91	300180	华峰超纤	61226.58	47061.23
46	600654	飞乐股份	201967.01	132153.86	92	002178	延华智能	60228.40	47843.54

（续表）

单位：万元

序号	代码	公司简称	主营业务收入		序号	代码	公司简称	主营业务收入	
			2012年	2011年				2012年	2011年
93	300126	锐奇股份	53808.22	56492.74	115	300327	中颖电子	26428.14	37295.23
94	600818	中路股份	53562.15	67577.47	116	300222	科大智能	26373.99	19286.46
95	600629	棱光实业	52476.04	47586.10	117	300067	安诺其	26244.98	23381.37
96	300225	金力泰	50837.08	51731.69	118	300330	华虹计通	25895.97	28738.17
97	002401	中海科技	50255.36	48624.36	119	002669	康达新材	24692.22	30325.26
98	601519	大智慧	47013.84	57082.93	120	300272	开能环保	24071.74	20707.01
99	900935	阳晨B股	45236.40	40189.48	121	300059	东方财富	22270.15	28030.82
100	300153	科泰电源	44622.40	48505.52	122	600608	上海科技	21786.02	30923.68
101	002195	海隆软件	41032.49	39069.94	123	300074	华平股份	19944.03	12640.44
102	002451	摩恩电气	39234.91	44620.85	124	600656	博元投资	19122.49	53.40
103	300336	新文化	38605.71	32197.54	125	600838	上海九百	16639.46	16596.88
104	600530	交大昂立	37527.19	35094.01	126	002568	百润股份	16421.32	11793.07
105	300262	巴安水务	36153.16	15965.61	127	300286	安科瑞	16236.40	15050.78
106	300061	康耐特	35412.86	28271.36	128	300236	上海新阳	14334.63	15020.62
107	600781	上海辅仁	34728.26	32617.37	129	600555	九龙山	13096.82	38934.77
108	600695	大江股份	33310.75	61563.88	130	002058	威尔泰	12509.57	13264.42
109	300245	天玑科技	31326.07	22445.38	131	600617	*ST联华	10836.08	2559.65
110	600604	市北高新	30619.49	71089.96	132	300326	凯利泰	10169.22	8071.36
111	300230	永利带业	30089.04	29396.69	133	600610	S中纺机	8365.72	9914.61
112	600645	中源协和	30034.27	24673.76	134	600149	廊坊发展	2653.63	657.18
113	300008	上海佳豪	26653.92	33145.83	135	600615	丰华股份	2338.38	11487.56
114	300253	卫宁软件	26577.12	16991.9					

上海工商类上市公司 2012 年度利润总额排序

单位：万元

序号	代码	公司简称	利润总额		序号	代码	公司简称	利润总额	
			2012 年	2011 年				2012 年	2011 年
1	600688	S 上石化	-203297.40	129229.10	47	300236	上海新阳	4400.59	4435.52
2	002506	*ST 超日	-172141.57	-3856.5	48	600272	开开实业	4412.81	4412.81
3	600151	航天机电	-123954.94	-7800.68	49	300226	上海钢联	4563.67	4693.95
4	600320	振华重工	-117119.05	4776.47	50	002486	嘉麟杰	4642.78	8765.88
5	600822	上海物贸	-54348.85	14276.66	51	600826	兰生股份	5015.01	5276.60
6	601519	大智慧	-25385.32	12076.86	52	600819	耀皮玻璃	5164.29	8879.42
7	600555	*ST 九龙	-19114.77	8293.04	53	300286	安科瑞	5168.95	4706.46
8	002162	斯米克	-18615.76	-18569.76	54	600833	第一医药	5312.50	5201.33
9	600695	大江股份	-12945.31	6163.33	55	002401	中海科技	5355.09	5052.6
10	600072	中船股份	-9605.07	5072.77	56	002328	新朋股份	5584.07	7347.90
11	600680	上海普天	-7872.00	1481.72	57	002346	柘中建设	5584.07	7869.06
12	600610	S 中纺机	-4042.47	533.77	58	300262	巴安水务	5674.00	2566.05
13	600689	上海三毛	-3860.06	2035.94	59	300253	卫宁软件	5774.38	4904.91
14	300059	东方财富	-1489.83	12141.37	60	300245	天玑科技	5939.42	6638.31
15	600617	*ST 联华	-1365.44	2363.62	61	300326	凯利泰	6021.85	4851.66
16	600844	丹化科技	-1087.39	-39120.31	62	300129	泰胜风能	6057.51	6996.06
17	300061	康耐特	346.47	1404.98	63	002636	金安国纪	6274.01	9897.88
18	600615	丰华股份	421.89	-1830.78	64	600630	龙头股份	6371.04	6185.98
19	002184	海得控制	640.86	3697.65	65	300230	永利带业	6391.79	6595.05
20	300272	开能环保	669.78	4747.92	66	300225	金力泰	6409.69	5787.17
21	002058	威尔泰	699.63	1605.42	67	600851	海欣股份	6491.60	6643.51
22	002451	摩恩电气	794.85	636.45	68	300126	锐奇股份	6511.07	8729.09
23	600061	中纺投资	853.45	2043.76	69	600614	鼎立股份	6785.04	6056.70
24	600679	金山开发	890.20	426.61	70	002195	海隆软件	7536.29	7918.93
25	600149	廊坊发展	898.62	6354.3	71	603003	龙宇燃油	8234.77	10479.10
26	600605	汇通能源	1021.01	1346.97	72	900935	阳晨 B 股	8268.66	4169.27
27	600848	自仪股份	1059.21	710.35	73	300074	华平股份	8829.21	5682.04
28	002278	神开股份	1067.00	9303.93	74	002568	百润股份	8900.74	5441.54
29	300153	科泰电源	1493.25	4525.69	75	600601	方正科技	9630.27	18699.07
30	600781	上海辅仁	1853.66	2996.13	76	300180	华峰超纤	9931.68	9229.82
31	600656	ST 方源	2106.07	-7349.45	77	600530	交大昂立	10134.28	6248.07
32	600818	中路股份	2300.10	2569.70	78	603128	华贸物流	10290.95	8176.00
33	600836	界龙实业	2372.07	1676.59	79	600843	上工申贝	10477.58	13950.03
34	300327	中颖电子	2473.21	7164.63	80	600618	氯碱化工	11494.98	22713.53
35	600608	上海科技	2556.94	2103.45	81	600602	仪电电子	11743.49	15164.86
36	600838	上海九百	2611.01	10694.99	82	300336	新文化	12085.23	8319.91
37	300008	上海佳豪	2619.47	9056.03	83	600654	飞乐股份	12173.50	11427.47
38	300067	安诺其	2699.51	3906.76	84	300017	网宿科技	12280.37	6464.85
39	002178	延华智能	2817.90	-579.49	85	002158	汉钟精机	12540.15	16752.84
40	300222	科大智能	3251.98	6120.1	86	300168	万达信息	12575.60	9412.92
41	300330	华虹计通	3717.77	4355.53	87	300170	汉得信息	12907.33	10934.51
42	600629	棱光实业	3785.95	4007.86	88	002605	姚记扑克	12944.40	9759.89
43	600645	中源协和	3797.17	5843.28	89	600616	金枫酒业	13668.59	18585.09
44	002669	康达新材	3801.46	6853.93	90	002527	新时达	15992.36	13518.07
45	900953	凯马 B	4006.20	9892.62	91	600073	上海梅林	16853.95	18130.62
46	600171	上海贝岭	4075.54	3509.61	92	600604	市北高新	17205.87	1603.47

（续表） 单位：万元

序号	代码	公司简称	利润总额		序号	代码	公司简称	利润总额	
			2012年	2011年				2012年	2011年
93	002269	美邦服饰	17412.19	157606.36	115	002561	徐家汇	33490.13	36936.95
94	600081	东风科技	17748.48	20326.04	116	600757	长江传媒	33513.48	29014.42
95	600420	现代制药	18518.64	16958.76	117	600094	大名城	33962.96	133697.95
96	002324	普利特	18800.05	10375.27	118	600490	中科合臣	34096.64	-260.47
97	002454	松芝股份	19261.83	29554.56	119	002028	思源电气	34144.34	19282.71
98	600824	益民集团	20840.88	19417.60	120	600676	交运股份	39362.89	35217.90
99	002565	上海绿新	20872.55	16904.29	121	600597	光明乳业	41907.72	24047.90
100	600626	申达股份	21747.41	27479.73	122	600637	百视通	58333.63	40835.62
101	600841	上柴股份	22242.47	22433.22	123	600315	上海家化	72336.86	45225.88
102	600150	中国船舶	23487.73	287224.80	124	601231	环旭电子	76307.48	54415.98
103	600517	置信电气	23870.50	23851.19	125	600500	中化国际	88637.04	123922.91
104	600636	三爱富	24045.62	117174.88	126	600612	老凤祥	106656.91	91112.96
105	600278	东方创业	24123.19	31333.10	127	600655	豫园商城	113472.49	104698.38
106	600850	华东电脑	25163.42	4659.39	128	601727	上海电气	135491.68	135201.99
107	600619	海立股份	25528.80	29658.53	129	600835	上海机电	167913.84	135201.99
108	002252	上海莱士	26456.57	23551.00	130	600196	复星医药	212303.57	172666.13
109	300171	东富龙	28051.81	25529.65	131	600827	友谊股份	213083.42	261899.51
110	600633	浙报传媒	28318.04	25908.39	132	601607	上海医药	308772.68	303510.21
111	300039	上海凯宝	28617.46	19821.34	133	600623	双钱股份	411191.31	11719.46
112	600210	紫江企业	29057.11	70420.52	134	600019	宝钢股份	1313965.62	926012.54
113	002022	科华生物	29800.72	28439.88	135	600104	上海汽车	4015636.50	4202816.28
114	600628	新世界	32421.98	30000.57					

上海工商类上市公司2012年度每股收益排序

单位：元

序号	代码	公司简称	每股收益		序号	代码	公司简称	每股收益	
			2012年	2011年				2012年	2011年
1	600104	上海汽车	1.88	1.83	47	300245	天玑科技	0.36	0.94
2	600315	上海家化	1.41	0.85	48	002669	康达新材	0.35	0.79
3	300326	凯利泰	1.24	0.97	49	300272	开能环保	0.35	0.46
4	600612	老凤祥	1.17	1.20	50	603003	龙宇燃油	0.35	0.53
5	300171	东富龙	1.12	1.39	51	300126	锐奇股份	0.35	0.49
6	300336	新文化	1.10	0.87	52	300262	巴安水务	0.34	0.42
7	002605	姚记扑克	1.02	0.91	53	600623	双钱股份	0.33	0.20
8	300039	上海凯宝	0.92	0.64	54	600676	交运股份	0.32	0.26
9	002269	美邦服饰	0.85	1.20	55	300230	永利带业	0.31	0.66
10	300074	华平股份	0.82	0.51	56	600757	长江传媒	0.31	0.46
11	600196	复星医药	0.80	0.61	57	600081	东风科技	0.31	0.44
12	601607	上海医药	0.76	0.84	58	600278	东方创业	0.29	0.47
13	300170	汉得信息	0.71	0.58	59	600597	光明乳业	0.28	0.23
14	600835	上海机电	0.69	0.70	60	600530	交大昂立	0.27	0.18
15	600827	友谊股份	0.68	0.85	61	300222	科大智能	0.26	1.01
16	600655	豫园商城	0.67	0.60	62	600604	市北高新	0.26	0.03
17	300017	网宿科技	0.67	0.35	63	600272	开开实业	0.25	0.16
18	002527	新时达	0.66	0.56	64	600517	置信电气	0.25	0.27
19	300286	安科瑞	0.65	1.55	65	600490	中科合臣	0.24	-0.02
20	601231	环旭电子	0.65	0.50	66	600616	金枫酒业	0.24	0.32
21	600019	宝钢股份	0.60	0.42	67	600841	上柴股份	0.24	0.43
22	600850	华东电脑	0.59	0.11	68	600626	申达股份	0.23	0.30
23	002324	普利特	0.59	0.33	69	600619	海立股份	0.23	0.29
24	002195	海隆软件	0.58	0.58	70	002401	中海科技	0.23	0.40
25	002561	徐家汇	0.58	0.63	71	300327	中颖电子	0.22	0.66
26	002028	思源电气	0.56	0.35	72	603128	华贸物流	0.21	0.21
27	300180	华峰超纤	0.55	0.52	73	600824	益民集团	0.20	0.19
28	300225	金力泰	0.55	0.83	74	002278	神开股份	0.20	0.31
29	600633	浙报传媒	0.52	0.66	75	002486	嘉麟杰	0.19	0.35
30	002158	汉钟精机	0.49	0.66	76	600073	上海梅林	0.19	0.42
31	300253	卫宁软件	0.49	1.00	77	300129	泰胜风能	0.18	0.25
32	002022	科华生物	0.49	0.46	78	002636	金安国纪	0.16	0.36
33	002565	上海绿新	0.48	0.68	79	600833	第一医药	0.16	0.16
34	002568	百润股份	0.48	0.62	80	300067	安诺其	0.14	0.20
35	002454	松芝股份	0.47	0.74	81	900935	阳晨B股	0.14	0.07
36	300236	上海新阳	0.47	0.52	82	600654	飞乐股份	0.14	0.14
37	002252	上海莱士	0.46	0.74	83	002178	延华智能	0.13	-0.07
38	600637	百视通	0.46	0.63	84	600094	大名城	0.13	0.46
39	300330	华虹计通	0.45	0.63	85	600826	兰生股份	0.12	0.12
40	600628	新世界	0.45	0.40	86	600210	紫江企业	0.11	0.37
41	300226	上海钢联	0.44	1.08	87	300008	上海佳豪	0.11	0.53
42	300168	万达信息	0.43	0.70	88	300059	东方财富	0.11	0.51
43	601727	上海电气	0.41	0.70	89	600630	龙头股份	0.11	0.11
44	600500	中化国际	0.41	0.54	90	600614	鼎立股份	0.10	0.10
45	600420	现代制药	0.40	0.42	91	600656	ST方源	0.10	-0.39
46	600636	三爱富	0.37	2.11	92	600843	上工申贝	0.09	0.25

（续表） 单位：万元

序号	代码	公司简称	每股收益		序号	代码	公司简称	每股收益	
			2012年	2011年				2012年	2011年
93	600602	仪电电子	0.09	0.13	115	600615	丰华股份	0.02	-0.08
94	600618	氯碱化工	0.09	0.20	116	600149	廊坊发展	0.02	0.14
95	300153	科泰电源	0.08	0.25	117	600061	中纺投资	0.01	0.04
96	600608	上海科技	0.08	0.05	118	600679	金山开发	0.01	0.01
97	600819	耀皮玻璃	0.08	0.11	119	900953	凯马B	0.01	0.04
98	002328	新朋股份	0.07	0.21	120	002184	海得控制	0.01	0.09
99	002346	柘中建设	0.07	0.45	121	300061	康耐特	-0.01	0.16
100	600838	上海九百	0.06	0.27	122	600617	*ST联华	-0.06	0.10
101	600781	上海辅仁	0.06	0.11	123	600610	S中纺机	-0.11	0.02
102	600818	中路股份	0.06	0.06	124	600555	*ST九龙	-0.14	0.06
103	600171	上海贝岭	0.05	0.05	125	600072	中船股份	-0.16	0.08
104	600605	汇通能源	0.04	0.04	126	601519	大智慧	-0.19	0.16
105	600851	海欣股份	0.04	0.03	127	600695	大江股份	-0.20	0.08
106	002058	威尔泰	0.04	0.11	128	600680	上海普天	-0.21	0.03
107	600645	中源协和	0.04	0.07	129	600688	S上石化	-0.22	0.13
108	600601	方正科技	0.04	0.07	130	600320	振华重工	-0.24	0.01
109	600844	丹化科技	0.04	-0.38	131	600689	上海三毛	-0.24	0.09
110	002451	摩恩电气	0.03	0.04	132	002162	斯米克	-0.50	-0.43
111	600629	棱光实业	0.03	0.12	133	600151	航天机电	-0.84	0.02
112	600836	界龙实业	0.03	0.02	134	600822	上海物贸	-1.20	0.21
113	600848	自仪股份	0.03	0.02	135	002506	超日太阳	-1.99	-0.10
114	600150	中国船舶	0.02	2.12					

上海工商类上市公司 2012 年度净利润排序

单位：万元

序号	代码	公司简称	净利润		序号	代码	公司简称	净利润	
			2012 年	2011 年				2012 年	2011 年
1	600104	上海汽车	2075176.33	2022186.65	47	600602	仪电电子	10722.19	15203.18
2	600019	宝钢股份	1038637.25	736196.16	48	002158	汉钟精机	10665.52	14401.06
3	601727	上海电气	272070.70	331008.30	49	600654	飞乐股份	10487.56	10294.85
4	601607	上海医药	205287.17	204223.85	50	300017	网宿科技	10374.57	5472.17
5	600196	复星医药	156391.64	116560.76	51	600616	金枫酒业	10326.91	14096.79
6	600827	友谊股份	117037.96	139179.55	52	600618	氯碱化工	10254.21	22977.33
7	600655	豫园商城	96786.89	85497.39	53	600081	东风科技	9689.61	13751.69
8	002269	美邦服饰	84958.24	120600.74	54	002605	姚记扑克	9582.36	7254.44
9	600835	上海机电	70348.94	71148.03	55	300336	新文化	9055.81	6258.64
10	601231	环旭电子	64733.37	45175.94	56	300180	华峰超纤	8613.50	7894.14
11	600315	上海家化	61463.22	36125.40	57	600530	交大昂立	8315.23	5560.25
12	600612	老凤祥	61130.77	52294.23	58	300074	华平股份	8164.49	5061.31
13	600500	中化国际	58426.06	77518.86	59	600601	方正科技	8050.39	15227.58
14	600637	百视通	51646.82	35510.08	60	002568	百润股份	7698.76	4648.17
15	600757	长江传媒	32656.33	28011.09	61	603128	华贸物流	7618.82	6202.39
16	600597	光明乳业	31130.26	23784.16	62	002195	海隆软件	6633.11	6497.02
17	600623	双钱股份	29215.95	17668.30	63	600272	开开实业	6083.73	3857.87
18	600676	交运股份	27637.39	19081.43	64	300129	泰胜风能	5836.04	5328.80
19	002252	上海莱士	26456.57	23551.00	65	603003	龙宇燃油	5833.84	8021.16
20	002028	思源电气	24829.67	15381.66	66	600819	耀皮玻璃	5788.24	7743.71
21	300039	上海凯宝	24219.20	16756.33	67	600614	鼎立股份	5617.49	5403.33
22	002561	徐家汇	24155.70	25469.07	68	300326	凯利泰	5552.38	3713.33
23	002022	科华生物	23983.00	22674.90	69	300225	金力泰	5545.96	4947.75
24	600628	新世界	23681.87	21368.41	70	300253	卫宁软件	5284.99	4429.29
25	300171	东富龙	23332.89	21740.25	71	300126	锐奇股份	5246.82	7425.07
26	600633	浙报传媒	22132.71	21807.84	72	600851	海欣股份	5175.25	3815.39
27	600841	上柴股份	20370.97	20730.69	73	002278	神开股份	5150.62	8002.02
28	600850	华东电脑	19106.11	1933.73	74	300230	永利带业	5024.21	5154.19
29	600094	大名城	18895.55	69652.83	75	300272	开能环保	4980.18	3973.47
30	002565	上海绿新	16485.13	13675.40	76	600826	兰生股份	4962.09	5222.35
31	600626	申达股份	16473.41	21577.66	77	300245	天玑科技	4820.75	5346.48
32	600210	紫江企业	16180.46	52551.34	78	002636	金安国纪	4604.07	7672.42
33	002324	普利特	15862.23	8803.82	79	600630	龙头股份	4565.99	4615.37
34	600278	东方创业	15401.64	18999.89	80	002401	中海科技	4554.11	4207.22
35	600517	置信电气	15219.44	16419.26	81	300262	巴安水务	4486.59	2286.03
36	600824	益民集团	14955.33	13564.27	82	300286	安科瑞	4450.37	4039.42
37	600619	海立股份	14784.61	17423.40	83	600843	上工申贝	4168.63	11266.51
38	600604	市北高新	14657.35	1501.86	84	300236	上海新阳	3978.41	3902.51
39	002454	松芝股份	14600.38	23164.91	85	002486	嘉麟杰	3966.01	7348.90
40	600073	上海梅林	14011.10	14978.15	86	300059	东方财富	3758.19	10652.82
41	600636	三爱富	13948.58	73147.98	87	600833	第一医药	3643.43	3674.87
42	002527	新时达	13539.40	11226.73	88	300226	上海钢联	3526.11	3864.05
43	600490	中科合臣	12780.63	507.4	89	900935	阳晨 B 股	3521.45	1760.19
44	300170	汉得信息	12003.09	9377.05	90	600171	上海贝岭	3339.85	3186.97
45	600420	现代制药	11594.47	12003.25	91	002328	新朋股份	3284.85	6381.19
46	300168	万达信息	11143.66	8181.50	92	002669	康达新材	3247.46	5936.48

（续表）　　单位：万元

序号	代码	公司简称	净利润		序号	代码	公司简称	净利润	
			2012 年	2011 年				2012 年	2011 年
93	300330	华虹计通	3167.43	3753.85	115	002184	海得控制	640.86	2047.59
94	300222	科大智能	2861.30	5422.83	116	600149	廊坊发展	620.65	5240.77
95	600844	丹化科技	2774.84	-29442.02	117	002058	威尔泰	514.67	1329.21
96	600150	中国船舶	2687.29	225235.69	118	600061	中纺投资	509.75	1675.71
97	600608	上海科技	2624.51	1646.72	119	600615	丰华股份	410.39	-1508.71
98	600838	上海九百	2573.64	10659.21	120	600679	金山开发	408.55	408.33
99	300327	中颖电子	2436.01	6370.10	121	300061	康耐特	-84.12	955.76
100	300008	上海佳豪	2393.30	7668.97	122	600617	*ST 联华	-922.24	1651.40
101	300067	安诺其	2288.90	3197.91	123	600610	S 中纺机	-3955.28	564.33
102	002346	柘中建设	2092.06	6058.93	124	600689	上海三毛	-4741.00	1848.93
103	600656	博元投资	1824.18	-7349.45	125	600072	中船股份	-7605.18	3820.63
104	002178	延华智能	1756.22	-939.60	126	600680	上海普天	-7971.04	1115.26
105	600818	中路股份	1647.66	1676.55	127	600695	大江股份	-13697.07	5235.11
106	600645	中源协和	1389.89	2342.62	128	600555	*ST 九龙	-18520.16	7467.45
107	300153	科泰电源	1332.73	4011.13	129	002162	斯米克	-20692.26	-18152.58
108	600781	上海辅仁	1110.94	2019.55	130	601519	大智慧	-26699.88	10599.66
109	600848	自仪股份	1009.11	628.34	131	600822	上海物贸	-59326.30	10627.47
110	600629	棱光实业	977.96	3679.89	132	600151	航天机电	-88925.97	1479.15
111	600836	界龙实业	807.65	694.98	133	600320	振华重工	-104366.58	3029.43
112	900953	凯马 B	733.68	2355.36	134	600688	S 上石化	-154846.60	94441.40
113	002451	摩恩电气	713.28	581.75	135	002506	*ST 超日	-167583.20	-5478.88
114	600605	汇通能源	660.10	1346.97					

上海工商类上市公司 2012 年度每股净资产排序

单位：元

序号	代码	公司简称	每股净资产		序号	代码	公司简称	每股净资产	
			2012 年	2011 年				2012 年	2011 年
1	600150	中国船舶	12.71	16.80	47	600636	三爱富	4.35	4.41
2	600104	上海汽车	11.10	9.28	48	300129	泰胜风能	4.27	6.18
3	300171	东富龙	10.53	12.83	49	600628	新世界	4.20	3.88
4	601607	上海医药	9.16	8.58	50	603003	龙宇燃油	4.17	2.65
5	300074	华平股份	9.11	8.29	51	002269	美邦服饰	4.11	4.11
6	300336	新文化	8.92	2.96	52	600655	豫园商城	4.05	3.54
7	300326	凯利泰	8.68	2.46	53	002561	徐家汇	3.99	3.85
8	002605	姚记扑克	8.46	8.09	54	002568	百润股份	3.99	7.61
9	300180	华峰超纤	7.90	7.49	55	300061	康耐特	3.94	6.32
10	600827	友谊股份	7.12	6.68	56	300245	天玑科技	3.88	7.24
11	300225	金力泰	7.03	10.21	57	002195	海隆软件	3.88	3.28
12	300170	汉得信息	6.77	6.29	58	600841	上柴股份	3.65	4.54
13	002527	新时达	6.77	6.21	59	600850	华东电脑	3.65	1.64
14	002028	思源电气	6.51	6.06	60	600630	龙头股份	3.57	3.44
15	600019	宝钢股份	6.47	6.08	61	002158	汉钟精机	3.55	3.46
16	300126	锐奇股份	6.18	6.33	62	600619	海立股份	3.54	2.96
17	002454	松芝股份	6.07	5.91	63	300262	巴安水务	3.53	6.36
18	600196	复星医药	6.05	5.13	64	600680	上海普天	3.51	3.75
19	600315	上海家化	6.04	4.16	65	600676	交运股份	3.43	2.84
20	300153	科泰电源	5.75	5.81	66	601231	环旭电子	3.40	2.28
21	300286	安科瑞	5.65	5.55	67	300272	开能环保	3.30	4.14
22	300017	网宿科技	5.64	5.05	68	600597	光明乳业	3.28	2.34
23	300222	科大智能	5.60	10.01	69	002184	海得控制	3.25	3.29
24	002669	康达新材	5.53	3.40	70	601727	上海电气	3.25	5.80
25	300039	上海凯宝	5.39	5.07	71	600320	振华重工	3.24	3.47
26	600612	老凤祥	5.28	4.97	72	600605	汇通能源	3.22	3.18
27	300330	华虹计通	5.26	2.28	73	600420	现代制药	3.14	2.83
28	300327	中颖电子	5.13	2.41	74	300230	永利带业	3.13	5.23
29	300168	万达信息	5.12	9.34	75	603128	华贸物流	3.10	1.81
30	300059	东方财富	5.12	8.10	76	600151	航天机电	2.91	2.75
31	600835	上海机电	4.99	5.80	77	002451	摩恩电气	2.89	4.27
32	600278	东方创业	4.95	5.97	78	002401	中海科技	2.88	5.14
33	300253	卫宁软件	4.94	8.94	79	600819	耀皮玻璃	2.88	2.82
34	600826	兰生股份	4.91	3.86	80	600626	申达股份	2.85	2.72
35	002565	上海绿新	4.75	6.99	81	600616	金枫酒业	2.85	2.68
36	600530	交大昂立	4.71	4.36	82	600757	长江传媒	2.84	2.51
37	002324	普利特	4.69	4.19	83	600623	双钱股份	2.80	2.55
38	002636	金安国纪	4.68	4.52	84	600637	百视通	2.77	2.32
39	002328	新朋股份	4.66	7.02	85	600072	中船股份	2.76	2.96
40	002346	柘中建设	4.66	7.14	86	600615	丰华股份	2.63	2.61
41	600500	中化国际	4.60	4.38	87	600171	上海贝岭	2.58	2.54
42	002486	嘉麟杰	4.60	4.54	88	600210	紫江企业	2.52	2.61
43	300067	安诺其	4.57	4.53	89	600073	上海梅林	2.51	3.63
44	300226	上海钢联	4.52	8.26	90	600490	中科合臣	2.47	0.77
45	002278	神开股份	4.42	4.42	91	600618	氯碱化工	2.45	2.36
46	300236	上海新阳	4.41	4.18	92	300008	上海佳豪	2.41	3.64

（续表） 单位：元

序号	代码	公司简称	每股净资产		序号	代码	公司简称	每股净资产	
			2012年	2011年				2012年	2011年
93	600633	浙报传媒	2.39	2.13	115	600614	鼎立股份	1.55	1.45
94	600851	海欣股份	2.39	2.09	116	002058	威尔泰	1.54	1.55
95	002178	延华智能	2.37	2.24	117	600843	上工申贝	1.54	1.56
96	600081	东风科技	2.30	1.99	118	900953	凯马B	1.53	1.52
97	600688	S上石化	2.25	2.52	119	600781	上海辅仁	1.46	1.40
98	600833	第一医药	2.21	1.89	120	600272	开开实业	1.41	1.42
99	600629	棱光实业	2.19	2.25	121	600836	界龙实业	1.38	1.35
100	900935	阳晨B股	2.16	2.03	122	600061	中纺投资	1.38	1.36
101	600824	益民集团	2.12	1.97	123	600818	中路股份	1.32	1.25
102	601519	大智慧	2.09	4.67	124	002506	*ST超日	1.32	5.51
103	002022	科华生物	2.07	1.99	125	600844	丹化科技	1.29	1.26
104	002252	上海莱士	2.05	3.36	126	600555	*ST九龙	1.24	1.38
105	600602	仪电电子	2.04	1.96	127	002162	斯米克	1.23	1.66
106	600604	市北高新	2.00	0.30	128	600149	廊坊发展	0.83	0.82
107	600822	上海物贸	1.97	3.37	129	600848	自仪股份	0.46	0.43
108	600601	方正科技	1.96	1.93	130	600645	中源协和	0.45	0.48
109	600654	飞乐股份	1.85	1.71	131	600695	大江股份	0.41	0.36
110	600517	置信电气	1.83	1.98	132	600610	S中纺机	0.36	0.49
111	600689	上海三毛	1.80	2.03	133	600656	ST方源	0.34	0.24
112	600838	上海九百	1.70	1.74	134	600608	上海科技	0.02	-0.18
113	600679	金山开发	1.67	1.63	135	600617	*ST联华	-0.41	-0.36
114	600094	大名城	1.57	1.44					

上海工商类上市公司2012年度净资产收益率排序

单位：%

序号	代码	公司简称	净资产收益率		序号	代码	公司简称	净资产收益率	
			2012年	2011年				2012年	2011年
1	600608	上海科技	507.91	-28.29	47	300262	巴安水务	9.53	5.39
2	600656	ST方源	28.34	-159.33	48	600645	中源协和	9.48	15.02
3	002022	科华生物	24.79	23.17	49	600019	宝钢股份	9.38	6.91
4	002252	上海莱士	24.03	21.91	50	600676	交运股份	9.34	9.19
5	600315	上海家化	22.68	20.54	51	300245	天玑科技	9.28	11.03
6	600612	老凤祥	22.14	24.11	52	300168	万达信息	9.06	7.30
7	600633	浙报传媒	21.52	23.81	53	002028	思源电气	9.02	5.78
8	002269	美邦服饰	21.00	29.23	54	300074	华平股份	8.97	6.11
9	601231	环旭电子	18.80	21.93	55	600490	中科合臣	8.92	-2.55
10	600272	开开实业	17.74	11.19	56	600500	中化国际	8.84	12.31
11	300039	上海凯宝	17.07	12.56	57	600636	三爱富	8.39	47.81
12	600104	上海汽车	16.96	19.76	58	601607	上海医药	8.33	8.85
13	600637	百视通	16.74	13.72	59	600616	金枫酒业	8.27	11.99
14	600655	豫园商城	16.61	16.80	60	600626	申达股份	8.13	11.17
15	600850	华东电脑	16.26	6.88	61	002401	中海科技	8.06	7.69
16	002561	徐家汇	15.36	15.89	62	600094	大名城	7.97	31.92
17	002195	海隆软件	15.01	17.69	63	300225	金力泰	7.85	7.23
18	002158	汉钟精机	14.21	19.07	64	600597	光明乳业	7.76	9.70
19	600835	上海机电	13.78	11.99	65	002454	松芝股份	7.71	12.57
20	600081	东风科技	13.44	22.06	66	300330	华虹计通	7.53	27.43
21	600517	置信电气	13.44	13.37	67	600654	飞乐股份	7.50	7.97
22	002324	普利特	13.27	7.78	68	600073	上海梅林	7.47	8.28
23	600604	市北高新	12.91	8.87	69	600833	第一医药	7.39	8.70
24	600420	现代制药	12.83	14.73	70	300180	华峰超纤	7.08	6.67
25	300017	网宿科技	12.69	7.02	71	603003	龙宇燃油	6.93	20.16
26	601727	上海电气	12.69	11.31	72	900935	阳晨B股	6.65	3.55
27	300326	凯利泰	12.48	39.53	73	600841	上柴股份	6.42	9.51
28	002605	姚记扑克	12.47	9.59	74	600614	鼎立股份	6.37	6.55
29	002568	百润股份	12.11	9.59	75	600619	海立股份	6.25	9.75
30	600623	双钱股份	11.71	7.78	76	603128	华贸物流	6.14	12.00
31	600196	复星医药	11.53	11.93	77	600843	上工申贝	6.03	16.14
32	300286	安科瑞	11.37	28.01	78	600278	东方创业	5.96	7.93
33	600757	长江传媒	11.08	10.74	79	002669	康达新材	5.87	23.29
34	300171	东富龙	10.65	10.59	80	002178	延华智能	5.67	-3.12
35	600628	新世界	10.60	10.36	81	600530	交大昂立	5.65	4.08
36	300236	上海新阳	10.59	10.96	82	300126	锐奇股份	5.60	7.73
37	300336	新文化	10.57	29.32	83	600848	自仪股份	5.53	3.65
38	300170	汉得信息	10.56	8.88	84	300222	科大智能	4.73	9.03
39	300272	开能环保	10.54	8.72	85	300008	上海佳豪	4.54	14.46
40	002565	上海绿新	10.53	9.16	86	002278	神开股份	4.49	6.92
41	002527	新时达	10.23	9.04	87	600602	仪电电子	4.48	6.60
42	300253	卫宁软件	9.99	9.26	88	600210	紫江企业	4.47	13.99
43	300230	永利带业	9.94	10.98	89	600781	上海辅仁	4.30	8.17
44	300226	上海钢联	9.75	11.69	90	600818	中路股份	4.27	4.60
45	600824	益民集团	9.65	9.40	91	300327	中颖电子	4.24	27.59
46	600827	友谊股份	9.55	12.67	92	300129	泰胜风能	4.22	3.99

（续表） 单位：%

序号	代码	公司简称	净资产收益率		序号	代码	公司简称	净资产收益率	
			2012年	2011年				2012年	2011年
93	002486	嘉麟杰	4.15	7.79	115	600061	中纺投资	0.86	2.86
94	600838	上海九百	3.70	15.32	116	600615	丰华股份	0.83	-3.07
95	600618	氯碱化工	3.63	8.43	117	900953	凯马B	0.75	2.42
96	002636	金安国纪	3.57	6.06	118	600679	金山开发	0.69	0.71
97	300067	安诺其	3.13	4.40	119	002184	海得控制	0.31	2.83
98	600630	龙头股份	3.01	3.16	120	600150	中国船舶	0.15	12.65
99	600844	丹化科技	2.76	-30.08	121	600617	*ST联华	-0.06	-27.63
100	600819	耀皮玻璃	2.75	3.76	122	300061	康耐特	-0.22	2.52
101	002058	威尔泰	2.67	6.87	123	600072	中船股份	-5.76	2.70
102	600826	兰生股份	2.40	3.22	124	600680	上海普天	-5.93	0.78
103	300059	东方财富	2.19	6.27	125	600320	振华重工	-7.34	0.20
104	600149	廊坊发展	1.96	16.84	126	601519	大智慧	-9.18	3.26
105	600171	上海贝岭	1.92	1.86	127	600688	S上石化	-9.56	5.21
106	600601	方正科技	1.88	3.60	128	600555	*ST九龙	-11.48	4.15
107	600836	界龙实业	1.87	1.64	129	600689	上海三毛	-13.08	4.54
108	600851	海欣股份	1.80	1.51	130	600151	航天机电	-24.47	0.56
109	002328	新朋股份	1.57	3.03	131	600610	S中纺机	-30.70	3.24
110	002346	柘中建设	1.57	6.28	132	002162	斯米克	-33.30	-26.17
111	300153	科泰电源	1.45	4.32	133	600695	大江股份	-47.20	21.27
112	600605	汇通能源	1.39	1.25	134	600822	上海物贸	-60.83	6.36
113	600629	棱光实业	1.28	4.71	135	002506	*ST超日	-150.74	-1.89
114	002451	摩恩电气	1.13	0.93					

上海工商类上市公司 2012 年度每股现金流量排序

单位：元

序号	代码	公司简称	每股经营现金净流量		序号	代码	公司简称	每股经营现金净流量	
			2012 年	2011 年				2012 年	2011 年
1	600835	上海机电	3.05	1.51	47	601607	上海医药	0.43	0.66
2	002269	美邦服饰	2.84	0.97	48	600836	界龙实业	0.41	-0.10
3	600315	上海家化	1.86	0.82	49	002178	延华智能	0.40	0.27
4	600104	上海汽车	1.78	1.83	50	600278	东方创业	0.40	0.23
5	300171	东富龙	1.67	0.71	51	600819	耀皮玻璃	0.40	0.39
6	601727	上海电气	1.50	1.51	52	300245	天玑科技	0.39	0.44
7	600612	老凤祥	1.43	-0.20	53	002486	嘉麟杰	0.39	0.31
8	900935	阳晨 B 股	1.41	1.01	54	900953	凯马 B	0.37	0.38
9	002605	姚记扑克	1.39	1.08	55	300230	永利带业	0.35	0.38
10	600019	宝钢股份	1.30	0.69	56	600490	中科合臣	0.35	0.03
11	300225	金力泰	1.22	0.19	57	600630	龙头股份	0.34	-0.09
12	300017	网宿科技	1.20	0.64	58	002454	松芝股份	0.33	0.08
13	600655	豫园商城	1.15	-0.76	59	300126	锐奇股份	0.32	0.16
14	600623	双钱股份	1.07	1.06	60	002278	神开股份	0.31	0.09
15	600597	光明乳业	1.01	0.09	61	002028	思源电气	0.31	-0.22
16	300326	凯利泰	1.01	0.99	62	600843	上工申贝	0.31	0.16
17	600081	东风科技	0.99	0.66	63	600629	棱光实业	0.31	0.32
18	600827	友谊股份	0.97	2.16	64	600196	复星医药	0.30	0.17
19	300039	上海凯宝	0.93	0.37	65	300236	上海新阳	0.29	0.24
20	600628	新世界	0.84	0.72	66	300272	开能环保	0.28	0.35
21	600637	百视通	0.83	0.97	67	300170	汉得信息	0.27	0.27
22	300180	华峰超纤	0.81	0.35	68	300253	卫宁软件	0.26	0.09
23	600633	浙报传媒	0.79	0.50	69	600757	长江传媒	0.26	0.29
24	600210	紫江企业	0.78	0.67	70	300168	万达信息	0.25	0.13
25	002158	汉钟精机	0.72	0.45	71	600833	第一医药	0.25	0.11
26	002561	徐家汇	0.71	0.73	72	600061	中纺投资	0.25	-0.23
27	600320	振华重工	0.70	0.35	73	600616	金枫酒业	0.22	0.27
28	600781	上海辅仁	0.69	0.15	74	600645	中源协和	0.22	0.34
29	600676	交运股份	0.67	0.45	75	300129	泰胜风能	0.21	-0.10
30	002636	金安国纪	0.67	0.31	76	600626	申达股份	0.20	0.32
31	600420	现代制药	0.67	0.47	77	002401	中海科技	0.20	0.43
32	300286	安科瑞	0.67	0.58	78	002184	海得控制	0.19	-0.71
33	600605	汇通能源	0.63	-0.16	79	002328	新朋股份	0.15	0.51
34	600619	海立股份	0.62	0.39	80	002346	柘中建设	0.15	0.28
35	002527	新时达	0.62	-0.06	81	300327	中颖电子	0.13	0.51
36	002565	上海绿新	0.58	6.99	82	002162	斯米克	0.13	0.16
37	002195	海隆软件	0.56	0.73	83	300061	康耐特	0.10	-0.99
38	600618	氯碱化工	0.56	0.61	84	600272	开开实业	0.10	-0.07
39	002252	上海莱士	0.54	0.65	85	300067	安诺其	0.08	-0.14
40	002568	百润股份	0.49	0.46	86	600824	益民集团	0.08	-0.04
41	600636	三爱富	0.48	3.21	87	600171	上海贝岭	0.08	0.04
42	600517	置信电气	0.46	0.41	88	600530	交大昂立	0.06	-0.01
43	600500	中化国际	0.46	0.63	89	300059	东方财富	0.06	0.74
44	600841	上柴股份	0.45	0.99	90	600654	飞乐股份	0.06	-0.02
45	600844	丹化科技	0.45	0.45	91	600073	上海梅林	0.05	0.07
46	002022	科华生物	0.43	0.45	92	600851	海欣股份	0.03	0.00

（续表）　　　　单位：元

序号	代码	公司简称	每股经营现金净流量		序号	代码	公司简称	每股经营现金净流量	
			2012 年	2011 年				2012 年	2011 年
93	600848	自仪股份	0.02	-0.03	115	300008	上海佳豪	-0.18	-0.07
94	600818	中路股份	0.01	-0.06	116	601519	大智慧	-0.18	0.06
95	600826	兰生股份	0.01	-0.14	117	600850	华东电脑	-0.20	0.20
96	600604	市北高新	0.01	-0.05	118	600688	S 上石化	-0.22	0.35
97	002669	康达新材	0.00	0.31	119	002324	普利特	-0.24	-0.27
98	601231	环旭电子	-0.01	1.01	120	300226	上海钢联	-0.25	-2.82
99	002058	威尔泰	-0.02	0.06	121	600689	上海三毛	-0.28	0.33
100	600149	廊坊发展	-0.04	0.23	122	600072	中船股份	-0.29	0.11
101	600617	*ST 联华	-0.05	-0.24	123	002451	摩恩电气	-0.33	-0.37
102	600608	上海科技	-0.05	-28.29	124	300153	科泰电源	-0.34	-0.28
103	600615	丰华股份	-0.05	0.35	125	600680	上海普天	-0.38	0.02
104	600679	金山开发	-0.05	-0.02	126	300074	华平股份	-0.39	-0.11
105	600555	*ST 九龙	-0.06	0.08	127	603128	华贸物流	-0.43	-0.43
106	600601	方正科技	-0.07	0.08	128	600151	航天机电	-0.46	-0.61
107	600602	仪电电子	-0.07	-0.03	129	300330	华虹计通	-0.69	1.09
108	300222	科大智能	-0.07	-0.13	130	300336	新文化	-0.69	-0.97
109	600656	博元投资	-0.07	-1.92	131	600094	大名城	-0.73	-0.38
110	600610	S 中纺机	-0.08	-0.09	132	300262	巴安水务	-1.43	-0.49
111	002506	*ST 超日	-0.11	-2.03	133	600822	上海物贸	-2.53	-2.65
112	600838	上海九百	-0.12	-0.07	134	600150	中国船舶	-2.54	-2.29
113	600614	鼎立股份	-0.12	-0.41	135	603003	龙宇燃油	-2.72	0.51
114	600695	大江股份	-0.16	-0.04					

2013·上海工业年鉴

SHANGHAI INDUSTRIAL YEARBOOK

上海市经济团体联合会

上海市经济团体联合会（上海市工业经济联合会），成立于1991年3月。2008年9月，经市有关部门同意，上海市工业经济联合会同时使用“上海市经济团体联合会”的名称。上海市经团联（市工经联）是上海经济类行业协会、专业性协会、经济团体联合组织，以及相关的企业、经济研究单位、大专院校和经济界知名人士等自愿组成的联合性的非营利性的社会团体法人。现有会员310多户。其中经济类行业协会、专业性协会会员169家，企业会员150多户。行业协会会员基本涵盖了包括机械、电子、汽车、计算机、通信、电器、仪器仪表、化工、生物医药、轻工、纺织、服装、有色金属、建材等工业领域，以及金融、物流、商业医药、汽车销售、信息服务、贸易、会展等生产性服务业和现代服务业。企业会员主要由中央在沪企业，以及上海各行业中有影响的领军企业和在全国知名的民营企业组成。

2012年主要工作：

一、加强调查研究，进一步发挥行业协会在上海经济建设中的作用

1．开展上半年行业经济运行动态分析。市经团联建立了行业经济运行动态分析及发布制度，组织行业协会深入企业，通过召开专题座谈会、行业统计分析等形式对行业经济运行动态进行分析，针对存在问题，提出对策建议。

2．与市人大财经委合作完成“先进制造业转型若干问题的研究报告”。由市人大财经委和市经团联牵头，会同市统计局、相关院校人员组成课题组进行专项调研。课题组到上海重型机器厂、上海汽车集团股份有限公司开展调研，于11月完成课题报告。

3．完成10项调研课题，为上海经济发展当好参谋。年内结合上海行业、产业发展情况及行业协会自身建设等内容，完成或正在完成10项调研课题：《2012年编制行业质量安全突发事件应急预案的调研报告》、《关于郊区产业经济优化布局与创新发展的调研报告》、《关于开展行业诚信创建，推进产业快速发展的调研报告》、《行业协会建设和发展的调研报告》、《上海制造业转型发展的调研报告》、《进一步搞活上海中小企业的调研报告》、《上海企业走出去（国内）的调研报告》、《企业和协会文化培育和发展的调研报告》、《2012年行业经济运行动态分析及分布的调研报告》、《2012年行业统计发展项目的调研报告》。

二、进一步发挥枢纽式管理作用，推进行业协会规范发展，提升行业协会的社会形象和服务水平

1．开展行业协会规范化建设评估工作。去年下半年，开展社会团体（行业性）规范化建设评估工作。经全面评估，有12家协会评为5A级，15家协会评为4A级，5家协会评为3A级。

2．了解行业需求，有针对性为行业协会服务。一是协调沟通、搭建服务平台；二是向政府部门反映诉求；三是举办“沙龙”，开展人性化服务。

3．引导行业协会参与承担部分行业管理职能的探索与实践。采取每2月组织1次行业协会秘书长工作例会和“专题沙龙会议”等形式，开展协会工作交流与难点、热点问题研讨。

4．加强诚信体系建设，完善信用管理服务系统。一是围绕创建诚信企业和促进协会规范化建设，制订行业规划；二是组织开展培训咨询活动，指导协会进行平台建设；三是组织修订完善行规行约，建立实施行业自律管理的保证机制；四是建立和发挥“上海市工业经济联合会信用管理服务系统”的作用，加强协会和企业间信用信息的应用、交流和服务。

5．组织开展行业统计工作。初步建立起1支比较具有专业知识的统计队伍，配备专职或兼职的统计人员，探索出1套比较适合为协会中观服务的产品指标体系。

6．组织《行业质量安全突发事件应急预案》制定工作。组织行业协会开展《行业质量安全突发事件应急预案》制定工作，起草了《行业安全质量突发事件应对预案指导意见》。另正建立行业协会应对质量安全突发事件新闻发言人制度，这批新闻发言人将接受正规培训后上岗。

7．继续推进行业协会标准化建设工作。电器、中药、服装鞋帽、眼镜、交通电子、有色金属等协会相继制定了相关的行业标准和规范。

8．主办“上海市行业协会建设和发展论坛”。在总结开展行业协会规范化建设评估试点工作的基础上，举办“2012年行业协会建设和发展论坛”。

9．开展行业协会先进集体和先进工作者评比工作。开展2012年行业协会先进集体和先进工作者的评选活动，评选出先进行业协会68家，行业协会先进工作者47名。

10．组织行业协会对申报上海市著名商标的单位提出意见。负责组织行业协会参与上海市著名商标申报材料的意见征询工作。2012年度共有595件商标申请认定，并及时反馈至市工商局商标处。

三、推进企业社会责任，促进企业和经济社会共同发展

1．与市文明办合作开展企业社会责任建设工作。市文明办把市经团联作为企业社会责任建设工作的指导单位之一，并把企业发布的社会责任报告，作为申报市文明单位的重要条件。

2．成功举办第一届上海企业社会责任报告发布会。举办“2012年上海企业社会责任报告发布会”，有32户企业发布社会责任报告。

3．开展企业社会责任培训工作。举办7期企业社会责任培训班，共有350名主要管理人员参加培训。

4．承接市社团局委托的“行业协会推进行业社会责任”项目。按照市委、市政府《2012年上海市社会组织工作要点》的要求，市社团局委托市经团联开展“推进社会组织枢纽式管理功能建设——行业社会责任建设促进项目”。

四、强化服务功能，围绕产业结构转型升级，为行业和企业服务

1．举办大型论坛和报告会。举办“2012中国国际工业博览会——能源和能源装备发展战略”论坛。与市企联会联合举办“2012企业文化创新论坛”。举办“‘再工业化’及其对我国制造业的影响和对策”的专题报告。

2．推进品牌建设和企业管理现代化创新成果评审。年内协助组织、推荐、申报管理成果200余项，共有154项成果被审定为“2012年上海市企业管理现代化创新成果”。其中，1等奖14项，2等奖70项，3等奖70项。

3．组织中国工业大奖的申报、推荐工作。经审核、筛选，推荐上海外高桥造船有限公司“3000米深水半潜式钻井平台‘海洋石油981’”和上海外高桥第三发电有限责任公司“零能耗脱硫资源综合利用项目”参加第三届中国工业大奖评选。

4．组织行业协会对申报上海市著名商标的单位提出意见。本年度共有595件商标申请认定，市经团联主要负责组织行业协会参与上海市著名商标申报材料的意见征询工作。

5．与《青年报》报社共同组织“杰出青商人物”评选和颁奖会议。与上海《青年报》报社共同主办“上海首届杰出青商”评选活动。有10位企业家当选“上海首届杰出青商”，另有10位企业家当选“上海首届新锐青商”。

6．积极推进节能减排JJ小组活动。一是开展节能减排宣传教育普及工作；二是组织申报单位83户，组建JJ小组229个，建立项目241个；三是组织培训，有832人参加知识培训，并经考核合格，颁发证书；四是编辑出版发行《节能减排小组活动装备制造行业篇》、《上海市节能减排JJ小组活动案例集（三）》；五是举办主题论坛——“能源的控制和管理”；六是与各大院校联系沟通，探讨《自行车轻量化》、《石油开采振动、热能与电能的转换》等项目开展合作的可能性。

五、开展与国内外交流合作，拓展对外服务功能

1．加强区域性工经联和行业协会的合作和发展。参加在重庆举行的2012年京沪渝工经联联谊工作会议。

2．开展与国外合作交流的信息服务。加强与国外驻沪领馆、国外企业和商会等驻沪（或国内其他地方）机构的联系和交往，为企业提供市场、项目和投资等方面的信息。

3．开展与国外（境外）民间团体和社会组织合作交流。加强与日本关西经团联、我国台湾“三三会”、德国汉堡商会、西班牙马德里工商会、泰国商会等的合作交流、学习、考察。

六、积极探索行业协会党建工作，发挥行业协会党组织积极作用

1．加强学习，提高党员思想政治素质。市工经联党委大力推进学习型党组织建设，在抓好党委和中心组学习的同时，对协会党组织的学习明确重点、要求和进度。十八大召开后，举办了学习贯彻党的十八大精神报告会。

2．深入推进创先争优活动，党建工作形成长效新机制。围绕创先争优迎接十八大，市工经联党委在协会党组织中开展“履职尽责创先进，立足岗位争优秀”岗位建功活动，做到“八个结合”。形成一套具有行业协会特点的创先争优活动长效机制。

3．深入开展基层组织建设年活动，党支部履职能力得到新提高。全年市工经联党委共调整、指导换届和推进成立了19家协会党支部，理顺了6个党建工作较为薄弱的党支部。举办2次支部书记培训活动；年内转正和发展了12名新党员。

4．深入进行党风廉政教育，推动协会各项工作迈上新台阶。召开党风廉政专题会议，针对党员和干部管理上存在的问题和薄弱环节，建章立制。促进行业协会严格落实党风廉政责任制，保证了协会各项工作顺利开展。

（夏　雨）

上海市创业投资行业协会

上海市创业投资行业协会成立于2000年11月17日，是由从事创业投资、投资管理、咨询和中介服务企业、金融证券机构、律师和会计事务所以及其他相关单位自愿组成的行业性非营利社会团体组织。现有团体会员近160户。

2012年主要工作：

一、积极开展适合行业特点的会员活动

1．积极搭建平台，主办创投高层论坛及长三角创投峰会，来自国内外创投行业的几十位专家学者在论坛上发表针对创投发展的真知灼见。论坛已在业内具有一定的影响。

着力推进项目对接工作，汇聚社会创投资源，充分发挥创投机构能量，形成上海创投与创新创业共同发展的良好氛围。年内共举办项目对接会12场，上百家企业进行了路演。并已与市经信委中小企业服务办公室、科技创业中心，张江、漕河泾、杨浦等科技园区、企业孵化器，区县科委等建立长期合作关系，形成一套对投资项目的发现、辅导、推介等工作机制。项目对接已成为我会常态化工作。

2．组织各类宣传传达政策信息的沙龙活动和有关政策落实的培训活动。在市政府有关部门的大力支持帮助下，举办落实政策培训活动，请市发改委、市税务局、市科委和市经信委相关主管领导，从政策实施的角度分别介绍创投备案登记和税收减免、科技金融和扶持中小企业政策，介绍创投人员申请职称评审的相关政策和操作实务。年内举办10次信息沙龙活动，内容涉及政策、法务、国际创投发展、企业上市中的红筹回归、国有股转持的豁免、国有股退出的管理办法、中资企业美国上市碰到的问题等，受到广大会员的欢迎。沙龙活动中，邀请元达律师事务所、大成律师事务所、融孚律师事务所、德勤华永会计师事务所、鼎合资本、海通证券等多次为会员单位作报告和讲座。还同期货协会、长宁区金融办、杭州银行和招商银行举行合作交流活动，寻找潜在投资者。

3．针对创投机构，特别是外资和民营单位人员申请职称问题，在市发改委和市科委的支持和帮助下，打通了申报经济师和工程师职称的渠道，有50多人经协会渠道申报，已进入逐级审批。

4．积极组织考察交流，拓宽对外合作渠道。年内组织会员单位到台湾考察交流和合作，共有10多个投资公司的老总及业务骨干参加了考察。期间，与台湾同行交流了行业发展动态、扶持政策、行业自律等方面的情况，并参观考察了科技园区、证券公司、工业研究院、企业育成中心等机构，与台湾同行建立了相对紧密的合作关系。协会还接待安排台湾创投同业公会30多户创业企业到上海的融资活动，上海市创投、张江创投、商投创投、科投、科投股份、上海实业、时空五星等10多户单位参加了交流。

上海是创投机构的集中地，投资区域和影响力远远超出上海区域范围，许多省市和地区纷纷邀请上海创投机构前去调研、考察、投资。年内分别组织赴西安的项目考察，受到当地政府、园区的高度重视，分别准备了几十个项目提供挑选。部分成熟项目作路演或参观，其他项目材料发给参与单位，供各自联系。活动受到会员单位的欢迎，创投、科投股、力康、农天、IDG、张江创投等10多户会员单位参加了考察交流活动。

5．组织专题调研。年内韩正市长批转本会“关于本市国有创投机构发展的建议信”给市国资委参考，协会还就国有创投发展中遇到的问题、创投引导基金管理办法、创投风险救助资金管理办法等提出建议。另就证券基金法的修订、有关VC/PE的“浮盈税”等问题，向中国投资协会创投专委会、上海国税局反映情况，争取支持。

6．通过媒体宣传创投行业的发展，提高公众的知晓度。除自办内部刊物，并特意组织新闻媒体集中宣传上海创业投资风采。《解放日报》在头版头条报道了上海创投发展的总体情况；还约请记者进行系列采访，以专题报道和3个整版宣传了16户创投单位的创投业绩，取得了很好的效果。协会网站实现改版，力求反映更多会员单位的情况。

二、认真完成政府委托的各项任务

1．受市发改委等政府管理部门委托，积极配合政府开展引导基金的工作，并负责组织引导基金申报中专家评审事务。在市发改委直接领导下，协会组建了100多人的专家库，包括创投专家、律师、会计师及银行等中介机构的专家和高科技领域的技术专家，制定专家评分标准和专家抽取程序，力求评审工作公平、公正、透明。经过随机抽取程序，3批引导基金的评审共聘请了28名专家，评审工作受到参评单位和上级管理部门的好评。

2．承担市科委和市统计局的创投行业统计，还承担了科技部的相关统计工作。今年市科委和市统计局采纳了协会建议，将科技部和上海市的统计数据合并统计，既减轻企业的工作量，又提高了统计质量。在会员单位的积极参与配合下，及时返回统计资料，统计范围逐年扩大，统计数据也逐年完善。

3．受市发改委委托，受理创业投资企业备案的年检工作。协会承担了收集、整理资料等前道工作，方便了企业申报和相关部门的审查。年内有69户企业参加年检，许多企业享受到税收的减免。协会还积极宣传创投备案登记的意义和做法，经常接待希望加入备案的创投机构咨询，并引荐到市发改委登记备案。协会还为企业发放了市发改委和税务局主编的《创投企业所得税税收优惠操作手册》，受到大家欢迎。

4．受市科委、发改委和财政局委托，配合政府进行创投风险救助资金工作。年内1个投资项目得到政府风险救助，1户公司新加入了风险救助准备金行列。为了合理、及时享受到政策优惠，与创投公司、律师事务所共同努力，积极探索投资项目失败的司法清算程序，为享受救助创造条件。

5．与区、县政府加强联系，开展合作。积极参与闵行区政府创投引导基金的筹备工作；与长宁区金融办组织创投联谊活动；在杨浦区金融办支持下，举办长三角创投峰会。并在徐汇区政府的支持下，改善了办公场地，为更好开展协会活动提供了有利条件。

三、积极发展会员，规范管理制度，努力使协会健康发展

1．积极发展会员。至9月底，新发展会员24户，其中绝大部分是投资公司和投资管理公司，包括参加备案登记和得到政府引导基金的创投公司。

2．建立和完善14项规章制度。建立秘书处岗位责任制，分工明确，责任清楚，工作更有条理。工作人员实行聘用制，构建传承和互补的老中青人员结构。完善财务管理制度，每年聘请会计师事务所进行财务审计。对政府下达的专项资金建立专门的管理制度，做到专款专用。在会员单位的支持下，制定行业自律管理公约，取得了较好的反响。还对文件管理、资产管理、会议制度、协会刊物等也建立了专项管理制度。

3．积极申报国家民政部进行的社团规范化星级评定，并参加市优秀社团的评比活动，年内被民政部评为四星级行业协会。

（陆家庆）

上海市工业合作协会

上海市工业合作协会（以下简称“上海工合”）成立于1983年11月，是中国工业合作协会的地方组织，协会形成组织健全及关系紧密的市、区二级协会体系，拥有二级工合协会团体会员单位600余户。

2012年主要工作：

一、抓学习，始终把握坚定正确的政治方向

重视思想政治工作，始终把“坚定正确的政治方向”放在首位。及时传达学习中央和市委市府的重要会议精神，引领、鼓励广大工合企业家富而思源、富而思进，既要千方百计谋发展，又要遵纪守法、合法经营、回报社会。这些年来上千户企业没有发现一件严重违法乱纪的案例，绝大多数都踊跃参与社会光彩事业。据不完全统计，会员企业累计捐款、捐物6000多万元。

二、抓重点，不断提升“两个模式”引领作用

经不断努力和巩固提高，上海工合树立的青浦、闵行工合发展模式，在新的时期各自创造出新的特色。青浦工合在抓大带小、建立广泛联盟、不断做大做强的基础上，又向农业延伸，向现代科技领域拓展，无论在经济实力，还是创新思路方面继续保持领头羊的地位。他们创建的农经联经济发展模式将原先分散的农业合作社、农业公司等集体组织资源整合起来，形成农、林、渔、副、加工、休闲、健康结合的现代新型农业经济组织，为城乡一体化和农业现代化闯出了一条新路。闵行工合徐文忠理事长竭尽全力为企业排忧解难，主动做好党建工作，充分发挥党群组织一体化的作用，克服各种困难，引领民营企业和企业家健康发展、成长。他们在企业党建和劳资和谐发展中发挥了非常重要的作用。松江工合，针对就业难的形势，率先创办了“积极扶持大学生以创业带动就业”等大型展示活动，其扶持的大学生创业企业已取得了初步成果。他们在招商中为大学生创业提供物质和场地，在服务中注重企业维权，深受各方好评。

三、抓服务，积极促进工合整体经济大幅增长

上海工合两级组织，始终把发展经济作为重中之重。他们为招商引企广开门路，扫清障碍，热情服务，感动“上帝”，引来了大大小小的“金凤凰”；同时，千方百计帮助老企业解决种种难题，攻破道道关卡，确保其健康发展。工合系统企业坚持科学发展，狠抓结构调整，积极开拓内外市场，努力克服国际金融危机影响，主要经济指标继续保持两位数增长。年内全系统工合企业销售额260亿元，利润23亿元，缴税13亿元，为上海经济建设、统战工作和社会和谐作出了积极贡献。

四、抓发展，继续推动工合队伍在稳定的基础上不断壮大

市工合注重各区工合和优秀工合企业的总结与推广，除在《工合报》上登载先进经验事迹外，还向中国工合组织申报，并获批中国工业创新型先进企业3户、5名优秀企业家及4名先进工作者。市工合从上年起恢复2年1次的先进评比，共评出青浦、闵行2家先进工合协会，1家重点表扬，6名优秀工合工作者，38位优秀企业经营者。在市工合的关心指导和有关区领导的重视支持下，松江、奉贤、宝山、金山、青浦等区工合先后顺利实现了换届。宝山工合换届后活动组织更多，力量更强，新发展会员70户。此外，调动各方资源，促成安徽省铜陵市工合的建立，为立足上海、辐射长三角发展工合事业走出第一步，受到中国工合的高度评价。市工合经积极筹备并报市经信委、社团局批准，成立高新技术产业分会，首批包括约30户科技型会员企业，为市工合不断壮大输入了新鲜血液，增添了发展后劲。

五、抓创新，为企业转型创新提供新的平台

促进会员企业转型创新，走自强自立之路，市工合抓住金融、科技、市场、人才等各种要素开展和组织了一系列活动。如帮助区工合筹建小额贷款公司，组织金融创新和银企对接讲座与培训，开展税务和法律咨询活动，组织会员企业参加华东出口商品交易会和首届中国国际技术交易博览会，组团考察苏北、广东、江西等工业开发区，组织会员到台湾考察和开展经济业务洽谈。同时，市工合根据土地资源稀缺昂贵的现状，力求会员企业逐步实现“头脑”在上海（总部、开发、市场在沪），“手脚”延伸到长三角地区的发展战略（生产基地搬到外地），优化资源配置，完成企业产业结构升级改造。目前，我会已与长三角地区的有关市县建立长期合作关系，以期拓展企业发展新的前景。

六、抓自身，完善组织建设，努力创建一流社团

根据新形势、新任务的要求，市工合健全规章制度，加强内部管理，坚持各项正常的会议活动，深入各区工合调研，帮助指导有关工作。进一步加强与市经信委、市商务委、市中小企业办的业务联系，为壮大会员队伍、服务企业打通新的渠道。此外，整合资源，根据企业和社会需要筹划教育事项，为创建一流社会团体打好基础。

（俞纯红）

上海漕河泾新兴技术开发区企业协会

上海漕河泾新兴技术开发区企业协会成立于1998年9月，是由上海市漕河泾新兴技术开发区发展总公司等企业发起，漕河泾开发区内各企事业单位自愿组织起来的社会团体。会员单位349户，下设集成电路、通讯、金融、软件和现代服务业、人力资源专业委员会等。

2012年主要工作：

一、深化服务理念，创新服务方式

1．扎实开展专委会工作，“服务园区、服务产业、服务企业、服务员工”和“以企业为本”的理念得到进一步体现。年内协会以专委会为抓手，将专委会工作稳步推进做到全覆盖，形成“上传下达”、“横向交流”、“融合发展”的工作特色。年初，协会领导集中拜访了各专委会对应的市行业协会，了解行业协会年度工作要求，并走访各专委会主任单位，制定专委会全年活动方案。如联合市生物医药行业协会等单位举办“生物技术与信息技术融合发展”专题研讨会，积极探索贯彻落实“两化融合”，也是漕河泾开发区首次跨行业合作共同举办专题研讨活动。通信、集成电路、软件、金融、法律、人力资源、现代服务业、汽车研发与零部件、生物医药专委会还分别根据会员单位需求，结合开发区产业发展要求，开展了“知识产权保护引领企业占领国际竞争制高点”专题研讨会、“中小企业与资本市场对接”专题讲座等形式多样的活动。其中，汽车专委会还组织赴北京参观车展和当地开发区，帮助会员单位了解市场风向标，助力企业发展。

2．积极融合多种资源，当好纽带与桥梁，帮助企业排忧解难。一是整合政府资源。与市、区侨联，文化局，体育局，体育总会，街道，上海音乐学院、上海戏剧学院等政府、大学、社会机构形成良好合作伙伴关系；在产业服务、企业服务方面与科协、经信委及相关行业协会形成良好对接关系，为会员营造“企业之家”的协会氛围。二是整合开发区总公司资源。与开发区总公司建设部协助企业解决夏季用电高峰的保障措施；与开发区建设部、土地部和园艺公司联合，协助解决企业仓库租用遇到的困难；与招商中心共同接待兄弟开发区，组织企业家到漕河泾海宁分区与盐城分区招商对接，帮助新企业选址考察；在开发区计财部、审计室和创业中心指导下，改进财务管理与审计工作，办理大张江基金申报等；配合园区管理中心、总公司企业服务部、物业管理公司，共同参与对开发区餐饮管理和改善开发区服务环境的调研，以及再生电脑捐赠工作等。还配合总公司开展百户企业走访活动，深入企业了解需求。三是整合企业资源。继续深入开展仪器与设备共享服务平台工作。在上年17户企业285台仪器为企业提供3566次服务的基础上，年内新增4户，发展到21户企业，各类设备仪器达342台。

二、组织多样活动，营造开发区文化氛围

1．充分发挥“瞩目漕河泾”品牌优势，开展形式多样的文体活动。体育方面：2012年，漕河泾开发区总公司成为本市第一届市民运动会的总冠名单位，协会作为开发区参与市民运动会的主要组织部门，成功组织策划长跑、篮球、广播操、乒乓球、羽毛球、绳键、飞镖等7个大项26个小项1000多场的比赛活动，共有500多户区内企业，21000余人次参与，成为园区赛事活动参与企业与员工数最多的一届，在全市工会系统参赛规模排名第六。文化方面：6月，召开“漕河泾开发区职工文化体育创新发展”专题研讨会。9月，联合市侨联及上海音乐学院等举办“玫瑰与蝴蝶”漕河泾开发区专场音乐会，吸引开发区700多名中外企业家和员工代表参加。11月，联合徐汇区文化局举办“2012徐汇区外来务工者摄影大赛”，获得1个优秀奖、5个入围奖。

2．品牌活动不断创新，打造“相约漕河泾”交友平台。融合社会资源，继续办好“相约漕河泾”青年联谊活动，在“周有情感热线”、“月有派对活动”、“季有旅游专场”的基础上，进一步拓展思路。5月，举办“真人CS”，深受广大青年喜爱。10月，把徐汇区文化局开展的“文化in徐汇”系列文化活动与“相约漕河泾”青年交友活动融合在一起，为开发区单身男女青年创造相识、相知、相爱的机遇，还为开发区年轻人带来缤纷多彩、新意叠现的文化活动。

3．组织志愿公益活动，服务企业回报社会。11月，与园区管理中心、徐汇区卫生局及虹梅街道共同组织3场“真情无界爱心无限”无偿献血日活动。活动得到思科、21所等区内中外企业单位的支持，共有100多位志愿者参与献血。主动与市科协、徐汇区相关委办局、区区合作办公室、虹梅街道等加强联系沟通，获得大力支持和帮助。还与市集成电路行业协会、市通信协会、市生物医药协会、上海开发区协会等10多家行业协会、社会团体开展多种形式的交流和合作。

三、狠抓协会基础建设，不断完善与提高

1．建全协会内设机构，研究制定部门职责。年内新设会员联络部、行政部和财务部，明确部门负责人及各岗位职责。

2．坚持“两会”工作制度，即理事会与秘书长工作例会。3月，召开三届四次理事会，部署全年工作。坚持秘书长工作例会制度，充分调动和发挥各位秘书长的积极性，贯彻执行全年工作计划。

3．协会网站成功上线，加强信息工作。协会网站历经半年开发，于9月上线进行内部试运行，为会员提供信息服务，发挥协会平台作用。

4．加强财务基础工作，严格遵守社团管理局与开发区总公司财务制度，完善日常财务管理制度。认真做好年初预算与日常现金管理，根据工作开展与项目实施做好财务监管，实现年初预算目标。同时，加强对浦江、松江分会的财务指导和联系；加强对会员单位会费的收缴工作；加强对“首届市民运动会”、“大张江资金”、“侨界联合会”等专项资金的使用管理；加强固定资产的盘点和清理。

5．夯实协会会员基础，做好原会员单位的梳理工作，创新工作方法，深入走访企业，做好新会员的发展工作。11月，举办2012年度“迎新”会员联谊活动，让新入驻开发区的企业进一步了解开发区和熟悉协会服务工作，还吸收了新会员。

（杨　伟）

上海市乡镇企业协会

上海市乡镇企业协会成立于1987年12月，是由办在上海市乡镇区域内、以农村劳动力为主体的企业和在城市开办的承担支援农业义务的企业自愿组成的跨行业、跨所有制的非营利性的社会法人团体。现有会员单位241户。

2012年主要工作：

一、把握政策导向

办好《通讯》和协会网站，及时为企业提供政府新的政策法规，以便企业能充分利用政府政策。

二、进一步为会员单位提供各项服务

1．为缓解部分小微企业融资难的问题，积极与民生银行花木支行开展合作，经市民生分行批准，成立了“上海市乡镇企业协会小微企业城市商业合作社”，共有50多户企业参加，对申报提出解决贷款资金的企业，经与银行方协商，积极办理贷款申请手续。

2．为使更多的会员单位了解国外的市场，寻求合作伙伴，先后组织2批企业赴柬埔寨考察，以及参加土耳其举办的招商会，开阔了视野，结交国外新朋友，其中已有企业正与柬埔寨和土耳其方面洽谈项目。

3．加强会员单位间的交流合作，组织企业家互动，先后多次组织以产业链为纽带的企业家座谈。

三、积极承办课题调研任务

受市经委委托，开展《关于上海市乡镇企业产业结构调整和土地再利用》课题调查。通过课题调研，了解企业对政府的诉求，并通过课题报告把有关诉求反映给政府，发挥企业与政府沟通的桥梁作用，为政府决策提供参考。

（戴荣兰）

上海市股份合作制企业协会

上海市股份合作制企业协会成立于2008年1月18日，是以股份合作制企业为主自愿组成的跨行业、非营利性的社会团体法人。现有会员单位60多户。

2012年主要工作：

一、与政府有关部门、会员单位开展研讨学习活动

1．举办会员单位专题研讨会。2月22—23日，在上海三甲港一尘大酒店举办关于“就如何选择股份合作制企业深化改革中三种主要形式”问题专题研讨；传达相关会议精神和部分企业改革经验；就2012年协会工作计划征求各会员单位意见和会员单位改革进展情况相互交流的专题研讨会。会议就企业该如何“选择深化改革中三种主要形式”的问题进行了专题研讨，有近50户企业参加活动。

2．举办京津沪发展集体合作经济专题研讨会。6月13日，在上海市中小企业服务总汇，召开京津沪发展集体合作经济专题研讨会。本次活动由中国合作经济学会城镇集体经济研究专业委员会主办、上海市股份合作制企业协会协办。中国合作经济学会城镇集体经济研究专业委员会主任张恒杰详细介绍由协会参与专业委员会执笔编写的《关于城镇集体经济未来发展问题的思考与建议》（征求意见稿），并代原劳动部副部长、全国城镇集体经济研究会会长何光对此次会议召开表示祝贺与关注，同时，介绍该文起草的过程、内容和在京津的调研情况，以及选用和编写等说明。研讨会邀请上海社会科学院经济研究所雷新军主任，市工业合作协会名誉理事长王志宽及周裕德秘书长；市集体经济研究会姚康镛副主任；中国工合国际委员会（上海站）秘书长陈家莺、白连波委员；上海市工业合作经济研究所沈彤昱主任；新华社上海分社记者李丹；上海长江企业发展合作公司张素芳董事长；上海华东木器厂沈万全董事长；上海市宝通外贸储运合作公司单培清董事长；上海群众木器有限公司赵鸿根董事长、协会副会长；上海相见诚快餐合作公司原董事长曹林生、协会副会长等近40人出席研讨活动。会议还介绍了北京刚召开的国际合作社年大会情况。

二、加强为企业服务

年内在困难与机遇并存的艰难时期，随着各种身份职工维权维益的意识加强，协会坚持协调、讲政策、沟通和反馈信息、安抚和搭建意见交换平台，接待来信、来访、来电近600次，最多1批／次接待达27人；举办大型研讨会3次、年会等活动6次、座谈讨论务虚沟通等会议39次，联系服务新股份合作制企业70余户，发展新会员单位5户；编辑出版会刊12期，形成研讨报告4份。其中主要工作：一是化解部分股份合作制企业矛盾，维护社会和谐稳定。接待大量的来信、来电、来访，妥善处理企业与职工之间的激烈冲突，把大多数企业走访群访市区政府部门的工作尽量解决处理在协会层面的平台上。如在1户餐饮合作公司群访不断、强行关门店、110频频出警到场，持续整整15个月后，经过大量的沟通协调、座谈，圆满解决了企业与职工双方间矛盾，化解了激烈冲突，使大多数员工共享改革开放成果，为维护社会稳定作出协会的贡献，为市、区政府部门化解了信访工作压力，起到了协会与政府和企业间的桥梁和纽带作用。二是为化解矛盾主动出击收集案例，协助政府出台政策。为市工商注册登记部门领导提供关于股份合作制企业深化改革中关于《股权查证变更的工商登记操作意见》草案，并在举办研讨会的基础上协助做了大量调查、座谈和数据收集工作。在草案基础上，7月5日，市工商局、市发改委联合出台《关于规范本市股份合作制企业改革中企业注册登记的意见》，统一和规范了工商部门对企业股权查证和变更的指导和要求。三是努力组织会员单位开展学习和研讨。认真安排和组织每次的研讨会、学习交流会，适时针对性地拟定活动主题和形式，有效搭建会员单位之间相互交流的平台，使每次的会议内容、讨论和交流、新政策培训学习都能取得预期效果。

（朱桂芳）

上海市企业法律顾问协会

2012年，协会在市经信委和国资委的领导下，把开拓创新、为会员和社会提供一流服务作为主旋律，做到了“六个结合”，实现了“六个突破”。

2012年主要工作：

一、“计划”与“市场”结合，法律培训工作有所突破

1．精心设计培训方案，提高培训质量。协会共组织4次大型继续教育培训讲座，出席3000多人次；8次专题研讨活动，出席900多人次；与荷兰威科出版集团、上海交通大学法学院共同举办“第二届中国企业法务大会”；协会组织部分理事单位参加新加坡捷培森公司在本市举办的“第六届公司法律顾问年会”。尽管培训研讨工作面广量大，但始终坚持质量至上的理念，培训选题尽量贴近社会法治热点和企业法务实际，诚邀名师，努力提高培训的实际效果。

2．开拓市场培训渠道，取得重大突破。协会为企业量身定制安排实用性较强的培训研讨，于2月份在海南，5月份在安徽天柱山，8月份在长春，10月份在河南云台山分别举办不同主题的市场化法律培训，共计90余人参加，与会者普遍反映，研讨培训活动的选题切合企业法务重点难点，收获不少。

9月22—25日，协会与中国企业法律顾问网在上海联合举办“2012年度全国企业法律顾问执业资格考试考前冲刺培训班”，共计345人次参加培训，增强了学员的应试能力，提高了通过率。

协会与国家人社部中国就业指导中心合作，于11月18—20日在上海举办“合同管理师”考前培训班。12月8日，协会又负责在上海组织“2012年下半年全国合同管理师考试”。协会被全国复合型人才职业培训项目合同管理师课程发展中心确定为上海唯一的合同管理师教学基地。

二、“传统”与“创新”结合，法律咨询服务有所突破

1．加强基础工作，充实服务力量。协会设立专门岗位，配备专业人员开展法律咨询服务；同时制定《法律咨询服务工作试行办法》，规范法律咨询服务工作。

2．密切战略合作，提高服务能力。协会组建由本市司法界、律师界、高等院校法律专家和高素质的企业法律顾问组成的法律咨询服务专家人才库。同时，协会还建立和巩固同7家律师事务所的长期战略合作关系，以提高协调解决企业法律纠纷的专业效率。

3．帮助企业解难，做好服务工作。协会积极承揽企业求助案件，帮助企业特别是中小企业协调解决法律纠纷，维护中小企业的合法权益。

4．不断探索创新，拓宽服务渠道。协会秘书处改变观念，变“坐商”为“行商”，主动上门为企业提供法律咨询服务。

5．开展课题研究，提高服务水平。根据市经信委的政府购买服务项目要求，协会承接了《国内外企业法律顾问制度研究》和《经济和信息化系统政策法规汇编》等课题项目。

三、“关注”与“扶持”结合，服务中小企业有所突破

1．对中小企业法律培训加快进度。协会的所有培训讲座、研讨活动，只要是内容相关的，都会专门发通知邀请中小企业参加，将协会的培训活动辐射到非会员单位的广大中小企业。协会还为中小企业量身定制开展专题培训。2012年，全市有近千家中小企业上万人次参加协会各种类型的法律宣传培训活动，这些活动围绕企业法律工作热点，注重理论与企业实践的结合，受到中小企业领导和法务人员的普遍好评。

2．对中小企业法律服务加大力度。协会开设法律咨询热线电话，开展网上热线服务，为广大中小企业提供方便的法律咨询窗口。协会组织专门力量，深入工业园区解决“专精特新”中小企业在发展中遇到的法律问题，主动征询法务需求。协会通过网站建设，专为中小企业开设“中小企业法律服务平台”和“法海瞭望”专栏。协会的《企业法律顾问》会刊和《业务学习资料》也根据中小企业的法务现状与需求，注重刊登来自中小企业一线法务工作人员的工作经验和业务探索，为各中小企业介绍最新政策法规，传递法律与法务信息，解答企业提出的各种实际法务问题。

3．对中小企业扶持发展加大投入。协会为中小企业的培训、服务，无论从数量上还是质量上，都有大幅度提升，同时，活动成本也大幅度增加。经专项审计，2012年开展中小企业法律服务的开支总计比上年翻一番。

四、“纸质”与“电子”结合，协会窗口服务有所突破

1．精益求精编好《企业法律顾问》会刊。协会编审人员在丰富栏目设置、提高文章质量等方面下功夫，做到每期有重点、有看点、有新意，及时反映法务工作新信息、新动态。协会会刊得到全国同行的肯定和推崇，得到企业和会员的好评，认为会刊能抓住社会热点，贴近企业生产经营实际，有较强的指导性和前瞻性。

2．全面、快捷提供《业务学习资料》汇编。为进一步提高协会《业务学习资料》的指导性、针对性和便捷性，从2012年11月起，协会与世界领先的专业信息出版商CCH中国公司合作，将原来纸质的《业务学习资料》改为网上在线发布和邮件推送，以充分利用该公司法律专业团队和法律信息库的资源，为会员提供更全面而便捷的在线阅读、搜索与下载服务。

3．认真维护协会网站，及时更新网页内容。协会网站是协会联系企业和会员的重要窗口，协会着力提升网站质量，及时更新网页内容，做到了每周维护、更新，重大信息即时上网。网站有10多个栏目，版面活泼，全年共上传文章546篇，照片数十幅，有越来越多的会员通过网站了解自己关心的信息，如培训考试信息、注册登记信息、申报职称信息、协会活动信息等，具有一定的实用性和指导性。

4．加强在线培训交流，及时进行网上指导。这是协会的一项新突破。2012年新增"全国法律顾问执业资格考试考前冲刺培训班"和"全国合同管理师考试考前培训班"，除面授培训还开通远程网上授课，与北京的联系频繁，与学员的咨询交流非常频繁。为了更好更快地为学员服务，为学员建立了QQ群，在第一时间把最新信息和辅导资料传给学员，秘书处人员在网上及时给学员答疑，经常要持续到半夜，学员对此非常感动并深感满意。

五、"活动"与"关心"结合，理事工作有所突破

1．关心理事切身利益。为了帮助理事解决企业法律顾问申报高级经济师遇到的困难，协会积极与市人力资源和社会保障局有关部门和市高评委反复沟通、协商，打通了资深企业法律顾问申报高级经济师的直接通道，并得到市里对协会会员参加继续教育培训每年给予2个学分的认可。协会专门召开企业法律顾问申报高级经济师政策解读会，请市高评委负责人给协会理事详细讲解有关政策与申报方法。协会还指定专人负责指导帮助申报工作。

2．搭建理事交流平台。9月6日，协会在上海飞机制造有限公司召开2012年理事会会长会议，汇报协会工作情况，参观上飞公司的总装车间和综合试验楼，观看C919大型客机3D数字样机和ARJ21首飞纪录片。为了加强与兄弟省市协会的联系交流，增进理事之间的切磋联谊，协会于7月4–11日组织部分理事赴广西进行了学习考察活动，同广西企业法律顾问协会进行了学习交流。

3．丰富理事活动。11月27–28日，协会组织60多名理事到崇明举行学习、联谊活动。在光明食品集团长江总公司会议室，协会召开理事工作会议，举办"理事会学习十八大精神报告会"，邀请著名社会学家、上海社会科学院研究员解读十八大报告，既深刻又生动，赢得了理事们的阵阵掌声。协会组织理事们饶有兴趣地参观光明牛奶集团奶牛科普馆挤奶生产线，品尝现场生产的鲜奶；参观光明米业制米流水线，赠送当天生产的绿色新大米。

六、"严格"与"灵活"结合，协会内部管理有所突破

1．加强档案管理和运用。协会对文书档案管理作了严格规定，将各人手头保管的应归档资料全部集中管理，共收集协会历年的文书档案资料400多份，会员注册登记资料2000多份，各项工作资料70多份，协会严格按照上海市档案局归档验收的标准规范操作，按10个项目分类整理归档，为将来档案入馆打好基础。为防止档案材料的缺失，还对借用档案材料也作了相关规定。搞好档案管理，提高档案利用率，为协会开展各项业务提供方便，提高了办事效率。

2．加强财务管理。协会开源节流，千方百计通过市场化运作增加协会收入，同时尽力节省开支，对用电用纸或用款有时节约到了"苛刻"的程度。秘书处严格把好每项活动成本预算和结算关，财务人员努力提升理财水平，积极献计献策，使全年的经济情况要好于往年。

3．严格人事管理，灵活安排用人。协会在多人调离或病假、工作量又远高于往年的情况下，克服困难，内部挖潜，千方百计做好工作。协会对各人都有明确分工，对每个工作岗位都配备AB角人员，由于人手少，往往要一人身兼数职，协会工作人员吃苦耐劳，默默奉献，为协会工作经常废寝忘食。秘书处"弹好钢琴"，统筹协调，调动各方面的积极性，圆满完成了年初计划的各项工作。

（杨　城）

上海市质量协会

上海市质量协会（原名"上海市质量管理协会"）成立于1982年9月，是由致力于质量事业的组织和个人自愿参加组成的专业性的非营利性社会团体法人。

2012年主要工作：

一、组织协会成立30周年纪念活动，团结奋进，继续大力发挥质协推进作用

12月12日，协会举行30周年纪念大会。全国政协常委蒋以任，中国质量协会名誉会长陈邦柱、会长贾福兴，上海市人大副主任胡延照、市政协副主席周太彤，市政府副秘书长王伟，国家质检总局质量司副司长高阳，市质协名誉会长任文燕、谢企华，中国工程院刘源张院士，北京理工大学郎志正教授，以及广大会员企业代表，老质量工作者近500余人出席纪念大会。唐晓芬会长在会上作了题为“以十八大精神为指引，大力发挥质协推进作用，为上海实现‘创新驱动、转型发展’作出质量新贡献”的主题报告。会上，向陈邦柱、刘源张、任文燕等老领导和老专家颁发了上海市质量协会30周年特殊贡献奖；授予谢企华、郎志正等5位同志“上海市质量管理功臣”荣誉称号，表彰了一批上海市卓越质量管理先进企业、优秀领导者、推进者等。

本次纪念大会，也受到国内外质量界的关注。美国质量学会、欧洲质量协会、亚太质量协会、俄罗斯质量组织等发来贺信及贺词。中国质量协会及江苏、浙江、山东、福建、安徽、江西等6省市质量协会发来贺信。《解放日报》、《文汇报》、《新民晚报》、上海电视台等媒体，纷纷到会作了相关报道。

二、广泛开展质量宣传活动，努力营造全社会重视质量的良好氛围

1．组织开展质量月活动。为进一步贯彻落实国家质检总局等部委关于开展2012年全国“质量月”活动和《贯彻实施质量发展纲要2012年行动计划》的文件精神，按照上海市质量安全工作领导小组办公室的要求，市质协组织主题为“宣传贯彻‘质量发展纲要’，推进实施质量提升工程”的质协系统“质量月”活动。9月3日，全市质协系统在上海核工程研究院举行升国旗与质量旗仪式。在升旗仪式现场，市质协顾问俞国生、市质监局副局长沈伟民、市质协会长唐晓芬，以及市质监局质量处、市经信委技术进步处、中小企业办等部门的领导，商业、航天、医药、宝钢、交通、汽车、机械、物业等行业质量组织领导，以及申通地铁、漕河泾开发区、上海投资咨询公司、上海重型机器厂、上海汽轮机厂、上海第七建筑、春秋国旅等近50多户单位的领导出席活动。仪式上，市质协还推出隧道股份、宝钢质量学会等10户“开展质量标杆活动”示范单位。

2．组织召开《质量发展纲要（2011–2020年）》宣贯活动。为进一步学习贯彻《质量发展纲要（2011–2020年）》，落实市质协五届五次理事会议精神，市质协召开区县、行业质量推进工作研讨会。上海各区县质量组织，以及冶金、机械、航天、航空等行业企业及医药、建设交通等行业质协代表出席了会议。唐晓芬会长作专题报告，对《纲要》的构架、主线与灵魂、指导思想、工作方针和发展目标、主要任务与创新点均进行详细解读。

3．举行“迎三八，女质量工作者座谈会”。为进一步弘扬上海女性为提升经济社会发展质量而奋斗的奉献精神，激励更多女性投入质量事业，3月7日，市质协在市总工会、团市委、市妇联的支持下，以“质量发展，人人有责”为主题，组织召开女质量工作者座谈会，来自有关政府部门的女领导，企业质量经理女代表，以及生产服务一线的女质量工作者代表等参加会议。68位来自基层一线的女质量工作者，被授予“上海市‘三八’质量服务明星”称号。

4．组织开展多项社会热点调查活动。先后开展5项社会公益性调查，涉及城市交通、服务热线以及老年人教育等方面。共计调查来自本市17个区县的7130个市民，以及931个外省市公众和403个外国宾客。其中，城市公共交通现状调查既反映广大中外公众对上海近几年来大力推进公交优先的发展战略给予高度肯定，也提出进一步优化布局加强整治的期许。城市交通、老年人教育以及夏令热线等调查结果先后在中外媒体上予以广泛报道，取得了较好的社会效应。有关夏令热线市民满意度测评工作，还连续三届荣获“夏令热线先进单位”。

三、积极推广先进质量方法的普及应用，推动企业质量创新和持续改进工作深入开展

1．深入推进现场管理星级评价活动的深入开展。按照国家工信部等《关于在工业企业深化推广先进质量管理方法的若干意见》和中国质协《关于开展2012年度全国现场管理星级评价活动的通知》的要求，市质协继续开展2012年度上海市现场管理星级评价活动。推荐11户企业14个现场参加全国现场管理星级评价活动，11个现场获得全国现场管理五星级现场，物业、餐饮服务业的星级现场特色明显，倍受关注，并在全国现场管理星级评价交流大会上作交流，共有48个制造、服务业的现场参与了上海市现场管理星级评价活动。

2．深入开展上海市质量管理奖和质量技术奖评选工作。根据中国质协有关通知要求，市质协组织各区县、行业质协、集团公司进行推荐，包括上海通用、上海日立电器、上海电信等70多户会员企业参加，共有15户企业25个项目申报上海市质量技术奖、39个项目申报上海市优秀六西格玛项目、18个项目申报上海市优秀精益管理项目。经评审推荐，漕河泾开发公司等7户企业为上海市质量管理奖企业。上海外高桥第三发电有限公司荣获第十二届全国质量奖、上海核工程研究院获鼓励奖。推荐7个质量技术成果申报全国质量技术奖、23个项目申报全国优秀六西格玛项目、18个项目申报全国优秀精益管理项目、1个项目申报全国优秀质量功能展开项目、2个项目申报全国优秀可靠性管理项目。

3．推进会员企业履行社会责任。积极配合上海市经济团体联合会，组织2012年上海企业社会责任报告发布会。全国政协常委、市经团联会长蒋以任，中国工业经济联合会执行副会长刘海燕，国家认证认可监督管理委员会副主任程方，以及市文明办、经信委、发改委、商务委、国资委、质监局、环保局、人社局、安监局、民政局、总工会及相关行业协会、企业负责人等350人参加会议。32户上海企业联袂登场发布企业社会责任（CSR）报告。市经团联副会长、市质协会长唐晓芬宣读了16家行业协会和10家企业集团联合签署的共同推进实施市经团联《企业社会责任指南》的协议书。《中国质量报》、《解放日报》、上海广播电台等媒体作了详细报道。

四、搭建多层面的质量推进活动服务平台，帮助企业夯实以质取胜战略基础

1．创建中小企业质量管理公共服务示范平台。为进一步学习贯彻国务院《质量发展纲要（2010–2020）》，落实《上海市人民政府贯彻国务院关于进一步促进中小企业发展若干意见的实施意见》，市质协着力推进中小企业质量水平的提升，并获得本市32家其中之一的中小企业服务公共示范平台称号。4月10日，上海市中小企业质量管理公共服务示范平台揭牌仪式暨2012年上海市中小企业质量国际论坛在市质协举行。国际质量科学院院长梅塔等为"中小企业质量管理公共服务示范平台"揭牌。同时，为充分发挥"上海市中小企业公共服务示范平台"作用，先后举办风险管理、六西格玛管理、5S现场管理、精益生产和现场改善等针对中小企业的先进质量技术和方法的应用公益性讲座。年底，获得国家工信部颁发的"国家中小企业公共服务示范平台"称号。

2．积极推动群众性质量管理活动的深入开展。会同市总工会、团市委、市妇联成功举办2012年上海市"航天杯"QC小组成果擂台赛。擂台赛共吸引来自航天、航空、汽车、交通、船舶、冶金、电力、电信、化工、建筑、机械、物业、医药、市政等21个行业的近273个QC小组报名，其中172个QC小组入围参赛。《降低三结砷化镓太阳电池断栅率》等20个成果获特等奖，20个成果获一等奖，50个成果获二等奖。承担"神九"任务的7户上海航天单位悉数携成果参赛，成为本届擂台赛的亮点。本届擂台赛还首次增设了质量信得过班组交流专场。来自航天、航空、汽车、交通、船舶、冶金、电信、化工、物业、医药等行业的30个班组展示了他们班组建设方面的先进经验与做法，共有300多位班组员工参加。交流活动显示，QC小组活动是信得过班组建设的有效手段，赋予其丰富的质量文化内涵；同时，信得过班组的品牌效应也为开展QC活动创造了条件。据不完全统计，本年度市质协系统共注册QC小组22858个，比上年增长37%，普及率达到26.7%，参与QC小组活动的员工约14.9万名；取得成果18651个，成果率达81.4%，获得直接经济效益近16亿元。

3．积极参与上海市班组长岗位培训工作。年初，本市启动全市班组长培训。市总工会会同市质协联合编著出版了《班组长岗位培训教程》，系统、完整、精炼地介绍基础管理理论，并采集一批班组管理案例，为班组长培训提供支撑。上海质量教育培训中心等5个培训机构被确立为首批上海市班组长岗位培训教学点，承担班组长培训的具体教学工作，共组织培训8060名班组长，其中培训市先进班组长1400多名。

五、深入开展国际学术交流活动，继续推进企业接轨国际先进质量理念和方法

1．组织举办第三届上海服务质量国际论坛。论坛以"服务、质量、创新"为主题，由美国质量学会、上海市质协联合举办。全国政协常委、市质协名誉会长蒋以任，国家质检总局质量司惠博阳副司长、中国质量协会副秘书长段一泓等领导出席论坛并作重要讲话。论坛由市质协会长唐晓芬，美国质量学会CEO保罗·鲍拉斯基共同主持。会上3位国际知名的质量大师作精彩的专题演讲。其中，曾被《纽约时报》特别报道，美国医疗服务领域第一个获得波奖殊荣的医疗保健组织领头人、国际质量科学院理事长玛丽筒院士，带来了世界医疗服务领域的最新理念和创新实践成果，引起上海医疗服务业的关注。国际质量科学院顾问院士，现任美国质量学会CEO保罗鲍拉斯基，给大家带来对质量未来的研究成果，并分析影响质量未来的八大驱动力对服务业的影响，受到企业代表的欢迎。现任万豪国际酒店全球顾客体验与客房运营副总裁，阐述了"服务是由客户定义的"的理念，在宾馆服务行业的企业中产生共鸣。原国务院参事郎志正教授和上海市金融办、曙光医院、国际会议中心的领导也作了演讲。期间，还举办服务质量创新论坛，通过与会代表互动的形式、分别从不同角度诠释了论坛的主题。论坛得到政府部门，国内质量组织的大力支持和企业的积极响应，来自浙江、江苏、北京、青岛、厦门等省市质协领导，市质协副会长、常务理事、理事单位的代表，以及来自金融、医疗、宾馆、电力、交通、通讯、机场、商贸、设计开发、汽车销售、物业等行业的300多位嘉宾和代表出席论坛。

2．组织举办中国国际工业博览会质量创新论坛。论坛由市质协、上海质量管理科学研究院承办，国际质量科学院院士、亚太质量组织理事长查尔斯·奥布瑞博士，国际质量科学院院士、俄罗斯质量组织第一副主席尤里·古萨科夫先生，以及200多户企业的近300位代表出席论坛。论坛由市质协会长、上海质科院院长唐晓芬主持。在演讲中，国际质量科学院查尔斯院士分析卓越绩效模式对企业发展、经济发展的影响。论坛期间，大会还组织2012年度上海市"质量标杆"的典型经验进行交流。本次论坛也得到媒体的广泛关注，《解放日报》、《文汇报》、《新民晚报》等纷纷到会作专题报道。

3．组团参加第18届亚太质量组织国际会议。10月，第18届亚太质量组织（APQO）国际会议在斯里兰卡首都科伦坡举行，来自美国、澳大利亚、中国、印度、新加坡、印度尼西亚等15个国家的200多名代表参加。应亚太质量组织的邀请，唐晓芬会长一行全程参加会议，出席APQO核心成员会议，并发表题为“发挥质量组织主体地位作用，努力为经济和社会发展作贡献”的专题演讲，受到与会各国代表的关注。会上，上海外高桥第三发电有限责任公司、上海核工程研究设计院、宜宾五粮液有限公司分别获“2012年世界级全球卓越绩效奖”和“追求卓越奖”，唐晓芬会长获澳大利亚质量奖章。

六、不断加强自身建设，努力构建和谐的质量组织

1．以建党纪念日活动为契机，开展系列活动。举行市质协、上海质科院纪念建党91周年暨创先争优活动总结表彰大会，总结部署党建重点工作，表彰协会、研究院创先争优“先进党支部”和“优秀共产党员”。同时，领导成员集体到中共一大会址参观学习。还组织开展“红色之旅——湖南韶山行”活动，学习老一辈无产阶级革命家无私奉献的精神，感悟今天幸福生活的来之不易，感悟我们组织发展的来之不易。并赶赴帮困结对对象崇明县横沙乡开展帮困结对访问活动；组织质量志愿者活动，深入开展燃气使用安全知识、食品油知识的民生质量讲座与现场咨询服务，组织劳模参观信谊制药厂等活动，受到社区居民的好评。

2．组织召开“老质量工作者座谈会”。饮水思源、感恩既往，为进一步履行“三服务”的宗旨，努力为服务上海经济和社会发展发挥质量推进作用，在传统的中秋佳节来临之际，组织召开“老质量工作者座谈会”。市质协名誉会长蒋以任、任文燕，在沪的历任理事会会长，以及副会长、老专家等出席会议。蒋以任名誉会长在讲话中赞扬协会在发展过程体现了“激情、团结、创新、求实”的特点，并希望进一步加强自身建设，围绕上海“创新驱动、转型发展”工作主线，做好质量推进工作。座谈会上，市质协还用图片形式，生动回顾了市质协发展历程，受到与会者的赞誉。

（刘恒冉）

上海市节能协会

上海市节能协会成立于1985年3月21日，是使用能源、生产能源和生产用（节）能产品的企业单位，能源管理、科研、设计、教育、信息等事业单位，社区管理单位及有志于节能事业的个人自愿组成的全市节能行业专业类非营利性的社会团体法人。下设分布式供能专业委员会、合同能源管理专业委员会、制冷冷冻节能专业委员会、汽车工业工作委员会、化工行业工作委员会、纺织行业工作委员会、电气行业工作委员会嘉定区联络站、崇明县联络站等9个分支机构。现有团体会员794户。

2012年主要工作情况：

一、发挥优势，落实举措，推进节能减排工作取得新成效

1．以推动全民节能为重心，创新举办节能宣传周开幕式活动。在上海市节能宣传周活动中，开拓思路，紧扣“节能低碳，绿色发展”主题，努力开拓面向全民的节能活动宣传形式，承办开幕式中市民家庭、JJ小组及机关节能明星倡议朗诵、浦东东方小学自创的以节能减排为主题的打击乐节目，以及“节能超市”、青少年节能创意优秀作品创作、青少年百米画卷“我心中的绿色上海”绘画创作、节能宣传周宣传画制作、“华谊杯”节能知识竞赛、《政策汇编》等10余个项目，参与人数达数万人，气氛浓、影响大，营造了浓郁的节能氛围，为使上海节能宣传周成为全民节能宣传周迈出了大步。期间，韩正市长在青少年百米画卷“我心中的绿色上海”绘画上题词——“全体市民共同参与，节能减排实现绿色发展”，充分肯定了本次活动的全民参与性。在开展宣传周开幕式活动中，协会积极取得上级领导的指导、关心和支持，认真领会精神，根据各个阶段的工作重点，力求做到有所创新、有序推进、有所提高，力求做到准确定位、主动入位、调整到位，集合各方力量共同推动项目不断深化和完善，实现了开幕式活动精彩纷呈的预期目标。

2．加大力度，推进“上海市节能产品”评审、推介工作。积极参与市中小企业资质竞标，并取得成功，加入政府采购项目供应商行列。同时，参加“2011年节能产品推荐和推广”的政府采购招标项目，取得了成功。开展节能产品评审，上半年有15个产品通过市节能产品评委会的评审，获得“上海市节能产品”称号，实现2011年度完成80个节能产品评审的目标。下半年，组织专家对报送产品进行评审，经对申报产品的节能量等具体数据进行分析鉴定，最终通过包括空气压缩机、液力耦合器、电梯等产品在内的11个产品，成为“上海市节能产品”。同时，《2011年度上海市节能产品汇编》手册也于6月节能宣传周期间正式出版、发放，受到广大企业的欢迎。召开“上海国际节能技术和产品交流推介会”，邀请空调、建筑、变压器、照明、电机等方面的专家详细介绍各自领域中节能产品的优势、性能、先进理念以及实际的节能效果案例等。联手市质量监督检验技术研究院举办“行业质量服务行”活动，组织60余户会员单位实地参观市质量监督检验技术研究院的机电、电光源等实验室，并对产品质量检测以及产品认证、节能减排相关政策进行广泛交流。

3．开展课题研究，为政府决策和企业发展提供可靠依据。(1) 开展上海市重点用能单位节能管理办法研究，课题对本市各领域重点用能单位节能减排管理工作以及监督管理体系现状进行调研，对上海市重点用能单位节能管理办法进行研究，对现行法律法规、重点用能单位各项管理措施和政策进一步梳理，在此基础上分析重点用能单位节能管理中存在的问题和障碍，提出若干有效的管理措施和政策建议，为加强重点单位节能管理奠定了理论基础。(2) 制定《上海市发电机组煤（气）耗检测论证管理办法》，受市发改委委托，与市节能减排中心联合承担课题研究工作，先后3次下各电厂调研，举行12次研讨会，对正确计算供电煤耗，加强大机组煤（气）耗检测论证提出建议。(3) 开展燃气分布式供能扶持政策研究，受市发改委能源处委托，分布式供能课题组于上年开始新一轮分布式供能政策研究，并于7月结题。此轮研究综合上海分布式供能政策发展轨迹，比较国外分布式供能发展政策设计，提出设计新一轮优惠政策的建议，研究成果在全国处于领先地位。(4) 开展薄膜太阳能电池关键生产设备知识产权评议，受市发改委、市知识产权局委托，根据薄膜太阳能电池生产设备市场情况，对专利文献等信息进行收集、分析和评议，说明产品市场正在高速发展，市场潜能非常巨大，要抓住契机大力发展横垮高端装备制造、新材料、新能源、节能环保四大领域的这一新兴产业。(5) 制定《上海市工业企业能效对标管理导则》，受市能标委委托，开展课题研究编制工作，课题组在总结前几年与节能监察中心共同开展企业、行业对标工作经验基础上，撰写完成《上海市工业企业能效对标管理导则》，市质量技术监督局将择日发布，该《导则》为上海工业企业深入开展对标管理创造了条件。(6) 配合《上海市推进节能环保产业发展行动方案》(2012–2015) 开展调研，组织课题组参观考察调研上海三菱电梯有限公司、上海置信电器股份有限公司等会员单位，详细了解这些龙头骨干企业的生产规模、技术优势、市场前景等，为制定行动方案积累了第一手资料。同时，多次召开内部专题会议，分析上海市节能制造产业的现状和发展方向，并结合产业结构调整，从节能产品中筛选一批市场前景好、节能效果显著的本地产品，推荐作为今后上海在节能制造产业中的重点支持发展的节能产品。

4．积极参与淘汰落后产能工作，取得阶段性成果。在市经信委节能与综合利用处的指导下，全面了解全市高能耗变压器节能改造开展情况，摸清存在问题症结所在，提出解决问题的有效措施。积极推动上海市电力公司开展高能耗变压器淘汰工作，取得阶段性成果。受市经信委结构调整推进处委托并在其指导下完成《上海淘汰劣势产业导向目录》汇总编制工作，该导向目录作为《上海市劣势产业调整“十二五”规划》的附件已正式颁布。

5．进一步增强节能论坛指导性和借鉴性。与市经团联、市城乡建交委、市资源综合利用协会等联合举办“2012年上海节能论坛”，围绕“能源的控制管理”主题，在绿色、低碳、资源节约、环境友好、走可持续发展等方面作深层次的诠释，为推动上述各项工作发挥了积极作用。举办中日分布式供能国际论坛，提示在国际能源供应日趋紧张、温室气体减排压力日益增长的今天，分布式供能作为节能减排的载体，具有良好的发展前景；政府扶持政策对分布式供能发展形成良性循环是一个重要因素，对推动上海市分布式供能系统发展有重要启示作用。组织部分会员单位参加BP世界能源统计发布会暨上海能源论坛，获取最新的世界能源统计数据和信息，了解整个能源新兴产业的价值链和应对能源安全和环境问题的各项举措。

6．出色完成全国及上海市节能减排先进材料审阅汇总工作。年内受市相关部门委托，承接了全国和上海市节能减排先进集体、个人材料的汇总审阅工作，先后完成35份（全国）和360份（上海市）节能减排先进集体和个人材料的受理、审阅、修改、汇总工作。

7．不断进取，“上海节能”、“节能降耗动态”与协会网站质量有新提高。紧紧围绕节能减排工作的热点、难点，重点组织文章，开辟专栏，先后开设分布式供能、合同能源管理融资服务、节能灯辐射问题、楼宇节能、工业锅炉节能、上海节能宣传周、燃煤锅炉节能技改、天然气供应、节能产品等专栏，以及“燃气分布式供能项目扶持政策研究”专辑。专栏切合实际，针对性强且有一定深度，受到读者欢迎。加大节能技术、节能产品宣传力度，加强节能技术 \ 节能产品的组稿，力争及时反映企业成功开发的节能新技术、新产品，全年共介绍50余项节能新技术、新产品，读者反映较好，为推广节能新技术、新产品作出积极贡献。加强区县宣传，丰富报道内容。杂志设“节能标兵”专栏，加强对区县节能先进人物的宣传，开设区县节能画廊，以图片形式反映区县缤纷多彩的节能工作，受到了区县的欢迎，杂志缩短了与区县的距离，加强了可读性与生动性。“动态”基本做到专栏规范，内容以反映区县、企业工作为主，同时兼顾国家政策、兄弟省市经验、国外先进节能成果，内容较丰富，有一定广度。网站点击率有较大提高。

8．切实抓好培训，为提高节能水平创造条件。年内采取集中与分散相结合方式开展培训工作，先后举行培训班9次。其中，集中培训5次，深入企业进行培训4次，共培训730人次。培训内容包括宣讲、解读国家颁布的有关低碳节能新法规、新标准；推广应用节能新技术、新产品；介绍合同能源管理模式等。

9．举办“上海节能沙龙”活动，帮助了解政府各项政策。相继举办4期沙龙活动，着力宣传当前节能减排形势和政府相关政策。其中以“辅导节能企业争取政府扶持发展资金”为主题的沙龙活动详细介绍了国家一系列有关节能扶持政策、企业争取国家政策必须具备的条件、受惠于国家政策迅速发展壮大的企业案例等，帮助与会企业提高对国家扶持政策的认知度以及了解和争取国家政策对发展节能产业的重要性，为企业进一步开展节能减排工作创作条件；以“节能产品评审介绍”为主题的沙龙活动，详细解读《节能产品评审章程》，以及如何撰写“上海市节能产品”介绍的相关要求，指导“上海市节能产品”通过《上海节能》杂志平台有效展示产品的资质、性能、使用效果以及覆盖率等要素。

10．开展对外交流，实现优势互补。十分重视与国外企业的交流与合作，先后接待日本三菱重工业株式会社、三菱商事（上海）有限公司和美国公司，双方就实施分布式供能、节能低碳领域中共同关注的问题及感兴趣的合作领域进行沟通和交流，有助于拓展视野，学习国外先进技术与经验，实现优势互补、互惠互利、合作共赢。

二、加强协会自身建设，促进协会健康发展

1．按期召开会员代表大会、理事会及理事长会议。按照章程召开2011年度会员代表大会和每季度的理事长会议，审议通过协会工作报告、财务报告，并根据工作情况，先后通过了《增选理事、常务理事和副理事长的报告》、《关于增加注册资金的决议》、《上海市节能协会第七届理事会换届工作设想》。

2．有序推进协会换届工作。有条不紊开展换届工作，完成节能服务产业专委会、分布式供能等二级机构换届工作；完成《上海市节能协会章程》、《上海市节能协会章程修改说明》、《换届工作报告》等文件资料；形成100余户理事长单位名单，为换届工作顺利开展奠定基础。

3．基本完成专家委员会筹备工作。着手建立专家委员会，上半年基本完成《专家委员会工作条例》和《专家委员会名单》等筹备工作，4季度成立专家委员会并开展工作。

4．圆满完成协会增资工作和财务审计。为承接政府项目等需要，根据自有资金情况着手协会注册增资工作。9月，完成注册资金由5万元增资到200万元，本次增资破解了协会发展的瓶颈问题，增强了参与项目竞争的能力，确保了协会的稳定发展。同时，2011年度财务审计、2012年度财务审计、第七届换届审计，以及“节能降耗动态”编辑及《上海节能》杂志支持经费项目的财务审计工作也先后完成。

5．会员单位发展态势良好。全年共发展会员单位36户，目前会员单位已达到794户。

（毛雄飞）

上海市包装技术协会

上海市包装技术协会成立于1978年10月28日，为上海市包装行业企事业单位与科技工作者自愿组成的非营利性的社会团体法人。现有团体会员400余户。下设纸容器包装委员会、塑料制品委员会、包装印刷委员会、木制品包装委员会、绿色包装委员会、包装设计委员会、金属容器委员会、包装机械委员会、包装标准委员会、包装工程师分会等10个专业委员会。

2012年主要工作：

一、加强服务力度，提高包装行业水平

作为2012年北京国际包装博览会联合主办单位，为展示上海包装行业的整体形象，积极组织企业参展。

开展第三届“上海包装50强企业”评选活动，推出一批品牌企业，树立排头兵形象，并从中选送优秀企业参加中国包装100强企业评选，有29户企业列入2011年度中国包装百强或入选年度中国包装相关行业排名榜。

联合主办“第五届中国国际纸包装工业瓦楞彩盒包装展”，展会期间，与上海华凝文化传媒有限公司联办“2012长三角地区食品、药品、电子产品包装用户采购洽谈交流会”和“中国医药电子监管码应用研究会”。还与SGS共同举办“全球包装绿色要求与企业应对方案”论坛，邀请相关行业专业人员，针对食品、药品、电子产品包装要求和绿色包装的发展进行互动。

加强与专委会联动，与纸委会、木委会共同搭建“行业集中采购服务平台”。纸委会在银行支持下，通过采购平台，发挥集中采购的规模效应优势，帮助会员企业解决融资难、采购成本高等困难，增强为企业服务能力。木委会也已搭建了采购平台和融资平台。

受上海新闻出版局委托，在上海国际包装印刷周活动中，由协会组织包装生产企业与终端用户进行面对面的交流、洽谈、研讨。会后，上下游企业还进一步进行洽谈，活动达到预期效果。

积极推荐包装企业申请“上海市著名商标”。受市工商局委托对8户包装企业进行审核。协会深入企业现场开展调查，结合掌握的行业数据，认真填写协会推荐意见。

二、鼓励企业自主创新，推动行业技术进步

按照国家财政部和中国包装联合会对2012年包装行业

高新技术研发项目申报的要求，受市财政局委托，认真做好行业高新技术研发资金项目申报工作。年内共有6户企业获国家财政资金支持，另对3个已竣工项目做好验收工作。

召开“包装行业高新技术研发研讨会”，特邀请中国包装联合会高新技术项目负责人对包装行业高新技术研发资金项目工作进行辅导，并邀请市经信委有关部门领导对市政府中小企业技术项目的有关政策进行宣讲。会议对2005–2012年上海地区行业高新技术研发资金项目情况进行了总结。

进一步推动行业产学研合作，召开“包装行业产学研发展研讨会”，有关企业与高校进行经验交流和探讨，并评出6户企业、5所高校为“上海包装行业产学研合作先进单位”。

为推动包装设计创意活动，与济丰包装（上海）有限公司联合主办第二届“济丰杯校园包装创意设计大赛”，共有10余所高校参与，收到参赛作品100余份，大赛为企业及设计院校师生提供了评比、交流、学习的平台。

三、倡导绿色包装，推动行业可持续发展

3次参加市人大召开的限制商品过度包装立法调研座谈会。召开行业专家座谈会，对《上海市商品包装物减量若干规定》（草案）听取意见，归纳向市人大法工委提出行业修改意见。

继续开展上海市优秀绿色包装评选工作，大力宣传推广应用优秀绿色包装产品，对绿色包装产品积极推介倡导。

四、加强国内外包装同行的交流

组团参观德国德鲁巴国际印刷及纸业展览会、芝加哥2012年美国国际包装机械博览会、韩国国际包装展、东京国际包装展，派员参加在韩国首尔举行的十三届APD预备会议。积极筹备2013年主办的十三届APD大会前期准备工作；组团29人赴台湾地区进行包装专业考察交流活动；派员参加华东6省1市包装协会主办、福建省包协承办的“第十一届华东大奖创意设计大赛”筹备会议。

五、加强协会自身建设，认真做好服务工作

召开八届二次理事会，总结2011年工作，部署2012年工作任务，对纸容器包装、木制品包装、塑料包装委员会进行表彰，并通过增补调整常务理事和理事的议案。

充分发挥副会长单位作用，加强与联络员的联系和沟通，增强合作，做好服务工作。各专业委员会积极服务企业，开展各项活动。纸包装委员会召开“上海市纸包装用纸集中采购平台运行2周年工作交流会”，并举办“上海市纸包装行业企业家新春座谈会”。木制品包装委员会召开“木制品包装原材料集中采购暨融资研讨会”、“木包装行业创新发展”研讨会。塑料包装委员会召开“上海包装袋生产企业联谊会会议”，并成立上海软包装生产企业联合中心。绿色包装委员会召开年会和绿色包装论坛，继续开展本市优秀绿色包装的评选工作。

继续做好信息服务工作，重点做好每年6期《上海包装》杂志和6期《纸包装工业》、2期《油墨》增刊以及每月1期《上海包装》信息报的出版工作。一些专委会坚持办好简报，木制品包装委员会正建设“上海市木包装”网站。

一批来自于包装使用者和包装材料生产企业的上海地区包装工作者，自发组成了包装之家，并望参加协会，提出入会申请。协会正筹备成立快速消费品包装委员会，拟纳入这批新生力量。

做好党建工作，发挥协会党的工作小组和党支部重要作用。9月25日，召开理事会党的工作小组会议。加强党支部组织建设，开展党员教育。4月10日，组织全体党员参观“上海孙中山故居纪念馆”和“中国共产党代表团驻沪办事处纪念馆”，进行革命传统教育。

（舒仁厚）

上海市环境保护工业行业协会

上海市环境保护工业行业协会成立于1992年11月，是由上海地区从事环保工程设计、环保装备、仪器仪表、环保药剂和新材料的开发、研制、生产、环保教学和环保运行技术服务等设计院所、高等院校和企事业单位自愿组建的跨部门、跨所有制的非营利性具有法人资格的社会团体。现有会员企业216户。

2012年主要工作：

一、深入开展环保装备产业的专项项目调研，认真做好环保重点项目申报工作

为配合市节能环保战略性新兴产业2012–2015年行动方案落实环保装备的调研工作有序进行，积极开展对重点企业的调研，并确立了重点项目的申报。项目涉及大气污染治理，水污染治理，噪声环境检测，新材料等环保装备重点领域近20多户会员单位，包括（UAES）联合汽车电子有限公司、康宁（上海）有限公司、巴斯夫催化剂（上海）有限公司、上汽集团公司、上海天纳克排气系统有限公司、上海申华声学装备有限公司、上海尚泰环保配件有限公司、上海凌桥环保设备厂有限公司、上海衡伟信息技术有限公司等。在调研、汇总、整理的基础上，向市经信委节能环保产业推进组上报了上海市节能环保产业重点推进项目。

二、积极参加 2012 上海市节能环保宣传周活动

在节能宣传周和 6 · 5 世界环境日活动中，组织会员单位上海凌桥环保设备厂有限公司通过现场展示“聚四氟乙烯覆膜滤料（PTFE）”对工业 PM2.5 进行有效防控的科普推广，受到市领导、媒体和群众的关注与好评，上海电视台作现场采访并于当天新闻综合频道中播出，反响热烈。6 月 3 日与 6 月 9 日，还针对 PM2.5 防治分别举办“环保节能，室内空气污染防控”科普宣传活动和《家用可移动空气净化器》、《空气净化器 PM2.5 净化性能评价方法》标准研讨会。随着国家新空气质量标准的颁布执行，改善室内环境质量，提高居住舒适度，普及节能降耗及改善空气质量与居住环境的知识内涵和认知度，对 PM2.5 的治理技术装备的推进具有广泛而深远的意义。

三、组织上报 2012 年上海领军人才选拔工作

根据市委、市人社局《关于开展 2012 年上海领军人才选拔工作的通知》要求，市经信委节能与综合利用处传达相关文件精神，为加快推进节能环保产业重点领域人才队伍的建设，协会在会员企业中开展动员宣贯工作。经筛选选定“上海申华声学装备有限公司”张明发同志和“上海尚泰环保配件有限公司”朱德生同志为 2012 年上海领军人才选拔工作协会推荐人选并上报。

四、继续开展国际环保科技交流

年内先后与北欧联盟、美国以及我国台湾和香港等地区的环保组织举办交流会 15 次，参加企业近百家，出席人员约 500 人次。

五、致力行业服务工作，提升协会凝聚力

1．开拓中小企业融资渠道，开展银企对话。在加强与本市环保龙头骨干企业联系的同时，组织会员单位中优秀中小型环保企业，并邀请银行同业工会领导、浦发银行行长、农商银行行长，为会员企业作“中小企业融资报告会”，以此提高中小企业融资意识和了解融资方法。

2．开展环境宣传公益活动，建设环保科普宣贯平台。6–12 月，组织开展 2012 年 500 户室内 PM2.5 防治公益捐助活动及举办室内空气环境污染科普讲座。以关注环保、保障民生为宗旨，社会公益为目标，秉承以人为本、关爱生命的情怀，做好相关科普宣传，免费发放科普知识《室内空气污染防控手册》，调动市民对环境保护的参与度和关切度。

六、精心组织支持会展，搭建企业展示平台

1．组织并支持 2012 第十三届中国环博会顺利召开。3 月 7–9 日，协会参与组织并支持的 2012 第十三届中国环博会在上海新国际博览中心隆重举办。展会吸引了德、法、英、美、日、加及港台等十几个国家和地区参展，内容包括垃圾处理和资源利用、水和污水处理、节能技术等八大领域，来自全球 70 多个国家和地区的 22000 多名专业观众与会参观。“环博会”已成为协会会员单位与国际交流互动的重要平台。

2．组织并参与 2012 第十四届中国国际工业博览会。11 月 6–10 日，协会组织参与的第十四届工博会在上海新国际博览中心举办。其中环保技术与设备展（EPTES）为期 5 天，会员单位中水处理领域企业积极参与了本次展会并展示了国际先进、国内领先的中水和上水处理技术。期间，与室内空气净化行业协会共同承办针对大气治理的“2012 厂房室内烟尘污染防治技术与设备国际论坛”，赵国通名誉会长与会并发言。工博会期间中央电视台、上海电视台、《解放日报》、《文汇报》、东方网等 30 余家国内主流媒体对展会进行了详尽报道。

七、协会结构调整发展，会员企业逐步增加

1．成立空气净化设备专业委员会。为更好地培育和发展环保装备产业，推动空气质量持续改善，协会空气净化设备专业委员会经市经信委批复，由市民政局批准，于 1 月 29 日正式成立。专委会立足上海面向全国，由我国从事空气净化设备（器）生产、流通、检测、科研和学术单位及行业专家自愿组成，主要从事行业内政策宣传、标准制定、科研、技术交流、培训、技术咨询服务，为政府、行业、企业、民众提供专业服务和交流的平台。

2．探索行业联盟，成立“空气净化器行业联盟”。以先进的产品检测能力为保障，打造高标准、高水平、高技术的检测、评估和科研综合性服务平台，由行业骨干企业为主体、专业权威检测部门为支撑成立“空气净化器行业联盟”。“联盟”的成立不仅成功实现了民用空气净化器产品消费者、生产服务商以及其他利益方之间的最佳平衡，也为我国民用空气净化器行业的健康有序发展提供了坚实的基础保障和支撑平台。

（周树鹃）

上海市室内环境净化行业协会

上海市室内环境净化行业协会成立于2006年8月。是由从事洁净和净化的研发、生产、销售、检测、咨询、洁净工程、污染治理服务及其他相关的企业自愿组成的非营利性社会团体法人。

2012年主要工作：

一、积极参与产业及区域经济发展，规范行业、发展产业

1．在2010年版修订的《室内环境净化治理企业服务资质等级认定暂行办法》基础上，根据市场需求再次修订新的《办法》。在执行新办法的基础上获得室内环境治理服务等级资质的企业新增14户。

2．协助建委筹备上海市洁净工程施工专业分包等级地方资质。在市建筑业管理办公室的指导和支持下，持续开展施工能力评定工作。已获能力评定的企业为19户。为促进洁净行业健康高效发展，协会大力宣传推进洁净能力评定工作，6月27日，在第十二届世界制药原料中国展现场第一次组织召开“洁净行业面对面”交流会，邀请建委领导、工程公司、设备公司、招投标公司、监理公司、洁净室用户、相关国际国内人士等共同参会，为行业的发展献谋划策。12月14日，在上药集团信谊药厂第二次组织召开洁净行业面对面——新版GMP主题交流活动，旨在更好地与药厂进行交流互动，并就上海目前洁净能力评定的情况及建委对推进上海洁净工程施工地方资质新的想法和意见作了重点介绍。12月11日，在市建筑业管理办公室召开关于在上海市设立洁净工程施工分包地方资质的会议，决定由协会负责草拟《上海市洁净工程施工专业分包等级资质标准》草稿，并负责对其中条款如工程业绩考核、承包范围、技术人员匹配、首次认定方案、标准执行流程等具体工作组织调研和草拟。

3．市经信委支持协会作行业调研，并纳入2012年政府购买服务项目。因政府部门尚没有有关洁净产业现状、洁净企业市场分布、洁净对高新产业的支撑和影响、洁净产业发展的优势与制约因素等相关信息和资料，特向市经信委提出《上海洁净产业现状及对高新产业技术支撑的研究》的课题申请，获得批准并纳入2012年政府购买服务项目。

4．继续开展诚信企业创建活动。为了更进一步体现行业诚信，连续6年参加市“讲文明、树新风、建诚信”活动组委会开展的上海市诚信企业创建活动，并在协会秘书处设立“诚信企业创建办公室”。共评选出诚信创建企业13户。

5．为促进行业技术进步、改进产品质量，联合有关企业，在行业联盟标准工作方面作了大胆探索，积极编制行业联盟标准，协助企业编制企业标准，参加国家标准制定。共编制6个行业联盟标准，2个企业标准，参加《洁净室服装通用技术规范》的审定工作。

6．依托上海市研发公共服务平台管理中心，为企业提供产学研服务。多次帮助企业与各大院校及研发公共服务平台对接，协助企业设立研发中心及院士工作站，促进企业技术发展。

7．颁布社会责任管理办法。制定《上海市室内环境净化行业协会履行社会责任先锋企业评选办法（试行)》，年内评出3户社会责任先锋企业。

二、服务企业，大力开展行业交流、会展会务、专业培训等特色服务

1．全年组织免费技术交流活动12次，为企业寻找商机、搭建平台做好服务。

2．走访企业45次，包括多户会员及非会员。协会十分重视企业的发展状况，着力为企业解难事、办实事、做好事，做好政府与企业的纽带，以高效、便民、热情的标准，赢得会员的大力支持。

3．加大专业培训力度，为行业输送专业人才。全年举办室内环境治理员中级班4期，共培训学员166人次；室内环境治理员高级班1期，培训学员9人次；工业洁净中级培训班3期，共培训学员90人次。

4．主办，协办及参与相关专业技术论坛、研讨会、展览会共24次。其中，协会主办的行业内专业展览会、论坛共8次，组织的上下游行业参展、参观计16次。特别是协会首办的全国室内环境净化行业协会主席联席会议，邀请全国及港澳台相关7家协（学）会，共议做大做强，通过整合各地协会资源优势，互相合作，相互学习发展模式和交流运作经验，在业内具有积极影响。

5．为会员企业免费推荐业务项目58次，包括治理、检测、除臭除虫、净化剂及净化材料、空气净化器、洁净室施工工程、公共商务楼空气净化系统、新风系统、代理推荐等各类项目。

6．为解决中小企业资金难题，通过市金融服务业联合会、市中小企业金融办公室，经其推介，安排相关银行与我会中小企业对接，已促成1户企业与银行资金对接，另有多户企业尚在洽谈中。通过为企业提供各项服务，年内新发展会员企业45户。

三、协会内部自身建设

积极参加民政部的行业协会评优工作，依照《社会组织评估管理办法》，经市社团局及社会组织规范化建设评估委员会综合评审，协会被评为4A级社会组织。

每月新增电子快讯，将每月的活动重点及未来3个月的最新信息发至会员企业。办好1报1刊，《洁净室》会刊，每期刊发6500份，大量刊登会员单位技术方面文章，将会员向市场推荐；《绿报》作为双月刊，如期出版6期。

党建方面，党支部安排系统地学习十八大文件精神和亮点。年内2名同志转为正式党员，1名同志转为中共预备党员，1名同志参加入党积极份子高级培训班，还有1名同志在入党考察过程中。

（陈 玲）

上海市机电设备招标投标协会

上海市机电设备招标投标协会成立于2004年8月，是由从事机电设备招标代理业务的机构和与招标投标活动相关的机电设备制造企业及供应商、咨询单位、设计研究机构、高等院校等自愿组成的非营利的社团法人组织，现有会员单位41户。

2012年主要工作：

一、宣传贯彻《招标投标法实施条例》

2月1日，正式实施国家《招标投标法实施条例》，协会以学习和贯彻落实《条例》精神为主线，开展《条例》宣传学习研讨工作。3月和8月，与市机电设备招投标办公室联合举办《条例》讲座，对会员和其他企业约70多个单位300多名人员进行《条例》解读，引领行业广泛宣传《条例》，落实国务院《关于做好招标投标法实施条例贯彻实施工作意见的通知》的精神。12月，与市机电设备招投标办公室联合举办“贯彻落实《条例》工作研讨会”，与20多户单位共同交流工作体会、研讨法规的理解和执行，促进提高理解能力；修订和完善相关企业制度；促进采购管理更加全面、更加规范。

二、完成第二届理事会换届工作

6月，协会第二届理事会任期届满，在上级部门悉心指导和广大会员积极支持下，按期召开第三届会员大会暨三届一次理事会，选举产生并通过新一届理事会成员，圆满完成各项议程。年内新发展东方有线网络有限公司、上海经威投资管理咨询有限公司、上海百通项目管理咨询有限公司、上海昶嘉工业设备有限公司等为会员单位。

三、开展全国招标师考前培训辅导工作

克服生源少、学员基础差的困难，经广大会员的支持和帮助，共有27名学员参加了今年的招标师考前培训。

四、开展市设备赛区先进评选推荐工作

在市经信委、市重点工程实事立功竞赛设备赛区办公室支持和指导下，继续开展市重点工程实事立功竞赛设备赛区先进评选推荐工作，向设备赛区办推荐并上报东方有线网络有限公司为优秀企业、上海国际招标有限公司迪斯尼乐园设备招标现场服务组为优秀现场服务组、上海通信招标有限公司业务部为优秀集体、上海百通项目管理咨询有限公司王晋和上海翔波工程咨询有限公司薛雁同志为优秀建设者等事迹材料。2013年3月，设备赛区办将分别授予上述单位相应奖项。

五、加强自身建设，深化会员服务

不断提升秘书处创新能力、工作能力、服务能力，更好地为会员服务。一是强化专业培训，提升专业能力，指派协会2名财务人员参加市社团局财务管理人员岗位培训，完成全部课程培训和会计上岗继续教育；组织秘书处人员参加国家有关部门举办的《招标投标法实施条例》讲座培训，加强理解《条例》精神。二是充实青年同志到秘书处工作，增强协会活力，为工作创新、深化服务奠定基础。三是坚持出版《机电设备招投标通讯》，增加招标实务、案例分析等新内容，贴近广大会员需求。四是不断充实和完善协会网站，及时发布招标机构的公开招标信息，为全社会提供信息服务。至2013年3月，网站访问量达17682人次，同比增加13212人次；总流量55829次，同比增加51359次。

（董红生）

上海市设备管理协会

上海市设备管理协会成立于1986年5月，具有独立的社团法人地位，现有会员单位1021户，下辖仪电、化工、医药、纺织、轻工、宝钢、船舶、电气、维修、调剂、状态监测和金山等12个行业工作委员会或代表处。

2012年主要工作：

一、围绕市经信委的中心工作，做好服务政府和行业的工作

1．以“加快发展生产性服务业”为工作重点，加强与市经信委有关业务处室的沟通，为在本市专业维修行业中开展国民经济统计做好基础性的工作。

2．积极参与本市产业结构调整有关行业和产品目录制定，为市经信委以及有关部门提供有效数据，推进本市设备工程与管理的创新发展。

3．按照市经信委要求，9月起，协会所承担的全市工业进出口运行情况分析工作，在原有数据客观分析基础上，增加对当月进出口形势、进出口变动原因的分析评判，得到市经信委领导的认可，为本市经济增长、加快结构调整提供更好的服务。

二、开展设备工程与管理的交流研讨和学习考察活动

1．2月21日，在上海新锦江大酒店召开“设备信息化管理的深化与拓展”交流研讨会，通过交流研讨，对加快推进本市设备信息化管理的建设与深化拓展起到促进作用。

2．6月21日，在上海电气电站设备有限公司上海发电机厂召开“优化维护运营，促进创新发展——设备管理创新发展经验交流研讨会”，对近年来本市企业在推行绿色维修、以FMEA为手段开展设备防差错管理、推进机器人规模化应用、“均衡修”维修模式和策略的创新、基于风险评估的设备检验技术（RBI）等现代化管理方法的应用进行交流研讨，通过拓展创新视野，持续提升本市设备管理的整体水平。

3．11月23–24日，在浙江湖州召开设备管理经验交流暨2012年宣传工作会议，与会代表交流1年来在设备维修与管理工作中的经验，就当前企业设备管理工作中存在问题进行探讨，并对2013年宣传工作重点进行研讨。

三、规范和持续推进本市设备维修市场建设

9月20日，在上海科学会堂召开维修行业三届二次会议。会议听取并通过维修行业工作委员会三届一次会议以来工作情况报告，审议并表决通过有关增补维修行业工作委员会副主任委员的提议，通过关于《上海市设备维修企业资质等级认证管理办法》和《上海市设备维修企业安全生产合格认证管理办法》修改说明的报告。同时，为保证评审工作公正性，增加工作透明度，自10月8日起，对维修资质和安全认证初审合格的企业，实施事前网上公示制度。

全年共完成维修企业资质认证年审315户，复审119户，初审52户；全年对117名设备维修安装企业的安全生产分管领导和专职安全干部开展了安全生产的教育培训，有129户企业经第三方安全机构的审核获得“安全生产合格证”，18户企业通过安全生产合格证复审。

四、加强与兄弟省市设备管理协会的交流合作

1．9月5–8日，组织部分会员单位赴吉林省学习考察，在中石油吉林石化公司会议中心召开“吉沪企业设备维修与管理经验交流座谈会”，会上沪吉两地企业代表就设备技术改造、安全管理、维修外包项目的管控等议题进行广泛交流探讨，并实地考察吉林石化炼油厂中心控制中心等生产现场。

2．11月8日，天津市设备管理协会来沪就当期经济形势下如何开展地方省市设协的工作进行交流，协会领导和有关部门与天津设协领导进行工作交流，双方交流各自协会开展工作的概况，就如何依靠地方政府，发挥自身社团组织作用，建设和完善为会员单位服务的信息平台，努力为政府部门服务、为会员企业服务，使协会工作走向社会化、市场化、专业化等交流各自做法，形成诸多共识，并就“十二五”期间进一步开展省市间设协的合作与交流进行探讨。

五、发挥协会优势，积极为企业提供咨询、培训等服务

1．在做好设备资产评估基础上，探索和实践设备技术鉴定新领域，并与铁路等行业建立设备技术鉴定的长期合作伙伴关系。完成评估项目83项，评估设备1582台（套），评估设备原值1.35亿元，评估净值2742.3万元，完成设备技术鉴定项目12项，鉴定设备36台（套）。

2．根据企业需求，组织举办各类设备管理专业岗位培训和专题培训，共举办4期注册设备维修工程师培训班，培训人员236人；与有关单位合作举办两期设备状态监测培训班，培训人员34人。此外，联合闵行区中小企业协会举办“设备管理岗位资格证书”培训班，为提高区内民营和外资企业的设备管理水平提供基础支持；还与河南省洛阳市设备维修学会合作，联合举办“设备润滑技术应用”培训班，由协会的润滑专家前往授课，受到洛阳中信重工、空空导弹研究院、中国南车洛阳机车、洛阳玻璃等重点骨干企业设备管理领导和专业人员的欢迎。

（夏仁海）

上海市新材料协会

上海市新材料协会成立于2000年12月，是上海市从事新材料工作的企业、高等院校、科研院所自愿组成的跨部门、跨所有制的非营利的行业性社会团体法人。现有会员单位304户，下设产业部、信息部、专家工作部和办公室，并成立有粉末冶金分会、硬面技术分会、青浦产业基地分会和无机新材料、降解材料、改性塑料专业委员会及标准化技术委员会。

2012年主要工作：

一、当好政府参谋助手，积极对接重点工程项目

为加快实现新材料向高端领域转化，多次召开专家咨询研讨会，走访重点企业，协助市经信委起草推进功能性新材料项目方案，并针对战略性新兴产业需求和上海新材料界优势，组织对接和申报国家工信部和上海市新材料重点工程项目。协会围绕“十二五”期间推进新兴产业发展的战略目标，结合上海的发展实际，在产业发展规划、产业基地运行和重大项目落地等方面开展大量调研工作，年内编制完成《上海新材料产业基地发展现状及运行机制研究》报告、第三版《上海新材料产品指导目录》、《2011年上海市新材料产业发展报告》，并组织专家参与完成《上海半导体材料产业发展研究报告》；还向市科委上报了12项军民两用项目，以供政府部门在制定产业发展方向、有关支持政策等方面提供决策参考。

二、塑造论坛品牌，推进产业持续健康发展

6月13–14日，与泛长三角产业联盟、上海华谊（集团）、上海建工集团、同济大学、东华大学、青浦区科委等单位在上海图书馆联合主办“2012中国（上海）国际新材料产业发展论坛暨泛长三角新材料成果展示会”。市工经联蒋以任会长、工信部原材料司高云虎副司长、市经信委周敏浩副主任分别在会上致辞和讲话。会议邀请20多位国内外知名新材料专家、教授，围绕“产业集聚、优势互补、联动发展、合作共赢”的主题，分别对“功能材料、特种纤维及复合技术、绿色建材及应用技术”等专题作精彩演讲，受到200余名与会代表一致好评。

9月，积极组织会员参与第二届国家新材料产业博览会，上海展区50个展位共有48户企业（包括研究所和园区等单位）参展，其中会员单位有24户，新博会组委会对上海参展工作表示肯定，本会获得了国家工信部颁发的“先进单位奖”荣誉称号。

11月7–8日，为推动汽车轻量化的发展进程，在上海国际工业设计中心参与承办2012上海工博会系列活动之一的“中国国际汽车复合材料产业高峰论坛”，国内外嘉宾约240人出席。

12月7日，与上海华谊（集团）共同组织“第二届新材料企业家与高校材料学院院长高峰论坛”活动。50多位企业家及教授学者就产学研的合作模式、专业人才的培养途径、企业与院校的课题需求和项目对接等问题，进行沟通与交流，形成互利双赢的共识。

三、加强泛长三角区域合作，联动发展新兴产业

为发挥泛长三角产业联盟的平台作用，先后给25户联盟成员单位发放征询调查表，了解盟员的需求情况，并组织部分盟员和会员单位赴山东新泰，淄博以及黑龙江大庆、伊春等地开展学习考察活动，陆续访问江苏金坛、上海市青浦新材料产业基地、上海金发科技公司及上海理工大学等联盟理事单位，还在《新材料》月刊上开辟泛长三角专栏，进行联盟信息交流。

年末，伊春市政府代表团和大庆龙凤区工信委领导来协会对接交流，并签订产业合作框架协议。联盟成员通过互动交流，促进了区域产业的联动发展，如深圳新材料行业协会组织会员单位赴江苏金坛考察，并在该地区建立“深圳新材料产业园区”。

四、发挥协会桥梁纽带作用，帮企业创新助产业发展

5月，在闵行经济城举行为期2天的2012协会（江川）工作会议，部署和落实2012年度工作重点，并就发展功能性新材料、知识产权维护等普遍关注的问题，邀请有关专家进行专题演讲和培训。

10月，与渣打银行联合组织30户化工新材料企业举行银企研讨会，探讨发挥银行融资优势，解决企业资金不足问题。参会企业与银行领导进行互动交流，共同探索银企合作新路。

为提高会员单位创新发展的软实力，采取请进来和走出去方式，开展学习培训活动，积极组织会员听取专家演讲专题知识、法律顾问分析案例。11月，与市知识产权服务中心联合举办“新材料专利工作者沙龙”活动，近50户会员单位分管领导参与互动交流。还请有关专家共同走访家声粉末冶金、池工陶瓷、科超实业等会员单位，上门提供专项服务。

五、增强服务创新意识，为会员单位提供超值服务

发挥分会的产业特色，调动分支机构的工作积极性，积极支持在各自技术领域里开展多样化的服务活动。粉末冶金分会参与承办“第二届中国粉末冶金产业发展论坛”和“中国（上海）国际粉末冶金工业展览会”；硬面技术分会组织企业参加各类产学研活动，促进硬面领域的技术进步和产业发展；青浦产业基地分会加大对“三区”的新材料产业的整合，以“产业基地”建设为重点，积极搭建银企合作平台，拓展知识产权质押融资、投资担保贷款等新途径。降解材料专委会参加在广东东莞举办的第五届生物基和生物分解材料技术与应用国际研讨会，并作大会专项报告；还参与了国家及上海市聚乳酸相关标准的制定。改性塑料专委会积极帮助所属企业做好参与市科委项目申报工作。

为更好地推进产业发展，协会参加起草《精细陶瓷耐酸碱腐蚀性能试验方法》等5项行业标准，报批“常压固相烧结碳化硅陶瓷热交换管”等3项行业标准。并组织专家对三普化工水相合成聚酰亚胺、科贵石膏基复合水硬性凝胶材料和赞南詹氏催化剂3户公司制定和修订的企业标准进行评审。年内与上海理工大学、上海市大学生科技创新基金会联合承办首届“上海市大学生先进材料创新创意大赛”，并组织部分项目的对接交流，受到高校师生和企业家的高度关注。充分利用《新材料》月刊和网站窗口，宣传新材料专家、优秀企业和企业家的风采。经市经信委批准的上海市新材料高新技术产业化信息平台项目建设已经完成，将在2013年3月开始新网站试运行。还通过参加中华工商业上海商会，更有效地为中小民营科技企业服务。组织有关会员单位开展“创建诚信企业”活动，已有8户单位获得“诚信企业”和“星级诚信企业”的光荣称号。为会员单位提供中高级技术职称评定，有序推进上海研发公共平台协会服务站。

六、健全规范化建设，促进协会工作创优上等级

根据市社团局《关于行业规范化建设试点评估文件》的要求，在完善各项制度基础上，对有关机构和人员作补充调整，通过开展全方位规范化建设，协会面貌焕然一新。经市社团局组织专家考核评审，被评为4A级协会。积极开展以党建带会建，推进“创先争优”活动，通过“党务公开”、“党员结对子”和“党员誓言承诺”等方式，发挥党员先锋模范作用。协会2位青年向党支部递交入党申请书，党支部被市工经联党委评为优秀党支部。

（魏安卿）

上 海 电 子 商 会

上海电子商会（上海电子制造行业协会）成立于2002年4月，为上海市电子产品研发、生产制造、加工和流通服务行业企事业单位自愿组成的跨部门、跨所有制的非营利的行业性社会团体法人。现有各种所有制会员单位260户，下设流通分会、智能化设备专业委员会和表面贴装专业委员会。

2012年主要工作：

一、积极走访会员单位，了解需求、贴近企业，开展会员企业间业务合作交流

1．5月，与元器件协会共同组织部分会员单位与广联公司进行机顶盒配套业务洽谈。

2．组织流通分会部分会员单位走访广电电子科技有限公司，参观机顶盒展示厅和研发室，进行配套业务交流座谈。

3．4月，组织供需联谊会，由流通分会会长单位负责人和电子器件类公司负责人参加。通过联谊会，加强认识和了解，建立联系，增进友谊，扩大业务渠道。

4．7月，组织流通分会理事会单位与长兴市电子电器行业参观交流，并进行座谈，商谈业务合作。

5．组织为会员企业服务的服务网络，列出参加服务企业名单、服务内容。7月，组织上海扬光投资管理咨询有限公司对上海电子废弃物交投中心有限公司进行高新技术企业申报，目前已进入公示阶段。

二、积极关心会员企业负责人，建立企业负责人备案资料库，开展生日、中秋和体检等活动

对会员单位进行梳理，对准时交会费、数年没交会费、有困难的会员单位分别作出分析，对核心单位，建立企业负责人备案资料库，并开展生日、中秋和体检等关心会员活动。

三、举办中小企业沙龙活动，助推中小企业发展，重点开展业务培训活动

1．3月，由上海通达商标代理有限责任公司承办，开展“商标战略、项目申报业务培训”，共有30多人参加培训。

2．5月，由上海三威防静电装备有限公司承办，举办电子制造企业静电防护系统的设计讲座，近20个会员单位的30余位防静电技术人员、防静电设备管理人员参加培训。

3．7月，上海良相智能化工程科技有限公司承办召开沙龙主任会议，总结前两年工作，确定后两年工作，明确工作重点是协助中小企业产品创新、技术创新、管理创新和项目申报。

四、完成编写《2011-2012 上海电子信息制造业地图》，通过专家组评审

根据市经信委的要求，组织各电子信息产业的 20 多相关人员，历经 9 个月的工作，完成《2011—2012 年上海电子信息制造业地图》的专项报告，达 300 页。

五、加强网络建设，按月出版会刊《上海电子信息》

加强“上海电子网”的信息收集、编辑工作，每日更新信息 10 余条。会刊《上海电子信息》按月出版 1—12 期，增加“协会动态”内容，及时反映协会活动情况。

六、做好市经信委要求的统计分析工作

受市经信委委托，每月收集整理统计数据、分析判断运行态势，反映企业诉求，编写《本市电子信息制造业重点企业运行情况》报告，及时为政府部门分析、决策提供信息。9 月，针对“9 · 11 钓鱼岛事件”对本市电子信息制造业的影响，及时撰写《钓鱼岛事件对中日经济关系的影响》分析文章，受到相关部门的好评。

七、加强企业诚信建设

全年共有 10 户企业评为诚信企业。其中，2 户企业由创建升为一星；2 户企业一星升为二星；2 户企业三星升为四星。

八、加强流通分会建设

7 月，完成换届改选，选举产生新的会长领导班子。秘书处通过多次各种形式的活动，与流通分会的会长、副会长进行沟通，达成许多共识，增进了友谊。9 月，与民生银行广场支行合作建立小微企业金融商业合作社，解决了小微企业融资难的问题，共有 50 多户会员单位参加合作社，10 多户公司提出融资申请，目前正在分批办理手续。秘书处积极配合，邀请了市有关部门领导的出席。11 月，组织全体会员开展一日休闲游，增进会员间的交流和友谊。开展企业诚信建设，已有 11 户企业被评为星级企业。年内发展新会员 5 户。加强党建工作，发展 1 名党员。定向培养发展 1 名副会长。筹备春节联谊会，增进协会的凝聚力和活力。

九、积极与兄弟协会开展合作交流

1．3 月，牵头与元器件协会、通广协会及信息家电协会共同研究策划，为仪电 INESA 商标开展推广宣传广告活动。

2．5 月，与上海电子元器件行业协会在青松城乒乓球活动中心举办“首届乒乓球友谊赛”。电子商会原会长顾培柱先生向获得第一、二名单位颁发奖状和奖金，并合影留念。

3．7 月，与元器件协会、照明协会、通广协会、信息家电协会联合，参观考察长兴市电子电器行业，开展合作交流。

（李　瑾）

上海市计算机行业协会

上海市计算机行业协会成立于 1988 年 5 月，是上海市及周边地区的计算机行业及相关单位自愿组成的非营利性的社团法人。现有会员单位近 550 户。

2012 年主要工作：

一、加强行业规范，促进产业进步

1．建立“上海废旧家用电器资源化产业技术创新战略联盟”，致力于解决再生资源产业关键节能环保技术的创新开发和产业化问题。

2．建立“上海知识产权（专利信息）公共服务平台计算机产业知识产权服务子平台”，集聚本行业内的知识产权信息和技术贸易资讯，开展本行业的知识产权服务工作。

3．参加市商委的产业安全数据库数据直报工作。通过上报日常监测数据和信息、预警信息、产业分析报告、产业损害预警报告等多种途径，为各级领导决策提供支持，为产业发展服务。

4．依托会员资源，与中国电信上海理想信息产业（集团）公司共同建立“上海市计算机维修服务示范平台”，促进实现计算机维修服务市场规范化、管理系统化的良好发展。

5．编写了《再制造打印耗材生产企业技术规范》、《再制造打印耗材生产过程环境控制要求》两项地方标准，2013 年有望正式发布实施。

6．按照《上海市物价局关于做好本市家电维修服务价格管理工作的指导意见》中关于“本市家电维修服务收费实行市场调节价（事后备案）”和“有关行业协会要进一步完善受理企业定价的备案制度”的精神，积极开展本市计算机及外设设备维修服务价格备案工作。

二、保持服务方式创新，提升服务品质

1．配合“上海市工程系列计算机技术及应用专业高级技术职称和计算机专业中级技术职称评审委员会”，开展职称评审的宣传和培训工作。

2．建立和完善电子产品市场领域的诚信体系，先后制订了《上海市计算机行业诚信体系建设企业不良记录监管制度》、《上海市计算机行业诚信公约》，并完成 61 户企业信用报告制定及使用。

3．协会司法鉴定所在过去的 4 年中，鉴定工作得到了所有委托人的一致好评，特别是黄浦区人民法院知识产权庭对我所的鉴定质量和服务态度予以赞许，并向高级人民法院给予推荐。

4．从再制造打印耗材入手，在资源循环利用、节能减排工作方面不断探索，积极筹划并参与市经团联组织的“办公室JJ小组”工作，并协助经团联筹备“资源综合利用—电子废弃物回收利用研究会”。

5．积极促进行业交流，召开“服装行业物联网技术应用研讨会”；参加国务院参事赴上海进行入世后对我国行业影响的调研；主办“物联网时代的生态经济发展上海论坛”；联合主办“云计算高峰论坛”；联合主办“2011国际打印耗材展览暨论坛”；主办“云计算——电子商务行业的新引擎，2012电子商务行业峰会”，接待西班牙、美国、日本、丹麦等境外机构和企业来沪进行中外交流信息；与日本近畿信息产业协会签署合作备忘录，为双方会员企业对口洽谈共谋发展打下基础；定期开展企业家沙龙活动。

（许　可）

上海市信息服务业行业协会

上海市信息服务业行业协会（原上海市互联网信息服务业协会）成立于2001年1月18日，是由本市信息服务业企业自愿组成的非营利性社会团体。下设9个专业委员会、4个中心、3个联盟、1个分会、1个工作组、1个办公室和1个基金会。其中，9个专业委员会为企业信息化应用推广工作委员会、社区信息化应用推广工作委员会、数码互动娱乐专业委员会、动漫产业专业委员会、网络教育专业委员会、数字内容专业委员会、移动互联网专业委员会、数字出版专业委员会和金融信息服务专业委员会；4个中心为上海市互联网违法与违规信息举报中心、上海信息服务人才培训中心、上海数字内容产业促进中心、上海市数字健康信息中心；3个联盟为上海市电子书产业发展联盟、上海市严肃游戏产业发展联盟、反盗号绿色联盟；1个分会是上海浦东新区数字媒体行业协会以及全国信息技术标准化技术委员会电子书标准工作组交互平台专题组、中国青少年数字创意行动组委会办公室、中国扶贫基金会信息扶贫专项基金。

2012年主要工作：

一、服务企业，夯实基础工作

吸收新会员40余户，新进会员范围逐渐扩大，会员质量也有飞跃，其中不乏天翼视讯、世纪佳缘、大众点评、安居客、PPTV等知名企业的加入，协会影响力得到进一步提升。

会员部举办10期IS风云会，每期都有100多人次参与。相比上年，有了一定数量的固定参与者，也吸引了更多互联网相关企业从业者的参与。每期活动都能有热点话题，并邀请腾讯、盛大、和臣信息、艾瑞咨询等业内领先企业的专家进行演讲和交流。

1月1日起，市政府正式启动在部分现代服务业和交通运输业中开展“营改增”税改试点，为此，协会专门成立“营改增”调研工作小组，深入企业了解对行业的影响，为政府政策提供依据。

二、发展产业，提升核心价值

1．大力发展移动互联网产业。11月27日，“2012信息服务业（上海）论坛暨第四届移动互联网产业发展高峰论坛”在富豪环球东亚酒店举行，来自市区政府、协会、产业园区、相关企业代表500余人集聚一堂，共同探讨上海发展移动互联网的技术和产业路径。上海现代服务业联合会会长周禹鹏、市政府副秘书长肖贵玉、市经信委主任戴海波等领导出席论坛。论坛上举行市移动互联网产业基地授牌、APP手机应用大赛启动仪式、协会数字营销专委会揭牌仪式，并由市经信委领导解读《上海推进移动互联网产业发展2012—2015年行动计划》。中欧国际工商学院院长朱晓明，中国电信、微软、百度等业内知名专家在论坛上作主题演讲，共同探讨上海移动互联网产业的发展方向。此次会议从报名、签到及现场互动都引入了二维码扫描及微信等移动互联网应用，真正做到“以移动互联网的形式召开移动互联网的大会”，实现首次无纸化会议。

2．推进电子书国家标准制定。下辖上海电子书产业发展联盟秘书处为推进电子书产业持续、稳定和健康发展做了一系列工作。作为电子书服务平台标准组组长，积极发挥作用，全力促进电子书服务平台标准制定工作取得成效。8月22日，由电子书标准工作组申请提出的3项电子书服务平台国家标准被国标委立项。10月24–25日，与全国电子书平台标准专题组委会、上海市电子书产业发展联盟共同主办的电子书平台标准专题组第四次工作全会于昆山召开。研讨会针对电子书平台国标的第一部分参考模型和第二部分阅读终端接口规范进行了研讨。

3．探索金融信息服务业发展方向。12月20日，举办2012上海市金融信息服务业年度峰会暨网络信贷服务业企业联盟成立大会，市委常委、副市长屠光绍，上海现代服务业联合会会长周禹鹏、中欧国际工商学院院长朱晓明、市经信委主任戴海波、杨浦区区长金兴明、市经信委副主任傅新华、市金融服务办副主任吴俊等出席会议。会议围绕“信息技术助力金融信息服务业加速发展”主题，邀请多位行业专家和企业代表进行演讲。会上，还举行“上海市网络信贷服务业企业联盟”成立的揭牌、授牌仪式，颁布网络信贷服务业企业联盟的宗旨、章程和公约。“上海数字与互联网金融研究中心”也在本次大会上揭牌。

4．“GDC China 2012”引领游戏界发展。11 月 17 日，在文化部重点指导和市文广局、市经信委大力支持下，主办“2012 游戏开发者大会”在上海国际会议中心隆重开幕。为期 3 天的会议由 58 位海内外知名嘉宾作了 53 场精彩演讲，得到中外参会者的一致好评。

5．全力打造智慧城市。8 月，市经信委委托编写《我身边的智慧城市》宣传册，并联手青年报社启动宣传册编辑工作。宣传册从出行、美食、旅游、社交、健康、学习、理财等方面介绍了常用的移动互联网应用，首期印制 10 万册免费向市民发放。市委常委、副市长艾宝俊，新华通讯社副总编慎海雄、市经信委主任戴海波等领导出席宣传册首发仪式，艾宝俊副市长还与宣传册卡通人物“小智”和“小慧”合影。12 月 4–9 日，为配合宣传，分别在浦东、徐汇、闸北、长宁、杨浦各区举行《我身边的智慧城市》巡展活动。

三、规范行业，把握发展方向

1 月 13 日，协会牵头编写的《上海网络游戏行业服务规范》正式发布，为国内网络游戏行业的首个地方性标准。为更好贯彻执行该标准，受市文广局和市经信委委托，3 月，携上海信息服务人才培训中心组织《上海网络游戏行业服务规范》培训，30 户游戏企业的客服管理人员参加此次培训。

4 月 8 日，中国互联网协会发出《抵制网络谣言倡议书》。协会与 8 家行业协会联合积极响应，共同抵制网络谣言，共建网络文明、共享网络和谐。随后，协会在第一时间呼吁各会员单位积极响应倡议。

四、党建工作，树立风向标

协会党委继续做好三个坚持：坚持社会组织党建与新经济组织党建的互动发展、坚持党务与业务工作的互促共进、坚持党建和工会团组织联动推进。秘书长马海湧作为联合提案人之一，在第十届党代会期间写的《关于加强上海产业园区两新组织的党建工作》提案受到市委领导重视。10 月 25 日，市委副书记殷一璀专门在市委办公室召开会议，就上海产业园区的党建工作听取协会秘书长马海湧的汇报。

五、内部管理，开展工作的保证

年内投入大量资金和力量对协会内部管理进行整改，引进 ERP 管理软件，对日常事务进行智能化管理。经过测试和试用，实现 ERP 系统的全面上线。ERP 系统的引入与应用，规范了协会内部管理，也使得管理更加具备条理性和高效率，做到科学办公，科学管理。

六、提升地位，集体个人获荣誉

5 月 26 日，共青团市委、市人社局、市公务员局授予协会秘书处“上海市青年五四奖章集体”称号；6 月 28 日，在市工经联召开的“庆祝中国共产党成立 91 周年暨创先争优表彰大会”上，秘书处党支部荣获“先进党支部”称号；6 月，协会党委被中组委评为“全国创先争优先进基层党组织”，为我市唯一行业协会荣获此项殊荣。4 月 18 日，秘书长马海湧全票当选为“上海市第十次党代会代表”，作为全市行业协会中唯一代表，是个人的荣誉，更是协会的骄傲。5 月，秘书长马海湧作为党代表列入《我们共产党人——上海市基础党组织、党代表风采录》。

（秦文庆）

上海市通信制造业行业协会

上海市通信制造业行业协会成立于 2002 年 3 月，是由上海贝尔股份有限公司、上海大唐移动通信设备有限公司、上海普天邮通科技股份有限公司、诺基亚西门子通信（上海）有限公司、上海光通信公司、联芯科技有限公司、上海华为技术有限公司、中国电信股份有限公司上海分公司、上海闻泰电子科技有限公司、英华达（上海）电子有限公司、希姆通信息技术（上海）有限公司等单位自愿组织的行业社团组织。

2012 年主要工作：

一、以新兴产业为抓手，强化服务促发展

1．发挥联盟作用，助推 TD–LTE 创新发展。协会秘书处作为 TD–LTE 产业联盟秘书处，围绕年初制定的计划和政府、行业政策导向，从产业调研、专题研讨、标准座谈、会展组织等多方面开展工作。11 月 16–21 日，召集 16 户成员单位组团参展第十四届高交会，围绕“TD–LTE 从上海起航”主题，展示 LTE 产业链环节各领域最新产品、技术及应用创新成果。其中，1 户参展单位在展会中获得千万元订单合同。

2．携手专委会，促进移动终端有序发展。为促进全市移动终端产业链健康有序发展，联合移动终端专业委员会，以联谊、培训、座谈、沙龙等多种形式，组织 5 次活动，计 150 人次。主题从“规范经营　有序发展”、新春联谊到

“2012亚洲移动通信博览会”，更有远赴江苏如皋、安徽马鞍山等地进行产业对接、交流联谊、培训等。

3．联合行业机构，加强产业融合对接。随着产业转型发展的步伐加快，协会加大跨界跨领域的融合对接，和相关政府部门、行业协会、专业机构等共同开展合作对接工作。主要在通信领域“家电以旧换新”、通信与物联网行业应用（远程医疗）对接、通信与广电领域对接等方面召开座谈，邀请相关政府主管部门、行业企业、专业机构等，共百余人次参与活动。

二、倾听会员需求，开展多元化服务

1．落实推优申报，促进行业创新。年内对企业申报的各类项目进行仔细核对，秉承公平、公正的原则，先后为大唐通信设备、阿尔卡特网络、上海乐通通信和上海斐讯数据等单位申报市科委“2012年度‘科技创新行动计划’专项”项目、“2012年上海市创新型企业”、“2012年度知识产权优势企业”、“上海市著名商标”出具行业推荐意见和证明。组织企业及时参加各类项目申报工作，共有12户会员企业获得国家电子发展基金、新一代宽带无线移动通信网（03专项）、国家及市级重点技术改造等项目支持。

2．创新服务模式，提供人才推荐。按照市经信委人事教育处《关于2012年信息技术领域首席技师千人计划资助》工作要求，及时对申报单位提供咨询服务。为使企业能更全面地了解申报要点，组织部分企业参加由市经信委人事教育处和市人社局共同组织召开的电子信息领域首席技师千人计划资助工作政策解读会，在各方努力下，上海大唐移动的李毅杰成功入围。此外，还为智翔集团提供人才定制综合解决方案等服务。

3．积极发挥职能，公平贸易取得实效。在市商委支持下，继续履行“公平贸易工作站”职责，针对通信领域的知识产权专利、贸易纠纷应对预警等开展相关工作。召开“关税调整意见”座谈会；“国际贸易纠纷应对实战案例”及“上海市商务经济运营分析暨产业安全预警人才培训会”；联合硅知识产权服务中心编制完成《通信终端知识产权竞争力研究报告（2012）》。主动关心发生专利纠纷案件的会员单位，及时向政府有关部门反映企业诉求，提供知识产权专家及法律援助。为维护行业利益，积极帮助企业争取，获得政府专项扶持资金。

4．加强走访调研，牵线项目对接。为帮助企业调整产业结构，促成产业项目对接，深入了解企业发展的实际情况和需求，开展项目对接、牵线搭桥、政策咨询等工作，召开两次专题政策讨论会，围绕“战略性新兴产业——下一代网络领域”、“IPv6现有技术、瓶颈”主题，邀请运营商、设备商、内容商等共同规划本市下一代网络产业发展前景。有针对性地走访60余户行业企事业单位，并通过一系列走访调研活动，积极为企业牵线搭桥、寻求商机，并将工作面辐射至长三角经济区，为企业产品拓宽市场搭建平台。

三、注重协会自身建设，切实发挥行业职能

1．做好桥梁枢纽，服务政府转化职能。一是开展产业研究，助力政府政策制定。承接市经信委、市商委、浦东新区、黄浦区、徐汇区等委办相关课题，完成《上海电子信息制造业产业发展研究报告（2011）》、《上海智能信息终端产业发展研究报告》、《2012年浦东新区通信产业发展报告和日常服务》、《徐汇区电子信息产业发展分析报告（2011）》、《黄浦区移动互联产业发展方向思考》等课题。二是落实政府发展战略目标，促进园区产业集聚。与黄浦、闸北、浦东等产业园区建立良好沟通网络，适时根据会员单位需求帮助享受园区政策，落地发展。同时，多次与黄浦区政府围绕区内移动互联产业发展进行合作，并为该区申请市级移动互联产业基地“上海宏慧·盟智园”提供相关专业建议，并将在后续基地产业定位、公共服务平台建设及行业推荐等方面予以大力支持，共同为行业发展、产业升级等，做好服务保障工作。

2．做好行业统计工作，把握行业发展态势。在市经信委电子信息产业处的支持下，开展行业统计工作，定期开展季度性统计报表及经济运行情况的收集工作，把握核心会员单位情况，摸清家底，召开两次统计联络员相关会议。由于行业中许多重点企业都集聚在浦东新区，年内协会结合自身统计工作，定期向浦东新区经信委提供新区季度行业情况分析，配合提供信息及政策建议等，帮助新区政府进一步了解企业动态，关注并支持企业成长，保障企业稳步发展。

3．完成换届选举，开创新局面。3月22日，召开三届六次理事会，并于4月23日召开四届一次会员大会，完成换届选举相关工作，选出新一届理事会，确定新形势下协会定位和工作目标。

4．统一思想提高素质，扎实做好党建工作。在市经信党委和市工经联党委的指导和关心下，党支部以建设学习型、服务型、创新型协会为宗旨，围绕服务行业、服务企业的目标，以深入开展创先争优活动为重点，结合协会重点工作，组织全体党员认真学习胡锦涛同志重要讲话精神，学习贯彻党的十八大报告及新党章等，深刻领会十八大提出的新任务、新目标、新使命，不断提高党员理论水平和自身素质，支部被市工经联评为“创先争优先进党支部”。

（潘国妹）

上海电子元器件行业协会

上海电子元器件行业协会成立于1989年5月，是本市及周边地区电子元器件企事业单位自愿组成的跨部门、跨所有制的非营利的行业性社团法人。现有会员单位140余户。

2011年主要工作：

一、圆满完成换届选举

经过3个月精心、充分准备，6月28日，隆重召开协会五届一次会员大会暨五届一次理事会，顺利完成各项规定议程，选举产生协会第五届理事会和新一届理事会成员。

二、密切保持与政府沟通

继续与市经信委、市社团局、市经团联保持联系，为政府提供服务。出席2011电子信息制造业行业协会秘书长工作会议，提供“2011年上海电子元器件产业发展简析”报告；出席市中小企业服务中心与行业协会合作交流会，积极响应市中小企业服务中心《关于推进上海市中小企业行业协会合作交流服务平台建设的倡议书》，加入服务平台建设。陪同市经信委电子信息产业处到仪电科学仪器公司等企业，对物联网传感器技术与应用进行专题考察，广泛交流物联网传感器技术与应用的设想与举措。

三、凸显月刊服务

办好《电子元器件》月刊，除继续定期刊载行业经营情况统计分析和市场需求、发展趋势分析供会员企业参考外，还积极宣传市政府《关于进一步促进中小企业发展若干意见的实施意见》等相关科技政策。月刊“政策导读”、“经营之道”、“技术交流”、“会员风采”、“协会花絮”等栏目，以及封二、封三图片，内容充实，获会员企业好评。

四、申报政府项目

积极帮助企业申报各类政府项目，为会员提供技改、系统集成项目咨询服务，成功完成立项7个。年内协会获批作为2011年上海市行业协会发展专项资金项目“上海通信用高频连接器的现状和发展趋势研究”课题的立项审请。

五、与长兴互动交流、洽淡合作

联手长兴县电子行业协会举办2012电容器联合年会，开创与外省市同行交流的良好开端。其后，与长兴频繁交流，如长兴县委领导会见协会领导；长兴槐坎乡青年副乡长在协会挂职；槐坎乡领导考察永星、槐坎乡政企来访；秘书长携企业领导再度访问长兴等。

六、牵头产学研

牵头上海大学的微电子研究与开发中心、自动化系等，为会员开展产学研项目合作、签署科技项目服务协议提供渠道。

七、行业协会合作

先后与上海塑料、集成电路、交通电子、电子制造业行业协会、仪电标委，在举办国际橡塑展、国际半导体博览会、国际汽车电子高峰论坛开展合作，取得良好效果。

八、活动丰富多彩

开好会员大会、理事会议，办好6个专业委员会每年度2次活动，年内组织各类会议交流、活动、培训、讲座等共25次。如举办首届乒乓球友谊赛、第四届“长丰杯”高尔夫友谊赛、与山田律师事务所联合举办系列法律讲座。

九、组织参展工博会、电子展

圆满组织相关企业参展“十四届中国国际工业博览会”和以“信息化推动工业化，电子技术促进产业升级”为主题的第80届中国电子展。

十、创新、优化职称评审工作

在会刊《电子元器件》上连续3期登刊《职称申报政策解读》，进行政策解读，并通过上门宣讲、网上解答、个别指导等优化服务，取得显著效果。会员单位新增高级职称18人，中级职称21人，考评通过率达100%。

（宣祥光）

上海市软件行业协会

上海市软件行业协会成立于1986年6月，是国内最早成立的软件行业协会之一，下设软件质量管理与过程改进、软件服务、软件知识产权、嵌入式系统与软件、开源软件和教育软件6个专业委员会，会员单位超过1200户。

2012年主要工作：

一、紧抓自身建设，评为5A级协会

1．以评促建，被评为5A级协会。3月9日，圆满完成市社团局对协会的5A级评估。此项评定，得到市经信委和市科委的大力支持，协会工作获得评审专家高度肯定。

2. 协会换届，凝聚力进一步提升。在政府主管部门的指导和关怀下，选出第六届理事会，并在进一步做好支撑政府和服务会员的工作、创新工作方式、拓宽业务领域、做好行业引领工作、持续加强协会的自身建设等各方面取得新的成绩，凝聚力进一步得到提升。

3. 产业研究4个项目顺利通过验收，新获批2个政府支持项目。近年承担的产业政策研究4个项目完成验收，包括市经信委国际化软件人才培养与实训推进项目、软件人才岗位知识体系研究项目、企业诚信体系建设试点项目、国家工信部软件工程软件功能规模计数方法行业标准项目。获取市科委上海软件服务贸易电子商务信息平台与示范应用项目、市技监局上海市软件标准创新应用联盟项目。

二、服务产业发展，取得新的进展

1. 智慧上海、点亮精彩，中国国际第十六届软件博览会圆满成功。精心组织由24户优势软件企业、园区、服务机构组成的上海展团。围绕“对接国家战略、促进创新转型；支撑智慧城市、发展高端软件”的产业发展思路，以“创建软件名城，推进两化融合，打造智慧城市”为主题，在上海石库门的传统元素背景下，亮出了“政策、基地、平台协同，推进智慧城市建设”的智慧上海精彩之作。

2. 深入调研，协助政府推动软件政策落地。3月，上海颁布的《关于本市进一步鼓励软件产业和集成电路产业发展的若干政策》是最全面、力度最大的产业支持政策。协会副秘书长参加在杭召开的部分省市软件行业协会交流座谈会，介绍该文件有力支撑了上海软件产业进一步发展，受到各省市的高度评价。2012年是软件行业优惠政策细化、交替年，协会就企业和政府关心的产业政策问题，展开多方面工作，包括参与制定《上海市软件设计人员奖励政策》，并就企业研发人员的奖励政策，专门召开理事单位政策说明会；开展软件企业“营改增”的情况调查；针对新出台的27号文件，就企业的影响开展调研；实施评选软件收入20强企业；参与制定《上海市重点软件企业管理办法》；参与国税总局“新软件企业所得税优惠管理办法”的课题研究；参与编撰《软件产业政策汇编》、《2011年上海软件产业发展报告》、《2011中国软件产业发展报告》、《2012上海信息化年鉴》、《2011上海工业年鉴》、《2011上海战略性新兴产业发展》等产业报告或年鉴。

3. 走访企业，帮助企业解决发展难题。走访快钱、新大陆翼码、安付宝、华讯、普坤、浦马机电、富欣、东方财富、新海信通、小i、柏飞等一批具有行业代表性的软件企业。在走访工作中，突出三个重点：一是积极了解企业的实际困难，上门服务，努力帮助企业落实国家和上海支持软件产业发展的各项优惠政策，如帮助“未来宽带”解决人员奖励问题，帮助“延峰伟世通”解决增值税退税问题；二是重点关注软件产业新业态。重点走访富友、安付宝等金融信息技术服务软件企业，也重点走访了新大陆翼码、小i、恺英等软件信息技术服务企业，积极帮助这些新业态软件企业了解和落实相关产业政策。三是提升服务层级，努力帮助企业开拓市场。积极参与富友、新浩艺、冈三华大等企业的市场推广活动，发挥自身优势，帮助企业打造品牌，拓展市场空间。

4. 双软认定，稳中有升。1–12月，认定软件企业490户，创历史新高，数量预计居全国前三；年内登记软件产品3820个，居全国前三；组织开展2012年软件企业年审工作，初审受理通过共1870户企业，比上年增加220多户，创历史新高；办理软件产品延续265个，产品名称变更123个，企业名称变更28户。

5. 踏实做好国家规划内重点软件企业申报支撑服务，获得国家发改委表扬。在市发改委、经信委等五委办局的直接领导和指导下，圆满完成申报任务，申报工作质量全国名列第一。协会在制定工作方案和确立相关工作程序、分析企业数据和确定候选名单、积极动员和认真辅导、设立窗口和公开受理、材料整理和数据核实、专人报送和全程服务等方面，扎实做好服务支撑，受到申报企业好评。

6. 认真做好研发人员奖励的支撑工作。在市经信委的有力领导下，积极参与制定具体的政策要求、申报程序、材料要求和市、区协作机制，负责全市软件设计人员奖励的网上审核工作，统一支撑、协调区县主管部门的书面材料受理与审核工作，并为区县政府和企业提供全程咨询辅导服务。还与市经信委、财政局一起进行数据整理和分析，撰写研发人员奖励工作汇报，参与最后奖励方案的制定并上报市政府审批。预计2011年度将有12000多名软件开发设计人员受到奖励，金额在1亿元以上。

三、关注高端软件发展，着力开展“名企、名人、名品、名园”服务

配合上海国家软件城的建设，根据工信部要求，协会应引领产业发展，开展“名企、名人、名品、名园”服务，加大宣传企业形象力度，帮助企业在发展的价值链上寻找价值，为中小企业发展寻找新的增长点。继续做好年度明星企业、优秀企业家、优秀软件产品的评选与推介；关注高端软件发展，成功召开第四届上海软件创新论坛；助推国产基础软件与系统集成企业对接；发挥《软件产业与工程》杂志作用，扩大企业形象宣传；贴近需求，进一步做好协会培训；继续推进协会金融服务工作。

四、扩大对外交流，帮助企业走出去

开展国际合作，与国外软件企业进行合作交流是协会探索服务企业、发展产业“创新驱动、转型发展”的工作方法。为帮助企业走出去，对接国际市场，进一步加大了这方面的工作力度。主要有：成立“上海－新加坡ICT产业合作交流中心”；参加市商务委组团，出访日本、俄罗斯；组团参加日本近畿信息系统产业协会年会；举办加、中（安大略——上海）信息通信技术合作研讨会；组团参加2012年中国以色列高科技投资峰会。

（姚宝敬）

上海仪器仪表行业协会

上海仪器仪表行业协会成立于1988年6月4日，现有会员单位139户。

2012年主要工作：

一、以推进行业发展为己任，促进产业发展

1．组织企业项目申报，争取政府支持。配合市经信委装备产业处组织海得、一诺、舜宇恒平、维思等会员单位，申报智能制造装备发展专项。挖掘发现企业高新技术产业化和科研项目，及时与有关会员单位沟通，积极向市有关部门推荐具有亮点的项目，申报年度市重大技术装备研制专项。同时，关注全行业的申报，6个会员单位的6个项目被批准立项，资助扶持资金1164万元，占全市资助项目总数的17.65%、资助总额的17.45%。

2．向军方推介民技军用技术。根据市科委布置关于征集民技军用推荐项目和创新能力相关信息的要求，协会积极组织企业申报并推荐上海宝信软件股份有限公司研发部总经理。11月1日，在“民转军项目推介会”上，发布8个企业24个项目（产品）的技术性能、特点、应用领域等信息，涉及仪器仪表、硬件技术（芯片技术、专用仪表、气象仪器、环境监测），安全与控制（周界安防、控制系统、供应链系统）和软件（信息平台、实时数据库、集控指挥平台）3个板块，得到军方代表的关注，有关产品资料已入编《2012年上海军民两用技术项目汇编——民技军用项目篇》。

3．学习浙江省行业发展经验。9月26日，组团赴杭州参观学习。在浙江省仪器仪表行业协会的精心安排下，代表团分别到中控科技集团有限公司、聚光科技（杭州）股份有限公司参观学习。

4．推动与船舶行业需求对接。8月27日，与上海船舶工业行业协会联合召开“上海仪器仪表与船舶行业需求对接会”，船舶行业的专家介绍了行业的需求，以及目前船舶、海洋工程中自动控制系统和仪表产品的应用现状及设想。仪表行业的专家交流了当前国内外自动控制系统、仪器仪表现状、应用情况和发展趋势。通过需求对接会，仪器仪表行业与船舶行业建立良好沟通渠道，双方将加强交流沟通，进行相关领域的课题研究，合作开发一批船舶自动化仪器仪表产品，为上海船舶工业推进船舶与海洋工程自动化服务，助推中国船舶和海洋工程的发展。

二、发挥服务功能，服务会员单位取得成效

1．开展行业经济运行动态分析。8月30日，召开重点培育企业上半年度经济运行动态分析座谈会，分析重点企业的经济运行状况，对经营中存在的问题、困难和需求，收集大量行业原始统计数据，运用实用的分析方法、指标进行数据加工和挖掘，编写《2012年上半年仪器仪表行业经济运行分析》，为企业全面了解行业，正确定位、找差距和对标，提供实用数据和经营决策资料并分送市统计局工业处、市经信委规划处、装备处、经济运行处、市工经联和中国仪器仪表行业协会，供有关部门领导参考。

2．按年度计划召开专业会议。12月20日，在上海辰竹仪表有限公司召开“两化融合”工作交流会，22个会员单位的27位领导和专业人士出席会议。上海辰竹仪表有限公司、上海肯特智能仪器有限公司、上海岗崎控制仪表有限公司和上海舜宇恒平科学仪器有限公司的领导，分别就本企业对实施“两化融合”的认识、体会、做法、困难、问题和取得的成果，作经验介绍。与会代表参观行业“两化融合”示范基地上海辰竹仪表有限公司制造中心。3月6日，在上海华魏光纤传感技术有限公司召开智能电网专题座谈会，上海仪器仪表研究所副所长作“智能电网概况及思考”主题发言，8个会员单位负责人作交流发言。会后，有关企业进行互访对接活动。5月30日，在上海工业自动化仪表研究院召开2012年度统计工作会议。邀请市统计局刘北平老师进行2012年工业统计培训；协会秘书长传达市经团联关于“开展对行业经济运行动态分析及发布”工作的要求，并部署具体工作；布置2011年度行业统计年报工作；发布最新行业统计信息。9月21日，在上海自动化仪表股份有限公司召开联络员会议，汇报协会近期主要工作，沟通4季度工作，并邀请市企业诚信创建活动组委会王静老师作专题培训。

3．扩大诚信企业创建活动面。在上年诚信企业创建活动基础上，经多渠道宣传和专题培训后，有11个企业申请并获得“诚信创建企业”称号。至年末有31户企业进入诚信创建行列。

4．为企业申报提供有效帮助。为4个单位作申报著名商标的推荐意见，经市著名商标认定委员会审议，有3个单位取得上海市著名商标；为2个会员单位申报领军人才，填报《领军人才社会团体推荐表》；为企业送报《上海市专利新产品（认定）申报表》；为会员单位申报实用新型专利和外观设计专利；向第二十五届上海市优秀发明选拔赛组委会推荐4个会员单位的4项发明；帮助有关企业科技人员申报职称评定。

5．积极开展公平贸易工作。协会作为市商委确定设立的行业公平贸易工作站，积极组织会员单位参加市商委组织的专题会议和公平贸易相关知识培训；参加商委组织的国际竞争力专业论坛，了解国际贸易及国际竞争相关信息；主动联络出口型企业，推荐加入国家商务部数据直报系统。

三、有效有序开展日常工作

按章程要求履行理事会职责。编辑出版发行《2011年会员单位生产经营统计资料》；按时编辑、上传、发送《上海仪器仪表简讯价格信息》（电子版）12期，PDF页面总数1135、栏目20个、信息1057条；按时出版发行会刊《上海仪器仪表》，发布《上海仪器仪表》网络电子版，网站内容及时更新；认真维护行业诚信体系建设平台；适时发布行业统计信息，使会员单位及时了解行业经济运行状况；积极组织会员单位参加专业会议和参观专业展会。

（鲍亦廉）

上海照明电器行业协会

上海照明电器行业协会成立于1996年10月，是由上海地区为主从事照明电器产品研发、生产、经营的工商企业及其他相关企事业单位自愿组成的跨部门、跨所有制、非营利的行业性社团法人。现有会员单位110户。

2012年主要工作：

一、发挥协会服务功能，推动企业持续发展

1．利用有效资源，开好理事会，向会员单位提供最新的行业信息和政策资源。年初，召开四届三次理事扩大会暨诚信培训项目总结。会议议程分为3个阶段。一是协会工作汇报。秘书长作“2011年协会工作总结和2012年工作打算”、“2011年财务工作报告”、“对14户2年以上未缴会费的会员单位作自动退会的决定”；同时，对“诚信培训”项目进行总结，并就上述内容达成理事会决议。二是行业发展论坛。中国照协副理事长兼秘书长陈燕生介绍近年来中国照明电器行业发展的现状与趋势；副会长单位宏源作“汇聚优势资源，共赢海外市场”的主题报告，就行业协会在发展生产性服务业方面的设想向与会者介绍。三是政策信息发布。邀请上海外经贸委人力资源有限公司裴秀群经理解读《2012年本市外经贸中小企业申请政府补贴资金政策》；上海研发公共服务平台管理中心合作交流与服务部部长王丽萍作《服务企业，助推产业》信息发布；上海维诚金融信息服务公司沈荣耀经理介绍《中小企业金融服务指南》的相关优惠政策和融资渠道等。通过本次理事会，与会者对协会2011年所做的工作给予充分的肯定，并希望协会继续加强与会员企业的沟通，关注行业热点、贴近会员企业，积极探索新形势下协会工作新途径，促进照明行业健康稳步发展。

2．举办2012第二届上海照明科技及应用趋势论坛。5月，由上照协会、上照学会、复旦电光源研究所共同举办的2012第二届上海照明科技及应用趋势论坛在上海中石油大酒店成功召开。全国政协常委、市经团联蒋以任会长为本届论坛发来贺信；市相关部门的领导、中国照协、中国照学、中国LED联盟、照明行业的资深专家、科研机构、设计院所以及照明生产企业500余名代表出席论坛。本届论坛围绕“照明产业、创新驱动”主题，共同探讨上海照明产业的转型之路。论坛亮点是科学认识绿色照明产业的发展趋势，理性发展我国绿色照明产业，为生产出高品质的节能照明产品提供有价值的信息和技术指导。

3．加强行业自律，开展行业诚信体系建设。自2010年协会申请《加大信用管理培训力度，促进绿色照明产业健康发展》项目获得上海市社会诚信体系建设专项资金的支持以来，于2011年1月至2012年4月共开展培训15场次，培训近2000人次，圆满完成该项目计划考核目标，推动了行业诚信创建活动的开展。2011年3月，协会设立“诚信企业创建办公室”后，已有宏源、飞利浦灯具、翔山、三思、绿源、奥加、明凯科技7户企业连续2年荣获“诚信创建企业”和“星级诚信创建企业”。2012年又有明凯投资集团、明凯照明、上海明光、新柳营灯饰城、天楹光电、里浦电器6户会员企业申报，并荣获市“诚信创建企业”称号。

4．参加会员单位活动，走访会员企业，了解企业动态和需求。先后参加上海明凯照明LED家居新品发布会，亚明“百年·亚明·未来”品牌发布会，上海市现代照明生产性服务业功能区揭牌仪式——暨上海灯具城营运模式发布会，上海城大灯具城江苏盐城“沿海国际灯饰城”签约仪式和“沿海国际灯饰市场发展峰会”，上海时代之光主办的“发展质检认证服务，有效促进产品节能”论坛，诺臣光电（上海）科技股份有限公司上市挂牌仪式。秘书处先后走访、接待了宏源、锐高、埃蒙、上海灯具城、飞利浦、翔山、绿源、三思、城大灯具城、新柳营灯饰城、奥加、睿能、柏宜等会员企业，沟通产业形势，了解企业经营状况，倾听企业需求，传递行业信息。

5. 组织动员企业、大专院校积极参与中国照协举办的“中国国际照明灯具设计大赛”。3月，中国照协举办2012“中国国际照明灯具设计大赛”。协会主动与轻工工会、企业和大专院校联系，广泛动员设计人员和学生参与大赛，组织参加首场同济大学上海巡回说明会并积极与东华大学、上海大学联系，推荐学生设计作品参赛。经大赛初选、作品展示、专家评价，最终评选出入围实物作品45件，优秀创意作品10件。其中，欧司朗照明、明凯照明、上海亚明、强凌电子4户企业7件作品获奖；协会推荐上海东华大学学生设计的2件作品获优秀创意奖。此项活动的开展，助推了学校与企业的产学研合作，上海大学与明凯照明合作开发课题“基于纳米结构高反射涂层的新型LED室内灯具”获得上海市科委立项，取得科研经费资助。

6. 加强与行业内兄弟协会、学会和企业的合作交流，提供产业信息互动平台。与中国半导体产业联盟和中国光电协会合作，在上海新国际博览中心举办“2012中国LED展”和“上海2012半导体照明/LED标准宣贯会”；与上海光电子协会合作，举办LED进入医疗系统的启动仪式。另组织动员会员企业和照明界专家参加、参与业内兄弟协会及学会举办的各类照明论坛、讲座和展会，如中照协主办的“2012中国(上海)国际酒店与建筑照明展”、“第二届中国LED照明论坛”、“2012中国城市及建筑照明技术应用论坛”、上海照明学会主办的“四直辖市照明科技论坛”、浙江协会主办的“中国（浙江）第二届LED照明产业链配套会议”、江苏照明学会主办“江苏2012照明学术年会”等。通过活动，企业能够及时了解国内外市场的技术信息和发展趋势，提高参与市场竞争的能力，受到会员企业欢迎。据初步统计，年内协会组织会员企业参加业内各项论坛、展览10余次。

7. 接待国际著名电光源专家卡米亚博士，进行学术交流。卡米亚博士是日本松下公司原照明社总工程师，曾40余次来华访问，参观和帮助过多家中国的光源企业，尤其对我国节能灯的进步作出了积极的贡献。在他80岁高龄之际，于5月底再次来华访问。协会邀请市照明学会、复旦大学的领导和教授接待卡米亚博士，宾主双方回顾和畅谈了双方的深情友谊，交流了照明产业未来发展的趋势。同时还陪同拜访了复旦大学、参观访问“宏源”的生产车间和陈列室。

8. 发挥网、刊作用，提升协会影响力。协会网站在明凯科技公司的大力支持下，通过对网页栏目和版面的不断调整和完善，每月以滚动形式从不同角度反映行业和协会以及会员企业的动态、热点、亮点和服务信息，扩大协会影响力，网站点击量逐月上升，成为向社会传递行业动态、政策导向、市场信息、新品开发、科技成果、工作交流、国内外行业发展动态和会员企业的基本信息和产品推荐的平台。协会简报自版面调整后，企业信息来源逐步扩大，从原来4版增加到6–10版，会员企业积极提供新闻稿件，丰富了简报栏目内容。

9. 做好会费收缴和新会员的发展服务工作。会费收入10850元；发展新会员10户（永林电子、捷备实业、中山坚敦、里浦电器、深圳蓝普、天楹光电、相美照明、乐雷光电、尹能能源、海丰照明）。其中LED生产企业6户、从事照明企业5户。在发展会员同时，协会主动关心新会员单位的需求，热心为企业牵线搭桥，传递行业信息，组织参与业内活动。

二、发挥桥梁纽带作用，推动行业创新转型

1. 关注社会热点，积极应对行业突发事件。3月15日消费者维权日，电视、报刊就“节能灯辐射大”的信息相继报道，引发社会广泛关注，成为社会热点。一时节能灯市场陷入混乱，消费者不敢使用，生产企业十分茫然。针对“节能灯辐射超标准”质疑，协会积极与市质监局灯具检测中心、复旦大学、照明学会的专家等相关部门联系，据理力争，多方努力，真相渐明并就“节能灯辐射大”引出的思考，及时与市经信委、媒体联系，提出行业协会的看法和建议。市社团局主办的《行业协会动态》报道了协会意见和建议。

2. 主动与上海通信广播电视行业协会携手举办LED产品的技术法规、标准的解决方案和技术性贸易壁垒常识培训。培训邀请上海市质量监督技术研究院照明电器专家、教授级高工俞安琪担任主讲嘉宾。此次培训介绍了LED照明产品的相关法规、标准，以及产品出口美国必须重视的相关条款，得到会员企业的积极响应，50余户会员企业报名参加，80余名企业代表从嘉定、青浦、奉贤、浦东、松江、南汇、昆山、苏州等地，冒着高温赶来参加培训，协会还主动为参加培训的企业做好后续服务工作，得到企业的欢迎。

3. 倡导企业实现清洁生产，自觉履行社会责任。根据中国照协下发的《中国照明电器行业停止荧光灯生产中使用液态汞自律公约》倡导荧光灯生产企业采用低汞(微汞)技术，停止使用液态汞。协会及时报道亚尔光源公司引进APL公司自行研发的最新一代的汞齐生产成套设备的信息，介绍他们的固汞产品，供相关企业选用，力求使产品对环境的影响降到最低限度，为实现荧光灯产业的清洁生产再作贡献。

4. 主动承揽政府购买服务项目，当好政府的参谋和助手。根据上海市经济和信息化委关于《开展2012年上海市经济和信息化行业协会发展专项资金申报工作的通知》要求，协会申报了“扩大LED在道路照明领域应用的建议”调研课题项目，并已获得批准。此项目将通过调研，提出关于上海扩大 LED 在道路照明领域应用的建设性意见，争取上海的 LED 道路照明在理性发展的同时，跨出扎实而有成效的每一步，使上海在全国道路照明方面继续发挥引领作用。

5．开展与兄弟省市开发区的合作交流。组织行业内相关企业单位参加“福建龙岩投资招商说明会”、“河南濮阳投资招商说明会”、江苏建湖“接轨上海暨新特产业说明会”、“河南南阳卧龙产业投资说明会”、“俄罗斯出口说明会”等，为企业扩大产品出口市场，实现产业梯度转移及时提供信息。

6．做好行业统计和调研工作，向政府反映行业经营状况和发展趋势，以及企业诉求。上海照明行业规模以上企业 103 户，比上年略有减少，但亏损企业增加较多。协会在上报市经信委的分析报告中反映企业的诉求，希望政府对企业发展有实质性的政策支持，并加强对照明市场的监管和整顿。

7．配合开展绿色照明宣传公益活动。12 月 1 日，与照明快车网合作在虹口区绿洲紫荆花园小区组织上海首场 LED 球泡灯走进上海居民社区公益活动。通过免费体验 LED 球泡灯试点，实现对小区居民 LED 照明灯具环保节能知识的普及，增强居民的节能环保理念和消费意识。活动现场德力西 LED 照明工作人员为小区居民讲解 LED 灯具与传统灯具的区别及使用注意事项，帮助小区居民普及 LED 灯具知识及环保理念，并免费赠送了德力西 LED 球泡灯。

8．积极参加市经团联和行业协会沙龙组织的各项活动，做好党建工作。通过协会间的互相交流，学习兄弟协会的工作经验，捕捉为行业所用的各种商机，如塑料协会在上海每 2 年 1 次举办国际橡塑展，其中与照明相关的橡塑制品，不断升级换代。我们组织会员企业前往参观学习，积极发掘采购“节能环保，绿色制造”的相关橡塑材料。

（俞黎明）

上海市信息家电行业协会

上海市信息家电行业协会成立于 2002 年 3 月，为上海市信息家电行业企事业单位自愿组成的跨部门、跨所有制的非营利的行业性社会团体法人。现有会员单位 103 户。

2012 年主要工作：

一、组建产业联盟，推进产业发展

1．组织智能家居有关企业组建 RANIS（Residential Area Networks Interconnecting System）居住区信息系统网络互联技术产业联盟。组织联盟企业有关专家共同编制 RANIS 技术标准，统一定义和接口设定，指导联盟单位内部产品的互联互通。制订的《居住区信息系统网络互联技术规程》已作为上海市地方标准正式发布，并于 3 月 1 日正式实施。

2．8 月，与百视通新媒体股份有限公司共同发起，联合上海交通大学、硅知识产权中心、银视通、大亚科技、广电电子、思华等 8 户企业成立上海 OTT(Over The Top) 智能电视产业技术创新战略联盟。

3．9 月，组织上海广电光显技术公司、上海现代先进超精密制造中心公司、上海东华大学、中科院声学研究所上海东海分所、上海广联电子制造公司等产学研单位的负责人召开“发展上海激光显示产业”技术研发及产业化对接会议。并在此基础上牵头组建“上海激光显示产业技术创新战略联盟”，进一步推进上海激光电视产业发展。“联盟”联合了上海有技术实力的企业、研究所、高校，涵盖了激光显示产业上游（材料）——中游（光部件和器件、光机和光源）——下游（整机制造和经营、服务等），形成联合开发、优势互补、利益共赢、风险共担的技术创新合作组织。

4．牵头与有关企业和科研单位共同商讨、酝酿成立“上海数字家庭促进会”（暂定名），并于 10 月 26 日在张江高科技园区上海国茂数字技术有限公司召开成立数字家庭促进会预备阶段座谈会，国茂数字有限公司董事长出席座谈，并对建设数字家庭促进会提出想法和建议。

二、推动 NGB 新一代广播稳步发展

为切实推进 NGB（Next Generation Broadcasting）下一代广播电视网在上海的实际应用，协会在东方有线召开专题座谈会，讨论落实“战略性新兴产业发展‘十二五’规划”的目标，东方有线领导 10 余人参加座谈。会议就 NGB 打造上海示范网，承载互联网，完成“十二五”规划中对下一代广播电视网的建设等问题畅谈意见和建议。为落实 NGB 的产业链建设，7 月 5 日，协会召开“下一代广电网络实施方案”有关企业座谈会，东方有线、上海全景数字技术有限公司、中国科学院声学研究所东海研究站、东方传媒集团、上海仪电集团广电电子科技有限公司等上下游企业代表参加会议，并就 NGB 的产业链建设提出具体的实施意见和建议。7 月 18 日，市经信委召开下一代网络（互联网、通信网、广电网）专项实施方案专题座谈会，东方有线、百视通、仪电集团、中兴、华为、电信等 10 余户企业负责人出席会议。

三、协调与推动企业携手，强化产业链建设

1．针对近年来的产业变化和终端产品企业在生产中遇到的困难，协会根据拟定的“终端产品生产企业和广电系统企业对接了解”方案，组织部分会员单位参观SMG和SiTV，并请2户上游企业介绍广电系统的工作状况，让生产企业更多了解他们近期的工作内容，以便调整生产计划，及时生产适销对路的产品。还组织相关企业参观上海索光映像公司，让更多企业了解一流整机生产企业的现状及管理思路，收到较好效果。

2．配合仪电集团内部广电股份解体后的整合工作，精心组织献计献策研讨会。会上，上海电信、数字电视国家工程研究中心、全景、天柏、东方有线等企业代表介绍市场热点、产品与业务饱和程度及各企业现状，推荐可介入的契机及如何抓住机遇的思路与经验，为企业整合的实际执行发挥了有效作用。

3．跟踪国际上全激光技术投影显示器的发展态势，并密切关注与重视上海力保科技公司参与的激光显示器项目进展情况。该公司投入大量人力财力，制出样机，但因涉及很多高科技及基础科学领域的内容，需要多方共同配合。为此，协会针对全产业链上中下游开展全面调研，涉及企业包括现代超精密制造公司、上海东华大学、中科院东海站、三鑫科技公司、深圳先锋光电子公司、上海显恒、激光所以及仪电集团所属的“广电光显公司”与“广联公司”等，并在上述单位的协助下形成协会内部阶段性文件《上海激光显示器产业技术创新战略联盟可行性方案》。

四、积极开展调研，提供决策建议

积极开展调研工作，提出产业发展建议，报送市有关部门作为政策制定参考。在《信息家电行业“十二五”发展规划》基础上，针对产业特点和行业整体市场环境重点调研，并撰写《上海发展新光源电视的建议》、《新型显示技术和产业发展的调研报告》、《基于三网融合的家庭网关发展趋势研究》等调研报告，上报市有关部门作为产业决策依据，得到市领导好评和批示。

五、搭建交流、沟通、合作平台

1．建立上海市研发公共服务平台信息家电行业协会工作站，积极帮助中小企业申领“科技114创新服务礼包”，参与平台的互动服务。

2．3月，举办业内主要企业领导出席的“行业峰会”，就“3D电视的技术和产业发展”进行交流。

3．8月，举办“第五届上海数字电视发展论坛——下一代广播电视网（NGB）的产业链合作”，有关单位领导和专家就NGB产业链合作发表专题演讲，并进行交流。

4．协办“中国工博会第九届数字电视与无线多媒体通信国际论坛”（IFTC），170多位中外嘉宾出席会议，9位中外专家发表演讲，就“多媒体数字内容”进行广泛交流。

5．协办“上海电视节白玉兰论坛”、“智慧城市展览”等论坛及展会活动，拓展会员单位视野和加深交流合作。

6．搭建行业诚信体系建设平台。在市诚信建设活动办公室指导下，建立了“企业诚信建设创建活动办公室”，开展诚信企业培训、推荐、评选、考核，30多户单位获“星级诚信企业”、“诚信创建企业”称号，29户企业荣获诚信企业星级升级。

7．12月21日，在上海电视台举办上海市信息家电行业年度峰会，近30位企业领导出席会议。副会长单位东方传媒集团向与会代表详细介绍了上海广播电视大文化产业的架构，与会代表就内容提供、信息传输、终端制造、增值服务等产业链建设话题进行了广泛的交流。

（解　放）

上海市光电子行业协会

上海市光电子行业协会成立于2003年3月，是由本市光电子研究、开发、制造、测试、应用同业企事业单位自愿组成的跨部门、跨所有制、非营利性的行业性社会团体法人。现有会员单位106户。

2012年主要工作：

一、开展行业调研活动

协会陆续推荐企业进行战略性新兴产业项目、重点技术改造资金项目、2012年第一批中小企业专项资金项目，拓宽了企业的发展渠道，并让企业了解相关产业政策。协助上海科学技术情报研究所、市发改委高新技术产业处撰写《上海战略性新兴产业发展报告》中的新型显示部分内容。根据撰写要求，对本市新兴显示产业重点企业进行调研，收集包括销售额、主营业务收入、产值等产业重要信息等。按照市经信委电子信息处、市促进中小企业协调发展办公室要求，对上海LED行业按类排列调研，提交上海市LED行业重点企业情况报告，并进行全国平板显示行业调研上海部分的调研，提交调研结果。协助市经信委电子信息处举办上海LED企业座谈会。协会常务副秘书长王蓉陪同市经信委电子信息产业处肖健副处长赴上海三思科技发展有限公司、上海昱宇光电有限公司、上海广茂达光艺科技有限公司、映瑞光电科技（上海）有限公司等会员单位调研。

二、举办推广会、研讨会和论坛

3月22日，协会举办第四期“上海LED企业技术应用推广会”，围绕LED技术在医疗系统的多方应用，结合绿色照明改造的相关政策，向与会嘉宾宣传和普及LED照明技术及节能服务模式。同时，对接卫生局及下属医疗系统管理部门探讨LED照明改造事宜。4月，协助国家半导体照明工程研发及产业联盟在上海世博展览馆举办第六届上海国际新光源 & 新能源照明论坛，以富有时效性与前瞻性的高质量会展活动，着力于提升新光源与新能源技术水平，促进两者结合应用的创新发展，并建立富有成效的交易共赢平台。同月，完成2011年市经信委行业协会发展专项资金项目——《结合EMC模式推动上海中小型半导体照明企业发展研究》报告。5月，协助组织召开上海光通讯市场发展研讨会。协会副理事长吴海生出席发表演讲，同与会代表共同探讨上海光通讯市场的未来发展前景和技术方向。

三、加强对外交流合作

协会常务副理事长唐国庆赴北京参加工信部中国半导体照明产业应用联盟会议，并当选中国半导体照明产业应用联盟副主席。协会还帮助会员单位积极与新加坡、台湾方面联系并牵头，促成合作，为会员单位拓展业务渠道，提升协会及上海企业在海外的知名度。

四、开展诚信建设培训

7月，协会应市政府要求，同上海市企业诚信建设办公室合作，组织会员企业召开上海市光电子行业协会企业诚信建设工作培训会。通过培训及系列活动，树立一批“诚信建设明星企业”打造一批上海新的“名特优”品牌企业。第一批“诚信企业”培训已经完成，第二批的培训单位也已经报名完毕。与“上海市诚信企业建设办公室”已达成合作，将协会内所涉300余户单位一起纳入“诚信企业培训”名单。

（唐庆艺）

上海市电子商务行业协会

上海市电子商务行业协会成立于2002年4月13日，是由从事电子商务的企事业单位按照自愿平等原则组成的具有独立法人资格的非营利性行业组织。现有会员260多户，涉及细分行业20多个，包括贸易流通，交易服务、技术支持、电子支付、物流配套等多个领域。

2012年主要工作：

一、开展行业调研，把握行业动态

1．配合市政府相关部门调研活动。分别参加了市发改委、市委办公厅、市价格监督局的座谈会及调研工作。重点反映1年中上海电子商务的发展状况及发展机遇，同时，也向政府部门提出解决措施及建议，为决策提供第一手详细资料。此外，上海工程技术大学、快递行业、静安区科委等单位也先后造访协会调研。协会还组织所有会员企业参与有关问卷调查，实时掌握电子商务企业的发展动态。

2．召开专家研讨会。为及时了解电子商务发展的动态，召集各领域专家集中探讨研究发生的热点问题。针对“8·15”、“双11”、“双12”等电商企业促销事件，先后邀请电商企业代表、业内专家学者、经信委、商委、消保委共同研讨电商未来发展模式，相关媒体也作了有关报道。

3．编制出版《2010–2011上海电子商务报告》。7月，由协会组织编写反映2年来上海电子商务情况的报告正式出版。经编委会专家反复讨论，甄选出35户优秀企业案例收编入《2010–2011电子商务发展报告》中。

二、完善专委会工作制度建设

1．电子支付专委会工作，引领上海支付行业发展。在央行先后发放的6批支付牌照223户企业中，有53户企业来自上海，占到总发放数的近1/4。现任支专委主任单位银联商务和5家副主任单位共同制定工作计划。支专委专门搭建办公自动化平台，以方便各支付单位信息的沟通及统计数据申报。支专委还围绕上海支付产业报告、风险管理控制等方面展开广泛调研，为下一步做好专委会工作提供良好的基础。

2．制造业专委会进一步落实工作计划。专委会组织成员单位参加制造业服务外包国际论坛交流会；召开工作讨论会，共同制定工作重点，推进传统中小企业对电子商务的应用。

3．组建移动电子商务专业委员会。在市经信委有关部门倡导和支持下，经市社团局批准，成立移动电子商务专业委员会，并于1月25日正式揭牌。专委会旨在进一步研究跟踪移动电子商务发展，鼓励新一代移动通信等新技术应用和模式创新，并积极开展移动电子商务专业的政策宣传、调查研究、统计分析、新技术推广和应用、合作交流等工作。专委会成员由中国联通、中国移动、号百信息、中国银行、东方希杰、中兴软件和上海杉德6户主任和副主任单位及另15户企业组成。

三、搭建诚信平台，推进诚信体系建设

建成电子商务诚信平台试验平台，借助平台整合全市相关电子商务企业的客观诚信资料，实现各交易平台对接，实现1个贯穿电子商务全过程，涵盖本市电子商务相关领域静态既往诚信数据评估、共享、动态交易过程数据实时评价的第三方电子商务诚信服务平台。此外，该示范平台还将引入国际知名的企业认证机构，与国家商务部诚信平台、中国电子商务协会、广东南方国际电子商务平台建立互认机制，形成覆盖整个电子商务领域的公正、公开、广泛信息来源渠道、拥有专业的企业诚信支撑的第三方公共服务平台。在搭建信用平台的同时，协会也在积极筹建上海市电子商务信用服务联盟，并撰写《上海市电子商务第三方信用服务联盟》章程，计划向加入信用联盟的企业颁发“上海市电子商务第三方信用服务联盟示范平台”证书，预计首批将有近18户上海知名电子商务企业加盟，其中包括电信运营商、金融行业等多个领域，涵盖几十万企业客户。

四、深化园区服务，推动产业集聚

安排专人入驻虹口北外滩园区，配合园区管理机构，深入园区及企业，开展包括诚信建设、人才服务、咨询、项目申报、品牌创建、服务交流活动；充分应用及时通讯工具，向园区快速更新行业资讯、活动通知等服务；其次，为丰富园区活动的多样性，充分利用现有资源开展多种形式内容的交流活动。还组织园区内企业及会员单位计28户参加上海第一财经频道波士堂栏目的关于1号店专访节目录制，为会员单位学习优秀电子商务企业运营模式提供机会。另还召开企业家沙龙论坛、座谈会，组织上海金融学院电子商务专业29名学生参观园区企业等活动。

五、组织行业活动，加强合作交流

5月，秘书处参加中国电子商务协会在京举办的会议，拜访中国电子商务行业协会，就电子商务行业的发展状况进行交流，并达成进一步加强两地协会沟通的意向。继续保持与“长三角”电子商务行业协会的沟通，及时介绍有关上海市“双推”工程政策及扩展情况，并表达推广“双推”工作辐射整个长三角地区的意愿。接待重庆市渝中区经贸委、美国哥伦布地区 columbus 2020发展规划委员会、维多利亚大学等相关机构，共同探讨电子商务的发展。

六、服务会员企业，树立企业品牌

1．促进会员企业之间交流合作，搭建各会员企业之间沟通的桥梁。为摩道、号百、通标、车易、中国银行等公司总计开展40多次商务会谈交流，为实现企业间强强联合，扩大市场营销渠道创造了条件。

2．组织会员参加品牌创建活动。积极推荐会员企业参与品牌创建，环迅支付、斯迪尔、鸿洋等14户会员单位成功入围2011年上海市中小企业“品牌产品／服务”名单。在年度“上海IT青年十大新锐”的最新评选活动中，上海电气的程艳及新蛋信息技术的胡卫新已成功入围候选人20强名单之中。爱姆意、付费通等企业参加了2012年上海市企业社会责任报告的发布活动。

3．加强电子商务行业宣传。网站和刊物是反映企业及行业发展动态的重要载体，协会编写11期《电子商务资讯》，其中针对会员企业的宣传报道和专访有近60篇，每月期刊印量超过300份。还同各主流媒体多次联络，《上海商报》、《IT时报》等报纸对协会会员付费通等6户企业进行了采访宣传。11月，接受中央电视台财经频道的现场采访。在做好自身建设及配合各主流媒体宣传的同时，协会专设信息联络员，配合行业内通讯员联络机制，定期向相关机构投递稿件。

（唐 迪）

上海家用电器行业协会

上海家用电器行业协会成立于1985年8月，为上海市家用电器行业企事业单位自愿组成的跨部门、跨所有制的非营利性的行业性社会团体法人。现有各种所有制会员单位532户。下设家用中央空调、家电维修、水家电等3个专业委员会。

2012年主要工作：

一、认真做好行业协会评估、自查工作

按照国家民政部和市社团局对行业协会整治的要求，协会根据《行业协会、商会评估办法》，从基础条件、内部治理、工作绩效、社会评价等4个方面进行综合自查。通过大量资料信息整理、归类和完善，完成和汇总7本汇报资料。4月，通过第三方评估评审。经评审，本会被评为5A级行业协会，并经市社团局和第三方评审通过。同时，结合协会规范化建设的评估，学习兄弟协会的经验，针对存在的问题与差距，对原有制度进行修订，并建立和健全协会的管理制度和岗位职责，形成常态化管理。

二、坚持“服务”，充分发挥桥梁、纽带作用

1．紧紧围绕企业转型发展，开展全方位的服务。深入企业开展调研，走访三菱电机、富士通、双鹿、尊贵、杜氏、中日、开能、泽天等主要生产单位和中小服务企业，针对走访中了解和听到的情况和呼声，积极进行协调和解决。得知因银根收紧，行业中的一些企业特别是小微企业遇到贷款难、出口回款难等问题，协会及时向中小企业管理组织反映企业需求，并主动与上海银行、兴业银行等多户银行联络，经努力，正辉康居、玖间堂等企业获得银行资金的支持。高温季节，为保证市民的正常用电，市供电部门对很多生产企业实行限电，而此时正是家电下乡企业的生产关键时期。协会根据企业反映，经调查，及时将了解的情况反映到市经信委和有关部门，建议将这部分单位的限电时间适当延后。在政府部门的支持下，再次为尊贵等公司解决用电问题，保证企业的正常生产。根据维修企业高空作业危险的问题，在夏季来临之际，协会及时发放《关于加强2012年家用电器行业安全生产管理工作的通知》，并在报纸、网站和杂志上进行刊登；同时，针对上半年空调安装维修时出现的高空坠落事故，又紧急下发《关于加强上海家电行业空调器安装、维修安全工作的紧急通知》，要求各空调器品牌生产和安装维修企业积极、认真做好“空调器安装维修的安全生产专项检查”，消除安全隐患，发现问题及时整改。

2．充分发挥协会报刊、网站的服务功能。坚持出好《上海家电报》、《中央空调》专刊、《水家电》专刊，其内容丰富详实，信息量大且有较大的实用性、指导性和可看性。主办的“上海家电网”通过几年的提升和再建设，得到业内人士和会员单位的广泛认可，点击率超过80万。家电网栏目包括协会动态、行业信息、规范文件、新品导向、人力资源、在线投诉、友情链接等，又开设“3·15网上直通车”和“上海家用电器行业协会的产业诚信体系建设平台”。为满足行业统计及信息发展需要，在各会员单位的共同关心下，组建统计、中央空调、水家电3支通讯员队伍，为高质量的信息服务打下良好基础。协会微博正式开通，并通过新浪网的加V认证。微博信息比传统网站更具互动性，能及时为大家提供各类实用家电信息，引导用户和消费者选择高效节能产品，成为家电企业与消费者间的又一桥梁。目前，已拥有忠实关注者（粉丝）275名。

三、加强与政府、相关协会的合作，为企业、社会服务

1．3月15日，在市消保委的统一部署下，与上海电子产品维修服务协会在上海科学会堂共同组织举办2012年家用电器·电子产品“消费与安全”大型宣传、咨询、服务、投诉活动，参加活动的有苏宁电器、大金、三菱电机、林内、能率、樱花、申花、松下、春兰、水仙、小绵羊、红心、华生、双鹿、杜氏实业、艾欧·史密斯、美的、格力等46户家电生产企业。活动得到家电品牌生产厂领导的高度重视，上海三菱电机·上菱空调机有限公司副总经理与技术服务中心主任亲临现场听取消费者建议，接待消费者咨询，为提高企业产品质量和服务质量收集第一手信息和数据。据统计，当日共接待咨询458人次，各品牌企业平时工作扎实，现场仅受理投诉2起，并均在现场解决。协会日常还做好消费者的咨询和投诉接待工作，在执行国家“三包”规定、行业规范前提下，努力作好厂家、消费者间沟通和协调，使消费者反映的问题在国家三包规定框架下得到合理解决。

2．5月，国家五部委为拉动内需，推动节能产品的使用，再次开展节能惠民工程，涉及范围也由原有空调扩展到冰箱、洗衣机、电视机、热水器等。协会及时组织相关家电企业做好申报工作，先后推荐4批，有大金、三菱电机等16户家电企业申报，中标801个型号。

3．10月30日，在上海家用电器有限公司召开由协会中央空调专业委员会主办、上海海立睿能环境技术有限公司协办的空气源热泵应用技术专题讨论会，参加会议的专委会主任、付主任、海立睿能公司领导、同济大学制冷制热工程研究所领导、家电协会技术顾问、部分会员单位技术人员，共30余人，会议对空气源热泵产业应用技术发展趋势、海立睿能空气源热泵产品应用技术介绍、空气源热泵应用技术问题进行了讨论，代表们对空气源热泵发展前景一致看好，其不仅具有节能减排、绿色环保的优势，也为提高生活质量提供了新的产品。

四、开展各类技术培训和工程设计大赛，提升行业从业人员素质

先后举办制冷初级、中级工、水家电初级、中级工和各类上岗证、特种作业证班6个，参加培训近380多人，经考核，有80%以上的人员取得相应证书。根据三菱电机、大金等公司要求，还专门为这些企业进行了特种作业人员安全技术培训。

在市职业能力竞赛组委会支持下，11月，在杨浦区科技管理学校的共同参与下，举办第二次制冷和电工劳动技能竞赛。在原有制冷和电工中、高级竞赛的基础上，又开设初级工竞赛，参加人员达160多人。

为推动家用中央空调作业技术进步和发展，促进应用技术提高，协会中央空调专业委员会举办第十一次的“泽天杯”“家用／商用中央空调优秀工程设计实例”大奖赛活动。在上海泽天机电公司积极支持下，各中央空调企业工程技术人员和部分大专院校的应届毕业生踊跃参与，活动共收到来稿38篇，经专家评审，“泽天杯”评出优秀案例奖4名，创新应用奖2名，优秀设计奖5名；中央空调“奇士杯”优秀案例奖6名，优秀设计奖4名。通过大赛活动，为广大会员单位提供技术交流平台，提高企业知名度，也为广大技术人员提供获奖机遇和交流学习机会。11月22日，专委会和泽天机电公司还共同举办“泽天杯”中央空调绿色、环保、低碳、节能技术交流论坛，会员单位及设计院的11位优秀工程师对自己设计案例进行宣讲，宣讲论文得到资深专家的点评和首肯。

五、继续开展诚信企业创建，推进品牌建设

继续做好诚信企业创建的活动，共有47户会员单位通过星级诚信企业的评定和创建诚信企业的审定。其中9户会员单位获得“三星级诚信创建企业”称号，13户会员单位获得“一星级诚信企业”的称号，15户会员单位获得“诚信企业”称号，11户单位获得“诚信创建企业”称号。

根据上海《家电维修企业经营服务规范》地方标准，强化宣贯力度，5月，联合交家电协会启动上海“A类服务网点”评审认定工作，有42户维修单位成员申请市家电维修企业“A类服务网点”。首批20户单位经现场评审组和家电维修委员会二级评审，上海苏宁电器等19户单位通过评审，并于5月24日在市科学会堂召开的《家电维修企业经营服务规范》标准宣贯会议上颁发“A类服务网点”证书和铭牌，尚有30余户企业提出申请。

在政府有关部门的指导下，协会始终把开展品牌战略工作作为服务企业、推进行业产品结构调整和产业发展的一项主要工作。经协会推荐，海佳、奔腾、尊贵、中日4个品牌获得上海市名牌产品；海立、双鹿、奔腾、飞科、百来福、红心6个品牌获得上海市著名商标。

六、积极组织会展活动，扩大视野和信息交流

先后组织家电生产企业和水家电企业参加荷兰——阿姆斯特丹国际水展，通过展会，大大提升品牌的知晓度，拓展了与海内外客商的业务联系，并通过展会平台了解新品、新技术，开拓新市场、新渠道，有力促进销售业绩的增长。积极协助中国家电协会主办2012年家电博览会，经努力，三菱电机、开能、复旦申花等10户会员单位首次参加家电博览会，参展面积达463平方米。

七、加强党支部和协会自身建设，发挥专委会作用

党支部认真组织党员学习，积极开展“创先争优”活动，紧贴协会工作，将支部工作融入到协会日常工作中。经全体党员努力，党支部被市工经联评为先进党支部。

根据协会章程和专委员工作条例，结合协会工作，完善和充实协会管理制度。3个专业委员会结合工作特点，做好为会员单位服务，发挥在企业节能减排、产业结构调整、推进技术进步、增强综合竞争力等方面的推动作用。中央空调专业委员会完成2011年的资质年检工作，维修委员会对已满2年的企业进行资质复审工作。协会还积极做好新会员的发展工作，新发展会员单位55户，会员数已达532户。

在上海轻工业联合工会的指导下，家电分工会下属各级工会在组织开展职工教育、技术培训等方面发挥积极作用。分工会认真做好关心员工的工作，积极开展帮困扶贫活动。在高温期间，与上海轻工联合工会的领导到奇士等公司进行高温慰问，体现对一线员工的关心。协会在保发展、调结构、促转型中充分发挥工会组织的作用。

（李富春）

上海空调清洗行业协会

上海空调清洗行业协会成立于2007年7月，原名为上海空调风管清洗协会，是国内首家以净化空调风管、节约能源、防止疾病传播、保障公众健康为宗旨，实现行业自律管理的非营利性的社会团体法人。现有会员单位近200户。

2012年主要工作：

一、行业质量控制

制定“行业质量控制”模式，把对会员单位的“工程合同备案”和对工程项目进行“现场施工质量控制”及完工后的施工质量抽查，作为协会2012年度的一项重要工作来进行，并把“行业质量控制”模式落实到实处。

二、能力推荐证书的等级评定和年度审验

开展对会员单位进行空调通风系统清洗企业A、B、C能力推荐证书的等级评定和年度审验。年内协会对空调通风系统清洗企业A、B、C能力推荐证书的认定管理办法进行修正，增加了对A级能力推荐证书的评定和年度审验要进行现场考查这一环节；还增加了对诚信创建、企业负责人和安全生产管理人员的培训，特种操作人员包括电工、登高作业人员的持证上岗，严格执行对能力推荐证书的等级申请、评定和年度审验的程序。评定或审验的结果同时在协会官网上公开，让参加评定或审验的各等级会员单位接受社会监督，努力做到经审定推荐的能力等级企业名符其实，是经得起社会监督的。

三、专业技能培训

为提高行业的整体素质和技术人员的专业技能，专业技能培训是审定能力等级的重要组成部分，协会对申请空调通风系统清洗能力等级的会员单位，按能力推荐证书认定管理办法规定中的“工程技术人员必须经过行业专业技能培训”执行。为此，协会增加了对操作工、项目经理专业技能和安全生产管理人员的培训频次。

四、集中空调通风系统卫生服务管理信息平台

在与市卫生局卫生监督所的共同努力下，“集中空调通风系统卫生服务管理信息平台”正式启动开通。自此，对于会员单位的身份真伪、资质的有效期及备案的工程项目等信息，都能在此网站平台上得到确认。

五、开展“历年空调清洗合同量”统计工作

根据市卫生监督机构的要求，需要统计协会历年来的相关空调清洗数据资料。为此，协会要求各会员单位积极配合做好“历年空调清洗合同量”的统计上报工作，提供自申请成为会员单位之年起至2012年度的空调清洗项目合同量数据资料。今后，每年一次的“年度空调清洗合同量”的统计上报，将作为协会的常态工作。对会员单位的能力等级的评定或审验，依照上报的“年度空调清洗合同量”进行考核，不达标的将确定为“在审验中”、“暂缓通过”，直至到“降低等级”、“取消等级”。

六、深入开展宣传工作

拓展对“空调清洗”理念的宣传广度和深度，并取得了良好的效果。

七、继续做好接纳新会员的工作

新入会单位达到51户。随着协会知名度的不断提高，还有不少的外地单位纷纷来电咨询，要求加入协会。

八、出版《上海空调清洗行业专刊》

完成《上海空调清洗行业专刊》的编辑、印制，发送所有会员单位，对专刊中宣传的企业，加赠30本专刊，供作对外宣传。

九、评选年度“诚信优质工程”

协会专委会对申报的18个参选工程逐一进行综合评估审定，按照评分标准，最终有7户会员单位的9个参选工程胜出，荣获年度“诚信优质工程”奖；1户会员单位获得年度“优秀空调清洗设备供应商”奖。

（谢华樑）

上海冷冻空调行业协会

上海冷冻空调行业协会成立于1985年12月，是以生产制冷空调设备的企业为主，包括有关科研、设计、院校、工程安装、维修及商贸等企事业单位和社会团体自愿组成的跨地区、跨部门的行业组织。现有各种所有制会员385户，分布在机械、电子、轻工、航天、航空、商业、建筑等多个部门。

2012年主要工作：

一、履行协会服务职能

1．推介节能产品。4月17日，邀请国家建科院空调检测所、国家冷标委、闵行区政府、市能效中心、市工业经济联合会、市节能协会、市制冷学会以及相关大学与设计院所60多人，在上海富田冷冻设备有限公司召开FTC系列新颖节能型风机盘管应用推介会。9月6日，与上海旅游行业协会饭店分会、浙江正理生能科技有限公司，在美丽园龙都大酒店举办“高效节能空气源热泵热水器（机）产品”推介会，与会代表来自宾馆、饭店、空调安装维修企业共80余人。

2．开展各类培训。开展安全上岗证培训，全年完成企业法人培训84人、管理人员培训62人、操作工培训61人。1月5–6日，举办冷冻空调设备维修保养知识培训班，工程技术人员和制冷维修工60余人参加培训。11月，组织“商务大楼冷冻空调维修保养知识专题讲座”，物业单位50余人参加听讲。

3．进行咨询服务。配合黄浦区法院，组织人员对“太阳都市”住户空调系统运行状况进行现场监测，提供维修方案。应会员单位要求，对易初莲花空调设备进行检查，提出维修方案。应浦东陆家嘴中银大厦要求，为解决室内闷热问题，会同市质监检验技术研究院及有关人员对其中央空调系统进行实地检测，提出整改方案。

4．办好月刊网站。《制冷信息》月刊按期出版，冷冻空调网版面及时更新。期刊和网站坚持图文并茂地宣传报道各会员单位形象，反映行业信息和冷冻空调市场状况。扩大通讯员队伍，已达41人，为办好月刊网站发挥了很大作用。

5．提供服务平台。与上海仁信保险经纪有限公司合作，为会员单位提供“企业保险统筹投保方面”的服务；与上海山田律师事务所合作，提供“有关法律事务方面”的服务；与民生银行上海支行合作，成立“民生银行—上海冷冻空调行业协会合作社”，提供融资、理财服务；与上海华皓会计师事务所合作，提供会计审计、验证资本、税务咨询等服务。

二、强化协会自律职能

1．认真进行换届改选。完成理事会换届工作。经近半年筹备，6月6日，在上海科学会堂召开第八届会员大会暨第一次理事会，选举产生63位理事、30位常务理事，其中王心平先生续选为第八届理事会会长，推选出14位副会长。

2．确定工作思路。在八届二次理事会上确定“上海冷冻空调行业协会工作思路”，即坚持和推进协会市场化改革方向，巩固基础，深化工作，调整薄弱环节，提高整体水平。

3．加强自身建设。完成协会冷冻空调工程专业委员会换届工作。先由工程专业委员会各会员单位酝酿、推荐，秘书处根据推荐名单，依据《上海冷冻空调行业协会对下属分支机构管理规定》，拟定11户单位为新一届工程专业委员会正、副主任，报第七届常务理事会审定通过。1月16日，召开新一届工程专业委员会正、、副主任会议，宣布工专会新领导班子成立。继续发展会员，共发展新会员78户，现有会员单位385户。发挥党支部监督协调作用，遵照市经信委、市工经联党委关于进一步开展“创先争优”活动的精神和部署，党支部从党员队伍现状出发，开展把握“紧贴四个实际”和围绕“力求四个着于”创先争优活动，调动了党员积极性，有力促进了协会健康发展。

4．加强自律管理。严格执行《上海市安全生产条例》，根据《上海市小企业安全生产评估导则》，做好安装维修企业安全生产评估工作。共有31户新会员单位通过安全生产评估，取得《上海冷冻空调行业安全生产合格证书》；36户老会员单位通过复审，目前已有162户单位通过安全生产评估，取得《上海冷冻空调行业安全生产合格证书》。继续开展本市冷冻空调行业安装维修企业资质认证工作，新申请办证企业62户、复审企业62户。至今获得市冷冻空调行业安装维修企业资质认证的企业有351户，其中A级114户，B级128户，C级109户。开展优质工程评选工作，协会“优质工程专家评审组”对会员单位申报的工程项目进行资料审核，到工程现场进行考察，其中16户企业荣获“2011年冷冻空调优质工程项目奖”。参与市“创建诚信企业”活动，有13户企业申报，经市指定的社会征信机构评估，获得“诚信企业”铜牌，至今获得“诚信企业”铜牌的企业已有71户。

三、推进协会中介职能

1．承接政府交办项目。受市环保局ODS办公室委托，上半年对工商制冷空调安装（维修）商使用制冷剂情况开展调查，编写《消耗臭氧层物质管理条例讲义》和《消耗臭氧层物质管理条例宣传贯彻及使用制冷剂实务培训计划》，经修改，听取环保局意见，基本达到要求。受市质监局委托，牵头开利、新晃、富田、美的、格力、大金、特灵、百富勤、风神、克莱门特、翰艺、春兰、堃霖等13户单位，共同制订《风机盘管机组能效限定值及能效等级》本市地方标准，尚在进行中。

2．组织专家对项目的鉴定和评审。受上海富田空调冷冻设备有限公司委托，于3月15日组织专家委员会部分专家，对富田公司开发研制的“FTC系列新颖节能风机盘管”召开产品鉴定会。经鉴定，专家认为该新产品主要性能指标达到了国内和国际一流水平。为了完善环保局ODS办公室委托的项目，11月21日，组织部分专家对项目进行评审，专家对调查报告及培训方案予以肯定，并提出修改意见。

3．转发政府有关工作通知。转发市能效中心有关节能产品的通知，指出由协会转交产品，经审批合格后，可列入国家节能产品目录。4月10日，转发沪管审《关于做好2012度市企业管理现代化创新成果评审工作的通知》，倡导会员单位积极申报。

四、探索协会社会职能

1．面向社会，与兄弟协会合作。与上海铝业行业协会合作，10月31日，在上海鑫益瑞杰有色合金有限公司召开“以铝代铜”第五次工作交流会，会上确定2个合作项目，即“微通道平行流换热器”在家用空调室外机上的替代研究和在风机盘管上的应用研究。与上海制冷学会、冷冻食品协会、冷藏库协会共同举办第五届“上海制冷节”，普及制冷供暖科技、传播健康节能理念、展示科技成果、引导科技创新、提供展示平台、提高全民科技素质。组织编写《制冷节能科普常识》小册子发放到学校、社区，组织大学生下社区宣讲、专家到学校讲课并组织节能产品推介和开展节能减排研讨。12月22日，制冷节组委会在上海科学会堂召开“上海第五届制冷节”总结表彰大会。

2．关心问候，与制冷专家相聚。6月15日，秘书处为关心和问候老专家，把协会专委会所有专家人员请来相聚一堂，共度端午佳节。秘书处向专家通报协会第八届会员大会暨第一次理事会情况。9月20日，召开“迎国庆、中秋专家联谊会”，协会部分副会长单位与专家欢聚一堂，一致肯定协会近年来所取得的成绩，期望协会继续发扬勤奋、扎实工作作风，使各项工作更上一层楼。

（刘俊飞）

上海锅炉压力容器行业协会

上海锅炉压力容器行业协会成立于2003年8月，是集锅炉压力容器的设计、制造、销售、安装、技术咨询相关服务的企业、高等院校、研究所等企事业单位自愿组成的行业性社会团体。现有会员单位79户。

2012年主要工作：

一、发挥协会自身优势，当好政府决策参谋

年初，受市经信委委托，开展以“瞄准战略新兴产业，调整传统型锅炉行业”为课题的行业调研。锅炉行业作为国家战略性新兴产业之一，在煤碳清洁燃烧，二氧化碳捕集利用，海水淡化、生物质能源等方面率先具有自主知识产权的核心技术，率先实现产业化。通过调研，为上海市“十二五”规划先进设备的落实和上海锅炉行业未来生存和发展，以及为锅炉行业的节能环保的持续发展提供参考。同时，对上海电站锅炉高端先进装备“冲出国内，走向国际”，提升国际竞争力具有重要的意义。为使企业拓展国际市场，推进创新驱动、转型发展，鼓励企业“走出去”拓展发展空间。按照市政府“走出去”战略，基于目前上海电站工程业“走出去”的现状，深入分析所面对的国际市场，探索属于上海电站工程的国际化道路，了解上海电站工程业通过“走出去”后，在产业链的带动，人才的培养，商业模式的开拓以及上海电气品牌国际化等方面所起到的带动效应。

根据市社团局的要求，在行业内开展调查，将调查结果填报市社团管理局发出的关于《上海市行业协会发展现状研究课题调查问卷》，为政府了解行业情况提供依据。

二、坚持服务社会，造就和谐社会

召开关于“贯彻市府常务会议‘节能减排’精神的座谈会”，与会会员单位畅所欲言，纷纷表示在推广“节能减排”新产品的同时尽力淘汰燃煤污染环境的旧产品，为创建优美社会环境提供更多新型的“节能减排”产品。

国家对锅炉压力容器行业的产品加强安全性管理，特种产品的管理和监督要求更加严格，同时增加对能效的考核。面对社会上许多单位在采购、使用中遇到的诸多问题，协会本着“服务好社会”的精神，热情接待前来咨询单位，不厌其烦地作宣传解答，受到大众欢迎。同时，也为企业“节能减排产品”进行推荐和讲解。

三、坚持服务企业，提升企业竞争力

积极为会员单位提供“多元化、多角度”的服务。认真办好《简报》，通过《简报》向会员传达和介绍政府政策、企业治厂经验、“节能减排”产品的新技术等信息。年内《简报》中介绍了“本市细化引进人才、降低人才居住证申办门槛的政策、技术人员职称评定要求”等政策规定，报道介绍民营企业持续经营的经验，提示部分地区“民营企业借贷愈演愈烈，金融风险凸显”等问题，受到企业的欢迎。坚持深入走访企业、了解需求，特别是关于民营企业技术人员职称评定等问题，积极与政府职能部门联系。在6月8日的《简报》上，发出有关“专业职称评审”通知，共有65人报名，其中36人通过评审。获得初级职称资格证书技术员有6人、助理工程师30人，并于11月30日颁发了证书。另有5人经协会审查合格推荐到市专业职称评审组评审，并通过工程师资格评审，获得市职称资格证书。在年度“上海市著名商标”认定工作中，为上海申江压力容器有限公司、上海新业锅炉高科技有限公司、上海艾克森集团有限公司、上海奉贤设备容器厂等5户会员单位出具本年度“上海市著名商标”产品产量、质量评价资料，递送上海工商局商标处。针对锅炉压力容器行业普遍存在“制造周期长、资金垫资大、应收账款多”问题，积极为会员单位提供法律咨询服务，及时收回应收账款，有效降低了会员单位经济损失。协会法律咨询部还深入企业，帮助因产业调整中企业搬迁产生的劳资矛盾，通过大量调解工作化解矛盾，使企业很快恢复生产。

四、完善统计工作，运用统计分析，为企业提高效益

在各会员单位的支持下，按照统计局要求做到“及时、准确”的上报，并运用统计数据分析行业的经济运行特点，找出影响发展的问题。并针对锅炉压力容器行业一般合同周期长，在制品库存量多、占用资金周期长的情况，进行统计分析提出合理的信用标准、收款办法，大力推行货款回笼责任制，有效压缩应收账款的占用，通过增加销售，减少原材料采购进量，做到合理库存量，确保资金加快周转等办法，从管理中提高企业的经济效益。协会荣获上海市“2012年度工业统计综合评比”三等奖。

五、走访会员单位，为提高企业技术水平与管理水平增力

走访江苏绿叶锅炉有限公司、上海电气电站设备有限公司辅机厂、上海特种设备监督检察技术研究院、上海超滤压缩净化设备有限公司、上海发电设备成套设计研究所、中石化上海工程有限公司等会员单位。还针对企业普遍存在的应收账款上升、部分坏账情况，组织法律咨询部、山田律师事务所资深主任律师为会员单位讲解公司运作过程中如何编制和修订“标准合同和起草技巧”、注意合同的“设立、收集、票据的保存”、应如何注意诉讼时效、如何应对债权债务等问题，并列举大量案例讲述如何有效防范合同风险，深受会员单位的欢迎。

六、认真学习贯彻市委、市府《关于进一步加强社会组织建设的若干意见》，推进协会党组织的建设

按照市委、市府《关于进一步加强本市社会组织建设的指导意见》，市工经联组织全市行业协会认真学习《指导研究》，根据要求成立了协会临时党支部，经选举产生支部委员会，并报市工经联党委。支部成立后，积极参加市工经联党委组织的各项活动，加强党支部的建设。

（陆樑华）

上海市电力行业协会

上海市电力行业协会成立于2004年9月28日，是由上海市电力企事业单位自愿组成的跨部门、跨所有制的非营利的行业性社会团体法人。现有电网、发电、电力建设和工程施工、电力设备制造和物资供应、科研院校等会员单位145户。

2012年主要工作：

一、凝聚行业合力，促进协会有效运作

3月28日，举行第二届理事会第五次会议。理事会审议《关于2011年工作总结和2012年工作打算的报告》、《关于2011年会费使用情况及2012年预算安排的报告》，并通过二届五次理事会决议。会议肯定2011年所取得的各项成绩，明确2012年工作思路和工作任务。8月1日，召开二届六次理事会，审议秘书长变更事宜。决定由王正龄担任协会理事、常务理事、秘书长。9月27日，召开本市发电、电网企业负责人联谊会，总结上海电网2012年迎峰度夏工作，通报今冬明夏上海电力总体供需情况，并对上海电网并网电厂迎峰度夏先进单位进行表彰。市经信委、华东电监局、在沪发电和电网企业有关负责人参加会议。1月10日和9月25日，先后2次召开常务理事单位联络员会议；6月12日和11月8日，先后召开第二届理事单位联络员座谈会和部分单位联络员座谈会，会议通报协会内部机构的职责分工及近期工作开展情况，并重点对秘书处加强与各理事、会员单位间的沟通联系和工作配合事宜交换意见。2月23日，上海现代服务业联合会会长周禹鹏一行再次莅临协会调研，在听取协会概况和上海电力行业发展情况的介绍后，周禹鹏会长对协会长期以来支持现代服务业联合会开展工作表示感谢，他高度评价协会对上海经济与社会发展所作出的贡献，勉励协会继续努力，为上海的经济建设再作新的贡献。

二、发挥协会特长，抓好重大课题研究

受市经信委委托，组织有关发电和电网单位开展“闵行电厂12、13号机组关停课题”的研究工作；组织电网和发电企业开展“进一步加强上海统调机组发电运行管理”课题研究，完成《上海电网发电厂并网运行管理实施细则（试行）》和《上海电网发电厂并网运行考核实施细则（试行）》的编制修订；组织电力公司、各区（县）政府部门和相关控股集团共同参与，完成对《上海市用电负荷管理系统管理办法（试行）》、《上海市有序用电管理办法（试行）》的修改。并受市经信委、市发改委和物价局等部门委托，组织开展“可中断电价和高可靠性电价”课题研究。该课题成果已通过国家发改委相关部门的评审，并获得好评。

根据“十二五”期间上海区外来电大幅度增加且其增速远超本地区用电量增加的特点，按照市发改委的部署，协会组织电网、发电企业和环境科学研究院等单位，开展“上海市双边交易清洁发电机制”课题研究及其相应《管理办法》编制工作，目前已完成课题。

协助市电力公司完成“用户业扩工程定额收费”和“居民用电阶梯电价”政策研究及实施方案制定工作，并参加市政府组织的有关听证会，代表电力行业公正发表意见，相关方案已由市物价局颁布实施。此外，会同市电力公司接受国家发改委对上海住宅供电配套工程收费合理性的检查，并得到国家电网公司和市电力公司的好评。

根据《上海世博会志》办公室和市府办公厅、市经信委的部署，协助市电力公司开展《上海世博会志》运行管理篇电力保障（节）的初稿编纂及资料汇编编制工作，如期完成任务并上报相关部门。

三、履行协会宗旨，提高基础服务水平

1．持续推进QC小组活动。3月14–15日，召开2012年度上海市电力行业QC小组成果发布会，共发布28项成果。优秀成果还参加中国水电质协、上海市质量协会等机构组织的成果评审和擂台赛。至年末，共有5个成果项目、集体和个人获得国家级奖项，48个获省部级奖项。

2．根据“厂、网分开”改革所形成的格局，牵头开展行业统计管理工作，组织行业统计报表编制，统计成果按月通过《上海电力行业信息》发布，并分发会员企业、兄弟省市行业协会，以扩大统计信息的服务效应，促进资源共享。4月下旬，围绕进一步规范行业统计管理、完善电力供需分析工作机制等课题，组织统计网络成员进行交流、研讨和考察；12月中旬，召开由35户业内单位参加的上海市电力行业2012年度发电统计年报工作会议，部署年报事务，并研究2013年统计工作。通过组织不同形式的活动，统计网络成员加强沟通、交流和学习，促进了统计工作水平的提高。

3．教育培训网络充分发挥协会搭建的平台和桥梁纽带作用，坚持例会制度，互通专业信息，协调资源共享。为促进各培训基地和技能鉴定中心加强基础建设，协会积极指导开展培训大纲和教材编写，其中包括闸北燃机电厂的值班员培训大纲、丛欣公司的社会五大工种教学大纲和培训教材、石洞口电厂的燃料运行人员培训教材修订等。业内专业机构发挥自身潜力及优势，大力开展教育培训工作。据不完全统计，全年教育培训网络成员单位开展技术、技能、管理培训的总人数达5万多人次（含社会人员培训），各类技能鉴定人数达5000人，为提升员工素质、增强企业竞争力作出了重要贡献。

4．注意做好行业及业内企业的信息发布工作，定期编印、出版《上海电力行业信息》，及时做好协会网站的动态维护和通讯员队伍建设，增加业内关注热点的报道。为扩大协会影响面，信息调研部主动与相关会员单位协商联系，建立会员单位网站与协会网站之间的链接，部分具备条件的副会长单位网站已经增加了链接协会网站的功能。为提高《上海电力行业信息》的办刊质量，增强可读性，改善版面效果，为此增设了上电论坛、民企品牌、风流人物、技术前沿、科技创新等新栏目，不断调整版面设计，力求主题鲜明、图文并茂。

5．继续协办中国国际工业博览会，与工博会组办单位联合举办“电力技术装备研讨会”，邀请业内专家围绕发电技术创新主题进行演讲，以传播“高效、节能、环保”的理念。

6．顺利通过市社团局的年检审查和有关审计单位进行的财务年报审计，并获得市财政、税务部门的非营利组织免税资格认定。秘书处按照协会《章程》以及相关规定做好会员单位会籍的动态管理，按期收取会费，规范会费支出管理。至年底，会员单位总数为145户，当年会费应收比例达99.38%。

（朱辛放）

上海市汽车行业协会

上海市汽车行业协会成立于1996年，为上海市汽车行业企事业单位自愿组成的跨部门、跨所有制的非营利的行业性社会团体法人。现有会员单位319户。

2012年主要工作：

一、坚持服务第一宗旨，促进行业平稳发展

1．开展以“创新转型为主题，以实现全年经济目标为主旨”的形势任务宣传。围绕全年经济目标，动员全行业打好3个战役：新品开发和质量提升攻坚战；品牌建设和市场拓展持久战；降本增效协同战。在全行业共同努力下，实现全年增长目标。在会刊上开展主题活动系列宣传，为推进行业内涵式、可持续发展发挥引导作用。

2．关注市场，发布信息。组织专家编制和出版《2012年汽车市场分析预测》蓝皮书，并积极向会员企业推介和发放。主动与市经信委等有关部门沟通信息，反映市场发展趋势，提出建议要求。利用协会工作例会，向分会和专业委员会通报每月市场信息。会员部定期发布汽车市场竞争情报、培训信息和招商洽谈等市场信息，组织会员企业参加泰国等外商市场研讨活动。统计信息部认真编报每月全国及上海产销分析和预测报告，供领导及会员参阅，统计报表定期上报市统计局。定期向市经信委、工经联等部门上报季度产销统计数据。利用会刊定期发布月度汽车市场分析，为会员了解市场、拓展市场提供依据。发挥协会网站信息传播作用，每天定期更新和发布市场、企业信息和动态。召开2011年度统计信息年会，表彰奖励先进统计员和信息员，组织会员企业专业人员参加有关业务知识培训。汽车电子电器委员会结合行业要求，开展会员间的产业和行业数据情报交流达近百份。

3．推进节能排放工作。按经团联工作部署，在加大宣传的同时，JJ小组活动进一步深化并取得初步成果，成效明显的JJ小组受到市经团联奖励表彰。电子电器专业委员会联合举办“混合动力有源传动技术”研讨会，与交大、同济等高校进行了驱动方案及产品开发等方面的交流。动力总成分会组织大众、通用、上海汽车、德尔福等单位实施长三角地区轻型汽车排耗试验检测比对活动。组织有关会员单位参与工信部“上海甲醇汽车试点及应用推进工作”研讨会，积极筹建“上海市甲醇汽车产业应用推进工作联盟”。组织协调各乘用车企业开展“轻型汽车上海国Ⅴ阶段排放标准技术研究及国Ⅴ阶段油品与适配性试验工作。专用车专业委员会同市容环卫有关部门启动上海环卫车采用新能源的可行性研讨。重视发挥专家和有关专业人员作用，开展会员企业现场节能技术改造调研和咨询。

4．发挥专家和分会服务作用。组织专家和协会顾问参观上海商用车无锡基地，为上海商用车发展壮大举行座谈，并献计献策。专用车专业委员会实现领导层调整和工作的顺利交接；召开上半年年会，对专用车改装车管理规定、技术要求、产品准入、型式制定等政策法规进行宣讲；针对市场非法改装和无证经营现状，与浦东新区工商部门交流，提出加强管理的建议，配合工商开展行业管理和咨询，贯彻规范操作，依法经营。动力总成分会在做好新能源汽车应用研发等工作的同时，会同同济大学开展“发动机及整车热管理系统仿真与优化”的课题研究，年内完成验收工作。电子电器专业委员会举办“汽车电子研发流程及工具应用”报告会，还参与组织“2012第十届汽车电子论坛”、“新能源汽车电子开发与测试”高峰论坛，组织会员单位与高校实施“EMC仿真”等产学研项目。汽车铸造分会召开2012年年会，并举办“开发转型、创新”技术研讨会，还先后派出专家为相关铸造企业开展技术咨询服务和企业状况调研，同时开展企业间的参观交流活动。

5．走访会员单位，听取企业意见。结合协会换届改选，走访会长及理事单位，听取意见，完善方案。结合阶段重点工作和企业要求，定期与会员企业加强联系，帮助解决实际困难。加强与沈阳、烟台等外省市分会的联系，听取意见和建议。

二、深化平台建设，提供特色服务

1．坚持平台建设的“三个结合”、“四个进一步”、“五个关系”工作原则，使平台建设逐步深化，效果逐渐显现。

2．“二会二中心”平台的服务功能得到体现。联席会议制度趋于常态，四方配合日渐紧密，围绕主题、明确项目、发挥优势、讲求实效成为2012年工作的主线。四方联合举办“上汽育人大讲堂”形势与任务的专题报告，并尝试了远程视频直播，实现南京、烟台、柳州地区的人员直观听讲。

3．上海研发公共服务平台行业服务站项目获市科委验收通过。利用研发平台优质资源为行业中小企业服务取得实质性进展，协会发放的平台创新服务卡得到会员企业的欢迎。

4．市商务委进出口公平贸易汽车行业工作站的运行机制逐步完善，联系也进一步增强。开展“二反一保”的宣传，建立起与市商务委的信息交流渠道。组织上海大众、上海通用参与汽车产业安全预警数据库直报工作。

5．参加上海经贸仲裁中心召开的第一次会议，与经贸仲裁中心签订合作协议。开展经济贸易合同争议解决方式的宣传，做好为会员企业的服务。

6．配合市行业质量工作促进会开展行业质量提升活动，组织会员参与促进会的质量月宣传，建立行业发言人制度。

三、做好政府委托工作，起到桥梁助手作用

1．开展“上海新能源专用车产业发展研究”课题的各项准备。在市经信委装备处的主持下，确定课题工作和报告提纲，召开课题工作小组会议，确定课题框架和人员分工，进行各项研究资料的收集和整理工作。

2．参加市国资委下达的“上海市第二轮新编志书编纂规划”中的《汽车业志》的联络员培训，按编委会要求落实相关会员企业的资料编写工作。

3．完成为市发改委编制《上海市国民经济和社会发展报告》、中国汽车技术中心编制《中国汽车工业年鉴》，提供上海汽车行业发展的专题报告及相关统计资料。

4．按时完成市统计局的汽车行业月度统计报表汇总及上报工作。

5．为市经信委编制《上海市工业年鉴》提供协会工作报告，定期为市经信委经济运行处提供全国乘用车市场分析资料。

四、加强与国内外汽车业同行的合作交流

1．与汽配流通、汽车销售、汽车维修等4个协会协办“上海春季汽车交易会”；还定期开展产业链协会秘书长的工作交流，互通信息，合作共赢。

2．配合上海塑料行业协会成功举办第二十六届中国国际塑料橡胶工业展览会的推介和相关活动。

3．开展上海汽车行业与五金工具行业企业之间的交流和对接活动。

4．参加2012年中汽年会和全国省市汽车行业协会秘书长联席会议，开展协会间的工作交流。

5．组织会员企业代表参加泰国、马来西亚、美国、中国台湾等国内外同行间的合作与商务洽谈。

五、加强协会的组织建设工作

1．制订2012年协会工作计划，开展工作目标进度的分解，落实工作目标，明确时间进度要求，确保各项工作按时完成。

2．坚持每月1次工作例会制度，定期总结工作，互通信息，落实工作要求。

3．认真做好协会工作总结，积极参加市工经联组织的“先进行业协会”评选活动。

4．加强会员管理，在做好老会员定期清理整顿的同时，积极发展新会员，保持协会活力，并定期做好会费的收缴工作。

5．抓好党支部的“创先争优”活动和党务公开活动，进一步发挥党员模范作用，推进协会工作人员勤政、自律工作的自觉性。

六、完成协会换届改选工作

制订协会换届改选工作计划，明确工作要求和时间进度，确保按时间节点完成各项准备工作；做好换届改选各项文件的准备，并通过各种渠道征求会长、理事单位及部分会员企业的建议，进行相应的文件修改；以书面形式下发理事会决议同意书，就新一届会长单位的确定，征求理事单位的意见；召开第四届理事会第七次代表会议，审议和听取了理事们对大会文件的修改意见，通过换届改选工作实施方案；走访理事单位和会员企业，加强沟通，听取意见建议，还召开了外省市分会座谈会，征求外省市企业意见；做好会务准备和与上级部门的沟通，保证了换届改选工作的顺利完成。

（练雄洁）

上海船舶工业行业协会

上海船舶工业行业协会是由上海及周边地区从事船舶及其相关业务的企事业单位平等、自愿组成的跨地区、跨部门、跨所有制的非营利的行业性社会团体法人。现有会员单位123户，涵盖船舶制造、修理；船舶技术设备的设计、研究；经济贸易和教学等领域。下设法律、铸锻、计算机3个专业委员会，另有游艇、设计、生产管理、统计4个专业工作小组。

2012年主要工作：

一、以规范化建设为契机，努力深化协会自身建设工作

1．抓换届改选，推进协会组织建设。

2．抓调查研究，了解企业需求与困难。

3．抓规范化建设，促进协会自身建设。

二、发挥协会桥梁纽带作用，坚持服务为宗旨，多为政府、行业、企业办实事

1．为政府服务，为政府部门当好参谋助手，针对行业困难吁请政府支持。在完成上海市船舶产业发展“十二五”规划建议方案基础上，继续完成市经信委委托的工信部及市统计局的行业统计工作；受市有关部门委托开展上海海洋工程产业、船舶自动化课题研究。受工信部、交通部委托就游艇按长度征税、上海船舶创意企业和品牌培育、船舶工业设计创新示范企业建设、船舶行业人才需求、上海船舶行业技术创新研发现状及需求等开展调查和提出建议。受中国船舶工业行业协会委托，对江苏、浙江、上海行业协会、渔场和水产大学等单位，开展我国渔船市场及建造现状的情况调研，为我国进一步开发渔业资源、维护海洋权益以及造船企业开拓渔船建造市场、争取新订单出谋划策，并吁请政府支持；江苏、广东、辽宁、天津等有关省市领导就发展游艇产业专程来访，希望听到协会建议与方案，辽宁省省长陈政高专程会见委托协会组织来自全国游艇界代表性的30多位嘉宾出席的恳谈会，听取他们对辽宁省发展游艇产业及承办园博会的意见和建议。在重大关键设备及技术上形成17个方面34个项目的开发，与工具协会合作开发的船舶艉部作业平台、液压制墩等性能已优于海外产品，并争取得到市经信委产业化基金的支持。为上海加快推进战略性新兴产业出谋划策，主动提出要“加速优势三大船型升级换代”、“高新技术船舶开发”、“进军海洋工程”、“船厂装备和建造技术研究和开发”、“配合旅游发展的休闲船舶开发设计”、“提高修船技术和专用装备开发”等七大类31项项目建议，并参加上海船企万集装箱、LNG船、钻井平台项目的评估工作，得到相关部门好评和要求继续深化专题研究的指示。为上海船舶工业进军高新技术和国防装备建设向政府献计献策，就军船、民船、动力装备等向国家提出建议，取得良好效果，为企业发展带来了机遇。还提出呼吁建立上海船舶科技创新联盟的立项建议。

2．为行业服务，结合行业热点、难点、共性问题，联合业界同行开展行业交流、研讨，推进产学研合作。配合IMO新规则的实施，与中国船级社上海分社、上海造船工程学会联合组织召开“船舶公约与规范发展及其对行业影响研讨会”。参与市研发公共服务平台船舶行业协会服务站建设，集聚行业专家、实验室、中心、大型仪器设备的资源优势，为行业内外企事业单位开展科研工作提供科技服务。与浙江省船舶行业协会、江苏省船舶工业行业协会联合主办“第二届（2011）中国造船与国际船舶交易峰会”。成功举办第十六、十七届中国国际船艇及其技术设备展。其中，第十七届船艇展创造了该展览会历年来参展厂商（近450户）、展示面积（超4万平方米）、参观人数（3万多人次）、意向和协议成交（22亿元）的最高纪录；展会还举办高性能船学术报告会、中国国际游艇经济发展论坛会、产品及需求的对接洽谈会。参与船舶工业污染物排放标准、重点工业行业VOCS排放及控制标准、GBS和船上噪声防护标准、帆船检验指南等评估论证和技术标准制定。配合海事部门和规范所推进行业标准和规范的修订和实施，推进行业诚信建设和企业社会责任建设规范行为。

3．为企业服务，抓落实，脚踏实地为企业办实事。根据成员单位特点，开展行业战略架构、企业发展方向研究以及政府扶持政策和资金、融资、公共服务平台等针对性的服务。积极开展企业管理现代化创新成果评选，8户单位16个项目分获上海市一、二、三等奖，其中上海外高桥造船有限公司组织的“超深水半潜式钻井平台设计与建造管理”课题荣获一等奖。积极开展第二届上海市工商业领军人物评选，经协会推荐船舶行业由沪东中华造船（集团）有限公司王勇总经理获得。积极开展青年高端创意人才等行业评选和推荐、船舶行业创意成果展示、两化融合情况调查等活动，助推行业技术创新。受企业和机构委托开展和参与中国游艇市场发展情况、世界及中国游艇业概况与分析、上海船舶工业发展报告、上海年鉴、上海工业年鉴、上海浦东年鉴、船舶志、中国船舶工业年鉴等课题的研究和编写。帮助企业走出去、引进来，拓展市场，组织国内企业近80人次赴美、日、澳游艇展考察、参展、采购，深化与海外的交流合作；为企业收购世界顶级游艇公司和与海外豪华邮轮合作设计、开发、建造牵线搭桥，并提供咨询、评估服务。推进区域合作，组织成员单位参加“2011 年上海企业跨区域合作推介洽谈会”、“南通港口经济洽谈会”，赴南通中远川崎和熔盛重工等参观考察和交流。

（周 俊）

上海有色金属行业协会

上海有色金属行业协会成立于 2002 年 1 月 8 日，是由上海及周边地区有色金属行业同业企业及其他经济组织自愿组成、实行行业服务和自律管理的跨部门、跨所有制的行业性社会团体。现有会员单位 102 户，基本覆盖上海地区主要的有色金属骨干企业。

2012 年主要工作：

一、多管齐下，积极引导行业转变发展方式

3 月，协会编写的《上海有色金属产业结构调整的调研报告》通过市经信委验收，为实现行业以科技进步、管理创新、经营模式转变来推进产业转变的发展方式，先后两次召开专家座谈会，为产业调整及企业发展出谋划策，并将专家建议通过网站、报纸传递给企业家。面对铜、铝、稀土、多晶硅等有色金属及相关行业的国际贸易摩擦频发事件，协会积极走访企业，帮助企业技术人员进一步认清技术性贸易壁垒的新动向，及时提醒企业，仔细研究欧盟的 5 个标准和“单独税率”有关规定。此外，还通过推荐优秀特种产品、评选名优产品、评审技术职称等方式引导行业企业实现技术进步、人才提升、产品升级。

首次将上海桦厦实业有限公司、上海金属带箔厂有限公司、华峰铝业股份有限公司、中铝上海铜业有限公司、上海海亮铜业有限公司、续阳光电（上海）有限公司等 6 户企业的产品作为国家军民两用技术推荐给解放军总装备部，并入选《2012 上海军民两用技术项目汇编（创新能力建设篇）和（民技军用项目篇)》。

通过积极引导，业内出现一批依靠科技进步、不断创新的企业，如中铝上海铜业有限公司、上海胜华集团有限公司、上海恒阳仪表科技有限公司、萨帕铝热传输（上海）有限公司、上海晶盟硅材料有限公司；也有研究市场变化，努力使产品结构适应市场消费结构的上海申茂铜业有限公司、上海萨新型材有限公司；还有主动控制产量，化解产能过剩的上海飞轮新材料有限公司等，为协会承接 2013 年市经信委“上海有色新材料发展思路与对策研究”课题打下良好基础。

二、真抓实干，确保完成行业“十二五”节能目标

以节能标准化工作推动产业结构调整，制订上海市有色金属单位产品能源消耗限额系列标准；贯穿制标、贯标、对标、评估、节能技术推广全过程，实现行业节能 2.29 万吨标准煤目标。在前两年完成研制“铜及铜合金管材”、“铜精炼”和“铝箔”单位产品能耗限额地方标准后，年内完成“铝合金建筑型材”、“再生铝”和“变形铝及铝合金铸造锭、铸轧卷”3 项标准，又承接《铝合金压铸件单位产品能源消耗限额》和《铜及铜合金棒（型）线单位产品能源消耗限额》两项标准的编制任务，1 项已送审，1 项在 2013 年 1 季度完成送审稿。此外，“硅片（硅单晶）”与“铜板带箔材能源单耗限额”项目通过市级立项，将于 2013 年 6 月前完成研制，届时将形成 11 个单位能耗系列标准，覆盖上海有色行业主要产品。9 月，与市节能监察中心、市有色金属标准化技术委员会联合召开“上海市有色金属产业节能工作会议”，就“单位产品能源消耗”上海市地方标准及国家标准进行宣贯和解读。6 月，市经信委、市技监局对全市铜管生产企业进行对标。市经信委领导强调，通过贯标、对标、督标 3 个手段，领跑一批、提升一批，限制一批，最终实现工业企业产品单耗综合指标下降 5% 的整体目标。为更好地为产业节能提供全方位的服务，会同上海尚选能源科技有限公司共同组建协会节能技术咨询评估有限公司，为业内企业提供节能诊断、评估服务，也为新建企业或现有企业扩大产能进行项目节能评估。同时，还为上海沪亭铝材有限公司、上海鑫冶铜业有限公司、上海百洛达金属有限公司开展节能项目申报、企业标准制定等服务，并将其节能技术通过协会媒介及时宣传、推广介绍给相关企业，体现了标准对于生产活动的促进效果。此外，为配合温室气体清单编制工作，协会承担本市有色金属制造领域重点用能单位及部分小企业锅（窑）炉用能的调查，并向 28 户企业发出调查通知和调查表，重点收集了 2005 年、2010 年和 2011 年数据，为本市开展碳交易提供数据。

三、保驾护航，规范行业交易平台有序健康发展

上海有色金属电子商务有限公司于 1 月试运行，在试运行中，对股东和人员进行调整，修订管理制度，降低了公司运行成本，为交易中心后期发展赢得了时间与机会。12 月 25 日，交易中心推出周、月交易模式，并在日市基础上，开出夜市，为交易商提供多种交易时间选择，即将推出的现货超市和协商交易，为活跃交易市场开创了新的创新模式。此外，交易中心还与中国工商银行、交通银行、深圳发展银行、申银万国期货、北方万邦物流及东方财经签署战略合作协议，为客户提供在线融资、仓储物流、期现互动等特色服务。年底，市经信委信用管理处领导及专家对交易中心建立的信用管理制度、信用评估制度和评估要素给予高度评价，对建立的交易商诚信档案、开展的准入评估、日常信用跟踪评估给予充分肯定，确保交易平台安全、诚信、高效、便捷运行。

四、搭建平台，建立实验基地健全检测服务体系

8月，正逢协会下辖无损检测中心和华东质检中心3年一次的国家级资质的现场复审，为迎接复审，两中心自查自纠，对文件和记录进行梳理，对实验室环境进行适当的整修，对检测设备进行计量、维修和维护，两家机构一次通过资质认定计量认证复查评审。5月，上海市有色金属计量检测站通过上海市认定资质证书的复审。6月，与上海帅驰实业有限公司共同出资200万元，在宝山呼兰路博济科技园建立上海有色金属工业技术监测中心实验室，并对实验室仪器进行全部更新，添置美国利曼公司的ICP及德国PE公司的原子吸收仪、拉力试验机、电阻仪、C–S仪、金相显微镜等新设备，人员结构也作了很大调整，增加了数名多年从事化学分析工作的工程师及硕士研究生。为增加检测的公信力作出努力。目前，各检测中心运行良好，并辐射长三角地区，引领中国有色金属无损检测工作向前发展。

（史爱萍）

上海铝业行业协会

上海铝业行业协会成立于1989年3月，是上海及长三角地区从事铝加工的生产企业和铝加工产业链中装备、贸易、科研等相关企业单位自愿组成的行业性社会团体。现有会员单位270多户，部分来自安徽、江西、山东、河北、福建、贵州等地。

2012年主要工作：

一、坚持走访会员，开拓服务项目，促进企业发展

协会把服务会员工作定为重中之重，通过分片联系会员制度，大量走访会员单位，每月不少于30户，倾听会员单位需求，加强与会员单位的互动，不断开拓服务领域，组织开展会员单位所欢迎的活动。协会两次进行工程技术人员职称资格评审，35名技术人员分别获得初级、中级、高级工程师职称；开展年度“行业名优产品”评审，18户会员单位的24个产品榜上有名。还为会员单位提供个性化服务，协助南通市科委为南通恒秀铝热传输材料有限公司召开新产品鉴定；为上海古山有色金属有限公司等会员单位提供投资咨询服务并取得成果；与上海创驰企业管理咨询有限公司合作，协助浙江华东铝业股份有限公司、永杰新材料股份有限公司、精美铝业有限公司等会员单位开展产品品牌建设；协助华峰铝业股份有限公司落实应收账款的信用保险业务；牵头召开会议，针对外企在华申报通用产品发明专利问题进行专题研讨；聘请常年法律顾问为张家港东航电热电器厂等会员单位开展法律咨询和法律援助等。

二、促进铝的应用，发展低碳经济，引领行业进步

通过各种途径和形式，宣传、促进金属铝的应用及再生铝回收。全年为20多户会员单位开展现场技术咨询，内容涉及产品研发、材料研究、设备配置、优化工艺、市场分析等。与美国MEC公司联合召开“再生铝企业恳谈会”；协助上海鑫益瑞杰有色合金有限公司，邀请上海冷冻空调行业协会、上海理工大学、上海海事大学、上海三菱电机、上海大金空调、上海富田空调等单位的专家教授，开展“以铝代铜”项目专题研究；牵线南通恒秀铝热传输材料有限公司与上海应用技术学院签订《“产学研”合作协议》；牵线艾伯纳工业炉（太仓）有限公司与上海大学签订《建立产学研基地协议书》、《关于设立大学生助学基金的协议书》；牵线上海应用技术学院与上海中捷公司申请科委联盟计划项目基金等。

三、做政府助手，当好会员单位和政府之间的纽带和桥梁

联合各有关单位参与政府调研组《关于上海市节能减排温室气体清单编制工作》的编制工作，为2013年上海市碳排放企业配额提供理论数据；在市能标委指导下，开展上海市《铝合金挤压型材能耗标准》的制订工作；在会员单位中开展节能减排小组活动，3户会员单位得到政府部门的表彰和奖励；对6户会员单位的技改节能项目进行验收，兑现政府奖励；对上海万泰铝业有限公司、上海众福金属制品有限公司实施节能设备的退税奖励项目验收，兑现政府奖励；开展“双反”的宣传、培训，对有关会员单位涉案案例进行处理；辅导上海天重重型机器有限公司、上海捷如重工机电设备有限公司等会员单位开展市“诚信企业”创建活动，多户会员单位荣获“上海市诚信企业”铜牌和证书；推荐的3户会员单位进入市商务委的产业安全重点企业信息采集平台；

配置专职人员按时、准确申报行业统计数据等。

四、发挥专家委员会作用，建设技术服务平台，促进技术进步

加强专家队伍建设，增补9位高级工程师、铝加工资深专家为专家委员会成员，由此专家委员会成员增至51位；专家委员会新设“铝型材专业委员会”、“铝板带专业委员会”，推进协会转型发展，加快专业化管理步伐。专家委员会及各专业委员会举办了各类活动。5月，与银邦金属复合材料股份有限公司联合召开“长三角铝地区复合材料技术研讨会”，编发了《会议论文集》。8月，在江阴召开专家委员会六届一次全体会议，发布论文，开展技术交流，编印《会议论文集》。11月，在上海新格有色金属有限公司召开铝水钢包申报专利对策会，部署下一步工作。专家委员会已成为行业技术交流的大平台、推进行业进步的重要力量。

五、与网络媒体合作，开展“民企百强”评选活动

7月，与武汉铝业行业协会、广东有色金属加工技术委员会、杭州商易信息技术有限公司（中国铝业网）共同发起“2012中国铝加工民企百强”评选活动。12月，评选出100户中国铝业优秀百强民营企业及9户新锐企业，成为专业行业协会与网络媒体的一次成功合作。

六、加强信息平台建设，促进各项工作有效展开

与“中国铝业网”签订战略合作协议，在其支持下，上海铝业网中文版、英文版实施第二次升级改版，并于11月开通。改版后的“上海铝业网”面貌一新，内容更加丰富。《上海铝业》会刊实施大幅改版，推出全新封面，内页字号缩小，加强对会员企业的宣传力度，深受会员单位好评。除此，还编印40余期《秘书处工作汇报》发至全体会员单位，使协会工作更加透明，与理事会、会员单位的交流及沟通更及时和畅通。

七、加强内部建设，提高办会能力

制订和完善各项规章制度，坚持每周1次工作例会，每月1次月度工作总结和计划，每季度1次老领导、老顾问、老专家例会。党支部充分发挥战斗堡垒作用，参加争先创优活动，制订《廉政守则》，编印《铝协党建》，实行党务公开。6月，被市工经联党委授予“先进党支部”光荣称号，1名党员被评为“优秀党员”。协会主动积极参加社团组织规范化建设活动，12月，经上级有关部门检查、市社会组织规范化建设评估委员会审定，荣获“4A级社会组织”称号。

（范垦程）

上海市电镀协会

上海市电镀协会成立于1984年6月，是上海地区电镀生产企业和相关的设备、经营、设计、科研、教育等单位自愿组成的社团法人。现有会员281户。下设教育、清洁生产、热镀锌、电子电镀、青年工作者、老电镀工作者专业委员会。

2012年主要工作：

一、教育培训

1．为了提高电镀从业人员的技术、管理能力水平，为上海造币厂和青浦、松江、宝山、金山地区近80个单位培训216个电镀操作工；为浦东、金山、奉贤地区40多个单位培训电镀环保操作工120名。

2．积极推进行业清洁生产发展，替30个企业培训清洁生产内审员48名，为企业清洁开展生产审核打下基础。

3．严格贯彻含氰剧毒化学品运输、储存、使用的要求，坚持进行“持证上岗定期检查”，在各区、县、集团控股公司的配合下，为近100个企业培训（复训）剧毒含氰化学品管理人员234名，易制毒化学品从业人员116名。

二、行业自律

根据国家经信部和市有关部门的要求，对实施电镀企业准入制度中环境保护、安全生产、疾病防治、节能减排、文明生产等考核内容作了修改完善。年内对符发准入条件的业内企业发放51张3年期准入证；对35户要求整改或在清洁生产审核中将进入产业结构调整的、不在工业园区地块的、污水排放不能纳管的企业发放1年期准入证。审核过程中，协会还邀请各区、县、集团控股公司有关领导和专家参加，共为企业提出几百项合理化建议，有力促进了企业的提升和发展。

三、组织行业间学习交流，开展区域性合作和国际交往

1．召开长三角电镀行业交流会。

2．召开全国电镀行业青年工作委员会大会。

3．召开全国电镀行业媒体与创新交流会。

4．组织86户企业赴重庆、山西、陕西、东北及境外考察学习。

5．协办全国表面工程处理展览会、荷兰国际水处理展览会、EPCA印制板线路展览会、污染废弃物利用展览会。

6．接待浙江、江苏、四川、湖北、甘肃等省市电镀（表面处理）协会的来访，并进行交流。

7．召开老电镀工作者重阳敬老联谊会。

8．在金山、浦东、宝山、嘉定等区及集团和控股公司举办节能减排新品推介会。

四、服务企业

1．与上海市机械工艺研究所实验室合作给84个单位提供结合力、空隙率、耐磨率、厚度、耐应力、防腐率、金相等125次的检测，为企业控制产品质量提供科学的鉴定依据。

2．协会技术咨询服务热线提供100多次技术咨询，为几十户企业解决生产中遇到的实际技术问题。

3．与上海市轻工研究所合作开展的镀镍资源化推进项目，为上海东煦首顾表面处理有限公司、金杨表面处理有限公司、上海杜行电镀有限公司、上海京瓷电子有限公司、上海造币厂、三井高科技（上海）有限公司、第一精工有限公司、上海YKK拉链有限公司、民强电镀有限公司、大生牌业有限公司等70个单位输出该项技术，共有139套镀镍废水回收设备投入使用。目前，镀镍废水回用率可达到70%以上，既节省水费又节约废水处理成本，每年可为企业节水约70万吨，减少用水成本（包括水费和废水处理费用）约1000万元；金属镍回收率达到90%以上，已累计回收镍约108吨，明显减轻了环境污染。

4．办好《上海电镀》内刊和“上海电镀”网站，1刊1网进行联动，与各地行业协会、大企业进行对接，扩大信息量。年内《上海电镀》出版6期，近30万字，为22户电镀原辅材料企业作了推广宣传。

5．完成《上海电镀发展史》的编写出版工作。

6．与上海集惠环保科技发展有限公司合作推进有毒有害污泥处置，解决电镀企业1.5万吨的污泥出路问题。先后在金山、浦东、青浦、松江等区召开污泥处置推广交流会议。

五、服务政府

1．协同市公安局完成交办的对22户电镀企业剧毒品的检查工作。

2．协助金山区在行业内进行整改和开展规划工作。

3．与北京等地同业协会合作完成经国家经信委审定的《淘汰电镀落后工艺、材料目录》和国家经信部交办的《电镀工业园区具备条件及入园标准指南》的审定，以及由经信部评定的《电镀行业资质标准》。

4．完成上海市产业结构调整办委托进行的“四行业（铸、锻、热、镀）结构调整研究”课题项目。

5．完成清洁生产审核、验收13户，加快了清洁生产推进力度。

6．完成对111户单位含氰剧毒危险化学品用量的审核。

（王纪民）

上海钢管行业协会

上海钢管行业协会成立于2000年4月。现有会员企业95户，遍布上海、江苏、浙江两省一市。下设不锈钢管专业委员会和专家技术委员会。

2012年主要工作：

一、坚持为会员企业服务宗旨，架构开拓市场的平台

受国际经济形势的影响，国内外钢管市场受冲击较大，协会充分认识到挑战与机遇并存，年内在上海世博场馆举办“第八届上海国际钢管工业展览会”，展览面积42000平方米，国内外参展企业550户，来自30个国家和地区的参观观众达25125人次，为会员企业提供开拓新市场的商机，取得了较好成果。

二、不断加强会员间信息传递工作，办好行业网站和简报

为了更好地加强会员之间的信息沟通，不断扩大会员企业在业内外的影响力，增强企业的软实力和竞争力。4月，成立通讯员队伍，发展第一批通讯员12人，举办第一期通讯员培训班。8月30日，又举办第二期通讯员培训班。通讯员队伍建立，加强协会与会员单位的信息沟通，全年通讯员来稿27篇，协会网站及简报采用25篇，经推荐，《“界达钢管”成功进军海南卫星发射基地》、《申花钢管改造高频设备增产20%》等7篇稿件被《中国冶金报》采用。全年网站共发布行业信息2110条，行业上下游信息1210条，价格信息2385条，协会工作信息20条，会员单位信息25条，供求信息15条，被其他网站转载近50条之多。由于网站特色鲜明，吸引众多读者，增加新会员43户，网站注册会员由上年末的52户发展到95户。年内《上海钢管行业简讯》共出版23期，约115000字，简报通过宏观信息、国内外行业动态和协会动态3个栏目，给会员提供近期的钢铁行业大势、钢管产业技术信息和协会及会员动态信息。

三、积极配合政府做好进出口公平贸易工作

自2009年成为市商务委第一批进出口公平贸易行业工作站以来，不断完善协会公平贸易工作。在上年应对欧盟不锈钢管“双反”工作取得成绩的基础上（上海金昌不锈钢管取得全国独家最低税率），年内逐步建立起应对体系及日常信息渠道。《上海钢管行业简讯》特别注意及时提供钢管反倾销信息，报道国内外钢管市场行情，给会员企业提供预警信息，配合会员企业积极进行“双反”应对。

四、不断拓展行业横向渠道，加深技术信息交流

坚持重视行业横向交流沟通，先后与江苏省钢管行业协会、常熟市钢管协会、“我的钢铁网”等组织进行互动交流，并建立起常态联系渠道。

五、坚持落实市府品牌战略工作

积极开展“上海名牌”、“上海著名商标”推荐活动，对会员单位加以引导及指导，年内又有1户会员单位的产品获得“上海名牌”称号。至年末，会员单位中获得“上海名牌”产品的钢管企业已达9户，获得“上海著名商标”称号的有4户，申报“中国驰名商标”的企业有2户。

六、开拓技术培训、评定技术职称新渠道

多年来，企业员工在岗培训及技术职称评定是协会和企业共同关注的难点问题，通过积极努力及探讨，先后与上海材料研究所合作落实了材料检测岗位培训、与上海重型装备设备协会联系落实中级职称评定等相关工作，已初步得到解决。

七、加强协会自身建设工作

在原1年2次理事会、1次年会的基础上，每2个月举行1次会长会议，每次会议研究解决1–2个问题，经实践，取得较好的效果，会长参会率达90%，增强了会长、副会长间的联系沟通，加深了相互间的感情。

（蒋秋生）

上海市焊接协会

上海市焊接协会是1986年经上海市民政局批准成立的市级专业协会，下设行业管理、教育培训、交流出版和组织建设等4个专业委员会。现有会员企业243户。

2012年主要工作：

1．开展企业焊接工艺评定。发挥人才、技术、信息资源的优势，积极帮助企业，特别是中小企业开展焊接工艺评定，解决产品生产、技术改造中遇到的重大焊接技术问题。年内帮助上海和外地企业完成焊接工艺评定项目45项。

2．解决重大项目关键技术。7月，完成上海发电厂25CrNi4MoV钢锻件大型发电机转子补焊攻关任务。该汽轮发电机大型转轴材料直径Φ1.1米，长12米，因已加工到设计精度，材料含碳当量高，无法进行补焊后的热处理。协会与上海发电机厂共同组成攻关队伍，精心研究和制订技术攻关方案，克服种种困难，终于攻克补焊难题。9月，又为上海溧华金属结构有限公司解决电机转子补焊技术问题。由此开创了大型转轴意外损伤通过补焊修复的新途径，减少了国家经济损失，还与企业加强合作开展技术攻关提供了新经验。

3．开展焊工技术培训。协会培训中心实行培训和考试分离的管理制度，拥有一支由大学教授、资深专家、高级技师等37人组成理论培训及实践指导和监考管理的专职队伍，平均每年为上海和各地企业培训2000–3000名焊接人才。2月，在通用重工集团支持下，培训基地进行大规模改造，搬迁至通用重工新址，增加质量测试设备，考试工位增至30个，且每个工位装有烟尘净化设备和实时监控装置；培训教室增加到4个，硬件设施、环境条件达到国内一流。1–10月，先后为66户企业的焊工进行技术培训，仅国际焊工培训就达287名。每批培训考核合格名单和成绩都及时上网，以便查询。

4．拓展国际焊接技术培训领域。7月30日，与德国莱茵TüV集团焊接培训中心在焊接培训与认证领域开展全面的合作。12月，培训中心通过人社局审核，获得开展焊接高级工培训的资质。目前，协会已成为美国焊接学会（AWS）国际注册焊工和焊接检验师（CWI）、美国机械工程师协会（ASME）、国际焊工（EN287、ISO9606）、德国莱茵TüV培训考核基地，加拿大焊接局（CWB）中国考试中心，中国船级社（CCS）焊工培训考核基地、市人社局焊工职业技能鉴定培训基地，成为市安监局特种作业安全操作证考核站、市焊接协会（SWA）焊工和市金属结构行业协会焊工考核站。协会培训领域和层次得到进一步拓展，美国焊接学会（AWS）、中国船级社上海分社、中国焊接协会（学会）、中国工程院院士、上海电气集团参观后，对办学条件、管理运作、培训质量和焊工培训取得的成绩，均给予高度肯定。

5．组织焊工技能比武。6月，根据市人社局的要求，承办2012年上海市职业技能竞赛暨第42届世界技能大赛上海地区选拔赛中的焊接技能比赛筹办和组织工作。通过组织比赛，扩大协会技术培训工作的影响，又在行业培育了学技术、比技能、争先进的氛围。

6．组织企业大型展览会和技术交流会。6月，组织会员单位到北京参加在国内外焊接行业具有重大影响的埃森焊接和切割展览会，展示和交流上海焊接行业广大企业最新研发的焊接产品和焊接技术，扩大上海名优焊接产品的市场销售。

7．组织沪、津两市焊接协会例会。6月3日，在参观第十七届北京埃森国际焊接博览会之际，与天津市焊接协会召开第13次工作交流会。围绕“创新、转型”和“为高端装备制造业服务”的议题，两地焊接协会及上海沪工电焊机集团、上海锅炉厂、上海通用重工集团、上海宝山区焊协等单位与天津同行进行热烈研讨。此交流制度已连续坚持13年。

8．开展行业诚信企业评选活动。建立专业队伍，制订考核指标和标准、工作制度和评选程序，不断加以完善并在评选中引入竞争机制，不搞终身制，实现评选工作制度化、规范化。组织第3次行业诚信企业评选，评出11户年度诚信企业。多年来，凡被评为行业名优产品或行业诚信企业，没在市场经营中出现一起不良反映。在2年1次推荐行业名优产品的同时，每2年组织开展行业诚信企业评选活动。

9．反映企业保护知识产权的呼声。9月11日，全国工商联和国家知识产权局来上海东升焊接集团，就民营企业知识产权战略和法律保护问题进行实地调研。协会应邀派员参加座谈会，并介绍10年来开展行业名优产品评选工作，培育民族焊接名优产品品牌的做法和效果，希望能解决企业新技术、新产品专利技术与原国家行业技术标准的衔接问题。同时，呼吁政府知识产权、工商、公安、海关、技术质量监督等部门能建成知识产权执法合力；完善政策，支持具有自主知识产权的民族品牌焊接产品纳入政府采购目录；恢复在工科大学设立焊接专业，解决民营企业专利被侵权、品牌被仿冒和创新人才缺乏问题。

10．开展行业技术职称评定工作。作为市工经联的首批行业技术职称评定试点单位，在市人社局的指导下，制订《上海市焊接专业技术职称任职资格评审工作的实施细则》，组织技术职称评审委员会，先后开展3批职称评定。年内经专业培训和考核，共评出焊接助理工程师10名，焊接工程师7名，高级焊接工程师3名。

11．建立行业推荐名优特产品展示中心。9月8日，在东升焊接集团支持下，利用该公司场地成立行业推荐名优产品展示中心，展示的焊机、焊材、辅具，都是会员单位生产的名牌产品，包括焊机、切割机、焊接材料、焊割工具和环保设备。创办展示中心搭建促进行业名优特产品市场销售的平台，鼓励业内更多企业技术创新，推动产品结构调整升级和产业发展。

12．办好《上海焊接》杂志和上海焊接网。落实专人办好《上海焊接》杂志和上海焊接网站。年内编辑出版《上海焊接》杂志6期（双月刊）。网站及时更新，报道协会动态和国家政策动向；培训考核成绩及时上网以便查询；开辟行业推荐名特优产品介绍专栏，集中介绍各种名牌优质的焊（割）机、焊接材料、焊割工具和焊割环保设备，发挥行业窗口和传递国家政策、企业呼声的作用。

（柳国炎）

上海市气体工业协会

上海市气体工业协会成立于2007年1月，为本市气体工业及相关的专业气体生产、气体储运、气体经营、空分装备、承压设备制造、相关仪器仪表和零配件制造，以及科研单位、检测中心和大专院校等相关企事业单位，并包括在本专业领域内具有一定影响的个人自愿组成的专业性非营利社会团体法人。下设焊工考试委员会，主要负责特种设备企业的焊工考试。

2012年主要工作：

一、开展上海市气瓶和移动式压力容器充装许可工作

随着《气瓶充装许可规则》、《移动式压力容器充装许可规则》、《移动式压力容器安全技术监察规程》的相继出台，国家质检总局为规范行业，确保安全，要求各省市尽快对移动式压力容器（包括汽车罐车、罐式集装箱、长管拖车，管束式集装箱和铁道罐车）充装执行行政许可。据市质量技术监督局统计，全市共有38户移动式压力容器充装单位，上海市气体工业协会作为本市3家负责的移动式压力容器充装特许鉴定评审资机构之一，负责对16户单位的充装许可评审工作。

二、负责本市焊工培训和考试工作

协会焊工考试机构经市质量技术监督局批准，为本市3家可对外开展特种设备行业焊工培训考试的机构之一。年内参加焊工考试的单位共25户，初训焊工60人，复训焊工216人，全年共完成焊工培训276人，考试项目达633项次。

三、参与国家标准和行业标准制修订工作

年内参与完成14项“标准”出版稿的校稿和修改、4项国家“标准”的正式发布，3项国家“标准”上报国标委审批，4项新国家“标准”编制项目正式启动编制。

四、参与国家和地方的科研专项工作

完成“深冷容器气体与材料的相容性试验方法研究及相关标准研制”和“承压设备安全附件标准体系研究及重要标准研制”的国家质检公益性行业科研专项工作；参与市质量技术监督局科技项目“事故储罐应急倒罐技术研究”。

五、作为低温容器工作组秘书处承担单位，参与 ISO/TC220 国际标准化事务

六、面向政府与行业的服务、管理工作

积极协助企业获得政府资助，提高企业参与标准制修订的积极性；参加中国工业气体协会气瓶专委会制造许可证评审；举办上海地区气体分析工资格证书培训考核；编辑出版《上海气协简报》；负责和参与移动式压力容器安全技术监察规程的宣贯工作；开展 GB/T18443.1 ~ 8–2010 真空绝热深冷设备性能试验方法、GB/T18442.1 ~ 6–2011 固定式真空绝热深冷压力容器等国家标准的宣贯与培训工作。

（施锋萍）

上海市热处理协会

上海市热处理协会成立于 1984 年 6 月 4 日，是以上海地区和部分其他省市的热处理企业为主，以及一些热处理设备设计制造、热处理冷却介质研发制造、教育等单位自愿组成的社会团体法人。现有会员单位 367 户。下设感应加热、真空、控制气氛等专业委员会。

2012 年主要工作：

一、发挥桥梁、纽带作用，推进产业结构调整和节能减排工作

1．对上海市热处理厂点的现状作全面调查，对业内各企业基本情况有较真实了解，为产业结构调整作好基础工作。本市纳入行业管理的热处理厂点已从 2009 年的 391 户减少到目前 324 户。

2．编写《上海市热处理行业现状调查报告》和本市铸、锻、镀行业一起上报市经信委，供政府参考。

3．受市能效中心、市质监局委托，在市能源标准化技术委员会的指导下组织专家进行大量基础调查工作，并成立编写班子，请相关企业提供大量原始数据，编制《金属热处理加工工序单位能源消耗限额》上海地方性强制标准，送市有关部门审批。同时，已申请编制《感应加热热处理单位能耗标准》、《钢铁真空热处理单位能耗标准》、《钢铁可控气氛热处理单位能耗标准》。热处理能耗《标准》系列将成为产业结构调整的依据。

4．加强热处理设备的节能改造宣传工作。大力推荐保温陶瓷纤维作为炉衬，可比原保温砖炉衬节电约 30%，特别是对周期式不能连续生产的炉子，节能效果更加明显。

二、服务企业，服务政府

1．组织专家修改、再版《实用热处理手册》。2010 年，受科技出版社之托，组织专家编写的《实用热处理手册》获华东地区科技出版物优秀一等奖，第一版已基本销售完毕。由于热处理行业发展迅速，工艺、设备、标准都有变化和提高，出版社根据实际情况和市场预测，要求对《实用热处理手册》进行再版。由此，秘书处组织原班作者对再版工作进行落实，力争 2013 年完成再版工作。

2．努力抓好员工教育培训。7 月，经市职业技能鉴定中心批准，协会被认定国家职业资格鉴定企业（行业）技能鉴定所，具有资质对业内的热处理从业人员进行等级培训。年内对嘉定区、宝山区共 41 户企业的热处理工进行上岗资格技术培训，经考试合格发证人数达 116 人。来自 26 户企业的高级热处理工 51 人正在培训中，计划在 2013 年 6 月结业。热处理高级技师培训实施方案正在积极编制，力争 2013 年 1 月上报市职业培训中心有关部门报批。

3．近年来为企业技术咨询服务近 2000 余次，为企业解决不少生产技术等方面的难题。如高级轴承的深冷处理问题，大锻件的热处理技术等。

4．努力搞好热处理厂点基本生产条件达标的评审工作。做好评审工作实施指导，认真指出存在问题，并要求企业及时整改逐步解决，促使企业经过基本生产条件达标评审后，有较大进步和提高，受到政府相关部门肯定。

5．协助政府及有关部门解决搬迁中的难题。如奉贤奉城在城市改造中要拆迁几户非热处理企业，有大量的热处理炉（约 350 台），要求每台赔偿 20 万元。经协会专家现场调查发现这些炉子都是短时间赶造出来，根本不能用于热处理，而且每台炉子造价一般在 5000 元左右。政府有关部门拿到调研报告后很快完成拆迁工作，减少支付赔偿费几千万元。

三、技术交流

1．热处理冷却介质技术交流。组织近 40 户企业到“南京科润”了解学习淬火介质的性能和适用范围及确保产品质量必须搅拌等新观念。

2．组织 32 户企业到常州参加沈阳市热处理协会技术交流年会。

3．举办 2012 年上海国际热处理先进技术与装备和表面处理技术展览会，参展商 42 户，参观人数为历年之最。

4．请沈阳市天星检测仪器厂来沪交流最新硬度检测仪器，深受企业欢迎，参加企业有 69 户。

5．组织 20 户企业的主要负责人去美国考察。

6．积极组织上海企业参加中国热处理行业协会的各项活动，如每年一次的厂长经理交流会；中国热协的先进评比，全国共有200户热处理规范企业，上海达20多户。

7．积极参加市工经联和行业协会沙龙活动，向兄弟协会学习。

四、认真抓好自律工作

1．新一届协会设理事长1人，副理事长11人，常务理事27人，理事81名。理事会每年召开1次，理事长办公会议每年2次，会议讨论工作计划及财务预算等。

2．修改协会章程，制订办公制度、分配制度、聘用制度，明确秘书处的办公、作息、请假制度等，协会工作走向更加规范。

3．加强行业管理。一是以热处理厂点基本生产条件达标为抓手，每3年对企业复验1次（特殊情况1年复验），促进企业在安全、环保、节能质量等方面有明显提高。二是确定从今年起，每2年评选市热处理优秀企业和优秀管理者，以推动行业良性竞争。三是向中国热处理行业协会推荐行业优秀企业和规范企业。四是做好宣传、培训工作，开展清洁生产的评审，提升行业的各项管理。

（冯　亮）

上海市轻工业协会

上海市轻工业协会成立于2007年6月，是由轻工各专业行业协会、大中型企业集团（公司）、科研院所等自愿组成，跨所有制的非营利性社会团体法人。现有会员单位200余户。

2012年主要工作：

一、聚焦推进自主品牌建设，作为上海轻工“创新驱动、转型发展”的重要抓手

1．紧贴政府部门推进品牌建设的进程，代表行业建言献策，当好政府参谋助手，竭诚为品牌企业服务。列席参加俞正声、韩正同志召开的关于加强本市品牌建设推动产品转型升级工作会议，以及艾宝俊副市长召开的6次自主品牌建设专题会议，积极建言献策。及时向市经信委提供《上海轻工行业品牌建设的情况分析及相关建议》和提出建议扶持的轻工知名品牌名单；形成《贯彻“2012年上海市品牌建设工作推进会议”精神实施意见》，并加以落实。

2．筹备、启动第三届上海轻工新品名品展示展销会。召开展会动员大会；申报并获得“第三届上海轻工新品名品展示展销会品牌宣传推广及展览展示”专项资金；积极招展，并陆续展开各项筹备事宜。此展会由市经信委、市商务委、市经团联主办，市轻工业协会承办，上海轻工各专业行业协会和各大集团（公司）等协办，将于2013年3月29日至4月1日在上海展览中心举行。

二、巩固和深化五大服务平台，拓宽企业与政府的双向通道，推进行业和企业的创新、转型、发展

1．科技创新服务平台。经协会积极努力取得市科委“上海市科学技术奖申报单位”资质和上海研发公共服务平台“企业集团服务站”资质；多次举办面向中小企业的科技政策培训班和共性技术研讨会，有4个项目已与上海产业技术研究院对接；帮助指导一批企业成功申报市高新技术企业、市重大技改项目、市企业技术中心、引进技术消化吸收与创新专项、市加快自主品牌建设专项资金、上海老字号等。与上海轻工业工会联合会、上海日化协会共同主办2012年“上海轻工杯”日化产品包装创意设计大赛；积极参加各项上海文化创意活动、协办2012上海国际室内设计节。

2．质量技术服务平台。协助市质监局等部门开展服务工作，撰写《2011年度上海轻工行业质量分析》报告；开展贯彻上海地方标准《质量信用评价分析》的试点工作；参与推荐和评审上海名牌与市著名商标；推进相关行业组织制订专项标准；开展具有轻工特色的“质量月”活动；促成全国轻工业标准、信息、质检中心扎根上海，经努力全国自行车标准化技术委员会秘书处仍留在上海。

3．经济运行服务平台。组织企业参加第四届中国（大连）轻工商品博览会；深入推进计划用电用水及节能减排工作，助力企业迎峰度夏；完成啤酒能耗标准修订；为轻工企业参展华交会、广交会提供全程服务；推广先进防伪技术，协助企业打假。

4．信息统计服务平台。按季度、半年度和年度完成上海轻工经济运行分析报告；召开重点企业经济运行分析座谈会，提出建设性意见；统计分析工作尝试向节能减排延伸，完成上海轻工部分行业能耗情况报告；定期召开信息统计会议，通报经济运行情况，协助专业行业协会做好统计信息工作。

5．经营者和人才队伍服务平台。健全职业培训体系；成功举办上海民族乐器一厂、上海惠工缝纫机三厂特有工种职业技能培训鉴定班；举办两化深度融合、中小企业服务体系等辅导讲座；参与全国轻工业劳模先进评选推荐工作，产生上海市2012年全国轻工行业先进集体候选单位7户、先进工作者候选人4名、劳动模范候选人28名；大力举荐上海领军人才等先进人选，石力华入选2011年上海领军人才“地方队”培养计划名单，石力华、费钧德当选“第二届上海市工商业领军人物”，4户企业获“全国轻工业两化深度融合示范企业”称号；评审通过教授级高工17人、高级工程师72人、工程师432人。

三、围绕上海轻工“创新驱动、转型发展”，做好宣传舆论工作，开展重大问题的研究

1．大力宣传《轻工业“十二五”发展规划》，促进行业转型发展。

2．应政府购买服务的需求，承接调研课题，提出意见和建议。完成《上海轻工业转型升级的重点及路径》研究课题；承接《上海轻工行业两化融合发展报告》研究课题。

3．贯彻“立足轻工业，面向全社会”办刊方针，编辑出版《上海轻工业》杂志。通过封面人物与封面故事，使一批行业领军人物和知名品牌得到重点、集群报道，编辑与印制质量逐步提高，发行量逐步增加。

4．办好门户网站，用好各种媒体。参与《上海经济年鉴》、《上海工业年鉴》、《中国轻工业年鉴》、《上海市经济团体联合会年鉴》等上海轻工业部分文稿的编写工作；探索通过《人民日报》电子阅报栏宣传上海轻工品牌。

四、规范运作，夯实基础，促进行业自律和会员单位自觉履行社会责任

1．按时召开二届二次理事会和会员代表大会。

2．加强会员联络服务工作。年内新发展58户会员单位；组建上海市轻工业协会制笔文具分会；组织会员到玻璃博物馆、数字产业集团等代表性企业参观交流。

3．倡导企业履行社会责任，创建诚信企业。开展创建和谐企业活动和评选新生代优秀产业工人活动。

（范伟民）

上海安全防范报警协会

上海安全防范报警协会是由从事安全防范产品管理、科研、开发、生产、经营、推广应用、技术培训、信息服务、安全防范工程设计、施工、维修等技术服务和安防行业宣传教育、出版、印刷等企事业单位自愿组成的非营利性的社会团体法人。

2012年主要工作：

一、坚持“服务企业、规范行业、发展产业”精神，推进“平安城市”建设以及上海社会治安的持续稳定

1．积极参与市公安局开展的各项活动，全面开展行业统计工作，摸清行业家底。一是邀请部分具有代表性的厂家、工程公司、一线评审验收的技防专家就行业统计工作多次召开专题调研会，确定了一系列行业统计指标；二是配合市局技防办完善了技防从业单位监督管理电子网络平台，确保每一项技防工程在源头上可回溯可查询，了解、掌握本市安防行业整体规模、数量、技防产品使用情况等；三是进一步扩大统计覆盖面，经市局技防办牵头，银行网点（包括ATM）、中小学幼儿园及社会教育培训机构、医院等重点行业技防工程均已纳入统计范围，明年将进一步向本市重点单位重要部位覆盖，为构建上海治安防控体系以及实现“平安城市”发挥积极作用。

2．进一步提高上海安防人才队伍素质，积极服务“平安城市”建设。全年共为89名初级专业技术人员（助理工程师）制发了《初级专业技术职务资格证书》，17人通过中评委评审并获得中级专业技术职称。截至年末，协会已为会员单位的1090名专业技术人员制发《初级专业技术职务资格证书》，187位专业技术人员领到《中级专业技术职务资格证书》，13位专业技术人员领到《高级专业技术职务资格证书》。同时，牵头编撰教材《安防系统工程》，与上海科技学院共同成立安全防范技术专业教学指导委员会，指导其安防专业学科建设，组织本市部分高级技防专家于9月底编撰完成《安防系统工程》教材，教材的出版将促进本市技防人才的聚集和培养，推动了技防行业人才正规化建设。

3．积极推进服务平台，促进上海安防行业的快速发展。为了鼓励行业企业科技创新，加快新产品、新技术开发的步伐，提高安防产业技术水平，5月，在上海世博展览馆举办第十二届上海公共安全产品国际博览会（简称“上海安博会”）。上海安博会为参展厂商提供一个形象展示、产品推广、技术交流、寻找商机、接触最终用户和了解行业发展趋势的平台。本届展会新产品、新技术层出不穷，充分展示了当今世界技防产品的最新科技成果，共汇聚国内外200户最具代表性的厂商，展出面积达2万平方米，观众近5万人。展会期间，举办第二届上海安防高峰论坛，并结合协会成立20周年之际，开展“上海安防行业杰出贡献20人评选活动”，表彰一批行业先进代表。

二、完善行业协会的发展，加强自身建设，发挥社会组织在社会治安中的桥梁纽带作用

1．推进安防行业健康规范的发展，积极发挥协会行业服务、行业自律、行业代表、行业协调的功能。在市公安局领导和支持下，多次开展对本行业情况的了解、收集分析和调查研究，有效推动行业协会的职能落实和规范发展。目前，多方面工作已取得突破，真正发挥了协会桥梁纽带作用。

2. 搭建行业技术交流与分享的平台。一是提高《上海技防》会刊专业性，围绕行业关心的热点、难点进行宣传报道和专题研究，新增“专题报告”、“安防课堂”等栏目，重点突出行业热点问题解读以及安防基础知识普及等。一年来，编辑部接受读者各类原创投稿稿件230篇，精心挑选并组织编撰各类技术、市场等专题研究近30个，重点作好高清视频、网络智能化、云计算、物联网等安防最新领域的研究和宣传报道工作。二是进一步提高上海安防网，充分发挥信息量大、发布及时和阅读方便的优势，对行业动态进行全面报道。网站共更新基本资讯9644条，制作时事专题6个，制作《上海技防》电子版6期，发布18户企业专访，发表网站原创稿件120余篇。“上海安防网”改版试运行一年以来，高端访谈、市场观察、行业数据、新产品报道等多个栏目受到大家欢迎。截至12月底，网站访问人数突破20万人次。

3. 积极配合行业单位推广新产品和新技术的研发，坚持实地调研行业单位，跟踪新技术、新产品。一是积极开展技术交流活动，结合技防新产品、新技术最新应用情况，积极组织行业技防专家、最终用户等开展技术专题调研，努力提高技防从业企业自主创新能力和产品研发能力。年内协助三星、博世、安讯士、视得安等多户知名企业开展多种形式的技术研讨会近20场，特别是在高清视频监控网络化、平台化和技防系统集成研究和应用方面组织力量成立专项课题组，并在上海安博会的论坛上发表了最新技防研究成果。二是协助媒体《安防市场报》、*A&S*杂志分别举办多场上海地区高峰论坛及GDSF论坛，有力促进本市安防实际应用及理论水平研究。

4. 积极组织国内外技术交流活动。加强对外技术交流，组织部分会员单位参加美国西部安防展，并分别组团赴美国、瑞典、芬兰、德国、法国等安防产业先进国家实地考察，对推动城市治安防控、技术防范等工作提出一系列指导性意见及建议，拓展了国际交流与合作。

5. 积极探索服务职能建设，结合实际开展各项服务活动，充分发挥沟通、协调会员单位的积极作用。一是建立会员单位信息库。二是构建会员单位联络员制度，定期与单位负责人联系，及时了解会员单位的发展动态，切实做好为会员单位服务工作。三是举行联谊活动，促进协会与会员单位之间的交流。秘书处于6月组织各会员单位领导或员工进行体检，共有260名人员参加了体检。还组织行业单位77人免费参加疗养联谊活动，促进与会员单位间的交流与互动，增强行业协会凝聚力。

（龚　俊）

上海市自行车行业协会

上海市自行车行业协会成立于1988年11月，为本市自行车行业企事业单位自愿组成的跨部门、跨所有制的非营利的行业性社会团体法人。现有各种所有制会员单位148户。下设电动车专业委员会。

2012年主要工作：

一、根据行业转型需要，上半年完成《上海自行车工业转型提升重点及路径研究》课题

2011年9月，受市经信委委托，承接“上海自行车工业转型提升重点及路径研究报告”课题任务。同年10月，成立由行业资深专家组成的课题小组。通过7个月的准备和调研，2012年5月完成课题起草、定稿。报告对如何实现自行车工业的转型提出了具体建议，为政府决策提供科学的依据，也为促进自行车行业在上海重新崛起指明方向。

二、配合政府管理部门对电动自行车进行管理

1. 配合政府管理部门对电动自行车的专项整治，规范销售电动自行车行为。4月，上海工商、公安、质监局、经信委联合开展专项整治超标电动自行车行动。协会积极响应，于5月10日发出“规范销售电动自行车行为”的通知，要求企业无条件召回市场上的超标电动车，严格按国家标准GB17761—1999《电动自行车通用技术条件》生产、销售电动自行车，并要求企业以提高产品质量、加快产品更新升级，开发生产符合国家标准的电动自行车新产品，满足市场需求。“通知”得到大多数企业的支持和拥护，净化了上海电动自行车市场有序、公平的竞争环境，为管理部门建立长效管理机制打下扎实基础，促进了上海电动自行车市场规范、健康发展。

2. 对电动自行车充电火灾事故，出台《电动自行车充电器检测、评审的有关规定》。2009—2012年6月，3年半的时间里上海共发生因电动自行车充电发生火灾事故184起，其中80%是在充电时引起。事故频发引起有市关部门的注意，希望尽快采取措施消除这种事故隐患。协会即时与公安局车辆管理处非管所取得联系，并于7月12日在市质量监督检验技术研究院国家消费品检测中心召开专题会议进行研究，认为有必要对充电器进入上海市场提高准入门槛，先对在上海上牌的电动自行车提出充电器质量特别要求，要求生产方在出厂产品中予以消费者充分提醒。协会起草了《电动自行车充电器检测、评审的有关规定》草案，经业内有关企业的充分讨论和模拟检测试验后，于8月中旬定稿，11月正式执行，对提高上海地区销售的电动自行车整车的防火等级取得明显效果。

3．理顺取得上牌管理，简化电动自行车上牌的申报资料。4月，政府管理部门启动对电动自行车的专项整治，大大促进了企业开发符合要求的电动自行车新产品的速度。年内企业上牌评审数量超过了历年。为利于企业的上牌申报，5月，协会规定企业每月15日前申报上牌目录资料，当月25日左右参加评审，15日后申报则安排在下月参加评审会；若当月申报车型不足20只，将移至下月评审，每次申报不超过5款。同时，协会开通网上申报功能。这些规定的出台，提高了申报效率，外地企业在当地就可完成上牌申报工作，避免了忙闲不均的集中上牌现象。为加快企业新产品上牌申报速度，7月，协会提出"简化电动自行车上牌申报资料数量"要求，取消6个种类的技术资料，同时加强对企业申报资料中规范性文件的审查。这些措施的出台大大减轻企业负担，受到经办人员的欢迎。

三、积极引导行业转型，宣传自行车文化，开展自行车骑行活动

积极参与多项自行车骑行活动，4月15日，"2012年度上海自行车业余联赛"；4月22日，第43个世界地球日"崇明岛单车骑行活动"；9月6日，捷安特举办的"轻松移动健康乐活感受幸福"为主题的电动自行车试骑体验活动；10月27日，在上海天马赛车场举行的"2012捷安特上海自行车嘉年华"。这些骑行活动，提高了上海自行车文化的氛围，促进了高档自行车的生产和销售。如今年"捷安特"自行车在上海的销售额突破亿元，中、高档自行车所占比例非常高。而"骓驰"自行车在上海销售几乎全是高档自行车，在连续几年高增长的情况下今年业绩比上年增长60%。

四、民主选举，完成换届改选

7月24日，召开协会会长会议，讨论研究换届工作，通过《上海市自行车行业协会理事会换届选举工作实施方案》，成立换届选举的领导小组和工作小组。为充分听取企业对换届选举的看法，工作小组走访了30余户企业，充分听取意见并向全体会员发了信函，征求会员意见推荐和自荐六届理事会候选人、秘书长、副会长、会长候选人。为有利于开展协会工作，增加了选举执行会长职位，及时修改章程，并用信函和网上公示的方法进行意见征求。

12月6日，六届一次会员大会隆重召开，会议通过《五届理事会工作报告》、《财务收支决算报告》和修改后的《上海市自行车行业协会章程》。大会用无记名投票选举方式选举产生由36户单位（人）组成的六届理事会。随后，召开协会六届一次理事会，产生协会新一届的领导机构。

（罗甲裔）

上海市玩具行业协会

上海市玩具行业协会成立于1986年7月，是上海及长江三角洲地区从事玩具生产、经营、科研、院校（幼教）等单位及相关经济组织自愿组成的跨部门、跨地区、跨所有制、行业性的社会经济团体。

2012年主要工作：

一、完成市经信委委托"上海玩具行业转型提升重点及路径"研究项目，为提升产业发展作出努力

针对玩具行业在上海发展历史和转型发展的必要性，通过和政府合作，与兄弟行业的座谈研讨，分别走访荣威、海欣、联美、闻通、大阿福等多户企业，了解产业转型、生产规模和结构调整、发展总部经济和新技术、新材料应用等情况，立足行业特点和实际，提出上海玩具行业转型提升的重点和路径，为政府规划产业发展提供建议和意见。

二、积极服务企业，贴合企业发展

1．协同上海炫动会展文化传播公司、中欧国际商学院、广东省玩具协会等举办第八届中国国际动漫游戏博览会"2012年动漫衍生产品电子商务及渠道销售论坛"。协会共有32户会员单位参加博览会和论坛，其中理事单位上海迪宝玩具有限公司总经理作精彩演讲。

2．与兄弟协会协办"上海市中小企业服务体系及中小企业专项资金项目申请相关政策辅导讲座"，业内20多户中小企业参加培训。通过辅导培训，企业对政府有关项目和政策有进一步了解和认识，有效指导企业合理合法地运用好政府支持和政策。

3．会同上海检验检疫局浦江分局举办"2012年出口玩具企业质量安全工作会议"，50多户企业80多人参加会议。通过对出口玩具企业质量安全标准和政策的宣传培训，使企业对出口产品和产品出口地"标准"运用及质量安全把握有了新的认识。

4．推荐上海闻通信息科技有限公司参加由中国玩具和婴童用品协会举办的第十一届玩具和婴童用品创“星”大赛，并取得良好成绩。

5．帮助会员单位上海荣威塑胶工业有限公司和上海孩子王儿童用品有限公司申报上海市著名商标和名优产品，年内2户企业获得相关荣誉。

6．响应市政府号召，在业内开展诚信企业创建活动，并组织企业进行诚信企业创建的培训，帮助和鼓励企业开展诚信创建活动。年内上海荣威塑胶工业有限公司和上海方圆玩具质量检验所等4户企业成为诚信企业创建等级单位。

7．组织7户会员企业参加第六届中国玩具和婴童用品会员大会。在第六届中国玩具和婴童用品行业大会上，对2011－2012年度为行业作出突出贡献的187户单位和145名个人进行表彰。在“中国玩具和婴童用品行业终身杰出成就奖”奖项的3名获奖者中，荣威国际控股有限公司董事长兼总裁朱强先生被授予“中国玩具和婴童用品行业终身杰出成就奖”；上海玩具进出口有限公司总经理鲁光麒先生被授予“中国玩具和婴童用品行业杰出企业家”称号；上海迪宝玩具有限公司和上海荣勤工贸有限公司同被授予“中国玩具和婴童用品金牌渠道商”称号。

8．协助上海塑料行业协会办好第26届国际橡塑展览会，积极宣传，认真组织相关会员企业参加展会。

9．对理事以上的会员单位进行走访和节日慰问；赴会员单位学习取经，主动了解企业情况，关心企业发展，沟通信息，听取企业对协会工作的意见和建议。年内共走访30多户企业。

10．分别通过市商务委、黄浦区和宝山区招商办以及外省市的教育机构，牵线搭桥帮助会员单位拓展销售市场，开发新产品，推进企业协调发展。

三、加强内部管理，提升自身建设

新任常务副会长和秘书长积极参加市社团局组织的社会组织高级管理人员培训班。按照章程管理，修订财务制度，严格财务管理，做到收支明晰；严格执行每季度召开一次的理事会会议制度；对会员建立档案管理，复收一批老会员，吸纳8户新会员，会费收入逐渐正常；协会通讯每季1期，起到沟通交流、弘扬典型、宣传企业优势和风采文化的积极作用。

（王济平）

上海电器行业协会

上海电器行业协会成立于1987年，是以上海地区电器行业的企事业单位及其他经济组织自愿组成的行业性的非营利性社会团体法人。

2012年主要工作：

一、推进企业的科技创新和技术进步

年内通过举办智能电网普及知识讲座、技术论坛、展览会、强化网站建设、出版简讯等形式，向会员单位及时传递大量技术创新信息、新产品开发信息和协会关于产品结构调整的具体建议。特别是有关智能电网技术发展现状和发展趋势的信息，包括微网技术、分布式电站技术、智能化变电站技术、新能源接入和控制保护技术、储能技术等。与此同时，中低压电器元器件专委会还组织2次专题技术讲座，向设计人员介绍低压电器元件国家标准的最新修订内容和现代设计方法，指导和帮助企业结合自身情况，加快产品的自主研发和推进企业技术进步。

二、主办第二届“中国国际智能电网技术和设备”展览会

举办第二届“中国国际智能电网技术和设备”展览会，共有200多户制造厂商参加展会，吸引来自27个国家和地区的22000多名观众前来参观。同时，举办“第二届智能电网技术发展论坛”，获得观众的广泛关注和热烈欢迎。

三、调研国内大型变压器市场和产业发展趋势

受上海电气委托，对国内大型变压器市场和产业发展趋势作深入调查。输配电产业是1个有机整体，各大类产品市场需求量间有一定配置比例，产品更新和技术提升也必定是协同发展的。通过对大型变压器市场调查，对整个输配电产业的市场形势和发展趋势也可作出较客观的分析和判断。

四、开展创建诚信企业活动

积极推进企业诚信建设，提倡企业诚信经营。年底举办了诚信企业颁牌仪式，同时召开开展创建诚信企业活动工作会议。

五、组织开展制定和实施企业联盟标准活动

根据市质技监局的部署，组织开展制定和实施企业联盟标准的活动。年内市质技监局选取协会为本市首家企业联盟标准的试点单位。10月，市技质监局在协会举行企业联盟标准试点揭牌仪式。市经团联蒋以任会长、市技监局沈伟民副局长亲自到会揭牌，发表讲话，并有50多个兄弟行业协会领导出席仪式。

六、组织专家对企业进行考察

组织专家对企业进行考察达59人次，下厂10次。考察中，专家察看产品生产现场，了解企业产品在性能、工艺、设备等方面的改进情况，还与企业技术人员探讨存在的问题和解决方案。

七、加强协会内部建设

强化制度建设，完善档案管理工作；加强网站建设，每季按期出版协会简讯，及时向会员单位报道行业动态，传递行业信息；开展与兄弟省市行业协会的联谊和交流活动，互通信息，取长补短，共同提高；进一步完善统计工作，组织对各会员单位统计员的培训，提高其业务素质和工作质量；先后10多次到企业进行实地调查，对存在的问题深入探讨解决方案，提供服务和帮助。

（吴娅婷）

上海市电梯行业协会

上海市电梯行业协会成立于1988年8月，是由上海及周边区域的电梯制造、安装、维保公司及大专院校、建筑设计、房地产业、物业管理、政府部门等单位组成的社会团体法人。现有会员单位280余户。下设安全和质量专业委员会、安装和维保专业委员会、制造专业委员会、技术咨询委员会和配件专业委员会。

2012年主要工作：

一、发挥协会的桥梁作用，推进电梯市场的有序化发展

年初，召开协会会长会议，总结上年的工作，计划新一年的工作。会上通过3个议案和7个工作报告。紧接着专门召开会议向质监局领导汇报，把新一年工作打算告之业务主管部门，让其知晓我们的工作，以便沟通。年内汇报会共开3次，得到主管领导部门和业务主管部门领导的好评。

2次牵头组织会员单位，就《上海市电梯安全管理办法》修订征询稿召开专题会议，逐条学习讨论，提出把“等级工比例”和“推行电梯综合保险”作为电梯维保企业等级资质的具体内容，并将讨论修改意见汇总后报市质监局。还举办了《自动扶梯和自动人行道的制造与安装安全规范》的宣贯活动。与此同时，积极贯彻落实国家质监总局质检特函《关于进一步加强公共交通领域电梯安全工作的指导意见》，在充分认识做好公共交通领域电梯安全工作的重要性和紧迫性的基础上，切实落实由电梯制造单位对公共交通领域电梯的质量和安全性能负责的制度。目前，上海地铁等公共交通领域已100%由原电梯制造厂家负责电梯的维修保养，也为以后推行制造厂家对自己产品的质量安全贯彻终身负责制，提供好的做法，积累了经验。

市质量技术监督局2次发布电梯维保企业黑名单。协会召集被通报的，在2011年度市电梯维保单位监督检查评价较差的32户单位召开座谈会，要求大家积极整改，并着手进行中长期布置，结合诚信企业创建活动，率先在电梯维保企业中展开。协会将制订诚信企业创建标准，建立各企业的诚信建设档案，重申电梯维保企业服务承诺。

上半年，市质监局和物价局要求协会配合制订上海住宅电梯维保指导价格，协会在上年市场调研的基础上，多次召开相关企业座谈会，倾听意见和建议，着手起草住宅电梯指导价格，经3个多月努力，几易其稿，并在长三角电梯行业联席会上征求意见，基本完成测算，确定10站10层住宅电梯每台维保指导价为700多元。期间，会同建交委市场监管处新修订了《住宅电梯维护保养工程预算定额》，并由市建交委再版发行。

二、围绕城市公共安全，开展协会工作

电梯的安装质量与电梯实际使用好坏密切相关。在电梯安装过程中，怎样保证安装品质，除整机企业监督之外，如第三方监督缺失，隐蔽工程、安装无法中途预防和监督检查，技监局最后验收也是无法触及，由此工程建筑监理把好电梯安装质量是尤为重要的。电梯安装监理人员经协会培训中心电梯监理培训，在工地发挥第三方质量监督作用，为业主和企业提供了安全保障。实践证明，电梯监理弥补了技监局监督过程中的缺失，受到各方的赞扬。另外，还进行一、二级建造师的考前辅导，培训人数达145人。对参加培训考证的电梯安装维修人员上岗证有关复证问题，经努力与特检院培训中心协调，得以解决。

下半年，在对本市电梯维保市场进行整体调研的基础上，草拟了《关于上海电梯维保市场的调研报告和建议》。报告中详细分析上海电梯维保市场的现状，归纳维保企业和使用单位的共性问题。在贯彻执行国家质监总局发布的《进一步加强公共交通领域电梯安全工作的指导意见》的同时，不断提高品牌整机企业自保率和社会电梯维保企业走向规模化、正规化的宣传力度，按步骤争取经过10年努力，把上海市电梯维保整机企业的自保率从目前的30%提高到70%以上。采取抓两头带中间的方式，真正实现电梯的分级分类管理。与此同时，以现代云计算智能化管理为基础，积极推行以互联网和无线通讯移动互联等为载体的电梯物联网技术运用，为上海创建智慧城市作出贡献。

为了加强电梯在城市公共安全中的作用宣传，年内完成《安全乘用电梯少年儿童公益宣教片（行为篇）》的摄制，为配合该片发布，召开新闻发布会，邀请10多家新闻媒体，向社会宣传报道普及安全乘用电梯的知识。还积极自编培训教材，其中《电梯原理安装维保教材》、《电梯使用规范管理实务手册》已正式出版，在业内得到很高评价，另自编、更新监理复训教材及习题集，将于2013年启用；《电梯原理安装维保实训教材》正在通稿中，2013年初也将出版。

培训中心还努力加强与市质监局、人社局、总工会的沟通，草拟了等级工培训、技能竞赛等项目的策划方案，在充分调研的基础上撰写完成《培训中心中长期发展规划》。

三、自觉苦练内功，引领行业发展

圆满完成协会等级评估工作，被民政部评为5A级行业协会，并起草制订协会中长期发展规划。在评估中，我们整理历年档案，重新审视协会章程和各项管理制度，修订近70项规章制度，规范了工作流程，提升了管理能力。为提高协会工作人员自身素质，还举办写作、工作目标管理和电梯基础知识等各类培训，并根据各岗位的实际工作内容，率先在传媒部实行绩效考核，使之与日常工作更贴近。在人员变动相对较大的情况下，群策群力，充分发挥团队精神，依然圆满实现全年工作目标，协会被评为2012年度上海市先进行业协会。年内如期召开会员大会和8次秘书长扩大会议，以及2次泛长三角联席会议。

按照年初会长会议要求，开始制作统计年报工作。向所有会员单位发放通知，要求认真如实填写报表，首先集中抓整机企业，经努力，会长单位100%、理事单位69%上报了统计报表。

拓展培训业务，已开办10期，为企业培养白领、蓝领600余人，并被34户企业所录用；还开设电梯安装监理培训班4期，初训224人，复训243人。

四、充分利用协会杂志和网站为行业服务

做好杂志和网站窗口服务。杂志编辑部出版以“城市、建筑、电梯”为主题的特刊，发行后得到普遍认可，许多照片被相关企业索取。杂志在不断更新、调整原有发行渠道的基础上，积极与宾馆、旅游公司等联系扩大发行范围。目前，已有35户四、五星级宾馆及旅游公司大堂、咖吧阅览架上摆放杂志，比上年增加1倍多。

协会网站进一步拓展为企业经营服务，2月8日，协会中文网站的B2B平台正式上线，已有整机企业19户、配件22户、安装维保15户登录平台。继中文网站B2B平台推出后，8月8日，英文网站B2B平台也上线运行，有整机企业8户、配件8户、维保5户进入平台。为提升行业的影响力，打造行业门户网站，与百度合作，借助其中文搜索引擎，方便网民更便捷地获取信息。由此，网站直接访问量提升25%，用搜索引擎进入的访客增加了11.13%，百度权重也从0提高到1。还通过市社团局的网络报送平台发布我会重大信息，如儿童宣教片、B2B等，并被市政府官网采用发布，提高了协会影响力。

在广州举办的国际电梯展中，与部分海外电梯协会、媒体及海外企业加强沟通和合作，包括欧洲中小电梯企业联合会、俄罗斯电梯联盟等，并采访威特、新时达等海外企业领导及参展的海外企业，了解海外市场。还与美国知名杂志《电梯世界》签订广告、信息互换协议，在杂志、网站方面加强信息交流、资源互换，搭建我国与海外电梯市场的互通信息平台，并正着手与欧洲电梯杂志*Elevator*建立同样友好互换合作关系。

（秦　炯）

上海市锻造协会

上海市锻造协会成立于1984年6月，是由上海及周边地区的锻造企业及相关企业事业单位自愿组成的跨地区、跨部门、跨所有制的非营利的社会团体法人。现有团体会员220家，遍及上海及江苏、浙江、安徽、山东、福建等省市。除专业锻造企业，还涉及锻压设备、加热设备制造、工艺技术、原辅材料、研究开发等相关企业及大众院校、研究院所。

2012年主要工作：

一、顺利完成理事会换届改选工作

9月18日，在上海汽车工业活动中心召开六届五次暨七届一次会员大会。李青松理事长作第六届理事会工作报告，回顾和总结4年来理事会的主要工作。会议还通过各项文件，选举产生新一届理事会人选。

二、继续推进产业结构调整工作

在市经信委的指导下，开展对市锻造行业产业结构调整途径的研究，经调查研究，资料汇总，进一步了解本市锻造企业数量及区域分布状况、产能、产量、产值、能耗情况，以及主要设备及服务、配套高端制造业的主要产品和存在的主要问题，确定调整的思路、原则、方向、目标和主要措施，为市政府提供重要参考依据。

三、深化节能减排，制订能耗标准

8月，协会组织制订的《钢质热模锻件单位产品能源消耗限额》标准通过审定。9月，启动制订《钢质冷模锻件单位产品能源消耗限额》标准，并建立标准制订工作机构，进行调研，赴相关企业收集数据，多次召开专题会议，研究标准制订的技术问题。标准起草工作小组还到江苏森威精锻有限公司和太平洋精锻科技有限公司进行调研交流。该标准将于2013年报审。

四、开展技术交流活动

5月22–23日，上海市2012年度自由锻技术交流会在浙江平湖白金汉爵大酒店召开。上海昌强电站配件有限公司等7户企业代表分别介绍了各具特色的企业发展情况，上海昌强电站配件有限公司和上海宝钢特殊材料有限公司有关锻件向整体大型、高精密、高质量、高强度发展的介绍给代表们留下了深刻的印象。会后，代表们分别参观上海重型机器厂有限公司锻造厂和上海申航锻造有限公司。11月14–15日，组织60余户模锻企业厂长、经理在无锡友谊大饭店进行模锻技术交流。协会介绍上海锻造行业的生产概况和技术改造、创新发展的情况。上海爱知锻造有限公司介绍了该公司开展“绿色节能、争创一流”活动的经验；上海运良企业发展有限公司交流了企业精细化管理取得的成果和新型材料应用，以及传统锻造设备改造和全自动重载机器人在锻造生产过程中的应用。期间，代表们还参观了无锡透平叶片厂有限公司引进德国的36000吨锻压机生产线。

五、继续做好锻造企业达标工作

以企业达标为抓手，在各区、县、集团公司有关部门的配合支持下，结合产业结构调整和节能减排工作，按照《上海市锻造企业基本生产条件》的要求，认真组织评审，全年共有48户锻造企业通过复审，取得锻造企业达标证书。

六、做好服务企业的各项工作

推进锻造企业的技术改造项目，指导企业填报《上海市节能技术改造项目申请表》和《锻造加热设备节能技术改造项目申请报告》，帮助相关企业向中国锻压协会上报“强基工程”项目申请；积极参与上海昌强电站配件有限公司36000吨多工位重型锻压机技改项目的评审。还为企业提供多方面的信息服务，按月做好《上海锻压》通讯的出版发行。指导和帮助中小企业做好ISO9000、ISO14000、ISO18000和TS16949等专项认证工作，帮助企业管理上台阶。经常对企业走访，对需要协调帮助的问题，有针对性地进行专题讨论，寻找破解难题的方法和途径。

七、积极参与国内外锻造行业的相关活动

加强与兄弟协会沟通交流，参与组织在合肥召开的第九届6省1市锻造技术交流会；参加在苏州召开的全国锻协秘书长交流会；参与中国锻压协会的《中国锻造行业发展研究》编写工作。还与澳大利亚的锻造协会开展行业技术交流。4月，组织26人次到澳大利亚、新西兰进行考察活动。

（韩英华）

上海重型装备制造行业协会

上海重型装备制造行业协会成立于2004年12月，原名是上海冶金矿山机械行业协会，于2005年12月29日经市民政局、市社团局批准更名为上海重型装备制造行业协会。

2012年主要工作：

一、立足服务宗旨，优化协会职能定位，强化服务能力建设

1．发挥培育、凝聚人才服务平台作用，开展职称评审与继续教育工作。根据市委关于实施人才强市行动纲要的精神，在市人事局职业能力考试院的指导下，把开展对技术人员的多种业务培训和继续教育作为服务会员的一项重点工作。年内协会对申报的工程类技术职称人员进行评审，经评审委员会审定通过，上海重型机器厂有限公司等单位的20名工程技术人员获得技术职称资格。另在市工业经济管理进修学院进行技术人员继续教育培训，为会员单位的科技人员培训节能减排相关知识，共有83位科技人员参加该项培训，并对学员进行现场考试，考核合格颁发培训证书。

2．深入开展节能减排活动，在创建节约型社会上下功夫。深入开展群众性的节能减排JJ小组活动，通过JJ小组活动开展，取得了企业管理水平提高、技术改造项目落实、节能减排成果显著的三大成效。对建立和完善能源控制管理运行机制，打造一流能源控制管理企业起到促进作用。

围绕上海市和装备制造业的节能减排目标和任务，在市节能减排JJ小组活动办公室和市经团联的支持和指导下，组织业内专家编写40多万字的《节能减排小组活动丛书——节能减排JJ小组活动装备制造业篇》，成为国内最新的装备制造业节能减排技术培训教材和工程技术人员技术参考书。

3．运用“上海市进出口公平贸易工作站”的平台，维护产业安全。国际金融危机以来，市有关委办部门非常关注和重视装备制造企业面临的困境，市经信委、市商务委和市技监局的领导十分关心并指导行业协会在技术标准、减少和避免贸易争端、维护产业安全等方面开展工作。协会运用市商务委在本会首批设立的“上海市进出口公平贸易工作站”，为上海重型装备制造企业构建应对国际贸易摩擦和维护产业安全的平台，帮助会员单位按照国际通则管理企业，建议和引导企业采用国际标准，提高企业管理水平，减少和避免贸易摩擦和争端，以提高企业自身乃至整个产业的竞争力。通过工作站，建立起行业与政府相关部门的沟通平台和产业损害预警机制。11 月，协会在上海机电大厦召开“2012 重型装备制造行业进出口公平贸易工作促进大会”，市商务委公平贸易（法制）处副调研员包鸿飞出席会议，并在会上作“‘四体联动’，公平贸易工作助力企业和协会发展”主题报告，40 余户重型装备制造行业重点进出口企业参加会议。

二、引领行业，改革创新，促进产业转型发展

1．发挥行业专家委员会的作用，进行行业调研，完成市经信委项目课题。受市经信委委托，年内完成《提升上海重型装备制造行业国际竞争力调研——上海工业企业“走出去”现状、问题及对策研究》课题。项目就提升上海重型装备制造行业国际竞争力、加快上海工业企业“走出去”的战略意义，国际市场现状、如何“走出去”以及相关配套政策进行详情分析和研究，为行业的转型发展作出了努力。协会在坚持搞好行业统计和行业分析的基础上，撰写 2011 年全年和 2012 年上半年《上海重型装备制造业经济运行分析》调研报告分别提交给市有关委办，得到市经信委、市商务委、市统计局等部门好评。

2．开展军民两用技术促进对接活动，提升企业自主创新能力。推动军民融合式发展，是上海服务国家战略、加强科技事业发展的重大任务；加强军民融合，也是上海实现创新驱动、转型发展的重要目标和使命。协会积极探索军民融合、创新发展之路，通过政府引导、军民互动、协会参与，搭建军民技术交流协作平台。年内组织会员企业参与在上海科技馆举行的，由市政府和市国防动员委员会主办、十大军工集团参与的“2012 上海第二届军民两用技术促进大会暨项目对接会”。经过 3 个多月的组织准备，协会 30 个企业参与了大会“军民两用技术／产品项目征集表”和“军民两用创新能力建设信息征集表”的会议资料汇编工作。上海电气核电设备有限公司等 13 户单位，在会上签订了 7 项军民合作项目协议。协会理事单位三一集团上海三一精机有限公司副总经理常雪梅代表行业对相关企业的重点产品及创新能力进行介绍。

3．进行行业调研，促产业转型发展。金融危机给行业带来了困难，给企业带来了冲击，协会积极进行行业调查，了解企业面临的困难，向市有关委办反映。秘书处多次到会员企业进行调研。经由行业协会牵线，市人大财经委副主任、市经团联副会长俞国生一行专程到会长单位上海电气重工集团进行专题调研，调研上海制造业转型升级中遇到的问题。上海电气重工集团总裁亲自带领整套班子出席座谈会。会上，协会汇报了上海重型装备制造行业的构成，“十一五”期间产业的优势体现和“十二五”发展规划的概况，重工集团的领导分别就重工集团的科研情况、产业发展情况和目前经济运行情况作了汇报，并就重工集团在转型升级过程中遇到的主要问题和需要政府扶持什么，作了详细的发言。

4．积极开展行业质量工作，提高企业管理水平。在市质监局和市行业质量工作促进会的具体指导下，积极开展行业质量工作，宣传并参与政府有关质量活动，为业内会员企业质量工作进行服务，对行业的重点产品质量进行跟踪和协助，推动行业的质量工作不断向前。年内成功组织召开“装备制造业行业质量工作促进专题座谈会”；9 月，在全行业开展质量月活动；协助行业重点企业实施精益化管理试点，推进 ERP（供应商与各部门的接口工作）建设；开展标准制定工作，协助会员单位上海第一机床厂完成 4 项核电标准编制工作，为我国颁布能源行业核电标准实施规划化、科学化纲领文件作了贡献；会员单位上海建设路桥机械设备有限公司 Q/JBFF19–2009 弹簧圆锥破碎机荣获 2011 年上海市标准化优秀技术成果奖；此外，还对业内企业进行“上海市著名商标认定”材料审核认定，推荐上报市工商局商标处。

三、加强省市交流合作，提升行业协会正能量

积极开展与兄弟省市交流，拓宽学习渠道，提升协会正能量。浦东临港电气重工基地以协会名义多次接待兄弟省市领导和专业学会的访问学习和交流。还与奉贤区招商办联合主办召开“2012 上海——奉贤先进装备制造产业链合作交流会”。15 家兄弟行业协会秘书长及奉贤区相关园区代表参加会议。通过交流，不但密切了与上海装备制造产业产业链的联系，还加强了协会与区县园区的合作。协会还组织会员企业到金山区、松江区进行对接活动。与东北地区的鞍山、铁岭、抚顺，与西北地区的绵阳和江油保持良好的信息交流和人员互动。还组织会员赴长三角地区进行学习、考察和交流。通过与兄弟省市的交流，促进协会工作的发展和进步，扩大了社会影响力。

四、坚持民主办会，增强秘书处自身建设

协会全体人员，不断创新、各尽其职、通力合作，出色地完成各自岗位工作。协会充分利用网站、杂志、简讯等多种手段，增强信息服务。在规范市场、维护会员单位的合法权益上积极开展工作，每年进行“行规行约”检查，将行业诚信体系建设作为协会的一项重要基础工作。秘书处积极带头并组织企业参加“诚信建设工作”、“企业社会责任”等培训班和相关会议，为抓诚信建设创造了条件。为纪念中国共产党成立 91 周年，庆贺协会党支部荣获“上海市经济和信息化系统创先争优先进基层党组织”称号，组织党支部全体党员和秘书处成员参观中共一大会址。党支部还与上海市铸锻热镀焊协会联合党支部开展了“争先创优”结对活动。

（唐　波）

上海起重运输机械行业协会

上海起重运输机械行业协会成立于2004年，是以起重运输机械行业企事业单位为主，自愿组成的跨地区、跨部门、跨所有制的非营利的行业性社会团体法人。会员现有起重运输机械制造、配套、安装维修以及政府授权的职能部门共106户，其中上海会员企业有83户，外地会员23户。下设4个专业委员。

2012年主要工作：

一、认真做好理事会换届改选工作

5月31日，在上海技贸大厦召开协会三届一次会员大会暨第一次理事会，选举产生由23个会员单位组成的新一届理事会，包起帆再次当选会长，继续聘任陆焕新为秘书长、孙鸿范为名誉会长。

二、广泛征集会员企业需求，听取企业意见与建议

4月，开展“广泛征集企业各种需求，听取会员企业意见与建议的活动”，在企业资金运行、应收账款、销售、技术、人才、招工、政策、对协会工作评价等方面征集意见，共收到23户企业的反馈意见。通过征集汇总，了解企业需求，找出协会工作差距，明确了工作方向。

三、拓展服务功能，提升协会服务能力

与市经信委、社团局、市商务委、市科委、市质监局、市商标局、市专利局、市人保局、市经团联、市工商联、市中小企业服务中心、海事大学等建立广泛的联系和合作关系，申请加入市经团联、市工商联团体会员，相继成为市“企业诚信创建”办公室、“上海市进出口公平贸易行业协会工作站”、“市中小企业服务中心联集会员”，进一步拓宽获取政府、市场信息与反映企业需求的渠道。年内及时将市经信委关于《开展2012年本市总集成总承包工程专项引导资金项目（第一批）申报工作的通知》、关于《组织申报2012年度上海市认定企业技术中心的通知》、《关于组织申报2012年第一批上海市中小企业发展专项资金项目的通知》、《关于开展2012年度上海市战略性新兴产业项目征集工作的通知》发送业内相关企业，并对有项目但申报有困难的企业及时予以指导帮助。在协会帮助下，年内上海新时达的机器人研发项目已通过立项；在协会的倡导下，业内高新技术企业增多，已有上海宝松塑胶喷镀新技术有限公司、上海新时达电气股份有限公司、上海鸿安港口设备附件厂、上海振华重工、上海新时达电梯部件有限公司、中船第九设计研究院工程有限公司、上海江南长兴造船有限责任公司、上海久能机电制造有限公司等多户企业获得高新技术企业认证。上海豪力起重机械有限公司、上海雄风起重设备厂有限公司、上海科大重工集团有限公司、上海新时达电气股份有限公司、上海和平发展起重设备厂有限公司、上海佩纳沙士吉打机械有限公司等企业获得上海著名商标。还向军民两用促进会推荐4户企业的9项“军民两用技术（产品）”。充分发挥行业协会在进出口贸易工作中的作用，配备1名专职人员负责在协会设立的“上海市进出口公平贸易行业工作站”工作，做好收集企业数据，掌握行业贸易情况；收集市场信息，帮助政府企业决策参考；分析行业形势，提升行业信心；开展贸易调研，维护会员权益；加强宣传报道，强化公平贸易工作意识，得到政府部门的好评。增强承接政府购买服务的能力，年内申报“开展行业协会如何支持企业技术创新的调研和探索”项目，已获得政府立项。

四、关心会员企业，努力做好服务

在了解到1户企业生产任务充足，但出现资金短缺困难，便积极与市中小企业服务中心联系，经1个多月的共同努力，为会员企业争取获得了1000万元贷款，已有400万元到账，解决了生产资金短缺问题。7月3日，针对连续高温天气，及时向会员单位发出《关于做好2012年夏季防暑降温工作的通知》，促进做好防暑降温工作，确保正常的生产、生活和社会秩序，得到会员单位好评。

五、全力推进企业诚信创建工作

与市“企业诚信创建”组委会共同开展“企业诚信创建”活动，搭建行业诚信建设网络平台。在去年23户会员企业获得“上海市企业诚信创建”企业基础上，今年又有11户会员企业荣获上海市“一星级诚信创建企业”。

六、继续开展行业专业技术人员职称评审工作，构建行业人才发展平台

年内共收到来自上海宝松重型机械工程（集团）有限公司、上海和平发展起重设备厂有限公司、上海港联机械技术有限公司、上海爱德华重工有限公司、张家港安源钢结构有限公司、上海公茂起重设备有限公司、江苏赛富隆重工有限公司、江苏鼎盛重工有限公司、上海协强起重机安装公司9户会员单位55名技术人员的职称申报材料。其中，申报高级技术职称5名，中级技术职称45名，初级技术职称4名。经评审评出高级工程师5名，工程师18名，助理工程师18名。

七、加强对外交流考察活动

3月13–14日，由台湾对外贸易协会、台北世界贸易中心主办的2012年台湾国际扣件展在高雄巨蛋体育馆展出，协会组织卫华集团上海宏岸港口机械有限公司、江苏三马起重机械制造有限公司等会员单位20余人赴台参观展览和游览，得到会员的欢迎和好评。

八、以《简讯》、网站为窗口，增强信息服务

指定专人负责编辑《上海起重运输机械行业简讯》双月刊，内容丰富，信息及时，得到业内人士的广泛认同。网站不断进行完善，及时发布行业企业最新信息，并为会员提供产品介绍等服务，还与兄弟行业网站进行链接，为企业打开更大窗口，为上海起重运输行业发展发挥积极促进作用。

（陆焕新）

上海市建筑材料行业协会

上海市建筑材料行业协会成立于1986年12月，为本市建材工业和相关教学、科研、设计、流通行业企事业单位自愿组成的跨部分、跨所有制、非营利的行业性社会团体法人。现有会员单位1300户。设有流通、建筑陶瓷卫生洁具、地板、厨柜衣柜、新型墙体和建筑节能材料、采暖与建筑新能源应用、建筑钢材、建筑绿化、创意与工程设计、木质板材10个专业委员会（分会）和涂料、门窗、管材、板材、水泥玻璃、综合6个工作部。

2012年主要工作：

一、推进行业诚信建设，促进行业自律实效

1．“上海建材行业质量诚信信息平台”建设。在新型墙体材料和建筑节能行业试点建立质量诚信信息7年的基础上，创建上海建材行业质量诚信信息平台，于年底上线运行，并在全行业进行推广。

2．推广使用统一质保书，推进企业质量保证体系建设。2月，完成新型墙材、建筑节能材料、钢筋加工企业2011年度质量诚信考核，对以上3类企业500余户进行年度诚信考核。4月，召开“消费与安全·诚信与信心——2012上海建材行业质量诚信发布会”，会上发布统一编制的地板、陶瓷卫浴、厨柜衣柜产品质量保证书。新型墙体和建筑节能材料制造业新增了无机保温砂浆外墙保温系统、中碱网格布、外墙用岩棉板等5个品类的统一质量保证书。目前，协会共有19类统一产品质量保证书在行业内推广使用。在建筑节能材料和钢筋加工企业开展自律备案登记工作，共有188户建筑节能系统企业和63户场外钢筋加工企业获得自律备案证书。下半年，协会全程参与制定有关上海市新型墙体材料认定文件及各项准备工作，组织动员墙材企业提出申报认定，已有72户企业通过认定。

3．参与相关行业标准和标准的编制。先后完成或参与编写《非承重蒸压灰砂多孔砖技术要求》、《地面辐射供暖技术规程》、《泡沫玻璃外墙保温系统技术要点》、《可再生能源在民用建筑中应用的施工工法》、《立体绿化技术规程》等标准、规程。

二、培育行业品牌标杆，改革创新转型发展

1．培育建材行业品牌。致力于建材行业品牌的培育，在行业自律诚信管理的基础上，开展上海建材行业名优产品、技术革新奖、精品建材、质量管理星级评估、合格贸易供应商等一系列品牌推荐工作，形成品牌梯队。

2．试点质量信用评价，率先发布社会责任报告。9月18日，作为市技监局选取的首批试点行业之一，在本市建材企业启动质量信用评价工作，将发布首批上海建材企业的质量信用等级和质量信用报告，促进上海建材企业提高质量主体意识。在全行业广泛宣传、培训的基础上，已有7户企业率先发布企业社会责任报告。

三、绿色建博会谱新章，交流对接提升服务

1．多种会展模式，搭建展示大舞台。8月15–17日，绿色建筑建材博览会8个主题、5个展馆同时亮相上海新国际博览中心，绿色节能建筑建材集中展示，众多优秀企业的精彩亮相，给人们带来对绿色节能未来生活的无限畅想。12月7–9日，上海绿色家博会首次亮相申城世博展览馆，以展销形式为主，共有100多户企业参与，展出面积15000平方米，2万多人次参观，3天销售额达1.26亿元。

2．多样化信息载体，加强行业宣传。会刊《建材行情》由正副会长单位组成编委会，整合行业优势资源，发展优秀信息员和特约撰稿人队伍，及时传递行业资讯，内容丰富，努力提高刊物可读性。充分发挥“上海建材信息网”网络优势，信息传递做到及时、便捷、通畅。《上海采暖与新能源应用》、《上海厨柜衣柜》、《上海地板》、《建筑绿化》、流通委员会《工作简报》等协会信息载体各展所长，更体现专业价值。多刊一网相得益彰，成为宣传行业工作、服务会员企业的主阵地。

3．创意产品评选，展示建材行业创意水平。“2012上海建材行业创意产品评选活动”在企业自愿申报的基础上，经初审有68个产品荣获“创意产品入围奖”；8月，绿色建博会上，经设计师现场投票，25个产品荣获“最受设计师喜爱的创意产品奖”；9月，通过新浪网网选，参与投票近10

万张，取选票前25个产品荣获“最受市场欢迎的创意产品奖”；11月30日，组委会评审专家在68个入围产品的基础上，评审出21个产品荣获“最佳创意产品奖”。

4．开展多个主题交流活动，加强行业之间横向、纵向联系。

四、企业家办会践民主，创先争优强能力

1．增强民主办会能力。按照章程要求，践行民主办会，年内共召开29次会长会和会员代表大会，集思广益，充分发挥企业家办会的主动性和能动性，落实各项行业工作。经行业调研和企业走访，在获得市建委、市社团局批复后，8月8日，成立协会木质板材分会。另经市建交委、市社团局批复，8月15日，协会采暖分会更名为“上海市建筑材料行业协会采暖与建筑新能源应用分会”。

2．创先争优促成长，奉献行业新发展。党支部、工会、团支部带领员工，以“创先争优”活动为契机，通过组织生活会、学习党十八大文件精神、听报告、讨论交流等方式，加强思想建设，塑造核心价值观。以“服务会员”为本，坚持以创新精神引领协会工作，锻造富有战斗力、凝聚力和执行力的团队，推动建材行业发展。

（张春玲）

上海市纺织机械器材行业协会

上海市纺织机械器材行业协会成立于1994年8月，是以上海地区的纺织机械器材企业单位为主，吸收江苏、浙江、安徽纺机企业参加的社会团体。

2012年主要工作：

一、提高产业集聚度

11月30日，会长单位太平洋机电（集团）有限公司宝山纺机制造基地开业投产，协会内3户主要企业上海二纺机机械有限公司、上海太平洋纺织机械成套设备有限公司和上海一纺机械有限公司从市区搬入基地正式生产。通过整合各项资源，实现协作一体化，在园区内共享产品研制和测试功能，精密加工、关键零部件制造、整机总装功能，创造集约高效的发展机制，实现了一体化管控。

二、引导企业发展

1．及时向会员单位传递市政府的政策、精神。年内本市召开“上海市高端装备制造业推进大会”、“上海市企业技术创新大会”、上海市“推进国际贸易中心建设条例”工作会议等一系列涉及装备制造业发展的会议。会上，市领导及工信部领导作了重要讲话，协会及时将会议精神传递给会员单位，以便企业建设发展时找准定位。

2．为中小企业发展服务。组织会员单位参加市金融服务办、市金融业联合会组织的中小企业融资洽谈会，为会员单位解决融资困难。为会员企业展示产品、开拓销售渠道服务，组织会员单位参加中国国际纺织机械展暨ITMA亚洲展，获大批意向性定单。推荐会员单位参加宁波国际服饰创新发展展、广州国际纺机展、上海市军民两用技术项目展、上海模具工业展，上海国际工业博览会。参加市中小企业服务中心搭建的交流服务平台，推荐企业参与中小企业服务中心的产权交易服务平台活动，为会员产权交易，资产增值服务。组织会员单位参加市工经联举办的“走出去——拓展上海转型发展空间”论坛、“能源和能源装备发展论坛”、再工业化及其对制造业的影响和对策论坛等。还组织会员单位参加市宣传系统党校组织的专题讲座，参加市工经联产业损害预警工作委员会举办的国际形势及当前中国金融热点问题等报告会，帮助会员单位开拓视野。向会员单位介绍推荐南通滨海园区投资项目、陕西咸阳高新开发区投资项目等。

三、协会自身建设

连续3年编写《上海市纺织产业发展报告》（白皮书）中纺织机械器材行业有关章节，反映行业企业经济运转、成本效益情况。组织会员单位参加ISO2600企业社会责任指南的培训，参加上海市企业社会责任报告发布会。被市商务委授于“上海市进出口公平贸易行业工作站”。认真学习本市行业协会规范化建设评估标准，完成行业统计工作，完成上海市志、工业分志、纺织业卷的定稿工作，完成《上海工业年鉴》行业协会简介篇的编写工作。

（严中立）

上海市模具行业协会

上海市模具行业协会成立于1994年12月，为上海市模具行业及相关企事业单位自愿组成的跨部门、跨所有制的非营利行业性社会团体法人。现有各种所有制会员单位596户。下设经营管理、技术、模具标准件、模具材料、信息及联络、价格工作、汽车模具、教育培训、特种加工和资深专家等10个专业委员会和“华威”模具培训中心。

2012年主要工作：

一、加强基础建设，提升服务水平

1．加强网站服务功能，发挥会刊宣传作用。协会网站不断升级，并加强对副会长单位宣传，与专业模具网站、模具人才培训网及兄弟行业协会网进行链接，使浏览我会网站的各界人士尤其是广大会员单位能及时了解国内外最新信息。欢迎企业充分利用协会网站刊登产品推介、信息交流、人才招聘等。协会会刊广泛收集，及时报道行业、企业信息，并邀请业内各界人士利用会刊“人物专访”、“模具技术”、“模具论坛”等栏目发表行业看法，向业内企业家、专家、学者、工程技术人员约稿进行模具技术、工艺、管理、发展等方面交流和探讨，此外，还应企业要求刊登会员介绍、新书出版、业务合作、教育培训等信息，深受广大读者欢迎。

2．发展会员单位21户。许多企业通过协会网站及其他渠道了解协会，希望加强与协会合作，利用协会平台来扩大影响，拓展业务，全年新发展会员企业21户。

3．走访会员单位，加强与企业联络和交流。与常务理事、理事、会员单位建立联络制度，年内走访上海金涌模具有限公司、斯帝尔模具（上海）有限公司、上海器皿模具有限公司、上海紧固件研究所、上海乐隆精密模具有限公司、中航国际钢铁贸易（上海）有限公司、上海华普汽车模具有限公司、赫比（上海）精密模具有限公司、亿森（上海）模具有限公司、上海锐昌电子有限公司、上海材料研究所等会员单位，电话联系企业共300余次。

4．加强供求协作，帮助企业拓展业务。为模具及相关企业介绍模具和零部件加工、模具设计、模具材料、采购各种业务200余次，涉及会员单位及企业上百户，不仅为模具企业拓展了业务渠道，也为委托单位解决了困难。

5．召开会长会议执行协会章程。6月28日，召开四届八次会长工作会议，听取协会上半年工作情况汇报及下半年工作打算，审议通过四届八次常务理事会议程，布置落实下半年的工作内容。12月20日，召开四届九次会长工作会议，听取了协会2012年度工作汇报，明确明年工作重点，并对召开四届五次理事会筹备情况进行布置和落实。

6．协助中国模协举办第七届会员代表会。5月30日，中国模协第七届会员代表大会在上海举行，协会应邀参加会议会务工作，热情接待与会代表及各地模协领导，保证了会员代表大会成功举办，受到中国模协领导的赞扬。

7．修订秘书处工作制度，落实各部门职责。做到1人多岗、1专多能，修订工作制度及6部1室部门职责，每月召开1次全体成员会议，每周召开1次主任及秘书长工作会议，检查跟踪工作落实情况，加强秘书处自律和规范。

8．制定“冲压模具验收条件”。筹备制定“冲压模具验收条件”标准，多次召开专家组工作会议，5月，经评审后通过，并在业内实施。推广与应用“冲压模具验收条件”标准，在对企业冲压模具验收时不仅具有统一标准和规范，还起到积极的指导作用。

9．参加市社团局对行业协会评估工作。根据民政部要求和市社团局开展行业协会标准评估，在市经团联的组织下，结合自身的情况和行业状况，回顾、梳理、总结、对照自评，后被市社团局评为4A级协会。通过自查评估，加强基础工作建设，规范规章制度，找出不足之处，及时改进，总结经验，明确了努力方向。

二、提高为企业和社会服务功能

1．举办国际模展，提升企业形象。5月31日–6月3日，“第十四届中国国际模具技术和设备展览会”在上海新国际博览中心隆重举行，展会面积超过7万平方米，来自海内外及地区的1500余户厂商参展亮相。展会荟萃各种模具、模具标准件、模具材料、模具软件、模具加工设备及模具相关产品，共有8万余中外观众参观展会。作为协办方，协会共组织69户企业，邀请28户用户单位参展，展位达285个。协会信息部还应主办方委托，负责展会期间所有场内技交会组织工作，保证了9场技交会顺利举办，受到主办方和技交会演讲单位的好评。

2．举办“第五届模具实用技术论坛”。6月1日，假座上海亚繁龙门大酒店隆重举行“第五届模具实用技术论坛”。会议邀请一汽模具公司、海尔模具公司、台湾梧济工业股份有限公司、香港研科创意工程有限公司、大连理工大学、华中科技大学、江苏森威精锻有限公司、山东大学、上海大学、机械科学研究院等10位知名专家进行演讲，传递先进模具技术、管理信息，论坛学术和技术交流气氛热烈，取得圆满成功。

3．举办“2012年模具界联谊会”，增进友谊和感情。6月1日，在上海亚繁龙门大酒店隆重举行“2012模具界联谊会”，全国各地模协和模具界同仁，上海40余家行业协会秘书长，中国模协副会长张嘉敏、台湾区模具工业同业公会张和明副会长、辛培舜总干事，协会领导和参加第五届模具实用技术论坛的代表，共290余人出席联谊会。联谊会加强了上海与全国各地模协友谊，成为模具界人士交流合作，相互学习、共同发展的平台

4．编著《上海模具工业发展史》。成立收集上海各行业模具发展史工作小组，拜访了业内知名专家张鼎承、倪大可、彭振馨、吴晓培、王家庆、张孝民、谢根清、茅德清、吴孟珊、赵成豪等，召开了轻工系统、仪电系统座谈会，动员广大模具界老专家提供珍贵历史资料和照片。2010年初成立编写小组，定期召开编写小组工作会议，根据收集到的资料进行汇总编写，计划于明年年中出初稿。

5．开展上海“诚信企业”创建活动。深入推进上海社会诚信体系建设，建立完善的“诚信企业”长效机制，与市企业诚信创建活动组委会联合，在模具行业内开展上海市诚信企业创建活动，得到广大会员单位积极响应，全年共有31户企业通过审定，包括11户星级创建企业、6户二星级企业、13家三星级企业。

6．组织参加“上海行业协会沙龙活动”。年内参与组织行业协会沙龙活动11次。

7．建立、完善公共服务平台。与汽车、船舶、化工、计算机、重装、新能源等6个协会和市研发公共服务平台联合建立行业协会服务站，多次开展活动，召开座谈会，帮助企业利用政府资源和政策扶持来提高科研开发能力。该项目6月底通过市科委组织的专家验收组验收。11月1日，在浙江长兴召开研发平台行业协会服务站网络建设项目工作总结会。

8．协办第十八届华东地区模协（扩大）会议。协助山东青岛市模协在威海市召开第十八届华东地区模具协会（扩大）联席会。来自中国模协、全国各地模协领导共43人出席会议，会议结合国内外经济形势就模具行业自主创新、转型升级进行广泛而深入的交流和探讨，提出宝贵意见、建议和思路，联席会对模具行业可持续发展发挥了重要作用。

9．加强同行之间的交流和合作。年内接待北京、天津、河北、四川、安徽、江苏、无锡、昆山、黄岩、宁波、余姚、大连、福建、青岛、厦门等地模协与代表团，并拜访余姚、昆山、宁波、黄岩、青岛等地模协，加强与各地模协的交流合作。

10．举办“2012上海模具界敬老联谊会”。10月19日，在龙门和一大酒店举行“2012年上海模具界敬老联谊会”，来自业内老领导、老专家共60余人出席联谊会，表示将一如既往支持协会工作，并祝协会不断进步，取得更大发展。

11．开展国际交往，帮助企业拓展海外市场。4月18日，组织部分企业20余人组团赴日本参观日本金型展览会。期间，与日本金型工业会上田胜弘会长、万克己事务局长，韩国金型工业协同组合金富国专务理事、台湾模具同业公会辛培舜总干事等进行了亲切交流，并与日本大同特殊钢株式会社进行会晤，了解日本模具工业现状，加强两国模具界的交流。

12．为会员单位构筑推广和联络平台。3月30日，与上海优创信息技术有限公司、西门子工业软件（上海）有限公司联合举办模具行业最佳实践研讨会，和企业共同探讨提高模具设计和制造能力。5月31日，帮助上海凌力特殊钢发展有限公司组织来自各地模协和企业80余人，参加意大利洛奇霓模具钢推介会。6月8日，联合中航国际钢铁贸易（上海）有限公司组织召开中航钢贸模具座谈会，来自模具企业和钢材供应商代表共50余人出席会议。

三、专业委员会积极开展活动

1．经营管理委员会。参与制定“冲压模具验收条件”标准的工作，组织全体委员参观第十四届中国国际模展，参加第五届模具实用技术论坛，与特种加工委员会联合召开年度工作会议。此外，还积极鼓励、引导会员单位申报上海市高新技术企业，帮助企业利用政府政策扶持提高核心竞争力。

2．技术委员会。组织筹备第五届模具实用技术论坛，编著出版论文集。为此，多次召开会议，作了大量细致工作，保证论坛成功举办和论文集的出版；9月20日，在上海交通大学举行先进板料成型仿真技术研讨会，为会员单位传递模具行业最先进的技术，并通过案例进行演示受到业内广大工程技术人员的欢迎和赞赏。

3．信息及联络委员会。积极配合协会信息部工作，在第十四届中国国际模展期间，收集当今国际最新模具技术信息，通过协会网站、会刊进行交流与探讨；6月26日，在上海大学召开主任工作会议，对专委会如何为企业提供最新先进技术、管理信息，打造技术交流平台进行探讨。

4．资深专家委员会。组织全体委员在第十四届国际模展期间参观展览会，了解模具行业现状及发展趋势；11月27日，召开资深专家委员会（扩大）会议，对模具企业“转型升级”等级和标准制定工作进行认真研究和深入探讨，并起草初步方案。此外，老专家还为协会编著的《上海模具工业发展史》提供大量的资料、照片和信息。

5．价格工作委员会。编制“冲压模具验收条件”标准，多次召开标准工作小组会议。5月15日，召开“冲压模具验收条件”专家评审会，邀请相关专委会专家参与探讨、审议标准内容，经不断修改完善，于5月31日完成标准制定，并在第十四届国际模展期间正式发布实施。

6．材料委员会。5 月 31 日，协助专委会委员单位上海凌力特殊钢特发展有限公司和协会联名邀请各地模协，参加意大利洛奇霓钢厂技术交流会。6 月 8 日，组织会员单位参加中航国际钢铁贸易（上海）有限公司座谈会。6 月 19 日，召开主任委员会议，讨论专委会上半年工作，对下半年的工作进行布置和落实。11 月 30 日，召开年度工作会议，对全年工作进行回顾和总结，对 2013 年专委会的工作计划进行讨论、布置和制定。

7．标准件委员会。积极推广和宣传标准件标准，扩大使用范围；组织全体委员参观上海国际模展，参加展会期间的技术论坛会；12 月 18 日，召开主任工作会议，对全年工作情况进行总结，对 2013 年专委会的工作打算进行探讨和布置。

8．教育培训委员会。组织各大院校师生参观第十四届国际模展，参加第五届模具实用技术论坛，了解当今模具行业最前沿技术和今后发展方向；10 月 30 日，在上海工业技术学校召开校企合作长效机制建设研讨会，对建立校企合作长效机制、解决合作进程中政策支持、教师培养、企业员工培训和学生培养等问题进行探讨。

9．特种加工委员会。年组织专委会成员参加三菱电机自动化（上海）有限公司新产品推介会，加强同行间交流；7 月 19 日，组织部分会员单位参加了 DMG 激光皮纹加工技术交流会，了解模具加工制造中铣削和激光加工先进技术；12 月 12 日，在上海汉霸机电有限公司召开年度工作会议，总结 2012 年工作情况，对行业发展中存在的问题进行分析、探讨，对 2013 年的工作进行布置。

10．汽车模具委员会。12 月 21 日，在上海大众汽车有限公司召开年度工作会议，听取汽车主机厂介绍未来我国汽车发展有关模具制造要求及模具技术上具体指标。此外，专委会还对 2012 年的工作进行总结，并根据当前形势及与会代表的建议和要求，规划 2013 年工作内容。

（刘德普）

上海市工具行业协会

上海市工具行业协会成立于 1987 年 10 月，是以上海市工具行业企事业单位为主，吸收外省市相关企业自愿参加的跨部门、跨地区、跨所有制的非营利的行业性社会团体法人。现有会员单位 145 户。

2012 年主要工作：

一、坚持为行业“诚信企业的创建和培育”服务

在“市诚信办”的具体指导下，根据企业自愿申报，经协会整理汇总，审核后上报 16 户企业，其中有 2 户企业获得“四星级诚信企业”，4 户企业获得“三星级诚信企业”，5 户企业获得“二星级诚信企业”，其余为“一星级诚信企业及诚信创建”单位。在 11 月 21 日的“企业诚信创建”培训班上，有 23 户企业的领导和部门负责人参加培训，认真聆听了“市诚建办”老师讲课，在“诚信创建”活动中，许多企业不断加强自律、规范经营，取得很好成绩。

二、坚持为行业“整合资源、提升素质”服务

工具行业是一个传统行业，也是一个配套的服务行业。我们组织会员单位认真出席市社团局、市经团联、市经信委，市工商联有关部门举办的各种讲座和活动，参加和协助上海行业协会沙龙活动，尽力获取信息、广交朋友。如有 10 多户会员单位先后参加市经团联组织的“企业社会责任报告会”、市轻工业联合会召开的“上海轻工特有工种职业技能培训鉴定工作会”、市商务委员会举办的“上海市进出口公平贸易行业协会工作会”和“增强企业国际贸易摩擦应对能力，进一步做好商务经济运行分析及产业安全预警的培训班”，以及市经信委为落实市委、市政府关于加快推进战略性新兴产业的部署，推动上海装备制造业创新驱动、转型发展而召开的“上海高端装备制造业推进大会”。在新形势下，不少企业主动出击，在产品和企业管理上不断推陈出新。如 4 月，上海上船利富船舶工具有限公司通过新产品 SD150 端面式碗形气动砂轮机的鉴定。9 月，经协会推荐，由中国企业创新成果案例审定委员会审定，其 XDJ30 角式气动倒角机荣获中国中小企业创新 100 强成果奖。此外，上海世达机械工具厂有限公司、宁波安拓实业有限公司、诺霸精密机械（上海）有限公司、上海沃施园艺股份有限公司、上海骏马气动工具有限公司、上海富工工具有限公司、（中美合资）上海约纳森工具制造有限公司等会员单位面对外部环境压力，不断推出新品，增强企业竞争力。在企业文化和企业管理方面，关注企业的需求和动向，经常沟通、交流，并邀请上级主管部门领导实地考察指导。如 3 月，走访宁波安拓实业有限公司，就公司的营销战略、市场投入、品牌建设等进行了研讨和推介；6 月 7 日，轻工业工会联合会工具分会组织 10 多户企业的工会干部赴上海宝山轧钢厂有限公司现场观摩学习，该厂对职工（包括退休职工）的人性化管理和关怀，感染了每个参会的同志。还走出上海，面向全国，跨出行业、整合资源，合作多赢地开展工作。如与成都万贯集团公司签订 3 年战略合作书；与沈阳、北京、嘉兴等地探索合作事宜；为了争取更多的信息资源，协会自愿加入全国五交化商业协会，加入市工商联，加入市中小企业公共服务平台，得到了这些组织的帮助和指导。同时，与近40家兄弟行业协会保持着合作、交流的密切关系。

三、坚持为行业“攻坚克难，共同进步”服务

坚持走访调研、电话询问，对60多户会员单位进行摸底调查：针对企业的资金贷款问题，除组织企业参加市经团联、市工商联举办的银企对话活动外，还专门与一些地方性的金融企业对接，如与杭州银行、宁波银行、奥穹融资机构等具体接触，探讨合作；针对企业回收货款难的问题，聘请有关律师事务所的律师，组织培训，讲解相关政策和策略，上门具体操作指导；针对企业产品老化，“标准”不清的问题，协同全国工具五金标准化中心的同志，帮助培训、梳理。2011年6月，工具五金分标委员会在徐东海会长的带领下，第一次出席在德国召开的世界ISOTC29SCIO第28次会议，中国工具五金分标委第一次亮相，得到世界五金标委会的认同和赞许，在一年里共接受17项ISO标准文件，至此，我国大类工具五金产品国家标准和行业标准，在制（修）订时，已全面与ISO国际标准和国外先进标准接轨。几年来，已召开22次标准审查工作会议，举办17次年会，审查及通过10项国家和行业标准送审稿；在产品质量技术检测和服务方面，协会也总是主动地帮助企业联络、选样，及时加强与轻工部工具五金质量监督检测上海站的关系，为企业的产品送检节省了时间，提高了效率。

在节能减排方面，协会不遗余力地推荐和介绍节能方面的设备和技术，陪同专业人员走访企业，了解实情。在会员单位有扩大再生产能力的愿望或想易地加工生产的计划，协会积极牵线搭桥，陪同考察洽谈。

四、坚持为行业“内外兼顾，拓展市场”服务

做好每年3次的大型工具五金专业订货会，认真做好参展、交通、住宿等服务工作。千方百计地与外省市的专业五金机电大市场建立关系，组织行业内的企业走南闯北，开拓市场，参加订货会议。如沈阳、永康、广州、成都、临沂等地的五金机电订货会等。有的企业还跨界参加兄弟行业举办的大型国际博览会，如模具国际博览会，雅式橡塑国际展、船舶展、润滑油品展和国际游艇展。我们抓住机会，为会员单位推销近1500多套工具。活动拓展了工具行业的视野，展示了行业风貌。

与上海国际服务贸易（集团）合作，组团参加“2012东盟中国中小企业建材、五金机电及家居用品（越南胡志明市）”博览会，有13户会员单位提供样本、样品参展，8户企业设展位，参加博览会。徐东海会长亲自率团赴越南，这次共设16个展位。在上海展位上，优质的展品，靓丽的布展和认真的工作态度，赢得组委会的好感。上海沃施园艺股份有限公司、宁波安拓实业有限公司和永康运娇蕾工具制造有限公司的展位前，人流不息，问价者不断。展会期间，越南副总理、胡志明市市长、越南外贸部官员观看了博览会。13户企业抱团参展，体现了上海工具的整体风貌和企业、产品特色，既了解了国外的市场行情，又增强了参展企业彼此之间的友谊，还节省了参展费用，参展样品全部陈列在浙江永康运娇蕾公司开设在胡志明市的中国产品陈列馆内，长期展示。这次赴越南展享受到政府鼓励出口的优惠政策，退回70%的展位费和50%的运输成本。协会及时总结经验，撰写《勇于实践，就会有收获》专文，分别刊登在《工具信息与标准》第四期和《精品五金》杂志上。

加深同本市同行业的上海五金商业行业协会、上海工商联五金商会以及国字号的全国五交化商业协会工具分会、全国五交化商业协会风动器具分会的合作互动，并积极协助市标准化中心和质量技术检测监督站的工作，加强与企业的联系，加深与上海市不同行业协会的合作交流，在船舶行业、汽车制造、销售、维修以及起重运输机械等行业都有新的发展。

（杨映远）

上海市化工行业协会

上海市化工行业协会成立于1997年6月18日，是由从事化工生产、流通、施工、科研、设计、教育及服务等活动的企事业单位自愿参加组建的非营利性的社会团体。现有260户会员单位。

2012年主要工作：

一、为会员服务工作

1．信息服务。办好协会网站和会刊，在网站、《通讯》杂志上发布大量行业信息。向市社会工作党委、经信委、经团联的网站和刊物供稿，发布了30篇文章和信息。完成部分会员单位2011年工业总产值、销售收入、利润、利税、净产值、人均销售收入、人均利税等指标的排序，在《通讯》第2期上发布。为中国石油化工联合会《经济分析杂志》提供“2011年上海市石油和化工行业发展报告”，已在第6期上刊载。

2．培训服务。积极开展易制毒化学品、危化品和安全管理人员培训。培训部开办易制毒化学品管理人员初训班7期，参加人数689人；开办易制毒化学品管理人员复训班5期，参加人数572人。开办危险化学品从业人员培训班17期，参加人数2207人次；开办生产经营单位厂长、经理、安全管理干部培训班5期，以及加上参加俱进安全事务所培训班的学员，累计培训人数255人次。全年培训总人数4000人次，共开办45个班。同时，受邀上门办班的有中科院微系统研究所、上青农业科技有限公司、沃金石油天然气有限公司、中油白鹤、中钞油墨、吴泾化工、洛德化学、中化农化有限公司、氯碱化工、香榭丽涂料、欧亚合成材料等11个单位。

3．市场服务。对上海化工行业品牌进行调研和宣传，2011年有23户化工企业66项产品荣获“2011年上海名牌产品”，有7户企业被市工商局审定为2012–2014年“上海著名商标”，协会在网站和《通讯》会刊上登出进行宣传。对中石化上海石油化工股份有限公司、中石化高桥石油化工公司、上海华谊集团公司、中石化集团资产管理有限公司、上海宝钢化工有限公司等40户企业105种主要化工产品的生产量、销量、销售额、出口量的数据收集汇编，采集十大化工类产品的98篇文章7万字市场信息资料，汇编成《2012年化工市场预测》，印制成市场信息的专刊，发送260多户化工企业和有关部门。组织召开“2012年上海化工行业品牌培育发展工作”座谈会；召开“第十四届上海化工企业——上海高校双边技术交流对接会”；与市商务委开展公平贸易工作调研；召开“化工行业质量工作交流会”；召开“化工行业品牌后续管理工作会议”；组织部分化工企业、专家讨论制定《上海名牌专业评审—化工产品》标准讨论稿和开展立项审定工作；组织协会计量质量工作委员会参加对30户化工企业35项化工产品申报2012年上海名牌产品进行初审。举办“国际贸易摩擦经济分析、产业预警人才培训班”。组织部分会员单位参加巴西、阿根廷、乌拉圭、保加利亚4国驻沪总领事馆邀请的国际贸易洽谈、投资研讨会。收集2013年化工市场预测资料120篇，为《2013年化工市场预测》刊物出版作好准备工作。

4．组织开展各项活动。组织部分会员单位分别参加山东枣庄市、德州市、乐陵市，辽宁鞍山市、抚顺市，上海金山区等化工园区招商会。组织30户企业参观博华清洁博览会。配合市发改委、信息中心做好全市石油及化工企业“十五”、“十一五”温室企业排放调查，为“十二五”有效降低温室气体做好基础工作。应甘肃省石化工业行业协会邀请，协会领导专程赴甘肃就“如何开展化工协会工作与提升自身建设”进行交流座谈，并考察当地化工企业。主办在苏州市召开的第九届中国华东地区化工协商会议，主题为调结构、转方式，做优做强华东化工。组队率上海汤臣塑胶有限公司、上海久星化工有限公司、上海试四赫维有限公司、氯碱化工股份有限公司、上海市塑料研究所等7人参加韩国京畿道政府在上海召开的“中国市场开拓团”洽谈会。完成通过市科委公共研发服务平台项目的验收工作。为亚申科技研发中心项目申报做好安全评价，并组织专家对产品碳酸二甲酯／二甲醚进行论证。参加市工经联组织的行业协会赴苏州市工经联对接交流活动。全力以赴准备协会星级评定工作，接受市社团局、经团联的评审，提供四大类48小类的评审资料，装订印刷了9本资料集，被评为行业协会规范化建设4星级协会。组织应用技术开发项目验收会，对“对夹式操作平台在大型钢结构安装中的应用”与“钢筋混凝土烟囱烟道口随壁成型施工技术开发与应用”的科技成果进行验收。与甘肃省石油和化工行业协会签订战略合作协议。组织对氯碱股份有限公司循环水系统流体高效输送技术开展节能技改收见成效。先后到上海精细化工产业园、上海化工区奉贤分区和金山分区调研，了解园区建设情况、产业布局、入驻企业、年产值及发展方向和目标，听取各园区存在的问题和要求。完成“研发平台行业协会服务站网络建设项目”工作。完成换届准备工作，顺利召开三届七次理事会议、十一次会长会议，会上通过7项议程。完成与市经信委关于易制毒管理协议的签订。编制、出版《易制毒化学品管理人员培训教材（3)》。完成市经信委“当前上海经济环境下重化工发展思路研究”的课题申报。申报协会先进评选工作。参加“2012行业协会建设和发展论坛”，发表《试论行业协会规范化建设评估中“组织建设”的重要性》论文。完成国家人社部、中国石油和化学工业联合会联合举办的“关于评选全国石油和化学工业先进集体、劳动模范和先进工作者”上海地区推荐人选工作。继续指导会员单位节能减排、抓好能源合同管理推广工作。

二、为政府服务工作

协助政府加强易制毒化学品监管，加强危化品管理。谊超化工咨询公司为生产经营企业做好安全评价报告，完成经营单位安评48户，完成生产及新建、改建项目安评57户。开展行业经济运行分析，1–11月为11篇，向市经信委提供经济运行分析报告共12篇。基本完成市经信委委托的“上海化工行业结构调整的重点、难点与对策研究”课题。

三、加强自身建设，提升协会的素质与功能

协会党支部与电机协会党支部结对，组织党员、群众到上海展览馆参观雷锋事迹摄影展。党支部组织会员、群众到上海展览中心参观“城市新印象大型主题展览”。“迎七一”，与电机协会党支部共同组织党员、群众赴嘉兴南湖经济开发区参观学习。在“迎七一”建党91周年庆祝活动上，被市工信联党委评为创先争优先进党支部，受到表彰。参加上海市经济和信息化工作系统传达学习贯彻党的十八大精神会议。

（汤小鲁）

上海市润滑油品行业协会

上海市润滑油品行业协会成立于2005年6月，是由润滑油、脂的生产、研发、质检、销售、服务等企事业单位自愿组成跨部门、跨所有制的非营利性行业社会团体法人。现有会员单位108户。下设添加剂专业委员会。

2012年主要工作：

一、会员发展及组织建设

全年新发展会员单位12户，添加剂专委会委员单位4户。召开二届七次、八次理事会及添加剂专业委员会主任会议1次，确定全年工作重点及准备换届改选工作等。秘书处年内共走访会员单位20多户，加强对会员单位的了解，密切了关系，营造交流、沟通、互联合作的氛围。

二、积极开展各项主题活动

1．5月9日，添加剂专委召开第四届国内润滑油添加剂产业研讨会。围绕润滑油抗氧剂的研发与应用，对国内润滑油抗氧剂产业、产品现状和发展进行了集中交流和讨论。中石油、中石化润滑油行业领导及国内资深专家、专委会委员共50余人参加研讨会。

2．5月10日，组织召开润滑油添加剂技术信息交流会，交流探讨润滑油添加剂的新技术、新发展、新应用。

3．6月20日，与中石化润滑油研发（上海）中心，共同举办《涡轮机油》和《电工流体变压器和开关用的未使用过的电气绝缘油》新国标的宣贯活动，活动邀请电力行业用油单位及相关电力、电器、电机、模具行业协会，共60余人参加。

4．召开第三方检测基地和培训基地总结会议。年内协会增批2家具备特色检测功能新的第三方检测基地，即国家石油化工产品质量检测中心（安庆）和苏州惠丰润滑油有限公司实验室。会上，肯定了在组办油品分析检测初级、中级、高级的20次系列培训和8次润滑质量工程师中级、高级培训过程中，培训基地和第三方检测基地在提供场所、准备仪器设备、安排指导老师等方面对协会提供的帮助和支持。

5．完成试行业内技术职称评定。2月17日，经由二届七次理事会审议通过《上海市润滑油品行业协会行业“专业技术职称”评审认证暂行办法》，并于3月底正式启动。历时8个月，全面完成首批行业职称评审试行工作。提出申报为25人，评审通过为17人。其中，获得高级职称4人，中级职称4人，初级职称9人。

6．资源融接，互补提升。充分利用获悉的信息，积极探索为会员单位提供技术（策划性）咨询服务，进一步拓展协会服务功能。

7．专家组扩容，为组建协会专委会奠基。在原油品化验分析和润滑质量管理工程和润滑油添加剂3个专家组基础上，又补充引进一些相关专家，现已有专家40位，成为协会各项工作的技术支撑，提高了协会的声誉和社会公信力。

8．协办第十三届中国国际润滑油品及应用技术展览会，并主办以“绿色润滑，转型发展”为主题的“2012中国国际润滑油产业发展高峰论坛”。

9．搭建适用平台，拓展服务功能。利用社会公共资源，联接对口服务平台为企业服务。与上海研发公共服务平台签订行业协会服务站共建协议，并组织会员单位积极参加各级单位推动的军民融合发展工作。

10．6月19日，组织部分会员参加由中国国际润滑油品及应用技术展览会组委会主办，我会和中国润滑油网协办的“中国民营润滑油企业未来发展，路在何方——企业家座谈网络直播交流会”活动。

三、培训认证和检测服务

1．培训、认证和专家组活动。4—9月，组织举办油品化验初级、中级职称各2期培训。油品分析化验资格行业认证初级23人，中级12人，另有5人参加复证。7月，组织润滑质量工程培训1次，润滑质量工程师行业认证中级注册14人。年内组织专家组大型活动2次，10月，举办“2012中国润展产业发展高峰论坛”；12月，组织专家环绕“润滑油行业科学发展与节能减排”进行专题座谈，提出2013年技术交流和专业培训计划。

2．第三次组织实验室能力比对。年内开展第三次会员企业实验室能力比对，参加实验室共23家。8月10日，总结中重点分析了黏度计标准校验对黏度测定的意义，并举办专题讲座。

3．加入上海市人才继续教育体系。努力将协会润滑油品分析化验和润滑质量工程师培训申报纳入市继续教育培训体系，并经专业培训机构审定获准。

4．根据市工经联和经团联要求，举办企业社会责任宣传。

四、信息交流及网站发布

每月按时编辑、出版《上海润滑信息》，全年共12期，发行量从去年的500份扩大到800份。编辑完成《2012年度上海市润滑油品行业协会大事记》。做好信息员队伍建设，相应增加信息员数量，现有在册信息员112人。办好协会网站，目前网站注册用户达200余户，每日访问用户超过100人次。8月，网站增设广告发布，共设置14处广告位，至年底已有7户会员单位在网站投放广告。

（张 军、金 晶）

上海防静电工业协会

上海防静电工业协会成立于2004年9月，是由从事防静电产业的企事业单位自愿发起组成的专业性、跨行业、跨地区的非营利性社会团体法人。现有会员单位85户，覆盖长三角地区的服装、地板、包装、耗材、设计、装备设备等领域的骨干企业。下设标准委员会、专家委员会和具有独立法人资格的上海工业静电技术研发服务中心，负责技术咨询、检测、评估、组织培训、项目开发等。

2012年主要工作：

一、开展专业培训

3月29—31日，举办职称申报第七期培训班。本次培训有14人报名参加，除上海地区学员外，来自四川、江浙等地，经考试、专家评审，获得静电专业职称高工1人，工程师11人，助工2人。12月7日，举办S20.20体系内审员知识培训。5户企业11人参加，获取有关结业证书。6月28日，召开培训工作会议，回顾协会成立以来的各项培训工作，讨论新形势下培训的特点、计划等。协会充分发挥行业专业知识、技能优势，积极开展静电专业知识普及培训工作，为企业培养一批具有系统静电知识的人才，解决部分技术骨干有学历、无职称问题，促进了产业发展。

二、组织会展、论坛

4月25—27日，第二十二届中国国际电子生产设备暨微电子工业展首次移址世博主题馆举办。协会与励展博览集团合作首次开辟防静电产业展示专区，并设立EPA（静电防护）示范区，参展会员单位17户。协会租展位免费宣传会员单位，发送4户单位资料。展会上各类防静电产品集中，形成一定规模，据统计进入EPA示范区及参观展示专区观众有2000人次以上，发送会刊2500余本，扩大了行业及协会影响。4月26日，由协会牵头与雅时等8个单位合作主办的“2012中国防静电产业高峰论坛”在2号馆举行，上海海事大学孙可平教授、协会会长等7位专家分别演讲，参加听讲约350人次。

8月31日，与上海雅联展览服务有限公司共同组织的“2012中国导电纤维产业发展应用论坛”在上海光大国际大酒店召开，共有会员单位及有关公司、高校、科研机构等20余户参加。

9月11—13日，2012年第11届洁净室研讨会暨产品展示在上海举行。协会作为支持单位免费获得展位，及时通知有关的36户会员单位，其中5户单位送样品资料进行展示。

三、完成政府购买服务项目

协会在提出《关于建立本行业信用服务体系的项目资金申请报告》获批后，选择与华予信企业信用征信公司合作，形成《合作协议》，并用电子邮件发往所有会员单位，已有凯得丽等10户单位报名参加。2月22日，斯富迈、海新、晨隆、凯得丽、谷昊、华菲、电子工程设计研究院、君江、秀珀等9户单位信用档案资料送达协会，再到这9户单位调研指导、解答问题。5月，将项目总结汇报，按时报送市经信委。

四、联系政府部门

1月、3月，会长出席市质监局“2012年上海市标准化工作务虚会”、市质量技术监督局标准化处第七次联席会议，代表行业汇报发言。

3月22日，工经联副会长叶伟成应邀来协会调研，听取会长、秘书长等关于联合有关行业协会调研的计划汇报。

4月25日，由市工经联主办、协会承办的“关注智慧城市建设及城市运行安全中的静电危害”研讨会在世博主题馆举行。工经联副会长叶伟成出席会议，市标准化、集成电路等7家行业协会及上海航天技术研究院运行保障部安全生产管理处、市技监局标准化处、市人社局职业能力建设处等部门领导应邀出席。协会会长介绍围绕促进智慧城市建设和公共交通安全，关注静电放电潜在隐患，针对静电问题跨行业存在的特点，提出开展联合调研的建议，有关协会及部门领导均表示支持。

五、推动标准制定

11月12日，由中国标准化研究院、中国空间技术研究院、电磁环境效应国家级重点实验室、美国国家标准协会、美国静电放电协会联合主办的2012“静电防护与标准化学术交流会”在北京举行，国内80余家有关科研机构、高校、企业150多位代表出席。电磁环境效应国家级重点实验室、中国工程院院士刘尚合、美国静电放电协会标准业务部经理Nathaniel Peachey、上海海事大学静电技术研究所所长孙可平教授等11位中美专家在交流会演讲。我会作为协办单位积极参与，会长黄建华出席并演讲，副会长毕戈雄著文录、交流论文集，6户会员单位及秘书处相关人员出席会议。11月11日，会长黄建华出席在北京召开的专家会议，为成立国家静电标委会作前期准备。

7月，由会员单位上海佰洁静电检测技术中心主持编写的《纺织品静电性能的测定穿着法》通过标准审定，进入报批程序。该标准于2009年6月被国家质监检验检疫总局批准立项，作为国标计划下达，协会及理事长单位晨隆公司积极参与制定，参编的会员单位还有3M、金华天开等公司。

六、召开换届大会

有序做好换届准备工作，顺利召开换届会员大会。12月24日，协会第三届一次会员大会在上海金沙江大酒店举行，出席会议会员代表36人，书面委托18份，已达会员总数的2/3。应邀出席大会的有市社团局社团管理处、经团联、职业能力考试院等部门领导，大会选出第三届理事单位24个，正、副会长，秘书长等7人。

（熊衍之）

上海市标准化协会

上海市标准化协会成立于1981年4月，是从事全市标准化工作的社会团体法人。下设组织、科普学术、教育培训、技术咨询等工作委员会，并拥有纺织、汽车、机电、轻工、化工、船舶、仪电、航空、宇航、有色、能源、信息、情报、印刷包装、粮油、花卉苗木、蔬菜、饲料、种植、水产、医药、建材和服务等23个标准化专业委员会，现有团体会员200余户，个人会员1000余名。

2012年主要工作：

一、开展学术研讨，组织交流活动，举办专业讲座

1．开展国际学术交流。11月，与世界包装组织亚洲包装中心联合主办“第14届中国国际工业博览会科技论坛——绿色包装与标准化国际研讨会”，国内外标准化技术专家200余人出席会议。国家标准化管理委员会、国家质检总局、市质量技术监督局、ISO包装委员会、欧盟驻华标准化代表、美国机械协会、英国标准协会等官员或专家，以及世界包装中心集团、英国济丰包装、上海界龙集团等国内外著名企业专家作主题演讲。

2．组织标准化优秀学术论文评选。开展“转型发展与标准化”为主题的学术论文征集活动，评出优秀论文，汇集编印了《2012年上海市标准化学术论文集》。选送论文参加中国标准化协会主办的第9届全国标准化论坛优秀论文评选活动，共有33篇入选《第七届中国标准化论坛论文集》，其中1篇获特等奖，协会再次获得组委会颁发的优秀组织奖。另受市质量技术监督局的委托，开展本年度市标准化优秀学术成果奖的评审。

3．开展各类学术研讨。在节能宣传周，举办“节能减排国际标准”专题研讨会；在市科协第十届学术年会活动期间，举办“服务经济与转型发展”专题报告会；在“科普日”活动期间，举办“食品安全与标准化”专题讲座。

4．推介先进典范，组织团体会员赴标准化创新示范企业参观学习，交流经验，提高标准化工作水平。

二、承担各类标准制订、修订和标准体系建设项目

1．承担上海市地方标准制修订，完成《集装箱海运船舶燃油消耗限值》等4项地方标准制定。

2．完成标准体系建设项目和标准化示范建设项目10多项。

3．受市质量检验监督局委托，完成1570项企业标准备案工作。

4．根据国家有关食品标识标签的规定，受食品企业委托，完成食品标签认定1500多项。

5．完成各类产品标准制修订共180余项，完成标准化水平评价项目9项。

三、做好教育培训工作和国家标准宣贯

1．受市人事局和市质量技术监督局的委托，培训中心连续7年开展上海市标准化工程师资格考试考前培训，年内培训144人，并接受228人考试报名。

2．开展标准化人员岗位培训，约400余名标准化人员接受上岗资格培训。

3．邀请国家标准主要起草人对标准作全面讲解，传递标准精髓，年内举办《能源管理体系要求》、《党政机关公文格式》、《预包装食品营养标签通则》等多项国标宣贯讲座。

四、开展标准化科普活动

联合徐汇区湖南街道主办“节能标准科普知识走进社区”专题活动，组织专家深入社区与市民互动，就本市“十二五”节能任务与目标、家电节能知识、生活节能、节水案例等进行介绍与剖析，介绍节电、节水、节油、节气等节能知识，以及与市民生活直接相关的合理选用家电等科普知识，还散发了专门编写的《节能标准科普知识》宣传册。

（沈为民）

上海橡胶工业同业公会

上海橡胶工业同业公会成立于1986年12月，是由长三角地区橡胶加工、原料、机械以及其他相关经济组织为主自愿组成的跨地区、跨部门、跨所有制的行业性社会团体法人。现有会员企业128户。

2012年主要工作：

一、认真开好八届三次会员大会暨理事会

4月19—20日，在浙江桐乡新世纪大酒店隆重召开八届三次会员大会暨理事会议。112名代表认真听取并审议通过公会《2011年度工作总结》、《2012年度工作计划》、《2011年度财务决算、2012年度财务预算》和公会《人事管理制度》报告。大会向在诚信企业创建工作中获得荣誉称号企业颁发铭牌和证书，作了"关于推进上海橡胶企业履行社会责任通知"和"关于加强上海橡胶行业企业品牌建设"的报告。德儒商、通达、中信国际等3户企业在会上交流发言。

二、走访调研，沟通服务、增强公会凝聚力

先后走访调研企业80余户次，了解企业当前生产经营状况和发展前景，及时提供有针对性的服务。如上海新星公司，应国际环保要求急需在车间安装甲苯回收系统，公会获悉后，推荐公会技经委副主任委员、高级工程师张国钧主持该项目，经调研、策划和实施，将近一年，通过验收，该系统每年可回收甲苯66吨、经济效益达75万元。上海西郊橡胶制品厂因业务发展需另辟生产场所，公会及时为之牵线搭桥，还派专人陪同到外省市考察生产基地。上海胶带橡胶公司在淮安新建密炼机项目时，遇到厂房设计高度难题，公会及时提供同类厂房的设计高度，为之解决设计难题，降低了厂房建设成本和生产运行成本。上海加富橡胶制品公司生产的胶板出现气泡质量问题，公会及时陪同业内资深配方工程技术人员上门技术诊断，提出改进方案。上海樊利实业有限公司输送带生产需要开发市场，公会派员专程陪同该公司到外贸公司洽谈。茗子佳电子有限公司生产经营发生困难，公会及时组织专人前往设法帮助。帮助南凯橡塑公司接洽定单等。根据中小企业技术力量薄弱的实际需求，组织10多户会员企业技术人员，参加《橡胶世界》杂志举办的橡胶工艺配方培训班，为会员单位培训橡胶专门人才。

三、召开通讯工作会议，增强行业信息传递

5月16日，召开20多户规模以上企业的通讯员会议，对《橡胶同业》会刊宣传党和政府的方针政策、报道企业动态、介绍经验、宣传典型人物和先进事例，通报公会工作等方面的积极作用，给予充分肯定，并对栏目设置、发行量、增加娱乐性和可读性及通讯员的活动形式等方面提出建设性意见和建议。会议夯实了通讯员队伍建设，提高了大家的积极性和自觉性，全年如期出版发行会刊12期，网站更新12次。

四、开现场会，树立典型，促公会发展

为了有重点地开展公会工作，全年召开4场专题现场会。6月29日，假座回力鞋业公司召开行业品牌建设现场推进会。回力公司详尽介绍如何通过品牌运作，给老品牌注入新内涵的路径；通达商标公司介绍企业商标注册及著名、驰名商标评审的步骤和方法；公会还对行业品牌建设提出具体要求。会议期间，兰华制球、康艳制品、西郊制品、南凯橡塑等公司与通达公司达成合作意向。7月26日，假座五同步带公司召开节能减排推进会。五同公司通过技术改造，在环保、节电、节水、节煤等各项领域取得良好效果。代表参观现场，对整洁车间、环保设备、一流管理发出由衷赞叹。9月28日，假座天天橡塑制品公司召开"创新驱动、转型发展"座谈推进会。该公司从90年建厂，从搞五金到做橡胶、房地产，现在搞农庄，通过转机制寻找多种商机，在复杂的经济环境中探求生存之道、发展之路。11月22日，假座富大集团公司召开ISO26000活动推进会。富大公司介绍贯彻落实ISO26000活动的事例，公会表示在推进企业社会责任工作中要做好：一是帮助大家解读，二是选送企业参加培训，三是开展咨询服务，落实社会责任，四是召开专业会议、帮助企业发布社会责任报告。

五、开展诚信创建和名优产品评选，提升服务能力

通过动员、宣传、审批、批准，先后有41户企业被评为"诚信创建企业"单位。其中，创建诚信企业5户；一星级创建2户；二星级创建14户；三星级创建19户；四星级创建1户，创建面已达会员总数36%以上。为贯彻落实国家实施名牌战略的要求，除为申报市级名牌、著名商标的企业，客观公正地出具行业公信证明外，又开展名优产品评选活动，经公会专家组审定和评委会确认，并经全国性报纸公示，有17户企业的19只产品被评为"上海橡胶工业同业公会2013年名优产品"。

六、认真接待台湾橡胶暨弹性体工业同业公会参访团

11月13日，台湾橡胶暨弹性体工业同业公会理事长率24人代表团来公会参访、座谈。公会热情接待，理事长致欢迎词。台湾公会介绍了台湾橡胶研究试验中心和有关提升台湾橡胶制品品质的情况，并邀请上海公会在2013年双方签订友好协会20周年时组团赴台，我方欣然应邀。向台湾同仁介绍了市政府有关产业政策及近年来开展的各项工作。

七、做好新会员发展工作

年内先后发展上海凯讯电子有限公司、上海爱悌工程材料有限公司、上海通达高标代理有限公司、上海加富橡胶制品有限公司、嘉兴中港脱膜油厂、上海数立资产管理有限公司、上海誉金化工科技有限公司、上海源辰包装材料有限公司、上海加成化工有限公司、上海思仟塑胶制品有限公司等10户企业入会。

八、学习落实十八大精神，发挥支部战斗堡垒作用

党支部做了五方面的工作，一是抓基础工作，努力建设学习型党支部，制定学习制度、保证学习时间、明确学习内容，并把学习与每个党员的工作任务结合起来。二是抓党员示范岗，树立表率形象，做到1个党员1面旗。立足本职，挂牌上岗，亮出身份，发挥作用。三是实行党务公开，使之制度化、规范化、科学化，结合公会行政工作，确保公会工作落到实处。四是抓党内廉政建设、增强党内民主建设、建章立制，完善规范公会各项制度。五是抓秘书处人员思想业务素质提高，输送人员参加各类培训。

（钱宜庆）

上海涂料染料行业协会

上海涂料染料行业协会（原上海染料农药工业行业协会）成立于1987年1月，是由长三角地区染料、涂料、颜料、助剂及其他经济组织为主自愿组成的，实行行业服务和自律管理的跨部门、跨所有制非营利的行业性社会团体组织。现有会员单位159户。

2012年主要工作：

一、与时俱进，强化为企业服务的功能

在《上海染料》和网站上公示为企业服务的20项内容，在开展共性服务的同时提供个性化服务。除每天向会员单位发出“福卡财政信息”供大家参阅外，当上海泗联实业总公司开展清洁生产审核工作，即委派清洁生产审核师与企业领导共同拜访上海市绿色工业促进会，商讨合理方案，为其提供个性化服务。搭建“青年见习基地”，先后有7位大学生见习后，走上3M公司、上海电视台等新工作岗位。当有的企业技术人员要申报技术职称，协会工作站为之提供培训平台和申报通道。9月，按市环保局的要求，受有关单位委托派专家对上海长润发公司1.4万吨涂料项目落户金山2工区提供环评的技术意见。10月，受某保险公司委托，委派2名专家对苏州某油墨公司火灾事故的设备、原料问题，作出鉴定意见。

二、围绕“创新驱动，转型发展”主线，推动涂料染料行业科学发展

紧扣“创新驱动，转型发展”的主线开展工作。年中以交通大学代光辉教授为项目负责人的课题组，其“利用胡桃科植物农业废弃物进行新型环保天然染料的创新”项目，在我会积极推荐下，引起市商务委公平贸易处和市技监局标准化处的重视，促使项目成功立项。组织上海泗联实业总公司科技人员赴上海东华高压均质机厂，就解决印花涂料色浆细度问题进行研磨技术的现场攻关，取得积极效果。10月，在上海家具研究所高级技术人员的支持下，组织会员单位就提高丙烯酸乳液性能赴上虞精细化工园区进行联合攻关等。

三、积极推进协会规范化建设，被评为3A级社会团体组织

依照国家民政部《社会团体组织评估管理办法》，经市经团联组织综合评审，协会被评为3A级社会团体组织。

四、举办大型信息发布会及涂料染料发展论坛

4月9–10日，在上海金沙江大酒店召开“2012上海涂料染料行业协会年会”。同时，又分别举办“绿色涂料发展论坛”和“安全生态染料颜料发展论坛”。会上，立邦涂料（中国）有限公司技术总监唐磊分析“内墙乳胶漆环保发展趋势”；中国涂协专家委员李敏凤作“重防腐涂料发展特点的分析”报告；东华大学化学化工与生物学院谢孔良教授讲授“染色新技术的发展与染料应用”；上海雅运公司副总郑怡华介绍企业“强化环保意识，推进清洁生产”经验。20多个专题报告，取得良好的反响。

8月3–6日，承办由中国染协有机颜料专委会主办的“2012有机颜料行业年会暨技贸洽谈会”。代表相聚青海西宁市共商行业发展大计。中国染协理事长王擢、副理事长史献平、副理事长兼秘书长田利明，天津大学周春隆教授、信凯公司技术总监李武、东洋油墨宫崎修次社长和交通大学顾建光教授等近20位专家作演讲，引领行业科学发展。

10月23–24日，与格林威智登公司联合在上海斯格威铂尔曼大酒店举办“2012亚太绿色工业涂料峰会”，来自上海涂料公司技术中心、阿克苏诺贝尔、立邦、巴斯夫涂料、门普来和中涂化工等公司的200多名代表出席大会。协会组织会员单位和30多名涂料行业专家到会进行技术交流，为促进绿色涂料发展献计献策。

五、实施品牌战略，加快诚信企业的创建

被上海市著名商标评审委员会新认定或延续认定为2013—2015年的上海市著名商标的会员单位有17户，被“上海名牌推荐委员会审定的上海名牌产品的单位有8户。协会理事单位江苏双乐化工颜料有限公司的“双乐”品牌，荣获年度“中国驰名商标”。“创建诚信企业”的工作进一步深入，龙盛集团在上海投资的科华染料公司被市“企业诚信创建”活动组委会评为“二星级诚信企业”。4月10日，协会年会上向17户诚信企业颁发奖牌。在上海市“企业诚信创建”活动组委会办公室考评中，协会获得了74.05的高分。

六、开展项目调研，促进颜料行业健康发展

根据市经信委要求，就“有机颜料结构调整的重点、难点及对策研究”课题，组织上海泗联实业总公司、上海捷虹颜料化工集团股份有限公司等企业的技术人员和行业高级专家，并邀请华东理工大学教授和中国涂协顾问、上海涂料有限公司高工开展多次调查研究，撰写调研报告。2月23日，召开专家评审会，并将评审通过报告上报市经信委，为政府合理调整上海产业结构提供参考意见。此外，进行2012年度上海涂料行业产业情况的调研。

4月11日，受江苏亚邦集团委托，在上海国际染料展期间，会同中国染协有机颜料专委会主持召开“江苏东洋亚邦颜料有限公司成立新闻发布会”。日本东洋集团的宫崎修次，亚邦染料公司董事长许旭东出席会议。中国染协理事长王擢、石化规划院副院长史献平、牡丹集团总经理乔泳庭和信凯公司董事长李治等到会祝贺。亚邦与东洋的强强合作，将对我国有机颜料行业带来新的发展机遇。

七、新建协会信息部，强化信息服务功能

1月，针对信息化高速发展，新组建“协会信息部”，邀请专职人员协同协会网站、《上海染料》期刊和每月1期的《协会通讯》，更有效地为会员提供信息服务。信息部及时收集、整理和发布各类信息，发送会员企业，受到会员单位的好评。

八、做好日常工作，加强党的建设

在会员单位管理、统计、《上海染料》出版、青年大学生见习、技术咨询、财务、公平贸易工作站和职称申报、理事会、会展和横向联系、出国交流等方面工作都有所提高。连续21年坚持举办中秋、元宵老同志活动。9月25日，邀请老同志、老专家参观上海铁路博物馆，协会会长专程从金山赶来祝贺老同志、老专家节日快乐，身体健康。党支部建设有了新进展，按市工经联党委要求，认真落实党务公开制度。党的十八大胜利召开，党支部第一时间组织党员和非党的协会工作人员收看电视，深刻领会十八大精神。

（郑家琨）

上海印染行业协会

上海印染行业协会成立于1987年10月8日，是以上海及长三角地区从事纺织印染的国有、集体、民营、合资企业为主，以及与印染业相关的单位、科研院所、大专院校等自愿组成的跨行业、跨部门、跨地区的行业性社会团体法人。现有会员单位58户。

2012年主要工作：

一、加强协会党的建设

在市经团联党委和上海纺织集团有限公司党委的领导和具体指导下，上海纺织协会总支部和棉纺织、印染协会党支部，在党的十八大胜利精神的鼓舞下，全体党员认真学习十八大精神，领会大会的各项具体目标，积极开展活动，为行业协会改革转型出谋划策，为行业协会工作尽心尽力作出努力。协会党支部组织党员听报告会，开展学习讨论，组织各项活动。

二、积极探索新形势下协会发展的新模式

为适应产业发展的方向，及时调整和改革行业协会传统模式，年内上海棉纺织、印染行业协会尝试联合重组和联合办公。2个协会联合召开2次理事会，双方协会领导、理事会组成人员以及纺织行业兄弟行业协会领导出席会议，并根据市经信委和市社团局要求，正探索下一步更紧密的合作。目前，上海纺织系统的10个专业行业协会已组成联合会(上海纺织协会)，各专业行业协会和分会在专业技术、产业定位、行业标准、企业服务方面发挥各自更积极的作用，充分发挥了纺织行业协会产业链合作、协调作用，取得积极的成果。

三、积极转变职能，努力成为政府和企业之间的纽带和桥梁

1. 根据国家工信部的要求，开始在全国实施“印染企业准入公告”制度，市经信委积极贯彻国家工信部的要求，在上海地区开展此项工作，协会积极配合抓好项目的调查、审核、申报工作。4月25—26日，由中国印染行业协会主办、上海印染协会承办的宣传贯彻“印染企业准入公告”和“印染企业资源消耗计算办法”全国会议在上海兰生大酒店召开，上海印染协会秘书长奚新德主持会议，国家工信部消费品司、中国印染行业协会领导到会作指导发言，全国地方行业主管和印染企业代表100多人出席会议。5月10日，协会领导赴市经信委都市产业处，商议研究上海地区印染企业准入申报、评审、申报事宜。通过3个月的努力，基本完成对上海地区20户企业的申报、评审，并上报10户印染企业。12月13日，国家工信部公示公告了全国符合《印染企业准入条件》（2010年修订版）企业名单，第一批共120户，上海地区有3户企业入围。

2．年内棉花价格大幅波动，国内外棉花差价近5000元／吨，棉纺织企业面临空前危机，棉纺织协会创办《上海棉纺织简讯》，结合经济形势变化，更及时、快速、重点地传递全国和上海棉纺织行业的动态、棉花价格变化、国际经济行情、国家相关政策、行业各类活动、企业管理经验，以及科技创新趋势等信息，提供棉纺织行业有关领导、专家、企业管理人员参考和借鉴，至今已出版6期。

四、充分发挥纺织“产业链”的作用

随着产业发展需要，企业产品开发、专业技术和市场运作往往突破了传统行业的范围划分，从材料到最终产品没有完全的行业界限，有如棉纺织同印染、印染同服装、家纺同印染后整理，产品已逐渐形成自身的产业链，这也要求纺织各行业协会打破原有行业格局，充分发挥纺织“产业链”的作用。年内协会为企业深化服务方面做了不少努力和工作。1月5日，走访上海和晓印花有限公司，了解针织印染面料生产企业现状，与公司总经理商议加强技术合作，并听取对协会工作的意见和建议。2月8日，与有关人员再次走访上海和晓印花有限公司，研讨针织圆筒丝光机及针织前处理生产线的技术改进和合作事宜。2月15日，印染协会领导及有关专家走访上海幸福纺织科技有限公司，公司董事长亲自接待，双方商谈有关节能减排新技术应用和合作事宜。2月21日，棉纺织协会领导参加“十字绣行业协会联盟标准制定会议”，出席会议的还有义乌十字绣行业协会、浙江纺大标准信息有限公司等，会上对”十字绣行业联盟”标准作了专题研究。5月3日，印染协会领导走访上海长胜纺织品有限公司，研讨印染行业高新技术开发事宜。7月18日，陪同上海和晓印花有限公司总经理走访安徽芜湖圣罗纺织实业有限公司，就企业产业结构调整和加强双方合作、促进交流事宜交换了意见。

五、依托上海纺织人才和技术优势，发挥棉纺织、印染行业专家委员会作用

3月10日，印染协会领导出席在江苏吴江召开的中国印染行业协会四届五次理事会，并参观江苏盛虹集团印染生产新基地。3月14–18日，出席在山东烟台举办的“源明杯”第九届全国染整前处理学术研讨会。3月20日，出席在上海浦东国际博览中心举办的第三届中国（上海）国际印花工业展开幕式和在浦东景缘国际酒店举办的“2012全国纺织品精细印花技术交流研讨会”。4月9日，出席在上海兰生大酒店召开的“誉辉杯”第十一届全国印染行业“四新”会议。6月19日，由上海市纺织工程学会主办、协会染整专业委员会等共同承办的“上海纺织科技与创新论坛”在协会会议厅举行，东华大学、上海纺控集团、上海纺研院、上海长盛化工、上海服装所、上海纺织新产品中心等单位领导及专家作专题报告，130余位代表出席会议。7月2–4日，赴无锡参加由中国纺织工程学会举办的“海大杯第六届全国染整机电装备暨资源综合利用新技术研讨会”，并作专题交流。7月31日，与上海中大科技发展有限公司联合召开印花圆网脱胶技术研讨会。9月17–18日，赴杭出席由浙江省印染行业协会在浙江铁道大厦召开的“2012开创环保杯节能减排与印染新技术交流会”。10月25–26日，出席由中国纺织工程学会在浙江嘉善举行的黑迈杯第六届全国染整行业技术改造研讨会暨中国染整行业创新论坛，并参观上海黑迈数码印花有限公司嘉善生产基地。12月5–6日，印染协会在协会交流厅举行“硅酸纳保温节能技术应用现场交流会”，并组织与会代表参观了太太乐有限公司、泰和水厂保温工程的施工现场，又赴浙江南浔参观了解金绿印染有限公司印染设备保温工程的应用效果。12月11–12日，出席中国印染行业协会在江苏常州召开的中国印染行业四届常务理事会，并出席中国印染行业协会召开的开源杯首届全国印染行业创新管理综合年会，还参观了江苏新乐祺纺织印染有限公司。

六、积极承担印染行业单位产品能源消耗限额上海地方标准的制订工作

完成印染协会同上海纺织节能环保中心共同申报的上海地方标准《化纤短丝单位产品能耗限额》、《印染布单位产品综合能耗限额》项目，并为制定2013年“针织染整加工综合能耗限额”、“化纤长丝单位产品综合能耗限额”标准作准备。4月11日，印染协会召开有关“针织染整加工综合能耗限额”标准制定务虚会。9月5日，与上海纺织节能环保中心共同牵头起草制定上海地方标准“针织面料印染综合能耗限额”启动工作会议召开，三枪、题桥、和晓等协办单位均派代表出席，并就有关数据采集口径统一认识，拟定下一步工作方案。10月18日，与上海纺织节能环保中心共同牵头制定上海地方标准“化纤长丝单位产品综合能耗限额”启动会议召开，协办单位上海纺织有限公司、台资企业远纺工业（上海）有限公司等代表出席会议，并就有关数据采集、下一步工作方案等达成共识。12月15日，上海地方标准《针织面料单位产品印染综合能耗限额》完成初稿。

七、继续承担国家职业资格培训教程《印染行业特殊十四套工种》教材的编制工作

承接的国家职业资格培训教程《印染行业特殊十四套工种》教材的编制任务，于年内完成陆续出版。组织编写的国家职业标准印染特殊工种培训教程《印染烧毛工》、《印染水洗工》，已由中国纺织出版社出版，并向全国发行。10月15日，由协会组织编写的国家职业培训教程印染特殊工种《印染调色工》审定稿，寄交中国纺织出版社。11月14日，会同中国印染行业协会印花专业委员会共同组织国家职业培训教程“印染特殊工种”编委会成员和撰稿人一行16人赴上海黑迈数码印花有限公司嘉善生产基地参观考察。12月20日，协会组织编写的国家职业培训教程印染特殊工种《印花工》完成审稿，寄送中国纺织出版社。

八、为建设上海纺织公共信息服务平台尽力，积极参与制定纺织行业“十二五”规划，编制《上海纺织》白皮书、编写《上海纺织志》

1月19日，参加上海纺织协会秘书长扩大会议，听取协会2011年工作总结和2012年工作打算，以及有关2012年白皮书工作，纺织控股公司董事长席时平参加会议并讲话。5月6日，棉纺织协会和印染协会分别完成关于《2010年上海棉纺织、印染行业经济运行情况分析》（白皮书）的编写工作。6月20日，棉纺织行业协会和印染协会分别完成《上海纺织志》有关篇章的编写工作。6月底，《上海纺织行业经济运行情况分析》白皮书正式发布，上海纺织协会专门召开了白皮书发布会，市经信委、市经团联、市统计局、上海纺织控股公司以及11家专业行业协会参加了发布会。

积极发挥技术和人才优势，借助上海纺研院公共信息服务平台，在其网站上发布行业有关信息和资料，共同建立起纺织各专业行业协会与政府、社会及会员单位的纽带和桥梁，为进一步振兴上海纺织、服务政府、服务企业作出努力。

九、进一步加强自身建设

不断完善各项管理制度，加强协会自身建设，进一步调动协会成员和会员单位的积极性。8月28–31日，协会秘书长参加由市民政局和社团局组织的上海市社会组织高级管理人员培训，并取得毕业证书，将为引导协会发展更好地发挥作用。年内棉纺织、印染行业协会新发展长三角地区会员单位9户。

（王祥兴）

上海塑料行业协会

上海塑料行业协会成立于1990年2月，是以本市塑料及相关企业为主，自愿组成的跨部门、跨地区、跨所有制的非营利行业性社会团体。现有会员单位200余户，涵盖石化、化工、轻工、机电、建材等系统的国有、民营、合资、独资企业和相关高校、科研院所，覆盖塑料树脂、塑料制品、塑料助剂、塑料模具和塑料机械等整个塑料产业链。下设聚氯乙烯制品专业委员会、塑料包装专业委员会、工程塑料专业委员会和技术咨询部。

2012年主要工作：

一、发挥协会在政府和企业间的桥梁纽带作用

1. 通过每月1期《上海塑料通讯》会刊和主办的上海塑料网广泛宣传党和国家的方针政策及市委、市府有关创新驱动、转型发展、技术进步、产业结构调整、节能减排等要求，传达各级领导重要讲话精神和国内外业界专业信息、塑料市场行情等，架起政府与业内企业间的信息平台。

2. 参与《中国塑料工业年鉴》的编制。为中国塑料加工工业协会主编的2011版《中国塑料工业年鉴》编制“上海市篇”，内容包涵上海塑料产业概况、协会工作大事记、协会基本情况、上海塑料新产品开发、上海塑料行业发展趋势等内容，及时按中塑协要求上报。

3. 积极参加市工商业联合会组织举办的各项会议活动。

4. 按时上报《2011年上海产业和信息化协会发展报告》。根据市经信委综合规划处的要求，为全面反映上海塑料行业的现状，按时上报2011年协会工作总结、大事记、2012年协会工作计划及《协会基本情况表》等资料。

5. 完成《上海市社会团体年检报告书》。

6. 认真完成市经信委下达的“上海塑料新材料对接高新技术产业化重点领域发展建议及对策”课题。根据市经信委2011年专项资金课题调研要求，积极组织业内专家进行调研，对塑料新材料国内外发展现状与趋势；我国塑料新材料产业发展环境；上海塑料行业发展现状及下游行业应用趋势；上海塑料新材料对接高新技术产业的可能性和必然性等内容进行分析，并对上海塑料新材料对接高新技术产业化重点领域发展存在的问题与对策提出建议，也对上海塑料新材料对接高新技术产业的意义和重要性进行了阐述。

7. 宣传推进上海企业社会责任。积极参加市经团联及相关部门举办的2012年上海企业社会责任报告发布会、上海企业社会责任论坛、上海企业社会责任推进会等一系列活动。从科学发展、公平运营、环保节约、安全生产、顾客与消费者权益、合作共赢、和谐劳动关系、社会参与和发展等八方面，在业内宣传企业社会责任核心内容，倡导企业在实现经济效益的同时，切实承担起应负的社会责任。

8．发挥上海研发公共服务平台管理中心行业协会服务站的作用。协助上海研发公共服务平台在上海塑料行业内的会员企业中开展科技114创新服务大礼包活动，为会员企业提供在线检索、标准文献、科技查新、仪器检测、全文传递、数字图书、专业技术、专家咨询等服务项目，深受广大会员企业欢迎。借此平台，协会还试点开展了“上海市万户研发企业推进工程”。

9．参加行业协会规范化建设评估工作。经市团联社会组织规范化建设评估委员会综合评审，年内被评为3A级行业协会。

10．发展新会员单位，扩大行业覆盖面。全年共发展新会员15户，并做到发展1户、拜访1户。

二、继续推进品牌战略，搞好行业名优评选工作

全面推进品牌战略，坚持以公正、公开、公平的原则开展行业名优品牌评选工作，通过评审及公示，评出2012年度上海塑料行业名优品牌的企业共17户，包括18个产品(或系列)。其中，有8户企业被命名为“2012年度上海塑料行业名优品牌企业”。8月，根据《上海市著名商标认定和保护办法》规定及市工商局要求，协会对华德塑料制品有限公司、上海汇宇精细化工有限公司、上海永超真空镀铝有限公司、上海嘉倍德塑胶机械有限公司、上海蓝泉塑料制品有限公司、上海锦湖日丽塑料有限公司、上海鑫鹏塑料制品有限公司、上海紫江企业集团股份有限公司等8户企业申报“上海市著名商标”进行材料征集，出具了征询推荐意见。

三、开展业内专业技术人员技术职称评审工作

认真按照《上海塑料行业职称评审工作暂行条例》，完成对申报的60名专业技术人员技术职称资格评审，评出高级工程师12名，工程师21名，助理工程师27名，并于协会网站、会刊及社会公开媒体发布公告。9月，完成证书制作和发放工作。此项工作得到业内企业的认可和赞誉，调动了企业专业技术人员的积极性，为上海塑料行业的人才培养和技术进步起到了促进作用。

四、完成《塑料薄膜单位产品能源消耗限额》上海市地方标准的编制工作

牵头组织制订的上海市地方标准《塑料薄膜单位产品能源消耗限额》，于上年11月底完成送审稿。经市质量技术监督局审查批准，7月9日，予以批准发布，并自12月1日起实施。

五、开展企业诚信创建活动，推进行业诚信体系建设

坚持在业内积极开展上海市企业诚信创建活动，按照企业自愿申报、协会推荐、第三方征信和公众评议、信誉公示、动态检查相结合的程序开展活动。还建立“行业诚信建设网络管理平台”，加强行业诚信体系建设。年内在创建单位中，有38户企业分别荣获各级上海市诚信企业称号。其中，“五星级诚信创建企业”4户，“四星级诚信创建企业”6户，“三星级诚信创建企业”3户，“二星级诚信创建企业”13户，“一星级诚信创建企业”8户，“诚信创建企业”4户。在推进企业诚信建设活动中，协会荣获“优秀行业诚信平台管理奖”等奖项。

六、协助雅式展览服务有限公司成功举办“2012国际橡塑展”

4月18−21日，由协会副会长单位雅式展览服务有限公司主办，协会协办的“第二十六届中国国际塑料橡胶工业展览会”在上海新国际博览中心成功举办，展场面积达21万平方米，参展商2729户，与会观众达109858人，买家来自全球150个国家及地区。此项展会已成为世界第二、亚洲第一专业展会。协会积极利用各种渠道广泛进行宣传，组织业内企业出席相关推荐会；组织华东6省及台州市同业协会，上海塑料相关行业的19家协会利用各自会刊、网站及各种会议活动宣传推介展会；还组织撰写提供会员联系的名录；撰写行业应用塑料橡胶现状及发展趋势、市场信息资料和报告；撰写展会展品应用情况的观后感等。发动华东各省相关协会组团参观、采购、商贸洽谈和参加展会期间举办的各项活动。除此之外，还协助上海市国际展览有限公司成功举办“第十四届中国国际模具技术和设备展览会”；支持台州举办“第12届中国塑料交易会”。

七、开展国内外塑料业界技术交流与合作

1．与雅式展览服务有限公司、深圳塑协等单位联合举办“第四届中国国际生物降解应用研讨会”和“高分子导电—抗静电国际研讨会”。

2．在“CHINAPLAS2012国际橡塑展”期间，协会拜访了美国塑料协会、英国塑料协会、法国塑料产业协会参展方，双方作很好的沟通，表达加强交流合作的意愿。

3．开展模具与塑料制品行业技术、装备对接活动；出席“汽车及家电行业塑料应用创新发展研讨会”、“第七届塑料技术在消费电子产品中的应用研讨会”；组织参加“2012国际供热暨锅炉展”。

八、不断加强协会自身建设，增强协会凝聚力

1．健全协会法人治理结构，完善协会制度建设。协会被市工经联和市经团联评为“先进行业协会”，秘书处李思倩同志被评为“协会先进工作者”。

2．党支部在市经团联党委的直接领导下，积极参加创先争优活动，在“纪念建党91周年暨创先争优表彰大会”上，被授予“2012年市工经联党委系统创先争优先进党支部”，刘建国同志被授予“2012年市工经联党委系统创先争优优秀党员”称号。

3．注重发挥专委会作用。协会PVC制品、塑料包装、工程塑料专委会围绕协会工作结合各专委会实际情况积极开展了各项活动。

（杨忠民）

上海日用化学品行业协会

上海日用化学品行业协会成立于2005年12月9日，是由化妆品、洗涤用品、口腔护理用品和香精香料四大专业行业组成。现有会员单位180户。

2012年主要工作：

一、诉求反映，政策推动

年初，向中国香料香精化妆品行业中的全国人大和政协代表发去《化妆品行业发展中的问题和建议的诉求》，主要反映七方面问题：希望政府加大对化妆品产业发展的导向性支持；对国家化妆品强制性规范、标准出台缺少有效和实际的验证，导致国外产品与国内销售出现双重标准；对化妆品行业的国家多部门重复监管；对化妆品生产许可证和卫生许可证要求2证合1的建议；对网购化妆品缺乏规范的意见；对检测费用过多的意见；对政府部门化妆品打假力度不够等意见。这些意见和建议都被“两会”代表写成议案，备作政府参考。

根据企业要求，召开由12户上海著名化妆品公司法务经理和总经理参加的“关于非特殊用途化妆品分类管理意见”的座谈会，就国家食药局保化司起草的非特殊用途化妆品分类管理意见，提出不要扩大对非特殊用途化妆品分类管理，增加企业负担的意见，并从上海化妆品行业发展多个方面阐述理由和选择试点的建议，经多方争取，国家食药局采纳了上海等行业协会的诉求和建议。

利用每季度向市经信委等政府部门例行汇报行业经济运行态势的机会，及时反映行业存在的问题，提出政策建议，得到政府部门的极大支持，如对人才培训的建议，对原材料涨幅过度影响效益的问题及2证备案中的问题等。还根据企业的建议向国家食药局、国家技监局呈报撰写的《对化妆品生产许可证实施细则的意见》、《对国家和食药局化妆品产品备案制度扩大检测收费》等建议。

二、创新引领，项目推动

1．产学研合作平台。与上海应用技术学院建立全面的产学研合作关系，形成协会－高校－企业联盟，实现优势互补、合作双赢。学院根据协会提供的行业高新技术项目需求和企业技术难题，积极组织力量进行研发、成果转化和技术攻关，支持企业技术创新；协助行业解决企业在产业优化中制约产业发展的关键技术、共性技术，以及企业的具体技术工艺问题和管理问题；进行新产品开发、新技术、新工艺、新材料、新设备的推广应用，帮助行业进行质量攻关，把学院的技术成果优先提供给企业进行成果转化和产业化。协会则充分利用资源和条件为学院提供创新试验推广和校外企业实训，合作共建产学研结合示范基地；在不影响企业正常生产经营活动的情况下，协助学院落实市教委085工程，为建立香料、香精跨学科创新平台提供方便。

2．时尚产业创意设计服务平台的发展。作为“联合国设计之都联席会议”代表，协会积极参与创意设计服务平台工作，并与上海轻工业研究所有限公司联合申请了上海时尚产业（化妆品）公共技术服务平台，实现五大服务功能：一是时尚趋势和知识产权信息服务功能；二是实施品牌战略建立企业文化的服务功能；三是设计研发软件开发服务功能；四是技术标准服务功能；五是分析检测服务功能。该项目已获市经信委和市财政支持，正具体落实。

3．包装创意设计大赛平台。与上海轻工业工会联合会联合举办第四届创意设计大赛，共收到社会各界参赛作品169件。其中，护肤类89件，香水类47件，彩妆类10件，个人清洁口腔卫生类23件。经评审，共评出入围作品48件，产生一等奖3名、二等奖4名、三等奖5名，其他36件入围作品为优秀奖。对大赛中获得一等奖的选手授予“上海市日化产品包装创意设计新锐”称号。获奖作品同时参加了2012年第六届上海设计双年展。

4．合作推荐时尚产业领军人物平台。与《中国化妆品报》联动，推荐中国化妆品行业2012年唯美时尚功勋奖。协会推荐上海家化葛文耀董事长、王茁总经理，上海相宜本草封帅董事长、上海伽蓝集团郑春影董事长等行业领军人物，并于2012年武汉东湖化妆品年会上正式颁出，树立上海化妆品企业在全国行业中的标杆形象。

三、以质取胜，品牌推动

加强品牌推动工作。一是从质量、规模、商标知名度、企业基础管理方面，推进行业上海名优产品的推荐工作。经过企业申报，组织专家评审、理事会审定通过，共推荐26户企业35个产品为日化行业上海名优产品，分别是佰草集、六神、高夫、自然堂、美素、蜂花、美加净、白猫、佳美、恒源祥、百雀羚、施美、自然美、相宜本草、奥丽斯、高姿、媚兰、扇牌、诗蝶、彤颜、爱普、白熊、丝精、香海等。产品90%以上在上海市场专卖店、专柜、超市、卖场都有销售，绝大多数是老百姓耳熟能详的老品牌和新锐品牌，在与外资国际大牌的博弈中，体现了上海日化行业知名民族品牌近年来发展中的风采。

四、展会搭台，合作推动

与上海美容美发行业合作，构建化妆品与美容美发展示运用的通道，促进生产、使用、推广相结合。协会请美容美发行业负责人谈上海美容美发的发展趋势和对日化系产品的需求；请上海美容美发行业协会会长单位华安美容美发店副总专题介绍消费者对功能类化妆品需求，以与美容美发专业店合作的形式，组织染发产品生产企业和专业生产美容院产品的文峰、春辉、美汇宝、东灵等企业参加国际美容美发展览会，为开拓行业产品渠道创造条件。

与国际橡胶塑料包材展览会进行合作，让企业对日化塑料包装材料、功能、供应商资质、价格，及发展趋势有较全面了解，并组织企业观摩交流，以便企业有全方位的选择，保证产品质量。

与PCIH国际化妆品设备展览会合作，组织部分企业参展和参观交流，为行业提升自动化程度提供服务。

作为主办方参加中国洗涤行业的国际洗涤原料设备包装展览会，为提高洗涤行业的自动化开展工作。

还坚持组织企业参加在山东烟台召开的浙江、江苏、山东、广东4省1市联合会议，上海轻工研究所、上海日化所、上海发凯化工有限公司、爱普香料集团股份有限公司、上海相宜本草化妆品有限公司等20多户企业与会，就化妆品、洗涤用品的原料、设备、厂房综合设计、国际标准的采纳等多角度交流发言，切磋行业发展大计，谋求区域合作、优势互补。

五、环保自律，责任推动

与上海轻工研究所共同发起，联合上海家化、伽蓝集团、相宜本草有限公司起草《上海化妆品企业清洁生产规范》地方标准，并获得市技监局的立项，《标准》5易其稿，多次听取上海清洁生产办公室、市环境科学研究院意见，对10多户企业反复调研，最终形成报批稿。《标准》对化妆品生产企业的环保要求、节能减排、进货验收、过程控制、工艺技术、设备、人员、产品出厂都有明确的规范要求，也是全国行业第一个推出的地方标准。目前，已有百润香料、爱普香料、长谷川香料、花王、华银、一蜜儿、奇华顿、兰宝日化等企业通过清洁生产审核。

六、有效服务，规范推动

不断提高为会员单位有效服务的能力，2012年是业内企业生产许可证换证、复证量比较大的一年，协会积极沟通帮助企业解决困难，使复查换证企业基本得到全部满足。为此，还专门举办化妆品和洗涤用品生产许可证换证工作专题培训，请专业人员详细介绍企业在申证、换证全过程中需要达到的管理要求，培养一批能为企业把关守门的专职管理人员。还为出口企业出具近60多份销售证明，用不同的语言文字向进口国介绍企业的资质和生产能力，获得10多个国家认可。

为更好服务企业，应市社团局的要求，在市经团联的帮助下，按行业协会规范建设的要求，从建章立制着手，整理自协会建立以来的100多项制度和文本资料，并经市工经联、市社团局、市经信委，以及外聘财务、审计、公益服务方面的专家综合评分，获得了国家民政部颁发的4A级行业协会称号。党支部被市经团联评为2012年创先争优优秀党支部。

（金　坚）

上海医疗器械行业协会

上海医疗器械行业协会成立于1987年3月，是全市医疗器械行业企事业单位自愿组成的跨部门、跨所有制的非营利的行业性社会团体法人。现有会员单位700户。下设经营工作委员会、口腔工艺专业委员会、植入介入器材专业委员会等。

2012年主要工作：

1．科技创新。1月12日，配合市医药科技促进中心等4户单位在上海城市规划馆联合承办“创新医疗器械产品展示会”。沈晓明副市长等出席。期间，市政府召开促进医疗器械产业健康发展专题座谈会，旨在推动医疗器械国产化进程，将上海打造成医疗器械装备制造基地。会后，协会推荐了一批本地生产质优价廉医疗器械产品及讲信用、注重售后服务的企业，以推动各级医院对本地医疗装备、医用耗材的采购。

2．职业鉴定。2月，为进一步推进行业高技能人才培养工作，在市职业培训研究发展中心和市职业技能鉴定中心的指导下，通过有关部门严格审核，成为行业唯一的国家职业资格鉴定所。之后，受市职业技能鉴定中心委托就医疗器械检验工等3个工种对483名学员进行国家高级职业技能资格鉴定。通过严格考核，351名学员获得高级职业资格证书，为行业发展储备了一批应用性人才。

3．民主办会。3月26日，召开六届一次会员代表大会暨2012年会，会上通过“第五届理事会工作报告”、“换届改选筹备工作报告”、“章程修改报告”等议案，经选举产生188名理事组成的六届理事会，116名常务理事组成的第六届常务理事会，选举产生正、副会长和秘书长。市食药监局、市社团局、市经信委、市经团联代表分别发言表示祝贺，并就如何进一步发挥社团组织作用，提出新要求。会员代表、特邀代表和有关方面领导250余人出席大会。

4．专业会展。4月17日，组团参加在深圳会展中心举行的“第67届中国国际医疗器械博览会（CMEF)”，共有145户会员单位参展，展出面积达2250平方米。“医博会”为振兴上海医疗器械产业，提供了一个高端互动、相互交流、共同探索、创新转型交流平台，上海展团以“优佳的平台、优质的品味、优秀的服务、优良的形象”进行展示。协会多年承担中国国际医疗器械博览会上海展团的组团工作，本年度共组织国内展会6个，展出面积5463平方米，参展单位607户／次。

5．诚信建设。5月25日，组织“上海市诚信创建活动”工作培训，百余户会员单位负责人和联络员参加培训。报名参加诚信创建活动的企业有120户，比上年增加40%。之后，由协会组织，会员企业申报，经市“企业诚信创建”组委会审核通过，97户企业获得“企业诚信创建”活动各类称号。其中，四星级有40户，三星级有20户，二星级有5户，一星级有9户，“企业诚信创建”企业23户。协会被授予“最佳组织奖”。

6．商贸洽谈。6月7日，应荷兰驻上海总领事馆的邀请，组织25户企业共计30人，出席荷中医疗器械企业家洽谈会。双方就各自企业的产品、技术和市场等方面进行广泛交流，并就进一步合作达成意向，荷兰驻上海总领事、市政府有关部门负责人参加洽谈会。

7．业务培训。7月24日，受市食药监局委托承办上海市首期医疗器械生产企业管理者代表培训班正式开班。为了明确管理者代表在企业质量管理工作中的责权，充分发挥其在生产质量管理体系中的作用，配合市食药监局开展针对“医疗器械生产企业管理者代表”的业务培训，先后组织5期，451户医疗器械生产企业的571位管理者代表及质量管理体系负责人参加培训。

8．职称评审。8月1日，举办2012年度上海市医疗器械专业技术人员继续教育培训，授课老师讲解《医疗器械生产质量管理规范（试行)》的内容，解读“医疗器械注册行政审批程序与相关”法规，同时对上海医疗器械发展现状作专门介绍，为年底的行业职称申报打下基础。协会受理申报高级工程师13人，通过12人；申报工程师31人，通过27人。

9．信息交流。9月，本着“开放、合作、共赢”的理念，增强与会员单位和社会各界的交流与合作，协会网页拓展开发了与企业互动交流的功能，收录每年1期的年鉴电子版，供读者检索。月刊《上海医疗器械简讯》新开辟“上海医疗器械领军人物”栏目，连续报道上海医疗器械产业骨干企业在科技、管理、文化等方面的新思想、新方法和新成就，宣传和引领行业发展的正能量，展现行业企业家的风采。

10．成果转让。11月，与复旦大学上海医学院、市生物医药科技产业促进中心等共同主办“复旦大学科技成果产业化论坛·医疗器械”专场，会上6位临床一线教授专家分别对6个研究项目进行介绍，13户企业分别与项目负责人进行沟通、对接，并达成初步意向。

11．市场开拓。11月16日，组团参加在德国杜塞尔多夫举办的“第44届德国国际（MEDICA）医疗器械博览会”，共有26个会员单位的代表参加这次展会。年内协会共6次组团参加各类展会，计135人次。

12．争先创优。经自评、初审、实地考评、市社会组织规范化建设评估委员会审定、上海社会组织网公示，历时1年半，协会荣获“5A级社会组织”称号，并在市先进社会组织评选中荣获“先进社会组织”称号，连续14年6次被市经团联、市工经联授予“先进行业协会”称号。

（蒋建群）

上海市生物医药行业协会

上海市生物医药行业协会成立于2002年12月，是由上海及相关省市生物医药企业、相关大学、科研院所和产业园区等单位自愿结成的社会团体。现有会员单位212户。

2012年主要工作：

一、明确定位，服务为先

1．顺应业界需求，完善信息咨询平台。一是开展信息服务。通过邮寄、邮件、网站等手段，为会员提供专业信息，全年出版月刊《生物技术产业》12期，电子《医药信息简报》50期，更新网站信息7291条。会刊和电子简报发送范围覆盖全体会员。二是举办产业政策解读等专题报告会。为解决信息不对称问题，邀请上海企业技术创新服务中心等相关部门的负责人，就市知识产权优势企业和专利新产品认定等内容进行政策宣讲和解读。还举办了行业统计工作年会，邀请市统计局有关负责人就2013年企业的统计要求和注意事项进行讲解。三是加强对从业人员的培训工作。继续与市生物医药工程继续教育办公室等5个单位举办“生物医药大讲堂”系列讲座暨上海市生物医药工程专业技术人员继续教育培训。围绕新技术、新法规、药物研发与生产等主题开设系列课程6讲，已成为中高级职称评定学分点，全年参加培训800人次，共有85位技术人员取得证书。四是筹划组织多样化的国内外论坛与研讨会。主办或参办各类专业性论坛和研讨会，主办中丹生物医药高峰论坛，参办第十四届上海国际生物技术与医药研讨会、2012中国国际生物技术和仪器设备博览会、2012BIO中国生物产业大会（BIOChina）、2012上海生物医药投融资峰会暨成果推介会等；在人力资源方面，继续与“第一资源”联合举办“2012中国医药行业人力资源管理高峰论坛”。

2．承接政府事务，发挥桥梁纽带作用。一是为行业发展建言献策。承担并完成多项政府有关部门下达的产业发展研究课题。包括市经信委《上海生物医药产业发展报告(2011)》；市经信委三废综合治理专项《上海生物医药行业结构调整研究报告》；会同浦东新区科委高新处展开调研，合作完成《2011年浦东新区生物医药产业发展研究报告》及其年报；编制《海安县老坝港滨海新区生物产业发展规划》。还配合市发改委完成《2011年上海市国民经济和社会发展报告》“生物医药行业”篇、市工经联《2011上海工业年鉴》、以及《上海年鉴（2011）》中的“生物医药制造业”条目的编写工作。二是发挥政企间的沟通桥梁作用。通过走访、电访等形式，与会员建立畅通稳定的沟通渠道，宣传产业政策，了解企业共性问题，向国家、市级相关委办局反映企业意见和呼声，供政府部门决策参考。

3．提供科研和产业化服务，提升服务能级。一是推进项目对接与产业化。引荐上海丰茂生物技术有限公司签约落户金山工业区，上海易闻医药科技有限公司、上海睿蒲医药科技有限公司等落户张江生物医药基地。参办浦东张江—东方产学研生物医药联盟主题沙龙。推进上海吉凯基因化学技术有限公司与同济大学转化医学中心签订《RNA干扰文库科研合作协议》，上海绿谷制药有限公司与东方医院就丹参多酚酸盐综合开发达成初步合作意向。参加“2012年浦东—西宁科技合作项目对接洽谈会”，促进上海药谷药业有限公司与青海康普生物科技有限公司，在关于青藏特色资源综合利用开发方面达成合作意向；与上海中药制药技术有限公司分别在关于解决枸杞子干果板结问题、虫草菌丝体工艺问题方面达成合作意向。二是促进生物医药科技成果转化。推荐复宏汉霖“用于肿瘤治疗的抗PDGFR单抗隆抗体研究”等23户企业获得2012年度生物医药领域产学研合作项目的立项；推荐上海联合赛尔生物工程有限公司“注射用重组人甲状旁腺素（1–34）生产车间建设”等8户企业获得2012年度生物医药领域产业化项目立项；推荐和黄药业、张江生物医药基地等项目通过服务外包合同评审。三是圆满完成第五届“谈家桢生命科学奖”评奖和颁奖工作。全年共收到全国各大高校、科研院所和生物医药企业推荐函40份，经函评专家打分、评审专家委员会评选、奖励委员会审议，评选出成就奖2人、产业化奖1人和创新奖获奖9人。12月14日，在浙江大学举行颁奖典礼，第十届全国政协副主席、中国工程院主席团名誉主席徐匡迪院士出席颁奖典礼并致词。

4．迈上新台阶，加强对外合作与交流。一是搭建国内外交流平台。与各国驻沪领事馆商务处建立联系机制，定期合办会议；召开各国领事馆商务交流会；接待台湾制药发展协会、丹麦健康信息代表团等；与比利时瓦隆州BioWin举办合作备忘录续签仪式；组织比利时、波兰企业等参加2012年中国国际生物技术和仪器设备博览会。二是出访南美并达成多个合作意向。组团赴巴西、阿根廷考察，先后到访巴西圣保罗和阿根廷布宜诺伊艾利斯等城市，拜访圣保罗医药工业和研究协会、圣保罗制药工业协会、阿根廷国家科学研究院、阿根廷生物技术商会等，召开两场交流会，参观考察了阿根廷凯茂生物制品公司。考察活动巩固了已有合作成果，达成一批新的项目合作意向，拓宽了合作领域，分别与阿根廷国家科学研究院和阿根廷生物技术商会签订合作备忘录，圣保罗制药工业协会还原则接受邀请，参加第15届上海国际生物技术与医药研讨会，并就原料药合作达成初步意向。

二、实事求是，强化责任和信誉

1．协调重大问题，维护行业信誉。4月，针对“问题胶囊”等事件，联合41户会员企业联名向社会发出“不采购，不使用，不生产，不经营假冒伪劣原辅料、药包材，杜绝一切假冒伪劣原料药、药包材流入生物医药企业”的承诺。该承诺引起业内企业的共鸣，成为全市生物医药行业的共同意志，《文汇报》、《新民晚报》等主流媒体对承诺书进行了报道。协会参与《上海市药品不良反应报告和监测管理实施办法》修订工作，提出的相关意见被采纳列入办法。

2．继续抓好诚信企业创建和行业质量工作，提升企业的社会影响力。重点搭建行业诚信企业网络平台建设，推动诚信企业评选工作有序、有效地展开，迄今共有27户会员荣获诚信创建、一至四星级诚信创建企业；配合市行业质量促进会，开展质量奖、质量金奖、市名牌产品、市著名商标的评选工作；配合市质监局开展品牌价值工作，制定《上海市生物医药行业质量安全突发事件应急预案》。参与举办2012年度莱蒙国际慈善晚宴，在提升社会责任和影响力方面迈出新的一步。

3．利用10周年契机，表彰一批优秀企业。在10周年庆典活动上，表彰一批长期以来支持和关心协会发展的优秀会员企业，45户企业分获“协会荣誉奖”、“10强企业奖”、“成长企业奖”、“服务平台奖”和“创新企业奖”。

三、规范管理，提高效率

1．探索和研究行业协会能力建设。一是与华师大共同承担完成市民政局委托的“行业协会能力建设评估指标研究”课题研究。二是召开行业协会能力建设与10年规划研讨会，邀请市经信委、市社团局、市立法所、交通大学等领导和学者对我会10年发展规划进行研讨。三是在2012中国（无锡）民间商会论坛上，与中外嘉宾就发展商会、协会服务功能和合作机制进行对话。

2．强化内部自我监督。秘书处按照2012年工作任务、思路和计划，将具体工作制成分解图并公开，自觉接受会员单位的监督。

3．坚定不移地搞好党建工作。党支部把加强党建工作作为“创先争优”活动的重点，努力践行创先争优先进基层党组织“五个好”的基本要求，要求党员联系实际提出在创先争优中的承诺。定期召开党员政治学习会，将行政工作与支部组织生活会相结合，召开民主生活会和党内外的评议工作。每月召开1次政治学习会，传达、学习党的方针、政策和任务。积极培养青年加入党组织，重点对象落实专人结成对子，帮助培养。

4．壮大会员单位队伍。全年共批准14户会员单位入会，会员企业的规模和引领作用得到进一步加强。目前会员数已增加到212户。

（陆　赟）

上海医药行业协会

上海医药行业协会成立于1987年1月5日，是本市医药工业为主的企事业单位自愿组成的跨所有制的非营利的行业性社会团体法人。目前，拥有230多户会员单位，涵盖制药工业（西药、中药）、生物医药、药品辅料、药品包装材料、制药机械、大专院校、科研院所等领域。

2012年主要工作：

一、适应会员需求，延伸服务功能

1．根据会员企业需求，继续开展新版GMP等培训。培训基本上结合企业在实施新版GMP验证过程中所涉及的内容，包括“产品质量年度回顾”等7个专题。协会邀请专家（培训师）为会员企业的质量部经理、QA经理、QC经理等GMP专业管理人员开展培训，共有64户企业近1200人次参加培训。受市人社局及上药集团委托，授权指定协会为专业技术人员继续教育基础知识培训单位。开办上海市生物医药工程技术人员继续教育工作，共有55户企业300人次参加继续教育。通过培训提高会员企业GMP的能力和水平，推动企业形成和巩固一支熟悉GMP法规的队伍，有力促进企业GMP认证工作。为帮助企业在国家规定的期限内通过GMP认证，召开部分有需求的企业分管领导、质量负责人和协会CGMP专家组长参加咨询座谈会，帮助企业解决贯彻新版GMP中实际问题。与医药商业协会共同举办药房首席药师培训900人，与社区卫协共同举办医院药师培训200多人，在普陀等4个区共同培训全科医生200多人。

2．积极推进电子监管码工作。与专家组共同对行业10余户企业电子监管的进度、现水准、存在问题、投入资金进行调研。组织10余户工商医药企业的有关领导、技术人员、药监局安监处同志和信息组专家共同相互交流，探讨如何推进此项工作，解决电子监管中碰到的一些具体问题，并将调研资料上报药监局参考，积极推进全行业电子监管如期上线。

3．接受委托，发挥好价格信息和统计组带作用。在国家公布消化系统和免疫抗肿瘤血液系统二次价格调整前，协会配合物价部门如实反映通用药业的维生素D3、禾丰药业的二巯基丙磺酸、三共药业的洛索洛芬、一生化的鱼精蛋白等成本情况，注意维护上海企业的合法权益，促进企业健康发展，还帮助企业对一部分产品价格进行调整。针对执行新的差比价、上海招标大包装产品、药品申报办法改变等新情况，帮助企业准确进行计算，解决好有关问题。配合政府部门了解血液制品的生产销售情况，召集生产企业座谈，反映企业实际情况，帮助政府合理定价。改进协会统计工作，适应会员企业需求，坚持每半年作一次上海医药工业经济运行状况分析，供有关部门和会员单位参考。

二、办好《上海医药》杂志，深化信息服务

1．《上海医药》编委队伍扩容，专业性进一步提升。对主办的《上海医药》杂志编委进行扩容，增加各门类专家教授，充分发挥他们专长，使医和药的桥梁作用得到提升。加强杂志内部各项管理，提高工作效率，和社区卫协密切合作扩大了发行量，目前发行量已达15000本。

2．努力开拓新业务，逐步实现杂志收入多元化。根据2010–2012年的3年数据，杂志收入百分比每年以两位数增长，今年版面费、继续教育、学术培训、学术会议收入达50万元左右。协会的《医药参考》、《每日信息》、《科技资讯》、《协会动态》等都坚持正常发行，为会员单位提供各种服务，受到普遍好评。

三、加强行业自律，注重协会规范化建设

1．加强行业自律，推进企业社会责任建设工作。配合市经团联举办上海首个企业社会责任报告发布会，积极推荐有条件企业参加报告发布的培训。5月14日，和黄药业、常州四药、现代制药、国药控股等企业在上海企业社会责任报告发布会上发布报告，和黄的总经理在会上作演讲报告，受到与会者好评。4户药企在上海市的平台上发布社会责任报告，促进了行业社会责任建设工作。11月，在和黄药业召开推动诚信建设和履行企业社会责任活动深入开展座谈会，部分会员企业领导参加会议，和黄、常四领导介绍开展社会责任建设的经验体会，与会者共同探讨实践这一理念的认识、方法和途径。会议还通过“学习和黄、常四推动诚信建设和履行企业社会责任活动深入开展”的倡议书，激励更多企业发布企业社会责任报告。

2．坚持“专家办会”，发挥专家作用。“CGMP”专家协助协会开展新版GMP培训，对培训内容、课程设置、师资选择都提出了很好建议。有的专家还担任培训老师，接受会员企业专业方面的咨询，为企业破解难题。“EHS”（环境、健康、安全）专家组，认为推行“EHS”对制药企业清洁生产、节能减排、GMP实施具有重要意义。12月，专家组请新加坡环安资源公司总经理主讲“EHS”与制药企业风险管理，传递国际上“EHS”的最新理念和管理方法。信息化管理专家聚焦“两化融合”，制定医药行业的《制药生产质量管理系统信息技术规范》，成为国内第一个制药生产全过程信息建设的标准性文件，是产业化和信息化深度融合的创新成果。7月31日，协会召开《技术规范》全行业推广和培训大会，得到市经信委、药监局的高度评价。目前，《制药生产质量管理系统信息技术规范》已申请市地方行业标准，被上海市质量技术监管局批准列为2012年上海市地方推荐性标准。协会推荐信谊药厂为国家级信息化和产业化深度融合的示范企业，已被国家列为候选名单。市场与品牌专家组编制《2012年上海医药行业名优产品评分标准参考》，经过专家独立打分和合议评分，协会名优产品审定委员会最终确认，参加审定名优产品的28户企业111个产品中有27户企业的107个产品通过审定。物价专家组围绕解读好《药品差比价规则》和有关药品价格政策展开活动，为企业和政府做好服务工作。新技术、新剂型专家组根据企业要求，请市药监局和市生药科技中心专家为企业技术人员专门讲解国内外新药、新剂型、新技术发展情况。

3．不断改进协会工作，迎接市有关组织的评估。协会被市经团联列为行业协会规范化建设评估试点单位，协会同志明确分工，把评估过程变为工作不断提高的过程。并从基础条件、组织建设、工作绩效、社会评价等方面进行充分材料准备。评估当天会长亲自汇报，秘书长等参加答辩，协会整体工作受到评估组领导、专家、第三方评估机构、兄弟协会的一致好评。目前，已被市社团局评为5A级行业协会。

四、充分发扬民主，搞好换届改选

按照协会章程积极筹备换届改选各项工作，召开换届改选大会。9月5日，上海医药行业协会在上海锦江饭店小礼堂召开六届六次会员大会暨七届一次会员大会。大会选举产生104名新一届理事。经理事会选举，黄彦正当选为新一届会长，徐国雄等38名会员单位负责人当选为副会长。理事会通过会长提名的正、副秘书长名单，聘任了协会顾问，还审议通过《协会会费标准及管理办法》和《理事会议事规则》。

（王金娣）

上海中药行业协会

上海中药行业协会成立于1989年12月，是以上海市中药工商企业为主体的社会团体。现有会员单位近2200户，会员企业覆盖率达到上海市中药行业企业总数的97%。

2012年主要工作：

一、加强自律管理，完善标准规范

1．为了提高本市中药饮片的总体质量水平，协会把加强中药饮片生产经营企业的自律管理作为年度的重点工作。开展对中药饮片的专项调查研究，在生产管理一线了解饮片生产质量管理现状，了解企业经营情况及企业困难，并在市药监部门支持和指导下，召开多次座谈会、专题讨论会，研讨提高本市中药饮片质量办法和途径，寻找薄弱环节，并在此基础上向药品监管部门提出《关于规范饮片生产经营确保上海饮片质量的建议》。

2．结合防霉保质活动，召开“落实药品监管会议精神加强药品质量管理暨防霉保质工作会议”，市药监局有关领导也出席会议，还配合市药监部门召开上海市中药饮片生产监管专题工作会议。通报饮片抽样情况，介绍饮片厂GMP检查中发现的问题，宣贯有关饮片生产、经营方面的政策和法规。

3．根据市商务委和市商联会统一部署，组织和开展上海中药行业商务诚信建设试点工作，成立上海中药行业诚信建设试点工作领导小组和工作班子，并按照行业特点制定《上海中药行业商务诚信建设试点工作实施方案》，在协会宣传平台上加强商务诚信建设宣传，并出版商务诚信建设专刊；组织试点企业举办“商务诚信活动周”，提高试点企业诚信意识和试点企业的市场知名度。

4．在认真总结前几年对“定制膏方”和“煎药管理”经验基础上，努力探索新的行业管理方法。4月，召开中药行业“定制膏方”加工工作会议，总结上年度行业“定制膏方”加工工作，通报今年工作计划。同时，对持证2年以上的膏方加工操作人员进行复训，以提高工人的加工技艺，提升他们的质量和自律意识。经年度检查，认定54户单位为本年度定制膏方加工达标单位，在相关媒体进行公告并印制海报在药店、社区张贴。

5．结合诚信建设要求，加强行业自律检查。在对行风检查员进行政策业务培训的基础上，多次组织对中药饮片和贵重滋补药材进行专题检查；提高中药材和中药饮片防霉保质抽查的比例（增加了20%）；年底还对膏方加工进行抽查。年年把“3·15”消费者维权活动作为行业诚信建设的一个重要抓手，今年组织专家为市民义务鉴别和讲解贵重药材，受到欢迎；同时还印发宣传材料，利用协会的宣传平台进行宣传，扩大影响。

6．召开以“质量至上，诚信为本，提升服务，促进消费”为主题的“上海中药行业2012年冬旺工作会议”，会议得到市商务委、市食药监局和市商业联合会领导高度重视和大力支持，会议要求结合行业的经营特点和品牌资源推进诚信建设，把诚信建设工作落到实处。本市中药行业膏方生产经营企业在会上宣读了承诺书，中药行业诚信建设试点企业代表宣读了关于诚信建设的倡议书。

二、加强产业引导，促进产业结构转型升级

1．协助企业积极参与品牌建设各类评比、评审工作，对符合市级名优、著名商标申报条件的企业，积极向有关部门进行推荐。组织进行年度上海中药行业名优产品评选；编制由本市技监部门立项的《上海名牌评审规范（中成药及中药饮片）》标准，为提高上海中药行业名优产品评选的规范化打下基础。

2．进一步规范中药饮片的价格管理，协会价格办公室对本市饮片生产企业进行全面排摸，在听取各方面意见后，形成《上海市中药饮片价格管理办法》（初稿）提交市发改委。9月，本市出台《上海市中药饮片价格管理办法》（沪发改价费［2012］006号），管理办法的出台为更好地制定上海中药饮片价格提供了政策依据。为促进本市中药饮片价格管理办法的改革，在市发改委支持指导下，成立“中药材重点品种市场信息检测与中药饮片价格联动课题组”，拟建立本市中药材价格指数，用对指数的分析纳入到价格调整机制中，探索由政府主导、抓大放小、效率优先的价格管理方法，形成科学合理的中药饮片价格形成机制，维护健康的市场价格秩序，保证本市中药市场供给，满足广大市民不断增长的中药需求，经过召开多次专家座谈会、进行实地调研和反复论证，现课题已基本完成。

3．对在抽查或GMP延期验收中碰到困难和问题的单位，协会到现场了解情况，帮助整改，并与有关部门进行沟通，帮助企业寻找症结和解决的办法。另针对本市饮片市场的具体情况，起草《关于中药饮片小品种和特殊品种调研及制定相应销售管理办法的建议》、《建议对部分中药材试行产地净药材加工探索的报告》，上报市药监部门。

4．为规范上海枫斗市场，保证枫斗的产品质量，受市食药监局的委托，先后2次组队深入石斛产地进行调研，组织专家结合调研情况和行业枫斗习销传统，对枫斗主流品种制订行业商品规格及其标准，以规范市场，保证质量。

5．召开新版GSP规范（征求意见稿）的座谈会，邀请市药监部门有关负责人参加，加强有关企业对新版GSP规范的理解，转达行业对新版GSP规范的意见（尤其是在中药材和中药饮片管理方面）。

6．进行《中成药》杂志第七届编委会的改选，增加部分院士编委和期刊学术顾问，补充了部分在医学临床一线工作的专家，组成新的编委会，增加对中药临床研究的报道，以此加强中药界与医务界的沟通，期刊学术地位进一步加强，编辑和出版质量有新的提高，获得上级部门和同行的良好评价。《中成药》已被权威机构认定为中国中文核心期刊、中国自然科学核心期刊、中国科技论文核心期刊，中国科学引文数据库来源期刊等，名列中国科技期刊（中医学、中药学）类前茅。

三、宣传中药文化，促进中药商业发展

1．组织开展“上海中药行业第五届端午香囊展评”活动，并利用协会的宣传平台进行广泛宣传，促进中药文化的传播和端午香囊的销售，得到较为良好的社会反响和会员企业的好评。

2．面对严峻的市场形势，积极组织会员企业（尤其是中药老字号企业）参加“2012年上海市购物节”活动。协会深入企业了解情况、综合协调，制订以宣传中药文化、弘扬中药品牌优良传统为特色的活动计划，在市商务委和市商联会的指导下抓紧组织实施，同步安排宣传报道，并加强统计和信息反馈工作。

3．在市人社局、市经信委、市商务委和上药集团的大力支持下，举办本市中药行业第十届职业技能竞赛，通过考、赛结合，选拔专业人才。在组织竞赛时，注重发扬和凸显中药行业的文化传统和传统技艺的继承，通过开展中药特色技术的比赛，引导企业在培养中药特色服务技能人才方面作更大的投入。全年共培训各类中药人员2895人次，其中职业技能等级工540人次、技师（含高级技师）继续教育179人次、GSP上岗培训1800人次、膏方培训102人次等。

4．组织参与本市商业"创先争优"评选活动，结合实地调研和行风检查的情况，在企业自主申报的基础上，进行综合协调，有16个企业和个人被评为本市商业系统"创先争优"先进，1人被评为"2012上海市商业领军人物"，在全市行业协会中名列前茅。

5．根据市政府《促进中医药发展三年行动纲要》的要求，与上海中西医学会联合实施"中药文化宣传电视系列片"项目。组织写作班子，多次集中学习讨论，加强协调，确保写作进度，保证了摄制组各项拍摄任务的完成。目前，该项目仍在进行之中。

四、积极参与医改，提升服务水平

1．经多年努力，有5户中医坐堂门诊部被医保管理部门纳入定点医疗机构，缓解了参保群众"看中医难，看名中医更难"的困难，得到各界的好评。协会从整理申报资料、协助实地察看、帮助企业完善医疗管理制度等各方面做了大量的工作，并承担相关统计工作，及时向医保管理部门进行反馈。另外，还组织召开座谈会，对5户中医坐堂门诊部纳入定点医疗机构半年后的情况进行总结汇报，提出进一步加强医保中医坐堂门诊部服务功能、增加本市医保中医坐堂门诊部数量的建议。

2．市发改委于8月启动电脑申报系统（中成药试点），由于电脑申报系统与协会上报的审核程序不匹配，协会价格办必须花很多精力与发改委信息技术中心进行沟通。为使申报程序不断得到完善，协会价格办针对各药品经营单位物价员进行政策和相关知识培训，使新的报价办法落到实处。目前，药品价格申报速度有所加快、价格形成更加透明，申报材料更加齐全规范。

3．制订和出版医保双轨制药品目录和OTC目录（新版），方便参保群众购药、规范定点药店经营行为、促进医药零售行业发展。在市医保办的指导下，与上海医药商业行业协会共同在本市主要药品连锁公司的帮助下，完成《医保OTC目录（2012版）》的编撰发行工作后，又编撰了"医保双轨制药品目录"和"医保OTC目录（补充版）"，正准备发行。

4．年内对主办的信息栏目进行重新设计，增加医药互动等内容。同时，运用网站等平台，及时报道医改相关信息，得到政府部门和会员单位的重视。

五、加强自身建设，促进协会建设

1．积极参加市商业行业社会组织规范化建设评估工作，专门设立领导小组和工作班子，各部门协同配合按照5A管理的要求对档案进行梳理，完善管理制度，经努力顺利通过5A认证，促进了协会规范化、制度化建设，更好地为政府和会员企业服务。

2．为促进上海参茸行业自律，规范各参茸企业经营行为，确保参茸滋补类产品的质量和信誉，成立"上海中药行业协会参茸专业委员会"，加强与政府沟通，研究制定参茸、滋补类饮片、中药材等产品行业标准和生产经营自律规范，切实保护消费者利益，促进本市中药产业的发展。

（赵　婷）

上海保健品行业协会

上海保健品行业协会成立于1985年7月5日，是由生产、经营保健品等相关产品企业及有关事业、科研单位与科技工作者自愿组成的行业性的非营利性社会团体法人。现有会员185户。

2012年主要工作：

一、加强科技投入，推动科技创新

协会提出以高度的社会责任感，坚持科技进步，坚持科技创新，为社会为人民研制更多更好的保健食品，通过健康产业的发展来加快小康社会的发展。为此，各企业在年内加快了新产品的报批步伐，如上海海斯莱福保健食品有限公司、上海依欣贸易有限公司等企业，近年来自主创新研发报批了几十种保健食品，这些产品的科技含量高，功能因子明确，量效关系清晰，有预防疾病和缓解亚健康的显著功能。

二、加强健康教育，抓好科普环节

为了更好地指导消费者合理使用保健品，年内举办各种类型的健康讲座，使广大消费者与高科技的保健产品有了零距离的接触和了解。通过各类讲座，向消费者解读保健产品科研过程和科研成果，以及对保健的促进作用。通过深入浅出的健康教育，使广大消费者对辅酶Q10、α亚麻酸、OPC等原料基础研究有了较深刻的理解，增强了消费者购买的主动性。

三、坚持诚信自律，提高行业信誉

4月24日，与市食药监督管理局共同召开第一次行业例会。市食药监督所冯晓科长到会重点介绍了本市突击开展清理工作的情况，要求有问题的企业加强整改。会上，协会宣读上海保健品行业社会责任宣言，要求各企业坚持诚信自律，提高行业信誉，以行业和企业的诚信来建设市场和发展市场。为了促进上海凯旋门保健品市场的诚信建设，协会除了经常到现场进行监督检查，还派出专业人员进驻市场担任巡视员，杜绝违规产品进入市场。9月25日，协会召开学习保健食品相关法规工作会议。会议组织通读和学习国家质监总局《关于胶囊等产品暂不纳入市场准入范围请示的回复》、上海出入境检验检疫局《上海市检验检疫局关于进一步加强进口保健食品和特膳食用食品标签检验工作要求的通知》，以及国家食品药品监督管理局《关于突出重点集中开展保健食品生产企业监督检查的通知》等文件。通过学习和讨论，认识3个文件的重要性，觉得尽管执行文件精神会影响到企业的产值和利润，但通过加大科技创新，以诚信科学的产品，同样可以赢得市场和消费者。为此，必须要纯洁自己的生产经营行为，纯洁来之不易的保健食品市场。

四、坚持品牌建设，推进产业发展

为了加强品牌建设，开展2012年度推荐上海保健品行业名优产品工作。经过企业自愿申报，以及市消保委和市食药监督管理局等部门进行的审查，经行业专家组评审，再由上海保健品名优产品的评审委员会终审，共有44个产品被评为2012年度上海保健品行业名优产品，有力推动行业的品牌建设，增加了消费者对保健食品的信任度和美誉度。

五、坚持业务培训，促进持证上岗

为提高业内员工的业务技能，继续加强对“保健品指导师”的培训。协会对原有教材进行修改，增加脂肪酸等培训内容，并重点对企业领导和骨干进行培训，通过培训掌握动植物营养素、维生素、矿物质、氨基酸、脂肪酸和中草药的基本知识。经考核，年内又有27名学员获得保健品指导师资格，为行业和企业的发展打下了基础。

六、加强信息交流，办好行业信息

12月6日，在江西宜春明月山召开2012年上海保健品行业协会信息工作会议。会议肯定《上海保健品行业信息》近年来的改进工作，自创刊以来得到广大会员企业的支持和厚爱，不少企业踊跃投稿来信来电，反映企业和行业动态。会上，企业代表也提出一些合理化建议，希望刊物能增加反映国家政策法规、国内外科技成果、中医药养生文化等有关内容，使刊物更加为企业读者喜闻乐见，为创新行业文化作出贡献。

七、加强合作交流，促进联动共赢

12月18日，中国泛长三角健康食品协会联席会议第八次（南京）会议在南京天盛大酒店隆重举行。会上，江苏保健养生业协会致欢迎词，江苏省政府卫生厅副厅长兼江苏省食药监督管理局长胡晓抒作重要讲话，上海保健品行业协会会长作总结发言。会议向全行业发出《关于努力推进健康食品产业科技创新的倡议书》。

八、应急方案试点，取得初步成果

根据市质监局与市经团联要求，协会作为质量安全突发事件应急预案试点单位。为此，协会制订《上海保健品行业质量安全突发事件应急预案》，被市经团联作为范本下发到各行业协会。11月，协会2户企业因在婴幼儿产品中添加乳矿物盐，被媒体曝光。协会在第一时间赶到2户企业，帮助其积极采取应对措施，以最快速度删去原包装上“3岁以内每天1—3粒”的字样，改为3岁以上儿童适用，并更换新包装，2户企业还及时为消费者办理退货，挽回了不良的社会影响。

（张福敏）

上海市食品协会

上海市食品协会成立于1982年，是由上海食品行业相关的企业、事业单位自愿组成的跨部门、跨所有制的非营利性综合性社会团体法人。现有各种所有制会员单位447户，覆盖食品行业所包括的农副食品加工、食品制造、饮料制造和食品商贸、流通企业，还包括相关的食品机械制造行业及科研院校等单位。协会下设办公室、联络部、咨询部、培训部、会展部，以及调品、烘焙、生鲜、食品机械、营销咖啡、贸易7个专业委员会（分会）和现代食品职业技能培训中心。

2012年主要工作：

一、隆重纪念协会成立30周年

举办热烈、隆重、俭约的庆祝活动，开好庆祝大会，并出版纪念专册，系统总结改革开放30年来上海食品业成长发展，及协会与行业共同成长的历史。韩正市长，冯国勤主席，蒋以任会长，姜平副市长，周太彤副主席，以及老领导叶公琦、庄晓天，周禹鹏、任文燕都发来贺信贺词，活动取得预期效果。

二、成功举办第四届品牌食品博览会，食品机械、包装馅料展

2012上海品牌食品博览会是本市质量月、购物节和旅游节的重要活动内容，也是展示企业品牌形象、推动品牌战略实施，培育认牌消费意识的重要载体。5天展示观众达6万余人次，成交金额300多万元。与市餐饮行业协会、市旅游行业协会、市包装技术协会联合举办食品机械、包装馅料展，旨在推广绿色低碳经济，并得到南侨（中国）油脂有限公司的支持。

三、开展“上海特色旅游食品”评选

与市旅游行业协会、市包装技术协会、市食品学会引进台湾“伴手礼”的理念，共同开展“上海特色旅游食品”评选。年内又有22户企业31个产品入选“上海特色旅游食品”。3年来，上海共评出40户企业的68个产品为“上海特色旅游食品”，成为本市“舌尖上的名片”。在市旅游局的支持下，部分被评为“上海特色旅游食品”的企业产品，首次参加2012上海国际旅游博览会的展出，扩大了企业和产品的社会影响。

四、积极参与、策划食品安全宣传周活动

围绕韩正市长提出把上海建设成食品最安全城市目标，组织举办“进一步贯彻食品安全法，建设食品最安全城市”的“安全·责任·行动”论坛，并被列入市食品安全宣传周活动内容。代表本市23家相关协会，在食品安全周启动仪式上向全市宣读《进一步贯彻食品安全法，把上海建设成食品最安全城市联合行动》宣言。在“安全·责任·行动”论坛上，市人大教科文卫委、市食药监督局食安处和8家协会，就建设食品最安全城市进行了探讨，并发布联合行动宣言。市商务委、市商业联合会、市工商行政管理局领导出席论坛并讲话。

五、大力推进食品行业诚信体系建设

在太太乐和川崎2户企业进行诚信体系建设试点，年初组织经验交流和总结。5月，召开食品企业开展诚信体系建设动员会，并制定工作计划和管理办法。8月，对报名参加诚信体系建设的17户企业，开展人员培训。经工信部评审，协会取得食品行业诚信管理体系委托评价机构的资质，诚信建设已成为行业管理常态化的工作。

六、认真反映行业诉求，多形式为会员企业服务

1．针对“上海名牌”于3月期满，新评、复评工作尚未开始，而企业剩余的600万元包装物却成了问题。协会积极向有关方面反映，在争取到延长用至年底后，投入大量人力，走访40多户企业统计数量，使问题得到妥善解决，节约了社会资源，减少了企业损失。

2．根据月饼券取消“过期作废”的做法，及时收集各方反应，多次以专报形式，向有关管理部门反映，引起重视。经多方沟通妥善解决，获得管理部门和企业的好评。

3．继续为企业提供融资服务。贸易分会为会员贷款总额达4亿元／次。

4．维护企业的合法权益。通过向市食药监督局反映，解决“醋精”名称的使用问题；帮助上海东恰商贸有限公司应诉南京法院诉讼调查，获得胜诉；帮助解决非物质文化遗产钱万隆酱油生产QS审核，与市、区质监局沟通，反映实际情况，使传统工艺与现代标准的冲突矛盾问题得以解决。

5．走出去，请进来，组织开展经济合作交流。组织清美、喔喔等企业出席淮北“中国绿色食品展”；应台北世界贸易中心邀请，组织13户企业，考察2012台北国际食品展；组织会员企业出席亚太食品饮料绿色生产峰会和中荷农业和商务研讨会等。

七、推进品牌战略实施，继续开展上海名优食品、新产品的评审（复评）和长三角名优食品的互认工作

经企业自报，专家评审，年内82户企业的131个产品获上海名优产品称号，其中76个产品申报上海名牌。在与江、浙兄弟协会达成共识的基础上，又有69户企业的73个产品被互认为“长三角名优食品”，其中包括本市39户企业的39个产品。

八、弘扬爱心，实施帮困

上半年贸易分会吴庆国会长和杨妙利副会长分别向上海慈善基金会捐赠20万元和10万元。至此，协会名下在市慈善基金会的善款已达50万元。为了用好这笔善款，决定对贸易分会和良友集团系统的困难员工家庭实施帮困，共支出帮困款30万元，约400户家庭得到帮助。

九、不断创新协会管理，组建咖啡专业委员会，扩大行业覆盖面

4月，组建成立咖啡专业委员会，进一步规范本市咖啡行业的生产和经营，起草咖啡师技术标准，并开展人员培训。

十、加大力度，为行业人才服务

培训中心为食品行业培训各等级西点制作技术人才800多名，还开办“上海市西式面点师技师、高级技师研修班”，45位技师、高级技师参加培训。承办“第十三届全国焙烤职业技能竞赛”上海赛区和全国决赛，以及“英联马利杯”第五届上海市食品行业西式面点师（三级／高级）比赛。培训中心被评为“2011年徐汇区优秀办学单位”，并荣获“全国焙烤职业技能竞赛优秀组织奖”和“2011上海市职业技能竞赛优秀组织奖”。

十一、基础管理有所提高

完善财务管理制度，增订《协会项目财务管理制度》和《项目协议书》样本。结合协会评级，以档案管理为抓手，加强基础管理，经市社团局组织现场评估，获5A级资质。年内顺利进行协会换届，实现领导层和工作的平稳过渡。

（谢伟忠）

上海硅酸盐工业协会

上海硅酸盐工业协会成立于2003年12月5日，是由上海市及江苏、浙江等地区从事陶瓷、玻璃、晶体、耐火材料、无机生物和环保材料、无机涂层及膜材料生产、设备、检测仪器等制造企业，以及与之相关的大专院校、科研和设计咨询机构组成的社会团体。现有会员单位62户。

2012年主要工作：

一、组织交流座谈，沟通各方信息

上半年，因劳动力成本提高、原材料涨价，加之国际上经济低迷、欧债危机等缘故，一些从事陶瓷和玻璃生产的民营中小企业受到较大影响。协会一方面组织会员单位参加相关展会和座谈交流会；一方面重点介绍国外新产品开发和管理情况，想方设法为企业拓宽思路、绕开弯路，寻找新路。通过企业间的交流座谈及互相学习和经验介绍，提高认识，促进部分企业负责人树立正确的理念和想法。如3月、11月，协会先后召开会员大会和理事会扩大会议。会上，简要介绍协会工作情况，腾出更多的时间，让会员单位间多进行交流沟通，介绍遇到的困难和解决问题的办法。与会企业领导普遍认为协会主动引导，不讲套话的做法，为企业间相互交流、相互学习、相互促进提供了难得的机会，希望能更多组织这样的交流活动。为使企业更好地了解行业近期动态，通过网页及时更新和定期发送会刊，把行业发展信息和国内外最新技术、产品介绍给会员。

二、参与专业展会，了解行业动态

4月2–5日，在上海浦东新国际博览中心举行“第23届中国国际玻璃工业技术展览会”，6户会员单位参展，还有多户会员企业组织公司技术管理人员前去观展和参加展览会上的技术讲座。展会期间，协会领导还专门去参展会员单位展台走访，了解其对展会的评价。期间，约有2.5万人前来观展，国外观众超过2000人，展示面积达8万多平方米，国内外参展商达860户。我会参与协办的16场新技术、新产品交流讲座吸引了众多听众，其中2户会员单位的主讲内容引起听众极大的兴趣。6月14–16日，在上海虹桥国际展览中心主办“2012年上海国际先进陶瓷工业技术展览会”，这是我会首次举办专业展会。为做好展会各项工作，协会专门组织召开座谈会，并通过电话访谈，听取会员单位和有关单位的建议，共有8户会员企业参加此次展览。据统计，与会观众达12000人次。展会期间，贸易洽谈活跃，专业性加强，部分来自韩国和日本的参展商对展会印象深刻，认为这是一个专业性强、有发展潜力的展会。另为配合做好展会的技术支撑工作，6月14日，与有关单位共同主办“2012上海国际先进陶瓷现状及发展趋势研讨会”，来自本市高等院校、研究院所及部分省市和国外公司企业代表约110人参加会议，市经团联领导也应邀出席会议。会上，除专家介绍无机材料及器件最新的研发动态外，还邀请了国外行业管理专业人士作有关“中国先进陶瓷产业现况和未来发展思考”的专题演讲，与会企业界代表对此都表现出极大兴趣。演讲结束后专家与现场听众进行了热烈的交流研讨。

三、增进对外交往，获取更多效益

为了多了解行业发展情况，增进对外交流往来，年内多次接待国内外来访客人，同时，也积极组织协会专家走访相关企业或单位，不断扩展协会影响。上半年，先后接待日本住友大阪水泥公司国际部部长和韩国精细陶瓷代表团一行。6月中旬，江苏宜兴市丁蜀镇精细陶瓷企业代表团一行41人来我会访问。协会领导热情接待代表团一行，并找多位精细陶瓷专家同来访团员进行座谈交流。

5月，与中国质量认证中心上海分中心的领导、专家进行交流，并专门去上海建材国际工程有限公司走访。11月下旬，组织有关专家一行6人，专程去上海星湖期货有限公司走访，了解玻璃期货上市的相关情况，听取介绍玻璃产业和技术发展的信息。协会领导或理事会成员还赴上海重型机械厂、上海金山化工园区、上海菱电机公司等单位进行参观交流。此外，积极参与编写《2011年上海市工商年鉴》和有关规划工作。年内，会员单位中国建材国际工程集团有限公司完成的“太阳能电池用微铁高透过率玻璃成套技术及产业化开发”项目，荣获2011年度国家科技进步二等奖。多户协会会员单位申报了发明和实用新型专利。1户公司通过国家“中小企业创新基金项目”验收；1户企业获2012年上海市高新技术成果转化项目；1户企业获得上海市高新技术企业称号。

（张　申）

上海纺织协会

上海纺织协会是由上海纺织集团公司、东方国际(集团)有限公司、上海恒源祥(集团)有限公司、东华大学及11家纺织服装相关专业协会(学会)等27个发起人单位，经市经信委和市社团局批准，于2008年12月17日成立，为上海纺织行业跨地区、跨所有制的非营利性的社会团体法人。下设时尚产业分会、产业用纺织分会、毛纺织分会和品牌发展、知识产权保护专业委员会。现有会员单位近500户。

2012年主要工作：

一、加强制度建设，创新工作机制，发挥党组织的引领力

发挥党组织的核心作用，创新工作机制，规范协会管理，建立和健全协会运作模式。严格按照市经团联党委要求，公推直选民主选举了党总支委员和书记。为了加强领导，党总支专门引进了1位专职书记。党总支的建立为协会党建和贯彻特色办会宗旨起到有力保证，年内在创先争优活动中被市工经联党委授予"'创先争优'活动先进基层党组织"称号。

不断创新同各专业协会、分会之间的互动合作机制，形成合力，发挥整体效应。建立和完善内设机构的规章制度和各分会的工作规则，建立理事会年会和定期不定期召开秘书长联席会议制度。先后建立时尚产业、产业用纺织品和毛纺织分会。年底，产业用纺织品分会又建立化纤专业委员会，使协会的产业复盖面更加宽阔。协会注重吸收不同地区、不同所有制和不同行业的企业入会，吸收一批长三角产业集群地企业，促进上海与长三角地区企业合作和互动交流。

二、创建协会品牌，搭建行业服务平台，发挥白皮书的影响力

始终把编制《上海纺织产业发展报告(白皮书)》作为服务政府、行业和企业的头等大事，并作为创建协会品牌的过程。在各个专业协会、分会的支持下，在市经信委、市统计局、市工经联的帮助下，已连续编制出版3册《上海纺织产业发展报告》(白皮书)。其按照上海纺织发展的战略定位，记录上海纺织产业的发展轨迹，认真总结在发展转型中的经验，及时分析经济运行状况、预测趋势和未来，提供企业积极应对的措施，逐步受到政府和企业的欢迎和信赖，已初步成为上海纺织协会的品牌。

"白皮书"的编制过程也是协会不断提升能级，增强服务功能的过程。为了使《上海纺织产业发展报告》能提供翔实、权威的数据分析，协会加强经常性的信息和数据收集，建立和完善信息平台和数据库。与市经信委连续2年签订上海市消费品产业经济运行监测委托服务协议书，每季及时发布上海纺织经济运行情况，受到市政府和有关部门的重视，市经团联内参今年第五期专门发布简报。市经信委把《上海纺织产业发展报告(白皮书)》作为经验推广至各行业协会，并设立专门资金，白皮书发挥了品牌效应，不仅在上海本行业内，也在长三角地区、市经团联和兄弟协会中起到推动作用。

三、当好政府决策参谋、服务行业和企业，增强协会的凝聚力

坚持加强行业调查研究和统计分析，及时了解行业发展动态，自觉为政府当好参谋和助手，增强协会凝聚力。参加市经信委牵头的上海市都市产业"十二五"规划编制小组，提出"十二五"发展规划工作思路；参与编制上海市产业结构调整的"十二五"规划。编制完成《上海纺织产业结构调整"十二五"规划》、《上海纺织印染行业结构调整方案》；参与《上海市产业结构调整指导目录》、《国家产业结构调整指导目录》、《上海市重点技术改造支持目录》中有关纺织部分的目录制定、审核、修改和编制。

根据俞正声书记的批示，从年初开始参加上海市加强自主品牌建设、推动产业转型升级联席会议，并组织专题调研，对上海86个著名和76个知名纺织品牌分析梳理，撰写《上海纺织老品牌情况和建议》，参与制定《上海市加强品牌建设、推动产业升级的若干意见》、《2012年上海市品牌工作重点推进方案》。这些工作的开展得到政府和企业的重视和支持，协会连续5次参加市委常委副市长艾宝俊主持的联席会议，所提出意见和建议得到市领导重视和落实，协会话语权也得到了增强。年内协会"基于品牌提升的高端设计趋势企划咨询平台"获得专项资金的支持，业中同时获得支持的还有12个项目。

加强诚信创建，提升企业品牌信誉。与市诚信活动创建办公室联手，建立上海纺织行业诚信企业创建办公室，认真开展行业诚信创建活动，不断修订完善行规行约。逐步健全、完善行业质量诚信体系；与"上海城市公众满意度办公室"联手，开展纺织产品的满意度测评。还会同各专业协会积极整合各方资源，建设以纺织服装质量和品牌研究、培育、传播、推广为核心的服务平台。实施质量信息传递、开展质量培训、推进品牌培育，促进行业企业整体提高产品质量，增强上海纺织产品在消费者心目中的信誉度。

参与行业标准的制修订。承接"涤纶短纤每吨综合能耗”、“印染布单位产品能源消耗限额”、“非织造材料单位产品能源消耗限额”地方标准的修订；参与市政府制订《市温室气体清单编制方案》。

四、发挥长三角的联动效应，加强与国际国内同行间的交流合作，增强协会的集聚力

大力推进泛长三角区域纺织行业联动机制，启动区域性集聚、协调、合作和交流，努力促进行业互动共赢。加强国际国内纺织同行间的合作与交流，拓展对外服务功能。

近年来，上海纺织业态通过不断调整改革已发生深刻变化，年内协会联手POP时尚网络机构成立时尚创研中心，打造时尚设计平台。POP时尚平台经过8年创建已集中全球纺织服装鞋帽等领域近10万设计师，面对全国80多万户中小和小微企业，为他们提供流行趋势和流行设计服务。与POP合作后发挥双方优势，在上海长三角乃至全国提供免费的信息和培训平台。POP则进行有偿的设计服务，协会有效监控管理，从而降低了中小企业设计成本和风险，受到企业欢迎，并得到上海市加快自主品牌建设专项资金的支持。

连续4年举办“长三角纺织产业转型升级协同创新论坛”，与全国许多省市的纺织协会和企业建立广泛的互动和合作。协会曾为山东临清地区、巨野地区纺织集群地制订“十二五”规划；为平顶山纺织园制订规划；与河南新野县政府共同举办“2012河南新野（上海）－纺织产业推介会”；协同上海振兴江西促进会举办上海各界赴奉新纺织产业合作暨慈善项目捐赠活动，并与当地政府签订《战略合作框架协议》；举行上海纺织与长三角地区产业集群地的产品对接交流活动。一些县镇政府的领导还派员来协会挂职，加深了相互了解与合作。

协会与世界上纺织强国如美国、英国、法国、德国、澳大利亚、荷兰等国，与新兴国家如巴西、印度、巴基斯坦等国都建立关系。与土耳其纺织出口商会（ULD）通过互访，签订全面合作协议。为加强海峡两岸纺织企业的交流，每年定期组织参加台北举办的ECFA商机洽谈会，为台湾企业拓展大陆市场提供机会，台湾地区领导人马英九会见代表团。组织国际性论坛和交流，组织召开中巴时尚研讨会；协办中意纺织服装新型战略研讨会；组织企业参加“非洲中西部棉花生产商和出品商买家——卖家见面会”等。

依托上海的区位优势，加强与全世界同行的交流，特别是长三角地区的合作是协会提高凝聚力的重要工作，也是提升上海纺织特色的有效途径。

五、发挥各专业协会积极性，推进协会规范发展，提高战斗力

充分发挥各专业协会的积极性，切实加强协会建设，提升协会功能，推进协会规范发展，年内协会获得市经团联先进协会的荣誉。

注重加强秘书处自身建设，完善运行机制，提升协会能级。坚持管理制度化、规范化，完善协会的内部各项制度和办事流程；坚持民主办会，按时召开秘书长联席会议和理事会；坚持建设特色协会，在为企业和政府的服务中，提升能级。全国政协常委、市经团联蒋以任会长亲自参加白皮书的发行和经济运行会议，充分肯定了上海纺织协会工作，给予高度评价。

（章徽玲）

上海长三角非织造材料工业协会

上海长三角非织造材料工业协会成立于2004年1月9日。现有会员单位包括长三角地区4省1市的159户非织造材料及相关单位。

2012年主要工作：

1. 继续走访业内重点企业、了解在应对金融危机中企业面临的困难与诉求，向政府反映企业的困难与诉求，千方百计地帮助会员单位共克时艰、化危为机；为行业和企业传递应对危机、调整产品结构、谋求新发展的信息和服务。

2. 完成政府委托撰写《上海及长三角地区产业用纺织品／非织造材料发展战略研究》专项报告，为产业用纺织品及非织造材料的发展战略出谋划策。完成2011年上海纺织工业发展白皮书有关产业用非织造材料分报告。

3. 3月，与全国非织造科技信息中心联手在重庆召开2012年化纤、非织造材料行业战略联盟研讨会。

4. 参与组织在上海国际展览中心举办的2012年亚洲过滤与分离工业展览会暨第七届中国国际过滤与分离工业展览会及研讨会，协助组团参展及观摩ANEX’12——亚洲国际非织造材料展览会。

5. 9月18–20日，在江苏无锡组织召开以“复合·功能化·安全·绿色与创新”为主题的2012非织造材料创新及产业应用发展论坛，来自业界的70余户企业，近百位代表出席会议。

6. 继续在长三角地区开展技术职称的申报、评审及统计工作。年内通过认定的技术人员有工程师3名，高级工程师4名。正常有序地开展协会统计月报、季报、年报工作，为企业申报项目等需求提供统计数据个性化服务。

7．参加市经团联等7部门倡导的节能减排活动“JJ”小组试点工作。年内长三角非织造材料工业协会JJ（节能减排）试点企业继续保持5户。协会继续贯彻节能减排（简称JJ）试点工作推进计划，在业内广泛宣传《关于在本市有关重点领域试点开展节能减排改进小组活动的通知》精神，发挥协会在节能减排方面的协调和推动作用。

8．为会员单位提供服务。继续为行业中高新技术企业的复审及申报提供服务。6月，组织企业参加常州纺织服装职业技术学院“2012毕业生专场供需洽谈会”，帮助企业招聘合格人才。

9．完成地方标准《非织造布单位产品能源消耗限额》制订工作，并报送市技术质量监督局。该标准制订工作得到市经信委、市能标委领导的肯定与表扬，并在市能标委组织的2012年标准培训会议上作经验介绍。目前，该标准已批准发布。

10．年内新发展8户会员单位。

11．12月28日，完成协会换届工作，选举产生新一届理事会、理事，选出新任会长、副会长等人选。

12．加强信息工作。出版6期快讯，并更新了网页，初步建成协会数据库。

（曾　健）

上海内衣行业协会

上海内衣行业协会原名上海针织行业协会，成立于1987年，并于2002年12月更名为上海内衣行业协会。现有会员单位111户，涵盖针织服装、内衣、袜品、手套等主要企业。

2012年主要工作：

一、推进创建诚信企业

积极推进诚信企业创建活动，做到不评比排名、不乱收费，委托第三方用科学数据来体现企业的诚信和价值。在去年已有10户企业率先获得诚信企业称号的基础上，年内伟达、大河、美仁、东珠4户企业被认定为上海市诚信企业，三枪等10户企业获得星级诚信企业。协会与市创建办还联合组织“企业诚信创建”培训班，有15户企业代表参加，经考核获得合格证书。秘书处还深入会员企业开展调研访问，总结企业好的经验，逐步向全行业推广。

二、深入做好公平贸易站工作

先后为业内35户出口企业提供国际市场纺织品出口数据信息报告，了解最新公平贸易动向，预警出口风险，已从单一的袜子出口数据，扩展到T恤、内裤、套头衫等分类出口产品，按季度向出口企业发布。充分发挥协会公平贸易工作站的预警作用，积极推进新原料、新技术的运用，提高出口产品附加值。为进一步做好公平贸易工作站的工作，2次参加市商务委的专题培训和论坛，协会公平贸易工作站的工作得到市商务委有关领导的肯定。

三、努力开展行业品牌推进工作

9月28日，市政府召开“2012上海市品牌建设工作会议”，协会组织三枪、古今、欧迪芬、赛洋、帕兰朵、华高等品牌会员企业参加，会上传达市府92号文件，发布一系列扶植品牌企业的优惠政策。三枪、古今成为市府确定的23户品牌重点培育企业。年内先后为多户企业提供“市名牌产品”、“市著名商标”复评工作的相关证明材料，为6户企业提供技术和法律咨询服务；专家组还为江苏宜兴1户企业的进口袜机进行质量鉴定，开展咨询服务；还为12户企业组织经贸互动活动，提供交流渠道和信息、市场预测分析等服务。

四、搭建平台，组织宣传好袜交会

3月，组织召开袜交会新闻发布会，《新民晚报》等10多家媒体出席，中国袜专委主任孙毅仁向记者介绍国际袜业发展趋势和新的动向。本届袜交会参观者达11067人，创历届之最。26个国家和地区的专业代表莅临出席，12户海外公司与20家中国袜企成功结对。先后组织5批共30多位企业代表参加一系列科学发展、转型发展、绿色环保等主题论坛及讲座。

五、开好信息会议，促进互动交流

上半年，组织30户企业的37位代表参加在甘肃召开的2012年信息工作会议，代表进行信息互动交流，促成多项合作成果。通过协会搭建的平台，会员企业间进行有关新原料、新产品、超市营销、产品标准、管理创新等方面的互动交流，推动了企业转型发展步伐的加快。

六、采集信息数据，促进行业发展

认真做好市经信委《工业年鉴》、《市经团联年鉴》中有关材料的编写上报工作；配合市纺织协会抓好《上海纺织白皮书》的撰写；组织完成《上海纺织志》中“上海内衣行业协会志”篇章的编写工作。通过对历史文档的查阅、采编，展现协会发展历史和风貌。

七、总结会员企业在转型发展中的新经验、新做法

先后召开4次信息互动交流会，包括召开新年工作意见征询会议，有10户企业参加；召开“履行社会责任，创建诚信企业”现场交流会，有16户企业参加，光明厂总经理作专题介绍；召开六届三次理事会，组织经验交流专题发言，尼尔浦斯、安莉芳集团、飞马进出口有限公司分别作专题交流；召开行业袜企稳增长、促转型工作座谈会，艾谷、华钟、华高、力拓、古德、伟达、水山等袜企及部分相关企业领导出席并作经验交流。活动促进了行业转型发展，协会工作更充满活力和朝气。

八、进一步拓展服务功能，发挥协会在行业发展中的作用

下半年，会长亲自带队赴无锡歌迪服饰有限公司开展调研交流，促进了会长单位与会员企业间的交流、了解和互动。在会长带领下，秘书处访问会员企业28户。经协会牵线，大河针织厂针对外贸出口严峻形势，邀请飞马进出口有限公司陆龙生总经理访问，双方对出口形势研判、信息互通、政策利用、风险控制等方面展开交流，取得良好的效果。秘书处还先后对赛洋、恒源祥等企业进行专访，对赛洋集团转变经营方式，大胆突破旧的经营模式，在电子商务方面，有望达到7亿元的突出业绩，进行广泛宣传和推介。

九、组织收集主要骨干企业经济运行的统计数据

在各理事单位的通力支持下，汇集统计数据经整理分析及时向政府部门和会员企业通报。通过统计工作，实时反映企业经济运行情况，对反映的问题，及时走访开展调查研究，把企业的诉求和遇到的实际困难向政府有关部门反映，为行业和企业平稳发展提供保障。

（陈国琪、陆　珊）

上海市家用纺织品行业协会

上海市家用纺织品行业协会（原为上海市纺织复制行业协会）成立于1988年10月，是由毛巾被单、纺织装饰、手帕和制线织带业的企事业单位自愿组成，不受地区、部门和所有制限制，非营利性的社会团体法人。现有团体会员110户，其中，民营企业占85%，理事单位34户。下设毛巾被单（含纺织装饰）、手帕、制线织带等3个专业委员会。

2012年主要工作：

一、拓展服务职能，提高协会核心竞争力

1．推进品牌建设，提高企业竞争能力。一是为业内上海名牌和著名商标的申报提供服务。及时将评审信息告知企业，主动与市质监局和市工商局联系沟通，积极为11户企业、14只品牌向评审委员会出具推荐函和证明材料，有7户企业商标被评为上海著名商标，5户企业产品评为上海名牌，目前下属会员企业有上海名牌15项，上海著名商标16项，中华老字号10户。二是配合工信部开展家纺自主品牌调研。为进一步贯彻工信部等7部委联合印发的《关于加快推进服装家纺自主品牌建设的指导意见》的精神，自3月起开展自主品牌建设情况调查。协会转发了工信部的调查要求，并协助市经信委对家纺企业上报调研情况进行审核。经企业配合，有24户企业完成网上审报和纸质材料的报送工作。经上级评审，罗莱、水星、小绵羊、红富士、南方寝饰、恒源祥等6户企业列入国家重点跟踪培育的服装家纺自主品牌企业名单。红富士家纺还被市政府列为第一批扶持的23家品牌企业之一。三是参与组织品牌企业培训。配合中国纺织工业联合会品牌工作办公室、中国家用纺织品行业协会，于6月在上海银河宾馆组织2012年服装家纺自主品牌企业高层管理人员第二期培训班，协会下属25户企业30余人参加培训。在市政府出台《关于本市加强品牌建设的若干意见》后，12月，配合市经信委组织7户企业领导参加市时尚品牌高级研修班的培训。四是拓展电子商务营销渠道。为帮助中小企业进入电子商务销售领域，请新浪家居销售总监在会员大会上为企业作宣传培训；3月，协同京东商城举办家纺招商会，会后已有部分企业与京东商城开始合作。及时传达市经信委召开的电子商务“双推”工作会议精神，为有需求的企业提供电商平台和了解获取政府资金支持的相关信息。罗莱、水星、小绵羊、珍奥4户企业分获中国纺织服装企业竞争力500强殊荣，罗莱获得“年度中国家纺行业竞争力10强企业”的称号。

2．深化统计分析，提高经济运行质量。一是开展调查交流。2次组织13户企业的负责人参与中国纺织联合会会对纺织经济形势的问卷调查，协助中国家纺协会杨会长来沪调研工作；多次组织业内转型升级、推动发展的交流活动。二是认真做好经济运行数据上报和分析。坚持做好重点企业主要经济指标月报表向政府部门和中国家纺协会的上报，2次编报了行业经济运行情况分析报告，认真完成《上海纺织产业发展报告》家纺篇的编写工作。三是抓好龙头、水星、小绵羊、佳谊4户企业床品、窗帘等五大类产品每月向商务部直报工作，为维护国内产业安全，建立产业损害预警机制服务，得到市商务委的好评。

二、加强诚信建设，规范和推进行业自律

1．建立完善诚信档案。我们把依法纳税、金融信誉、产品质量、规范用工、生产安全、经营者素质等10个方面作为诚信档案的内容，已有50%以上企业建立电子版诚信档案，协会加强了动态跟踪。

2．创建诚信企业。积极参与市诚信创建活动，经企业申请、市征询机构评估、市诚信创建组委会批准，有47户企业获得诚信企业的称号，其中四星级26户、三星级6户、二星级9户。协会秘书处与企业联动，共同做好诚信管理平台的有关工作。

3．完善和履行行规行约。针对企业在竞争中发生的矛盾和问题，进一步规范人才流动、产品质量、知识产权保护和有序竞争，在行业中较好地形成同行既是竞争对手，又是合作伙伴的氛围。对企业在经营中的不正当竞争行为，即时予以调解制止。

4．积极开展企业社会责任工作。与经团联、市质量协会联手，分3批组织31户企业的领导参加社会责任培训班；组织6户企业参加中国家纺协会组织的社会责任培训，引导企业把履行社会责任融入企业发展战略和管理体系。5月，与上海电子商务集成服务平台联合举办"家纺行业诚信电子商务应用论坛"，促进家纺电子商务健康发展，提升家纺企业的诚信形象。

三、发挥桥梁作用，扩大社会影响力

1．积极争取政府部门的领导与支持。努力参与上海创意文化产业建设的有关工作，罗莱、东隆2户企业被市认定为设计创新示范企业。在市发改委和经团联的指导下，较好完成温室气体数据调研任务。协会在被市商务委授予"上海市进出口公平贸易行业工作站"、市出入境检验检疫局授予"技术性贸易措施预警服务站"后，积极配合政府开展工作，组织参加公平贸易培训、对出口到瑞士及韩国的技术贸易壁垒问题进行调研汇报等，努力维护企业在国际竞争中的利益。协会还承担中国家纺协会上海办事处的职能，配合抓调研培训、信息传递等，积极做好交办的各项工作。

2．积极反映企业诉求。针对行业关注的热点、难点，尤其在经济下行压力较大的情况下，就企业在出口退税、用工成本、贷款、最低工资标准、内外销中各类费用增加、企业工作环境等问题开展调研，主动向政府部门反映企业的呼声要求，得到政府和社会的重视。

3．努力为企业办实事，做好事。利用各种资源为企业排忧解难、牵线搭桥。组织毛巾企业与床品企业的合作活动，组织与外地纺织企业的合作互动，组织12户企业老总赴台湾纺织企业学习考察；针对企业融资上的困难，与市中小企业发展服务中心联手召开银企对接座谈会；注重优化信息服务，及时将政府有关政策、信息向企业传递，《上海家纺》月刊通过改版升级，增加了信息量，网站内容也加快了更新；尽力编纂家纺行业发展与协会发展的史料，所编写的《上海家纺百年历程》一书，得到大家好评；还利用社会力量，组织形势、法律等各类培训，帮助企业开拓思路和提高能力。

4．加强自身建设。重视秘书处和党支部自身建设，建立完善并严格执行的学习制度、工作会议制度、财务管理制度、党建工作等，提升协会"服务企业、规范行业、发展产业"的功能。党支部通过"创先争优"活动，创新思维，创新工作，被市工经联党委评为先进党支部。为了提高会员企业的覆盖率，通过走访、介绍等方式积极发展新会员，全年共发展10户新会员。

（吴淑仪）

上海市室内装饰行业协会

上海市室内装饰行业协会，成立于1987年10月15日，是由本市从事室内装饰及产品制造、室内设计、科研院校相关企事业单位自愿组成，跨部门、跨所有制的非营利性社会团体法人。现有会员900余户。

2012年主要工作：

一、成功举办第三届"2012上海国际室内设计节"

4月9-15日，组织举办"2012上海国际室内设计节"，凸显了"设计引领产业发展"的新实效，成为进一步赢得全球室内设计界万众瞩目、广泛参与、加速提升上海室内装饰行业软实力的重要活动。

1．展示"设计引领产业发展"的辉煌成果。在"上海博华国际展览有限公司"的合作下，举办占地20万平方米HDD国际装饰材料产品展。"联合国教科文组织创意城市网络"项目主管阿兰·加多诺，以及来自法国、纽约、意大利、比利时、德国等世界著名设计中心会展组织等出席开幕式和参观了展览会。展览涵盖新型卫浴、高端家具、环保产品、空间照明等，为近3000多户产品供应商与6000多名设计师搭建平台，展示了"设计引领产业发展"的辉煌成果。

2．建立"上海国际室内设计交流中心"。在"设计节"的驱动下，搭建中外设计与产品合作交流服务平台。法国设计协会、纽约设计中心、美国高点大学设计院、比利时展会组委会、法国展会组委会、美国家具杂志*Furniture Today*和德国家居杂志*Mörbermart*同时入驻中心，发挥"信息——研发——设计——采购——展示——贸易"为一体的功能，为开展国际学术交流、资源集聚、提高中国设计师在国际领域的地位和影响力搭建优质广阔的平台。

3．举办“2012上海国际室内设计流行趋势发布会”。来自美国、英国、荷兰、韩国和中国的6位有突出贡献和杰出成就的国际著名建筑室内设计大师以全新的国际视野聚焦“创意、人文、低碳”，向国内外400多位设计师和企业家作了精彩演讲。发布会规模、能级均超历年水平。

4．举办“金座杯”颁奖仪式。“金座杯”大奖，开启了中国室内设计国际权威奖项先河。市经信委副主任邵志清及中国轻工业联合会会长步正发等领导为美国、英国、荷兰、韩国、西班牙和中国等7位世界著名的杰出设计大师颁发“金座杯”奖。放大了“设计节”的国际影响效应，有力地提升了上海“设计之都”和在室内装饰行业的国际地位。

5．举办“陈设艺术高峰论坛”，开创了软装文化新局面。在香港海德集团的积极参与、支持下，设计节举行“首届海德饰博汇陈设艺术高峰论坛”，在业内开创软装文化审美趋势的新局面。一批中外资深设计师就软装设计作精彩演讲，就室内设计的文化创意发展进行广泛的学术交流。

6．为长三角合作发展打下基础。设计节带动江、浙、沪3地合作发展，初步形成以上海国际室内设计节为轴心，以安吉竹产业、嘉兴软装饰、无锡创意城为产业联动基地，并设分会场举办活动。在“设计引领产业发展”的驱动下，共同拉动长三角室内装饰产业链，为实现室内装饰走向绿色低碳、文化创意、品位家居目标，共同提升产业能级、走向国际市场打好发展基础。

7．开展中外室内装饰产业联动交流。以设计节凝聚合力，4月12日，组织“大中华空间设计装饰协会”，30余位设计师赴青浦吉盛伟邦家居村参观交流，台湾设计师通过参观交流，更广泛了解上海家居海纳百川的多元性和包容性，为促进海峡两岸的设计交流提供了服务，并以上海国际室内设计交流中心为平台，于8月27日组织30多户企业代表、设计师与伊朗波斯地毯代表团在吉盛伟邦举办产业对接交流会，探讨工艺地毯在室内装饰中的应用等。

二、顺利完成第七届理事会换届工作

9月27日，在好望角大酒店举行换届会员代表大会，选举产生新一届理事会理事82名。七届一次理事会选举产生常务理事32名及新一届会长、11名副会长。经会长提名，通过新一届秘书长，并推选原会长为协会名誉会长。为加快行业转型，增强发展后劲，大会宣布成立“上海市室内装饰行业协会高级专家咨询委员会”，由建筑设计界8位著名专家学者担任高级顾问。

三、持续开展诚信体系建设服务

坚持把“诚信体系建设”作为规范行业，提升企业运行质量的一项长效机制来抓，积极融入市精神文明办的诚信创建活动，搭建诚信建设体系。目前，已有138户企业加入市级诚信创建行列，经评定已有47户企业获得星级诚信创建企业。

四、建立工程质量报监验收服务机制

根据室内装饰工程质量报监验收的行业规范，确保企业工程项目取得备案，与市技监局所属机构“上海市室内装饰质量监督检验站”合作，建立装饰工程质量报监验收备案机制，解决了企业长期以来报监难的瓶颈。10月28日，与“上海市室内装饰质量监督检验站”共同开办首期报监专管员培训班，经考核，39户企业的参训人员取得“专管员”资格证书。

五、制定《室内装饰监理示范合同》

为规范行业，发展产业，制定《室内装饰监理合同示范文本》。协会通过召开专题会议，广泛征听监理、工程、设计专业人员建议和征询专家等，历时1年，形成本市唯一的监理合同基本稿，并在市工商局的支持下，进入验收程序，将于2013年1季度实施。

六、积极参加“中国室内设计周”活动

12月7日，“中国室内设计周”在北京举行。协会积极参加“第九届中国国际室内设计双年展”活动，汇集30幅设计作品到北京展示、参赛，作品题材反映了科技、生态、智能、艺术和时代元素，有6项作品被评为优秀奖，1项作品被评为铜奖。

七、为企业开展各类岗位培训

年内培训中级室内设计师522名、高级室内设计师49名，陈设艺术设计师31名，持续开办项目经理、监理师培训班，共培训了82名项目经理、65名监理师。还开办3期安全员培训班，培训安全员150名。同时，积极做好室内设计师职称评定服务，共有4名设计师取得中级工艺美术师职称资格。

八、深化创建校企合作新模式

为做好企业与大专院校双向对口人才吸纳与输送工作，共同探索校企合作新模式，与上海工艺美术职业学院开展新的合作，为学院推荐4位行业专家，就当前教学与人才、教学与实践、教学与学术新体验等方面，为学院老师进行专题讲课，共同探索办学新路径。受该学院委托，协会组织完成《室内设计专业人才培养调研报告》。同时，还与上海工会管理职业学院就建立学生实习基地作积极探索，努力形成校企人才对接机制，把优秀的毕业生及时送向企业。

九、做好会刊和网站建设工作

坚持搞好《室内装饰》会刊和网站的宣传服务。根据行业、企业发展需求，不断调整、改进“1刊1网”构架，年底改版会刊，相对充实内容，及时传递行业动态；网站栏目内容不断丰富，并开设“上海国际室内设计节”专题报道，在文字、图片、视频等方面更加规范，从服务政府、行业、会员出发，提高了信息传播实效。

（刘澄华）

上海工艺美术行业协会

上海工艺美术行业协会成立于1996年2月，为本市工艺美术生产、经营、科研、教育、设计及服务行业企事业单位自愿组成的跨部门、跨所有制的行业性社会团体法人，现有会员单位400余户。下设红木雕刻专业委员会、旅游纪念（礼）品专业委员会。

一、以换届改选为抓手促转型、保增长

1．换届改选工作会议。9月21日，在宛平宾馆召开协会四届一次会员大会和四届一次理事会议。会员大会通过了协会第三届理事会工作报告、换届改选工作情况报告、理事会财务工作报告、协会章程（草案）的修改说明、协会会费收取标准和管理办法（草案）等。

2．长三角16+n城市工艺美术行业协会联合体在台湾宜兰形成新思路。应台湾徐氏文教基金会邀请和资助，6月12日，长三角16+n城市工艺美术行业协会联合体台湾会议在宜兰礁溪山泉大饭店召开，上海、扬州、南京、深圳等城市都派员参加。6月29日，在上海虹桥宾馆举行台湾会议情况通报会，联合体成员均到场参加。

二、传统工艺美术保护工作迈上新台阶

1．第六届中国工艺美术大师评审工作。3月25日–4月1日，组织赴京送展；10月，在国家工信部网站公示名单；11月，国家工信部、文化部和人社部联合发布公告，公布了第六届国家级大师名单，上海有2位市级大师被评为第六届中国工艺美术大师。

2．如期完成第一、二批上海市工艺美术大师复审工作。根据《上海市传统工艺美术保护规定》“上海市工艺美术大师每4年复审1次”的规定，开展大师复审工作。经协会整理、市经信委审核，69位大师均通过复审。

3．按时完成第三批上海市传统工艺美术品种技艺评审工作。2月，市经信委下发《关于开展上海市第三批传统工艺美术品种和技艺认定申报工作的通知》，协会开展申报评审工作。9月20日–10月19日，在市经信委网站、协会网站对申报项目进行公示。12月，召开评审工作会议。

4．启动《中国工艺美术全集·上海卷》的准备工作。10月，确定编委会主任、学术委员会主任、工作办公室主任；11月，确定《上海卷》5册分卷每卷的执行主编，并向《中国工艺美术全集》工作办公室提交《上海卷》编写大纲，签订编撰委托协议书；12月，召开2次工作会议，为《上海卷》明年编撰工作作好计划和部署。

5．提高工艺美术大师作品汇报展的品质和品味。举办“艺彩纷呈——许凤英绒绣艺术展”、“琉光异翠——山东省琉璃料器展”和“鲁陶奇柳——山东民间艺术精品展”。

6．顺利完成2012年度工艺美术初中级考试工作。本次报名人数有143人，其中初级35人，中级108人。11月10–11日，在工艺美术职业学院徐汇校区顺利举办第八次初、中级工艺美术专业任职资格考试。

7．积极参与上海工艺美术博物馆建馆10周年活动。11月4–30日，上海工艺美术博物馆举行建馆10周年系列活动。本次10周年纪念活动内容丰富，除了回顾展以外，还有首届当代首饰艺术邀请展和刘忠荣大师玉雕精品个展。同时，还协助上海工艺美术有限公司成功申报平台，着手运作准备。

三、抓自律、求诚信，行业基础工作迈开新步伐

1．红木雕刻专业委员会。8月1日，经市质量技术监督局审查批准，上海市地方标准《红木家具零售经营企业服务规范》予以发布，将于明年1月1日起实施；完成第四届红专委的换届工作；与东方网合作，进一步完善“红木家具真品标志查询系统”，提升红木网各项功能级；红木馆进入最后软装阶段，并着手资料收集、展品布置方案等各项工作。

2．旅游纪念品专业委员会。3月29日，组织会员企业赴扬州参加第47届全国工艺品交易会。整合全行业资源参加上海旅游节“老凤祥杯”旅游纪念品设计大赛，9月24日，举行大赛颁奖典礼，评出一等奖1名、二等奖2名、三等奖3名。协助协会组织会员单位参加第十三届中国工艺美术大师作品暨国际艺术精品博览会，获得金奖10件（套），银奖7件（套），铜奖9件（套），优秀奖5件（套）。协办2013年旅游纪念（礼）品流行趋势发布工作。积极探索设立上海旅游纪念（礼）品特许授权店，11月8日，特许经营店管理办法论证会在上海漕河泾万丽酒店举行。

四、工艺美术国外交流工作有了新的进展

1．中国当代工艺美术双年展。4月16日–5月6日由中国艺术研究院、中国非物质文化遗产保护中心共同主办的中国当代工艺美术双年展在中国国家博物馆展出。协会组织30多户企业和个人的近90件作品参展。

2．2012国际新玻璃艺术展。5月18日–6月5日“2012国际新玻璃艺术展”在上海工艺美术博物馆展出。本展共有

5 个国家和地区的 20 位艺术家创作的 35 件作品参展。

3．比德尚玉——龙泉青瓷展。6 月 22–30 日，“比德尚玉——龙泉青瓷展”在上海工艺美术博物馆展出，30 多件龙泉青瓷展品均来自于中国陶瓷艺术大师、浙江省工艺美术大师陈爱明。

4．艺海掇英——上海工艺美术珍品展。7 月 13 日 –8 月 12 日，由澳门民政总署、上海工艺美术博物馆主办，我会与上海工艺美术学会协办的“艺海掇英——上海工艺美术珍品展”在澳门氹仔龙环葡韵住宅式博物馆展出。

5．墨西哥异域风情艺术展。9 月 5–21 日，正值中墨建交 40 周年之际，墨西哥异域风情艺术展在上海工艺美术博物馆展出。库库尔坎（KUKULCAN）墨西哥民间文化艺术公司为观众带来墨西哥著名设计师泽尼 · 富恩特思和雷纳 · 皮尼亚设计的作品。

6．中国上海第三届国际现代壶艺双年展。10 月 14–28 日，2012 年中国上海第三届国际现代壶艺双年展在上海工艺美术博物馆展出，来自 30 个国家和地区的 30 位陶艺家共展出各类现代陶瓷艺术作品 70 多件。

7．参加第十七届世界手工艺大会。10 月 7–10 日，第十七届世界手工艺大会在印度金奈召开四年一度的全体大会。会上全票通过选举中国为 2012–2016 年世界手工艺大会主席国。中国工艺美术协会组织 56 人的中国代表团参加会议。

8．按计划编写《上海工艺美术发展案例》。在市经信委的指导下，会同博物馆、学会、杂志社等编写《上海工艺美术发展案例》，将成为上海近年来工艺美术发展的一个缩影。

五、协会自身建设

认真贯彻落实科学发展观，探索协会转型、转变服务方式，加强秘书处自身建设，努力开创工作新局面。

（工艺美术协会）

上海市家具行业协会

上海市家具行业协会成立于 1994 年 1 月，为本市家具工业、商业和相关教学、科研、设计、材料行业企事业单位自愿组成的跨部门、跨所有制、非营利的行业性社会团体法人。现有会员 448 户。

2012 年主要工作：

一、主持制订《家具经营服务规范》地方标准，开启全国家具行业服务性地方标准先河

随着家具生产标准化水平的提高，产品生产技术性标准覆盖面已相当广泛，但在商业服务行为方面的标准仍处于空白。由上海家协发起，本市主要家具流通企业和生产企业共同起草，下半年启动《家具经营服务规范》地方标准的制订工作。协会组织《标准》起草单位和来自消保委及质检部门的领导、行业专家，多次召开会议，采纳很多极富建设性、务实的建议，《标准》草稿几经修改完善，其科学性、全面性和可操作性得到更大的保证；此外，协会还拟定了配套的实施评价细则，对以后宣贯和执行具有很强的指导意义。目前，《标准》已通过市质监局组织的专家答辩，正式立项，预计将于 2013 年上半年完成送审和审定流程，启动实施，开始定点宣贯。通过制订和推行《规范》，使我们扎实贯彻 14 年，已在业内具备广泛影响的行规行约，从法律层面上得到提升，具备了覆盖本市全行业的意义。

二、扎实推进“企业诚信评价活动”，构建行业诚信建设的长效机制

“企业诚信评价活动”已连续开展 14 年，形成全行业诚信建设的长效机制。在年度诚信评价活动中，共有 15 个商场获得“诚信商场”称号，30 户企业获得“诚信生产企业”和“上海家具行业名优产品”称号。随着《家具经营服务规范》的起草，诚信评价活动格外强调诚信建设与服务标准化的对接，针对家具销售人员行为规范的要求，在业内不间断地组织培训班，得到企业积极响应。培训班已举办 14 年，至年底累计办班 110 期，共有 8750 多名从业人员接受了培训。

此外，还与消保委家具办、家具质检中心和物价部门等共同开展市场规范、消费宣传、价格诚信、交流研讨等活动，全面倡导创建行业诚信。“3 · 15”期间，市消保委结合中消协“消费与安全”年度主题，组织包括家具行业在内的全市 12 家行业协会和 123 户企业联合发出“讲诚信、保安全、促消费”的承诺，做好消费安全第一责任人，以实际行动构建和谐消费环境。为了进一步深化活动，提升效果，由协会牵头对本行业作出承诺的 10 户企业开展了自查和复查。

11 月，参加市物价局召开的价格诚信研讨会，介绍协会在引导价格诚信方面的举措，包括严格规范产品标识标注，提倡家具企业采用红蓝黄 3 色标价签，宣传鼓励企业实行明码实价。目前，本市有亚振、爱舒等企业率先实行明码实价。

三、通过专业委员会，为会员企业开展有针对性的活动和服务

强化红木家具专业委员会的工作，并积极筹备成立办公家具专业委员会。红木家具专委会组织形式多样的业内交流，凭借媒体和活动宣传优秀红木家具企业，促进上海红木家具行业的健康繁荣。红专委特别重视与社会消费者的沟通，通过宣传红木文化、知识，促进行业整体形象的提升，倡导市场诚信。红专委在《新闻晨报》每周1次发布《红木方圆》专刊，以此为消费者普及红木家具消费知识，为业内同行提供信息汇集、切磋技艺的平台，也为优秀的红木企业和作品走入人们视线，提供展示的舞台，进而弘扬企业规范与诚信的风貌。6月，上海家协与中国家具协会共同在喜盈门精品红木馆举办2012当代中国红木家具高峰论坛。论坛云集红木家具方面的专家学者、业内人士，就红木文化传承发展、红木家具业的未来展望等热点问题进行剖析交流。协会理事长和红专委主任分别作精彩演讲。红专委配合《红木家具通用技术条件》的出台，及时召开标准宣贯会，并结合市技监局的“质量月”活动，举办“品·质红木——践红木新标，品红木文化”主题活动，得到红星美凯龙真北店的大力支持。红专委向全行业发出《规范诚信经营倡议书》，号召上海红木家具生产、销售企业向市民作出诚信承诺，倡议得到企业的热烈响应，以红专委主任单位领衔的10多户上海主要红木企业在活动现场签字承诺。活动还邀请消保委、质监部门和资深专家，为消费者答疑解惑，提供了解红木文化的机会。

下半年，协会投入大量精力组建办公家具专业委员会。秘书处走访、调研相关企业，听取办公家具企业对于强化专委会工作和加强专业市场诚信建设的建议，并召开2次筹备会议。

四、及时跟进家具产品标准更新步伐，积极组织宣贯，深化本市家具产业的标准化、规范化

《儿童家具通用技术条件》和《红木家具通用技术条件》是今年出台的2项重要国家标准，填补了儿童家具和红木家具标准上的空白。《红木家具通用技术条件》对产品质量明示作出明确的规定，要求生产商对产品用材和制作工艺作如实说明，维护消费者明白消费的知情权。协会为此组织召开《标准》宣贯会，邀请标委会罗菊芬秘书长为企业详细讲解《标准》规定和要点，给予企业专业的《标准》指导，增强依标生产、规范生产的意识，避免因产品调整不及时造成损害，参加宣贯会的既有生产企业也有商场负责人，切实将《标准》要求落实到生产、销售的各个环节。《儿童家具通用技术条件》的执行，改变了以往儿童与成人家具共用1套“标准”的状况，重点在安全、健康、环保方面提出了更加严格的强制性要求，保障消费者尤其是儿童的安全权。六·一节前夕，协会与消保委共同举办了“2012上海儿童家具安全消费研讨会”，为儿童家具“国标”的实施热身，消保委、协会、家具质检中心的领导和媒体及消费者代表出席了会议，共同探讨儿童家具市场的现状和未来发展趋势，旨在指导消费，切实维护儿童消费者权益。9月，又与市质监局、全国家具标准化技术委员会联合在吉盛伟邦国际家具村举办中小企业家具标准化技术讲座，专题宣贯《儿童家具通用技术条件》，使在场的40余户企业对“标准”有更全面、准确的了解，并诠释“标准”的细节要求，化解企业实际操作中的困惑。此次宣贯活动还融入吉盛伟邦家具村为困难家庭儿童赠送家具的万人签名活动，彰显了家具人对困难群体和儿童消费者的关切。

五、立行业典范，树行业形象，为宣传优秀企业搭台唱戏

积极鼓励推荐企业参加著名商标、名牌产品和设计示范创新企业等评选。经协会推荐，震旦再度成为全市荣获“上海市设计示范创新企业”称号的30户企业中唯一的家具企业。“亚振”品牌被列入本年度市政府重点扶植的上海轻工名牌产品。经协会推荐，震旦、艺尊轩等7户企业获得中国家具行业先进生产企业，红星美凯龙、吉盛伟邦等6家商场获得中国家具行业先进流通企业称号。来自吉盛伟邦、朗尼沙发、申美沙发和雅风办公家具的4位行业杰出女性成为首届中国家具行业巾帼精英奖的获奖者。

9月，中国国际家具展在上海举办，展览面积达75万平方米，参展企业3000户，协会对展会工作高度重视，积极协助，发布展览信息，为会员企业联系参展。

六、《上海家具》杂志为会员企业展示风采、交流信息提供平台

《上海家具》杂志一直尝试在专业性和普及性上兼收并蓄，成为开展行业广泛交流的平台。为此，协会努力充实杂志内容，在信息的专业性、及时性和有效性上进一步提升。并与出入境检验检疫局和全国家具标准化技术委员会建立信息互通体系，第一时间获取国际上有关家具方面的技术性贸易壁垒等信息，向出口企业发出预警，为企业加快调整，采取措施，及时反馈，获取质检等有关部门的帮助争取时间。同时，《上海家具》定期反映全国各类家具“标准”制定和修订的动态，刊登新“标准”的解读说明，配合“标准”宣贯活动，为企业提供权威、高效的“标准”信息，指导生产和销售。

七、加强与国内外机构、媒体和有关部门的协作，更好地发挥协会的信息枢纽功能

协会在加强对外协作方面作了多种尝试。奉贤奉城镇头桥地区是上海家具产业集中度最高的地区，集中了3000余户规模不等、管理水平参差不齐的家具企业。协会与奉城镇政府领导召开当地有代表性企业座谈会，为当地家具产业发展献计献策，提高产业发展能级，做大做强本地家具产业，以望通过政府、行业协会和企业携手努力，扶持优秀企业，引导和整治并举，促进行业规范健康发展。

与上海中小企业发展服务中心联动，通过其渠道，在品牌建设、展览展示、融资服务、政策咨询、商务接洽等方面寻求提高为上海中小家具企业服务的能力。先后与来自意大利、韩国、泰国、匈牙利等地区的协会及商会代表举行会谈，沟通地区间家具行业的展会、合作等，为国外家具新发明、新产品开展业内交流和推广，为企业寻求各种合作的机会。

八、制订行业质量安全突发事件应急预案，妥善处理危害行业声誉、有损消费者权益的突发事件

为及时、正确地应对质量安全突发事件，科学公正、依法合规、以人为本地发布行业权威信息，最大限度地降低因个别产品质量安全问题对整个行业造成的负面影响，维护消费者和企业的合法权益，促进行业质量自律和可持续发展，协会制订了《上海市家具行业质量安全突发事件应急预案》和《新闻发布工作制度》，并成立行业质量安全指挥小组（暨应急处置小组），与工商、质监、消保委等质量监督检测机构和有关媒体建立起信息直通机制，负责综合协调本市家具行业质量安全突发事件的应急处置工作，与企业共同构筑家具行业质量安全突发事件的应急处置机制和平台。

（马川满）

上海宝玉石行业协会

上海宝玉石行业协会成立于1996年5月，是由珠宝、玉石行业及相关教育、科研、鉴定机构的企事业单位自愿组成的跨部门、跨所有制的非营利的行业性社会团体法人。

2012年主要工作：

一、第四届“玉龙奖”作品评选活动取得圆满成功

4月，第四届“玉龙奖”作品评选活动在东华钻石城隍庙旗舰店成功举办。本次活动参赛数量多、涉及地区广，恢复了象牙与镶嵌作品评选，共有9个兄弟省市及地区协会、个人参赛，从1300多件作品中选出入围作品721件，最终产生金奖105件、银奖127件、最佳创意奖64件、最佳工艺奖86件、铜奖71件、优秀奖200余件，有10件作品获得“最受公众喜爱奖”。活动期间，出版了第三届“玉龙奖”获奖作品集。同时，安排编印第四届“玉龙奖”获奖作品台、挂历赠送会员。12月，组织第五届“玉龙奖”活动冠名承办权竞标，为来年工作早开局、开好局作了准备。

二、评选产生首届上海玉雕大师工作推动产业发展

年初，第一届上海玉雕大师评审选出上海特级玉雕（终身）大师2名、特级玉雕大师13名、玉雕大师32名、玉雕师37名，评审工作得到行业的肯定与鼓励，也得到从业人员的欢迎。与此同时，还开展了多项工作：鼓励玉雕大师积极参与“玉龙奖”作品评选活动，以优秀作品带动“玉龙奖”评选活动开展；年中，专门组织大师进行健康体检，并邀请长征医院教授作专题讲座和1对1健康咨询；12月，主办第六届上海玉器节，以“真人、真品、真价”力推大师作品，赢得社会肯定；先后2次组织研讨作品权益保护问题。

三、组织多项活动，服务会员服务行业，回报社会

1．第四届“玉龙奖”活动期间，协会启用手机群发功能，自8月1日起，面向全体会员，即时提供协会及业内信息动态、发布交流会员单位信息。

2．经多次联系与协调，于建军85周年前夕，落实老凤祥象牙玉石雕刻有限公司组织技术人员为大型玉雕作品《万水千山》进行修缮，部队、协会和企业三方签订备忘录。9月，整修竣工仪式在海军驻地举行，作品以复杂造型、精良工艺、逼真形象重现宏大的主题场景。作品的重新露面，引起社会重视与关注，促进了双拥，弘扬了社会主义精神文明。

3．7月，组织数户品牌企业老总和专家聚会虹桥古玩城，与古玩城领导共同就珠宝城建设出谋划策，进行研讨。

4．8月，联手钻石协会，与民生银行举办合作社推介沙龙活动，共有14户会员单位参加。组建“上海宝玉石——钻石行业协会小微企业城市商业合作社”，开展贷款融资业务，为小微企业发展助力。

5．8月下旬，与长征医院签订军民共建备忘录，互帮互助，共同发展。

6．8月，组织会员单位前往杭州，参观由香港贸发局主办的“2012转型升级·香港博览（杭州）展览会”，学习香港企业管理及市场推广、设计创新，为企业转型升级献计。

7．关心会员单位发展。恒砻市场管理公司建设彩宝交易平台，协会多次前往探讨、交流、沟通，还邀请专家进行指导，共同努力发展上海彩宝市场。恒砻彩宝城开业，会长与老领导一齐前往祝贺。还多次前往玉道玉器广场，鼓励和支持其开展诚信建设，同时提出建议要求，以使诚信评选规则更严谨，评选工作更公开，于10月评选出第二届星级诚信商铺。12月，发动会员报名参加明年3月举办的轻工新品名品展示展销会。

四、坚持自律与诚信建设，推进行业健康有序发展

1．2月，召开2011年度行业自律检查情况通报会。7

月，会同市消保委专业办等，对商家进行专题业务培训。11月，开展2012年度自律检查，重点抽检专卖店、百货、卖场，抽样近百户企业200余品牌的375件饰品。在“3·15”消费者权益日，会同市消保委等设点，现场接受投诉，开展免费咨询、检测、饰品清洗和整修服务。

2. 2月，转发《上海市“企业诚信创建”活动创建企业违规处置办法（暂行）》，要求企业“负责任地做产品、负责任地做服务、负责任地做经营”，确保诚信质量，树立良好形象。会员单位现有市诚信企业三星级1户、四星级7户。年中，还对“上海珠宝玉石首饰行业放心店”进行重新认证，10户企业获评。还与云洲、玉道等综合管理市场开展了诚信店铺的建设。

五、参与发展调研，开展交流沟通，为行业持续发展努力

1. 参与上海时尚产业3年行动计划调研。协会向政府推荐一批品牌企业，以望发挥品牌企业的影响力和带动力，并得到税收减免、专项资金扶植的优惠；汇报“玉龙奖”活动，望得到政府更多的关注；开展人才培育工程，以期得到政府支持，推动行业发展。协会还参与了黄浦区政府有关创建上海国际黄金珠宝功能区建设的调研，陪同走访会员单位，围绕检测鉴定项目听取意见建议，探讨发挥检测鉴定作用，打造检测鉴定品牌等问题。配合兄弟协会需求，向其推荐在《工艺美术发展条例》颁布后，各方面取得突出成绩的部分会员单位，并最终组织7户企业事迹材料，选入市经信委主编的《上海工艺美术发展案例》。

2. “玉龙奖”和“玉器节”期间，与徐州、扬州、河南、新疆、平洲、苏州、天津、北京、云南、深圳等全国10余省市及地区兄弟协会和从业人员加强联络，开展业务交往。6月，参加市工经联组织的与苏州工经联及协会的合作交流，12月，参加苏州玉石文化行业协会主办的玉文化节活动等。5月，在老凤祥“名品楼”接待斯里兰卡珠宝局主席、上海总领事一行。同月，还与澳大利亚某促进会在东华钻石旗舰店联合举办澳宝专题沙龙，设立“澳宝精品展”。

3. 5月，参与主办上海国际黄金珠宝展览会，9月，协办市钻石办主办的钻石文化节，协办现代服务业联合会主办的婚博会和创意产业博览会；11月，协办上海艺术精品展览会等。

六、以规范化建设为导向，改进协会管理，提升服务质量

根据沪民社服［2011］1号文的要求，在市经团联的直接领导下，积极参加社会组织评估，分别对基础管理、组织建设、工作绩效和社会评价进行自查，总结上报，接受市经信委、经团联、社会第三方以及兄弟协会的查询。期间，进行年度财务审计，接受上级专项调查和市社团局的抽查审计。通过评估改善和提高管理规范，促进基础建设，做好服务工作。

（包富樑）

上海市乐器行业协会

上海市乐器行业协会成立于2009年2月，是由上海生产、经营各类乐器的企业以及相关的专业院校等自愿组成的非营利性的社会团体法人。现有团体会员单位40户。

2012年主要工作：

一、做好换届选举工作，召开年会、理事会，听取意见和建议

为做好换届选举工作，前期做了大量工作，首先召开理事会听取意见，开展换届审计工作，准备换届文书等；3月初，召开协会全体会员代表大会，顺利进行协会换届选举工作。年内，召开理事会议2次，包括年初召开行业年会向全体会员汇报协会年度工作，倾听企业会员对协会工作的意见和建议，为当年工作开展打基础；年中又召开理事会，交流企业上半年经营状况和对市场分析，并对协会下一步工作提出意见和建议。

二、积极为会员单位和行业服务

1. 承担接待顾客对乐器质量的投诉工作，维护乐器市场正常秩序。上海地区消费者对标有国外标识的钢琴质量问题投诉比较集中，协会接到投诉，会认真听取消费者意见，切实帮助顾客解决实际问题，并结合乐器保养介绍乐器基本常识，受到顾客欢迎，也保护了会员企业的信誉。

2. 为各会员单位提供信息服务。依靠市经团联、轻工协会、咨询业行业协会、服务业联合会等单位团体，联合举办有关市场经济信息、国家政策、企业管理等一系列辅导讲座，帮助企业及时了解和掌握相关信息和政策，受到企业欢迎。

三、协助中国乐器协会办好上海国际乐器博览会

上海国际乐器展历经10年发展，展馆面积增达86000平方米，参展商1606户，国内观众持续增长，海内外参观人数达60172人，各顶尖乐器竞相展示，成为备受瞩目的业内盛会。协会组织会员单位柏斯琴行、上海民族乐器厂、上海钢琴有限公司、玛珂琴业有限公司、上海海音乐器有限公司和上海国光口琴厂等单位参展，积极扩大影响，抢占市场。展会期间，协会走访有关展商展位，了解展览组织工作等情况，并在展会结束后及时向上海国际展览中心有限公司提交报告，反映参展商的评价和有关改进工作建议，得到上海国际展览中心有限公司领导的好评。

四、抓好钢琴调律师的鉴定工作，为企业发展培养专业人才

年内开展1次钢琴调律师技师的鉴定工作，共有11人通过，其中二级技师6名，高级技师5名；还开展了2次调律师的鉴定工作，有44名初级调律师、37名中级调律师、9名高级调律师通过鉴定。受市人社局委托，对上海地区钢琴调律师进行鉴定，共开展7批鉴定工作。协会通过调律师技术等级鉴定，不仅提高了职工技能水平，壮大了钢琴调律师队伍，也为企业发展培养了一批专业技术人才。

五、组织钢琴调律师技术讲座国际交流活动

10月14日，举办钢琴调律师技术讲座，邀请美国钢琴调律师协会注册钢琴技师、主考官助理黄智炜先生主讲钢琴调音和整音的技术。听讲人数之多出乎意料，相当部分人只能站着听课，为广大调律师进行现场交流切磋技艺提供了渠道，推进了钢琴调律师整音、调律技能与国际的接轨。

六、支持群文活动，竭诚为社会服务

在杨浦区提篮桥街道文化中心的配合下，深入社区宣传乐器乐理知识，介绍乐器保养知识，举办国乐欣赏音乐会，在支持群众文艺活动等方面迈出了新的步伐，受到社区居民的欢迎。为了推动口琴行业的发展和扩大社会影响力，协助中华口琴会、上联口琴会多次联系演出场地，提供口琴会举办各种音乐会活动。为解决上海维修乐器难的问题，经与会员单位商洽，选择高祥乐器公司作为试点单位，建立上海乐器协会高祥乐器管乐器维修分中心。

七、加强协会党支部自身建设

在市工经联党委的具体指导下，深入开展“创先争优”活动。认真组织学习和宣传贯彻党的十八大精神，继续加强党的廉政建设，与市工经联党委签订支部廉政建设协议书，组织党员干部观看警示教育片，从制度上强化保障，在推进党务公开全面落实上，取得进一步成效。协会工会在轻工联合工会的指导下，年内选送了2名“新生代产业工人”先进代表，弘扬先进，树立榜样。

（范志华）

上海市钟表行业协会

上海市钟表行业协会成立于1996年4月，为上海市钟表、钟表配件及计时仪器行业企事业单位自愿组成的跨部门、跨所有制的非营利的行业性的社会团体法人。现有各种所有制会员单位80多户，涵盖上海钟表制造、营销、科研、教育、培训等方面的精干主体。

2012年主要工作：

一、坚持科学发展观，着力提升行业经济方式转变

1．专题研究，转变行业发展方式。从上海发展时尚产业的大背景出发，结合瑞士、香港时尚钟表的发展情况，进行专题调研，撰写《上海时尚产业发展报告和政策建议——时尚钟表发展》。报告分析制约上海时尚钟表发展的瓶颈，以瑞士钟表产业的创新与创意核心竞争力为模板，提出上海钟表业发展时尚钟表的方向及对策，提出上海钟表应通过打造精品、技术创新、品牌创新，走出一条具有海派文化的时尚钟表之路。

上海市残疾人劳动服务中心为探索本市残疾人培训就业的途径，与华东师范大学公共关系学院及协会共同就残疾人就业培训一体化课题进行研究。协会就钟表行业残疾人就业培训子课题开展调研和研究，力图探索一条适合提高残疾人就业层次，参与钟表行业人才培养的新途径，项目得到市民政局的高度重视。

2．加快推进行业品牌建设，打造中国一流的钟表品牌。汇同上海钟表有限公司及上海表业有限公司等进行深入调研，从行业角度编写上海牌手表品牌发展战略思考建议，提出以上海城市建设方向和功能定位出发，结合上海发展都市型时尚产业方向，在“十二五”期间，“上海牌”手表要进一步调整和提升产品结构，坚持走中高档、创新发展道路，在新一轮钟表发展中，保持产品技术品质、品牌的引领地位。

3．结合转型，举办上海钟表发展论坛。3月，在上海影城举办“钟表技术之影响力”为主题的论坛。GFK捷浮凯市场咨询（中国）有限公司、刻宝（上海）检测设备有限公司、科恩－里伯斯中国业务集团公司、上海大学海耶克钟表学校等，从市场、品牌、个性化方案等方面阐述钟表技术创新的重要性和影响力，为上海钟表制造业提供有益的借鉴和建议。

二、围绕行业发展，加强为企业服务

1．利用协会资源平台，帮助企业牵线搭桥。充分利用协会的资源平台为企业进行加工配套、紧缺人才招聘推荐、产品设计合作、咨询等服务；与市残疾人劳动服务中心、上海工业技术学校合作开办首届残疾人钟表维修班并与10户企业进行对接活动；帮助相关企业申请技术创新、品牌建设等政府资金支持的项目申报。帮助荣瀚宝星表业专卖店开设前期筹备工作，2月18日，德国著名奢侈品品牌荣瀚宝星表业专卖店在太仓锦江国际大酒店正式开业，此为国内首家专卖店。11月7日，法国驻上海总领事馆商务处商务参赞Marie-Chantal PIQUES女士和商务专员赵健威女士、高级商务专业曼蒂女士、中国法国工商会中国区代表童伟玲小姐前来拜访，双方就11月20–21日在上海举办“法国，钟表的沃土——2012法国时尚名表中国行”活动事宜进行讨论，协会组织10多户会员企业与法国手表品牌商进行了交流。3月20–21日，中国钟表协会理事长田民裕抵沪考察钟表企业，先后考察上海星钻秒表有限公司、上海九鼎钟业有限公司、上海关勒铭有限公司、上海恒升电子有限公司、上海浦东华傲铜业有限公司、上海摩士达投资有限公司，并与上述企业领导进行交流。

2．积极推动钟表质量送检工作。积极向会员企业宣传钟表产品的质量意识，努力推动制造、销售、代理商自觉进行钟表送检。据市钟表质量检测站送检统计：年内手表送检143个品牌，比上年提高19.2%。时钟送检21个品牌与去年持平。爱彼、Chopard、HUBLO、ZENITH、TAGHEUE、R豪利时、NOMOS、SEIKO、MOVADO、SWAROVSKI、GUESS等知名品牌都能积极送检，质量意识不断提高。上海钟表制造企业由原国企转制的股份制企业一般都保有了原国有体制下的质量保证体系，民营钟表企业80%取得ISO9000\ISO1400\ISO2000等质量体系认证。上海表业有限公司生产的上海牌手表是业内唯一上海市名牌。

3．为消费者鉴定手表真伪服务。年内组织专家，共鉴定进口手表65只，其中仿品牌占24.6%；在仿冒品牌中，天梭、浪琴、欧米茄占91%。假冒品牌以网上销售居多，协会通过公开媒体宣传，提醒消费者谨慎网购。

三、协会其他工作

1．接受顾客投诉。年内接到并处理钟表质量投诉电话近百起，95%为手表质量和售后服务问题，主要以进口手表居多。

2．接待来访。先后接待瑞士、法国、美国等钟表品牌商和钟表咨询机构。还接待了国内地方性钟表协会来访，有中国钟表协会、广东钟表协会、深圳钟表协会、西安钟表信息中心等，并进行友好交流。

3．发展会员工作。年内新发展会员企业7户，包括上海工业技术学校、瑞异软件科技（上海）有限公司等。

4．内部管理工作。积极做好协会的日常管理工作，不断提高工作主动性和服务的有效性。认真做好杂志的编辑出版和网站信息的及时发布，做好信息资料整理和重大活动组织安排，及时处理紧急事件和难事，完成上级交办任务。

（蔡辉明）

上海市纸业行业协会

上海市纸业行业协会成立于2003年8月，为本市纸业行业企事业单位及相关企事业单位自愿组成的跨部门、跨所有制、非营利的行业性社会团体法人。现有会员单位70余户。

2012年主要工作：

一、服务企业，创新驱动，积极推进行业协会各项工作

1．会员单位上海东冠纸业有限公司生产的环保型“自由森林”生活用纸曾被2010年上海世博会确认为指定生活用纸。4月，该品牌生活用纸的生产方法获得国家专利证书。

2．4月，推荐上海金大塑胶有限公司的“金舟牌”不干胶产品为上海市著名商标，已在审批过程中。

3．积极推广节能减排新技术。4月24日，会同军工研究所工程师去上海富民造纸厂推广节能减排新技术——压差发电。压差发电是利用外来蒸汽压力和进烘缸压力的压差来发电，供工厂使用，以减少外购电量，从而达到节约能源的目的。目前，该项目正在施工建设。

4．5月，按照中国造纸协会和全国轻纺财贸烟草工会关于评选全国轻工系统劳模的要求，推荐金佰利纸业有限公司的叶纪平为全国轻工系统劳动模范候选人。

5．10月，按照中国造纸协会和全国轻纺财贸烟草工会文件的要求，推荐上报上海东冠纸业有限公司为节能减排立功达标竞赛先进单位。

6．积极帮助小企业解决经济发展中的融资难题，联系上海银行与企业对接商洽。

二、联系政府、服务社会，充分发挥行业协会纽带作用

1．召开统计工作年会，总结工作，表彰先进，对新一年的工作提出要求，为政府部门提供第一手资料。会议还邀请市统计局、工经联的领导和专家为统计人员进行业务培训。

2．不断推进诚信创建工作。年初有5户企业经市诚信办批准由一星级诚信企业晋升为二星级诚信企业、1户企业从诚信创建企业晋升为一星级诚信企业。4季度，又有3户二星级晋升为三星级、5户一星级晋升为二星级、1户诚信创建晋升为一星级诚信企业。

3. 1季度，完成上海造纸行业2011年生产概况报告，为有关部门提供相关的参考资料。

4. 5月，牵头与各有关重点企业、专家共同编写的《上海造纸“十二五”发展规划》，正式被国家发改委和中国造纸协会批准采纳，作为《中国造纸工业“十二五”发展规划》的一个分报告。

5. 5月20日，为支持青少年学生回收废纸的积极性，参加由上外附中等15所学校举办的用废纸换再生练习本的校园活动，并为其宣讲资源回收利用的重要意义。

6. 7月，根据市经团联布置，完成撰写上半年度《上海纸业行业经济运行动态分析报告》，得到市经团联的肯定，并在《经团联简报》内参第13期刊登。

7. 会同《上海企业》杂志编辑部，对上海造纸业进行调研巡访，并于该刊2013年首期登载报道，大力宣传绿色、环保造纸，倡导可持续发展经济。

三、严格管理，民主办会，不断加强自身建设

1. 4月12日，在长宁区工人文化宫召开协会第八次会员大会和二届四次理事会，会议通过2011年工作总结和2012年工作打算；审议通过协会经费收支报告；增补上海金大塑胶有限公司为理事单位。会上，东冠纸业、新江南纸业、金大塑胶公司3户企业的代表就创新驱动、转型发展、节能减排、循环经济等进行了交流发言。

2. 11月21日，在新苑宾馆召开二届五次理事会，审议通过《上海市纸业行业协会换届改选工作方案》，成立换届改选工作小组，讨论蕴酿三届理事会候选人名单，审议通过《关于开展上海市纸业行业协会成立10周年纪念活动的打算》，还就“当前的经济形势和上海造纸业的发展趋势”进行交流和讨论。中国海诚科技股份有限公司戚永宜副总裁作主题发言，理事进行了热烈的讨论。

3. 在市经信委、市社团局指导下，以“服务企业、规范行业、发展产业”为宗旨，年内顺利完成换届改选的全部准备工作。

4. 开展国际交流。9月11日，接待土耳其回收纸协会代表团，双方交流了回收利用城市废纸方面的做法和经验，并签署《合作备忘录》，以进一步保持联系，互通信息，加强合作，适时互访考察。

5. 加强基层党组织建设，积极开展创先争优活动，落实党风廉政建设责任制，推进学习型党组织建设。2012年被上级党组织评为优良基层党支部。

（张智平）

上海石材行业协会

上海石材行业协会成立于2002年12月，为本市石材加工、贸易、工程、石材养护、石材机械与工具、石材造景与雕刻、人造石、砂石行业企事业单位自愿组成的跨部门、跨所有制的非营利的行业性社会团体法人。现有各种所有制会员单位870户，其中93%为民营企业，7%为外资企业。下设石材养护、石材造景与雕刻、人造石、石材机械与工具等4个专业委员会及砂石分会等。

2012年主要工作：

一、规范协会工作，提升协会能力

1. 申报规范化评估。根据市社团局要求，报名参加规范化评估，组织全体人员对协会10年来的主要工作、档案、制度等各方面进行梳理，修订相关制度，完成总结报告。3月9日，市社团局组织专家对协会进行现场评估，经汇报、问答、调研，得到专家的好评，有望成为上海市星级协会，目前评估结果尚待公布。

2. 推进学习型组织。以打造学习型组织为目标，制定了学习计划。秘书处利用每周例会安排时间讨论学习，以请专家授课、带问题到企业实地调研等方式，营造学习气氛，形成学习机制，巩固学习成果，促进秘书处人员的能力提高。

3. 定期会议、民主决策。年内先后召开1次理事会、1次常务理事会、4次会长会议，召开每周会长、秘书处办公例会。除此之外，针对徐泾镇石材业调整、工商抽检、复旦石材坠落、标准起草等，召开了各项专题会议。

二、服务企业，工作做实

1. 针对青浦华新镇实施调整石材产业的措施，多次开会调研，会长亲自拜访青浦区主管领导反映情况，并以书面形式向市工商联、市人大、市政协反映情况，还通过市工商联内部简报反映给市领导。

2. 深入开展石材工程技术咨询服务。一方面鼓励石材企业参加专业培训，培训培养石材加工师、施工师、养护师、项目经理及建造师等专业人才，积极申报施工、设计资质；另一方面针对石材企业从事工程碰到的问题提供各种技术咨询，如选材、加工设计、工程深化设计、施工方案设计、项目进度跟踪、验收等，帮助石材企业确保工程按质按量完成，也受到发包方的欢迎。

3．提供石材加工技术优化服务。利用协会顾问专业优势和海外背景，通过外聘国外专家，优化进口设备，极大地提升了设备的利用效率；通过飞宙等机械企业与石材加工企业的对接，设计并优化加工流程和机械配备，提高加工效率和石材产品的质量。

4．跟进养护服务。举办石材养护专业培训，并鼓励部分企业加强石材辅料产业的产品研发、技术创新和专利申请，通过协会平台的宣传实现产业化。协会创造平台让养护企业与石材大企业建立战略联谊，以提高服务质量，扩大养护市场。

5．提供金融服务。以动产（荒料板材质押）和不动产质押、担保等方式，经协会牵线搭桥，1—10月，民生、平安、南京、中信银行等共向上海石材企业提供贷款11亿元。

6．在海关进出口、法务、应收款催讨等领域，协会均配备专人，广泛整合社会资源，建立一套解决问题的行之有效办法，起到很好实际效果，受到企业欢迎。

7．继续做好会员单位专人联络服务制度、企业需求第一人落实制、项目经理负责制等各项工作制度，继续做好《上海石材》杂志、“金石通”网站、《上海石材》短信平台等工作。

三、做好品牌、培训工作，开展国内外交流合作

5月27日–6月1日，举办石材加工师、施工师、养护师、项目经理4个班为期5天的中级培训，近200名学员参加封闭式培训。7月30–31日，召开石材初级岗位培训和初级岗位2年到期复训，共有1200余名学员参加培训。8月31日–9月1日，举办中级资格岗位轮训班，共有450余人参加。

经协会培育和推荐，有3户企业参加上海市名牌的复评，2户石材企业参加上海市著名商标的复评，1户新评。目前，上海石材行业已有5户企业获得上海市名牌，4户上海市著名商标。

大力开展对外交流工作。一是借助中国促贸会上海分会、市工商联等平台，加强与各国驻沪领馆、国外石材机构、企业的交往，共接待7批次36户企业（机构）79位国外同行到协会或会员企业参观交流。二是带队出国考察和参展，组织参加意大利维罗纳展和赴土耳其石材采购团，共有25户企业出访。三是组织石材企业国内参展，包括上海举办的Stonetech展、莱州展、青岛展、云浮展、厦门展等。

四、做好大型活动，扩大行业影响力

2月27日，成功主办2012上海石材新品展示推荐和产业链发展论坛。在市安质监总站指导下，由市房地产协会、市建筑施工协会、市建筑师联谊会协办，10户企业新品参加展示，30户房地产企业、40户装饰企业、160名设计师参会，会议取得圆满成功。2月28日，召开第八届中国石材风云榜颁奖晚会，400余人参加会议，其中80多人专程从外省市赶来参加会议，风云榜的影响力越来越大。举办2012第四届长三角金石奖，4月，筹备会启动后，共有434个项目提出报名，经协会初审、专家小组现场评审、评委会评审，有209个工程入围获奖。9月12日，召开颁奖大会。

五、加强行业自律，规范行业

1．经市建交委同意批准《建筑装饰石材应用技术规范》立项后，3月19日，协会召开“标准”开题讨论会，市建筑建材业市场管理总站、市建设工程安质监总站领导及7名专家到会，对“标准”编制的工作方案、编写大纲等内容进行评估讨论，紧接着协会组织编写小组，经多次专题讨论，已完成送审稿。

2．在建交委的支持下，继续加强能力等级评定、监管和宣传工作。目前，协会已评定石材加工能力等级企业69户、石材工程能力等级企业94户、石材养护施工能力等级企业43户。继续加强企业专业人员持证培训、轮训，做好到期换证工作。

3．继续协助政府做好企业备案工作。通过大量宣传、培训工作，让发包方、设计、监理认识到备案的重要性，通过专业辅导，能力评估，让更多石材企业积极参加到备案行列，并通过对备案企业的管理和跟踪服务，提升企业的工程能力。

4．继续做好石材企业诚信日常考评工作。运用计算机系统，极大增加诚信考评的信息量和参评效率。年底按市建交委的要求，对所有会员进行诚信考评打分，从而评选出年度诚信50强，同时公布年度诚信末位10名（黑名单），推荐5户诚信考评优秀企业提交市建交委通报表扬。

5．在市建筑建材业市场管理总站网站、杂志等专业信息渠道，定期发布上海石材产品市场指导价。此价格已成为石材工程概预算和峻工结算的重要依据，成为上海石材市场价格的晴雨表和风向标。

六、认真做好4个专委会、1个分会的工作

机械与工具专委会通过举办石材机械企业和加工企业结对结盟，引进意大利专家对一批旧的意大利进口机械进行改良优化，极大提高机械和工具的使用效率；人造石专委会帮助企业加强国际市场、家装市场的开拓，以及人造石生产技术的研发，使人造石的产品质量有较大的提升，市场空间更大；石材异型与雕刻专委会注重与云浮、曲阳、惠安等雕刻之乡的衔接，引进专业人才，还将通过举办异型雕刻技能大赛，比试技艺，发掘优秀人才；养护专委会不断研发石材养护新产品、新机械，加大培训力度，使石材养护在业内深入人心。外省市砂石开采生产企业有80余户供应上海市场，本市经销企业有1000余户，砂石分会运行2年，会员已达200多户。在市安质监总站、砂石交易中心、市混凝土协会的支持下，由协会贯彻实施上海市砂石经销企业备案证管理办法，努力扩大会员规模，增强对会员的服务，取得较好的效果。

七、宣传社会责任，打造行业文化

积极引导企业投入光彩事业等公益活动。据初步统计，共有57户企业在各种场合捐款，涉及帮困、助学、环保、家乡建设、基金会等，总金额达276万元。上海市慈善基金会石全石美基金在对石材会员继续帮困的基础上，经四届一次常务理事会同意，对甘肃地区贫困优秀学子200多人进行资助，年内总费用达10万元，使石全石美基金走出石材行业，走出上海，发挥更大作用。

由协会主办、东华石材市场承办的石材行业篮球友谊赛于8月中旬落幕，共吸引23支球队参赛，经过激烈竞赛，富轩、申友、华特分获冠亚季军。

在上级党委的领导下，协会党建工作和业务工作相互促进。石材联合党支部除了定期学习，积极发挥党员先进模范作用，还与会员单位党支部、相关协会党组织进行沟通联谊，诚请为石材行业和协会工作献计献策。年内秘书处发展吸收2名积极分子加入入党考察。

（茅明舫）

上海都市型工业协会

上海市都市型工业协会成立于2001年6月，是以本市从事都市型工业生产、经营的企业以及有关高校、科研机构等事业单位自愿组成的跨部门、跨所有制、非营利的行业性社会团体法人。

2012年主要工作：

一、开好会长工作会议，主动征求理事对协会的工作建议

2月16日，在上海奇士企业发展有限公司召开会长工作会议。会议就落实市经信委、市社团局要求，利用新技术改造提升现有企业，推动中小企业的持续创新发展；进一步加强服务意识，搭建政企、会员单位间互动平台和产业链延伸等议题展开广泛热烈的讨论；还对2012年工作计划及新制定有关协会网站、刊物管理办法，发展会员单位的奖励措施，专职人员出差报销等规定和制度进行商议。会前，秘书处将会议文件以邮件方式发送给各理事单位，并将反馈意见在会上作了汇报，33户理事单位中，除少数单位因网络不够畅通未能送达，绝大多数理事单位均无异议。

二、帮助推进做好上海都市型工业企业的结构转型工作，努力发展生产性服务业和创意产业

1．结构转型，招商引资。1季度，在“1315创意工业园区”召开“转型升级，招商引资”为主题的工业园区工作经验交流会，增进会员单位间相互了解，推进招商引资工作开展，为大家提供交流平台。会上，上海宝罗科技工业园区、新江桥现代经济发展有限公司介绍了招商引资情况，会议气氛热烈。市社团局管理处代表也出席会议，并给予高度评价。

2．校企联合，实行校企紧密合作。7月，在副会长单位上海应用技术学院奉贤校区举行科技信息、科技成果项目发布会，20余户企业代表参加了发布会。会上，上海应用技术学院刘宇陆副院长介绍了学院基本情况；学院科技处处长介绍了学院开发的科技项目和成果，以期寻找合作企业，走出一条校企合作共赢的新路子。秘书长唐余庆对市科协关于配送“科技信息”和上海图书馆配送“创之源”礼包作了说明。各到会代表开展积极互动，五角场集团公司表示望能与学校建立有效的合作，申方公司等也表示同样意愿。新沪商世纪论坛执行主席、副会长纪军作探讨性发言。田海涛会长表示要与应用技术学院紧密合作，并以此为开端，扩大合作领域，进一步加速科技成果转化，促进高新技术及产业化发展壮大。

三、赴外省市考察，增强与经济发展地区的联系

1．上半年，组织由会员单位组成的15人学习考察团，赴重庆曙光都市工业园学习考察。考察团在重庆都市工业园（楼宇）企业协会陪同下，参观考察曙光都市工业园区、两江产业园区、东田科技孵化园，进一步拓宽转型发展思路，增强科学发展、率先发展的信心。

2．4月，与《文汇报》和《上海劳动报》等新闻媒体共同考察长三角地区江苏省东台市和海安县南莫镇。东台市副市长、招商局长和南莫镇党委书记、镇长热情接待本会领导和媒体人员，促进了本会与外省市合作交流。

四、合作交流，助推公共服务平台建设

下半年，与新沪商世纪论坛、市研发公共服务平台管理中心等联合主办“打造经济推动力的领跑者”主题年会。原市委常委、市人大常委会副主任孙贵璋，上海现代服务业联合会会长周禹鹏等领导出席年会，来自新沪商TOP500、专家、领导、协会商会及企业精英、社会知名人士200余人出席。年会颁布了《2011新沪商TOP500》名单，并进行“新沪商之友”授牌，会长田海涛发表致辞并作精彩演讲。《2011新沪商TOP500》的发布，提升了协会的知名度，进一步扩大了社会影响。

五、发挥企业与政府之间的桥梁作用，宣传政府新经济政策，惠及会员单位

1．开展“都市型工业发展现状与对策研究”课题研究。受市经信委委托，承接有关都市型工业发展的课题研究，目前正组织人员开展调研。

2．积极普及新税收政策，举办“营改增”财税政策讲座。举办“营业税改征增值税改革政策”讲座，聘请闵行区税务科长邹凌，就“营改增”政策进行详细解读和宣讲。通过对政策的详解，使企业老总和主管对“营改增”财税政策有更深的了解和认识。为更好地惠及广大会员单位，我们将邹科长的宣讲进行录音整理，并刊登在协会简讯上。

3．加强协会枢纽站的作用，借助社会资源为企业服务。联动市科协、科技咨询服务中心积极承担开展知识产权专利配送工作，为企业有效运用科技信息提供方便，为开拓企业研发思路，降低企业研发成本，加快企业自主创新营造良好氛围。与上海图书馆开展信息服务助力企业创新“创之源”送知识大礼包活动，并合作开办科技政策、人才政策、营改增政策和职称申报等讲座，推荐企业参加创业生涯系列讲座。还联合上海工经联为会员单位举办劳动合同、劳动争议等方面的讲座。

4．急企业所急，及时为企业排忧解难。10月，会员单位五角场集团有限公司杨浦都市工业园求助协会，其入驻企业要从德国进口长毛绒玩具，望解决国内长毛绒玩具免3C认证的手续，但缺少联系渠道，找不到合适的外贸进口公司，3C认证事宜更是毫无方向。经协会热心联系，牵线搭桥，短时间内为其找到满意单位，解决了困难。

六、开展各类活动，增强协会的凝聚力

建立提供10项服务的项目。包括为企业加强质量管理，实施品牌战略提供咨询服务；在上海投资发展提供借租厂房服务；享受各种科技优惠政策服务；申报各种扶持资金提供咨询服务；节能减排咨询服务；提供职称一条龙服务；帮助指导办理人才引进、申办人才居住证和解决夫妻分居问题；与高校联动为员工提供学历深造的途径；与图书馆合作，提供资料查询和为员工办理读者证；借助中介服务机构的力量，提供法律、科技查询、劳动人事、校企合作等。5月，会同延长都市工业园区，共同举办协会服务功能宣讲会，延长都市工业园区20个入驻企业代表参加会议，协会就10项服务项目作介绍，代表对有关国家优惠政策进行提问，互动热烈。

举办科技、职称、营改增、劳动人事和协会服务功能等5次政策性讲座，组织1次园区工作经验交流会、1次科技成果和项目发布会、1次会长工作会议、2次赴外省市考察，走访会员单位20多户及进行1次征询调查活动。同时，还接待企业职称咨询30多次，下企业讲解10多次，通过网上或直接指导职称申报者近80人，为10余名高级职称申报者联系专家进行1对1的指导。为帮助企业员工提高学历，联合有关学校或学院提供高升专、专升本的学历教育。在政府部门支持下，帮助指导企业办理人才引进、人才居住证、综合和不定时工时、协调劳资关系等。还通过中介机构为企业提供办理专利、高新成果项目转化认定、创新基金、财务、法律等方面的咨询。

七、精简秘书处工作班子，实干高效、夯实管理基础

1．调整机构设置，压缩经费开支。精简秘书处，将办公室与信息部合并，设专职人员1名，财务为兼职。降低专职人员津贴，修订绩效津贴办法。协会经费精打细算，降低费用支出，做到收支平衡。

2．建章立制，规范工作流程。在原有规章制度基础下，新增订4项制度，加强协会印章的使用和管理、制定关于协会网站、刊物管理办法的规定及专职人员出差报销的规定；发展会员单位的奖励措施。

3．积极发展新会员，壮大协会队伍。年内新发展会员单位24户。

4．加强对外宣传，扩大社会影响。坚持每月编辑1期《都市产业简讯》，并升级改版协会网站。着力抓好简讯的编辑和发放工作，及时传递协会动态，增强会员单位的联系和交流，做到当月信息当月刊出。为增强网站的可看性和及时性，对原版面进行重新设计和改版，提高网站质量，充分发挥网站信息宣传和发布作用。

（刘志勇）

上海市糖制食品协会

上海市糖制食品协会成立于1988年6月，是由上海地区从事食糖、糖果、巧克力、糕点、饼干、冷冻饮品、休闲食品、馅料生产经营企业和科研院所、大专院校等单位自愿参加组成的，跨部门、跨所有制的非营利的行业性社会团体。现有会员106户，涵盖上海市场90%中西糕点的经营大户和食糖经营龙头企业，囊括上海现有的15户经营焙烤食品、糖制食品的中华老字号企业。

2012年主要工作：

一、坚持诚信经营

1．规范产销，确保质量。自觉担负起食品安全的职责，动员百厂千店签订诚信公约，开展月饼产前质保自查，要求各企业将诚信贯穿于产销全过程，确保食品安全和质量。逢年过节，安排专题工作时，强调食品安全工作，提醒各企业加强领导，健全制度，分级落实，层层把关，突出重点，加大投资，改进设备，改善生产条件和环境，确保食品安全卫生营养。年内行业食品安全工作取得显著成效，今年市质监局多次市场抽查中，会员企业的八宝饭、青团、粽子等食品，市场抽查合格率达100%；中秋月饼全市抽查合格率为99.6%，会员企业的合格率为100%，比全国月饼抽查合格率97.3%高出2.3个百分点，向广大市民交出一份满意的答卷。

2．加强引导，稳定价格。贯彻党中央"稳物价，惠民生"的指示，通过广泛宣传、预测市场、交流沟通、规范经营等多种形式引导企业稳物价、少涨价，确保上海食品市场价格平稳。面对食品成本"费、工"明显上升，"料"有升有降，食品价格面临全线攀升，各企业对产品价格以"持平为主，调高为辅"，采取多种措施达到不调价，少调价。据统计，月饼中散装月饼调高价格占4.5%，盒装月饼调高价格占12.6%，确保月饼市场价格基本平稳；冷饮调高价格34种占比12.9%，调价幅度为0.5–1元／种，市场销售良好，市民反映平静，受到市发改委领导的好评。

二、坚持市场导向

1．做好旺季节令市场预测。通过调查研究，收集各种相关数据，了解市场信息，把握食品市场走势，及时写出冷饮、月饼、春节的市场分析预测及工作设想，分别于3月、4月、11月刊登在《上海糖制食品信息》上，为企业决策提供参考。

2．做大上海名特优糖制食品。开展名特优食品评选活动，受到广大会员企业的欢迎和支持。4月6日，组织交流评选，有22户企业的45种产品荣获"2012年上海名特优食品"称号，其中有7款产品连续3年、7款产品连续6年、9款产品连续9年荣获"上海名特优产品"称号，并登报公示。及时做好传统节日商品宣传，跟踪报道销售热点。在春节前宣传企业迎春新产品和营销新举措；清明节、端午节前发布青团、粽子信息；夏季来临前报道冷饮信息，中秋发布月饼信息，引导企业不失时机发展节令食品生产，拓展上海节令食品市场。还积极配合并帮助企业做好上海市著名商标、品牌产品的申报工作，为多户企业办理相关证明。

3．根据市商务委的部署，在全市2次开展"上海市促进消费活动"。4月1日–5月4日，组织2012年"迎五一奉献名特优食品促销活动"，取得销售良好业绩。12月20日–2013年1月20日，组织百厂千店迎春促销活动，努力扩大内需，为行业发展尽心尽力。

三、坚持服务企业

1．开好产销信息会。全年召开4次产销信息会，交流各企业发挥特长搞好产销、确保质量、促进消费的经验。通过交流，增进会员间了解，为企业提供原料价格、商品价格及市场动态多方面的信息。4月27日，召开"2012年上海中秋月饼市场预测原料信息发布暨名特优颁奖大会"，50多户企业70余人参加。6户企业展示了最新月饼陷料200余种，4户企业发言介绍规范馅料生产和管理的情况，承诺以诚信经营为本向月饼生产企业提供优质馅料、一流服务。协会对今年月饼市场作了分析和预测，还向22户获得"2012年上海名特优食品"称号企业颁发奖牌。10月31日，召开上海市月饼工作总结会，60户企业70余人出席，4户企业交流发言，协会向产、销前15名的17户企业颁发荣誉证书。

2．办好协会信息。全年印发《上海糖制食品信息》24期，刊登各类稿件信息138篇，专题资料4份，统计分析5份，及时为会员提供各种信息。其中，5篇被上海和全国有关报刊和信息刊物选登，扩大了宣传影响。

3．联手光明食品集团举办"2012年上海月饼节"。期间，组织会员签定"团圆中秋献礼华夏"诚信公约，督促会员做好月饼产销前的"包装瘦身"和质量保证体系自查；开展2012年"光明食品杯"上海名特优月饼交流评选，登报表彰获奖企业；在百联中环商城举办上海月饼节开幕式，现场展示企业获奖产品并供市民免费品尝；开通市民手机"我最喜爱的月饼品牌"评选活动。经协会系统组织活动和企业共同努力，取得月饼产销双增的良好业绩及市质监局质量抽查100%合格优异成绩。

4．为企业排忧解难办实事。为30余户企业提供60余次咨询、协调服务。如指导规范生产、解答有关政策法规、为企业人才需求牵线搭桥、为企业产品开发提供建议、提供原料最新价格信息等。

四、坚持创新发展

1．制定青团标准，填补上海空白。受市食药局委托，用时4个月完成制定青团上海地方标准，保证了今年青团产销正常进行，为市民保留了上承百年的节令食品。

2．媒体揭露问题，行业健全制度。4月10日，《青年报》刊登记者调查，发现上海裱花蛋糕零售企业的标签上存在使用非法定计量单位和标识不符规定等严重问题，上海市质监局要求协会配合通知有关企业立即改进。协会及时通知会员企业补漏洞，清隐患，规范裱花蛋糕销售的标签、标牌的管理工作。8月24日，与上海市计量协会联合制定《关于规范裱花蛋糕计量单位和净含量标注的意见》的文件，规范健全上海裱花蛋糕销售制度，得到企业支持及市质监局和媒体的赞评。

3．针对市场热点，发挥协会作用。8月28日，工商局通过媒体报道月饼提货券上印“过期作废”是霸王条款后，在社会上引起强烈反响，消费者误认为月饼券不再过期，对月饼产销带来很大影响。协会为了维护消费者利益和确保月饼产销顺利进行，多次与工商局加强沟通，组织有关企业学习合同法，提高认识，明确月饼券印制要规范、合法。提出协会、工商局和企业要协力通过多种渠道、方式引导消费者按期提货，搞好月饼产销工作。协会要求有关企业依法做好月饼券的发放和回笼工作，做好过期持券者的善后处理工作，并提议会员企业自动延长提货期10天，维护消费者和企业利益。自律工作受到新闻媒体的关注，协会及时将行业情况通过上海电视台、《解放日报》、《劳动报》、《新民晚报》、《新闻晨报》等媒体10余次进行报道，力求家喻户晓。在月饼提货券突发事件中，协会很好地发挥了纽带和桥梁作用。

五、坚持自身建设

1．开好理事会和会员大会。2月24日，召开七届三次理事会，28位理事全部出席，审议通过《2011年协会工作总结》、《2012年协会工作计划报告》和《七届三次理事会理事新增和调整情况汇报》。4月13日，召开七届三次会员大会，76户企业参加，表决通过七届三次理事会的3项决议。

2．3月，按时完成一年一度的社团年鉴。

3．搞好行业统计工作。做好2011年度、2012年春节、清明节青团、端午节粽子、4月“上海市促进消费月”，以及中秋月饼等产销统计，对统计结果进行分析，及时发布在协会《信息》上，让会员企业了解更多市场信息。

4．新发展会员5户。协会荣获上海市商业联合会“2011−2012年度先进集体”称号。

（仲梅丽）

上海市汽车销售行业协会

上海市汽车销售行业协会成立于2003年10月15日，是由上海汽车销售行业企事业单位自愿组成的跨部门、跨所有制的非营利的行业性社会团体法人。现有会员企业294户。

2012年主要工作：

一、着力扩大消费，发挥拉动内需作用

9月21−22日，在五角场万达广场举办“第五届上海市汽车销售服务节”活动。此次活动作为2012上海购物节重要组成部分，旨在以国家政策促进内需、鼓励消费，拉动上海地区的汽车消费需求，推进汽车销售行业的现代化服务，为消费者提供一个全方位的、完善的消费环境。活动销售现场宝马、奔驰、路虎捷豹、奥迪、纳智捷等众多汽车品牌30余辆展车，吸引近2万人次观展，现场收集有效意向信息约700份。协会还积极动员会员企业参与2012年上海春季汽车交易会，推出系列优惠措施，从而激发汽车消费者购车热情，取得了较好的经济效果。

二、推进行业自律机制的建立，塑造企业形象

1．建立和完善以会员为中心的行业自律管理和服务职能。建立健全会籍管理制度，将会员单位的详细资料录入系统，以能及时方便了解会员的基本信息，从而规范了会籍管理。在对非会员单位的管理中，协会不仅将其基本信息录入管理系统，并随时将行业发展等情况资料邮寄其处，使其能及时了解行业的动态，通过信息交流和沟通，强化对非会员单位的管理与服务。

2．建立和完善自律管理措施，提高行业自律管理水平。从建立规范入手开展行业自律管理，协会承接的《上海市汽销行业名牌评审规范》编写工作顺利通过市质监局验收。按照《规范》要求，对东昌集团、云峰集团、申银汽车、冠松丰田、外高桥汽车市场5户申报“上海名牌”的企业，组织专家开展评审，合格材料报送市名牌推荐委员会，经市技监局评审，均被推荐为2012年上海名牌企业。同时，为进一步弘扬先进、树立典型，激励企业诚信经营、以诚待客的新风尚，协会对2011年度获得荣誉的企业和个人进行表彰并授予荣誉证书，共有17户企业获得“诚信服务五星级企业”称号，8户企业获得“诚信服务四星级企业”称号，10户企业获得“诚信服务企业”称号，10户企业被评为“优质服务先进集体”，同时评选出28名先进个人。

三、加强协会自身建设，提升服务能级

建立和完善组织机构，提高决策与执行能力，拓展和提升行业协会的服务功能，各项工作紧贴企业实际、贴近市场、贴近行业、贴近政府中心经济工作，为会员和政府提供优质服务。加强人才队伍建设，优化人才结构，为协会持续健康发展提供人才保证；健全各项规章制度，建立规范有序的运行机制，准确界定各层级组织的职能和程序，保证协会有序有效运转；树立“诚信立会，诚信兴业、服务社会”的理念，强化自律守信意识，建立信息公开制度，建立信用风险防范机制，提高公信力和社会责任感；不断积累、创新和升华形成具有自身特色与个性的优秀文化，构筑协会发展的精神支柱和内生动力，增强向心力、凝聚力；坚持做到自主、自立、自强和自我发展，不断拓宽筹资渠道，多元化筹措工作经费，增强造血功能和持续发展能力。

顺利通过市工经联“社团组织规范化建设评估”，被评为四星级社会团体。

四、发挥机动车登记服务专委会承上启下的平台作用

积极协助车管所“公安交通综合应用平台”的升级改造。面对各机动车登记服务站在升级改造中碰到的操作困难，专委会特邀专家进行现场指导，确保了升级改造工作顺利完成。对各机动车登记服务站的台账实行规范统一，根据车管所新考评制度要求，设置3种台账表格，统一填报，简便操作程序，消除了管理上的漏洞。

认真落实发放全国版机动车环保检验合格标志。专委会积极配合市环保局做好此项工作，及时解决推行中碰到的困难，比如打印合格标志的财政补贴问题，原是0.15元／张，大家感到具体落实中有困难，专委会想会员企业所想，打报告向市环保局反映实际困难，得到理解认可，追加到0.75元／张，从而促进了工作完成。

（徐　雷）

上海市消毒品协会

上海市消毒品协会成立于2004年2月，是我国唯一的消毒行业协会。现有会员单位57户，主要来自上海、浙江、江苏等省市，也有其他省市和外国的消毒企业。下设市场协调、标准化和政策法规3个工作委员会，以及皮肤粘膜消毒和水消毒两个专业委员会。

2012年主要工作：

一、服务会员单位，支持企业发展

1．提供咨询服务。为会员单位、国内外消毒企业，特别是新加入本会的企业，以及社会人群提供了大量无偿咨询服务，内容包括消毒产品和技术、消毒防病的方法、消毒产品的研发、检验以及消毒产品的市场准入和监督等方面。

2．帮助会员单位解决困难和问题。通过网站、电话、来访等形式为会员单位提供大量政策、理论和技术咨询，增进交流了解，为企业解决一些问题和困难。对会员单位反映涉及政策和监督管理及消毒产品评审方面的问题，及时向政府相关部门反映、沟通，圆满解决问题。如会员单位在消毒产品评审、生产和消毒检测方面遇到问题和困难，协会及时与有关部门沟通，或进行技术指导，解决不少亟待解决的问题，也进一步密切了相互间的关系。

3．组织和推荐会员单位参加规范、标准和消毒学术著作的起草和编写。国家对消毒行业的管理越来越规范，因此，消毒标准和规范的制定就显得特别重要，而企业参加起草，能在文件中表达企业的要求和意见，更有利于企业的发展，也是提高企业知名度和培养人才的机会。在协会制定规范和标准中，尽量吸收企业参加，而对国家和卫生部发布的规范和标准，尽力推荐会员单位参加起草，或在审标中反映会员单位的意见。对于会员单位参加消毒著作的编写，我们也给予大力支持。如上海高科生物工程公司陆婉英教授、德国舒美公司wolfgang和俞雷经理、深圳安多福公司郭秀玲总经理、成都润兴公司刘利达副总经理和上海高聚公司余刚总经理等参加的《现代消毒学进展》（第一卷）编写工作。

二、规范消毒行业，发布消毒标准

1．编制发布技术规范。协会提出的《传染病消毒技术规范》编写和宣贯项目被批准列入上海市卫生基础建设3年行动计划项目。在市卫生局、协会专家和会员单位的支持下，我国第一部《传染病消毒技术规范》已完成编写。9月，完成样书，并通过中期论证，为国内首创，填补了国家空白，技术上达到国内领先水平。该《规范》内容科学、技术先进、可操作性强，首次明确了传染病消毒的理论和技术范围，提出了传染病的消毒学分类方法，对80多种传染病的消毒提供了规范性的消毒方法。市卫生局徐建光局长为《规范》写了序言，来自全国20多个省市和卫生部的96位专家参加了编写，参加编写的会员单位有上海海金消毒技术公司、上海高科生物工程公司、宁波方太公司、深圳安多福公司、德国舒美公司、上海方金公司、上海安信化学公司、浙江兴昌风机公司、上海威理公司、张家港华凌公司、山东省克林公司、重庆派格公司、上海高聚公司、武汉新大地公司、深圳汇清公司等。明年4月，将由中国标准出版局发布出版，并在上海市和其他省市以培训班和研讨会的形式开展宣贯，必将大大提高人们消毒防病的认识，使我国传染病防治工作有进一步进展，促进消毒行业的发展，也进一步规范了消毒行业。

2．完成《消毒专业名词术语》、《含氯消毒剂卫生要求》、《空气消毒效果评价》3个国家标准的定稿，将于2013年发布实施，必将进一步规范消毒行业和消毒市场。参加标准制定的企业有上海利康公司、深圳安多福公司、上海威理公司、上海海金公司、浙江兴昌公司、山东新华公司、山东利尔康公司、武汉奥特曼公司、江苏爱得福公司、河北冀衡化工公司等。

3．宣传《消毒行业行规行约》和协会章程，要求入会企业自觉遵守，支持会员单位公平竞争，互利发展。

4．市场调查。组织专家和各有关省市消毒工作者，对3家省级医院、3家地区级医院、3家县级医院、3家省级疾病控制中心、3家地区级疾病控制中心、3家县级疾病控制中心的消毒工作进行调查，较全面地了解各级医院的消毒状况、消毒产品使用情况，以及各地公共场所消毒状况。这对规范的编写、宣贯具有很大的意义，也有利于我们对消毒市场进行正确的引导。

5．对消毒学专家的调查。利用《传染病消毒技术规范》专家审稿会的机会，对参加会议的20多位编委进行调查。内容包括专家对各种场所、消毒对象、消毒产品使用的认识，对各种消毒剂和消毒器使用的意见。对调查结果，组织专家进行统计分析，用于指导《规范》的编写和宣贯，以及消毒市场的规范和引导。

6．编辑出版《现代消毒学进展》。该书已由人民卫生出版社出版，共编入47篇文章，从不同领域介绍了国内外消毒研究的进展。通过此书可了解到国内外消毒学研究的新观点、新理论和新技术，对我国消毒行业的发展起到指导和推动作用。

三、发展消毒产业，扩大消毒市场

1．进行消毒行业的交流。10月，参加在重庆召开的中华预防医学会消毒分会换届会议暨学术年会，来自全国30个省、市、自治区疾控、卫生监督、医院、部队、检验检疫、大专院校、科研院所和生产企业的消毒、医院感染控制专家和代表参加会议。中外专家学者就国内外消毒与感染控制相关法规标准、管理与质量控制、医院消毒与感染控制、清洗消毒灭菌新技术进展、消毒产品的监督管理等方面进行学术交流。会长薛广波教授主持大会专题报告会，陆婉英副会长参加并主持了会议论文交流。在学会换届中，薛广波教授被聘请为新一届消毒分会的顾问，陆婉英副会长被选为常委。

2．为了解基层的消毒工作状况及边远地区对传染病消毒知识和技术的要求，先后对海南省疾病预防控制中心和三亚市疾病预防控制中心进行调研，与传染病消毒相关人员进行座谈交流，并建立工作联系。通过调查获得第一手资料，了解到基层传染病消毒现状以及各级疾病预防控制中心和各级医院预防性消毒的情况，为更好地开发消毒市场和《规范》宣贯打下基础。

3．参观考察。7月，参观考察会员单位上海安尔信化学有限公司，参观了厂区，听取其介绍在创业过程中遇到的困难和目前取得的成绩，并进行了技术交流。

4．继续推荐消毒产品。开展推荐消毒产品活动，受到企业的热烈欢迎，推荐工作将继续长期进行。

5．通过中国消毒信息网和《中国消毒信息报》将行业信息、热点新闻、预防保健、政策法规及协会信息及时传达到会员单位。通过网站平台对消毒企业的产品进行推荐，并与企业网站链接，网站的点击率逐日递增。

6．完成《家庭卫生防病消毒》电视系列专家讲座的大部分录制工作，部分内容已经在IPTV播放，受到好评。

（李　华）

上海市豆制品行业协会

上海市豆制品行业协会成立于1986年9月，为本市豆制品生产、经营企业以及相关企事业单位自愿组成的跨部门、跨所有制的非营利的行业性社会团体法人。现有各种所有制会员单位68户。

2012年主要工作：

一、加强豆制品质量安全监管，品牌建设有成效

1．做好春季卫生检查和豆制品质量季度检查。对40多户豆制品生产企业进行卫生安全大检查，内容按QS审查的新要求作了调整。各企业卫生状况总体比历年好，对3户卫生状况较差的企业提出限期整改，并进行复查。全年产品质量抽检总体情况良好，产品合格率为94%，比上年提高4个百分点。

2．参与发布联合行动宣言，参加上海食品安全协会联合会活动。6月，与全市24家协会发布联合行动宣言。在联合宣言发布仪式的安全·责任·行动论坛上，作“创新发展，提高豆制品质量安全水平”的发言。在市商联会食品药品联络委员会的活动上，作“技术加创新，提高豆制品质量安全”的专题发言。

3．5户企业新建或改建厂房，提高豆制品生产硬件设施。汉康公司和祖名公司投入巨资建造新厂，相继竣工投产。辉安、宝泰、新长宁等公司厂房设施经改造，硬件设施得到较大的提升。

4．提出“提高散装豆制品的质量安全的7条措施”。10月，在汉康公司召开“进一步加强行业‘三化’建设现场会”，会上就提高散装豆制品的质量安全提出7条措施建议，会后撰写会议纪要。市食安办肯定协会工作，并以沪食安办[2012] 313号文向市有关主管部门转发会议纪要。

5．对豆制品生产过程中煎炸油的质量安全作调研。11

月，与市副食品质量监督检验站联手对豆制品生产过程中煎炸油的质量安全作调研。

6．制订豆制品质量安全突发事件应急预案。为提高处置质量安全突发事件的能力，加强对宣传和媒体应对能力，正确引导舆论，预防、减少和控制质量安全事件的发生，最大限度地减少和降低突发事件对行业的负面影响，制定《豆制品质量安全突发事件应急预案》。

7．推优创优树名牌。年内协会的集体商标、艺杏公司的“艺杏”牌商标、旭洋公司的“旭洋”牌商标再次被认定为“上海市著名商标”。目前行业中共有5个市著名商标。经协会推荐，市有关部门评定，11户豆制品生产企业的38只产品被认定为“2012年上海名优食品”，清美公司和万有全公司的2只产品被认定为“2012年优秀新产品”，有7户企业荣获“金篮子品牌”或“畅销品牌”称号。

二、建立组织架构，开展行业诚信建设试点工作

根据市商务委、市社团局关于开展诚信建设试点工作的要求，协会发动14户企业参与“商务诚信建设试点工作”，以点带面。10月，召开商务诚信试点工作动员会，组建由张逸华会长任组长的“商务诚信建设工作小组”，加强试点工作的领导和推动。14户试点企业各自组建由5–8人组成的商务诚信建设工作小组，由企业的董事长或总经理亲任组长，并撰写试点工作方案。企业把“诚信”落实到豆制品质量安全上，通过加强原辅料质量的监控、工艺设备的改进、服务水平的提高等措施，把诚信工作落到实处。

三、着手起草豆制品地方标准，认真贯彻标签标准

1．签订豆制品地方标准修订委托协议书。现行的2002年版本豆制品地方标准，被市食药监局列为2012年标准修订清理项目。8月，市食药局标准审评委员会与本会正式签约委托协议书，由协会承担修订豆制品地方标准的任务。

2．召开标签标准解读会。GB7718–2011《预包装食品标签通则》于4月20日执行，为更好地贯标，3月，结合春季豆制品生产企业卫生检查，对标签作重点检查。5月，专门召开会议，对检查中发现的问题，作分析指正，并对消泡剂的标示方法作重点讲解。GB28050–2011《预包装食品营养标签通则》将于2013年1月1日实施，协会把学习贯标作为2012年下半年的重点工作，抽取8户企业有代表性的28个产品样本送检化验营养成分，掌握基本的数据和情况。8月，专门召开营养标签解读会，对标准内容进行了辅导解读，并把标准的主要内容归纳成简单表格，印发给各企业。

四、互学互鉴谋发展，节能减排有成效

1．加强同国内外同行的交流。4月，在艺杏公司接待美国明尼苏达州大豆代表团一行35人，双方就大豆的种植、品质、豆制品加工和消费趋势等情况进行沟通和交流。还参加由中国豆专委举办的“豆制品产业区域发展论坛”，并作“使用集体商标，促进行业发展”的演讲。6月，在旺欣公司与重庆市豆协组织的14人代表团进行座谈交流。11月，组织企业厂长、经理等一行13人赴重庆市参观学习，双方就豆制品标准、行业的下一步发展方向，豆制品质量安全的提高等方面作深入的交流和探讨。年内还接待天津市、沈阳市、淮南市等省市的有关领导和行业同仁来访，陪同参观清美、汉康等公司，进行交流。

2．协会被评为年度节能减排小组活动先进组织协会。5月，经市节能减排（JJ）小组活动推进办公室评定，协会被评为“节能减排（JJ）小组活动先进组织协会”。年内6户企业上报7个JJ攻关项目，其中阳洋和冯达公司的烧浆设备技术改造项目节能减排效果明显。

3．协助市副食品管理办公室做好菜篮子工程车的更新工作。为控制机动车污染排放总量，改善城市环境，属“黄标车”的菜篮子工程车将逐步淘汰，经统计，有8户会员企业共计20辆黄标车在此规定中，年内有8辆车子按计划淘汰。

五、加强协会自身建设，拓展协会服务功能

1．圆满完成协会换届改选。3月，按章程如期进行改选。通过无记名投票产生第六届理事会、会长、副会长，经会长提名聘任了新秘书长。会议还修订了协会章程。

2．协会被评为社会组织规范化建设5A级协会。在共同努力下，协会规范运作，行业蓬勃发展。12月，经市社团局批准，协会被评定为5A级协会。

3．指导帮助企业达到QS审查要求。2011年10月，市质监局发布《关于进一步细化上海市食品生产许可条件规定》的通知，对QS的审查进一步提高要求。为此，协会专门召开会议，由秘书长进行上课培训，领会QS审查要求，还对需要QS审查的企业进行现场预审，起到了很好的指导帮助作用。

4．及时反映企业夏季用电问题的诉求。部分豆制品生产企业相继接到供电公司《关于今年夏季有序用电、限制用电的告知书》。为保证上海市场豆制品正常供应，协会及时向市副食品管理办公室发函反映，请求企业能正常用电，得到了市政府有关部门的大力支持而解困。

5．发挥协会专业权威作用，为会员企业维权。10月，福生公司因马路拓宽将影响到企业的正常生产，协会知晓后到现场了解实际情况，撰写了《关于市政马路拓宽工程给福生公司带来生产经营影响的评估意见和处理建议》，向当地有关部门积极反映，引起区政府的重视。12月，市工商局徐汇分局就苏州某公司投诉艺杏公司的千页脆豆腐侵犯其“千页”商标专利走访协会，协会查阅历史资料后，撰写《千页豆腐是产品名称的说明》，得到工商局的认可，维护了会员企业的正当权益。协会还为企业在执行标准中遇到的问题，为旭洋、福生、清美、佳富等公司向监管部门出具有关专业性的说明报告，为企业解决问题起到一定的作用。

6．加强协会信息建设。申请注册建立“上海豆协”QQ群，目前业内已有近50人加入。年内出版《行业动态》29期，创历年数量之最。

7．发展新会员。全年新发展11户企业入会，其中豆制品生产企业5户，目前共有会员68户。

（张建秋）

上海市酿酒专业协会

上海市酿酒专业协会创建于1989年2月，是由上海市专门从事酒类生产和经营相关的企业及有关酒类科研、教育等单位自愿组织的跨部门、跨系统的行业组织，为具有法人资格的社会经济团体。现有会员单位89户，涵盖上海市啤酒、黄酒、葡萄酒、白酒、老白酒、配制酒、洋酒等所有酒种的生产企业和部分酒类经销商，其中酒类生产企业占上海合法酒类生产企业的50%，包含国有、三资、私有、股份合作等性质的企业，其会员企业的产量占全市酒品产量的95%以上。下设酿酒科技咨询服务部。

2012年主要工作：

一、实施名牌战略，在行业内开展酒类商品的各类评选活动

1．组织开展上海市名优（酒类）食品评选活动。响应市政府培育一批中国乃至世界级名牌的号召，继续积极组织开展上海市名优食品的评比活动。与上海食品协会合作，推荐和评选37只酒类产品为上海市名优食品，得到企业和市商务委的好评。

2．恢复组织企业申报“上海市名牌”产品。2011年因食品安全事故，业内中断的上海市名牌评选活动，年内得以恢复。经评审，推选金枫、三得利、神仙、神马等7户企业的石库门、三得利、神仙、皇轩等9个品牌产品代表行业参加“上海市名牌”产品的评选活动。12月31日，评选结果向社会公布，协会推选产品全部上榜。

3．举办上海酒类市场“金樽奖”推广活动。与市商联会等协会共同发起组织上海酒类市场“金樽奖”评选活动，将行业优质产品推荐给广大消费者，引导消费，促进消费。

二、开展食品安全活动，提高行业食品安全的意识

1．组织召开酿酒行业食品安全与食品安全标准会议。会议除了要求所有生产企业参会外，还邀请市连锁经营行业协会、市餐饮行业协会等相关行业协会和流通企业代表共同商讨酒类商品的安全之策。还邀请市食安办、市酒类专卖局、市质监局相关领导及专家，作专题报告和对将实施的新食品安全标准作辅导报告，开展交流互动活动。

2．组织会员企业开展安全自查、自纠活动。当涉及业内的DBP事件发生后，协会迅速发动发起针对酒类产品DBP含量和生产环节塑料部件、容器等自查及自检行动，消除可能的隐患。同时，配合市质监局落实产品抽检工作，确保产品符合标准。还在业内组织落实食品安全责任人（食品安全信息员）制度，要求会员企业都必须落实食品安全责任人，全程监控生产环节，以确保生产的每1升、每1瓶酒的质量安全可靠，不发生食品安全事故，为市政府提出的建设食品安全城市全国表率的目标作努力。

三、参与对企业“清洁生产”工作的审定

为在“十二五”期间全面贯彻落实国家《清洁生产促进法》，完成市政府布置的节能减排20%的任务，积极参与市经信委、环保局、环科院对全市酿酒行业“清洁生产”的预审和审查工作，并提出本市啤酒、黄酒等生产企业清洁生产的有关数据和标准的参考意见，帮助2户会员企业通过“清洁生产”的审定或预审，达到国家“清洁生产”企业的标准。

四、主办和参与多个行业相关活动

1．在第十三届“中国清洁展”期间，举办“食品生产企业清洁论坛”，邀请美国、德国、日本清洁生产方面的专家介绍国际最新的清洁生产技术和进行现场装备操作演示，70多户会员企业派员参加论坛，还邀请江苏和浙江部分酿酒企业来沪参加。

2．首次在沪召开“2012亚太酿酒工业绿色科技峰会”，特邀全球前50强酿酒集团近50位高管作为峰会发言人及嘉宾，分享其一手业内信息与近期酿酒业在可持续环保方面的创新发展。上百户国内外酿酒生产企业，机械设备与原材料提供商、包装厂商以及与酿酒工业相关的供应商出席峰会，共同打造亚太地区酿酒工业环保、绿色的未来。

3．应邀参与由上海复旦大学新闻学院、上海商学院和上海市商业经济学会举办的商务传播国际学术研讨会——媒体与食品安全活动，并就业内食品安全危机与媒体应对作专题发言。

4．参与市商务委举办的“商业文化、诚信上海”的专题研讨会，就商业文化和行业诚信现实与专家进行探讨。

5．发动会员企业踊跃推选优秀青年员工参加市轻工产业工会和轻工工会联合会开展的“上海轻工行业先进新生代产业工人”评选活动，树立新时代年轻产业工人的形象和榜样。

五、信息与咨询

1．向行业及相关行业、政府部门发送《上海酿酒简讯》24期；网站专业信息更新1MB字节。年内通过电台、电视台、报刊、网络等媒体的报道，对社会发布60多条次的行业信息。尤其在行业涉及食品安全事件，如白酒的DBP塑化剂、黄酒的EC氨基甲酸乙酯等，力求透过主流媒体的报道，及时、科学、理性地解释相关事实和缘由，澄清误解或误传，尽可能地消除不利社会反响，挽回对行业影响，消除社会和广大消费者对酒类食品的顾虑。既帮助会员企业维护了声誉和合法权益，也维护了消费者的权益。协会还通过媒体，分别发布了酒品市场信息、国家标准执行情况的报告，以及进口酒的信息和对国内酒类市场影响的分析报告。

2．为上海亚太、三得利中国投资公司、上海青岛、金枫、皇轩、神仙和十几户崇明老白酒企业等会员企业，以及日本朝日、麒麟、三得利、三菱商事等公司，美国、匈牙利、阿根廷、西班牙、意大利、澳大利亚、意大利等驻沪领事馆和酒协、商务处等提供咨询服务61户次和81人次。

3．参与市经信委组织的《上海市时尚产业三年行动计划》制定，还为政府5个相关部门提供行业发展情况和产销市场信息，以及行业技术专业性方面的信息。

4．组织中小会员企业参加市中小企业融资政策解读与服务会议，以及网上“金马甲”交易平台活动等，为中小会员企业解决融资困难提供帮助。

5．依照国家和行业协会要求，并按照国家统计局的规定和要求，对上海酿酒行业的生产与销售及酒类市场信息进行统计和分析，上报中国酒业协会、中国食品工业协会、市经信委、商务委、酒类专卖局等有关部门。同时，提供给会员单位参考。

六、参与编写行业相关的标准和年鉴

1．参与市商务委组织制定的《上海市食品流通市场的服务标准》中“上海市食品零售企业服务标准”。

2．参与制定上海市啤酒行业能耗标准。与市轻工业协会和轻工研究所共同研究、讨论，举办啤酒行业听证会，针对本市啤酒企业的能耗现状和技术实力，制定高于国家标准的能耗标准，并于2013年实施。

3．编写《2012年上海工业年鉴》、《2011年上海市商务年鉴》其中的上海酿酒工业篇和酒业篇。

4．编写《中国酿酒工业年鉴》上海地方篇和《中国食品工业年鉴》上海篇。

七、参与行业相关的公共社会事务

1．先后与上海电视台纪实频道《第25小时》栏目、上海人民广播电台FM93.4《曼生活》栏目，共同制作了进口红酒专题纪录片和酒类消费方式的广播节目，并相继播出。在平面媒体上发表20多篇有关酒的鉴别、收藏、包装、拍卖及其他相关知识。

2．应邀在高校举办酒与消费报告会，在大学生中推广普及酒的文化。为满足社会日益增长的对高端生活追求，还面向社会，开办酒与生活品味讲座，引导社会成功人士、高端消费人群对酒的消费与追求。

八、主办上海国际葡萄酒与烈酒展览会和组织参观、参展

1．年内连续举办第八、第九届上海国际葡萄酒与烈酒展览会，适应产销形势，构建国际酒业贸易、交流平台，满足广大国外酒商进入我国市场的需求。两届展览会共有来自20多个国家的390多家参展商参展，吸引了4000多专业人士前往参观、洽谈。同时，还进行了一系列的报告会、讲座、品酒等活动。

2．组织会员企业选择参加在沪举行的大型国际食品展，如法国爱博（SAIL）展览集团主办的“第八届上海国际食品、饮料展”、“第十届上海国际饮料、食品及技术博览会”、“中国国际水处理设备展”、“2012意大利三大葡萄酒产区国家展”等，促进中外同行交流，为企业寻找、发现商机提供机会及服务。

九、组织会员企业参加“大学生招聘专场”活动

组织会员企业参加由杨浦区政府和市经团联组织的“上海应届大学生招聘专场”活动。7户中外会员企业提供60多个职位，涉及啤酒及黄酒的销售、营销、行政、食品检验和化验、质量控制等专业岗位。

十、进一步加强与国外的交流

年内与国内外同行间的交流更加频繁和密切。尤其是与法国、意大利、西班牙、美国、匈牙利、澳大利亚等国同行的联系更密切，活动也更多。与国外驻沪机构的交往也越来越多，如法国食品协会、美国农贸处、西班牙商务处、意大利贸易处、德国工商大会、法国亚玛内克白兰地联盟等。先后接待19个国家46个行业协会和酒商代表团，并组织相关会员企业与法国雅文邑（ARMAGNAC）白兰地地区协会、意大利（Schizzerotto）啤酒协会、德国不来梅地区葡萄酒协会和布拉特罗（Pratello）意大利酒庄等进行深入交流和合作意向洽谈等。

十一、遵章办事，开展协会基础工作

1．依章换届，召开五届会员会议和五届一次理事会。依照章程，进行换届改选，在全体会员支持和配合下，召开第五届会员大会和五届一次理事会会议，选举产生协会新一届理事会和领导。崇明老白酒专业委员会也于年底完成换届工作。

2．发展会员，扩大行业的覆盖面。积极稳妥地发展会员，年内新发展西班牙发露酒业贸易（上海）公司等3户企业。

（吴建华）

上海市物流协会

上海市物流协会成立于2007年4月，是由上海市物流和商贸流通企业及相关单位组成的跨系统、跨部门、跨所有制的非营利性社会团体法人。现有会员单位近千户。

2012年主要工作：

一、积极推动“营改增”税收政策的贯彻实施，发挥协会的桥梁纽带作用

推动税改政策的贯彻实施，一是开展税收政策实施情况的调查研究，听取企业对税改的反映，把企业的落实情况和呼声要求及时上报政府部门，共开展调研10余次达200余人次。调研企业54户（次），征集企业书面材料24份上报政府，引起政府相关部门的重视。二是组织“营改增”政策辅导和培训，2次举办会员企业税改政策辅导，请市财政局专家现场讲解并回答企业问题，共有240余人次参加，受到企业欢迎。三是积极建言献策，在“营改增”推进过程中撰写4份报告，向政府提出阶段性、专题性调研意见，还在应邀参加的政府、研究机构召开的税改座谈会及讨论会上提出政策完善建议，发挥参谋作用。四是跨省宣传税改政策，应邀赴浙江嘉兴市，在嘉兴市“营改增”动员大会上作“关于上海‘营改增’实施成效和行业协会在税改中作用发挥”报告，为宣传、推动“营改增”政策贯彻作出努力。

二、努力完成推动行业发展的重要任务，发挥协会牵头和协调作用

受政府物流主管部门委托，积极推动行业发展。牵头组织推荐评选上海市2012年全国先进物流企业。5–6月，在市商务委的领导下，与交通运输行业协会、国际货代行业协会、仓储行业协会组成评选办公室，承担评选方案起草、评选会议召集、企业上报材料审核汇总、提出推荐评选意见等工作，共有38户物流企业被评为2012年全国先进物流企业。主办上海“5·6”物流活动。5月6日，联合交通运输行业协会、国际货代行业协会、仓储行业协会和物流企业家协会共同主办，上海新跃物流企业管理公司承办上海“5·6”物流活动。活动在浦东国家干部学院召开，与会物流企业代表1500余人，工信部、市经信委、市商务委等领导出席并讲话，会议气氛热烈，集中展示了行业发展新成果、新形象。同时，还组织40余户上海物流企业参加在浙江义乌市召开的长三角地区现代物流联动发展大会，实现省市互动。8月，市商务委等部委发布《关于推进城市配送物流的意见》，协会积极配合政府推动《意见》的贯彻实施，开展城配物流专项调研，走访本市城市配送物流骨干企业27户，对城配物流设施项目建设情况、运作模式、管理及团队、企业对城配物流的要求建议进行调研，并将调研结果和建议书面上报市商务委。11月30日，组织15户物流企业就城配物流的运作实务进行研讨交流，以便企业对城配物流项目申报和推进城配物流专项技术应用与操作等更明确了解。推动城配物流的标准化工作，联合医药配送骨干物流企业和高校专家、教授，完成上海医药逆向物流标准的起草，报送有关部门。促进城配物流项目资金的有效对接，将国家和市政府有关城配物流扶持资金情况向企业进行宣传，对符合条件的在建、拟建项目向政府积极举荐，推动企业单个或联合共建城配物流设施，使一批促进城配物流项目得到申报，资金得到合理配置。

三、致力于为企业办实事、诉实情，增强协会凝聚力、向心力

1．积极反映企业诉求。安吉汽车和西上海汽车是国内汽车物流的龙头企业，向协会反映因商品车（轿车）货运车国家标准严重滞后而在配送中被乱罚、重罚，企业不堪重负的问题。协会为此开展专项调查，于12月完成调查报告，列举企业受罚数额、表现形式，分析企业违规的深层次原因，提出尽快修订出台国家标准兼顾运输安全和企业配送盈亏平衡的具体建议，上报政府有关部门。

2．积极介入危机干预。年内接到多起会员企业有关服务质量和运输中问题被投诉、被曝光的求助报告，在企业公共危机面前，协会发挥自身优势，积极与媒体、客户和有关方面协调，实事求是、公平合理地帮助会员单位妥善解决10余起纠纷，维护了企业利益，保障了客户权益，为社会的稳定作出贡献。

3．牵线搭桥。充分利用联系面广、信息汇集的特长，帮助企业进行业务对接、资源互补、异地投资，为10余户会员企业实现库房、场地、设备租赁、业务合作联动、购地扩建物流园区等需求。其中企业到安徽芜湖、江苏海安进行投资建物流园区购地达300余亩，项目合作总额逾亿元。

4．加强与各方交流沟通。通过组织迎新春长三角和协会、物流企业联欢会，以及赴浙江平湖物流企业工作交流和考察活动、中秋国庆物流企业茶话会，促进企业、协会、政府间沟通顺畅、充分交流。

5．开展人才培训。3月、11月，举办了第二期、第三期高级物流师培训班，共有129名学员参加。其中第二期培训班79名学员经国家有关部门统一考试，已取得高级物流师证书，第三期培训班 50 名学员也于年内参加了考试。

四、坚持促进企业能级的提高和行业进步，扩大协会知名度、影响力

1．积极推动上海地区国家标准 A 级物流企业的评估和复核，为市场树立样本，为行业树立标杆。全年有 21 户物流企业通过 A 级物流企业的评估，有 26 户 A 级物流企业通过复核评审。

2．开展物流企业诚信建设。年内取得上海国家标准信用企业达 27 户；长三角区域“守行规、讲诚信”示范企业新增 5 户，总计 10 户。上海星级文明企业新增 19 户。

3．努力推动物流服务名牌的创建。年内有 20 户物流企业通过市名牌评审委的评审，成为市服务名牌。

4．推动物流企业亮相国际展会，展示物流新技术。10 月，与汉诺威国际展览局合作，在 2012 亚洲运输与物流技展览会上，首次设立第三方物流展区，组织 11 户物流企业参展，并安排 2 场物流技术发布会。展会期间，中物联领导和众多参观者到第三方物流展区参观，通过交流和展示，对扩大上海物流企业知名度，赢得更多商机起到促进作用。

（朱泽榕）

上海市国际服务贸易行业协会

上海市国际服务贸易行业协会成立于 1996 年 10 月，是由从事国际贸易、会展、金融、保险、运输、广告、信息、咨询、设计、会计、律师、旅游、宾馆、商业等企事业单位组成的行业社团法人组织。下设投资和管理顾问专业委员会、文化贸易专业委员会、安全防灾专业委员会和外经贸车辆管理专业委员会等。现有团体会员 500 多户。

2012 年主要工作：

一、积极参与服务贸易交易展示平台的建设，为企业拓展更大空间夯实基础

5 月 28 日 –6 月 1 日，国家商务部主办的“中国（北京）国际服务贸易交易会”（简称京交会）在北京国家会议中心举办。“京交会”是我国服务贸易的重要平台，与广交会南北呼应，服务贸易与货物贸易并驾齐驱。协会积极参与“京交会”的组织和参展工作，并组织 40 多户企业、多家协会及学会参加。还在“首届京交会上海服务贸易平台推介及企业项目对接会”上首发协会编写的《上海服务贸易案例选编》。展会期间，组织部分参展企业参加新加坡、英国展区的交流和洽谈。

二、普及服务贸易知识、推介服务贸易经验、宣传服务贸易政策

1．宣传平台建设有成效，“3 网 1 报”在业内逐渐产生影响。承担商务部“中国服务贸易指南网”上海站的建设和管理，作为向全国展示上海服务贸易的窗口。同时，还主办上海服务贸易网和协会官网，会报《国际服务贸易》也不断扩大信息量，提高版面质量，受到读者好评。

2．编印、出版有关书籍，普及知识，介绍经验，为服务贸易发展服务。在市商务委的指导下，编辑出版《探寻服务业走出去之路——上海服务贸易案例选编》，收录 40 多篇案例，文章内容丰富，覆盖了服务业的要素资源，充分反映上海服务贸易的发展成果。《上海服务贸易案例选编》在“京交会”首发，受到热烈欢迎。

三、加强服务企业，做好企业与政府之间的桥梁

1．开展调查研究，沟通企业和政府间的联系，为解决会员单位实际问题尽最大努力。经常召开座谈会，走访会员单位了解和交流服务贸易发展状况、服务贸易企业的需求，与区、县商务委的同志共同研究提出金融危机期间推进服务贸易发展的方法、途径和建议。通过开展调查研究，加深对上海服务贸易行业现状的了解、加深对会员单位诉求的了解，沟通企业和政府之间的联系，为解决企业困难尽力。

2．参与组办各种会展和国际交流活动，为会员单位经济发展服务。组织企业参加阿尔巴尼亚的国际展览会，作为近 30 年来中国首赴阿尔巴尼亚经贸团，受到阿尔巴尼亚政府和有关商协会的高度重视，与阿尔巴尼亚企业加强了联系和沟通，为上海企业往阿尔巴尼亚发展奠定了基础。协会主办和参与的其他各种展会，也都取得了较好的效果。

3．加强企业宣传，为服务贸易品牌建设服务。通过协会宣传渠道加强对企业宣传，介绍会员企业主要业务、产品、发展方向等，并对企业动态及时进行跟踪报道。开展上海服务贸易 100 户优势和潜力企业评定工作，积极宣传和推荐服务贸易品牌。

4．主动参与上海服务贸易重点企业推荐，为培育上海服务贸易龙头企业服务。近年，市商务委组织开展服务贸易重点企业申报评审工作，努力对重点服务贸易企业给予服务聚焦和政策聚焦。协会主动要求积极参与，协会文化贸易专业委员会开展重点文化企业申报工作，指导文化贸易企业完成申报，经协会推荐，本市列入国家文化出口重点企业、重点项目和获得的支持资金在全国均名列前茅；主动参加专业服务贸易重点企业的推荐申报，在协会推荐下，不少专业服务贸易企业经申报成为重点企业，并在上海服务贸易网和协会网站上及时发布公示。

四、积极开展区域交流，成功组织“京、津、沪、渝”服务贸易协会工作研讨会

加强与兄弟省市的联系和交流，为使联系交流常态化、制度化，主动发起“京、津、沪、渝”直辖市服务贸易商协会工作研讨会，并得到各直辖市服务贸易协会的积极响应和支持，研讨会的成功举办获得了较大的成果。

（冯志伦）

上海工业设计协会

上海工业设计协会（原上海工业设计促进会）成立于1993年3月，是由上海工业系统从事产品设计的企事业单位、工业设计工作者等设计专业人员自愿联合组成的跨行业、非营利和专业性的社会团体法人。

2012年主要工作：

一、认真学习贯彻十八大精神，推进创意设计业发展

组织会员认真学习、深入贯彻党的十八大精神，召开学习交流会，结合当前工作实际，联系本单位创意设计业的创新发展，畅谈学习心得体会。通过学习，与会会员确立“发展是第一要务”的理念，明确设计企业、设计学院发展的方向，以及国家“十二五”规划所提出的“加快发展设计研发业，促进工业设计从外观设计向高端综合设计服务转变”和上海“十二五”规划所提出的“工业设计业重点发展机械及装备设计、消费品设计”等目标与任务。

为进一步落实上海文化创意产业“十二五”规划，提升已建文化创意产业园区能级，会同《文汇报》召开关于上海创意产业、设计产业发展座谈会，协会邀请相关设计园区、设计企业以及创意产业研究机构等领导、专家，对市政府命名的89个创意产业园区进行分析，研讨发展中的瓶颈与问题，并提出可行性建议。会后，协会撰写了专题报告呈送市文创办和市经信委等政府相关部门，助推本市文化创意产业发展。

积极配合市经信委、市财政局等部门做好设计企业“营业税改增值税”试点工作，深入设计企业和会员单位进行“营改增”试点工作的宣传与调研，了解企业受到的影响，并撰写情况信息，以便上级部门及时掌握试点企业情况；同时，还对行业发展趋势提出分析和建议。

在广泛采集国内外设计行业发展动态及深入企业走访与调研的基础上，完成市经信委下达的《上海设计创新示范企业（基地）认定管理办法研究》课题报告，并协助市经信委开展年度设计创新示范企业的申报和评审工作。目前，已有30户设计企业被命名为“上海市设计创新示范企业”。同时，配合市经信委对已命名的部分设计创新示范企业做好跟踪管理和指导工作。

协助市、区政府推动构建创意设计业公共服务平台，通过协会网站和《动态》转登、转发，广泛介绍上海市文化创意产业财政扶持资金政策，对包括工业设计在内的文化创意产业公共服务平台项目进行聚焦、扶持。同时，有针对性地走访具备条件的创意设计园区和工业设计企业，与其共同解读财政扶持政策，指导相关园区和设计企业建设公共服务平台，特别是对上海时尚消费品设计公共服务展示平台、八号桥设计交流平台、卓维700陶瓷文化创意公共服务平台，以及昌平路静安时尚创意产业集聚带时尚设计公共服务平台等项目进行深入指导。

二、认真配合市、区政府做好创意设计人才队伍建设

会同创意设计业园区做好设计创意人才培训，开展“以用户为中心的产品创新——助创意企业营造产品新价值”的8号桥创意教育培训公共服务平台第一期创意人才培训，并邀请美国斯坦福大学商学院创新课程及长江商学院EMBA成员、高介原创顾问公司创始人安芯仪主讲。下半年，配合支持黄浦区文创办举办江南智造创意发声工业设计专场讲座，协会秘书长主持专场讲座，促进参培设计师学员之间构建新的交流平台，发挥政府与企业共建教育培训公共关系服务平台的积极作用。

配合市经信党工委、团市委和市经信委开展“2012年上海青年高端创意人才促进计划”工作的实施，有4个会员单位的总设计师、设计总监荣获“2012年度上海青年高端创意人才”称号，2个会员单位的总经理、专业主任荣获“2012年度上海青年高端创意人才”入围奖，有力促进了青年高端工业设计师创意人才的培育与发展。

配合中国工业设计协会组织的2012年度中国设计业十佳评选活动，经协会推荐，2户常务理事、副理事长单位荣获“2012年度中国工业设计十佳杰出设计师”、“2012年度中国工业设计十佳创新型企业”、“2012年度中国工业设计十佳设计公司”荣誉称号。

三、认真举办创意设计业论坛、创意设计展和创意设计大赛

承办以推进上海“设计之都”为主要内容的“2012年中国国际工业博览会——时尚设计与设计之都”发展论坛，并邀请上海现代服务业联合会会长周禹鹏作主题演讲，出席论坛的有250多人。协会荣获“第十四届中国国际工业博览会论坛优秀组织奖”。

举办2012年高校设计创意优秀作品展，展会汇集了上海13家高校优秀毕业作品，不仅得到高校领导、老师与学生的肯定，也得到市教委、市经信委领导的首肯。

配合国家文化部和深圳市政府在深圳举办的“首届中国设计大展”活动，并通过协会网站及相关会议对首届“中国设计展”进行推介宣传，会员单位中共有10多户设计企业及设计学院参展。

协会主办、上海桥中设计咨询管理有限公司承办的“第七届最成功设计大赛”，收到来自产品与服务设计、交通工具设计、视觉传达设计、时尚设计和空间类设计五大类共454件作品，比上年增加近30%，评选出123件获奖作品，并举行颁奖典礼。

与上海电气（集团）股份有限公司共同主办“上海电气杯”第十一届工业设计大奖赛，还积极配合中国五金制品协会开展“2012年金勾奖卫浴五金（水龙头、花洒类）创新设计大赛”。

认真组织动员会员单位参加由国家工信部主办的首届中国优秀工业设计大赛，配合市经信委都市产业处组织专家对参赛的93户工业设计企业及设计院校的产品与作品进行初审，并上报41户设计单位。在“中国优秀工业设计奖展览”上，本市有21户单位参展。

四、加强与国内外设计界合作与交流

会同同济大学设计创意学院与芬兰设计界开展交流活动，共同推进在上海举办的“赫尔辛基2012世界设计之都——上海周”活动，会同静安区商务委文创办与荷兰领事馆、荷兰设计促进会开展设计师、设计企业互动交流。

加强同北京、浙江、江苏、青岛、深圳等地区工业设计协会，以及设计企业、设计学院、设计师的交流。协会秘书长受清华大学邀请出席第四届清华大学“国际艺术·设计学术月暨2012年中国工业设计北京论坛”，并作精彩演讲。还参加2012年第五届深圳国际工业设计周活动。

加强与香港设计中心以及台湾设计界、设计机构的合作交流。协同香港设计中心通过协会网站及《动态》等渠道，宣传香港设计营商周，动员和鼓励会员单位参与香港设计营商周系列活动，促进沪、港设计界的交流合作。

五、认真做好会员服务工作，加强协会队伍建设

在理事会领导下，完成副理事长、常务理事、理事的增补，启动协会顾问委员会的工作。同时，充分发挥各专业委员会的作用，完成对协会装备设计专业委员会领导班子的调整。

（陈建萍）

上海市会展行业协会

上海市会展行业协会成立于2002年4月，是由上海市从事会议、展览及相关业务的企事业单位自愿组成的跨部门、跨所有制、非营利性的行业性社会团体法人。现有会员450户。

2012年主要工作：

一、认真总结10年创新路，提升协会社会影响力

1．认真编制《十年创新路》纪念册。为回顾总结协会10年来的经验和教训，经过近4个月资料搜集、梳理，编撰涵盖协会10年成长轨迹的《十年创新路》纪念册，并在10周年成立大会上赠送政府有关领导和会员企业。

2．10周年庆典活动，取得圆满成功。4月24日，上海市会展行业协会庆祝成立10周年大会在世博展览馆会议室隆重举行，副市长艾宝俊发来贺信，市政府副秘书长、市商务委主任沙海林，全国政协常委、市经团联会长蒋以任，上海现代服务业联合会会长周禹鹏，市社会工作党委副书记袁建国，市社团局副局长徐乃平出席大会并致辞。市商务委副主任王新培、市政府外事办副主任范宇飞等政府部门领导出席庆祝大会。大会向上海博华国际展览有限公司创始人王明亮、上海新国际博览中心有限公司总经理董汉友颁发了上海会展业发展杰出贡献奖。

二、构建企业与政府的桥梁，积极反映企业诉求，推进上海会展业健康有序发展

1．落实中央工作会议精神，按照市委市政府部署，会展业“营改增”试点初见成效。在中央确定在沪试点，先在交运业和部分现代服务业实行营业税改增值税的工作中，我们充分听取企业意见，仔细测算，认为要使“营改增”税收能在行业顺利推行，应采取营业税继续抵扣和增值税征收后补贴的双轨并用的措施，建议得到市委宣传部、市经信委的认可，最后被政府采纳。双轨并用后，会展企业的营业税率普遍有所下降，企业得到实惠，也促进了上海会展企业营改增试点工作的顺利实施。试点期间，我们举办培训讲座，召开座谈会，得到科技会展、环球展览、协合广告等企业的大力支持，他们详细提供营改增试点前后企业财务税收情况资料，为试点工作顺利实施提供决策依据。

2．积极推进品牌展、优秀展项目奖励政策兑现。5月，在协会努力推进下，浦东新区对在浦东举办，经协会评估确认为“十一五”期间上海国际展览会品牌展、优秀展的项目兑现了奖励政策。业内有27户企业，34个国际展览会项目获得奖励。这也是对协会开展国际展览会项目评估工作的肯定。

3．创新工作方式方法，维稳责任落实到全行业，确保十八大期间行业和谐稳定。根据市社会工作党委对协会要求做好行业维稳工作的精神，制定《关于加强上海市会展行业维稳工作的报告》上报市社会工作党委，得到委领导肯定和同意，支持行业维稳举措。9月20日，召开的三届七次理事会，会上与上海11个主要展览场馆签订维稳责任书。通过协会与场馆、场馆与主承办单位之间签订维稳协议，将不规范展会拒之门外，是会展业和谐发展的需要，也是确保本市安定团结局面的需要。

4．积极参与《上海展览业管理办法》修订。目前，市商务委成立上海市展览业立法调研工作小组，协会作为小组成员，积极参与《办法》的修订。为使展览业管理办法真正起到推动行业发展的作用，协会多次召开座谈会，听取企业意见，环球、国展、博华、百文、商展办、协升、和煦等企业负责人提供不少建设性意见，协会汇总整理后上报市商务委上海市展览业立法调研工作小组。

5．通过不同渠道向政府部门提出行业可持续发展建议。年内市委督查室、市商务委、市社工委、市社团局、市经团联等部门领导来调研，协会积极呼吁政府有关部门尽快落实会展业“十二五”规划中目标措施，制订鼓励上海会展业发展实施意见、扶持政策等。同时，设法反映会员单位的诉求。如关于“新博中心”协调地铁站点更名事宜。因不少内地和境外人士反映找“新博中心”的地铁站不方便，年初“新博中心”向浦东新区规土局报文提出更改站名申请，6月，浦东新区规土局回复不同意更名要求。为此，“新博中心”给协会来函，希望协会协调关于地铁花木路站改名事宜。经协会研究，特拟《关于恳请市商务委帮助疏通地铁花木路站调整站名事宜的函》上报市商务委，并抄报市社会工作党委、市交通运输和港口管理局。吴承璘会长还亲自写信给市有关领导，希望市领导关心此事。

三、规范行业，不断提升行业诚信体系建设

1．完成新博等五大展馆综合服务水平评估。根据市政府有关部门切实提高场馆服务质量的要求，协会委托第三方对2010–2011年度上海新国际博览中心等五大展馆综合服务水平进行测评。通过运用3个层级、80个评估因素构成的评估指标体系，经15个月的现场测评、集中座谈、项目调研、综合分析，形成综合报告，报送市商务委等部门，得到政府肯定。

2．申报《上海会展行业主体信用体系》项目，获市经信委批准。7月，向市经信委申报《上海会展行业主体信用体系》项目，经过专家评审获批。项目以会展业三大主体，即展览主承办机构、展示工程企业和场馆运营商为研究对象，通过市场调研、问卷调查、座谈等形式，将于2014年1月前完成三大主体的信用评价体系和信用评估报告样本。还组织会员企业参加市经团联、市质量协会联合举办为期2天的企业社会责任培训班，以及“企业诚信创建”活动组委会举办的会展行业企业诚信创建工作专场培训班。为规范用工制度、和谐劳动关系，邀请市劳动监察大队专家，为会员企业开展劳动法规培训。

3．申报《展览主承办机构服务质量要求及等级划分》，作为上海市地方标准获市质监局批准。3月，向市质监局申报《展览主承办机构服务质量要求及等级划分》，经过项目答辩、专家评审，已获得市质监局批准，项目将于2013年底前完成。

4．展览会现场分级综合保险使企业受益。为降低企业的风险成本，委托上海仁信保险经纪公司为展览会现场进行分级综合保险，既降低主办方和展示工程的连带责任风险，又确保搭建商的偿付能力与经营稳定。该项工作得到上海博华、百文会展、环球展览、点意空间等大部分企业的支持。年内仁信保险经纪公司完成展览主办方保险项目共59场，其中新博、世博馆共48场，其他场馆11场，节省近30%的原保费支出。完成搭建商保险196份，节省近50%的原保费支出。

5．继续开展国际展览会项目评估和复评工作。培育并扩大品牌展、优秀展项目的辐射面和影响力，年内已受理32个国际展览会品牌、优秀项目参加复评和初评。

四、承接咨询项目，理清行业发展思路，提升协会能级

1．中国博览会会展综合体展览总体运营方案。受中国博览会有限责任公司（筹）委托承接中国博览会会展综合体展览运营管理的调研报告课题。6月起，在业内专家、高校教授支持下，经近半年的市场调研、查阅资料、个别访谈，吴承璘会长还亲赴第112届广交会实地考察、发放问卷、召开座谈等，年底完成课题结稿。课题从上海会展业发展的目标和需求，客观公正地分析提出中博会会展综合体在建设进程、日后运营方向以及与上海现有场馆和例展项目和谐有序发展的建议。

2．为长三角地区服务。4月，受嘉兴经济技术开发区管委会委托，承接嘉兴新国际会展中心可行性研究报告。经近1个月的资料搜集、梳理、论证，完成研究报告，并得到嘉

兴市政府的认可。

3．承担会展技术实训平台项目技术咨询。为提高上海会展人才整体素质，在协会推动下，原市劳动局在杨浦区筹划建设4000多平方米的会展实训基地，已进入标准制订、项目施工招标阶段，将于2013年建成。受市就业促进中心委托，协会承担了该项目的技术咨询和监理工作，建成后可供会展专业学生和新职工开展实训。

五、继续加强业内培训，提高会展人才总体水平

1．展示设计师培训启动。开展展示设计师培训认定的各项准备工作，分别走访上海大学、工程技术大学、复旦上海视觉学院以及工艺美术学院等具有设计专业的院校，在专家、教授的积极合作下，博采众长，并参考国内建筑装饰行业、工艺美术设计、工业设计室内设计等办法，制定适合行业人才培养的展示设计师助理、中级、高级的职称标准。根据标准，认定张定国、孙峰等10位同志为上海市会展行业首批高级展示设计师。9月19日，在《文汇报》刊登公告，对高级展示设计师进行宣传，扩大行业影响力，促进展示设计师培训、认证工作的实施。12月21日，协会首批高级展示设计师资格认证培训班正式开班，来自展示工程企业负责人、设计总监近50人参加培训。

2．申报《上海会展创意设计人才建设专项服务平台》项目，获市文创办批准。7月，向市文创办申报《上海会展创意设计人才建设专项服务平台》建设项目，经答辩、市文创办专家组审核，10月，获市文创办批准。项目内容包括开展会展企业创意人才培训、认证、培训网站建设等，旨在提高项目策划人员和设计人员的综合素质和专业水平，为上海"十二五"建成国际会展中心城市夯实人才基础。

六、坚持服务宗旨，不断拓展为会员服务的覆盖面

1．编撰完成《会展资讯》、《2012上海会展业发展报告》、《上海会展业核心竞争力和市场前景的调研报告》，以及为政府相关部门提供年鉴资料。

2．拓展与国际同行组织的交流。9月，协会正式加入国际展览业协会（UFI组织）；组织部分展示工程企业代表与IFES（国际会展联盟）主席Brunomeissner进行沟通交流；接待日本东京空间设计协会副会长稻恒博一行前来拜访。

3．年内接待泰国会议展览局、韩国展览合作社、BPA亚太区总部、台湾世贸中心、北京北辰集团、广州贸易中心以及重庆、成都、福建、南京、常州、苏州、无锡、嘉兴等地同行的拜访交流；促成中国民族贸易促进会主办的食品安全和地表产品博览会落在上海举办；同时，组织5批业内人士分别赴韩国丽水世博会、欧洲、美国等地商务考察，并向2015年米兰世博会组委会推荐上海部分展示工程企业。

七、加强自身建设，提高服务能力

1．申报5A级社会组织。参加由国家民政部组织的社会组织规范化建设评估工作。2月28日，市社团局与青年家园共组评估工作小组到协会进行实地评估座谈，听取汇报、查看实地、查阅材料和提问访谈，经考评我会获得国家民政部颁发的中国社会组织5A级称号。

2．认真做好投诉事件处理。年内国内展冲击国际展、虚假广告等现象频频发生，为提高处理纠纷效率，维护会展企业的正常秩序，特制定《法务部展会纠纷处理流程》，并会同法务部连续处理协调了7个展览会项目，使矛盾得到缓和，维护了上海会展业安定和谐的局面。

3．与常州灵通集团合作，协办展示设计论坛。协办2012国际（常州）广告创意展示设计高峰论坛，组织近20户展示工程企业代表赴常州参加论坛。论坛上，吴承璘会长作"创意、3R、人才"主题演讲。

4．完善网站建设。与会员单位上海怡通、百域会展签订合作协议，对网站进行改版。改版后，增加大量国内外展会信息、展会展品通关信息等，为会员企业提供信息服务。

5．专委会工作。展览主承办机构专业委员会针对市一中院的司法建议，召开副主任以上会议，就加强知识产权保护开展讨论研究，提出对策。协会还向各副主任报告了会议专业委员会的工作情况，会议专业委员会主要负责做好展会期间的会议、论坛管理工作。另展示工程企业资质初评和复评已进入常态化、规范化，年内共有27户展示工程企业参加初评和复评。

6．开展相关活动、帮助企业推介。年内成立"上海会展女精英俱乐部"，并借助"中国国际美容化妆品洗涤用品博览会"开展之际，举办"健康·美容"主题活动，倡导女性会展人关爱自我，热爱生活，积极进取；组织1场由国外专家主讲的会展购并讲座，为会员单位提供学习国外管理经验、拓展新发展方向的平台；协办成都会展业（上海）推介会，与成都市博览局就沪蓉两地会展项目、会展培训建设等签署战略合作协议；组织近50户会员企业参加跨国采购会展中心的推介会。

7．配合浦东新区推进上海会展创意园区建设。在浦东新区的支持下，在浦东杨新路88号创建上海会展创意园区，并与骊湾88会展创意园区签订战略合作协议。目前，工作正积极推进。

8．开展个性服务。为东浩会展经营有限公司、上海创图网络科技发展有限公司、汉诺威米兰展览公司等会员企业出具相关证明。根据市工商局要求，对申报驰名商标的上海新国际博览中心、上海万耀企龙展览有限公司出具推荐意见。

9．协会顾问、专家工作。协会顾问人选进行调整，市社会工作党委副书记袁建国、市教委副主任李瑞阳同志新担任协会顾问。经邀请，市经信委推荐负责工博会项目的周敏浩副主任担任协会顾问。鉴于法兰克福展览公司总经理赵慰平在沪工作期间为上海会展业作出的突出贡献，协会向赵总颁发荣誉证书，并聘请其担任协会专家咨询委员会委员。

10．收获的荣誉。年内，被授予中国社会组织5A级协会，中国会展经济研究会授予吴承璘会长中国会展城市（项目）管理机构优秀人物奖、吴会长论文《主动迎接“大会展”的挑战——试论会展发展相关理论》荣获“第四届中国会展经济研究优秀成果奖”一等奖。中国会展杂志社授予协会“2012会展年度管理大奖”、中国会展行业年会组委会授予“2012年度全国会展工作先进单位”、中外会展杂志社授予“全国会展业‘金五星’优秀会展行业协会奖”。中国会展行业年会组委会授予龚维刚副会长“2012年中国会展产业年度人物”荣誉、中外会展杂志社授其“全国会展业‘金五星’年度人物奖”。

八、党建、工会工作

协会党委认真学习贯彻党的十八大精神，切实加强基层党建工作；深入开展创先争优活动，激发基层党支部工作活力；明确党风廉政责任，促进“两新”组织廉洁文化建设。经3年的筹备，12月26日，上海市会展行业工会召开工会代表大会，选举产生会展行业工会第一届工会委员会、工会经费审查委员会、女职工委员会。

（会展行业协会）

2013·上海工业年鉴

SHANGHAI
INDUSTRIAL
YEARBOOK

2012 年上海经济和信息化大事记

1 月

5 日　市政府召开服务企业稳增长工作会议。会议总结 2011 年全市产业和信息化工作，针对经济运行面临的挑战和困难，要求进一步统一思想，振奋精神，切实加大服务企业力度，全力以赴推动工业经济平稳较快增长，确保完成全年目标任务。副市长艾宝俊出席会议并讲话，市政府副秘书长肖贵玉主持会议。市政府相关委办局及部分中央在沪单位负责同志，各区县政府及经委（商务委）负责同志，部分重点企业和重点工业园区负责人参加会议。市经济和信息化委主任王坚通报全市服务企业稳增长工作情况；浦东新区、金山区、上汽集团、临港集团负责人在会上作交流发言。

6 日　市经信工作党委、市经信委召开工作会议。主要议题是贯彻落实党的十七届六中全会、中央经济工作会议和全国工业和信息化工作会议，以及市委九届十七次会议的精神。市经济信息化委主任王坚、市经济信息化工作党委副书记张金康在回顾 2011 年党政工作的基础上，对 2012 年党政工作进行全面部署。副市长艾宝俊、市政府副秘书长肖贵玉以及市经济信息化工作党委书记周国雄出席会议并讲话。市经济信息化工作党委、市经济信息化委领导，各处室负责人以及相关单位负责人参加会议。

6 日　市经信工作党委召开全系统 2012 年党的工作会议。市委常委、常务副市长杨雄，副市长艾宝俊出席会议并讲话，市经信委系统各单位党政负责人以及直属单位、“两委”机关负责人出席会议。

10 日　市经信工作党委举行上海航天“921”团队先进事迹报告会。在报告会上，上海航天局党委副书记、局长朱芝松，以及载人航天工程飞船系统和空间实验室系统副总指挥、上海航天科研四部部长叶勋等 6 位报告团成员，用朴实无华的语言、鲜活生动的事例，讲述上海航天人的家国情怀。报告会前，上海市委常委、常务副市长杨雄接见了圆满完成“天神”交会对接任务的代表。

16 日　市经信工作党委、市经信委召开第 11 次党政联席会议。党委书记周国雄主持会议并传达市“两会”精神。会议听取干部处关于机关 2011 年度考核及高新技术产业化专项考核工作情况的汇报；听取人事教育处关于启动事业单位实施绩效工资工作情况的汇报。会议要求，要按照市有关部门规定的时间节点和工作步骤，认真细致地做好事业单位实施绩效工资的工作，做到分头实施、有机结合、有序衔接。

17 日　市经信委召开 2011 年度本市推进信息化与工业化融合发展水平指数评估工作启动会议。来自本市各区县经济信息化部门、主要企业集团、行业协会、产业园区相关负责人参加会议。会上印发两化融合发展水平评估问卷，并布置了相关工作。会议要求，本次调研样本企业要在保持相对稳定的基础上，较上年有所增加。

18 日　市经信委主任王坚主持召开 2012 年第 1 次主任办公会议。会议听取办公室关于 2012 年委重点工作分解情况的汇报、产业投资处关于继续加大技术改造工作的情况汇报、综合规划处关于 2011 年本部门预算执行、专项经费执行情况和 2012 年在委内开展预算管理工作考核说明的汇报、信息化推进处关于 2011 年信息化项目支出预算审核情况的汇报。会上，王坚对春节期间工作作出部署。

22 日晚　上海市委书记俞正声到市电力公司调度通信中心、市公安局指挥中心、市消防总队长宁中队、周家桥派出所查看城市电力、公安、消防工作，了解春节期间的安全保障和应急部署，并代表市委、市政府和全市人民向除夕之夜坚守岗位的工作人员表示感谢。在市电力公司调度通信中心，俞正声向值班人员详细了解春节期间的发用电预计情况和应急抢修措施，查看当晚的电力故障抢修记录，叮嘱电力部门要根据春节期间的用电特点，全力以赴做好居民用电保障工作。

22-28 日　春节长假期间，本市工业系统 11 家重点集团的 79 家企业和 17 个区县共计有 15.34 万人次加班生产。

29 日　市经信工作党委召开专题会议，研究落实经信党委系统一季度工作举措，确保上海经济一季度实现“开门红”。会上，党委书记周国雄要求，2012 年要紧紧围绕“创新驱动、转型发展”，围绕上海产业发展和信息化建设，全面推进党的各项建设。在人才队伍建设方面，将深入推进“项目 + 人才”工作模式，加大高端人才选拔、培养、引进和服务保障力度，积极发现和培育创新人才团队，解决在沪创业发展面临的难题；做好中央“千人计划”和上海“千人计划”申报及评审工作，选拔推荐上海领军人才；探索建立与海外高层次人才的交流通道，吸引更多优秀人才来沪发展。

同时深入开展创先争优活动。大力宣传上海航天局“921”团队先进事迹，在系统上下形成学习典型、创先争优的良好氛围。

2月

1日 上海市委书记俞正声，市长韩正和市委常委丁薛祥、徐麟，副市长艾宝俊等领导察看临港产业区奉贤园区、重装备区、临港主产业区和临港综合区，并召开座谈会，听取临港产业区开发建设工作的情况介绍。俞正声强调，临港地区是上海面向杭州湾发展建设的新城区，蕴含着很大的发展潜力，特别是发展先进装备制造业优势明显。市、区两级政府部门和市里的相关企业都要确立推动先进制造业向临港产业区集聚的意识，鼓励装备生产企业向临港转移，支持临港产业区的发展。韩正指出，临港开发建设关键是转型。要牢牢坚持产业开发、基础设施、城镇建设、生态环境、产城融合“五位一体”的方针，在明确思路、目标的基础上，按照发展先进制造业集聚区的定位一项项抓落实。当前要聚焦交通、公共租赁房建设等年度目标任务和项目重点，把政策用足，把对策想清，抓紧解决碰到的困难，寻找进一步发展的突破口。市、区有关部门要大力支持，继续加大投入、加大政策支持力度，推进临港的开发建设。

3日 市经信工作党委召开系统2012年党的工作会议。市委常委、常务副市长杨雄，副市长艾宝俊出席会议并作重要讲话；市政府副秘书长肖贵玉出席会议；市经信工作党委书记周国雄作工作报告；党委副书记、市经信委主任王坚主持会议。市经信工作党委、市经信委领导，系统中央在沪单位和直属单位有关领导，区县经济和信息化委党政主要领导，市第九次党代会代表，基层联系点党组织负责人，机关处室负责人参加会议。总部在沪央企、部分经济信息化行业协会和非公企业代表应邀出席会议。

7日 市经信委召开推进战略性新兴产业发展工作会议。市经济信息化委主任王坚作题为“增强创新驱动、转型发展的紧迫感和责任感，持续推进战略性新兴产业发展”的工作报告，总工程师马静作工作总结和部署，航空产业处、软件和信息服务业处、节能与综合利用处作交流发言；有关同志领取2012年推进工作责任书，明确工作目标、任务和要求。

8日 上海市委副书记、市长韩正赴中国电信上海公司作专题调研，并视察上海电信博物馆。

8日 上海市科委和中国航空研究院签署上海市与中国航空研究院共建中国航空研究院上海分院的协议，这是中国航空研究院首家正式揭牌成立的直属地方分院。副市长艾宝俊，中国航空工业集团副总经理、中国航空研究院院长张新国为上海分院揭牌。

9日 市经信工作党委召开创先争优活动领导小组会议。党委副书记、创先争优活动领导小组组长张金康，党委秘书长陈更出席会议并讲话，创争活动领导小组成员及办公室工作人员参加会议。在会上，张金康传达中组部“在创先争优活动中开展基层组织建设年视频会议”精神，并提出具体要求；创争办汇报2011年度系统创先争优活动总体情况和2012年度工作思路。

13日 市政府常务会议听取市经信委主任王坚作关于本市法人网上身份统一认证工作情况的汇报。汇报建议在2–3年内，以整合渠道、统一管理、规范收费、拓展应用为重点，充分利用现有法人数字证书，建设网上身份统一认证系统，推行法人数字证书“一证通用”，为各类法人在不同部门、不同业务系统办理在线业务提供统一数字认证服务。会议审议通过该工作方案。

15日 市政府召开产业结构调整协调推进联席会议。会议由市政府副秘书长肖贵玉主持。市经信委主任、市产业结构调整办常务副主任王坚汇报2011年上海产业结构调整工作情况和2012年本市产业结构调整工作安排，以及上海市产业结构调整专项补助办法修改情况；市安监局副局长花克勤汇报危险化学品企业调整情况和2012年工作安排。会上，各联席单位与会成员进行认真讨论。副市长艾宝俊出席会议并讲话。

17日 市经信工作党委召开第35次党委会（扩大）。党委书记周国雄主持会议。纪工委书记、机关党委书记黄肇达传达市宣传思想工作会议精神，以及市级机关党的工作会议精神；党委秘书长陈更传达市信访工作暨2010–2011年度先进表彰大会精神。同时，听取宣传处关于系统党委（党组）中心组2012年学习计划的汇报；听取组织处关于系统在创先争优活动中开展基层组织建设年实施意见的汇报；听取机关党委关于2012年党风廉政建设责任书签约工作的汇报。此外，市经信委秘书长戎之勤通报机关办公用房调整情况。

17日 市经信委主任王坚召开2012年第2次主任办公会议。听取委副巡视员、综合规划处处长史文军关于落实《上海市工业发展“十二五”规划》主要目标和任务工作分工的汇报。听取市无线电管理局局长周卫东关于《上海市无线电管理“十二五”规划（送审稿）》编制发布有关工作情况汇报；会议明确，《规划》文本报市分管领导审定后，按程序抓紧时间发布。听取信用管理处关于本市社会诚信体系建设调研工作的情况汇报；听取信息安全处关于2012年工业和信息化部地方信息安全工作会议情况的汇报；听取办公室关于委承办2012年市“两会”书面意见和提案情况的汇报，以及关于2012年委重点工作与市委常委会工作要点、市政府重点工作分解对接情况的汇报。会上，王坚对近期重点工作作出部署。

20日 上海市电子账单应用推广工程领导小组召开第一次会议。市经信委副主任刘健以及上海电力、上海城投、燃气集团、上海电信、上海移动、上海联通、东方有线、信息投资公司分管领导出席了会议。上海市电子账单公共服务平台的承建单位——上海付费通公司总经理介绍电子账单公共服务平台建设情况；信息化推进处负责人介绍2012年市政府实事项目工作计划；各公用事业单位围绕2012年工作计划进行了交流讨论，并提出意见建议。最后，刘健作了总结讲话。

24日 市政府与中国联通在沪签署战略合作框架协议。根据协议，未来两年中国联通计划投资80亿元，助力上海智慧城市建设。市委副书记、市长韩正，中国联通董事长常小兵共同为“中国联通互联网业务创新基地”揭牌。副市长艾宝俊与董事长常小兵签署战略合作框架协议。

24日 由上海市经济团体联合会（市工业经济联合会）、上海市商业联合会、上海市企业联合会（市企业家协会）共同开展的“第二届上海市工商业领军人物”评选活动日前揭晓，并举行表彰颁奖大会。副市长艾宝俊为获奖者颁奖。全国政协常委、市经团联（市工经联）会长蒋以任，市政府副秘书长肖贵玉、市经信委副主任刘健出席会议并讲话。全国政协委员、市商联会会长任文燕主持会议。各有关委办局、妇联、消保委等领导出席颁奖大会。“第二届上海市工商业领军人物”的评选活动从2011年6月开始，有20位企业家被评为“第二届上海市工商业领军人物”。会上，领军人物代表上海航天技术研究院院长兼党委副书记朱芝松和上海江杨农产品批发市场经营管理有限公司董事长、党委书记王永芳作了交流发言。

27日 市经信工作党委召开系统基层组织建设年工作动员会暨市第十次党代会代表选举工作部署会。党委书记周国雄主持会议并讲话，党委副书记张金康对系统推进基层组织建设年工作和市第十次党代会代表选举工作进行整体部署。系统单位主要领导、组织部门负责人及党委有关处室负责人出席会议。

28日 中国商飞总部基地在世博园B片区奠基。该基地计划2014年完成建设，为配合世博“一轴四馆”的统一考虑，将在城市空间、滨江规划、区域定位等多方面达到中国绿色三星建筑标准。市委常委、常务副市长杨雄，副市长艾宝俊，市政协副主席、浦东新区区长姜樑，中国商飞董事长金壮龙等出席奠基仪式。

29日 中共中央政治局委员、上海市委书记俞正声，上海市委副书记、市长韩正会见中国航天科技集团公司党组成员、副总经理李金山率领的上海航天“921”团队先进事迹报告团。市领导殷一璀、杨雄、杨振武、丁薛祥、艾宝俊参加会见。

29日 上海中航商用航空发动机制造有限责任公司揭牌暨奠基仪式在临港产业区举行。此次奠基的上海中航商用航空发动机制造有限责任公司，注册资本3亿元，经营范围为商用航空动力装置及其相关产品的研制、生产总装、实验、销售和服务，投产后将在临港构建起我国商用航空发动机装配、试车、关键部件制造、计量测试的网络体系，致力于打造大飞机强劲的“中国心”。

3月

1日 上海市信息化专家委员会举办“2012上海智慧城市高层论坛”。专家委主任吴启迪主持论坛；市经信委副主任刘健致辞；论坛邀请国家信息化专家咨询委员会委员高新民、IBM大中华区政府与公共事业部总监文金言、中科院微系统与信息技术研究所王曦院士、闵行区副区长蔡小庆、上海电气首席信息官李静、IBM智慧城市首席规划师岳梅樱等6位专家结合各自专业领域和研究成果，围绕深入推进上海智慧城市建设，积极建言献策。

1-2日 市经信委组织召开区县推进智慧城市建设工作例会。副主任刘健出席会议并讲话；各区县信息化主管部门领导和负责人以及市无线电管理局、委内信息化推进处、综合规划处、经济运行处、信息基础设施管理处等处室的相关负责人参加会议并分别介绍2012年宽带城市、无线城市、信息基础设施优化建设以及智慧社区试点示范工作的情况；市政府实事项目电子账单宣传推广工作、网上统一身份认证系统的前期工作、法人信息共享应用系统建设，“两化融合”进区县、进园区、进企业宣传培训活动等重点工作的开展情况及工作要求；区县无线电管理试点工作情况和2012年工作考虑。会上，各区县围绕智慧城市建设中重点项目规划及推进情况、智慧社区建设的考虑、市级重点工作如何在区县落实等问题进行分组讨论，深入交流各区智慧城市建设推进的情况以及对市区联动推进智慧城市建设的建议。

2日 市经信工作党委召开全系统党政干部会议。市委组织部副部长冯小敏分别宣读王坚、戴海波职务任免的通知。2月29日，市委以沪委［2012］140号决定：王坚同志任中共上海市国有资产监督管理委员会书记，免去其中共上海市经济和信息化工作委员会副书记职务。同日，市委以沪委［2012］142号决定：戴海波同志任中共上海市经济和信息化工作委员会副书记，免去其中共浦东新区区委副书记、常委、委员和中共上海综合保税区管理委员会党组书记职务。

2日 市经信委召开重点工程实事立功竞赛设备赛区表彰和动员大会。会议表彰工业战线上为全市重大工程建设作出贡献的先进集体和先进个人。市重点工程实事立功竞赛设备赛区领导小组组长（上海市机械设备成套集团有限公司总裁）严锦顺对2011年度工作进行回顾总结，同时部署2012年度工作。市竞赛办主任顾永和传达市委书记俞正声和市长韩正在市重点工程实事立功竞赛表彰大会上的讲话精神，并介绍2012年市重大工程建设的内容和任务。市经信委副主任尚玉英出席会议并讲话。

9日 市经信工作党委召开第38次党委会（扩大），党委书记周国雄主持会议。周国雄传达市委书记俞正声在2月29日市委委员会议上的讲话精神；传达3月1日市里召开的2012年平安上海建设推进大会精神；同时通报3月2日市人大人事工委领导来委调研工作情况，以及通报3月6日市委副秘书长刘卫国带队来委开展园区基层党组织建设课题调研的情况。纪工委书记黄肇达传达2月24日市委召开的2012年落实党风廉政建设责任制，推进惩防体系建设工作会议精神，以及3月2日召开的纪检监察查办案件工作会议精神。会议听取人事教育处副处长黄春华关于事业单位机构清理调整方案批复情况的汇报。

9日 由市经信委、市旅游局主办，上海工业旅游促进中心承办的“2012年上海工业旅游标准化工作会议”在上海超级计算中心召开。全市55家工业旅游景点服务质量优秀单位、达标单位负责人以及各区县旅游局分管负责人、旅行社代表等参加会议。市旅游局副局长沈山州、市经信委副巡视员史文军等出席会议并讲话，会上还为2011年上海市工业旅游景点服务质量优秀单位及达标单位（11家）授牌，同时表彰2011年上海工业旅游信息化建设优秀信息员（5名）。

12日 市政府召开全市节能减排和产业结构调整工作会议。会议在回顾总结2011年工作的基础上部署2012年工作。市经济信息化委就全面推进第五轮环保三年行动计划作出部署，同时汇报2012年结构调整和工业节能重点工作安排。副市长艾宝俊、沈骏分别就产业结构调整和工业节能工作，以及污染减排工作作了部署。最后，市委常委、常务副市长杨雄讲话。

12日 市经信委根据市人大代表、市政协委员关于推广使用电子账单的书面意见和提案。电子账单公共服务将于2012年11月23日投入试运行，目前已进入15家公共事业单位。开通仪式由市经信委副主任刘健主持。市经信委总工程师马静汇报本市电子账单公共服务平台的建设情况。副市长艾宝俊出席并讲话。

14日 市经信委与金山区政府联合举办金石湾——上海国际化工生产性服务业功能区发展战略暨招商策略座谈会。中国日用化学品工业研究院、上海石化、高桥石化、华谊集团、上海化工区等化工及相关领域的70余位代表参加会议。市经信委副主任刘健、市经信工作党委秘书长陈更、市经信委副巡视员史文军出席座谈会。

19日 市政府召开互联网信息工作领导小组和办公室第一次工作会议。会上，市经信委通报国家关于互联网宣传管理工作的有关部署，网信办、公安局、通信管理局分别作了工作汇报。副市长艾宝俊出席会议并讲话。

20日 由市经信委、浦东新区政府共同主办，国际半导体设备与材料协会、慕尼黑国际博览集团、中国印制电路行业协会联合承办的2012上海国际信息化博览会在沪开幕。开幕式由市经信工作党委副书记、市经信委主任戴海波主持。副市长艾宝俊、工信部总工程师王秀军、国际半导体设备与材料协会全球总裁兼首席执行官丹尼斯·麦格尔克出席并致辞。

22日 中国电信创新孵化基地落户上海并举行揭牌仪式。揭牌仪式由副市长艾宝俊主持。中共中央政治局委员、上海市委书记俞正声，工信部副部长尚冰，中国电信董事长王晓初，以及工信部、上海市委、市政府、中国电信有关部门负责人出席揭牌仪式。这是中国电信支持上海新一代信息技术产业发展的又一重大举措。

23-24日 工信部在北京举行“十二五”工业转型升级规划宣贯工作会议暨第三批“国家新型工业化产业示范基地”授牌仪式。上海有2家列入第三批国家新型工业化产业示范基地名单，即电子信息·上海金桥开发区、军民结合（民用航天）上海闵行区。

27日 市经信工作党委召开“园区基层党组织建设研究”课题推进会。党委书记周国雄指出，“园区基层党组织建设研究”是市委明确由党委牵头开展的调研课题，是今年市委党建重要研究课题之一，时间紧、任务重、责任大，要高度重视，扎实推进，力求实效，向市委交上满意答卷。

28日 市经信委召开《世博会志（运行管理篇）》编纂工作会议，部署并启动编纂工作。

4月

1日 市经信工作党委召开系统单位党员负责干部会议。总结第一季度工作，部署第二季度重点任务。党委书记周国雄主持会议并讲话。

9日 上海市委副书记、市长韩正前往浦东新区，实地调研上海国际旅游度假区迪士尼项目、中国商用飞机研发中心的建设进展情况。韩正指出，一切工作都要围绕项目顺利推进，充分调动各方积极性，形成合力，全力以赴按期完成各项目标任务。

9日 市经信机关党委召开党代表会议。经过无记名差额选举，尚玉英、周国雄、戴海波（按姓氏笔画为序）当选为上海市第十次党代表大会代表。

10日 市经信工作系统贯彻落实“基层组织建设年”党

委书记专题研讨班开班典礼在市委党校举行。市委组织部副部长冯小敏出席开班典礼，市经信工作党委书记周国雄作开班动员，党委副书记戴海波主持开班典礼。冯小敏从强组织、增活力、有保障三方面，联系实际和典型案例作了“‘基层组织建设年’的内涵、目标与任务”的辅导报告。

17日 由株氏会社日立制作社、日立（中国）有限公司和上海市智慧城市建设促进中心联合主办的“日立——上海智慧城市建设技术交流会”在上海举行。市经信委副主任刘健和日立（中国）有限公司董事长北山隆一分别介绍了上海信息化建设和日立在全球特别是中国规划发展的情况。

17日 上海市政府与中国北方机车车辆工业集团公司签署《深化战略合作备忘录》。双方就共同提升我国轨道交通装备研发、制造与服务水平、加快城市轨道交通建设与发展等达成共识，大力推进上海高端装备制造业新发展。上海市委副书记、市长韩正，中国北车集团公司总经理崔殿国等出席仪式，副市长艾宝俊与总经理崔殿国签署战略合作备忘录。

18-19日 上海市委副书记、市长韩正分别前往浦东康桥的上海美特斯邦威服饰股份有限公司和金茂大厦的IBM（中国）有限公司，此外，还到静安区的欧莱雅（中国）有限公司进行调研。他要求，要更好地营造外部环境，让各类企业都能获得更好发展，进一步为上海创新驱动、转型发展贡献力量。

19日 上海市第十三届人民代表大会常务委员会第三十三次会议以沪会发［2012］7号审议决定：任命戴海波为上海市经济和信息化委员会主任；免去王坚的上海市经济和信息化委员会主任职务。

23日 市经济信息化委主任戴海波主持召开2012年第3次办公会议。听取综合规划处关于落实《上海市国民经济和社会信息化“十二五”规划》重点任务分工的情况汇报。听取中小企业办公室关于2012年第一批上海市中小企业发展专项资金政府购买服务项目安排的情况汇报；会议要求，政府通过购买服务举办中小企业培训班。听取政策法规处关于《上海市经济信息化委2012年政策法规工作计划（草案）》编制情况的汇报；会议明确，今后政策法规处例行列席主任办公会议；听取技术进步处关于委与上海出入境检验检疫局建立全面合作机制的情况汇报。听取军工配套处关于本市贯彻落实《国务院中央军委关于建立和完善军民结合寓军于民武器装备科研生产体系的若干意见》相关工作的情况汇报；会议明确，成立本市“军民融合”工作推进协调机构及军工配套处加挂牌子等工作。会上，戴海波通报4月16日召开的市政府第二季度工作会议精神并对做好近期工作提出三点要求。

25日 市经信工作党委召开创先争优活动领导小组会议。认真传达学习中央创先争优活动领导小组第九次会议、中组部关于创先争优争做人民满意公务员视频会议及市委组织部关于在创先争优活动中做好基层党组织分类定级工作意见的精神，回顾前一阶段工作，部署下一阶段任务。党委副书记、创先争优活动领导小组组长张金康主持会议并讲话。

27日 市经信工作党委召开第41次党委会（扩大），党委书记周国雄主持会议。周国雄通报2011年基层评议市级机关结果和干部选拔任用工作民主评议结果。听取党委副秘书长信亚东关于实施基层党建工作联系点制度若干规定的汇报，会议原则同意实施基层党建工作联系点制度。

28日 市经济信息化委召开第二季度行政例会。市经信委副主任兼国防科技办公室主任尚玉英主持会议。市经信委主任戴海波作工作报告，主要内容是总结第一季度工作，分析当前面临的形势，进一步振奋精神，增强大局意识、忧患意识，全力以赴抓落实、抓推进，确保实现“时间过半，任务目标过半”。

5月

8日 市经信委与国家开发银行上海市分行签署《开发性金融合作备忘录》。在“十二五”期间，国开行上海分行将提供全面的融资和融智支持，为本市产业和信息化领域融资总额将达1500亿元。市经信委主任戴海波与国开行上海市分行行长郭濂出席签字仪式。在签约仪式上，根据市经信委推荐名单，国开行上海市分行还分别同4家企业签订第一批银企合作协议，包括战略性新兴产业——中芯国际集成电路制造（上海）有限公司、民营企业——上海斐讯数据通信技术有限公司、中小企业融资平台——上海联合融资担保有限公司和上海市企业信用互助协会。

11日 市经信委主任戴海波主持召开2012年第4次办公会议。会议听取经济运行处关于本市1–4月份产业经济运行和上半年预测的情况汇报；听取电力处关于2012年本市电力迎峰度夏工作情况的汇报；装备产业处关于《上海市汽车产业发展“十二五”规划（送审稿）》编制情况的汇报，会议明确，根据议定事项对《规划》文本再作修改完善后按程序报批发布。听取中小企业办关于《上海市促进中小企业发展“十二五”规划（送审稿）》编制情况的汇报，会议明确，根据议定事项对《规划》文本再作修改完善后按程序报批；听取信息基础设施处关于制定《2012年上海市推进智慧城市建设工作计划》和《市经济信息化委推进智慧城市建设2012年重点工作计划》有关情况的汇报。会上，戴海波通报市委九届第十八次全体会议和市委书记俞正声的讲话精神。会议还以书面材料形式通报委与国家开发银行上海市分行签署《开发性金融合作备忘录》的有关情况。

14日　市经信工作党委、市经信委召开干部会议。市委常委、市委组织部部长李希到会并作重要讲话。市委组织部秘书长冯伟主持会议，并宣读市委、市政府关于王坚同志不再担任市经济和信息化委员会主任职务，戴海波同志任市经济和信息化委员会主任的决定。市经信工作党委书记周国雄代表市经济和信息化党政领导班子作讲话，表示将加强班子团结，把市委、市政府的重大决策部署落实好，自觉把“创新驱动、转型发展”的要求贯穿到各项工作之中，围绕中心，服务大局，圆满完成产业发展和信息化建设的各项工作任务。市经济信息化党政领导班子成员、系统归口中央在沪单位和直属单位主要负责人等出席会议。

14日　上海市经济团体联合会召开“2012年上海企业社会责任报告发布会”。上海和黄药业、上海外高桥第三发电厂、上实物业等32家企业联袂登场发布。上海市委副书记、市长韩正发来贺信。全国政协常委、市经团联会长蒋以任，中国工业经济联合会执行副会长刘海燕，市经信委副巡视员史文军等领导出席发布会并讲话。

16日　市经信工作党委与金山区委召开深化城乡党组织结对共建工作会议。议题是深化巩固创先争优活动成果，共同携手、探讨总结服务发展、服务群众、夯实基层基础的做法和经验，推动在招商引资、项目引进、人才培育、促进乡镇经济发展上深度合作。市经信工作党委书记周国雄、金山区委书记杨建荣出席会议并讲话。市经济信息化委主任戴海波、金山区区长李跃旗，市经信工作党委副书记张金康、金山区委副书记祝学军，市经信委和金山区有关领导和相关部门负责人，部分中央企业、直属单位负责人，以及漕泾镇、山阳镇、金山工业区党政负责人出席会议。在第二轮城乡结对帮扶活动中，按照“整合资源、搭建平台，优势互补、上下联动，创新载体、突出特色，共建共创、共同发展”的工作思路，市经信工作系统91个单位党组织结对109个村，其中结对一般村64个、经济相对薄弱村45个。

18日　市经信委会同市委宣传部新闻出版处、中小企业办等组织召开新闻通气会。本次会议旨在落实上海市委书记俞正声在市经信委“关于奥盛集团和上海浦江缆索公司有关情况的报告”上的批示精神，以及市委常委、宣传部部长杨振武和市经信委领导的相关工作要求而召开，会议邀请《人民日报》、新华社、《经济日报》、中央电视台经济频道、中央人民广播电台、《解放日报》、《文汇报》、《新民晚报》、《新闻晨报》、《东方早报》、东方卫视、上海电视台新闻中心等媒体参加。两家企业负责人以及具体项目的负责同志介绍了相关情况并回答了记者提问，会后安排媒体记者赴两家企业现场采访。

21日　市教委和上海电信举行共同推进教育信息化“十二五”战略合作协议的签约仪式。副市长沈晓明、市政府副秘书翁铁慧、市经济信息化委主任戴海波等领导作为见证方参加本次签约仪式。今后，市经信委将在校园光纤宽带网络、无线宽带网络以及教育信息化公共服务平台等信息基础设施建设方面，支持和配合市教委和上海电信做好各项工作；在构建优质教育资源共建共享机制、创新教育教学手段和模式、促进教育教学改革和教育公平、提高教育管理信息化公共服务水平等各类教育信息化应用方面，继续进行协调和提供服务。

23日　市经信工作党委召开第44次党委会（扩大），党委书记周国雄主持会议。周国雄传达市第十次党代会精神。会议要求，一是认真传达学习，把思想统一到党代会精神上来。由党委办和有关责任处室牵头，印发学习通知，引领系统广大党员干部深刻领会5年实践留给我们的宝贵经验和体会，深刻领会前进道路上面临的新情况、新问题、新挑战，深刻领会未来5年上海发展的总体要求和主要目标任务。二是聚焦工作重点，把党代会明确的目标任务落实到工作各个环节中去。要把学习贯彻会议精神与加快推进上海产业和信息化建设创新驱动、发展转型相结合，与提高系统党建科学化水平相结合，与深入开展调研、主动应对挑战、努力破解难题相结合，与学习宣传创先争优典型、纪念建党91周年相结合，与确保完成上半年各项目标任务相结合。三是要加强自身建设，把各级领导班子的能力建设提高到一个新的水平。

23日　上海召开金融支持实体产业经济发展会议。市经济信息化委主任戴海波出席会议并致辞。副市长艾宝俊出席会议并讲话。市政府相关委办局、人民银行上海总部、在沪商业银行及各类金融机构的负责人参加会议。大家就共同推动建立稳定的产业金融合作机制、聚焦推进重点产业项目建设、研究创新产业金融合作发展的新模式，促进金融与实体产业经济发展更加紧密地结合，推进产业发展和升级进行研讨和交流。

25日　市经信委主任戴海波主持召开2012年第5次办公会议。听取技术进步处关于加快推进战略性新兴产业发展工作有关情况的汇报；会议明确，加紧做好产业化推进工作小组第一次全体会议筹备工作，争取在会前发布一批专项实施方案及专项配套指南。听取生产性服务业处关于2012年电子商务“双推”工程进展情况的汇报。听取航空产业处关于《上海市民用航空产业“十二五”发展规划（送审稿）》编制情况的汇报；会议明确，根据议定事项对《规划》文本再作修改完善后按程序报批发布。听取信息安全处关于《上海市信息安全保障“十二五”规划（送审稿）》编制情况的汇报；会议明确，根据议定事项对《规划》文本再作修改完善后速报分管市领导。听取重化产业处关于《上海市石油化工产业“十二五”发展规划（送审稿）》编制情况的汇报；听取节能与综合利用处关于2011年度清洁生产项目专项扶持资金使用安排和2012年上海市“节能宣传周”筹备情况的汇报。

25日 上海现代照明生产性服务业功能区举行揭牌仪式暨上海灯具城营运模式发布会。市人大常委会副主任胡延照、虹口区区长吴清、市经信委副主任刘健出席揭牌仪式并讲话。上海现代照明生产性服务业功能区的揭牌，不仅标志着传统的柳营路上海灯具城从原来简单的贸易市场向以“低碳、服务”为特点的现代照明产业园区的华丽转身，更是落实市第十次党代会精神，体现“创新驱动、转型发展”和本市功能区发展全新内涵的一次成功尝试。

6月

6日 市战略性新兴产业领导小组产业化推进工作小组召开第一次全体会议。会议讨论本市战略性新兴产业项目管理办法、工作机制、工作要点等议题，部署加快推进战略性新兴产业发展工作。市产业化推进工作小组组长、市经信委主任戴海波在会上作工作汇报，并对下一步工作提出五个方面要求：完善机制，形成产业化工作推进体系；聚焦重点，加快实施战略性新兴产业重点专项；抓好项目，提高推进和服务水平；加强协调，做好产业化综合推进工作；强化创新，夯实战略性新兴产业发展的基础。同时加强产业先进技术跟踪分析，挖掘梳理一批未来产业增长点。

6日 市经济信息化系统精神文明建设委员会召开第一次全体会议。市经信工作党委书记、系统精神文明委主任周国雄主持会议并讲话。市经济信息化系统精神文明建设委员会成员出席会议。市经济信息化系统精神文明委办公室作系统精神文明建设工作情况报告。会议审议通过关于命名系统首批爱国主义教育基地名单，提议以市经信工作党委的名义正式发文命名。

8日 2012年全国电力迎峰度夏电视电话会议上海分会场暨2012年上海电力迎峰度夏工作动员大会召开。上海市委常委、副市长艾宝俊出席会议并讲话。本市全年电力迎峰度夏期间，最高用电负荷预计可达2750–2900万千瓦，电力供需总体上处于紧平衡，持续高温带来的用电高峰期间存在一定的缺口，部分区域在用电高峰时段矛盾较为突出。为确保电力迎峰度夏工作顺利完成，会议要求，进一步增强本市电力供应能力，全力以赴确保本市电力安全稳定运行；切实落实本地区有序用电方案；进一步提升电力应急保障能力；加强电力设施保护。电力迎峰度夏工作将从6月15日启动，至9月23日结束。

10-16日 上海市开展2012年节能宣传活动。10日，由本市17个部门联合主办的“2012年上海市节能宣传周”正式启动。本次节能宣传周以“节能低碳、绿色发展”为主题。上海市委常委、副市长艾宝俊，市人大常委会副主任蔡达峰、市政协副主席蔡威等市领导出席开幕式并为青少年“我心中的绿色上海”百米长卷节能创意绘画活动剪彩。在节能宣传周活动现场，节能家庭、企业职工、机关干部共同发出了有关节能低碳的倡议。在本次宣传周期间，还举办合同能源管理银企对接和战略合作签约仪式、燃煤锅炉清洁能源替代专项启动仪式，开展面向政府、企业和市民的各类信息发布会、论坛和研讨会等264项活动。市政府机管局、市质量技监局、市建设交通委等相关部门、各区县、集团公司也都组织开展丰富多彩的系列宣传活动。

14日 市经信委召开法人网上身份统一认证工作专题会议。专题会议，由首批9家试点单位交流工作进展，同时研究下阶段工作安排，说明各单位与法人网上身份统一认证系统的接入技术要求。市建交委已于6月3日完成法人网上身份统一认证的改造工作，率先在市建管办的建设市场招投标应用中开展了法人一证通应用。市税务局计划于8月1日完成法人网上身份统一认证的改造工作，在全市网上报税工作中全面推进法人一证通应用。

18日 市经信委主任戴海波主持召开2012年第6次办公会议。在会上，戴海波传达近期召开的市财经工作领导小组会议、市政府常务会议等重要会议精神。然后，听取经济运行处关于当前本市产业经济运行情况和下一步稳增长工作打算的汇报；会议强调，一定要做好推进产业稳增长工作。听取都市产业处关于上海市加强自主品牌建设推动产业转型升级的若干意见和试点工作方案的汇报；听取电子信息产业处、软件和信息服务业处关于2012年“工业和信息化电子信息产业发展基金”地方配套资金安排情况的汇报。听取重化产业处关于《上海市钢铁产业“十二五”规划（送审稿）》编制情况的汇报；会议明确，按照议定事项对《规划》文本再作修改完善后按程序报批发布。听取技术进步处关于配合市科技创新大会筹备工作情况的汇报；听取人事教育处关于“花园坊下午茶”人才集聚交流活动实施方案的汇报。会议书面通报综合规划处关于委落实市委《2012年全市改革工作安排》工作的情况。

19日 由上海银监局指导、上海市银行同业公会开发的“小微企业信贷产品信息查询平台”正式上线。

20日 2012亚洲移动通信博览会开幕式在上海浦东举办。上海市委常委、副市长艾宝俊出席开幕式并致辞。亚洲移动通信博览会作为全球性的移动通信技术展示与应用合作交流平台，汇集了全球顶尖的移动通信运营商和生产商，是最有影响力的世界级移动通信盛会之一。2012年首次选择在上海召开，并将连续举办六届，必将成为上海智慧城市建设的重要发展契机。

21日 市经信工作党委、《解放日报》联合召开“中央企业在上海”主题宣传座谈会。市经信工作党委书记周国雄，《解放日报》党委书记李芸，市经信纪工委书记黄肇达，中国商飞、宝钢、上海电信、上海航天等19家驻沪央企领导参加座谈会。

25日 市经信工作党委召开系统纪念建党91周年暨创先争优活动表彰大会。大会表彰100个创先争优活动先进基层党组织、200名创先争优活动优秀共产党员，命名31个爱国主义教育基地，以纪念建党91周年。市委常委、副市长艾宝俊作重要讲话；市经信工作党委书记周国雄对系统创先争优活动进行了总结、对今后工作进行部署。会议由市经信工作党委副书记、市经信委主任戴海波主持。

26日 市经信委召开通信行业电子账单专题推进会。会上，付费通公司介绍通信行业电子账单总体推进情况；上海电信、上海移动、上海联通、东方有线分别介绍前阶段的推进工作情况和下阶段工作计划。

29日 市经信工作党委举办主题党课报告会，以纪念建党91周年。市经信工作党委书记周国雄作“讲党性、重品行、作表率”主题党课报告。他围绕党性修养这个主题，从“讲党性，重点解决政治上的坚定性问题；重品行，重点解决队伍的纯洁性问题；作表率，重点解决党的先进性问题”这三个方面给大家作了深入的阐述。

7月

4日 市政府与宝钢集团有限公司就推进上海宝山地区钢铁产业结构调整签署合作协议。中共中央政治局委员、上海市委书记俞正声出席签约仪式；上海市委副书记、市长韩正，国家发改委副主任、国家能源局局长刘铁男，国家工信部副部长苏波，国务院国资委副主任邵宁出席仪式并讲话。宝钢集团有限公司董事长徐乐江在仪式上介绍本次产业结构调整有关情况。上海市委常委、副市长艾宝俊与宝钢集团有限公司总经理何文波代表双方签约。上海市委常委、市委秘书长尹弘出席签约仪式。

8日 市政府与清华大学开展燃气轮机领域战略合作框架协议签约仪式在主楼举行。中共中央政治局委员、上海市委书记俞正声，上海市委副书记、市长韩正，清华大学校长陈吉宁，清华大学党委书记胡和平，全国政协原副主席、中国工程院原院长徐匡迪出席仪式。韩正与陈吉宁分别代表市校签署《关于开展燃气轮机领域战略合作的框架协议》。根据协议，双方将发挥各自优势，在燃气轮机领域开展全面的战略合作。

9日 市经信委主任戴海波主持召开2012年第7次办公会议。在会上，戴海波首先传达胡锦涛总书记在中共中央政治局集体学习会上的讲话精神，以及工业和信息化部关于学习贯彻讲话精神的具体要求。然后，听取研究室关于委《2012年第三季度工作要点》编制情况的汇报；听取重化产业处关于《上海市新材料产业“十二五”发展规划（送审稿）》编制情况的汇报；听取产业投资处关于本市上半年工业投资情况的汇报；听取节能与综合利用处关于2012年第一批合同能源管理财政奖励项目安排的情况汇报；听取工业区管理处关于本市组织开展2012年度“国家新型工业化产业示范基地”创建工作的情况汇报；听取结构调整推进处关于宝钢上海地区钢铁产业结构调整工作的情况通报。

16日 市经信委与建设银行上海市分行、交通银行上海市分行、招商银行小企业信贷中心、上海农村商业银行和中国出口信用保险公司上海分公司联手推出一批针对中小微企业的金融产品。

17日 市经信工作党委、市经信委召开年中工作会议。会议传达十届市委二次全会精神，总结上半年工作，部署下半年任务。党委书记周国雄主持会议并传达全会精神。市经信委主任戴海波、党委副书记张金康分别就经济和信息化委、经济信息化工作党委上半年及下半年工作进行总结与部署。党政领导班子成员和机关处级以上干部参加会议。

18日 上海市委常委、市纪委书记杨晓渡一行到市经济和信息化工作系统调研。杨晓渡一行实地考察“上海高新技术产业化展”，详细了解市经信工作党委归口管理和联系指导的单位在新能源、新材料、生物医药、软件和信息服务业、海洋工程装备、民用航空制造业等领域推进高新技术产业化所取得的阶段性成果和未来发展方向，并召开了调研座谈会。

18日 由国家商务部主办，上海亚太地区经济和信息化人才培训中心承办的2012年第二期援外培训班——“发展中国家信息化与城市发展官员研修班”在上海顺利结束并举行结业典礼。来自亚洲、非洲、欧洲、拉丁美洲、加勒比海等地区的23个发展中国家的40名学员顺利完成学业，并领取结业证书。

20日 市经信工作党委召开系统党员负责干部会议。学习贯彻胡锦涛总书记在中央政治局第三十三次集体学习时的重要讲话和十届市委二次全会精神，总结上半年工作情况、部署下半年主要任务。党委书记周国雄主持会议并讲话。党委副书记张金康传达全国工业和信息化系统创先争优活动视频会议精神，并对做好系统创先争优活动总结工作、基层组织建设年党支部晋位升级工作提出要求。

24日 市政府召开上海市推进智慧城市信息基础设施建设工作会议暨市推进无线城市建设联席（扩大）会议。市经济信息化委主任戴海波汇报了上海智慧城市建设情况，并对智慧城市建设工作作了最新部署。市委常委、副市长艾宝俊到会讲话并启用了“i-Shanghai”无线上海服务标识。年内本市 300 余处公共场所实现 WLAN 全覆盖，并将按照统一公共服务要求提供两小时免费服务。

25 日 市经信工作党委召开第 46 次党委会（扩大），党委书记周国雄主持会议。周国雄传达全国维护社会稳定工作电视电话会议精神；党委秘书长陈更传达上海市维护社会稳定工作会议精神。同时周国雄传达十届市委二次全会精神，以及通报近期市委常委、市委组织部部长李希，市委常委、市纪委书记杨晓渡来委调研的情况。会议听取市经信委研究室关于全国工业和信息化主管部门负责同志座谈会情况的汇报；听取组织处关于做好上海市第十次党代会代表提案办理工作实施方案的汇报及其关于上海产业园区党建工作调研报告和关于加强和改进上海产业园区党的建设工作若干意见的汇报；听取信访办关于当前系统信访稳定工作情况的汇报；听取系统工会、老干部处关于系统工会高温慰问工作方案和离退休老干部高温慰问工作方案的汇报。会议明确，由“两办”统筹，结合当前工作实际，组织好高温慰问工作。

26 日 市经信委主任戴海波主持召开 2012 年第 8 次办公会议。听取经济运行处关于本市产业经济当前运行情况及下半年预测情况的汇报；听取生产性服务业处关于 2012 年（第一批）总集成总承包工程专项引导资金扶持项目的情况汇报；听取节能与综合利用处关于本市工业节能降耗上半年情况分析及下半年形势预测的汇报。听取信用管理处关于起草《关于进一步加强上海市社会信用体系建设的意见（送审稿）》的情况汇报；会议要求，按议定事项对《意见》文本再作修改完善后报市领导。听取软件和信息服务业处关于制订《上海推进移动互联网产业发展 2012–2015 年行动计划（送审稿）》的情况汇报。听取政策法规处、电子信息产业处、软件和信息服务业处关于《上海市软件和集成电路企业设计人员专项奖励办法》、《上海市软件和集成电路企业核心团队专项奖励办法》制订情况的汇报；会议明确，按议定事项对《办法》文本再作修改完善后按程序报批。会议书面通报信息安全处关于本市贯彻落实《国务院办公厅关于开展重点领域网络与信息安全检查行动的通知》的工作情况。

27 日 国家信息化专家咨询委员会主办，市经信委、市信息化专家委承办，市智慧城市建设促进中心协办的“2012 年中国信息化进程报告会”在沪成功举办。国家信息化专家咨询委员会主任奚国华，上海市委常委、副市长艾宝俊出席会议并讲话。国家信息化专家咨询委员会常务副主任周宏仁作“中国进入网络时代”的主题报告。报告会邀请倪光南、李伯虎、何积丰三位院士及中航工业副总经理张新国等 11 位学者和专家作专题报告。上海市经济信息化委主任戴海波介绍上海智慧城市建设的阶段性进展。与会各位专家就信息化进程中的阶段性特点和发展趋势达成六点共识，即中国正快速进入网络时代；网络化将对经济和社会发展产生重大影响；软件服务化（SaaS）将成为软件业主流；云制造是制造业信息化发展的一种新模式；两化融合的核心是业务流程信息化；加快生产型制造向服务型制造转变。

27 日 市经信委召开区县产业发展和信息化建设座谈会。会议贯彻上海市委、市政府关于稳增长各项工作措施，回顾上半年产业经济运行情况，部署下半年各项重点工作。金山、闸北、闵行、浦东、奉贤、宝山、嘉定、崇明、松江、普陀等区县经济和信息化部门代表在会上交流发言。会议由市经信委副主任尚玉英主持。

28-29 日 戴海波分别主持召开市经济信息化委业务处室负责同志座谈会，听取各处室关于上半年工作基本情况、工作推进中存在的瓶颈问题以及相关对策和建议的汇报。

8 月

3 日 市政府召开 2012 年上海市无线电管理委员会全体会议。会议明确，2012 年本市无线电管理工作要聚焦服务“智慧城市”建设，切实维护城市运行中的无线电安全，做好迎接党的十八大召开的各项无线电安全保障工作；推动城乡发展与涉及国计民生重点无线电台站的统筹布局，强化对民航、铁路、海事以及气象、射电天文等领域的保护；持续打击利用无线电设备进行考试作弊的行为，维护考试公平等任务。市委常委、副市长艾宝俊出席会议并讲话。市无线电管理委员会成员单位的领导出席会议。

7 日 市政府与中国电信集团公司在沪签署共建上海智慧城市 2012–2013 年战略合作协议。双方将围绕智慧城市建设的智慧政府、智慧民生、智慧产业等三个领域，提升信息化总体水平，中国电信两年内将投资 140 亿元，推进上海智慧城市建设。上海市委副书记、市长韩正出席仪式并与中国电信集团公司董事长王晓初董事长共同为“中国电信车联网服务上海基地”揭牌。上海市委常委、副市长艾宝俊与王晓初董事长签署协议，中国电信集团公司副总经理柯瑞文等出席签约仪式。

10 日 市经信委主任戴海波主持召开 2012 年第 9 次办公会议。听取技术进步处关于《上海市产业技术创新“十二五”发展规划（送审稿）》编制情况的汇报；会议要求，根据议定事项对《规划》送审稿再作修改完善后按程序报批。听取节能与综合利用处关于《上海市工业节能与综合利用“十二五”发展规划（送审稿）》编制情况的汇报；会议要求，根据议定事项对《规划》送审稿再作修改完善并与市发改委就相关指标口径进行核对后按程序报批。听取装备产业处关于《上海市高端装备制造业“十二五”发展规划（送审稿）》编制情况的汇报；会议要求，按议定事项对《规划》送审稿再作修改完善并请综合规划处、经济运行处协助对相关指标进行调整完善后按程序报批。听取工业区管理处关于《上海市工业区“十二五”发展规划（送审稿）》编制情况的汇报；会议要求，根据议定事项对《规划》送审稿再作修改完善，并就工业规划布局、投入产出强度等问题结合课题调研成果研究制订相关政策措施。听取船舶产业处关于《上海市船舶产业“十二五”发展规划（送审稿）》编制情况的汇报；会议要求，根据议定事项对《规划》送审稿再作修改完善，并请综合规划处、经济运行处协助对“十二五”发展目标进行审核后按程序报批，规划发布时要注意屏蔽涉军内容。听取人事教育处关于调整我委战略性新兴产业推进专项工作考核方案的情况汇报。会议书面通报人事教育处关于组织开展信息技术领域首席技师资助项目选拔评审工作的情况。

12日 市政府与中国远洋运输（集团）总公司在沪签署战略合作框架协议，双方将在国际航运中心建设、海洋工程装备产业发展等领域开展全面战略合作。市委常委、副市长艾宝俊，中远集团董事长魏家福出席签约仪式并讲话；中远集团副总经理李云鹏介绍双方合作情况和协议主要内容，市政府副秘书长肖贵玉、中远集团总经理马泽华签署协议。

21日 市经信委邀请中国电子信息产业发展研究院罗文院长作题为“关于走中国特色新型工业化道路的若干思考”的专题报告。

29日 上海市制造业创意促进中心揭牌成立暨2012年制造业创意高峰论坛举办。市政府副秘书长、市文化创意产业推进领导小组办公室主任肖贵玉，市经信委主任戴海波和宝山区区长汪弘出席揭牌仪式并致辞。在成立大会上，全国政协常委、市经团联会长、中国动力工程学会理事长蒋以任发表题为“发展制造业创意产业是上海制造业转型题中之义”主旨演讲。

30日 市企业联合会、市经济团体联合会召开“2012上海百强企业发布会”。入选2012上海百强企业在经济下行压力开始释放的困难条件下经营业绩保持稳步增长，全年营业收入达到36545亿元，增长20.50%；净利润达到2468亿元，增长10.36%；为全市生产总产值按可比价格计算比上年增长8.2%，规模以上工业增加值7.4%作出积极贡献。上海汽车、宝钢集团和百联集团是2010年、2011年上海百强企业的前三甲，其营业收入分别增长18.4%、15.8%和15.8%。“2012上海百强企业”年营业收入的最低门槛从26.9亿元增长到30.9亿元，增长14.8%。年收入超千亿元的企业比上年增加2家，达到9家。上海百强企业在推动上海产业创新转型、增强经济活力中发挥了重要作用。

31日 上海市企业技术创新大会在国际会议中心召开。市经济信息化委主任戴海波作企业技术创新工作报告；同时宣告，上海市产业技术专家委员会成立。知名自动化控制领域专家、全国人大常委吴启迪应邀担任专家委员会主任委员。宝钢集团有限公司、上海重型机器厂有限公司、复旦微电子集团股份有限公司、上海振华重工（集团）股份有限公司、上海普元信息技术股份有限公司、上海飞机制造有限公司、上海汽车集团股份有限公司、上海联影医疗科技有限公司、中航商用航空发动机有限责任公司、双钱集团股份有限公司等10家企业被授予第一批上海市产学研合作创新示范基地。会上还对2010—2011年上海市高新技术产业化推进工作先进集体和先进个人进行了表彰。市委常委、副市长艾宝俊出席会议并讲话。

31日 市经信委主任戴海波主持召开2012年第10次办公会议。听取信息基础设施管理处关于《上海市信息基础设施“十二五”发展规划（送审稿）》编制情况的汇报；会议要求，根据议定事项对《规划》送审稿再作修改完善后按程序报批。听取政策法规处关于《上海市加快高效电机推广促进高效电机再制造实施细则（草案）》起草情况的汇报；会议要求，按议定事项再作修改完善后按程序报批。听取中小企业办公室关于2012年第一批上海市中小企业发展专项资金项目安排的情况汇报；会议要求，下半年要进一步提高专项资金的执行率。听取信息化推进处关于2012年第一批上海市信息化发展专项资金项目安排的情况汇报。听取信息化推进处关于“12345”市民服务热线有关工作情况的汇报；会议明确，戴海波为委负责市民服务热线建设工作的第一责任人，刘健和戎之勤为分管领导；办公室负责有关事项的协调处理，政策法规处负责知识库信息的报送，信息中心负责技术协调、服务等工作；此项工作要择时向党政联席会议通报。听取人事教育处关于委机关2012年选调、2013年招录人员计划的情况汇报。听取监察室关于2012年上半年市经信委政风测评情况的汇报；会议明确，监察室负责人今后列席主任办公会议。最后，听取技术进步处关于上海市科技创新大会等会议情况的通报。

9月

3-7日 由国家人力资源社会保障部审核批准，市人力资源社会保障局、市经信委支持，上海纺织（集团）公司申报、上海市纺织科学研究院承办的“纤维新材料研发与产业化”高级研修班在上海成功举办。

7日 市政府发布《推进智慧城市建设2011—2013年行动计划》。该《行动计划》细化落实智慧城市建设内容，浦东新区、长宁区、嘉定区等区县，虹桥商务区等功能性区域，以及南桥、枫泾等新城镇都纷纷提出智慧城市建设规划。这是在上海市国民经济和社会发展“十二五”规划中提出建设以数字化、网络化、智能化为主要特征“智慧城市”的具体化。

10日 市经信委召开战略性新兴产业年中推进会议。会上，市经信委总工程师马静总结上半年工作，部署下半年工作。应邀参加会议的部分区县代表作交流发言。市经信委主任戴海波在讲话中对下一步工作提出八点要求：一要聚焦重点，聚焦专项。二要重视投入，一方面争取市政府专项资金的支持，另一方面还要国资、外资和民间资金的投入和支持。三要继续做好稳增长工作，期望战略性新兴产业能够为稳增长作贡献。四要继续做好招商引资工作。五要进一步完善战略性新兴产业推进体系建设，并通过工作体系把项目落到实处。六要把战略性新兴产业和企业的技术创新工作很好结合起来。七要促进制造业和生产性服务业相辅相成的协同发展。八要加强前瞻性的研究，为产业化持续发展提供有力支撑。

11日 由商务部主办、上海亚太地区经济和信息化人才培训中心（以下简称亚太培训中心）承办的为期三周的“发展中国家信息化发展研修班”顺利结束。市经信工作党委书记周国雄、市商务委副主任王新平等领导出席了结业典礼并致辞，祝贺来自全球21个发展中国家的36名学员顺利完成学业，同时向学员颁发结业证书、赠送纪念礼物。

12日 市经信工作党委与杨浦区委举办中心组联组学习会。就上海产业转型、智慧城市建设以及杨浦区国家创新型试点城区建设等工作进行交流学习。市经信工作党委书记周国雄在联组学习会上讲话介绍，市经信工作党委、市经信委将进一步做好服务区县工作，聚焦培育发展战略性新兴产业、智慧城市建设和服务企业等重点任务，充分发挥区县在上海产业转型和信息化建设中的重要作用。杨浦区委副书记、区长金兴明介绍杨浦经济社会发展情况。市经信委副主任、市国防科工办主任尚玉英介绍本市经济和信息化工作情况。

17日 市政府召开软件名城创建暨上海市软件产业工作会议。国家工信部副部长杨学山，上海市委常委、副市长艾宝俊出席会议并讲话。会议由市政府副秘书长肖贵玉主持。会上，闸北区人民政府、上海宝信软件股份有限公司、汇付天下有限公司相关负责人作交流发言。工信部软件服务业司、上海市经信委、浦东新区政府共同签署了部市区共同推动创建中国软件名城示范区合作协议。向中国银联股份有限公司等获得2012年度上海软件企业二十强授牌。

19日 由商务部主办、亚太培训中心承办的以信息安全技术为核心的援外培训班——发展中国家信息安全技术培训班在上海顺利开班。来自世界各地的17个发展中国家的27名学员参加培训班。

19-23日 由国家人力资源社会保障部审核批准，市人力资源社会保障局、市经信委支持，上海电机学院承办的“装备制造业产品数字化设计制造技术与数据管理高级研修班”在上海成功举办。共有55名来自全国18个省市装备制造业的大中型企业高级专业技术人员、高级管理人员参加研修。

20日 市经信工作党委组织系统党的十八大代表到华能华东分公司石洞口二厂调研。周国雄、朱芝松、朱虹、洪刚、徐爱蓉等5名党的十八大代表听取华能华东分公司总经理和石洞口二厂党委书记、厂长的情况介绍，并进行了互动交流。党的十八大代表、市经信工作党委书记周国雄参加调研并讲话。市委组织部组织二处处长赵永健参加活动。

21日 市经信委主任戴海波主持召开2012年第11次办公会议。听取经济运行处关于当前本市产业经济运行及预测情况的汇报；会议强调，全委要高度重视，形成合力，稳增长工作是全委工作重中之重。听取外经处关于《长三角区域信息化合作“十二五”规划（送审稿）》编制情况的汇报；会议要求，根据议定事项委要与江、浙、皖等省相关部门进一步协调，再作修改完善后按程序报批。听取节能与综合利用处关于2012年第一批节能技改专项资金扶持项目的情况汇报；听取装备产业处关于2012年度重大技术装备首台业绩风险补贴专项资金（第一批）项目组织实施情况的汇报；听取委副总工程师、电子信息产业处关于2012年度软件和集成电路产业发展专项资金使用计划的情况汇报。听取技术进步处关于制定《上海市战略性新兴产业领导小组产业化推进工作小组关于推进战略性新兴产业项目的实施意见》有关情况的汇报；会议明确，推进战略性新兴产业项目的责任部门要增加市教委和市科委，补充区县的产业政策；根据议定事项再作修改完善后按程序报批，并以产业化推进工作小组的名义发布。听取都市产业处关于2012年上海市文化创意产业发展财政扶持资金工作情况的通报；听取信息化推进处关于市本级信息化项目支出预算审核情况的通报。最后，戴海波对近期工作作出部署。

26日 北斗（上海）位置信息综合服务平台、上海北斗导航及位置服务产品检测中心（筹）、上海北斗卫星导航平台有限公司在沪举行揭牌仪式。为了主动对接国家北斗卫星导航系统民用战略，更好地为本市创新驱动、转型发展服务，上海北斗卫星导航产业的重要基础支撑——北斗（上海）位置综合服务平台和上海北斗导航及位置服务产品检测中心（筹）正式启动建设，承担北斗（上海）位置综合服务平台建设任务的上海北斗卫星导航平台有限公司也正式揭牌成立。国家质监总局副局长、国家认监委主任孙大伟，上海市委常委、常务副市长杨雄，总参某部副部长曲睿，以及航天科技集团、中国卫星导航定位协会、上海市卫星导航产业发展和应用推进联席会议成员单位、有关区县局、相关企业领导和代表出席揭牌仪式。仪式由市经信委副主任尚玉英主持。市经信委主任戴海波出席仪式并致辞。

26日 上海节能重点工程——燃煤锅炉清洁能源替代、

高效电机推广在本市全面启动。市经济信息化委、市发展改革委、市环保局联合召开“上海市燃煤（重油）锅炉清洁能源替代和高效电机推广工作推进会议”上宣告，按照市政府工作方案确定的实施1300多台燃煤（重油）锅炉清洁能源替代和推广800万千瓦高效电机计算，每年可节能170万吨标煤，减排二氧化硫1.2万吨、氮氧化物7000吨。目前，上海市有3600多台燃煤（重油）锅炉，年用能量约230万吨标煤，排放二氧化硫3.6万吨、氮氧化物2.4万吨、烟尘1万吨。本市电机系统用电量占全市总用电量的75%左右，大多为普通效率电机，与国际先进水平相比，电机运行效率低3%–5%，系统运行效率低10%–20%。由于锅炉、电机改造节能减排量相对分散，单个项目很难享受国家或地方补贴政策。下一阶段，将通过加强锅炉和电机能效和排放标准的贯彻执行、高能耗落后设备的淘汰替代、政策宣传引导等方面工作，加大力度推动锅炉、电机专项技改工作的开展。

27日 上海市信息安全保障工作会议举行。国家工信部副部长杨学山，上海市委常委、副市长艾宝俊出席大会并讲话，共同为上海市网络与信息安全应急管理事务中心举行了揭牌仪式。会议由市政府副秘书长肖贵玉主持。会议认为，近年来上海围绕城市信息安全保障体系建设，在完善信息安全基础设施、加强重要信息系统安全防护、优化综合监管和协调机制、推动技术和产业发展、强化全民信息意识等方面不断取得成效，并在2010年上海世博会、第14届世游赛等重大活动中经受住了考验，城市信息安全态势总体可控。但也存在不少安全隐患，需要进行有效处置。

29日 市经信工作党委召开第50次党委会（扩大）。党委书记周国雄主持会议。周国雄通报中共中央关于薄熙来严重违纪案的审查情况和处理决定。会议同意，当日召开系统党员负责干部会议和机关处以上干部会议，及时传达中央通报精神，在思想上、行动上与党中央保持高度一致并要举一反三，吸取教训，进一步加强反腐倡廉工作，切实抓好系统领导班子建设。党委秘书长陈更传达中央、本市近期涉日维稳工作情况及委贯彻落实情况，并提出党的十八大期间系统信访维稳工作意见。会议听取组织处、统战处关于系统2013年市人大政协换届工作情况的汇报；听取党委办关于做好中秋、国庆期间有关工作情况的汇报。

10月

9日 市经信委召开2012年第四季度行政工作例会，贯彻落实市政府工作会议精神，部署第四季度产业发展和信息化建设工作。市经信委主任戴海波主持会议并讲话。会议要求，第四季度要重点抓好六方面工作任务：一是全力稳增长，力争实现全年增长3%的目标；二是全力以赴办好2012年中国工业博览会；三是以高端装备制造业为重点，推进战略性新兴产业发展；四是围绕智慧城市宣传活动，把智慧城市建设提升到新阶段，将工作重点从基础设施建设转向应用，更加突出以信息化应用为导向；五是以设计之都活动周为抓手，推进创意产业发展和品牌建设；六是提升发展软件和信息服务业，聚焦推进软件和信息服务业的“名企、名人、名牌和名园”建设。此外、做好国防科技工业等，确保完成全年目标和任务。

12日 上海市召开高端装备制造业推进大会。国家工信部副部长苏波，上海市委常委、副市长艾宝俊出席大会并讲话，共同为上海高端装备制造产业联盟、机器人产业联盟、高端装备金融保险服务联盟揭牌。会上，市经济信息化委主任戴海波作上海高端装备制造业工作报告。中船重工集团702研究所和上海振华重工（集团）公司签订海洋工程装备战略合作协议；上海海立（集团）股份公司和上海电气自动化设计研究所签订空调压缩机柔性自动化装配生产线联合研发协议；思源电气股份公司和国家能源智能电网（上海）研发中心签订智能电网等领域技术合作协议；上海沃迪自动化装备股份公司和中国电子科技集团第二十一研究所签订机器人关键部件研制与应用战略合作协议；上海微电子装备有限公司和江阴长电先进封装公司签订步进投影式光刻机首台合作协议；上海微松工业自动化公司和上海新阳半导体材料股份公司签订晶圆料盒大行程搬送机器人及制程设备电气工程首台合作协议；上海拓璞数控科技公司和天津航天长征火箭制造公司签订Φ5200火箭壳体整体舱段自动钻铆装备首台合作协议、上海航天电源技术公司和上海大族新能源设备公司签订车用动力锂离子电池关键生产装备合作研发协议等。

13日 由团市委、市经信工作党委、市经信委共同推选的2012年度上海青年高端创意人才揭晓。市经信工作党委副书记、市经信委主任戴海波，团市委书记潘敏、浦东新区区委副书记吴信宝、市经信纪工委书记黄肇达、市经信委副主任刘健等领导出席终审答辩会。张中杰等10人荣获“2012年度上海青年高端创意人才”，励凌峰等10人荣获“2012年度上海青年高端创意人才入围奖”。

16日、23日、30日 市经信工作党委联合市网信办组织开展“喜迎党的十八大——在沪央企发展巡访”活动。25家网络媒体分别赴上海移动、上海联通、上海电信、上海贝尔、长兴岛开发办、江南造船、上海石化、中储粮上海公司、上海航天局、上海电力公司等单位进行集中实地巡访。市经信工作党委书记周国雄亲切会见巡访团成员并对活动予以充分肯定。纪工委书记黄肇达带领巡访并主持召开巡访阶段性总结座谈会。此次活动受到系统单位的热烈欢迎，纷纷通过座谈、实地展示、资料汇集提供等方式，让网络媒体记者充分了解企业最新发展情况，真正走近央企、走进央企。

14 家网络媒体就巡访内容在首页上开出专栏或专题，其他网络媒体已将巡访内容纳入十八大专题宣传之中。

20 日 中航民用航空电子产业园一期工程开工典礼暨中航通用电气民用航电系统有限责任公司揭牌仪式在上海紫竹高新技术产业开发区隆重举行。上海市委常委、副市长艾宝俊，中国航空工业集团公司总经理谭瑞松、中国商用飞机有限责任公司总经理贺东风、国务院国资委收益管理局局长刘德恒、美国通用电气公司（GE 公司）副董事长庄睿思共同启动航电产业园开工的盛大仪式。中航工业副总经理张新国、美国通用电气公司航空集团中国区总裁博飞共同为中航通用电气民用航电系统有限责任公司揭牌。中航工业航电系统公司董事长、总经理卢广山主持开工典礼。

24 日 由中国时尚同盟主办的第三届中国时尚产业论坛在上海举办。本届论坛的主题为“变革中的时尚”，由主题大会和三个平行论坛构成。三个平行论坛分别为潮流讲坛、青年领袖圆桌论坛和设计师品牌圆桌论坛。论坛邀请了政府、产业、商界、文化、学术等领域的顶级意见领袖，从时尚产业格局、生活方式与潮流动态，设计师品牌在中国的现状与发展，品牌基因的传承等展开，全面解读中国时尚产业的变革之路。

26 日 上海市征信办、江苏省信用办、浙江省信用办、安徽省信用办共同举办长三角区域信用体系专题组第十六次例会。三省一市信用办领导和工作人员参加会议。会议交流第十五次例会会议纪要的落实情况；审议《关于联合发布〈长三角地区企业信用评价推荐标准和规范及格式文本〉的通知》；确定《2012 年长三角地区备案信用服务机构名单》；同时研究 2013 年信用合作工作重点和主要合作专项。

26 日 市经信委主任戴海波主持召开 2012 年第 12 次办公会议。听取综合规划处关于推进“十二五”产业和信息化相关专项规划实施工作方案的情况汇报；会议要求，综合规划处对“十二五”产业和信息化相关专项规划进行汇编。听取装备产业处关于《上海市新能源产业发展“十二五”规划（送审稿）》编制情况的汇报；会议要求，根据议定事项对《规划》送审稿再作修改完善后按程序报批。听取政策法规处关于《上海市加快自主品牌建设专项资金管理办法（修订草案）》起草情况的汇报；会议要求，由政策法规处会同都市产业处按议定事项再作修改完善后按程序报批。听取都市产业处关于“2012 上海‘设计之都’活动周”筹备工作的情况汇报；会议要求，要切实保障活动周开幕式、论坛等重点活动有序进行。听取研究室关于开展 2013 年上海“两会”政府工作报告起草工作专题调研的情况通报；听取外经处关于第十四届中国国际工业博览会筹备工作情况的通报；听取信息安全处关于第二届上海市信息安全活动周筹备情况的通报；听取办公室关于委政务微博建设情况的通报。最后，戴海波对做好委近期工作提出具体要求。

28 日 以“智慧城市建设与产业发展”为主题的 2012 全球城市信息化论坛在上海举行。来自 20 多个国家的 300 多名代表，共同探讨了全球社会密切关注的一系列智慧城市建设和相关产业发展的议题。工信部副部长杨学山，上海市委常委、副市长艾宝俊，联合国前副秘书长、联合国可持续发展大会秘书长沙祖康出席会议并致辞。

30 日 第 80 届中国电子展在上海开幕。上海市委常委、副市长艾宝俊出席开幕式并致辞，中国电子行业协会会长曲维枝，以及总经济师周子学、总裁田尚宪、董事长芮晓武等领导和嘉宾出席电子展。

第 80 届中国电子展以“信息化推动工业化，电子技术促进产业升级”为主题，有超过 1300 多家展商参展，集中展示电子元器件、电子生产设备、电子工具、仪器仪表、光电产品、消费电子产品等完整产业链，展位 2100 多个，同比增长 4.5%,5 万余名行业买家和工程师前来观摩。

30-31 日 受市委组织部、市人力资源保障局、市经信委的委托，市节能监察中心和市经济管理干部学院及市人才服务中心联合举办“上海市新经济组织能源管理专题研修班”。

31 日 第二届上海市信息安全活动周拉开帷幕。本届活动周围绕“关注信息数据安全，共创网络信任环境”的主题，从新技术发展与应用、重要信息数据保护、工业控制系统安全、网络信任环境营造等方面开展形式多样的宣传活动。活动周结合信息安全保障智慧城市案例展示、专业竞赛、安全知识创意征集大赛、专业讲座讨论会等多种形式，引起社会广泛关注和参与。针对信息技术和信息化应用新发展带来的信息安全新威胁和新风险，上海成立了市网络与信息安全应急管理事务中心。该中心的任务是督促全市信息安全重点单位开展信息安全检查等级保护、安全测评、应急管理、风险评估等长效性安全管理工作。

31 日 2012 年度上海市优秀 CIO(信息主管)及信息技术优秀应用成果颁奖典礼在沪举行。2012 年度上海市优秀 CIO(信息主管)及信息技术优秀应用成果评选历时四个多月，经单位推荐、专家评审和网上公示，最终产生 2012 年度上海市优秀 CIO10 名，优秀 CIO 新秀 1 名，信息技术优秀应用成果 10 项。

11 月

1 日 市政府举行微软 Windows Azure、Office 365 项目落户上海签署有关合作备忘录仪式。上海市委常委、副市长艾宝俊，市政协副主席、浦东新区区长姜樑，微软公司副总裁贺乐赋、张亚勤出席签约仪式，市经济信息化委主任戴海波出席并致辞。根据签署的谅解备忘录精神，今后三年微软公司将在上海部署运营微软 Windows Azure 和 Office 365 中国运营服务所需的软件和硬件；其中 Windows Azure 为国内客户提供公共云计算平台服务（包括计算、存储、数据库、整合及网络化服务）；Office 365 为国内客户提供在线办公、电子邮件、门户协作、统一通讯等服务。微软将授权世纪互联公司，负责在中国运营并提供 Windows Azure 和 Office 365 相关服务。

1 日 由中共上海市委宣传部、上海市经济信息化委、上海市文化创意产业推进领导小组办公室为指导单位，联合国教科文组织“创意城市”（上海）推进工作办公室主办以“设计点亮生活”为主题的 2012 上海设计之都活动周在上海拉开帷幕。本届活动周首次以“设计之都”名义举办。全国政协副主席、民革中央副主席厉无畏在“设计与城市转型”高峰论坛上作了“以‘三创’战略加快推进上海设计之都建设”主题演讲。上海市委常委、副市长艾宝俊宣布活动周开幕，市政府副秘书长、市文化创意产业推进领导小组办公室主任肖贵玉和联合国教科文组织副总干事格塔卓·恩吉达分别致辞。

1-7 日 本届活动周共举办 16 个精彩纷呈的主题活动。

2 日 以“设计与城市转型”为主题的设计之都活动周举行高峰论坛。全国政协副主席、民革中央副主席厉无畏首先作“以‘三创’战略加快推进上海设计之都建设”主旨演讲；芬兰经济事务部长尤里·哈卡米斯作题为“新增长引擎的设计创新”的主题发言；《城市与创意阶级》作者、多伦多大学罗特曼管理学院商业与创意力教授理查德·佛罗里达先生阐述了“为什么创意是新经济”；清华大学美术学院教授柳冠中作题为“中国制造业企业设计创新机制研究”的发言。高峰论坛还邀请了来自联合国教科文组织、国际创意设计机构、世界创意领域知名学者、专家与企业家等，围绕“设计与城市转型”话题，为如何加快上海设计之都建设进行对话。

2 日 上海市中小企业发展领导小组召开上海市推进中小企业服务体系建设工作会议。会议贯彻《国务院关于进一步支持小型微型企业健康发展的意见》及上海市《实施意见》，提出进一步加强服务体系建设的思路和工作措施，营造全社会关心促进中小企业发展的氛围，为促进产业提升和城市发展方面发挥重要作用。上海市委常委、副市长艾宝俊，工信部党组成员、总工程师朱宏任出席会议并讲话。市促进中小企业发展工作领导小组副组长、市经济信息化委主任戴海波作《努力建设面向中小企业发展需求的服务体系》的工作报告。

5-10 日 为期 5 天的第 14 届中国国际工业博览会在上海成功举办。开幕式当天，全国政协副主席、科技部部长万钢出席并宣布工博会开幕，工信部副部长苏波、商务部国际贸易谈判副代表崇泉致辞，上海市委常委、常务副市长杨雄致欢迎辞，上海市委常委、副市长艾宝俊主持开幕式。

本届中国工博会以“创新转型与战略性新兴产业”为主题，共设置数控机床与金属加工展、工业自动化展、新能源与电力电工展、新能源汽车展、环保技术与设备展、信息与通信技术应用展、科技创新展等 7 个专业展，展览面积达到 14 万平方米，1648 家国内外企业参展，来自 28 个省市和 5 个计划单列市。上海本地占 27.8%，上海以外地区占 41.1%，境外企业占 31.1%，来自美国、德国等 23 个国家和地区，展位总数达到 6565 个。

本届中国工博会从 173 家海内外参展企业的 199 项展品中评出 38 项获奖展品，其中 3000 米水深半潜式钻井平台“海洋石油 981”、“新一代宽带移动通讯技术及系统”、先进封装光刻机、全数字化机器人智能制造系统等四项展品荣获金奖，百万千瓦级核电堆内构件和控制棒驱动机构、石油天然气开采用高性能钻杆系列自动化制造装备、3000 吨级海上起重铺管船、吉奥地理信息服务平台软件、ABB 机器人车身擦净系统及内喷自动工作站、图尔克超高频 UHFRFID 系统等九项展品获银奖，另有铜奖 14 项、创新金奖 1 项、创新奖 10 项。

6 日 由中国国际工业博览会组委会主办，上海工业设计协会承办的“时尚设计与设计之都”发展论坛在上海举行。

15 日 市经信委主任戴海波主持召开 2012 年第 13 次办公会议。听取技术进步处关于 2012 年度第一批战略性新兴产业重点项目的情况汇报，关于 2012 年企业自主创新专项资金中引进技术的吸收与创新计划、市级企业技术中心认定和知识产权优势企业认定情况的汇报，以及产业投资处关于 2012 年企业自主创新专项资金中鼓励企业购买国际先进研发仪器设备专项资金项目安排情况的补充汇报；会议要求，综合规划处要对 2013 年如何用好专项资金进行深入研究思考后提出意见以及刚性的措施安排。听取产业投资处关于 2012 年国家产业振兴和技术改造项目上海市资金配套情况的汇报；听取信息化推进处关于 2012 年第二批上海市信息化发展专项资金拟支持项目计划编制情况的汇报；听取都市产业处关于 2012 年上海市文化创意产业发展财政扶持资金项目（信息技术方向）纳入信息化发展专项资金项目的补充汇报；听取生产性服务业处关于 2012 年第二批总集成总承包工程专项引导资金扶持项目安排的情况汇报。听取委副巡视员史文军关于 2012 年上海市经济信息化行业协会发展专项资金项目安排的情况汇报；会议要求，由综合规划处会同研究室具体研究，有导向性地引导行业协会，避免研究课题重复，研究成果要全委共享；综合规划处要研究增加政府购买行业协会服务预算的可行性。同时，听取委副巡视员、综合规划处处长史文军关于 2012 年度区县（绩效）考核指标体系相关工作情况的通报。

16 日 市经信委和上海检验检疫局签署全面合作机制框架协议。框架协议双方将在建立信息互通和服务企业工作机制、建立支持产业发展的便利通关机制、应用物联网技术提升电子口岸服务能力、推进“智慧城市”和“智慧质检”建设、加强信息安全建设、推动正版软件应用和信息基础设施建设、开展诚信体系信息化建设、加强检验检测领域合作、加强产业调研和提高风险应对能力、推进上海食品工业企业诚信管理体系建设等 10 个方面深化合作。

19 日 市经信工作系统召开传达学习贯彻党的十八大精神会议。市经信工作党委书记（党的十八大代表）周国雄传达党的十八大会议概况、党的十八大有关文件的主要精神和全市党员负责干部会议精神。

27 日 “2012 信息服务业（上海）论坛暨第四届移动互联网产业发展高峰论坛”在沪举行。论坛由开幕活动、主题演讲和展览展示组成。开幕活动举行了市移动互联网产业基地授牌、APP 手机应用大赛启动和市信息服务业行业协会数字营销专业委员会揭牌仪式。中欧国际工商学院院长朱晓明、中国电信上海公司副总工程师王思伟等业内知名专家在论坛上作了主题演讲，共同探讨上海移动互联网产业的发展方向。上海市经济信息化委相关负责人在论坛上对《上海推进移动互联网产业发展 2012–2015 年行动计划》作了解读。论坛还宣布首批 4 家上海市移动互联网产业基地，并进行授牌。

28 日 市经信委主任戴海波主持召开 2012 年第 14 次办公会议。听取产业投资处关于《上海市重点技术改造专项资金管理办法（征求意见稿）》修改情况和 2012 年上海市重点技术改造专项资金项目（第一批）情况的汇报；会议要求，根据议定事项对（征求意见稿）作修改完善，并就配套资金比例、土建投资比例核定等内容再征求市发革委、市财政局等部门意见后按程序报批。听取都市产业处关于 2012 年上海市加快自主品牌建设专项资金项目情况的汇报；会议要求，加快自主品牌建设工作，要加强与市商务委、市工商局、市质量技监局等相关部门的协调。听取信用管理处关于 2012 年上海市社会诚信体系建设专项资金项目情况的汇报；听取装备产业处关于 2012 年度上海市重大技术装备研制专项资金项目情况的汇报；听取中小企业办公室关于 2012 年第二批上海市中小企业发展专项资金项目情况的汇报；听取节能与综合利用处关于 2012 年鼓励企业实施清洁生产专项扶持资金安排的情况汇报，以及关于《上海市节能环保产业发展“十二五”规划》编制情况的汇报；会议要求，根据议定事项再将《规划》作修改完善后按程序报批。

30 日 -12 月 1 日 市经信机关党委举办“学习贯彻党的十八大精神培训班暨机关党建工作会议”。

12 月

4 日 上海市举办智慧城市宣传周活动拉开帷幕。活动周以“智慧城市开启美好生活”为主题，以提升市民知晓度增强市民体验感、扩大社会参与面为主旨。上海市委常委、副市长艾宝俊，新华通讯社副总编辑慎海雄，工信部信息化推进司副司长董宝青，上海市经信委主任戴海波，中国互联网协会常务副理事长高新民，市信息服务业行业协会会长张维华等领导出席开幕式。

本届宣传周举办的主要活动近 20 场。开幕式当天，新华通讯社社新媒体中心将以独立第三方的身份发布《智慧城市上海发展报告（2012）》，并向第一批上海市智慧城市体验中心授牌。14 日闭幕时召开“智慧城市高峰论坛”。宣传周期间，还举办 2012 年智慧社区研讨会、移动互联网应用培训开班仪式、《我身边的智慧城市》巡展宣传活动、“智创未来慧享生活”——上海市智慧城市应用程序创意设计大赛、无线城市科普宣传活动等重要活动。

5 日 “融合 · 创新 · 超越——中央企业在上海”高峰论坛在上海环球金融中心举行。上海市委常委、宣传部部长杨振武出席论坛并讲话。市政府副秘书长肖贵玉为《中央在沪企业创新转型行动宣言》和《新闻媒体“走转改”深入央企行动宣言》揭牌。市经信工作党委书记周国雄出席论坛并致词；市经信工作党委副书记、市经信委主任戴海波致闭幕词；在论坛上，在沪央企代表、专家学者等从多角度深入探讨了央企创新转型与企业文化建设的新思路和新举措。中央在沪企业代表共同签名推出《中央在沪企业创新转型行动宣言》，《解放日报》报业集团记者编辑代表共同签名推出《新闻媒体“走转改”深入央企行动宣言》。

截至 2011 年年底，由国务院国资委监管的在沪央企达 2703 家，涉及 17 个行业门类，总资产 2.48 万亿元，占上海经济总量 20% 以上。在创新转型方面，中央企业聚焦总部经济，承接国家战略，高起点、大投入引领上海产业格局调整，在大型客机、海洋工程、航空航天等多个领域实现全新突破。统计显示，在全市发展战略性新兴产业的 164 个重大项目中，在沪央企占比达 40%，成为助推上海迈向高端“智造”的引领者。

6 日 市民移动互联网应用培训班在沪开班。培训主要面向社区中老年居民，按照“统一组织、统一教材、统一培训点认定、统一考核、统一发证”的要求开展移动互联网应用培训，2013 年计划培训 2 万人。学员通过培训达到在移动终端会联网、会搜索、会下载、会安装、会使用。

6日、12日 中微半导体公司、理想能源公司分别举行MOCVD设备首发仪式。上海市经信委主任戴海波出席仪式并致辞。下一步，上海将在原有基础上，根据国家培育发展战略性新兴产业的部署，按照“创新驱动、转型发展”的要求，坚持高端引领，突出自主创新，打造自主品牌，尽快提高产业国际竞争力，推动上海装备制造业实现智能制造、绿色制造和服务型制造，成为世界高端装备制造的重要基地。力争到2015年，高端装备实现工业总产值7000亿元，占整个装备制造业总产值的35%，努力打造一批具有国际竞争力、处于同行业世界前五位的核心企业，建设世界级高端装备产业基地，集聚一批国际一流的人才队伍。

12日 上海召开法人网上身份统一认证应用推进新闻通气会。为建立统一的电子政务网络信任体系，全市已采取政府统一购买服务的方式为法人单位免费提供“一证通”数字证书，在全国率先启动实施了法人网上身份统一认证工作。在2013年年底之前，全市各类法人将有望只用一张“法人一证通”数字证书，代替之前政府部门发放的各类数字证书，在政府网站上办理审批、年检、报税、社保、政府采购、工程报建、招投标等各类网上办事业务。

13日 市第十次党代会经济信息化工作系统代表组与普陀区代表组举行结对共建签约仪式。

14日 市经信委主任戴海波主持召开2012年第15次办公会议。听取经济运行处关于1–11月本市产业经济运行和2013年预测情况的汇报；会议指出，要认清当前严峻的国际国内形势，做好充分的思想准备，共同努力，按照全市经济发展指标安排，继续做好运行监测和服务企业稳增长工作，力争2013年工业增加值可比增长3%左右。听取研究室关于《2012年工作总结和2013年工作要点》和《2013年一季度工作要点》起草情况的汇报；会议要求，对上述两个工作要点再作修改完善后按程序报批，于年底前印发。听取政策法规处关于《上海市无线电管理办法实施细则（草案）》起草情况的汇报；会议要求，发布前做好与市通信管理局的沟通工作。同时，听取关于《上海市公共信息系统突发事件处置办法（修订草案）》和《上海市知识产权优势企业专项资金管理办法（修订草案）》修订情况的汇报。听取电子信息产业处和政策法规处关于《上海市软件和集成电路产业发展专项资金管理办法（修订草案）》修订情况的汇报；会议议定，综合规划处负责各专项资金管理办法间的衔接审核。听取综合规划处关于委2013年部门预算申报情况的通报。在会上，戴海波传达韩正市长在市财经领导小组会议上的讲话精神。

19日 由上海市社会诚信体系建设联席会议办公室、上海市征信管理办公室和杨浦区政府共同主办的上海“诚信活动周”在沪开幕。在启动仪式上，“上海市企业信用管理培训基地”、“GPST国际信用管理师认证培训基地”分别揭牌。五角场商圈与南京东路商圈、南京西路商圈、徐家汇商圈和天山路商圈向全市商业企业发出“建设诚信商圈，共建诚信上海”倡议。上海市委常委、副市长艾宝俊出席仪式并点击“诚信活动周”启动按钮。全市社会诚信体系建设联席会议60余家成员单位、部分行业协会、相关单位和市民代表参加启动仪式。

根据市政府重点工作部署，市社会诚信体系建设联席会议办公室将12月19日–25日定为“诚信活动周”，本次活动周的主题是“诚信上海，从我做起”，旨在进一步宣传、贯彻《意见》和《三年行动计划》明确的发展目标任务。活动周期间，全市各区县、各单位将以广场主题宣讲、媒体访谈、诚信知识竞赛、诚信漫画巡展等丰富多彩的形式展开70余项诚信意识、信用制度和诚信创建宣传活动。

21日 市信息化专家委举行智慧医疗建设战略研究课题结题会暨“智慧医疗云服务”项目签约仪式。会议由市信息化专家委秘书长、市经信委总工程师马静主持。2011年9月，上海发布《上海市推进智慧城市建设2011–2013年行动计划》，明确提出要构建信息基础设施、智能应用、新一代信息技术产业和信息安全保障等4个体系，重点实施24个专项119个（类）项目。市信息化专家委承担智慧医疗建设战略研究这一课题，并由上海联通主要负责课题研究实施工作。2012年4月，专家委主任吴启迪主持召开开题会后，全面启动课题研究各项工作，经过多方协调推动，上海联通、申康中心、复旦医疗集团等三家单位最终达成合作意向，共同实施智慧医疗云服务项目，使从单纯的课题研究深化到了具体的应用实践。

25日 市经信工作党委召开第55次党委会（扩大）。党委书记周国雄主持会议。周国雄传达习近平总书记在中央政治局会议上的讲话精神、中央关于改进工作作风有关文件精神及12月20日市委常委会精神；同时传达中央经济工作会议精神和12月17日市党政负责干部会议精神。党委副书记、市经信委主任戴海波传达十届市委三次全会精神。会议要求，深入学习领会中央、市委的部署和要求，统一思想，结合实际，切实把中央、市委的精神转化为工作思路和工作举措，集中精力，统筹安排，把全年工作总结好，2013年的工作开好局。

25日 国家北斗导航应用上海产业基地在沪举行开工仪式，启动一期建设。北斗卫星导航系统已广泛应用于智能电网、通信、金融、气象探测、基础测绘、国土测绘、工程勘测、资源调查、水利水电、海洋渔业、交通运输及物流、气象预报、减灾救灾、公共安全应急管理，乃至个人消费等国民经济重点领域。上海市政府和闵行区政府把握卫星导航应用产业发展的历史机遇，在国家北斗导航应用管理部门的支持下，国家北斗导航应用上海产业基地已落户于闵行区，规划1平方公里，建设军民融合式国家级北斗导航应用上海产业基地。基地内设卫星导航技术与应用研究中心、应用终端生产中心、应用监控指挥中心、技术培训中心和国际交流中心。

27日　上海生产性服务业促进会成立。由上海市经济信息化委为指导单位，上海生产性服务业联盟主办的“上海生产性服务业促进会成立大会”在浦东新区召开。该促进会作为全国第一家成立的生产性服务业社团组织，顺应了当前深入贯彻落实党的十八大报告和国务院《服务业发展“十二五”规划》的要求，从而将加速推进上海研发销售“两头在沪”发展和上海制造业与生产性服务业的融合。

31日　2012年，全市工业企业完成工业总产值31548.41亿元，比上年下降0.4%；完成工业增加值6446.14亿元，增长2.9%；主营业务收入为33738亿元，下降1.8%；实现工业利润2131亿元，下降2.8%；完成出口交货值7958亿元，下降5.5%；工业投资额1293亿元，增长1.1%。

（王耀鑫、刘　芸）

2013·上海工业年鉴

SHANGHAI INDUSTRIAL YEARBOOK

2012 年部分法律法规目录

全国人民代表大会常务委员会关于加强网络信息保护的决定
（2012 年 12 月 28 日第十一届全国人民代表大会常务委员会第三十次会议通过）

民用爆炸物品进出口管理办法
（2012 年 3 月 19 日工业和信息化部、公安部、海关总署令第 21 号发布）

上海市人民政府印发《关于本市进一步鼓励软件产业和集成电路产业发展的若干政策》的通知
（沪府发〔2012〕26 号 2012 年 3 月 15 日发布）

上海市人民政府贯彻《国务院关于进一步支持小型微型企业健康发展的意见》的实施意见
（沪府发〔2012〕98 号 2012 年 11 月 20 日发布）

上海市人民政府办公厅转发市经济信息化委关于推进本市法人网上身份统一认证工作实施意见的通知
（沪府办发〔2012〕41 号 2012 年 6 月 12 日发布）

上海市人民政府办公厅转发市经济信息化委关于加快推进本市公共场所无线局域网 (WLAN) 覆盖工作实施意见的通知
（沪府办发〔2012〕48 号 2012 年 7 月 17 日发布）

上海市人民政府办公厅转发市经济信息化委关于本市加强品牌建设若干意见的通知
（沪府办〔2012〕93 号 2012 年 9 月 17 日发布）

上海市经济信息化委、国家电监会华东监管局关于印发《上海市重要电力用户供用电安全管理办法》的通知
（沪经信法〔2012〕94 号 2012 年 2 月 20 日发布）

上海市经济信息化委、市发展改革委、市财政局关于印发《上海市加快高效电机推广促进高效电机再制造实施细则》的通知
（沪经信法〔2012〕682 号 2012 年 9 月 24 日发布）

全国人民代表大会常务委员会关于加强网络信息保护的决定

（2012年12月28日第十一届全国人民代表大会常务委员会第三十次会议通过）

为了保护网络信息安全，保障公民、法人和其他组织的合法权益，维护国家安全和社会公共利益，特作如下决定：

一、国家保护能够识别公民个人身份和涉及公民个人隐私的电子信息。

任何组织和个人不得窃取或者以其他非法方式获取公民个人电子信息，不得出售或者非法向他人提供公民个人电子信息。

二、网络服务提供者和其他企业事业单位在业务活动中收集、使用公民个人电子信息，应当遵循合法、正当、必要的原则，明示收集、使用信息的目的、方式和范围，并经被收集者同意，不得违反法律、法规的规定和双方的约定收集、使用信息。

网络服务提供者和其他企业事业单位收集、使用公民个人电子信息，应当公开其收集、使用规则。

三、网络服务提供者和其他企业事业单位及其工作人员对在业务活动中收集的公民个人电子信息必须严格保密，不得泄露、篡改、毁损，不得出售或者非法向他人提供。

四、网络服务提供者和其他企业事业单位应当采取技术措施和其他必要措施，确保信息安全，防止在业务活动中收集的公民个人电子信息泄露、毁损、丢失。在发生或者可能发生信息泄露、毁损、丢失的情况时，应当立即采取补救措施。

五、网络服务提供者应当加强对其用户发布的信息的管理，发现法律、法规禁止发布或者传输的信息的，应当立即停止传输该信息，采取消除等处置措施，保存有关记录，并向有关主管部门报告。

六、网络服务提供者为用户办理网站接入服务，办理固定电话、移动电话等入网手续，或者为用户提供信息发布服务，应当在与用户签订协议或者确认提供服务时，要求用户提供真实身份信息。

七、任何组织和个人未经电子信息接收者同意或者请求，或者电子信息接收者明确表示拒绝的，不得向其固定电话、移动电话或者个人电子邮箱发送商业性电子信息。

八、公民发现泄露个人身份、散布个人隐私等侵害其合法权益的网络信息，或者受到商业性电子信息侵扰的，有权要求网络服务提供者删除有关信息或者采取其他必要措施予以制止。

九、任何组织和个人对窃取或者以其他非法方式获取、出售或者非法向他人提供公民个人电子信息的违法犯罪行为以及其他网络信息违法犯罪行为，有权向有关主管部门举报、控告；接到举报、控告的部门应当依法及时处理。被侵权人可以依法提起诉讼。

十、有关主管部门应当在各自职权范围内依法履行职责，采取技术措施和其他必要措施，防范、制止和查处窃取或者以其他非法方式获取、出售或者非法向他人提供公民个人电子信息的违法犯罪行为以及其他网络信息违法犯罪行为。有关主管部门依法履行职责时，网络服务提供者应当予以配合，提供技术支持。

国家机关及其工作人员对在履行职责中知悉的公民个人电子信息应当予以保密，不得泄露、篡改、毁损，不得出售或者非法向他人提供。

十一、对有违反本决定行为的，依法给予警告、罚款、没收违法所得、吊销许可证或者取消备案、关闭网站、禁止有关责任人员从事网络服务业务等处罚，记入社会信用档案并予以公布；构成违反治安管理行为的，依法给予治安管理处罚。构成犯罪的，依法追究刑事责任。侵害他人民事权益的，依法承担民事责任。

十二、本决定自公布之日起施行。

民用爆炸物品进出口管理办法

(2012年2月10日工业和信息化部第23次部务会议审议通过，2012年3月19日工业和信息化部、公安部、海关总署令第21号发布，自2012年9月1日起施行)

第一条 为了加强对民用爆炸物品进出口的管理，维护国家经济秩序，保障社会公共安全，根据《民用爆炸物品安全管理条例》，制定本办法。

第二条 进出口民用爆炸物品，适用本办法。

本办法所称民用爆炸物品，是指用于非军事目的、列入民用爆炸物品品名表的各类火药、炸药及其制品和雷管、导火索等点火、起爆器材。

第三条 工业和信息化部负责民用爆炸物品进出口的审批。

公安机关负责民用爆炸物品境内运输的安全监督管理。

海关负责民用爆炸物品进出口环节的管理。

第四条 进出口民用爆炸物品，应当依照本办法的规定逐单申请办理审批手续。

严禁进出口未经工业和信息化部核发《民用爆炸物品进/出口审批单》的民用爆炸物品。

第五条 取得《民用爆炸物品生产许可证》的企业可以申请进口用于本企业生产的民用爆炸物品原材料（含半成品），出口本企业生产的民用爆炸物品（含半成品）。

取得《民用爆炸物品销售许可证》的企业可以申请进出口其《民用爆炸物品销售许可证》核定品种范围内的民用爆炸物品。

第六条 申请进出口民用爆炸物品，应当向工业和信息化部提交下列材料：

（一）民用爆炸物品进出口申请报告及已填写相关内容的《民用爆炸物品进/出口审批单》（一式五份）；

（二）工商营业执照原件及复印件；

（三）《民用爆炸物品生产许可证》或者《民用爆炸物品销售许可证》原件及复印件；

（四）企业法定代表人及经办人的身份证明原件及复印件；

（五）进出口合同原件、复印件及中文译本（译本应当加盖申请人的公章，下同）；

（六）进口民用爆炸物品，应当提交具备与进口量相适应的仓储条件和满足行业安全要求的证明材料、不低于我国现行产品标准的证明材料、符合国家有关安全运输和储存标准的证明材料、符合《民用爆炸物品警示标识、登记标识通则》的证明材料、符合国家有关环保标准的证明材料和产品使用说明（相关材料应当提供中文译本）；

（七）出口民用爆炸物品，应当提交民用爆炸物品进口国的许可文件原件、复印件及中文译本、最终用户证明和最终用途证明；

（八）法律、行政法规规定的其他材料。

工业和信息化部验证有关材料的真实性后，将有关材料原件退还申请人。

第七条 工业和信息化部对申请材料进行审查。申请材料不齐全或者不符合法定形式的，应当当场或者在五个工作日内一次告知申请人需要补正的全部内容；逾期不告知的，自收到申请材料之日起即为受理。

申请材料齐全、符合法定形式，或者已按要求提交全部补正申请材料的，应当予以受理，并出具受理通知书。

第八条 工业和信息化部自受理申请之日起20个工作日内作出是否批准的决定。批准进出口民用爆炸物品的，应当向申请人核发《民用爆炸物品进/出口审批单》；不予批准的，应当书面告知申请人。

国家禁止进口或者明令淘汰的民用爆炸物品，工业和信息化部不予批准进口。

《民用爆炸物品进/出口审批单》实行“一批一单”和“一单一关”管理。

第九条 进出口企业应当将获准进出口的民用爆炸物品的品种和数量等信息向收货地或者出境口岸所在地县级人民政府公安机关备案，并同时向所在地省级民用爆炸物品行业主管部门备案。

运输民用爆炸物品，应当依法取得公安机关核发的《民用爆炸物品运输许可证》。

第十条 企业进出口民用爆炸物品的，凭《民用爆炸物品进/出口审批单》向口岸海关办理进出口手续。

第十一条 违反海关有关规定进出口民用爆炸物品的，依照海关法律、行政法规及规章的规定处理。

第十二条 海关无法确定进出口物品是否属于民用爆炸物品的，由进出口企业将物品样品送交具有民用爆炸物品检测资质的机构鉴定，海关依据有关鉴定结论实施进出口管理。

第十三条 民用爆炸物品在海关特殊监管区域或者场所与境外之间进出的，应当依据本办法的规定办理审批手续，接受监督和管理。

第十四条 以不正当手段取得民用爆炸物品进出口批准文件的，由工业和信息化部撤销其民用爆炸物品进出口批准文件，申请人在3年内不得再次申请进出口民用爆炸物品。

第十五条 未经批准或者超出批准范围进出口民用爆炸物品的，依照有关法律、行政法规的规定处罚。

第十六条 进出口民用爆炸物品未按照规定向公安机关备案的，由公安机关依照《民用爆炸物品安全管理条例》第四十六条的规定处罚。

第十七条 民用爆炸物品进出口企业涂改、倒卖或者以其他形式非法转让《民用爆炸物品进／出口审批单》的，由工业和信息化部责令限期改正，予以警告，并处3万元以下的罚款。

第十八条 民用爆炸物品进出口管理人员在民用爆炸物品进出口管理活动中滥用职权、玩忽职守、徇私舞弊或者违反《中华人民共和国行政许可法》等有关规定的，依法给予处理；构成犯罪的，依法追究刑事责任。

第十九条 国家禁止进出口的民用爆炸物品目录，由工业和信息化部、海关总署按照《中华人民共和国对外贸易法》的有关规定商请对外贸易主管部门制定、调整并公布。

第二十条 硝酸铵的进口，按照国家有关规定管理。硝酸铵的出口，由工业和信息化部委托省级民用爆炸物品行业主管部门参照本办法的规定管理。

第二十一条 《民用爆炸物品进／出口审批单》的式样由工业和信息化部会同海关总署制定。

第二十二条 本办法自2012年9月1日起施行。

上海市人民政府印发《关于本市进一步鼓励软件产业和集成电路产业发展的若干政策》的通知

（沪府发〔2012〕26号 2012年3月15日发布）

各区、县人民政府，市政府各委、办、局：

现将《关于本市进一步鼓励软件产业和集成电路产业发展的若干政策》印发给你们，请认真按照执行。

上海市人民政府

2012年3月15日

关于本市进一步鼓励软件产业和集成电路产业发展的若干政策

为了加快上海软件产业和集成电路产业发展，根据《国务院关于印发进一步鼓励软件产业和集成电路产业发展若干政策的通知》（国发〔2011〕4号），结合本市实际，制定本政策。

本政策适用于在本市工商注册、税务登记并经行业主管部门认定的软件企业和集成电路企业及机构。按照国务院及其有关部门规定，本市软件企业和集成电路企业除享受国发〔2011〕4号文、国家及本市支持战略性新兴产业发展的其他政策外，同时执行本政策。

一、投融资政策

（一）将软件产业、集成电路产业作为上海加快培育和发展战略性新兴产业的战略重点，围绕发展新一代信息技术产业和智慧城市建设，加快软件产业向高端发展，重点推动集成电路设计、制造、封装测试、装备、材料等自主发展和联动发展。

（二）本市继续安排支持软件和集成电路产业发展专项资金（责任部门：市财政局、市发展改革委、市经济信息化委、市科委）。

（三）鼓励投资新建12英寸及以上集成电路芯片生产线项目、集成电路重大装备研发和产业化项目，积极落实土地、规划、水电气供应等基础设施配套。对符合条件的项目，由市级财政根据相关规定，给予一定研发资金支持，并由所在区县提供等额配套资金（责任部门：市发展改革委、市经济信息化委、市财政局、有关区县）。

（四）进一步发挥在沪软件、集成电路产业领域国家新兴产业创业投资基金的作用，市、区县两级创业投资引导基金继续参股设立软件、集成电路产业领域的创业投资企业，引导和带动社会资本共同投入，重点支持初创期、成长期的软件企业和集成电路企业发展（责任部门：市发展改革委、市财政局、市经济信息化委、市金融办、有关区县）。

（五）鼓励商业银行加大对本市软件企业和集成电路企业的信贷支持力度，进一步促进知识产权质押融资业务发展。支持商业银行加大并购贷款服务力度，推动软件企业和集成电路企业并购重组。支持融资性担保机构和融资租赁公司发展，为中小软件企业和集成电路企业提供担保及租赁服务。鼓励支持软件企业和集成电路企业改制上市，充分利用主板、中小板、创业板等资本市场融资发展（责任部门：市金融办、市知识产权局、市经济信息化委、市商务委、市发展改革委）。

二、企业培育政策

（六）参照国家规划布局内重点软件、重点集成电路设计企业认定和支持标准，每年各认定一批本市规划布局内重点软件企业、重点集成电路设计企业，由市、区县两级政府给予重点支持（责任部门：市发展改革委、市经济信息化委、市商务委、市财政局、市地税局、有关区县）。

（七）培育企业做强做大，对年度营业收入首次突破100亿元、50亿元、10亿元的软件企业和集成电路企业，由市、区县两级政府分级给予企业核心团队奖励。鼓励企业落户上海，对投资额超过50亿元、10亿元、1亿元的新入沪软件企业和集成电路企业，由相关区县或园区分级给予企业奖励（责任部门和单位：市经济信息化委、市财政局、市发展改革委、市商务委、市科委、有关区县及园区）。

三、研发政策

（八）软件和集成电路设计企业向境外企业购买技术使用权或所有权，所购技术列入当年国家规定的《鼓励进口先进技术和产品目录》的，在享受国家进口贴息的基础上，市级财政给予等额配套支持。鼓励区县、园区结合实际，制订配套支持政策（责任部门和单位：市商务委、市经济信息化委、市财政局、市发展改革委、有关区县及园区）。

（九）对本市软件企业和集成电路企业承担和参与国家科技重大专项的，地方资金配套比例按照本市有关规定执行（责任部门：市科委、市发展改革委、市财政局、市经济信息化委）。

（十）支持本市软件企业和集成电路企业申报产业技术创新战略联盟，对联盟开展技术路线图、技术标准、商业模式、知识产权利益共享机制研究等，给予一定资金支持（责任部门：市科委、市财政局）。

（十一）进一步鼓励集成电路设计企业与集成电路生产企业开展合作。对利用本市集成电路生产线开展符合一定条件的工程产品首轮流片的集成电路设计企业，由市、区县两级财政给予一定支持，用于企业研发投入（责任部门：市经济信息化委、市财政局、市发展改革委、有关区县）。

四、人才政策

（十二）对在软件产业、集成电路产业领域做出杰出贡献的高端人才，根据本市人才政策，给予一定资助或奖励（责任部门：市人力资源社会保障局、市经济信息化委、市发展改革委、市财政局、其他相关部门）。

（十三）对国家及本市规划布局内重点软件企业、集成电路设计企业，除享受本市高新技术企业的人才引进政策外，对其引进紧缺、急需具有特殊才能的人才，按照特殊人才引进政策给予支持（责任部门：市人力资源社会保障局、市经济信息化委）。

（十四）实施对开发出具有自主知识产权的软件设计人员、集成电路设计人员的政府奖励政策（责任部门：市经济信息化委、市地税局、市财政局）。

五、知识产权政策

（十五）进一步鼓励软件企业和集成电路企业申请国内外软件著作权、集成电路布图设计专有权或发明专利，对这类企业的申请按照有关规定给予一定资助（责任部门：市版权局、市科委、市知识产权局、市财政局、市经济信息化委）。

（十六）加大知识产权保护力度，严厉打击盗版行为，并配合司法机关维护知识产权所有权人的合法权益。各级政府机构和企事业单位必须使用正版软件，鼓励使用自主可控软件。全面落实政府机关使用正版软件的政策措施，将软件购置经费纳入财政预算（责任部门：市版权局、市知识产权局、市经济信息化委、市财政局）。

六、进出口政策

（十七）试点推广集成电路设计相关业务全程保税监管（责任部门：上海海关、市商务委、市发展改革委、市地税局、国家外汇管理局上海市分局）。

（十八）继续实施海关、检验检疫有关企业分类管理制度，进一步落实高资信企业通关便利措施，为经认定符合条件的软件企业和集成电路企业提供快速、便利的口岸服务，并对其中经认定符合条件的软件企业、集成电路企业的进出口货物实行海关“担保验放”通关措施（责任部门：上海海关、上海出入境检验检疫局、市口岸办）。

（十九）海关、出入境检验检疫等口岸查验单位不断优化软件企业、集成电路企业进出口货物优化通关流程，继续完善“5 + 2”天通关工作制，优先适用于节假日提前预约报检报关、快速验放等便利措施。对通过互联网交付的出口软件产品，无需实物报检报关（责任部门：上海海关、上海出入境检验检疫局、市口岸办、市商务委）。

七、产业布局与管理政策

（二十）加快推进上海国家微电子产业基地、软件产业基地、软件出口基地等国家级基地建设，积极创建国家云计算服务创新发展试点示范城市，继续认定建设一批市级软件基地、软件出口（创新）园区和集成电路设计产业基地，重点支持基地公共服务设施建设。根据本市产业布局导向，中心城区结合“退二进三”，郊区结合新城建设，有关区县和园区可出台针对性政策，促进产业集聚、集群发展，进一步优化产业布局（责任部门和单位：市发展改革委、市经济信息化委、市商务委、市科委、市规划国土资源局、有关区县及园区）。

（二十一）各有关职能部门进一步简化软件产业项目和集成电路产业项目的立项（备案或核准）、环评、上市、注册、行业资质获取等的行政审批程序，提高行政审批效率；允许研发投入按照有关规定计入项目总投资；在软件企业和集成电路企业在申请项目环境影响评价时，为其提供从简、快速的便捷通道（责任部门和单位：各相关部门、区县及园区）。

八、政策落实

（二十二）各相关责任部门要抓紧制定实施细则，确保本政策取得实效。本政策自发布之日起实施，有效期至2016年12月31日为止。

上海市人民政府贯彻《国务院关于进一步支持小型微型企业健康发展的意见》的实施意见

（沪府发〔2012〕98号　2012年11月20日发布）

各区、县人民政府，市政府各委、办、局：

小型微型企业是国民经济和社会发展的重要力量，是上海实现创新驱动、转型发展的重要基础。进一步支持小型微型企业健康发展，是党中央、国务院的一项重要决策。为全面落实国家扶持小型微型企业发展的各项政策，切实改善小型微型企业发展环境，更好地促进小型微型企业健康发展，现就贯彻《国务院关于进一步支持小型微型企业健康发展的意见》（国发〔2012〕14号）提出如下实施意见：

一、加大对小型微型企业的财税扶持力度

（一）继续落实国家及本市支持小型微型企业发展的税收优惠政策。在2015年年底前，对年所得额低于6万元（含6万元）的小型微利企业，减按50%计算应纳税所得额。对符合规定减免条件的小型微型亏损企业，减免其城镇土地使用税。对符合产业导向的小型微型企业，因经营困难不能按时缴纳税款的，在向主管税务部门提交申请并按照相关规定审批通过后，可以在3个月内缓缴税款（市地税局负责）。

（二）适时设立上海市中小企业发展基金。在市中小企业发展专项资金中安排一定资金，适时设立上海市中小企业发展基金，主要用于引导社会资金，支持中小微型企业融资增信，参与小型微型企业集合信托计划发行等。鼓励向该基金捐赠资金，对企事业单位、社会团体和个人等向该基金捐赠资金的，企业在年度利润总额12%以内的部分，个人在申报个人所得税应纳税所得额30%以内的部分，准予在计算缴纳所得税税前扣除（市经济信息化委、市财政局负责）。

（三）鼓励区县加大对小型微型企业的资金扶持力度。各区县设立小型微型企业发展专项资金，加大对小型微型企业发展和中小企业服务体系建设的支持力度。区县设立的其他扶持企业的专项资金进一步向小型微型企业倾斜（各区县政府负责）。

（四）进一步减轻小型微型企业负担。落实中央和本市财政、物价部门已公布的取消行政事业性收费的规定，在2014年年底前，对本市小型微型企业免征12项行政事业性收费。严格执行收费公示制度，按照市财政局、市物价局公布的行政事业性收费目录所列项目、标准及范围收费。规范涉及行政许可和强制准入的经营服务性收费，按照政府信息公开的要求，进一步推进经营服务性收费信息公示工作。开展企业减负检查，重点检查不合理涉企收费，清理取消一批涉企行政事业性收费（市财政局、市发展改革委负责）。

二、加大对小型微型企业的金融支持力度

（五）扩大小型微型企业信贷规模。银行业金融机构对小型微型企业贷款在实现银监会提出的“两个不低于”的基础上，对单户授信总额500万元以下（含500万元）小型微型企业贷款的增速不低于全部贷款平均增速。支持商业银行发行专项用于小型微型企业贷款的金融债，扩大资产证券化试点。完善科技信贷风险补偿和小型微型企业信贷风险补偿机制，对商业银行向小型微型企业贷款按规定比例给予风险损失补偿。建立小型微型企业信贷业务奖励考核机制，对小型微型企业信贷工作成绩突出的商业银行实施专项奖励。推广使用“上海银行业小微企业信贷产品信息查询平台”，发挥市、区县中小企业服务中心和其他服务机构的作用，开展集中推荐信贷对象的工作，支持商业银行实施小型微型企业信贷业务批量化操作（上海银监局、市财政局、市经济信息化委、市金融办负责）。

（六）加快发展小金融机构。深入推进差异化准入政策，实施小型微型企业专营支行批量准入，支持商业银行设立小型微型企业专营支行、科技特色支行。稳步推动小额贷款公司发展，对符合条件的小额贷款公司，其主发起人持股比例可在30%的基础上适度提高，探索有条件的小额贷款公司跨区县经营，支持符合条件的小额贷款公司根据有关规定改制为村镇银行。坚持小额贷款公司“小额、分散”的贷款原则，确保50万元以下的借款人所占比例达到50%以上（上海银监局、市金融办负责）。

（七）拓宽小型微型企业融资渠道。支持小型微型企业运用中小企业集合票据、中小企业集合债和中小企业私募债券等债务融资工具，发行债券类融资产品，对成功发行集合票据和集合债的小型微型企业给予中介费用补助。鼓励小型微型企业在各类交易市场挂牌，对改制培育阶段发生的中介费用予以一定补助。发挥创业投资引导基金、风险救助和税收优惠的作用，支持创投企业加大对小型微型企业的支持力度。组建政府、银行、创投企业、担保公司多方联动的“投贷”、“投担”运作平台，开展“投贷担”融资服务创新。运用货币信贷评估工具，支持开展知识产权质押贷款等担保创新类贷款业务（市经济信息化委、市发展改革委、人民银行上海分行、市金融办、市知识产权局按照职责分工负责）。

（八）加强对小型微型企业的担保服务。进一步完善中小企业融资担保机制，逐步扩大担保资金规模，提高专业化运作水平，提升政策性担保效率。完善商业性担保机构风险补偿制度，进一步扩大市级国有投资公司投资参股的总量和范围，鼓励和支持本市各类商业性融资担保机构进一步扩大资本规模，切实提升商业性担保机构为中小企业服务的能力。加大对小型微型企业担保业务的补助力度，将小型企业和微型企业担保业务的补助比例上限分别提高到2%和3%。鼓励银保合作，大力发展小型微型企业贷款保证保险，由银行和保险公司共同分担小型微型企业贷款风险（市财政局、市经济信息化委、市金融办、市商务委、上海银监局、上海保监局按照职责分工负责）。

（九）推进小型微型企业信用建设。推进人民银行融资租赁登记公示系统、应收账款质押登记公示系统和中小企业信用档案系统建设，探索以区县为单位发展中小企业信用体系实验区。加快推进法人信息共享与应用系统建设，建设上海市公共信用信息服务平台，进一步完善企业和个体工商户信用分类监管，发挥信用信息在小型微型企业融资中的作用。探索建立统一的动产抵押登记平台，营造更加良好的小型微型企业金融服务市场环境。推进小额贷款公司、融资性担保机构等接入人民银行征信系统，逐步扩大金融领域信用信息共享与应用范围。加强诚信教育，引导小型微型企业加强信用管理，使用信用产品与服务（人民银行上海分行、市经济信息化委、市工商局、市金融办等按照职责分工负责）。

三、鼓励小型微型企业创业创新

（十）鼓励创办小型微型企业。落实促进创业带动就业的相关政策举措，将小额贷款担保和贴息政策的适用范围从创业3年以内的小型微型企业扩大到所有小型微型企业。支持小企业创业基地、科技创业孵化器、创业苗圃、商贸企业集聚区、各类专业市场等载体建设，鼓励小型微型企业集聚发展（市人力资源社会保障局、市经济信息化委、市科委、市商务委负责）。

继续推进实施大学生创业注册资本“零首付”等政策。放宽小型微型企业经营场地限制。区县政府指定场地，允许从事工业设计、软件和信息服务、网络技术、翻译服务、电子商务、摄影摄像或设计、咨询等不扰民、不影响周边环境和公共安全的创新型、文化创意类小型微型企业集中登记。鼓励具备条件的个体工商户转型升级为小型微型企业，在名称登记上给予支持，允许沿用原前置许可办理登记。对符合条件的小型微型企业实行网上年检（市工商局、各区县政府负责）。

（十一）帮助小型微型企业稳定就业岗位。对初创期小型微型企业吸纳就业并稳定就业岗位的，按照规定给予经营场地房租补贴、社会保险费补贴等政策扶持。鼓励小型微型困难企业采取轮岗培训、岗位共享等措施，稳定职工队伍，依法调整和合理安排职工的工作与待遇，渡过经营难关。做好稳定岗位的政策储备，在严峻经济形势的条件下，研究出台给予小型微型困难企业岗位补贴或社会保险补贴等阶段性政策。对小型微型企业新招用高校毕业生并符合规定条件的，给予培训费补贴和社会保险补贴（市人力资源社会保障局、市财政局负责）。

（十二）支持小型微型企业创新发展。加快构建技术创新服务体系，帮助小型微型企业落实企业研发费用税前加计扣除、高新技术成果转化等相关扶持政策，支持小型微型企业技术改造和技术创新活动。加强产学研合作，加快发展创新驿站、技术转移机构、技术经纪机构，组织开展形式多样的技术交流和对接活动，引导大专院校、科研机构向小型微型企业转移技术成果，提供技术创新服务。实施中小企业信息化应用推广工程，提高小型微型企业信息化水平。培育具有自主知识产权的优势小型微型企业，加大知识产权保护力度（市科委、市地税局、市经济信息化委、市教委、市知识产权局按照职责分工负责）。

（十三）支持小型微型企业开拓市场。深化实施电子商务“双推”工程，扶持小型微型企业依托第三方平台开展电子商务应用，发展网络营销。对小型微型企业参加境内外展会与合作交流等给予资金扶持。不断完善上海市“走出去”信息服务平台，发挥行业协会的组织作用，引导小型微型企业抱团“走出去”。加大专项资金的扶持力度，支持有关担保机构为中小微型外贸企业开拓国际市场提供融资担保服务。深化小型微型企业跨境贸易人民币结算和外汇资金管理方式改革，提高贸易结算便利度，规避汇率波动风险。鼓励保险公司为小型微型企业开拓市场提供商业信用保险和出口信用保险。加大政府采购支持小型微型企业发展的力度，各级政府年度采购项目预算预留不少于18%的比例给小型微型企业。积极开展小型微型企业政府采购融资担保试点，委托专业担保机构为政府采购项目中标小型微型企业向银行融资提供担保，进一步增强小型微型企业参与政府采购的能力（市商务委、市财政局、市经济信息化委、人民银行上海分行、上海保监局按照职责分工负责）。

（十四）帮助小型微型企业提高经营管理水平。支持小型微型企业管理创新，实施中小企业管理提升计划，加强对小型微型企业经营管理人员的培训。实施中小企业知识产权工作托管计划，提高小型微型企业知识产权管理水平。发挥上海市质量金奖的标杆引领作用，引导小型微型企业提升质量管理水平。帮助小型微型企业提高标准化水平，引导小型微型企业创建自主品牌和著名商标。加强对小型微型企业海外商标注册维权的指导，提升企业参与国际市场竞争的能力。加强小型微型企业人力资源开发，以小型微型企业为重点，开展知识更新继续教育。对小型微型企业职工通过职业技能等级考核的，按照规定予以培训费补贴。鼓励高技能人才培养基地积极为小型微型企业的技能人才开放培训资源，提供技能培训服务（市经济信息化委、市知识产权局、市质量技监局、市工商局、市人力资源社会保障局按照职责分工负责）。

四、加强对小型微型企业的公共服务

（十五）加强对促进小型微型企业发展工作的领导。进一步发挥市促进中小企业发展工作领导小组的统筹规划、组织领导和政策协调作用，明确部门分工和责任，加强监督检查和政策评估，将小型微型企业工作列入各区县、各有关部门的年度考核范围，由市促进中小企业发展工作领导小组办公室负责具体落实。市有关部门在各自职责范围内，加强对小型微型企业的指导和服务，制定、宣传、解读和落实有关政策措施（市经济信息化委会同市促进中小企业发展工作领导小组各成员单位负责）。

各区县政府建立相应的工作协调机制，加强对本区域小型微型企业工作的指导和服务（各区县政府负责）。

（十六）进一步完善中小企业服务体系。发挥市、区县中小企业服务中心的主渠道作用，为小型微型企业提供政策咨询、信息传递等公共服务。各区县将中小企业服务网络延伸至乡镇（街道）、产业园区，并给予一定的工作经费保障（市经济信息化委、各区县政府负责）。

推进中小企业公共服务平台建设。到2015年，培育300家中小企业公共服务平台，重点培育100家国家和市级中小企业公共服务示范平台，各示范平台单位要面向小型微型企业提供免费或低收费的优质服务（市经济信息化委牵头，市发展改革委、市科委、市财政局、市人力资源社会保障局、市环保局、市质量技监局等部门参加）。

（十七）优化对小型微型企业的行政服务。继续推进并联审批工作，不断优化并联审批流程，提高行政服务效率。进一步完善中小企业诉求处理机制，维护小型微型企业的合法权益。行政执法部门对小型微型企业加强指导，督促企业守法经营（市工商局、市经济信息化委、各行政执法部门按照职责分工负责）。

（十八）加强对小型微型企业的统计监测。建立小型微型企业统计体系，加强小型微型企业统计分析。建立和完善全市小型微型企业库，重点选取一批具有行业、区域代表性的小型微型企业，建立统计调查、监测分析和定期发布制度。市、区县中小企业服务中心负责加强跟踪监测和服务协调，及时了解运行状况，研判发展趋势，加强预警，有针对性地采取相关举措。依托人民银行利率管理信息系统，加强对小型微型企业贷款规模、贷款利率的统计监测。加强对小额贷款公司利率和担保机构担保费率的监测（市统计局牵头，市经济信息化委、市工商局、市地税局、人民银行上海分行、市金融办、市商务委等部门参加）。

上海市人民政府

2012 年 11 月 20 日

上海市人民政府办公厅转发市经济信息化委关于推进本市法人网上身份统一认证工作实施意见的通知

（沪府办发〔2012〕41 号 2012 年 6 月 12 日发布）

各区、县人民政府，市政府各委、办、局：

市经济信息化委《关于推进本市法人网上身份统一认证工作的实施意见》已经市政府同意，现转发给你们，请认真按照执行。

上海市人民政府办公厅

2012 年 6 月 12 日

关于推进本市法人网上身份统一认证工作的实施意见

为了贯彻落实《中共上海市委办公厅、上海市人民政府办公厅印发〈上海市推进智慧城市建设 2011–2013 年行动计划〉的通知》（沪委办发〔2011〕38 号），根据市政府第 134 次常务会议要求，现就推进本市法人网上身份统一认证工作提出如下实施意见：

一、指导思想

以邓小平理论和“三个代表”重要思想为指导，深入贯彻落实科学发展观，围绕上海建设“四个中心”和社会主义现代化国际大都市的总体目标，按照创新驱动、转型发展的要求，聚焦“两高一少”目标，深入推进政府部门充分利用网上身份认证技术，向各类法人提供安全、便捷、高效的各类在线办事和公共服务，促进本市服务政府建设。

二、总体目标

依托市法人信息共享与应用系统建设成果，建设面向在本市依法设立的各类法人的网上身份统一认证系统，完善法人证书服务渠道和收费模式，充分利用、整合现有法人数字证书，实现法人数字证书跨部门“一证通用”，为在本市依法设立的各类法人在政府部门在线办理各类事项提供统一认证服务。

三、基本原则

（一）利用现有资源，统筹集约建设。充分利用各部门已发的存量数字证书，结合国家有关部门的认证要求，利用法人信息共享和应用系统项目建设成果，建设法人网上身份统一认证体系。

（二）政府鼓励引导，企业自愿应用。坚持以需求为导向，积极鼓励和引导各类法人使用数字证书办理各类行政事务，提升政府公共服务水平。

（三）推广“一证通用”，兼顾专用需求。积极推进法人单位使用一张数字证书在线办理各政府部门提供的网上事务；满足法人单位自愿选择使用多张数字证书分别办理不同业务的需求。

（四）规范证书收费，减轻法人负担。通过政府统一购买服务的方式，加快推动“一证通用”法人数字证书在政府网上办事和服务中的应用；针对各类法人自愿选择的多张数字证书，完善法人数字证书收费机制，降低法人单位使用数字证书的成本。

四、主要任务

（一）完善统一的法人数字证书服务渠道。综合考虑区县行政区域面积、法人单位数量等因素，依托各区县企业服务中心、行政办事大厅或产业集聚区等，由市数字证书认证中心统一建设覆盖全市的法人数字证书服务体系，面向各类法人提供统一的数字证书服务。各区县政府配合法人数字证书服务渠道的建设，大力推进法人网上身份统一认证系统在区县政府部门的应用。2012 年年底前，撤销各政府部门自建的法人数字证书服务体系，形成全市统一的法人数字证书服务渠道，各政府部门不再自行发放法人数字证书。

（二）建设法人网上身份统一认证系统。按照“一证通用”的要求，制定本市法人数字证书格式的地方性标准。充分利用本市法人信息共享和应用系统有关各类法人登记、变更、终止等信息以及社会保险账号、公积金账号等相关信息，依托政务外网和互联网，分别建设法人网上身份统一认证系统和法人网上身份统一认证服务门户，实现法人数字证书统一受理、用户统一管理等功能，为各类法人提供数字证书查询、更新、吊销、应用开通、电子印章等“一站式”在线服务以及数字证书申办、变更、介质解锁等“一门式”现场服务。

（三）建立和完善数字证书收费机制。通过政府统一购买服务的方式，由市级财政资金按照年度采购法人数字证书服务，确保本市每个法人单位免费拥有一张支持“一证通用”的数字证书。数字证书的介质费用和法人自愿申领的第二张及第二张以后的数字证书服务年费，由法人单位自行承担，收费政策按照市物价部门的有关文件执行。对各类法人在本实施意见发布前已经申领的数字证书，由市数字证书认证中心免费升级为“一证通用”数字证书；由于证书介质原因导致无法签发“一证通用”数字证书的，用户在购买新的证书介质后，由市数字证书认证中心免费签发“一证通用”数字证书。

（四）拓展法人数字证书应用范围。按照“分批实施、全面推广”的步骤，大力推进各政府部门基于法人网上身份统一认证体系开展网上办事和服务。先期推进工商、税务、质量技监、机构编制、社团管理、财政、建设交通、人力资源社会保障、住房保障房屋管理等法人数字证书应用基础较好、法人设立和监管业务较集中的部门开展“一证通用”应用，并逐步向其他部门拓展。争取在 2013 年年底前，在涉及对法人开展管理和服务的政府部门全面实现法人数字证书“一证通用”。各政府部门要制定应用推进计划，按期完成业务系统应用改造，完善业务系统用户应用权限的管理，实现业务系统与法人网上身份统一认证系统的对接。市数字认证中心要积极配合各政府部门做好技术支持、业务培训、运营服务等相关工作。

（五）建立和完善配套保障措施。由市经济信息化委牵头，建立工作推进机制，统筹推进本市法人网上身份统一认证工作，指导协调各政府部门应用法人数字证书开展在线办事和服务。市发展改革委、市经济信息化委、市财政局在信息化项目审批过程中，要从严把关，原则上不再审批仅供单部门使用的法人数字证书类项目。市财政局要落实政府统一购买数字证书服务以及部门业务系统改造的经费。市物价局要加强对法人自愿申领第二张及其以后证书的收费管理和监督。市工商局要搞好本市法人信息共享与应用系统对法人网上身份统一认证系统开放数据的技术保障。市政府新闻办要结合重要工作节点，以新闻发布会、专题报道等方式，配合、协调相关部门积极开展宣传，提高各类法人单位对推进本市法人网上身份统一认证工作的意义、目标和主要任务的知晓度。市数字证书认证中心要切实加强系统建设、运维管理、技术支持、服务保障、业务培训以及自身能力建设，不断提升服务质量。

上海市经济和信息化委员会

2012 年 6 月 4 日

上海市人民政府办公厅转发市经济信息化委关于加快推进本市公共场所无线局域网（WLAN）覆盖工作实施意见的通知

（沪府办发〔2012〕48号 2012年7月17日发布）

各区、县人民政府，市政府各委、办、局，各相关单位：

市经济信息化委《关于加快推进本市公共场所无线局域网（WLAN）覆盖工作的实施意见》已经市政府同意，现转发给你们，请认真按照执行。

上海市人民政府办公厅

2012年7月17日

关于加快推进本市公共场所无线局域网（WLAN）覆盖工作的实施意见

无线局域网（WLAN）建设是上海建设智慧城市的基础和重要内容，也是上海建设社会主义现代化国际大都市的必然要求。大力推进本市公共场所WLAN覆盖，对提升城市功能、满足人民日益增长的信息通信服务需求，具有重要意义。为此，现就加快推进本市公共场所WLAN覆盖工作，提出如下意见：

一、原则和目标

（一）原则

一是政府引导与市场主导相结合。政府制定规划和实施方案，协调资源合理使用，开展示范应用；发挥电信运营商的建设主力军作用，加强资源共享和优势互补，完善运营机制。

二是加快建设与有序推进相结合。加强组织协调，鼓励电信运营商加快WLAN安排；制定相关规范意见，防止同频干扰，减少重复建设，促进服务质量提升。

三是适度免费与付费服务相结合。主要公共场所为公众用户每天提供一定的免费上网时长，用于资料查询、邮件收发等基本应用，其他应用服务通过市场化方式提供。

（二）目标

到2013年年底，本市人流较为密集、窗口功能突出的约450处主要公共场所（如公共交通枢纽候客区、公园绿地及旅游景点游客休憩区、文化场馆活动区、公立医院候诊区、商业街圈休息区、行政服务办事大厅等）实现WLAN全覆盖，为公众用户提供适度的免费服务。

到2013年年底，基本建成国际先进、国内领先的城市WLAN网络，实现本市智慧城市建设三年计划提出的覆盖场所2.2万处（约13万个AP）的无线城市建设目标。

二、任务和要求

（一）加强制度规范建设，提高WLAN覆盖建设水平

1．制定本市公共场所WLAN建设指南，明确公共服务场所WLAN覆盖范围、建设实施方式、技术和服务要求等，加强对建设实施工作的指导，加快推进覆盖建设（责任部

门：市经济信息化委。配合部门和单位：相关委办局、区县政府、电信运营企业）。

2．制定公共场所 WLAN 集约化建设规范，明确组网要求、技术指标、操作流程等。由相关部门加强指导，协调解决集约化建设过程中出现的问题（责任部门：市无线电管理局。配合部门和单位：市经济信息化委、市通信管理局、电信运营企业）。

3．制定规范公共场所 WLAN 建设中的业主收费意见，明确除机房租赁、配套用电、施工赔补等可按成本价合理收取费用外，原则上不再收取额外费用，并加强对业主收费行为的监督和检查（责任部门：市发展改革委（市物价局）。配合部门：市住房保障房屋管理局、市建设交通委、市经济信息化委、市通信管理局）。

4．制定 5.8GHz 频段的使用规定，加快开展使用 5.8GHz 频段组网的试点。加强对 WLAN 频率资源的管理，减少同频干扰，提升网络质量（责任部门：市无线电管理局。配合部门和单位：市经济信息化委、电信运营企业）。

（二）各方协同推进，积极落实 WLAN 网络建设

5．做好年度覆盖计划下达、信息汇总、验收指导、服务质量监督等工作（责任部门：市经济信息化委）。

6．明确责任分工。交通枢纽、公园绿地、旅游景区、医院候诊等公共场所的 WLAN 覆盖，由市政府相关主管部门牵头，区县政府配合落实；主要商业街圈等场所的 WLAN 覆盖，由区县政府牵头。牵头单位负责制订相应场所的实施计划，确定牵头建设的电信运营商，协调业主积极配合开展建设，解决建设中出现的问题，组织服务验收，配合开展质量监督（责任部门和单位：相关委办局、区县政府）。

7．做好 WLAN 建设施工配合工作。由业主单位在机房、用电、设备布放等方面对建设方给予支持，主动帮助协调解决遇到的问题，并对日常维护提供方便（责任单位：业主单位）。

8．对新建 WLAN 接入系统的场所，原则上采用集约化建设方式，每个场所由一家电信运营商牵头，建设一套 WLAN 接入系统，其他电信运营商共用。对已建 WLAN 接入系统的场所，由电信运营商建设的，要开放接入资源；确因条件限制难以开放的，要确保异网手机用户方便使用；由业主自建的，鼓励业主向电信运营商有偿转移或开放接入资源（责任单位：电信运营企业。配合单位：相关业主单位）。

9．按照统一公共服务形象的要求，设置统一的 WLAN 服务图标（Logo）及公共服务标识（SSID），统一门户页面，并在醒目位置张贴统一标牌（责任单位：电信运营企业）。

（三）提高服务质量，不断扩大 WLAN 网络覆盖规模

10．运用新技术提升网络性能，进一步优化网络结构，加强业务管理和质量控制，保障网络运行安全和信息安全，提高服务质量（责任单位：电信运营企业）。

11．建立健全日常监督机制，通过社会第三方等，不定期开展服务质量监督和抽查（责任部门：市经济信息化委、市无线电管理局。配合部门和单位：相关委办局、区县政府）。

12．在着力推进上述 450 处公共场所 WLAN 覆盖的基础上，通过组织、协调，推动电信运营商做好其他场所的 WLAN 覆盖建设，不断扩大 WLAN 覆盖规模（责任单位：区县政府。配合单位：电信运营企业）。

三、保障措施

（一）加强组织领导，完善联席会议制度

将原“上海市推进 TDSCDMA 等 3G 网络建设和应用联席会议”调整为“上海市推进无线城市建设联席会议”（以下简称“联席会议”），负责组织领导本市无线城市（移动通信和 WLAN）建设工作，制订发展规划和实施方案，提出政策措施，协调建设推进中的重大事宜等。联席会议成员单位新增市商务委、市教委、市民政局、市文广影视局、市卫生局、市体育局、市旅游局、市绿化市容局、市交通港口局、市政府机管局、中国电信上海公司、中国移动上海公司、中国联通上海市分公司。联席会议办公室设在市经济信息化委。各区县建立相应的工作推进机制，上下联动，共同推进。

（二）加大财政支持力度，保障公众服务

在上述 450 处公共服务场所实行政府购买服务，由市财政统一支付，市、区县两级共同承担，期限暂定为 3 年（2013-2015 年），以引导和带动本市 WLAN 建设。有关方案由市财政局、市经济信息化委研究制定。各区县可结合实际，选择本区县其他重要的场点参照执行，并按照全市统一要求提供公共服务。

（三）加强舆论宣传，营造良好环境

有关部门和电信运营企业要积极组织开展面向社会的宣传普及，及时发布公共服务场所 WLAN 建设方案和最新动态，营造良好氛围。各新闻单位要配合做好舆论引导，加大宣传力度，推动 WLAN 的普及使用。

上海市经济和信息化委员会

2012 年 7 月 3 日

上海市人民政府办公厅转发市经济信息化委关于本市加强品牌建设若干意见的通知

（沪府办发〔2012〕93号 2012年9月17日发布）

各区、县人民政府，市政府有关委、办、局：

市经济信息化委《关于本市加强品牌建设的若干意见》已经市政府同意，现转发给你们，请认真按照执行。

上海市人民政府办公厅

2012年9月17日

关于本市加强品牌建设的若干意见

加强品牌建设，是本市培育自主知识产权、提升产业发展水平和经济实力的重要举措。为着力推进本市各类品牌快速健康发展，不断提高产业核心竞争力，有效促进发展方式转变，根据国家有关品牌工作的指导意见，现就本市加强品牌建设提出若干意见如下：

一、指导思想、基本原则、发展目标

（一）指导思想

深入贯彻落实科学发展观，围绕“创新驱动、转型发展”和加快推进社会主义现代化国际大都市建设，优化品牌发展环境，引导企业加强品牌能力建设，支持和鼓励多元投资主体以资本为纽带，加快品牌的市场化运行，推动实现以品牌为核心的产业发展新模式。

（二）基本原则

1．坚持企业主体与政策引导相结合。发挥企业的品牌建设主体作用，增强品牌意识，提高企业自主创新能力，走内涵式品牌发展道路；发挥政府的政策引导、管理服务、环境营造作用，推动品牌发展。

2．坚持扩大新兴品牌与振兴老品牌、老字号相结合。抓住本市产业结构战略调整机遇，培育发展一批拥有较强创新力和竞争力的新兴品牌；传承创新一批老品牌和老字号，彰显上海品牌发展的文化底蕴和地域特色。

3．坚持面上服务与点上突破相结合。通过出台相关政策、支持专业化服务平台建设和营造良好环境，推动全市品牌建设；通过每年重点推进一批品牌建设，加强政策聚焦，树立品牌发展优秀典型，探索突破制约品牌发展的体制机制障碍。

（三）发展目标

“十二五”期间，滚动培育和扶持一批注册在本市的品牌发展，使企业的品牌创新意识明显增强，产业的市场竞争力和品牌管理能力明显提高，形成一批国内外知名品牌。建立一批促进品牌创新、成长、升级的服务平台，使品牌发展环境进一步得到优化，努力将上海建设成为国内重要的品牌孵化培育中心、品牌集聚辐射中心和品牌交易运作中心。

二、重点领域

根据国家有关扩内需、强品牌的要求，当前阶段重点聚焦涉及国计民生的产品品牌和影响力大的消费品产业领域，加快自主品牌振兴和新兴品牌的成长，引导企业加强品牌意识。从消费品产业入手，以市场为导向，培育品牌特别是自主品牌消费群体，总结和推广品牌发展规律，以此带动各类产业品牌更好地发展。

三、政策措施

（一）发挥企业建设品牌的主体作用

1．鼓励企业开展创新体系建设，提升品牌创新能力。

支持企业开展信息化、技术改造升级、构建国内外市场网络等项目建设。鼓励企业创建设计创新示范企业、知识产权优势企业，加强产学研合作，加强产品设计和生产工艺改造升级，开发具有自主知识产权的新产品。鼓励企业加强管理创新，采用现代化营销模式拓展产品和服务市场，提高市场拓展能力。

2．鼓励企业加强质量和标准化体系建设，提升品牌质量能级。围绕提高产品质量、制造过程质量保证能力和企业质量管理能力，鼓励企业开展质量攻关改进等活动，制定高于图家标准与行业标准的企业标准，并参与相关国家标准、国际标准的制订、修订，创建标准化示范企业。

3．鼓励企业完善信用制度，强化信用管理，加强与信用服务机构的合作，使用信用产品及服务。指导信用服务机构研究制订反映被评企业品牌开发能力的信用评价标准及指标体系。加强企业信用管理培训。加大市、区县信用体系建设专项资金对品牌企业信用体系建设的支持力度。指导开展企业诚信创建活动，引导企业诚信经营，塑造诚信品牌。

（二）完善财税扶持政策

在上海市自主品牌建设专项资金、上海市现代服务业引导资金、上海市促进文化创意产业发展财政扶持资金、上海市中小企业发展专项资金、上海市文化“走出去”专项扶持资金等市引导扶持专项资金和各区县相关专项资金中，加大对品牌建设和发展的引导扶持力度。

4．支持企业实施品牌发展战略，鼓励老字号企业在传承中创新，提升品牌附加值，加大出口力度，拓展国内外市场。

5．支持品牌公共服务项目建设，以及由国家有关部门、市有关部门组织开展的品牌培育试点、品牌宣传推广活动等项目。

6．建立政府奖励制度，对获得政府部门认定的国家级称号（“中国驰名商标”等）以及国内外著名设计奖项的企业，由本市相关专项资金给予一次性奖励。对获得“上海市著名商标”、“上海名牌”、市政府质量奖等市级称号的企业，由企业所在区县专项资金给予一次性奖励。

7．鼓励品牌企业提高设计研发能力，经认定的高新技术企业，可按国家规定享受税收优惠政策。品牌企业购买服务机构、设计企业提供的品牌策划、营销、研发设计等专业化服务，应税服务的进项税额按规定实施增值税抵扣。

（三）营造品牌发展的良好环境

8．优化自主品牌的商业环境。在编制现代服务业发展规划、商业布局规划时，明确支持自主品牌企业以市场化方式竞争入驻。鼓励支持商业企业扩大经营自主品牌，鼓励有条件的区县设立自主品牌街区，对自主品牌入驻营运面积达到一定比例的商业企业，经认定后给予综合性优惠政策支持。依法打击各种限制竞争以及滥用市场支配地位进行不正当竞争的行为。支持行业协会协助新闻媒介提供权威、准确的信息发布，营造良好的舆论环境。

9．拓宽品牌企业投融资渠道。鼓励金融机构、市创意产业投融资基金联盟等加强服务，支持符合条件的品牌企业上市融资、发行债券。鼓励国有资本引导社会资本设立自主品牌发展基金，支持企业创建中高端品牌和对自主品牌进行开放性重组。充分发挥融资担保补助资金的作用，引导融资性担保机构加大对品牌企业的融资担保和信用担保服务力度。鼓励商业银行和小额贷款公司积极开展品牌企业的知识产权质押、仓单质押、商铺经营权质押、信用担保贷款等多种融资业务。

10．加强品牌宣传推广。鼓励企业参加由国家有关部门、市有关部门主办或支持的重大品牌宣传、展览展示等活动。鼓励媒体开设专栏或制作专题节目，加强对品牌特别是自主品牌文化内涵的集中宣传报道。

11．加强品牌知识产权保护。鼓励企业通过专利申请、商标注册、著作权登记等，提升品牌核心竞争力。支持企业开展境外知识产权布局和经营。依法打击各类侵权行为。

12．鼓励开展品牌公共服务。加快建立科学公正的品牌监测、价值测评体系，支持品牌价值评估、设计咨询、交易运作、宣传推广、人才培训、品牌企业公共教育等各类品牌公共服务平台建设，鼓励中小企业应用品牌公共服务平台，开展品牌建设基础性工作。

13．加强品牌发展人才建设。将品牌建设所需人才类别纳入文化创意人才开发目录，对有关企业引进的品牌高层次人才和紧缺急需人才，优先安排本人及其配偶、未成年子女在所在地落户。对小微型品牌企业新招用大学生并组织开展岗前培训的，按规定给予培训费补贴。

14．提供品牌企业便利措施保障。对重点推进的品牌企业的新产品研发、专利申请、知识产权保护、商业渠道、工商年检、规划用地、相关国有企业中高级骨干因公出国（境）等提供便捷通道。

（四）加强体制机制创新和产业基础支撑

15．将品牌建设纳入国有和国有控股企业的战略规划。鼓励新老品牌经价值评估，以开放性市场化方式，积极引进战略投资者。支持老字号品牌进行文化挖掘、盘活重组和市场交易。加强国有和国有控股企业转制重组过程品牌和商标的管理，建立品牌发展的后评估机制。

16．实施品牌企业生产经营状况以及消费市场状况的专项统计，及时掌握品牌发展状况。探索开展品牌价值评估体系研究，为科学开展品牌评价和转让、授权提供支撑。

凡注册在本市的企业，其所拥有的品牌具有注册商标的全部所有权益（占有、使用、收益和处分）的，适用上述各项政策措施。

四、组织领导

建立上海市品牌建设工作联席会议，统筹协调解决品牌发展中的重要问题。联席会议办公室设在市经济信息化委，承担具体工作。

各区县政府和有关部门结合实际，研究制定贯彻本意见的具体措施，确保本意见落到实处。

上海市经济信息化委

2012年8月22日

上海市经济信息化委、国家电监会华东监管局关于印发《上海市重要电力用户供用电安全管理办法》的通知

（沪经信法〔2012〕94号　2012年2月20日发布）

上海市电力公司、各有关单位：

为了加强本市重要电力用户供用电安全管理，保障重要电力用户供电可靠性，提高对电力突发事件的应急处置能力，维护社会公共安全，我们制定了《上海市重要电力用户供用电安全管理办法》。现印发给你们，请按照执行。

市电力公司应当加强与重要电力用户的沟通协商，做好供电安全隐患排查，逐步加以整改完善；重要电力用户应当做好自备应急电源配置的相关工作，加强运行管理，共同确保供用电安全。

上海市经济和信息化委员会

国家电力监管委员会华东监管局

2012年2月20日

上海市重要电力用户供用电安全管理办法

第一条　（目的和依据）

为了加强本市重要电力用户供用电安全管理，保障重要电力用户供电可靠性，提高对电力突发事件的应急处置能力，维护社会公共安全，根据《中华人民共和国电力法》、《电力供应与使用条例》、《关于加强重要电力用户供电电源及自备应急电源配置监督管理的意见》等有关规定，结合本市实际，制定本办法。

第二条　（定义）

本办法所称的重要电力用户是指在国家或者本市的社会、政治、经济中占有重要地位，中断供电将可能造成人身伤亡、较大环境污染、较大政治影响、较大经济损失，社会公共秩序严重混乱的本市电网供电范围内电力用户。

第三条　（适用范围）

本市重要电力用户供用电安全及其监督管理活动，适用本办法。

第四条　（管理部门职责）

上海市经济和信息化委员会（以下简称市经济信息化委）负责本市重要电力用户供用电安全运行和电力应急处置的管理。

国家电监会华东监管局（以下简称华东电监局）负责对重要电力用户供电电源配置情况的监督管理，并与市经济信息化委共同做好重要电力用户自备应急电源配置管理工作。

本市其他有关部门在各自职责范围内，协同做好重要电力用户安全供用电的管理工作。

第五条　（重要电力用户范围）

重要电力用户包括公共卫生、公用事业、市政基础设施、金融证券、通信服务、广播电视、石化等行业以及党政机关、国防军事部门、公共数据中心、大型交通枢纽中涉及

国家安全和社会公共利益的单位。

重要电力用户范围可以根据经济社会发展需要予以相应调整。

第六条 （分级标准）

根据供电可靠性以及中断供电对人身安全、政治、经济、环境保护、社会秩序造成的损失或者影响的程度，将重要电力用户分为特级、一级和二级。

特级重要电力用户，是指在管理国家事务中具有特别重要的作用、中断其供电可能危害国家安全的电力用户。

一级重要电力用户，是指中断其供电将可能产生下列后果之一的电力用户：

（一）直接引发人身伤亡的；

（二）造成严重环境污染的；

（三）发生中毒、爆炸或者火灾的；

（四）造成重大政治影响的；

（五）造成重大经济损失的；

（六）造成较大范围社会公共秩序严重混乱的。

二级重要电力用户，是指中断其供电将可能产生下列后果之一的电力用户：

（一）造成较大环境污染的；

（二）造成较大政治影响的；

（三）造成较大经济损失的；

（四）造成一定范围社会公共秩序严重混乱的。

供电企业应当根据本办法的规定，确定重要电力用户具体分级细则，并报市经济信息化委和华东电监局备案。

第七条 （重要电力用户名单确定和调整）

电力用户应当按照本办法和重要电力用户分级细则的规定向供电企业申报成为重要电力用户。供电企业应当会同电力用户共同确定重要电力用户名单和等级，并由供电企业报市经济信息化委核定。重要电力用户名单核定后，供电企业应当在5个工作日内将名单报华东电监局备案。

重要电力用户名单发生变化的，供电企业应当及时报市经济信息化委核定。

第八条 （供用电安全保障协议）

供电企业应当与重要电力用户签订供用电安全保障协议，协议主要包含以下内容：

（一）重要电力负荷的容量以及分布；

（二）供电电源配置；

（三）供用电设施安全管理责任划分；

（四）应急电源配置和非电性质的安全措施；

（五）供用电保障措施；

（六）违约责任；

（七）双方共同认为应当约定的其他条款。

供用电安全保障协议应当根据国家有关规定、重要电力用户所在行业的相关标准以及对供电的实际需求、电力负荷特性、当地公共电网现状和发展规划等因素合理确定。

第九条 （供电电源配置）

重要电力用户供电电源配置应当符合下列要求：

（一）特级重要电力用户具备三路电源供电条件，其中两路电源应当来自两个不同的变电站，当任何两路电源发生故障时，第三路电源能保证独立正常供电；

（二）一级重要电力用户具备两路电源供电条件，两路电源应当来自两个不同的变电站，当一路电源发生故障时，另一路电源能保证独立正常供电；

（三）二级重要电力用户具备双回路供电条件，供电电源可以来自同一个变电站的不同母线段。

第十条 （供电保障）

供电企业应当加强供电设施的维护管理，保障供电设施的正常运行，满足重要电力用户的用电需求。

第十一条 （安全用电服务）

供电企业应当制定重要电力用户安全用电服务制度，根据重要电力用户的等级、行业特性等开展分类服务，对特级、一级重要电力用户应当每月进行一次用电安全服务、培训和指导，对二级重要电力用户应当每季度进行一次用电安全服务、培训和指导。

第十二条 （隐患排查和治理）

供电企业和重要电力用户应当定期开展供用电安全隐患排查和治理。

供电企业发现重要电力用户存在用电安全隐患的，应当告知并指导其制定整改方案，并督促其及时进行整改。

供电企业发现重要电力用户存在重大用电安全隐患或者对用电安全隐患不及时进行整改的，应当及时报告市经济信息化委、华东电监局以及有关部门。

第十三条 （事先告知）

供电企业在运行方式发生较大变化、可能影响重要电力用户用电安全时，应当按照有关规定事先书面告知重要电力用户。

第十四条 （应急处置）

发生突发供电事故时，供电企业应当根据《上海市处置供电事故应急预案》即时处置，快速抢修和恢复供电，并将有关信息及时告知重要电力用户。

重要电力用户因内部故障引发停电时，应当立即通知供电企业。供电企业应当指导用户排除故障，恢复正常用电。

发生重要电力用户停电事故时，供电企业应当在1小时内向市经济信息化委和华东电监局报告。

第十五条　（自备应急电源配置）

重要电力用户应当按照国家有关规定、技术规范和标准，合理配置自备应急电源，并制订相关运行操作和维护管理规程。

重要电力用户应当定期对自备应急电源进行安全检查和试验，确保自备应急电源处于良好状态，启动时间应当满足安全要求。

重要电力用户需要使用外部应急电源的，应当具备外部应急电源的接入条件。

第十六条　（设备配置及运行要求）

重要电力用户的变配电和用电设备应当符合国家、行业和本市的有关标准。

重要电力用户应当建立健全电气设备运行管理制度，并严格执行安全运行的相关规程、规范。

重要电力用户受电装置上的作业人员，应当持有《电工进网作业许可证》。

第十七条　（非电性质安全措施）

重要电力用户应当根据生产运行特点和电力负荷特性，合理制定非电性质的安全措施。

第十八条　（重要电力用户的应急预案及演练）

重要电力用户应当制定停电事故应急处置预案，特级、一级重要电力用户应当每半年开展一次应急演练，二级重要电力用户应当每年开展一次应急演练。

供电企业应当对重要电力用户开展应急演练给予指导。

第十九条　（资料保存及保密）

重要电力用户应当妥善保存内部供配电系统的文档、图纸等资料，并保证资料信息与实际情况相一致。供电企业要求重要电力用户提供相关资料的，对用户提供的资料应当予以保密。

第二十条　（重要电力用户名单编制的监督）

供电企业未将符合本办法规定的电力用户纳入重要电力用户名单，或者符合本办法规定的电力用户拒不提出重要电力用户申报的，由市经济信息化委责令改正。

第二十一条　（供用电安全监督）

市经济信息化委会同有关部门开展重要电力用户供用电安全的日常监督检查、协调和宣传教育。

华东电监局对重要电力用户供电电源配置、受电装置作业人员管理等情况进行监督检查。

第二十二条　（隐患排查治理的监督）

市经济信息化委、华东电监局会同有关部门，指导、监督供电企业和重要电力用户建立健全供用电安全隐患排查治理的各项制度。

对违反本办法造成安全事故的供电企业和重要电力用户，应当按照相关法律、法规、规章的规定追究法律责任。

第二十三条　（供用电安全运行和监督检查报告）

市经济信息化委、华东电监局会同有关部门，根据需要发布本市重要电力用户供用电安全运行和监督检查报告。

第二十四条　（临时特殊供电保障）

电力用户申请临时特殊供电保障的，供电企业应当参照本办法相关规定，结合实际情况，与电力用户共同做好保障工作。

第二十五条　（原有重要电力用户的要求）

本办法发布之前的重要电力用户，不符合本办法关于供电电源和自备应急电源配置规定的，应当在规定的期限内予以整改；确因客观原因无法整改的，供电企业应当会同重要电力用户共同制定其他供用电安全措施和电力事故应急预案，并报市经济信息化委、华东电监局以及有关部门备案。

第二十六条　（施行日期）

本办法 2012 年 4 月 1 日起施行，有效期 5 年。

上海市经济信息化委、市发展改革委、市财政局关于印发《上海市加快高效电机推广促进高效电机再制造实施细则》的通知

（沪经信法〔2012〕682号 2012年9月24日发布）

各有关单位：

为了加快高效电机的推广应用，培育本市高效电机再制造产业，深入推进节能减排，根据国家和本市的有关规定，我们制定了《上海市加快高效电机推广促进高效电机再制造实施细则》，现印发给你们，请遵照执行。

上海市经济和信息化委员会

上海市发展和改革委员会

上海市财政局

2012年9月24日

上海市加快高效电机推广促进高效电机再制造实施细则

第一条 （目的和依据）

为了加快高效电机的推广应用，培育本市高效电机再制造产业，深入推进节能减排，根据《上海市人民政府办公厅转发市发展改革委等三部门制订的〈上海市加快高效电机推广促进高效电机再制造工作方案〉的通知》（沪府办发〔2011〕62号）的要求，结合本市实际，制定本实施细则。

第二条 （管理部门）

上海市经济和信息化委员会（以下简称市经济信息化委）会同上海市发展和改革委员会（以下简称市发展改革委）、上海市财政局（以下简称市财政局）负责高效电机推广任务的下达、旧电机回收主体资格的认定和监管、再制造高效电机推广目录的发布、地方财政补贴资金审核等工作。

本市高效电机推广的日常工作，由市经济信息化委委托的具有节能领域公共管理职能的机构（以下简称管理机构）承担。

第三条 （服务平台）

本市建立上海市高效电机推广及电机系统节能服务平台，提供政策宣传、产品展示、技术培训、供应商和用户的采购对接等服务。

第四条 （推广计划）

市经济信息化委、市发展改革委根据本市“十二五”高效电机推广任务，编制年度推广计划，分年度下达给各区县、集团和相关单位，并将完成情况纳入年度节能目标责任考核。

管理机构建立高效电机推广工作信息跟踪机制，统计分析各单位高效电机推广任务完成情况。

第五条 （推广计划落实）

各区县、集团公司和相关单位应当落实相应的配套资金，并明确责任部门负责落实年度高效电机推广计划。

各区县由经委（商务委）牵头，各集团公司由节能、设备部门牵头，负责编制本区县、本系统高效电机年度推广计

划和相关工作措施，分年度下达给相关单位和企业，并按季度向管理机构反馈高效电机推广情况。

各相关单位应当做好高效电机替换存量电机的工作。对列入《高耗能落后机电设备（产品）淘汰目录（第一批）》（工节〔2009〕67号）的电机产品，2013年年底前应当淘汰完毕。对列入《高耗能落后机电设备（产品）淘汰目录（第二批）》（工业和信息化部2012年第14号公告）的电机产品，2015年年底前应当淘汰完毕。对服役时间超过10年或者总运行时间超过30000小时的普通效率电机，应当制定高效电机替换计划并报送市经济信息化委、市发展改革委，2015年年底前应当全部完成替换工作。

第六条 （推广目录）

高效电机推广目录包括：

（一）国家发展改革委和财政部发布的高效电机推广目录。

（二）本市发布的再制造高效电机推广目录。

第七条 （再制造高效电机推广目录的确定）

本市再制造高效电机推广目录的确定主要包括以下流程：

（一）申请

申请列入本市再制造高效电机推广目录的单位应当是在本市注册的具有独立法人资格的电机生产企业，其产品列入工业和信息化部再制造产品认定目录并获得国家节能产品认证。

申请单位应当向管理机构提交下列材料：申请书、企业基本情况、工业和信息化部再制造产品认定目录、节能产品认证证书、营业执照和税务登记证复印件。

（二）初审与审定

管理机构对申报材料进行初审，经初审合格的，提交市经济信息化委，由市经济信息化委会同市发展改革委和市财政局审定。经审定符合条件的，列入本市再制造高效电机推广目录。

（三）发布

本市再制造高效电机推广目录由市经济信息化委发布。

第八条 （旧电机回收主体的确定）

本市旧电机回收主体（以下简称回收主体）通过招投标方式确定，主要包括以下流程：

（一）申请

申请成为回收主体的单位应当是在本市注册的具有独立法人资格的企业，注册资金不低于人民币1000万元，有良好的信用记录以及国家认可的高效电机再制造能力资质，其再制造产品列入工业和信息化部再制造产品认定目录并获得国家节能产品认证。

申请单位应当向管理机构提交下列申请材料：申请书、企业基本情况、再制造资质证明、节能产品认证证书、营业执照和税务登记证复印件、银行出具的资信证明、承诺书。

承诺书的主要内容包括：申报企业承诺在本市每年回收一定数量的旧电机，且回收的旧电机仅用于再制造高效电机或者进行拆解，不再回流进入二级市场。

（二）审定

管理机构对申报材料进行初审，经初审合格的，提交市经济信息化委，由市经济信息化委会同市发展改革委和财政局审定。

（三）发布

回收主体名单由市经济信息化委发布。

第九条 （补贴范围和标准）

本市对2011年1月1日至2015年12月31日期间购买使用纳入高效电机推广目录的产品给予地方补贴。

地方补贴的标准如下：

（一）对采取“以旧换新”方式购买使用纳入高效电机推广目录的产品替换存量电机的本市用户，按照所替换存量电机的容量给予每千瓦20元的地方补贴。

（二）对购买使用纳入本市再制造高效电机推广目录的产品的本市用户，按照所购买产品的容量给予每千瓦45元的地方补贴。

上述补贴范围及标准，根据国家补贴范围及标准的变化进行调整。

第十条 （“以旧换新”用户地方补贴流程）

对“以旧换新”用户的地方补贴执行价外补贴政策，补贴流程如下：

（一）用户与回收主体协商确定旧电机回收价格，签订《旧电机回收合同》。

（二）用户向回收主体提供以下材料：

1．购买高效电机的合同（需载明用户名称、高效电机型号、容量）复印件。

2．购买高效电机的发票（需载明商品基本情况及用户名称）复印件。

3．用户的工商登记执照和税务登记证复印件。

4．旧电机容量、型号、设备管理唯一编号等的证明材料。

（三）回收主体对用户提供的材料进行核实，核实内容包括：

1．用户提供的工商登记执照和发票载明的用户名称是否一致。

2．购买的产品是否纳入高效电机推广目录。

3．旧电机的容量、型号等信息与实物是否一致。

（四）经核实符合补贴条件的，由回收主体填写《旧电机回收补贴明细表》，并向用户兑付补贴资金。不符合补贴条件的，回收主体告知用户不予补贴的理由。

（五）回收主体凭用户购买高效电机的合同和发票复印件、《旧电机回收合同》和相关证明材料、《旧电机回收补贴明细表》、《旧电机回收补贴汇总表》，向管理机构提出补贴申请，管理机构负责受理并进行初审。

（六）管理机构初审通过后，提交市经济信息化委，由市经济信息化委会同市发展改革委、市财政局审核。审核合格的，由市经济信息化委向上海市节能减排工作领导小组办公室（以下简称市节能减排办）申请补贴资金计划。市经济信息化委按市节能减排办批复的资金计划向市财政局提出资金拨付申请，由市财政局将补贴资金拨付给回收主体。

回收主体应当将回收的旧电机分类建账，配合管理机构做好高效电机推广信息统计等工作，对于补贴电机容量2000千瓦及以上的单个用户，须由管理机构组织进行现场核查。

第十一条 （再制造高效电机用户地方补贴流程）

对再制造高效电机用户的地方补贴流程如下：

（一）用户与高效电机再制造企业（以下简称再制造企业）签订《再制造高效电机采购合同》，并在合同中注明电机容量及金额。

（二）用户向再制造企业提供安装再制造高效电机的设备名称和设备管理编号、具体的安装信息等材料，并填写《再制造高效电机补贴明细表》。符合补贴条件的，由再制造企业向用户兑付补贴资金。

（三）再制造企业凭《再制造高效电机采购合同》和发票复印件、《再制造高效电机补贴明细表》、《再制造高效电机补贴汇总表》，向管理机构提出补贴申请，由管理机构受理并进行初审。

（四）管理机构初审通过后，提交市经济信息化委，由市经济信息化委会同市发展改革委、市财政局审核。审核合格的，由市经济信息化委向市节能减排办申请补贴资金计划。市经济信息化委按市节能减排办批复的资金计划向市财政局提出资金拨付申请，由市财政局将补贴资金拨付给再制造企业。

第十二条 （推广工作要求）

本市高效电机推广工作的有关要求如下：

（一）重点用能、用电单位和列入清洁生产审核名单以及已完成电能平衡测试的企业，是高效电机推广应用的重点对象。相关企业应当积极落实高效电机推广任务，并结合高效电机应用，对电机系统进行诊断分析，实施系统节能改造，提升系统整体运行效率。相关企业向市经济信息化委申报节能技改奖励的电机系统改造项目中，应当包含高效电机替换的内容。

（二）各相关单位新投资（含扩建、搬迁、技改）建设项目，应当全部使用高效电机。各工程设计单位、建设工程设计文件审查单位以及承担固定资产投资项目节能评估和审查的单位，应当将高效电机使用作为项目评估和审查的必要条件。

第十三条 （监督检查）

市经济信息化委会同市发展改革委、市财政局每年对回收主体和再制造企业任务完成情况、产品销售对象等进行核查，并组织有关机构对回收主体的旧电机再制造与拆解情况进行监督检查。

市经济信息化委、市发展改革委和市财政局对违反承诺协议的回收主体，视情采取通报批评、扣减补贴资金、暂停直至取消其回收主体资格等措施。

第十四条 （绩效评估和专项审计）

市发展改革委会同市财政局、市经济信息化委组织开展高效电机推广工作绩效评估，并委托相关单位对回收主体及补贴用户进行抽查和专项审计。

对弄虚作假、骗取财政补贴的企业，由相关部门收回补贴资金，并按《财政违法行为处罚处分条例》的相关规定进行处理、处罚。

第十五条 （核实和核查）

管理机构负责组织有关单位对回收主体、再制造企业、高效电机用户的财政补贴申请进行核实。

上海市节能监察中心负责对各企事业单位电机淘汰计划执行情况进行核查，对在规定时间内仍未完成淘汰的单位，依据节能法律法规做出处理。

第十六条 （信用记录管理）

对弄虚作假、骗取财政补贴的企业，由市经济信息化委、市发展改革委和市财政局依法将其不良信用记录纳入本市联合征信体系。

第十七条 （应用解释）

本实施细则由市经济信息化委会同市发展改革委、市财政局负责解释。

第十八条 （实施日期）

本实施细则自2012年10月25日起施行，有效期至2017年10月24日。

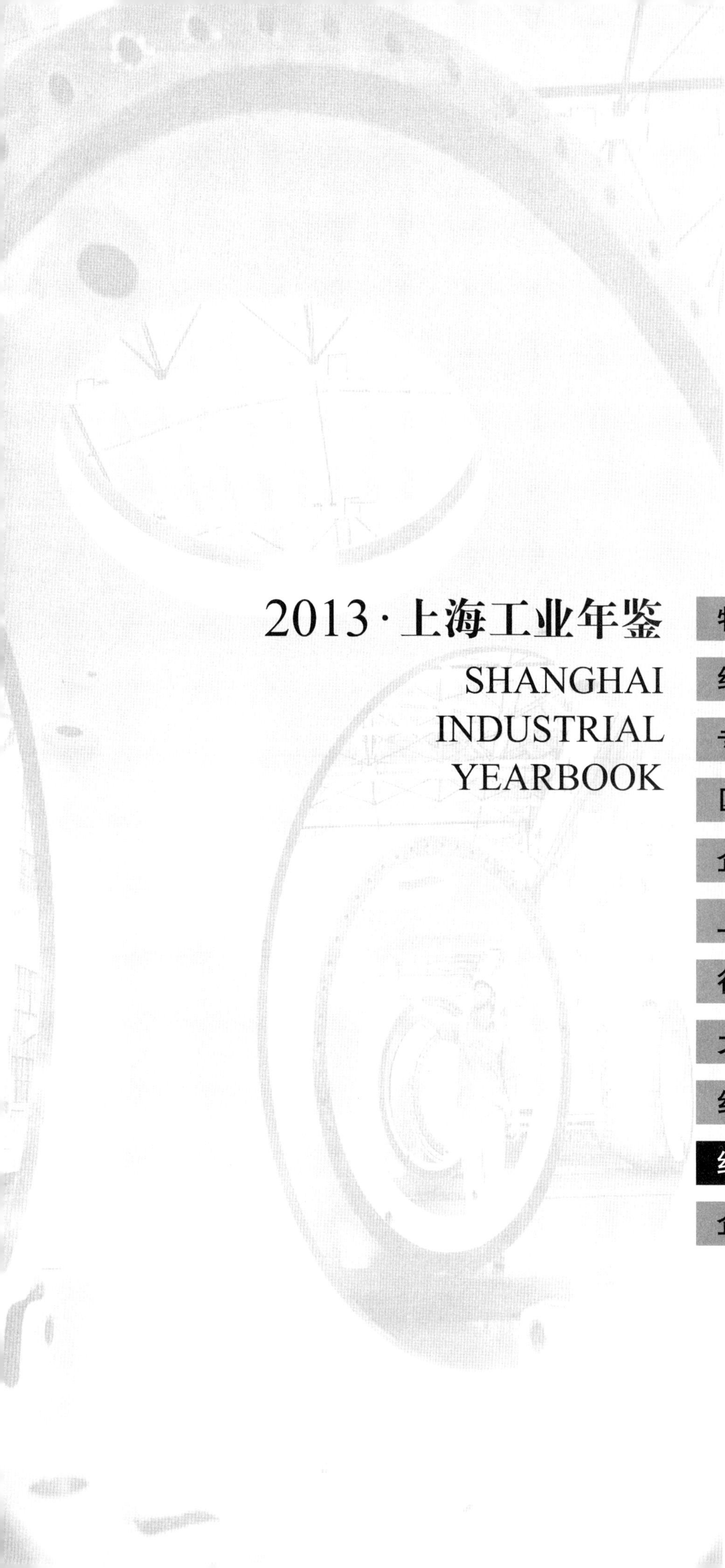

2013·上海工业年鉴

SHANGHAI
INDUSTRIAL
YEARBOOK

特载

综述

专题

区县工业

企业简介

上市股份公司

行业协会简介

大事记

经济法规

统计资料

企业形象

历年上海工业总产值及指数

单位：亿元

年份	工业总产值（亿元）			工业总产值指数（以1978年为100）		
	合计	轻工业	重工业	总指数	轻工业	重工业
1978	514.01	266.02	247.99	100.0	100.0	100.0
1979	556.30	290.78	265.52	108.6	109.7	107.6
1980	598.75	331.13	267.62	115.7	123.4	108.3
1981	620.12	360.12	260.00	120.0	135.9	104.6
1982	634.65	359.62	275.03	125.6	139.9	111.9
1983	663.53	363.92	299.61	134.4	147.6	121.8
1984	728.12	395.60	332.52	147.7	163.3	132.7
1985	862.73	456.59	406.14	167.7	184.3	151.9
1986	952.21	493.09	459.12	177.0	192.2	162.6
1987	1073.84	556.96	516.88	188.9	206.3	172.4
1988	1304.66	679.17	625.49	208.8	227.2	191.4
1989	1524.67	789.57	735.10	215.0	233.6	197.3
1990	1642.75	846.63	796.12	223.6	241.8	206.7
1991	1947.18	976.34	970.84	255.2	269.2	241.9
1992	2429.96	1132.75	1297.21	306.7	306.4	306.6
1993	3327.04	1401.33	1925.71	368.2	352.7	380.1
1994	4255.19	1890.12	2365.06	435.3	429.9	437.6
1995	5349.53	2432.67	2916.86	510.9	504.2	513.9
(1995)	(4547.47)	(2092.89)	(2454.57)			
1996	5126.22	2334.29	2791.73	590.1	568.7	606.4
1997	5649.93	2528.19	3121.74	675.7	640.4	704.1
1998	5763.67	2527.56	3236.11	728.5	657.7	788.7
1999	6213.24	2679.71	3533.53	805.1	709.1	887.5
2000	7022.98	2903.40	4119.59	913.7	782.2	1027.7
2001	7806.18	2986.59	4819.59	1063.8	865.2	1234.8
2002	8730.00	3169.30	5560.70	1219.1	934.7	1463.2
2003	11708.49	3550.80	8157.68	1601.9	1063.9	2061.3
2004	14595.29	3871.33	10723.97	1927.1	1268.2	2492.2
2005	16876.78	4299.31	12577.48	2195.0	1395.0	2873.5
2006	19631.23	4747.28	14883.94	2500.1	1494.0	3341.9
2007	23108.63	5318.85	17789.78	2892.6	1641.9	3926.7
2008	25968.38	5839.41	20128.96	3126.9	1770.0	4244.8
2009	24888.08	5663.34	19224.74	3227.0	1716.9	4457.0
2010	31038.57	6692.35	24346.22	3966.0	2025.9	5540.1
2011	33834.44	7420.92	26413.52	4227.8	2194.0	5878.0
2012	33186.41	7507.02	25679.39	4215.1	2222.6	5836.9

注：从1996年开始，工业总产值按新规定计算，括号内数为1995年新规定数。以下同。

资料来源：上海市统计局。

2012年上海规模以上工业企业主要经济指标（一）

单位：万元

类　别	单位数	从业人员年平均人数	工业总产值现价	工业销售产值	出口交货值
总计	**9772**	**2666587**	**318968777**	**315595970**	**81027855**
按登记注册类型分					
内资	5407	1088035	124802345	123610551	10474884
国有	174	83842	12968399	13011529	246984
集体	155	27496	1747976	1715693	93728
股份合作	101	12712	597772	583583	36710
国有联营	5	1014	118482	117393	
集体联营	8	2489	159490	157237	
国有与集体联营	26	5167	443518	445819	3222
其他联营	7	979	78462	71384	14990
国有独资公司	56	52886	19011912	19002403	2092101
其他有限责任公司	860	243820	26974079	26877317	2499580
股份有限公司	151	101694	26583428	26503456	2333143
私营独资	243	30796	2133997	2119269	140663
私营合伙	66	7037	446890	437769	17031
私营有限责任公司	3238	446265	28193503	27341373	2429962
私营股份有限公司	165	40885	2496674	2434350	373954
其他内资	152	30953	2847763	2791977	192817
港澳台商投资	1208	420869	49445676	48985882	22890804
合资经营（港或澳、台资）	327	104482	7653887	7581809	2360754
合作经营（港或澳、台资）	103	21915	1309503	1296111	460665
港澳台商独资	739	264331	30839928	30518887	19205729
港澳台商投资股份有限公司	34	28879	9592379	9547625	845125
其他港澳台商投资	5	1262	49979	41451	18532
外商投资	3157	1157683	144720757	142999537	47662168
中外合资经营	807	329524	61796927	60977963	7694500
中外合作经营	148	46979	3522216	3493046	832846
外商独资企业	2148	749374	74449912	73644167	37058676
外商投资股份有限公司	39	29369	4715885	4652344	2048145
其他外商投资	15	2437	235816	232018	28001
按控股情况分					
国有控股	776	468979	118468411	117634176	7892604
集体控股	373	81681	5337902	5286602	299349
私人控股	4393	663060	43511055	42502148	4364438
港澳台控股	1066	350166	37603881	37197490	21875248
外商控股	2818	998824	103577401	102660591	45241361
其他控股	346	103877	10470128	10314963	1354855
按企业规模分					
大型企业	325	939187	173258863	171592718	56161624
中型企业	1498	823266	71888899	70906700	13813722
小型企业	7949	904134	73821015	73096552	11052509

资料来源：上海市统计局。

2012 年上海规模以上工业企业主要经济指标（二）

单位：万元

类　别	主营业务收入	主营业务成本	销售费用	主营业务税金及附加	利润总额
总计	**340962886**	**286563799**	**11979437**	**8041611**	**21494233**
按登记注册类型分					
内资	133894280	112046412	3543210	5892892	8871892
国有	13907444	12894982	184608	54099	355941
集体	1756871	1611331	25175	5274	61021
股份合作	602736	529298	15880	2308	24611
国有联营	116984	104360	3173	350	3158
集体联营	163175	147349	961	509	7890
国有与集体联营	450462	404342	5612	681	18725
其他联营	71662	57784	3284	164	4089
国有独资公司	18885168	11271376	122013	4768086	1929402
其他有限责任公司	29270216	25923722	781720	88827	971097
股份有限公司	31815653	27754931	1107794	883911	3747509
私营独资	2204104	1843806	84054	5707	131741
私营合伙	464312	402781	13729	911	21322
私营有限责任公司	28964545	24773923	979507	66061	1263698
私营股份有限公司	2424908	1876971	143842	7478	193547
其他内资	2796040	2449457	71860	8527	138142
港澳台商投资	49445905	43900903	1353173	633028	1951404
合资经营（港或澳、台资）	7774927	6410741	292599	21235	650201
合作经营（港或澳、台资）	1300212	1079203	55200	2128	82695
港澳台商独资	30781120	27757582	892916	26892	1176714
港澳台商投资股份有限公司	9548196	8620622	109310	582642	39261
其他港澳台商投资	41451	32756	3148	131	2532
外商投资	157622701	130616483	7083054	1515691	10670937
中外合资经营	71989397	57861356	2263653	1375416	7332365
中外合作经营	3693910	3069085	219031	19359	195117
外商独资企业	77064765	65257858	4393054	112899	3176093
外商投资股份有限公司	4641425	4230877	203009	7585	-48773
其他外商投资	233203	197306	4308	432	16134
按控股情况分					
国有控股	135566769	112316058	2296276	7625312	11232576
集体控股	5395602	4789211	100632	14274	253081
私人控股	44707599	37473934	1880592	112162	2286137
港澳台控股	37584820	33375195	1175954	39649	1722061
外商控股	106964130	89861122	6030442	210923	5113348
其他控股	10743966	8748279	495541	39291	887031
按企业规模分					
大型企业	189506753	159374728	5509276	7656560	13128716
中型企业	74512900	62296447	3579353	192849	4362816
小型企业	76943232	64892624	2890809	192202	4002701

资料来源：上海市统计局。

2012年上海规模以上工业企业主要经济指标（三）

单位：万元

类　别	税金总额	亏损企业亏损额	固定资产原价	固定资产净值	流动资产合计
总计	**16605226**	**3130105**	**156705253**	**77725244**	**181445502**
按登记注册类型分					
内资	10047049	1383708	82263368	41479199	82272664
国有	542667	194613	26496678	14582152	6146488
集体	54208	5835	345026	189642	876182
股份合作	20280	1577	245355	126613	355034
国有联营	4879	42	46764	15382	57306
集体联营	4482	644	35344	19488	97920
国有与集体联营	10479	1054	164837	67078	187994
其他联营	1611		16192	6841	46563
国有独资公司	6056815	270296	8525267	4947043	14115117
其他有限责任公司	773611	474335	13782853	7843378	18304249
股份有限公司	1558363	197044	23663855	8012173	18573766
私营独资	59859	6807	493390	302419	1318202
私营合伙	12355	1810	121943	82089	287481
私营有限责任公司	760898	151271	7229964	4539622	17807055
私营股份有限公司	92109	65421	702110	498933	2076606
其他内资	94433	12959	393791	246346	2022702
港澳台商投资	1278898	458737	18946120	9011596	22166174
合资经营（港或澳、台资）	207767	61500	3857073	2218730	4745029
合作经营（港或澳、台资）	32567	13386	513235	200502	822250
港澳台商独资	358016	177298	9579817	4394883	13973292
港澳台商投资股份有限公司	679069	206553	4982312	2188147	2586160
其他港澳台商投资	1479		13682	9335	39443
外商投资	5279280	1287661	55495765	27234450	77006664
中外合资经营	3649225	250489	22287679	10385837	31098791
中外合作经营	116343	16563	1379010	593464	2076642
外商独资企业	1444402	849896	28392554	14315673	37874235
外商投资股份有限公司	61884	170649	3403095	1921236	5875613
其他外商投资	7426	64	33429	18241	81383
按控股情况分					
国有控股	12006919	1371731	87451502	41759404	65418337
集体控股	165691	22219	1285854	695731	2982238
私人控股	1244257	289066	11575962	7245187	30081719
港澳台控股	512028	219319	11950442	5544148	18475062
外商控股	2261643	1150862	40658342	20305700	57125697
其他控股	414689	76908	3783152	2175074	7362449
按企业规模分					
大型企业	12494488	1378750	96163283	44663646	89226964
中型企业	2010498	759603	30674603	16518964	42015503
小型企业	2100241	991752	29867368	16542634	50203035

资料来源：上海市统计局。

2012 年上海规模以上工业企业主要经济指标（四）

单位：万元

类　别	存货	其中：产成品	资产总计	流动负债合计	长期负债合计
总计	**42169067**	**13612138**	**311608927**	**136708498**	**19583563**
按登记注册类型分					
内资	17866834	5841695	158958109	59809835	11578149
国有	933126	315302	23858881	7284815	1504158
集体	224082	123759	1191031	613433	32855
股份合作	72163	37147	521863	228506	4943
国有联营	12895	3972	77805	42430	6574
集体联营	30563	15362	122813	80158	3774
国有与集体联营	60686	21711	279527	159545	8839
其他联营	7544	4513	60519	33472	
国有独资公司	2170770	269375	23494881	7540422	3088516
其他有限责任公司	5022329	1632488	31052265	14352937	3082595
股份有限公司	3493573	978343	44897733	11737345	3027519
私营独资	326780	126449	1800692	1032644	23473
私营合伙	77793	38953	407138	211534	8297
私营有限责任公司	4644201	1973433	25423066	14358052	596186
私营股份有限公司	395826	162505	3274245	1290410	176004
其他内资	394503	138383	2495650	844134	14416
港澳台商投资	5677754	1896387	36247230	18340753	1872966
合资经营（港或澳、台资）	1152773	470309	7946199	3805560	374400
合作经营（港或澳、台资）	216270	79241	1118578	586550	44914
港澳台商独资	3054468	1144718	19802384	11167177	701987
港澳台商投资股份有限公司	1231502	193143	7321417	2751980	751124
其他港澳台商投资	22741	8976	58653	29485	540
外商投资	18624478	5874056	116403587	58557910	6132447
中外合资经营	6026109	2127539	47454762	23881368	2386034
中外合作经营	537904	150865	2879706	1299336	92125
外商独资企业	10213624	3427680	56640947	28668212	2577711
外商投资股份有限公司	1823113	163878	9314266	4650285	1075389
其他外商投资	23728	4094	113906	58708	1189
按控股情况分					
国有控股	13144786	3260174	141327775	51010910	12396792
集体控股	779665	437051	4415173	2143419	131917
私人控股	7208350	3075789	43511872	22830143	1329177
港澳台控股	4144923	1591622	26638506	13890733	920829
外商控股	15221906	4766285	84822919	41753034	4380558
其他控股	1669437	481218	10892681	5080259	424290
按企业规模分					
大型企业	18948958	4633581	168731080	70849827	11870147
中型企业	10420114	3954995	67489094	30602724	4393545
小型企业	12799996	5023563	75388753	35255947	3319872

资料来源：上海市统计局。

2012年上海规模以上工业企业主要经济指标（五）

单位：万元

类 别	负债合计	所有者权益	成本费用总额	管理费用
总计	**157725436**	**153507938**	**317669788**	**17812261**
按登记注册类型分				
内资	72282703	86584247	123329675	6945562
国有	8806465	15047613	13736202	589783
集体	657299	532636	1728115	84177
股份合作	245230	274297	591992	44328
国有联营	49004	28802	113630	5339
集体联营	83933	38880	157398	7869
国有与集体联营	168434	111093	439419	27509
其他联营	33472	27047	67734	6245
国有独资公司	10628939	12857718	12121686	747160
其他有限责任公司	17630221	13410943	28586417	1613221
股份有限公司	14862018	30028920	30456280	1508506
私营独资	1086974	707066	2085434	136410
私营合伙	229170	167394	446244	26628
私营有限责任公司	15303055	10083539	27904550	1825388
私营股份有限公司	1491018	1781138	2227235	176561
其他内资	1007473	1487163	2667339	146439
港澳台商投资	20308327	15900933	47435784	2051249
合资经营（港或澳、台资）	4196955	3738583	7247530	471647
合作经营（港或澳、台资）	632675	484800	1232395	91673
港澳台商独资	11943193	7832986	29801363	1168603
港澳台商投资股份有限公司	3505480	3815937	9112369	313904
其他港澳台商投资	30025	28627	42126	5421
外商投资	65134406	51022759	146904329	8815450
中外合资经营	26364800	20922034	64258071	4069904
中外合作经营	1399188	1472944	3509828	215745
外商独资企业	31583638	24986991	74159618	4257380
外商投资股份有限公司	5726882	3587084	4759329	256789
其他外商投资	59897	53706	217483	15633
按控股情况分				
国有控股	63565014	77747738	121183316	6258777
集体控股	2294606	2107964	5228009	313018
私人控股	24787234	18659867	42781723	2897242
港澳台控股	14902148	11701928	36139173	1578409
外商控股	46519561	38057836	102375785	6088256
其他控股	5656872	5232606	9961782	676560
按企业规模分				
大型企业	82908971	85788914	173112020	8101016
中型企业	35437287	31988443	70887873	4430091
小型企业	39379177	35730582	73669896	5281154

资料来源：上海市统计局。

2012 年上海规模以上工业企业主要经济指标（六）

单位：万元

类　别	财务费用	累计折旧	其中：本年折旧
总计	**1314291**	**78980009**	**9240321**
按登记注册类型分			
内资	794490	40784170	4460485
国有	66828	11914525	1429860
集体	7433	155384	30768
股份合作	2486	118742	13418
国有联营	760	31382	1548
集体联营	1219	15856	2730
国有与集体联营	1956	97758	7430
其他联营	421	9351	1104
国有独资公司	-18863	3578224	487504
其他有限责任公司	267754	5939475	724064
股份有限公司	85048	15651682	1156685
私营独资	21163	190971	34928
私营合伙	3106	39855	8491
私营有限责任公司	325732	2690343	492171
私营股份有限公司	29862	203178	44487
其他内资	-417	147444	25296
港澳台商投资	130459	9934524	1050631
合资经营（港或澳、台资）	72543	1638344	208063
合作经营（港或澳、台资）	6318	312733	29216
港澳台商独资	-17737	5184934	614815
港澳台商投资股份有限公司	68533	2794165	197629
其他港澳台商投资	802	4347	908
外商投资	389342	28261316	3729206
中外合资经营	63158	11901842	1476405
中外合作经营	5967	785546	83238
外商独资企业	251327	14076881	1986003
外商投资股份有限公司	68654	1481859	181471
其他外商投资	237	15188	2090
按控股情况分			
国有控股	312205	45692099	4711184
集体控股	25149	590123	82015
私人控股	529955	4330774	773807
港澳台控股	9615	6406295	737949
外商控股	395965	20352642	2717819
其他控股	41402	1608077	217548
按企业规模分			
大型企业	127000	51499637	5585118
中型企业	581982	14155639	1811967
小型企业	605309	13324733	1843237

资料来源：上海市统计局。

2012 年上海国有控股工业企业主要指标

单位：万元

指　标	国有控股企业	其中 大型企业	中型企业
单位数（个）	776	96	210
#亏损企业单位数	160	20	42
工业总产值	118468411	89735174	20400632
工业销售产值	117634176	88875989	20452891
#出口交货值	7892604	6395678	977972
从业人员年平均人数（人）	468979	285742	119466
年末资产总计	141327775	110596878	19638155
流动资产合计	65418337	50142134	9708533
#存货	13144786	9396601	2370556
#产成品存货	3260174	1812586	927429
固定资产合计	43986907	33290121	7151350
固定资产原价	87451502	68502466	13030221
累计折旧	45692099	37158410	5985113
#本年折旧	4711184	3726868	674901
固定资产净值	41759404	31344055	7045108
无形资产	2891315	2133000	493367
年末负债合计	63565014	46646987	11384245
#流动负债	51010910	38434188	8506522
非流动负债	12396792	8205603	2803126
年末所有者权益	77747738	63946666	8245089
#实收资本	27448588	17895942	5823762
国家资本	11122996	7479161	2530503
法人资本	12163810	7421784	2561424
集体资本	95494		25593
个人资本	945443	650576	192069
外商资本	2643353	2047218	402332
港澳台资本	473492	297202	111841
主营业务收入	135566769	104113305	21711769
主营业务成本	112316058	83982808	19594703
销售费用	2296276	1671350	430818
主营业务税金及附加	7625312	7524874	62690
管理费用	6258777	4841732	897506
财务费用	312205	-42708	262898
营业外支出	471833	423764	29635
营业外收入	1887208	1666368	123264
营业利润	9817597	8907755	646696
利润总额	11232576	10150358	740326
税金总额	12006919	11158465	578475
亏损企业亏损总额	1371731	890581	321494
应缴所得税	2029142	1792015	150031
本年应缴增值税	4381607	3633590	515785

资料来源：上海市统计局。

2012 年上海工业企业经济效益指数

类别	工业经济效益综合指数	总资产贡献率（%）	资本保值增值率（%）	资产负债率（%）	流动资产周转率（次）	成本费用利润率（%）	工业全员劳动生产率（元/人）	工业产品销售率（%）
总计	**255.89**	**12.61**	**111.31**	**50.62**	**1.93**	**6.61**	**244419**	**98.94**
国有控股	514.03	16.69	111.46	44.98	2.14	8.95	639548	99.30
按轻重工业分								
轻工业	287.10	21.92	113.51	44.02	1.69	9.94	249774	99.20
重工业	247.06	10.04	110.60	52.44	2.00	5.80	241810	98.87
按隶属关系分								
中央工业	705.77	15.00	107.44	43.20	2.17	5.33	984370	98.34
地方工业	224.65	11.77	113.04	53.22	1.87	6.93	193968	99.11

资料来源：上海市统计局。

2012 年上海六个重点发展工业行业主要指标

单位：万元

行业	单位数（个）	从业人员年平均人数（人）	工业总产值	工业销售产值	其中：出口交货值	年末资产总计	主营业务收入	利润总额	税金总额
总计	**4160**	**1417514**	**210635639**	**207826630**	**63840453**	**195135617**	**227810037**	**13835745**	**7431074**
占全市比重(%)	42.6	53.5	66.0	65.9	78.8	62.6	66.8	64.4	44.8
电子信息产品制造业	1062	584032	67551203	66374106	46152960	42984958	68729715	1553410	427817
汽车制造业	552	226895	42968191	43231051	2077646	44199935	53605610	7691782	3034672
石油化工及精细化工制造业	679	124119	39440987	38182065	2844937	25965187	40279309	853497	2314810
精品钢材制造业	101	39031	15483155	15439415	1472926	20371265	20009880	1265786	189395
成套设备制造业	1398	348177	37732805	37365063	10127762	52263388	37582327	1515037	1028627
生物医药制造业	368	95260	7459298	7234930	1164223	9350885	7603196	956233	435755
在总计中：信息产品制造业									
通信设备制造	65	57400	7234303	7084467	3944724	5549530	7150916	134564	24231
雷达制造业	1	259	10176	10176		9433	10176	644	825
广播电视设备制造	11	2568	126603	127069	44067	108649	128390	3465	2638
电子计算机制造	45	163415	35135727	34634171	29529087	12446032	36076310	184348	86320
家用视听设备制造	21	14005	1991338	1974366	1309334	952449	2026016	27472	7895
电子测量仪器制造	108	20002	1536825	1525291	588743	1462478	1615293	183098	42594
电子专用设备制造	146	39549	2409799	2357776	1203192	2258476	2404644	123548	48815
电子元件制造	287	142673	6636969	6562206	3723589	6319212	6639341	307538	89934
电子器件制造	128	83060	6359376	6226081	4499793	9014915	6420626	309751	39602
电子机电产品制造	234	58692	5818714	5587320	1188628	4455969	5972818	269569	80392
电子专用材料制造	16	2409	291372	285182	121803	407816	285185	9414	4572

资料来源：上海市统计局。

上海市高技术产业主要情况（2011-2012年）

单位：万元

类　别	工业总产值	工业销售产值	产品销售率（%）	年末资产总计	主营业务收入	利润总额	税金总额
2012年总计	**68249911**	**67142312**	**98.4**	**46573903**	**69416513**	**2120680**	**727689**
占全市比重(%)	**21.4**	**21.3**		**14.9**	**20.4**	**9.9**	**4.4**
按登记注册类型分							
国有经济	735452	727144	98.9	1129515	702814	70276	19173
集体经济	24763	24256	98.0	58972	23247	3242	2180
股份合作企业	33982	38725	114.0	45604	39587	4719	3000
股份制经济	4949670	4823301	97.4	7380993	5106727	451745	217222
外商及港澳台投资	62032322	61080796	98.5	37522714	63074523	1572156	465839
其他经济	473722	448090	94.6	436106	469614	18541	20274
按技术领域分							
#信息化学品制造	271574	264772	97.5	400323	264666	9068	4204
医药制造业	5132221	4913624	95.7	6372749	5170352	676836	363220
航空航天器制造	910889	887323	97.4	1642845	895817	15844	7566
电子及通信设备制造业	22318047	21954130	98.4	21444918	22347758	795270	147559
电子计算机及办公设备制造业	35756463	35245615	98.6	12817939	36685121	216082	90935
医疗设备及仪器仪表制造业	3860716	3876848	100.4	3895130	4052800	407580	114206
2011年总计	**70604688**	**69506652**	**98.4**	**44691236**	**71062340**	**2250745**	**571709**
占全市比重(%)	**21.8**	**21.7**		**15.2**	**20.7**	**10.0**	**3.7**
按登记注册类型分							
国有经济	680330	672573	98.9	1109377	686450	54416	23649
集体经济	15875	15786	99.4	53815	24130	2526	1403
股份合作企业	38587	36717	95.2	44291	39339	2681	3358
股份制经济	4385932	4296011	97.9	6775482	4583118	394691	174372
外商及港澳台投资	65099185	64125256	98.5	36360214	65357840	1785568	354913
其他经济	384779	360309	93.6	348057	371462	10862	14013
按技术领域分							
#信息化学品制造	390940	374851	95.9	469515	426724	31042	5754
医药制造业	4489548	4244786	94.5	5721301	4492377	576588	280744
航空航天器制造	599426	593564	99.0	1490410	587390	20523	6212
电子及通信设备制造业	23216890	23020304	99.2	20555845	23375035	988242	161387
电子计算机及办公设备制造业	38060113	37450603	98.4	12951541	38219864	231894	16995
医疗设备及仪器仪表制造业	3847771	3822544	99.3	3502624	3960950	402457	100617

资料来源：上海市统计局。

2012 年上海市各区、县工业企业主要指标

单位：万元

地　区	单位数（个）	从业人员（万人）	工业总产值	出口交货值	年末资产总计	主营业务收入	利润总额	税金总额
总计	**9772**	**264.97**	**318968777**	**81027855**	**311608927**	**340962886**	**21494233**	**16605226**
浦东新区	1885	65.79	91997649	25381019	100579964	104009601	7048335	3899206
黄浦区	28	1.50	1828519	384047	2351911	2455539	101984	45469
徐汇区	164	4.51	6200066	1398967	5027452	6922247	548262	130246
长宁区	43	1.04	686560	98009	1110095	678578	72683	27547
静安区	7	0.13	150185	16023	381955	163357	29997	20343
普陀区	125	3.17	2133750	224035	3007169	2533262	232267	124526
闸北区	69	2.12	1593762	183335	2690408	1757528	23624	73483
虹口区	27	0.51	416537	61385	928192	511532	83109	25317
杨浦区	93	3.13	9896746	542114	13735723	9953179	1754396	5938430
闵行区	1169	34.03	36260497	12648934	35192261	38052892	2319054	1264478
宝山区	558	13.23	23614741	2538308	28709343	28424880	1965795	424858
嘉定区	1307	34.59	42739574	5384095	30595101	43681549	4330300	2149734
金山区	723	14.41	16820877	1374540	12198447	17215710	154148	823325
奉贤区	1087	19.01	15946078	3540348	14881458	15459023	530459	348563
松江区	1372	40.66	35716787	21463253	26983433	35838675	1137123	478412
青浦区	938	20.59	14925138	3851137	13592757	14869347	815095	462080
崇明县	138	4.81	3788158	1270217	5704149	3824611	29607	78147
其他	39	1.78	14253156	668090	13939110	14611376	317995	291064

资料来源：上海市统计局。

全市工业企业主要指标（2011-2012 年）

单位：亿元

类　别	单位数（个）	工业总产值	工业销售产值	从业人员（万人）	主营业务收入	利润总额
2012 年总计	**51163**	**33186.41**	**32934.36**	**336.02**	**35387.23**	**2167.48**
轻工业	21778	7507.02	7459.25	120.40	7809.57	639.41
重工业	29385	25679.39	25475.12	215.63	27577.66	1528.07
在总计中：私营工业合计	38104	4327.78	4292.49	104.84	4400.82	186.12
轻工业	16431	1463.50	1441.84	44.66	1434.12	59.16
重工业	21673	2864.28	2850.65	60.17	2966.70	126.96
2011 年总计	53666	33834.44	33497.03	351.53	35673.29	2291.88
轻工业	22657	7420.92	7298.87	131.30	7668.09	600.48
重工业	31009	26413.52	26198.16	220.23	28005.20	1691.40
在总计中：私营工业合计	39940	4514.07	4465.43	118.31	4514.99	224.79
轻工业	17061	1541.08	1509.64	50.65	1523.45	73.48
重工业	22879	2972.99	2955.79	67.67	2991.54	151.30

资料来源：上海市统计局。

2012年上海市都市型工业基本情况

单位：万元

类　别	单位数（个）	从业人员年平均人数（人）	工业总产值	工业销售产值	其中：出口交货值	年末资产总计	主营业务收入	利润总额	税金总额
总计	**2034**	**573772**	**35906294**	**35520162**	**7603092**	**30817727**	**38127377**	**2456332**	**1207506**
按登记注册类型分									
内资	1046	211352	13714243	13624120	1082697	11660858	15333661	912355	460612
国有	26	6992	299424	301125	12545	391258	376430	26300	13515
集体	16	1914	65060	62581	5622	64885	71059	3908	3230
股份合作	22	2712	125039	123540	4255	99808	121286	3275	3702
国有与集体联营	7	1181	73351	74201	43	64699	75222	2101	1238
其他联营	2	120	10705	10727		2570	10727	67	385
国有独资公司	5	2775	293756	285740	8494	282955	296559	46684	19426
其他有限责任公司	164	43387	4250276	4263085	206571	2787414	5016677	244020	91679
股份有限公司	30	21641	2480430	2534447	45461	3335790	3417797	319821	157102
私营独资	52	9398	345793	340193	31623	239819	339470	14946	11083
私营合伙	10	802	33805	33383	4325	20621	32865	519	657
私营有限责任公司	654	102889	4671513	4560018	682887	3557759	4545282	170863	121512
私营股份有限公司	30	12563	588270	562608	45028	593013	555191	64968	29845
其他内资	28	4978	476822	472473	35844	220266	475097	14883	7239
港澳台商投资	313	103202	5984218	5853879	2175308	5461991	5965346	515782	169679
与港澳台商合资经营	84	34327	1901159	1854063	471852	1685995	1889666	224114	62377
与港澳台商合作经营	27	7269	307050	297375	88666	323030	298376	20606	10811
港澳台商独资	190	54194	2724304	2676697	888424	2596568	2741504	183376	86799
港澳台商投资股份有限公司	10	6526	1018010	1001352	710548	810997	1011407	86157	9346
其他港澳台商投资	2	886	33695	24392	15818	45401	24392	1530	345
外商投资	675	259218	16207834	16042163	4345088	13694877	16828371	1028195	577216
中外合资经营	169	57236	3655090	3580720	1013686	3107801	3775818	309274	83898
中外合作经营	46	21067	1161424	1143757	342558	973912	1219093	66278	43826
外资企业	449	178062	11236278	11170982	2978112	9441054	11651989	642072	440627
外商投资股份有限公司	5	2057	131939	125925	2353	151889	159231	8807	6988
其他外商投资	6	796	23102	20778	8380	20221	22241	1764	1876
按企业规模分									
大型企业	70	164169	10681483	10577146	3124842	9169298	11548952	900161	467749
中型企业	377	209034	12887964	12842441	2232497	10442057	13460886	825728	415046
小型企业	1587	200569	12336848	12100575	2245753	11206372	13117539	730443	324710
按行业分									
服装服饰业	517	135500	4805282	4853743	1493123	4320473	4972032	230615	155269
食品加工制造业	368	121694	9911100	9854446	339921	8380607	10930432	677402	493205
包装、印刷业	260	47973	2780093	2734293	329338	3054724	2809722	237928	111648
室内装饰用品制造业	397	93527	5954873	5811411	1523155	4818255	5973798	477770	138170
化妆品及清洁洗涤用品制造业	132	28684	3143052	3096387	311607	3278923	3276262	278335	180686
工艺美术品、旅游用品制造业	178	53484	4477335	4406004	974781	2692385	5369307	278130	62616
小型电子信息产品制造业	182	92910	4834559	4763879	2631167	4272361	4795824	276153	65911

(续表)

类 别	单位数（个）	从业人员年平均人数（人）	工业总产值	工业销售产值	其中：出口交货值	年末资产总计	主营业务收入	利润总额	税金总额
按地区分：									
浦东新区	338	125234	9272823	9152464	2066685	8079694	9734892	914626	309808
黄浦区	13	3937	541813	524289	26671	286030	929897	25566	14879
徐汇区	43	11201	2591049	2647289	139869	1118959	3040637	113537	27978
长宁区	13	4473	167582	164612	73386	198111	166271	2940	3785
静安区	2	790	37123	37577	13982	12767	37577	4397	2300
普陀区	37	12292	661121	660341	49590	986930	788972	93239	48850
闸北区	16	2175	108061	106796	13005	240787	114908	13247	3615
虹口区	7	2246	245385	245524	43750	427186	285027	75157	17653
杨浦区	22	4012	255279	253111	22885	264279	274031	7802	9431
闵行区	279	84807	5183916	5232039	892517	4831700	5787697	300090	283131
宝山区	93	17758	916276	890417	169677	895672	942687	55462	41881
嘉定区	238	81529	5175449	5108793	1453082	3740515	5390292	346492	113548
金山区	161	40930	1800808	1799025	392799	1502928	1767052	114588	58516
奉贤区	222	50370	2307402	2250000	433243	2040583	2294963	110735	80976
松江区	333	75541	4157131	4045653	997657	3979296	4195991	188451	116507
青浦区	203	54750	2387959	2304726	803650	2116017	2282067	82980	69984
崇明县	10	1655	66384	66384	10645	67158	63312	3187	2026

资料来源：上海市统计局。

2012 年上海市主要工业产品生产、销售和库存

产品名称	年初库存	生产量	销售量	年末库存
天然原油（吨）	22803	52698	65476	10270
饲料（吨）	21619	1446417	1438381	21114
#配合饲料（吨）	6921	830697	828717	5744
混合饲料（吨）	5155	156671	155106	6694
精制食用植物油（吨）	51857	1016983	871868	196972
乳制品（吨）	4672	581729	583033	3368
罐头（吨）	2566	42856	40259	5148
啤酒（千升）	18187	595019	595903	16919
黄酒（千升）	9433	99315	98899	9849
软饮料（吨）	69935	2841527	2825532	64115
卷烟（万支）	218936	9169190	9155938	230126
纱（吨）	3083	38027	33875	3623
布（万米）	1044	17097	15467	998
棉布（万米）	172	7360	7320	212
棉混纺布（混纺交织布）（万米）		105	105	
化学纤维布（纯化纤布）（万米）	873	9631	8041	787
毛机织物（呢绒）（万米）	158	314	310	161
服装（万件）	10661	50441	52011	8952
皮鞋（万双）	119	1981	2005	95
人造板（立方米）	6467	211530	212010	5987
实木木地板（万平方米）	197	581	611	167
复合木地板（万平方米）	228	2709	2714	223
机制纸及纸板（吨）	29554	914554	839828	31758
#新闻纸（吨）	1171	132186	130257	3100
汽油（吨）	56530	3050347	3080042	26441
煤油（吨）	62975	1650883	1498471	45394
柴油（吨）	49895	8221429	8067808	55292
润滑油（吨）	34991	449385	487473	43234
燃料油（吨）	224	172572	132538	
焦炭（吨）	41644	6326006	626373	16909
硫酸（折 100%）（吨）	4321	181505	141062	5864
氢氧化钠（烧碱）（折 100%）（吨）	5168	727498	723865	16804
乙烯（吨）	18430	1955664	331804	12748
纯苯（吨）	8535	839843	549965	11119
冰醋酸（吨）	10169	501896	474293	23756
农用氮、磷、钾化学肥料总计（吨）	1141	25726	26004	863
#氮肥（折含 N 100%）（吨）	161	19627	19745	42
磷肥（折合 P2O5 100%）（吨）	980	6099	6258	821
化学农药原药（折有效成分 100%）（吨）	1676	15325	15523	1478
涂料（吨）	93508	1379969	1374951	96694

（续表）

产　品　名　称	年初库存	生产量	销售量	年末库存
染料（吨）	5751	43395	43582	4945
初级形态的塑料（塑料树脂及共聚物）（吨）	80993	3151808	3126670	93987
合成橡胶（吨）	6172	247592	241980	2997
合成纤维单体（吨）	35766	1776606	1041377	30219
合成纤维聚合物（吨）	66027	1352836	1245387	78086
合成洗涤剂（吨）	15431	298910	300029	14312
化学药品原药（化学原料药）（吨）	1930	27148	24735	2020
中成药（吨）	907	6613	5371	885
化学纤维（吨）	40426	482407	475241	44836
#合成纤维（吨）	40306	480334	473168	44716
橡胶轮胎外胎（轮胎外胎）（条）	1234939	10043714	9966271	1302987
塑料制品（吨）	134182	1847549	1823166	135253
#农用薄膜（吨）	1331	40684	38980	2502
水泥（吨）	149404	7947106	7940682	155828
生铁（吨）		18004389	10636	
粗钢（吨）	442	19709055	319998	1773
钢材（吨）	390051	23407603	23280154	490784
#中板（吨）	43702	1294360	1289247	48815
冷轧薄板（吨）	8342	339303	337766	9879
中厚宽钢带（吨）	23796	3791200	3789956	25039
热轧薄宽钢带（吨）	18062	1147449	1155259	10252
冷轧薄宽钢带（吨）	48180	5066273	5039346	75107
镀层板（带）（吨）	58089	4314653	4288934	74101
涂层板（吨）	2844	612082	609809	5117
电工钢板（带）（吨）	15019	1330124	1309256	35887
无缝钢管（吨）	23983	724735	716919	31799
十种有色金属（吨）	306	92208	92120	394
#精炼铜（铜）（吨）	306	92208	92120	394
铜材（铜加工材）（吨）	11037	267205	261027	9180
铝材（吨）	16573	304585	306388	19458
日用不锈钢制品（吨）	1581	71454	71581	1454
电站锅炉（蒸发量吨）	52516	53967	74280	32203
发动机（千瓦）	4079743	180785852	82917791	4842359
金属切削机床（台）	2107	29012	29517	1602
#数控金属切削机床（台）	629	4066	4124	571
缝纫机（台）	109950	926798	928593	107943
大型拖拉机（台）	95	1010	887	213
中型拖拉机（台）	564	4171	4357	224
汽车（辆）	47855	2024331	2061169	10472
#基本型乘用车（轿车）（辆）	45966	1806804	1843518	8771

(续表)

产 品 名 称	年初库存	生产量	销售量	年末库存
客车（辆）	1140	10832	10319	1646
民用钢质船舶（载重吨）		10443687	10443687	
摩托车（辆）	69734	1028453	1010926	87261
两轮脚踏自行车（辆）	155642	4463528	4502043	117127
发电设备（千瓦）	18858350	28863000	35934500	11786850
交流电动机（千瓦）	2021088	19978644	18871007	3128510
电力电缆（千米）	103077	1021862	1023404	99572
光缆（芯千米）	277472	3616361	3877631	16202
家用电冰箱（台）	168956	1516349	1529054	156251
房间空气调节器（台）	335451	5840957	6043426	132667
家用电风扇（台）	71310	616046	553385	133971
吸排油烟机（台）	6501	49476	50803	5127
电饭锅（个）	914449	4081326	4260251	735494
微波炉（台）	33578	3979441	3981563	29755
家用洗衣机（台）	126480	1971172	2030934	66716
家用吸尘器（台）	1312	185095	180827	5580
家用燃气热水器（台）	56781	1064927	1054819	65962
微型电子计算机（台）	5837420	98048313	98035784	5849949
显示器（台）		1078898	1078898	
程控交换机（万线）		122	122	
#数字程控交换机（万线）		122	122	
移动通信基站设备（信道）	1866	1487488	1487488	1866
移动通信手持机（手机）（台）	457274	40865768	40562297	760745
彩色电视机（台）	13381	1428697	1427483	14545
#液晶电视机（台）	1182	1230461	1228787	2806
组合音箱（台）	44830	5865989	5795192	115627
集成电路（万块）	88549	1602978	1593005	97966
集成电路圆片（万片）	8	309	307	10
表（万只）		38	38	
光学仪器（台）	62	23733	23728	67
发电量（万千瓦小时）		8861885	7197096	

资料来源：上海市统计局。

2012 年度上海名牌产品 / 服务推荐名单

序号	品牌	推荐产品	企业
		一、产品类——生产资料类	
1	图案（上海电气）	300MW、600MW、1000MW 电站锅炉	上海锅炉厂有限公司
2	图案（WAROM）	BAD 系列防爆产品	华荣科技股份有限公司
3	图案（人民）	水泵	上海人民企业（集团）有限公司
4	上线	电线电缆系列产品	上海浦东电线电缆（集团）有限公司
5	图案（人民）	断路器	上海人民企业（集团）有限公司
6	图案（上海电气）	大功率低速船用柴油机曲轴	上海船用曲轴有限公司
7	盾徽	铝质散热器系列，空调模块系列，冷却模块系列	上海贝洱热系统有限公司
8	神开	防喷器	上海神开石油化工装备股份有限公司
9	神开	综合录井仪	上海神开石油化工装备股份有限公司
10	FS 复盛	空气压缩机	复盛实业（上海）有限公司
11	熊猫	汽车电线、450/750V 及以下聚氯乙烯绝缘电缆	上海熊猫线缆股份有限公司
12	Hanhong 汉虹	单晶炉	上海汉虹精密机械有限公司
13	浦高（PG）	35KV 及以下交联聚乙烯绝缘电力电缆	上海高桥电缆集团有限公司
14	海隆	石油钻杆	上海海隆石油钻具有限公司
15	科腾	电开关，断路器	上海华东电器（集团）有限公司
16	图案（SHTZ）	电线电缆	上海特种电线电缆（集团）有限公司
17	TSP	风力发电机塔架	上海泰胜风能装备股份有限公司
18	追日	电力滤波补偿	上海追日电气有限公司
19	FATO	高低压成套开关设备	上海华通企业集团有限公司
20	图案（SMS）	有载分接开关系列	上海华明电力设备制造有限公司
21	RONDA 朗达	电线电缆	上海朗达电缆（集团）有限公司
22	博澳	高、低压成套开关设备	上海博澳电气成套有限公司
23	NISSIN 日进	高精度钢线切割机床、电子材料平面专用磨床	上海日进机床有限公司
24	和鹰	数控裁剪机	上海和鹰机电科技股份有限公司
25	图案（飞航）	电力电缆（35kv 及以下）	上海飞航电线电缆有限公司
26	图案（LY 立液）	高压液压阀	上海立新液压有限公司
27	航星	工业洗涤设备	上海航星机械（集团）有限公司
28	图案天灵	12-40.5kV 高压开关设备	上海天灵开关厂有限公司
29	ACCESSEN 艾克森	板式换热器及换热机组	上海艾克森新技术有限公司
30	cnsk	高、低压电器成套开关设备	上海上科电器（集团）有限公司
31	SH•APOLLO	核电站系列用泵	上海阿波罗机械股份有限公司
32	图案（YT）	特高压、超高压换位导线	上海杨行铜材有限公司
33	世邦机器	粉粹机、破碎机	上海世邦机器有限公司
34	ROGY 永继	小型断路器，漏电断路器等	上海永继电气股份有限公司
35	上矿缆 SKL	电线、电缆	上海矿用电缆（集团）有限公司
36	图案（KIST）	阀（机器零件）	凯斯特阀门集团有限公司
37	上树	通风机（工业、空调、特种）	上海通用风机股份有限公司
38	SHFE	高低压成套开关设备	上海一电集团有限公司
39	UNITEDOSD	螺杆空气压缩机	上海优耐特斯压缩机有限公司

（续表）

序号	品牌	推荐产品	企业
40	图案	球阀	凯泰阀门（集团）有限公司
41	图案	破粹机、粉粹机	上海西芝矿山工程机械有限公司
42	图案（起帆）	电线电缆	上海起帆电线电缆有限公司
43	远跃 YUANYUE	中药提取、浓缩设备；真空干燥机	上海远跃制药机械股份有限公司
44	鼎新 DINGXIN	柴油发电机组	上海鼎新电气（集团）有限公司
45	图案（SHP）	起重机械装卸设备	上海佩纳沙士吉打机械有限公司
46	DERRAN（德兰）	3.6-40.5kV 交流金属封闭开关设备和控制设备	上海德兰电力设备有限公司
47	UBC	轴承	优必胜（上海）精密轴承制造有限公司
48	图案（人民）	电线电缆	上海人民电缆厂
49	图案（CL）	MG 系列电牵引采煤机；EBZ 系列悬臂式掘进机	上海创力集团股份有限公司
50	图案（SF）	安全阀	上海阀门厂有限公司
51	上人	纤维板生产线成套设备	上海人造板机器厂有限公司
52	都市	自控温室	上海都市绿色工程有限公司
53	图案（杜科）	管网叠压（无负压）变频给水系统、恒压变频给水系统	上海中韩杜科泵业制造有限公司
54	图案（恒锦）	柴油发电机组	上海恒锦动力科技有限公司
55	狮印	模切、压痕、烫印机	上海亚华印刷机械有限公司
56	图案（阿普达）	空压机三滤元件	上海超滤压缩机净化设备有限公司
57	华五	隔离开关，塑料外壳式断路器，万能式断路器	上海华通电气有限公司
58	COIDO 风王	空气压缩机	上海华汇机电有限公司
59	泓暘	塑料压延机系列	上海泓阳机械有限公司
60	NAJIE 纳杰电气	智能型高、低压开关柜	上海纳杰电气成套有限公司
61	康可尔	双螺杆空气压缩机	上海康可尔压缩机有限公司
62	图案（TOP.DC）	逆变直流电焊机	上海广为拓浦电源有限公司
63	金菱	打桩锤	上海工程机械厂有限公司
64	图案（UNITE）	轮胎拆装机、轮胎平衡机	上海巴兰仕汽车检测设备有限公司
65	图案（SPERI）	电子称重式给煤机	上海发电设备成套设计研究院
66	上工变	变压器	上海工业变压器有限公司
67	力师	电动机	上海力超电机有限公司
68	EKDQ 一开	3-35KV 交流金属封闭开关设备	上海一开电气集团有限公司
69	JINCHANG MACHINERY	全自动高速水性印刷开槽（模切）机	上海今昌纸箱机械制造有限公司
70	NFA	高频开关电源	纽福克斯光电科技（上海）有限公司
71	HIKARI	工业缝纫机	上海富山精密机械科技有限公司
72	DLG 德拉根	PM 喷码机系列；FM 覆面机系列；SG 上光机系列	上海德拉根印刷机械有限公司
73	图案（永锦）	高压电力电容器	上海永锦电气集团有限公司
74	飞灵	熔断器	上海电器陶瓷厂有限公司
75	申江	金属罐（储气罐）	上海市奉贤设备容器厂
76	上固	蝶阀	明珠阀门集团有限公司
77	图案（PH）	环保型纯电动汽车动力系统总成	上海瑞华（集团）有限公司
78	恒顺、上进	电线电缆	上海永进电缆（集团）有限公司
79	COOLTECH	柴油发电机组	上海科泰电源股份有限公司

（续表）

序号	品牌	推荐产品	企业
80	穆勒四通	高低压电器开关柜	上海穆勒四通电气股份有限公司
81	立马 WEISHI	熨烫机械（蒸烫机系列、粘合机系列）	上海威士机械有限公司
82	图案 (SG)	滚动轴承	上海联合滚动轴承有限公司
83	KOKO	球阀	上海科科阀门集团有限公司
84	图案（ERHUAJIE）	冷却风机	上海尔华杰机电装备制造有限公司
85	施威	电焊机	上海施威焊接产业有限公司
86	华通	户外高压六氟化硫断路器、交流金属封闭式开关设备低压组合式配电板	上海华通开关厂有限公司
87	金梳	棉精梳机	上海一纺机械有限公司
88	图案（凯工）	金属阀门	上海凯工阀门有限公司
89	序达	液压传动汽车举升机系列	上海田田汽车保修设备有限公司
90	图案（HaoLi）	门式起重机，桥式起重机	上海豪力起重机械有限公司
91	图案（BAOLIN）	成套电器开关设备	上海宝临电气集团有限公司
92	图案（海光）	异步电动机	上海海光企业（集团）有限公司
93	古鼎	紧固件	上海标五高强度紧固件有限公司
94	图案（SEAW）	MNS 系列低压成套开关设备和控制设备、KYN28A 系列户内金属铠装移开式开关设备、STR 型牵引配电用成套直流开关柜	上海电器成套厂有限公司
95	斯迈普	乘客电梯	上海长江斯迈普电梯有限公司
96	图案（人民）	电度表	上海人民企业（集团）有限公司
97	图案（亚尔）	电极	上海亚尔光源有限公司
98	图案 (G 形)	电子级玻璃纤维薄布	上海宏和电子材料有限公司
99	MICROTEK	中晶扫描仪	上海中晶科技有限公司
100	Nader 良信	小型断路器、塑壳断路器、交流接触器、设备用断路器	上海良信电器股份有限公司
101	云安	火灾自动报警控制系统	上海松江飞繁电子有限公司
102	Acrel	智能电力监控仪表	上海安科瑞电气股份有限公司
103	图案（长丰）	IC 卡模块	上海长丰智能卡有限公司
104	鹰峰	电抗器、电阻器、叠层母线	上海鹰峰电子科技有限公司
105	飞奥	燃气过滤调压计量监控装置及其附件	上海飞奥燃气设备有限公司
106	图案 (LGSL)	电梯轿厢操纵箱（盘），层楼显示器、召唤	上海老港申菱电子电缆有限公司
107	澳思达	LED 交通信号灯、LED 交通诱导显示屏（LED 道路交通诱导可变标志）、LED 格栅灯、LED 路灯	上海澳星照明电器制造有限公司
108	SHSKCN	智能电表专用小型断路器	上海三开电气有限公司
109	HOPPY 合璧	电器连接器（HP-T）	上海合璧电子元件有限公司
110	晶澳	太阳能电池组件	上海晶澳太阳能科技有限公司
111	CHAORI	地面用晶体硅光伏组件	上海超日太阳能科技股份有限公司
112	图案（BK）	电子警察和智能卡口	上海宝康电子控制工程有限公司
113	图案（POWERMAX）	工业用缝纫机数控交流伺服系统	上海鲍麦克斯电子科技有限公司
114	KHB	诊断试剂系列产品	上海科华生物工程股份有限公司
115	kinetic 凯利泰	椎体扩张球囊导管系统	上海凯利泰医疗科技股份有限公司
116	金钟图案	外科手术器械	上海医疗器械（集团）有限公司手术器械厂

（续表）

序号	品牌	推荐产品	企业
117	瑞尔	阀体	上海瑞尔实业有限公司
118	图案（盾）	钴基合金焊材	上海中洲特种合金材料有限公司
119	ZJJP 中建金沛	高频直缝焊接钢管	中建金沛钢管有限公司
120	图案（LONGSUN）	电接触材料及电触头	上海中希合金有限公司
121	图案（康顺）	软磁铁氧体磁芯	上海康顺磁性元件厂有限公司
122	图案（SB）	BRL 锰锌软磁铁氧体料粉	上海宝钢磁业有限公司
123	图案（佳方）	螺旋缝埋弧焊钢管	上海佳方钢管（集团）有限公司
124	图案（潼天铜业）	T2 系列紫铜管、排、棒	上海潼天铜业材料有限公司
125	图案（电力）	焊接材料	上海电力修造总厂有限公司
126	上冶	A 级阴极铜	上海鑫冶铜业有限公司
127	图案（金昌）	Φ406-Φ1016 无缝不锈钢管	上海金昌不锈钢管制造有限公司
128	狮头	食品添加剂着色剂	上海染料研究所有限公司
129	图案（紫江）	易撕复合膜	上海紫江彩印包装有限公司
130	图案（永利皮带）	轻型输送带	上海永利带业股份有限公司
131	图案（紫日）	高品质塑料防盗饮料瓶盖	上海紫日包装有限公司
132	图案大生	大生商业标识和公共标识产品	上海大生牌业制造有限公司
133	金舟 JINZHOU	环保型压敏胶复合材料 - 不干胶	上海金大塑胶有限公司
134	LS 龙胜	墙壁暗装式开关、插座	上海龙胜实业有限公司
135	三樱 SANYING	复合软管	上海三樱包装材料有限公司
136	HONGDUN	身份证等法定证件物理防伪膜	上海宏盾防伪材料有限公司
137	图案（山富）	数码喷墨写真材料	上海山富数码喷绘复合材料有限公司
138	大和牌	ADW 系列智能电脑组合秤（重力式自动装料衡器）	上海大和衡器有限公司
139	大和牌	GM-BSC 系列连续累计自动衡器	上海大和衡器有限公司
140	图案（库伟）	节能环保燃气烤炉	上海库伟金属科技有限公司
141	DLG	锂离子电池	上海德朗能动力电池有限公司
142	上轴牌	汽车系列滑动轴承	上海菲特尔莫古轴瓦有限公司
143	HUADEPLUS（华德）	汽车塑料件	华德塑料制品有限公司
144	科博达、KEBODA	汽车无汞 HID 电子镇流器（HID213）	科博达技术有限公司
145	双桦	汽车空调蒸发器、汽车空调冷凝器、汽车水暖式暖风机	上海双桦汽车零部件股份有限公司
146	上新牌	汽车轴承	上海振华轴承总厂有限公司
147	图案	轿车前后桥	上海汇众汽车制造有限公司
148	JD	汽车座套、汽车坐垫	上海俊达汽车装饰有限公司
149	宝冶	混凝土建筑构件	上海宝冶集团有限公司
150	图案（上海明珠）	建筑饰面天然石材、钢结构件	上海明珠企业集团有限公司
151	吉の意	铝塑复合板	上海吉祥铝塑制品有限公司
152	图案	钢结构建筑系统	美建建筑系统（中国）有限公司
153	亚士	功能型内外墙建筑涂料、外保温系统、聚氨酯木器漆	亚士漆（上海）有限公司
154	图案（樱花）	岩棉	上海新型建材岩棉有限公司
155	雨虹 YUHONG	改性沥青防水卷材	上海东方雨虹防水技术有限责任公司
156	豪企	轻钢龙骨	上海豪企建材有限公司

（续表）

序号	品牌	推荐产品	企业
157	中南	水性合成树脂涂料、水溶性聚乙烯醇胶粘剂	上海中南建筑材料有限公司
158	钢之杰	金属建筑材料、钢结构围护产品	上海钢之杰钢结构建筑有限公司
159	浦江	索结构产品	上海浦江缆索股份有限公司
160	图案	建筑用塑料管材、管件	上海龙胜实业有限公司
161	月皇 YUEHUANG	防水材料	上海台安工程实业有限公司
162	洋生	埋地用排水塑料管	上海金山洋生管道有限公司
163	图案（CKM）	烤漆龙骨	青钢金属建材（上海）有限公司
164	丰丽 Fengli	氟碳喷涂铝单板	上海丰丽集团有限公司
165	阿路邦 ALUBANG	铝塑复合板、建筑装饰用铝单板	上海吉祥科技（集团）有限公司
166	图案（上海申特）	钢筋混凝土用热轧带肋钢筋	上海申特型钢有限公司
167	三爱富（3F）	聚四氟乙烯树脂	上海三爱富新材料股份有限公司
168	KINGFA 金发	阻燃塑料、增强增韧塑料	上海金发科技发展有限公司
169	宝钢	纯苯特号	上海宝钢化工有限公司
170	宝钢	精萘	上海宝钢化工有限公司
171	沪试、沃凯	化学试剂	国药集团化学试剂有限公司
172	ELEMENTIS	涂料用助剂、丙烯酸树脂	德谦（上海）化学有限公司
173	金力泰	双酰胺结构阴极电泳涂料	上海金力泰化工股份有限公司
174	图案（百金化工）	二硫化碳	上海百金化工集团有限公司
175	抚佳	三乙醇胺	上海抚佳精细化工有限公司
176	图案东昊	车用润滑油	上海东昊油品有限公司
177	图案（万达）	丙烯酸酯胶、环氧胶、聚氨酯胶	上海康达化工新材料股份有限公司
178	图型	电线电缆用硅烷交联聚乙烯绝缘料	上海凯波特种电缆料厂有限公司
179	图案（环美）	减振器、可曲挠橡胶接头	上海青浦环新减振器厂
180	（RITAI）日泰	生物制药设备	上海日泰医药设备工程有限公司
181	东升 DSSUN	重质碳酸钙系列	上海东升新材料有限公司
182	“斯瑞 SIRUI”	电缆料	上海斯瑞聚合体科技有限公司
183	图案	水性复膜胶	上海奇想青晨新材料科技股份有限公司
184	图案	PVC 热收缩膜	上海冠宝塑胶有限公司
185	JECO	有机颜料	上海捷虹颜料化工集团股份有限公司
186	图案（捷派克）	化工设备制造	上海高桥捷派克石化工程建设有限公司
187	萬得	BOPP 胶粘带	亚化科技（上海）有限公司
188	图案（桑莱斯）	聚氨酯泡沫填缝剂	上海宇源工贸发展有限公司
189	泰禾一把手 / 泰禾一把火	农药类除草剂	上海泰禾化工有限公司
190	博格	环保过滤材料	上海博格工业用布有限公司
191	新联牌	色织面料	上海新联纺进出口有限公司
192	图案（题桥）	纺织用纱	上海题桥纺织染纱有限公司
193	图案（SI）	汽车地毯	上海松江埃驰汽车地毯声学元件有限公司
		二、产品类——日用消费类	
1	现代、欣	硝苯地平控释片	上海现代制药股份有限公司
2	现代、浦乐齐	阿奇霉素（片剂、干混悬剂）原料	上海现代制药股份有限公司

（续表）

序号	品牌	推荐产品	企业
3	凯宝	痰热清注射液	上海凯宝药业股份有限公司
4	益赛普	注射用重组人Ⅱ型肿瘤坏死因子受体 - 抗体融合蛋白	上海中信国健药业股份有限公司
5	现代	马来酸依那普利	上海现代制药股份有限公司
6	田力	转化糖电解质注射液	扬子江药业集团上海海尼药业有限公司
7	兰迪	苯磺酸氨氯地平片	扬子江药业集团上海海尼药业有限公司
8	康德莱	一次性使用输液器带针、一次性使用无菌注射器带针、一次性使用无菌注射针	上海康德莱企业发展集团股份有限公司
9	OraVacs 可唯适	重组 B 亚单位 / 菌体霍乱菌苗（肠溶胶囊）	上海联合赛尔生物工程有限公司
10	金环（图案）	医用缝合针、线	上海浦东金环医疗用品股份有限公司
11	上龙 SL	复方酮康唑软膏	上海宝龙药业有限公司
12	图案（天丰）	急救药系列产品	上海禾丰制药有限公司
13	余天成	参茸制品、中药饮片	上海余天成医药有限公司
14	可元	羟苯磺酸钙胶囊	上海朝晖药业有限公司
15	图案（康桥）	中药饮片	上海康桥中药饮片有限公司
16	石库门	黄酒	上海石库门酿酒有限公司
17	杏花楼	广式月饼、广式腌腊制品	杏花楼食品餐饮股份有限公司
18	太太乐	调味品（鸡精调味料、宴会酱油）	上海太太乐食品有限公司
19	大白兔	糖果	上海冠生园食品有限公司
20	和	黄酒	上海石库门酿酒有限公司
21	金枫	黄酒	上海石库门酿酒有限公司
22	玉棠	食糖小包装系列	东方先导糖酒有限公司
23	金丝猴	糖果系列	上海金丝猴食品股份有限公司
24	天喔	休闲食品	天喔食品（集团）有限公司
25	上好佳	休闲食品	上好佳（中国）有限公司
26	图案（梅林 B2）	午餐肉罐头、火腿罐头、八宝饭罐头、番茄沙司罐头	上海梅林正广和股份有限公司
27	红宝石	鲜奶蛋糕	红宝石食品有限公司
28	华佗牌	华佗牌十全酒	上海冠生园食品有限公司
29	新雅牌	广式月饼	上海杏花楼（集团）股份有限公司
30	上食	清真牛羊肉系列	上海市食品（集团）有限公司
31	台尚	糕点、果冻	上海台尚食品有限公司
32	皇轩	葡萄酒	上海申马酿酒有限公司
33	自然之子	大米	上海跃进现代农业有限公司
34	瀛丰五斗	有机米	上海万事发实业总公司
35	正广和	饮用纯净水、天然矿泉水、蒸馏水	上海正广和饮用水有限公司
36	功德林	净素月饼	上海功德林素食有限公司
37	图案	果酱	上海奕方农业科技股份有限公司
38	图案（源耀）	饲用植物蛋白浓缩饲料（生物酵解蛋白）	上海源耀生物科技有限公司
39	图案（延中）	盐汽水	上海新延中企业发展有限公司
40	PST	畜禽配合饲料	上海香川饲料有限公司
41	三得利	啤酒	三得利啤酒（上海）有限公司
42	新农	仔猪（前期）配合饲料	上海新农饲料有限公司

（续表）

序号	品牌	推荐产品	企业
43	图案（牛朋）	中西糕点	上海牛奶棚食品有限公司
44	塞翁福	南北干货	上海塞翁福农业发展有限公司
45	红马	饲料	上海红马饲料有限公司
46	味好美	香辛调味料	上海味好美食品有限公司
47	谷和	黄酒	上海皇家酿酒有限公司
48	农好	鸡、鸭、虾系列配合饲料	上海农好饲料有限公司
49	大山合	食用菌干制品	上海大山合菌物科技股份有限公司
50	五丰上食	冷鲜肉	上海五丰上食食品有限公司
51	汉康	豆制品	上海汉康豆类食品有限公司
52	沪 XINHUI	黄酒	上海新晖酿造有限公司
53	爱森	冷却猪肉、腌腊制品	上海爱森肉食品有限公司
54	禾煜	南北干货	上海禾煜贸易有限公司
55	富味乡	芝麻香油	上海富味乡油脂食品有限公司
56	淘大	芝麻油	上海淘大食品有限公司
57	淘大	酿造酱油	上海淘大食品有限公司
58	图案（天鱼）	食醋、糟卤	上海宝鼎酿造有限公司
59	森蜂园	蜂产品	上海森蜂园蜂业有限公司
60	融氏 RONGS	淀粉糖	中粮融氏生物科技有限公司
61	Hi-Road	植脂奶油	上海海融食品工业有限公司
62	海狮	食用油	上海良友海狮油脂实业有限公司
63	邵万生	糟制醉制水产品	上海邵万生食品公司
64	盘点美味	熟食肉制品	上海万诚食品有限公司
65	立丰	肉干（片）、真空（畜禽/禽内脏）等	上海立丰食品有限公司
66	图案（玉兰）	食用油	上海良友海狮油脂实业有限公司
67	佛手	味精、鸡精	上海冠生园天厨调味品有限公司
68	淀山湖	禽蛋制品	上海青西禽蛋食品有限公司
69	万有全	腌腊制品、冷冻副食品、豆制品	上海万有全（集团）有限公司
70	融氏	植物油	上海融氏企业有限公司
71	三添	芝麻油	上海三添食品有限公司
72	川崎	火锅调料、元贞糖、中华便当（方便粥）系列	上海川崎食品有限公司
73	图案（大瀛）	肉鸭及其制品	上海大瀛食品有限公司
74	昂立	保健食品	上海交大昂立股份有限公司
75	小辣椒	休闲肉制品	上海海湾食品有限公司
76	元盛	牛羊肉制品	上海元盛食品有限公司
77	图案（友益）	大豆粕	上海东辰粮油有限公司
78	神仙牌	神仙牌曲酒	上海神仙酒厂
79	味都	面制品	上海乐惠食品有限公司
80	鼎丰	酿造酱油、酿造食醋、乳腐、酱类、料酒王、香糟卤、南乳汁等	上海鼎丰酿造食品有限公司
81	图案（一只鼎）	年糕（米面制品系列）	上海一只鼎食品有限公司
82	中华牌	铅笔	中国第一铅笔有限公司

（续表）

序号	品牌	推荐产品	企业
83	相宜本草	相宜本草系列护肤品	上海相宜本草化妆品股份有限公司
84	张铁军	翡翠玉雕制品	上海张铁军珠宝集团有限公司
85	自然堂 CHCEDO	化妆品	伽蓝（集团）股份有限公司
86	姚记	扑克	上海姚记扑克股份有限公司
87	图案	复合包装纸	上海金叶包装材料有限公司
88	MAYFLOWER	保温瓶	上海万盛保温容器有限公司
89	RONGTAI 荣泰	按摩器具	上海荣泰健身科技发展有限公司
90	MARCO 马可	铅笔	安硕文教用品（上海）有限公司
91	恩倍、汇东	商务办公用纸	上海安兴汇东纸业有限公司
92	敦煌牌	民族乐器（古筝、二胡、琵琶）	上海民族乐器一厂
93	泊客•行者	箱包	上海纽恩特实业有限公司
94	XTL（新通联）	纸制品、木制品包装、塑料制品	上海新通联包装材料有限公司
95	喜时（cizzle)	家用不锈钢锅具	上海冠华不锈钢制品股份有限公司
96	百思佳	百思佳床垫、枕头	上海高裕海绵制品有限公司
97	洋帆	救灾帐篷、野营帐篷	上海洋帆实业有限公司
98	太亿	家具	上海太亿企业股份有限公司
99	杰尔·曼尼	家具	上海太亿企业股份有限公司
100	洁伴	卫生纸	上海东冠华洁纸业有限公司
101	朗尼	沙发	上海朗尼家具沙发制造有限公司
102	HORIZON	跑步机	乔山健康科技（上海）有限公司
103	AOTO	废弃物箱、垃圾桶	上海奥图环卫设备有限公司
104	图案(YILMORITA)	电热保湿毛毯	上海森中电器有限公司
105	顶新	箱包	上海顶新箱包有限公司
106	扇牌	洗衣皂，洗衣液	上海制皂有限公司
107	蜂花	香皂	上海制皂有限公司
108	E-JEYIK	家具	上海诚龙木业有限公司
109	Tanked Racing	运动防护头盔	上海和汇安全用品有限公司
110	SBS	金属、尼龙、塑钢拉链	上海浔兴拉链制造有限公司
111	亚浦耳	白炽灯，节能灯，荧光灯	上海亚浦耳照明电器有限公司
112	伟星	眼镜镜片	上海伟星光学有限公司
113	方信	复合塑料包装袋	上海方信包装材料有限公司
114	东华美钻	铂金、钻石饰品	上海东华钻石饰品有限公司
115	海佳 HAIJIA	洗衣机	上海小珍珠电器有限公司
116	CONWOOD	箱包	上海海琛国际贸易有限公司
117	尊贵航天民生	冰箱	上海尊贵电器有限公司
118	中日	冰箱	上海中日家用电器有限公司
119	丰收牌	搪瓷器皿	上海市轻工业品进出口有限公司
120	POVOS 奔腾	电动剃须刀	上海奔腾电工有限公司
121	牛头牌	男皮鞋	上海皮鞋厂
122	上海牌	成套家具	上海家具厂有限公司

（续表）

序号	品牌	推荐产品	企业
123	大美华	布鞋	上海开开（集团）有限公司
124	lanhua	篮、足、排、水球、艺术体操球	上海兰华制球有限公司
125	雪榕	鲜食用菌	上海雪榕生物科技股份有限公司
126	皇母	蟠桃	上海绿益果品有限公司
127	图案（练塘）	茭白	上海练塘叶绿茭白有限公司
128	星辉	蔬菜	上海都市农商社有限公司
129	丰科、Finc	蟹味菇	上海丰科生物科技股份有限公司
130	图案（祥欣）	种猪	上海祥欣畜禽有限公司
131	都市菜园	蔬菜	上海都市生活企业发展有限公司
132	万金	金鱼	上海万金观赏鱼养殖有限公司
133	图案（马陆）	鲜葡萄	上海马陆葡萄研究所
134	三泖	大闸蟹	上海市松江区水产良种场
135	图案（城市蔬菜）	蔬菜	上海城市蔬菜产销专业合作社
136	仓桥	水晶梨	上海仓桥水晶梨发展有限公司
137	天寿 TASTESO	蔬菜	上海正义园艺有限公司
138	图案（鲜花港）	红掌、凤梨	上海鲜花港企业发展有限公司
139	珠丰	甜瓜	上海金珠农副实业有限公司
140	图案松林	猪肉	上海松林工贸有限公司
141	君安 JA	鲜鸡蛋	上海军安特种蛋鸡场
142	图案（桃咏）	南汇水蜜桃、西瓜	上海桃咏桃业专业合作社
143	峰泖 FENGMAO	新鲜蔬菜、玉米	上海市松江区小昆山镇农业服务中心
144	济洪	新鲜蔬菜	上海济洪蔬菜配送中心有限公司
145	图案（自在源）	蛙稻米	上海自在源农业发展有限公司
146	图案（绿妮）	西瓜、甜瓜	上海南汇瓜果有限公司
147	图案（沪香）	白沙枇杷	上海沪香果业专业合作社
148	“SYL”（上海银龙）	新鲜蔬菜，鲜切蔬菜	上海银龙农业发展有限公司
149	HYAP（宏洋）	各类新鲜蔬菜	上海弘阳农业有限公司
150	图案（玉之山）	金针菇	上海福茂食用菌有限公司
151	图案（闽龙达）	桂元、干荔枝、百合干、木耳、黄花菜、莲子、柿饼、葡萄干、蜜枣、食用菌、干枣、开心果、腰果、松仁、核桃仁、芡实	上海闽龙实业有限公司
152	禾露	新鲜蔬菜	上海新浜农业投资有限公司
153	图案	稻米	上海石湖荡农业经济发展有限公司
154	奉叶	上海蜜梨	上海奉叶农副产品配送有限公司
155	申凤牌、圣牌、石笋牌	南汇水蜜桃	上海团凤农业科技有限公司、上海桃源科技发展有限公司、上海新勤农业科技服务有限公司
156	益升	保鲜食用菌（香菇、秀珍菇、小平菇）	上海益升食品有限公司
157	圣华牌	禽类系列产品	上海圣华副食品有限公司
158	锦绣	黄桃	上海新光农贸有限公司
159	菜博士	豆芽	上海原野蔬菜食品有限公司

（续表）

序号	品牌	推荐产品	企业
160	永辉羊园	湖羊	上海永辉羊业有限公司
161	华日	蔬菜	上海华日农产品产销专业合作社
162	图案（田博）	西瓜、甜瓜	上海田博瓜果专业合作社
163	图案（朝露）	草莓、葡萄、西红柿、茄子、苦瓜、西瓜、甜瓜、白菜、辣椒、黄瓜	上海浦东新区曹路农业投资管理有限公司
164	馥怡	翠冠梨	上海市崇明县庙镇农技综合服务部
165	白狗	芦笋	上海绿笋芦笋种植专业合作社
166	佳优	鸡、鸡蛋	上海太平洋家禽育种有限公司
167	图案（红刚）	青扁豆	上海红刚农副产品有限公司
168	图案（家绿）	蔬菜	上海家绿蔬菜专业合作社
169	wellsseed	蔬菜、瓜果种子	上海惠和种业有限公司
170	图案（孙桥）	蔬菜	上海孙桥现代农业联合发展有限公司
171	SHSU、上塑	塑料管材、管件	上海上塑控股（集团）有限公司
172	欧雅 EUROART	壁纸	上海欧雅装饰材料有限公司
173	书香门地	实木地板、实木复合地板	书香门地（上海）新材料科技有限公司
174	保利	冷热水用 PP-R 系列管材、管件，冷热水用耐热聚乙烯 (PE-RT) 管材、管件，冷热水用硅烷交联聚乙烯（PE-Xb) 管材，给水用聚乙烯（PE）管材	爱康企业集团（上海）有限公司
175	古猿人 guyuanren	人造石	上海古猿人石材有限公司
176	格林德斯	浸渍纸层压木质地板	上海格林德斯木业有限公司
177	图案（龙人）	石材制品	上海龙人石业装饰有限公司
178	JINKA	橡塑地板（半硬质聚氯乙烯块状地板）	上海劲嘉建材科技有限公司
179	安洋	木门	上海安洋木业有限公司
180	正格	实木地板	上海正格木业有限公司
181	白蝶	塑料管材管件	上海白蝶管业科技股份有限公司
182	外冈	水龙头	上海市外冈水暖器材厂
183	图案（申成）	内平开下悬铝合金窗门	上海申成门窗有限公司
184	世丰	建筑用塑料管	上海日丰实业有限公司
185	美丽岛	实木地板	上海佳乐美木业有限公司
186	汉斯	浸渍纸层压木质地板	上海汉斯木业有限公司
187	佳饰木业	橱柜	上海佳饰木业有限公司
188	名成窗饰	窗饰类	上海名成建筑节能技术股份有限公司
189	贝尔林达	地板	上海林达木业有限公司
190	绿太阳	水龙头及配件	上海绿太阳建筑五金有限公司
191	图案（Dajulong）	PVC 商用卷材地板	上海大巨龙蓬盖新材料有限公司
192	ZHSU	塑料管道	上海中塑管业有限公司
193	图案（捷步）	非金属楼梯、非金属板	上海捷步实业有限公司
194	图案（立明）	铝合金门窗	上海玻机智能幕墙股份有限公司
195	大宝、TAIHO	溶剂型木器涂料	上海大宝化工制品有限公司
196	嘉宝莉	嘉宝莉漆	上海嘉宝莉涂料有限公司
197	添香	防辐射服	上海翰纳森制衣有限公司
198	图案（PIYOPIYO）	婴幼儿童装	上海黄色小鸭贸易有限公司

（续表）

序号	品牌	推荐产品	企业
199	SKY（天牌）	男士西裤	上海亚莱菲时装有限公司
200	蔓·楼蘭 M·LL	旗袍、中装	上海犁洲企业发展有限公司
201	寒布仕(hampsheer)	羽绒服装	上海寒布仕服饰有限公司
202	broadcast 播	休闲女装	上海日播实业有限公司
203	K·A·K·O	女装	上海慧中服饰有限公司
204	FUKURYO	服装	上海服良时装有限公司
205	图案（Fanying）	女装丝绸服饰、羽绒服	上海繁莹服饰有限公司
206	比其（Biqi）	针织服装	上海正大羊毛衫有限公司
207	十月妈咪	孕妇装	上海有喜实业有限公司
208	图案（EIRST）	羽绒服装	上海佳立服装制品有限公司
209	龙凤	旗袍	上海开开（集团）有限公司
210	三枪	针织内衣、袜品	上海三枪（集团）有限公司
211	银河	棉涤纶布	东方国际集团上海市纺织品进出口有限公司
212	绮芳	真丝绸、真丝服装	上海真丝商厦有限公司
213	成宏	床上用品	上海成宏卧室用品有限公司
214	百丽丝 BLISS	床上用品	上海百丽丝家纺有限公司
215	钟牌 414	毛巾	上海龙头家纺有限公司
216	锦佩	床上用品	上海锦佩工艺品有限公司
217	朵彩	针织内衣	上海朵彩棉服饰有限公司

三、服务类

序号	品牌	服务领域	企业
1	JKTAC 建科检验	检测	上海建科检验有限公司
2	上海能效	检测	上海市能效中心
3	SIMT	检测、计量、检验检查测试	上海市计量测试技术研究院
4	SQI	检测、计量	上海市质量监督检验技术研究院
5	中国检验认证集团上海有限公司	检验	中国检验认证集团上海有限公司
6	图案	检测	上海市防雷中心
7	雍丰	餐饮	上海雍丰餐饮有限公司
8	小南国	餐饮	小南国（集团）有限公司
9	金萌苏浙汇	餐饮	上海金萌苏浙汇餐饮有限公司
10	图案（双鸭）鸭王	餐饮	鸭王餐饮集团有限公司
11	南翔	餐饮	上海老城隍庙餐饮（集团）有限公司
12	图案（兰亭）	餐饮	上海绍兴饭店管理有限公司
13	上海老饭店	餐饮	上海老饭店
14	王家沙	餐饮	上海王家沙餐饮股份有限公司
15	图案	餐饮	上海鸿瑞兴餐饮管理有限公司
16	功德林	餐饮	上海功德林素食有限公司
17	图案	餐饮	上海天天渔港餐饮管理有限公司
18	鹭鹭图案（鹭鸟）	餐饮	上海鹭鹭餐饮管理有限公司
19	耶里夏丽	餐饮	上海耶里夏丽实业有限公司

（续表）

序号	品牌	推荐产品	企业
20	红子鸡	餐饮	上海红子鸡美食总汇有限公司
21	大智慧	金融终端软件、金融投资家软件	上海大智慧股份有限公司
22	携程 CTRIP	互联网服务	携程计算机技术（上海）有限公司
23	网宿科技	IDC 和 CDN 互联网服务	网宿科技股份有限公司
24	博科资讯 BOKE	信息服务	上海博科资讯股份有限公司
25	益盟操盘手	信息服务	上海益盟软件技术股份有限公司
26	光典	信息服务	上海中信信息发展股份有限公司
27	图案	信息服务	上海新世纪资信评估投资服务有限公司
28	三吉电子	信息技术外包	上海三吉电子工程有限公司
29	图案（SSeC）	钢铁电子交易平台服务	上海大宗钢铁电子交易中心有限公司
30	泛微	协同办公软件开发与服务	上海泛微网络科技股份有限公司
31	合胜	信息服务	上海合胜计算机科技有限公司
32	图案（96858）	信息服务	上海正广和网上购物有限公司
33	蓝十	信息服务	上海众达信息产业有限公司
34	益金行 easyMRO	信息服务	上海益金行工业科技有限公司
35	图案（Bsteel）	电子商务	东方钢铁电子商务有限公司
36	图案	物业服务	上海东湖物业管理公司
37	图案（浦江）	物业服务	上海浦江物业有限公司
38	明华物业	物业服务	上海明华物业管理有限公司
39	SHENERGY	物业服务	上海申能物业管理有限公司
40	图案（狮城怡安）	物业服务	狮城怡安（上海）物业管理有限公司
41	图案	物业管理	上海威斯特物业经营有限公司
42	图案（云峰集团）	综合物流	上海云峰（集团）有限公司
43	图案	物流及仓储	西上海（集团）有限公司
44	佳吉快运 CNEX	普通货运、货运代理、联运服务、仓储	上海佳吉快运有限公司
45	旅 CTS	现代物流	港中旅华贸国际物流股份有限公司
46	九州通	现代物流	上海九州通物流有限公司
47	北方储运	综合物流	上海北芳储运集团有限公司
48	图案	现代物流	上海中石化工物流股份有限公司
49	图案（新杰）	现代物流	新杰物流集团股份有限公司
50	图案（ADP）	现代物流	上海亚东国际货运有限公司
51	图案 (YT)	现代物流	上海圆通物流有限公司
52	MLS	现代物流	上海现代物流投资发展有限公司
53	申丝 SHENSY	现代物流	上海申丝企业发展有限公司
54	图案（东方国际）	综合物流	东方国际物流（集团）有限公司
55	SLT 上海市长途汽车运输公司	现代物流	上海市长途汽车运输公司
56	图案	现代物流	上海景鸿国际物流股份有限公司
57	图案	现代物流	上海金山石化物流有限公司
58	图案（浦运）	现代物流	上海市浦东汽车运输有限公司
59	HMG	现代物流	上海泓明国际货运有限公司

（续表）

序号	品牌	推荐产品	企业
60	图案（XJQ Logistics）	现代物流	上海新金桥国际物流有限公司
61	东昌西泰克	现代物流一体化管理服务	上海东昌西泰克现代物流管理有限公司
62	图案（贝业新兄弟物流）	现代物流	上海贝业新兄弟物流有限公司
63	华菊妹	黄金饰品特色零售	上海亚一金店有限公司
64	图案（医一）	医药零售	上海第一医药股份有限公司
65	张铁军	翡翠玉雕零售	上海张铁军珠宝集团有限公司
66	图案（长江口股份）	商业零售	上海长江口商城股份有限公司
67	图案（汇金）	商业零售	上海汇金百货有限公司
68	图案（六百）	商业零售	上海徐家汇商城股份有限公司
69	梅龙镇广场	商业零售	上海梅龙镇广场有限公司
70	鼎三阳	食品零售	上海三阳南货店
71	图案（星光）	商业零售	上海星光照相器材批发市场经营管理有限公司
72	大不同	茶叶、茶具和工艺品零售	上海大不同天山茶城有限公司
73	图案（ccsp）	商业零售	上海烟草集团卢湾烟草糖酒有限公司长春食品商店
74	天宝龙凤	商业销售	上海天宝龙凤金银珠宝有限公司
75	曹家渡	家具销售	上海曹家渡家具商城有限公司
76	九百中安名品长廊	商业零售	上海中安商业发展有限公司
77	图案（今亚）	商业零售	上海今亚珠宝有限公司
78	雷允上	中药零售	上海雷允上药业西区有限公司
79	惠罗羽博会	羽绒服饰零售	上海惠罗有限公司
80	蔡同德堂	中药零售	上海蔡同德堂药号
81	图案（余天成）	药品零售	上海余天成药业连锁有限公司
82	图案（荣庆堂）	药品零售	上海荣庆堂实业发展有限公司
83	曹杨商城	商业零售	上海曹杨商城有限公司
84	图案（HUGONGKSD）	五金工具销售	上海沪工实业有限公司
85	图案（良源）	商业零售	上海良源特种食品有限公司
86	海之兴	商业零售	上海海之兴进出口贸易有限公司
87	图案（博尔捷）	人才派遣、高级人才推荐、生产作业外包、PRO 服务（招聘流程外包）、青年见习	上海正东人力资源有限公司
88	CTG 易才	人才资源服务外包	上海智联易才人力资源顾问有限公司
89	才俊管理	人才资源服务外包	上海才俊管理有限公司
90	Talent	外包服务	上海派遣人才有限公司
91	上海人才	人才服务	上海人才网（集团）有限公司
92	开弈	人才派遣、人事外包	上海开弈人才服务有限公司
93	图案	人才服务	上海东方国际传媒人才有限公司
94	佑肯 UKann	派遣人力资源服务	佑肯人力资源（上海）有限公司
95	东昌	汽车销售	上海东昌企业集团有限公司

（续表）

序号	品牌	推荐产品	企业
96	图案（云峰集团）	汽车销售	上海云峰（集团）有限公司
97	外高桥	汽车一条龙服务	上海外高桥汽车交易市场有限公司
98	申银汽车	汽车销售	上海申银汽车服务有限公司
99	冠松	汽车销售	上海冠松丰田汽车销售服务有限公司
100	烟印	印刷服务	上海烟草包装印刷有限公司
101	MIE	主办国际来华展、展览展示策划、设计、工程制作	上海现代国际展览有限公司
102	图案	数字多媒体影视动画创意制作	上海幻维数码创意科技有限公司
103	图案	印刷服务	上海紫丹印务有限公司
104	图案同济同捷科技	工业设计	上海同捷科技股份有限公司
105	图案（MAXIM）	服装标牌印刷服务	上海美声服饰辅料有限公司
106	恒润科技	4D 特效影院服务	上海恒润数码影像科技有限公司
107	中华商务	印刷服务	上海安全印务有限公司
108	春秋旅游	海岛度假系列——澳洲大堡礁、新西兰南北岛、希腊迪拜；文化休闲系列——曼谷芭提雅之旅、西班牙、俄罗斯、奥德瑞、法国、意大利、普罗旺斯游	上海春秋国际旅行社（集团）有限公司
109	贵族之旅	黄山翡翠谷品质团、青岛崂山烟台威海蓬莱、昆明大理丽江、成都九寨沟黄龙	上海春秋国际旅行社（集团）有限公司
110	上海海洋水族馆	科普游览	上海海洋水族馆有限公司
111	City Explorer	都市精彩一日游、老上海历史文化一日游、周庄水乡一日 & 半日游、苏州园林一日游、苏州园林一日游、苏州园林周庄水乡一日游、杭州人间天堂一日游	上海锦江旅游有限公司
112	锦旅锦 show	“锦 Show 泰——纯净泰国；锦 Show 泰——品味普吉；锦 Show 巴厘；锦 Show 柬埔寨——漫享吴哥；锦 Show——新新马马锦 Show 新趣香港家庭乐翻天；锦 Show 精致台湾环岛游；锦 Show 澳洲大堡礁逍遥纯玩游锦 Show 臻美首选—美国东西岸大瀑布夏威夷之旅；锦 Show 大“加”风范—加拿大东西岸班芙落基山之旅；锦 Show 英国全景之旅；锦 Show 法意瑞银色高速之旅；锦 Show 东欧经典名城浪漫之旅”	上海锦江旅游有限公司
113	品天下	“英”你所爱尊享典雅英国 9 日游、徜徉马略卡—西班牙葡萄牙 10 日游、“德”意盎然——德国 9 日、魅力之旅加拿大全景 12 日游、纯景纯“新”——新西兰南北岛湖泊雪山海湾 11 日休闲游、埃及（经典邮轮）、迪拜 10 日之旅、“普天同吉”普吉 6 日游	上海中国青年旅行社
114	锦彩	新西兰南北岛冰川深度游	上海锦江旅游有限公司
115	看天下	台湾双城记 7 日游、玩转香港——纯玩 4 日游、穿“越”双城——胡志明潘切 4 晚 5 日行、神秘吴哥西贡情——吴哥窟胡志明 6 日游	上海中国青年旅行社
116	锦尊	爱上北京文化深度 4 日游、厦门五星美食 3 日游、寻梦海南岛 5 日游、浪漫三峡 5 日游、追爱张家界 5 日游	上海锦江旅游有限公司
117	乐航之旅	俄罗斯大城小镇 8 日游、英国深度 10 日休闲游、东欧（德奥捷斯匈）10 日游、美国西海岸缤纷 8 日游、台湾环岛升级版 8 日游、柬埔寨 4 晚 6 日游、巴厘岛品质 4 晚 6 日游	上海航空国际旅游（集团）有限公司
118	农游 /nyou	都市菜园景区	上海都市农商社有限公司

（续表）

序号	品牌	推荐产品	企业
119	有趣	澳洲大堡礁墨尔本东海岸全览10日游、巴厘岛豪华蜜月自由行、“峰景如画”瑞士一地深度8日游、香港—全家总动员、德国瑞士浪漫古堡之旅、迪拜金色休闲之旅6日、良“城”美景—美国东西海岸10日游、诗画奇景—新西兰南北岛8日游、新马（纯玩）6日深度游	上海国旅国际旅行社有限公司
120	福鸟	毛里求斯8天直飞、新加坡、民丹岛CLUBMED双城记5日游、台北高雄尊贵6日游	上海国旅国际旅行社有限公司
121	前卫农家乐	农家乐	上海农闲乐休闲娱乐有限公司
122	杨休	“学在旅途”系列产品	上海杨浦休养旅行社有限责任公司
123	CTS	港澳5日“随心”纯玩半自助、普吉岛、甲米6日深度游、香港4日纯玩半自助、中情泰国6日品质游、诗画仙境—新西兰南北岛8日游、台湾精致环岛—赏鲸八日游、动感韩国韩流体验五日游	上海中旅国际旅行社有限公司
124	尊贵尊享	灵山溱湖湿地希尔顿酒店尊贵二日、建德七里扬帆灵栖洞梦幻新安江尊贵尊享二日、阳光海南非常3+2尊贵尊享纯玩双飞5日（三亚进出）、皇城北京享美食北大四星纯玩高铁往返五日4条线路	上海大通之旅旅行社有限公司
125	乐惠	昆明、大理、丽江温泉SPA飞6日游、三亚分界洲南山温泉海岛精品双飞游、桂林精华＋兴坪段小漓江＋蝴蝶泉＋大榕树月亮山双飞4日游	上海旅行社有限公司
126	炫游	三清山龙游民居苑高山观景酒店3日、磐安水下孔夹溪十八涡农家乐3日、湘秀湖南长沙凤凰古城张家界纯玩动去飞回5日、诗意广西桂林漓江阳朔四星纯玩双飞4日／双卧6日／飞卧5日、炫游农家乐系列：海上名山——雁荡山玩转精华景区3日5条线路	上海大通之旅旅行社有限公司
127	携程CTRIP	新加坡马来西亚5日游、吴哥窟6日游、高雄垦丁阿里山日月潭台北6日舒适纯玩游、英国全景＋伦敦10日舒适团队游、香港迪士尼酒店＋海洋公园4日舒适半自助双园游、韩国济州＋首尔5日舒适深度团队游、巴厘岛VILLA+酒店6日团队游、新西兰南岛冰川＋皇后镇＋北岛温泉11日舒适团队游、夏威夷檀香山6日经济团队游、土耳其棉堡温泉＋卡帕洞穴＋爱琴海地中海9日团队游、曼谷＋芭提雅6日舒适纯玩团队游、普吉岛+PP岛6日团队游、北京4日、5日舒适团队游、黄山＋黟县宏村3日巴士自由行、桂林＋漓江外宾船＋阳朔＋银子岩＋象鼻山4日舒适团队游、三亚5日自由行、丽江＋香格里拉5日舒适团	上海携程国际旅行社有限公司
128	强生旅游	湖南张家界旅游系列6条线路	上海强生国际旅行社有限责任公司
129	景泰	学子之旅：成人仪式月圆园公园一日游、小小领巾月圆园公园一日游、小小航海家大大航博馆一日游3条线路；景满天下：绿色青浦3条线路、萧山湘湖杭州乐园二日游	上海景泰国际旅行社有限公司
130	沪铁旅游	假日列车旅游6条线路	上海铁路国际旅游（集团）有限公司
131	城市沙滩	旅游景区服务	上海金沙滩投资发展有限公司
132	大众	“大众”假日汽车游—浙东南山水游”3条线路：余姚摘杨梅之旅1日游、仙居仙都方岩美景3日游、富春桃源、琴溪香谷、龙门古镇五星2日游；“健康温泉大众游”2条线路：南京汤山温泉古猿人文化休闲2日游、武义温泉郭洞探险休闲2日游	上海大众旅游有限公司
133	全筑trendzone	室内装饰	上海全筑建筑装饰集团股份有限公司

（续表）

序号	品牌	推荐产品	企业
134	百姓装潢	室内装潢装修	上海百姓装潢有限公司
135	B&Q 百安居	装饰装修	上海百安居装饰工程有限公司
136	聚通装潢	建筑装饰装修	上海聚通建筑装潢工程有限公司
137	佳园 · 屋	室内装潢	上海进念室内设计装饰有限公司
138	云兰	装饰装修	上海云兰建筑装饰工程有限公司
139	荣欣	装潢	上海荣欣装潢有限公司
140	图案	汽车维修	上海永达汽车浦东销售服务有限公司
141	东昌	汽车维修服务	上海东昌汽车服务有限公司
142	图案（永达）	汽车维修	上海永达汽车经营服务有限公司
143	幼狮	汽车维修	上海幼狮高级轿车修理有限公司
144	冠松	汽车维修服务	上海冠松汽车维修服务有限公司
145	图案（海博）	出租汽车营运服务	上海海博出租车汽车有限公司
146	锦江	汽车客运	上海锦江汽车服务有限公司

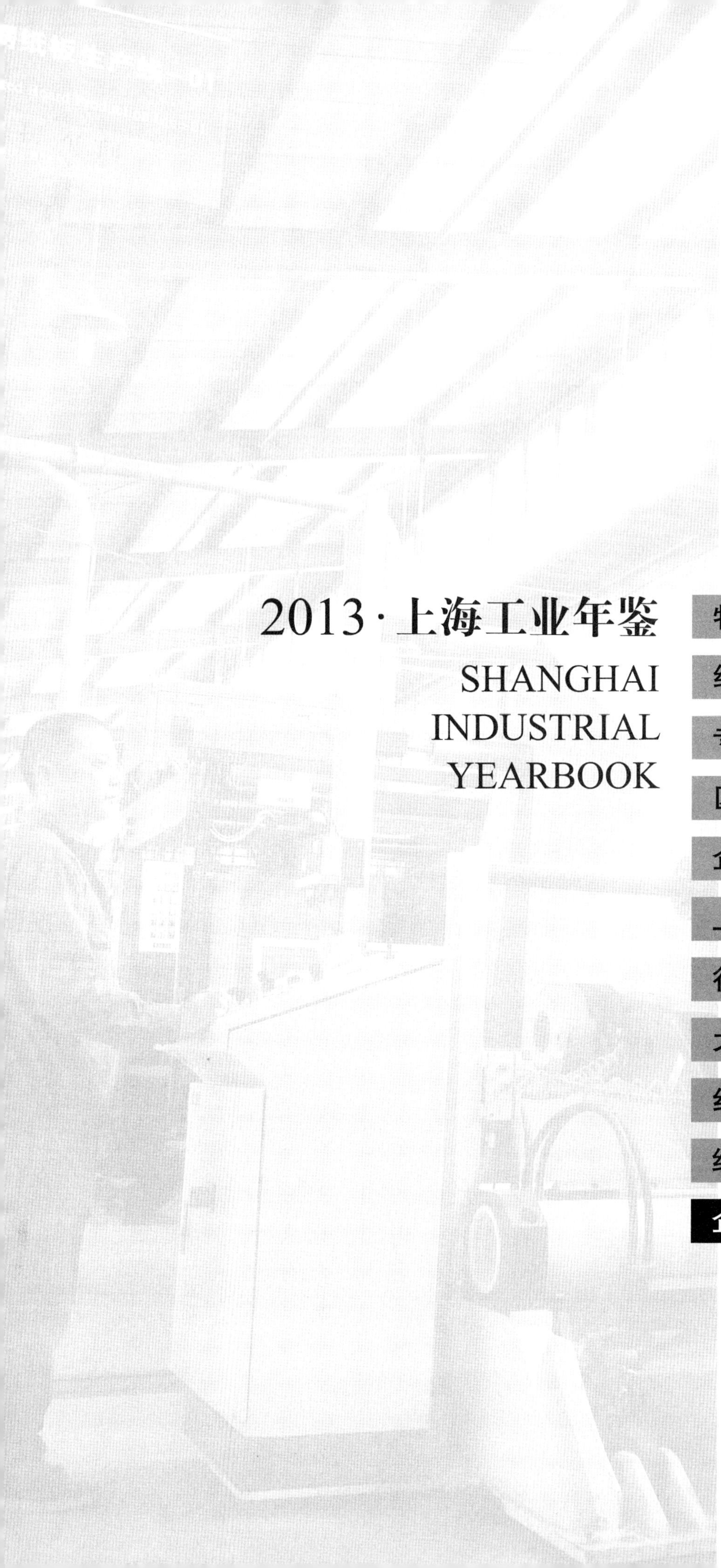

2013·上海工业年鉴

SHANGHAI INDUSTRIAL YEARBOOK

企　业　形　象

（排列不分先后）

上海市节能减排中心有限公司
宝钢集团有限公司
上海汽车集团股份有限公司
中国石化上海石油化工股份有限公司
中国石化股份有限公司上海高桥分公司
上海化学工业区发展有限公司
上海新兴技术开发区联合发展有限公司
上海烟草集团有限责任公司
上海宝钢新型建材科技有限公司
上海裕生特种线材有限公司
华峰铝业股份有限公司
中信泰富特钢集团
中钢上海钢材加工有限公司
上海石洞口冶金设备修造有限公司
上海振兴铝业有限公司
上海海亮铜业有限公司
中金再生资源（中国）投资有限公司
中铁物资集团钢之家电子商务有限公司
上海电气凯士比核电泵阀有限公司
上海日立电器有限公司
上海冶金矿山机械厂
华电通用轻型燃机设备有限公司
上海通用轴承有限公司
上海第一机床厂有限公司
上海阀门厂有限公司
上海华东电器（集团）有限公司
索肯和平（上海）电气有限公司
伯利休斯（上海）工程技术有限公司
上海贝思特电气有限公司
上海源盛机械电气制造有限公司
上海创斯达热交换器有限公司
中联重科股份有限公司上海分公司
上海汉钟精机股份有限公司
上海金研机械制造有限公司
上海标准件机械厂
中国海洋石油东海石油管理局
中航工业上海航空电器有限公司
上海小糸车灯有限公司
上海延锋江森座椅有限公司
上海上标汽车紧固件有限公司
上海国际汽车城（集团）有限公司
上海信耀电子有限公司
上海航盛实业有限公司
上海霍富汽车锁具有限公司
上海日野发动机有限公司
科世达（上海）管理有限公司
上海菲特尔莫古轴瓦有限公司
上海航天汽车机电股份有限公司
上海佰顿新材料科技有限公司
上海爱知锻造有限公司
上海汽车信息产业投资有限公司
上海华谊工程有限公司
上海华谊集团装备工程有限公司
中国石油西气东输管道销售公司
上海正欧实业有限公司
中石化上海工程有限公司
上海蓝滨石化设备有限责任公司
思达斯易能源技术（集团）有限公司
上海再生资源科技发展有限公司
挪信能源技术（上海）有限公司

上海金联热力供应有限公司
上海浦城热电能源有限公司
上海亚明照明有限公司
上海开通数控有限公司
上海质尊溯源电子科技有限公司
上海华虹集成电路有限责任公司
纮华电子科技（上海）有限公司
联芯科技有限公司
上海自动化仪表股份有限公司
国核自仪系统工程有限公司
上海至纯洁净系统科技股份有限公司
上海新阳半导体材料股份有限公司
上海品星防爆电机有限公司
上海卡耐新能源有限公司
上海钢联电子商务股份有限公司
上海中镭新材料科技有限公司
上海富山精密机械科技有限公司
上海信谊药厂有限公司
上海凯宝药业股份有限公司
上海润达医疗科技股份有限公司
上海睿智化学研究有限公司
上海达华药业有限公司
上海相宜本草化妆品股份有限公司
上海齐耀螺杆机械有限公司
上海精发实业有限公司
江南造船（集团）有限责任公司
沪东中华造船（集团）有限公司
上海船舶研究设计院
上海外高桥造船有限公司
上海江南长兴造船有限责任公司
中船第九设计研究院工程有限公司
上海市电力公司
上海电力股份有限公司
上海市电力公司浦东供电公司
上海上电漕泾发电有限公司
上海华明电力设备有限公司
上海上电电力工程有限公司
上海运安制版有限公司
上海电力修造总厂有限公司
上海青浦工业园区热电有限公司
上海嘉成轨道交通安全保障系统有限公司
上海市信息管线有限公司
上海电科智能系统股份有限公司
上海金陵智能电表有限公司
上海太阳能科技有限公司
上海麦杰科技股份有限公司
上海神州数码有限公司
光驰科技（上海）有限公司
上海阿格感光材料有限公司
鼎捷软件股份有限公司
上海润欣科技股份有限公司
上海众人网络安全技术有限公司
中国联合网络通信有限公司上海市分公司
上海安畅网络科技有限公司
上海鹰峰电子科技有限公司
上海斐讯数据通信技术有限公司
中国电信股份有限公司上海分公司
上海中移通信技术工程有限公司
上海安吉星信息服务有限公司
百视通新媒体股份有限公司
上海新华传媒电子商务有限公司
上海文华财经资讯有限公司
上海大汉三通通信股份有限公司
申通快递有限公司

中国航空无线电电子研究所
中国人民解放军第四七二四工厂
上海三五一六皮革皮鞋厂
上海市纺织科学研究院
恒源祥（集团）有限公司
上海回力鞋业有限公司
上海老凤祥有限公司
远纺工业（上海）有限公司
中国储备粮管理总公司上海分公司
上海市商业学校
上海市机电设计研究院有限公司
震旦（中国）有限公司
上海远中实业有限公司
中国海诚工程科技股份有限公司
上海东原投资咨询有限公司
上海印钞有限公司
上海协升展览有限公司
上海东浩国际服务贸易（集团）有限公司
溯洄（上海）设计咨询有限公司
上海联东金熠投资有限公司
上海西郊服务业聚集区经济发展有限公司
招商银行上海市分行
上海农村商业银行股份有限公司
上海圆通速递有限公司
绿地能源集团有限公司
上海宝山经济发展区
上海金山第二工业区投资有限公司
上海新金山工业投资发展有限公司
上海青浦工业园区发展（集团）有限公司
上海市青浦出口加工区开发有限公司
上海市市北高新（集团）有限公司
上海市工业综合开发区
上海金桥出口加工区管理委员会
上海莘庄工业区
上海嘉定工业区开发（集团）有限公司
上海老港工业区
上海奉浦生产性服务业功能区有限公司
崇明工业园区管理委员会
上海漕河泾新兴技术开发区海宁分区经济发展有限公司
上海市普陀区国有资产经营有限公司
上海市宝山区顾村工业公司
上海临港地区开发建设管理委员会
上海质量教育培训中心
上海新型建材岩棉有限公司

BAOSTEEL
宝钢集团有限公司
BAOSTEEL GROUP CORPORATION
地址：上海市浦东新区浦电路 370 号宝钢大厦
邮编：200122
电话：021-58350000 / 58358888
传真：021-68404832
http ://www.baosteel.com

构筑共享价值

Make Your Life More Valuable

宝钢是中国现代化程度最高、最具竞争力的钢铁联合企业。2012年，宝钢连续第九年进入美国《财富》杂志评选的世界500强榜单，位列第197位，并再度进入《财富》杂志公布的“2013年全球最受赞誉公司排行榜。标普、穆迪、惠誉三大评级机构给予宝钢全球钢铁企业中最高的信用评级。

宝钢以钢铁为主业，已形成普碳钢、不锈钢、特钢三大产品系列。钢铁产品通过遍布全球的营销网络，在满足国内市场需求的同时，还出口至日本、韩国、欧美等四十多个国家和地区。

围绕钢铁主业的发展需求，宝钢还着力发展相关多元产业，形成了资源开发及物流、钢材延伸加工、工程技术服务、煤化工、金融投资、生产服务等六大相关产业板块。

展望未来，宝钢将实现从钢铁到材料、从制造到服务、从中国到全球三大转变，从而实现成为钢铁技术的领先者、绿色产业的驱动者以及员工与企业共同发展的公司典范的公司愿景。

2012 年，上汽集团实现国产整车销售 449 万辆，同比增长 12%，国内市场占有率 22.6%，同比提升了 1.6 个百分点，继续保持国内汽车市场领先优势。同时，上汽集团以 2011 年度合并销售收入 672.5 亿美元，第 8 次跻身《财富》杂志世界 500 强企业行列，排名第 130 位，较前一年上升 21 位。

上汽集团的愿景是：为了用户满意，为了股东利益，为了社会和谐，上汽要建设成为品牌卓越、员工优秀，具有核心竞争能力和国际经营能力的汽车集团。

地址：上海市威海路 489 号　邮编：200041

总机：021-22011888　传真：021-22011777

中国石化上海

中国石化上海石油化工股份有限公司（简称上海石化）位于上海市金山区，占地面积9.4平方千米，是中国最大的炼油化工一体化综合性石油化工企业之一，是中国最重要的成品油、中间石化产品、合成树脂和合成纤维的生产企业之一。

上海石化前身为创建于1972年的上海石油化工总厂。1993年作为中国第一批股份制改制试点企业之一，改制为上海石油化工股份有限公司，是我国第一家股票在上海、香港、纽约三地同时上市的国际上市公司。2000年10月，更名为现名。

截至2012年底，上海石化具有1600万吨/年综合加工原油能力和乙烯84.5万吨/年、有机化工原料440万吨/年、塑料树脂100万吨/年、合纤原料114万吨/年、合纤聚合物59万吨/年、合成纤维34万吨/年的生产能力，并拥有独立的公用工程、环境保护系统，及海运、内河航运、铁路运输配套设施。

2012年，上海石化“三人”牌工业用丁二烯、“朝阳”牌涤纶工业长丝等被评为上海市用户满意产品；工业用环氧乙烷和腈纶丝束同时被评为全国用户满意产品。

鸟

新建390万吨

石油化工股份有限公司

化新城

38 万吨 / 年乙二醇装置

年渣油加氢装置

新建 350 万吨 / 年催化裂化装置

中国石油化工股份
中国石化集团资产经营

高桥石化成立于 1981 年 11 月，是我国第一个跨行业、跨部门的特大型经济联合体，隶属于中国石油化工集团公司。

公司位于浦东新区，占地面积 4.2 平方公里，共有 76 套生产装置，拥有炼油能力 1250 万吨 / 年、化工产品生产能力 100 万吨 / 年，自备电厂具有装机容量 17.5 万千瓦；主要产品有

限公司上海高桥分公司
理有限公司上海高桥分公司

汽油、航空煤油、柴油、润滑油基础油、石蜡、合成橡胶、有机化工原料、合成塑料以及精细化工产品等。2012 年，高桥石化实现销售收入 746 亿元，缴纳税收 104 亿元，居上海纳税百强榜第五位。

公司积极开展对外合作交流，分别与德国巴斯夫公司、美国加德士公司、瑞士汽巴嘉基公司、韩国 SK 公司、日本三井石化株式会社等世界著名企业合作，成立合资公司。

工业气体

上海赛科乙烯装置

储罐区

上海化学工业区管理服务中心

高桥石化化工基地

赢创德固赛多用户基地

3M 胶粘剂装置

污水处理厂

上海化学工业区

应急响应中心

上海联合异氰酸酯生产装置

拜耳一体化生产基地

研祥

上海漕河涇新兴技術開发區

江澤民

一九八九年六月

做中国人自己最好的香烟
中国烟草
上海市烟草专卖局
上海烟草集团有限责任公司

爱我中华

红双喜
DOUBLEHAPPINESS
Just for U
星派
尚派
中国烟草
上海烟草集团有限责任公司
吸烟有害健康

到凌云处
总虚心

快樂一起來
红双喜品派
晶于心·派于形

SINCE 1906
DOUBLE HAPPINESS
SHANGHAI TOBACCO
囍
璀璨“金牌”，城市气派
“金牌”中刻画了大都市的建筑群象，象征城市万千气派。
“金牌”四角为抽象的城市历史建筑轮廓，演绎城市人文内涵。
整体包装内外辉映，完美诠释城市魅力的精髓所在。

牡丹

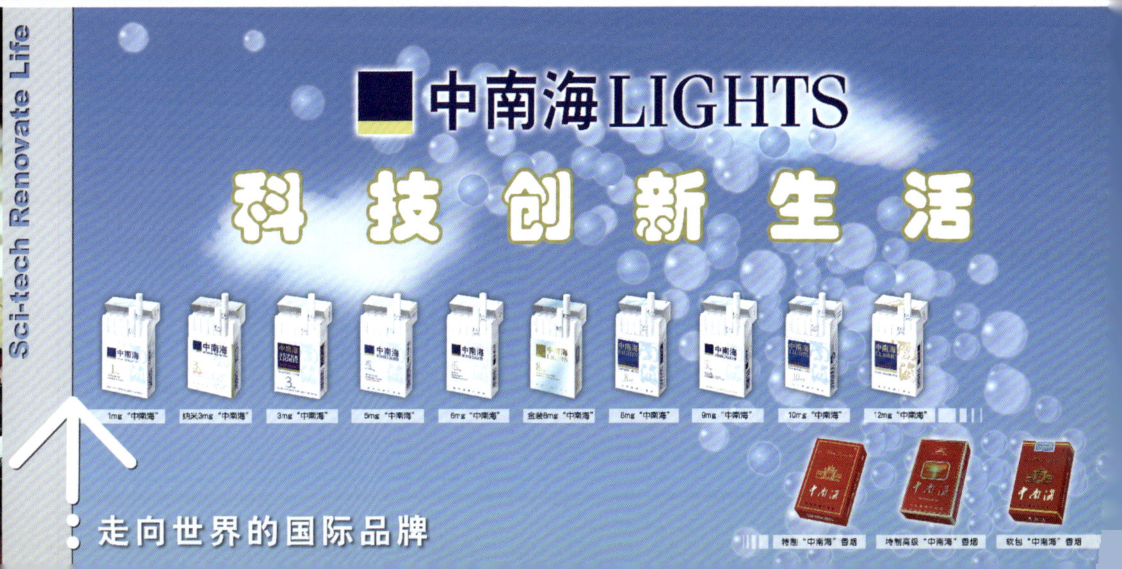
Sci-tech Renovate Life
中南海LIGHTS
科技创新生活
走向世界的国际品牌

BAOSTEEL 上海宝钢新型建材科技有限公司

公司愿景：

成为再生资源综合利用绿色产业先行者，成为循环经济产业的领跑者，实现员工价值与企业价值共同提升的公司典范。

公司概况

上海宝钢新型建材科技有限公司（以下简称宝钢建材）成立于2012年11月，是宝钢发展有限公司的一家全资子公司，前身为宝钢发展有限公司上海新型材料分公司。

公司下属九家二级单位。其中三家为分支机构，六家为独立法人。公司现有从业人员约1000人。

宝钢建材是全国领先的冶金固废综合利用企业，在上海乃至全国享有盛誉。主要业务涵盖新型建材生产加工、废油再生、用后耐材、冷拔钢管制品等业务。

主要产品

◎ 矿渣微粉系列产品
　高炉矿渣微粉
◎ 钢渣系列产品
　砖系列产品
　钢渣混泥土及制品
　掺合料及骨料类产品
◎ 粉煤灰产品
◎ 干粉砂浆系列产品
　普通砂浆
　特种砂浆
◎ 石膏系列产品
◎ 矿棉系列产品
　以高炉熔渣为主要原料直接生产矿棉，充分利用了熔渣的显热和渣液的有效成分，可有效节约能源。
◎ 环保技术与成套设备
　通过近几年的自主研发和实践应用，初步具备了矿粉、钢渣粉、超细矿粉、矿棉制品、微晶玻璃、脱硫石膏等生产管理、技术、设备的集成和供应能力，有效推进环保设备产业的快速发展。
◎ 其他类产品介绍——废旧油、耐材
　再生油项目一期工程已于2010年9月29日建成，废旧油处理规模可达7000吨/年（润滑油5000吨/年，乳化油2000吨/年），基本满足上海宝钢每年所产生的工业废油的回收和再利用。

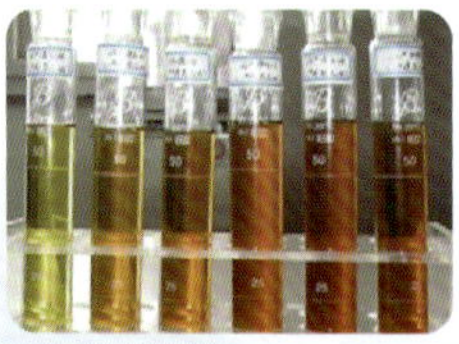

上海宝钢新型建材科技有限公司
SHANGHAI BAOSTEEL NEW BUDILING MATERIALS TECHNOLOGY Co.,LTD

中钢上海钢材加工有限公司

中钢上海钢材加工有限公司隶属于中国中钢集团股份有限公司，中钢集团是中国最大的国有钢铁服务企业，年营业额逾1700亿元人民币。公司的参股单位本钢板材是国内精品板材的主要生产企业之一。

中钢上海钢材加工有限公司位于上海宝山工业园，是国内专业从事高级建筑、家电用彩色辊涂、印花、压花金属板的研发、生产及延伸应用的最优秀企业之一，公司产品可广泛适用于高端建材、家电、汽车、船舶、轻工等行业，与客户的产品设计相结合，为客户提升产品价值。

公司推出的赛诺思系列建筑用金属单板、复合金属幕墙板、复合金属内装板，具有很强的表面质感、丰富色彩与图案，可实现保温、隔音、自清洁等功能，并且方案完整、安装便捷，在欧美日韩等发达国家已有广泛使用。

· 产品尺寸：厚度 0.3～1.6mm，宽度范围 100～1480mm

· 彩色金属板年产能：6.5 万吨，约 900 万平方米

· 产品认证：TUV、ISO9000、14000、18000（图标示）

赛诺思金属单板

- 摆脱原始的单一色彩和二维图像，展现豪华品质、细腻质感、多样色彩和创意图案的彩色辊涂钢板、印花钢板、压花钢板
- 基板可选用铝板、镀锌钢板、镀铝锌钢板
- 拉丝金属、仿石材、仿木材、仿布料等完美表面效果，并可根据客户设计定制图案和表面
- 适用于建筑内外墙、屋顶、隔断、家具、集成房屋等领域

家电用彩色钢板　　更加美丽、多彩的冰箱、电视机、音箱、电脑、微波炉。。。

- 摆脱原始的单一色彩和二维图像，展现豪华品质、细腻质感、多样色彩和创意图案的彩色钢板、
- 图案印刷钢板（PCM）、金属着色和单色的高光泽表面钢板（PCM）、PET 覆膜钢板（VCM，具有最高品质的表面）、凹凸高强减重钢板（用于侧板，保证强度，降低成本，小凹凸纹路亦可适应一定的独特装饰效果）
- 适用于家电、灯具、厨房用具等领域

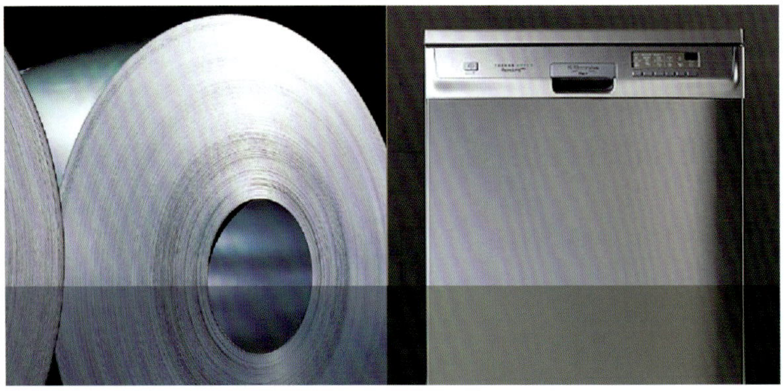

中钢上海钢材加工有限公司
www.sinosteelsh.com
地址：上海市宝山区潘径路 3889 号
TEL：36552002

用美丽的钢铁　减少树木、石材的毁坏、减少排放、保护环境
用美丽的钢铁　为生活增添色彩、绚丽、感动
用美丽的钢铁　与您相识、携手与共

上海石洞口冶金设备修造有限公司

Shanghai Shidongkou Metallurgy Equipment Repairing & Manufacturing CO.,LTD

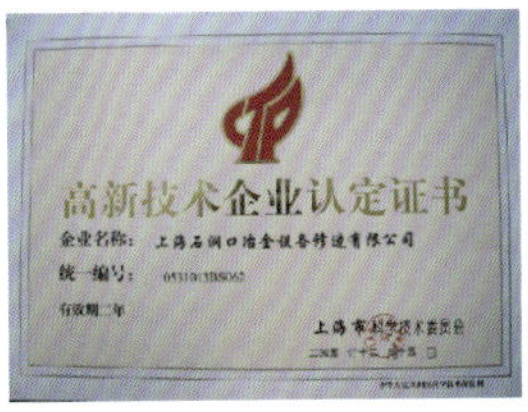

上海石洞口冶金设备修造有限公司于 2005 年 8 月由上海宝山石洞口设备修造厂转制而成，是上海市新材料协会硬面行业分会理事及市焊接学会团体会员单位、上海市高新技术企业。公司创建于 1995 年 5 月，地处上海宝钢六号门西侧，占地面积 65 亩，厂房面积 10000 多平方米。固定资产 5000 余万元，年产值超过 7000 万元，且以每年大于 25% 的速度增长。

公司拥有各类堆焊、喷涂、喷焊设备及专用工装二十多套，以及以 5M 数显立车、CW61160*9000 卧车、Φ1000*12000 深孔镗床、Φ800*5000 外圆磨床为代表的二十多台金属切削机床形成了强大的机械加工能力。从美国林肯公司购置的明弧摆动焊机，氩弧焊机，以及引进的国家专利技术电熔爆机床均已吸收消化，成为不可或缺的重要设备。

十多年来，公司通过高层次专业技术人才的引进，不断引进新技术、新设备，不断研制具有自主知识产权的新材料、新工艺，使企业硬面技术的综合开发达到了新的层次。所从事的业务覆盖面不断扩展，主要产品从磨煤辊、耐磨衬板、导料板发展到热轧支承辊、托辊、助卷辊、穿孔机硬面精密衬板等，尤其是自主研制的 HRC62 的堆焊材料取得国家发明专利，走出高硬度辊类堆焊、修复的新路。在产品中，大型风机叶轮的堆焊修复，大型液压缸内孔堆焊修复，都取得了良好效果，建材行业的水泥挤压辊堆焊修复使用寿命达到国内领先水平。几年来公司对电力、冶金、建材、化工及铸管等各个行业的设备、零部件的技术开发和制作修复进行了开拓和发展都达到了预期目标。

公司作为宝钢无库存备件供应单位，先后通过了 ISO9001：94 版及 ISO9001：2000 版的国际质量体系认证。

近年来公司在大型热轧支承辊的堆焊修复工作中取得了工艺、材料、工装设备、操作技能上的重大突破。产品已形成单重 30T、40T、52T、72T、78T、108T 的系列化。由此，无论在数量上、规模上、辊子的吨位上及加工的能力上均在国内处于领先地位。在取得社会效益的同时创造了良好的经济效益。

2004 年度《堆焊修复大型支承辊》和《高硬度焊丝修复硬面辊》被评为“上海市新材料优秀产品”。

本公司技术力量雄厚、服务周到、管理科学、质量一流、工艺先进、装备精良，愿与社会各界有识之士真诚合作，共同努力推进硬面、耐磨、耐蚀、耐热、抗粘技术的发展，为我国的各行各业更好地服务。

油缸内孔堆焊修复

油缸缸筒内孔磨损失效，采用内孔堆焊 + 镀铬工艺修复，达到新品的使用性能

层流冷却辊校正修复

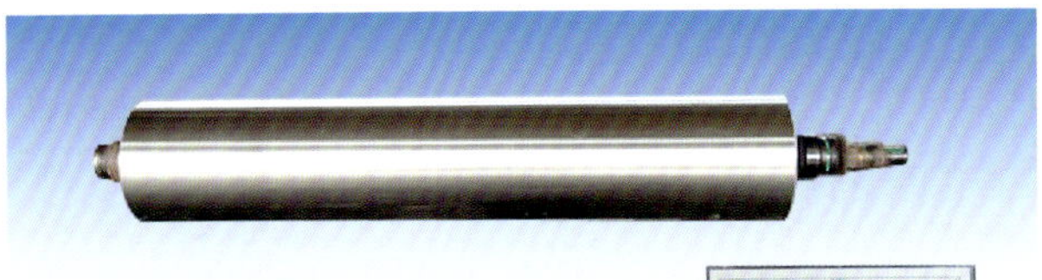

使用我公司专利校正喷焊设备，可以校正修复层流冷却辊，也可制造新品辊。（专利号 ZL03228200.1）

高硬度轧辊修复

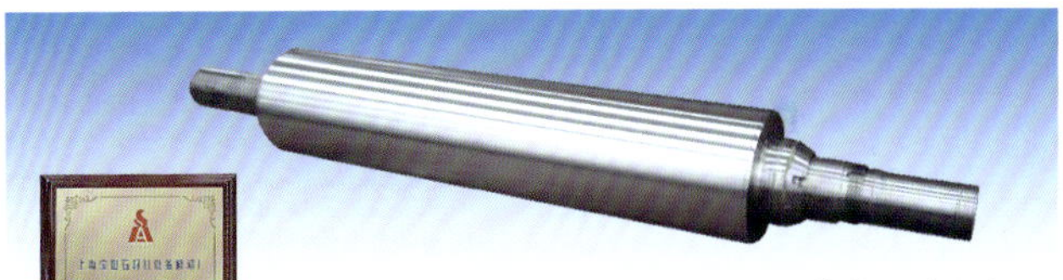

热轧精整机夹送辊、张力辊等高硬度轧辊的埋弧堆焊修复是我公司的专利技术，硬度 HRC60-64，无裂纹、气孔、夹渣等缺陷。被评为 2004 年上海市新材料优秀产品

热轧冷轧支承辊堆焊修复

堆焊修复冷、热轧支承辊系列，被评为 2004 年上海市新材料优秀产品。以浦钢厚板厂Φ2000?3400 精整机支承辊为例，辊重 107.7T，辊面剥落、磨损、裂纹失效，采用堆焊修复辊面，并已上机正常使用，得到用户认可。目前该大型轧辊的辊面堆焊修复为世界之首，已刊登在《宝钢日报》。我厂承修的同类产品还有安阳钢厂 78T、柳州钢厂 72T、新余钢厂 56T、无锡兆顺 40T 等不同规格的支承辊

风机叶轮修复

炼钢、高炉、煤焦除尘风机，主要失效形式为叶片磨损严重导致动平衡破坏，引起震动。更换堆焊耐磨叶片，使用寿命是超音速喷涂的 3 倍，粘陶瓷片的 2 倍以上，有效地改善平衡状态

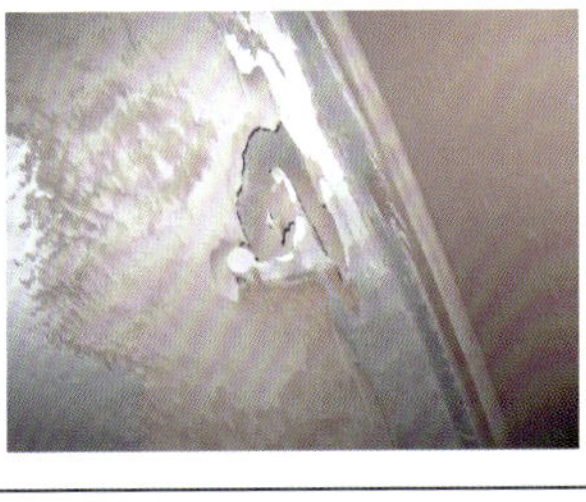

上海振兴铝业有限公司

振兴作为上海和华东地区著名的铝产品制造企业，已走过二十五年的风雨征程。期间的成就将成为历史，善于创新、善于攻坚而充满活力的振兴人，又一次站上了新的起跑线·······

当今世界充满机遇和挑战，振兴必须始终坚持创新发展的理念和勇攀高峰的奋斗精神，始终坚持创品牌、做精品，与时俱进、诚信共赢的经营战略，始终坚持国内一流、国际争先的奋斗目标！

展望未来，我们将成为世界最大的多孔微通道铝扁管制造商为核心战略，信心百倍，锲而不舍、奋斗不息、勇攀高峰！

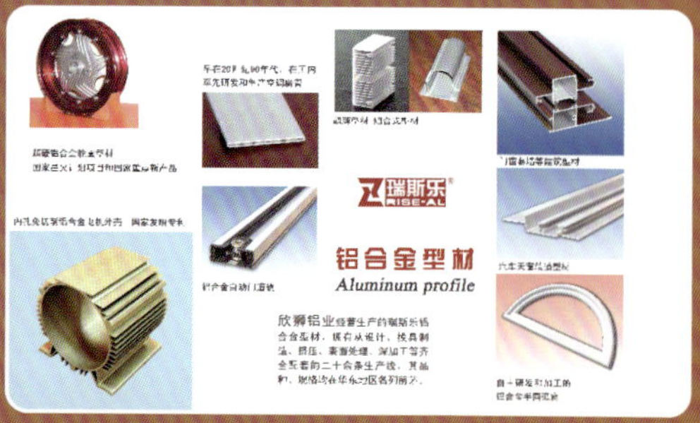

HAILIANG

上海海亮铜业有限公司成立于 2005 年 7 月（以下简称“公司”），位于上海市、奉贤区，是浙江海亮股份有限公司（上市公司代码：002203，网址：www.hailiang.com）的控股子公司。占地面积 25 万平方米，厂房为单体建筑，长为 800 米，宽为 90 米，整体面积为 72000 平方米。

公司主导产品为铜及铜合金管，目前分为两大类，一类为铜合金冷凝管，用于海水淡化、核电、火力发电、石油化工、船舶工程，另一类为空调与制冷用无缝铜管和无缝内螺纹铜管，用于空调与制冷行业，公司产品销售网络辐射全球，远销国外，如美国、东南亚、中东、欧盟等国家和地区。供应一流品牌企业，主要有格力、海信科龙、美的、大金、开利、日立、夏普、三星、美国特林、美国 JMF、法国 SIDEM、意大利 SIT、韩国 DOSAN、日本 SASAKURA、美国 OK、美国 STP 等国内外知名企业。

2008 年公司实现销售收入 10.7 亿元，利润 1000 万元，创汇 1.8 亿美元；2009 年销售收入 14.6 亿元，利润 9766 万元，创汇 1.6 亿美元；2010 年销售收入 21.2 亿元，利润 2885 万元，创汇 1.6 亿美元；2011 年销售收入达 43.8 亿元，利润 1.14 亿，创汇 3.4 亿美元；

公司现有员工 615 人，其中大专以上学历人员 68 人；高级职称 5 人，中级职称 10 人。

公司于 2008 年通过了 ISO9001：2000 质量体系认证，ISO14001 环境管理体系认证和 OHSAS18001 职业安全健康管理体系认证。目前，公司已是全球技术水平最高和生产能力最大的铜合金管供应商，荣获 2007-2008 年度奉贤区文明单位、工人先锋号，于 2008 年荣获奉贤区高新技术企业称号，并被评为 2009-2011 年度上海市文明单位。公司生产的产品于 2009 年被评为上海名牌；同年公司三大类产品获得有色金属实物质量金杯奖；2010 年公司产品被评为上海有色金属行业名优产品。此外，2010 年紫铜盘管生产线被评为“上海市现场管理星级评价四星”，铜合金管生产线被评为“上海市现场管理星级评价三星”。2011 年公司完成了 C70600 大口径超长冷凝管国家重点新产品的立项审批，国家科技部批准了 C70600 大口径超长冷凝管为国家重点新产品；公司连续三年被评为奉贤区劳动关系和谐企业。

成立至今，公司针对铜合金冷凝管和铜合金内螺纹盘管的加工特性，在工艺、装备、模具及新产品研发等方面取得了明显的技术突破，多项技术被授予发明专利和实用新型专利，其中“新型高低齿内螺纹芯头”、“新型高低齿内螺纹铜管”先后被认定为国家级重点新产品，此外还起草了三项企业标准和一项上海市铜及铜合金管材单位能耗限额标准。

公司落户奉贤区以来，在为社会创造价值的同时，积极履行社会责任，全力支持公益事业，先后对上海市慈善事业、“蓝天下的挚爱”活动，四团小学国际跳棋队、渔墩村等给予捐赠与关心。在履行公共责任、恪守道德规范和保护公众健康、安全、环境等方面从自身生产经营活动出发，分析相关活动对社会产生的影响，积极主动承担责任和义务。

- 公司使命：立足铜加工领域，致力于成为世界级的铜加工企业，为顾客和市场提供系列化、多品种、人性化设计的环保型产品和优质服务，提高人们的生活质量，承担更多的社会责任。
- 公司愿景：铸百年卓越海亮、创国际经典品牌，成为全球铜加工业最具竞争力的公司之一
- 公司核心价值观：以人为本、诚信立业、利益共享、共铸辉煌
- 公司战略目标：做精　做强　做大　创新　创优　创名
- 公司精神：高效　卓越　服务　奉献

中金再生资源(中国)投资有限公司

China Metal Recycling Investments Co., Ltd

上海浦东南路528号证券大厦北塔13楼，邮编：200120
电话：86-21 60580777　传真：86-21 60897968
网址：www.cmr773.com

中金再生资源（中国）投资有限公司是以废钢加工配送为主业，兼营废有色金属、铁矿石、钢坯、生铁、煤炭等冶金原料贸易以及港口物流、汽车拆解、信息研究、电子商务等业务，集科、工、贸为一体的再生资源大型跨国集团公司，是亚洲第一家再生金属资源上市公司。公司于2009年在香港联合交易所主板上市，股票编号为0773.HK。跻身2011中国企业500强排名第390位，中国服务企业500强排名第118位。2012中国企业500强排名221位，中国服务企业500强第73位。

公司采用规模化经营、系统化管理、机械化生产、网络化销售的经营模式。生产经营网络覆盖华东、华南、华北、华中及港澳地区。在江苏江阴、浙江宁波、广东广州、中山、天津、内蒙古包头、香港、澳门等五省十一市（含两直辖市）建有较大规模的废钢加工配送基地，年产能达到500万吨以上。在广州珠江和江阴长江、港澳等地区建有废钢专用码头。其中，广州亚钢是中国废钢铁应用协会早期废钢加工配送示范基地，并通过了ISO9001质量管理体系认证和ISO14001环境管理体系认证。2011年底经国家环保部验收批准成为我国第一家“进口废钢加工配送中心”，获得了自主进口废钢的资质。

2010销售收入225.08亿港元，同比增长148%，利润8.87亿港元。
2011年销售收入521.41亿港元，同比增长131.7%，利润18.62亿港元。
2012年销售收入858.29亿港元，同比增长64.60%，利润17.68亿港元。

公司着力于科技进步，注重投资引进国外先进废钢加工技术、加工设备和环保监测设施，以确保废钢产品质量和二次污染防治能力。公司注重战略发展的研究，产业信息研究、“电子商务”及废钢产业链核心技术的研究。着力拓展海外市场，加快境外废钢铁、废金属经营网络的建立，致力于创建中国大型的废金属进出口跨国公司。为实现钢铁循环，为建立“资源节约型、环境友好型”社会；为促进人口、资源、环境的和谐发展不断作出贡献。力争进入世界500强。

SEC SHANGHAI ELECTRIC

SEC-KSB Pumps and Valves Co., Ltd.,
上海电气凯士比核电泵阀有限公司

KSB

为了配合中国核电的快速发展，实现核电站用泵、阀设备的国产化，提供中国生产的技术先进、质量可靠的核电站用泵阀设备，2008 年 10 月，上海电气，中国最大的装备制造业集团之一，与德国 KSB，拥有先进技术的、实力雄厚的、专业的知名一流核电泵阀生产厂商，合作组建了上海电气凯士比核电泵阀有限公司。该合资企业由中方控股，主要从事核主泵、核二、三级泵以及核一、二、三级阀门的生产制造以及 KSB 集团中国所有核电站用泵、阀的销售活动。上海电气凯士比核电泵阀有限公司所有的核一级、二级、三级泵产品的技术由德国 KSB 转让并与德国 KSB 的技术同步更新，同时 SEC-KSB 拥有研发和自主创新的能力。

技术转化方 KSB AG 公司创立于 1871 年，是世界核电站用泵的主要生产厂家，也是世界上唯一能为所有类型核反应堆提供主泵的厂家。KSB 是当今世界上技术最先进、产品质量最高的泵阀供应商之一。在过去的 20 年间，世界上超过 80~90% 的核电站使用 KSB 的泵阀，其中超过 60% 的核电站使用 KSB 的主泵。自 1960 年开始，KSB 为世界范围内的压水堆、沸水堆、重水堆核电站提供了大约 300 台主泵和超过 300 台的核二、三级泵。KSB 在 25 年前为中国第一座核电站，秦山一期核电站提供了反应堆冷却剂泵，该泵已经在秦山核电站安全、可靠、高效的运行了 20 年，公认为国内核电站运行最好的反应堆冷却剂泵。

KSB 也是美国西屋公司 AP1000 第三代核电站的主泵的合格供应商。2008 年，KSB 为 AP1000 机组研制的无密封湿转子核主泵通过了美国西屋公司设计审查和产品验收。同时 KSB 已经研发完成适于中国市场的 CAP1000，CAP1400 第三代核电站的核主泵。

上海电气凯士比核电泵阀有限公司具有国家核安全局颁发的核二三级泵设计和制造许可证，引进德国 KSB 公司核二、三级泵技术，正在承担福清、宁德、阳江、三门及海阳等项目的核二三级泵制造。

上海电气与德国 KSB 公司合资组建的上海电气凯士比核电泵阀有限公司（中方控股 55%）全套引进德国 KSB 二代加轴封型主泵及三代 AP1000 湿绕组主泵技术。目前已承接昌江 600MW 四台主泵、CAP1400 四台主泵供货合同。

在建的全球最先进的核电主泵全流量试验台架进入调试阶段，预计 2013 年 7 月投入使用。

上充泵

电动辅助给水泵

样机飞轮

样机电机壳

主泵全流量试验台架

叶轮的装配

昌江主泵导叶装配

上海华东电器（集团）有限公司

上海华东电器（集团）有限公司（以下简称“华东电器”）创始于 1997 年，是国内规模较大的超高压电气设备研发及生产企业。集团以超特高压和中低压电气设备为核心业务，并涉及能源开发、商业房产、高新技术、文化传播、农业开发、金融理财等多元产业，已发展成为具有自主进出口权的大型综合性企业集团。华东电器总部设在上海黄浦区，现辖 8 大专业公司，现有员工 5000 余人，在全国各重点省市设有 300 多家销售公司和办事机构，营销及服务网络遍及全国，致力于为客户提供可靠安全的优质产品和专业的服务。

华东电器始终坚持“电器产业为基础，商业地产为支柱，能源开发为中心，高新技术为方向”的多元化发展战略，经过十多年的拼搏努力，企业知名度和美誉度不断扩大。

以上海金山电气产业基地为研发生产中心，并在温州乐清设有电器元件生产基地，同时还与俄罗斯全俄列宁电工研究院、维依埃龙源电工研究院等 50 余家国内外重点科研机构、大型知名企业建立了战略合作伙伴关系。产品拓展到电气设备的高中低压全方位，广泛应用于电力、冶金、机械、石化和民用建筑等国家重点建设领域，并远销全球 30 多个国家和地区。

上海圣德娜商厦、上海名品商厦、西安西北商贸中心等商业地产，实现了华东电器商业运营模式从单一性向多元化的跨越式发展，产生了巨大的经济效益和市场影响力；斥资数亿元开发的青海焦煤产业，是华东电器进军能源领域支援中西部建设，助推中西部发展，实现与中西部地区的合作双赢的重要举措。严格的管理，良好的效益，积极的履行社会责任，自觉无私的支援当地的经济建设和文化事业，受到政府的高度评价和人民群众的广泛赞扬。

“十年开拓进取，成就华东辉煌”。华东凭借雄厚的实力、先进的管理、可靠的质量和优质的服务连续多年进入上海 100 强企业和上海民营 50 强企业行列，赢得了社会各界同仁和客户的普遍赞赏。华东先后荣膺“上海市大型企业”、“上海市 AAA 级资信企业”、“上海市优秀企业”、“上海市高新技术企业”、“制造业 50 强”、“上海市文明单位”等称号，产品多次荣获“上海市名牌产品”、“上海市品牌产品 100 强”等荣誉。2001 年以来，“KIRTUN（科腾）”商标在海外十多个国家注册，并连续被评为上海市著名商标。

华东电器秉承“第二就是落后”的企业管理理念，以“集华东电器精华，创民族工业品牌”为己任，用强大的研发能力及优质的产品质量，全身心地打造高新电器产品，竭诚为广大客户服务，努力为振兴中国制造和民族电器品牌而贡献力量！

Polysius ThyssenKrupp

伯利休斯（上海）工程技术有限公司

伯利休斯（上海）工程技术有限公司是伯利休斯德国公司在华全资子公司，隶属于德国蒂森克虏伯集团。伯利休斯（上海）工程技术有限公司由蒂森克虏伯（中国）投资有限公司投资，伯利休斯德国公司负责伯利休斯（上海）的经营管理。

伯利休斯德国公司是蒂森克虏伯集团旗下的一家公司，拥有150多年历史，是世界第一流的工程设备制造商之一，主要从事水泥、矿产工业领域装备的制造，以其高质量的产品和服务著称。伯利休斯德国公司结合蒂森克虏伯集团的专业技术与中国市场情况，竭诚为中国客户提供最优质的服务、先进的技术及产品。由此，蒂森克虏伯（中国）投资有限公司在2006年上海浦东投资设立了外商独资的伯利休斯（上海）贸易有限公司。由于水泥、矿产工业的发展，伯利休斯（上海）贸易有限公司设想在原有的经营范围上扩展到水泥、矿产工业领域的装备制造、工厂设计、土建施工、机电设备安装、研究和开发。因此，伯利休斯（上海）贸易有限公司已在2008年将公司从浦东搬迁至宝山，更名为伯利休斯（上海）工程技术有限公司，并在上海宝山工业园区建造新的水泥和矿业装备制造工厂，以继续原有的经营业务并扩展新的经营业务。

伯利休斯（上海）工厂选址上海宝山区宝山工业园区内，位于潘川路1505号，面积约为30亩。伯利休斯（上海）工厂项目于2009年7月开工，2010年8月完成设备调试及开始试运行，2011年9月正式投入生产。项目投产后，设备制造能力将达到每年5000吨，年主营收入将达到4.8亿元，纳税3400万元。伯利休斯（上海）组织机构为总经理室、人力资源部、合同管理部、制造部、采购部、技术服务部、销售部、质量部、财务部等部门。目前共有员工130名，其中60%人员拥有大学及大学以上学历，从事技术开发，工程管理，质量控制，合同管理，采购以及财务管理等工作。

伯利休斯（上海）的主要产品，内销主要是立式磨，煤磨、高压辊磨机、选粉机、燃烧部件，外销主要为冷却机、磨机部件和钢结构。伯利休斯（上海）工厂将有能力生产所有伯利休斯产品的主要零部件，并且达到与伯利休斯德国同等的质量水平。公司引入了大型精密数控机床，伯利休斯德国150年的成熟的生产计划和质量控制管理将被引入伯利休斯上海新工厂。生产计划管理和生产准备工作将直接复制伯利休斯德国工厂，并运用与德国中心服务器上相同的管理软件。伯利休斯（上海）员工在德国接受培训并得到德国同事的全力支持。从生产一始，伯利休斯质量控制程序将会被严格执行。公司的首要目标是德国质量，伯利休斯（上海）制造。

伯利休斯（上海）工程技术有限公司将在新工厂试生产的基础上，进一步开展生产加工，同时加强对工厂的内部管理。公司将继续加强与德国总部的联系，在原有的基础上壮大加工贸易。与此同时，公司针对目前的国内市场形势，结合自身产品特点，深入开发国内市场，在回转窑，高压辊磨机等拳头产品方面进一步拓展市场，同时着重开发售后服务市场。伯利休斯（上海）在纳米比亚参建了日产2100吨水泥生产线，取得了丰富经验，该项目于2008年开始筹建，2011年初已经顺利投产。公司2010年已取得了海外承包工程资质，公司已作好充分内部准备，结合已有的经验，继续大力开发海外承包项目。

伯利休斯集团是全球领先的生产水泥及基础工业设备的工程公司之一，这一地位的取得归功于它优异的产品质量和服务水平，作为其在中国的子公司伯利休斯（上海）工程有限公司将秉承集团的经营理念和企业精神，以上海宝山为基地，面向全国及海外市场，创造更美好的企业未来！

Address:Polysius (Shanghai) Co., Ltd., No.1505 Panchuan Road,
Baoshan District, 200949 Shanghai, P.R.China
Phone: +86-21 6181 7588 Telefax: +86-21 6094 7409 E-Mail: cn.polysius@thyssenkrupp.com
Internet: www.polysius.com
伯利休斯（上海）工程技术有限公司 中国上海宝山区潘川路1505号 邮编 200949
电话：+86-21 6181 7588 传真：+86-21 6094 7409 电子信箱：cn.polysius@thyssenkrupp.com
网址：www.polysius.com

POLYSIUS

源盛
RICH

上海源盛机械电气制造有限公司

Shanghai Rich M&E Manufacturing Ltd.

公司简介 COMPANY

SDFKESDFCS

安全型碳刷架装置
Safety Carbon Brush System

板式冷却器
Plate-heat Exchanger

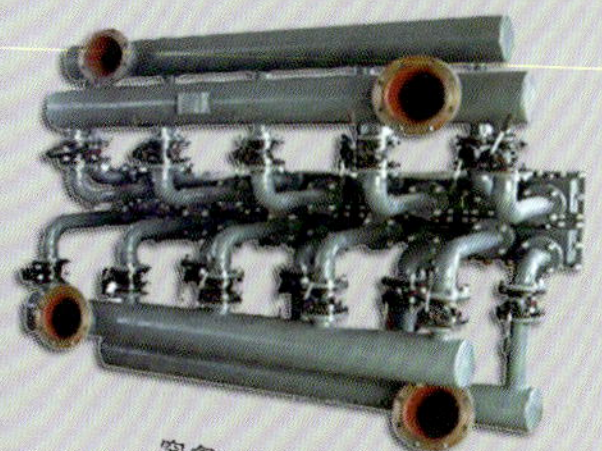
空气冷却器
Air Cooler

不锈钢管壳式冷水器
Stainless Steel Water Cooler

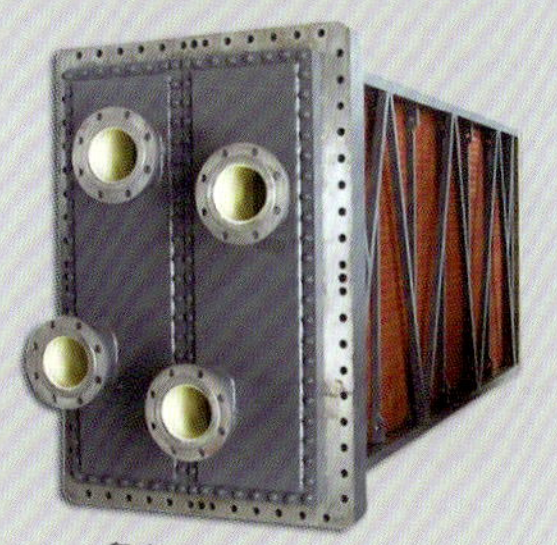
氢气冷却器
H2 Cooler

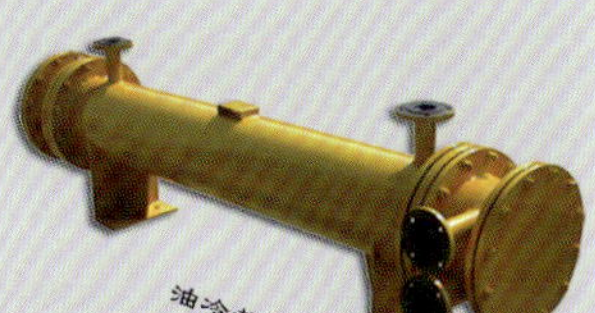
油冷却器
Oil Cooler

上海源盛机械电气制造有限公司是电厂辅机设备的专业生产厂，产品包括各种类型的大型发电机用换热器，集电环装置，氢油水系统，安全型碳刷架，发电机轴瓦等.

作为电力主机设备的专业配套企业，我公司配备精良的生产设备，精密的检测设备。采用先进的设计和制造工艺，完备的检测手段，制造出一流的产品。公司建立了完善的产品质量保证体系，通过了 ISO9001 质量管理认证。产品从设计到售后服务完全遵照管理体系的要求执行，保证了产品的安全性和可靠性。

为了赶超世界先进水平，满足国内电力行业安全、可靠的要求，公司坚持“科技兴厂”的原则，与上海理工大学、上海电气集团发电机有限公司和上海电机厂等单位在新产品开发等领域建立了长期的技术合作关系。通过技术合作开发的多个项目被列为上海市重点攻关课题成果，并已经在国内外电力行业广泛使用，为600MW、1000MW 等级大型火力发电机和核电站的配套辅机研制开发攻克了难关。

近年来，我们与国际能源巨头西门子公司和 GE 在发电机冷却器、集电环装置和碳刷装置等辅机领域开展了全面的合作，产品已经出口到世界各地。并获得了客户的好评。

作为上海市高新技术企业，“质量第一，用户至上”是我们企业的工作准则，我们愿与国内外各行业通力合作，提供性能优良、质量可靠、用户满意的产品。

地址：上海松江区北松公路7201号(201611)
电话：+86-21-57775559
传真：+86-21-57775813
网址：www.rich-sh.com.cn

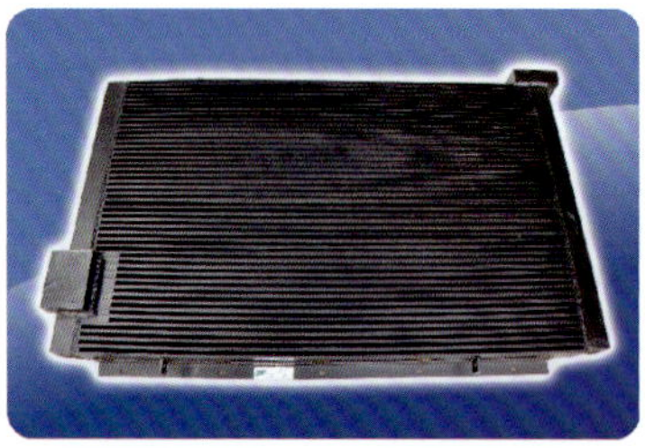

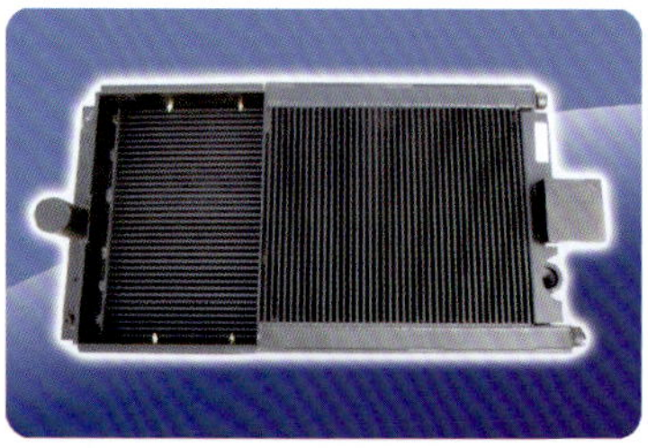
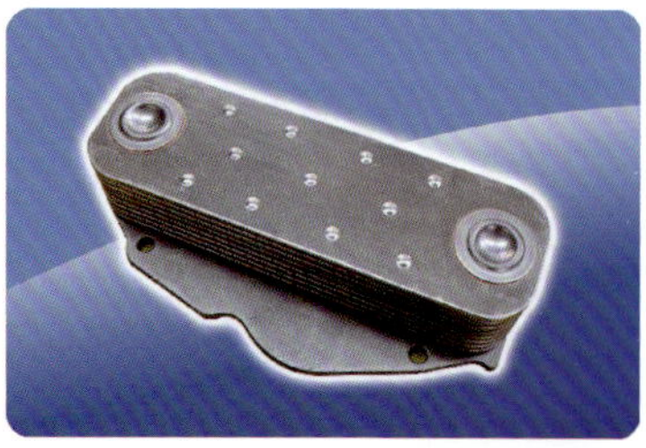
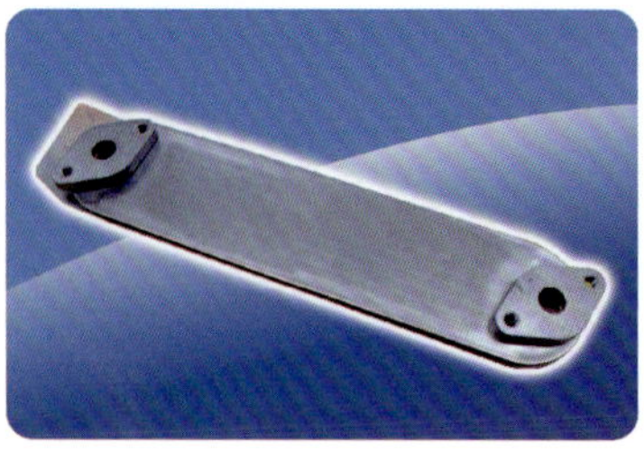

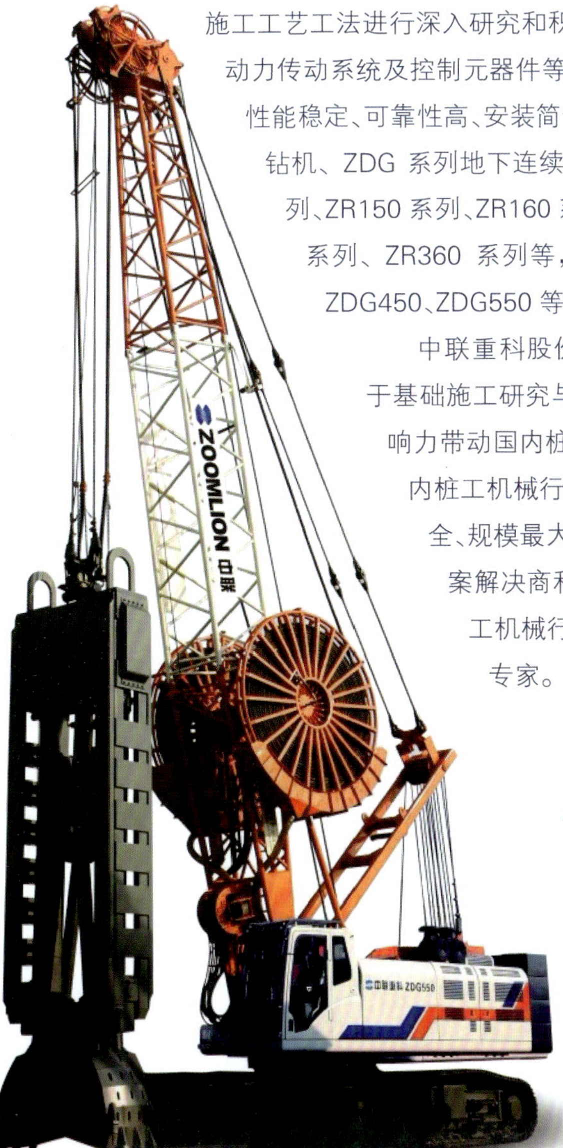

地址：上海市松江区缤纷路297号 邮编：201613

销售电话：021-67668991 服务热线：4001-157-157 传真：021-67668910

上海金研机械制造有限公司

上海金研机械制造有限公司成立于 2007 年。公司隶属于浙江信谊控股有限公司，是专业为工程机械提供底盘件配套服务的生产企业。主要产品包括：履带总成、履带梁、链轨、销轴、销套、履带板等。

公司坐落于上海宝山工业园区金石路 163 号，占地 57,000 平方米，拥有职工 370 人，其中专业技术人员有 40 余人。公司产品的销售，国外市场主要与美国、英国、意大利、韩国、新加坡等国的客户建立了长期良好的合作；国内市场主要是针对大型的工程机械生产厂商，如三一重机、徐工、龙工、中联重科等。

公司目前已具备年生产履带板 7.2 万吨、链轨年产 4 万余条的生产能力。公司以优质的原材料、先进的生产设备、科学的生产工艺及严格的质量检测手段来生产高品质的产品，顺利通过 ISO9001 和 ISO14001 的认证；并设立了经认证的实验室，对原材料、半成品及成品均进行严格的检查和管控，并已通过国际知名主机厂商的质量检测，与各大主机厂商及 OEM 企业建立了良好的长期合作关系。

树立国际一流品牌、为客户提供有价值的服务是公司一直坚持的发展目标和方向！

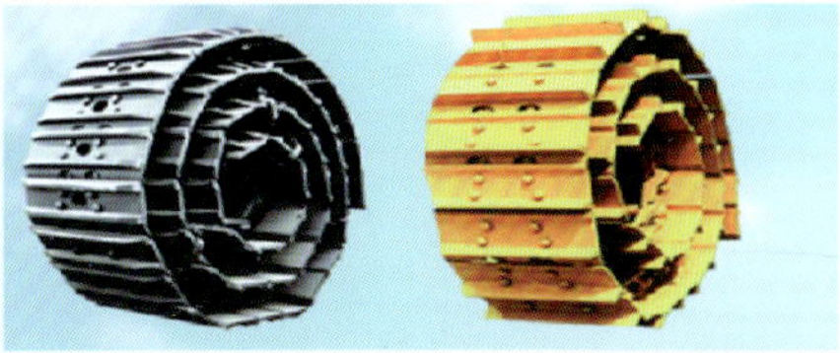
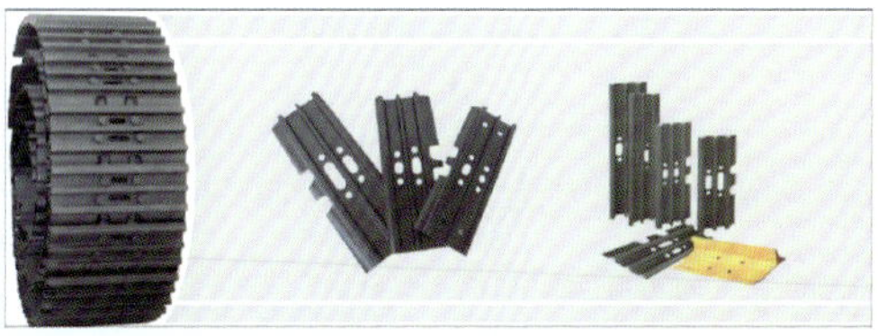

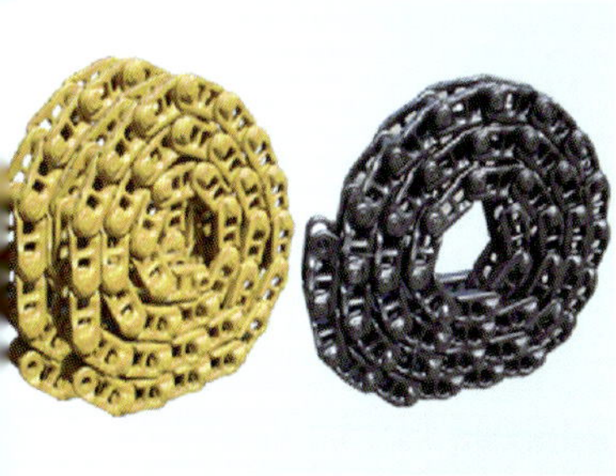

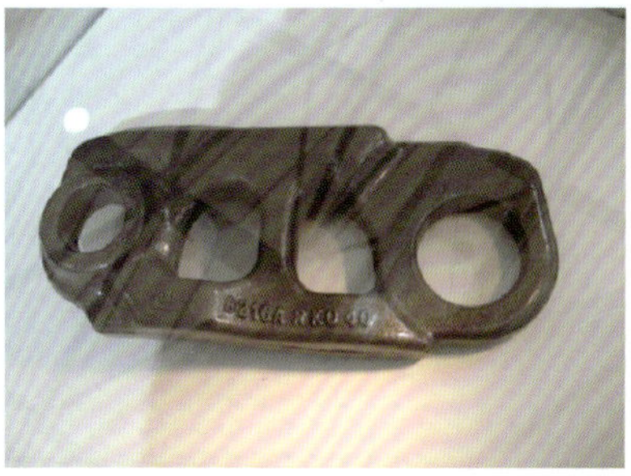

上海标准件机械厂

厂区全景

企业资源情况
注册资本：366 万元　法定代表人：席俊仁
净资产：2170 万元　占地面积：18.5 亩
从业人数：98 人

上海标准件机械厂成立于 1958 年，系具有 40 多年生产冷镦机历史的国有企业，专业从事多工位螺栓联合自动机和多工位杆类零件冷成形机的企业，在国内同行中，市场占有率、技术、质量均处于领先的地位；现有员工 99 人，工程技术人员 27 人。2003 年获 ISO9001：2000 质量管理体系的国际认证，全面贯彻“以顾客为关注焦点”的服务理念，不断地理解顾客当前的和未来的需求，满足顾客要求并争取超越顾客期望。这种“以顾客为中心”的服务理念，形成从市场调查→设计开发→IQC→PQC→OQC→用户调试服务→用户回访、用户服务→市场的全过程，建立了牢固的质量保证闭环系统。本厂为高新技术企业，并于近期被认定为普陀区第九批企业技术中心；本厂在技术领域具有较强的技术基础和技术开发队伍，经过多次技术改造，已具有较完善的试验和生产条件，所有产品均为自己研发，积累了丰富的设计开发经验，有一支具有实际经验的产品开发团队，每年新产品开发不少于 1 项，近年来已有四个产品获得上海市高新技术成果转化的产品，七项实用新型专利，四项发明专利申请已受理，上述成果转化项目与专利均在有效期内。本厂由于不断的开发新产品，使自身始终处于行业的技术领先地位，在激烈的市场竞争中处于有利的位置，并以技术领先带来了产品的技术附加值提高。

Z45-6300/3 装配现场（国内最大规格冷成形机）

地址：上海市真北路451号　电话：021-52816916
传真：021-52803300　邮箱：postmater@shdarly.com　网页：www.sh-dljx.net

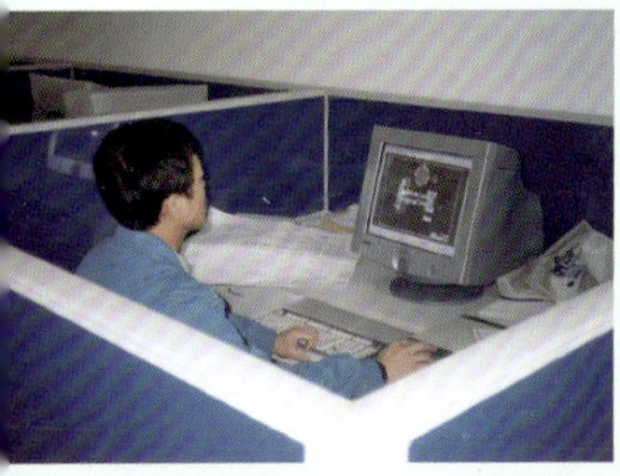

中国海洋石油东海石油管理局

中国海洋石油东海石油管理局、中海石油（中国）有限公司上海分公司与中国海洋石油东海公司是中国海洋石油系统内三家单位，实行“一套机构、三块牌子”的管理模式。

中国海洋石油东海石油管理局作为总公司派出机构，是总公司管理职能的延伸，根据授权对中国海油系统内上海地区（涵盖集团下属单位 18 家、员工 5116 人）事务进行综合管理，协调地区油田建设资源，统筹地区行政与党工团工作。

中海石油（中国）有限公司上海分公司是上市公司——中国海洋石油有限公司的分支机构之一，隶属中海石油（中国）有限公司，主要以对外合作和自营的方式在中国黄海、东海等海域从事海上石油、天然气的勘探、开发和生产。

中国海洋石油东海公司是中国海洋石油下属地区公司之一，现主要负责为中国海油上海地区提供一系列后勤保障服务。截至 2012 年 11 月，机构设有职能部门 13 个，下属单位 4 个，拥有在职工作人员约 864 人，专业结构涵盖地质、物探、钻井、开发、工程、油气生产、企业管理等多个领域。

作为中央企业的下属单位，作为总公司的派出机构，作为上市公司的组成部分，东海石油管理局以科学发展观为指引，致力于企业精细化管理水平的不断提高；持续提升地区协调发展水平，促进地区资源的高效整合；强化与国内外先进同业间的技术经验交流，不断拓宽业务前景；严格执行风险管控，促进公司健康可持续发展；力争在油气增储上产方面不断实现突破，为上海及长三角地区清洁、优质能源的稳定供给提供可靠保障，为上述地区经济发展、环境改善和生活质量的提高持续发挥积极作用。

中航工业上海航空电器有限公司

中航工业上海航空电器有限公司隶属于中国航空工业集团公司，是中航航空电子设备股份有限公司（上市公司）全资子公司。现有闵行、金山两个厂区，占地面积近 12 万平方米，拥有 7 家控股子公司，在册员工 1000 余人。

公司业务分为航空业务（含航空防务业务和民用航空业务）与非航空业务（含非航空防务业务和非航空民品业务）两大板块。航空业务聚焦照明系统、操控板组件及调光控制系统、告警系统、智能配电系统四大类专业系统产品，遍布于国家各重点防务型号以及 C919、ARJ21、新舟系列等民机项目，跻身系统级供应商；非航空防务业务基于航空业务先进技术，逐步用于航天、船舶、兵器等领域；非航空民品业务覆盖精密控制组件、太阳能光伏逆变器、高压清洗机、胎压监测系统和通用继电器等领域，产品远销欧美、澳洲与东南亚等地区。

上海延锋江森座椅有限公司(简称“延锋江森”)由延锋伟世通汽车饰件系统有限公司和美国江森自控国际有限公司共同投资建立。公司成立于 1997 年,选址于上海浦东康桥工业园区。

公司业务领域覆盖座椅总成、机械零件、座椅发泡、座椅面套、头枕及顶饰系统等，在全国各主要汽车制造商集聚区建立工厂,为客户提供零距离的即时化供货与服务。同时,公司已进入众多跨国汽车企业的全球采购体系,为国际客户提供超越期望的产品与服务。

作为中国最大的汽车座椅及顶饰系统供应商之一，延锋江森拥有国际先进水平的技术中心、工业造型工作室、产品对标工作室和试验室，并且已经形成了强大的产品研发及制造能力，以及完整的产品平台和产品体系，能够适应各类客户不同车型的设计和开发需求。

2010 延锋江森实现销售收入 137.6 亿人民币，出口 2.26 亿美元。

延锋江森积极参与 2010 上海世博会，动车 VIP 座椅成为了吉林馆中的一个亮点，为上汽通用馆 3D 影院提供的动感座椅广受好评；另外，我们还配套 3600 辆途安世博出租车以及世博所有上汽新能源车的座椅，为世博的成功举办贡献自己一份力量。

Shanghai Yanfeng Johnson Controls Seating Co., Ltd. (YFJC) was founded in 1997, jointly invested by Yanfeng Visteon Automotive Trim Systems Co., Ltd. and Johnson Control Asia Holdings Co., Ltd.. Headquarter of YFJC located in Shanghai Kangqiao Industrial Zone.

The products of YFJC cover complete seat assembly, mechanism, foam, trim cover, headrest and various overhead systems. YFJC has set up nationwide manufacturing facilities providing sequence delivery service to OEMs. At the same time, YFJC has entered the global purchasing system of various multinational OEMs to provide the products and services beyond the customers' expectation.

As one of China' s biggest automotive complete seat and overhead system manufacturers, YFJC has successfully formed a complete product platform and portfolio to meet various demands of different vehicles. The Technical Center, the industrial styling design studio, the benchmarking studio, and the laboratory, equipped with world-class facilities, further consolidate YFJC' s capability in product development.

The sales revenue of YFJC in 2009 is 13.76 billion RMB (including 226million USD export business).

YFJC actively participate in 2010 Shanghai Expo. CRH VIP seats which manufactured by YFJC has become a highlight in Jilin province Pavilion. We designed and manufactured Dynamic Seats, provided to the SAIC-GM Pavilion are widely acclaimed by audiences. As our contribution to the success of 2010 Shanghai Expo, we also provide seats to 3600 Expo Touran taxis and all new energy passenger vehicles from SAIC.

SEEYAO 信耀
信诚天下 | 耀动未来

上海信耀电子有限公司
SHANGHAI SEEYAO ELECTRONICS CO.,LTD.

公司简介

上海信耀电子有限公司是由中国科学院与上海汽车集团总公司共建的上海汽车电子工程中心于2002年4月转制而成立的高新技术企业。主要从事汽车LED照明、汽车传感器、汽车模块与系统等汽车电子产品的研发、生产和销售，产品广泛应用于上海通用、一汽轿车、上海汽车、上海大众、日本丰田等汽车中。基于雄厚的研发实力，我公司同时承担了国家科技部、上海市科委、上海汽车科技发展基金等多项汽车电子科研任务。为保证产品的质量和性能指标，所研发、生产的全过程完全按照TS16949的程序要求进行严格控制，以确保产品质量稳定可靠。

质量方针：

诚信：以诚待客，诚信经营

创新：技术创新，管理创新，以满足客户不断变化的潜在需求

优质：以优质的技术服务和高质量的产品确保广大客户的满意

高效：高效率的服务，及时处理客户提出的种种要求

服务宗旨：

以专业为核心，以顾客满意为宗旨，做行业里面的佼佼者。

主要产品

▣ **汽车传感器**

车身高度传感器、位置传感器、压力传感器、角度传感器。

▣ **汽车控制器**

AFS（智能前照灯系统）、LDM（LED驱动模块）、HID Ballast（HID镇流器）、马达控制器、座椅控制器。

▣ **汽车执行器**

直流调光执行器、步进电机调光执行器、电磁阀。

▣ **汽车灯具**

LED汽车灯具、PES(投射灯单元)、大灯清洗器。

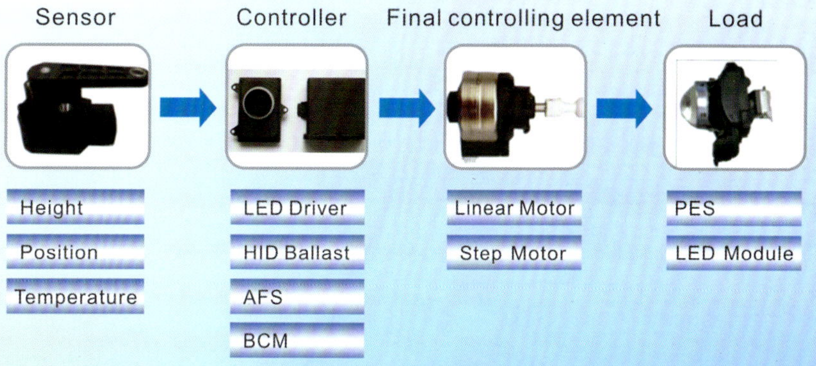

地址：上海市嘉定区招贤路928号 | 邮编：200333 | 电话：021 - 69528633 | 传真：021 - 69528631
E-mail：gangh@scae-sh.com Http://www.seeyao.cn

HSAE 航盛

科技领航　盛行天下

中国汽车电子领军企业

www.hangsheng.com.cn

>>上海航盛实业有限公司

上海航盛为国内汽车电子龙头企业——航盛集团的全资子公司，目前为国内商用车前装车载电子龙头企业。上海航盛以“推动汽车电子核心技术国产化，引领国内商用车车联网技术发展”为使命，以车载终端系列产品为核心、把公司现有六大产品线（客运旅游产品线、公交产品线、校车产品线、新能源产品线、重卡产品线、乘用车产品线）与车载终端系列紧密关联，同时构建与车联网服务相匹配的遍布全国的技术支持服务体系，力争在2015年完成由系统集成方案供应商向汽车电子系统集成方案运营商的转变，成为商用车汽车电子的领军企业。

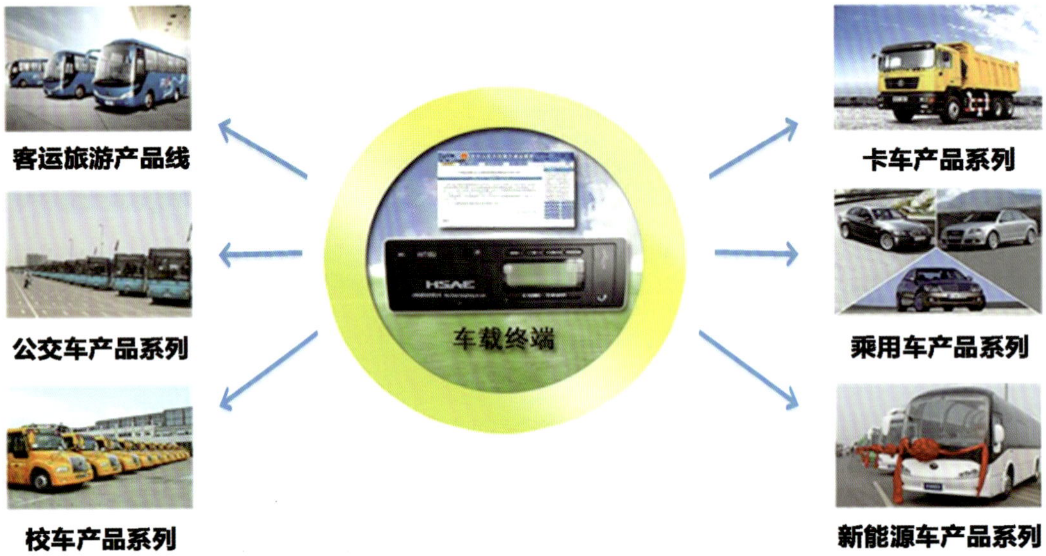

上海航盛车联网产业布局

上海航盛车联网行业地位

唯一通过交通部新标准（北斗兼容）车载终端设备、企业监控平台双项第一批认证的前装配套企业

首家大批量量产及为车厂配套符合新国标的车载终端企业

通过福建戴姆勒奔驰、上汽校车按照乘用车标准的严格测试，进入多家主流车厂的配套体系

将成为全球第五家供应欧标记录仪的企业

荣获中国物流与采购联合会科技进步奖

上海航盛车联网发展历程

2009年	参与上海汽车TELEMATICS项目开发
2010年05月	世博示范工程：公交车北斗监控系统
2010年06月	完成远程视频监控系统开发
2010年11月	完成CAN总线远程实时监控系统开发
2011年01月	举办第一届车载信息服务产业应用联盟大会
2011年03月	完成远程锁车及黑匣子产品的开发
2011年06月	新标准车载设备和企业监控平台开发

上海航盛车联网发展历程

2011年07月	第一批新标准车载终端认证企业
2011年10月	新标准车载终端通过TS16949认证
2011年12月	新标准车载终端通过电信许可认证
2012年01月	新标准车载终端通过全部行业认证
2012年03月	苏州市电调出租车项目前装标准终端项目中标
2012年03月	通过戴姆勒奔驰审核
2012年05月	完成车载终端系列化产品研发
2012年07月	第一批企业监控平台认证企业

佰顿新材料——中国新兴金属复合行业的领跑者，以不断创新的科技为全球客户提供优质的双金属复合产品。

佰顿在上海安亭汽车城工业园区内有现代化生产场地 30000 余平米，拥有双金属复合生产线 2 条、清洗线 1 条、倒卷线 1 条，核心设备及控制系统从德国引进，各类金属复合产品的年产量达 8 万吨。2012 年 5 月引进荷兰进口的砂霸(Timesavers)表面研磨设备及进口的纵剪、横剪加工设备，生产及加工设备均达到国际精尖水准！

佰顿双金属复合技术，已获得多项国家专利并填补多项国内市场空白，成为引领行业进步的重要力量！金属复合高科技技术改造项目获得国家发改委和上海市经信委 2012 年工业中小企业技术改造的专项奖励资金。

佰顿作为宁波宝新的不锈钢直供用户，0.25mm 厚 304 不锈钢的年使用量为全球最大。

佰顿成立初期，即与宝钢股份建立了紧密的业务往来和良好的伙伴关系，双方在新型钢种研发与复合技术完善等领域展开了深入合作并取得了丰硕成果！为进一步深化合作、推动中国金属复合材料市场发展，佰顿公司与宝钢股份于 2012 年 11 月 5 日建立了联合实验室。

佰顿 304 复合不锈钢板，减震隔音、价格稳定，是新一代绿色环保产品。佰顿不仅采取各种措施使产品生产过程对环境危害最小，通过各种节能手段降低能耗、改善成本，开发高能效和高资源效率的制造工艺；同时，佰顿关注用户需求的绿色需求、关注行业发展的动向，开发和推广高能源效率和高资源效率的产品和系统，与用户分享先进的环境设计理念和技术，向社会提供环境绩效优良的产品和服务。

佰顿新材料应用广泛，在多个行业取代了纯不锈钢和其他纯金属材料，佰顿公司生产的减震复合不锈钢、彩膜复合钢板系列在电梯轿厢、电梯装潢、扶梯等领域的应用尤为广泛，受到电梯制造商的一致赞誉！

目前，佰顿 304 减振复合不锈钢板在电梯行业拥有超过 100 家的应用客户、并涉及装饰装潢、金属制品等。

佰顿新材料——打造中国新兴金属复合行业第一品牌，与您携手开创美好未来！

Hundred New Material Technology Co.,Ltd -- a leader of emerging metal composite industry in China with innovative technology, is supplying superior bimetal composite materials to worldwide customers.

Hundred is located in Shanghai Anting Car Industry Zone, owning more than 30,000 square meters factory, 2 bimetal-composite production line, 1 cleaning line & 1 rewinding line and produce various kinds of composite metal materials up to 80,000 tons annually. All those important equipments and controlling system are imported from Germany. Meanwhile, the Timesavers from Netherlands and the imported surface polishing machine, slitting machine and shearing machine are introduced into our company. They come up with international standard.

Hundred bimetal composite technology has got many state patent and becomes a pioneer in some fields. Also the metal composite high technology wins special incentive funds from National Development and Reform Commission and from Shanghai Municipal Commission of Economy and Information, which are for small and medium sized enterprises' development in 2012.

Hundred, as a direct supplier of Ningbo Baoxin Stainless Steel Co.,Ltd, it' s 0.25mm thickness 304 stainless steel has maximum annual demand in global market. Also it is a cooperative partner of Baosteel in developing professional steel-composite technology for elevators and reaches great success.

In initial stage Hundred established close business contacts and a good partnership in Baosteel. The two sides have carried out in-depth cooperation in research and development of new steel kinds of perfect composite technology fields and achieved fruitful results! For further cooperation and promoting the development of China metal composite market, Hundred and Baosteel establish a joint laboratory on November 5th in 2012.

Hundred 304 composite stainless steel plate is a new generation of green products., which have damping soundproof and price stability. Not only taking various measures to make the production process is the least harmful to the environment, through a variety of energy-saving measures to reduce energy consumption, Hundred also improve the cost and develop the manufacturing technique of high energy efficiency and resource efficiency. Meanwhile Hundred focus on greed need and industry development trends, develop and spread productions and sytyem of high energy efficiency and resource efficiency, which sharing advanced environment design concept and technique with customers, providing excellent environmental performance of products and servives to the community.

Hundred new materials have a wide application and replaced those pure stainless steel and other pure metal materials in many fields. Especially the steel damping metal composite panels and color clad steel are widely used in elevator car, elevator decoration & escalators and highly acknowledged among elevator manufacturers.

At present, Hundred 304 damping composite stainless steel plate in the elevator industry has more than 100 applications customers which including the decoration, metal products.

Hundred New Material - to build China's first brand of metal composite industry and create a bright future with you!

上海爱知锻造有限公司
Shanghai Aichi Forging Co.,Ltd.

中日合资上海爱知锻造有限公司成立于 2002 年 5 月 15 日，是由上海拖拉机内燃机有限公司、日本爱知制钢株式会社、丰田通商株式会社共同投资组建。公司注册资本 2774 万美元，投资总额 6163 万美元。

上海爱知锻造有限公司拥有世界先进的锻压设备和制模、监测手段。目前拥有 5000T#1、5000T#2、6300T#1、6300T#2 半自动、2500T#1~4、AMP-50 等 9 条生产线。主要产品有发动机曲轴、连杆、等速万向节、转向节、变速箱齿坯等。现有生产能力 6 万吨 / 年。产品为广州丰田、大众、通用、北京现代等国内汽车厂商配套，批量出口丰田汽车东南亚市场。

上海爱知锻造有限公司已建立 ISO/TSI16949 质量保证体系，通过 GB/T24001-2004、GB/T28001-2001 安全环境管理体系认证，获得高新技术企业，并将以高质量、高标准，为建成国内一流的锻造公司而努力。

上海汽车信息产业投资有限公司

上海汽车信息产业投资有限公司（SAIS），由上海汽车工业（集团）总公司于2000年投资成立，注册资金1亿元人民币，是一家投身汽车制造业的信息技术与服务公司。公司向顾客提供发展战略、解决方案及相关服务。2009年公司销售收入超过1.5亿元人民币。

公司致力于通过自身的资源、智慧、丰富的行业背景和专家技术为快速发展的国内汽车行业提供高质量专业化的IT技术支持和服务，同时积极开拓业外市场，2009年在其它行业销售收入占31%的比重。

公司帮助客户处理全球经济飞速发展下出现的业务和技术问题。主要业务范围包括业务咨询、产品生命周期管理（PLM）、企业管理与应用解决方案（SAP/QAD）、电子商务实施（采购平台、配件交易平台）、智能化布线以及系统运行、汽车后市场解决方案（DMS、CRM）、围绕汽车用户的通讯服务Telematics等。公司拥有众多国内外合作伙伴，帮助客户推动企业发展、抓住机遇，在激烈的市场竞争中取得领先地位。

上海汽车信息产业投资有限公司战略目标：巩固成熟业务，突出重点，持续推进产业信息化，成为一流的汽车及制造业IT服务供应商；培育新兴项目，围绕汽车，加快实现信息产业化，成为汽车电子信息产品和服务的专业提供商。

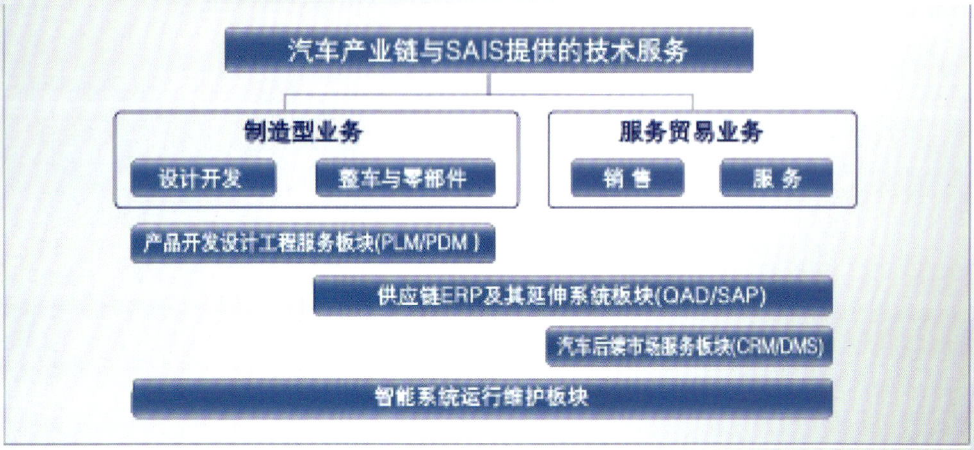

产品开发设计工程服务板块

为企业产品设计开发提供：计算机辅助、研发的项目管理、数据管理和工程技术服务，针对市场客户需要进行产品设计，缩短"产品设计—试制试验—小批量生产—大批量生产—推向市场"的周期，提高设计效率，在整个汽车供应链上的协同开发，加快整车上市时间。

ERP供应链及其延伸系统板块

为以企业资源规划ERP为主的企业管理信息提供系统解决方案及其延伸业务，如质量管理、制造执行管理、定制开发、以及应用托管服务等。

汽车后续市场服务板块

规划集团统一的消费型服务数据平台，以信息技术引导汽车服务版块的业务规划，形成完整的客户价值链经营管理；运用信息技术为汽车销售、服务等渠道管理提供支持。

智能系统运行维护板块

提供建筑智能化系统和信息平台架构的设计、实施、管理和运营维护；提供智能化制造系统的设计、实施和运营维护。

汽车电子信息系统板块

紧密围绕汽车驾乘人员日常驾乘行为方式，开发先进、适用并且具有价格竞争力的车载电子产品的自有品牌，满足其在日常出行过程中的各种需求，提供便捷、易用、稳定的各类相关信息和增值服务。

中国石油西气东输管道（销售）公司（以下简称公司）是中国石油天然气股份有限公司直属的地区公司，主要负责西气东输管道生产运营管理、天然气市场开发与销售业务及管道支线工程建设。

颁发竣工验收鉴定书

“十一五”期间，公司运营管道总长度由4188公里增至8959公里，站场由35座增至102座，压缩机组由12套增至63套，销售与分输用户由35家增至144家。管输商品气量累计实现809.77亿立方米，天然气销售量累计实现771.43亿立方米。先后建成冀宁、淮武、沁水煤层气、金坛—镇江、江都—如东、甪直—宝钢等管道，总长超过2500公里。西气东输二线中卫至黄陂段投产试运行。开展增输工程建设，干线年输气能力由西段120亿立方米、东段90亿立方米增至全线170亿立方米，淮武管道年输气能力由15亿立方米增至22亿立方米。金坛储气库累计造腔190多万立方米，形成地下库容4.7亿立方米，基本满足应急调峰要求。

在下游供气十分紧张的情况下，公司还承担了保证首都北京供气的任务，五年累计向陕京二线分输天然气69.97亿立方米。目前，西气东输已成为长江三角洲、中原地区、华中地区的主供气源和环渤海地区的补充气源，使天然气在我国一次能源消费结构中的比例提高了一个百分点，占近5年我国新增天然气消费量的50%以上，使110多个城市、3000多个大中型企业、近3亿人口从中受益。

秦书记慰问一线员工

加强巡检确保平稳供气

公司荣获国家科学技术进步一等奖

2010年，公司切实履行经济、政治和社会三大责任，科学组织输气生产和安全管理，全年输送天然气245亿立方米，用气高峰时日均输气8000万立方米以上。全年为上海供气24亿立方米，为保障上海能源供应和“绿色世博”提供强有力支持。公司不断深化经营管理，全面加强计划管理，强化绩效考核和薪酬激励，优化人力资源配置，抓好业务流程管理，保证了内控体系持续有序运行。2010年，西气东输工程通过国家竣工验收，《西气东输工程技术及应用》获国家科学技术进步一等奖，公司获“上海市职工最满意企业”称号，获上海市“精神文明单位”称号。

中国石油西气东输管道公司

神华包头 MTO-PP 装置

中石化上海工程有限公司

上海石化 70 万吨年乙烯装置

沙特 50 万吨年聚乙烯装置

镇海炼化 65 万吨年 EO-EG 装置

罗氏制药有限公司

中石化上海工程有限公司（原“中国石化集团上海工程有限公司”，英文简称 SSEC）创建于 1953 年，曾用名“上海医药设计院”、“中国石化集团上海医药工业设计院”等，是国内最早从事石油化工、医药、化工工程设计和总承包的大型综合性工程公司之一。

上海工程公司的主要业务领域分为三大类，一是石化、化纤、炼油化工等，二是医药化工和生物能源化工等，三是环保、电子、轻纺食品、天然气储运工程等；服务范围覆盖工程项目的规划咨询、项目建议书、可行性研究和基础工程设计、详细工程设计，以及工程采购、工程总承包、工程项目管理、技术开发等。

上海工程公司现持有国家住房和城乡建设部颁发的“工程设计综合甲级资质”证书，可承接化工石化医药、石油天然气、商物粮、轻纺、建筑、冶金、电子通信广电、市政等 21 个行业的工程设计和工程总承包业务，公司还持有环境评价、工程咨询、工程造价、压力容器、压力管道等多项甲级设计资质和建筑业企业贰级资质证书。公司取得了 ISO9001 质量管理体系认证证书和 ISO14001、GB/T28001、HSE 管理体系认证证书，拥有多项专利技术，建立了先进的万兆以太计算机办公网络，主办出版《化工设备与管道》、《医药工程设计》两种技术刊物。

上海工程公司拥有一支技术精湛的工程技术队伍，在 1300 多名员工中 80%以上是从事工程设计和服务的工程技术人员，其中，有设计大师 7 名，高、中级职称人员 700 多人，各类执业资格人员 300 多人。

六十年来，上海工程公司已完成国内外各类工程项目 7000 多项，荣获国家、部、省（市）级优秀工程咨询、工程设计、工程总承包、项目管理、科技进步奖等各类奖项 500 多项，其中包括一大批代表我国化工、石化、医药等领域先进水平的重点工程项目。

多年来，上海工程公司保持与国际石油化工、医药行业巨头合作，并提供工程设计和项目管理服务；与国际著名工程公司建立了紧密合作关系，共同承担过一系列国内外重大工程项目，赢得了良好的赞誉和知名度。

思达斯易能源技术（集团）有限公司

思达斯易能源技术(集团)有限公司是一家集采油机械装备、石油工具、流量计量仪表研发与制造、技术服务、资源投资为一体的综合性国际化公司。注册于上海，总部设在北京，全面统筹管理整体运营。

集团公司由苍南众星实业有限公司、上海思达斯易石油设备有限公司、上海思达斯易仪器仪表有限公司、思达斯易(北京)油田技术服务有限公司、浙江思达斯易石油机械有限公司组成；主要经营石油机械设备、井下工具、仪器仪表、钻完井工程、油田技术服务、资本运作和国际贸易等的集团企业。

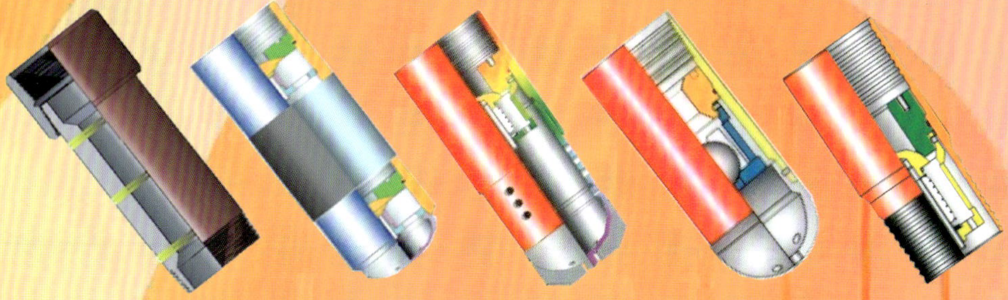

生产制造基地位于上海松江和浙江温州，拥有先进的自动化生产设备和雄厚的技术研发力量，特别是随着上海5万多平米生产基地投入使用，极大的提高了生产能力；由中科院、美国Tulsa大学、清华大学、西南石油大学、浙江大学等多人专家教授组成高级顾问团队和各专业高级工程师的研发队伍，凝聚温州的创业精神、上海的区位优势、北京的信息资源，在“简易完井”、“适度防砂”的完井理念优化和实践上，开发出具有针对性的专利采油机械装备、完井工具和技术服务，并在多个油田广泛推广和成功应用，其中中海油蓬莱19－3项目采用筛管专利产品实现产能巨大突破，2007年4月获中海油总公司授予“渤海自营油田第一口千方井LD10-1A11”荣誉奖牌。此外，生产的星孔筛管3D-E和复合2008筛管为国家科技重大专项攻关成果，在多个油田应用中取得良好的效益。

自创业以来，一直注重技术进步，不仅在技术研发和产品制造上取得20多项专利的累累硕果，而且在企业规模化、产品多样化、管理规范化等方面也取得长足发展。2000年导入QHSG体系持续稳定的运行，获得DNV船级社ISO9001、ISO14001、OHSAS 18001管理体系认证证书，使生产过程稳定控制、产品质量水平进一步提高；员工的质量、环境和健康安全意识及管理理念有了进一步提升；售后服务得到客户的高度赞誉。2010年12月被评为上海市高新技术企业；2011年11月被松江区经委认定为区级企业技术中心；2011年被评为上海市名牌称号；2011年通过美国API认证；

企业注重标准化建设，2010年5月被上海市质量技术监督局列为2010年度第一批上海市企业标准体系试点单位，完成了技术、管理、工作标准体系中的国家和行业标准1100多个的收集，820多个企业标准的制定和标准体系表的编制。

在立足核心业务的同时，积极拓展多元化发展之路，在资本运作和石油工程技术服务上取得丰硕成果。投资项目涉及山东房地产、加拿大、印度尼西亚石油开采，新疆金矿、铜矿、煤矿、钼矿等多个领域；钻完井工程项目连年有大幅度的增长，工程技术水平和质量多次获得客户高度评价。

我们秉承企业“创一流产品，行优质服务”的一贯宗旨，发扬“团结、拼搏、创新、图强、开拓、进取”的企业精神，执行“追求创新、打造优质产品，持续发展、提供高效服务，提高意识、强化保护环境，以人为本、保障健康安全”的管理方针，奉行“以诚信为本、以效益为中心”的经营理念，不断去迎接新的挑战，全体员工上下一心、团结一致共同推动思达斯易集团走向一个更加辉煌的明天。

上海再生资源科技发展有限公司

上海再生资源科技发展有限公司是上海市供销合作总社（上海昊元（集团）有限公司）控股的、自然人（公司主要经营者）参股的有限责任公司，是通过增资扩股的方式与同为昊元（集团）的全资子公司上海市物资回收利用公司重组而成。出资额为人民币 3500 万元，其中上海昊元（集团）有限公司出资 2625 万元，占 75%，自然人出资 875 万元，占 25%。

公司目前目前主要经营废旧物资收购和加工利用，包括废钢铁、不锈废钢、废有色金属、废稀贵金属和废塑料、废纸以及冶金炉料铁矿石等。公司有经营部门 3 个：业务一部、二部和三部；分拣加工基地 2 个：泰和路和宝安公路分拣加工基地；管理职能部门 3 个：综合办公室、财务资产部、业务管理部；全资、控股公司 3 个：上海昊元不锈钢材料有限公司（全资）（原上海光大不锈钢材料总公司北京路商店）、上海上再汽车拆旧有限公司（全资）（原上海市物资回收利用公司汽车拆旧站）和上海莘庄拆车有限公司（控股 33%），在册员工 876 人。

公司的前身上海市物资回收利用公司，始建于 1956 年，是上海市供销合作总社的全资企业，是从事旧物资回收利用的专业性公司，是上海市再生资源回收利用行业协会副会长单位、中国再生资源回收利用协会副会长单位。公司经营范围涵盖废旧物资经销和报废车辆的拆解，主营商品有各类废旧金属和废塑料、废纸的经营。五十多年来，公司为推动上海经济发展和环境保护作出了重要贡献，成绩斐然，曾多次荣获商业部、市政府授予先进单位的称号。随着改革开放和社会主义市场经济的深入发展，国家高度重视资源节约型社会的建设和循环经济的发展，为废旧物资回收行业的发展注入了新的活力。近几年来，公司不断挖掘社会资源，拓展购销领域，在传统优势业务基础上形成多元化格局，建立了比较稳定的收购基地和销售渠道，取得了较好的经济效益。自 2004 至 2011 年收购各类废旧物资共计 166.64 万吨，其中：废钢 74.99 万吨，废有色金属 7.57 万吨，废不锈钢 72.74 万吨，废塑料 3.15 万吨，拆解报废汽车（仅限 2 吨以下）3 万多辆，摩托车 6 万多辆，折合吨位近 4 万吨。销售收入累计 121.63 亿元，其中废旧物资销售额累计 87.51 亿元，各类金属材料、塑料等新品销售累计 34.12 亿元，经营毛利收入 18，146.55 万元，各类物品拍卖成交额 46.75 亿元，佣金收入 15，952.09 万元。净利润：8，205.25 万元。

原上海再生资源科技发展有限公司，是由上海市供销合作总社为响应上海市政府环保行动计划而出资创办的专业从事废弃物资源化和再生资源利用技术研发推广的科技型环保企业。业务范围涵盖再生资源的提取、归集、分选和销售；再生资源利用项目的开发和经营；再生资源产业园区的开发经营；再生资源利用技术的研发、引进、投资和推广；环保技术的推广和应用；环保工程及环保产品的销售等。

合并重组后上海再生资源科技发展有限公司，将在国家循环经济政策指导下，坚持节约资源和保护环境基本国策，秉承公司“变废为宝、变废为新、变无用为有用”的经营理念，继续抓住再生资源发展的重要机遇，积极参与建设上海市完整的、先进的废旧商品回收体系，充分利用上海国际大都市的区位优势，继续致力于“二次资源”的推进和开发利用，优化环境、服务社会、造福人类。

公司的近期目标是在国家循环经济政策引导下，围绕生态文明建设的主题，在上海市供销合作总社的领导下，通过合并重组，突出优势，抢抓再生资源发展的重要机遇，转变发展理念，创新发展模式，力争建设成为上海再生资源回收行业的龙头企业。在经营规模上，努力创市供销社系统内的行业之首，三年内名列上海市再生资源行业前三名。同时利用三到五年时间，在分拣加工基地建设、回收网点建设以及再生资源综合利用方面深度开拓，跨越发展，并在经营规模和品种类别上有新的突破和拓展；在资源掌控、企业管理水平、盈利能力、资产保值升值方面有明显的提高和发展；在创新驱动、转型发展中努力探索新的举措，为建设资源节约型的生态文明城市和美丽中国，实现人和自然和谐发展作出新贡献。

睿智稳健 追求卓越

——中国企业家·挪宝新能源集团董事长孙国平先生

孙国平，男，1964年出生于江苏张家港市，挪宝新能源集团创始人，现任挪宝新能源集团董事长兼首席执行官。

上世纪90年代，孙国平曾在国内担任一家电脑公司的董事长，在长期与外商进行商务往来中，积累了丰富宝贵的营销经验。1996年，他移居丹麦生活并把经营业务的主战场移至欧洲。在此期间，他敏锐地注意到丹麦是一个六成能源来自风能、太阳能等新能源的注重节能环保和科技创新的国家，这让他对新能源产生了浓厚的兴趣，尤其是当地已在运用的一种地源热泵技术。这种技术是利用浅层地热能，以土壤（地下水、地表水等）作为冬季热源和夏季冷源，并通过地源热泵机组向建筑物提供热量和冷量，并同时制备生活热水的新型中央空调技术。此后，他花数年时间开始潜心钻研国外先进的地源热泵技术及地源热泵设备原理，走访了欧洲知名地源热泵公司，并与他们建立了合作关系。

2003年孙国平回国后，发现国内报纸媒体都在倡导节能环保，党和政府对环境保护和节约能源方面给予的高度重视使他深受鼓舞，他看到了国内巨大的市场潜力，感到大力推广地源热泵技术的时机到了。他将在欧洲学到的地源热泵技术与中国的地质、环境等实际情况相结合，研究并改进欧洲地源热泵产品在国内商业领域的应用，创立了在地源热泵清洁能源领域集研发、咨询、设计、生产、销售、安装及能源服务于一体的挪宝新能源集团公司，大力实施低碳节能环保的挪宝品牌地源热泵中央空调系统的合同能源管理，迅速扩大国内市场份额，其核心竞争力和研发、管理水平迅速走在全国同行前列。他自主研发的模块化并联系统主机、无缝切换衔接技术、基坑埋管技术、多种节能技术的整合利用等，在实际运用中取得明显成效，被认为是在地源热泵技术领域的突破性成果，引起同行业专家学者的广泛关注。

2005年，孙国平先生创立了挪宝新能源集团，旗下包括江西挪宝电器有限公司、挪信能源技术（上海）有限公司、挪宝能源（南通）有限公司三家外商投资企业。

2005年5月，孙国平在江西共青城创建了挪宝品牌地源热泵主机研发生产基地。2009年9月生产基地转入小批量试生产。2010年3月，生产基地取得国家生产许可证，开始大批量生产。2010年5月挪宝产品顺利通过国家ISO9001－2008质量体系认证。目前，挪宝地源热泵空调系统已入选由建设部工程质量安全监督与行业发展司组织撰写的《建筑产品选用技术》暖通空调类目录，为国家推荐产品。

挪信能源技术（上海）有限公司在上海市闸北区注册成立。2010年08月，国家发展改革委、财政部组织公布全国节能服务公司第一批清单，挪宝新能源集团公司旗下的挪信能源技术（上海）有限公司名列上海节能服务公司名单之首。

挪宝能源（南通）有限公司在江苏省南通市注册成立。2010年11月，挪宝新能源集团与苏通科技产业园综合管理办公室签订战略框架协议，由挪宝能源（南通）有限公司投资人民币325亿元，采用合同能源管理模式，为南通苏通科技产业园内5000万平方米建筑面积的各类建筑实施挪宝品牌地源热泵中央空调及生活热水集中供能，向园区内用户集中统一提供绿色环保、高效节能的能源服务，从而降低建筑能耗，减少环境污染。项目建成后，将取得巨大的经济效益，按5000万平方米建筑面积计算，预计每年为园区节能至少150万吨标准煤，减排350-400万吨二氧化碳，节省自来水费用1.5亿元人民币。

孙国平把国家和政府大力提倡的降低建筑能耗、实现低碳经济的历史重任视为己任，带领企业团队先后实施了以及正在实施多项大型地源热泵合同能源管理项目。上海地区项目包括东郊宾馆、东湖宾馆、龙柏饭店、新苑宾馆、闵行饭店、金沙江大酒店、天马俱乐部、达华宾馆、创意大院居泰隆家居体验馆、东方环球总部118号、318号、意邦国际建材品牌家居中心一期、二期、三期、上海三哈投资管理公司等；外地项目包括昆明上海东盟大厦、昆山港龙喜临门、淮安港龙置业项目、江苏泗阳医院、江苏低碳经济产业园、江阴金三角广场、青岛月星环球家居生活广场、南通台商城、江西共青开放开发区、张家港澳洋医院、江苏益兴大厦、苏通科技产业园研发中心、便利中心、人才公寓等，同时坚持以质量和服务取胜，赢得了广大客户的普遍赞誉。大部分项目已经完成并投入运营，综合节能效果十分理想。例如，上海东湖宾馆的合同能源管理项目中，原中央空调系统采用的是冬季柴油锅炉供应暖气，夏季冷水机组和冷却塔供应冷气，柴油锅炉供应全年生活热水的方式。经挪宝新能源集团公司对东湖宾馆采取地源热泵空调系统进行改造后，全年共节省锅炉燃油300吨、节省冷却塔用水量2万立方米、减少机房运行管理人员14人、节约设备维修费约人民币20万元、节省机房使用面积300平方米，避免了燃油对大气的污染，社会经济效益十分明显。

2009年底温家宝总理在哥本哈根全球气候变化大会上代表中国政府承诺，到2020年单位GDP碳排放量减少40%-45%。对于碳排放量几乎占全国碳排放总量50%的建筑业而言，大力建设绿色低碳建筑势在必行，其中又以中央空调系统的能耗为最大，节能减排迫在眉睫。孙国平创建的致力于节能环保地源热泵技术推广和应用的挪宝新能源集团，积极主动地承担起了降低建筑能耗、实现低碳经济的社会责任，必将为早日实现我国政府作出的节能减排承诺作出重要贡献。

在这一历史进程中，孙国平带领的挪宝新能源集团也将日益发展壮大，为我国节能减排事业持续向前发展发挥重要的领军作用。

上海金联热力供应有限公司

上海金联热力供应有限公司位于金山工业区中部，北沿金山工业区大道，西临长淺港，南面九工路，占地面积 157.2 亩。公司成立于 2007 年 3 月，是由金山工业区管理委员会和杭州热电集团有限公司共同发起组建的、致力于节能减排事业的区域性集中供热企业。公司以环保理念，积极打造工业区绿色品牌。公司成立来，始终坚持“保安全、保供应，优质服务”的两保一优的经营理念，取得了良好的社会效应，公司曾获得“上海市节水型企业”、“上海市平安单位”、“金山区文明单位”等荣誉称号，公司的除氧器排汽回收项目荣获 2011 年上海市资源综合利用优秀成果。

公司一期工程 3 台 130t/h 高温高压循环流化床锅炉，于 2009 年 5 月建成投产，成为金山工业区内基础配套供给企业，满足园区内各企业的用热需求。投产三年多来，公司热网已覆盖金山工业区及周边区域(亭林工业区、漕泾化工分区)，纳管用户达 100 余家，合同签订供汽量 307.5t/h。

公司二期工程热电联产技改项目正在筹备，预计 2013 年可并网发电，金联人将继续秉承“四千精神”，求真务实、不断进取，为企业可持续发展和环保事业不懈努力！

上海浦城热电能源有限公司

上海浦城热电能源有限公司是一家垃圾资源化的综合运营企业，管理国内首座千吨级生活垃圾焚烧发电厂——御桥生活垃圾发电厂和负责浦东城区垃圾收集与清运的上海浦发环境服务有限公司，实现了浦东生活垃圾收集、清运、焚烧和发电的产业链管理。

上海浦城热电能源有限公司为上海浦东发展（集团）有限公司和德国费赛亚巴高克环境工程公司共同出资经营管理的一家环保能源企业。该合作开拓了在城市基础设施领域的跨国合作先例，为开拓环保产业市场化道路进行了有益的探索。

主控室

公司依靠完善的管理和现代化的流程，实现了垃圾处理的减量化、资源化和无害化操作。2003 年－2006 年年均处理垃圾约 45 万吨，售电约 8680 万度。

采用拥有专利技术的炉排，通过使垃圾沿炉排表面向前移动、翻转、混合，使垃圾充分燃烧。

垃圾焚烧炉炉排

垃圾焚烧产生的热能通过加热余热锅炉中的水，并将水转化为水蒸汽，由水蒸汽推动汽轮机叶片，快速旋转的汽轮机带动发电机进行电磁转化，产生电能。

拥有一套先进的环保控制设备，确保生产的无害化和排放达标。

建成日处理能力 300 吨的渗沥水处理站，采用国际先进的专业渗沥水处理工艺，处理后达到上海市《污水综合排放标准》中三级标准排放，进一步改善环境质量体现，为中国生活垃圾发电厂的渗沥水就地处理树立了典范，也为同类项目再建提供良好的借鉴作用。

2006 年，通过 IS09001 质量管理体系和 IS014001 环境管理体系认证，进一步完善了标准化管理体系的建设，确立了绿色浦城的发展目标。

作为环保示范型工程和环保教育实践基地，我们积极承担起环保宣传和先进工艺展示的社会责任。每年接待约 2000 人次的参观访问。

伴随着浦东环保事业的发展，我们将继续为建设更美好的环境而努力。

主厂房

地址：浦东北蔡御桥路 869 号　　邮编：201204　　电话：68931581

上海电气 | 上海开通数控有限公司

SHANGHAI ELECTRIC | SHANGHAI CAPITAL NUMERICAL CONTROL CO., LTD.

公司成立于 1993 年 2 月 27 日。

隶属上海电气集团股份有限公司，是上海市科委认定的“上海市高新技术企业”。

位于上海市漕河泾新兴技术开发区。占地 3662 平方米，六层中央空调厂房一幢，建筑面积 7800 平方米。

公司现有职工 180 人，其中大专以上学历占 67%，60% 为工程技术人员，高级工程师 12 名，教授级高级工程师 3 名。

是一个集开发、生产、销售、服务于一体的、国内最早从事数控系统和交流伺服驱动系统开发、生产的单位之一。

公司产品

SEC500 系列基于以太网技术的嵌入式高性能数控系统

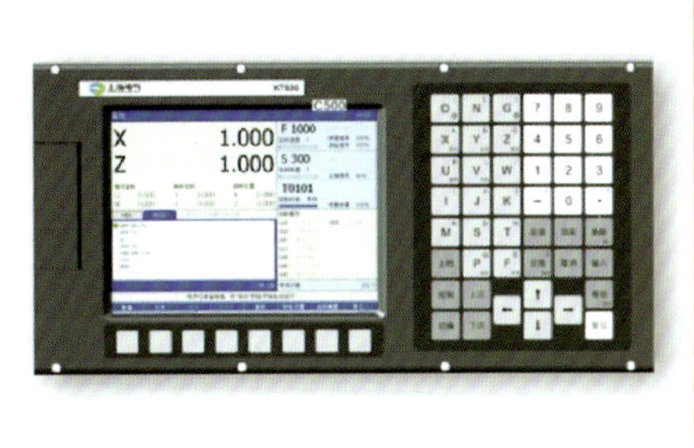

> 基于嵌入式平台、开放的体系结构，友好的图形人机界面
> 显示和运动控制单元分体结构，通过实时以太网总线通信，接线简洁，维护方便
> 控制轴数：4 轴(X/Y/Z/4th)+ 主轴，支持 4 轴联动
> PLC 梯形图在线编程和调试功能
> 应用范围：数控车床、数控铣床、数控磨床、数控雕刻机等。

KT-270/KT-290 系列高性能全数字交流伺服驱动系统

KT270-G　　KT270-H

KT270-G/H 高性能全数字交流伺服驱动系统系列
> 功率范围：0.2~5.4kW
> 宽速比、恒转矩：调速比为 1：5000
> 监视电机回转速度、反馈脉冲、指令脉冲、输入输出端口电平及电机电流等 24 个参数状态
> 具有脉冲位置及模拟速度二种输入控制方式

KT290-A6 大功率全数字交流伺服驱动系统系列
> 功率范围：5.5Kw~22kW
> 监视功能允许显示 24 个参数状态，包括电机回转速度、反馈脉冲、指令脉冲、输入输出端口电平及电机电流等
> 具有脉冲位置及模拟速度二种输入控制方式，系统配置更加灵活
> 380V 电源直接输入

客制化智能控制器

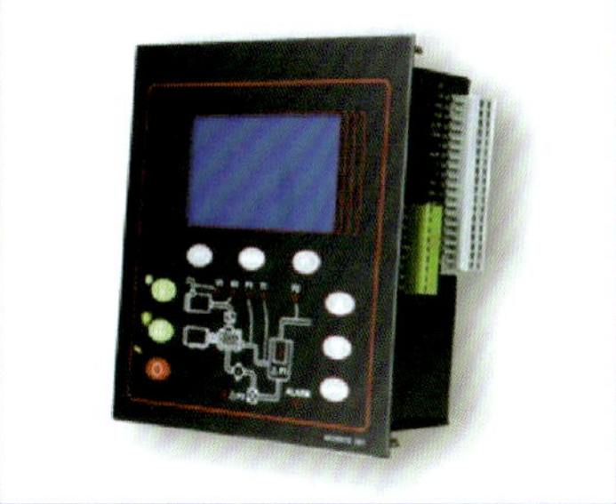

> 客制化显示、操作界面
> 多路温度和压力输入
> 对电机、风机具有短路、堵转、缺相、过载、不平衡等齐全的保护功能
> 变频器控制及联控通讯功能

获奖证书

客户服务

公司的专业技术服务队伍训练有素，为客户提供完善的技术支持，进行专业技术咨询和高效现场处理，承诺 24 小时内快捷便利的技术支持和服务，保障客户权益。

上海质尊溯源电子科技有限公司

上海质尊溯源电子科技有限公司是一家集科研、生产、系统集成为一体，以科研为先导，具有较强技术实力和现代化经营管理水平的高科技企业。我公司专业从事研究开发专用集成电路、嵌入式系统、软件，同时具有独立数据库系统开发及配套电路设计开发能力。

我公司2004年进入RFID领域，拥有多项自主知识产权。公司自主开发了多款RFID高频芯片，完成了RFID查验终端的设计。

2010年，国家金卡办发函（金卡办函[2010]16号）同意国家金卡办及RFID产业联盟与我公司合作，筹建中国RFID物联网数据中心。我公司为中国RFID产业联盟副理事长单位，并开办中国RFID认证网，将致力于物联网技术的推广和应用，为各行业提供完整高效的RFID解决方案。

2011年9月，我公司和公安部第三研究所签署战略合作协议。

主要产品

- RFID数据中心及防伪查验公众服务平台
- RFID芯片、标签、读写设备
- 完善、高效的RFID系统解决方案及集成

联系方式

- WEB: http://www.rfidcer.cn
- TEL: 021-61959199
- FAX: 021-61959100

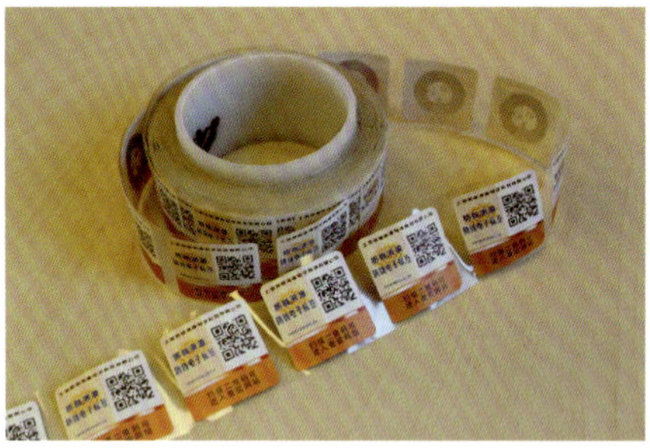

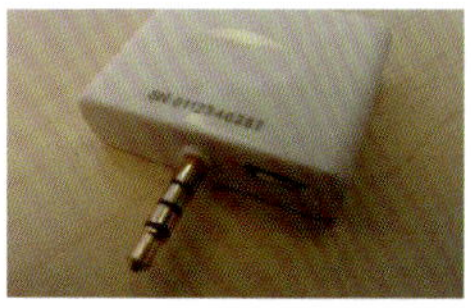

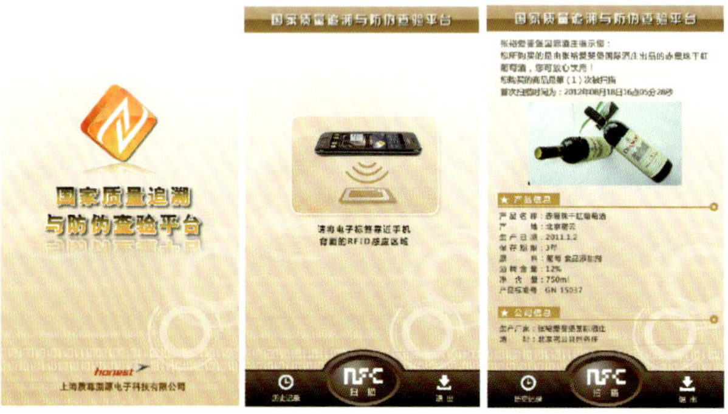

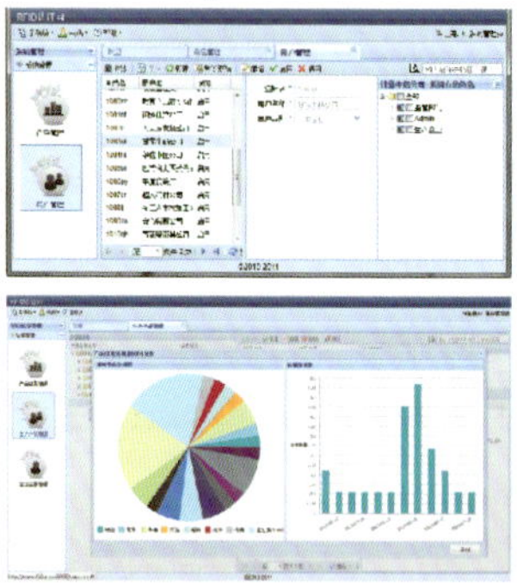

联芯科技有限公司

联芯科技有限公司（简称“联芯科技”）2008年3月成立于上海，是一家在全球拥有1000余名员工的芯片设计企业。作为大唐电信科技产业集团（简称“大唐集团”）的核心企业之一，公司秉承大唐集团在TD-SCDMA领域核心技术成果及产业优势，致力于向终端厂商提供满足TD-SCDMA/TD-LTE用户需求的终端芯片及整体解决方案，同时为最终用户、行业用户及运营商提供模块和专业测试终端以及3G应用平台产品。

联芯科技从TD-SCDMA标准产生之日起，坚持走自主创新之路，拥有TD-SCDMA国际技术标准的核心知识产权，并先后创造了多个TD领域的世界第一。目前，联芯科技的TD-SCDMA芯片及整体解决方案已涵盖特性手机、智能手机和融合终端产品，为全球40余家终端制造商提供成熟稳定、全面细分的终端解决方案。

联芯科技以“成为全球领先的移动互联网芯片和解决方案提供商”为发展愿景；以“联接信息世界用心丰富生活”为企业发展使命；以“创新价值成就客户，诚信正直注重结果”为核心价值观。未来联芯科技在保持TD-SCDMA技术领域优势的同时，还将在4G TD-LTE技术领域持续领先，并向物联网、三网融合终端等业务领域发展，建设芯片设计产业中国自主品牌的“国家队”。

公司里程碑

◇ 2003年
9月，成功打通全球首个TD-SCDMA语音电话；
11月，全球首次实现TD-SCDMA 384kbps数据业务下载；
同年，许可授权T3G、展讯通信TD-SCDMA协议栈，共同推进TD-SCDMA终端产业发展。

◇ 2004年
3月，推出全球第一个TD-SCDMA LCR手机解决方案，并推出全球首款TD-SCDMA LCR手机；
6月，推出全球首款TD-SCDMA数据卡，并于2005年1月实现384kbps的数据业务能力。

◇ 2005年
1月，推出全球首款TD-SCDMA专业测试终端；
7月，推出全球首款TD-SCDMA/GSM自动切换双模终端商用解决方案。

◇ 2006年
4月，推出全球首款TD-SCDMA无线模块产品；
11月，推出全球首款TD-HSDPA数据卡。

◇ 2007年
11月，推出TD- HSDPA终端解决方案DTivyTMA2000+H。

◇ 2008年
6月，推出全球首款商用2.2兆HSDPA数据卡，并成功服务于2008北京奥运会；
8月，推出全球首款支持多媒体TD-MBMS的终端解决方案；
12月，联芯科技TD-SCDMA终端解决方案荣获“2008年第八届信息产业重大技术发明奖”；

◇ 2009年
3月，推出全球首款TD-HSDPA/EDGE双模内置无线上网卡；
4月，发布2.2兆TD-HSUPA商用终端解决方案；
8月，推出全球首款TD-HSUPA专业测试终端；
8月，联芯科技TD-SCDMA/GSM终端高层协议软件（简称:Meco）荣获中国软件行业协会“2009中国创新软件产品奖”；联芯科技同时被评为“2009中国创新软件企业”；
8月，TD-SCDMA终端解决方案系统DTivy A2000+H被上海市科学技术委员会、上海市发展和改革委员会、上海市财政局评为“2009年度上海市自主创新产品”；
12月，无线移动通信系统芯片（SOC）研究中心国家重点实验室在联芯科技揭牌；
12月，联芯科技获南方周末、网易、3G门户联合评选颁发的“最具3G贡献奖（手机芯片类）”。

◇ 2010年
4月，发布INNOPOWER原动力系列芯片及解决方案；
4月，推出TD-SCDMA手机应用软件平台LARENA 3.0TM；
10月，联芯科技入驻大唐电信集团上海产业园；
10月，新一代移动通信无线网络与芯片技术国家工程实验室在联芯科技揭牌；
10月，在中国移动TD手机集采招标中，联芯系产品赢取最大市场份额；
同年，联芯科技被评为“2010年度上海市高新技术企业”、“2010年度上海市科技小巨人企业”。

◇ 2011年
4月，联芯科技正式向业界推出INNOPOWER芯片家族新成员：LC1710、LC1711、LC1760；
6月，联芯科技推出首款TD-SCDMA/TD-LTE双模数据卡LC5760以及首款TD-SCDMA/TD-LTE双模测试数据卡LC5160；
9月，荣获《电子工程专辑》2011年中国IC设计公司成就奖；
11月，荣获工信部软件与集成电路促进中心2011年中国芯 - 最佳市场表现奖；
12月　联芯科技率先通过中移动TD-LTE/TD-SCDMA双模MTnet测试；
12月，全年INNOPOWER系列芯片出货突破千万片。

◇ 2012年
2012年1月，联芯科技成为首家入围工信部MTNet2x2+2测试和中国移动规模技术试验第二阶段双模技术验证的芯片厂商；
2012年5月发布INNOPOWER系列芯片：LC1761、LC1761L、LC1810、LC1712、LC1713；
2012年5月，联芯科技成为顺利完成工信部和中国移动组织的TD-LTE规模试验第二阶段测试的首批厂商之一。

◇ 2013年
2013年3月，采用联芯科技双核Cortex A9 1.2GHz智能终端芯片LC1810的联想S868t上市，成为业界首款TD-SCDMA的双卡双待双通智能手机。
2013年4月，联芯科技LTE四模芯片LC1761芯片在中国移动杭州外场测试实测平均速率73Mbps，下载峰值速率82Mbps，上下行并发速率达到62Mbps/8.8Mbps，为业界领先水平。
2013年4月，联芯科技推出四核智能终端SoC芯片LC1813，面向千元智能终端市场，加速千元智能手机“四核时代”的全面到来。
2013年6月，联芯携最新款智能终端芯片产品LC1810、LC1811、LC1761亮相亚洲移动通信博览会。

PNC SYSTEMS | 至纯科技

纯 是一种度 · 至纯 是一种境界

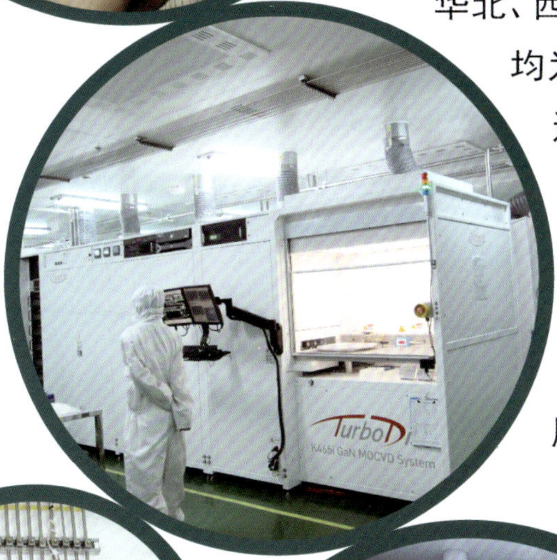

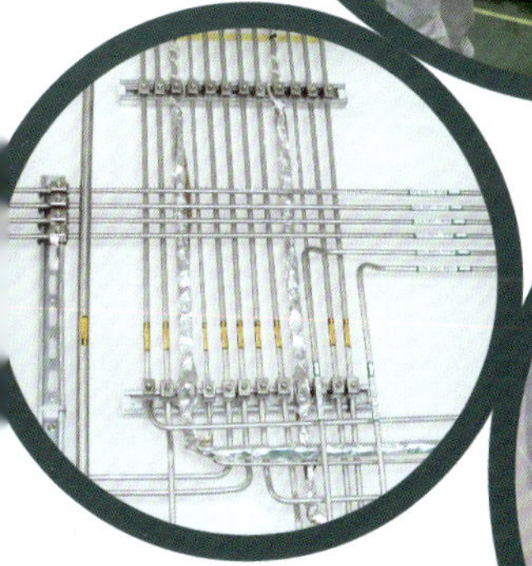

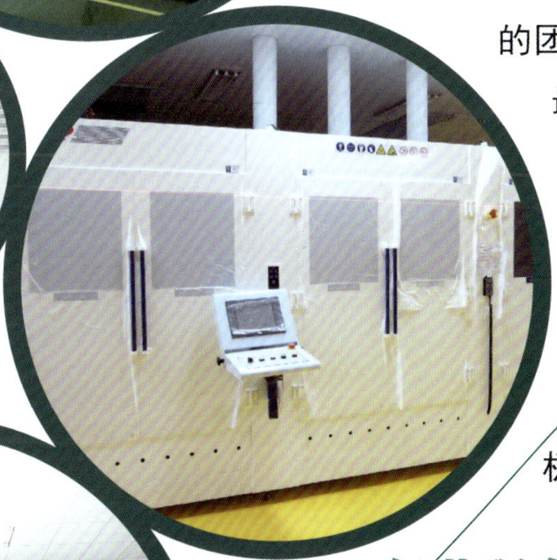

至纯科技，成立于 2000 年，是一家高新技术企业，注册资本 9000 万元，致力于为高端先进制造业的高科技企业提供高纯工艺系统的解决方案，我们针对用户的需求，提供整个系统的设计、选型、制造、安装、测试、调试和系统托管服务。我们提供的系统和专业服务，广泛应用于半导体、微电子、生物医药、光伏、光纤、TFT-LCD、LED 等领域。

我们的业务遍及这些行业领域，并遍布全中国，我们在华南、华北、西部、长三角和中部设立了分支以就近服务用户。我们的客户均为各自领域的佼佼者，包括 INTEL，BCD、英利、晶澳、尚德、富通、京东方、扬子江药业、武汉生物所、华瑞等。

我们可以告诉您我们是疯狂的控制者，而且这对您来讲是件好事。在整个项目的实施过程中，尤其是在安装关键工艺系统和核心精密设备时，我们始终保持对安全、质量、进度和成本的控制，对项目的成功起着极其重要的作用。

我们拥有行业内顶尖的高素质优秀人才，我们的团队协同并持续成长，这是我们赖以为用户提供最佳服务，满足用户不断更新的需求的基石。我们拥有丰富的经验、对规范和工艺流程充分的知识，以及完备的工具。我们希望能为用户提供更多的承诺，并把每一件承诺的事项圆满实现。

我们团队认同的理念是：将一件事情做到极致，就是核心竞争力。

经营理念

以人为本，持续创新，客户满意

GPI: Growth+ Profitable + Innovation

上海至纯洁净系统科技股份有限公司
PNC Process Systems Co.,Ltd.

www.pnc-systems.com

上海市东川路555号紫竹科学园区四号楼1层EF座 | FAX:0086-21-3429 2299 | TEL:0086-21-6121 2255 | 售后服务：400-665-6620

上海新阳半导体材料股份有限公司

上海新阳半导体材料股份有限公司是以技术为主导，立足于自主创新的高新技术企业，专业从事半导体行业所需电子化学品及配套设备的研发设计、生产制造和销售服务，致力于为用户提供化学材料、配套设备、应用工艺和现场服务一体化的整体解决方案。

上海新阳创立于 1999 年 7 月，2011 年 6 月在深圳证券交易所创业板上市，现有员工 200 余人，厂区占地 80 余亩，拥有 1000 级超净厂房和设施齐备的现代化实验室。公司已荣获上海市高新技术企业、上海市外商投资先进技术企业、上海市重合同守信用 AAA 级企业等多项荣誉以及中国半导体创新产品和技术奖、上海市高新技术成果转化项目等多个奖项。获得了 ISO9001、ISO14001、OHSAS18001 以及安全生产许可证、危险化学品经营许可证等多项管理认证。

上海新阳始终坚持自主创新，拥有自主知识产权的电子电镀和电子清洗核心技术，先后开发研制出四大系列 100 多种电子化学品与 30 多种配套设备产品，形成了完整的技术体系和丰富的产品系列。已申请国家专利 60 余项，其中发明专利 10 项。用于晶圆电镀的高纯铜电镀液和添加剂系列产品达到世界领先水平，成为中国半导体封装化学材料和表面处理设备行业的知名品牌。

上海新阳先后两次承担国家科技重大专项《极大规模集成电路制造装备及成套工艺》项目。与复旦大学、上海交通大学、长春工业大学、香港应用科技研究院(ASTRI)、新加坡微电子研究院(IME)等进行长期的科研项目开发、学术交流与人才培养合作，也与多家客户建立了互动互信的项目开发合作关系。

目前，上海新阳正致力于 TSV、Bumping、MEMS、Solar 等晶圆电镀、光刻胶剥离清洗等工艺所需高纯电子化学品与应用技术的开发。正全力进军半导体制造业、先进封装制造业、太阳能产业等新型产业。未来的上海新阳将跻身于世界一流的半导体材料供应商行列，成为全球电子专用化学材料领军企业。

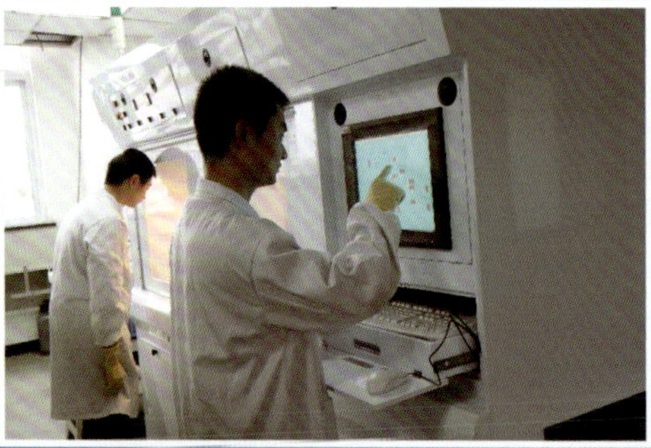
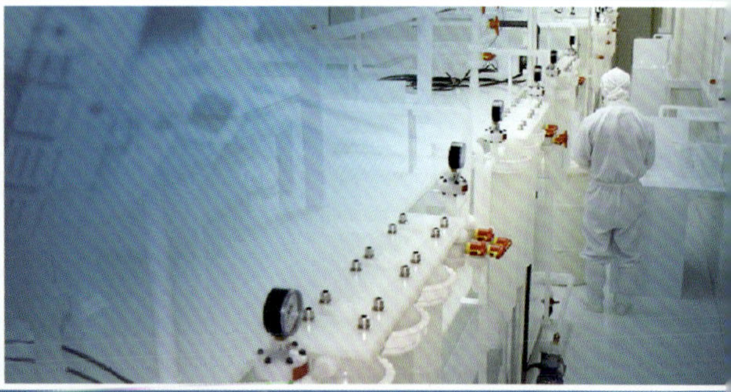

上海卡耐新能源有限公司
SHANGHAI CENAT NEW ENERGY COMPANY LIMITED

立足大宗商品行业
建立多层次电子商务服务体系

上海钢联电子商务股份有限公司(SZ300226)是我国领先的从事钢铁、矿石、有色金属、煤炭、石油、化工等工业原材料类大宗商品商业信息服务、数据研究服务、电子商务服务及其增值服务的互联网平台综合运营商。

仅用了11年时间，公司就成为国内第一的钢铁行业商业信息与电子商务服务商，并拓展至矿石、有色金属、能源、化工等其他大宗原材料行业。公司现有员工近千人，每天向大宗商品产业链以及金融政府机构提供行情报价、库存产量、价格指数等信息，以客观、公正、及时享誉业界。此外，公司还提供钢铁在线交易服务、行业研究、产业数据库、会务培训等服务。

科技成就梦想

中镭科技

上海中镭新材料科技有限公司

上海中镭新材料科技有限公司是是一家具有自主知识产权的高端改性工程塑料研发、生产以及销售的高科技企业。

公司已推出八大系列工程塑料产品，其中多款产品在全球范围内具有技术垄断优势。

- Achille　阿克兰　PC/ABS 合金系列
- Herak　海格　PC/聚酯合金系列
- Thesel　忒希　PBT/PET 合金系列
- Lamon　拉姆　ABS/PBT 合金系列
- Poseidol　波赛冬　PBT 系列
- Auge　奥革　PET 系列
- Arisle　阿瑞斯　PC 系列
- Arquette　阿凯特　PC/ASA 系列

以上八大系列产品技术水平与SABIC(原美国GE塑料)、拜耳、杜邦、巴斯夫等跨国公司相当，产品性能完全可替代甚至超过以上跨国公司产品。

公司产品已成功打入汽车、通讯、电子电气行业。通过一汽大众、上海大众、德国大众等汽车主机厂认证，产品应用于奥迪、迈腾、速腾、高尔夫、新桑塔纳等车型中；成为华为合格供应商，是华为唯一一家材料行业国内供应商。

公司掌握工程塑料改性核心技术，技术水平国际领先，已获国家高新技术企业认定，公司技术中心获浦东新区研发机构认定。公司愿景为科技成就梦想，希望以科学技术为导向，铸就世界品牌。

上海中镭新材料科技有限公司　地址：上海浦东新区宣桥镇宣夏路293号7幢-1　电话：+86(021)51925902
ZhongLei New Material Science Co.,Ltd.　传真：+86(021)51925926　E-mail:info@ zhongleiscience.com　邮政编码：201300

HIKARI®富山 | 专注高端电脑缝纫机

电脑包缝机的领导者

富山简介

富山精密机械科技有限公司座落于上海市金山区朱泾工业园区。是中国最大的工业缝纫机制造企业之一，专业研发与制造高端电脑缝纫设备。注册资本11000万元，占地面积288亩，拥有8栋现代化标准厂房。年生产能力可达30万台。

富山公司自成立伊始，即以打造成为现代先进制造业作为企业定义，严格遵循以优秀的人才、先进的设备、充满激励性的现代管理制度这三要素打造企业，而今，现代制造业的雏形已基本形成。

富山始终坚持如一的企业信念，以科技为先导，以人才为依托，不懈追求创新的人性化科技，保障产品质量达到世界先进水平。富山的团队将与整个供应链一起，为用户创造价值，为社会创造财富，正在不断努力朝着专业化、国际化一流企业的方向努力。

全球首创产品

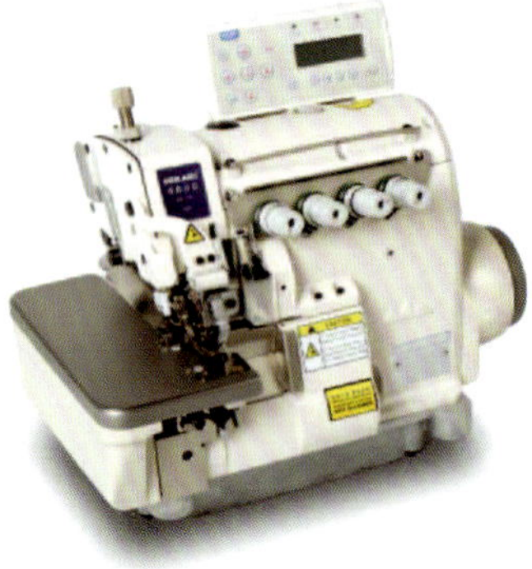

HX6800T-UT2/AK

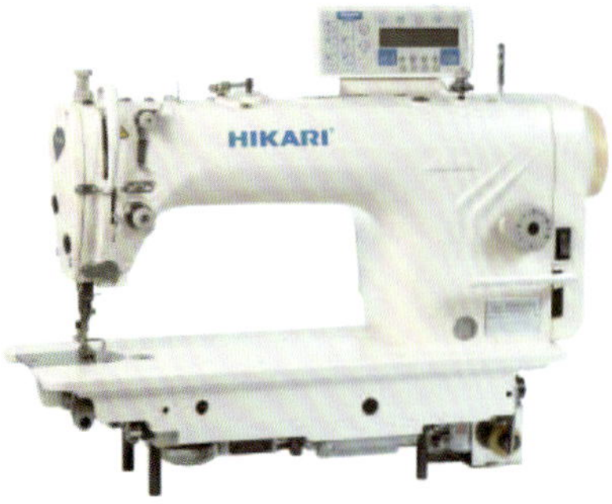

H9180N-7

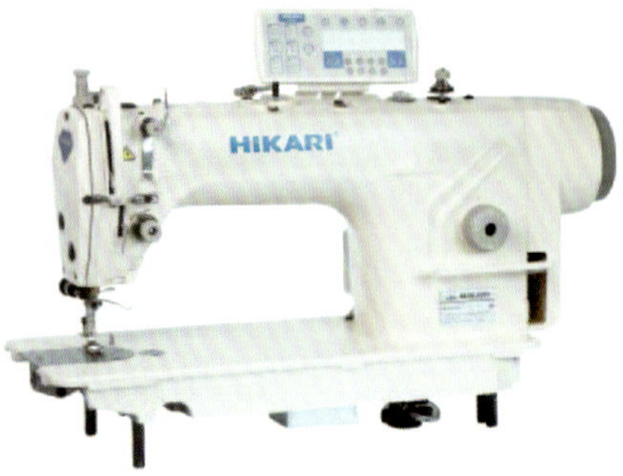

H8800C-7

HIKARI® | 上海富山精密机械科技有限公司　全国免费服务热线：400 8866 119
HIKARI (SHANGHAI) PRECISE MACHINERY SCIENCE & TECHNOLOGY CO., LTD. | www.chinahikari.com

SPH 上海医药 SHANGHAI PHARMA

信 SINE 誼

上海信谊药厂有限公司

Shanghai Sine Pharmaceutical Laboratories Co.,Ltd.

信谊品牌，始创于1916，是近代中国最早的民族化学制药企业之一。历经百年传承，不断发展壮大，成为集制造、销售、研发为一体的大型民族医药企业。旗下拥有八大工业公司，四大商业公司、三家市级研发中心。信谊组建了近1000人的销售队伍，营销网络辐射全国30多个省、市、自治区，覆盖了全国近8000家医院终端、600家主要经销商、150多个地级市。

信谊是中国化学制药企业产品最多、剂型最全的产业实体之一，目前拥有产品批文1024个，涉及14个治疗领域，覆盖16种剂型，有“培菲康”等3个国家一类新药。培菲康是国内首创一类新药，已获得中国、美国、英国、加拿大、澳大利亚等多国专利，目前正作为自主知识产权产品在申报美国FDA、加拿大注册。2011年，培菲康被选为微生态制剂“国家标准菌株”，2012年获美国ATCC标准菌株。在保持处方药领先的基础上，信谊以培菲康为主要产品进军零售OTC市场，翻开发展新篇。

作为上海医药产业的重要组成部分，信谊人将立足于品类发展、产业整合、品质提升、职能管控四大创新，切实提高企业的核心竞争力，落实战略目标。至2021年，培菲康将被打造成为十亿大产品，实现“百年信谊，百亿规模”梦想！

信谊良药

百年传承

上海达华药业有限公司

上海达华药业有限公司，以达华品牌的避孕植入剂左炔诺孕酮硅胶棒(II)闻名，它是一种全球领先的，安全、高效和长效避孕的缓释制剂。公司成立于 1991 年，是中国国家人口和计划生育委员会以及国家食品药品监督管理局定点生产计划生育产品的企业。公司通过了国内 GMP 认证和 ISO9001、ISO13485 质量管理体系认证，目前正积极通过世界卫生组织的 GMP 认证。

产品介绍

左炔诺孕酮硅胶棒(II)由 2 根含药硅胶棒组成，每根的含药量为 75mg，共计 150mg。经过一次性皮肤埋植可以达到四年避孕效果，年避孕失败率小于 1%，是世界上最有效的避孕措施之一。在停止使用后，育龄妇女可以迅速恢复生育能力。

达华致力于保障产品的质量安全可靠。通过批检验测试，不断地对产品的质量进行控制。此外，过去四年中，每年都由独立的国际组织对产品进行完备的质量评估。这个评估包括活性成分的测试，最终产品测试和包装测试。结果表明，达华的产品质量能够始终如一地满足国际质量标准。

市场开拓

十余年来，在国家人口计生委及比尔盖茨基金会、FHI360 等国际组织的关心、支持、帮助下，企业有了长足发展。公司产品销往全国各地，同时在越来越多的国家销售。目前该产品以不同的名称（Zarin，Femplant 和 Trust 等）已经在二十余个国家获得注册批准，还有十余个国家正在注册和审批中。

合作共赢

公司与上海市计划生育科学研究所结成战略合作关系，签订了以硅橡胶为缓释载体的药物制剂系列产品合作开发、生产协议，旨在将科研成果尽快转化为现实生产力，努力打造兼有开发、研制、产业化实施功能的以硅橡胶作为缓释载体的药物制剂系列产品综合平台，致力于人类生殖健康事业。

公司将充分利用现有的市场优势，集中人才、资金等各种资源，利用相对成熟的缓释制剂药物技术，产学研相结合，积极开发新产品，为公司经济实现新的腾飞奠定基础。

公司竭诚欢迎各方朋友前来考察、合作。

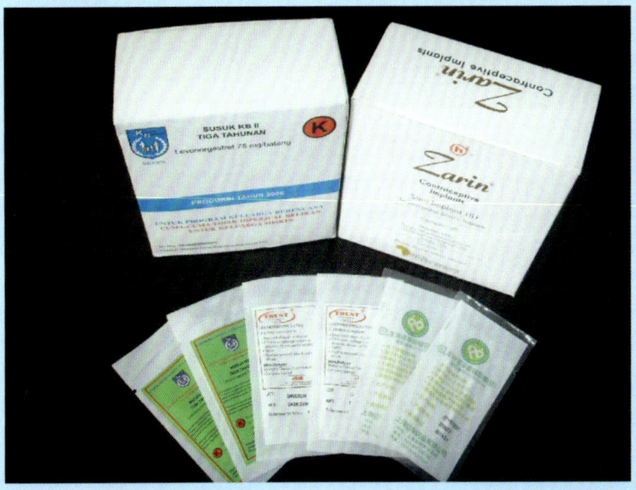

穿过泥巴
看见自己的净化
【马背上的黑茶】
黑茶源起于茶马古道，越过高山深谷，历经风雨曝晒，在沉淀中缓慢发酵，形成黑茶多酚等活性护肤成分，有净油之洁颜功效。
【净浊质 清油光】
相宜本草黑茶男士控油洁面泥，专为男士油性肤质设计，以黑茶多酚配伍丹参、竹炭，洗尽浊质、污垢，皮肤清爽净透。
黑人陈建州
相宜本草
INOHERB
黑茶男士系列
清爽控油
上海中医药大学监制
www.inoherb.com
黑茶男士
搜索

上海精发实业有限公司

一、企业概况

上海精发实业有限公司(以下简称:“精发实业”)是一家新型科技民营企业,成立于2010年4月,座落在上海市金山区亭林镇林盛路28号。专业从事医用、卫用复合无纺布材料的开发、生产、销售和服务的新型技术企业。

二、项目概况

项目总占地面积55000平方米,新建厂房41230平方米,总投资2.2亿元(人民币),设备选用国内最先进的SMS、SMMS生产线。该设备门幅3.2米,每分钟产量最高达500米,设备技术成熟可靠,达到国际同类设备性能。本项目建成投产后,形成年产3万吨SMS及SMMS复合无纺布能力,产值达6亿元。

本项目生产的SMS及SMMS复合无纺布主要应用于医疗卫生领域,产品规模用于制造手术服、口罩、手术罩布、防护服、救护服、医疗器械罩套等。因此,本项目符合国家纺织工业提高自主创新能力的要求,符合国家纺织行业导向和产业政策要求,属于产业升级项目。

SMS、SMMS复合无纺布充分利用了纺粘产品和熔喷产品的技术优势,产品既有纺粘层固有的高强耐磨性,同时又具有中间熔喷层较高的过滤效果、阻隔性能、抗粒子穿透性、抗静水压、屏蔽性及外观均匀性,从而实现了良好的过滤性、阻液性和不透明性。

由于SMS、SMMS产品的优异特性,具有广泛的用途。

三、产品介绍

薄型产品： 防水透气性好，特别适用于卫生市场。如做妇女卫生巾、卫生护垫、婴儿尿裤、成人失禁尿裤等防侧漏及背衬等。

中等厚度产品： 适合使用在医疗方面，制作外科手术服、手术包布、手术罩布、口罩、杀菌绷带、伤口贴、膏药贴，也是适用于工业领域。

厚型产品： 广泛用作各种气体和液体的高效过滤材料，同时，还是优良的高效吸油材料。

本项目在实施过程中，坚持经济效益与环境效益相统一的原则，采用节能型低噪音的先进高效设备及自带吸尘装置的设备，把工业污染减少到最低限度。采用综合利用和回收技术，分切边角料充分回收利用。

“精发实业”在坚持创造企业经济效益的同时，努力在环境保护、产业结构调整、促进就业等多方面做出应有的贡献。成为一个有社会责任感，可持续发展的科技型企业，为地区的经济发展贡献一份力量。

江南造船

11.5 万吨 MiniCAPE 型散货船

远望 6 号航天远洋测量船

行政中心

76000 吨“中国江南型”巴拿马散货船

4700TEU 集装箱船

CSSC

江南造船（集团）有限责任公司
Jiangnan Shipyard(Group) Co.,Ltd

地址：上海长兴岛长兴江南大道 988 号 邮编：201913
电话：021-66993388 传真：021-66993488

上海船舶研究设计院

Green Dolphin 38800DWT 散货船

上海船舶研究设计院（SDARI）成立于 1964 年，隶属于中国船舶工业集团公司，是目前我国民船设计领域规模最大、船型最丰富、市场占有率最高、人才队伍最稳定的研究设计单位之一。

上海船舶研究设计院（SDARI）新大楼，位于浦东新区张江祖冲之路 2633 号，是集科研、设计、实验、办公为一体的现代化综合大楼，现已成为张江集电港地区标志性建筑。大楼总建筑面积 26 917.4m²，地上建筑面积 16 423.4m²，地下建筑面积 10 494m²，地上 15 层，地下 2 层，建筑总高度 58 米。新大楼的外观以浩瀚的海洋为基调，融入水立方和船舶元素，凸显了绿色、节能、环保理念。新大楼的建成为员工提供了现代化的工作环境，更为 SDARI 百年大计提供了坚实的硬件保障。

SDARI 现有员工 500 余人，各专业人才齐全，具备三维设计平台和各种先进软件。SDARI 的服务范围涵盖了前期可行性论证、方案设计、基本设计、详细设计、直至生产设计的全过程。设计产品主要包括 LNG 船、散货船、集装箱船、液货船、矿砂船、滚装 / 客滚船、多用途船、特种工程船、海洋工程辅助船、海洋工程作业船、海洋平台等。自建院以来，SDARI 累计开发新船型 853 型。多次承担并出色完成国家重大科技攻关项目和重大技术装备攻关研制任务。截至 2012 年底，共获得国家、省部级和学会科技成果 241 项。

SDARI 遵循“精心设计、质量第一、讲究信誉、持续改进”的质量方针，依靠技术进步牢固确立了在船型研究设计方面的国内领先地位，鼎立支持中国成为世界第一造船大国。随着 SDARI 品牌价值不断凸显，务实创新的 SDARI 人正朝着“国内领先、国际一流”的发展目标稳步迈进。

30000m³ LNG 船

16 000 kW 多用途海洋拖船

多功能水下作业船“海洋石油 286”

领衔 48 年船舶设计坚强基石

上海江南长兴造船有限责任公司

上海江南长兴造船有限责任公司(以下简称：长兴造船)是上海外高桥造船有限公司(以下简称：外高桥造船)的控股子公司，于2006年12月7日正式注册登记成立，由外高桥造船和宝钢集团有限公司(以下简称：宝钢集团)共同出资组建，注册资本23.09亿元人民币，其中外高桥造船占总股本的65%，宝钢集团占总股本的35%。

公司成立以来，依托外高桥造船的一体化管理，不断优化生产组织体制，提高生产策划、安全、质量和精度管理水平，推进造船信息化管理系统建设，完善以精益生产为核心的现代造船管理模式，保持了持续稳定增长的态势。公司主要产品有巴拿马型散货船、好望角型散货船和VLCC超级油轮等。

中船第九设计研究院工程有限公司

中船第九设计研究院工程有限公司是中国船舶工业集团公司下属的大型综合性设计院工程公司，成立于1953年5月，由初建时期的第一机械工业部船舶设计室逐步发展成为六机部、中国船舶工业集团总公司、中国船舶工业集团公司的第九设计研究院工程有限公司，沿革近60年的发展历史，取得辉煌的业绩，为中国船舶工业建设和国防海军事业的发展做出了积极的和重要的贡献，成为中国船舶工业行业独一无二的大型综合型的骨干设计院，在船舶工业一直处于行业龙头地位。从2001年到2006年，九院公司完成了改企建制，经历了由事业单位改为企业，又改制为工程公司的重要发展阶段，明确了走国际工程公司道路的发展目标，形成了以设计咨询为龙头、做大做强工程承包的生产经营管理模式。在中国创建世界第一造船大国中，承担着践行环渤海湾地区、长三角地区、珠三角地区的船舶工业规划设计“国家队”的角色。九院公司具有适应企业发展和船舶工业建设领域新技术新工艺研发的技术创新能力，建立了较完善的创新体制和运行机制，近年来公司技术开发和科研业务建设辐射面更加宽泛，依托公司综合优势，开展多方面、多层次的技术研发。研发成果使九院公司在造船工艺规划设计、大型船坞建设、大型船厂起重机和坞门、船厂环境治理新技术等方面持续保持国内领先水平，甚至达到国际先进水平。不但为企业的发展提供技术支持，也为整个行业的发展建立了新坐标。

2007年1月，九院按照现代企业制度的管理模式正式成立了“中船第九设计研究院工程有限公司”。新公司集船舶集团知名的造船企业、科研单位于一体，形成较有利的科研、建设和管理的优势。同时新组建的九院工程公司在现代企业制度建设的过程中注重生产流程的再造，注重企业组织机构的调整，不断适应新的科研、生产和管理工作的需要。九院公司已逐步形成了较为完善的工程公司管理模式和运行体系。九院公司目前除职能管理部门外，有10个生产所、1个科研所和7家全资及控股的子公司。

九院公司主营业务是从事工程咨询、工程设计、工程项目管理和工程总承包业务，承担着船舶工业建设和国防保障工程建设的任务，具备船舶、军工、机械、水运、建筑、电子、环境、工程咨询、工程监理、工程总承包等26个甲级设计资质和对外工程总承包、国外设计顾问及施工图审查的资质。2009年公司获得国家建设部颁发的工程设计综合甲级资质，取得了涉及多个行业的多领域开拓发展的资格。2010年公司获得了由商务部颁发的承接援外工程的资格，真正跻身援外工程设计领域，为九院公司拓展海外市场提供了必备的条件。2011年3月公司取得国家建筑企业房屋建筑工程施工总承包一级资质，7月取得上海市安全生产许可证，具备独立承接施工总承包业务的能力和资质。此外公司还具备国家武器装备科研生产单位一级保密资质。公司在多年的发展和建设中积淀了雄厚的专业技术和企业文化，已获得“全国设计百强单位”、“ENR中国承包商和工程设计企业双60强”（由美国《工程新闻纪录》（ENR）和中国《建筑时报》联合评选）、“全国优秀企业形象单位”、“上海市文明单位”、“上海市优秀工业企业形象单位”、“国家高新技术企业单位”、“上海市企业技术中心”、“国家火炬计划重点高新技术企业”“上海市创新型企业”等称号。

九院公司从1994年开始，按照GB/T19001质量保证模式要求建立和实施公司的质量管理体系，并于1998年起获得质量管理体系认证至今。2008年公司获方圆标志认证中心GB/T24001-2000环境管理体系标准认证证书、GB/T28001-2000职业健康安全管理体系标准认证证书和国际认证联盟(IQNET)的环境管理体系认证证书及职业健康安全管理体系认证证书。

九院公司目前现有职工998人，其中各类专业技术人员874人（其中研究员98人、高级工程师241人、工程师300人；注册建筑师、注册结构师、注册造价师、注册建造师、注册监理工程师等各类注册工程师303人）。公司先后有30多位专家荣获国家特殊贡献或者享受国家特殊津贴，相继有4位工程技术人员获中国工程设计大师称号，1位获中国工程监理大师称号。

上海市电力公司

上海市电力公司系国家电网公司的全资子公司，是经授权的一级法人单位。公司是负责上海电网规划、建设、运行、管理的大型电力企业，供电营业区覆盖整个上海市行政区，供电面积6340.5 平方公里。公司通过所属的供电公司和专业公司，对辖区内电网进行规划、建设、运行维护，为客户供电，并提供相应的服务，对全市的安全用电、节约用电进行监督和指导。

公司拥有客户 914.12 万户，资产总额达 1320.29 亿元。全市 35～500 千伏变电站 921 座，变电容量 113540.9 兆伏安，10～500 千伏输配电线路总长度 78008.51 公里。

公司以"建设世界一流电网，建设国际一流企业"作为全体员工的共同愿景，在实践"诚信、责任、创新，奉献"的核心价值观中，为客户提供高可靠性电力和优质服务。今年以来，公司深入贯彻落实国家电网公司决策部署，以卓越绩效模式为持续改进平台，全面推进"三集五大"体系建设，转变公司发展方式，实现了管理效率、效益"双提升"。公司已连续三年蝉联"全国供电可靠性金牌企业（A 级）"第一名，连续十年荣获上海市政风行风测评第一名，荣获"全国安全文化建设示范企业"称号并名列国家电网公司系统第一名。公司故障抢修平均到达时间和修复效率在国家电网公司系统名列前茅，圆满完成了抗击台风"海葵"的保电任务，经营业绩创历史最好水平。

国家电网
STATE GRID
你用电·我用心
Your Power Our Care
24小时供电服务热线
95598
上海市电力公司
SHANGHAI MUNICIPAL ELECTRIC POWER COMPANY
企业网址：www.sh.sgcc.com.cn

上电漕泾发电有限公司

浙能镇海天然气发电有限责任公司

外高桥第二发电有限责任公司

吴泾第二发电有限责任公司

近几年公司获得主要荣誉

2001–2002 年公司获上海市文明单位。

2002 年度上海工业优秀企业。

2005 年全国"五四"红旗团委。

2005 年全国电力行业优秀企业。

2006 年全国和谐劳动关系优秀企业。

2006 年全国国有企业创建"四好"领导班子先进集体。

2006 年 -2007 年上海市优秀企业。

2008 年田集电厂工程获中国建设工程鲁班奖（国家优质工程）。

2011 年公司获"中央企业参与 2010 年上海世博会荣誉集体"。

2011 年公司获"上海市五一劳动奖状"。

2011 年公司党委获"中央企业先进基层党组织"称号。

2011 年漕泾电厂工程获"国家优质工程金质奖"和"30 年经典工程"荣誉称号。

2012 年中国电力投资集团公司先进集体。

2012 年中国经济绿色单位。

2012 年全国电力行业优秀企业。

联系方式

地址 /Add：上海市中山南路 268 号
268 Zhongshan Rd.(S), Shanghai, China
邮编 /P.C：200010
电话 /TEL：(021)23108800
传真 /FAX：(021)23108899
网址 /Web：www.shanghaipower.com

公司

宿迁协合新能源有限公司

上海友好航运有限公司

华电望亭天然气发电有限公司

漕泾热电有限责任公司

吴泾发电有限责任公司

上海市电力公司
浦东供电公司

浦东供电公司于 2010 年 1 月挂牌成立，2012 年 12 月升格为国家电网公司大型重点供电企业。下设办公室、发展策划部、人力资源部、财务资产部、安全监察质量部、基建部（项目管理中心）、监察审计部、党群工作部、运维检修部（检修公司）、营销部（客户服务中心）、电力调度控制中心。担负着浦东新区1210平方公里的供电任务。公司员工总数1164人。截止2012年底，公司拥有用电客户 203 万户；售电量 248 亿千瓦时；综合线损率 4.99%；综合电压合格率99.962%; 城镇供电可靠率99.978%; 最高负荷达到574万千瓦。

国家电网
STATE GRID

上海上电漕泾发电有限公司

上海上电漕泾发电有限公司由上海电力股份有限公司和申能股份有限公司按照总股本的 65% 与 35% 比例合资成立，负责上海漕泾电厂 2×1000MW 工程建设和电厂生产运营。

电厂坐落于上海化学工业区西端，毗邻金山区漕泾镇，紧靠杭州湾北岸，是上海能源规划中的五大发电基地之一——漕泾发电基地内建成的一期工程。该工程是上海市委、市政府优化电源结构，提高能源利用效率，减少污染物排放的“上大压小”建设项目，也是 2010 年上海世博会配套工程之一。工程于 2007 年 12 月 18 日正式开工，两台百万机组分别于 2010 年 1 月 20 日和 2010 年 4 月 6 日投入商业运行。

电厂三大主机设备均由上海电气集团公司供货，配套建设一座 3.5 万吨级卸煤码头，同步建设烟气脱硝装置和 SCR 脱硫装置。建有国内首座 210 米高度异型烟囱。电厂采用 500kV GIS 配电装置，以两条 500kV 线路接入上海电网。

工程是在关停杨树浦、闵行发电厂共 13 台高能耗小机组的基础上建设起来的节能环保机组。在同等燃煤量的情况下，可多发电量 70% 以上，SO2、烟尘以及 NOX 等主要污染物排放量均减少 78% 以上。灰渣石膏 100% 综合利用，废水实现零排放。工程先后获得“2011 年度中国电力优质工程奖”和“2010-2011 年度国家优质工程金质奖”。由于在世博会期间出色表现，被国家电监会授予“世博保电先进单位”称号。漕泾工程的建成投产为缓解上海市用电压力，推动上海经济发展做出了贡献。

在中国电力投资集团公司和上海电力股份有限公司的正确领导和大力支持下，上海上电漕泾发电有限公司将深入贯彻落实科学发展观，抓住历史发展机遇，团结带领广大员工，以更加扎实的作风、更加务实的举措，努力实现“安全、创新、卓越”的发展战略，以更加卓越的管理、更加优异的业绩谱写公司可持续发展的新篇章！

华明集团

上海上电电力工程有限公司

上海上电电力工程有限公司是 2005 年 1 月由原上海电力股份有限公司工程分公司改制，上海电力股份有限公司和上海电力建设有限公司共同出资组建。其前身为上海闵行发电厂、上海杨树浦发电厂、上海南市发电厂的检修队伍，均为上海市和电力系统著名企业。公司除了为电厂提供整机维护和整机检修服务外，也为国际国内市场提供电力成套设备及其附件的安装、运行、调试、检修；压力管道安装；电动机、泵类、风机、电动工具的安装、检修；电力、电工器材销售以及工程监理服务。

公司 2000 年整合组建为上海电力股份有限公司工程分公司前，主要为闵行、杨树浦、南市等发电厂各类机组提供维护、检修服务，长期独立承担完成 50 MW、125 MW、300 MW 发电机组主辅设备的维护、检修、抢修任务。组建后成功地承接了 300 MW 机组直至 1000MW 火力发电机组、9F 级燃气轮机整机组检修、维护的技术业务。

公司以“服务电厂、拓展市场、提高双效、争创一流”为宗旨，拥有一支管理先进、技术精湛、服务规范的员工队伍，现有员工 1061 人。管理人员中，具有中、高级职称的有 87 名；技术工人中有高级技师 36 人、技师 148 人、高级工 296 人。公司装备精良、施工机械齐全，拥有金加工、金属、热力、电气、热控和化学等各类检修及试验设备，以及大型起重、运输设备，具有对大型发电设备及辅助设备测试、调试、检修和安装的能力。

公司从 2001 年建立起质量保证体系，质量方针是：“信守承诺、服务规范、持续改进、电厂满意”，并通过了认证公司的 ISO9002：1994 的认证、ISO9001：2000 的转版认证和七次监督审核，获得了认证公司和顾客的高度评价，2007 年公司本着对员工负责、对社会负责，做一个合格的企业公民的理念，又建立起 ISO14001：2004 环境管理体系、GB/T28001-2001 职业健康安全管理体系。

公司创“优化的管理、优异的质量、优质的服务”使业主方省心、放心、称心。公司目标是争创“同行业领先、全电业一流、国内外驰名”的检修品牌。

上海运安制版有限公司
Shanghai Yunan plate-Making Co.,Ltd.

上海运安制版有限公司，是由山西运城制版集团股份有限公司控股的跨国企业。山西运城制版集团目前是全球规模最大、产品种类最全、技术含量最高、行业管理经验丰富、人才梯队齐备、专业化的凹印制版企业。

公司先后获得“上海市高新技术企业”、“上海市嘉定区科技小巨人企业”、“上海市嘉定区企业技术中心”、“上海市专利工作培育企业”、“上海市科技小巨人培育企业”等称号。

公司主要生产是凹印印刷辊筒以及辊筒印花机。辊筒系列产品广泛应用于食品、饮料、医药、日化、个人护理、服装、家纺、装饰壁纸、高档瓷砖、激光防伪等行业领域。

公司生产的激光雕刻高清三维瓷砖印刷辊筒，是国际先进的激光雕刻制版技术在瓷砖印刷辊筒领域的创新应用，拥有完全自主知识产权，技术达到国际先进水平。通过该技术激光雕刻的瓷砖印刷辊筒，实现了能够在凹凸的瓷砖表面上印刷，清晰度甚至超过了喷墨印刷技术，而且在生产应用成本上相比喷墨印刷技术大幅度降低，对高档瓷砖印刷辊筒产品的国产化和产业化产生很大的影响。

公司是目前国内在规模、客户、品牌、销售网络、技术等方面最具竞争力的专业生产高档激光雕刻瓷砖印刷辊筒的龙头企业，并在佛山、印尼、越南建立子公司，在山东、福建、四川等地建立分支机构，国内市场占有率位居第一位（50—60%左右）。客户主要面向斯米克、宏宇陶瓷、诺贝尔、东鹏、亚细亚、蒙娜丽莎、冠军、马可波罗等国内外高端瓷砖品牌企业。

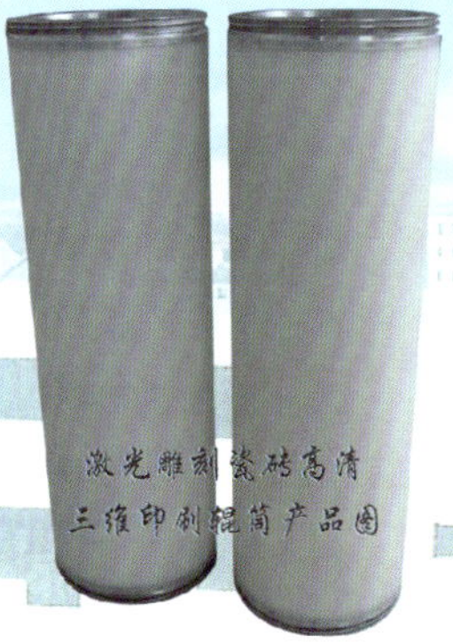

Company profile 公司简介

上海嘉成轨道交通安全保障系统有限公司成立于2002年，坐落于普陀区长风生态商务区国盛中心。是一家集城市轨道交通站台安全保障系统研究、开发、系统集成、安装调试、技术服务于一体的高新技术企业，旗下控股两家子公司。

公司始终坚持以“产品的自主研发和不断创新是公司持续发展动力”的经营理念，潜心产品技术研发，注重产品品质和诚信服务，汇集了一批专业领域的优秀技术人才，组成了以中青年为骨干的高素质科研及经营管理团队，在不断的产品研发实践和项目实施过程中积累了丰富的产品设计经验和项目管理实践经验。

目前公司已拥有有效发明专利4项，有效实用新型专利23项，有效外观专利3项。承担国家科技项目1项和上海市科技项目4项，2项科技项目被认定为上海市成果转化项目。

轨道交通站台安全门

轨道交通站台屏蔽门

轨道交通站台安全电动栏杆

上海嘉成轨道交通安全保障系统有限公司

上海市信息管线有限公司

Shanghai Information Pipeline Co.,Ltd.

公司简介
Company Introduction

为适应国家电信体制改革的要求和加入 WTO 后中国电信业开放的趋势，上海市人大常委会在 2000 年 8 月 1 日颁布了《关于加强本市基础通信管线管理的决定》，决定对本市基础通信管线建设实行统一规划、统一建设、统一管理，为各通信、有线电视和信息服务运营商公平公正地开展业务创造良好的网络资源环境，更好地满足上海经济和社会发展的需要，更合理地利用地下管位资源，减少城市道路的重复开挖。上海市信息管理有限公司（以下简称公司或 SIP）应运而生。

公司由上海市信息投资股份有限公司投资设立，成立于 2000 年 9 月，现注册资本 2.1818 亿元人民币。公司主要从事上海集约化信息管线的投资建设和经营管理，主要经营范围包括通信管道、通信机房和光纤线路的建设、销售和出租、运营维护及工程抢修、集约化信息管线专业领域的工程设计，技术承包、开发、咨询。

10 年来，公司在上海以集约化建设的方式建成 5500 公里以上信息通信管道，接入各类商务楼宇、居住小区、移动基站 3000 多处，利用地铁、黄浦江越江隧道等城市基础设施同步建设城市公共光纤网，敷设光缆 1400 多皮长公里，集约化信息管线已覆盖全市所有区县和主要新城，传输接入网络基本覆盖上海主要商圈和工业园区（开发区），为各通信、有线电视和信息服务运营商公平地提供基础管网和光纤，满足了上海经济和社会发展的需要。与此同时，公司自身也得到了快速发展。

目前，公司正按照企业“十二五”发展战略和规划纲要的指引，从一个上海地区专业从事信息管道、城市光纤、共用机房等公共信息基础设施投资建设和运营管理的主要企业，朝着发展成为向各类用户提供公共信息基础传输资源及其第三方专业服务提供商的方向迈进。

上海市徐汇区小木桥路681号上海外经大厦12F　　邮编：200032
电话：（86 21）6132 5200
传真：（86 21）6132 5300
网址：www.sip.sh.cn

上海金陵智能电表有限公司

松江厂区

上海金陵智能电表有限公司是由创建于 1952 年的上海电度表厂有限公司（和成牌）和创建于 1957 年的上海工业电度表厂有限公司（国盾牌）两大骨干企业强强联手于 2001 年 2 月 6 日组建而成；是上市公司上海金陵股份有限公司（股票代码 600621）的全资子公司，2007 年 6 月与香港北天星国际有限公司合资组建为沪港合资企业。半个多世纪的电能表研发、制造经验使我公司成为行业中最为专业的企业。

本公司坐落于上海风景如画的松江工业园区，毗邻上海松江大学城；拥有建筑面积为 24000 平方米的现代化厂房。目前注册资金为人民币 4000 万元，资产规模为 17000 万元。公司拥有 571 余名训练有素、经验丰富、爱岗敬业的高素质员工；研发设计人员 42 余名。

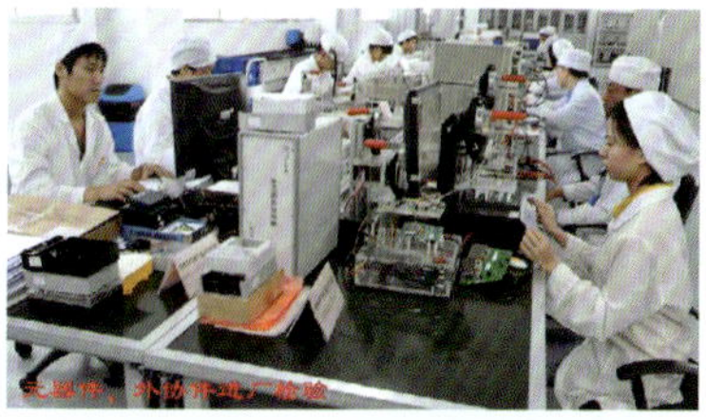

元器件、外协件进厂检验

目前公司配备有国际国内领先的专业检测设备和专业的检测人员，通过 ERP 系统对生产全过程进行控制，使每台出厂的电能表产品能满足国内外客户的需求。

历年来，公司已具备设计生产各类机械式单三相电能表、电子式单三相电能表以及适应于电能采集管理系统的各类 AMI 终端产品的能力，共计三大类三百多种型号规格，产品覆盖低压（220/380V）、高压（57.7/100V、100V）等电压等级。

出厂检验

贴片流水线

公司自成立以来的产品遍布全国各省、市、自治区，并销往香港、台湾、东南亚以及欧美地区。

公司为更好的为用户服务，建立了强大的市场营销网络、办事机构和技术支撑、应用服务队伍。

公司本着“需求无限、创新未来”的经营理念，旨在打造中国最优秀的电能表生产制造企业。

需求无限、创新未来

上海太阳能科技有限公司

上海太阳能科技有限公司（HT-Shanghai Solar）由上海航天汽车机电股份有限公司（沪市代码：600151）、上海申能新能源投资有限公司、上海空间电源研究所合资成立的股份公司，正式注册成立于 2000 年元月，注册资金 2 亿元，拥有一流的技术人才，是中国最早从事光伏相关业务的企业之一。

主要从事国内外独立和大型并网光伏电站、BIPV 独立光伏系统工程及相关系统产品的设计研制、开发、销售、施工和服务。具有代表性的工程有：国内最大光电建筑一体化项目——上海虹桥交通枢纽；上海世博中心馆光伏并网电站；大型荒漠电站——嘉峪关 100MW 光伏电站等。

国产实时数据库的开拓者

——上海麦杰科技股份有限公司

上海麦杰科技股份有限公司是一家专注于实时数据库研发与应用推广的高科技软件企业。当今，信息化已经深入到国民经济运行的各个角落。从工业企业生产管理到环保数据监测再到物联网建设，实时数据库都成为其中的核心基础。实时数据库实时存储、高效、量大的特点，使其应用领域不断扩展。

长期以来，我国的实时数据库领域一直被外资企业所垄断，对国家的信息安全构成了一定的隐患。为打破国外企业对我国实时数据库的垄断地位，上海麦杰科技股份有限公司自成立之初就一直全力推行自主研发，公司的实时数据库的整个架构设计和内部算法函数全部由公司自主设计和研发而成。通过自主设计实时数据库处理引擎，自主研发数据储存技术核心，建立自主知识产权的实时数据库分析标准，保证了用户数据和信息的安全传递和使用。

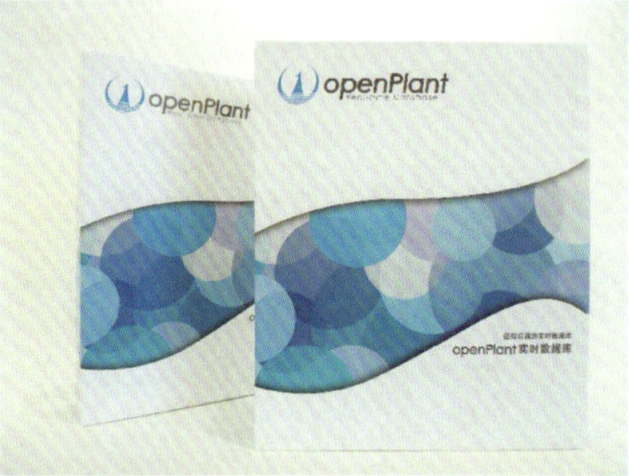

由公司自主研发的“openPlant”系列软件凭借先进的技术、卓越的性能，在国内数百家大型的火力发电厂、化工厂得到长期广泛应用，并获得了用户单位的认可和好评，打破了进口实时数据库产品的垄断，为民族软件在与跨国企业巨头的竞争中赢得了自信和尊严。在核电、航空等涉及国家重大信息安全领域的推广应用，公司作为拥有自主知识产权的国产实时数据库产品服务商，优势地位明显。作为国内实时数据库行业的开拓者，公司最早将实时数据库引入环境在线监测领域并提供整体解决方案。以麦杰“openPlant”实时数据库为核心基础平台开发的“工况在线监测及分析系统”使环境监管实现由检测末端排放向生产流程全过程监测的转变，能提高污染源自动监控结果的准确性、科学性及公信力，得到了环境监管部门的认可并已处于大规模市场推广阶段，在该领域取得先发优势。

专注于实时数据库领域，不懈的创新和突破，致力于打造自主知识产权的系统，目前麦杰科技在实时数据库某些领域已经达到了国际先进水平。麦杰科技将继续保持专业、专注的状态，力争早日实现实时数据库领域的民族品牌崛起，为保障国民经济的信息安全做出更大的贡献。

神州数码 Digital China 10th digital china 2001-2011

中国智慧城市专家

一、数字化中国

从神州数码诞生的第一天起，我们就确定了自己的理想——“数字化中国”，也因此命名为神州数码。我们要打造一家百年老店，让神州数码成为中国最具价值的 IT 服务供应商，通过持续创新，为客户提供卓越的全面整合服务，以实现数字化中国的理想。

郭为

神州数码控股有限公司董事局主席

神州数码控股有限公司 2000 年从原联想集团分拆成立，2001 年在香港联合交易所主板上市（股票代码 00861.HK），是中国最大整合 IT 服务商。

通过集合全球信息产业资源，神州数码将丰富的技术解决方案和全线 IT 产品整合，满足行业、企业及个人消费用户多样的信息技术服务需求。目前，神州数码已构建起完整的 IT 服务价值链，服务涉及 IT 规划咨询、解决方案设计与实施、IT 系统运维外包、系统集成、IT 分销和维保等领域，为客户提供端到端的整合 IT 服务。

数字化中国是我们的名字，更是我们的使命。2010 年，神州数码提出了“智慧城市”发展战略，将继续推进“以客户为中心，以服务为导向”的转型，融合城市化和信息化进程，着力打造具有区域特色的“智慧城市”产业链，以在中国 IT 服务领域多年的积累引领“智慧城市”时代发展。

过去十年，神州数码始终在行业保持着领先地位，并因其持续高速成长，获得了业界认可。

- IT 分销和系统集成服务连续 10 年位居市场第 1；
- 在行业软件应用服务领域，政府行业位居第 1，金融行业位居第 2，电信行业名列第 4；
- 在国家工信部公布的“中国软件业务收入百强企业”中，2009、2010、2011 年，神州数码连续三年进入前三甲。
- 2010、2011 连续两年进入财富中国 500 强，2011 年名列第 73 位；
- 2009 年—2010 年，连续两年入选《福布斯（Forbes）》“亚太地区最佳大型上市公司 50 强”；
- 亚太地区城市信息化合作办公室“2010 中国城市信息化杰出供应商”；
- 荣获国家信息化评测中心评选的“最佳企业信息化整体解决方案提供商奖”、中国软件行业协会评选的“2008 中国 10 大软件创新企业”、《信息周刊（Information Week）》2008 年度“中国商业科技 100 强”排名第 1 。

二、业务布局

神州数码在中国和世界之间架起桥梁，十年间，神州数码的 IT 合作厂商发展到接近 300 家，产品领域发展到超过 400 个。

销售网络覆盖 860 个城市、有 634 家数码港、13000 多家经销渠道和 6000 多家增值合作伙伴，拥有中国 IT 领域最广泛的市场覆盖。

已在全国范围内建立 4 个区域中心、3 个物流中心和 1 个数据中心，业务网络拓展至 19 个平台，近 50 个办事处及分支机构，同时在 5 个城市设立了“智慧城市”子公司。

神州数码在过去十年中，积累了来自电信、金融、政府、能源及交通行业的重要客户，成为他们值得信赖的合作伙伴，为他们提供大量可借鉴和可执行的行业解决方案。

三、战略发展

作为中国信息化的见证者和建设者，神州数码的发展历程就是中国 IT 服务发展史的缩影。

在过去的“一五”、“二五”和刚刚启幕的“三五”，神州数码前进道路上的每一次战略转型，都是与国家发展的主旋律、信息产业发展的主脉搏相结合，顺势而为，释放信息技术的力量，与用户共同创造和分享数字化中国的辉煌未来。

四、智慧城市

神州数码经过前十年的发展，蓄积了强大的势能。面对今天城市化与信息化融合的新趋势，神州数码进入了以融合服务为中心的“三五”发展阶段，2010 年发布“智慧城市”战略，藉此战略实现新的跨越。

在神州数码的智慧城市总体设计中，政府职能与信息技术充分融合，提供“以人为本”融合便捷的公共服务——解决医疗、交通、能源供给、社会保障等一系列社会管理及服务的问题。在提升城市管理服务水平的同时，打造新型城市产业群与生态圈。

神州数码的智慧城市战略，就是以社会经济的繁荣为目标，以社会和谐稳定为前提，以民生和人民幸福为考核目标，通过以云计算为代表的信息技术手段进行融合创新，推进新型城市化进程。

神州数码智慧城市全景图

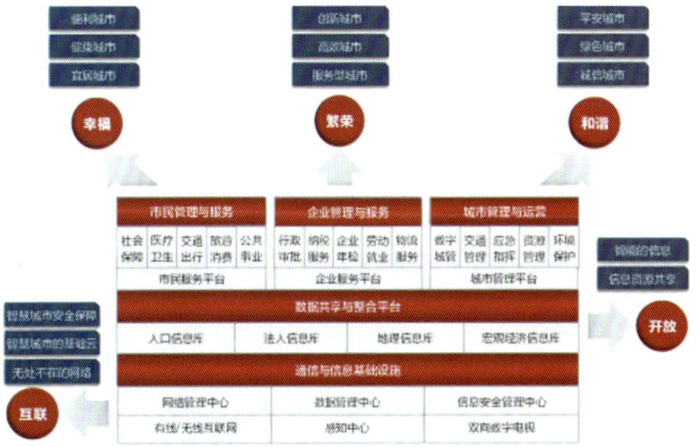

神州数码构筑的“中国智慧城市蓝图”，将通过完善通信与信息基础设施，构建数据共享与整合平台，为城市提供包括市民管理与服务、企业管理与服务、城市管理与运营，从而实现城市的幸福、繁荣与和谐，全力打造以便利城市、健康城市、高效城市、平安城市、绿色城市等为特征的智慧城市。

五大业务领域全面发力

神州数码基于“智慧城市”战略蓝图，在五大业务领域全面发力，支撑“智慧城市”战略，实现企业高速发展。

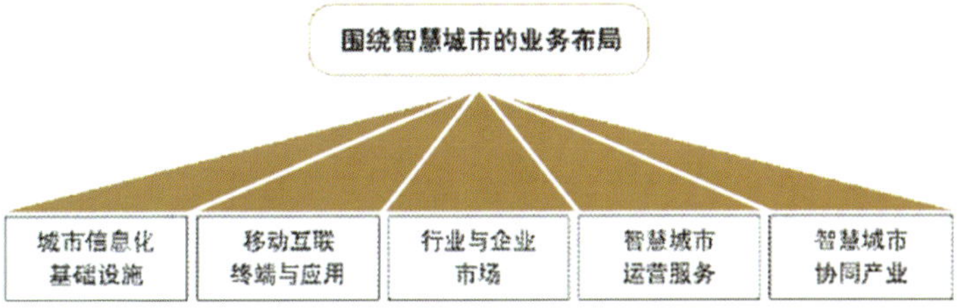

神州数码基于“智慧城市”战略，围绕五个业务领域，集合全球 IT 资源，为客户提供丰富的解决方案，以满足客户独特、多样的 IT 服务需求。

光驰科技（上海）有限公司是日本光驰株式会社以全独资的形式，于 2000 年 12 月 26 日在上海成立的子公司。注册资金 8 亿日币（已全部到位），投资总额 20 亿日币。主要生产经营用于各类数码光学中制备光学部件的增透膜和各类光学滤光片的高精度镀膜设备以及相关真空精密机械零部件的加工以及工艺的研究和开发。同时为客户提供从光学薄膜的设计到成膜系统的构建、系统的安全操作、系统的改造等整套流程所需的先进镀膜设备与各项技术服务。

光驰科技（上海）有限公司有员工 500 多人，其中大专以上学历人数占半数以上。拥有三菱重工的五面加工机、仓敷机械的卧式加工机床等多种 NCN 机械加工设备，高真空氦质谱检漏仪、高档分光光度计等制造及系列真空检验设备。

公司十几年来努力和创新，先后成功地制造出了用于光通信 NBPF、用于数码光学的 OTFC 系列、智能手机的 GENER 系列等，产品与技术在同行业中得到了非常高的评价。在数码光学的时代，我们会继续保持并发扬向科学极限挑战的创业精神，对成膜系统及其核心技术部分的大束流离子源和高精度光学监控系统进行不断提高，制造出更多更好的满足客户需求的产品，力求为客户提供更迅速的，更好的服务。

光驰科技（上海）有限公司是以「讲理由不如找办法」为座右铭，以「纳米技术为手段，为光学产品提供最佳成膜方案」为事业理念，有志为光学事业的高度信息化而贡献力量。

▼ 真空光学镀膜机

GENER-1300

GENER-2350

OTFC-900

OTFC-1300

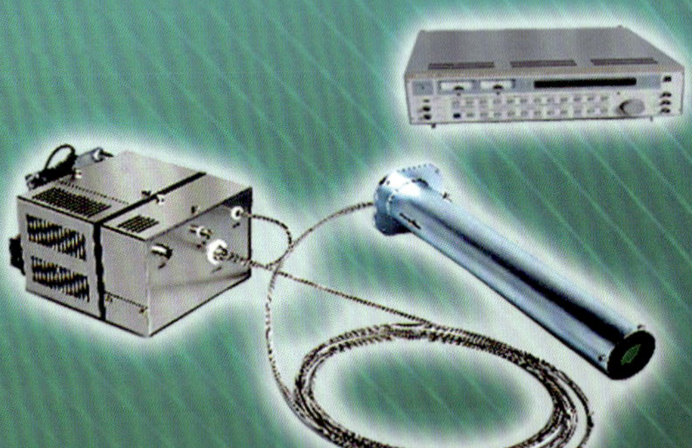

Optical Monitor

OIS-Two Plus

OIS-GL

光驰科技（上海）有限公司

上海阿格感光材料有限公司

上海阿格感光材料有限公司（APS Photoconductor(Shanghai) Co.,Ltd），于2004年5月在上海嘉定工业区成立，曾是世界著名感光鼓制造商德国AEG光电成像技术有限公司旗下子公司，继承发展了感光鼓世界领先的制造及研发经验。公司目前已发展成国内生产用于激光打印机感光鼓的主导厂家之一，为办公用图像处理及其它信息工业提供强有力的技术支持。

自成立以来，我们一直致力于产品质量的持续稳定和提升，努力为合作伙伴提高其产品的附加值。为此，公司提出了“不断的产品革新、最高的质量标准以及优良的售后服务”的发展使命。公司已经通过ISO9001质量认证体系，其产品在生产制造和质量控制方面都得到了优化。公司高度重视自有知识产权的研发，既有原始知识产权方面的创新，又有技术改革创新，拥有多项专利技术。

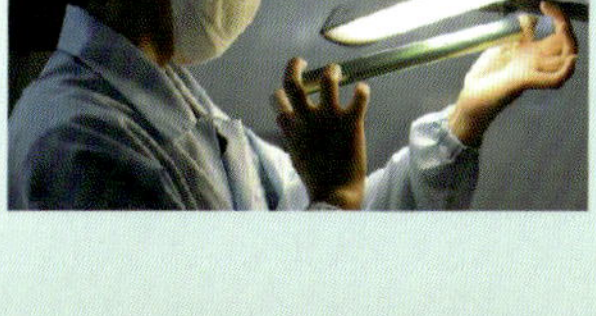

上海众人网络安全技术有限公司

上海众人网络安全技术有限公司（以下简称“众人科技”）坐落于上海浦东新区张江高科技园区国家信息安全基地，于2007年9月成立，注册资金6000万元，主要从事拥有完全自主知识产权的iKEY身份认证系统及系列产品的研发、生产和销售，并已通过ISO9001质量管理体系和ISO27001信息安全管理体系认证。

众人科技是中国领先的专业身份认证安全技术服务商，所开发的iKEY身份认证产品分别获得由国家密码管理局颁发的国内首张动态口令产品及挑战应答产品型号证书，同时众人科技研发的可应用于动态口令产品和挑战应答产品的超低功耗专用安全芯片，也获得了国内首张产品型号证书。众人科技拥有从密码专用安全芯片、终端产品到后台系统的全产业链自主知识产权，已申报国家发明专利20多项。同时是国内首家拥有全自动柔性KEY生产线、卡式冷压封装生产线，保障了产品质量和供货量。众人科技的产品系列齐全，可满足不同行业客户的各层次需求，其金融服务身份认证方案、电信系统安全方案、云安全综合方案等，在相关行业领域均有广泛应用，拥有丰富的身份认证技术安全服务经验和优良的服务业绩。

众人科技是国家密码管理局“动态口令认证系统规范课题组”组长单位，同时参与制定工信部动态口令产品行业标准、央行身份认证技术标准以及银联身份认证技术标准。众人科技于2011年被工业和信息化部从百家企业中遴选为首批11家基于安全可控软硬件产品云计算解决方案供应商之一。众人科技与上海市信息安全行业协会共同建立和运营“众安认证服务平台”，并参与国家863基地的信息安全产品测试平台项目的建设。

众人科技是国家发改委直属中国中小企业协会副会长单位、工信部直属中国软件行业协会网游信息安全工作委员会主任单位、中国信息协会理事单位、中国互联网协会会员单位、上海市计算机行业协会副会长单位、上海市信息安全行业协会副会长单位、上海市信息服务业行业协会常务理事单位和上海市信息网络安全管理协会理事单位。

中国联合网络通信有限公司上海市分公司

中国联合网络通信集团有限公司(简称“中国联通”)于2009年1月6日在原中国网通和原中国联通的基础上合并组建而成,在国内31个省(自治区、直辖市)和境外多个国家和地区设有分支机构,是中国唯一一家在纽约、香港、上海三地同时上市的电信运营企业,连续多年入选“世界500强企业”。

中国联通主要经营固定通信业务,移动通信业务,国内、国际通信设施服务业务,卫星国际专线业务,数据通信业务,网络接入业务和各类电信增值业务,与通信信息业务相关的系统集成业务等。中国联通于2009年4月28日,推出全新的全业务品牌“沃”,承载了联通始终如一坚持创新的服务理念,为个人客户、家庭客户、集团客户提供全面支持。

近年来,中国联通的资产、人员、用户和收入规模明显扩大,企业综合实力得到明显提升。截至2011年底,中国联通资产规模达到5293亿元人民币,全系统从业人员29.98万人,用户总数3.4816亿户,其中移动电话用户1.9966亿户,宽带用户5565万户,固定电话(含无线市话)用户9285万户。中国联通的收入规模、用户规模及上市公司市值均位居全球电信运营商的前列。

中国联通拥有覆盖全国、通达世界的现代通信网络,积极推进固定网络和移动网络的宽带化,为广大用户提供全方位、高品质信息通信服务。2009年1月,中国联通获得了当今世界上技术最为成熟、应用最为广泛、产业链最为完善的WCDMA制式的3G牌照。在短短几个月的时间里,中国联通便建成了全球规模最大的WCDMA网络。目前,3G网络已经覆盖了全国县级及以上城市。

面对全球电信业创新转型和我国深入推进信息化与工业化融合带来的新机遇和新挑战,中国联通将充分发挥融合重组后的独特优势,以全业务经营和3G发展为引擎,坚持以用户为中心,加强技术、业务、服务和管理创新,不断提升综合实力和核心竞争力,全面满足广大用户的信息服务需求,致力于成为信息生活的创新服务领导者,在国民经济和社会信息化进程中发挥主力军作用。

上海联通

中国联合网络通信有限公司上海市分公司(简称上海联通)是中国联通在上海的重要分支机构,拥有包括移动和固定通信业务在内的全业务经营能力。自融合重组以来,上海联通以全业务经营和“沃3G”发展为创新引擎,用四年时间实现了经营业绩的稳步提升,主营收入从融合之时的39.12亿元增长到目前的71亿元,此外,上海联通3G用户已达220万,在上海新增3G用户市场中,达到40%以上份额。在中国联通集团公司的综合业绩考核中,连续四年名列前茅。截至2012年底,上海联通资产规模达到148亿元人民币,用户总数614万户,其中移动电话用户508万户,宽带用户71万户,固定电话用户35万户。

上海联通还积极参与上海“智慧城市”建设,四年来累计投入120多亿资金,主要用于光网络、3G移动通信网络及信息化的建设,网络质量和覆盖范围得到了明显的改善。未来三年,上海联通将继续投资100亿,实施“WCDMA + HSPA+ + WLAN + 有线光网”的“多网一体”、固移融合战略,积极推进4G试验网建设,推进IPv6部署,为未来“智慧城市”海量信息的数据传输提供更高能级的网络保障。

同时,作为上海市信息化建设的主力军,上海联通依托先进的信息技术和强大的网络能力,除向广大用户和社会发展提供高质量的基础通信业务外,还开发了涉及多个行业的几千种信息化的智能应用,形成了独具特色的信息化产品和服务。今后,将在上海市委、市政府和中国联通集团公司的领导下,围绕“全面建成小康社会”的宏伟目标,严格履行对社会的承诺,不断提升服务水平。为中国电信业的改革发展,为上海城市建设和经济发展做出应有的贡献。

China unicom中国联通

ANCHNET
上海安畅网络科技有限公司
上海市呼兰西路1号智力产业园4号楼2层200443
2F,Building4,No.1 West Hulan Road,
Shanghai,PRC 200443
TEL:+86 21 6083 2266　FAX:+86 21 6083 2277
Http:www.51idc.com　www.anchnet.com
24小时技术支持：400 720 7200

2007年6月　安畅通信将数据事业部剥离，并与收购的业务进行整合，单独成立"安畅网络科技有限公司"，又称"安畅lAnchNet"，专注于提供数据中心和云计算服务。

2007年9月　正式获得中华人民共和国工业和信息化部颁发的增值电信业务经营许可证，获准在中华人民共和国境内经营因特网接入和数据中心服务。

2007年9月　正式推行SLA，保证客户利益，并不断改进服务水平。

2008年5月　正式发布Managed Firewall服务，以更低的成本帮助客户极大降低风险。

2008年10月　上海移动数据中心（Tier-4级别）、上海北艾数据中心（Tier-3+级别）正式投入使用，总面积超6.8万平方英尺，出口带宽60Gbps。

2008年11月　正式发布Managed Backup服务，为企业客户提供可靠的数据备份和恢复服务。

2009年1月　正式通过GB/T 19001-2000 idt ISO 9001:2000 服务质量管理体系认证。

2009年3月　与NCS正式签署合作协议，为新加坡电信的全球客户提供中国境内的数据中心托管和互联网接入服务。

2009年4月　成立咨询服务部，为客户提供数据中心规划设计、建设、整合、迁移等专业咨询服务。

2009年6月　正式获得中华人民共和国工业和信息化部颁发的通信管线资质证书，获准在中华人民共和国境内建设通信管道和线路。

2009年6月　与全球领先的某物流公司正式签署合作协议，为其中国地区各分支结构、物流仓库和移动车辆提供数据中心托管和互联网服务，并帮助进行数据中心迁移和整合。

2009年7月　安畅网络旗下IDC业务第一直销平台——51IDC.COM正式成立。

2009年11月　长沙麓谷数据中心（Tier-3 级别）、上海金海数据中心（Tier-3 级别）正式投入使用，总面积超过5.2万平方英尺，出口带宽超60Gbps，并成立长沙分公司。

2009年11月　与全球知名的某制药企业正式签署合作协议，为其亚太地区所有分支机构、工厂和经销商提供数据中心基础设施、互联网和运维管理外包服务。

2010年3月　美国硅谷数据中心正式投入运营，一期部署500台服务器，向有全球化需求的安畅客户提供灵活的美国服务器租用和互联网带宽服务。

2010年4月　安畅位于国内最高等级的上海南汇数据中心（Tier-4 级别）一期模块正式交付使用。

2010年5月　为向客户提供更卓越的服务，安畅lAnchNet上海总部搬迁到1万平方英尺的新办公楼，公司规模进一步扩大。

2010年7月　按照安畅下一代数据中心路线图和技术规范，经过15个月的努力，对独立运营的5个数据中心完成了全面整合和改造，大幅提升了各数据中心的服务交付能力和安全级别。

2011年4月　正式成为上海市电子商务产业基地指定数据中心托管服务商。

2012年3月　无锡国际数据中心（Tier-4级别）的一期模块按照SuperNet架构标准完成建设，并通过验收，交付使用，并全资成立了江苏安畅子公司。

2012年5月　安畅lAnchNet正式成为CNNIC的IP地址联盟成员，拥有自己独立IP段。

2012年6月　拥有自主知识产权的智云公有IaaS平台在51IDC.COM正式投入线上运营，向客户提供丰富的云服务器产品。

2012年7月　北京酒仙桥数据中心（Tier-3+级别）的一期模块按照SuperNet架构标准完成建设，并通过验收，交付使用。同期北京分公司正式成立，为华北地区客户提供服务。

2012年9月　正是成为思杰Citrix在中国的CSV认证服务商以及云计算合作伙伴。

2012年9月　安畅lAnchNet的AS号申请获准通过（AS 55994），并在上海正式启动BGP自治网络的建设，一期将实现与国内三大骨干运营商的BGP互联。

2012年10月　北京兆维数据中心（Tier-3+级别）的一期模块按照SuperNet架构标准完成建设，并通过验收，交付使用。

今天　安畅lAnchNet在全球运营了12个数据中心，总面积达15万平方英尺，出口总带宽储备达160Gbps，正在为六千多家客户和一万五千个网站提供卓越服务。

中国电信上海公司

2012年，中国电信上海公司深入贯彻落实科学发展观要求，引领 “城市光网”和“无线城市”建设，继续发挥智慧城市建设主力军作用，积极参与上海市政府的i-Shanghai工程，承接市政府“12345”综合政务热线等重点项目，各项工作得到市委市政府领导高度肯定；围绕智慧政府、智慧民生、智慧行业，重点推进智慧社区、智能交通、智慧医疗、智慧教育等建设，加大社会信息化应用推广力度，全年完成了超过170个智慧应用项目，惠泽千万百姓。

2012年，上海电信移动用户超过600万户，FTTH覆盖用户680万户，光网用户数突破260万，光网用户在家庭宽带用户中的比例超过70%，家庭宽带用户平均接入带宽已达到16M，光网48小时即要即装在全市光网覆盖区域全面推广，光网服务能力再上新台阶，继续领跑国内“光网第一城”。上海建成国内“光网第一城”被评为上海城市的“十大重要进展”，城市光网已成为代表“上海速度”的信息化标志。

上海电信聚焦服务能力创新、体制机制创新、智慧应用创新。以满意度提升为引领，客户感知为导向，持续深化服务领先战略，以服务创新助力企业规模发展；继续深化“为民服务、创先争优”的理念，打造群众满意工程，连续三次蝉联“全国通信行业实施用户满意工程先进单位和中国质量协会全国用户满意企业”；公众满意度测评连续两年排名第一；被评选为“规范服务达标先进行业”。

上海中移通信
SH CMCT

正德厚生 臻于至善

上海中移通信技术工程有限公司

上海中移通信
SH CMCT

第十四届世界游泳锦标赛荣誉单位
上海市通信建设市场管理先进单位
上海市青年安全生产示范岗
上海市优秀青年突击队
TD 施工项目组优秀团队
迎奥运基础网络整治工程优秀团队
上海移动工程建设优秀施工合作方
2008 年接入网工程建设优胜奖

上海中移通信技术工程有限公司是中国移动通信集团上海有限公司全资子公司，于 2010 年 4 月正式完成注册，注册资金 9000 万，肩负突破上海公司现有业务领域，拓展创新综合信息服务，成为上海公司全面通信业务能力和用户个性化信息需求集成商的重任。公司对内是上海公司系统集成部，对外承担独立法人责任。公司具备通信信息网络系统集成企业（乙级）、通信工程施工总承包三级、建筑智能化工程专业承包三级、第二类电信增值业务、计算机信息系统集成（四级）等资质，通过 ISO9001 质量管理体系认证，主攻系统集成、软硬件开发、信息服务、通信工程四大业务板块，专业从事通信工程专业承包及通信设备和铁塔、天馈系统维护；通信网络系统集成、计算机信息系统集成及工程设计、技术咨询、技术开发、技术服务；传输带系统工程、空调、电源、设备安装，为工程配套金属件装潢；设计、制作、发布广告；电子、通信、信息技术及软件的研制、开发；通讯器材和产品的批发。

上海中移通信技术工程有限公司现有自有员工 149 位，技术合作人员 260 余人，项目管理团队规模达百人，联合施工班组规模达 300 余人，全业务支撑人员近 200 人。公司内设综合部、财务部、市场业务部、项目管理部、工程施工部、信息集成部 6 个职能部门，并结合上海公司深化属地经营的战略指导，设立浦东、南区、西区、北区、核心网与重大工程五处区域项目部，贴近服务，支撑属地。通过不懈努力，上海中移通信技术工程有限公司目前已成为上海通信建设领域中的重要力量。

公司曾多次被上海通信管理局、团市委、市安监局、中国移动上海公司、中国网通集团上海市分公司评为或授予“上海市通信建设市场管理先进单位”、“上海市青年安全生产示范岗”、“上海市优秀青年突击队”、“TD 施工项目组优秀团队”、“迎奥运基础网络整治工程优秀团队”、“上海移动工程建设优秀施工合作方”、“2008 年接入网工程建设优胜奖”等。公司所承担施工的工程项目有多项被原上海邮电管理局、上海通管局、中国移动公司评为优质工程。

自成立以来，公司先后研发了无线视频监控系统、ATM 防诈骗干扰器、WLAN 业务自动拨测系统等多项适应市场需求的信息化产品，其中部分产品已成功商用。2011 年，公司成功夺标第 14 届国际泳联世界锦标赛新闻中心网络及通信工程、大师杯赛通信及报障工程等国家重点项目，在世游赛各大新闻中心、大师杯赛现场成功打造集 WLAN、有线宽带、IMS 多功能语音业务、传真等在内的全业务通信网络，并出色完成世游赛、大师杯赛通信保障工作，赢得了世游赛组委会、大师杯赛组委会及各大媒体记者的一致好评，荣获由第十四届世游赛组委会颁发的荣誉证书。

公司近年参与建设的重大工程包括：中国移动扩大的 TD-SCDMA 试验网核心网工程、中国移动长途 7 号信令网工程、京沪高铁 DK1282.115 段移动光缆搬迁、浙江移动 G14 期设备安装工程、中国网通集团上海申环大厦 CNCC 工程、上海世博园区高架布道移动通信覆盖工程、中国网通闵行区 D 环管线优化工程、环球金融中心大厦室内覆盖设备安装工程、上海移动世博 TD-LTE 演示网核心网建设工程、上海移动垃圾短信监控平台扩容工程、上海移动世博园区传输汇聚环配套光缆新建工程、上海移动长江隧道过江光缆新建工程、上海移动钦册 93 号七楼局房开局建设工程、虹桥枢纽西航站楼室内覆盖 GSM 主设备工程、M7 线祁连山路站光缆搬迁工程、上海市西藏南路隧道集约化光缆工程、中国移动上海有限公司 09 年抗灾超级基站工程、上海市公安局专线工程等。公司曾先后承建中国移动集团一级干线、南沿海光缆、京津沪一级干线、上海移动本地通信、浦东国际机场、金茂大厦、浦东国际会议中心等标志性通信信息网络工程。

历年来，公司还承接了如上海奥运场馆通信建设工程、2010 年上海世博会通信网络建设、第十四届世游赛通信建设等重大国际活动的通信建设及保障工程。同时，公司与中国电信、中国移动、中国联通、中国网通等多家大型通信运营商，以及上海贝尔阿尔卡特、中兴公司、华为公司、大唐、诺基亚、西门子、爱立信等企业合作开展工程建设。

上海中移通信技术工程有限公司以“成为卓越的全业务集成与用户个性化信息集成的企业”为战略指引，以成为上海首屈一指的、具备超强社会化服务能力的信息服务企业为目标，全面培育全国化和国际化运作能力，为有力支撑上海移动全业务发展，全面助力上海“两个中心”建设积极贡献力量。

安吉星
OnStar®
碰撞自动求助系统
紧急救援系统
车况检测系统
全音控免提电话
安全保障系统
导航系统
安吉星行车智能安全系统，
6大类16项服务，
超凡驾程体验，尽在安吉星。
时时刻刻
有安吉星
详情请登录安吉星官方网站 www.OnStar.com.cn
或致电安吉星热线电话 400-820-1188

BesTV 百视通

百视通新媒体股份有限公司是中国首家专门从事IPTV、互联网电视/智能电视、网络视频、手机电视等新媒体业务运营的公司，是目前中国广电布局最全、规模最大的新媒体技术公司。百视通新媒体股份有限公司是由上海东方传媒集团有限公司（SMG）与全球多家知名的新媒体产业链伙伴合作组建的新媒体公司，2011年底在A股成功上市。百视通在IPTV业务、互联网电视业务、手机视频业务等方面都有丰富的运营经验。IPTV业务用户超过1600万，是全球最大的IPTV业务运营商。互联网电视一体机用户超过400万，占据中国互联网电视一体机业务市场的半壁江山。手机视频的月均结算用户数也超过了100万。近年来，百视通与合作伙伴携手合作，在新媒体技术、内容及版权方面投入上10亿元，共积累了超过40万小时的优质版权视频资源。已获批逾50项IPTV专利和核心软件著作权，在EPG、DRM、视频分发、智能搜索、智能推荐、收视分析与数据挖掘等领域形成了领先优势。百视通的媒体资源库已经集成了国内外诸多优秀的影视、财经、体育、新闻等内容资源，拥有的独家、热点版权内容资源总量居全国新媒体企业之首，目前正在实施“一云多屏”战略，大力发展互联网电视/智能电视业务，正在致力于构建中国广电第一“视频云”。

上海新华传媒电子商务有限公司（以下简称为“新华电商”）成立于2008年，位于上海黄浦区四川中路133号，注册资本一个亿，是一家专注于预付卡发行和受理的企业。新华电商是上海新华传媒股份有限公司（简称新华传媒，股票代码600825）的全资子公司。新华传媒是中共中央宣传系统上海市委宣传部掌控的一家拥有百年历史的国有企业，也是中国出版发行行业第一家上市公司。目前已形成图书发行、报刊经营、广告代理、电子商务及传媒投资等业务板块。其中公司拥有上海书城、新华书店门市等直营网点近200家，《解放日报》、《新闻晨报》、《申江服务导报》等报刊的广告总代理商。

作为预付卡发行企业，新华电商的技术部门与风险管理设置齐全，公司非常重视系统的研发投入，定期组织公司研发人员、技术骨干进行培训、学习，不断提升自身的专业水平。

经过两年多的发展，新华电商已经建立起完善的内部管理体系和规范的管理制度，具备了从发卡到售后维护整个过程的控制能力。并拥有高效可靠的交易处理平台和专业的营销和技术服务团队，在上海预付卡服务市场中始终保持自身的文化特色。目前公司特约商户已遍布上海书城、新华书店、教育培训机构、票务影院、网上商城、公共事业缴费等各类泛文化类商户。网点交易金额过亿元人民币。

新华传媒
XINHUA MEDIA

中国航空无线电电子研究所

书记 王金岩　　所长 王国庆

中国航空无线电电子研究所创建于1957年，长期从事航空电子综合技术和航空无线电技术研究，承担军、民机机载核心系统、设备和无人机测控与指挥系统等领域的型号研制任务，是集科研、生产、服务、经营一体化的研究所。

研究所现有职工1700余人，拥有航空电子综合技术国家级重点实验室，在航空电子综合、座舱显示控制、机载核心处理、综合信息管理、无线通信导航、计算机软硬件等专业领域拥有核心技术能力。研究所拥有一流的技术环境与能力支撑——建有八个航空产品的研发平台、四个航空电子综合支撑平台；建有完善的系统和产品测试、验证和评估环境，建有先进的SMT电装生产线、机械加工生产线、航空产品集成测试中心，满足承担各类武器装备科研、生产和服务保障任务的能力。研究所通过了GJB9001A和GJB5000认证，正在实施民机适航管理体系和AS9100C认证，逐步形成满足军机、民机航空产品科研生产服务的质量控制体系。

研究所将继续秉承“科技创业、人才兴所”的发展战略，朝着“航空电子技术领先、产业均衡发展、经营业绩优良、企业文化先进的创新型研究所”的发展目标加速迈进。

通讯地址：上海市闵行区紫月路432号
邮 编：200241
电 话：021-33298000
传 真：021-33298000
电子邮件:office@careri.com

中国人民解放军第四七二四工厂

中国人民解放军第四七二四工厂，又名上海海鹰机械厂，是海军装备部直属的航空装备保障性企业，组建于1958年4月，地处上海市闸北区场中路3127号，占地面积450亩，现有职工1369名，固定资产4.65亿元。

建厂五十多年来，在上级党委的正确领导下，经过几代海鹰人的不懈努力，尤其是"十五"、"十一五"期间专项建设，工厂已经从小到大、由弱变强，现已形成专业齐全、设备精良、技术全面、管理科学、质量可靠、环境整洁等众多优势，是一家具有一定生产规模和实力的军队装备保障性企业。

在企业经济建设发展中，工厂始终坚持以党的方针、政策指导改革、发展工作，以军队保障性企业的使命、任务为立足点，以狠抓技术、质量和基础管理为动力，以全面提升企业综合维修保障能力为目标，全面规划、周密部署、精心组织、合理安排，促进了生产、建设的快速发展，取得了良好的军事效益和经济效益。连续被评为海军优秀企业、海军思想政治工作优秀企业、全军思想政治工作优秀企业。先后被授予全军"十五"专项建设先进单位、上海市"文明单位"、全国"守合同、重信用"单位和全国企业文化建设先进单位荣誉称号。

百年军企华丽转身　涉足现代服务业

上海三五一六皮革皮鞋厂（原名中国人民解放军第三五一六工厂），为中央在沪企业，隶属新兴际华集团有限公司（国务院国资委直辖集团公司，2011年进入世界500强企业）。

该厂兴建于1911年，是我国历史最悠久、规模最大的制革制鞋企业之一。建国后，归建于中国人民解放军军需企业序列，是我军特种部队鞋靴专业研制生产单位。工厂承担中国航天员专用系列鞋靴、空军飞行、海军特种、陆军野战等特种系列鞋靴、全军仪仗阅兵靴、高级将官礼仪皮鞋等重要军需保障任务，以及国家、军队高级政要出访定制鞋靴任务。

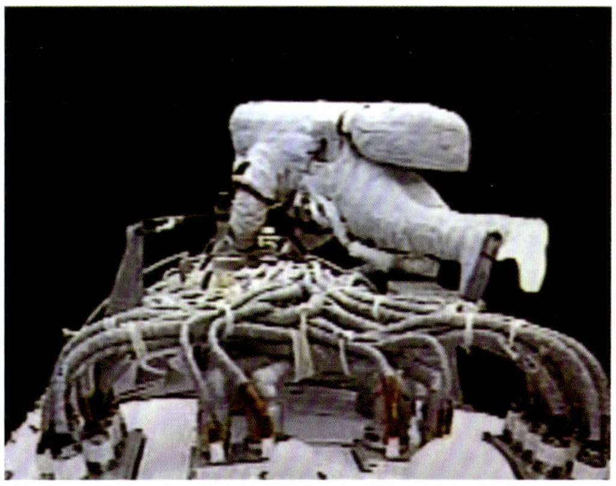

上海三五一六皮革皮鞋厂作为中国唯一鞋企，多次参与了"神舟"系列的航天项目，研制成功"神舟七号"飞船宇航员太空出舱靴，填补了国家和军队产品技术空白，为我国航天员首次实现太空出舱活动做出了突出贡献。该厂"皇家"牌鞋靴多次被评为全军和上海市名牌产品。

根据上海市"调结构，抓转型"的规划要求，经中国人民解放军总后勤部批准和新兴际华集团指示，工厂进行了产业结构调整，科研和制造部分转移至宝山区，市内厂区转型为商业物业。2011年工厂在原址上新建落成商业楼和商务楼，即百联虹口购物中心，涉足现代服务业。

2012年工厂已成功转型成为集物业租赁、商业运营为主营模式，并积极拓展科研、贸易和其他业务发展空间，实现多元化经营的新格局。

"百年沧桑，有容乃大；潜心谋略，厚积薄发"。该厂在百年繁衍进程中，始终不渝地秉承"在学习中成长，在创新中发展"的科学理念，以厚德载物，同创共赢为原则而诚信经营，用"共和国长子"励志，成功奏响"科学发展，再创辉煌"百年老军企华丽转身的改革转型新乐章。

科技纺织的先导　时尚纺织的支撑

——上海市纺织科学研究院

上海市纺织科学研究院创建于1956年，下辖一院六所三中心：上海纺织建筑设计研究院、上海市合成纤维研究所、上海纺织工业技术监督所、上海市毛麻纺织科学技术研究所、上海市服装研究所、上海市印染技术研究所、上海市色织科学技术研究所、上海纺织节能环保中心、上海纺织新产品开发中心和上海纺织科技发展中心。

全院研发手段齐全，配套完整；纺织研发精英荟萃，成果丰硕。50多年来不断致力于纺织产品、工艺、设备和材料的开发应用研究，是我国纺织专业设置最齐全的综合性纺织研发机构。历年来获得国家和上海重大科研成果奖和发明专利1000余项，并通过ISO9001、ISO14001、GB/T28001管理体系认证和国家实验室认证。

秉承上海纺织“科技与时尚”理念、走“科技纺织、绿色纺织、品牌纺织”的高端发展之路，为全行业提供技术支撑和服务。

主要承担：

1、新型纺织纤维的开发

2、功能性面料、服装的开发

3、国家纺织产业创新支撑平台（上海）标准和检

4、上海市纺织高性能纤维材料专业技术服务平台

5、专业建筑行业工程设计

地址：上海平凉路988 号
Tel：021-55210011
Fax：021-55214191
网址：http://www.stri.com.cn
http://www.strdsp.com.cn
E-mail：strichsh@online.sh.cn

中国奥委会合作伙伴　恒源祥

恒源祥（集团）有限公司

恒源祥（集团）有限公司是一家经营品牌的现代服务业的高新技术企业，是2008年北京第29届奥林匹克运动会赞助商和2009-2012年中国奥委会首家合作伙伴。

恒源祥的前身是创始于1927年的一家老字号绒线商店，至今已有85年的历史。从1991年起，恒源祥通过实施品牌战略，开创了以品牌经营为特色的发展道路，使恒源祥迅速成为国内手编绒线乃至毛纺行业的龙头企业和中国著名品牌。目前，恒源祥拥有15家子公司和国家级企业技术中心，100余家加盟工厂以及遍及全国的9000余家经销网点，并牵头组建了由全体加盟厂和加盟商参加的恒源祥联合体。1999年，恒源祥商标被国家工商总局认定为中国驰名商标。恒源祥牌羊毛衫、羊绒衫先后被评为中国名牌产品。据国际品牌评估的权威机构世界品牌实验室评估，恒源祥商标的市场价值达到94.58亿元。绒线、羊毛衫的市场销售持续保持全国首位。

恒源祥不断完善以企业为主体、产学研相结合的技术创新体系，于2009年被国家发改委、科技部等五部委授予国家认定企业技术中心。公司所完成的《世界级细羊毛及其制品工业化生产》科研项目荣获上海市科技进步三等奖；《新型纳米功能型羊毛制品的研发开发》科研项目获得2011年度中国纺织工业协会科学技术奖三等奖；《牡丹花植物染料染色技术》项目获得中国质量协会质量技术奖和上海市重点产品质量振兴攻关成果奖三等奖。

恒源祥积极推动品牌、科技与产业的融合，比较系统、完整地提出来了品牌原理和品牌经营的理论，同时积极开展品牌与文化的研究。恒源祥先后承担和完成了国家科技部软科学项目《国家品牌战略问题研究》和上海市科委软科学研究项目《品牌创新方法研究》，所取得的研究成果对指导中国企业创建卓越品牌，推动中国品牌事业的发展具有重要意义。

近年来，恒源祥先后荣获全国五一劳动奖状、中华老字号企业、中华慈善奖、全国质量奖、全国实施卓越绩效模式先进企业、上海市五一劳动奖状等多项奖项和荣誉称号。

震旦
AURORA
震旦 让办公生活更美好
BETTER
震旦集团创立于1965年，始终以打造美好办公环境为目标，深耕OA、办公家具、电子产品产业多年，为企业提供全方位的办公解决方案。
AURORA
震旦
震旦（中国）有限公司
上海市浦东新区陆家嘴富城路99号震旦国际大楼36楼
全国服务热线：800-820-0168
www.aurora.com.cn
震旦集團
AURORA GROUP

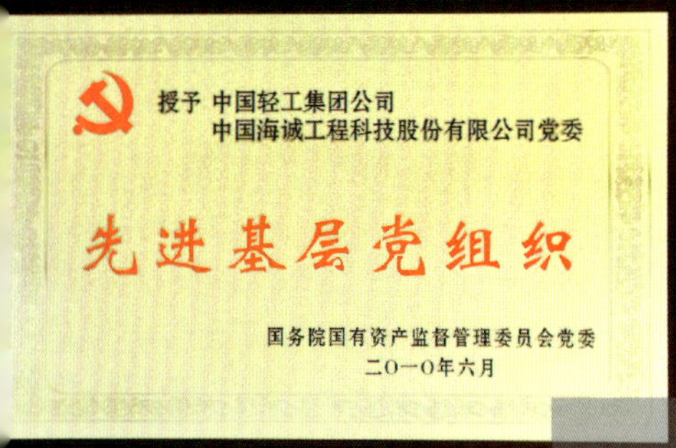

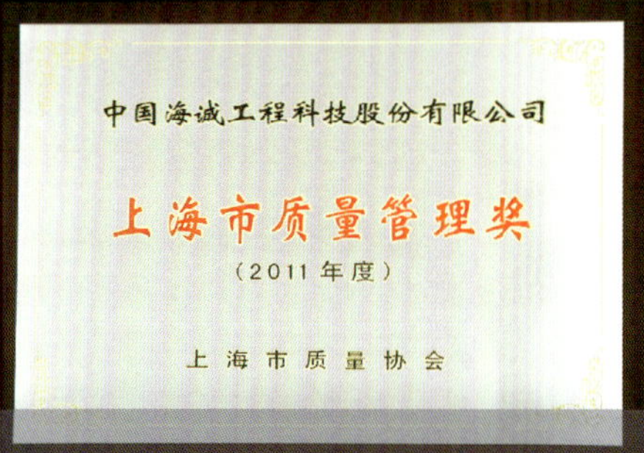

中国海诚工程科技股份有限公司

中国海诚工程科技股份有限公司隶属于国务院国资委管理的中国轻工集团公司，由成立于 1953 年的原轻工业部下属中国轻工业上海设计院经整体改制而设立，主要从事工程总承包、设计、咨询和监理，是国内第一家专业设计服务业上市公司。公司服务领域囊括轻纺、商物粮、农林、机械、市政公用、民用建筑等行业，客户遍及亚、欧、非、美及大洋洲等地。

公司总部设在上海，并在北京、广州、长沙、武汉、南宁、成都、西安等地拥有十一家全资子公司。

公司致力于设计和建造优质精品工程。改制 10 年来，公司获得国家、省部级工程设计、工程咨询、工程总承包及科技进步奖近 800 项，被国家统计局编撰的《共和国之最》列为“获国家优秀设计项目最多的设计院”。

自 1992 年以来，公司连年被国家建设部、统计局评为中国勘察设计综合实力百强单位，自 2004 年起连续八年被美国《工程新闻记录》(ENR)与中国《建筑时报》列入“中国勘察设计企业 60 强”。公司还被认定为“高新技术企业”，并连续八届蝉联上海市“文明单位”称号。

公司项目：城市之窗

光明项目签约

公司总承包项目农夫山泉建德

金枫石库门酒业项目

上海肯德基有限公司

上海肯德基有限公司是中国百胜餐饮集团与上海锦江国际酒店发展股份有限公司合资经营的西式快餐企业。由这两大集团强强联手的上海肯德基，不畏困难、敢为人先。肯德基在上海快速稳步发展，截止目前，已遍布上海 17 个区县，以 300 家餐厅的数字，在连锁餐饮行业位居首位。

肯德基于 1987 年进入中国，于 1989 年落户上海，二十多年来，立足中国，融入生活，为中国而改变，全力打造“美味安全、高质快捷；营养均衡、健康生活；立足中国、创新无限”的“新快餐”。从最早的 8 种产品，发展到现在长期产品超过 50 多种，其间研发的新品高达百种。目前，除了广为消费者喜爱的吮指原味鸡、香辣鸡腿堡、香辣鸡翅等代表产品外，由中国团队研发的新奥尔良烤翅、四季鲜蔬、早餐粥、蛋挞、安心油条等都受到好评和欢迎。现在，在肯德基有营养超值的 6 元起早餐套餐，有提供全时段餐点和服务的 24 小时餐厅，还有不出家门即可享受安全快捷美味的肯德基宅急送，为消费者提供丰富的产品选择和高品质的服务。无论中式、西式，还是中西混搭，消费者总能在肯德基餐厅找到自己心仪的、丰俭由人的餐点。

作为社会大家庭的一份子，肯德基一直以“回报社会”的企业宗旨来积极关心需要帮助的人们，尤其是近年来，当肯德基自身发展的同时，不断推陈出新，为公益活动充实了许多新的方式和内涵。

展望未来，跟随着上海发展的脚步，肯德基进入上海 24 年来，不仅在 CBD 商圈等开设餐厅，同时也深入社区，日渐成为社区居民的好邻居，共同打造和谐社区，期待与上海市民一同创造多娇的生活！

上海证券印制有限公司

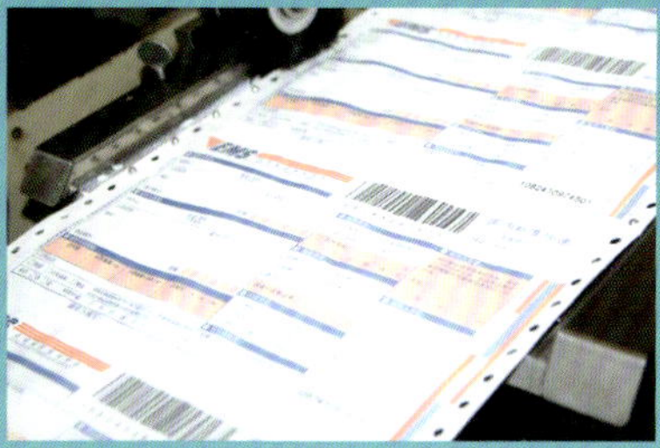

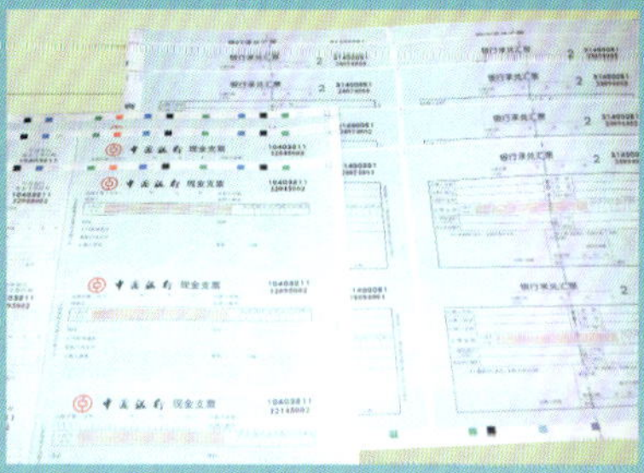

上海证券印制有限公司隶属上海印钞有限公司，是具有独立法人资格，面向社会的证券特殊印制企业。

1988 年，上海证券印制有限公司由上海印钞公司组建成立，在上海市普陀区工商管理局依法注册。公司既秉承了印钞企业“精准、优质、高效”的管理模式，更以市场为导向，凭借独特的工艺、领先的技术、安全的承诺，在印制领域铸就起属于自己的卓著品牌。

上海证券印制有限公司自成立以来始终潜心印制，尤其在安全、防伪、特种印刷领域独树一帜，赢得社会赞誉、深受客户信赖。如今，在占地总面积 6 万多平方米的土地上，建设起两幢现代化的办公、生产厂房，建筑面积达 4 万多平方米。

公司是中国人民银行、国家税务总局、上海市税务局、国家劳动和社会保障部、中国保险业监督管理委员会、中国邮政集团等部委的定点印制单位。主营业务包括：各类股票、债券、支票、汇票、国债凭证、有价票证等特种印刷业务；各种具有税务监制章的税票、发票、单据业务；具有商标印刷的业务；银行专用章刻制业务；邮政信封、邮资票品、EMS 速递详情单等印制业务；各种礼品卡、奖券、证件、印刷制版等社会活件业务。

品质源于专业。公司拥有现代化的先进设备和印刷技术。印前制作有巴可激光照排机、CPT 直接制版机等。印刷设备有海德堡、小森等多台先进的设备，以及信封机、烫金机、覆膜机等印后加工设备。

雄厚的技术实力以及先进的设备是企业的“硬实力”，而一系列科学高效的管理标准和深植于每一个职工心中的文化理念就是企业的“软实力”。

公司先后通过了 ISO9001：2008 质量管理体系、ISO14001：2004 环境管理体系、OHSAS18001：2007 职业健康安全管理体系等三大体系的认证。

多年来的发展实践，让公司深深懂得一家企业的成功与否，管理扮演着重要的角色。

对于工艺设计，力求环环相扣、科学流畅。从第一张白纸的投入到最后一箱产品的提交，都精心设计，确保品质与高效。

对于质量管控，公司拥有严格的检查与数管制度，对每一张产品反复检验、严格把关。对于每一个环节的流转，做到经手必数，数字准确。

对于安全保密，采用全覆盖的监控系统，让每一张产品从白纸到成品都处于 24 小时的严密监管过程中。

力求最严格的管理，同样追求最贴心的服务。在追求效益的同时，“客户满意”也是公司始终坚持的企业目标。因此，对于每一份订单，都全力以赴，坚决履约。常年来的“交货及时、安全可靠、质量过硬、服务优质”让公司成为社会各界值得信赖的企业。

联系方式：

地址：上海市普陀区绥德路 883 号　　联系电话：(021) 69113442 (营销部)

传真：(021) 69113402　　E-mail：shzqyz@yahoo.com.cn

中国国际自行车展览会再创历史新辉煌

上海协升展览有限公司鼎力打造国际三大展之一

由中国自行车协会主办，上海协升展览有限公司承办，以“骑行，演绎生活新时尚”为主题的第二十二届中国国际自行车展览会（CHINA CYCLE 2012）暨2012年中国国际摩托车及零部件交易会于2012年4月29日在上海新国际博览中心圆满闭幕。

全球最具规模及影响力的自行车交流及贸易平台

- 1289家中外企业参展
- 6011个展位
- 12万平方米展览规模
- 12万观众
- 国际展商较上届大幅增长55.2%

作为全球自行车业界三大自行车展览会之一的“中国国际自行车展览会”再显漂亮数据。

规模空前。除中国自行车行业的知名企业悉数到展外，来自美国、英国、德国、法国、荷兰、葡萄牙、瑞士、西班牙、匈牙利、意大利、巴基斯坦、韩国、马来西亚、日本、泰国、印度、香港、台湾和中国等19个国家和地区的知名企业齐聚一堂，如BIANCHI（比安奇）、BH（比驰）、SPECIALIZED（闪电）、TREK（崔克）、BMW（宝马）、LOOK、GIANT（捷安特）、MERIDA（美利达）、GH0ST（德亨达）、SHIMANO（禧玛诺），SRAM（速连）、CANNONDALE、GT、SIGMA（西格玛）、DT SWISS（德杰）、CAT EYE（猫眼）等国际知名品牌悉数亮相，抢滩中国未来的大市场。

新品云集。无数新产品、新技术、新工艺受到专业观众及自行车爱好者的热烈追捧。观众人次达到128632人次。观众人数共计87605人，其中国外观众9836人，国内观众77769人；专业买家61207人，普通观众26398人。国外观众来自84个国家，以台湾、日本、韩国、香港、美国、俄罗斯、巴西、印度、德国、印尼等国家和地区人数最多。

“展、秀、赛”同台演绎，自行车文化助推产业转型升级。“世界品牌自行车试骑活动”、“凯路仕——2012 CHINACYCLE 时尚秀”、“美利达杯——骑行，演绎生活新时尚自行车摄影大赛”、“2012中国国际极限运动单车大师赛”、“CHINA CYCLE 2012创新产品评选”、“最佳企业展台评选”等活动贯穿展会始终，吸引观众眼球，弘扬自行车文化。

上海东浩国际服务贸易(集团)有限公司(简称东浩集团)是经上海市人民政府批准，由市国有资产监督和管理委员会出资组建并监管的大型国有服务业企业集团，注册资本为 22 亿元人民币。东浩集团积极投入上海世博会筹办工作，负责建造了中国 2010 年世博会世博中心、主题馆两大永久性场馆和中国馆的前期建设，负责世博中心、主题馆在世博会期间的运营管理及世博会后主题馆的后续利用，在展览展示、人力资源、贸易物流等方面也为上海世博会提供了大量服务。

在发展主营业务上，东浩集团坚持立足上海城市功能定位，整合集团内外资源，建立了多元化、多板块、灵活多样的市场化运作模式，致力于打造以完整产业链为标志、全国布局合理的人力资源服务和国际化、专业化、市场化、品牌化的会展、传播、贸易服务，主营业务突出，业务规模和经济效益兼备，是上海市加快发展现代服务业重要的企业集团。2012 年东浩集团完成营业收入 684 亿元，实现净利润 5 亿元。集团在中国企业联合会公布的 2012 中国企业 500 强中排名第 189 位，在中国服务业企业 500 强中排名第 66 位；在上海市企联、市企业家协会、市经团联联合发布的 2012 上海百强企业名单上，集团名列第 20 位，上海服务业 50 强的第 10 位；在 2012 年上海市纳税百强榜中排名第 7 位。

上海东浩国际服务贸易(集团)有限公司

上海西郊商务区

上海西郊商务区是经上海市经济委员会批准设立，上海首个启动的生产性服务业集聚区，也是上海市总部经济促进中心列入重点扶持的16家总部经济基地之一。位于上海市嘉定区江桥镇，规划范围东至外环线，西至金沙江西路，南至北苏州河，北至沪宁高速公路。占地面积4.5平方公里，总建筑面积420万平方米，园区重点建设以下四大区域：总部经济区、第三方服务区、滨江生态绿化区、生活配套服务区。

依托上海在金融、贸易、科技、人才、信息等方面的优势，以自身独特的地理、区位、交通和生态条件，浓笔描绘企业总部蓝图，倾力打造为全国“面积最大、规模最大、功能最齐全、辐射最广”的“知识化、生态型、枢纽级”生产性服务业集聚区

园区具有独天得厚的区位交通优势，紧贴外环线和沪宁高速公路，与虹桥综合交通枢纽近在咫尺，坐拥上海与江苏、浙江两大经济圈的连接枢纽，距市中心人民广场17公里，离虹桥国际机场仅需8分钟车程。周边有沪嘉高速（S5）、京沪高速（G2）、沈海高速（G15）、绕城高速（G1501），312国道、204国道，沪宁、沪杭和京沪铁路，中环线、外环线、金沙江路。地铁13号线贯穿其中，设有金沙江西路站、华江路站。依托虹桥综合交通枢纽港航空、轨道交通、高速铁路、磁悬浮及地面公交等多位立体化交通网络，近可达长三角各城市，远可畅通世界各地。

面向长三角，依托大虹桥，以总部经济、电子商务、创意文化产业为产业方向，打造多种产业并举、主业特强的产业集聚区。目前A、B、C-1区已经建成并交付使用。其中A区公共服务中心除了为入驻企业提供政策咨询、一站通关、企业融资和税收服务外，还提供餐饮和休闲运动等服务；B区吸引了大连万达、绿地集团、常茂生物、太太乐等著名企业入驻集聚区，贝拉维拉制衣、鹏城王酒业、三菱电机、兆地集团、华驰投资集团、长久实业、慧创国际等十多家优秀企业竞相把企业研发中心、销售中心、地区总部落户到商务区。C-2国际区于2012年底建成，全球第三大电子零件通路商、台湾上市名企大联大集团已签约购买C-2整栋办公楼，作为该集团在上海的企业总部。

上海西郊商务区将以一流的设施、一流的环境、一流的服务，为入驻企业创造更具链条效应的“产业环境”，打造更具乘数效应的“投资环境”，建造更具生态效应的“办公环境”，成为跨国公司、国内企业地区总部、研发机构和采购中心的投资热土与创业乐土。

地址：上海市嘉定区沙河路337号　邮编：201803　电话：69112530　传真：69110906
邮箱：jjqjjc@sina.com　网址：http://www.jjqjjc.com/　http://www.69111666.com/

圆通速递 EXPRESS　中国人的快递

引领中国速递

圆通速递愿景是：具有国际竞争力的快递品牌、受人尊重的百年企业、打造中国民族快递业的著名品牌。

圆通蛟龙集团总部基地鸟瞰示意图

圆通速递目前航空运输通达城市已达70余个

上海圆通速递有限公司创建于2000年5月28日，2010年底，成立上海圆通蛟龙投资发展（集团）有限公司，标志着圆通向集团化迈出了更加坚实的一步。历经12余载艰苦创业，现已经跨越式发展成为中国快递行业领导品牌之一，公司现拥有8大管理区、64个转运中心，遍布全国的6000余配送网点，10万名员工，直接服务国内1600余个城市，航空运输通达城市70余个。多年来，圆通被评为全国交通运输行业文明示范窗口、全国青年文明号、全国快递旺季服务保障先进企业、上海名牌、上海市青年文明号（共青团号）、上海市“诚信企业”等。

2012年经过全体圆通人的共同努力，紧紧围绕企业所制定的各项发展目标，各项工作均取得了较好的成绩。全网完成快件业务量达到9亿件左右，单日揽收件量创历史新高，超700万件；实现了市场占有率18%；产值达到130亿元左右。公司愿景是：具有国际竞争力的快递品牌、受人尊重的百年企业、打造中国民族快递业的著名品牌。

2013年是圆通速递转型升级的决战年、超越之路的起步年，全网将以党的十八大精神为指针，以科学发展观为行动指南，认真学习全面贯彻国家邮政局马军胜局长在全国邮政管理工作会议上的讲话精神，全面提升圆通服务质量，扎实推进网络管理标准化和规范化建设，提升以技术、品牌、质量、服务为核心的竞争力，实现全面超越，努力开创圆通科学发展的新局面，更好地服务于广大消费者，努力实现承诺服务这一目标。

打造百年品牌
圆通速递华东管理区上海转运中心办公大楼
圆通速递华东管理区上海转运中心
圆通速递华东管理区无锡转运中心
圆通速递华南管理区深圳转运中心
上海圆通蛟龙投资发展（集团）有限公司
上 海 圆 通 速 递 有 限 公 司
圆通速递总部：上海市青浦区华新镇华徐公路 3029 弄 28 号
客服热线：021-69777888 / 69777999 网址：www.yto.net.cn

宝山有宝·罗泾有金·投资罗泾·前程似锦
培育1000个
千万富翁的五星之家
5星之家
上海宝山经济发展区
SHANGHAI BAOSHAN PRIVATE ECONOMIC ZONE

【概况】2012 年金山第二工业区完成工业总产值 88.27 亿元，比上年增长 32.4%，实现税收 4.68 亿元，比上年增长 62.4%；工业性投入 15.04 亿元，比上年增长 49%；工业项目到位资金 14.05 亿元，比上年增长 27.3%；合同利用外资首次突破亿元大关，达 10100 万美元，比上年增长 81.5%，占全区 30%；外资到位资金 5493 万美元，比上年增长 82%；新签约项目 11 个（其中 4 家为世界 500 强企业），新增用地 373 亩，总投资 15.44 亿元，亩均投资额度为 414 万元，新开工项目 10 个，总投资 11.82 亿元，新竣工项目 18 个，总投资 20.36 亿元，新投产项目 10 个，总投资 14.37 亿元，新增产值 17.5 亿元。年内调整产业结构 7 家，腾出土地 66.25 亩，厂房面积 2.6 平方米。

园区荣获“上海市优秀招商团队”称号。近年来，二工区立足精细化工的优势，瞄准重点领域行业高端，集聚行业龙头开展招商。制定了项目引进原则，明确了项目预审、实地考察制度，从产业、环保、技术、品牌、效益等方面加强审核，以引进世界级企业为目标、对环保处理不良、经济效益偏低的项目坚决不予引进。2011 年共拒绝引进 30 余家。对一些行业龙头，世界 500 强企业，真诚服务，建立了重点项目推进制度，做到专人负责。在项目推进中遇到的障碍做到第一时间了解，第一时间应对，第一时间解决，并主动拜访，以诚招商，增强了外资落户的信心。至今，园区已引进东邦、竹本油脂、巴斯夫、立邦等 28 家外资企业总投资 51 亿元，预计全部投产后可产出 132 亿元，税收 10 亿元。

上海消防总队金山支队金卫中队进驻二工区。1 月 9 日，上海消防总队金山支队金卫中队隆重举行进驻仪式。副区长、公安分局局长马淮海，市消防局副局长孙勤参加仪式并致辞。市消防局副政委张月明和区消防委副主任、公安分局副局长潘洛一共同为金卫消防中队揭牌。

金卫消防中队坐落在第二工业区春华路，2010 年 10 月开工建设，2011 年底竣工，总投资 2938 万元，占地面积 4800 平方米，建筑面积 2000 多平方米。该中队主要承担第二工业区的消防并辐射附近商业居民的消防。

园区举行精细化工孵化加速器项目（A 区）奠基仪式 2012 年 9 月 26 日，金山第二工业区隆重举行精细化工孵化加速器项目（A 区）奠基仪式，区委书记杨建荣、区委副书记祝学军、区委常委、副区长沈华棣出席并会见亨斯迈公司聚氨酯事业部亚太区副总裁王顺生等高层。

亨斯迈是全球最大的特殊化学品及染料制造商和营销商之一，总部设在美国犹他州盐湖城，它为多种全球性产业提供基础产品，包括化学品、塑料、汽车、航空、纺织品、鞋类、油漆与涂料等。2011 年，该公司的营业收入超过 110 亿美元。

此次，亨斯迈欲在金山第二工业区内 100% 独资拟建“年产 21000 吨热塑性聚氨酯橡胶”（定制厂房）生产建设项目。土建由金山第二工业区投资建设，建成后整体租赁于亨斯迈，这是金山第二工业区在目前土地资源紧缺情况下尝试的新发展模式。目前，亨斯迈已在园区设立了新公司，项目总投资 12800 万元，注册资金 800 万美元。

奠基仪式上，副区长沈华棣代表区委、区府发表了热情洋溢的讲话，亨斯迈公司聚氨酯事业部亚太区副总裁王顺生致词，热塑性聚氨酯全球商务总监 Jan Verstraeten 介绍公司前景，金山卫镇镇长、金山第二工业区管委会主任沈国忠致欢迎词，镇党委书记干永琴主持奠基仪式。区委、区府、镇党政领导与亨斯迈公司高层共同为奠基培土。

园区道路网格全部贯通。随着园区冬隆路道路市政工程施工全部完成，至此园区道路网格全部构通，道路桥梁基础设施建设全部完成。二工区规划面积 10.78 平方公里，从 2011 年开始规划设计施工道路雨污水管等七通一平。园区道路 4 纵 4 横，4 纵为春华路、夏盛路、秋实路、冬隆路；4 横为海金路、华通路、华创路、金瓯路全长 20.45 公里，加上区建道路 5.1 公里，园区总道路长度为 25.5 公里。经过十年建设实现了全线贯通。从而改善了园区的交通环境，为招商引资创造了良好的投资环境，园区雨污水管道路铺设为 50.58 公里，其中污水管网 27.19 公里，污水管 23.39 公里。

金山第二工业区荣获“金山区平安单位”称号。近年来，二工区在推进园区经济发展的同时，注重园区平安建设工作，做到明确工作目标，健全组织机构，落实工作制度。组建了安环部，切实加强园区企业的安全环保工作，与企业签订平安创建责任书，重点做好化工企业安保工作。2011 年，组织园区内化工企业开展消防演练比赛活动，同时指导企业开展综合治理工作，不断提升企业内部防范管理能力。通过平安创建活动，营造了和谐有序、安全环保的社会环境。

上海金山工业区

上海金山工业区，位于金山区东部，地处长三角经济圈中心，区域总体面积 58 平方公里，是上海市九大市级工业区之一，也是上海市政府正在打造的“杭州湾北岸先进制造业基地”的重要组成部分。经过近十年的发展，金山工业区初步形成了绿色印刷、生物医药、食品加工、电子信息、新材料和新能源等六大产业集群，经济规模不断壮大、产业优势更加突出、配套功能不断完善、发展环境更加优化。

上海青浦工業園區發展(集團)有限公司

SHANGHAI QINGPU INDUSTRIAL ZONE DEVELOPMENT (GROUP) CO., LTD.

上海青浦工业园区成立于 1995 年 11 月 25 日，是市政府重点扶持发展的市级工业开发区，是上海通往江苏、浙江两省的交汇点，也是长三角“之”字型经济圈的交接处。独特的区位环境和优越的自然环境，造就了既适宜世界先进制造业的承接，又注重生态环境建设的绿色工业园区。目前园区内主导产业格局已经形成，产业集群效应明显。形成了以德国海德堡印刷设备、美国当纳利印刷、香港中华印务为主导的印刷传媒产业，以日本发那科机器人、德国库卡、美国斯伦贝谢油田设备为代表的精密机械产业，以腾讯云计算中心、日本 NEC 光电、住友微电子、美国伯乐电子为代表的电子信息产业，以日本三菱重工、高田汽配、德国采埃孚为代表的汽车零部件产业，以美国英威达、法国博舍为代表的纺织新材料产业。同时，以日立电梯为代表装备产业也悄然兴起，一个工业集中、产业集聚、土地集约的产业格局正逐步铸就。

上海淀山湖生产性服务业功能区一期

2010 年 7 月，随着“一园三区”的正式成立，上海青浦工业园区发展（集团）有限公司规划面积调整为 16.1 平方公里。园区集团公司将在发展中转型，用转型促发展，围绕“一芯两极”的总体工作目标，高起点推进商务区开发，呼应产城联动；高标准建设总部基地，转变发展方式；高质量推行企业服务，提升产业能级，进一步做强、做优、做精新的青浦工业园区，打造成为集总部、商务、制造为一体的精品区，为促进工业园区和青浦新城的功能协调发展作出新的贡献。

上海青浦工业园区中央商务区岛区

上海青浦工业园区继 2010 年 9 月上海淀山湖总部基地获上海总部经济促进中心认定为“上海企业总部试点基地”后，2011 年 5 月园区所属的上海淀山湖生产性服务业功能区又获得市经信委批准，并被列为全市重点推进和重点创建的功能区。上海淀山湖生产性服务业功能区将以创新未来，开启智慧之门，打开财富之门的设计理念；以“谷”聚智、引“水”聚富、营“绿”聚人的设计思想；可分可合、灵活多变的设计结构；现代、简洁、明快、灵动、经典的建筑风格，建成“上下联动、左右衔接、一次投入、多次产出的包含价值链、企业链、供需链和空间链的经济产业链；财智聚集、功能多元、生态和谐的家园；绿廊渗透、绿水环绕、绿肺成片的绿洲。同时将采用“园区引导、市场开发”优惠的招商政策和灵活的开发形式，重点围绕总部经济、软件信息服务业等开展招商引资，以尽可能小的土地面积实现最大的经济和社会效益。

上海青浦工业园区商务大楼

市北高新技术服务业园区
SHIBEI

上海市市北高新技术服务业园区

上海市市北高新技术服务业园区(以下简称“市北高新园区”)成立于1992年8月,园区四至界线为:东至泗塘,西通彭越浦河,南达汶水路,北抵走马塘—共和新路—场中路,总规划面积3.13平方公里。

市北高新园区是国务院批复同意建立的全国第三家国家自主创新示范区——张江国家自主创新示范区的重要组成部分,是上海中心城区距离人民广场直线距离最近的国家级高新技术产业开发区。

建园20年来,在上海市委、市政府的亲切关怀和闸北区委、区政府的正确领导下,园区面貌、产业能级、经济总量、配套功能、品牌效应等发生了历史性变化。园区综合发展指数在全市5平方公里以下小型开发区中排名第一;单位土地利润、单位土地税收产出强度在全市开发区中排名第二,已成为上海“创新驱动、转型发展”的示范窗口和闸北“南高中繁北产业”发展的闪亮名片。

地址:上海市江场三路262号
电话:021-5770133
网址:www.shibei.com
传真:021-56770134

A股简称:市北高新 股票代码:600604
B股简称:市北B股 股票代码:900902

上海市工业综合开发区

地 址：环城西路 3111 号　电 话：33655166　传 真：33655999

上海市工业综合开发区成立于 1994 年，位于上海市“十二五”期间重点建设的奉贤南桥新城规划板块的中西部，区域面积 20.8 平方公里，其中包含一个占地 3 平方公里的国家级出口加工区——闵行出口加工区。

上海市工业综合开发区为上海市 9 大市级开发区和 29 家市品牌园区之一，也是上海市首批新型工业化示范基地之一。经过十多年的发展，开发区已从基础性开发进入到功能性开发阶段，形成了以新能源、汽车配件、装备制造、生物医药、输配电、电子信息六大产业版块为主的工业体系。截止 2012 年，共有实业型企业 292 家，涉及 25 个国家和地区；实业型工业企业 219 家，其中外资企业 140 家，占 65%；2000 万以上规模企业 99 家；2012

和黄药业研发生产基地开工奠基

创先争优表彰

年实现工业总产值 390 亿元，总税收 24 亿元。

随着上海市“千人计划创业园”落户奉贤，以及张江高新技术产业开发区奉贤园的建设，为作为主体实施区域的上海市工业综合开发区带来了新的发展机遇。开发区围绕“创新驱动、转型发展”，加快推进“二次开发、二次创业”，以“千人计划创业园”和“欧洲中小企业产业园”建设为重点，深入实施转型升级工程，力争在做强主导产业、发展扩大产业链、优化产业结构、促进现代服务业发展上实现新的突破，努力打造一个繁荣、文明、和谐的大上海的工业家园。

上海市工业综合开发区生活配套区项目开工

上海市工业综合开发区中小高科技企业孵化基地奠基剪彩

深化“二次开发”

2012年，金桥开发区按照“创新驱动、转型发展”的工作要求，结合“二次开发、创新转型”的发展构想，全力推动经济社会发展迈入新起点，取得新进展。全年完成工业总产值1998亿元、税收收入367.66亿元、地方财政收入29.51亿元、内资注册资本73.08亿元、固定资产投资90亿元，吸引合同外资5.58亿美元、实到外资5.02亿美元。取得了四方面的发展成效。一是园区产业转型不断深化。推动上海市服务业综合配套改革试点、国家新型工业化产业示范基地创建、知识产权试点园区和示范园区创建工作。二是园区发展动力不断增强。完成更名“上海金桥经济技术开发区”。开展金桥未来转型发展课题研究。推进地铁板块土地二次开发试点项目、南汇园区大治河以南区域概念规划编制。推动金桥备用地Ⅳ土地征收和协议动迁工作。贝尔增资等项目落地，沃尔沃建筑设备中国总部等总部机构落户金桥。南汇园区先后引进北大微电子园项目等，智城项目全面推进。三是

推动创新转型

——上海金桥出口加工区管委会

园区管理服务不断规范。拟定《关于金桥出口加工区对人才公寓工程实施财政扶持的暂行管理规定（初稿）》等。领导带队集中调研走访企业。完成规划管理等各类审批累计 1122 件。落实“海葵”等台风应急预案。开展安全检查 1600 家 / 次，整改隐患 2744 件。南汇园区积极为中小企业搭建融资通道和人力资源平台，出台《关于加强规划范围内土地管理的暂行办法》等。四是园区环境配套不断改善。推进金桥工业区 A 单元控制性详细规划、南汇园区控制性详细规划（调整）和水系专业规划、金桥开发区公共空间景观风貌概念规划编制。做好金桥备用地Ⅳ和金桥地铁停车场上盖的规划编制、报批工作。南汇园区做好地区雨水管网和天然气管道铺设处理等工作。开通高峰时段短驳线 1026 路、1028 路和 1045 路，建设园区首个公交首末站，实施明月路 / 川桥路路口渠化工程。

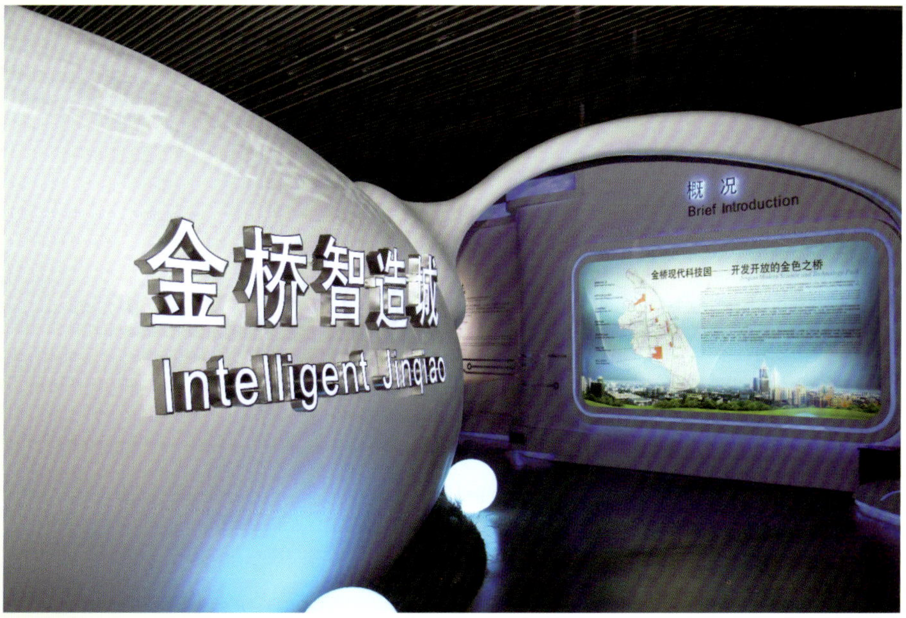

上海市莘庄工业区

欧美、日本企业占 80% 左右，其中世界 500 强投资的企业 47 家，投资额 1000 万美元以上企业上百家，研发企业 53 家（含内设研发部门的企业）；内资方面，包括航天、船舶等国有大中型企业、科研院所 100 多家，民营企业 2000 多家。在市权威机构评定报告中，莘庄工业区在全市产业园区综合发展指数上排名第五位，世界 500 强企业入驻数量排名第四位。

聚焦招商，加快园区研发、销售企业落户。一是老企业存量土地利用开发成效显著。在不新供土地的前提下，佛吉亚总部、营销、研发中心，苏威总部、研发中心，大金研发中心，GE 科孚德营销、研发中心，赢创研发中心，申沃研发中心（均为 500 强企业）等相继落地并开工建设。二是"两头"研发销售在园区的企业明显增多。除上述企业外，华硕营销中心、山特维克营销中心、日本电装营销中心、波士胶营销、研发中心、法液空研发中心（均为 500 强企业）等一批企业落地并开工建设或进入运营阶段。三是项目供地和开竣工稳步推进，相继引进一批先进制造业企业完成供地并进入开工建设准备阶段。如华电 &GE 航改机项目、福伊特驱动项目、贺德克工业流体项目等，为提升产业能级打下扎实基础。另外，上海闵行国际物流中心有限公司扩园拟选用中航光电子公司闲置土地合作开发，正在积极筹划之中。

围绕转型，有序推进东西"两翼"开发。一是正式启动西区生产性服务业集聚区的开工建设。截止 2012 年底，光华路工程华西湖绿地项目、光中路延长段（华宁路—华西路）和华西路延长段（光华路—颛兴路）均已开工建设，西区会所设计和市政二阶段（五条城市支路）的立项、规划及土地报批手续已完成办理。充分利用已落户企业资源，在 2 平方公里的范围内，发展"总部经济、营销中心、研发中心、高技孵化、专业服务、外包服务"等六大重点领域。二是配合全区"一轴一带三大功能区"的建设，促进东区沪闵路沿线工业带升级改造。在沿线改造方面，已着手进行规划调整，委托国际房地产顾问戴德梁行公司作战略策划。另外，对原本良莠不齐的企业进行置换调整，打造工业区独特的门户形象，形成具有区域影响力的创意智力产业集群带。

上海嘉定工业区开

南门商务圈

大陆泰密克

中广国际广

发（集团）有限公司

大众动力总成 TSI 发动机工厂

上海嘉定工业区（上海嘉定工业区开发（集团）有限公司）是经上海市人民政府批准设立的市级试点工业园区，同时也是上海市品牌园区。园区地处上海西北部，总面积 57.2 平方公里，分南区和北区两大重点开发区域，下辖八个国家级园区（上海张江高科技园区嘉定分区、国家留学人员嘉定创业园、上海嘉定出口加工区、国家广告产业园区、国家电子商务示范基地、上海复旦复华国家级大学软件园、上海中科高科技软件园、上海大学国家科技园）。园区位于沪宁发展轴上，雄踞长三角十五个城市群的中心地带，紧密连接江苏省和上海市区，区位优势十分明显。

近年来，嘉定工业区紧紧围绕“创新驱动、转型发展”总体要求，按照嘉定区委、区政府三大奋斗目标（新城建设出好形象、产业转型全市率先、社会发展市郊领先）的战略部署，全面推进“四个示范区”（即：把园区打造成“先进制造业的核心区、现代服务业的集聚区、科技创新的先行区、生态和谐的示范区”）建设，园区经济总量持续攀升，单位土地产出超过 65 亿元 / 平方公里，主要经济指标均位于全区前列，并超过全市工业区平均水平。目前已有来自世界 40 多个国家和地区的 2000 多家企业入驻园区，包括：沃尔沃汽车、上海大众动力总成、大陆泰密克、百度在线、京东商城、联影医疗、中科深江等一大批优质项目。项目总投资超过 300 亿美元，已初步形成优势明显的汽车及其零部件、高端设备制造、总部经济、电子商务、文化创意、服务外包、新能源新材料以及国家重大战略产业化项目为重点的八大支柱产业体系。目前，园区内世界 500 强企业超过 30 家。

2012 年，园区完成规模以上工业总产值 690 亿元；税收总额 56 亿元；实现地方财政收入 13 亿元。按照“创新驱动、转型发展”的总体要求，嘉定工业区坚持加大“调结构、促转型”力度，致力先进制造业向高端化、集约化发展，致力于现代服务业向规模化、功能化发展，致力于战略性新兴产业的培育和壮大，全力打造上海西北部的产业高地，努力创建“国家级高新技术开发区”。

工业区大楼

意产业基地

地址：上海市嘉定区汇源路 200 号
邮编：201807
联系电话：021-39966500

上海老港工业区

老港是中国第一枚火箭升空的地方。老港工业区是 1995 年经原南汇县人民政府批准的区级工业区，占地面积 4 平方公里。经过几年的努力，园区历经了从无到有、从小到大的发展轨迹，并于 2006 年经国家发改委第 66 号公告正式成为市级工业区“浦东空港工业区”的重要板块之一。2010 年 1 月，老港工业区划入金桥出口加工区实施联动发展。2013 年 2 月，老港工业区纳入张江高新区金桥园，充分享受大张江政策。

随着两个中心建设的逐渐深入，地处两港之间的老港区位优势日益凸显：距洋山深水港 12 公里，距浦东机场 8 公里，距中国商飞总装基地仅 2 公里，与临港新城产业园隔河相望；镇工业园区主干道拱极路连接两港大道、G1501 和 S32 高速，同发路延伸至沪南公路，与园区周边的沪通铁路、轻轨 16 号线等更成了极为便捷的交通体系，而老港也成了连接两港枢纽通道上的交通要塞。再加上，金桥开发区已在临港设立了产业基地，作为同是大金桥板块的老港工业区将能更好地实施联动发展。

完善的基础设施，独特的地理位置，全程“保姆式”服务，将使老港工业区既能充分利用现有的各类资源，又能依托大金桥的平台，积极培育节能环保、大飞机项目配套产业。相信在园区上下的共同努力和社会各界的关心下，老港工业区的未来更美好。

上海奉浦生产性服务业功能区有限公司

上海奉浦生产性服务业功能区（原名：上海丽洲生产性服务业功能区）成立于2009年6月，是上海市经济和信息化委员会认定的上海首批19家生产性服务业功能区之一，获批时面积为7公顷。2010年5月正式成立上海奉浦生产性服务业功能区有限公司。为更好地体现本市“创新驱动、转型发展”的总体要求，2011年6月，上海市工业综合开发区为加大生产性服务业（2.5产业）建设规模，参股并控股了奉浦生产性服务业功能区有限公司，确立了未来2.5产业新的发展方向。开发区将以奉浦功能区的项目示范引领区内制造企业转型并创建新的产业模式，并规划在奉浦大道以北、大叶公路以南的环城东路两侧组织生产性服务业企业的集聚。在市有关部门对沿线企业闲置土地进行重新规划后实施开发，同时，对企业旧厂房进行改造，努力使本功能区成为奉贤区新型服务业标兵。

地址：奉贤区环城东路383号
电话：021-67100456
网址：http://www..fp3636.com
E-mail : fp3636@126.com

崇明工业园区

崇明工业园区于1996年2月经上海市人民政府批准成立，是崇明岛上首家综合性市级工业园区。园区规划总面积10平方公里，地理位置优越，周边交通便利，先后荣获“上海市高科技产业基地”和“上海市科技园区”称号，连续四届被评为“上海市文明单位”，并率先通过“ISO质量管理与环境管理”两项认证。园内现有落户企业46家，注册企业5000余家，已成为岛上经济发展的重要增长点，也是岛上重要的工业集聚地之一。

近年来，在崇明县委、县政府的正确领导下，园区深入践行科学发展观，紧扣《崇明生态岛建设纲要》，围绕“十二五”发展规划，按照“创新驱动、转型发展”的总体要求，加大招商引资力度，积极推进形态开发，不断完善服务功能，努力优化和调整现有产业结构，倾力打造绿色生态工业园区。

随着崇明国家级生态岛建设的不断推进，园区将继续依托现有的区位优势和产业基础，不断调整发展战略，拓展招商领域，以更优惠的扶持政策、更全面的配套服务，积极吸引国内外新技术、新项目落户园区，为全面推动区域经济社会快速发展而努力奋斗。

招商热线：021-69625816/55383584
园区地址：上海市崇明县城桥镇西门路799号
市区办事处地址：上海市杨浦区吉浦路88号

上海漕河泾新兴技术开发区
——海宁分区

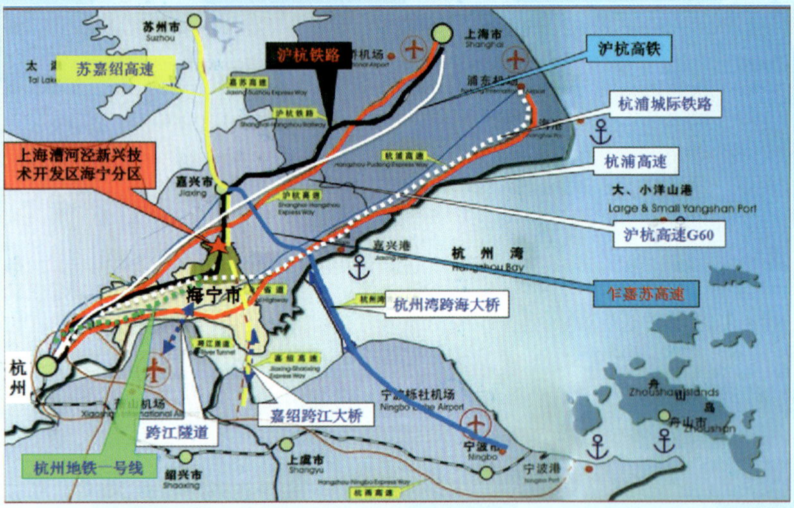

一、概述

上海漕河泾新兴技术开发区海宁分区是沪浙首个国家级开发区异地共建的合作园区，由海宁市人民政府、上海漕河泾新兴技术开发区和海宁经济开发区合作设立。总规划面积 15 平方公里，致力于发展电子信息、先进装备、新能源、新材料、生物医药等先进制造业及现代服务业，着力培育发展物联网、节能环保等战略性新兴产业，配套发展生产性服务业。2009 年 12 月 17 日，漕河泾开发区海宁分区公司（下称分区公司）正式成立，并作为海宁分区唯一的开发、建设、经营、管理主体，公司注册资本 2 亿元。

二、规划建设

坚持规划先行。分区公司委托英国合乐公司编制完成总体城市设计，并委托上海现代规划设计院编制了控制性详细规划，进一步描绘和深化了以打造海宁城北“康湖”为核心的现代产业新城规划蓝图。

坚持打造优良基础设施和环境平台。至 2012 年，已完成启动区域主要道路和河道建设，完成绿化景观建设约 5.6 万平方米，初步建立绿化环绕、河道顺畅、道路通达、场地平整、项目落户、配套齐全的园区新形象。

坚持高标准厂房建设。为法国宝捷公司量身定制的厂房竣工并交付使用，标志着分区公司内厂房建设初见成效。

三、招商引资

依靠上海漕河泾开发区的平台及沪浙两地合作的优势，至 2012 年底已引进包括中远物流、宝捷机电、普泰环保、昱扬电子等一批优质项目，实现了海宁分区招商引资工作的良好开局。

四、海宁科技绿洲项目

海宁科技绿洲项目是引进上海漕河泾开发区科技绿洲品牌和经验的新型项目，总占地面积约 6.7 万平方米，建筑总面积约 10 万平方米。计划到 2014 年底将完成全部厂房、商务楼及服务设施的建设，目前首期 3.5 万平方米的标准厂房和综合服务大楼已开始招商。该项目计划建有 11 幢标准厂房、1 幢标志性的 16 层商务楼及 1 幢设有会议、餐饮、咖啡吧、便利店等配套的综合服务中心，涵盖了研发办公、制造生产以及商务服务三种功能。同时，园区配备充足的停车、电力、通讯和一流的物业管理。海宁科技绿洲传承了漕河泾“科技绿洲”所体现的“现代、创新、开放、包容”的特征，旨在打造一个集生产、生活、生态为一体的示范园区，作为展示漕河泾海宁分区形象的窗口，迎接广大客商入驻。

长风生态商务区

上海普陀

国际水准 海派风格 生态效益

上海首批重点推进的现代服务业集聚区之一，上海首批服务业综合改革试点区域之一。

东起长风公园，南临苏州河，北以金沙江路为界，西至真北路中环线。实际可规划开发的土地面积 2.2 平方公里，开发总量 290 余万平方米，其中，办公楼和商业娱乐设施 200 万平方米；酒店式公寓、高尚住宅 70 余万平方米；社区中心、学校、幼儿园、医院、体育馆等公建配套设施 20 余万平方米。地块沿河岸线长 2.7 公里，整体绿化率超过 50%。

上海化工研究院研发大楼

围绕"商贸会展、金融服务、文化旅游、高新科技"四大产业板块，全力打造跨国采购中心基地、"长风金融港"、长风景畔影视主题娱乐中心和"一园十馆"为引领的苏州河文化长廊、现代汽车服务业集聚区、生态智能科技应用五大平台，凸现"生态、文化、智慧"三大特色。

上海跨国采购中心

商务区 2012 年总税收突破 20 亿元，在 2010 年园区总税收近 5 亿元，2011 年 10亿元的基础上再次实现翻番。园区新引进企业 95 家，注册资本金 14.9 亿元，外资 901.5 万美元，园区户管企业累计数达 264 家。已有艺康(纳尔科)、施耐德电气、IFF、维氏钢刀、中国国电等一批国内外知名企业入驻。园区税收亿元楼已达 5 幢。"长风金融港"累计入驻企业 84 家，募资总额 108.6 亿元，累计对外投资 35.8 亿元，已逐步成为普陀区金融服务中心。

长风生态商务区

从传统老工业基地到国际化现代服务业集聚区，长风，已成为上海现代服务业新高地，苏州河生态景观长廊的新景观，是上海转型发展的成功典范。

长风1号绿地

长风金融港

园区团拜会

顾村工业园区

顾村工业园区成立于 1994 年，二〇〇六年经上海市政府批准整合升级为市级工业园区，列入为上海市 104 产业园区，总占地面积共 3.63 平方公里。顾村工业园区坐落于市郊新城顾村镇，毗邻占地面积达到 6480 亩上海最大的郊野生态公园——顾村公园。2012 年 9 月，上海市经信委批准成立上海市机器人产业园(宝山)，顾村工业园区正实现从传统工业园区到现代化工业园区的华丽转身。

园区内基础设施一次规划，分步实施，而且已做到了"九通一平"。外环线、郊环线、沪太路主干道和轨道交通 1、3、7 号线使园区链接上海各主要港口、机场的距离均在 40 分钟内。园区经多年开发，环境优美、设施健全、交通便捷，规划中的轨交 18 号线更是直达园区。园区已开辟了园区定班车通往地铁站方便园区企业员工上下班，公交 701 路、702 路、宝山 1 路、宝山 3 路、宝山 8 路等把顾村与市区和吴淞、宝山、嘉定及江苏太仓等周边地区连接了起来，区位优势明显。

目前，园区入驻企业 100 多家，发那科机器人公司、鑫燕隆汽车流水线制造公司、法维莱轨道交通车辆公司、网络 net 餐饮服务机器人公司等机器人生产、服务、应用企业已经落户园区。

上海机器人产业园初步确定"一主一辅一配套"的功能定位和"三区两轴一核心"的整体规划布局。

"一主一辅一配套"的功能定位包括："主"以建设机器人产业链为核心的产业集群；"辅"以建设相关职能装备制造基地；建设高端生产性服务业集群为"配套"。"三区两轴一核心"的规划布局中，"三区"是指机器人研发及成果转化区、总部经济区、智能装备制造区。"两轴"指沿横贯园区、东西向的友谊西路主干道打造的现代化、多元化综合性商务轴和沿纵贯园区、南北向的富联路打造的体现工业生态和谐共融的生态景观轴。"一核"指机器人产业园公共服务核心区。

根据这一规划建设思路，我们的目标是将上海机器人产业园打造成为"中国智能装备制造产业技术创新引领示范区、全球重要的以机器人研发生产为核心的智能装备制造基地"。力争至 2017 年末，园区引入企业 600 家左右，实现招商引资投资额约 200 亿元，投资强度达到每亩 500 万元，实现税收每年 10 亿元，就业人数在 3 万人以上。

我们将全力加快园区建设，力争早日实现规划目标。顾村镇地方政府将进一步整合各方资源，对入驻园区的企业从科技、金融、人才等方面提供全方位的支持与服务，不遗余力地为企业的发展壮大，营造更加宽松适宜的发展环境，提供更多发展空间和舞台。

我们也真诚的欢迎国内外智能装备制造企业、高校、科研院所及专家学者们，与上海机器人产业园开展技术交流与项目合作，积极参与上海机器人产业园建设，为上海新一轮产业发展做出贡献！

上海临港地区开发建设管委会

滴水湖皇冠假日酒店

野生动物的栖息地—临港新城的东滩湿地

临港地区位于上海市东南端的长江与杭州湾交汇处，毗邻洋山集装箱国际深水枢纽港和浦东国际航空枢纽港，地跨上海市浦东和奉贤两区，规划面积超过 310 平方公里，分为主城区、重装备区、物流园区、主产业区、综合区、奉贤分区等板块。开发建设临港地区是上海市委、市政府着眼于进一步提升城市竞争力，优化产业布局，加快推进上海国际航运中心建设而做出的战略决策。区域内引进上海临港经济发展公司、上海港城集团开发公司、上海闵行联合发展公司、金桥集团等多家开发主体负责临港地区不同板块的开发建设。经过 10 年的建设，临港地区已经成为国家和上海重要的高端装备产业制造基地和战略性新兴产业发展基地。

2012 年，临港地区主要经济指标实现两位数增长。全年完成固定资产投资 180 亿元，同比增长 16%；完成工业总产值 516 亿元，同比增长 13%；招商引资超过 150 亿元，同比增长 43%；实现税收收入 32. 52 亿元。

产业集群建设取得新成效。围绕主导产业，临港加大战略招商力度，积极引进了一批产业优势明显、科技含量高、带动能力强的重大项目，增强临港产业的集聚能力。年内，中航商用航空发动机、美国霍尼韦尔 APU 制造、西班牙 ARITEX 平尾装配线等 75 个内外资项目落地，投资总额超过 150 亿元，同比增长 43%，是历年来增幅最大的一年。以徐工一期中型挖掘机、攀时新材料为代表的 25 个重点项目顺利开工，完成产业固定资产投资首次超过 100 亿元，占全年固定资产投资总额的 60%。三一精机、映瑞光电等 57 个在建项目加快推进，凯士比核电泵阀、西门子风力发电设备等一批企业正式投产，申能燃气电厂、第一机床厂、苏尔寿工程机械等一批重点企业运营正常，产值保持了两位数增长，成为临港工业生产的中坚力量。在各方的支持推动下，上海电气集团临港基地产值突破 100 亿，成为临港地区首个产值超百亿的产业项目。此外，2 万吨级公共口岸码头一期完成水域工程，码头装卸设备安装到位，实现试运营。大芦线航道整治一期工程航道部分基本完工。

开发建设迈入新阶段。为贯彻落实年初俞正声、韩正两位主要领导临港调研的指示精神，市委启动了《在临港地区建立特别机制和特殊政策》重点课题调研，在深入调研、反复研究的基础上，形成了“集聚高端产业、集聚创新创业人才、强化产城融合”的战略思路，明确了 8 项特别机制和 24 条特殊政策，作为上海创新驱动、转型发展，支持推动临港地区加速发展的重大战略举措。9 月 12 日，市委正式下发了《关于在临港地区建立特别机制和实行特殊政策的意见》(沪委发 [2012]16 号)。市委市政府对临港管理体制进行了调整，组建成立上海市临港地区开发建设管理委员会和浦东新区南汇新城镇，按照“管政合一”的模式进行运作。浦东新区经信委部分机构和区农委已先行入驻临港行政中心，工商、税务、质检、食药监、市区国家统计数据中心等单位在临港设立了分支机构，检察院、法院、公安等也将在临港建立派出机构。临港行政服务中心投入运营，质监、安监、环保、消防等 12 个部门相继入驻，开设服务窗口 36 个，涉及行政审批和社会救助事务 280 项，优质、高效的“一门式”服务体系初步建立。

城市建设取得新突破。上海国际影视城项目，控详规划正式获批，正在深化研究土地出让机制、城市设计方案等相关工作；上海极地海洋世界项目，已完成规划征询，启动了土地评估等前期工作；临港软件产业园项目，在市、区经信委的大力支持和积极推动下，正在着手完善规划、制定政策，中铁十七局和美国环球因特网公司合作开发、总投资 10 亿元的软件研究中心作为首个入园项目正式签约；与上海水产集团合作开发的“远洋深水渔港”项目，成立了工作领导小组和投资开发公司，将于近期签订框架合作协议；南岛游艇俱乐部项目完成各项前期手续；上海天文馆、国际马球会等一批项目也在积极洽谈中。这些功能性项目将为临港地区今后城市功能形成和人气集聚奠定扎实基础。临港大道(主产业区段)配合轨交 16 号线施工进度正常推进。轨交 16 号线滴水湖站、沪城环路站交通枢纽及地下工程完成主体结构。由浦东新区国资委、金桥集团和港城集团三家单位投资 15 亿成立的综合区投资开发公司正式运作。

上海电气车间

临港海洋工程项目

上海汽车厂房外观

上海质量教育培训中心

上海质量教育培训中心（简称“SQTC”）隶属上海市质量协会、上海质量管理科学研究院。上海质量教育培训中心是 1990 年在时任上海市市长朱镕基的关心下成立的、国内最早的质量管理专门培训机构。上海质量教育培训中心在加强质量意识宣传的同时，依托丰富的质量管理专家队伍，大力开展教育培训、技术服务、体系认证、满意度测评等提升质量管理的服务。由于服务中小企业的突出贡献，2012 年 12 月 SQTC 被国家工信部授予国家级中小企业公共服务示范平台的称号。

●全国最早成立的质量管理教育培训机构之一

●国家工信部认定的国家级中小企业公共服务示范平台

●国家认证认可监督管理委员会批准的认证培训机构（批准号：CNCA-P-2002-007）

●首批获得中国认证人员培训认可委员会（CNAT）批准的审核员培训机构（认可注册号：CNAT-007-2002）

* QMS 质量管理体系审核员培训机构
* EMS 环境管理体系审核员培训机构
* OHSMS 职业健康安全管理体系审核员培训机构
* HACCP 食品安全管理体系审核员培训机构
* ISMS 信息安全管理体系审核员培训机构

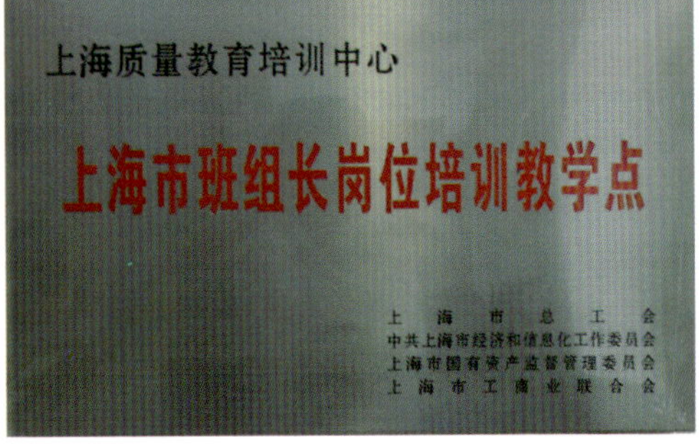

●国家注册审核员继续教育培训机构

●国家质量专业技术人员职业资格考试教师培训基地

●国家质量专业技术人员职业资格考试考生培训机构

●美国质量学会(ASQ)授权CQE(质量工程师)、CMQ(质量经理)、SCMQ(服务质量经理)、CSSGB(六西格玛绿带)和CSSBB(六西格玛黑带)考试培训

●工业工程硕士(质量方向)国内首家培训机构(与同济大学联合举办)

●上海市班组长岗位培训(受上海市总工会委托)

上海质量教育培训中心服务上海经济社会发展，结合现代企业质量管理的特点与需求，组织开展不同层次和多种形式的质量管理、质量法规、质量标准、质量认证、质量技术、质量职业资格等方面的教育培训，为120多万名上海企业职工培训了包括全面质量管理知识、质量管理基本工具方法等在内的质量培训课程，5万人次的企业领导干部和管理技术人员提供ISO 9000标准等质量管理体系的培训，同时作为全国质量专业技术人员职业资格(质量工程师)考试的培训基地，培训质量工程师近万人。培训9000余名各类注册审核员。目前已开设课程管理标准类、卓越绩效和生产运作管理类、六西格玛和管理技术类、职业资格证书类等四大类60多门课程。

上海质量教育培训中心在武夷路拥有近2000平米的办公、教育和实训基地。上海质量教育培训中心拥有丰富的教师资源，教师大都来自国内外知名高等学府及著名企业，有着非常丰富的实践经验，所有授课教师均经资格认可。目前中心拥有60名专兼职教师，20名国家注册高级审核员，5名六西格玛黑带注册培训教师、2名美国质量协会(ASQ)认证培训教师。

图书在版编目（CIP）数据

上海工业年鉴．2013 / 上海市经济和信息化委员会编．——上海：上海社会科学院出版社，2013
ISBN 978-7-5520-0349-9

Ⅰ.①上… Ⅱ.①上… Ⅲ.①工业经济－上海市－2013－年鉴Ⅳ.①F427.51-54

中国版本图书馆 CIP 数据核字（2013）第 158010 号

上海工业年鉴（2013）

编　　者：上海市经济和信息化委员会

责任编辑：董汉玲
封面设计：上海宝舜会展服务中心
出版发行：上海社会科学院出版社
（上海市淮海中路 622 弄 7 号　电话 63875741　邮编 200020）
（http://www.sassp.org.cn　E-mail: sassp@sass.org.cn）
经　　销：新华书店
印　　刷：上海长城绘图印刷厂
开　　本：889×1194 毫米　1/16 开
印　　张：39
插　　页：12
字　　数：950 千字
版　　次：2013 年 7 月第 1 版　2013 年 7 月第 1 次印刷
印　　数：0001-4000

ISBN 978-7-5520-0349-9/F · 189　　定　价：350.00 元